DSCG 1

GESTION JURIDIQUE, FISCALE ET SOCIALE

Jean-Michel Do Carmo Silva
Docteur en droit
Professeur à Grenoble École de management (GEM)

Laurent Grosclaude
Docteur en droit
Maître de conférences à l'université de Toulouse Capitole

Damien Falco
Docteur en droit
Maître de conférences à l'université de Haute-Alsace
Professeur en classes préparatoires au DSCG à l'université de Toulouse Capitole

DUNOD
leader de l'expertise comptable

en partenariat avec
EDITIONS FRANCIS LEFEBVRE

Crédits iconographiques

De gauche à droite et de haut en bas : p. 98 : © clock by Delwar Hossain from the Noun Project ; © Court by Viral faisalovers from the Noun Project ; p. 109 : © accounting by I Putu Kharismayadi from the Noun Project ; © Stamp by Creative Stall from the Noun Project ; p. 119 : © europe by anbileru adaleru from the Noun Project ; © France by Nikita Kozin from the Noun Project ; p. 163 : © sincerity by priyanka from the Noun Project ; © Communication by Oksana Latysheva from the Noun Project ; © inspection by Creative Stall from the Noun Project ; p. 192 : © register by priyanka from the Noun Project ; © selection by Nithinan Tatah from the Noun Project ; © honour by Katsu Studio from the Noun Project ; © Security by ProSymbols from the Noun Project ; © delegate by b farias from the Noun Project ; p. 236 : © Society by David García from the Noun Project ; © Society by Thibault Geffroy from the Noun Project ; p. 272 : © Home by Igé Maulana from the Noun Project ; © Office by Luis Prado from the Noun Project ; © world by Guilherme Furtado from the Noun Project ; p. 369 : © team by Zlatko Najdenovski from the Noun Project ; © togetherness by Agniraj Chatterji from the Noun Project ; © Arrow by logan from the Noun Project ; © Family by Oksana Latysheva from the Noun Project ; © Community by Ruslan Mirsalikhov from the Noun Project ; p. 388 : © Interest by Blair Adams from the Noun Project ; p. 396 : © France by Nikita Kozin from the Noun Project ; © integration by Vectors Market from the Noun Project ; © Calendar by Saifurrijal from the Noun Project ; © leader by Creative Mania from the Noun Project ; p. 414 : © France by Nikita Kozin from the Noun Project ; © europe by anbileru adaleru from the Noun Project ; © hidden by Alice Design from the Noun Project ; © Time Share by Lemon Liu from the Noun Project ; p. 437 : © Merger by Oleksandr Panasovskyi from the Noun Project ; © split by Hea Poh Lin from the Noun Project ; © give by Adrien Coquet from the Noun Project ; © Color Mixing by Arthur Shlain from the Noun Project ; p. 489 : © Project Mandate by Yugudesign from the Noun Project ; © mediator by Rflor from the Noun Project ; © OCHA Visual, US, from the Noun Project ; © leaf by Vectors Market from the Noun Project ; © Refund by Diego Naive from the Noun Project.

Maquette de couverture :
Hokus Pokus

Maquette intérieure :
Yves Tremblay

Mise en pages : Nord Compo

11 rue Paul Bert, 92240 Malakoff
www.dunod.com

ISBN 978-2-10-079076-0

SOMMAIRE

Mode d'emploi

Tout le programme

Approfondissements

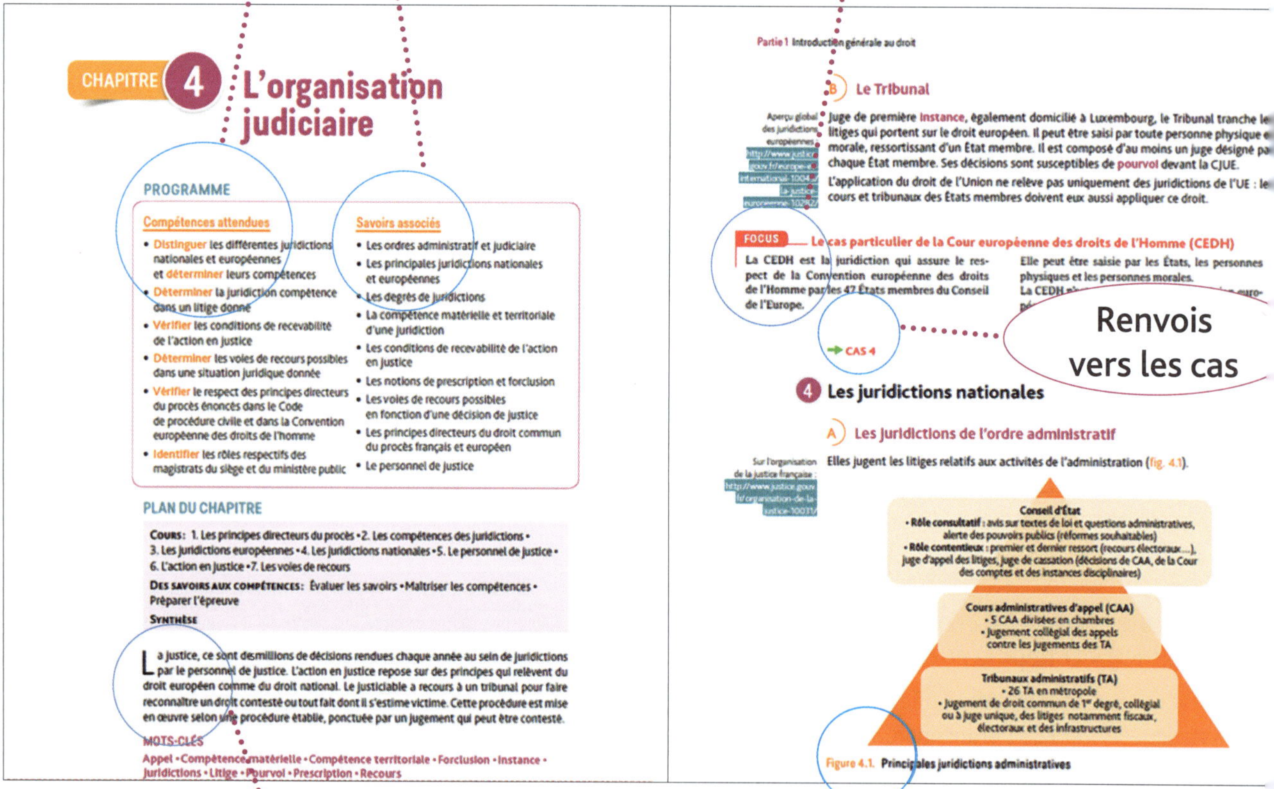

Renvois vers les cas

Mise en contexte

Visuels facilitant la mémorisation

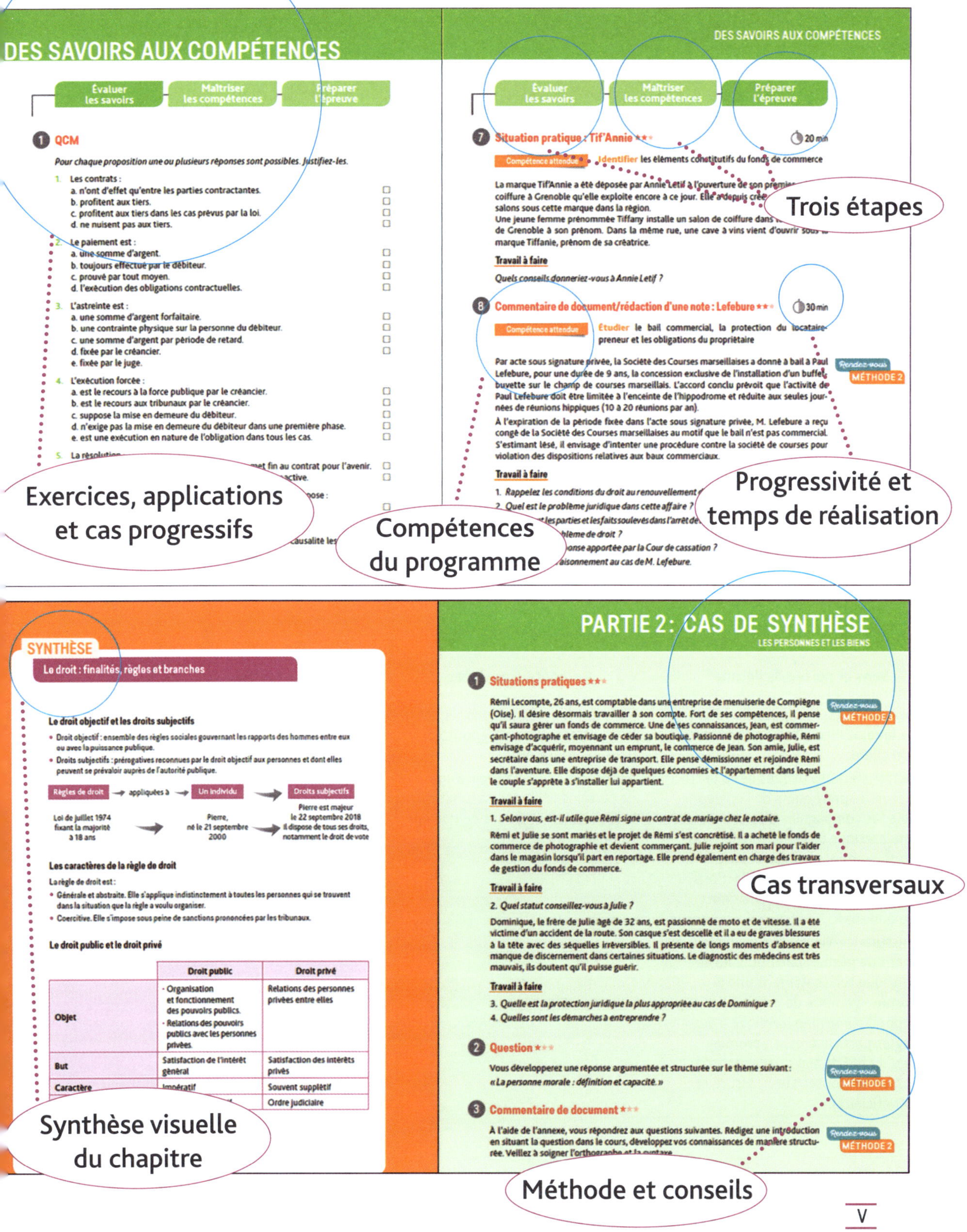

DES SAVOIRS AUX COMPÉTENCES
Évaluer les savoirs
Maîtriser les compétences
Préparer l'épreuve
1 QCM
Pour chaque proposition une ou plusieurs réponses sont possibles. Justifiez-les.
1. Les contrats :
a. n'ont d'effet qu'entre les parties contractantes.
b. profitent aux tiers.
c. profitent aux tiers dans les cas prévus par la loi.
d. ne nuisent pas aux tiers.
2. Le paiement est :
a. une somme d'argent.
b. toujours effectué par le débiteur.
c. prouvé par tout moyen.
d. l'exécution des obligations contractuelles.
3. L'astreinte est :
a. une somme d'argent forfaitaire.
b. une contrainte physique sur la personne du débiteur.
c. une somme d'argent par période de retard.
d. fixée par le créancier.
e. fixée par le juge.
4. L'exécution forcée :
a. est le recours à la force publique par le créancier.
b. est le recours aux tribunaux par le créancier.
c. suppose la mise en demeure du débiteur.
d. n'exige pas la mise en demeure du débiteur dans une première phase.
e. est une exécution en nature de l'obligation dans tous les cas.
5. La résolution
Exercices, applications et cas progressifs
DES SAVOIRS AUX COMPÉTENCES
7 Situation pratique : Tif'Annie
20 min
Compétence attendue
Identifier les éléments constitutifs du fonds de commerce
La marque Tif'Annie a été déposée par Annie Letif à l'ouverture de son premier salon de coiffure à Grenoble qu'elle exploite encore à ce jour. Elle a depuis créé salons sous cette marque dans la région.
Une jeune femme prénommée Tiffany installe un salon de coiffure dans de Grenoble à son prénom. Dans la même rue, une cave à vins vient d'ouvrir sous la marque Tiffanie, prénom de sa créatrice.
Travail à faire
Quels conseils donneriez-vous à Annie Letif ?
Trois étapes
8 Commentaire de document/rédaction d'une note : Lefebure
30 min
Compétence attendue
Étudier le bail commercial, la protection du locataire-preneur et les obligations du propriétaire
Par acte sous signature privée, la Société des Courses marseillaises a donné à bail à Paul Lefebure, pour une durée de 9 ans, la concession exclusive de l'installation d'un buffet-buvette sur le champ de courses marseillais. L'accord conclu prévoit que l'activité de Paul Lefebure doit être limitée à l'enceinte de l'hippodrome et réduite aux seules journées de réunions hippiques (10 à 20 réunions par an).
À l'expiration de la période fixée dans l'acte sous signature privée, M. Lefebure a reçu congé de la Société des Courses marseillaises au motif que le bail n'est pas commercial. S'estimant lésé, il envisage d'intenter une procédure contre la société de courses pour violation des dispositions relatives aux baux commerciaux.
Rendez-vous MÉTHODE 2
Travail à faire
1. Rappelez les conditions du droit au renouvellement
2. Quel est le problème juridique dans cette affaire ?
Compétences du programme
Progressivité et temps de réalisation
SYNTHÈSE
Le droit : finalités, règles et branches
Le droit objectif et les droits subjectifs
• Droit objectif : ensemble des règles sociales gouvernant les rapports des hommes entre eux ou avec la puissance publique.
• Droits subjectifs : prérogatives reconnues par le droit objectif aux personnes et dont elles peuvent se prévaloir auprès de l'autorité publique.
Règles de droit → appliquées à → Un individu → Droits subjectifs
Loi de juillet 1974 fixant la majorité à 18 ans → Pierre, né le 21 septembre 2000 → Pierre est majeur le 22 septembre 2018 il dispose de tous ses droits, notamment le droit de vote
Les caractères de la règle de droit
La règle de droit est :
• Générale et abstraite. Elle s'applique indistinctement à toutes les personnes qui se trouvent dans la situation que la règle a voulu organiser.
• Coercitive. Elle s'impose sous peine de sanctions prononcées par les tribunaux.
Le droit public et le droit privé
Droit public | Droit privé
Objet | Organisation et fonctionnement des pouvoirs publics. Relations des pouvoirs publics avec les personnes privées. | Relations des personnes privées entre elles
But | Satisfaction de l'intérêt général | Satisfaction des intérêts privés
Caractère | Impératif | Souvent supplétif
Ordre judiciaire
Synthèse visuelle du chapitre
PARTIE 2 : CAS DE SYNTHÈSE
LES PERSONNES ET LES BIENS
1 Situations pratiques
Rémi Lecompte, 26 ans, est comptable dans une entreprise de menuiserie de Compiègne (Oise). Il désire désormais travailler à son compte. Fort de ses compétences, il pense qu'il saura gérer un fonds de commerce. Une de ses connaissances, Jean, est commerçant-photographe et envisage de céder sa boutique. Passionné de photographie, Rémi envisage d'acquérir, moyennant un emprunt, le commerce de Jean. Son amie, Julie, est secrétaire dans une entreprise de transport. Elle pense démissionner et rejoindre Rémi dans l'aventure. Elle dispose déjà de quelques économies et l'appartement dans lequel le couple s'apprête à s'installer lui appartient.
Rendez-vous MÉTHODE 3
Travail à faire
1. Selon vous, est-il utile que Rémi signe un contrat de mariage chez le notaire.
Rémi et Julie se sont mariés et le projet de Rémi s'est concrétisé. Il a acheté le fonds de commerce de photographie et devient commerçant. Julie rejoint son mari pour l'aider dans le magasin lorsqu'il part en reportage. Elle prend également en charge des travaux de gestion du fonds de commerce.
Travail à faire
2. Quel statut conseillez-vous à Julie ?
Dominique, le frère de Julie âgé de 32 ans, est passionné de moto et de vitesse. Il a été victime d'un accident de la route. Son casque s'est descellé et il a eu de graves blessures à la tête avec des séquelles irréversibles. Il présente de longs moments d'absence et manque de discernement dans certaines situations. Le diagnostic des médecins est très mauvais, ils doutent qu'il puisse guérir.
Travail à faire
3. Quelle est la protection juridique la plus appropriée au cas de Dominique ?
4. Quelles sont les démarches à entreprendre ?
Cas transversaux
2 Question
Vous développerez une réponse argumentée et structurée sur le thème suivant :
« La personne morale : définition et capacité. »
Rendez-vous MÉTHODE 1
3 Commentaire de document
À l'aide de l'annexe, vous répondrez aux questions suivantes. Rédigez une introduction en situant la question dans le cours, développez vos connaissances de manière structurée. Veillez à soigner l'orthographe et la syntaxe.
Rendez-vous MÉTHODE 2
Méthode et conseils

PROGRAMME

UE 1. GESTION JURIDIQUE, FISCALE ET SOCIALE

Niveau M – 180 heures – 20 ECTS

1. L'entreprise et son environnement (55 heures)

1.1. Éléments généraux sur les contrats

Sens et portée de l'étude	Compétences visées	Notions et contenus
L'activité de l'entreprise a une traduction juridique usuelle par le biais des contrats. Le contrat est un outil d'organisation de la vie des affaires	Maîtriser les effets des dispositions contractuelles engageant l'entreprise.	• Principes fondateurs du droit des contrats – La négociation du contrat – La formation du contrat (conditions de formation, clauses contractuelles particulières sanctions des conditions de formation) • L'exécution du contrat – les obligations à exécuter (voulues par les parties, imposées par le juge) ; interprétation du contrat (effet relatif du contrat • sanctions de l'inexécution en distinguant celles visant à l'exécution du contrat, celles visant à l'anéantissement du contrat et celles visant à la réparation de l'inexécution – responsabilité contractuelle

1.2. La diversité des contrats

Sens et portée de l'étude	Compétences visées	Notions et contenus
• Le contrat est le support juridique de la relation qui lie l'entreprise à son client. • Le transfert des risques liés à l'activité et au patrimoine de l'entreprise vers les compagnies d'assurance est une pratique largement répandue. Sont examinés les risques usuellement assurés, résultant d'actions de l'entreprise ou d'évènements qu'elle subit. • L'assurance-vie constitue un élément de gestion patrimoniale en tant que tel, également utilisé comme garantie de crédit. Elle répond sur le plan juridique à des règles particulières, en premier lieu du fait de son quadripartisme (assureur, souscripteur, assuré et bénéficiaire).	• Maîtriser les dispositions régissant les contrats courants énumérés dans le programme. • Adapter et faire évoluer le contenu de certains contrats en fonction de la situation d'un client ou de l'entreprise.	• Le contrat de vente, le contrat d'entreprise : formation et effets • Les contrats de distribution : concession et franchise • Le contrat d'assurance : mécanisme, formation, effets • la couverture des risques de l'entreprise par les contrats d'assurances • la gestion patrimoniale de l'entrepreneur par les contrats d'assurance-vie : conclusion, gestion et dénouement du contrat • La transaction

1.3. Droit pénal

Sens et portée de l'étude	Compétences visées	Notions et contenus
• Dans le cadre de ses activités, l'entreprise peut mettre en cause sa responsabilité pénale. Cette dernière a pour objet l'infraction et pour but la défense sociale. La mise en œuvre de la responsabilité pénale de l'entreprise doit être entourée de nombreuses garanties tant en terme de droit substantiel qu'en terme de droit processuel. • Un certain nombre d'infractions spéciales sont destinées à protéger les actionnaires mais aussi les tiers contre certains comportements des dirigeants de la société, dirigeants de droit ou dirigeants de fait.	• Maîtriser l'identification des éléments constitutifs d'une infraction relevant du droit pénal. • Informer les dirigeants de l'entreprise sur les conséquences d'une incrimination pénale.	• Le droit pénal général : – les éléments constitutifs de l'infraction – la classification des infractions – l'identification de la personne responsable (l'auteur, le complice) – la peine – étude de quelques infractions : escroquerie, abus de confiance, faux et usage de faux, recel • La procédure pénale : – les actions : l'action publique, l'action civile – l'instruction préparatoire : juge et chambre d'instruction – le jugement et les voies de recours – Le droit pénal spécial des affaires et des sociétés : – abus de biens sociaux – distribution de dividendes fictifs – présentation ou publication de comptes annuels ne donnant pas une image fidèle – infractions relatives à la constitution et à la dissolution de la société, aux assemblées, au contrôle de la société, ainsi qu'aux droits sociaux et aux modifications du capital social – blanchiment – infractions relatives au contrôle légal des comptes : délit de non-révélation des faits délictueux, délit d'informations mensongères

1.4. L'entreprise et la concurrence

Sens et portée de l'étude	Compétences visées	Notions et contenus
L'activité de l'entreprise doit composer avec les règles de fonctionnement du marché et particulièrement le respect d'un certain équilibre entre les concurrents, de façon à assurer d'une part, la protection du marché et d'autre part, la protection des concurrents.	• Maîtriser des situations ou pratiques contraires au droit de la concurrence. • Accompagner le traitement de pratiques contraires au droit de la concurrence.	• Le contrôle des concentrations en droit communautaire et en droit interne • La réglementation des pratiques anticoncurrentielles : entente et abus de position dominante en droit communautaire et en droit interne • La surveillance des comportements : action en concurrence déloyale, réglementation en matière de prix et de facturation • Le droit des pratiques restrictives : revente à perte, prix imposés et pratiques discriminatoires, la rupture des relations commerciales établies

1.5. L'entreprise et l'administration fiscale

Sens et portée de l'étude	Compétences visées	Notions et contenus
• Dans le cadre de son activité, l'entreprise, qui est par ailleurs contribuable, doit respecter la réglementation fiscale. • L'administration se réserve la possibilité de contrôler l'application de la règle par le biais des contrôles fiscaux.	• Assister l'entreprise dans ses relations avec l'administration fiscale. • Rédiger et concevoir les demandes d'agrément et de rescrit. • Suivre la procédure de vérification fiscale. • Apprécier l'opportunité d'accepter ou de contester une proposition de redressement. • Suivre et orienter le contentieux fiscal.	• Les relations avec l'administration fiscale : agrément et rescrit • Le contrôle fiscal : formes, déroulement, garanties, conclusion • Le contentieux et la procédure fiscale • Notions sur le contentieux communautaire

1.6. L'entreprise et la dimension environnementale

Sens et portée de l'étude	Compétences visées	Notions et contenus
L'entreprise ne peut exercer son activité en faisant abstraction, tant dans son mode de fonctionnement qu'au travers des produits ou services qu'elle commercialise de la dimension environnementale.	Assister une entreprise dans la mise en œuvre de dispositions relevant du droit de l'environnement.	Les obligations de communication des entreprises en matière d'environnement

2. Le développement de l'entreprise (20 heures)

Sens et portée de l'étude	Compétences visées	Notions et contenus
L'entreprise qui se développe peut être confrontée à des problèmes d'adaptation de sa structure juridique à son niveau d'activité. Cette adaptation peut être de nature juridique.	Assister le chef d'entreprise dans les choix juridiques et fiscaux liés : – à la constitution de sociétés – à la transformation de sociétés	• Droit et fiscalité de : – la constitution des sociétés – la transformation des sociétés
Le développement de l'entreprise peut nécessiter une évolution de sa gouvernance, c'est-à-dire des modes de direction de l'entreprise et des relations avec les associés ou actionnaires. On aborde ainsi la problématique du gouvernement d'entreprise.	Assister le chef d'entreprise dans le suivi juridique de la désignation et du fonctionnement des organes de direction d'une société.	• Les relations entre les dirigeants et les associés • Le conseil d'administration, le directoire et le conseil de surveillance : rôle et attributions • Les dispositifs permettant d'améliorer la gouvernance et la transparence du fonctionnement des sociétés
Le développement de l'activité de l'entreprise conduit celle-ci à développer ses moyens de communication mais aussi à dématérialiser une partie de ses activités	Répondre à des questions courantes touchant aux implications juridiques et fiscales : – de la création et l'utilisation d'un site Internet – du recours à l'informatique dans les transactions courantes de la vie de l'entreprise	• Notions essentielles de droit de l'informatique • Les principales règles juridiques régissant l'utilisation d'Internet (sites, transactions, facturation et signature électroniques)

Sens et portée de l'étude	Compétences visées	Notions et contenus
L'entreprise peut également se développer hors du cadre strictement national. Cette dimension comporte de multiples retombées pour l'entreprise notamment dans le domaine fiscal	Maîtriser le régime fiscal des opérations faites avec l'étranger (analyse des conventions, règles de rattachement, régimes de crédits d'impôt, risques fiscaux internationaux.	• Les règles d'imposition des affaires internationales : règles de territorialité, principes de traitement de la double imposition, détermination et imposition du résultat, TVA et échanges internationaux ou intracommunautaires • Les principaux dispositifs de lutte contre l'évasion fiscale internationale

3. Le financement de l'entreprise (20 heures)

Sens et portée de l'étude	Compétences visées	Notions et contenus
Les modalités de financement de l'entreprise sont multiples. Les conditions juridiques et fiscales d'obtention et d'utilisation d'une source de financement donnée font partie des paramètres de la décision de choix.	Maîtriser les implications juridiques et fiscales liées aux opérations de financement de l'entreprise (choix du mode de financement, suivi du financement, etc.).	• Le régime juridique et fiscal des augmentations et réductions de capital • Les pactes d'actionnaires • Le financement par compte courant • Le financement par recours aux marchés financiers : la société cotée • Le *crowdfunding* • Le régime juridique et fiscal du financement à long et moyen terme (emprunts obligataires, contrats de financement) • Les garanties du crédit

4. De l'entreprise au groupe (40 heures)

A. Les implications juridiques, fiscales et sociales de l'existence d'un groupe

Sens et portée de l'étude	Compétences visées	Notions et contenus
• L'entreprise peut être amenée à se développer par des prises de participations dans d'autres entreprises. Les entreprises concernées font alors partie d'un groupe. Le droit donne un cadre à cette réalité économique.	• Mettre en œuvre et suivre les aspects sociaux liés à l'existence d'un groupe. • Assurer la gestion fiscale des groupes (choix du régime fiscal approprié ; détermination du périmètre d'intégration fiscale ; validation des retraitements ; travaux de synthèse liés à la détermination d'un résultat fiscal de groupe). • Assister le chef d'entreprise dans la gestion juridique des participations détenues dans d'autres sociétés. • Choisir le mode de coopération le plus approprié sous l'angle juridique et fiscal. • Participer à la constitution et suivre le fonctionnement d'un GIE. • Participer, sous l'angle juridique et fiscal, à la négociation d'un contrat de location-gérance.	• Droit du travail appliqué aux groupes, comité de groupe, accord de groupe. • Régimes fiscaux de groupe et traitement fiscal des opérations internes aux groupes • Droit et fiscalité de l'acquisition, de la détention et de la cession de participations • Règles juridiques, fiscales et sociales gouvernant certains modes de coopération inter-entreprises : GIE, GEIE, location-gérance, contrats d'intérêts communs

B. La restructuration de l'entreprise

Sens et portée de l'étude	Compétences visées	Notions et contenus
L'entreprise est souvent partie prenante dans des opérations de restructuration qui visent à rationaliser l'organisation d'activités au sein d'un groupe ou à organiser de manière différente les activités de l'entreprise. Compte tenu des enjeux, ces opérations sont étroitement réglementées.	• Déterminer sous l'angle juridique, fiscal et social le mode de restructuration approprié • Optimiser fiscalement l'opération de restructuration • Accompagner juridiquement l'opération de restructuration • Accompagner au plan social l'opération de restructuration	Le régime juridique, fiscal et social des opérations de : – fusions de sociétés – apports partiels d'actifs – scissions de sociétés, scissions partielles transmission universelle de patrimoine (art. 1844-5 du Code civil)

5. La pérennité de l'entreprise (40 heures)

A. L'entreprise en difficulté

Sens et portée de l'étude	Compétences visées	Notions et contenus
Nombreuses sont les difficultés qui peuvent menacer la pérennité de l'entreprise. Le droit, en cherchant à préserver les intérêts des différents partenaires de l'entreprise, va encadrer de manière spécifique la vie de l'entreprise durant la période de prévention ou de traitement des difficultés.	• Repérer les situations exigeant le déclenchement de procédures de prévention ou de traitement des difficultés. • Assurer le suivi juridique de la procédure de prévention ou de traitement des difficultés.	• La prévention des difficultés • Le traitement des difficultés : – les procédures collectives – les sanctions • Aspects de droit communautaire

B. La transmission de l'entreprise

Sens et portée de l'étude	Compétences visées	Notions et contenus
L'entreprise peut être cédée, qu'elle soit exploitée sous forme d'entreprise individuelle ou sous forme sociétaire. De même, l'entreprise est un élément d'un ou plusieurs patrimoines et, à ce titre, entre dans le cadre des opérations affectant un patrimoine.	• Déterminer le mode juridique et fiscal le plus approprié pour l'opération de transmission. • Évaluer et optimiser le coût fiscal de la transmission. • Assurer le suivi juridique de la transmission (garanties de passif...).	La transmission à titre onéreux de l'entreprise : – la cession de l'entreprise individuelle (vente du fonds de commerce) – la cession de droits sociaux – La transmission à titre gratuit de l'entreprise : – les conséquences du décès de l'associé ou du dirigeant de l'entreprise individuelle – la donation de l'entreprise ou des droits sociaux

C. La disparition de l'entreprise

Sens et portée de l'étude	Compétences visées	Notions et contenus
L'entrepreneur ou les associés peuvent décider de mettre un terme à la vie de l'entreprise.	Maîtriser les incidences juridiques, fiscales et sociales des opérations de cessation d'activité ou de dissolution et liquidation d'une entreprise.	• La cessation d'activité de l'entreprise individuelle : régime juridique et fiscal • La dissolution de la société : régime juridique et fiscal

6. Les associations et autres organismes à but non lucratif (5 heures)

Sens et portée de l'étude	Compétences visées	Notions et contenus
Les associations sont présentes dans tous les domaines et certaines d'entre elles ont une activité équivalente à celle d'entreprises. La constitution et le fonctionnement des associations et des autres organismes à but non lucratif soulèvent de nombreuses questions juridiques, fiscales et sociales.	• Accompagner au plan juridique la création d'associations (statuts, assemblées…). • Déterminer le régime fiscal : exonération, identification de secteurs lucratifs.	Aspects juridiques, fiscaux et sociaux des associations et autres organismes à but non lucratif

INDICATIONS COMPLÉMENTAIRES

1.2. Dans la couverture des risques de l'entreprise sont à étudier : IARD, assurance dommages, RC produits, RC exploitation, pertes d'exploitation, responsabilité du chef d'entreprise, assurances hommes-clés.

La gestion du contrat d'assurance-vie permet d'aborder les rachats et avances. Les aspects fiscaux sont à exposer.

2. Lors de l'étude du conseil d'administration, du directoire et du conseil de surveillance, on s'intéressera en particulier au rôle de chacun de ces organes en matière de qualité de l'information comptable et financière.

4.2. On étudiera, dans le cadre des opérations de restructuration, le recours à la société européenne.

5.2. La situation familiale de la personne faisant l'opération (présence ou absence d'enfants, mariage, Pacs) doit être prise en compte.

AVANT-PROPOS

Rédigés par des équipes pluridisciplinaires comprenant des enseignants en masters universitaires, en grandes écoles de management et en classes préparatoires à l'expertise comptable, membres des commissions d'examen, et 100 % conformes aux nouveaux programmes applicables dès la rentrée 2019, les manuels Dunod constituent une **préparation complète** aux épreuves de DCG et DSCG.

Les compétences au cœur du programme

Les unités sont déclinées en compétences. Ces compétences sont à la fois variées mais limitées par une liste donnée et clairement identifiée. Une compétence peut être définie comme la capacité à utiliser un savoir-faire dans une situation donnée pour produire un résultat requis. Elle s'acquiert dans une situation, d'où l'importance de la structuration et de l'entraînement à la pratique de la problématisation.

Une compétence présente un caractère disciplinaire ; elle vise à résoudre des problèmes liés à la discipline et repose nécessairement sur des connaissances inhérentes à cette même discipline. Mais, dans le même temps, une compétence s'appuie sur des savoir-faire généraux et transversaux (capacité à analyser, à rédiger de manière concise et précise, etc.).

La compétence induit donc un rapport au savoir, elle ne s'y oppose pas. Les savoirs sont les informations qu'il faut être en mesure de mobiliser « à bon escient » avec pour finalité l'élaboration d'un raisonnement structuré ou la résolution d'un problème lié à la pratique de la comptabilité et de l'audit.

Le concept de situation est donc central lorsque l'on évoque une compétence ; la mise en situation donne à l'étudiant l'occasion d'exercer la compétence visée. Une **situation** présente donc divers caractères, à la différence de la simple application de la règle :
- Elle mobilise un ensemble d'acquis et est orientée vers une tâche porteuse de sens.
- Elle fait référence à une catégorie de problèmes spécifiques à la discipline, elle est nouvelle.

Une compétence est évaluable. Elle peut se mesurer à la qualité de l'exécution de la tâche et à la qualité du résultat. Dès lors, une préparation efficace repose sur un équilibre judicieux entre l'acquisition de connaissances et un développement de compétences ciblées centré sur le réinvestissement en contexte. L'évaluation s'en trouve renouvelée ; elle met l'accent sur le cheminement intellectuel et l'esprit critique du candidat. Elle promeut une nouvelle quête de sens.

Le parti pris de nos manuels

Le présent manuel vise à apporter l'**ensemble des savoirs disciplinaires associés à l'unité d'enseignement** « Comptabilité et audit » à travers six parties, structurées en 21 chapitres, respectant scrupuleusement la progression logique du programme. Chaque chapitre propose une **synthèse synoptique** finale propice à la mémorisation.

La section « Des savoirs aux compétences » a été conçue comme une **passerelle** entre les deux éléments du programme :

- Dans un premier temps, le candidat est invité à s'autoévaluer à l'aide d'un **quiz/QCM** (réponses en fin d'ouvrage) et d'une **application directe des connaissances** (rubrique « Évaluer les savoirs »). En fonction de ses résultats, l'étudiant détermine les points du cours à revoir.
- Dans un second temps, l'étudiant est placé en contexte afin de tester les compétences requises et évaluées à l'examen (rubrique « Maîtriser les compétences ») : **toutes les compétences du programme font l'objet d'une mise en situation**. Les exercices proposés sont progressifs (le niveau de difficulté est systématiquement indiqué). Les compétences les plus complexes sont traitées isolément.
- Enfin, une fois les compétences maîtrisées, l'étudiant est invité à se placer en condition d'examen (rubrique « Préparer l'épreuve ») au travers de **cas**. Ces pages sont émaillées de conseils méthodologiques et de rappels théoriques.

Chaque partie du programme est ponctuée d'un **cas de synthèse transversal** testant les principaux savoirs et compétences de la partie. L'ouvrage s'achève par **un sujet type d'examen.** Ce dernier, comme tous les cas, applications et cas transversaux, est intégralement corrigé en fin d'ouvrage.

Un aller-retour constant entre savoirs et compétences

Deux parcours de préparation sont possibles grâce à ce manuel :

- Des savoirs disciplinaires étudiés aux compétences à mettre en œuvre en situation.
- L'acquisition de la compétence par la confrontation des situations aux savoirs.

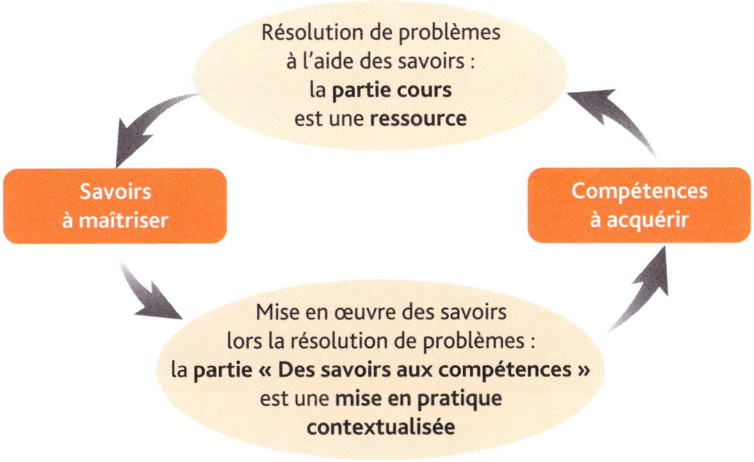

CHAPITRE 1 Éléments généraux sur les contrats

PROGRAMME

Compétences visées

- **Maîtriser** les effets des dispositions contractuelles engageant l'entreprise
- **Distinguer** les différents types de contrats
- **Identifier** les conditions de formation et les conséquences du non-respect de ces dispositions
- **Comprendre** les principes cardinaux du droit des contrats et notamment l'articulation entre la force obligatoire et l'effet relatif
- **Savoir** quel type de sanction correspond à quel type d'inexécution du contrat ou au manquement à l'une de ses conditions de formation

Notions et contenus

- Principes fondateurs du droit des contrats et négociation du contrat
- La formation du contrat
- L'exécution du contrat et l'interprétation du contrat
- Effet relatif du contrat, opposabilité aux tiers et dérogations, interprétation des contrats par le juge
- Sanctions de l'inexécution en distinguant celles visant à l'exécution du contrat, celles visant à l'anéantissement du contrat et celles visant à la réparation de l'inexécution

PLAN DU CHAPITRE

Qu'est-ce qu'un contrat et comment se forme-t-il ? Quels sont les différents types de contrats ? Quel est le périmètre de sa force obligatoire et comment son inexécution est-elle sanctionnée ?

MOTS-CLÉS

Acceptation • Caducité • Capacité • Clause résolutoire • Contrat • Dol • Erreur • Force majeure • Imprévision • Incapacité d'exercice • Incapacité de jouissance • Inopposabilité • Lésion • Négociation • Nullité • Offre • Opposabilité • Ordre public • Rescision pour lésion • Résolution • Responsabilité contractuelle • Violence

1 Présentation générale des contrats

Le contrat est un outil juridique à la disposition des sujets de droit et notamment, des entreprises. C'est par les contrats que l'entreprise accomplit son activité économique (achat, vente, prestation de service...).

A) Contrats et obligations

Les règles juridiques qui gouvernent les contrats sont une partie d'un ensemble plus vaste que l'on appelle le droit des obligations.

Le droit des obligations est une branche du droit civil, lequel constitue lui-même une branche du droit privé.

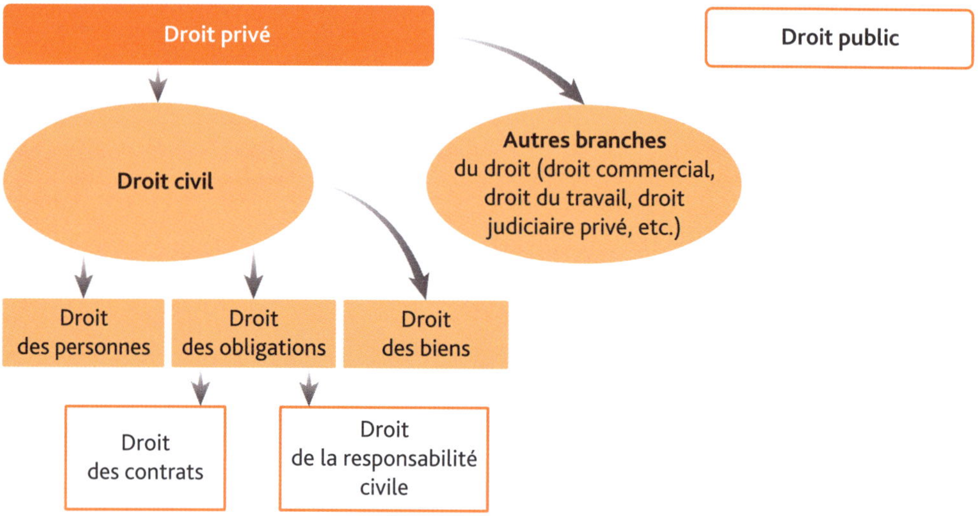

Figure 1.1. La place du droit des contrats

En droit public (ex. : marchés publics), les contrats obéissent à des règles particulières.

Dans un sens large, le terme « obligation » désigne tout ce que la loi commande de faire ou de ne pas faire. Mais, lorsque l'on dit que le droit des contrats est une partie du droit des obligations, c'est dans un sens bien spécifique qu'il faut entendre le mot obligation.

Ce dernier désigne un lien de droit de nature patrimoniale entre deux personnes, en vertu duquel l'une, le créancier, peut exiger de l'autre, le débiteur, une certaine prestation (payer un prix, un loyer, réparer un dommage, etc.) ou une certaine abstention (cesser de troubler les voisins, ne pas faire concurrence à son ex-employeur, etc.). L'obligation est alors un élément du patrimoine du créancier (c'est un actif pour lui), comme du débiteur (c'est un élément du passif).

Définition

Le **contrat** est un acte juridique dont les effets de droit sont voulus, à la différence du fait juridique qui est subi. Le contrat est un accord de volonté en vue de produire des effets de droit ; il a vocation à créer des obligations civiles qui sont contenues dans les stipulations du contrat (Code civil, article 1101).

B) Classifications

1. Types de contrats

Les contrats peuvent être classés en fonction des obligations légales, des relations entre les parties, de leur contenu… (tab. 1.1).

Tableau 1.1. Présentation des différents types de contrat

Types de contrat	Définition
Nommé et innommé (art. 1105 C. civ.)	Le contrat nommé est un contrat préétabli par la loi qui le réglemente spécialement (ex. : vente, mandat, dépôt, prêt). Le contrat innommé est celui qui ne fait pas l'objet d'une réglementation spéciale par la loi.
Unilatéral et synallagmatique (art. 1106 C. civ.)	Le contrat unilatéral crée une obligation à la charge d'une partie, l'autre ne devant rien (ex. : prêt, cautionnement). Dans le contrat synallagmatique, ou bilatéral, les deux parties ont des obligations l'une envers l'autre ; les obligations sont réciproques (ex. : vente).
À titre gratuit et à titre onéreux (art. 1107 C. civ.)	Le contrat à titre gratuit est celui dans lequel l'une des parties fournit un avantage à l'autre sans rien attendre en retour (ex. : donation, prêt sans intérêt). Le contrat à titre onéreux est celui dans lequel une partie fournit un avantage en retour (ex. : vente, bail).
Commutatif et aléatoire (art. 1108 C. civ.)	Le contrat est commutatif lorsque les prestations sont définitivement, et de façon certaine, déterminées au moment de la conclusion du contrat (ex. : vente, bail). Dans le contrat aléatoire, il y a une idée de jeu : une chance de gain et un risque de perte. Les prestations, ou l'une d'elles, dépendent d'un événement aléatoire (ex. : contrat d'assurance).
Exécution instantanée et exécution successive (art. 1111-1 C. civ.)	Le contrat à exécution instantanée s'exécute en une fois, en un trait de temps (ex. : vente). Dans le contrat à exécution successive, les prestations se renouvellent dans le temps (ex. : bail, contrat de travail).
Consensuel, solennel et réel (art. 1109 C. civ.)	Le contrat consensuel est formé dès l'échange des consentements, sans qu'une quelconque formalité, comme un écrit, ait à être respectée. Le contrat solennel est un contrat formaliste : son existence et sa validité supposent, outre l'échange des consentements, l'accomplissement d'une formalité. Le contrat réel est soumis à un formalisme particulier : le contrat n'est formé que lorsque la chose est remise (ex. : prêt).

2. Types d'obligations contractuelles

Classification selon le contenu. On distingue les obligations de donner, de faire et de ne pas faire. L'obligation assumée par le vendeur de délivrer la chose est une obligation de donner, comme celle du locataire de payer le prix. L'obligation de l'entrepreneur de construire un immeuble constitue une obligation de faire, comme celle du salarié d'accomplir son travail. L'obligation de non-rétablissement, stipulée dans la vente d'un fonds de commerce et à la charge du vendeur, est une obligation de ne pas faire.

Classification selon l'exécution attendue par le créancier. On distingue :

- Les obligations de moyens. L'obligation de moyens est celle par laquelle le débiteur s'engage seulement à employer les moyens appropriés dans une tâche à accomplir, à faire de son mieux. Il en est ainsi dans le contrat de soins : le médecin n'est pas tenu de guérir, mais de mettre tous les moyens existants en l'état de la science pour guérir.
- Les obligations de résultat. Comme son nom l'indique, l'obligation de résultat a pour objet un résultat déterminé. L'obligation n'est considérée comme correctement exécutée que si le résultat est atteint.

Exemple

Dans le contrat de transport de chose, l'obligation de résultat impose de faire parvenir la chose transportée sans accident.

C) Droit commun et contrats spéciaux

Droit commun. Le droit des contrats est composé de règles communes à tous les contrats de droit privé. C'est ce que l'on appelle le droit commun des contrats.

Contrats spéciaux. Le droit des contrats est aussi composé de règles spécifiques à tel ou tel contrat. Par exemple, le contrat de vente fait l'objet de règles qui lui sont propres inscrites dans le Code civil. Lui sont donc applicables les règles communes et les règles spéciales.

Si les deuxièmes dérogent aux premières, ce sont les règles spéciales qui priment. Le principe de primauté du droit spécial est consacré par l'article 1105 du Code civil qui consacre l'adage latin *specialia generalibus derogant*.

Code civil, article 1105

Les contrats, qu'ils aient ou non une dénomination propre, sont soumis à des règles générales, qui sont l'objet du présent sous-titre. Les règles particulières à certains contrats sont établies dans les dispositions propres à chacun d'eux. Les règles générales s'appliquent sous réserve de ces règles particulières.

D) Principes généraux gouvernant les contrats

Voici quelques-uns des principes cardinaux du droit des contrats, tirés du Code civil, ou de la tradition juridique multiséculaire.

Autonomie de la volonté. Nombre de juristes estiment que la création du contrat et les effets qu'il produit reposent sur un principe philosophique, le principe de l'autonomie de la volonté. La volonté individuelle serait la seule source possible du contrat parce que cette volonté serait autonome, c'est-à-dire suffisamment puissante pour se créer sa propre loi, sa propre règle. Le dogme de l'autonomie de la volonté se traduirait par certains principes que l'on trouve dans le Code civil : le principe du consensualisme, le principe de la liberté contractuelle, celui de la force obligatoire du contrat et le principe de l'effet relatif des contrats.

Force obligatoire du contrat. Le contrat est la loi des parties et les oblige sous peine de sanctions. Ce principe, célèbre, est aujourd'hui formulé à l'article 1103 du Code civil : les contrats légalement formés tiennent lieu de loi à ceux qui les ont faits.

L'effet relatif des contrats est le pendant logique de la force obligatoire du contrat. Le contrat est la loi des parties mais seulement des parties. Le principe est posé par l'article 1199 du Code civil : le contrat ne crée d'obligations qu'entre les parties. Les tiers ne peuvent ni demander l'exécution du contrat ni se voir contraints de l'exécuter.

Consensualisme. Un contrat est valablement formé par le seul échange des consentements, sans que l'accomplissement de formalités ne soit nécessaire. C'est la règle posée par l'article 1109 alinéa 1er du Code civil.

Bonne foi contractuelle. L'article 1104 du Code civil pose que les contrats doivent être négociés, formés et exécutés de bonne foi. Cette disposition est d'ordre public. Ce principe peut notamment signifier l'obligation d'agir avec honnêteté ; ainsi, le créancier qui ne demande pas sciemment le paiement de sa créance afin de faire courir des intérêts de retard plus importants au détriment de son débiteur, agit de mauvaise foi, ce qui pourra entraîner une sanction judiciaire.

E) Négociation et formation du contrat

Le contrat fait en règle générale l'objet de **négociations** préalables, le plus souvent non formalisées. Il est ensuite formalisé.

1. Phase précontractuelle de négociation

Le principe : la liberté de rupture unilatérale des négociations.

Code civil, article 1112 al. 1er

- L'initiative, le déroulement et la rupture des négociations précontractuelles sont libres. Ils doivent impérativement satisfaire aux exigences de la bonne foi.

Les parties n'ont pas l'obligation de conclure le contrat négocié, même lorsque les pourparlers sont encadrés par des conventions préparatoires. Dans cette dernière hypothèse, l'obligation n'est que de moyens.

La négociation d'un contrat avec la chine (vidéo)

http://dunod.link/sfu9zhq

Le principe est donc la liberté de rupture des négociations. Une partie peut seule sortir des pourparlers sans avoir à obtenir l'accord de son partenaire. La règle découle directement du principe de la liberté contractuelle et, plus précisément, de la liberté de ne pas contracter.

Cependant, le juge contrôle cette liberté. Il la surveille, que les pourparlers soient encadrés par des contrats préparatoires ou en dehors de tout encadrement. Le contentieux relatif à la rupture unilatérale des négociations concerne surtout la responsabilité civile de l'auteur de la rupture.

L'exception : la responsabilité civile de l'auteur de la rupture. La rupture des négociations est libre. Aussi, le demandeur n'obtiendra indemnisation que s'il rapporte la preuve d'une faute de son partenaire, d'un préjudice et d'un lien de causalité entre les deux. La faute est évidente lorsque l'auteur de la rupture a eu l'intention de nuire à celui qui la subit, par exemple dans le dessein de l'empêcher de négocier avec autrui et lui faire, de la sorte, manquer un marché.

La faute est aussi constituée lorsque la rupture n'est pas loyale. La rupture ne doit pas être abusive, c'est-à-dire être exercée de mauvaise foi. Il ressort des décisions de justice que cela se traduit par le devoir de mener les négociations avec transparence, sincérité, persévérance et sérieux.

Exemple

Un commerçant demande au titulaire d'une marque l'obtention d'une licence d'exploitation en lui proposant d'y associer un sous-traitant. Après quatre mois de négociations, le concédant adresse au commerçant un projet de contrat comptant 40 pages. Puis, le concédant décide de conclure directement avec le sous-traitant présenté par le commerçant, sans en avertir ce dernier et en lui faisant croire, pendant un mois, que le contrat de licence allait être conclu. La rupture des pourparlers par le concédant est ici fautive car déloyale. Le concédant sera condamné à réparer le préjudice subi par le commerçant qui, pendant un mois, a continué à déployer ses efforts inutilement ; dans une affaire similaire le préjudice a été évalué à 30 000 euros.

La victime qui souhaite obtenir réparation par l'allocation de dommages et intérêts doit démontrer un **préjudice direct et certain**. Le préjudice peut être moral, lorsque par exemple la réputation commerciale de la victime est atteinte. Le plus souvent le préjudice invoqué est matériel. La victime souhaite obtenir le remboursement des frais de négociation qu'elle a engagés (études préalables, frais de déplacement...).

Enfin, le préjudice invoqué doit être **causé par la faute**, non par la rupture seulement. Par exemple, si des frais ont été engagés parce que le partenaire (fautif) a laissé croire en la conclusion du contrat, taisant des négociations parallèles, le préjudice est lié à la faute.

FOCUS **La non-indemnisation du gain manqué**

La perte d'une chance de réaliser des bénéfices escomptés de la conclusion du contrat négocié est-elle indemnisable ? La Cour de cassation répond par la négative en l'absence « d'accord ferme et définitif ». Elle juge qu'un tel gain manqué est sans **lien de causalité** avec la rupture. Cette jurisprudence, aujourd'hui appuyée sur le nouvel article 1112 al. 2 du Code civil, est parfaitement justifiée puisque le préjudice invoqué ne découle pas de la faute commise, mais du refus de contracter, lequel ne constitue pas une faute.

Code civil, article 1112 al. 2

- En cas de faute commise dans les négociations, la réparation du préjudice qui en résulte ne peut avoir pour objet de compenser ni la perte des avantages attendus du contrat non conclu, ni la perte de chance d'obtenir ces avantages.

L'obligation précontractuelle d'information et de confidentialité. Dans le droit fil de l'obligation de négocier le contrat de bonne foi (Code civil, art. 1112), le Code civil pose deux principes importants : celui de l'obligation précontractuelle d'information et celui de l'obligation de confidentialité.

Code civil

Article 1112-1. Celle des parties qui connaît une information dont l'importance est déterminante pour le consentement de l'autre doit l'en informer dès lors que, légitimement, cette dernière ignore cette information ou fait confiance à son cocontractant.

Article 1112-2. Celui qui utilise ou divulgue sans autorisation une information confidentielle obtenue à l'occasion des négociations engage sa responsabilité dans les conditions du droit commun.

2. La formation définitive du contrat

Les négociations consistant en une discussion basée sur des propositions et contre-propositions, à partir de quel moment doit-on considérer que le contrat négocié devient définitif, conclu ? La jurisprudence, dès avant l'ordonnance réformant les contrats le 10 février 2016, avait posé en principe que le contrat est définitivement formé lorsqu'une offre a rencontré une acceptation à propos des éléments essentiels du contrat négocié. Mais que devait-on entendre par « élément essentiels » ? Le principe est maintenant clairement établi par le Code civil.

Code civil, article 1113

- Le contrat est formé par la rencontre d'une offre et d'une acceptation par lesquelles les parties manifestent leur volonté de s'engager.

Offre. Appelée aussi pollicitation, l'offre consiste en une proposition précise et ferme de conclure un contrat à des conditions déterminées, de telle sorte que son acceptation suffit à la formation de celui-ci.

Code civil, article 1114

- L'offre, faite à personne déterminée ou indéterminée, comprend les éléments essentiels du contrat envisagé et exprime la volonté de son auteur d'être lié en cas d'acceptation. À défaut, il y a seulement invitation à entrer en négociation.

L'offre est précise lorsque ses éléments sont déterminés et qu'elle comprend les éléments essentiels du contrat (pour le contrat de vente, la chose vendue et son prix). La fermeté désigne l'absence de réserves de la part de l'offrant.

L'offre peut être expresse, émanant d'un écrit ou de la parole, ou tacite, résultant alors du comportement (par exemple, exposer des produits en vitrine d'un magasin).

Une fois émise, l'offre peut-elle être révoquée par son auteur, dès lors qu'elle n'a pas fait l'objet d'une acceptation ? Cette question est résolue par les textes suivants du Code civil :

- L'offre peut être librement rétractée tant qu'elle n'est pas parvenue à son destinataire (Code civil, art. 1115). Elle ne peut être rétractée avant l'expiration du délai fixé par son auteur ou, à défaut, l'issue d'un délai raisonnable (Code civil, art. 1116) ; l'offre est caduque à l'expiration du délai fixé par son auteur ou, à défaut, à l'issue d'un délai raisonnable. Elle l'est également en cas d'incapacité ou de décès de son auteur ou destinataire (Code civil, art. 1117).
- Le délai raisonnable varie en jurisprudence suivant les circonstances entre deux et cinq semaines.

Acceptation. L'acceptation est l'expression de l'intention définitive du destinataire de l'offre de conclure le contrat aux conditions prévues par l'offrant, et à ces conditions seulement. La formation du contrat suppose ainsi une concordance exacte entre l'offre et son acceptation.

Sur le plan de sa forme, l'acceptation, comme l'offre, peut être expresse ou tacite. Le silence gardé par une personne à une offre ferme et précise formulée par le pollicitant vaut-il acceptation ? En principe, le silence ne vaut pas acceptation. En droit, « qui ne dit mot, ne consent pas » parce que le silence est équivoque. Le principe est consacré par l'article 1120 du Code civil.

Exemple

- Il a été jugé que l'expédition répétée d'une publication périodique ne pouvait donner naissance à un abonnement même si l'expéditeur avait indiqué qu'à défaut de refus, le destinataire serait considéré comme abonné. Du reste, aujourd'hui, la loi sanctionne spécialement la vente ou la prestation de service sans commande préalable. La sanction est pénale (c'est un délit) et civile, le contrat conclu consécutivement à une telle pratique étant nul.

Code de la consommation, article L. 121-12

- Est interdit le fait d'exiger le paiement immédiat ou différé de biens ou de services fournis par un professionnel ou, s'agissant de biens, d'exiger leur renvoi ou leur conservation, sans que ceux-ci aient fait l'objet d'une commande préalable du consommateur.

Le principe selon lequel le silence ne vaut pas acceptation supporte plusieurs exceptions. La première est liée à la volonté : les parties peuvent prévoir que le silence vaudra acceptation (cas de la tacite reconduction de certains contrats).

Il existe enfin une exception jurisprudentielle. La Cour de cassation juge que le silence vaut acceptation dès lors que les circonstances lui confèrent la signification d'un consentement sans équivoque. Elle admet ainsi le silence valant acceptation du fait de certaines circonstances.

Exemple

- Un propriétaire demande un permis de construire sur sa parcelle. Le préfet lui enjoint de faire réaliser préalablement aux travaux une opération préventive de fouilles archéologiques. Le propriétaire demande un devis à l'Association pour les fouilles archéologiques nationales (AFAN). Il n'a jamais retourné, ni signé ce devis. Les travaux sont malgré tout réalisés par l'AFAN, mais le propriétaire refuse de payer le prix affirmant ne pas avoir accepté le devis. Il est jugé que son silence vaut acceptation au motif, notamment, qu'il n'avait pas d'autre choix que de faire réaliser l'opération de fouille préventive et que l'arrêté enjoignant la réalisation desdites fouilles avait été signé au visa d'une convention conclue par l'État et l'AFAN.

S'agissant de ses effets, l'acceptation pose deux questions, la question des contrats conclus à distance et la question du report du moment de la conclusion définitive du contrat.

La distance qui peut séparer les parties pose la question du lieu et du moment où le contrat se forme. Cela revient à se demander si l'accord de volonté (ou échange des consentements) se réalise par l'émission de l'acceptation ou par la réception de cette acceptation par l'offrant.

Ainsi si la révocation a lieu entre l'émission de l'acceptation par l'acceptant et la réception de cette acceptation par l'offrant et que l'on retient l'émission comme moment de la conclusion du contrat, il en résulte que la révocation n'est pas efficace : elle est tardive, postérieure à la formation de l'acte. À l'inverse, si l'on retient la théorie de la réception, la révocation est efficace.

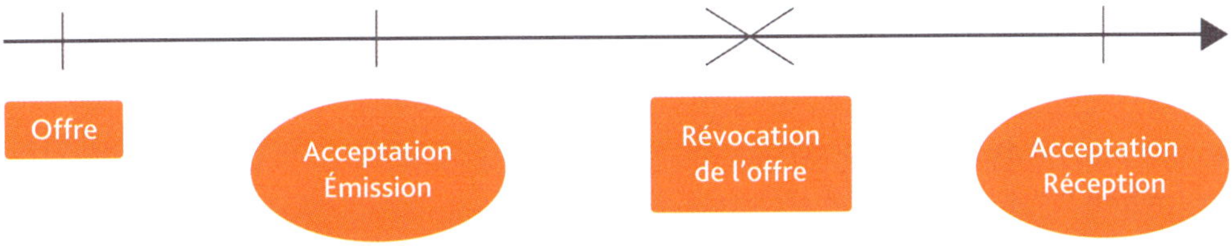

Figure 1.2. **Moment de conclusion du contrat**

La théorie de la réception est aujourd'hui consacrée par le Code civil.

Code civil, article 1121

- Le contrat est conclu dès que l'acceptation parvient à l'offrant. Il est réputé l'être au lieu où l'acceptation est parvenue.

Peut-on reporter le moment de la conclusion définitive du contrat ? En principe, une fois l'acceptation émise, le contrat est conclu et l'acceptant ne peut se désister. Les parties peuvent déroger à ce principe en stipulant dans leur accord une clause de dédit. Pareille clause autorise l'une des parties à se dédire, généralement en contrepartie d'une somme d'argent (appelée arrhes dans la vente).

En matière de protection des consommateurs, le législateur est venu déroger au principe précité lorsque l'offre émane d'un professionnel. Dans certains cas, limitativement énumérés par le Code de la consommation, le consommateur dispose d'un **délai de réflexion** ou d'un **délai de rétractation**.

Code civil, article 1122

- La loi ou le contrat peuvent prévoir un délai de réflexion, qui est le délai avant l'expiration duquel le destinataire de l'offre ne peut manifester son acceptation ou un délai de rétractation, qui est le délai avant l'expiration duquel son bénéficiaire peut rétracter son consentement.

Conditions de formation et de validité des contrats

Les conditions de formation et de validité des contrats sont posées par le Code civil à l'article 1128 et sont prescrites à peine de **nullité**. Le texte énonce :

- Sont nécessaires à la validité d'un contrat :
  1° Le consentement des parties ;
  2° Leur capacité de contracter ;
  3° Un contenu licite et certain.

L'ancien article 1108 du Code civil énumérait une quatrième condition de formation du contrat : la cause. Cette dernière notion a disparu du Code civil depuis la réforme de 2016.

A) Capacité à contracter

Définition

La **capacité** désigne l'aptitude d'une personne à être titulaire de droits et à exercer ceux-ci.

La capacité est l'un des attributs fondamentaux de la personnalité juridique. L'inaptitude à être titulaire de droit est appelée incapacité de jouissance ; l'inaptitude à exercer soi-même les droits dont on est titulaire est appelée incapacité d'exercice. Le principe est que toute personne, physique comme morale, est apte à contracter sauf dans les cas d'incapacité prévus par la loi.

Code civil

- **Article 1145.** Toute personne physique peut contracter sauf en cas d'incapacité prévue par la loi.
  La capacité des personnes morales est limitée par les règles applicables à chacune d'entre elles.
- **Article 1146.** Sont incapables de contracter, dans la mesure définie par la loi :
  1° Les mineurs non émancipés ;
  2° Les majeurs protégés au sens de l'article 425.
- **Article 1147.** L'incapacité de contracter est une cause de nullité relative.
- **Article 1148.** Toute personne incapable de contracter peut néanmoins accomplir seule les actes courants autorisés par la loi ou l'usage, pourvu qu'ils soient conclus à des conditions normales.

1. Incapacités à exercer le droit de contracter (incapacités d'exercice)

Définition

L'**incapacité d'exercice** désigne l'inaptitude d'une personne à exercer elle-même son droit de contracter.

La personne frappée d'incapacité d'exercice est titulaire du droit de contracter mais ne peut l'exercer elle-même, de sorte qu'elle doit être :
- soit assistée d'une tierce personne, qui agit à ses côtés ;
- soit représentée par un tiers, qui agit en son nom et à sa place.

Le plus souvent, ces incapacités s'expliquent par le souci du législateur de protéger l'incapable contre lui-même en raison de sa faiblesse supposée ou établie, due à son jeune âge ou à l'altération de ses facultés.

Mineurs. La personne mineure, c'est-à-dire de moins de dix-huit ans et non émancipée (l'émancipation résulte soit du mariage, soit d'une décision du juge des tutelles à partir de seize ans), est incapable de conclure elle-même tout contrat. Elle ne peut contracter que par l'intermédiaire d'un représentant (tab. 1.2). Ce dernier peut être l'administrateur légal, c'est-à-dire la mère et/ou le père du mineur, ou le juge des tutelles lorsque les parents sont décédés ou déchus de l'autorité parentale. Pour plus de clarté, on distinguera selon l'importance du contrat en cause :

- Les contrats de la vie courante, ceux que l'on passe tous les jours, portant sur une somme modeste, peuvent être conclus par le mineur seul. Toutefois, ces contrats encourent la nullité s'ils ont été conclus à des conditions lésionnaires pour le mineur non émancipé (C. civ., art. 1149).
- Les contrats passés pour entretenir un bien (actes de conservation) ou en effectuer la gestion courante (actes d'administration, par exemple la location du bien), de même que les actes d'aliénation de meubles d'usage courant peuvent être conclus par l'un des parents seul, en cas d'administration légale, ou par le juge des tutelles, en cas de tutelle. Si pareils contrats sont passés par le mineur seul, ils encourent la nullité en cas de lésion du mineur.
- Les contrats portant aliénation d'un bien du mineur (actes de dispositions), autres qu'un meuble d'usage courant, doivent être conclus par les deux parents, en cas d'administration légale. Si l'un des parents n'est pas d'accord, l'autre peut demander l'autorisation au juge des tutelles.
- Enfin, la conclusion d'actes de disposition graves, dont la liste est fournie à l'article 389-5 du Code civil, notamment la vente d'immeuble, l'apport en société d'un immeuble ou d'un fonds de commerce, ou encore l'emprunt, doivent toujours être autorisés par le juge des tutelles, même si les parents sont d'accord.

Tableau 1.2. Représentation du mineur

	Système de représentation		
Actes à conclure	Administration légale	Tutelle	Sanction
Contrats de la vie courante	Par le mineur seul	Par le mineur seul	Nullité si lésion
Contrats pour la conservation et l'administration des biens	Par l'un des parents seul	Par le juge des tutelles seul	Nullité si lésion (si acte passé par le mineur seul)
Contrats de disposition des biens	Par les deux parents ou l'un des parents avec l'autorisation du juge des tutelles	Par le juge des tutelles avec l'autorisation du conseil de famille	Nullité
Contrats de disposition grave	Avec l'autorisation du juge des tutelles	Par le juge des tutelles avec l'autorisation du conseil de famille	Nullité

Majeurs incapables. Est protégé par la loi le majeur « dans l'impossibilité de pourvoir seul à ses intérêts en raison d'une altération, médicalement constatée, soit de ses facultés mentales, soit de ses facultés corporelles de nature à empêcher l'expression de sa volonté » (C. civ., art. 425). Le Code civil prévoit plusieurs régimes de protection :

- La tutelle (Code civil, art. 440 s.) concerne les majeurs les plus atteints. La représentation par un tuteur est nécessaire.

- La curatelle (Code civil, art. 440 s.) permet au majeur de conclure des actes de disposition dès lors qu'il est assisté d'un curateur. Il peut en revanche passer seul les actes de la vie courante et ceux d'administration.
- Le majeur mis provisoirement sous sauvegarde de justice (Code civil, art. 433 à 439), avant que d'être placé éventuellement en tutelle ou curatelle, peut conclure des contrats seul. Il n'est pas incapable puisqu'il conserve l'exercice de ses droits. Toutefois, le contrat conclu peut être rescindé en cas de lésion subie par le majeur ou réduit en cas d'excès.

2. Incapacités à jouir du droit de contracter (incapacités de jouissance)

Définition

L'**incapacité de jouissance** désigne l'inaptitude d'une personne à être titulaire de droits. Une personne frappée d'incapacité de jouissance ne peut donc pas contracter, ni seule ni avec l'assistance ou la représentation d'un tiers.

De l'incapacité de jouissance découle l'incapacité d'exercice, puisqu'une personne ne peut pas exercer des droits qu'elle ne possède pas. Les incapacités de jouissance sont toujours spéciales, ce qui signifie qu'elles ne portent que sur certains contrats ou certaines situations contractuelles. Par exemple, le médecin ne peut recevoir de donations de son patient.

Code civil, article 909

- Les membres des professions médicales et de la pharmacie, ainsi que les auxiliaires médicaux qui ont prodigué des soins à une personne pendant la maladie dont elle meurt ne peuvent profiter des dispositions entre vifs ou testamentaires qu'elle aurait faites en leur faveur pendant le cours de celle-ci.

3. Principe de spécialité des personnes morales

Pour la première fois, le Code civil consacre avec l'ordonnance du 10 février 2016 le principe de spécialité des personnes morales dans les termes suivants :

Code civil, article 1145 al. 2

- La capacité des personnes morales est limitée par les règles applicables à chacune d'entre elles.

Le principe de spécialité signifie qu'une personne morale, publique ou privée, ne peut agir que dans la limite de son objet ou de sa mission, c'est-à-dire dans des limites fixées par la loi ou par ses statuts, à la différence d'une personne physique qui peut contracter dans la direction qu'elle souhaite.

B) Forme du consentement

Le contrat se conclut par le seul échange des consentements. C'est le principe du consensualisme. Il ne présente pas toujours que des avantages, c'est pourquoi notre droit n'a jamais totalement exclu le formalisme.

Définition

Un **contrat consensuel** est un acte juridique qui peut être conclu sous une forme quelconque.

Est consensuel, un contrat pour la conclusion duquel la loi n'exige pas l'accomplissement de formalités. Il faut récuser l'opinion courante selon laquelle il n'y a pas de contrat sans écrit ou encore selon laquelle on ne conclut pas un contrat, on le signe. On peut se passer du verbe, le comportement suffisant à contracter.

Tableau 1.3. Avantages et inconvénients du formalisme et du consensualisme

	Avantages	Inconvénients
Consensualisme	Rapidité Respect de la parole donnée Liberté	Ambiguïté Preuve Non-protection des tiers Risque d'abus d'une partie
Formalisme	Certitude Protection des contractants Protection des tiers	Lenteur Coût Risque d'annulation du contrat

1. Limites au consensualisme : le formalisme

Notion. Le formalisme désigne l'exigence légale de formalité pour la formation du contrat, par exception au principe du consensualisme. Les objectifs poursuivis par le législateur lorsqu'un formalisme est instauré doivent être distingués, le formalisme pouvant être protecteur, probatoire ou informatif.

- Il peut s'agir de faire prendre conscience aux parties de l'importance de l'acte qu'elles vont conclure ou encore de véhiculer certaines informations. En ce cas le formalisme touche directement le consentement de contractant.
- L'objectif peut être uniquement probatoire. L'exigence de forme devient nécessaire pour pouvoir prouver.
- Il peut s'agir enfin de protéger les tiers : l'accomplissement de formalités permettra de les informer de l'existence d'un acte.

Contrats solennels. Les **contrats solennels** sont ceux dont le formalisme, imposé par un texte spécial, constitue une condition de validité. La sanction du non-respect du formalisme est la nullité du contrat. C'est l'exigence légale d'une forme particulière (à titre de validité) qui permet de dire qu'un contrat est solennel. Si les parties décident d'établir un écrit, alors que la loi ne leur impose pas, il s'agit d'un contrat consensuel.

Acte notarié ou acte authentique. Pour les contrats que le législateur estime particulièrement importants, le formalisme se traduit par l'exigence d'un acte écrit passé devant notaire, c'est-à-dire un acte notarié, dit aussi authentique. Il s'agit de faire prendre conscience aux parties de l'importance du contrat qu'elles vont conclure.

Exemples

- La donation est un contrat qui doit être passé devant notaire, à peine de nullité (C. civ., art. 931). La jurisprudence admet toutefois, dans une certaine mesure, la validité des dons manuels, c'est-à-dire effectués de la main à la main.
  Le contrat de mariage est également soumis, à peine de nullité, à l'exigence d'un acte notarié (C. civ., art. 1394), de même que la vente d'immeuble à construire (CCH, art. L. 261-11) ou le contrat de location-accession à la propriété (loi du 12 juill. 1984, art. 4).

Acte sous seing privé. Pour d'autres contrats, la loi exige, à peine de nullité aussi, un écrit non notarié, c'est-à-dire un acte sous seing privé (écrit établi et signé par les parties elles-mêmes, sans intervention d'un notaire).

Exemple

- Un écrit ordinaire est exigé, à peine de nullité, pour la convention d'indivision (C. civ., art. 1873-3), le contrat de bail d'habitation (loi du 6 juillet 1989 art. 3), ou encore la cession de brevet d'invention (CPI, art. L. 613-8).

À partir de la deuxième moitié du xxe siècle, l'exigence d'un écrit est le plus souvent accompagnée d'une exigence de mentions obligatoires devant figurer dans le contrat. L'objectif est d'informer l'un des cocontractants, que le législateur estime en position de faiblesse (le consommateur par exemple), afin d'éclairer son consentement.

Exemples

- Vente de fonds de commerce (C. com., art. L. 141-1) ; contrat de promotion immobilière (CCH, L. 222-3) ; contrat d'enseignement à distance (C. éduc., art. L. 444-7 et L. 444-8) ; contrat de travail à durée déterminée (C. trav., art. L. 1242-12).

Sanctions. Le plus souvent la sanction de l'exigence d'un écrit est la nullité du contrat et c'est dans ce cas que l'on parle de contrat solennel. Mais il existe des sanctions particulières, plus adaptées à la situation illicite. Par exemple le contrat de travail à durée déterminée qui n'est pas établi par écrit sera réputé conclu à durée indéterminée.

Mais il peut parfois en être différent : à propos du contrat d'assurance, il est de jurisprudence constante que l'écrit exigé par le Code des assurances (art. L. 112-3) n'est qu'une condition de preuve, de sorte que le contrat n'encourt pas la nullité à défaut d'écrit.

FOCUS — **Les contrats réels**

Les contrats réels sont ceux qui se forment par la remise d'une chose. Aujourd'hui la catégorie des contrats réels est contestée par une partie de la doctrine. Mais la Cour de cassation continue, dans l'ensemble, à appliquer la notion traditionnelle de contrat réel. Ces contrats ne se forment pas par le simple échange des consentements mais exigent la remise de la chose objet de l'obligation.

Formalisme probatoire et preuve des actes juridiques. Lorsqu'un écrit n'est pas exigé par la loi à titre de validité, mais à titre de preuve, il ne s'agit pas d'une exception au principe du consensualisme, mais d'une atténuation. Pour autant, il ne faudrait pas négliger l'importance de la preuve : un droit valable qui ne peut pas être prouvé est inefficace. Il est vrai cependant que le problème de la preuve ne surgit qu'en cas de contestation.

Il est de principe que la preuve des actes juridiques doit être rapportée par un écrit constitué avant la contestation. C'est dire qu'à défaut d'écrit, le contrat ne peut pas être prouvé par témoignage ou présomption, quand bien même serait-il valable.

Ce principe supporte des exceptions, dont on ne donnera qu'un exemple ici, car l'étude de la preuve relève de la théorie générale du droit. La preuve est libre – ce qui veut dire qu'elle peut être rapportée par tous moyens et pas seulement un écrit – lorsque le montant sur lequel porte le contrat est inférieur à une somme fixée par décret (C. civ., art. 1359). Depuis un décret du 29 septembre 2016, ce seuil est de 1 500 euros.

Formalisme de publicité. Le législateur exige parfois l'accomplissement de formalités afin d'assurer la publicité d'un acte, de sorte que ce dernier soit porté à la connaissance des tiers et qu'il soit opposable à ces personnes. Ici, le formalisme n'est pas une condition de validité, mais une condition d'opposabilité du contrat aux tiers. Autrement dit, en cas de non-respect de l'exigence formelle, le contrat demeure valable entre les parties, mais il est inefficace à l'égard des tiers.

Définition

L'**inopposabilité** de l'acte aux tiers signifie que les contractants ne peuvent pas se prévaloir de l'existence du contrat à l'égard des tiers, notamment des créanciers. Ces derniers peuvent ignorer l'acte et ses effets.

Exemple

- Le contrat de vente portant sur un immeuble est consensuel, mais son opposabilité aux tiers est conditionnée par la publicité de cette vente à la conservation des hypothèques (on parle de publicité foncière), ce qui suppose au préalable l'établissement d'un acte notarié. À défaut, l'acheteur ne pourra pas se prévaloir à l'égard des tiers de sa qualité de propriétaire. Si le vendeur, indélicat, a vendu une deuxième fois le même immeuble, le second acquéreur prévaudra sur le premier dès lors qu'il aura effectué les formalités de publicité.

FOCUS ***Blockchain* et *smart-contracts* vont-ils révolutionner le monde traditionnel des contrats ?**

Voici deux mots qui défraient la chronique : la *blockchain* est une technologie permettant de sécuriser des transactions (vente, location, autres contrats...) en cryptant les données de chaque transaction et en les diffusant au sein d'un réseau d'utilisateurs très étendu. C'est donc une base de données partagée entre tous les utilisateurs d'un réseau, c'est-à-dire potentiellement des millions de personnes. Au lieu que la transaction, pour la garantir contre la falsification, ne soit conservée par un tiers de confiance (un notaire par exemple), elle sera conservée par un nombre très important d'utilisateurs. Votre voisin devient donc votre notaire et vice-versa...

Le droit français, par l'ordonnance n° 2017-1674 du 8 décembre 2017, vient consacrer une première application de la *blockchain*, nommée dispositif d'enregistrement électronique partagé, au travers de l'inscription des titres financiers. Ainsi le nouvel article L. 211-3 du Code monétaire et financier prévoit que « les titres financiers, émis en territoire français et soumis à la législation française, sont inscrits soit dans un compte-titres tenu par l'émetteur [...], soit, [...], dans un dispositif d'enregistrement électronique partagé. L'inscription dans un dispositif d'enregistrement électronique partagé tient lieu d'inscription en compte. »

Les *smart-contracts* sont des contrats qui se nouent et s'exécutent par des protocoles automatiques reposant sur des conditionnalités (si/if ceci se produit, alors/then cela est la conséquence). Cette innovation part du principe que les termes d'un contrat peuvent être codés de manière informatique. Prenons l'exemple d'un contrat d'assurance souscrit par un voyageur et offrant une indemnisation de 150 € si le vol a plus de 2 heures de retard. Dans un contrat au sens classique, le voyageur devra faire une déclaration à la compagnie d'assurances en rapportant la preuve du retard, pour être indemnisé. Avec un *smart-contract*, un programme réalisera le paiement directement en application du protocole suivant :

- SI contrat signé entre A et B ;
- ET SI prime d'assurance payée ;
- ET SI retard > 2 heures (le programme se connectera automatiquement à un serveur indiquant les heures d'atterrissage) ;
- ALORS paiement 150 €.

On imagine les nombreuses applications futures des *smart-contracts* et comment ils vont vraisemblablement révolutionner notre pratique du droit. À la clé, plus de rapidité, plus de sécurité, des coûts réduits, mais également beaucoup moins d'intermédiaires...

C) Qualité du consentement

Si la rencontre d'une offre et d'une acceptation constitue le schéma de la création du contrat, il faut encore, pour que cette création puisse produire des effets de droit, que les consentements échangés soient intègres c'est-à-dire non viciés. La loi exige un minimum d'intégrité et non des consentements totalement intègres. Elle prévoit trois vices du consentement pouvant donner lieu à la nullité du contrat : l'erreur, le dol et la violence.

Code civil

Article 1103. L'erreur, le dol et la violence vicient le consentement lorsqu'ils sont de telle nature que, sans eux, l'une des parties n'aurait pas contractée ou aurait contracté à des conditions substantiellement différentes. [...]

Article 1131. Les vices du consentement sont une cause de nullité relative du contrat.

1. Erreur

Code civil, article 1132

■ L'erreur de droit ou de fait, à moins qu'elle ne soit inexcusable, est une cause de nullité du contrat lorsqu'elle porte sur les qualités essentielles de la prestation due ou sur celles du cocontractant.

Définition

L'**erreur** est une appréciation inexacte de la réalité. Elle consiste à croire vrai ce qui est faux ou à croire faux ce qui est vrai.

En matière contractuelle, l'erreur commise par l'une des parties sur un élément du contrat lors de la formation de celui-ci, confère à l'*errans* (celui qui a commis l'erreur) une action en nullité. L'erreur doit être appréciée au moment de la conclusion du contrat.

Erreurs sources de nullité du contrat. Le droit des contrats n'admet que **deux formes** d'erreur comme sources de nullité :

- **L'erreur sur la personne (contrat *intuitu personae*)**. De l'article 1132 du Code civil, il résulte qu'en principe l'erreur sur la personne avec laquelle on a l'intention de contracter n'est pas une cause de nullité. Par exception, le contrat est annulable si la considération de la personne était la cause principale de la convention, c'est-à-dire s'il s'agit d'un contrat *intuitu personae*. La loi n'établit pas de liste de tels contrats. On s'attache généralement à la nature du contrat, pour dire que la considération de la personne est centrale dans les contrats à titre gratuit. Lorsque le contrat est conclu *intuitu personae* l'erreur est admise soit qu'elle porte sur l'identité physique du cocontractant, son identité civile (âge, nationalité, sexe, nom...), ou encore ses qualités essentielles (honorabilité, impartialité...). Ces sources d'erreur ne peuvent conduire à la nullité du contrat que si elles sont essentielles, ce qui dépend des contrats en cause et des circonstances.
- **L'erreur sur la prestation promise**. L'erreur sur l'objet du contrat est celle qui porte sur la prestation promise. C'est la plus fréquente en pratique. Elle donne lieu à un contentieux important. Généralement, l'erreur porte sur la prestation que l'on attend de l'autre partie. Mais il est de jurisprudence constante que l'erreur peut être source de nullité lorsqu'elle tombe sur la prestation fournie par l'*errans*. L'article 1133 du Code civil prévoit que les qualités essentielles de la prestation sont celles qui ont été expressément ou tacitement convenues et en considération desquelles les parties ont contracté.

Sont exclus les autres types d'erreur que sont l'erreur sur la valeur et l'erreur sur les motifs.

Le Code civil se référait avant 2016 à l'erreur sur la « substance ». Les tribunaux retenaient une conception subjective de la substance : ce sont les qualités pour lesquelles une personne entend contracter ou sans lesquelles elle n'aurait pas contracté. Il peut s'agit bien sûr de la matière, dès lors que celle-ci était substantielle pour l'*errans*, mais aussi des qualités immatérielles. L'ordonnance de 2016, en changeant le vocable en « essentielle » consacre cette conception subjective.

Exemple

▸ La constructibilité d'un terrain, l'authenticité d'une peinture de maître, l'ancienneté d'un meuble, le montant des loyers produits par un immeuble de rapport, la possibilité pour une société de poursuivre son activité (à propos de la cession de parts sociales). ◂

Pour entraîner la nullité du contrat, faut-il que le cocontractant ait eu connaissance du caractère essentiel de la qualité à propos de laquelle l'autre contractant s'est mépris ? En pratique, la question ne se pose guère lorsque la qualité est essentielle dans l'opinion commune. En revanche, son importance pratique surgit quand la qualité n'était essentielle que pour celui qui s'est trompé.

La réponse apportée par la jurisprudence n'est pas nette. Il semble se dégager des décisions de justice que l'erreur n'est une cause de nullité que si la qualité attendue est entrée dans le champ contractuel, c'est-à-dire est convenue entre les parties. La réforme du Code civil en 2016 a porté que ces qualités peuvent avoir été convenues expressément ou tacitement.

Exemple

- Prenons l'exemple d'un contrat de vente d'une peinture dans lequel il est stipulé la mention « attribué à Picasso ». Si l'acquéreur s'est mépris sur cette formule, croyant à tort que l'œuvre était de Picasso, le contrat n'encourt pas la nullité parce que l'authenticité de la peinture n'était pas entrée dans le champ contractuel. La formule marque un aléa sur cette qualité, essentielle pour l'acheteur. Ce qui a fait dire à un auteur que l'aléa chasse la nullité pour erreur.

Erreurs non prises en compte. L'erreur sur la valeur par laquelle, sans se tromper sur les qualités essentielles de la prestation, un contractant fait seulement de celle-ci une appréciation économique inexacte, n'est pas une cause de nullité (Code civil, article 1136). Depuis longtemps, les tribunaux refusaient de retenir l'erreur sur la valeur de la prestation attendue ou fournie comme cause de nullité de la convention. Cette jurisprudence peut s'expliquer par le caractère inexcusable d'une telle erreur : il appartient à tout contractant de mesurer la valeur de l'objet qu'il convoite ou qu'il entend fournir. Toutefois, le domaine de l'erreur sur la valeur est entendu étroitement par la jurisprudence. Pareille erreur ne rend pas le contrat annulable s'il s'agit d'une appréciation économique erronée effectuée à partir de données exactes. En revanche, la nullité est encourue lorsque l'erreur sur la valeur n'est que la conséquence d'une erreur sur les qualités essentielles (exemple du terrain non constructible alors qu'on le pensait constructible).

Erreur sur les motifs déterminants. Les tribunaux distinguent selon les motifs et semblent retenir, comme critère de distinction, le lien avec les qualités de l'objet ou de la personne. Si le motif est en lien direct avec les qualités de la chose, l'erreur déterminante conduira à la nullité du contrat. Dans le cas contraire, le contrat n'est pas annulable, même si l'erreur est déterminante et connue du cocontractant ; la nullité supposerait encore que le motif ait été convenu, incorporé dans le contrat.

Exemple

- L'erreur commise, par l'acquéreur, sur le régime fiscal attaché à un emplacement destiné à l'exploitation commerciale est une erreur sur des motifs, certainement déterminants, mais extérieurs à l'objet du contrat.
  En revanche celui qui achète une maison pour l'habiter et apprend, après la conclusion du contrat, qu'elle doit être détruite pour insalubrité, commet une erreur sur un motif déterminant (habiter la maison) en lien direct avec l'objet du contrat.

Conditions de la nullité du contrat pour erreur. Trois conditions sont posées :

- **L'erreur doit être excusable.** Qu'elle porte sur l'objet ou sur la personne, l'erreur ne rend le contrat annulable que si elle est excusable. C'est un argument d'ordre moral qui fonde cette règle posée par la jurisprudence. Le consentement est certes vicié, mais la faute de l'*errans* ne saurait préjudicier à son cocontractant. L'erreur inexcusable est une erreur grossière, mais son appréciation ne s'effectue pas en référence à un être abstrait, mais en fonction de circonstances concrètes. Par exemple, l'appréciation peut être différente selon que l'*errans* est un professionnel ou un simple particulier.

Exemple

L'erreur commise par la caution sur la capacité du débiteur principal à exercer une activité commerciale est excusable parce qu'il n'est pas d'usage de réclamer la production d'un casier judiciaire lors de la conclusion d'un tel contrat.
En revanche est inexcusable le tailleur qui achète du velours d'ameublement pour confectionner des vêtements.

- **L'erreur doit être de fait ou de droit.** L'erreur de droit comme celle de fait sont sources de nullité (C. civ., art. 1132). L'adage « nul n'est censé ignorer la loi » n'impose pas aux citoyens de connaître la loi, pas plus qu'il impose de considérer que tout citoyen connaît la loi. Il s'agit d'une fiction juridique, nécessaire à l'ordre social et dont la fonction est limitée à bloquer la prétention d'une personne qui prétendrait ignorer la loi pour échapper à la sanction.

Exemple

À commis une erreur substantielle le vendeur d'un terrain qui croyait faussement que l'acquéreur disposait d'un droit de préemption (c'est-à-dire un droit d'acquisition par préférence à toute autre personne).

- **Une erreur commise au moment de la formation du contrat.** L'erreur n'est une cause de nullité que si elle a été commise au moment de la formation du contrat et non postérieurement.

Exemple

Une personne achète un terrain situé en bordure d'un cours d'eau afin d'y construire une maison. Le permis de construire lui est délivré et l'acte authentique signé. Deux mois plus tard, à la suite d'une crue du cours d'eau, la municipalité retire le permis de construire et décide par arrêté que le terrain est inconstructible. Le contrat n'est pas annulable pour erreur dès lors que le terrain était bien constructible au jour de l'acte. Selon la Cour de cassation, il importe peu que l'arrêté municipal ait un effet rétroactif.

Sanctions de l'erreur. La sanction de l'erreur est la nullité relative du contrat. Cette nullité n'opère pas de plein droit, elle n'est pas automatique, mais doit être demandée au juge qui la prononcera. Il est donc préférable de dire que le contrat entaché d'erreur est annulable ; on dira qu'il est nul si le juge a prononcé la nullité. La nullité peut se cumuler avec des dommages et intérêts si le demandeur peut démontrer une faute de son cocontractant, par exemple une légèreté à ne pas vérifier des informations se révélant inexactes, ainsi qu'un préjudice et un lien de causalité entre celle-là et celui-ci.

2. Dol

Définition

Dans la phase de formation du contrat, le **dol** désigne la tromperie par laquelle l'une des parties cherche à induire l'autre partie en erreur afin de la pousser à contracter.

Code civil, article 1137

Le dol est le fait pour un contractant d'obtenir le consentement de l'autre par des manœuvres ou des mensonges.

- Constitue également un dol la dissimulation intentionnelle par l'un des contractants d'une information dont il sait le caractère déterminant pour l'autre partie.
- Néanmoins, ne constitue pas un dol le fait pour une partie de ne pas révéler à son cocontractant son estimation de la valeur de la prestation.

Élément matériel. Le Code civil vise les manœuvres ou mensonges pratiqués par l'une des parties. Il s'agira par exemple du fait de trafiquer le compteur kilométrique lors de la vente d'une automobile, ou encore de produire de faux bilans ou comptes de résultats lors de la cession d'une entreprise. Si le terme « manœuvres » traduit une machination, les rédacteurs du Code civil entendaient à l'origine sanctionner toute espèce d'artifice. Aussi, les tribunaux ont rapidement assimilé le mensonge aux manœuvres, exception faite du *dolus bonus* (bon dol) qui désigne la simple exagération d'usage des qualités d'une prestation.

Depuis un arrêt rendu en 1958 par la Cour de cassation, les tribunaux estiment que constitue un dol le simple silence volontairement gardé par un contractant sur un fait intéressant directement son partenaire. On parle de réticence dolosive. La Cour de cassation décide que « le dol peut être constitué par le silence d'une partie dissimulant au cocontractant un fait qui, s'il avait été connu de lui, l'aurait empêché de contracter ». Ainsi, la prise en compte de cette réticence met en évidence l'émergence d'une obligation précontractuelle d'information et, plus largement, une obligation de contracter de bonne foi. La réforme de 2016 consacre la **réticence dolosive** en excluant explicitement la rétention d'informations sur la valeur de la prestation.

Exemples

- Lors de la vente d'un immeuble et d'un fonds de commerce, commet un dol par réticence le vendeur qui n'informe volontairement pas l'acquéreur de l'absence d'autorisation d'ouverture de l'hôtel à exploiter et de la non-conformité aux règles de sécurité.
  Lors de la cession de parts sociales d'une société exploitant une pizzeria, commet un dol par réticence le cédant qui a volontairement gardé le silence à propos des nuisances causées par le système d'évacuation des fumées et odeurs.

Élément intentionnel. Les manœuvres, le mensonge ou le silence doivent avoir été réalisés par l'une des parties dans le dessein de tromper l'autre. Cet élément sera facilement établi en cas de manœuvres ou de mensonge, car ces derniers s'expliquent nécessairement par la volonté d'induire le partenaire en erreur ; sauf si le contractant a délivré des informations inexactes en croyant à leur véracité (mais il n'y a pas alors mensonge). En cas de réticence dolosive, l'élément intentionnel est plus délicat à établir. Le plus souvent, le juge le déduira de la connaissance de l'information recelée et de son importance pour le partenaire.

Erreur déterminante. Le dol n'est enfin admis que si celui qui en est victime a commis une erreur déterminante (tab. 1.4).

Tableau 1.4. L'erreur

Objet de l'erreur	Peu importe le type d'erreur, sur la substance, sur la valeur ou même sur les motifs.
Caractère déterminant	L'erreur provoquée doit être déterminante : sans l'erreur, la victime du dol n'aurait pas contracté.
Erreur excusable ou inexcusable	L'erreur qui résulte d'un dol est toujours excusable (article 1139 C. Civ.)

Auteur du dol. Le dol est une cause de nullité s'il émane du contractant, de son représentant, gérant d'affaires, préposé (salarié) ou porte-fort. Il l'est encore lorsqu'il émane d'un tiers de connivence, ce qui constitue une nouveauté de l'ordonnance de 2016.

Preuve du dol. Le dol ne se présume pas, il doit être prouvé. C'est donc à la victime qu'il appartient de démontrer le dol.

Sanctions. Si le dol est retenu, il entraîne la nullité du contrat, nullité qui devra être prononcée par un juge compétent. Par ailleurs, l'auteur du dol engage sa responsabilité civile délictuelle, dès lors que le contractant trompé a subi un préjudice lié à la tromperie (celle-ci constituant la faute). Le préjudice doit être démontré et ne peut pas consister en la seule nullité du contrat. La victime peut ne prétendre qu'à des dommages et intérêts, sans demander la nullité du contrat. Ce qui aboutit indirectement à une réduction du prix.

3. Violence

Définition

La **violence** est un comportement consistant à impressionner une personne et la pousser ainsi à contracter, par l'inspiration de la crainte d'exposer sa personne, ses proches ou ses biens à un mal d'une certaine gravité.

La contrainte exercée peut être physique, mais aussi morale c'est-à-dire se traduire par des menaces. La réforme du Code civil en 2016 a consacré la notion de **violence économique** (état de dépendance).

Exemples

- Violence physique : menace de mort, de coups, de séquestration, etc.
- Violence morale : menace de divulguer tel ou tel fait contraire à l'honneur (chantage), etc.
- Violence sur les biens : menace de priver une personne de sa profession, de son logement, de ses ressources (ex. : vente d'immeuble à une secte).

Code civil

- **Article 1140.** Il y a violence lorsqu'une partie s'engage sous la pression d'une contrainte qui lui inspire la crainte d'exposer sa personne, sa fortune ou celles de ses proches à un mal considérable.
- **Article 1142.** La violence est une cause de nullité qu'elle ait été exercée par une partie ou par un tiers.

Code civil, article 1143

■ Il y a également violence lorsqu'une partie, abusant de l'état de dépendance dans lequel se trouve son cocontractant à son égard, obtient de lui un engagement qu'il n'aurait pas souscrit en l'absence d'une telle contrainte et en tire un avantage manifestement excessif.

Conditions. La contrainte doit être suffisamment grave pour vicier le consentement. Pour apprécier cette gravité, les tribunaux font prévaloir une appréciation *in concreto*.

Exemple

▸ Il a été tenu compte du déséquilibre nerveux fragilisant une personne, de l'inexpérience dans les affaires. ▸

Bien sûr la violence est une cause de nullité lorsqu'elle est exercée contre le contractant, mais aussi contre l'un de ses proches, énonce l'article 1140 nouveau.

La violence n'est une cause de nullité de la convention que si elle n'est pas légitime. Ainsi en est-il de la menace d'exercer une voie de droit, par exemple la menace d'exercer des poursuites judiciaires proférées à l'encontre du débiteur afin que celui-ci tienne ses engagements. Le nouvel article 1141 du Code civil reprend ces principes en énonçant que la menace d'une voie de droit ne constitue pas une violence sauf si la voie de droit est détournée de son but ou est invoquée ou exercée pour obtenir un avantage manifestement excessif.

Origine de la violence. La violence est une cause de nullité même si elle a été commise par un tiers au contrat (C. civ., art. 1142).

Exemple

Qu'est-ce que l'abus de dépendance économique ?

http://dunod.link/bzgcebd

▸ Le capitaine d'un bateau subit une fortune de mer qui le contraint à accepter une assistance maritime aux conditions proposées par son cocontractant ; un médecin obtient des honoraires excessifs d'un malade gravement atteint. L'état de nécessité constitue-t-il une violence ? Les tribunaux n'admettent cette forme de violence, comme cause de nullité, que s'il apparaît que le cocontractant a profité des événements pour imposer des conditions anormales. ▸

Un texte spécial, applicable au rapport fournisseur/distributeur, sanctionne aussi l'abus de dépendance économique (C. com., art. L. 420-2).

Code de commerce, article L. 420-2 al. 2

■ Est en outre prohibée, dès lors qu'elle est susceptible d'affecter le fonctionnement ou la structure de la concurrence, l'exploitation abusive par une entreprise ou un groupe d'entreprises de l'état de dépendance économique dans lequel se trouve à son égard une entreprise cliente ou fournisseur. Ces abus peuvent notamment consister en refus de vente, en ventes liées, en pratiques discriminatoires

Abus d'état de dépendance. La réforme de 2016 consacre au sein de l'article 1143 du Code civil (*supra*) la notion d'abus d'état de dépendance qui consacre et précise la jurisprudence antérieure sur l'état de nécessité, la dépendance économique et l'état psychologique. Toutefois l'exigence que le contractant tire un *avantage manifestement excessif* de la situation est de nature à restreindre l'application du texte.

Sanctions. Les sanctions du vice du consentement par violence sont identiques à celles du dol (voir *supra*), à savoir la nullité du contrat et la responsabilité civile de l'auteur du dol.

D) Contenu du contrat

L'ordonnance du 10 février 2016 a remplacé la notion « d'objet » par celle plus accessible de « contenu du contrat ». Sur le fond, ce changement terminologique n'est pas porteur de nouveautés importantes. En matière contractuelle, le contenu désigne ce à quoi sont tenues les parties, c'est-à-dire les prestations qu'elles se sont engagées à exécuter.

Code civil

Article 1162. Le contrat ne peut déroger à l'ordre public ni par ses stipulations ni par son but, que ce dernier ait été connu ou non par toutes les parties.

Article 1163. L'obligation a pour objet une prestation présente ou future. Celle-ci doit être possible et déterminée ou déterminable.

1. Existence du contenu

Existence au moment du contrat. Le contrat n'est valable que s'il a un contenu. Le contenu peut être une chose, ce qui est le cas dans la vente, le bail ou encore la donation. Ainsi, le contenu de l'obligation du vendeur est une chose, matérielle ou immatérielle, meuble ou immeuble. Le contenu peut aussi consister en une prestation, par exemple soigner dans le contrat médical, transporter dans le contrat de transport.

Choses futures. Le contenu doit exister au moment de la conclusion du contrat. Par exception, les contrats portant sur des choses futures sont valables (C. civ., art. 1163) : chose à fabriquer, immeuble à construire, animal à naître, etc. Si la chose ne vient pas à exister, sans faute de l'une ou l'autre des parties, alors le contrat est caduc.

Possibilité. Est nul le contrat dont le contenu est impossible (art. 1163 nouveau). Faut-il encore que cette impossibilité soit absolue, c'est-à-dire empêchant *quiconque* de l'exécuter et non pas seulement le débiteur en cause ; par exemple une impossibilité résultant d'une interdiction légale.

Le principal intérêt de cette règle est son autre versant : ne fait pas obstacle à la validité du contrat l'impossibilité relative, c'est-à-dire celle qui ne concerne que le débiteur en cause. Par exemple une personne s'engage à réaliser un ouvrage dans un certain délai alors qu'elle ne dispose pas du personnel suffisant pour y parvenir. Le contrat est valable parce que l'impossibilité ne concerne que cet entrepreneur. Toutefois, le prestataire engage sa **responsabilité contractuelle** pour inexécution.

2. Détermination du contenu

Prestation déterminée ou déterminable. En principe, le contenu doit être déterminé pour que le contrat soit valable. Il peut s'agir de l'identification précise d'un bien ou d'un droit : non pas « un terrain », mais « ce terrain » (avec numéro cadastral). Pour des choses de genre, il s'agira de désigner la quantité et la qualité.

En réalité, il suffit que le contenu soit déterminable au moment de l'exécution d'après les indications stipulées dans le contrat ; par exemple la vente d'une récolte à venir, la cession de toutes les créances qu'on détiendra sur telle personne à telle date.

Exemple

▸ Le propriétaire d'un chalet consent une promesse de vente sur l'appartement situé au premier étage. L'acte ne fait mention ni de la consistance des parties communes, ni de la quote-part de ces parties communes attachée à la propriété de l'appartement vendu. La nullité de la promesse est encourue en l'absence de détermination suffisante de l'objet de la vente et dès lors que pareille détermination constituait pour les parties un élément essentiel de la convention. ◂

Prix. Depuis un arrêt important de l'assemblée plénière de la Cour de cassation, rendu le 31 décembre 1995, il est de jurisprudence constante que l'article 1163 du Code civil n'est pas applicable à la détermination du prix. Cela signifie qu'un contrat peut être valable alors même qu'il ne contient pas d'indication du prix.

La solution émise en 1995 ne fait pas échec aux dispositions spéciales à certains contrats, posant comme exigence la détermination du prix comme c'est le cas en matière de vente ou de bail d'habitation.

Dispositions spécifiques sur la détermination du prix. La réforme issue de l'ordonnance du 10 février 2016 comporte des dispositions spécifiques relatives au prix dans certains contrats :

Ordonnance du 20 février 2016 :

http://dunod.link/pcxk7hj

- **Contrats-cadres** (C. civ., art. 1164) : il peut être convenu que le prix sera fixé unilatéralement par l'une des parties, à charge pour elle d'en motiver le montant en cas de contestation. En cas d'abus dans la fixation du prix, le juge peut être saisi d'une demande tendant à obtenir des dommages et intérêts et le cas échéant la **résolution** du contrat.
- **Contrat de prestation de service** (C. civ., art. 1165) : dans les contrats de prestation de service, à défaut d'accord des parties avant leur exécution, le prix peut être fixé par le créancier, à charge pour lui d'en motiver le montant en cas de contestation. En cas d'abus dans la fixation du prix, le juge peut être saisi d'une demande tendant à obtenir des dommages et intérêts et, le cas échéant, la résolution du contrat.

3. Conformité à l'ordre public

Le Code civil dispose aujourd'hui simplement que le contenu du contrat doit être « licite et certain » (art. 1128-3°) et que « le contrat ne peut déroger à l'ordre public ni par ses stipulations, ni par son but » (art. 1162).

L'article 6 du Code civil devient ainsi en partie redondant (« on ne peut déroger par des conventions particulières aux lois qui intéressent l'ordre public et les bonnes mœurs ») et l'article 1128 du Code civil qui disposait interdiction de faire porter des conventions sur les choses qui ne sont pas « dans le commerce » a été supprimé. Toutefois, il y a lieu de penser que le droit positif antérieur sera en partie maintenu.

Licéité du contenu du contrat (Code civil, art. 1128-3). Le contenu d'un contrat n'est licite que s'il est conforme à la loi. Le contenu est illicite s'il porte sur une chose hors du commerce. Sont hors du commerce les biens qui relèvent du domaine public, les armes de guerre, la drogue, le corps humain dans une certaine mesure, etc. En revanche, la loi permet le don de sang ou encore le prélèvement d'organe en vue de greffes thérapeutiques sur l'être humain. Pendant longtemps les clientèles civiles, celles des professions libérales, étaient jugées hors du commerce par les tribunaux, donc incessibles. Seuls étaient possibles les contrats de présentation de telle clientèle au successeur.

Aujourd'hui la Cour de cassation décide que la cession de clientèle civile est licite dès lors que la liberté du client est préservée.

Prestations licites. Si l'objet concerne une obligation de faire ou de ne pas faire, la prestation ne doit pas être contraire à la loi, par exemple la réalisation d'une infraction. Par ailleurs, il faut avoir égard ici aux libertés fondamentales de la personne humaine. Certaines de ces libertés sont inaliénables, telle celle de se marier ou de ne pas se marier, de sorte que le contrat qui y porterait atteinte serait nul. D'autres libertés peuvent valablement être limitées par l'objet de l'obligation, mais sans être annihilées. Par exemple, est valable la clause de non-concurrence par laquelle un salarié s'engage à ne pas concurrencer son employeur après l'extinction du contrat de travail, alors même qu'elle porte atteinte à la liberté de travailler. Toutefois, la jurisprudence exige que pareille stipulation soit limitée dans le temps et dans l'espace, proportionnée à l'intérêt de l'entreprise et prévoit une contrepartie pécuniaire.

Ordre public et bonnes mœurs. Le contenu du contrat est illicite lorsqu'il est contraire à l'ordre public ou aux bonnes mœurs.

Définition

L'**ordre public** est une norme impérative « qui, exprimée ou non dans une loi, correspond à l'ensemble des exigences fondamentales (sociale politique, etc.) considérées comme essentielles au fonctionnement des services publics, au maintien de la sécurité ou de la moralité (en ce sens l'ordre public englobe les bonnes mœurs), à la marche de l'économie (ordre public économique) ou même à la sauvegarde de certains intérêts particuliers primordiaux (ordre public de protection individuelle) » (*Dictionnaire du vocabulaire juridique*, G. Cornu).

Le caractère d'ordre public d'une règle peut être :
- édicté expressément par la loi :
- énoncé par la jurisprudence, par interprétation ou par création.

4. Contenu et équilibre du contrat

De façon générale, l'équilibre contractuel n'est pas une condition de validité de celui-ci. Autrement dit, il n'est pas nécessaire qu'une égalité objective existe entre les prestations échangées pour que le contrat soit valable. Le législateur estime que la volonté, sur laquelle repose le contrat, doit suffire à l'équilibre de la convention : dès lors que la volonté est libre, on peut penser que chaque partie contracte en recherchant son intérêt, et qu'en conséquence le contrat sera équilibré.

Le droit se contente donc d'une égalité subjective qui repose sur le principe de la liberté contractuelle. Ce principe est aujourd'hui posé par l'article 1168 du Code civil qui énonce que « le défaut d'équivalence des prestations n'est pas une cause de nullité du contrat, à moins que la loi n'en dispose autrement ».

L'article 1169 illustre les exceptions à la règle prévue ci-dessus en disposant qu'un contrat à titre onéreux « est nul lorsque, au moment de sa formation, la contrepartie convenue au profit de celui qui s'engage est illusoire ou dérisoire ».

Toutefois, le législateur prend en compte les hypothèses où il est manifeste que les parties ne sont pas réellement libres de négocier et, partant, de vouloir ; en d'autres termes, des hypothèses où la liberté contractuelle n'est pas porteuse d'équilibre.

Alors, de façon exceptionnelle, le droit intervient en assurant un minimum d'égalité objective. Ces exceptions sont nombreuses aujourd'hui. On se limitera ici à mentionner les règles relatives à la lésion et aux clauses abusives.

Lésion. Elle a disparu de la théorie générale des contrats avec la réforme de 2016 (suppression de l'article 1118), mais elle demeure dans certains contrats spéciaux.

Définitions

- La **lésion** est le préjudice que subit l'une des parties à un contrat, en raison du déséquilibre entre la prestation fournie et la prestation reçue.
- La **rescision** (la nullité) **pour lésion** sanctionne donc un déséquilibre objectif.

La notion de lésion n'intervient que lors de la formation du contrat ; si le déséquilibre apparaît durant l'exécution d'un contrat de durée, c'est le problème, différent, de la révision du contrat qui se pose.

On ne peut annuler toute convention déséquilibrée sous peine de porter atteinte à l'impératif de sécurité contractuelle. De ce fait, en droit français, la lésion n'est pas considérée comme une cause générale de nullité de la convention. Le Code civil ne l'admet que pour la vente d'immeuble à des conditions assez restrictives.

De même, les tribunaux se sont reconnu le pouvoir de réduire les honoraires, jugés excessifs, des agents d'affaires, des architectes, avocats, experts-comptables, etc. Cette immixtion du juge dans le contrat est bien sûr contraire à la liberté contractuelle. Elle s'explique par la difficulté qu'il y a dans ces contrats à déterminer l'importance et la valeur de la prestation du professionnel avant qu'elle n'ait été exécutée. D'ailleurs, la Cour de cassation n'autorise pas les juges du fond à réviser les honoraires versés en connaissance du travail effectué et après service fait.

Quand, dans ces cas exceptionnels, expressément prévus par la loi ou admis par la jurisprudence, la lésion est sanctionnée, il ne suffit pas d'un simple déséquilibre, mais d'un déséquilibre d'une certaine gravité.

Exemple

La vente d'un immeuble estimé à 1,2 million d'euros à un prix inférieur à 500 000 € peut être annulée à la demande du vendeur.

Même dans les hypothèses où la lésion est contrôlée, la nullité n'est pas encourue dès lors que l'acte en cause est aléatoire. Par exemple, la lésion est contrôlée dans la vente d'immeuble. Pourtant, la rescision n'est pas encourue lorsque le transfert de propriété a pour contrepartie une rente viagère car, en pareille situation, la vente est aléatoire.

Clauses abusives stipulées entre un professionnel et un consommateur. La notion de clause abusive, antérieurement réservée au champ du droit de la consommation (C. cons., art. L. 212-1), fait son apparition dans le droit commun des contrats avec la définition ci-dessus, avec toutefois un champ d'application limité aux contrats d'adhésion. La réglementation spéciale des clauses abusives ne concerne que les contrats conclus entre un professionnel et un consommateur.

Code civil, article 1171

- Dans un contrat d'adhésion, toute clause non négociable, déterminée à l'avance par l'une des parties, qui crée un déséquilibre significatif entre les droits et obligations des parties au contrat est réputée non écrite. L'appréciation du déséquilibre significatif ne porte ni sur l'objet principal du contrat ni sur l'adéquation du prix à la prestation.

Pratiques abusives entre professionnels. Les pratiques restrictives de concurrence sont réglementées dans le Code de commerce, afin de protéger les concurrents les uns contre les autres. À ce titre, l'article L. 442-6 dudit code mentionne certaines pratiques susceptibles d'engager la responsabilité de son auteur, notamment le fait de « soumettre ou de tenter de soumettre un partenaire commercial à des obligations créant un déséquilibre significatif dans les droits et obligations des parties ». Le texte ne parle pas de clause abusive, mais le critère – celui du déséquilibre significatif... – est manifestement emprunté à la législation consumériste.

L'article L. 442-6 du Code de commerce concerne les pratiques mises en œuvre par les producteurs, commerçants, industriels et artisans à l'égard d'autres professionnels.

Le texte pose comme premier critère la soumission ou la tentative de soumission. Par soumission il faut entendre sans doute un pouvoir de négociation d'un partenaire sur l'autre, pouvoir qu'il est possible de démontrer, par exemple en constatant qu'une clause litigieuse est préétablie par l'un des partenaires et jamais ou presque jamais modifiée avec ses cocontractants.

Une grande différence apparaît par rapport à la législation consumériste. Cette dernière prévoit que la clause abusive est éradiquée, le contrat étant donc rééquilibré. L'article L. 442-6 I ne prévoit que la responsabilité civile de son auteur et seulement si le déséquilibre a causé un préjudice, ce déséquilibre ne constituant pas à lui seul le préjudice réparable.

En revanche, la loi ne prévoit pas la nullité de la clause litigieuse, ni plus généralement celle du contrat qui la contient. Pour autant, certaines juridictions ont jugé qu'elles devaient être réputées non écrites ; d'autres les ont annulées.

Exemple

- Le plus grand nombre de décisions de condamnation se rencontre dans le secteur de la grande distribution. Ont été condamnées les clauses suivantes : clause de résiliation unilatérale sans préavis ni indemnité en cas de sous-performance d'un produit, clause de retour d'invendus, clause fixant un calendrier d'acompte déconnecté de la réalisation effective des prestations.

5. Substance de l'obligation essentielle

La réforme du 10 février 2016 consacre une jurisprudence célèbre (arrêts Chronopost et Faurecia II) par l'article 1170 du Code civil prévoyant désormais que « toute clause qui prive de sa substance l'obligation essentielle du débiteur est réputée non écrite ».

Exemple

- Un coursier ayant fait toute sa promotion sur la livraison de colis en 24 heures « chrono » et qui s'exonérerait de toute responsabilité en cas de livraison hors délais...

E) La disparition de la cause

La cause était entendue comme le mobile déterminant poursuivi par les parties à un contrat. Elle était l'une des conditions de formation des contrats contenue à l'ancien article 1108 du Code civil.

La cause comme condition de validité des contrats a toujours été le cauchemar des étudiants en droit, et bien peu d'universitaires parvenaient à en expliquer clairement les contours… Il faut dire que la notion n'a jamais été clairement définie par la loi, ni son rôle bien établi. D'où sa suppression en 2016, à l'occasion de la réforme du droit des contrats.

La cause semble donc avoir disparu du droit des contrats, au moins littéralement… On en trouve des scories au travers d'autres notions de l'ordonnance de 2016.

Exemples

- Le contenu doit respecter l'ordre public (C. civ., art. 1162). La contrepartie ne doit pas être illusoire ou dérisoire (art. 1169). L'éradication des clauses prive de sa substance l'obligation essentielle du débiteur (art. 1170). Il existe des clauses abusives dans les contrats d'adhésion (art. 1171).

→ CAS PRATIQUES 5

3 Force obligatoire des contrats

Code civil

Article 1103. Les contrats légalement formés tiennent lieu de loi à ceux qui les ont faits.
Article 1104. Les contrats doivent être négociés, formés et exécutés de bonne foi. […]
Article 1194. Les contrats obligent non seulement à ce qui y est exprimé, mais encore à toutes les suites que leur donnent l'équité, l'usage ou la loi.

Le premier alinéa de l'article 1103 du Code civil pose un principe constituant l'un des piliers de notre droit : celui de la force obligatoire des contrats. Le contrat valablement formé doit recevoir exécution tel qu'il a été convenu par les parties, celles-ci étant tenues de respecter la parole donnée : l'un des contractants ne saurait rompre seul la convention, ni la modifier.

A) Champ de la force obligatoire

L'**effet relatif** produit par le contrat signifie que celui-ci ne crée des obligations qu'à la charge des personnes qui l'ont conclu. Un tiers ne saurait donc être créancier ou débiteur d'une obligation née d'un contrat auquel il n'est pas partie.

1. L'effet relatif du contrat

Code civil

Article 1199 alinéa 1er. Le contrat ne crée d'obligations qu'entre les parties. […]
Article 1200. Les tiers doivent respecter la situation juridique créée par le contrat. Ils peuvent s'en prévaloir notamment pour apporter la preuve d'un fait.

Parties au contrat. Les parties au contrat sont bien sûr celles qui l'ont conclu. Doivent leur être assimilés les ayants cause à titre universel c'est-à-dire, d'une part, leurs héritiers et, d'autre part, les légataires universels. Ces ayants cause sont en effet réputés continuer la personne du défunt et recueillent alors ses créances mais aussi ses dettes. Il leur est toutefois possible d'échapper à pareille transmission en refusant la succession ou le legs.

Sur l'action paulienne :
http://dunod.link/b7bsboy

Tiers au contrat. Ceux que l'on appelle les tiers « absolus » au contrat sont les personnes qui n'ont aucun lien de droit avec les parties. C'est à leur égard que s'applique pleinement le principe de l'effet relatif des conventions tel que défini plus haut.

Créanciers et ayants cause à titre particulier. Les droits et obligations des créanciers et ayants cause diffèrent (tab. 1.5).

Tableau 1.5. Droits et obligations des créanciers

Créancier	Ayant cause à titre particulier
• Possibilité d'action en inopposabilité du contrat à leur égard lorsque ce dernier a été conclu en fraude de leurs droits (action paulienne, C. civ., art. 1341-2). Ex. : demande d'inopposabilité d'une donation consentie par un débiteur à l'égard de son fils afin d'organiser son insolvabilité. • Possibilité, à certaines conditions, d'exercer les droits de leur débiteur en demandant à l'autre partie d'exécuter ses engagements. C'est l'action oblique (C. civ., art. 1341-1).	• Tiers qui ont acquis d'une des parties le droit ou le bien faisant l'objet du contrat. Ex. : en faisant l'acquisition d'un fonds de commerce l'acheteur devient un ayant cause à titre particulier du vendeur. • Question de la transmission des créances et dettes contractées par le vendeur à l'acquéreur du fonds. Ce dernier étant un tiers aux contrats conclus par le vendeur, la réponse de principe est négative. Pourtant, dans d'autres situations, il existe des exceptions.

Stipulation pour autrui, exception à l'effet relatif. La stipulation pour autrui est une convention par laquelle l'une des parties (le promettant) s'engage à l'égard de l'autre partie qui lui en donne la charge (le stipulant) d'exécuter une prestation au profit d'un tiers (le bénéficiaire). Il s'agit bien d'une exception au principe de l'effet relatif des conventions puisque le tiers, dès lors qu'il aura accepté la stipulation à son profit, pourra se prévaloir de l'exécution d'une obligation stipulée dans un contrat auquel il n'est pas partie.

Exemple

- Ce mécanisme est utilisé en matière d'assurance-décès : le souscripteur d'une telle assurance (le stipulant) fait promettre à son assureur (le promettant) de verser le capital décès au profit d'un tiers désigné dans le cas où il viendrait à mourir.

Mécanisme de l'assurance-décès

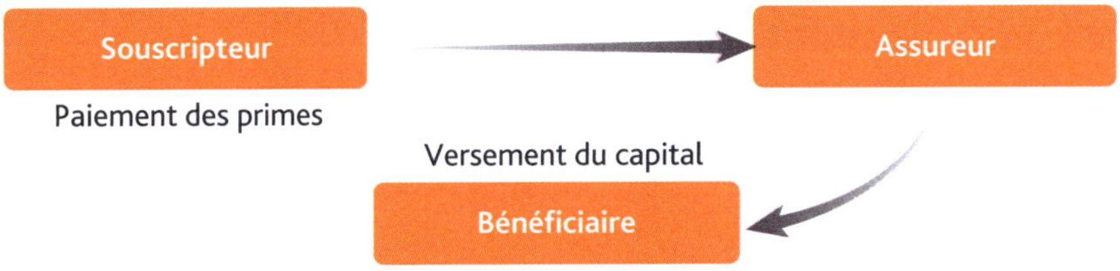

Transmission des contrats attachés à une chose. En principe, en vertu de l'effet relatif des conventions, l'acquéreur d'une chose n'est pas lié par les contrats qui sont attachés à cette chose. Par exemple, l'acquéreur d'une maison n'est pas tenu de payer l'entrepreneur qui a effectué des travaux sur ordre du vendeur.

Ce principe supporte toutefois des exceptions. Le législateur prévoit en effet des cas où le contrat suit le bien transféré, du fait du lien étroit entre celui-ci et celui-là. Par exemple le contrat de bail est transmis à l'acquéreur de la chose louée (C. civ., art. 1743). C'est ainsi que le locataire est en droit de rester dans l'immeuble qu'il loue malgré le changement de propriétaire.

Transmission des actions contractuelles. Dans certains cas, le tiers est en droit d'exercer les actions nées d'un contrat auquel il n'est pourtant pas partie ; c'est le cas de l'action directe en paiement. Le législateur autorise parfois un tiers, qui dispose d'un droit contre l'une des parties à un contrat, à exercer une action en paiement contre l'autre partie, alors même qu'il n'a pas contracté avec celle-ci. On parle d'action directe.

Exemple

- Le sous-traitant peut agir en paiement directement contre le client principal (loi du 31 décembre 1975).

2. L'opposabilité du contrat

Si le contrat ne produit pas d'effet à l'égard des véritables tiers (ou tiers absolus), il leur est opposable.

Définition

L'**opposabilité** signifie qu'à l'égard des tiers le contrat est un fait (et non un acte) qu'ils ne sauraient ignorer et doivent respecter (C. civ., art. 1200).

Obligation de ne pas nuire aux contractants. Opposer l'existence du contrat au tiers, consiste d'abord à demander à ce dernier de ne pas venir en troubler l'exécution. À défaut, il engage sa responsabilité délictuelle (ou extracontractuelle) et non pas contractuelle puisqu'il n'est pas partie au contrat.

Exemple

- Un contrat de franchisage, liant un franchiseur et un franchisé, stipule une clause de non-ré-affiliation interdisant au franchisé de s'affilier à un autre réseau concurrent après la rupture du contrat. Le franchisé viole cette obligation. Il a été jugé que le nouveau franchiseur, auprès duquel le franchisé s'est affilié en violation de clause, engage sa responsabilité civile délictuelle. Il lui est reproché de ne pas s'être assuré que le franchisé était libre de tout engagement, notamment en demandant une attestation émanant de l'ancien franchiseur ou en se faisant communiquer la clause du contrat de franchise relative à sa durée.

FOCUS Invocation de l'inexécution contractuelle par un tiers

Un tiers au contrat peut-il invoquer l'inexécution de ce dernier lorsque celle-ci lui a causé un préjudice ? Par exemple, un locataire gérant, tiers au contrat de bail du local qu'il occupe, peut-il obtenir des dommages et intérêts du bailleur au motif que ce dernier n'a pas respecté ses engagements contractuels à l'égard du locataire du local (celui-ci étant le propriétaire du fonds de commerce loué au locataire gérant) ?

Dans une décision importante, l'assemblée plénière de la Cour de cassation a mis fin à l'opposition entre les chambres civiles et la chambre commerciale (Cass. ass. plén., 6 octobre 2006, pourvoi n° 05-13.255). Elle a pu juger qu'un tiers est en droit de se prévaloir de l'inexécution d'un contrat, posant que la seule preuve de cette inexécution suffisait. D'où il faut déduire que la preuve d'une faute détachable du contrat ou d'un manquement un devoir général de comportement n'est pas nécessaire.

Cependant, la jurisprudence postérieure de la première Chambre civile semble s'éloigner de celle de l'assemblée plénière, à moins que la portée de l'arrêt précité de 2006 doive être nuancée. Elle a reproché à une cour d'appel de ne pas avoir caractérisé « en quoi le manquement contractuel qu'elle relevait constituait une faute quasi délictuelle à l'égard (du tiers) ». Toutefois, dans une décision postérieure, la même chambre reprend sa formule traditionnelle : « le tiers à un contrat peut invoquer, sur le fondement délictuel, un manquement contractuel dès lors qu'il lui a été dommageable ». La deuxième Chambre civile et la Chambre commerciale, elles, suivent invariablement la ligne tracée par l'Assemblée Plénière en 2006.

B) Interprétation du contrat

Code civil, article 1188

- Le contrat s'interprète d'après la commune intention des parties plutôt qu'en s'arrêtant au sens littéral de ses termes.
  Lorsque cette intention ne peut être décelée, le contrat s'interprète selon le sens que lui donnerait une personne raisonnable placée dans la même situation.

Terrain de l'interprétation. La question de l'interprétation du contrat se pose lorsque les parties ne sont pas d'accord sur le sens à donner à une ou plusieurs clauses de la convention qu'elles ont conclue. C'est dire qu'elle naît toujours d'un litige entre les parties.

Règles d'interprétation. Ce n'est que lorsqu'un contrat est ambigu que le juge peut l'interpréter. Son rôle consiste alors à rechercher quelle a été l'intention commune des parties contractantes, plutôt que de s'arrêter au sens littéral des termes. Le Code civil établit un guide auquel le juge *peut* se conformer pour interpréter un contrat peu clair (C. civ., art. 1188 à 1192).

Chaque interprétation dépendra alors de l'affaire soumise au magistrat. Aussi, la Cour de cassation reconnaît-elle un pouvoir souverain des juges du fond en cette matière. Cela signifie qu'en cas de pourvoi, elle se refuse à contrôler l'interprétation effectuée par ces juges du fonds. Cependant, elle contrôle que ceux-ci n'ont pas dénaturé le contrat, c'est-à-dire donner un autre sens à un contrat clair et précis.

L'ordonnance du 10 février 2016 consacre en matière d'interprétation la différence entre les contrats d'adhésion et les contrats de gré à gré (art. 1190).

C) Durée du contrat

Détermination de la durée du contrat. Les parties déterminent librement la durée du contrat. Si elles prévoient une durée, le contrat est dit à durée déterminée. À défaut, le contrat est dit à durée indéterminée.

Par exception au principe de la liberté contractuelle, la loi ou le règlement impose une durée à certains contrats. Ainsi, la loi du 6 juillet 1989 impose une durée minimale de trois années au contrat de location d'un immeuble d'habitation non meublé lorsque le bailleur est une personne physique et de six années lorsque ce dernier est une personne morale.

Principe d'irrévocabilité. Dès lors que le contrat est correctement exécuté, seul un accord des parties peut y mettre fin. Si le contrat n'est pas correctement exécuté, la rupture doit, en principe, être demandée au juge.

1. Contrat à durée indéterminée

Révocabilité unilatérale. Ce principe d'irrévocabilité des conventions en cours d'exécution comporte des exceptions. Dans le contrat à durée indéterminée, la résiliation unilatérale (c'est-à-dire par l'une seule des parties sans l'accord de l'autre) est possible. On explique traditionnellement ce droit de résiliation unilatérale par un autre principe, celui de la prohibition des engagements perpétuels (C. civ. art. 1210 – prohibition des engagements perpétuels) : si les parties à un contrat sans terme stipulé ne pouvaient le rompre qu'avec l'accord du cocontractant, leur engagement pourrait devenir perpétuel.

Anéantissement non rétroactif. On parle ici de résiliation (et non de résolution), parce que la rupture unilatérale n'opère que pour l'avenir ; elle ne produit pas d'effet rétroactif.

Contrôle du juge. La mise en œuvre du droit de résiliation d'un contrat à durée indéterminée n'est pas discrétionnaire ; elle fait l'objet d'un contrôle par les tribunaux afin d'éviter les abus. Celui qui abuse de son droit de rompre, et manque ainsi à son obligation de bonne foi (consacré par l'art. 1103 du Code civil), engage sa responsabilité contractuelle.

Le contentieux concerne essentiellement les contrats de distribution, notamment, les contrats de concession commerciale automobile. La Cour de cassation rappelle régulièrement qu'il n'appartient pas aux juges du fond de contrôler les motifs de la rupture. Le contractant qui prend l'initiative de la rupture n'a pas à indiquer les motifs de sa décision. Les juges ne contrôlent que les circonstances de la rupture :

- un préavis suffisant ou raisonnable doit être respecté (C. Civ., art. 1211), même si la convention n'en dit rien et même si elle stipule un délai ;
- l'auteur de la rupture ne doit pas avoir laissé croire à son contractant en la poursuite des relations contractuelles ;
- le contractant ne doit pas rompre le contrat après avoir imposé à son cocontractant la réalisation d'investissements importants, tant que ces investissements ne sont pas amortis.

Par ailleurs, le Code de commerce prévoit des règles spéciales de comportement au titre des pratiques restrictives de concurrence. Elles ne s'appliquent que dans les rapports entre professionnels (C. com., art. L. 442-6).

2. Contrat à durée déterminée (Code civil, article 1212 et s.)

Irrévocabilité unilatérale. Lorsque le contrat est conclu pour une durée déterminée, le principe de l'irrévocabilité unilatérale joue. Les parties sont toutefois libres de déroger à ce principe, en stipulant une clause de résiliation unilatérale, avec ou sans indemnité. Certains textes spéciaux prévoient des exceptions au principe d'irrévocabilité. Ainsi, le Code civil, art. 2004, prévoit que le mandant peut révoquer le mandat quand bon lui semble. Ce texte concerne notamment le dirigeant de société non salarié, puisque celui-ci est un mandataire.

Renouvellement du contrat. À la fin de la durée prévue au contrat, celui-ci prend fin. Le renouvellement n'est possible que par l'accord des parties. Une partie, seule, ne saurait exiger le renouvellement. La règle découle du principe de la liberté contractuelle et, plus précisément, la liberté de ne pas contracter.

Elle comporte toutefois des exceptions légales. Par exemple, le locataire d'un local commercial soumis au statut des baux commerciaux dispose d'un droit au renouvellement du bail (C. com., art. L. 145-10).

Clause de tacite reconduction. L'accord de renouvellement peut figurer par anticipation dans le contrat. Une clause stipule qu'à défaut d'accord à l'issue du contrat, ce dernier se renouvellera automatiquement. C'est une clause de tacite reconduction.

- Si la clause n'indique pas pour quelle durée le contrat se renouvelle, le contrat nouveau sera un contrat à durée indéterminée.
- En pratique les parties conviennent souvent d'un préavis avant lequel la manifestation de volonté de ne pas renouveler doit être manifestée expressément. À défaut d'une telle manifestation, le contrat se poursuit.

Le Code de la consommation oblige le professionnel prestataire de services à informer le consommateur de la possibilité pour ce dernier de ne pas reconduire le contrat conclu avec une clause de tacite reconduction.

Obligation de renouvellement ? Par ailleurs, malgré l'absence de clause de renouvellement tacite, les tribunaux ont pu, dans certaines affaires, sanctionner le refus du cocontractant de renouveler le contrat lorsqu'il constitue un abus de droit. Un tel refus n'est donc pas une faute ; il n'est sanctionné que s'il est abusif. C'est le cas par exemple quand celui qui refuse le renouvellement avait exigé de son partenaire des investissements qui n'ont pas été amortis par ce dernier dans le temps du contrat. Toutefois, l'article 1212 pose aujourd'hui que « nul ne peut exiger le renouvellement du contrat ».

D) Modification du contrat

1. Principe

Du principe de la force obligatoire des conventions, il résulte que les parties doivent exécuter le contrat tel qu'il a été voulu par elles, sans pouvoir le modifier unilatéralement en diminuant, par exemple, le prix.

2. Rôle du juge

L'intangibilité concerne aussi bien les parties que le juge. Le juge ne doit pas s'immiscer dans la convention des parties pour la modifier. Son rôle est uniquement de faire respecter ce qui a été valablement conclu.

3. Modification conventionnelle

Si la modification ne peut pas être unilatérale, elle peut en revanche résulter d'un accord entre les parties (C. civ., art. 1193). Dès la conclusion du contrat, les contractants peuvent stipuler une clause de modification, par exemple pour pallier le changement de circonstances économiques, comme les fluctuations du prix des matières premières. Pareille clause peut également être introduite en cours de contrat : on parle alors d'avenant au contrat. Le contrat modifié n'est pas un nouveau contrat, sauf clause contraire.

4. Révision pour imprévision

Le principe de l'intangibilité du contrat s'applique d'abord aux parties qui ne peuvent modifier unilatéralement le contrat, mais aussi au juge qui ne doit pas s'immiscer dans la chose des parties. Cette impuissance du juge doit-elle être maintenue lorsqu'un changement imprévu des circonstances économiques ayant entouré la formation du contrat bouleverse son équilibre initial et rend en conséquence son exécution très onéreuse pour l'une des parties ? C'est la question de l'**imprévision** qui a été bouleversée par l'ordonnance du 10 février 2016.

4 Inexécutionss et sanction des contrats

A) Sanction des conditions de formation : nullité et caducité des contrats

Nullité. La nullité est l'anéantissement rétroactif d'un contrat qui n'est pas convenablement formé.

Code civil, article 1178

- Un contrat qui ne remplit pas les conditions requises pour sa validité est nul. La nullité doit être prononcée par le juge, à moins que les parties ne la constatent d'un commun accord. Le contrat annulé est censé n'avoir jamais existé.

Caducité. Définie à l'article 1186 du Code civil, la **caducité** est la fin d'un contrat dont « l'un de ses éléments essentiels disparaît ».

1. Mise en œuvre de la nullité

Code civil

Article 1179. La nullité est absolue lorsque la règle violée a pour objet la sauvegarde de l'intérêt général. Elle est relative lorsque la règle violée a pour seul objet la sauvegarde d'un intérêt privé.

Article 1180. La nullité absolue peut être demandée par toute personne justifiant d'un intérêt, ainsi que par le ministère public. Elle ne peut être couverte par la confirmation du contrat.

Article 1181. La nullité relative ne peut être demandée que par la partie que la loi entend protéger. Elle peut être couverte par la confirmation.

Nullité relative, nullité absolue. Depuis le XIXe siècle la doctrine distingue la nullité relative de la nullité absolue. La théorie développée, dite théorie moderne des nullités, repose sur l'intérêt protégé par la règle de droit sanctionnée. Elle n'est pas fondée sur la gravité de la violation d'une règle ni, par conséquent, sur l'importance d'une condition de formation du contrat. Le fondement repose sur une différence d'ampleur de l'attribution du droit à agir en nullité :

- si la règle violée tend à protéger un intérêt particulier, celui du cocontractant, la nullité est dite relative. Il en va ainsi des règles concernant la capacité d'exercice, les vices du consentement, la lésion, l'existence de la cause, l'existence de l'objet, le formalisme informatif. Leur but est bien de protéger les intérêts du contractant ;
- à l'inverse, la nullité est absolue lorsque la condition de validité méconnue protège l'intérêt général, c'est-à-dire la société. C'est notamment le cas des règles concernant la licéité de l'objet ou de la cause.

On peut penser que la jurisprudence suit cette théorie dans ses « grandes lignes ». Ainsi, sont sanctionnées par une nullité relative les règles concernant la capacité d'exercice, les vices du consentement, la lésion, l'existence de la cause, ou encore le formalisme informatif. La nullité absolue frappe le manquement aux règles relatives à la licéité de l'objet ou de la cause.

Toutefois, il ressort des décisions que les tribunaux refusent de se laisser enfermer dans cette théorie moderne des nullités. Par exemple il est jugé que le contrat dont le contenu est absent encourt la nullité absolue, alors même que la règle a pour but de protéger un intérêt particulier et non l'intérêt général. Autre exemple : alors que l'interdiction de stipuler un prix vil, c'est-à-dire dérisoire, protège l'intérêt particulier de celui qui serait tenu de le payer, la Chambre commerciale de la Cour de cassation sanctionne la vileté du prix par la nullité absolue du contrat, au motif que la nullité est ici fondée sur l'absence d'un élément essentiel du contrat de vente (Cass. com., 23 oct. 2007, pourvoi n° 06-13.979).

Personnes pouvant se prévaloir de la nullité :

- lorsque la nullité est relative, seules les personnes protégées par la règle violée peuvent agir pour voir sanctionner le manquement à ladite règle ;
- lorsque la nullité est absolue, l'attribution de l'action en nullité doit être plus large : les deux contractants peuvent agir, de même que tout tiers ayant un intérêt.

Exemple

- Le propriétaire d'un local commercial qui subit un dol par le locataire peut seul demander la nullité du contrat de bail. S'il vend son immeuble, sans avoir exercé l'action en nullité, le nouveau propriétaire ne pourra pas agir en nullité pour dol puisqu'il n'en a pas été victime. Les créanciers du vendeur sont des tiers au contrat de vente, mais peuvent avoir intérêt à la nullité de la vente pour voir réintégrer le bien vendu dans le patrimoine du vendeur et, ainsi, pouvoir le saisir. Leur action en nullité n'est possible que si la règle transgressée protège l'intérêt général.

Prescription extinctive. La prescription extinctive se distingue de la prescription acquisitive. Elle éteint le droit d'agir en nullité de sorte que le contrat pourtant irrégulièrement formé produit ses effets.

- **Délai**. La loi n° 2008-561 du 17 juin 2008 portant réforme de la prescription en matière civile ne permet plus la différenciation selon que la nullité est relative ou absolue.

Quelle que soit la nature du droit protégé par l'action en nullité, celle-ci se prescrit par cinq ans. Il existe toutefois des exceptions.

- **Point de départ**. L'article 2224 du Code civil, issu de la loi du 17 juin 2008, dispose que le point de départ du délai est le « jour où le titulaire d'un droit a connu ou aurait dû connaître les faits lui permettant de l'exercer ». En matière contractuelle, le point de départ de principe n'est donc plus le jour de la conclusion de l'acte. Il est glissant et non pas fixe.
- **Délai butoir**. La loi du 17 juin 2008 a généralisé le délai butoir, qui n'était qu'exceptionnel auparavant et ne concernait pas le droit commun des contrats. Désormais, l'article 2232 du Code civil prévoit en substance que le point de départ glissant ne peut avoir pour effet de porter le délai de la prescription extinctive au-delà de vingt ans à compter du jour de la naissance du droit. On peut penser que pareil délai butoir s'applique à l'action en nullité des conventions.

Exemple

Soit un contrat conclu en 1er septembre 1998. La violence ayant affecté le consentement de l'un des contractants, au jour de la conclusion de l'acte, cesse le 1er octobre 2014.
La prescription de l'action en nullité pour vice du consentement commence à courir le 1er octobre 2014. Pour autant l'action n'est pas prescrite cinq ans après, le 30 septembre 2019, mais le 30 août 2018, c'est-à-dire vingt ans après la formation du contrat (date à laquelle le droit de demander la nullité est né).

Nullité constatée par les parties. Nouveauté introduite par la réforme de 2016, le Code civil (article 1178) prévoit que la nullité peut être constatée par les parties d'un commun accord, ce qui présente l'avantage d'éviter de saisir le juge d'une demande à cette fin.

Exception de nullité. Il existe un cas où le délai pour agir en nullité est infini, c'est-à-dire un cas où la nullité est imprescriptible. C'est l'exception de nullité, que l'on dit perpétuelle (C. civ., art. 1185). La situation est celle d'un contractant actionné en justice par son cocontractant pour le voir condamné à exécuter le contrat. Le premier peut, pour se défendre, demander la nullité du contrat. De la sorte il n'aura pas à s'exécuter. C'est cette demande en nullité par voie d'exception (c'est-à-dire en défense, par opposition à action) qui n'est pas limitée par le temps.

Exemple

Le détenteur de parts sociales dans le capital social d'une société charge par contrat une personne d'organiser la cession de ces parts. La cession est réalisée et l'organisateur demande alors paiement au cédant du prix convenu pour la réalisation de sa mission. Le cédant, assigné en justice, invoque la nullité pour dol du contrat d'organisation. Sa demande, exercée par voie d'exception, est-elle recevable au regard des règles de prescription ? Étant donné que le contrat a été exécuté en partie – l'organisateur a réalisé sa mission –, l'exception de nullité ne saurait être perpétuelle, de sorte que le délai de prescription s'applique.

Confirmation (C. civ., art. 1182 et 1183). La confirmation est une technique juridique qui permet de consolider un contrat annulable. Elle consiste à renoncer à se prévaloir de la nullité de l'acte et à renouveler le consentement. Elle n'est possible qu'en cas de nullité relative, puisque la nullité absolue est ouverte aux tiers et que la confirmation ne saurait lier ces derniers. Par ailleurs, la confirmation n'est possible que si le vice a disparu (par exemple, le contractant découvre son erreur) et si elle résulte d'une volonté certaine. La confirmation tacite est possible mais doit être dépourvue d'équivoque.

L'ordonnance du 10 février 2016 introduit en matière de nullité relative l'action interrogatoire permettant d'introduire plus de sécurité juridique dans le rapport contractuel.

Code civil, article 1183

- « [...] une partie peut demander par écrit à celle qui pourrait se prévaloir de la nullité soit de confirmer le contrat soit d'agir en nullité dans un délai de six mois à peine de forclusion. La cause de la nullité doit avoir cessé. L'écrit mentionne expressément qu'à défaut d'action en nullité exercée avant l'expiration du délai de six mois, le contrat sera réputé confirmé. »

2. Effets et étendue de la nullité

Effet rétroactif. L'annulation fait disparaître le contrat de façon rétroactive, sans qu'il y ait lieu de distinguer entre nullité relative et nullité absolue. Le droit, par cette sanction, replace les contractants dans la situation qui aurait été la leur s'ils n'avaient jamais contracté. L'anéantissement remonte jusqu'au jour de la conclusion du contrat. Aussi, lorsque le contrat n'a pas reçu de début d'exécution ou n'a été exécuté qu'en partie, la nullité fait obstacle à toute exécution (de la totalité ou de l'autre partie).

Restitutions. Si le contrat a reçu un début d'exécution, voire une exécution complète, la rétroactivité de la nullité conduira à des restitutions réciproques ; les conditions de la restitution sont prévues dans les articles 1352 et suivants du Code civil.

Exemple

La nullité de la vente d'un immeuble oblige le vendeur à restituer le prix, tandis que l'acheteur devra rendre l'immeuble.

Seules sont restituables les prestations fournies en exécution du contrat annulé. La remise des parties dans l'état où elles étaient avant le contrat n'implique que la restitution des prestations découlant de l'exécution d'obligations contractuelles. Les pertes ou bénéfices ne sauraient donc faire l'objet de restitutions.

Exemple

L'acheteur d'un fonds de commerce peut demander la restitution du prix – parce que ce prix est une prestation découlant de l'obligation contractuelle de le payer – mais pas une rémunération ou une indemnisation de pertes d'exploitation. Certes, si le contrat n'avait pas été conclu, les pertes ne se seraient pas produites. Mais leur restitution conduirait à décider que, de la même façon, un profit devrait aussi être restitué. Or, les bénéfices ne sont pas restituables.

Restitutions matériellement impossibles. Dans certains cas particuliers la restitution réciproque n'est guère possible. Pour autant, les parties doivent être remises dans l'état où elles se trouvaient avant cette exécution.

Il en est ainsi des contrats dont l'une au moins des prestations se consomme au fur et à mesure de l'exécution de la convention. Par exemple, si un bail d'habitation est annulé, le propriétaire pourrait restituer les loyers perçus, en revanche le locataire se trouverait dans l'incapacité de restituer la contrepartie des loyers, c'est-à-dire la jouissance de l'immeuble. Pour autant, les juges décident que l'effet rétroactif opère : le bailleur restituera les loyers tandis que le locataire, ne pouvant certes restituer la jouissance du bien, devra une indemnité d'occupation (Cass. 3e civ., 13 juin 2001, pourvoi n° 99-18.676), c'est-à-dire une restitution en valeur. Si loyer et indemnité se compensent, autant dire que la nullité n'opère que pour l'avenir. Mais le juge apprécie souverainement le montant de l'indemnité d'occupation d'après la valeur locative réelle : il n'est pas tenu par le contrat puisque celui-ci est nul.

Restitutions juridiquement impossibles :

- Lorsque la nullité est due à l'incapacité d'un contractant, la restitution à laquelle il est tenu du fait de l'anéantissement rétroactif de l'acte ne peut porter que sur ce qu'il a encore entre ses mains.
- Celui qui demande la nullité alors qu'il est à l'origine de celle-ci (par exemple celui qui a acheté un immeuble pour y installer une maison close) ne peut se prévaloir de son **indignité** ou, dit-on, de sa « propre turpitude ». Il est recevable à demander la nullité, car l'intérêt général le requiert, mais il ne saurait prétendre à restitution de ce qu'il a versé.

Dommages et intérêts. En elle-même, la nullité ne donne pas droit à des dommages et intérêts. Ceux-ci ne sont dus que si une faute ayant causé un préjudice est l'un des éléments à l'origine de la nullité (C. civ., art. 1178 al. 4).

Étendue de la nullité. La nullité d'une clause n'emporte la nullité du contrat en son entier que si ladite clause constitue « un élément déterminant de l'engagement des parties ou de l'une d'elles » (C. civ., art. 1184)

Clause réputée non écrite. Notion très utilisée et mal cernée, la clause « réputée non écrite » pourrait s'apparenter à une nullité à effet circonscrit. L'ordonnance du 10 février 2016 rappelle que le contrat est maintenu lorsque la loi répute une clause non écrite (C. civ., art. 1184). La sanction est alors limitée à la clause visée.

3. Caducité du contrat

À l'origine, le Code civil n'envisageait pas la caducité au titre des contrats. Seule la jurisprudence l'admettait avec le soutien de la doctrine majoritaire. La réforme de 2016 consacre cette notion, dont on peut se demander si elle constitue véritablement une sanction. Le Code civil prévoit deux cas d'application de la caducité.

Élément essentiel. Le premier lorsque disparaît un élément dit « essentiel » du contrat valablement formé (C. civ., art. 1186 al. 1).

Groupes de contrats. Le second cas d'application concerne les ensembles contractuels (C. civ., art. 1186 al. 2). La caducité est édictée en présence d'une même opération considérée structurellement (impossibilité d'exécution) ou conjoncturellement (caractère déterminant pour l'une des parties de l'exécution du contrat disparu). Enfin, la caducité est conditionnée à la connaissance, par le contractant contre lequel elle est invoquée, de l'existence de l'opération d'ensemble.

Effets. La caducité met fin au contrat (C. civ., art. 1187) mais sans effet rétroactif. Toutefois, la loi prévoit la possibilité de restitutions (C. civ., art. 1187).

B) Inexécution des contrats

L'inexécution peut consister soit en un défaut d'exécution, total ou partiel, soit en une exécution défectueuse. Le droit réagit à pareille violation du contrat en édictant des sanctions. Mais, dans certaines hypothèses, l'inexécution ne semble pas imputable au débiteur pourtant engagé, parce que l'exécution est devenue soit très difficile ou très onéreuse, soit impossible. Il convient ici, d'envisager la façon dont le droit appréhende ces deux hypothèses, car c'est lui qui détermine les critères d'imputabilité de l'inexécution.

1. Difficulté d'exécuter : l'imprévision

Théorie de l'imprévision. Il s'agit de l'impact sur le contrat d'un changement imprévu des circonstances économiques ayant entouré sa formation qui bouleverse son équilibre initial et rend en conséquence son exécution très onéreuse pour l'une des parties. La première question est celle de l'incidence de l'imprévision sur l'obligation du débiteur et, au-delà, sur son engagement. Autrement dit, il faut d'abord se demander si l'imprévision – dès lors que ses conditions, qui restent à définir, sont réunies – libère le débiteur de son obligation, voire de son engagement.

Imprévision et force majeure. Le changement de circonstances économiques qui rend l'exécution de l'obligation plus onéreuse ne constitue pas un événement de force majeure. Certes, ce changement, par hypothèse imprévisible, rend l'exécution plus difficile, mais pas impossible. Il y a une différence de degré : une crise économique relève de l'imprévision, une catastrophe naturelle de la force majeure.

Réception de la théorie de l'imprévision. Depuis l'arrêt célèbre du Canal de Craponne de 1876, la Cour de cassation restait inflexible : le changement de circonstances économiques qui rend l'exécution de l'obligation plus onéreuse n'autorise pas la modification unilatérale du contrat, ni n'oblige les parties à la renégociation de l'acte, ni encore ne permet de prononcer sa caducité ou de justifier sa résiliation (judiciaire ou unilatérale).

En revanche, le Conseil d'État accepte de longue date l'imprévision en matière de contrats administratifs (CE 1916, *Gaz de Bordeaux*). Un arrêt rendu par la Chambre commerciale, le 29 juin 2010, oblige cependant à reconsidérer cette position. En substance, il y est jugé que la cour d'appel aurait dû rechercher si l'évolution des circonstances économiques n'avait pas eu pour effet de déséquilibrer l'économie générale du contrat tel que voulu par les parties lors de sa signature et de priver de toute contrepartie réelle l'engagement souscrit par l'une des parties. Cet arrêt ouvrait la voie au nouvel article 1195 du Code civil.

Consécration de l'imprévision par le Code civil. De manière fort attendue, l'ordonnance du 10 février 2016 a nettement consacré la théorie de l'imprévision au travers de l'article 1195 du Code civil (fig. 1.3).

Code civil, article 1195

- Si un changement de circonstances imprévisible lors de la conclusion du contrat rend l'exécution excessivement onéreuse pour une partie qui n'avait pas accepté d'en assumer le risque, celle-ci peut demander une renégociation du contrat à son cocontractant. Elle continue à exécuter ses obligations durant la renégociation.
  En cas de refus ou d'échec de la renégociation, les parties peuvent convenir de la résolution du contrat, à la date et aux conditions qu'elles déterminent, ou demander d'un commun accord au juge de procéder à son adaptation. À défaut d'accord dans un délai raisonnable, le juge peut, à la demande d'une partie, réviser le contrat ou y mettre fin, à la date et aux conditions qu'il fixe.

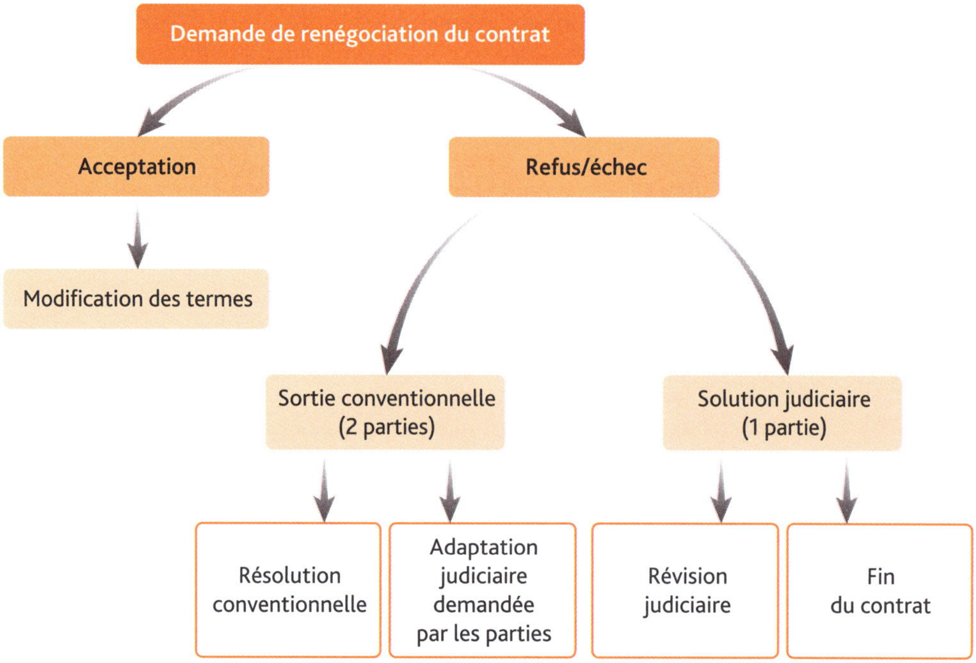

Figure 1.3. **Processus de révision du contrat pour imprévision**

Comprendre l'imprévision en moins de 10 minutes :

http://dunod.link/fzwzzi1

Exemple

- ***Modèle de clause d'imprévision* (hardship)**

Indépendamment du jeu de l'article 1195 du Code civil ci-dessus, les parties à un contrat, surtout international, stipulent souvent la clause suivante (modèle ICC) :

1. Toute partie est tenue d'exécuter ses obligations contractuelles même si les circonstances en rendent l'exécution plus onéreuse qu'on aurait raisonnablement pu le prévoir au moment de la conclusion du contrat.

2. Sans préjudice du paragraphe 1 de la présente clause, lorsqu'une partie contractante établit que :

[a] l'exécution de ses obligations contractuelles est devenue excessivement onéreuse en raison d'un événement hors de son contrôle et ne pouvant être raisonnablement prévu au moment de la conclusion du contrat, et que ;

[b] cette partie ne pouvait raisonnablement éviter ou surmonter cet événement ou ses effets ; les parties s'obligent, dans un délai raisonnable après que la présente clause a été invoquée, à négocier de nouvelles conditions contractuelles prenant raisonnablement en compte les conséquences de l'événement.

Lorsque le paragraphe 2 de la présente clause est applicable, mais que des stipulations contractuelles alternatives prenant raisonnablement en compte les effets de l'événement invoqué n'ont pas été acceptées, comme prévu au paragraphe précédent, la partie ayant invoqué la présente clause est en droit de prononcer la résolution du contrat.

2. Impossibilité d'exécuter : la force majeure

« À l'impossible nul n'est tenu. » Ce dicton populaire a une traduction en droit : le débiteur n'est plus tenu d'exécuter le contrat – il est libéré de ses obligations – dès lors que cette exécution est devenue impossible du fait d'un événement que l'on dit de force majeure.

Notion de force majeure (Code civil, article 1218 alinéa 1er)

Code civil, article 1218

- Il y a **force majeure** en matière contractuelle lorsqu'un événement échappant au contrôle du débiteur, qui ne pouvait être raisonnablement prévu lors de la conclusion du contrat et dont les effets ne peuvent être évités par des mesures appropriées, empêche l'exécution de son obligation par le débiteur.

La définition donnée par le Code civil ne change pas la jurisprudence antérieure, notamment quant aux notions d'imprévisibilité et d'irrésistibilité de l'événement :

- *L'imprévisibilité (événement ne pouvant être raisonnablement prévu).* L'imprévisibilité doit s'apprécier au moment de la formation du contrat. C'est donc un regard rétrospectif qu'il faut jeter. La notion d'imprévisibilité n'est pas absolue, en ce sens qu'il ne s'agit pas de savoir si l'esprit humain était en mesure d'imaginer tel ou tel événement. Il convient de se référer à une imprévisibilité raisonnable. Les juges usent alors de critères accessoires, tels que l'anormalité, la soudaineté ou encore la rareté.

Exemple

A été jugée prévisible, pour un fournisseur d'eau potable, la pollution de l'eau aux nitrates et aux pesticides résultant d'une agriculture intensive.

- *L'irrésistibilité (événement dont les effets ne peuvent être évités).* La force majeure ne libère le débiteur que si elle rend totalement impossible l'exécution du contrat.

Exemple

Si le contrat prévoit un transport par avion et qu'un événement empêche l'utilisation d'un avion (exemple : fermeture de l'espace aérien), l'irrésistibilité est constituée même s'il reste possible d'utiliser un autre moyen de transport.

- *L'extériorité (événement échappant au contrôle du débiteur).* Pour la Cour de cassation, l'extériorité de l'événement ne semble pas constituer, en principe, un critère de la force majeure. Ainsi, la maladie d'une étudiante ayant conclu un contrat d'enseignement à distance a été considérée comme un événement de force majeure. Quant à la grève, la jurisprudence n'a jamais été très claire. Une partie de la doctrine perçoit dans cette jurisprudence une distinction selon que la grève trouve sa cause dans l'entreprise (force majeure exclue) ou dans des revendications de politique nationale (force majeure admise). Mais cette interprétation est discutable aujourd'hui. Les tribunaux font de l'extériorité un critère de la force majeure lorsque l'inexécution trouve sa source dans la chose objet du contrat ou une chose utilisée pour son exécution. En d'autres termes, dans cette hypothèse, la force majeure n'est établie ou constituée que si l'événement est extérieur au débiteur.

Exemple

- Un fabricant ne peut livrer une chose à cause de la panne prolongée de sa machine de fabrication. La machine est utilisée pour l'exécution du contrat. Donc, le fabricant ne peut se prévaloir de la force majeure que si l'événement qu'il invoque est extérieur. Or, la panne est un événement qui n'est pas extérieur à l'entreprise puisqu'elle touche une machine utilisée pour la fabrication.

Domaine de la force majeure. La force majeure concerne toutes les obligations découlant du contrat. Donc aussi bien les obligations de donner que celles de faire ou de ne pas faire.

Effets de la force majeure. Si l'empêchement est temporaire, l'exécution de l'obligation est suspendue à moins que le retard qui en résulterait ne justifie la résolution du contrat. Si l'empêchement est définitif, le contrat est résolu de plein droit et les parties sont libérées de leurs obligations dans les conditions prévues aux articles 1351 et 1351-1.

La force majeure a pour principal effet de libérer le débiteur de ses obligations envers le créancier. Celles-ci sont éteintes, sans que le débiteur ne soit tenu de verser des dommages-intérêts en réparation du préjudice subi par son cocontractant. Cette libération n'est cependant que temporaire lorsque l'impossibilité d'exécuter l'est elle-même. Le contrat est alors suspendu.

Exemple

- Une forte tempête endommage la toiture d'un immeuble loué. Le bail n'est pas anéanti. Une fois la tempête terminée, la toiture doit être réparée par le bailleur.

Théorie des risques. Lorsque la force majeure rend impossible l'exécution d'une obligation stipulée dans un contrat synallagmatique, qu'advient-il de la contrepartie ? Reste-t-elle due ? Le débiteur empêché d'exécuter peut-il néanmoins la réclamer ? Bref, qui supporte le risque de la force majeure ? La théorie des risques apporte une réponse à cette question selon :

- Un principe (*res perit debitori*). Les tribunaux décident que c'est le débiteur de la chose qui doit supporter la perte fortuite de celle-ci. C'est le principe. Il signifie que le débiteur de la chose ne pourra pas réclamer la contrepartie prévue.

Exemple

- Si, pendant la durée du contrat de bail d'habitation, l'immeuble loué est détruit par cas fortuit, le contrat est anéanti et le bailleur ne pourra pas demander le paiement des loyers. En revanche, il est libéré de l'obligation de mettre à disposition le bien.

- Qui admet des exceptions (*res perit domino*). Par exception, dans les contrats translatifs de propriété (vente, échange...), si la chose périt fortuitement avant la livraison, c'est l'acheteur, en tant que propriétaire (le contrat a bien été conclu), qui supporte cette perte. Il devra payer le prix d'une chose qu'il n'a pas reçue.

Suspension du contrat. La théorie des risques ne s'applique qu'en cas de perte totale de la chose. En effet, si la perte est partielle, les tribunaux jugent que le contrat est suspendu (et non rompu) pendant le temps où la force majeure rend impossible l'exécution de l'obligation.

C) Sanctions de l'inexécution des contrats

Présentation. Lorsque le contrat n'est pas exécuté, ou mal exécuté, par l'une des parties, le cocontractant peut exiger des sanctions, voire prendre lui-même l'initiative de la sanction.

Code civil, article 1217

- La partie envers laquelle l'engagement n'a pas été exécuté, ou l'a été imparfaitement, peut :
  – refuser d'exécuter ou suspendre l'exécution de sa propre obligation ;
  – poursuivre l'exécution forcée en nature de l'obligation ;
  – obtenir une réduction du prix ;
  – provoquer la résolution du contrat ;
  – demander réparation des conséquences de l'inexécution.

  Les sanctions qui ne sont pas incompatibles peuvent être cumulées ; des dommages et intérêts peuvent toujours s'y ajouter.

Ces cinq sanctions seront détaillées ci-après.

1. Exception d'inexécution

Code civil

Article 1219. Une partie peut refuser d'exécuter son obligation, alors même que celle-ci est exigible, si l'autre n'exécute pas la sienne et si cette inexécution est suffisamment grave.
Article 1220. Une partie peut suspendre l'exécution de son obligation dès lors qu'il est manifeste que son cocontractant ne s'exécutera pas à l'échéance et que les conséquences de cette inexécution sont suffisamment graves pour elle. Cette suspension doit être notifiée dans les meilleurs délais.

Justice privée. Le recours au juge n'est donc pas nécessaire. L'exception d'inexécution est certes un moyen de pression – faire en sorte que le cocontractant s'exécute –, mais c'est surtout un moyen de se faire justice soi-même, un moyen de justice privée. C'est pour cette raison qu'elle n'est admise qu'avec prudence par les juges. Les conditions d'application sont strictes.

Conditions. Pour que l'exception d'inexécution soit recevable, il faut tout d'abord que le contrat soit synallagmatique, c'est-à-dire comporte des obligations réciproques.

Surtout, il faut que l'inexécution originelle soit grave. L'exception d'inexécution ne doit pas se transformer en effet en un moyen de chantage. La réaction à l'inexécution doit être proportionnée.

Exemple

La jurisprudence rejette l'exception d'inexécution au bénéfice du locataire qui voudrait suspendre le paiement des loyers, se plaignant de la non-réalisation de travaux, dès lors que ce défaut ne l'empêche pas de jouir des lieux loués.

Effet. Lorsque l'exception d'inexécution est recevable, le contrat n'est pas rompu, mais seulement suspendu. Si le cocontractant ne s'exécute pas, ce qui est le plus fréquent en pratique, l'exception d'inexécution apparaît alors comme une étape vers une autre sanction : le créancier pourra agir soit en exécution forcée, soit en responsabilité contractuelle, soit en résolution du contrat.

Inexécution prévisible. On remarquera que l'article 1220 introduit depuis 2016 une notion nouvelle en prévoyant la possibilité pour un contractant de suspendre l'exécution du contrat quand il apparaît manifeste que l'autre partie n'exécutera pas la sienne et que les conséquences sont suffisamment graves pour celui qui est à l'initiative de la suspension. Une telle sanction pour une « faute future » heurte les principes fondamentaux de notre système juridique et doit donc demeurer exceptionnelle.

2. Résolution du contrat

Principe. La résolution est une sanction susceptible de frapper le contrat inexécuté, lequel disparaît alors – on parle de résolution ou de résiliation, selon que l'anéantissement produit ou non un effet rétroactif. La résolution peut emprunter plusieurs voies : elle peut être prononcée par le juge ou bien décidée unilatéralement par le créancier, à ses risques et périls, ou encore résulter de l'application d'une clause contractuelle.

Résolution judiciaire.

Code civil

Article 1229. La résolution peut, en toute hypothèse, être demandée en justice. [...]
Article 1230. Le juge peut, selon les circonstances, constater ou prononcer la résolution ou ordonner l'exécution du contrat, en accordant éventuellement un délai au débiteur, ou allouer seulement des dommages et intérêts.

Les textes, cités ci-dessus, autorisent celui envers qui l'engagement n'a pas été exécuté d'en demander en justice la résolution, c'est-à-dire l'anéantissement rétroactif. Il ne faut pas confondre la résolution, qui sanctionne l'inexécution contractuelle, avec la nullité, qui sanctionne la mauvaise formation du contrat.

La résolution judiciaire ne concerne que les contrats synallagmatiques. Lorsque le contrat est unilatéral, son sort est entendu : l'inexécution de l'obligation éteint le contrat (pas de façon automatique) puisqu'il n'y a qu'une seule obligation dans ce type de contrat.

Le créancier ne peut obtenir la résolution du contrat que si l'inexécution est suffisamment grave. Pareille condition s'explique par l'importance de la sanction, laquelle ne doit être qu'un remède ultime. Le juge du fond appréciera souverainement la gravité. Si le juge estime la gravité insuffisante, il refusera de prononcer la résolution et préférera allouer des dommages-intérêts au créancier (en l'absence de force majeure).

Puisque la résolution doit être demandée au juge, le contrôle de la gravité s'effectue *a priori*, c'est-à-dire avant la rupture.

Exemple

- L'altercation entre le locataire et un autre occupant de l'immeuble loué est un manquement insuffisamment grave à l'obligation d'user des lieux en bon père de famille et la résolution n'est pas encourue parce que l'exécution est toujours possible, sauf à démontrer la dangerosité ou le caractère répétitif des agissements du locataire.

La résolution, dit aujourd'hui le Code civil, met fin au contrat. La rétroactivité n'est plus mise en avant par les textes même si les restitutions auxquelles ils font référence, ramènent à cette notion.

Code civil, article 1229

- La résolution met fin au contrat.
  La résolution prend effet, selon les cas, soit dans les conditions prévues par la **clause résolutoire**, soit à la date de la réception par le débiteur de la notification faite par le créancier, soit à la date fixée par le juge ou, à défaut, au jour de l'assignation en justice.
  Lorsque les prestations échangées ne pouvaient trouver leur utilité que par l'exécution complète du contrat résolu, les parties doivent restituer l'intégralité de ce qu'elles se sont procuré l'une à l'autre. Lorsque les prestations échangées ont trouvé leur utilité au fur et à mesure de l'exécution réciproque du contrat, il n'y a pas lieu à restitution pour la période antérieure à la dernière prestation n'ayant pas reçu sa contrepartie ; dans ce cas, la résolution est qualifiée de résiliation. Les restitutions ont lieu dans les conditions prévues aux articles 1352 à 1352-9.

Article 1352 du Code civil :

http://dunod.link/27u2g03

Résolution unilatérale. La résolution unilatérale pour inexécution consiste pour un contractant à décider seul de rompre le contrat et, de la sorte, de se délier de son propre engagement, à la suite d'un manquement de l'autre partie. L'article 1226 du Code civil prévoit explicitement la faculté de résolution unilatérale du contrat à l'initiative du créancier.

Code civil, article 1226

- Le créancier peut, à ses risques et périls, résoudre le contrat par voie de notification. Sauf urgence, il doit préalablement mettre en demeure le débiteur défaillant de satisfaire à son engagement dans un délai raisonnable.
  La mise en demeure mentionne expressément qu'à défaut pour le débiteur de satisfaire à son obligation, le créancier sera en droit de résoudre le contrat. Lorsque l'inexécution persiste, le créancier notifie au débiteur la résolution du contrat et les raisons qui la motivent.
  Le débiteur peut à tout moment saisir le juge pour contester la résolution. Le créancier doit alors prouver la gravité de l'inexécution.

Clause résolutoire. La clause résolutoire précise les engagements dont l'inexécution entraînera la résolution du contrat (C. civ., art. 1225). La résolution est subordonnée à une mise en demeure infructueuse, s'il n'a pas été convenu que celle-ci résulterait du seul fait de l'inexécution. La mise en demeure ne produit effet que si elle mentionne expressément la clause résolutoire.

Il existe une troisième voie d'anéantissement dont la source est contractuelle : dans le contrat, les parties ont la faculté de prévoir la résolution du contrat sans intervention du juge, après mise en demeure ou immédiatement. Il s'agit d'une **clause résolutoire**.

Exemple

« Le bailleur pourra résilier le contrat en cas de loyer demeuré impayé trois mois après mise en demeure de le régler. »

Lorsqu'elle est mise en œuvre sans difficulté, la clause résolutoire permet de se passer de l'intervention du juge. En ce sens, elle simplifie l'anéantissement du contrat en évitant la procédure judiciaire.

Bien souvent, la mise en œuvre conduit à un différend entre les parties. La clause conserve alors un intérêt important. Le juge qui va intervenir perd en effet son pouvoir de prononcer ou pas la résolution. Il ne peut être saisi que de l'application, ou inapplication, de la clause résolutoire. En ce cas, il ne saurait contrôler la gravité de l'inexécution, mais doit s'en tenir aux termes de la stipulation. Son rôle consiste à constater la résolution ou, au contraire, à déclarer la clause inapplicable.

Le texte de l'article 1225 prévoit qu'elle peut être mise en œuvre par mise en demeure ou bien du simple fait de l'inexécution. Le rôle du juge ne se limite pas à l'exercice d'un constat. Il contrôle la mise en œuvre de la clause résolutoire. Le contractant envers qui l'engagement n'a pas été exécuté ne saurait se prévaloir, de mauvaise foi, de la clause résolutoire sous peine de commettre un abus de droit. En d'autres termes, toute mise en œuvre de la clause qui n'est pas une réaction réelle à l'inexécution du cocontractant est abusive car la lettre du contrat est utilisée contre son esprit.

Exemple

- Le contractant qui exige l'exécution de travaux dans un certain délai, en visant la clause résolutoire, tout en sachant que cela est manifestement impossible, eu égard à la nature et à l'importance desdits travaux, ne souhaite pas réellement la bonne exécution du contrat, mais cherche à se débarrasser du débiteur. La mise en œuvre de la clause est alors abusive.

Des textes spécifiques à certains contrats interdisent la clause résolutoire (ex. : contrat de travail). D'autres atténuent les effets d'une clause résolutoire (ex. : bail commercial).

Les clauses résolutoires sont susceptibles d'être déclarées abusives et, par conséquent, elles sont réputées non écrites dans les contrats conclus entre professionnel et consommateur.

3. Exécution forcée en nature

Code civil

Article 1221 nouveau. Le créancier d'une obligation peut, après mise en demeure, en poursuivre l'exécution en nature sauf si cette exécution est impossible ou s'il existe une disproportion manifeste entre son coût pour le débiteur de bonne foi et son intérêt pour le créancier.

Article 1222 nouveau. Après mise en demeure, le créancier peut aussi, dans un délai et à un coût raisonnables, faire exécuter lui-même l'obligation ou, sur autorisation préalable du juge, détruire ce qui a été fait en violation de celle-ci. Il peut demander au débiteur le remboursement des sommes engagées à cette fin.

Il peut aussi demander en justice que le débiteur avance les sommes nécessaires à cette exécution ou à cette destruction.

Le principe veut qu'un contractant soit en droit d'obtenir ce qui a été prévu par le contrat toutes les fois que cela est possible, que l'inexécution soit légère ou grave.

Exemple

- Le vendeur peut contraindre l'acquéreur à payer le prix. On parle d'exécution forcée en nature puisqu'il s'agit pour le créancier d'obtenir l'exécution de ce qui a été prévu au contrat et non d'un équivalent.

Initiative du créancier. L'exécution forcée est une sanction que le créancier peut demander. Il n'est guère possible pour le débiteur d'imposer cette sanction à son créancier plutôt que sa responsabilité civile. Par exemple un architecte qui a failli à ses obligations ne peut pas imposer au maître de l'ouvrage l'exécution des travaux par lui-même (Cass. 3e civ., 28 sept. 2005, pourvoi n° 04-14.586).

Mise en œuvre. Le Code civil pose aujourd'hui en principe que l'exécution en nature est possible. Des exceptions sont également prévues, notamment l'impossibilité d'exécution en nature ou la disproportion entre son coût et l'intérêt qu'elle revêt pour celui qui la demande. L'article 1222 nouveau du Code civil prévoit des modalités spécifiques comme la possibilité de faire détruire ce qui avait été fait en violation du contrat.

4. Responsabilité contractuelle

Code civil, article 1231-1

- Le débiteur est condamné, s'il y a lieu, au paiement de dommages et intérêts soit à raison de l'inexécution de l'obligation, soit à raison du retard dans l'exécution, s'il ne justifie pas que l'exécution a été empêchée par la force majeure.

D'une manière générale, la responsabilité civile désigne l'obligation de réparer le dommage causé par autrui. La responsabilité contractuelle est la variété de responsabilité civile s'appliquant lorsque ce dommage a été causé à une partie par l'inexécution, la mauvaise exécution ou un retard dans l'exécution du contrat. Lorsqu'elle est retenue, la responsabilité contractuelle donne lieu au versement des dommages et intérêts.

L'ordonnance du 10 février 2016 remanie les textes, mais ne modifie rien de substantiel dans le droit positif de la responsabilité contractuelle.

Inexécution (faute). Pour obtenir devant les tribunaux que le débiteur engage sa responsabilité contractuelle, il faut en premier lieu qu'il ait commis un manquement à une obligation contractuelle :

- Si l'inexécution est due à cas de force majeure, le créancier ne pourra pas obtenir des dommages-intérêts. La force majeure libère le débiteur de son obligation.
- Enfin, si l'inexécution par le débiteur est due à la faute du créancier, celle-ci exonère le débiteur de sa responsabilité civile. L'exonération est totale si la faute du créancier est la cause exclusive de son préjudice. Elle est partielle, si coexistent le manquement du débiteur et la faute du créancier, mais à condition que cette dernière soit suffisamment grave. On parle alors de « partage de responsabilité ».

Droit des contrats
et droit de la responsabilité :
http://dunod.link/l98i5x0

Exemple

Un client s'adresse à La Poste pour l'envoi d'une lettre recommandée. La Poste remet la lettre mais à une personne autre que le destinataire. Elle invoque alors, afin d'échapper à sa responsabilité, la faute du client qui n'a pas indiqué l'adresse exacte du destinataire. La cour d'appel qui a accueilli cet argument est censurée par la Cour de cassation, car les juges du fond auraient dû rechercher si la faute du client constituait la cause exclusive de son dommage. Or, on peut penser que La Poste n'aurait pas dû remettre le pli à un tiers mais le retourner à l'expéditeur avec la mention « n'habite pas à l'adresse indiquée », de sorte que le client aurait eu le temps de réitérer son envoi.

Preuve. Afin de déterminer à qui incombe la charge de la preuve (tab. 1.6), il faut distinguer les obligations de moyens et les obligations de résultat :

- Si le débiteur était tenu d'une obligation de résultat, la seule absence de ce résultat permet de présumer le manquement du débiteur. C'est alors à lui qu'il appartient de démontrer ne pas en être responsable, et encore ne pourra-t-il le faire qu'en démontrant la force majeure ou la faute de la victime. S'il s'agit en revanche d'une obligation de moyens, c'est le créancier qui doit démontrer que le débiteur n'a pas mis tous les moyens en œuvre pour parvenir au résultat.
- Dans certains cas, les tribunaux admettent l'existence d'une obligation de résultat atténuée : c'est bien au débiteur qu'incombe la charge de la preuve, mais il n'est pas nécessaire qu'il démontre s'être heurté à un événement de force majeure ou la faute de la victime. Il suffit qu'il prouve l'absence de faute de sa part.
- Dans d'autres cas enfin, les tribunaux admettent l'existence d'une obligation de moyens renforcée : c'est au débiteur qu'incombe alors la charge de la preuve ; il a la possibilité de démontrer son absence de faute ou s'être heurté à un événement de force majeure.

Tableau 1.6. Responsabilité contractuelle

	Charge de la preuve	Moyens d'exonération
Obligation de résultat	Débiteur	Force majeure ou faute du créancier
Obligation de résultat atténuée	Débiteur	Absence de faute du débiteur
Obligation de moyens	Créancier	/
Obligation de moyens renforcée	Débiteur	Absence de faute du débiteur ou force majeure

Préjudice. Outre le manquement du débiteur de l'obligation inexécutée, la responsabilité contractuelle de ce dernier suppose l'existence d'un préjudice (ou dommage) subi par le créancier. Le préjudice peut être matériel, corporel ou moral. Le préjudice matériel couvre la perte subie mais aussi le gain manqué (C. civ., art. 1231-2 nouveau).

Exemple

Le transporteur qui perd les marchandises transportées doit indemniser l'expéditeur non seulement de la valeur de ces marchandises mais encore du bénéfice que ce dernier aurait pu tirer de la vente au destinataire.

Le gain manqué peut se traduire par la perte d'une chance, laquelle n'est pas nécessairement pécuniaire.

Contracter c'est prévoir ; aussi, le préjudice n'est-il indemnisable que s'il a pu être prévu par le débiteur lors de la conclusion du contrat (C. civ., art. 1231-3).

Exemple

▸ Le préjudice résultant de la perte d'un colis contenant des biens précieux n'est pas indemnisable dès lors que le transporteur n'a pas été informé du contenu du colis. Lorsque la faute du débiteur est lourde, le préjudice imprévisible devient indemnisable. ◂

Lien de causalité. Dernière condition : la victime doit démontrer que le préjudice a été causé par le manquement. Elle ne peut demander que ce qui est la suite immédiate et directe de l'inexécution (C. civ., art. 1231-4). Reste à savoir ce qu'il faut entendre par lien de causalité direct.

Exemple

▸ Un exemple donné par Pothier (jurisconsulte du XVIIIe siècle) est resté célèbre. L'auteur prend le cas d'une vente d'une vache malade entraînant la contamination du troupeau appartenant à l'acheteur, ce qui ruine celui-ci qui ne peut alors rembourser ses dettes et voit ses biens saisis. Le vendeur doit-il répondre de cette cascade de dommages ? Pothier limitait le dommage réparable au prix de la vache malade et du troupeau contaminé. La jurisprudence est fluctuante et tout est affaire d'espèce. On peut toutefois noter une certaine tendance à privilégier la théorie de la causalité adéquate, ce qui conduit à ne retenir que le premier dommage. Mais lorsque le dommage est corporel, les tribunaux ont tendance à retenir la théorie de l'équivalence des conditions, ce qui conduit à indemniser l'ensemble des dommages même lointains. ◂

Clauses relatives à la responsabilité contractuelle. Il est possible aux parties de modifier, par une clause stipulée dans le contrat, le régime légal de la responsabilité. La clause de non-responsabilité ou limitative de responsabilité décharge le débiteur de tout ou partie de l'obligation de réparer le dommage causé au créancier du fait de l'inexécution contractuelle. En pratique, le contrat prévoit souvent que le débiteur n'assure pas ou ne prend pas en charge telle obligation ; par exemple, le transporteur de passagers précise qu'il n'assure pas la surveillance des bagages. Il s'agit d'une clause de non-responsabilité.

Pareille clause est valable en principe. Elle encourt toutefois la nullité lorsque :

- L'obligation sur laquelle porte la clause est essentielle au contrat, de sorte que la clause litigieuse vide le contrat de sa substance. Par exemple, le vendeur ne peut pas se décharger de sa responsabilité s'il ne délivre pas la chose vendue. Le caractère essentiel résulte, soit de la nature du contrat, comme dans l'exemple qui vient d'être donné, soit de l'intention des parties.
- La clause porte sur la faute dolosive, c'est-à-dire intentionnelle du débiteur. Il est impossible de s'exonérer de sa faute intentionnelle.
- La clause porte sur un éventuel dommage corporel.
- La loi le prévoit (ex. : contrat de transport de marchandises ; rupture du contrat de travail).
- La clause est jugée abusive dans les contrats conclus entre professionnel et consommateur, ce qui est souvent le cas.
- Le manquement contractuel est constitutif d'une faute lourde.

Clause pénale (Code civil, article 1231-5). La clause pénale prévoit par avance et de façon forfaitaire les dommages-intérêts dus par celui qui aura manqué à ses obligations contractuelles. Aussi, le créancier peut s'enrichir dans le cas où la somme stipulée est supérieure au préjudice subi. En ce cas, la clause pénale présente un caractère comminatoire : c'est un moyen de pression incitant le débiteur à exécuter ses obligations, d'autant que le préjudice n'a pas à être démontré.

La clause pénale peut être :
- moratoire (retard d'exécution) ;
- compensatoire (inexécution).

La clause pénale est valable à condition que le montant de la pénalité soit déterminé ou déterminable. Par ailleurs, la mise en demeure préalable du débiteur de s'exécuter est de principe (C. civ., art. 1231-5, al. 5). Elle n'est pas nécessaire lorsqu'un délai impératif est stipulé dans la convention. Il est possible en outre de prévoir dans celle-ci une clause excluant la mise en demeure comme préalable à la mise en œuvre de la clause pénale.

Enfin, le juge peut réduire la pénalité s'il la considère manifestement excessive, de même qu'il peut l'augmenter s'il la considère manifestement dérisoire (C. civ., art. 1231-5, al. 3).

5. Réduction du prix

Code civil, article 1223

- En cas d'exécution imparfaite de la prestation, le créancier peut, après mise en demeure et s'il n'a pas encore payé tout ou partie de la prestation, notifier dans les meilleurs délais au débiteur sa décision d'en réduire de manière proportionnelle le prix. L'acceptation par le débiteur de la décision de réduction de prix du créancier doit être rédigée. Si le créancier a déjà payé, à défaut d'accord entre les parties, il peut demander au juge la réduction de prix.

La réduction du prix est une nouveauté introduite dans le Code civil en 2016, et qui peut s'analyser en une résolution partielle d'un contrat qui n'est pas totalement exécuté, assortie d'un ajustement des prestations réciproque des parties et par conséquent du prix payé par le débiteur.

→ APPLICATION 2 • CAS PRATIQUE 5

DES SAVOIRS AUX COMPÉTENCES

Évaluer les savoirs | Maîtriser les compétences | Préparer l'épreuve

QCM

Parmi les propositions ci-après, plusieurs réponses sont possibles. Justifiez-les.

1. Le droit des obligations :
   a. est une branche du droit civil. ☐
   b. désigne l'ensemble des règles qui commandent aux citoyens de faire ou de ne pas faire quelque chose. ☐
2. Un contrat unilatéral est :
   a. un fait juridique. ☐
   b. un contrat conclu par une seule personne. ☐
   c. un contrat créant des obligations à la charge d'une seule partie. ☐
3. À partir de quel moment considère-t-on que le contrat négocié devient définitif ?
   a. Lorsque l'offre est diffusée. ☐
   b. Lorsqu'une offre a rencontré une acceptation à propos des éléments essentiels du contrat négocié. ☐
   c. Lorsqu'une offre a rencontré une acceptation à propos des éléments essentiels et accessoires du contrat négocié. ☐
4. Quels sont les préjudices dont la victime de la rupture des négociations est en droit d'obtenir réparation lorsque la rupture est fautive ?
   a. Aucun préjudice. ☐
   b. Le remboursement des frais des négociations. ☐
   c. Les préjudices matériels et moraux causés par la faute commise par l'auteur de la rupture. ☐
   d. Le gain manqué. ☐
   e. Le préjudice moral. ☐
5. Lorsque la victime d'un dol demande la nullité du contrat, et si sa demande aboutit, peut-elle obtenir que des dommages et intérêts lui soient versés par son cocontractant ?
   a. Oui, toujours. ☐
   b. Oui, si elle démontre une faute commise par son cocontractant, laquelle est constituée par la tromperie, ainsi qu'un préjudice. ☐
   c. Non, jamais. ☐
6. La violence est une cause de nullité du contrat à si :
   a. elle est révérencielle. ☐
   b. elle émane du cocontractant et de nulle autre personne. ☐
   c. elle est suffisamment grave. ☐
   d. elle est illégitime. ☐
7. En principe, le contrat doit être équilibré pour être valable.
   a. Un contrat déséquilibré encourt la nullité. ☐
   b. Le contrat doit être équilibré lors de sa formation comme lors de son exécution. ☐
   c. L'équilibre n'est pas une condition de validité du contrat. ☐

8. Quels contrats sont susceptibles d'encourir la rescision pour lésion ?
- a. La vente d'immeuble. ☐
- b. Tous les contrats, puisque la lésion est une cause générale de rescision des conventions. ☐
- c. Le bail commercial. ☐
- d. Le contrat de travail. ☐

9. Que sanctionne la nullité du contrat ?
- a. L'inexécution du contrat aux torts de l'une des parties. ☐
- b. L'anéantissement du contrat. ☐
- c. La mauvaise formation du contrat. ☐

10. Quel est le délai de prescription extinctive d'une action en nullité absolue ?
- a. 5 ans, comme pour l'action en nullité relative. ☐
- b. 0 an, comme pour l'action en nullité relative. ☐
- c. 10 ans, si la vente est commerciale. ☐

2 Formation ou exécution du contrat ? ★★★

Classez les mots qui suivent en deux catégories :
- ceux qui se rapportent à la formation du contrat ;
- ceux qui se rapportent à son exécution.

Capacité ; préjudice ; réduction du prix ; acceptation ; dol ; révision pour imprévision ; tutelle ; contenu ; exception d'inexécution ; signature ; accord ; responsabilité ; offre ; erreur ; clause résolutoire ; lésion ; faute.

Évaluer les savoirs | Maîtriser les compétences | Préparer l'épreuve

3 Mini-cas : clause et cause ★★★

Compétences visées
- **Distinguer** les différents types de contrats
- **Identifier** les conditions de formation et les conséquences du non-respect des dispositions contractuelles
- **Savoir** quel type de sanction correspond à quel type d'inexécution du contrat ou au manquement à l'une de ses conditions de formation

L'analyse consiste à situer la clause par rapport aux règles de droit existantes et à en définir la portée pour les parties.

Le contrat dans lequel la clause ci-dessous figure a été conclu entre professionnels : « Le loueur pourra résilier le contrat en cas de loyer demeuré impayé trois mois après mise en demeure de le régler ».

Qualifiez le contrat et analysez la clause citée.

Mini-cas : engagements contractwuels et négociation ★★★

Compétences visées

- **Maîtriser** les effets des dispositions contractuelles engageant l'entreprise
- **Savoir** quel type de sanction correspond à quel type d'inexécution du contrat ou au manquement à l'une de ses conditions de formation

Un contrat de vente de produits manufacturés comprenant une part importante de métaux (nickel et chrome) est signé entre A (vendeur) et B (acheteur) avec des prix basés sur les cours de ces métaux au jour de la signature. Par la suite, le cours des métaux s'apprécie de 178 % et le vendeur demande la renégociation du prix de vente des produits. L'acheteur s'y oppose catégoriquement.

Quels sont les droits et obligations des parties ?

Évaluer les savoirs | Maîtriser les compétences | Préparer l'épreuve

Cas pratique : coopérative Gouessant ★★★

45 min

Compétences visées

- **Comprendre** les principes cardinaux du droit des contrats
- **Maîtriser** les dispositions contractuelles engageant l'entreprise
- **Savoir** quel type de sanction correspond à quel type d'inexécution du contrat ou au manquement à l'une de ses conditions de formation

Par contrat conclu le 26 septembre de l'année N, les époux Pol (Léopold et Paule) ont vendu deux piscicultures qu'ils exploitaient à la Coopérative de Gouessant. L'exploitation de ces piscicultures avait été autorisée par arrêté préfectoral. Le 28 avril de l'année N + 1, les dirigeants de la Coopérative prennent connaissance de l'information suivante dans la presse locale : « le tribunal administratif de Rennes a annulé, à la demande de tiers, l'arrêté préfectoral autorisant l'exploitation de deux piscicultures ». Du coup, la Coopérative de Gouessant est contrainte de cesser l'exploitation des piscicultures à compter du 1er juillet de l'année N + 1. Elle apprend rapidement que le recours en annulation dudit arrêté préfectoral avait été exercé le 2 août de l'année N.

Après des discussions infructueuses avec les époux Pol, la Coopérative de Gouessant vous consulte le 30 septembre de l'année N + 5. Elle souhaite obtenir la restitution du prix qu'elle a versé aux époux Pol. Elle estime avoir été trompée. Les époux Pol considèrent que l'ignorance par la coopérative de l'existence du recours (contre l'arrêté préfectoral) était inexcusable.

Travail à faire

1. *La coopérative de Gouessant peut-elle obtenir gain de cause ?*
2. *L'action qu'elle doit intenter pour essayer d'obtenir gain de cause est-elle prescrite ?*

Rendez-vous
MÉTHODE

Comment rédiger un cas pratique ?

Vous prendrez particulièrement soin :

- De ne pas recopier intégralement les faits du cas, même s'il n'est pas interdit de reprendre les faits pertinents et les dates-clés,
- De qualifier juridiquement la situation ; ainsi s'il est mentionné que A et B signent un contrat prévoyant que A s'engage à faire ceci alors que B s'engage à faire cela en contrepartie, on qualifiera le contrat de *synallagmatique*.
- De problématiser les questions posées. Parfois l'énoncé pose des questions précises (*Paul, gérant de la SARL, a quitté son poste pendant 5 mois pour aller voyager : est-il révocable du chef de ces faits ?*), parfois il est plus elliptique (*Paul, gérant de la SARL, a quitté son poste pendant 5 mois pour aller voyager, qu'en pensez-vous ?*). Dans ce dernier cas, il faut traduire la question en termes juridiques : le dirigeant est-il révocable, sa responsabilité peut-elle être engagée ?
- D'énoncer les règles de droit applicables à la question : textes du Code, lois et décrets non codifiés, jurisprudence pertinente, cette dernière étant rarement une source du droit, même si son importance est indéniable.
- D'appliquer le droit aux faits afin d'en tirer la conclusion qui s'impose (*Paul a quitté son poste pendant 5 mois ; le Code de commerce prévoit que le gérant peut être révoqué pour faute de gestion, DONC Paul peut être révoqué.*)

Si plusieurs solutions sont légalement envisageables, il convient de les étudier une par une et, le cas échéant, de retenir la plus pertinente.

SYNTHÈSE

Éléments généraux sur les contrats

Trois vices de consentement peuvent donner lieu à la nullité du contrat

Dol : tromperie (manœuvres, mensonge, silence) par laquelle l'une des parties cherche à induire l'autre partie en erreur

Erreur : appréciation inexacte de la réalité
- erreur sur les qualités essentielles de la prestation contractuelle
- erreur sur la personne dans les contrats conclus *intuitu personae*

Violence : engagement sous la pression d'une contrainte, physique, morale ou économique

CHAPITRE 2 Diversité des contrats

PROGRAMME

Compétences visées

- **Maîtriser** les dispositions régissant le contrat de vente
- **Adapter et faire évoluer** le contenu de certains contrats en fonction de la situation d'un client ou de l'entreprise
- **Maîtriser** les dispositions régissant les contrats de distribution : concession et franchise
- **Maîtriser** les dispositions régissant les contrats d'assurance courants et plus spécifiquement l'assurance-vie
- **Comprendre** le contrat de transaction comme mode de sortie d'un litige existant ou à naître

Notions et contenus

- Formation, conditions et effets du contrat de vente ; du contrat d'entreprise du contrat de franchise et du contrat de concession.
- Le contrat d'assurance : mécanisme, formation, effets
- La couverture des risques de l'entreprise par les contrats d'assurance
- La gestion patrimoniale de l'entrepreneur par les contrats d'assurance-vie : conclusion, gestion et dénouement du contrat
- Conditions et effets de la transaction

PRÉREQUIS

Éléments généraux sur les contrats (chapitre 1)

LIEN AVEC LE DSCG 5

§ 4.2. Le contrat de service

PLAN DU CHAPITRE

Cours : 1. Contrat de vente • 2. Contrat d'entreprise • 3. Contrats de distribution • 4. Contrat d'assurance • 5. Transaction

Des savoirs aux compétences : Évaluer les savoirs • Maîtriser les compétences • Préparer l'épreuve

Synthèse

Le premier chapitre a été consacré aux règles communes à tous les contrats. Les règles communes et spécifiques à un contrat ont vocation à s'appliquer cumulativement audit contrat. Si une règle spécifique (le spécial) déroge à une règle commune (le général), c'est la première qu'il convient d'appliquer. Si le droit spécial ne prévoit rien à propos d'un problème donné, il faut alors se référer aux règles communes.

MOTS-CLÉS

Assurance-vie • Contrat de concession • Contrat d'entreprise • Contrat de distribution • Contrat de franchisage • Contrat de vente • Garantie • Garantie des vices cachés • Garantie d'éviction • Litige • Maître de l'ouvrage • Transaction

1 Contrat de vente

Code civil

Article 1105 al. 3. Les règles générales s'appliquent sous réserve de ces règles particulières.
Article 1582. La vente est une convention par laquelle l'un s'oblige à livrer une chose, et l'autre à la payer.
Il peut être procédé à la vente par acte authentique ou sous seing privé (↪ chapitre 1).

Une part très importante des contrats de vente est passée entre un professionnel et un consommateur. Ces contrats donnent lieu à l'application du Code de la consommation très protecteur pour le consommateur (information, rétractation...). Les règles présentées ici ne concernent que le droit commun de la vente, et non les contrats de consommation (non inscrits au programme de l'UE1).

A) Généralités

1. Caractères du contrat de vente

En se référant aux classifications des contrats (↪ chapitre 1), on peut affirmer que le contrat de vente est :

- Un contrat consensuel. La vente exige le commun accord des parties qui, en principe, ne nécessite aucune formalité pour sa validité. L'article 1582, alinéa 2, du Code civil dispose que la vente peut être faite par acte authentique ou sous seing privé. Il ne s'agit là que de simples facultés et non d'exigences formelles. Toutefois exceptionnellement certaines ventes exigent pour leur validité des formalités particulières (comme la vente d'immeuble à construire).
- Un contrat synallagmatique. Le **vendeur** a l'obligation de délivrer la chose, tandis que l'obligation réciproque de l'**acheteur** consiste à payer le prix.
- Un contrat à titre onéreux.
- Un contrat commutatif. L'étendue des obligations de chacune des parties est fixée dès la conclusion du contrat et ne dépend pas d'un aléa. Certaines ventes cependant peuvent être aléatoires (ex. : vente en viager).
- Un contrat translatif de droit. Le droit de propriété, objet du contrat, passe de la tête de l'un des contractants sur la tête de l'autre.

2. Nature de la vente

Le contrat de vente peut être civil, commercial ou mixte. Cette distinction est importante, non en ce qui concerne les règles essentielles, qui sont les mêmes, mais en raison :

- des règles relatives à la preuve (la preuve est libre en matière commerciale), à la compétence juridictionnelle (les contrats commerciaux relèvent du tribunal de commerce) ;
- de l'importance du rôle des usages en matière commerciale.

B) Formation du contrat de vente

La vente se forme comme tout contrat : une acceptation qui rencontre une offre sur les éléments essentiels de la vente (que sont l'objet et le prix). Comme tout contrat encore, la vente est consensuelle en principe et l'absence de vice du consentement et l'existence d'un contenu en conditionnent la validité. Des particularités tiennent notamment aux actes pouvant précéder la conclusion définitive de la vente, ainsi qu'au prix.

1. Contrats préparatoires à la vente

La formation de la vente définitive peut être précédée – ce n'est pas une obligation – d'un contrat préparatoire, ou avant-contrat, qui peut avoir des fonctions diverses selon sa nature. On décrira les plus utilisés en pratique.

Promesse synallagmatique de vendre et d'acheter. La promesse synallagmatique comporte l'engagement pris simultanément par le vendeur de vendre et par l'acheteur d'acheter. Elle se rencontre fréquemment dans la vente d'immeuble ou de fonds de commerce et est alors en pratique désignée sous le terme de « compromis de vente ». La promesse synallagmatique de vente vaut vente quand il y a consentement réciproque des deux parties sur la chose et sur le prix (C. civ., art. 1589). Elle permet en pratique de reporter le jour du transfert de propriété à la date de la réitération par acte authentique.

Promesse unilatérale de vente. La promesse unilatérale de vente est un contrat par lequel une personne s'engage envers une autre personne à lui vendre, moyennant un certain prix, une chose déterminée sans que cette dernière s'engage en retour à acheter. L'acheteur dispose d'une option pour acheter ou non le bien objet de la promesse ; les conditions de cette option et les délais dans lesquels elle s'exerce sont réglés par l'acte.

Sous peine de nullité, pareil acte doit être enregistré auprès de l'administration fiscale, dans les dix jours à compter de son acceptation par le bénéficiaire, et non à compter de la levée de l'option. La règle ne concerne, pour l'essentiel, que les promesses afférentes à un immeuble et à un fonds de commerce (C. civ., art. 1589-2).

Pacte de préférence. Le pacte de préférence est une convention par laquelle le propriétaire d'une chose s'engage, au cas où il l'aliénerait, à donner préférence au bénéficiaire aux conditions proposées par un tiers ou à des conditions prédéterminées (C. civ., art. 1123).

Sanction d'une promesse unilatérale de vente ou d'un pacte de préférence.

L'article 1124 du Code civil prévoit pour la promesse unilatérale :
- le cas de rétractation avant l'option : « la révocation de la promesse pendant le temps laissé au bénéficiaire pour opter n'empêche pas la formation du contrat promis » ;
- le cas de vente par le promettant à un tiers non bénéficiaire de la promesse : « le contrat conclu en violation de la promesse unilatérale avec un tiers qui en connaissait l'existence est nul. »

S'agissant du pacte de préférence, l'article 1123 du Code civil, issu de la réforme du 10 février 2016, met fin à une controverse jurisprudentielle quant à la question de savoir si le juge peut annuler la cession, voire substituer au cessionnaire le bénéficiaire du pacte.

Code civil, article 1123

- Lorsqu'un contrat est conclu avec un tiers en violation d'un pacte de préférence, le bénéficiaire peut obtenir la réparation du préjudice subi. Lorsque le tiers connaissait l'existence du pacte et l'intention du bénéficiaire de s'en prévaloir, ce dernier peut également agir en nullité ou demander au juge de le substituer au tiers dans le contrat conclu.

2. Prix de vente

Un prix déterminé ou déterminable. En vertu de l'article 1591 du Code civil, le prix de la vente doit être déterminé et désigné par les parties. C'est là une condition de validité qui doit être constatée au moment de la formation de la vente. Le but est d'éviter qu'une partie soit ultérieurement à la merci de l'autre.

Exemple

- Le prix n'est pas déterminé lorsqu'il résulte de l'acte que sa fixation a été subordonnée à un accord ultérieur, ou abandonnée à la seule volonté de l'un des contractants (prix laissé à la discrétion du vendeur), ou lorsque le montant définitif doit faire l'objet d'une fixation ultérieure en fonction de travaux dont ni l'importance ni le coût ne sont exactement déterminés.

S'agissant de la vente de parts sociales d'une SCI, est déterminable un prix fixé comme suit : *valeur nominale (figurant dans les statuts) + 3 % par année de détention.*

Toutefois, pour être considéré comme valable, il n'est pas nécessaire que le prix soit fixé, de manière absolue, dans son quantum. Il suffit qu'il soit déterminable par un procédé arrêté dès l'origine et indépendant de la volonté ultérieure de l'une ou l'autre des parties.

Contrats-cadres. La nécessité légale de détermination du prix a rencontré de sérieuses difficultés s'agissant des contrats-cadres de distribution (un contrat-cadre est un contrat par lequel les parties prévoient la conclusion de contrats ultérieurs suivant certaines modalités). Depuis 1995, la Cour de cassation considère que la détermination du prix n'est pas une condition de validité de tels contrats. Cette latitude est consacrée par l'article 1164 du Code civil (« Dans les contrats-cadres, il peut être convenu que le prix sera fixé unilatéralement par l'une des parties »).

Prix fixé par expert. Les parties ont la faculté de laisser la détermination du prix de vente à l'arbitrage d'un expert (C. civ., art. 1592).

Arrêt de la cour d'appel de Paris du 10 mars 2017 sur le prix lésionnaire :

http://dunod.link/glnabgh

Prix non lésionnaire. On sait que la lésion ne vicie les conventions que dans certains contrats ou à l'égard de certaines personnes (↪ chapitre 1). Pour les immeubles, le Code civil autorise le vendeur d'un immeuble lésé de plus de sept douzièmes dans le prix de vente à demander la rescision du contrat. Pour ne pas encourir la prescription extinctive, l'action en rescision doit être engagée dans les deux ans du jour où la vente est devenue parfaite.

Prix réel et sérieux. La jurisprudence exige que le prix de la vente soit réel et sérieux, c'est-à-dire ne soit pas vil ou, autrement dit, ne soit pas dérisoire. À la différence de la lésion, la règle n'est pas exceptionnelle ; elle concerne toutes les ventes. On peut alors penser que le prix n'est dérisoire que s'il est inférieur au prix lésionnaire. La vileté du prix est sanctionnée par la nullité absolue de la vente. En outre, la vente pourra dans certains cas être requalifiée en acte à titre gratuit à la demande de l'administration fiscale, et imposée au titre des droits de donation.

La vileté du prix est le prix anormalement bas d'un bien.

C) Effets du contrat de vente

1. Transfert de propriété et des risques

Code civil

Article 1196 al. 3. Le transfert de propriété emporte transfert des risques de la chose [...]
Article 1583. La vente est parfaite entre les parties, et la propriété est acquise de droit à l'acheteur à l'égard du vendeur, dès qu'on est convenu de la chose et du prix, quoique la chose n'ait pas encore été livrée ni le prix payé.

Transfert de propriété par le seul échange des consentements. De l'article 1583 du Code civil (cité ci-dessus), il ressort notamment que la propriété se transfère par le seul échange des consentements – *solo consensu*.

Le transfert de propriété dès l'échange des consentements ne concerne que les corps certains. Les choses de genre n'obéissent pas à ce principe. Leur propriété n'est transférée que lors de leur individualisation, c'est-à-dire lorsque la chose de genre devient un corps certain. De même, les choses futures ne sont pas transmises dès l'accord de volonté sur la chose et le prix, mais lors de l'achèvement de la chose (sauf pour les immeubles à construire).

Clause de réserve de propriété. Par convention, il est possible de déroger au principe du transfert *solo consensu*. Les parties peuvent en effet prévoir une clause qui suspend le transfert de propriété jusqu'à la survenance d'un événement déterminé. Depuis la réforme des sûretés opérée le 23 mars 2006, le Code civil prévoit expressément que pareille clause constitue une **garantie** lorsque l'effet translatif est suspendu « jusqu'au complet paiement de l'obligation qui en constitue la contrepartie » (C. civ., art. 2367), c'est-à-dire le plus souvent le paiement du prix.

La règle selon laquelle le transfert des risques est lié au transfert de propriété n'est pas d'ordre public. Il est possible d'y déroger par convention. En pratique, il est très courant de reporter le transfert des risques à la livraison de la chose, surtout lorsque cette livraison nécessite un transport.

Transfert des risques. Le transfert des risques de perte ou de dégradation de la chose vendue suit le transfert de propriété ; ce que l'on traduit par l'adage *res perit domino*. Les risques incombent donc au propriétaire. Ce qui revient à dire que l'acquéreur supporte les risques de la chose dès l'accord des volontés s'il s'agit d'un corps certain. En conséquence, si la chose périt (du fait d'un événement de force majeure) entre le moment de la conclusion du contrat et la délivrance, l'acheteur n'en est pas moins tenu de payer le prix. Toutefois, lorsque le vendeur ne livre pas la chose et qu'il est mis en demeure par l'acheteur de le faire, les risques sont alors supportés par le vendeur (C. civ., art. 1196 al. 3).

2. Obligations du vendeur

L'article 1603 du Code civil prévoit **deux obligations principales** à la charge du vendeur :

- **Obligation de délivrance conforme**. La délivrance peut se définir comme le transport de la chose vendue en la puissance et la possession de l'acheteur (C. civ., art. 1604). Même si le phrasé de ce texte est un peu vieilli, chacun peut aisément comprendre son sens. Le vendeur doit délivrer la chose même objet du contrat et ses accessoires. On parle de « conformité », c'est-à-dire une identité entre la chose livrée et celle spécifiée dans le contrat, en quantité et en qualité.

Exemples

- Des portes sur rail sont livrées alors que le contrat prévoyait des portes basculantes.
- Un article est remplacé par un équivalent d'une autre marque que celle précisée dans le contrat.

Le défaut de conformité aux stipulations du contrat doit être distingué du vice caché qui rend la chose vendue impropre à sa destination normale (C. civ., art. 1641). La conformité de la chose s'apprécie par rapport aux seules stipulations contractuelles : c'est un défaut de correspondance entre celles-ci et la chose vendue. Lorsqu'en revanche l'acheteur a bien été livré de la chose convenue mais que celle-ci se révèle inapte à son usage en raison d'un défaut, il y a vice caché (ex. : portes basculantes livrées gauchies et impropres à fonctionner).

Si le vendeur manque à son obligation de délivrance, soit qu'il ne délivre pas, soit que le délai pour délivrer est expiré, soit encore que le bien délivré n'est pas conforme à celui commandé, alors l'acheteur dispose d'une option : demander la résolution de la vente ou demander l'exécution forcée (C. civ., art. 1610). Il peut, par ailleurs, obtenir des dommages et intérêts s'il démontre avoir subi un préjudice en lien causal avec le manquement. La demande doit être faite en justice, sauf clause contraire (ex. : clause résolutoire).

- **Garantie des vices cachés et garantie d'éviction.** Le vendeur est également tenu à l'égard de l'acheteur d'une double garantie : la garantie d'éviction et la garantie des vices cachés, toutes deux définies en des termes désuets par le Code civil.

Définitions

- La **garantie d'éviction** est la garantie que l'acheteur ne sera pas « évincé » dans sa propriété une fois la chose achetée. Ainsi pourrait-il en être par exemple si le vendeur a vendu deux fois le même bien à deux acheteurs différents. Le vendeur doit donc garantir à l'acheteur la « jouissance paisible » du bien acquis. La mise en jeu de la garantie d'éviction entraînera la restitution du prix du bien et, le cas échéant, des dommages et intérêts (C. civ., art. 1626 et s.).
- La **garantie des vices cachés** vise à garantir l'acheteur contre les défauts de la chose existant avant la vente (C. civ., articles 1641 et s.).

La mise en jeu de la garantie des vices cachés est subordonnée à **quatre conditions** :

- Un **vice inhérent à la chose**. L'article 1641 du Code civil exige un défaut qui rende la chose « impropre à l'usage auquel on la destine, ou qui diminue tellement cet usage, que l'acheteur ne l'aurait acquise, ou n'en aurait donné qu'un moindre prix, s'il les avait connus » (ex. : l'usage normal d'un véhicule automobile est d'être apte à la circulation, faut-il encore que l'impropriété soit due à un vice inhérent à la chose, c'est-à-dire un défaut intrinsèque à la chose).
- Un **vice apparent**. Le vendeur n'est tenu de garantir que les vices cachés. Si le vice est apparent, il incombe à l'acheteur soit de refuser la réception de la chose, soit de la réceptionner en émettant des réserves relatives aux vices apparents, soit encore de refuser de payer le prix en invoquant l'exception d'inexécution.
- Un **vice antérieur à la vente**. De la jurisprudence, il ressort clairement que le vice n'est garanti que s'il existait au moment de la vente.
- La **mauvaise foi**. La connaissance du vice par le vendeur n'est pas une condition de la garantie. Corrélativement, la bonne foi de ce même vendeur ne l'exonère pas de la garantie. La bonne et la mauvaise fois n'ont une incidence que sur les clauses restrictives de garantie et sur les éventuels dommages-intérêts dus à l'acheteur.

Très souvent c'est le rapport d'expertise, établi judiciairement ou conventionnellement, qui permet à l'acquéreur de prendre connaissance du vice. En ce cas, le bref délai commence à courir à la date de la remise du rapport par l'expert.

Mise en œuvre de la garantie. Depuis l'ordonnance du 17 février 2005, le délai pour agir en justice (ou prescription extinctive) est de deux ans. Il concerne les contrats conclus postérieurement à son entrée en vigueur. Le point de départ n'est pas le jour de la vente, mais celui de la découverte du vice (C. civ., art. 1648).

Sanctions. L'acheteur qui souhaite mettre en œuvre la garantie à raison des vices cachés de la chose vendue dispose d'une option. L'article 1644 du Code civil prévoit que l'acheteur a le choix de rendre la chose et de se faire restituer le prix (action rédhibitoire, c'est-à-dire résolution du contrat), ou de garder la chose et de se faire rendre une partie du prix, telle qu'elle sera arbitrée par les experts (action estimatoire). Le Code civil ne prévoit donc que deux sanctions. Il n'est pas possible pour l'acquéreur d'exiger du vendeur l'exécution forcée de la vente par la réparation ou le remplacement du bien.

L'acquéreur peut prétendre à des dommages-intérêts, s'il démontre un préjudice subi, dès lors que le vendeur est de mauvaise foi, c'est-à-dire dès lors qu'il connaissait l'existence du vice ou ne pouvait l'ignorer en sa qualité de professionnel (C. civ., art. 1645).

Clause de non-garantie. En principe les parties sont libres d'exclure la garantie des vices cachés. Mais il existe une condition générale d'efficacité de pareille clause : le vendeur ne doit pas être de mauvaise foi (C. civ., art. 1643).

3. Obligations de l'acheteur

Obligation de payer le prix. Le prix doit être payé par l'acheteur au moment de la délivrance de la chose par le vendeur (C. civ., art. 1651), même si, pourtant, le transfert de propriété est antérieur. Le contrat peut prévoir un autre moment de paiement (C. civ., art. 1650), par exemple immédiatement, dès la conclusion du contrat. Les parties peuvent prévoir aussi qu'une partie du prix sera payable avant la délivrance : il s'agit d'un acompte. L'acompte n'autorise pas l'acheteur à se dédire, c'est-à-dire à renoncer à la vente, il est définitivement et irrévocablement engagé dès l'échange des consentements. Les arrhes ouvrent en revanche une faculté de dédit.

Code de commerce, article L. 441-6, I

- Entre un vendeur et un acheteur professionnels, « [...] Le délai de règlement des sommes dues est fixé au trentième jour suivant la date de réception des marchandises ou d'exécution de la prestation demandée. Le délai convenu entre les parties pour régler les sommes dues ne peut dépasser soixante jours à compter de la date d'émission de la facture. Par dérogation, un délai maximal de quarante-cinq jours fin de mois à compter de la date d'émission de la facture peut être convenu entre les parties, sous réserve que ce délai soit expressément stipulé par contrat et qu'il ne constitue pas un abus manifeste à l'égard du créancier. »

Le vendeur peut refuser de livrer la chose tant qu'il n'a pas été intégralement payé (sauf clause contraire). Il s'agit d'un **droit de rétention**. Il n'y a pas contradiction avec la règle énoncée plus haut selon laquelle l'acheteur n'est tenu de payer le prix qu'au moment de la délivrance. Il faut simplement distinguer délivrance et livraison. Une fois la mise à disposition effectuée (délivrance), l'acheteur doit payer, la chose lui étant transmise matériellement après. Si les parties ont stipulé une clause de réserve de propriété, le vendeur est en droit de revendiquer la chose en cas de défaut de paiement. Enfin, le vendeur impayé peut agir en justice pour demander la résolution de la vente ou son exécution forcée, c'est-à-dire le paiement du prix convenu.

Obligation de retirer la chose. C'est à l'acheteur de retirer la chose et non au vendeur de la lui livrer. Ce dernier doit seulement lui mettre la chose à disposition (délivrance). Pour les biens meubles, la loi prévoit que le défaut de retirement de la chose à la date prévue au contrat emporte résolution de plein droit de la vente (C. civ., art. 1657), donc sans qu'il soit nécessaire de recourir au juge. Le vendeur peut alors revendre le bien à un tiers.

→ MINI-CAS 5

2 Contrat d'entreprise

Définition

Le **contrat d'entreprise** est la convention par laquelle un entrepreneur s'engage contre rémunération à réaliser au bénéfice d'un donneur d'ordre, ou **maître de l'ouvrage**, un travail, de façon indépendante et sans le représenter.

Le contrat d'entreprise est une convention passée quotidiennement par chacun de nous, mais dont les dispositions (non modifiées depuis 1804) applicables dans le Code civil sont éminemment vieillies. Le terme de contrat d'entreprise ne figure même pas au Code qui évoque le « louage d'ouvrage ». Ainsi, la vente porte sur un bien ; le contrat d'entreprise, sur une prestation de service.

Code civil, article 1710

■ Le louage d'ouvrage est un contrat par lequel l'une des parties s'engage à faire quelque chose pour l'autre, moyennant un prix convenu entre elles.

Exemples

▸ Parmi les activités relevant du contrat d'entreprise, retenons notamment le transport, la construction de bâtiments, l'entretien et la réparation de véhicules, la menuiserie. ◂

Autonomie et règles communes. Des contrats d'entreprise particuliers ont obtenu une certaine autonomie et bénéficient de règles propres.

Exemple

▸ Les contrats de transport, de sous-traitance ou encore de construction font l'objet d'adaptations. ◂

Sont ici envisagées les règles communes, à l'exception de la sous-traitance.

A) Qualification du contrat

Le contrat d'entreprise se distingue nettement :

- Du contrat de travail. Dans ce dernier, le salarié n'effectue pas en effet un travail de façon indépendante puisqu'il est subordonné à son employeur.
- Du mandat dans lequel l'entrepreneur n'a pas le pouvoir de représenter le maître de l'ouvrage alors que la représentation est de la nature même du mandat.
- Du contrat de vente, ce qui est évident lorsque l'entrepreneur ne fournit que son travail, en l'appliquant à une matière appartenant au maître de l'ouvrage. Dans ce dernier cas, en effet, aucun transfert de propriété n'a lieu. La tâche est plus ardue lorsque l'entrepreneur fournit à la fois son industrie et la matière à laquelle il l'applique.
- Depuis une vingtaine d'années, les tribunaux jugent qu'il y a contrat d'entreprise dès lors que le contractant est chargé de réaliser un travail spécifique, non déterminé avant même l'existence du contrat, en vertu d'indications particulières.

La sous-traitance fait l'objet de dispositions particulières, logées dans la loi n° 75-1334 du 31 décembre 1975. Celle-ci ne s'applique pas à toute relation de sous-traitance, mais uniquement à la sous-traitance qu'elle définit comme « l'opération par laquelle un entrepreneur confie par un sous-traité, et sous sa responsabilité, à une autre personne appelée sous-traitant l'exécution de tout ou partie du contrat d'entreprise ou d'une partie du marché public conclu avec le maître de l'ouvrage » (art. 1er). Bref, le contrat principal doit être, d'une part, un contrat d'entreprise, de même que le sous-traité, et, d'autre part, l'objet de ce dernier doit porter sur une partie des travaux prévus par le contrat principal.

B) Formation du contrat d'entreprise

1. Droit commun

Le contrat d'entreprise se forme comme tout contrat : une acceptation qui rencontre une offre sur les éléments essentiels du contrat (le travail à réaliser). Comme tout contrat encore, le contrat d'entreprise est consensuel en principe et l'absence de vice du consentement, comme l'existence d'un contenu et d'une cause conditionnent la validité de ce contrat.

2. Détermination du prix

À la différence du contrat de vente, la détermination du prix, c'est-à-dire de la rémunération du travail à effectuer, ne conditionne pas la validité du contrat d'entreprise. Si les parties ne se sont pas accordées entre elles à ce propos et que naît un litige, il appartiendra alors au juge compétent de déterminer le prix dû.

FOCUS Le marché à forfait

Arrêt de la Cour de cassation du 19 janvier 2017 (pourvoi n° 15-20846) :

http://dunod.link/3qya1h4

Si les parties s'accordent sur le prix, elles peuvent établir un marché à forfait dans lequel le travail à effectuer est précisément indiqué, de même que le prix. La technique du forfait fait l'objet d'une réglementation particulière en matière de construction immobilière, mais elle est utilisable dans les autres domaines. Le prix ne pourra pas varier même si le coût des travaux s'avère plus important que celui prévu par l'entrepreneur. En revanche, les travaux supplémentaires que le maître de l'ouvrage viendrait à commander donnent lieu à un prix supplémentaire.
Le marché à forfait en matière de construction immobilière est envisagé à l'article 1793 du Code civil : lorsqu'un architecte ou un entrepreneur s'est chargé de la construction à forfait d'un bâtiment, d'après un plan arrêté et convenu avec le propriétaire du sol, il ne peut demander aucune augmentation de prix, ni sous le prétexte de l'augmentation de la main-d'œuvre ou des matériaux, ni sous celui de changements ou d'augmentations faits sur ce plan, si ces changements ou augmentations n'ont pas été autorisés par écrit, et le prix convenu avec le propriétaire.

Révision du prix. On sait que le juge peut procéder à la révision d'un contrat, donc du prix pour imprévision (C. civ., art. 1195). Lorsqu'il s'agit d'un contrat d'entreprise dont la détermination du prix n'a pas été effectuée par la technique du forfait, la révision est aussi possible. En pareil cas, la Cour de cassation juge, à propos des honoraires de conseils, que les tribunaux peuvent réduire le prix lorsqu'il est exagéré par rapport au service rendu, à condition qu'il n'ait pas été versé en connaissance du travail effectué et après service fait.

Preuve de l'existence et du contenu du contrat. Des litiges naissent fréquemment à propos de travaux réalisés par un entrepreneur, souvent un garagiste, que le donneur d'ordre affirme ne pas avoir sollicité et refuse donc de payer. En application de l'article 1353, alinéa 1 du Code civil, c'est à l'entrepreneur qui se prévaut d'un contrat d'entreprise relatif aux travaux réalisés qu'incombe la charge de démontrer non seulement l'existence de pareille convention, mais encore l'étendue de la mission qui lui a été confiée (et, par conséquent, de la commande desdits travaux par le donneur d'ordre).

C) Effets du contrat d'entreprise

1. Obligations de l'entrepreneur

Obligation principale : l'exécution de la prestation. L'obligation essentielle de l'entrepreneur est évidemment d'accomplir le travail qui lui a été confié. Le délai d'exécution de la prestation est convenu entre les parties. Si ce n'est pas le cas, il est de jurisprudence constante que ce délai doit être raisonnable. L'entrepreneur doit réaliser sa mission dans les règles de l'art, lesquelles sont généralement définies par la profession à laquelle il appartient. Au-delà, la Cour de cassation exige qu'il refuse de réaliser une mission qu'il sait inefficace.

FOCUS *Intuitu personae*

La question peut se poser de savoir si l'entrepreneur est tenu de réaliser lui-même la prestation convenue ou s'il peut la confier à un sous-traitant. Si la convention a été conclue *intuitu personae*, c'est-à-dire en considération de la personne de l'entrepreneur, alors ce dernier doit effectuer lui-même la prestation. C'est le cas d'un contrat portant sur une prestation artistique (peinture ou immeuble d'architecte par exemple).

NOTRE CONSEIL

Dans un contrat d'entreprise portant sur des travaux sur un immeuble, relisez plusieurs fois et vérifiez les **clauses relatives** :

– au marché à forfait, notamment si le forfait est calculé en fonction de la surface sur laquelle les travaux sont réalisés,

– à la possibilité ou interdiction du maître d'ouvrage de sous-traiter tout ou partie de l'exécution des travaux ; voici un exemple de clause pouvant être insérée : L'entrepreneur ne pourra en aucun cas confier à des sous-traitants l'exécution de tout ou partie de la prestation, sauf accord préalable du maître d'ouvrage M… Dans ce dernier cas, l'entrepreneur devra recueillir auprès du maître d'ouvrage M…. par écrit l'acceptation du ou des sous-traitants ainsi que l'agrément de leurs conditions de paiement.

Exécution forcée en nature. La prestation que doit réaliser l'entrepreneur est une obligation de faire. Or, on sait que ce type d'obligation est insusceptible d'exécution forcée, aux termes du Code civil. Mais la jurisprudence cantonne cette impossibilité aux obligations purement personnelles.

Exécution par remplacement. Le maître de l'ouvrage peut demander en justice l'autorisation de faire exécuter l'ouvrage par une autre personne, aux frais de l'entrepreneur (C. civ., art. 1222).

Responsabilité contractuelle. La question de la responsabilité contractuelle de l'entrepreneur qui n'a pas exécuté ou mal exécuté sa prestation dépend de la nature de son obligation. Si celle-ci est de résultat, c'est à l'entrepreneur qu'il incombe de prouver une cause l'exonérant de sa responsabilité, telle la force majeure. Si son obligation est de moyens, le maître de l'ouvrage doit prouver une faute d'exécution.

La seule qualification de contrat d'entreprise ne permet pas de déduire l'étendue de l'obligation à la charge de l'entrepreneur. De la jurisprudence il ressort que le plus souvent l'obligation est de résultat lorsque la prestation est matérielle et de moyens lorsque la prestation est intellectuelle.

Exemple

Il est généralement jugé que le garagiste est tenu d'une obligation de résultat. Mais les tribunaux l'autorisent à s'exonérer en démontrant qu'il n'a commis aucune faute ; de sorte que l'on peut affirmer que son obligation de résultat est atténuée.

Obligations annexes. L'entrepreneur est par ailleurs tenu d'obligations annexes telles que l'obligation d'informer le maître de l'ouvrage et l'obligation de sécurité en vertu de laquelle l'entrepreneur est tenu de garantir l'intégrité corporelle de son client (obligation de résultat) ou, dans certains cas, de faire tout son possible pour l'assurer (obligation de moyens).

2. Obligations du maître de l'ouvrage

Paiement du prix. La date du paiement du prix est prévue dans le contrat, généralement à l'achèvement des travaux, voire à la réception de ceux-ci. Toutefois, le fractionnement du prix est fréquemment stipulé.

Plusieurs techniques permettent à l'entrepreneur de garantir le paiement du prix. On peut citer la clause de réserve de propriété, ce qui suppose qu'il fournisse la chose, ou le droit de rétention de la chose, c'est-à-dire qu'il retienne celle-ci jusqu'à paiement complet du prix. En outre, la loi accorde des sûretés à certains entrepreneurs. Par exemple, le réparateur bénéficie d'un privilège légal pour les frais de conservation de la chose (C. civ., art. 2332, 3°).

Ces privilèges légaux sont d'une efficacité réduite, de sorte que l'entrepreneur aura intérêt à se faire consentir un cautionnement.

Obligation de coopérer. La jurisprudence a dégagé de l'ancien article 1134, alinéa 3 du Code civil, qui édicte une obligation d'exécuter le contrat de bonne foi, une véritable obligation de coopération à la charge du maître de l'ouvrage. La bonne foi contractuelle a aujourd'hui son siège à l'article 1104 du Code civil.

Exemple

- L'obligation de coopération se traduit par l'abstention de nuire au bon déroulement des travaux, ou encore par l'information de l'entrepreneur (sur l'accès aux lieux par exemple).

Prendre livraison de la chose. L'entrepreneur est tenu de prendre livraison de la chose, ce qui suppose bien entendu que le contrat d'entreprise porte sur une chose. À défaut, l'entrepreneur est en droit de faire vendre la chose aux enchères publiques et se faire payer sur le prix de la vente.

Réception des travaux. La réception est l'acte par lequel le maître de l'ouvrage reconnaît l'exécution correcte des travaux réalisés par l'entrepreneur.

La réception emporte des effets conséquents :
- exigibilité du prix ou du solde restant dû, sauf clause contraire ;
- transfert des risques de la chose au maître de l'ouvrage ;
- couverture des défauts apparents, dont le maître ne pourra donc plus se prévaloir.

Mais la réception peut être accompagnée de réserves.

→ APPLICATION 2

3 Contrats de distribution

Boire un café chez Starbucks, manger au McDonald's, acheter ses lunettes chez Optic 2000 ou faire changer ses pneus chez Midas… Qui ne s'est jamais interrogé sur le fonctionnement de ce que l'on nomme couramment les « chaînes » de distribution, ces enseignes qui ont conquis nos centres-villes et nos zones commerciales et qui font qu'elles se ressemblent toutes.

Droit de la distribution. Le droit de la distribution peut être défini comme l'ensemble des règles qui gouvernent les opérateurs et les opérations relevant de l'activité économique de distribution. Il n'est pas une branche du droit, mais fait appel au droit de la concurrence, au droit des contrats, au droit pénal, au droit administratif, au droit de l'Union européenne, au droit commercial, au droit du travail, etc.

Contrats-cadres de distribution. Le contrat de distribution n'est pas défini par le législateur. On désigne habituellement par cette expression un contrat-cadre par lequel un fournisseur et un distributeur établissent le cadre de leurs relations contractuelles à venir. Plus précisément, elles définissent dans le contrat-cadre les conditions dans lesquelles les contrats à venir, dits d'application, seront conclus.

Exemple

La distribution en France des parfums est assurée par des contrats-cadres de distribution sélective ; celle des véhicules automobiles par des contrats-cadres de concession commerciale exclusive.

Réseaux de distribution. Certains contrats-cadres de distribution, tel le franchisage, sont utilisés par les fournisseurs afin de mettre en place un réseau de distribution. Il s'agit pour ceux-ci d'assurer l'efficacité de la distribution de leurs produits ou services par une harmonisation commerciale, une répartition rationnelle des territoires de commercialisation, etc.

A) Règles communes aux contrats de distribution

1. Formation du contrat

Droit commun. Les **contrats de distribution** se forment comme tout contrat : une acceptation qui rencontre une offre sur les éléments essentiels du contrat. Comme tout contrat, le contrat de distribution est en principe consensuel et l'absence de vice du consentement ainsi que l'existence d'un contenu licite conditionnent la validité de ce contrat.

Obligation légale d'information. L'article L. 330-3 du Code de commerce met une obligation précontractuelle d'information à la charge du fournisseur qui met à la disposition d'un distributeur un signe distinctif – tel un nom commercial, une marque ou une enseigne – en exigeant de ce dernier un engagement d'exclusivité. L'information doit donc être délivrée avant la conclusion du contrat et se matérialise par la remise d'un document, dont le contenu est prévu par décret, vingt jours avant la signature du contrat.

L'objectif est évidemment d'éclairer le consentement du distributeur afin qu'il puisse s'engager en toute connaissance de cause. La loi ne prévoit pas de sanction civile au manquement à pareille obligation d'information. La Cour de cassation a écarté la nullité automatique décidant que les juges du fond doivent rechercher si le défaut d'information a eu pour effet de vicier le consentement du distributeur.

Jurisprudence – Civ. 1re, 3 novembre 2016, pourvoi n° 15-24886

Attendu, selon l'arrêt attaqué (Colmar, 24 juin 2015), que la société YSMB, dirigée par M. X..., a conclu, le 8 juin 2011, un contrat de franchise avec la société SDAR, aux fins d'exploiter un restaurant de pâtes à emporter, sous l'enseigne Nooï ; qu'estimant que cette dernière s'était rendue coupable de dol à leur égard, ils l'ont assignée en nullité du contrat et en réparation de leurs préjudices ; Attendu que la société SDAR et la SELARL Weil et Guyomard, agissant en qualité de commissaire à l'exécution du plan de celle-ci, font grief à l'arrêt de prononcer la nullité du contrat et de la condamner au paiement de certaines sommes à titre de dommages-intérêts, alors, selon le moyen : [...] Mais attendu qu'après avoir relevé, par motifs propres et adoptés, qu'il résultait des contrats de partenariat par elle conclus que la société SDAR s'engageait à fournir au partenaire les statistiques commerciales et les performances des autres établissements du réseau Nooï, avec l'affirmation que ces informations étaient indispensables à l'évolution de l'enseigne et aux performances du réseau, qu'il appartenait impérativement à celle-ci d'informer son cocontractant de la cessation d'exploitation de l'enseigne dans la même zone de chalandise, et, plus généralement, que la société SDAR avait l'obligation de faire une présentation loyale du réseau d'exploitants, l'arrêt retient qu'en occultant les raisons de l'échec du précédent franchisé ainsi que les répercussions qui en ont découlé sur le secteur au regard de la réputation commerciale de l'enseigne, en procédant à une présentation erronée du réseau et en opérant une transmission erronée des chiffres prévisionnels, le franchiseur a enfreint son obligation de sincérité sur des données nécessairement déterminantes au regard du consentement du franchisé et que les informations transmises, par leur caractère erroné et dénué de sérieux, sont révélatrices de la volonté délibérée de la société SDAR de tromper le consentement de son cocontractant ; PAR CES MOTIFS : REJETTE le pourvoi [...].

Détermination du prix. La nécessité légale de détermination du prix dans la vente a rencontré de sérieuses difficultés s'agissant des contrats-cadres de distribution. Par quatre arrêts du 1er décembre 1995, la Cour de cassation jugeait que « lorsque la convention prévoit la conclusion de contrats ultérieurs, l'indétermination du prix de ces contrats dans la convention initiale n'affecte pas, sauf dispositions légales particulières, la validité de celle-ci, l'abus dans la fixation du prix ne donnant lieu qu'à résiliation ou indemnisation ». Dans les contrats-cadres de distribution (ceux qui prévoient « la conclusion de contrats ultérieurs »), la détermination du prix n'est plus une condition de leur validité en application de l'article 1164 du Code civil. En revanche, lorsque le prix sera déterminé unilatéralement par le fournisseur dans un contrat d'application, il devra l'être sans abus.

Exemple

- Est valable la clause suivante dès lors qu'elle est stipulée dans un contrat-cadre : « Le prix de vente des marchandises sera établi au moment de chaque commande passée par le distributeur et par référence aux prix indiqués dans le catalogue du fournisseur ».

Durée du contrat. L'article L. 330-1 du Code de commerce limite « à un maximum de dix ans la durée de validité de toute clause d'exclusivité ». Le texte ne prévoit son application que pour certains contrats, mais la jurisprudence l'a étendue aux contrats-cadres comportant une clause d'exclusivité. Comme celle-ci est essentielle dans ceux-là, limiter la durée de l'exclusivité conduit à limiter la durée du contrat. La jurisprudence n'est pas uniforme sur la sanction du texte. La meilleure solution semble de ramener à dix ans la durée excessive.

Loi dite Macron du 6 août 2015 : http://dunod.link/qc6uo28

Réseaux de distribution commerciale. La loi dite Macron n° 2015-990 du 6 août 2015 pour la croissance, l'activité et l'égalité des chances économiques a introduit dans le Code de commerce la notion de réseaux de distribution commerciale qui pour l'instant ne faisait pas l'objet d'une réglementation spécifique. Les textes votés, entrés en vigueur en 2016, sont applicables aux réseaux de distribution intégrée comme la franchise et de manière générale à tous les ensembles contractuels de distribution. Ils touchent donc les relations liées à la grande distribution.

Deux dispositions sont à retenir :

- Tous les contrats signés entre les deux parties sont traités comme un seul ensemble (C. com., art. L. 341-1). Par conséquent ils devront prévoir un terme commun ; de même la résiliation d'un des contrats vaut pour l'ensemble de ceux-ci. Cette disposition a pour but de maintenir la liberté du distributeur intégré s'il souhaite quitter le réseau.
- Les clauses restreignant la liberté d'exercer le commerce après le départ du contractant du réseau sont réputées non écrites. Cela concerne notamment les clauses de non-rétablissement. L'article L. 341-2 II du Code de commerce prévoit des exceptions pour une durée maximale d'un an.

Conformité au droit de la concurrence. Parce qu'ils peuvent porter atteinte au libre jeu de la concurrence, les réseaux de distribution, constitués de contrats, sont contrôlés au titre des pratiques concurrentielles : ententes ou, plus rarement, abus de position dominante.

Exemple

Dans un contrat d'approvisionnement exclusif, la clause d'exclusivité affecte nécessairement le jeu de la concurrence : en interdisant au distributeur de s'approvisionner auprès d'autres fournisseurs, le fournisseur bénéficiaire de l'exclusivité échappe à leur concurrence dans le point de vente du distributeur.

Les ententes ayant pour objet de fausser le jeu de la concurrence sont sanctionnées par le droit de l'UE comme par le droit interne (↪ chapitre 4). Certaines ententes bénéficient d'exemption (elles sont donc autorisées) dont le fondement général repose sur le progrès économique apporté par l'entente, un progrès économique supérieur aux inconvénients de l'atteinte portée à la concurrence.

- En droit français, l'exemption est le plus souvent accordée au cas par cas par l'Autorité de la concurrence.
- En droit de l'Union européenne, existe un règlement d'exemption catégoriel qui concerne tous les accords verticaux, donc les contrats de distribution. Le règlement actuellement en vigueur date du 20 avril 2010 (n° 330/2010) ; il a remplacé le règlement du 22 décembre 1999. L'exemption est automatiquement accordée aux contrats de distribution répondant aux conditions fixées dans ce règlement. Notamment, le fournisseur doit, pour bénéficier de l'exemption, ne pas avoir plus de 30 % de parts de marché. Un système d'exemption individuelle, au cas par cas, existe par ailleurs.

Outre les pratiques anticoncurrentielles, les contrats de distribution sont soumis à l'interdiction des pratiques restrictives de concurrence, notamment à l'interdiction de soumettre un partenaire commercial à des obligations créant un déséquilibre significatif entre les droits et obligations des parties.

2. Effets du contrat

Obligations des parties. Les parties sont tenues d'exécuter des obligations diverses, qui tiennent au type du contrat de distribution en place. Mais la principale obligation, que l'on rencontre souvent dans les contrats-cadres mettant en place un réseau de distribution, est l'exclusivité que doit respecter le distributeur et/ou le fournisseur ; exclusivité territoriale ou exclusivité d'approvisionnement.

Opposabilité du contrat. Un distributeur peut-il engager la responsabilité civile contre un autre distributeur appartenant au même réseau et qui a manqué à ses obligations contractuelles à l'encontre du fournisseur ? Une action en responsabilité contractuelle est impossible, en vertu de l'article 1199 du Code civil, puisque les deux distributeurs n'ont pas contracté entre eux. En revanche, une action en responsabilité civile extra-contractuelle est admise par la jurisprudence.

Distribution parallèle. Après avoir condamné la revente hors réseaux, puis l'avoir admise, la jurisprudence est parvenue à une solution de compromis. La revente par un distributeur hors réseau n'est pas fautive en soi, mais le distributeur indépendant engage sa responsabilité civile pour concurrence déloyale s'il a acheté les marchandises dans des conditions illicites ou frauduleuses.

Exemples

- Est illicite l'acquisition de marchandises auprès d'un distributeur réseau par utilisation d'une fausse identité.
- Est licite l'acquisition auprès d'un vendeur situé sur un marché où le réseau de distribution n'aura pas été mis en place, par exemple à l'étranger (importation parallèle).

3. Transmission du contrat

Le contrat de distribution conclu *intuitu personae*, c'est-à-dire en considération de la personne du distributeur et/ou du fournisseur, n'est pas librement cessible. Sa transmission nécessite le consentement du cédé.

Exemple

Le contrat de franchisage est en principe conclu *intuitu personae*. Pour le franchiseur, la considération du franchisé est primordiale. Il en a été jugé de même de la considération du franchiseur pour le franchisé, la Cour de cassation en déduisant que le contrat ne peut être transmis par le premier, ni par fusion-absorption (Cass. com., 3 juin 2008, 2 arrêts, pourvois n° 06-18.007 et n° 06-13.761), ni par l'effet d'un apport partiel d'actif placé sous le régime des scissions (Cass. com., 24 novembre 2009, pourvoi n° 08-16.428).

4. Causes d'extinction du contrat et abus de droit

Les causes d'extinction du contrat de distribution sont multiples : inexécution des obligations par l'une des parties, violation de *l'intuitu personae*, clause interdisant la circulation du contrat. Surtout, il convient de distinguer entre le contrat à durée déterminée et le contrat à durée indéterminée. Le premier prend fin à son terme et ne peut donc être résilié avant celui-ci. Le second peut être rompu unilatéralement sans qu'un motif n'ait à être fourni, sous réserve toutefois de l'abus de droit. Le droit de la concurrence sanctionne par ailleurs la rupture brutale d'une relation commerciale établie (C. com., art. L. 442-6, I).

B) Règles propres à certains contrats de distribution

Les principaux contrats de distribution sont le contrat d'approvisionnement exclusif (par lequel le distributeur s'engage à s'approvisionner totalement ou en partie auprès du fournisseur), le contrat de distribution sélective (par lequel un fournisseur s'engage à approvisionner un distributeur qu'il a préalablement sélectionné en fonction de critères prédéterminés objectifs et d'ordre qualitatif), le contrat de concession et le contrat de franchisage. On envisagera uniquement ces deux derniers.

1. Contrat de concession exclusive

Définition

Le **contrat de concession** exclusive, appelée aussi « concession commerciale », est un contrat-cadre par lequel un fournisseur (le concédant) réserve la commercialisation de ses produits, sur un territoire défini, à un distributeur (le concessionnaire), ce dernier s'obligeant en contrepartie à s'approvisionner exclusivement auprès du concédant et à revendre les produits dans le territoire concédé.

Le contrat de concession exclusive ne fait l'objet d'aucune réglementation spécifique propre à son objet ; en revanche les règles du droit commun des contrats ainsi que celles énumérées ci-dessus à propos de contrats de distribution, sont applicables.

Exemple

- La concession exclusive est très utilisée pour la distribution des automobiles, mais aussi de matériel agricole…

Exclusivité. L'exclusivité résulte de l'engagement du fournisseur de ne pas installer d'autres concessionnaires sur le territoire concédé et celle du distributeur à ne pas distribuer en dehors de ce même territoire. Parfois, la convention prévoit un engagement du concessionnaire de s'approvisionner exclusivement auprès du concédant. Toutefois, seule l'exclusivité territoriale est caractéristique de la concession commerciale.

Réseau de distribution. La multiplication de tels contrats par un même fournisseur permet la création d'un réseau de distribution dont la rationalité repose sur la répartition géographique du marché.

2. Contrat de franchisage

Définition

Le **contrat de franchisage** est une convention par laquelle une personne (le franchiseur) met à la disposition d'une autre personne (le franchisé) un savoir-faire original ainsi que des signes distinctifs – telle une marque, une enseigne. En contrepartie, le franchisé paie une redevance et s'engage à s'approvisionner auprès du franchiseur ou d'une personne agréée par ce dernier.

La redevance est généralement proportionnée au chiffre d'affaires (de 1 à 15 % du CA HT suivant le secteur) et le franchisé paie le plus souvent un droit d'entrée initial (appelé RIF pour redevance initiale forfaitaire).

Exemple

- Le franchisage peut concerner la distribution de biens mais aussi de services. Par exemple, il est développé dans la restauration (McDonald's, Buffalo Grill…), l'hôtellerie (Sofitel…), la gestion immobilière (Laforêt Immobilier…), les loisirs (Havas Voyages…), ou encore les services à la personne (5 à Sec, Acadomia, Ada…).

CHIFFRES-CLÉS

La France compte **2 004** réseaux de franchise en France, **75 193** points de vente en franchise, soit **700 000 emplois** générés et **62 Mds €** de chiffre d'affaires (Fédération française de la franchise, 2019).

Développement à l'international. Lorsqu'un franchiseur, de nationalité française par exemple, souhaite créer un réseau international de franchisés, une pratique fréquente est de recourir à un master franchisé ou franchisé principal. Ce dernier, en plus de sa fonction normale de franchisé, est chargé de recruter des franchisés et d'animer le réseau dans le pays donné. Il est possible aussi d'avoir recours à un sous-franchiseur dont le rôle sera uniquement de développer la franchise sur le territoire donné.

Savoir-faire. C'est sur le savoir-faire que repose essentiellement le franchisage. Le règlement européen d'exemption n° 330/2010 sur les accords verticaux le définit comme « un ensemble secret, substantiel et identifié d'informations pratiques non brevetées, résultant de l'expérience du fournisseur et testées par celui-ci ». Il doit être maintenu tout au long du contrat de franchise. « Secret » signifie que le savoir-faire n'est pas généralement connu ou facilement accessible. « Substantiel » signifie que le savoir-faire doit inclure des informations utiles pour le franchisé afin de développer ou pénétrer un marché. « Identifié » signifie que le savoir-faire doit être décrit d'une façon suffisamment complète pour vérifier qu'il remplit les conditions de secret et de substantialité. Dans la pratique on appelle ce document de description la « bible ». « Non breveté » signifie qu'un savoir-faire peut ne pas être brevetable. On peut imaginer cependant un inventeur ayant fait le choix d'exploiter son invention sous forme de savoir-faire. De la sorte, le concept restera secret, ce qui n'est pas le cas de l'invention brevetée.

Principales clauses du contrat de franchise. Les clauses essentielles du contrat sont les suivantes :

- La clause de délivrance du savoir-faire est un des éléments essentiels du contrat ; elle prendra la forme le plus souvent de formations et de la transmission d'un manuel.
- La clause d'assistance est une garantie offerte au franchisé de l'implication du franchiseur dans le bon fonctionnement de la franchise ; elle prévoit un certain nombre de visites du franchiseur au franchisé et l'aide à la résolution de difficultés ponctuelles.
- La clause de marque est relative à l'utilisation de la marque du franchiseur par le franchisé ; elle est encadrée dans le temps.
- L'exclusivité territoriale est la garantie offerte par le franchiseur au franchisé qu'il sera le seul à pouvoir exploiter la marque et le savoir-faire dans un périmètre défini.
- L'approvisionnement – il s'agit le plus souvent d'une clause d'approvisionnement exclusif ou quasi exclusif auprès du franchisé ou de ses partenaires.
- La clause de non-concurrence va interdire au franchisé d'exercer une activité similaire ou sous la même enseigne pendant une durée précise courant à compter de la fin du contrat de franchise.
- Les clauses de garantie vont permettre au franchiseur d'obtenir un paiement privilégié des redevances et autres sommes dues au titre du contrat. Il pourra s'agir d'un nantissement du fonds de commerce, d'un cautionnement accordé par une tierce personne.
- La confidentialité. Cette clause vise à empêcher le franchisé de transférer le savoir-faire à un tiers sans accord du franchisé.

Contrat d'assurance

Mécanisme de l'opération d'assurance. L'opération d'assurance repose sur un calcul de probabilité, la probabilité de la survenance du risque garanti par l'assureur. À partir de données statistiques portant sur des sinistres, de même nature, qui se sont produits dans le passé, il est possible d'évaluer la probabilité (ou fréquence selon les économistes) de survenance de sinistres identiques dans l'avenir. Pareille évaluation permet à l'assureur de choisir les risques qu'il garantira, ceux qu'il exclut, ainsi que le montant de la prime.

Mécanisme du contrat d'assurance. Dans les rapports entre assureur et assuré, l'assurance est un contrat. Son mécanisme technique repose d'abord sur l'aléa. Les prestations auxquelles s'engage l'assureur (le plus souvent le versement d'une indemnité) dépendent de la survenance d'un évènement incertain que l'on appelle risque (vol, accident, invalidité, décès...). En revanche, la prestation de l'assuré (le paiement du prix, que l'on appelle prime) est certaine. Si l'évènement se réalise (on parle de sinistre), l'assureur subi alors une perte, dans la mesure bien sûr où le coût du sinistre est supérieur au montant des primes perçues de l'assuré ; et, inversement, l'assuré réalise un gain. Si l'évènement ne se réalise pas, l'assureur réalise un gain et l'assuré, une perte.

Mécanisme du système d'assurance. À la différence du contrat d'assurance, le système de l'assurance n'est pas aléatoire. Si l'assureur fait un pari (aléa) avec les assurés pris individuellement, il cherche à écarter tout aléa dans ses relations avec les assurés pris collectivement. Pour cela il entend compenser les risques, les mutualiser. Autrement dit, l'assureur cherche à regrouper le plus grand nombre de personnes souhaitant se voir garantir contre un même risque, de telle sorte qu'il soit très fortement probable que le montant de l'ensemble des primes soit toujours supérieur à celui des indemnités qu'il versera. Il cherchera aussi à diversifier les risques garantis, afin d'augmenter encore cette probabilité.

Assurances de dommages et assurances de personnes. Parmi les assurances terrestres, on distingue traditionnellement deux types d'assurance : les assurances de dommages et les assurances de personnes. Les premières permettent de garantir soit les dommages subis par un bien, soit la responsabilité d'une personne. Les secondes ne concernent pas le patrimoine de l'assuré. Elles permettent de garantir les conséquences d'un sinistre affectant le corps ou la vie d'une personne.

Exemples

- Assurances de dommages : assurances incendie, automobile, vol, perte d'exploitation, responsabilité civile professionnelle...
- Assurances de personnes : assurance-vie ou décès, invalidité, accidents corporels...

A) Formation du contrat d'assurance

Les règles de validité des contrats issues du droit commun des contrats sont applicables au contrat d'assurance (↳chapitre 1). On s'en tiendra ici aux particularités du droit des assurances.

1. Processus contractuel

Le contrat d'assurance est un contrat consensuel, mais le législateur prévoit à son propos un processus spécial de formation (C. assur., art. L. 112-2).

Information précontractuelle. Tout d'abord, avant la conclusion du contrat, l'assureur doit fournir à l'assuré une fiche d'information sur le prix et les garanties. Il doit aussi lui remettre soit un projet de contrat, soit une notice d'information sur le contrat. Ce dernier document a pour objet de décrire les garanties assorties des exclusions, ainsi que les obligations de l'assuré.

La loi ne prévoit pas de sanction en cas de manquement de l'assureur. Aussi peut-on penser que la preuve d'un vice du consentement conditionnerait la nullité de la convention.

La police d'assurance est le document signé par les parties par lequel celles-ci constatent leur engagement réciproque. Parce que le contrat d'assurance est un contrat consensuel, la police d'assurance, généralement établie par l'assureur après son acceptation, ne préside pas à la conclusion du contrat. Celui-ci est conclu dès l'acceptation, même si l'assuré ne signe pas la police.

Proposition d'assurance. Ensuite, l'assureur fait généralement remplir par l'assuré un document appelé proposition d'assurance. Ce n'est pas là une obligation légale, mais une pratique courante qui se concrétise par la remise d'un questionnaire. La jurisprudence analyse pareille proposition comme une offre de contracter faite par l'éventuel assuré et adressée à l'éventuel assureur. Toutefois, la loi pose que la proposition d'assurance n'engage ni l'assuré, ni l'assureur (C. assur., art. L. 112-2, al. 6), de sorte que l'offrant peut retirer son offre tant qu'elle n'est pas acceptée.

Acceptation de l'assureur. Le contrat se forme lorsque l'assureur accepte la proposition d'assurance émise par la personne souhaitant s'assurer. Faut-il encore que cette proposition contienne les éléments essentiels nécessaires à la conclusion de l'acte, telles la prime d'assurance et les garanties prises en charge par l'assureur.

Contrat à distance et démarchage. La souscription à distance ou par démarchage d'un contrat d'assurance obéit à quelques particularités lorsque le souscripteur est une personne physique qui agit à des fins qui n'entrent pas dans le cadre de son activité commerciale ou professionnelle. Notamment, celle-ci bénéficie d'un droit de renonciation, lequel peut être exercé sans avoir à justifier de motifs ni à supporter de pénalités.

Cette faculté de renonciation ne s'applique pas aux contrats d'assurance de voyage, ni aux contrats d'assurance d'une durée maximum d'un mois.

Tableau 2.1. Droit de renonciation dans le cadre d'un contrat d'assurance

		Délai de renonciation	Point de départ du délai
Contrat à distance	Assurance non vie	14 jours calendaires L. 112-10 C. assur.	• Soit le jour où le contrat a été conclu. • Soit, lorsque l'assureur n'a pas respecté son obligation d'information contractuelle, le jour où l'intéressé a reçu les informations.
	Assurance-vie	30 jours calendaires L. 132-5-1 C. assur.	• Soit le jour où l'intéressé est informé de la conclusion du contrat à distance. • Soit le jour où l'intéressé reçoit les conditions contractuelles et les informations requises par la loi.
Démarchage		14 jours calendaires L. 112-9 C. assur.	Jour de la conclusion du contrat.

2. Prise d'effet du contrat

Jour de la conclusion du contrat. En principe, le contrat d'assurance prend effet à compter du jour de sa conclusion. Toutefois, une clause peut reporter cette prise d'effet, par exemple à compter du paiement de la prime par l'assuré.

Note de couverture. La prise d'effet du contrat définitif peut être précédée d'un contrat provisoire appelé la note de couverture. L'utilité de celle-ci apparaît lorsque l'assureur a besoin de temps pour instruire la proposition de l'éventuel assuré. Pendant cette courte période d'instruction, l'assureur peut garantir provisoirement le client. La note de couverture est donc un véritable contrat d'assurance d'une durée limitée de quelques jours.

3. Preuve du contrat

Le Code des assurances exige un **contrat écrit**, en français et caractères apparents (L. 112-3, al. 1er). Pareil formalisme n'est pas une règle de validité. Il s'agit d'un moyen exigé d'un des deux contractants pour prouver l'existence du contrat à l'égard de l'autre partie.

B) Modification du contrat d'assurance

Droit commun des contrats. La modification du contrat d'assurance obéit en principe au droit commun des contrats. Elle doit donc résulter d'un accord des parties. Le Code des assurances exige certes un écrit signé des parties (art. L. 112-3, al. 5), mais pareille formalité ne constitue pas une condition de validité de la modification ; elle est nécessaire pour prouver celle-ci.

Modification par le silence de l'assureur. Particularité du droit des assurances, la loi prévoit qu'est considérée comme acceptée la proposition faite par l'assuré de modifier le contrat si l'assureur ne refuse pas cette proposition dans les dix jours après qu'elle lui est parvenue (C. assur., art. L. 112-2, al. 5). Il s'agit là d'une dérogation au principe, issu du droit commun des contrats, selon lequel le silence ne vaut pas acceptation.

Cette dérogation ne concerne que les garanties accordées, pas la prime d'assurance. Elle ne joue pas par ailleurs pour les assurances sur la vie.

C) Durée du contrat d'assurance

1. Durée initiale

Liberté contractuelle. La durée du contrat est fixée librement par les parties (C. assur., art. L. 113-12). Elles peuvent ne pas la déterminer ou, ce qui est généralement le cas en pratique, conclure un contrat à durée déterminée. La loi impose toutefois que la durée soit fixée par la police et y figure en caractères très apparents.

2. Renouvellement du contrat

Tacite reconduction. Une fois arrivé à terme, le contrat à durée déterminée prend fin. Mais le plus souvent les contrats d'assurance prévoient une clause de tacite reconduction (↪ chapitre 1), du moins ceux conclus pour une durée d'un an (assurance automobile, habitation…). Cette clause est valable, mais la durée de la reconduction ne doit pas dépasser une année (C. assur., art. L. 113-15, al. 2).

NOTRE CONSEIL

Veillez à ne pas confondre durée du contrat et durée de la garantie.
La durée du contrat s'entend de la période courant entre la date de l'accord des parties à la date d'expiration (non-renouvellement, résiliation…).
La durée de la garantie s'entend de la période pendant laquelle l'assureur s'est engagé à garantir les sinistres compris dans le champ contractuel.
Ces deux périodes ne coïncident pas nécessairement.

La règle ne s'applique pas aux assurances sur la vie, ni aux contrats de groupe de personnes.

Assuré non professionnel. La loi du 28 janvier 2005 a introduit une disposition favorable au souscripteur, personne physique, d'un contrat d'assurance pour la garantie d'un risque non professionnel comportant une clause de tacite reconduction. L'assureur a l'obligation de rappeler, lors de l'envoi de l'avis d'échéance annuel de prime, la date limite d'exercice par l'assuré de sa volonté de ne pas renouveler le contrat. En cas de manquement, l'assuré a alors le droit de mettre un terme au contrat reconduit à tout moment à compter de la date de reconduction (C. assur., art. L. 113-15-1). En revanche, si l'information a été correctement délivrée et que l'assuré s'oppose à la reconduction tacite avec retard, c'est-à-dire postérieurement au préavis contractuel, alors le contrat se renouvelle pour la durée prévue dans ce même contrat. Une fois le contrat reconduit, l'assuré dispose toutefois du droit de résiliation infra-annuelle, créé par la loi n° 2014-344 dite « Hamon » du 17 mars 2014 relative à la consommation.

3. Résiliation du contrat

La règle ne s'applique pas aux assurances-vie. Depuis la loi Hamon du 17 mars 2014, l'assureur est toujours tenu de motiver la résiliation unilatérale du contrat d'assurance couvrant une personne physique en dehors de son activité professionnelle.

Droit de résiliation annuel. Si la durée du contrat est inférieure ou égale à un an, le droit commun des contrats s'applique, de sorte que l'acte est irrévocable unilatéralement et prendra fin à son terme, sauf tacite reconduction. Si la durée du contrat est supérieure à un an ou est indéterminée, par dérogation au droit commun des contrats, le souscripteur et l'assureur sont en droit de résilier le contrat tous les ans, par lettre recommandée envoyée au moins deux mois avant la date d'échéance (C. assur., art. L. 113-12). Dans les assurances couvrant des risques professionnels, le contrat peut écarter cette règle. Enfin, si la résiliation est irrégulière le contrat se poursuit, de sorte que l'assureur est tenu de garantir un éventuel sinistre, de même que l'assuré est tenu de payer la prime.

Loi n° 2014-344 du 17 mars 2014 :

http://dunod.link/dr6ack1

Résiliation infra-annuelle. Depuis la loi Hamon du 17 mars 2014, l'assuré non professionnel a la faculté de résilier unilatéralement un contrat d'assurance en cours d'année, sans motif à donner, sans frais ni pénalités. Cette faculté ne concerne que certains contrats couvrant les personnes physiques en dehors de leurs activités professionnelles de façon schématique, il s'agit des assurances automobiles, des assurances habitation et des assurances dites affinitaires (*i.e.* constituant un complément d'un bien ou d'un service vendu par un fournisseur). Le droit de résiliation infra-annuel ne peut être exercé qu'à l'expiration d'un délai d'un an à compter de la première souscription. Au terme de ce délai, l'assuré dispose donc du droit de résilier le contrat à tout moment, sans attendre l'échéance annuelle. La résiliation ne prend effet qu'un mois après que l'assureur en a reçu notification par l'assuré (par lettre ou tout autre support durable ; C. assur., art. L. 113-15-2, al. 1er). Et l'assuré n'est redevable de la prime qu'au *prorata temporis*, c'est-à-dire uniquement pour la période couverte par la garantie.

D) Couverture des risques de l'entreprise par les contrats d'assurance

Management juridique des risques. Une entreprise qui prend la mesure de son environnement juridique doit mettre en place, dans le cadre de ses procédures de décision, une politique de management juridique des risques (juridiques ou non) qu'elle prend. L'assurance est l'une de ces techniques de management.

1. Assurance des biens de l'entreprise (contrats IARD)

Diversité. En pratique, les assurances proposées par les assureurs aux entreprises concernent notamment les dommages subis par les bâtiments, le matériel, les véhicules, les marchandises et éventuellement l'argent liquide. Quant au risque, les dommages subis par les biens cités sont généralement garantis en cas d'incendie, de dégât des eaux, de tempête, de vol, de bris de glace, de bris de machine.

Souvent ces contrats portent le nom d'IARD pour incendie, accidents et risques divers.

Assurance perte d'exploitation. Le dommage garanti peut ne pas concerner un bien matériel. Ainsi, est assurable la perte d'exploitation subie par une entreprise à la suite, par exemple, d'un incendie. L'incendie, selon son étendue, peut conduire à un ralentissement, voire un arrêt temporaire de l'activité, donc une perte d'exploitation.

Assurance-crédit. Ce contrat permet à l'entreprise de se prémunir contre les risques d'impayés (non-recouvrement de créances).

2. Assurance de la responsabilité civile de l'entreprise

Assurance de responsabilité civile relative à l'exploitation. L'assurance de responsabilité civile exploitation permet à l'entreprise de garantir sa responsabilité délictuelle (ou extracontractuelle) qui serait engagée au cours de son exploitation, notamment du fait de ses préposés, bâtiment, matériels, ou encore du fait de ses produits jusqu'à leur livraison aux clients.

Assurance de responsabilité civile relative à la fourniture de produits (responsabilité produits). L'assurance de responsabilité civile du fait des produits livrés, appelée aussi assurance après livraison (ou responsabilité produits), a pour objet de prendre en charge les dommages causés aux tiers, qui peuvent être les clients de l'entreprise, du fait de la livraison d'un produit de l'assuré, fait qui engagerait la responsabilité de celui-ci. Les dommages couverts peuvent être corporels, matériels ou immatériels (ex. : perte d'exploitation).

3. Assurance de la responsabilité civile du chef d'entreprise

Les dirigeants d'entreprise courent le risque que leur responsabilité civile soit engagée à l'occasion de l'exercice de leur fonction, notamment en cas de faute de gestion, ou de violation de la loi. Aussi les assureurs proposent-ils des assurances garantissant ce risque. Les souscripteurs ne sont pas les dirigeants eux-mêmes, mais l'entreprise. L'assuré est le dirigeant, lequel doit être identifié et nommément désigné dans le contrat d'assurance. Si le dirigeant change, l'entreprise en fera la déclaration à l'assureur. Et le dirigeant dont le mandat s'achève reste assuré pour les actes qu'il a accomplis durant l'exercice de son mandat.

La garantie porte sur les conséquences pécuniaires de la responsabilité civile des dirigeants, engagée à l'occasion de l'exercice de leur fonction, à l'égard des tiers. Sont notamment considérés comme tiers, les créanciers, clients, l'État et les actionnaires qui exerceraient une action individuelle.

Enfin, les contrats d'assurance prévoient des exclusions de garantie, c'est-à-dire des situations où l'assureur ne devra pas sa garantie.

Exemple

- Les actions en responsabilité civile exercées par un actionnaire majoritaire de la société souscriptrice, les actions en responsabilité civile relatives à des détournements d'actifs, les conséquences d'absence du paiement d'impôts ou charges sociales dus par l'entreprise sont fréquemment exclus de toute garantie.

4. Assurance « homme clé »

Souscripteur et risque. L'assurance « homme clé » permet à une entreprise de s'assurer contre le risque de décès ou de l'invalidité (provisoire ou permanente, partielle ou totale) du dirigeant de cette entreprise ou de l'un de ses salariés qu'elle estime essentiel à la bonne marche de l'activité. Il s'agit donc d'une assurance de personne, et non de dommage, qui permet de faire face à une éventuelle perte d'exploitation résultant de la réalisation du risque, ce qui suppose que le capital ou la rente versée par l'assureur en cas de réalisation du risque bénéficie à l'entreprise souscriptrice.

Fiscalité. Les primes versées par l'entreprise sont déductibles de son résultat imposable lorsque la garantie souscrite porte sur les pertes d'exploitation liées au décès. Dans cette hypothèse, en effet, le capital versé est indemnitaire et non forfaitaire.

Par ailleurs, l'indemnité versée par l'assureur est un produit imposable. Pareille imposition peut être répartie par parts égales sur l'année de sa réalisation et sur les quatre années suivantes (CGI, art. 38 *quater*).

E) Gestion patrimoniale de l'entrepreneur par les contrats d'assurance-vie

Définition

Le contrat d'assurance-vie peut être défini comme la convention par laquelle l'assureur s'engage envers le souscripteur à verser à celui-ci ou à un tiers bénéficiaire une prestation définie au contrat en cas de survenance du risque lié à la durée de la vie de l'assuré.

Article L. 132-1 du Code des assurances :
http://dunod.link/ynje4cm

Les contrats d'assurance-vie sont régis par les articles L. 132-1 et suivants du Code des assurances.

1. Principaux contrats d'assurance-vie

Assurance en cas de vie. L'assurance en cas de vie est un contrat par lequel l'assureur s'engage envers le souscripteur à verser à celui-ci ou à un tiers bénéficiaire, en contrepartie de primes, un capital ou une rente à une date déterminée dans le cas où l'assuré est encore en vie à cette date-là. Le risque garanti est donc la vie de l'assuré à un âge ou une date donnés. Ce type d'assurance est peu usité en pratique.

Assurance en cas de décès. L'assurance en cas de décès est beaucoup plus contractée. Elle est un contrat par lequel l'assureur s'engage envers le souscripteur à verser à un tiers bénéficiaire, en contrepartie de primes, un capital ou une rente dans le cas où l'assuré serait décédé avant le terme du contrat.

Exemples

- Il est fréquent qu'un employeur (le souscripteur) contracte auprès d'un assureur une assurance décès qui permet au salarié (l'assuré) de désigner le bénéficiaire (le tiers) à qui sera versé un capital ou une rente dans le cas où il viendrait à décéder avant le terme du contrat d'assurance. Les primes sont alors versées par l'employeur.
  L'assurance décès peut aussi permettre de garantir un prêt d'argent. L'emprunteur (le souscripteur) contracte une telle assurance auprès d'un assureur, lequel s'engage, en cas de décès dudit emprunteur (l'assuré), à verser au prêteur (le tiers bénéficiaire) le montant des échéances restant à rembourser. On remarque que, dans ce dernier exemple, la même personne – l'emprunteur – a la qualité de souscripteur et d'assuré.

Assurance-vie mixte. L'assurance-vie mixte combine le risque de vie et celui de décès. L'assureur s'engage à verser un capital ou une rente au bénéficiaire soit au décès de l'assuré s'il survient avant l'échéance du contrat, soit en cas de vie de l'assuré à l'échéance du contrat. Le bénéficiaire est ainsi garanti de percevoir la prestation de l'assureur. Elle constitue donc le plus souvent un moyen de placement financier. Pour autant, la Cour de cassation a jugé qu'il s'agissait là d'une véritable assurance.

2. Conclusion du contrat d'assurance-vie

Deux règles sont propres à l'assurance-vie :

- **La faculté de renonciation.** Le souscripteur du contrat dispose, lorsqu'il est une personne physique, d'une faculté de renonciation, c'est-à-dire de se désengager, dans un délai de trente jours calendaires révolus à compter du moment où il est informé que le contrat est conclu (C. assur., art. L. 132-5-1).
- **L'information précontractuelle.** Comme pour tout contrat d'assurance, l'assureur doit remettre au souscripteur, avant la conclusion de l'acte, un projet de contrat ou une notice d'information. Mais lorsqu'il s'agit d'une assurance-vie, le législateur édicte un contenu particulier. Notamment, la notice doit mentionner les conditions d'exercice de la faculté de renonciation. Enfin, la loi prévoit que la proposition d'assurance peut valoir, à certaines conditions, note d'information (C. assur., art. L. 132-5-2).

La faculté de renonciation ne s'applique pas aux contrats d'une durée maximale de deux mois.

CHIFFRES-CLÉS

44 % des ménages étaient détenteurs d'un contrat d'assurance-vie en 2017.
La durée moyenne des contrats est de **11 années** (Fédération française de l'assurance, 2018).

3. Dénouement du contrat d'assurance-vie

Réalisation du risque. Lorsque le risque de vie ou de décès se produit, le contrat est dénoué par le paiement du capital ou de la rente par l'assureur au bénéficiaire. Lorsque ce dernier est un tiers au contrat d'assurance, il dispose d'un droit propre sur le capital assuré. Ce droit propre repose sur le mécanisme de la stipulation pour autrui : le souscripteur (le stipulant) fait promettre à l'assureur (le promettant) le versement d'un capital au profit d'un tiers (le bénéficiaire). La jurisprudence en déduit que le capital n'a jamais fait partie du patrimoine de l'assuré, avec les conséquences suivantes :

- le tiers bénéficiaire peut agir en justice contre l'assureur pour obtenir le paiement ;
- les créanciers du souscripteur ne sauraient saisir le capital ;
- le capital ne fait pas partie de la succession du souscripteur.

Rachat du contrat. Le contrat d'assurance-vie prend fin avant le terme prévu lorsque le souscripteur exige de l'assureur le rachat du contrat. Le rachat est l'opération par laquelle l'assureur rachète sa dette aléatoire contractée par un remboursement des primes versées après déduction de certaines sommes. Il met fin au contrat.

La faculté de rachat est exclue :
- lorsque le contrat ne comporte pas de provision mathématique, c'est-à-dire dans l'assurance temporaire en cas de décès (le risque de décès est garanti jusqu'à une certaine date) ;
- lorsque le rachat pourrait être le moyen pour le souscripteur de déjouer les calculs de probabilité de l'assureur. Par exemple, dans l'assurance en cas de vie, sans contre-assurance, il suffirait à l'assuré dont l'état de santé se dégraderait sensiblement d'exercer le rachat pour ne pas perdre les primes versées ;
- dans les contrats d'assurance groupe en cas de vie dont les prestations sont liées à la cessation d'activité professionnelle. Les contrats de groupe sont ceux souscrits par une même personne, par exemple un employeur, au profit d'autres, par exemple des salariés ;
- lorsque, s'agissant des assurances conclues au bénéfice d'un tiers, le tiers bénéficiaire a accepté sa désignation (en tant que bénéficiaire). Le rachat ne redevient possible que si ledit bénéficiaire donne son accord.

Avances sur police. « Dans la limite de la valeur de rachat du contrat, l'assureur peut consentir des avances au contractant » (C. assur., art. L. 132-21, al. 2). L'avance n'est autre que la remise d'une partie de la provision mathématique par l'assureur au souscripteur. À la différence du rachat, elle ne met pas fin au contrat. Mais le souscripteur s'expose au paiement d'intérêts à l'assureur, parce qu'en consentant une avance, ce dernier perd le revenu des placements qu'il avait effectués. Toutefois, s'agissant des assurances conclues au bénéfice d'un tiers, et si le tiers bénéficiaire a accepté sa désignation, alors l'assureur ne saurait consentir une avance à l'assuré, sauf accord dudit bénéficiaire (C. assur., art. L. 132-9, al. 1).

La durée de détention du contrat et la date des versements ont une grande influence sur les règles applicables.

4. Régime fiscal du contrat d'assurance-vie

La fiscalité de l'assurance-vie a fait l'objet d'une réforme le 1er janvier 2018. Celle-ci a surtout des conséquences sur les contrats importants. Les intérêts et plus-values relatifs aux contrats d'assurance-vie ne sont soumis à l'impôt qu'en cas de retrait d'argent.

Tableau 2.2. Fiscalité de l'assurance-vie selon la date du versement

Durée de détention du contrat	Avant le 26 septembre 1997	Entre le 26 septembre 1997 et le 26 septembre 2017	Après le 26 septembre 2017	
			Part inférieure à 150 000 euros [3]	Part supérieure à 150 000 euros [3]
Inférieur à 4 ans	Néant	• Principe : barème progressif de l'IR • Sur option : imposition forfaitaire 35 %	• Principe : PFU [2] • Sur option : barème progressif de l'IR	• Principe : PFU [2] • Sur option : barème progressif de l'IR
Entre 4 et 8 ans	Néant	• Principe : barème progressif de l'IR • Sur option : imposition forfaitaire 15 %	• Principe : PFU [2] • Sur option : barème progressif de l'IR	• Principe : PFU [2] • Sur option : barème progressif de l'IR

Durée de détention du contrat	Avant le 26 septembre 1997	Entre le 26 septembre 1997 et le 26 septembre 2017	Après le 26 septembre 2017	
			Part inférieure à 150 000 euros (3)	**Part supérieure à 150 000 euros** (3)
Supérieur à 8 ans	Exonération totale	• Abattement (1) • Principe : barème progressif de l'IR • Sur option : imposition forfaitaire 7,5 %	• Abattement (1) • Principe : taxe 7,5 % • Sur option : barème progressif de l'IR	• Abattement (1) • Principe : PFU (2) • Sur option : barème progressif de l'IR

(1) Abattement de 4 600 euros pour les personnes seules ou 9 200 euros pour les couples mariés ou les personnes pacsées. (2) Le PFU (prélèvement forfaitaire unique) implique une imposition à l'impôt sur le revenu au taux de 12,8 % + prélèvements sociaux au taux de 17,2 %. (3) Le seuil de 150 000 euros concerne tous les contrats d'assurance-vie souscrits. Il ne s'applique pas à chaque contrat pris isolément. À noter que ce seuil est doublé pour les couples mariés et pacsés.

Exemple

Un couple marié décide de racheter son contrat d'assurance-vie à sa 9e année d'existence. Le couple avait investi 30 000 euros à l'origine. La valeur du contrat est aujourd'hui de 40 000 euros. Calculez l'imposition du couple sur ce contrat.

La plus-value réalisée est de 40 000 – 30 000 = 10 000 euros.

Sachant que le versement a été réalisé dans la période située entre le 26 septembre 1997 et le 26 septembre 2017, et que la durée du contrat est supérieure à 8 ans, le couple bénéficie de l'abattement de 9 200 euros.

Base taxable : 10 000 – 9 200 = 800 euros

Imposition : Par principe, imposition au barème progressif de l'IR. Ainsi, les 800 euros s'ajouteront aux autres revenus soumis à l'IR. Si le couple opte pour le prélèvement forfaitaire, il paiera un impôt égal à 800 X 7,5 % = 60 euros.

→ APPLICATION 2 • MINI-CAS 3 • CAS PRATIQUE 6

Transaction

Définition

La **transaction** est un mécanisme de pacification des relations contractuelles relativement fréquent dans le monde des affaires (contrats, assurances) et en droit du travail.

Code civil, article 2044

■ La transaction est un contrat par lequel les parties, par des concessions réciproques, terminent une contestation née, ou préviennent une contestation à naître. Ce contrat doit être rédigé.

La transaction consiste à prévenir une contestation future ou à mettre fin à un litige en cours.

Exemple

Mme Ziem achète une voiture autonome auprès du concessionnaire de la marque Mesla. Elle passe commande d'un certain nombre d'options, dont une peinture métallisée. Quand elle prend possession de la voiture, elle comprend que la peinture n'est pas métallisée. Elle conteste et brandit la menace d'une action devant les tribunaux compétents. Le concessionnaire fait alors un « geste commercial », en lui réduisant le prix de 1 000 € et en lui équipant le véhicule avec des options nouvelles… Mme Ziem accepte et renonce donc à son action en justice sur cette base.

La transaction doit être distinguée des clauses de non-recours ou de renonciation à recours qui sont parfois insérées dans des contrats et dont la validité est variable. Ces clauses ne sont pas assimilables à une transaction faute de concessions réciproques : elles visent à limiter la responsabilité des parties à un contrat.

A) Conditions de la transaction

La transaction étant un contrat, elle doit répondre à toutes les exigences, notamment en matière de consentement. Compte tenu des enjeux, l'analyse de l'existence et de l'intégrité du consentement est particulièrement pertinente.

La transaction doit être écrite ; il s'agira d'un acte indépendant du contrat. La transaction ne doit pas être confondue avec la clause du contrat prévoyant la possibilité pour les parties de transiger.

La transaction doit obligatoirement comporter des concessions réciproques, ce qui exclut que l'une des parties ne modifie pas ses prétentions. Ainsi dans l'exemple du véhicule pris ci-dessus, le vendeur concède une réduction du prix et l'acheteur concède de prendre livraison d'un véhicule légèrement différent de celui commandé à l'origine.

On ne peut transiger que sur des domaines qui ne sont pas d'ordre public.

Exemple

- Si un locataire se plaint des conditions d'hygiène de son logement, il ne pourra y avoir de transaction avec le propriétaire, même si les deux sont d'accord, puisque la plupart des règles d'hygiène sont d'ordre public.

Il n'est bien entendu pas possible de transiger en matière pénale ou familiale (divorce, filiation, autorité parentale…).

B) Effets de la transaction

Code civil, article 2052

- La transaction fait obstacle à l'introduction ou à la poursuite entre les parties d'une action en justice ayant le même objet.

La loi confère à la transaction l'autorité de la chose jugée en dernier ressort, ce qui signifie que le litige est définitivement réglé par le protocole transactionnel et qu'il n'est plus possible de le contester devant une juridiction.

Cette autorité de la chose jugée de la transaction ne vaut que pour son objet spécifique.

Exemple (suite)

- Si l'on reprend l'exemple du véhicule Mesla livré sans peinture métallisée :
  - la transaction interdit à Mme Ziem de contester ultérieurement cette non-conformité ;
  - en revanche, si elle découvre par la suite que la motorisation livrée n'est pas celle qui était prévue, Mme Ziem pourra valablement agir contre le vendeur.

→ APPLICATION 2 • MINI-CAS 4

DES SAVOIRS AUX COMPÉTENCES

Évaluer les savoirs | **Maîtriser les compétences** | **Préparer l'épreuve**

QCM

Parmi les propositions ci-après, plusieurs réponses sont possibles. Justifiez-les.

1. La vente est :
   - a. un contrat synallagmatique. ☐
   - b. un contrat unilatéral. ☐
   - c. un contrat réel. ☐
   - d. un contrat consensuel. ☐
   - e. un contrat à titre gratuit. ☐
   - f. un contrat à titre onéreux. ☐
   - g. un contrat nommé. ☐
   - h. un contrat innommé. ☐

2. Le contrat de vente se voit appliquer :
   - a. le droit commun des contrats uniquement. ☐
   - b. le droit spécial de la vente uniquement. ☐
   - c. le droit commun des contrats et le droit spécial de la vente. ☐

3. Quelle règle gouverne la détermination du prix d'un contrat d'entreprise ?
   - a. La détermination du prix ne conditionne pas la validité du contrat. ☐
   - b. La détermination du prix lors de la conclusion du contrat est une condition de validité de ce dernier. ☐

4. Quelle est la sanction civile du manquement à l'obligation précontractuelle d'information prévue par l'article L. 330-3 du Code de commerce ?
   - a. La nullité automatique du contrat. ☐
   - b. La nullité du contrat (consentement vicié). ☐
   - c. La résiliation du contrat. ☐
   - d. La résolution du contrat. ☐

5. Il est impossible à l'assuré d'exercer sa faculté de rachat d'un contrat d'assurance-vie lorsque :
   - a. le contrat ne comporte pas de provision mathématique. ☐
   - b. le contrat comporte une provision mathématique. ☐
   - c. le rachat pourrait être le moyen pour le souscripteur de déjouer les calculs de probabilité de l'assureur. ☐
   - d. le contrat désigne un tiers bénéficiaire. ☐
   - e. s'agissant des assurances conclues au bénéfice d'un tiers, le tiers bénéficiaire a accepté sa désignation. ☐

6. Une transaction :
   - a. est un contrat où chaque partie fait des concessions. ☐
   - b. est un acte où une seule partie abandonne ses prétentions. ☐
   - c. prévoit que tout litige entre les mêmes parties voit son objet est interdit. ☐
   - d. prévoit qu'il est interdit de porter le litige objet de la transaction devant une juridiction. ☐
   - e. est une décision de justice qui satisfait les deux parties. ☐

2 Reconnaissance de clauses ★★★

Dans chacun des cas ci-après, qualifiez la clause et déterminez, le cas échéant, le type de contrat auquel elle se rattache.

1. Compte tenu des rabais consentis par la société Z, M. Y renonce à toute action devant un tribunal ayant pour objet de contester la livraison des biens visés à l'article 3 de la convention.
2. L'entreprise L. pourra confier l'exécution de tout ou partie des travaux de rénovation de l'immeuble sis à Toulouse.... à toute entreprise de son choix, à condition d'avoir obtenu l'accord préalable du maître de l'ouvrage. Dans ce cas, l'entreprise L. devra recueillir auprès du maître de l'ouvrage par écrit l'acceptation de ladite entreprise ainsi que l'agrément de ses conditions de paiement.
3. Entre M. X, promettant, et M. Y bénéficiaire, il est convenu que pour le cas où M. X souhaiterait vendre le bien immobilier sis à Bordeaux..., il devra en proposer l'acquisition par priorité à M. Y. M. Y sera alors libre d'acquérir ou non le bien.
4. L'acquéreur prend le bien dans l'état où il se trouve au jour de l'entrée en jouissance, sans recours contre le vendeur pour quelque cause que ce soit, notamment en raison des défauts apparents, ou des défauts cachés.
5. La société reste propriétaire de la marchandise livrée à compter du jour de livraison jusqu'à complet paiement de l'intégralité du prix de vente, les risques de la marchandise incombant néanmoins au destinataire, dès la mise à disposition de celle-ci.
6. La société A s'oblige à ne signer sur le territoire ci-après défini et pendant la durée du présent contrat, aucune autre convention de même type, ni aucun accord ayant pour objet la distribution des produits visés au contrat sous la marque...
7. Le vendeur s'engage à vendre à l'acquéreur l'immeuble désigné ci-après. L'acquéreur accepte et s'engage à en faire l'acquisition au prix qui a été convenu, sous réserve des conditions suspensives énumérées ci-dessous.

3 Mini-cas : contrat-cadre de distribution ★★★

Compétence visée — **Maîtriser** les dispositions régissant les contrats de distribution : concession et franchise

L'analyse consiste à situer la clause par rapport aux règles de droit existantes et à en définir la portée pour les parties.

Le contrat dans lequel la clause suivante figure est un contrat-cadre de distribution : « Le prix de vente des marchandises sera établi au moment de chaque commande passée par le distributeur et par référence aux prix indiqués dans le catalogue du fournisseur ».

Analysez cette clause.

4 Mini-cas : transaction ★★★

Compétence visée

Comprendre le contrat de transaction comme mode de sortie d'un litige existant ou à naître

Lisez attentivement la convention de transaction (annexe) et analysez-en la validité au regard du droit applicable.

Annexe

Convention de transaction

En désaccord sur les fautes qui lui sont reprochées, le salarié a exprimé le désir d'intenter une action en justice pour contester le licenciement dont il a fait l'objet.

Après avoir longuement discuté et négocié, les parties ont exprimé le désir de mettre un terme définitif au litige qui les oppose. À la suite de discussions intervenues entre eux après la rupture du contrat, les soussignés ont convenu de transiger conformément à l'article 2044 du Code civil et ainsi de s'accorder sur ce qui suit : l'employeur versera les indemnités légales et conventionnelles dues au salarié au titre de son licenciement.

En conséquence, la société...... règle ce jour à M......, par chèque libellé à son ordre, la somme de...... (somme en chiffres et en lettres) ;

M...... a quitté l'entreprise à la date du...... et renonce à tous autres droits, actions et indemnités de quelque nature que ce soit qui pourraient naître notamment : de sa classification ; de ses horaires de travail ; du paiement de ses salaires, heures supplémentaires, primes et accessoires quelle qu'en soit la nature ; de ses avantages liés à l'ancienneté ; des jours de congés payés acquis et pris sur la période de référence et les années antérieures ; de la procédure de licenciement.

M...... renonce à toute action en justice de quelque nature que ce soit à l'égard de son employeur.

5 Mini-cas : contrat de vente et recours

Compétences visées

- **Maîtriser** les dispositions régissant le contrat de vente
- **Adapter** et **faire évoluer** le contenu de certains contrats en fonction de la situation d'un client ou de l'entreprise

Ilan achète, pour 12 000 €, une voiture d'occasion à un ami qui revient d'Espagne après un été caniculaire. Son ami lui déclare que tout fonctionne bien mais lors de l'essai du véhicule, Ilan trouve que la climatisation fonctionne mal. Pressé de conclure la vente, il ne s'ouvre pas de ce problème au vendeur…

Six mois plus tard, Maxence, un autre ami, vient rendre visite à Ilan. En découvrant la voiture qu'il a achetée, il s'exclame « j'espère que tu n'as pas payé ça plus de 9 000 €, vu son état ! » Ilan décide alors d'écrire au vendeur pour obtenir une réduction du prix de vente (remboursement) en arguant :

- du problème lié à la climatisation qui dysfonctionne depuis le début ;
- de la boîte de vitesses qui, depuis trois mois, craque de manière inquiétante ;

– enfin, d'anomalies sur la peinture extérieure (rayures, boursouflures...).

Le vendeur ne lui répondant pas, Ilan décide d'aller voir un avocat et d'agir en justice.

1. *Est-il encore temps d'agir pour Ilan ? Justifiez votre réponse.*
2. *Quelles chances a-t-il d'obtenir une réduction du prix ?*

Évaluer les savoirs | Maîtriser les compétences | Préparer l'épreuve

6 Cas pratique : Max et ses assurances-vie ★★★

45 min

Compétence visée **Maîtriser** les dispositions régissant les contrats d'assurance courants et plus spécifiquement l'assurance-vie

Max a souscrit, durant l'année N, deux contrats d'assurance-vie :

- Le premier a été souscrit le 16 septembre 1996.
- Le second a été souscrit le 2 juillet 2010.

Quel est le régime fiscal applicable dans le cas où le retrait total des produits aurait lieu le 20 octobre N ?

SYNTHÈSE

Diversité des contrats

Quatre principaux contrats

- Contrat de vente
- Contrat d'entreprise
- Contrat de distribution
- Contrat d'assurance

Zoom sur les effets du contrat de vente

- Transfert de propriété
- Transfert des risques

Obligations du vendeur :
– obligation de délivrance conforme
– garantie des vices cachés
– garantie d'éviction

Obligations de l'acheteur :
– payer le prix
– retirer la chose

CHAPITRE 3

Droit pénal de l'entreprise

PROGRAMME

Compétences visées

- **Maîtriser** l'identification des éléments constitutifs d'une infraction relevant du droit pénal
- **Informer** les dirigeants de l'entreprise sur les conséquences d'une incrimination pénale
- **Maîtriser** les principales étapes du procès pénal, de l'enquête au jugement en passant par la mise en examen
- **Comprendre** les garanties de procédure et voies de recours
- **Reconnaître** les principales infractions liées à la pratique des affaires ; **savoir définir** leurs éléments constitutifs et connaître leurs sanctions

Notions et contenus

- Le droit pénal général : les éléments constitutifs de l'infraction ; la classification des infractions ; l'identification de la personne responsable (l'auteur, le complice) ; la peine
- La procédure pénale : les actions (l'action publique, l'action civile) ; l'instruction préparatoire : juge et chambre d'instruction ; le jugement et les voies de recours
- Le droit pénal spécial des affaires

LIEN AVEC LE DSCG 4

§ 4.2. Principes fondamentaux de comportement des CAC et des EC

PLAN DU CHAPITRE

Cours : 1. Éléments généraux de droit pénal • 2. Éléments de procédure pénale • 3. Infractions liées à la vie des affaires

Des savoirs aux compétences : Évaluer les savoirs • Maîtriser les compétences • Préparer l'épreuve

Synthèse

Discipliner la vie des affaires est une garantie pour toutes les parties prenantes : entrepreneurs, consommateurs, investisseurs et salariés. Le rôle de l'État est de définir un cadre juridique à l'intérieur duquel les entreprises peuvent opérer dans le respect de l'ordre public et de l'éthique des affaires. La surpénalisation de la vie des affaires peut être contre-productive mais l'existence de sanctions pénales effectives est également nécessaire pour renforcer l'attractivité de notre économie.

MOTS-CLÉS

Abus de biens sociaux • Abus des biens • Abus des pouvoirs • Action civile • Action publique • Amnistie • Complicité • Concours réel d'infractions • Contravention • Crime • Délit • Grâce • Infraction • Instruction préparatoire • Légitime défense • Mise en examen • Récidive • Témoin assisté • Tentative

1 Éléments généraux de droit pénal

A) Infraction pénale

Définition

L'infraction est le comportement (acte ou omission) interdit par la loi sous la menace d'une peine.

1. Éléments constitutifs de l'infraction

Élément légal. « Pas de **crime**, pas de peine sans texte. » Ce principe, dit principe légaliste, signifie que l'on ne peut être jugé et puni que si un texte le prévoit. Tout ce qui n'est pas interdit est donc permis, ce qui a conduit certains à qualifier le Code pénal de « code des voleurs », car bien le connaître c'est également savoir identifier ses manques…

Le principe de légalité des **délits** et des peines est garanti au plus haut niveau constitutionnel (Déclaration des droits de l'homme et du citoyen de 1789, articles 5 et 7) et européen (Convention européenne des droits de l'homme de 1950, article 7).

Un autre principe lui est associé : la non-rétroactivité de la loi pénale (si elle est plus sévère) qui signifie que la loi applicable est celle en vigueur au jour de commission de l'infraction. Par exception, si une loi nouvelle plus clémente (incrimination abrogée, peine allégée…) entre en vigueur alors qu'une affaire est encore en cours de jugement, elle lui est immédiatement applicable.

Élément matériel. Il est le comportement visé par la loi. Comment se réalise l'infraction ?

- Classiquement, le droit pénal s'intéresse à des actes positifs. La loi pénale interdit de faire. Elle prévoit alors des infractions de commission (ex. : la distribution de dividendes fictifs).
- La loi pénale peut également incriminer une simple abstention, en édictant des infractions par omission. Là, quelqu'un doit faire, mais s'en étant dispensé, il peut être puni. Le droit pénal des affaires y recourt souvent (ex. : la non-révélation, par le commissaire aux comptes, de faits délictueux).
- Si l'auteur ne va pas jusqu'à la consommation de l'infraction (réalisation de tous les éléments constitutifs), il peut se rendre coupable d'une **tentative d'infraction**, punissable à deux conditions :
  - un commencement d'exécution (acte tendant immédiatement et directement à la consommation du délit) ;
  - une interruption involontaire de l'action par le délinquant (ex. : arrivée de la police). La renonciation volontaire entraîne l'impunité ; s'il va au bout, il s'agit d'une infraction consommée.

• La tentative est toujours punissable lorsqu'il s'agit d'un crime, uniquement lorsque la loi le prévoit pour les délits, jamais pour les contraventions.
• La peine encourue est la même que celle prévue pour l'infraction consommée.

Élément moral ou psychologique de l'infraction. Il n'y a pas d'infraction sans faute. La consistance de cette dernière varie selon les incriminations. L'article 121-3 du Code pénal prévoit un principe et plusieurs exceptions.

Code pénal, article 121-3

■ Il n'y a point de crime ou de délit sans intention de le commettre.
Toutefois, lorsque la loi le prévoit, il y a délit en cas de mise en danger délibérée de la personne d'autrui.

Il y a également délit, lorsque la loi le prévoit, en cas de faute d'imprudence, de négligence ou de manquement à une obligation de prudence ou de sécurité prévue par la loi ou le règlement, s'il est établi que l'auteur des faits n'a pas accompli les diligences normales compte tenu, le cas échéant, de la nature de ses missions ou de ses fonctions, de ses compétences ainsi que du pouvoir et des moyens dont il disposait.

2. Causes d'exonération de la responsabilité pénale

Faits justificatifs. Ils permettent la neutralisation de l'élément légal. Parmi eux, certains n'ont pas vocation à justifier une infraction d'affaire en raison de leurs conditions de mise en œuvre :
- la **légitime défense** (attaque injustifiée et riposte proportionnée ; CP, art. 122-5) ;
- l'état de nécessité (danger actuel et imminent et acte nécessaire et proportionné ; CP, art. 122-7) ;
- le commandement de l'autorité légitime (émanant d'une autorité publique ; CP, art. 122-4, al. 2) ;
- l'un d'eux semble pouvoir trouver un mince terrain d'application : l'ordre ou la permission de la loi ou du règlement (CP, art. 122-4 al. 1).

Exemple

L'obligation pour les commissaires aux comptes de révéler certaines infractions justifie la violation du secret professionnel.

Causes de non-imputabilité. Les causes de non-imputabilité permettent la neutralisation de l'élément moral :
- La contrainte, physique ou morale, qui doit être imprévisible et irrésistible (CP, art. 122-2).
- L'erreur sur le droit qu'un individu n'était pas en mesure d'éviter (CP, art. 122-3). Mais « nul n'est censé ignorer la loi », cette présomption pesant de manière très sévère sur les professionnels.
- L'excuse de minorité : en France, à la différence d'autres pays, il n'y a pas d'âge précis de responsabilité pénale, mais la loi fait référence à la notion de discernement.

Code pénal, article 122-8

Les mineurs capables de discernement sont pénalement responsables des crimes, délits ou contraventions dont ils ont été reconnus coupables, dans des conditions fixées par une loi particulière qui détermine les mesures de protection, d'assistance, de surveillance et d'éducation dont ils peuvent faire l'objet.

- La loi détermine également les sanctions éducatives qui peuvent être prononcées à l'encontre des mineurs de dix à dix-huit ans ainsi que les peines auxquelles peuvent être condamnés les mineurs de treize à dix-huit ans, en tenant compte de l'atténuation de responsabilité dont ils bénéficient en raison de leur âge.

Code pénal, article 122-1

La personne qui était atteinte, au moment des faits, d'un trouble psychique ou neuropsychique ayant altéré son discernement ou entravé le contrôle de ses actes demeure punissable. Toutefois, la juridiction tient compte de cette circonstance lorsqu'elle détermine la peine et en fixe le régime.

3. Classification des infractions

Gravité de l'infraction. C'est le critère retenu pour la typologie légale. Pour connaître la qualification d'une infraction, il faut se référer à la peine principale encourue (criminelle, correctionnelle ou contraventionnelle, tab. 3.1). La qualification détermine le régime juridique applicable.

Code pénal, article 111-1

- Les infractions pénales sont classées, suivant leur gravité, en crimes, délits et contraventions.

Tableau 3.1. Classement des infractions selon leur gravité

	Peine principale encourue	Prescription de la peine	Juridiction compétente	Prescription de l'action publique
Crime	Réclusion (crime de droit commun) ou détention (crime politique) criminelle de plus de 15 ans	20 ans	Cour d'assises	20 ans
Délit	Emprisonnement de moins de 10 ans et/ou amende	6 ans	Tribunal correctionnel	6 ans
Contravention (5 classes)	Amende (pas de peine privative de liberté)	3 ans	Tribunal de police ou juge de proximité	1 an

B) Responsable de l'infraction

1. Auteur et le complice

Auteur. Il est celui qui commet ou tente de commettre une infraction. S'ils sont plusieurs, ils sont alors coauteurs et sont poursuivis, chacun, pour la commission de ladite infraction. La pluralité d'auteurs constitue parfois une circonstance aggravante (ex. : vol en réunion).

Complice. Il participe intentionnellement à la commission de l'infraction, sans la réaliser entièrement. Le complice encourt les peines qui lui seraient applicables s'il était l'auteur principal. La **complicité** suppose la réunion de deux conditions :

- Un acte de complicité. Le complice peut se greffer à l'infraction par aide ou assistance à la préparation ou à la commission (ex. : fourniture d'un véhicule pour une attaque à main armée).
- Est également complice la personne qui par don, promesse, menace, ordre, abus d'autorité ou de pouvoir aura *provoqué* à une infraction ou *donné des instructions* pour la commettre.

- Un fait principal punissable. L'acte de complicité n'est que l'accessoire d'une infraction principale, elle-même commise ou simplement tentée. S'il s'agit d'une **contravention**, la complicité par aide ou assistance n'est punissable que si la loi le prévoit ; dans les autres cas, elle l'est toujours.

2. Responsabilité pénale du chef d'entreprise

Responsabilité personnelle. Les entreprises sont soumises à des réglementations particulières (notamment en matière d'hygiène et de sécurité) ; si le chef d'entreprise laisse commettre une violation de ces règles par un salarié, il peut être jugé responsable pénalement. Le chef d'entreprise, soumis à une obligation de surveillance, répond de sa propre défaillance et de celle des personnes qui sont sous sa responsabilité, et donc même si les faits ont été commis par un tiers (dont la responsabilité n'est d'ailleurs pas exclue). Du fait de sa qualité, il avait l'obligation d'agir, sauf s'il avait délégué ses pouvoirs.

Délégation de pouvoir. Elle peut exonérer le chef d'entreprise sous certaines conditions :

- le délégataire doit être pourvu de la compétence, de l'autorité et des moyens nécessaires ;
- le délégant doit être responsable d'une structure ne lui permettant pas de veiller personnellement à la réglementation applicable ;
- la délégation n'est soumise à aucune condition de forme, mais elle ne peut être implicite.

3. Responsabilité pénale des personnes morales

Code pénal, article 121-2

■ Les personnes morales, à l'exclusion de l'État, sont responsables pénalement [...], des infractions commises, pour leur compte, par leurs organes ou représentants [...].

Domaine. Il existe deux réserves quant à la responsabilité pénale des personnes morales :

- l'État : exclusion de sa responsabilité pénale (on ne peut être à la fois juge et partie) ;
- les collectivités territoriales : limitation de leur responsabilité aux activités pouvant faire l'objet d'une délégation de service public (les transports, la distribution d'énergie...). Sont donc exclues les activités liées à l'exercice d'une prérogative de puissance publique (la justice...).

Depuis le 31 décembre 2005, toute infraction peut être imputée à une personne morale.

Conditions. L'infraction est nécessairement commise par l'intermédiaire d'une personne physique. La loi prévoit deux conditions :

- « pour le compte » : l'expression semble indiquer que l'infraction doit avoir été commise dans l'intérêt de la personne morale, ou au moins dans le cadre de son activité ;
- « par ses organes ou représentants » : les organes peuvent, par exemple, être une assemblée générale ou un conseil d'administration. D'après la jurisprudence, ont notamment la qualité de représentants les personnes pourvues de la compétence, de l'autorité et des moyens nécessaires, ayant reçu une délégation de pouvoirs de la part des organes de la personne morale. Dans certains cas, seule une étude détaillée des statuts de la personne morale permettra de déterminer les personnes ou organes responsables.

Dans le silence de la loi, sont concernés les organes ou représentants de droit comme de fait. Les éléments constitutifs de l'infraction doivent être caractérisés en la personne membre de l'organe, ou en celle du représentant ; la jurisprudence n'exige pas la preuve d'une faute distincte propre à la personne morale.

La responsabilité de la personne morale n'exclut pas celle des personnes physiques impliquées. Les sanctions sont adaptées : absence de peine privative de liberté, mais des amendes (le quintuple de celles prévues pour les personnes physiques), la dissolution, l'interdiction d'exercer une activité professionnelle, la fermeture d'établissement…

C) Peines

1. Principe de personnalisation ou d'individualisation de la sanction

Code pénal, article 132-24

■ Les peines peuvent être personnalisées […].

Le principe s'explique par le sens que le droit s'efforce de donner à la peine : protéger la société, punir le condamné mais aussi favoriser l'amendement de celui-ci et préparer sa réinsertion.

2. Prononcé de la peine

Classifications. La classification la plus répandue distingue trois types de peines (tab. 3.2).

Tableau 3.2. Classement des peines

Peines principales	• Elles sont celles prévues par la loi pour une infraction déterminée. • Leur nature est criminelle, correctionnelle ou contraventionnelle, cette distinction constituant la seconde classification fondamentale. • Il en existe deux sortes : la peine privative de liberté (emprisonnement, réclusion ou détention criminelle) et l'amende.
Peines complémentaires	• Elles s'ajoutent aux peines principales, qu'elles peuvent remplacer quand la loi le permet (ex. : interdiction, retrait d'un droit, confiscation ou fermeture d'un établissement). • En principe, le juge a la faculté de les prononcer. Exceptionnellement, il le doit (ex. : confiscation d'un objet qualifié de dangereux ou nuisible).
Peines alternatives	• Elles peuvent être prononcées au lieu d'une autre et à titre de peine principale. • En matière correctionnelle, ce caractère peut appartenir soit à une peine complémentaire, soit aux peines autres que l'emprisonnement et l'amende (jour-amende, travail d'intérêt général, peines privatives ou restrictives de droits). • Elles ne concernent que les délits et les contraventions de 5e classe.

Mesure de la peine. Le juge adapte le taux de la peine à la gravité des faits. Seule la loi peut prévoir des circonstances aggravantes permettant au juge de dépasser le plafond initialement prévu. L'indulgence est favorisée par des possibilités d'exemption ou de diminution de peine parfois prévues par la loi. Le juge peut toujours prononcer une peine moins importante que la peine encourue.

En cas de pluralité d'infractions. L'hypothèse est celle du **concours réel d'infractions**. Plusieurs infractions distinctes ont été commises.

En principe, est retenu le système du non-cumul des peines.

Ensuite, la loi distingue selon qu'il y a ou non pluralité de poursuites pour les infractions en concours (cela peut notamment se produire si le juge compétent est différent) :

- S'il y a pluralité de poursuites (CP, art. 132-4), les peines prononcées s'exécutent cumulativement dans la limite du maximum légal le plus élevé.
- S'il y a unicité des poursuites (CP, art. 132-3), chacune des peines encourues peut être prononcée. Toutefois, lorsque plusieurs peines de même nature sont encourues, il ne peut être prononcé qu'une seule peine de cette nature dans la limite du maximum légal le plus élevé.

Le concours idéal d'infraction suppose, lui, qu'un même fait puisse être qualifié au titre de deux infractions.

Définition

On est en présence d'une **récidive** lorsqu'un individu, condamné définitivement par une juridiction, commet une nouvelle infraction (qui peut être différente). Cette réitération, si elle s'inscrit dans certaines conditions de temps, entraîne alors une aggravation de la peine encourue (en principe, elle est doublée).

3. Exécution de la peine

Suspension de l'exécution de la peine : le sursis. C'est une faculté laissée au juge de dispenser le condamné de l'exécution de sa peine ; elle vise à l'encourager à mieux se comporter. Le sursis peut être simple (total ou partiel) ou assorti d'une mise à l'épreuve. La mauvaise conduite entraîne, sous certaines conditions, sa révocation ; la bonne conduite permet l'effacement de la condamnation.

Article 133-12 du Code pénal :

http://dunod.link/965mdez

Modalités d'exécution de la peine. Elles varient dans le sens de l'indulgence (libération conditionnelle, placement sous surveillance électronique, remise de peine), comme de la sévérité (la période de sûreté, décidée au moment de la condamnation, empêche les aménagements de peine pendant sa durée).

4. Extinction de la peine

Causes d'extinction emportant effacement de la condamnation. Il s'agit du décès du délinquant ou de la **dissolution** de la personne morale (qui n'empêche ni le recouvrement des amendes, ni la confiscation), de l'**amnistie** (mesure générale concernant un type d'infraction) et la réhabilitation légale ou judiciaire (CP, art. 133-12 et s.).

Causes d'extinction laissant subsister la condamnation. Il s'agit de la **prescription** de la peine, et de la **grâce**, mesure individuelle et discrétionnaire, appartenant au président de la République.

→ MINI-CAS 2

2 Éléments de procédure pénale

A) Poursuites

1. Déclenchement des poursuites par le ministère public : l'action publique

Définition

L'**action publique**, exercée au nom de la société, a pour objet l'application de la loi pénale à l'auteur des faits délictueux et la réparation du dommage causé à la société.

Préalable aux poursuites : la découverte de l'infraction. Le dispositif policier de droit commun ne suffit pas toujours à mettre à jour la délinquance d'affaires (opaque, technique, victimes difficilement identifiables…) ; d'autres règles viennent le compléter :

- L'**obligation de révélation.** Y sont soumises les personnes qui réalisent, contrôlent ou conseillent des opérations entraînant des mouvements de capitaux lorsqu'elles *savent* qu'une somme provient d'une infraction passible d'une peine privative de liberté supérieure à un an (soit l'essentiel des délits) ou participant au financement du terrorisme (C. mon. fin., art. L. 561-1). Quant aux organismes financiers, ils y sont soumis dès qu'ils ont un *soupçon* sur l'origine frauduleuse d'une somme (C. mon. fin., art. L. 561-2).
- Les agents spécialisés. Chargés de vérifier l'application de la loi, notamment en matière douanière, de concurrence et de consommation, ils disposent de pouvoirs d'enquête importants (ex. : droit de visite, droit de communication). Ils dressent un PV et/ou effectuent une expertise.

Qui exerce l'action publique ? En principe, c'est le ministère public, qui représente la société. L'action ne lui appartenant pas, il ne peut ni transiger (conclure un accord avec la personne poursuivie afin de mettre fin au litige), ni se désister (renoncer à exercer l'action). Exceptionnellement, certaines administrations peuvent mettre en mouvement l'action publique (ex. : l'administration des douanes, des contributions directes).

Comment s'exerce l'action publique ? En vertu du **principe de l'opportunité des poursuites**, le ministère public peut :

- *Première hypothèse :* décider de poursuivre :
  - en cas de **crime** : l'instruction est obligatoire. Par un réquisitoire introductif adressé au juge d'instruction, le procureur de la République demande son ouverture ;
  - en cas de **délit** : l'instruction est facultative. Le plus souvent, le procureur saisit directement le tribunal correctionnel en convoquant le prévenu par procès-verbal, ou par citation directe ;
  - en cas de **contravention** : le tribunal de police ou le juge de proximité peuvent connaître d'une affaire par citation directe, plus rarement par avertissement, et très exceptionnellement après une instruction.
- *Deuxième hypothèse :* décider de mettre en œuvre une procédure alternative aux poursuites, pour les infractions les moins graves. La loi prévoit deux possibilités, supposant que l'action publique n'ait pas encore été déclenchée :

- la **proposition d'une mesure** (ex. : stage de citoyenneté, médiation entre l'auteur et la victime) lorsqu'elle peut assurer la réparation du dommage causé à la victime, mettre fin au trouble résultant de l'infraction ou contribuer au reclassement de l'auteur des faits ;
- la **composition pénale** : elle ne s'adresse qu'aux personnes physiques et suppose la reconnaissance des faits par l'auteur. Elle consiste en une proposition de sanction faite par le procureur de la République à l'auteur des faits, en échange de l'abandon des poursuites.

• *Troisième hypothèse :* décider de « classer sans suite » pour des raisons juridiques ou d'opportunité (CPP, art. 40-1). La loi permet ensuite à la victime de pallier l'inertie du ministère public en se constituant partie civile.

Extinction de l'action publique. Des causes générales d'extinction existent comme l'amnistie, l'abrogation de la loi pénale, le décès du délinquant, la prescription de l'action publique, ou l'autorité de la chose jugée (principe permettant de ne pas juger quelqu'un deux fois pour les mêmes faits). Plus spécialement, l'action publique s'éteint notamment par l'exécution de la composition pénale ou par la transaction opérée entre l'auteur des faits et l'administration compétente, lorsqu'elle est exceptionnellement autorisée par la loi.

2. Déclenchement des poursuites par la victime : l'action civile

Définition

L'**action civile** est l'action en réparation du dommage causé par une infraction.

Modalités.

- Lorsque l'action publique n'a pas encore été mise en mouvement : la victime peut déclencher les poursuites en déposant une plainte avec constitution de partie civile devant le juge d'instruction (si elle a préalablement déposé une plainte simple au commissariat ou devant le parquet et que ce dernier lui a fait savoir qu'il n'engagerait pas les poursuites, ou qu'un délai de trois mois s'est écoulé depuis la plainte) ou en citant l'auteur des faits devant la juridiction de jugement. Elle agit alors par voie d'action.
- Si des poursuites sont déjà engagées : elle se constitue partie civile devant le juge d'instruction ou devant la juridiction de jugement. Elle agit alors par voie d'intervention.

Option entre voie civile et voie pénale. La victime dispose d'une option entre la voie civile, chemin naturel pour obtenir la réparation d'un dommage, et la voie répressive. Si elle utilise la voie civile, son choix est en principe irrévocable, alors qu'une passerelle existe du pénal vers le civil. L'action civile n'étant que l'accessoire de l'action publique, si celle-ci est éteinte, seule la voie civile est ouverte. Agir au pénal présente l'avantage de profiter des preuves rapportées par le ministère public. Le juge civil peut statuer sans attendre la décision au pénal.

Conditions d'exercice. Le préjudice doit être personnel et direct (CPP, art. 2, alinéa 1). La jurisprudence exige qu'il soit aussi certain.

Hypothèse d'un groupement défendant un intérêt collectif. Des habilitations légales permettent à certains groupements d'agir devant le juge pénal malgré l'exigence d'un préjudice personnel (ex. : les syndicats pour défendre l'intérêt collectif de la profession qu'ils représentent, certaines associations habilitées à agir sous conditions).

Extinction de l'action civile. Elle s'éteint distinctement de l'action publique.

Exemple

- Si la partie civile fait appel alors que le ministère public s'en abstient, l'action publique s'éteint par l'autorité de la chose jugée et le juge d'appel statue sur les seuls intérêts civils.

B) Instruction préparatoire

Obligatoire en matière de crime, l'**instruction préparatoire** est facultative pour les délits et exceptionnelle pour les contraventions. Elle permet de rassembler les preuves et de vérifier s'il existe des charges suffisantes pour renvoyer une personne devant une juridiction de jugement. En principe, elle est menée par un magistrat du siège, le juge d'instruction.

1. Saisine du juge d'instruction

Le juge d'instruction ne peut s'autosaisir ; il l'est par un réquisitoire *introductif* du procureur de la République, soit sur initiative de celui-ci, soit à la suite d'une plainte avec constitution de partie civile. Saisi « en faits » (et non « au sujet de telle personne »), s'il découvre de nouveaux faits – étrangers à sa saisine initiale – il ne peut s'intéresser à eux que si le procureur l'en saisit par un réquisitoire *supplétif*.

2. Statut du suspect pendant l'instruction

Au cours de l'instruction, les nécessités de la répression et les droits des personnes mêlées à la procédure s'affrontent. Un fragile équilibre réside dans l'existence de plusieurs strates de suspicion. La loi pose une première limite, permettant d'éviter qu'un suspect ne soit entendu comme simple témoin, donc sans bénéficier des droits de la défense.

Code de procédure pénale (CPP), article 105

- Les personnes à l'encontre desquelles il existe des indices graves et concordants d'avoir participé aux faits [...] ne peuvent être entendues comme témoins.

La loi du 15 juin 2000 relative à la présomption d'innocence a introduit un statut intermédiaire, celui de **témoin assisté**, qui permet au juge d'interroger un suspect sans recourir à la **mise en examen**.

Actes du juge d'instruction. Il est à la fois magistrat instructeur et juridiction. La loi l'autorise très largement à procéder à « tous les actes d'information qu'il juge utiles à la manifestation de la vérité » (CPP, art. 81). Il instruit à charge et à décharge.

Certains sont réglementés comme les auditions et interrogatoires, les perquisitions, visites domiciliaires et saisies, et les écoutes téléphoniques.

Il peut délivrer des mandats (de comparution, d'amener ou d'arrêt, le mandat de dépôt revenant désormais au juge des libertés et de la détention) et déléguer certains actes d'instruction, par commission rogatoire, à un officier de police judiciaire, ou à un autre juge d'instruction. Cependant, les décisions les plus graves (ex. : mandats, placement sous écoute téléphonique) ne peuvent être déléguées.

Clôture contradictoire de l'instruction. Lorsqu'il estime que l'information est terminée, le juge d'instruction en avertit les parties. Le juge d'instruction rend alors son ordonnance de règlement qui peut être une ordonnance de non-lieu à poursuivre marquant la fin des poursuites (réouverture possible en cas de charges nouvelles). Pour les délits et contraventions, le prévenu est renvoyé devant le tribunal correctionnel ou de police. Pour les crimes, l'ordonnance saisit la cour d'assises ; le suspect devient alors l'accusé.

Contrôle de l'instruction par la chambre de l'instruction. Il s'exerce par la nullité des actes irréguliers. La chambre de l'instruction apprécie si l'irrégularité d'un acte entraîne ou non son annulation, voire celle des actes qui en découlent.

C) Jugement et voies de recours

1. Jugement

D'autres juridictions spécialisées peuvent intervenir, notamment pour les mineurs.

Les juridictions pénales sont spécialisées en fonction de l'infraction :
- le tribunal de police juge des contraventions,
- le tribunal correctionnel juge des délits,
- la cour d'assises, qui offre la particularité d'être composée d'un jury populaire, juge des crimes.

Contrairement à l'instruction (écrite et secrète), la phase de jugement est orale, publique et contradictoire.

Des procédures alternatives, qui accordent une place importante au parquet, sont mises en place, notamment en raison de l'encombrement des juridictions. La comparution sur reconnaissance préalable de culpabilité (CPP, art. 495-7), sorte de « plaider-coupable » à la française, participe de cette tendance (fig. 3.1).

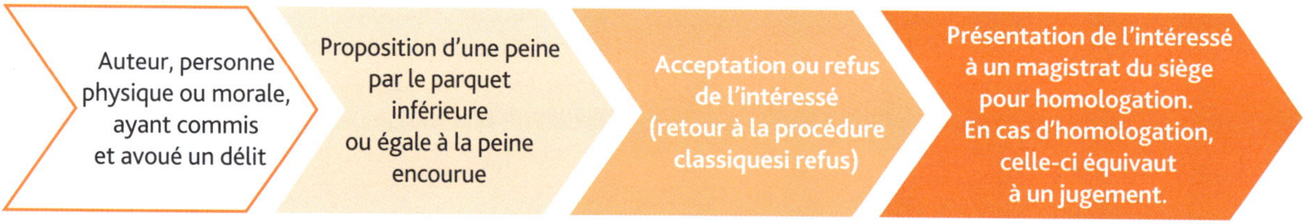

Figure 3.1. Principe de la comparution sur reconnaissance préalable de culpabilité

2. Voies de recours

Opposition. Voie de recours dite de rétraction, car elle anéantit le jugement attaqué et permet à la juridiction qui l'avait rendu de statuer à nouveau, elle a rarement l'occasion d'être exercée.

Appel. Cette voie est ouverte, contre les décisions contradictoires, à la partie dont les prétentions n'ont pas été satisfaites en première instance. Voie dite de « réformation », l'appel permet à une juridiction de degré supérieur à celle dont la décision est attaquée de réformer celle-ci (fig. 3.2).

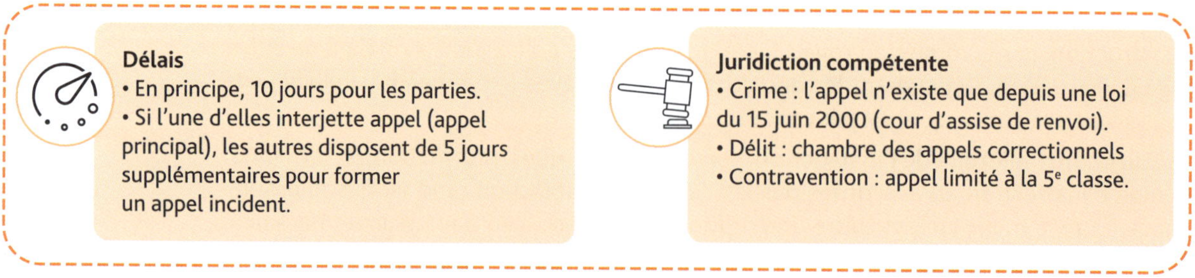

Figure 3.2. Conditions d'appel

Pourvoi. Le pourvoi a lieu devant trois juridictions :

- **En cassation**. Voie de recours extraordinaire, elle peut être intentée contre une décision rendue en dernier ressort (arrêt d'appel ou jugement insusceptible d'appel) devant la Cour de cassation. Celle-ci n'examine que les arguments de droit ; les faits sont acquis. Elle peut rejeter le pourvoi ou casser la décision attaquée. Dans ce dernier cas, elle renvoie devant une juridiction de même nature et de même degré que celle qui a rendu la décision attaquée, afin qu'il soit à nouveau statué.
- **En révision.** Si des faits nouveaux, postérieurs à une condamnation pour crime ou délit, permettent de faire naître un doute sur la culpabilité du condamné, ce recours est ouvert afin de réparer une erreur judiciaire.
- **Devant la Cour européenne des droits de l'homme (CEDH).** Un justiciable peut la saisir, après épuisement des voies de recours interne, s'il estime que l'un des droits protégés par la Convention européenne de sauvegarde des droits de l'homme et des libertés fondamentales a été bafoué.

3 Infractions pénales liées à la vie des affaires

A) Infractions générales

1. Escroquerie

Code pénal, article 313-1

■ L'escroquerie est le fait, soit par l'usage d'un faux nom ou d'une fausse qualité, soit par l'abus d'une qualité vraie, soit par l'emploi de manœuvres frauduleuses, de tromper une personne physique ou morale et de la déterminer ainsi, à son préjudice ou au préjudice d'un tiers, à remettre des fonds, des valeurs ou un bien quelconque, à fournir un service ou à consentir un acte opérant obligation ou décharge.

Le délit d'escroquerie est puni de cinq ans d'emprisonnement et de 375 000 euros d'amende. L'intention est exigée pour entrer en voie de condamnation. La multiplicité des éléments matériels classe ce délit parmi les infractions complexes, qui ne sont constituées qu'une fois tous les éléments réalisés. La date de commission de l'infraction ne correspond donc pas au jour des manœuvres mais à celui de la remise. La partie poursuivante doit établir l'acte de tromperie.

Exemple

Les juridictions répressives ont ainsi sanctionné l'emploi de la fausse qualité de chômeur ou l'abus de la qualité – vraie – de maire ou d'avocat.

Parfois, les manœuvres frauduleuses consistent en la falsification d'un document. L'auteur commet alors en même temps une escroquerie et un faux en écritures (CP, art. 441-1 et s.). Délit, voire crime s'il s'agit d'un faux en écritures publiques ou authentiques et que l'auteur est un dépositaire de l'autorité publique, l'infraction est lourdement sanctionnée parce qu'elle porte atteinte à la confiance publique. Si l'altération de la vérité a été commise afin de tromper quelqu'un et d'obtenir la remise d'un bien, les magistrats, confrontés à un concours idéal d'infractions, choisiront la qualification qui correspond le mieux aux agissements concernés : l'escroquerie, qui prend en compte les moyens utilisés mais aussi le but poursuivi par l'auteur des faits.

2. Abus de confiance

Code pénal, article 314-1

- L'abus de confiance est le fait par une personne de détourner, au préjudice d'autrui, des fonds, des valeurs ou un bien quelconque qui lui ont été remis et qu'elle a acceptés à charge de les rendre, de les représenter ou d'en faire un usage déterminé.

L'**abus de biens sociaux** n'est qu'une variante de l'abus de confiance, incrimination matricielle destinée à sanctionner les détournements frauduleux. Nécessitant, outre l'intention, le détournement d'un bien remis à charge de le restituer ou d'en faire un usage déterminé, le délit est réprimé par trois ans d'emprisonnement et 375 000 euros d'amende. La qualification d'abus de biens sociaux, incrimination spéciale, doit lui être préférée lorsque toutes ses conditions sont remplies. À côté des détournements, le législateur protège des tromperies. En l'absence de textes spécifiques, les abus de biens sociaux, dans les sociétés civiles, SNC et autres formes (hors SARL, SA ou SAS), sont sanctionnés sur le fondement de l'abus de confiance.

3. Faux et usage de faux

Code pénal, article 441-1

- Constitue un faux toute altération frauduleuse de la vérité, de nature à causer un préjudice et accomplie par quelque moyen que ce soit, dans un écrit ou tout autre support d'expression de la pensée qui a pour objet ou qui peut avoir pour effet d'établir la preuve d'un droit ou d'un fait ayant des conséquences juridiques.

Le faux et l'usage de faux sont punis de trois ans d'emprisonnement et de 45 000 euros d'amende.

Le faux commis dans une écriture publique ou authentique [...] est puni de dix ans d'emprisonnement et de 150 000 euros d'amende.

Exemple

- L'un des exemples les plus fréquents est la fourniture de faux documents par une personne ou une entreprise dans le but d'obtenir un crédit.

4. Recel et blanchiment

En fin de chaîne délictueuse, le législateur réprime des infractions dites « de conséquence », suites logiques d'une infraction préalable. Sont ainsi prohibés le recel et le blanchiment.

Le recel est un délit, puni – sans cause d'aggravation – de cinq ans d'emprisonnement et de 375 000 euros d'amende. Il suppose qu'un crime ou un délit ait préalablement été commis et qu'une personne détienne ou profite du produit de celui-ci, en en connaissant l'origine frauduleuse (CP, art. 321-1).

Le blanchiment est le fait de faciliter, par tout moyen, la justification mensongère de l'origine des biens ou des revenus de l'auteur d'un crime ou d'un délit ayant procuré à celui-ci un profit direct ou indirect. Constitue également un blanchiment le fait d'apporter un concours à une opération de placement, de dissimulation ou de conversion du produit direct ou indirect d'un crime ou d'un délit (CP, art. 324-1). Ce délit est puni comme le recel.

Les deux infractions sont susceptibles d'embrasser de nombreux comportements, principalement le blanchiment, qui n'impose pas la recherche d'un profit par son auteur. Intentionnelles, elles supposent la connaissance de l'origine délictueuse des biens concernés. Mais la jurisprudence adopte une position sévère en la matière, estimant que la qualité de professionnel fait présumer cette connaissance. Encore plus sévèrement, et à la différence de la solution adoptée en matière de recel, la Cour de cassation décide que l'auteur de l'infraction principale peut, en outre, se rendre coupable de blanchiment en cherchant à dissimuler ses agissements, l'exposant à une double condamnation.

B) Infractions spécifiques

1. Principales infractions de la vie des affaires

Nombre d'infractions pénales en matière de sociétés ne sont jamais poursuivies ou donnent lieu à un contentieux très réduit (tab. 3.3).

Tableau 3.3. Tableau des principales infractions en matière de sociétés

Domaine	Infraction	Article du Code de commerce	Sanction
Constitution de la société	Défaut d'immatriculation, de mention modificative ou de radiation	L. 123-3	Injonction sous astreinte/amende 3 750 €
	Déclaration mensongère liée à l'immatriculation	L. 123-5	Amende 4 500 €/6 mois d'emprisonnement
Financement de la société	Émission illicite d'actions	1841 C. Civ. et L. 241-2	Amende 9 000 €/6 mois d'emprisonnement
	Émission illicite d'obligations	L. 242-1. et L. 242-17	Amende 150 000 €
	Négociation illicite d'actions	L. 242-3	Amende 150 000 €
	Surévaluation des apports en nature	L. 241-3 et L. 242-2	Amende/5 ans d'emprisonnement
	Suppression du droit préférentiel de souscription	L. 242-20	Amende 18 000 €/2 ans d'emprisonnement
	Réduction du capital social sans respecter l'égalité des actionnaires	L. 242-23	Amende 30 000 €

Domaine	Infraction	Article du Code de commerce	Sanction
Tenue des assemblées	Omissions dans le rapport de gestion (plusieurs infractions)	L. 247-1 et 247-2	Amende de 9 000 à 18 000 € et 2 ans d'emprisonnement
	Non-convocation à l'AG	L. 242-10	Amende de 9 000 €/6 mois d'emprisonnement
	Non-respect du formalisme	–	Amende de 1 500 €
	Empêchement de la participation	L. 242-9	Amende de 9 000 € et 2 ans d'emprisonnement
	Trafic de voix	L. 242-9	Amende de 9 000 € et 2 ans d'emprisonnement
Commissariat aux comptes	Exercice illicite de la profession	L. 820-5 et L. 820-6	Amende de 15 000 € et 1 an d'emprisonnement
	Défaut de nomination	L. 820-4	Amende de 30 000 € et 2 ans d'emprisonnement
	Obstacle à la mission	L. 820-4	Amende de 75 000 € et 5 ans d'emprisonnement
	Non-révélation de faits délictueux	L. 820-7	Amende de 75 000 € et 5 ans d'emprisonnement
Dividendes et comptes sociaux (non exhasutif)	Distribution de dividendes fictifs	L. 232-12 et L. 242-6	Amende de 375 000 € et 5 ans d'emprisonnement
	Défaut d'inventaire, comptes annuels et rapport de gestion	L. 241-4 et L. 242-8	Amende de 9 000 €
	Défaut d'approbation des comptes annuels	L. 242-10 et L. 241-5	Amende de 9 000 €/6 mois d'emprisonnement
	Présentation ou publication de comptes inexacts	L. 241-3, L. 242-6 et L. 243-1	Amende de 375 000 € et 5 ans d'emprisonnement

2. Abus de biens sociaux

L'expression d'**abus de biens sociaux** recouvre deux délits, prohibant, en termes identiques pour les SARL et les SA (respectivement, C. com., art. L. 241-3, 4° et 5°, et art. L. 242-6, 3° et 4°).

Définitions

- L'**abus des biens** est le fait, pour les dirigeants, de faire, de mauvaise foi, des biens ou du crédit de la société, un usage qu'ils savent contraire à l'intérêt de celle-ci, à des fins personnelles ou pour favoriser une autre société ou entreprise dans laquelle ils sont intéressés directement ou indirectement.
- L'**abus des pouvoirs** est le fait, pour les dirigeants, de faire, de mauvaise foi, des pouvoirs qu'ils possèdent ou des voix dont ils disposent, en cette qualité, un usage qu'ils savent contraire aux intérêts de la société, à des fins personnelles ou pour favoriser une autre société ou une autre entreprise dans laquelle ils sont intéressés directement ou indirectement.

Sanctions. Ces délits, punis de cinq ans d'emprisonnement et de 375 000 euros d'amende (aggravés à sept ans d'emprisonnement et 500 000 euros d'amende si certaines méthodes de dissimulation du délit, comme le recours à des comptes bancaires étrangers, sont caractérisées), exigent la réunion de plusieurs éléments constitutifs.

Sociétés concernées. Formellement, l'abus de biens sociaux n'est sanctionné que dans les sociétés visées spécifiquement par les textes à savoir les SARL, SA, SAS et SCA. Toutefois, la jurisprudence constante accepte d'appliquer les textes du Code pénal relatifs à l'abus de confiance aux autres sociétés : société civile, SNC, société en commandite simple…

Usage contraire à l'intérêt social. L'intérêt social n'est pas défini par la loi. Comment savoir si un acte lui est contraire, d'autant que la prise de risque et l'aléa sont inhérents à l'activité économique ? Une distinction permet parfois d'éclairer le juge : si l'acte litigieux n'entre pas dans l'objet social, il est *a priori* suspect ; il faudra toutefois vérifier s'il est effectivement contraire à l'intérêt social. Dans l'hypothèse inverse, il n'y a pas de suspicion *a priori*. L'acte pourra être considéré comme contraire à l'intérêt social s'il se traduit par une opération désavantageuse pour la société ou s'il l'expose à un risque inutile ou excessif.

FOCUS **L'abus de biens sociaux dans les groupes de sociétés**

Un dirigeant social peut-il prélever des fonds dans la trésorerie de l'une des sociétés du groupe pour aider une autre société du même groupe ? La jurisprudence l'admet, sous plusieurs conditions : « Le concours financier apporté, par les dirigeants […] d'une société, à une autre entreprise d'un même groupe dans laquelle ils sont intéressés, directement ou indirectement, doit être dicté par un intérêt économique, social ou financier commun, apprécié au regard d'une politique élaborée pour l'ensemble de ce groupe, et ne doit ni être démuni de contrepartie ou rompre l'équilibre entre les engagements respectifs des diverses sociétés concernées, ni excéder les possibilités financières de celle qui en supporte la charge » (arrêt 4 février 1985, Cass. Crim., Rozenblum≤).

Mauvaise foi de l'agent. Elle doit exister au moment de l'acte. L'infraction suppose que l'agent ait su que l'acte litigieux était contraire à l'intérêt social, il ne peut se défendre en prétendant que son acte constitue une pratique habituelle dans le milieu des affaires. Souvent, l'élément intentionnel découlera de la seule constatation des éléments matériels. Il existe ainsi une sorte de présomption de mauvaise foi résultant de la qualité des dirigeants sociaux que ceux-ci auront du mal à renverser.

But poursuivi par l'agent : un intérêt personnel. L'auteur doit, d'après la loi, avoir agi à des fins personnelles ou pour favoriser une autre société ou entreprise dans laquelle il est intéressé directement ou indirectement. La jurisprudence adopte une solution sévère puisqu'elle présume que l'usage des biens de la société a été réalisé pour satisfaire un intérêt personnel dès que la preuve qu'il l'a été dans l'intérêt de la société n'est pas rapportée. Cet intérêt peut être matériel (paiement de dépenses personnelles, versement de rémunérations excessives…) ou simplement moral (sauvegarde de la réputation familiale, souci de se ménager des appuis ou des relations…). Il n'est pas constitué par une gestion seulement contestable, mais la jurisprudence présume l'intérêt personnel en cas de prélèvements occultes sur les fonds sociaux. Pour se défendre, le dirigeant doit prouver que les fonds ont été utilisés dans le seul intérêt de la société.

Le recel d'abus de biens sociaux est également punissable.

L'élément matériel varie selon que l'abus de biens sociaux relève du seul abus de biens ou de l'abus des pouvoirs (tab. 3.4).

Tableau 3.4. Élément matériel propre à chacun des deux délits

Abus des biens ou du crédit de la société	Abus des pouvoirs ou des voix
Deux composantes : • Un usage abusif : il peut consister en un acte de disposition mais aussi en un détournement ou en un simple acte d'administration, c'est-à-dire de gestion courante. En principe, une abstention ne devrait pas suffire, sauf si elle constitue un abus de pouvoir. • Des biens (tout l'actif de la société) ou du crédit (capacité à emprunter de la société).	• Les pouvoirs visés correspondent à tous les droits ou les statuts accordés par la loi aux dirigeants sociaux. L'abus des pouvoirs s'accompagne ou précède souvent un abus des biens. • L'abus des voix permet de protéger les actionnaires en empêchant que, par la méthode des procurations en blanc remises par les actionnaires aux mandataires sociaux, ceux-ci n'en abusent. • Le délit existe même si la machination n'a pas modifié le vote.

Particularités. La tentative d'abus de bien social n'est pas punissable. Ensuite, la loi indique plusieurs auteurs potentiels (voir *supra*), mais le dirigeant de fait peut lui aussi se rendre coupable du délit. Enfin, toute personne ayant participé à la commission de l'infraction peut être poursuivie comme complice dans les conditions de droit commun. Celui qui en a profité sciemment, qui détient ou transmet un bien provenant du délit, peut l'être pour recel d'abus de biens sociaux.

Victime habilitée à se constituer partie civile. La Cour de cassation considère que le délit tend exclusivement à la protection de la société et écarte les constitutions de partie civile émanant de toute autre catégorie de demandeurs. En principe, elle est exercée par les représentants légaux de la société ou un directeur spécialement habilité.

Les associés et actionnaires peuvent également agir au nom de la société, de manière individuelle ou en se regroupant. Ils ne peuvent exercer une action en leur nom propre que s'ils démontrent un préjudice personnel distinct de celui subi par la société, circonstance rarement admise par la jurisprudence. En effet, elle décide désormais que la dévalorisation des titres de la société découlant des agissements fautifs de ses dirigeants n'occasionne un dommage personnel et direct qu'à la société elle-même et non à chaque associé.

Prescription de l'action publique. En principe, un délit se prescrit par six ans, à compter du jour de commission de l'infraction (ici, le jour de l'abus). Si les actes se renouvellent, la prescription ne court qu'à compter du dernier de ces actes.

Exemple

- Le délit se renouvelle à chaque paiement de salaire indu. Cependant, la jurisprudence, hostile à la prescription de l'action publique a, pour les infractions clandestines comme l'abus de biens sociaux, décidé de repousser le point de départ du délai. En effet, les dirigeants peuvent dissimuler leurs agissements grâce à leurs fonctions.

Désormais, la difficulté est donc de savoir s'il y a eu ou non dissimulation. La jurisprudence abonde. Elle a pu décider par exemple que :

- le point de départ n'est pas reporté si la présentation des comptes a permis aux associés de connaître, non le détail des malversations, mais son principe même ;
- des comptes réguliers mais non explicites peuvent être entachés de dissimulation ;
- il y a dissimulation lorsque certaines dépenses ne sont pas comptabilisées et que d'autres sont dissimulées par interposition d'une autre société.

La loi n° 2017-242 du 27 février 2017 a consacré cette jurisprudence (CPP, art. 9-1), en distinguant :

- les infractions occultes qui, en raison de leurs éléments constitutifs, ne peuvent être connues ni de la victime, ni de l'autorité judiciaire ;
- les infractions dissimulées dont l'auteur accomplit délibérément toute manœuvre caractérisée tendant à en empêcher la découverte.

Article 9-1 du Code de procédure pénale :

http://dunod.link/nkf2jv5

En contrepartie du report du point de départ du délai de prescription au jour où l'infraction est apparue et a pu être constatée dans des conditions permettant la mise en mouvement ou l'exercice de l'action publique, le législateur a néanmoins créé un délai de forclusion empêchant toute poursuite au-delà de douze années révolues pour les délits et trente années révolues pour les crimes à compter du jour où l'infraction a été commise.

➜ MINI-CAS 2 • CAS PRATIQUE 3

DES SAVOIRS AUX COMPÉTENCES

Évaluer les savoirs — Maîtriser les compétences — Préparer l'épreuve

1 Quiz

Vérifiez l'exactitude des propositions ci-après et justifiez-les.

	Vrai	Faux
1. La personne qui apporte son aide à l'auteur d'une infraction après la commission de celle-ci peut être poursuivie comme complice.	☒	☐
2. Commet un abus de biens sociaux celui qui utilise par erreur la carte bancaire de l'entreprise au lieu de la sienne pour régler une dépense personnelle. (Bonne foi)	☐	☒
3. Le salarié qui commet une infraction à la demande de son supérieur hiérarchique bénéficie d'une exonération de sa responsabilité. (oblig de sécurité vis à vis du salarié	☒	☐
4. Pour le délit de recel, la prescription de l'action publique court à compter du jour où le receleur entre en possession du produit de l'infraction.	☒	☐
5. La personne qui essaie de détourner des fonds mais qui échoue parce que le compte à débiter n'est pas provisionné peut être poursuivie pénalement.	☒	☒
6. Les manœuvres frauduleuses constitutives d'une escroquerie peuvent consister en un simple mensonge.	☐	☒
7. La perquisition réalisée dans le bureau du chef d'entreprise peut être régulière malgré l'absence de mandat du juge d'instruction.	☐	☐
8. Une société peut être poursuivie pour abus de biens sociaux en même temps que le dirigeant qui s'en est rendu directement coupable.	☐	☐
9. Le fait d'exercer la profession de commissaire aux comptes malgré une mesure de suspension temporaire est un délit.	☐	☐
10. L'expert-comptable doit révéler au procureur de la République tous les faits délictueux dont il a connaissance dans l'exercice de ses fonctions.	☐	☐

Évaluer les savoirs | **Maîtriser les compétences** | Préparer l'épreuve

Mini-cas : une infraction peut en cacher une autre ★★★

Compétences visées

- **Maîtriser** l'identification des éléments constitutifs d'une infraction relevant du droit pénal
- **Informer** les dirigeants de l'entreprise sur les conséquences d'une incrimination pénale

Dans les cas deux suivants, vous déterminerez si les faits constituent une infraction et vous la qualifierez dans le cas échéant.

1. Une SA de négoce de vins réalise, l'année N, un exercice déficitaire et décide tout de même de distribuer à ses actionnaires un dividende « en nature » en attribuant à chacun cinq caisses de vin.
2. Le gérant d'une SCI utilise le carnet de chèque de la société pour régler des dépenses personnelles.

Évaluer les savoirs | Maîtriser les compétences | **Préparer l'épreuve**

Cas pratique : infractions en cascade ★★★

50 min

Compétences visées

- **Maîtriser** l'identification des éléments constitutifs d'une infraction relevant du droit pénal
- **Maîtriser** les principales étapes du procès pénal, de l'enquête au jugement en passant par la mise en examen
- **Comprendre** les garanties de procédure et voies de recours
- **Reconnaître** les principales infractions liées à la pratique des affaires ; **savoir définir** leurs éléments constitutifs et connaître leurs sanctions

M. Noël a créé avec un ami d'enfance une SARL spécialisée dans la réparation d'appareils électroménagers, qu'il gère seul. Son associé ne s'intéresse en effet que très peu à cette activité, lui préférant les randonnées et autres activités de plein air. Régulièrement verbalisé pour des infractions au Code de la route, M. Noël fait payer ses amendes par l'entreprise, qui règle également ses factures d'essence personnelles et, parfois, ses locations de vacances.

Sur dénonciation d'un ancien salarié, M. Bertrand, une enquête est ouverte par la police au sujet de ces paiements. M. Bertrand, estimant avoir été victime des agissements de

M. Noël, envisage de se constituer partie civile devant le tribunal correctionnel. En effet, il a subi un licenciement économique car l'entreprise a perdu de nombreux clients après la découverte du comportement peu scrupuleux de son dirigeant.

M. Gilles, expert-comptable, travaille pour l'entreprise une journée par semaine. Craignant de perdre sa mission, il a passé en écriture les éléments litigieux sans les redresser.

Chacun d'entre eux s'interroge sur les éventuelles suites pénales à donner respectivement aux points les concernant.

Travail à faire

1. *Un abus de biens sociaux peut-il être retenu à l'encontre de M. Noël ? Si tel était le cas, disposerait-il d'un recours ? Si oui, devant quelle juridiction ?*
2. *Le souhait de M. Bertrand de se constituer partie civile peut-il prospérer ? Comment et devant quelle juridiction une telle action se déroulerait-elle ?*
3. *Que risque pénalement M. Gilles ? Est-il lui-même coupable du délit d'abus de biens sociaux ? La crainte de perdre sa mission pouvait-elle justifier son attitude ?*

SYNTHÈSE

Droit pénal de l'entreprise

L'abus de biens sociaux, principale infraction pénale des affaires

Abus de biens sociaux (ABS) : utiliser en connaissance de cause les biens, le crédit, les pouvoirs ou les voix de la société à des fins personnelles, directement ou indirectement
C'est un délit puni par la loi :
– de 5 ans d'emprisonnement
– de 375 000 € d'amende

→ Sanctionné seulement dans les sociétés visées spécifiquement par les textes : SARL, SA, SAS et SCA

→ Mais la jurisprudence accepte d'appliquer les textes du Code pénal relatifs à l'abus de confiance aux autres sociétés : société civile, SNC, société en commandite simple…

Éléments constitutifs de l'ABS :
– Usage contraire à l'intérêt social
– Mauvaise foi de l'agent
– But poursuivi par l'agent : un intérêt personnel

→ **Deux types d'ABS :**
• L'abus des biens (tout l'actif de la société) ou du crédit (capacité à emprunter de la société) de la société
• L'abus des pouvoirs (tous les droits ou les statuts accordés par la loi aux dirigeants sociaux) ou des voix

Les infractions pénales spécifiques aux CAC et experts-comptables

Expert-comptable
• Violation du secret professionnel
• Exercice illégal ou usage abusif du titre professionnel
• Négligence ou inobservation des règlements
• Omission d'écritures ou écritures inexactes ou fictives
• Fausse comptabilité, fraude fiscale

Commissaire aux comptes
• Rapport sur la publication de comptes incomplets
• Informations mensongères sur la situation de la société
• Défaut de révélation de faits délictueux
• Violation du secret professionnel

CHAPITRE 4

Entreprise et concurrence

PROGRAMME

Compétences visées

- **Maîtriser** des situations ou pratiques contraires au droit de la concurrence
- **Accompagner** le traitement de pratiques contraires au droit de la concurrence
- **Identifier** ces pratiques au plan du droit national et du droit européen
- **Connaître** les conditions et les exemptions, les conditions de mise en œuvre de l'action
- **Maîtriser** la réglementation et la pratique en matière de prix et facturation
- **Identifier** les comportements prohibés en matière de pratique restrictive.

Notions et contenus

- Le contrôle des concentrations en droit communautaire et en droit interne
- La réglementation des pratiques anticoncurrentielles : entente et abus de position dominante en droit communautaire et en droit interne
- La surveillance des comportements : l'action en concurrence déloyale
- La réglementation en matière de prix et de facturation
- Le droit des pratiques restrictives : revente à perte, prix imposés et pratiques discriminatoires, la rupture des relations commerciales établies

PRÉREQUIS

Droit des contrats généraux et spéciaux (chapitres 1 et 2)

PLAN DU CHAPITRE

Cours : 1. Les concentrations d'entreprises • 2. Les pratiques anticoncurrentielles • 3. La concurrence déloyale • 4. La transparence et les pratiques restrictives de concurrence

Des savoirs aux compétences : Évaluer les savoirs • Maîtriser les compétences • Préparer l'épreuve

Synthèse

Dans un monde où le libéralisme économique est devenu la règle, les entreprises évoluent dans un milieu concurrentiel qui trouve sa plus éclatante manifestation juridique dans le principe de liberté du commerce, des prix et de la concurrence. Dans un monde libéral, cette concurrence est préservée afin qu'elle soit effective. Mais elle est aussi encadrée afin que la compétition ne devienne pas une jungle et que ledit système n'implose pas. Aussi le droit intervient-il, d'une part, pour protéger le marché, en assurant les conditions d'une concurrence saine et non faussée et, d'autre part, pour limiter les excès potentiels de la concurrence.

MOTS-CLÉS

Abus de position dominante • Action en concurrence déloyale • Concentration d'entreprises • Dénigrement • Désorganisation • Entente • Exemption • Fusion • Revente à perte • Imitation • Parasitisme • Position dominante • Pratique discriminatoire • Pratique anticoncurrentielle • Responsabilité civile délictuelle • Seuil de revente à perte

Les concentrations d'entreprises

A) Le contrôle des concentrations d'entreprises

Le contrôle des concentrations d'entreprises consiste en l'examen, par une autorité publique, du rapprochement d'entreprises, jusqu'alors autonomes, susceptible d'accroître une position économique sur un marché et de supprimer ou réduire corrélativement le caractère concurrentiel d'un marché.

Ce contrôle vise à assurer l'effectivité d'une concurrence que le pouvoir politique estime nécessaire.

Le contrôle est exercé *a priori* : il vise à autoriser ou non (ou autoriser sous conditions) une opération de concentration qui n'existe pas encore et qui implique des entreprises d'une certaine taille. Les regroupements de TPE ou PME ne sont pas concernés par cette réglementation des concentrations car leur effet sur le marché n'est pas significatif.

Le droit interne (national) et le droit de l'Union européenne sont applicables aux concentrations d'entreprises :

- Le contrôle par le droit français est régi par les articles L. 430-1 et suivants du Code de commerce.
- Le contrôle par l'autorité européenne relève du règlement n° 139/2004 du 20 janvier 2004.

B) Les opérations de concentration concernées

1. Les secteurs d'activité concernés

Le contrôle des concentrations porte sur tous les types d'activités économiques. Par ailleurs, la présence dans l'opération de concentration d'au moins une entreprise publique n'empêche pas le contrôle de s'exercer.

2. Les opérations contrôlées

Les opérations de concentration contrôlées sont définies de manière identique par les droits français et de l'UE. Trois types d'opérations sont visés (tab. 4.1).

Tableau 4.1. Opérations de concentration contrôlées

Opérations visées	Observations
Fusions entre entreprises antérieurement indépendantes	Sont concernées aussi bien les fusions par absorption que les fusions par création d'une société nouvelle. Les fusions au sein d'un groupe de sociétés suffisamment intégré échappent au contrôle.

Opérations visées	Observations
Prise de contrôle	La prise de contrôle d'une entreprise par une autre constituant une opération de concentration est appréciée au regard de l'influence qui sera alors exercée. Il y a prise de contrôle lorsque cette influence est déterminante. Le moyen utilisé importe peu : prise de participation au capital, achat d'élément d'actif, contrat… *Ex.* : rachat de la majorité du capital de la société cible.
Création d'une entreprise commune autonome	La création d'une entreprise commune (*joint-venture*) permet le plus souvent la mise en commun d'activités. Enfin, l'entreprise commune doit être « de plein exercice », c'est-à-dire en contact direct avec le marché. *Ex. :* une filiale commune de recherche-développement ne sera pas considérée comme une entreprise commune, dans la mesure où elle dépend de ses entités fondatrices pour les fonctions de distribution.

C) La dimension de la concentration

Présentation du règlement CE n° 139/2004 :

http://dunod.link/yei8ywi

Le droit de l'Union européenne (UE) et le droit français prévoient des seuils au-delà desquels le contrôle s'exerce. Ces seuils, exprimés en volume de chiffre d'affaires des entités, ont une double fonction :

- au-delà des seuils la concentration doit être notifiée pour être contrôlée ;
- ils délimitent la compétence des autorités européennes et nationales de contrôle. Si la concentration a une dimension européenne, seules les autorités de l'UE sont compétentes. C'est le système dit du « guichet unique ».

1. Les seuils européens (règlement CE n° 139/2004)

Seuils principaux. Une concentration est dite de « dimension européenne » lorsqu'elle satisfait deux conditions cumulatives (fig. 4.1).

Même si ces deux seuils sont atteints, la concentration n'est toutefois pas de dimension européenne si chacune des entreprises concernées réalise plus des deux tiers de son chiffre d'affaires total dans l'UE à l'intérieur d'un seul et même État membre.

Figure 4.1. **Conditions cumulatives d'une concentration à dimension européenne**

Seuils subsidiaires. Si les seuils ci-dessus ne sont pas atteints, la concentration est tout de même de dimension européenne lorsque les entreprises parties à l'opération remplissent quatre conditions cumulatives (fig. 4.2).

Figure 4.2. Conditions cumulatives d'une concentration à dimension européenne à titre subsidiaire

Même si ces quatre seuils sont atteints, la concentration n'est toutefois pas de dimension européenne si chacune des entreprises concernées réalise plus des deux tiers de son chiffre d'affaires total dans l'UE à l'intérieur d'un seul et même État membre.

2. Les seuils français (Code de commerce, art. L. 430-2)

Autorités nationales de contrôle. Lorsque le rapprochement d'entreprises n'a pas une dimension européenne, il faut vérifier s'il doit être contrôlé par les autorités nationales de contrôle.

Indifférence du lieu de réalisation de l'opération. Le lieu de réalisation de l'opération de concentration importe peu. Par exemple, une **fusion** réalisée à l'étranger est susceptible d'être soumise au contrôle par l'Autorité de concurrence française dès lors qu'elle produit un effet en France, soit que l'une ou plusieurs des parties disposent de filiales ou d'établissements en France, soit, plus simplement encore, que ces parties ont pour clients des entreprises implantées en France.

Seuils généraux. Est soumise au contrôle par les autorités françaises toute opération de concentration lorsque les deux seuils suivants sont franchis :

- les entreprises concernées réalisent ensemble un chiffre d'affaires mondial global, hors taxes, de plus de 150 millions d'euros ; et,
- deux de ces entreprises au moins réalisent en France un chiffre d'affaires, hors taxes, de plus de 50 millions d'euros.

Des seuils spéciaux sont applicables au secteur du commerce de détail (voir C. com., art. L. 430-2, II).

D) La procédure de contrôle des concentrations

1. Le guichet unique

Articulation. Le système du guichet unique répond à la question de l'articulation de la procédure européenne avec les procédures nationales. Il signifie que la dimension européenne d'une opération de concentration exclut la compétence des autorités nationales au profit de la Commission européenne (tab. 4.2).

Tableau 4.2. Le système du guichet unique

Dimension de l'opération de concentration	Procédure à appliquer	Autorité de contrôle compétente	Observations	Dérogations
Dimension européenne	Procédure européenne	Commission européenne	C'est le système du guichet unique : la dimension européenne exclut la compétence des autorités nationales.	La Commission a toutefois le pouvoir de transmettre le dossier aux autorités nationales (avec application du droit national) si l'opération a des conséquences sur le marché interne.
Dimension nationale	Procédure nationale	Autorités nationales	La compétence des autorités nationales suppose que la concentration n'ait pas une dimension européenne.	Si l'opération présente un danger sur le marché européen, la Commission peut se saisir du dossier. Les entreprises concernées peuvent aussi solliciter l'intervention de la Commission.

2. La procédure européenne

Étapes. L'opération de concentration de dimension européenne doit tout d'abord être notifiée à la Commission européenne (fig. 4.3).

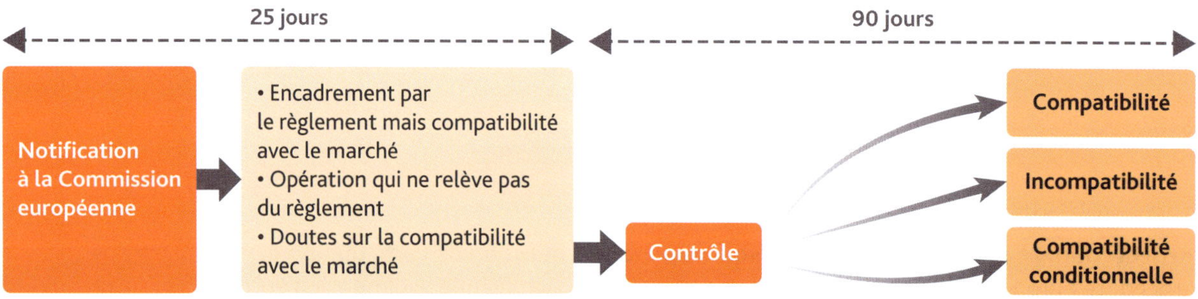

Figure 4.3. Étapes de la procédure européenne

Une première décision de la Commission européenne, portant sur l'ouverture de la procédure, est rendue dans les 25 jours ouvrables à compter du lendemain de la réception de la notification. Il y est jugé soit que l'opération ne relève pas du règlement, soit qu'elle relève du règlement mais ne soulève pas de doutes sérieux quant à sa compatibilité avec le marché commun (elle est déclarée compatible), soit qu'il existe des doutes sérieux sur la compatibilité et, en conséquence, la Commission engage la procédure.

Dans ce dernier cas, après avoir ouvert la procédure, la Commission procède au contrôle de l'opération de concentration afin de se prononcer sur sa compatibilité avec le marché commun. Elle doit se prononcer dans les 90 jours suivant l'engagement de la procédure.

Critères de compatibilité. Pour décider s'il y a lieu ou non de s'opposer à une opération de concentration, la Commission tient compte de :
- la nécessité de la concurrence effective dans le marché commun ;
- l'apport de la concentration au progrès technique et économique (innovations techniques, investissement dans la recherche) pour autant que celle-ci soit à l'avantage des consommateurs et ne constitue pas un obstacle à la concurrence ;
- la réduction substantielle de la concurrence, notamment du fait de la création ou du renforcement d'une position dominante (augmentation des prix par rapport à ceux des concurrents, réduction des choix des consommateurs, frein à l'innovation).

FOCUS **Le rejet d'une fusion**

En février 2019, la Commission européenne rejette le projet de fusion entre le français Alstom et l'allemand Siemens (tous deux acteurs importants du secteur du matériel et des systèmes ferroviaires). Cette fusion avait été programmée en réponse aux risques représentés par la montée en puissance de l'acteur chinois CRRC. La décision de la Commission européenne a été très critiquée par les gouvernements français et allemand, eux-mêmes à l'origine de la réglementation européenne sur les concentrations…

3. La procédure française

Compétence. Un rôle prépondérant est confié à l'Autorité de la concurrence (AC). Celle-ci est chargée, de façon exclusive, du bilan concurrentiel. Le ministre de l'Économie est chargé du bilan économique et dispose de la faculté de passer outre la décision de l'Autorité, mais uniquement pour des motifs d'intérêt général supérieurs à l'intérêt concurrentiel (tab. 4.3).

L'Autorité de la concurrence et le contrôle des concentrations d'entreprises :

http://dunod.link/5rp3osu

Synthèse de la procédure normale. L'Autorité de la concurrence a mis en place, en 2011, une procédure simplifiée pour les opérations qui ne sont pas susceptibles de poser des problèmes de concurrence, de prime abord du moins. Elle s'est appliquée à environ la moitié des décisions prises, ce qui est significatif.

Tableau 4.3. Grands traits de la procédure française

Étapes	Opérations	Délais
Notification	L'opération de concentration doit être notifiée à l'AC.	Dès que le projet est suffisamment abouti.
Phase I : Première décision	L'Autorité de la concurrence se prononce sur l'opération de concentration. Elle peut : – constater que l'opération n'est pas soumise à son contrôle ; – autoriser l'opération ; – autoriser l'opération en subordonnant cette autorisation à des conditions ; – engager un examen approfondi en cas de doute sérieux d'atteinte à la concurrence.	Dans un délai de 25 jours ouvrés.

Étapes	Opérations	Délais
Phase II : Examen approfondi	Examen approfondi : l'Autorité de la concurrence cherche si la concentration est de nature à porter atteinte à la concurrence, notamment par création ou renforcement d'une position dominante. L'Autorité de la concurrence peut : – interdire l'opération de concentration ; – autoriser l'opération en enjoignant aux parties de prendre toute mesure propre à assurer une concurrence suffisante ; – autoriser l'opération.	L'Autorité de la concurrence prend une décision dans un délai de 65 jours ouvrés à compter de l'ouverture de l'examen approfondi.
Phase III : Intervention du ministre de l'Économie	Le ministre de l'Économie est en droit de prendre l'affaire en main et statuer sur l'opération en cause pour des motifs d'intérêt général.	Dans un délai de 25 jours ouvrés.

→ MINI-CAS 2

2 Les pratiques anticoncurrentielles

Définition

Sont qualifiés de **pratiques anticoncurrentielles** les ententes et les abus de position dominante.

Le point commun entre ces deux pratiques se trouve dans l'imposition d'un pouvoir de marché, soit par la domination d'une entreprise (abus de position dominante), soit par la coordination entre entreprises (entente ou *cartels*). C'est la coordination qui, *a priori*, les distingue.

A) Les ententes illicites

1. L'interdiction des ententes

Définition

Une **entente** est un accord entre entreprises visant ou ayant pour effet de fausser la concurrence.

Exemple

- Des opérateurs de téléphonie mobile s'entendent pour proposer des prix quasi similaires et d'un niveau élevé aux consommateurs.

L'entente peut reposer sur un accord entre concurrents (accord horizontal) ou entre non-concurrents (accord vertical, le plus souvent un accord de distribution) et résulter :
- d'un contrat formel ;
- d'un *gentleman's agreement*, c'est-à-dire d'un engagement d'honneur juridiquement non contraignant ;
- d'une simple décision concertée de suivre une politique commune susceptible de fausser la concurrence.

Exemple

Une lettre circulaire est adressée par un producteur à des distributeurs, comportant des mesures pour faire obstacle à l'exportation. La pratique paraît imposée, mais elle est en réalité susceptible de constituer une entente dans la mesure où son application constituerait une acceptation tacite.

Action ou pratique concertée. Il s'agit de l'hypothèse où les entreprises concernées ont adopté le même comportement sciemment ; par exemple, elles ont augmenté leurs prix au même moment, du même pourcentage. L'action ou la pratique concertée ne résulte donc pas d'un accord mais d'un comportement, d'une coordination entre entreprises pour conjurer le risque de la concurrence.

Les autorités européennes de contrôle sanctionnent le plus souvent un échange d'informations entre entreprises susceptibles d'exercer une influence sur leur comportement futur. Or, la concurrence suppose que les entreprises adoptent un comportement autonome de façon à assumer le risque de la concurrence. La présence d'une entreprise à une réunion de concertation ou d'échanges d'information suffit à établir la participation à l'entente. La solution est la même en droit interne.

FOCUS **Preuve de la participation d'une entreprise à une entente**

Pour établir la participation d'une entreprise à une entente résultant de réunions informelles, doivent être pris en compte non seulement les documents formalisés, datés et signés, mais aussi des indices variés, tels que cahiers, agendas, comptes rendus de réunions ou de messages téléphoniques, dans la mesure où, après recoupement, ils constituent un ensemble de présomptions suffisamment graves, précises et concordantes (Cons. Conc., 9 mars 2006, ministre de l'Économie/Sté Asturienne).

Objet de l'entente. Les textes européen et français fournissent une liste d'ententes dont l'objet est illicite (tab. 4.5). Cette liste n'est pas exhaustive. De façon plus générale, sont illicites les ententes ayant pour objet ou pour effet d'empêcher, de restreindre ou de fausser le jeu de la concurrence.

Tableau 4.4. Objet de l'entente selon les droits européen et français

Droit européen (Traité UE, art. 101)	Droit français (C. com., art. L. 420-1)
• Fixer de façon directe ou indirecte les prix d'achat ou de vente ou d'autres conditions de transaction. • Limiter ou contrôler la production, les débouchés, le développement technique ou les investissements. • Répartir les marchés ou les sources d'approvisionnement. • Appliquer, à l'égard de partenaires commerciaux, des conditions inégales à des prestations équivalentes. • Subordonner la conclusion de contrats à l'acceptation par les partenaires de prestations supplémentaires sans lien avec l'objet du contrat.	• Faire obstacle à la fixation des prix par le libre jeu du marché en favorisant artificiellement leur hausse ou leur baisse. • Limiter ou contrôler la production, les débouchés, le développement technique ou les investissements. • Répartir les marchés ou les sources d'approvisionnement. • Limiter l'accès au marché ou le libre exercice de la concurrence par d'autres entreprises.

Effet de l'entente. L'entente est sanctionnée tant par le droit interne que par le droit européen (tab. 4.5).

Tableau 4.5. Effet de l'entente selon les droits européen et français

Droit européen (TUE, art. 101)	Droit français (C. com., art. L. 420-1)
L'entente est incompatible avec le marché de l'UE et interdite lorsqu'elle est susceptible d'affecter le commerce entre États membres et qu'elle a pour objet ou effet d'empêcher, de restreindre ou de fausser le jeu de la concurrence à l'intérieur du marché de l'UE.	L'entente est prohibée lorsqu'elle a pour objet ou peut avoir pour effet d'empêcher, de restreindre ou de fausser le jeu de la concurrence sur un marché.

Exemples

- Objet : une clause d'interdiction d'exporter a un objet anticoncurrentiel, même si elle n'a pas été mise en œuvre.
- Effet : la prise de participation minoritaire dans une société n'a pas un objet anticoncurrentiel, mais son effet peut l'être s'il conduit à une coordination du comportement des sociétés.

Marché affecté. L'incidence de l'entente doit être constatée sur un marché. En droit européen, le marché visé est celui de l'espace de l'UE ; tandis qu'en droit interne, c'est celui du marché interne.

Exemple

Une entreprise américaine, deux japonaises et deux coréennes, ont été condamnées par la Commission européenne alors qu'aucune d'elles n'était implantée en Europe. En revanche, leur entente affectait l'espace de l'UE. Elle consistait à fixer le prix de la lysine synthétique (principal acide aminé utilisé dans l'alimentation animale) et des quotas de vente par marché.

Atteinte sensible à la concurrence. L'entente est condamnée si l'atteinte qu'elle porte à la concurrence est suffisamment sensible. La Commission européenne a défini des seuils de sensibilité dits *de minimis* dans des communications. Les communications de la Commission n'ont pas de caractère contraignant à l'égard des juridictions européennes, ni des autorités de concurrence et juridictions nationales, mais elles peuvent s'y référer. En revanche, elles contraignent la Commission lorsqu'elle décide d'engager ou pas des poursuites. La dernière communication date du 25 juin 2014.

L'atteinte à la concurrence n'est pas considérée comme sensible lorsque :

- Pour des accords horizontaux (entre concurrents), la part de marché cumulée détenue par les parties à l'accord ne dépasse 10 % sur aucun des marchés affectés par ledit accord.
- Pour des accords verticaux (entre non-concurrents), la part de marché détenue par chacune des parties à l'accord ne dépasse 15 % sur aucun des marchés en cause affectés par accord.

En droit français, l'article L. 464-6-1 du Code de commerce prévoit des seuils de sensibilité identiques à ceux du droit européen. Les droits européen et français prévoient toutefois des cas où les seuils précédents sont écartés (fig. 4.4), l'entente étant par principe illicite.

Droit européen
L'entente a pour « objet même » de restreindre la concurrence ou affecte sensiblement la concurrence.

Droit interne
Les pratiques en cause contiennent une restriction ayant pour objet la fixation du prix de vente. On est en présence d'une entente illicite quelle que soit la part de marché détenue par les entreprises ensemble.

Figure 4.4. **Exceptions à l'application des seuils**

2. Les dérogations à l'interdiction

Une entente réunissant toutes les conditions pour être interdite peut toutefois faire l'objet d'une **exemption** (c'est-à-dire être exceptionnellement autorisée), soit de manière catégorielle, soit de manière individuelle.

Exemptions catégorielles. Le droit de l'Union européenne prévoit que des accords ou catégories d'accords ou de pratiques concertées peuvent faire l'objet d'une exemption. Ces exemptions par catégorie sont édictées par règlement de la Commission ou du Conseil. C'est le cas pour certaines catégories d'accords de recherche et développement.

La loi française prévoit quant à elle que certaines catégories d'accords ou certains accords, notamment lorsqu'ils ont pour objet d'améliorer la gestion des entreprises petites ou moyennes, peuvent être reconnus comme satisfaisant à ces conditions par décret pris après avis conforme de l'Autorité de la concurrence (C. com., art. L. 420-4).

Exemptions individuelles. Elles sont des dérogations accordées pour une pratique bien déterminée qui certes restreint la concurrence mais apporte un progrès économique.

Le droit de l'UE prévoit que les ententes sont exemptées, si elles contribuent à améliorer la production ou la distribution ou à promouvoir le progrès technique ou économique tout en réservant aux utilisateurs une partie équitable du profit qui en résulte.

Le droit français prévoit que les pratiques anticoncurrentielles sont exemptées, si elles permettent d'assurer un progrès économique, y compris par la création ou le maintien d'emplois, et qu'elles réservent aux utilisateurs une partie équitable du profit qui en résulte.

Le droit de l'UE et le droit français posent en sus que les pratiques :
- ne doivent pas donner aux entreprises concernées la possibilité d'éliminer la concurrence pour une partie substantielle des produits en cause ;
- ne doivent imposer de restrictions à la concurrence que dans la mesure où elles sont indispensables pour atteindre les objectifs de progrès.

B) Les abus de position dominante

La domination d'une entreprise sur un marché peut donner lieu à deux types de contrôle : un contrôle *a priori*, celui des concentrations ; un contrôle *a posteriori*, celui de l'abus de domination. Le droit de l'UE (TFUE, art. 102) et le droit français (C. com., art. L. 420-2) interdisent et sanctionnent l'**abus de position dominante**.

Article 102 TFUE :
http://dunod.link/ns02tyu

La position dominante d'une entreprise sur un marché n'est pas sanctionnée en elle-même. Seul l'abus de cette position est répréhensible.

Exemple

À la demande de la Mairie de Paris, l'Autorité de la concurrence a procédé à une étude de l'implantation de la distribution alimentaire sur la commune. L'Autorité a rendu un avis dont il ressort que le groupe Casino, avec ses enseignes Casino, Franprix, Naturalia, Leader Price et Monoprix, dispose d'une position dominante dans la capitale. Pour autant, aucun abus n'étant caractérisé, aucune sanction ne saurait frapper le groupe Casino.

Position dominante. Le droit interne et le droit de l'UE ne définissent pas ce qu'est une position dominante. C'est donc dans la jurisprudence qu'il faut rechercher une définition.

Définition

D'une façon générale, la **position dominante** caractérise le pouvoir d'une entreprise de s'abstraire de la concurrence des tiers, le pouvoir de faire obstacle à une concurrence effective.

1. La détermination du marché pertinent

La personne, qui met en cause une entreprise pour abus de sa position dominante, cherchera à démontrer que le marché de référence est particulier, spécifique, c'est-à-dire que le produit ou service commercialisé n'est pas substituable à d'autres. La position dominante sera alors plus facile à démontrer.

En premier lieu, la position dominante est appréciée sur un secteur géographique déterminé. Ce peut être celui de l'Union européenne ou une part substantielle de celui-ci. En ce cas, le droit de l'UE s'applique. Ce peut être le marché intérieur de la France ou une partie substantielle de celui-ci. En ce cas, le droit français est applicable.

En second lieu, l'appréciation de la position dominante se fait sur un **marché de référence**, ou **marché pertinent** (de produit ou de service). C'est le marché sur lequel est mis en cause le comportement d'une entreprise. Sa délimitation est nécessaire puisque la position dominante n'est pas susceptible d'être sanctionnée en elle-même mais pour son impact sur la concurrence sur un marché. Un même marché comprend tous « les produits et/ou services que le consommateur considère comme interchangeables ou substituables en raison de leur caractéristique, de leur prix et de l'usage auquel ils sont destinés » (communication de la Commission européenne).

Exemples

- Il a été jugé que la télévision à péage constitue, par opposition au marché de la télévision gratuite commerciale, un marché de produits distincts.
- Il a été jugé que le marché du fromage Roquefort est différent de celui des « bleus » car ne pouvant être substitués entre eux. Le marché est alors plus restreint que celui de fromages à pâte persillée.

2. La position dominante

Les autorités de contrôle de la concurrence, internes comme européennes, utilisent pour cette définition, la méthode du faisceau d'indices. L'indice des parts de marché est important mais doit être appréhendé avec précaution :

- Lorsque la part de marché (calculée à partir du chiffre d'affaires réalisé sur le marché pertinent) est très faible (environ moins de 10 %), la position dominante est écartée ;
- Lorsqu'elle est importante (plus de 50 %) :
  - soit il s'agit d'une situation de monopole (ex. : monopole de fait avec un brevet, monopole légal comme la Française des jeux) : la position dominante est établie ;
  - soit il n'y a pas monopole et il convient alors de regarder l'évolution de la part de marché.

Exemple

Une entreprise détenant un quasi-monopole peut ne plus être en position dominante si ses parts de marché diminuent par l'arrivée de nouveaux entrants, ce qui montre qu'elle est soumise à la pression de la concurrence.

Google condamné pour abus de position dominante :

http://dunod.link/vth5cr5

3. Le comportement constituant l'abus

L'abus se traduit par un comportement faisant obstacle à la concurrence en empêchant les concurrents d'y accéder ou de s'y maintenir. La liste ci-dessous n'est qu'indicative, non exhaustive (tab. 4.6).

Tableau 4.6. Exemple des comportements constituant un abus de position dominante

Droit de l'UE (TFUE, art. 102)	Droit français (C. com., art. L. 420-2)
• Imposer de façon directe ou indirecte des prix d'achat ou de vente ou d'autres conditions de transaction non équitables. • Limiter la production, les débouchés ou le développement technique au préjudice des consommateurs. • Appliquer à l'égard de partenaires commerciaux des conditions inégales à des prestations équivalentes, en leur infligeant de ce fait un désavantage dans la concurrence. • Subordonner la conclusion de contrats à l'acceptation, par les partenaires, de prestations supplémentaires qui, par leur nature ou selon les usages commerciaux, n'ont pas de lien avec l'objet de ces contrats.	• Refus de vente. • Ventes liées. • Conditions de vente discriminatoires. • Rupture de relations commerciales établies au seul motif que le partenaire refuse de se soumettre à des conditions commerciales injustifiées.

C) La poursuite et les sanctions des pratiques anticoncurrentielles

1. La poursuite des pratiques anticoncurrentielles

Compétence. Au sein de l'Union européenne, c'est la Commission européenne qui est compétente. En France, c'est en principe l'Autorité de la concurrence. Le ministre de l'Économie dispose toutefois – depuis l'ordonnance n° 2008-1161 du 13 novembre 2008 – d'une compétence pour traiter les « micro-pac », c'est-à-dire les pratiques anticoncurrentielles qui affectent un marché dit de dimension locale, à condition qu'elles soient mises en place par des entreprises dont l'activité ne dépasse pas un seuil légal : le chiffre d'affaires, de chacune d'elles, réalisé en France lors du dernier exercice clos, ne dépasse pas 50 millions d'euros et leurs chiffres d'affaires cumulés ne dépassent pas 200 millions d'euros. Pareille compétence ministérielle est limitée à un pouvoir d'injonction et de transaction (C. com., art. L. 464-9).

Si la pratique concerne plusieurs États et afin d'éviter la multiplication des procédures parallèles, la Commission a mis en place un système d'information et de coopération entre les différentes autorités de concurrence.

Articulation droit européen/droit français. Le système du guichet unique ne concerne pas les pratiques anticoncurrentielles. La Commission européenne applique le droit de l'UE. Les autorités de concurrences nationales – l'Autorité de la concurrence en France – appliquent soit le droit national, soit le droit de l'UE, selon que la pratique concerne un seul État ou le marché européen.

Prescription. La Commission européenne comme l'Autorité de la concurrence ne peuvent être saisies aux fins de sanction de pratiques anticoncurrentielles au-delà d'un délai de cinq ans à compter des faits.

2. Les sanctions en droit de l'UE

Sanctions pécuniaires. Chaque entreprise concernée peut se voir infliger une amende dont le montant est déterminé individuellement en tenant compte de la gravité de l'infraction et de la durée de celle-ci. Afin que la sanction ne soit pas disproportionnée par rapport à la taille de l'entreprise et son volume d'affaires, le droit européen édicte un maximum : 10 % du chiffre d'affaires mondial. Dans un second temps, l'amende est ajustée en fonction des circonstances aggravantes ou atténuantes.

Les entreprises concernées peuvent faire l'objet d'une **mesure de clémence**, c'est-à-dire d'une exonération totale ou partielle de la sanction en cas de dénonciation de l'entente illicite.

Par ailleurs, une entreprise impliquée dans une entente peut solliciter de la Commission le bénéfice de la procédure de transaction (ne concerne que les ententes). Le but est d'accélérer la procédure. L'entreprise reconnaît alors sa participation à l'entente et sa responsabilité. L'intérêt est de bénéficier d'une réduction de l'amende pouvant aller jusqu'à un maximum de 10 %.

Nullité. Le traité sur l'Union européenne dispose que l'entente illicite est nulle de plein droit. La solution est applicable aux abus de position dominante.

Responsabilité civile. La Commission européenne n'est pas habilitée à prononcer la responsabilité civile de l'auteur de l'infraction à l'égard des victimes de celle-ci. La directive européenne n° 2014/104/UE du 26 novembre 2014 consacre le principe du droit des victimes d'une infraction au droit de la concurrence, européen ou national, de demander et d'obtenir une réparation intégrale de leur préjudice. La directive tend ensuite à articuler la mise en œuvre du droit de la concurrence européen par les autorités de la concurrence (*public enforcement*) et par les victimes privées (*private enforcement*). Cette directive a été retranscrite en droit français.

3. Les sanctions en droit français

Sanction pénale. Le droit français édicte une infraction pénale de participation frauduleuse, personnelle et déterminante à une entente illicite ou à un abus de position dominante. Elle est punie d'un emprisonnement de quatre ans et d'une amende de 75 000 euros (C. com., art. L. 420-6).

Injonction. L'Autorité de la concurrence peut ordonner aux intéressés de mettre fin aux pratiques anticoncurrentielles dans un délai déterminé ou imposer des conditions particulières.

Sanctions pécuniaires. L'Autorité de la concurrence peut infliger une sanction pécuniaire immédiatement ou en cas de non-respect des injonctions. La sanction pécuniaire doit être proportionnée à la gravité des faits reprochés, à l'importance du dommage causé à l'économie, à la situation de l'entreprise et tenir compte de la récidive. Elles sont déterminées individuellement pour chaque entreprise :
- procédure normale : maximum de 10 % du chiffre d'affaires mondial hors taxes ;
- procédure simplifiée : maximum 750 000 euros pour chaque auteur.

Les entreprises concernées peuvent faire l'objet d'une *mesure de clémence*, c'est-à-dire d'une exonération totale ou partielle de la sanction, sur décision de l'Autorité, si l'entreprise aide à la découverte des faits. Elle ne concerne que les ententes.

Une autre mesure favorable à l'entreprise consiste à réduire la sanction pécuniaire – jusqu'à 50 % – lorsque celle-ci ne conteste pas les griefs qui lui sont notifiés et s'engage à modifier son comportement pour l'avenir. La procédure est également dite de « transaction ».

Sanctions civiles : nullité et responsabilité. La nullité de la pratique anticoncurrentielle est prononcée par une juridiction de l'ordre judiciaire.

Les victimes de l'entente illicite ou de l'abus de position dominante ont la possibilité de demander des dommages-intérêts auprès des juridictions de l'ordre judiciaire, et non de l'Autorité de la concurrence (à propos de la directive européenne n° 2014/104/UE). Leur action peut prendre la forme d'une action de groupe (*class action* en anglais), à condition d'avoir la qualité de consommateur. Ces dispositions relatives à la responsabilité sont intégrées aux articles L. 481-1 et suivants du Code de commerce.

Article L. 481-1 du Code de commerce :
http://dunod.link/pu4vdsp

→ MINI-CAS 3

3 La concurrence déloyale

La concurrence déloyale ne fait pas l'objet d'une répression par le droit de l'UE. La loi française ne comporte pas de disposition directement relative à la concurrence déloyale. C'est l'œuvre de la jurisprudence. À partir de la fin du XIXe siècle, les tribunaux se sont appuyés sur les articles 1382 et 1383 du Code civil (articles 1240 et 1241, aujourd'hui), c'est-à-dire sur la **responsabilité civile délictuelle**, pour sanctionner les « actes de concurrence déloyale ».

A) Les comportements concurrentiels déloyaux (la faute)

On distingue traditionnellement quatre types de comportements déloyaux.

1. Le dénigrement

Définition

Le **dénigrement** désigne le comportement consistant à noircir, rabaisser ou discréditer, soit la réputation d'un concurrent désigné ou identifiable, soit un produit concurrent, un service ou une marque, identifié ou identifiable. L'objectif est de détourner la clientèle.

Le caractère objectif ou non de l'information donnée de même que son exactitude impacte la démonstration du dénigrement (tab. 4.7).

Tableau 4.7. Le caractère objectif ou non de l'information

	Information objective	Information subjective
Information exacte	• Question de la publicité comparative : n'est pas fautive si comparaison objective et ne jette pas le discrédit sur le concurrent. • Ex. : Coca annonce que Pepsi a un goût différent.	• Dénigrement constitué. • Ex. : le concurrent n'est pas sérieux.
Information inexacte	• Dénigrement constitué. • Ex. : mon produit est le seul conforme à la réglementation.	

Publicité comparative. La publicité comparative est admise, depuis la loi du 18 janvier 1992, à condition, notamment, que la comparaison soit objective. Pourtant pareille publicité contient toujours, certes implicitement, un élément de critique.

Code de la consommation, art. L. 121-8

- Toute publicité qui met en comparaison des biens ou services en identifiant, implicitement ou explicitement, un concurrent ou des biens ou services offerts par un concurrent n'est licite que si :
  1° Elle n'est pas trompeuse ou de nature à induire en erreur ;
  2° Elle porte sur des biens ou services répondant aux mêmes besoins ou ayant le même objectif ;
  3° Elle compare objectivement une ou plusieurs caractéristiques essentielles, pertinentes, vérifiables et représentatives de ces biens ou services, dont le prix peut faire partie.

Désignation du concurrent. Le dénigrement n'est constitutif de concurrence déloyale que si le concurrent est désigné directement ou indirectement. Toutefois, le dénigrement peut être collectif, notamment lorsqu'il vise l'ensemble d'une profession. En ce cas, il n'y a concurrence déloyale que si les concurrents visés sont identifiables par la clientèle.

Absence de situation de concurrence. En principe, en l'absence de situation de concurrence entre l'auteur et la victime, l'action de celle-ci contre celui-là ne saurait être fondée sur la concurrence déloyale. La faute, si elle est démontrée, relèvera alors d'une autre action.

Exemple

- Dans une revue spécialisée dans les vins figure un article très sévère sur un vin commercialisé. Aucune situation de concurrence n'existe entre l'éditeur et le producteur. Si ce dernier entend voir condamné l'éditeur, il ne serait pas recevable à agir en concurrence déloyale. En revanche, il peut essayer la diffamation, mais pareille action n'aboutira pas si les critiques ne visent que le produit et non son producteur, sauf si ce dernier est identifiable au travers du vin produit et dénigré.

Arrêt récent de la Cour de cassation en matière de dénigrement :

http://dunod.link/pawyozq

Mais la jurisprudence récente démontre que cette position évolue.

2. L'imitation

Définition

À l'inverse du dénigrement, l'**imitation** ne consiste pas à se distinguer d'un concurrent mais, au contraire, à s'identifier à celui-ci. Le but est en revanche commun : détourner la clientèle.

Concurrence déloyale et contrefaçon. Lorsqu'un signe distinctif (une marque par exemple) ou un produit est protégé par un droit de propriété intellectuelle, l'imitation est qualifiée de contrefaçon.

Lorsque le produit en cause ne fait l'objet d'aucun droit privatif et qu'il est imité, la jurisprudence admet que le fabricant puisse agir en concurrence déloyale contre l'imitateur.

Confusion dans l'esprit de la clientèle. En principe, l'imitation est libre, ce qui ressort du principe de la liberté du commerce. L'imitation est sanctionnée sur le terrain de la concurrence déloyale lorsqu'elle produit ou risque de produire une confusion dans l'esprit de la clientèle, laquelle serait alors détournée.

Imitation de signes distinctifs. L'imitation fautive porte souvent sur des produits, mais elle peut porter aussi sur des signes distinctifs ne faisant pas l'objet d'un droit privatif, tel un nom commercial, une dénomination sociale, un nom de domaine (Internet), une enseigne.

L'imitation de ces signes est fautive lorsqu'elle produit un risque de confusion dans l'esprit de la clientèle. Aussi, leur protection est-elle locale, sauf si l'enseigne ou le nom bénéficie d'une notoriété nationale.

Exemple

- Des sodas alternatifs ont repris les principaux signes distinctifs du leader mondial des « colas » : étiquette sur fond rouge, graphisme blanc italique… Il ne semble pas que l'entreprise imitée ait agi en justice. Rançon de la notoriété, l'imitation renforce parfois l'image du tenant du titre.

3. Le parasitisme

La concurrence déloyale n'est sanctionnée, en principe, que si elle se produit entre concurrents. Mais il est apparu que la loyauté imposait la condamnation d'un opérateur économique qui procède à une usurpation ou à une imitation afin de réaliser une économie ou un profit de manière injustifiée, alors même qu'il ne se trouve pas en situation de concurrence avec l'usurpé ou l'imité. On parle alors d'« agissements parasitaires » ou de « **parasitisme** ».

Exemple

Un vendeur de vêtements appose sur des tee-shirts le logo de voitures de sport connues dans le monde entier.

Parasitisme par usurpation de la notoriété. Les tribunaux protègent le titulaire d'un signe notoire contre son imitation alors même qu'il n'existe pas de rapport de concurrence entre l'imitateur et l'imité. C'est en effet au sujet des signes distinctifs notoires que s'est élaborée la théorie du parasitisme. L'usurpation de la notoriété, une fois démontrée, est fautive lorsqu'elle vise à se placer dans le sillage d'autrui en recherchant à réaliser une économie. La preuve d'un risque de confusion sur l'origine des produits ou service concernés, ou même simplement d'un risque d'évocation (le produit litigieux évoque celui d'un autre opérateur, sans produire une confusion), permet d'établir l'immixtion dans le sillage d'autrui.

Concurrence parasitaire. La jurisprudence a étendu la théorie du parasitisme par usurpation de la notoriété d'autrui à des situations où les entreprises concernées sont en situation de concurrence. On parle alors de concurrence parasitaire. Pareille extension ne fait pas double emploi avec la concurrence déloyale pour imitation depuis que les tribunaux admettent que la preuve de l'immixtion dans le sillage d'autrui soit rapportée par la simple évocation, sans qu'il soit nécessaire de démontrer la confusion dans l'esprit de la clientèle.

Exemple

La cour d'appel de Toulouse a jugé que le fait de commercialiser sous la marque « 31 » des produits identiques à ceux commercialisés par un concurrent sous la marque « 64 » est constitutif d'acte de concurrence déloyale et de parasitisme. Elle estime que si les dessins imités sont d'une extrême banalité et sont différents des motifs utilisés sous la marque « 31 », leur reproduction sur des articles identiques à ceux commercialisés par le concurrent témoigne d'une volonté évidente de profiter de la démarche commerciale de celui-ci, dont l'originalité consiste à associer un signe désignant un département et divers dessins.

4. La désorganisation

Définition

La **désorganisation** est une catégorie doctrinale adoptée afin d'y ranger tout ce qui n'est pas dénigrement, imitation ou parasitisme.

L'une des hypothèses principales de désorganisation est le débauchage. Il constitue un acte de concurrence déloyale s'il a pour objet de désorganiser, et pas seulement affecter, le fonctionnement de l'entreprise dont un ou plusieurs salariés sont débauchés.

B) Le préjudice et le lien de causalité

De la théorie de la responsabilité pour faute (C. civ., art. 1240 et 1241), sur laquelle repose la répression de la concurrence déloyale, il ressort qu'un préjudice et un lien de causalité entre la faute et le préjudice doivent être démontrés par la victime. Le plus souvent, le préjudice est commercial et se traduit par une baisse du chiffre d'affaires. Mais il peut être aussi moral, notamment lorsque les entreprises concernées ne sont pas en situation de concurrence de sorte qu'aucune clientèle n'a été détournée. Surtout, les tribunaux se contentent d'un trouble commercial, jugeant qu'un préjudice s'infère nécessairement d'un acte de concurrence déloyale. Le préjudice et le lien de causalité sont donc présumés. Le défendeur doit alors s'attacher à démontrer que son comportement n'a pas généré le dommage invoqué, par exemple en prouvant que la baisse du chiffre d'affaires est due aux difficultés économiques éprouvées par l'entreprise.

C) La poursuite d'une action en concurrence déloyale

1. Les juridictions compétentes

L'**action en concurrence déloyale** est une action civile, non une action pénale. La victime doit donc agir devant les juridictions civiles et, plus précisément, la juridiction compétente selon la qualité des parties au litige.

2. La prescription

En application de la réforme de la prescription civile, opérée par la loi du 17 juin 2008, l'action en concurrence déloyale doit être intentée avant un délai de cinq ans. Si les juges appliquent strictement ladite loi, ce délai courra à compter du jour où la victime a connu ou aurait dû connaître son préjudice en relation avec les faits déloyaux.

→ MINI-CAS 3

4 La transparence et les pratiques restrictives de concurrence

Présentation. Le Code de commerce comporte des dispositions propres à favoriser ou imposer la transparence des relations commerciales qui s'établissent entre producteurs, fournisseurs, distributeurs ou prestataires de services.

Au-delà de cette exigence de transparence, le législateur prohibe certains comportements dans lesdites relations commerciales qu'il définit comme des pratiques restrictives de concurrence. Certaines de ces pratiques seront envisagées dans cette partie.

À noter que l'ordonnance du 24 avril 2019 a modifié les textes du Code de commerce relatifs à la transparence et aux pratiques prohibées ; sans révolutionner le domaine, le nouveau texte le modernise et l'adapte à la réalité des relations commerciales.

Réglementation des prix. Certaines pratiques étant liées à la fixation du prix, il convient d'exposer l'essentiel de la réglementation des prix.

Depuis l'ordonnance du 1er décembre 1986, il est de principe que les prix des biens, produits et services sont librement déterminés par le libre jeu de la concurrence (C. com., art. L. 410-2). Ce principe connaît des exceptions :

- La loi autorise le pouvoir réglementaire, par décret en Conseil d'État, à réglementer les prix concernant les secteurs ou zones où la concurrence est absente ou insuffisante en raison, par exemple, d'une situation de monopole. Il en est ainsi du prix des livres, de l'électricité, du transport par taxi, des péages autoroutiers, etc.
- Le gouvernement est également habilité à intervenir sur les prix, par décret en Conseil d'État, lorsque des circonstances conjoncturelles le justifient. Il s'agit de lutter, par des mesures temporaires (six mois maximum), contre des hausses ou des baisses excessives des prix.

A) La transparence des relations contractuelles

1. La transparence de l'offre

Communication des conditions générales de vente. Tout producteur, prestataire de services, grossiste ou importateur se voit imposer de communiquer ses conditions générales de vente à tout acheteur ou tout demandeur de prestations de services qui en fait la demande pour une activité professionnelle (C. com., art. L. 441-1 issu ordonnance du 24 avril 2019). Pour simplifier, et pour se rapprocher de la réalité pratique puisque les textes relatifs à la transparence sont la conséquence des pratiques commerciales dans la grande distribution, on parlera de « fournisseur » et « distributeur ».

Sanction. Le fournisseur qui ne respecte pas son obligation de communiquer ses conditions générales encourt une amende civile pouvant aller jusqu'à 75 000 €.

Contenu des conditions générales. La loi mentionne les éléments qui doivent être transmis par le fournisseur au distributeur qui en fait la demande. Les conditions générales de vente (tab. 4.8) comprennent notamment les conditions de règlement, ainsi que les éléments de détermination du prix tels que le barème des prix unitaires et les éventuelles réductions de prix.

Tableau 4.8. Conditions générales de vente

Conditions générales de vente	Description
Conditions de vente	Il s'agit par exemple des modalités de transfert de la propriété et des risques, de livraison, des clauses de responsabilité, etc.
Barème des prix unitaires	Le barème informe des tarifs unitaires des produits ou services. Lorsque le prix d'un service ne peut être déterminé *a priori* ou indiqué avec exactitude, le prestataire de services est tenu de communiquer au destinataire qui en fait la demande la méthode de calcul du prix permettant de vérifier ce dernier, ou un devis suffisamment détaillé.
Réductions de prix	Elles peuvent être immédiates ou différées, ou encore fonction des quantités commandées.
Conditions de règlement	Par exemple, les délais de paiement.

Conditions particulières. L'obligation de communication ne concerne que les conditions générales, pas les conditions particulières (C. com., art. L. 441-1, III al. 2).

2. La transparence des négociations

Socle des négociations. Les conditions générales de vente (CGV) constituent le socle unique de la négociation commerciale (C. com., art. L. 441-1 III). La négociation suit l'entrée en relation, laquelle se manifeste par la remise des CGV au distributeur.

Formalisation des négociations : la convention écrite. Le résultat de l'ensemble des négociations entre fournisseur et distributeur doit être formalisé par ceux-ci dans une convention écrite, que certains disent récapitulative. Elle constitue un véritable outil de contrôle pour l'administration. Cet ensemble est défini par la loi (C. com., art. L. 441-3).

Code de commerce, art. L. 441-3

- Une convention écrite conclue entre le fournisseur, [...] et le distributeur ou le prestataire de services mentionne les obligations réciproques auxquelles se sont engagées les parties à l'issue de la négociation commerciale, [...]. Cette convention est établie soit dans un document unique, soit dans un ensemble formé par un contrat-cadre et des contrats d'application.

Un texte spécifique, l'article L. 441-4 du même Code, régit les contrats de distribution de produits de grande consommation.

Contenu de la convention écrite. La convention écrite doit mentionner plusieurs éléments repris ci-dessous.

Code de commerce (ordonnance du 24 avril 2019), art. L. 441-3

- 1° Les conditions de l'opération de vente des produits ou des prestations de services, y compris les réductions de prix, et le cas échéant les types de situation dans lesquelles et les modalités selon lesquelles des conditions dérogatoires de l'opération de vente sont susceptibles d'être appliquées ;

  2° Les services de coopération commerciale, propres à favoriser la commercialisation des produits ou services du fournisseur, que le distributeur ou le prestataire de services lui rend, ne relevant pas des obligations d'achat et de vente, en précisant l'objet, la date prévue, les modalités d'exécution, la rémunération de ces services ainsi que les produits ou services auxquels ils se rapportent et la rémunération globale afférente à l'ensemble de ces obligations ;

  3° Les autres obligations destinées à favoriser la relation commerciale entre le fournisseur et le distributeur ou le prestataire de services, en précisant pour chacune l'objet, la date prévue et les modalités d'exécution, ainsi que la rémunération ou la réduction de prix globale afférente à l'ensemble de ces obligations.

Les services de coopération commerciale correspondent aux conditions dans lesquelles le distributeur (directement ou par l'intermédiaire d'un prestataire de services) rend au fournisseur tout service propre à favoriser la commercialisation de ses produits ou services. Ces conditions n'intéressent ni l'opération d'achat-vente, ni les services spécifiques rendus dans le cadre de l'opération d'achat-vente. Elles intéressent l'opération de revente par le distributeur aux consommateurs ou à des professionnels. Ceux-ci permettent au distributeur de dégager ce que la pratique nomme des « marges arrière ».

Exemple

- Attribution d'un emplacement privilégié dans un point de vente ou dans un rayonnage (tête de gondole par exemple) ; animation ou démonstration se rapportant au produit ; intégration avantageuse dans un catalogue ; prospectus ; annonces et autres publicités...

Modalités de la formalisation. La convention écrite, qui porte sur le résultat de l'ensemble des négociations, prend la forme soit d'un document unique, soit d'un contrat-cadre annuel et des contrats d'application. Elle est conclue pour une durée d'un an, de deux ans ou de trois ans, au plus tard le 1er mars de l'année pendant laquelle elle prend effet ou dans les deux mois suivant le point de départ de la période de commercialisation des produits ou des services soumis à un cycle de commercialisation particulier. Lorsqu'elle est conclue pour une durée de deux ou de trois ans, elle fixe les modalités selon lesquelles le prix convenu est révisé. Ces modalités peuvent prévoir la prise en compte d'un ou de plusieurs indicateurs disponibles reflétant l'évolution du prix des facteurs de production.

Sanction administrative. Le fait de ne pas pouvoir justifier avoir conclu dans les délais édictés la convention écrite, dans les termes prévus par la loi, est sanctionné par une amende administrative de 75 000 euros, portée à 375 000 euros pour les personnes morales. Le montant en est doublé en cas de réitération du manquement dans un délai de deux ans.

Clause de renégociation. Les contrats d'une durée supérieure à trois mois portant sur la vente des produits agricoles et alimentaires, dont les prix de production sont significativement affectés par des fluctuations des prix des matières premières agricoles et alimentaires et des coûts de l'énergie, doivent comporter une clause relative aux modalités de renégociation du prix permettant de prendre en compte ces fluctuations à la hausse comme à la baisse.

B) La transparence de la facturation

Code de commerce, art. L. 441-9

- Tout achat de produits ou toute prestation de service pour une activité professionnelle fait l'objet d'une facturation.

Obligation de facturation. Chaque opération de vente ou de prestation de service doit faire l'objet d'une facturation par le fournisseur. Cette obligation légale s'impose au professionnel à l'égard d'un autre professionnel. Le consommateur ne saurait s'en prévaloir.

La facture est délivrée au moment de la livraison ou du retirement pour la vente, au moment de l'exécution pour la prestation de services. Elle doit être établie en double exemplaire, l'un conservé par le vendeur, l'autre par l'acheteur (C. com., art. L. 441-9 I).

Contenu. La facture doit contenir des informations sur les parties (nom, adresse...), l'objet du contrat, le prix et les conditions de règlement (notamment les délais de paiement). La référence au contrat fondant ces informations n'est pas nécessaire ; elle n'est pas suffisante non plus.

Mention du prix. Le prix mentionné dans la facture doit être le prix unitaire hors TVA, minoré des réductions de prix acquises à la date de la vente ou de la prestation de services et directement liées à cette opération, à l'exclusion des escomptes non prévus sur la facture (C. com., art. L. 441-9 I). La formalisation, imposée par la loi, est importante parce qu'elle contribue à la définition du seuil de revente à perte.

Sanction. Le manquement à l'obligation de facturation est une infraction pénale punie d'une amende de 75 000 euros, portée à 375 000 euros pour les personnes morales.

C) La discrimination dans la négociation

1. La suppression de l'interdiction des pratiques discriminatoires

Auparavant, les conditions générales de vente n'étaient pas négociables. En effet, la loi imposait un traitement égalitaire des distributeurs. Au titre des pratiques restrictives de concurrence, elle prohibait les **pratiques discriminatoires**, c'est-à-dire le comportement consistant à octroyer ou obtenir des avantages par rapport aux distributeurs concurrents. La loi a aujourd'hui supprimé l'interdiction des pratiques discriminatoires, du moins au titre des pratiques restrictives de concurrence. Aujourd'hui, les conditions générales de vente sont donc négociables.

2. Les limites à la négociabilité des conditions générales de vente

Toutefois, si les négociations entre fournisseur et distributeur des conditions générales de vente sont désormais possibles, elles ne sont pas entièrement libres. Le législateur condamne certaines pratiques, considérées comme restrictives de concurrence et leur auteur engage sa responsabilité civile.

Les pratiques restrictives qui concernent les négociations sont les suivantes (C. com., art. L. 442-1) :

- Obtenir ou tenter d'obtenir de l'autre partie un avantage ne correspondant à aucune contrepartie ou manifestement disproportionné au regard de la valeur de la contrepartie consentie.
- Soumettre ou tenter de soumettre l'autre partie à des obligations créant un déséquilibre significatif dans les droits et obligations des parties.
- Rompre brutalement, même partiellement, une relation commerciale établie, en l'absence d'un préavis écrit qui tienne compte notamment de la durée de la relation commerciale, en référence aux usages du commerce ou aux accords interprofessionnels.

Le Code de commerce sanctionne par la nullité certaines stipulations, notamment la clause du client le plus favorisé, c'est-à-dire celle qui permet au distributeur de bénéficier automatiquement de conditions plus favorables que celles consenties à des concurrents par le fournisseur, ou celle qui accorde des remises rétroactives (C. com., art. L. 442-3).

D) La revente à perte

L'article L. 442-5 du Code de commerce interdit la **revente à perte**, c'est-à-dire le fait pour tout commerçant de revendre un produit en l'état (ou d'annoncer sa revente) à « un prix inférieur à son prix d'achat effectif ». On parle de « seuil de revente à perte » (SRP).

Code de commerce, art. L. 442-5

■ Le fait, pour tout commerçant, de revendre ou d'annoncer la revente d'un produit en l'état à un prix inférieur à son prix d'achat effectif est puni de 75 000 € d'amende [...] Le prix d'achat effectif est le prix unitaire net figurant sur la facture d'achat, minoré du montant de l'ensemble des autres avantages financiers consentis par le vendeur exprimé en pourcentage du prix unitaire net du produit et majoré des taxes sur le chiffre d'affaires, des taxes spécifiques afférentes à cette revente et du prix du transport.

Produits alimentaires. Afin de lutter contre l'asphyxie des producteurs agricoles par les grandes surfaces, l'ordonnance du 12 décembre 2018 relève de 10 % le SRP pour les produits alimentaires non transformés par le revendeur. Le texte prévoit que le prix d'achat effectif est affecté d'un coefficient de 1,10 pour les denrées alimentaires et les produits destinés à l'alimentation des animaux de compagnie revendus en l'état au consommateur (fig. 4.5).

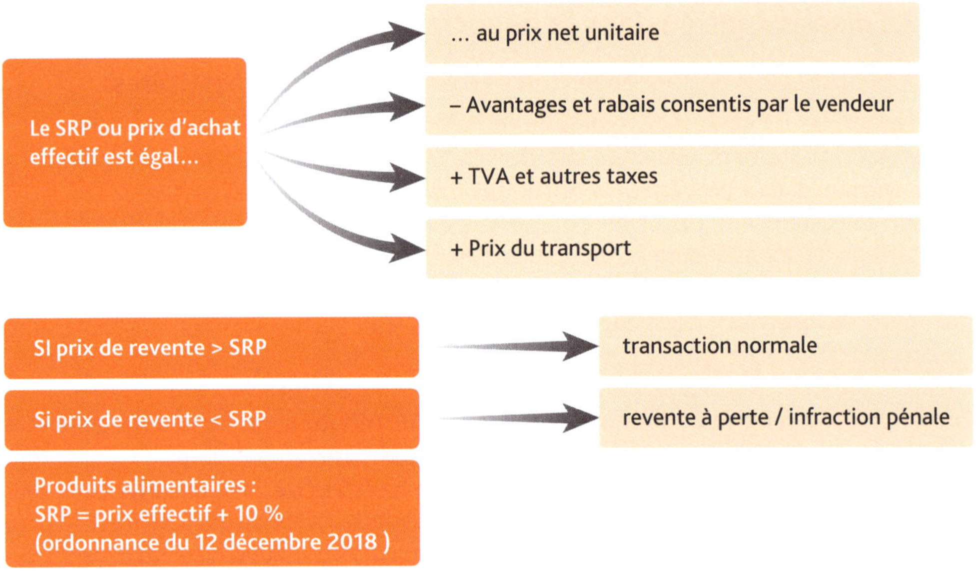

Figure 4.5. **Définition prix d'achat effectif**

Exceptions. Toutefois, la loi prévoit des hypothèses où la revente à perte est admise (C. com., art. L. 442-5 II, tab. 4.9).

Tableau 4.9. **Hypothèses de reventes à perte admises par la loi**

Ventes de liquidation	Ventes volontaires ou forcées motivées par la cessation ou le changement d'une activité commerciale.
Produits saisonniers	Produits dont la vente présente un caractère saisonnier marqué, pendant la période terminale de la saison des ventes et dans l'intervalle compris entre deux saisons de vente.
Produits démodés ou techniquement dépassés	Produits qui ne répondent plus à la demande générale en raison de l'évolution de la mode ou de l'apparition de perfectionnements techniques.
Produits périssables	• Produits périssables à partir du moment où ils sont menacés d'altération rapide. • Faut-il encore que l'offre de prix réduit ne fasse l'objet d'aucune publicité ou annonce à l'extérieur du point de vente.
Soldes	Produits soldés mentionnés à l'article L. 310-3 *du Code de commerce*.

Exception de baisse des cours	« Produits, aux caractéristiques identiques, dont le réapprovisionnement s'est effectué en baisse. » L'exception permet au revendeur de s'aligner sur le prix pratiqué par ses concurrents qui, postérieurement, ont acquis des produits identiques à un cours inférieur. Cependant la loi ajoute que le prix effectif d'achat est alors remplacé par le prix résultant de la nouvelle facture d'achat.
Exception d'alignement sur la concurrence	Les produits « dont le prix de revente est aligné sur le prix légalement pratiqué pour les mêmes produits par un autre commerçant dans la même zone d'activité. » En d'autres termes, le revendeur est autorisé à revendre à perte lorsqu'il s'agit d'aligner ses prix sur ceux de ses concurrents. Mais cette exception ne peut être invoquée que pour la revente de produits alimentaires commercialisés dans un magasin d'une surface de vente de moins de 300 m^2 et de produits non alimentaires commercialisés dans un magasin d'une surface de vente de moins de 1 000 m^2.

E) Les prix imposés

Code de commerce, art. L. 442-6

- Est puni d'une amende de 15 000 € le fait par toute personne d'imposer, directement ou indirectement, un caractère minimal au prix de revente d'un produit ou d'un bien, au prix d'une prestation de service ou à une marge commerciale.

Interdiction des prix imposés. Le droit européen et le droit français interdisent la pratique consistant pour le fournisseur d'imposer au distributeur un prix de revente, de même qu'un prix minimum. Ils autorisent en revanche les pratiques consistant à conseiller un prix minimum ou à imposer un prix maximum. Le seul fait d'imposer un prix ou une marge minimum suffit à constituer l'infraction, sans qu'il soit nécessaire de démontrer que le revendeur s'y est plié. Par ailleurs, la pratique est répréhensible que l'imposition soit directe ou indirecte.

Exemples

- La pratique de prix minimum est établie lorsque le fabricant conditionne la quasi-totalité des ristournes consenties aux revendeurs – y compris la prime de coopération –, se donnant de la sorte les moyens de prévenir, de la part de ses distributeurs, toute revente en dessous du prix facturé, ainsi indirectement imposé comme prix minimum.
- Les prix présentés par un fabricant de parfums comme conseillés aux distributeurs, membres d'un réseau de distribution sélective, constituent en réalité des prix minimums ou minima imposés en raison de menaces de rétorsions commerciales proférées par le fabricant.

Exception. Le **prix du livre** est une dérogation à l'interdiction des prix minima imposés. La loi oblige l'éditeur ou l'importateur à fixer un prix de vente au public, et les revendeurs doivent pratiquer un prix effectif de vente au public compris entre 95 % et 100 % du prix fixé par l'éditeur ou l'importateur.

FOCUS

Les prix d'achat abusivement bas pratiqués par la grande distribution à l'égard des agriculteurs

C'est un sujet qui revient souvent dans les médias : la grande distribution impose des prix trop bas aux agriculteurs français, notamment sur le lait, ne leur permettant pas de faire face à leurs charges et de vivre décemment. Pour y remédier, de nombreux accords ont été passés entre la filière laitière et la grande distribution pour garantir aux producteurs des prix d'achats minimums.

Le sujet est également pris au sérieux par le gouvernement qui a récemment adopté deux mesures :

– l'ordonnance du 12 décembre 2018 relevant de 10 % le SRP pour les produits alimentaires ;

– l'article L. 442-7 du Code de commerce qui sanctionne la pratique des prix abusivement bas dans les termes suivants : « Engage la responsabilité de son auteur et l'oblige à réparer le préjudice causé le fait pour un acheteur de produits agricoles ou de denrées alimentaires de faire pratiquer par son fournisseur un prix de cession abusivement bas ».

→ CAS PRATIQUE 4

DES SAVOIRS AUX COMPÉTENCES

Évaluer les savoirs — Maîtriser les compétences — Préparer l'épreuve

Quiz

Vérifiez l'exactitude des propositions ci-après et justifiez-les.

	Vrai	Faux
1. Les opérations de concentrations sont contrôlées une fois réalisées.	☐	☐
2. Le contrôle des concentrations ne concerne pas le secteur bancaire.	☐	☐
3. La fusion par absorption d'une filiale détenue à 100 % n'est pas visée par le contrôle des concentrations.	☐	☐
4. Les seuils européens de contrôle des concentrations sont cumulatifs.	☐	☐
5. Lorsque la concentration n'est pas de dimension européenne, la Commission européenne n'est jamais compétente.	☐	☐
6. En droit français, l'octroi ou le refus d'autorisation d'une opération de concentration relève de la compétence de l'Autorité de la concurrence.	☐	☐
7. Si l'objet d'une entente n'est pas anticoncurrentiel, alors cette entente n'est pas illicite, même si la mise en œuvre de l'accord ou de la pratique a eu pour effet de fausser le jeu de la concurrence.	☐	☐
8. En droit de l'UE, l'exemption individuelle d'une entente s'effectue avant la réalisation de celle-ci.	☐	☐
9. Le droit de l'UE ne prévoit aucune exemption des abus de position dominante.	☐	☐
10. Le système du guichet unique s'applique aux pratiques anticoncurrentielles.	☐	☐
11. En droit français, le contrôle des pratiques anticoncurrentielles relève du ministre de l'Économie.	☐	☐
12. Les dispositions légales relatives à la concurrence déloyale figurent dans le Code de commerce.	☐	☐
13. Un acte de concurrence déloyale n'est sanctionné que s'il a été intentionnellement commis.	☐	☐
14. L'imitation d'un produit concurrent est par principe interdite.	☐	☐
15. Il est de principe que les prix des biens et services sont librement déterminés par le libre jeu de la concurrence.	☐	☐
16. Le seuil de revente s'applique aux entreprises en liquidation judiciaire.	☐	☐

2 Mini-cas : seuils de concentration ★★★

Compétences visées

- **Maîtriser** des situations ou pratiques contraires au droit de la concurrence
- **Identifier** ces pratiques au plan du droit national et du droit européen

Trois entreprises opérant la même activité économique (secteur du tourisme) envisagent de fusionner :

- L'entreprise Alicia est localisée en France et réalise un chiffre d'affaires mondial de 2,5 milliards d'€ dont 1,5 milliard en France et 500 000 millions d'€ en Belgique ;
- L'entreprise Brico est localisée en Belgique et réalise un chiffre d'affaires mondial de 1,1 milliard d'€ dont 1 milliard en Belgique et 100 millions d'€ en France ;
- L'entreprise Candice est sise en Espagne et réalise un chiffre d'affaires mondial de 500 000 millions d'€ dont 100 millions en France, 200 millions en Espagne et 100 millions en Belgique.

Déterminez si l'opération est ou non soumise au contrôle des autorités européennes ou françaises.

3 Mini-cas : pratiques anticoncurrentielles ★★★

Compétences visées

- **Accompagner** le traitement de pratiques contraires au droit de la concurrence
- **Connaître** les conditions et les exemptions, les conditions de mise en œuvre de l'action

L'entreprise GlobalCom est spécialisée dans la vente de téléphones portables fonctionnant par satellite dans n'importe quel endroit du globe. Compte tenu des données sur le secteur, présentées dans le tableau ci-dessous, vous déterminerez si elle est ou non en situation de position dominante sur le marché.

Entreprise	Produits	Marché	CA 2017 millions USD	CA 2018 millions USD	Progression CA sur 5 ans
GlobalCom	Téléphones satellitaires	Mondial	4 500	4 800	+ 15 %
Huawoi	Téléphones portables	Mondial	18 000	19 000	+ 6 %
Applou	Téléphones portables	Mondial	21 000	22 000	+ 12 %

Entreprise	Produits	Marché	CA 2017 millions USD	CA 2018 millions USD	Progression CA sur 5 ans
Smartphonix	Téléphones portables	Europe	10 000	9 000	– 10 %
Samson	Téléphones portables	Asie	19 000	21 000	stable
Naukita	Téléphones satellitaires	Mondial	3 000	3 500	+ 1,5 %
Satphone	Téléphones satellitaires	Mondial	1 400	1 300	– 4 %

Évaluer les savoirs — Maîtriser les compétences — **Préparer l'épreuve**

4 Cas pratique : revente à perte★★★

35 min

Compétences visées

- **Maîtriser** la réglementation et la pratique en matière de prix et facturation
- **Identifier** les comportements prohibés en matière de pratique restrictive

La société Ludigame est un distributeur d'articles de jeux. Récemment, elle s'est fournie en consoles de jeux électroniques (1 000 articles). Le tarif figurant dans les conditions générales de vente du fournisseur est de 155 € HT l'unité. Ces conditions prévoient aussi une réduction du prix en cas de commande supérieure à un certain nombre d'articles. De la sorte, la société a pu bénéficier d'une remise de 12 euros par article. Le prix TTC du transport des produits fut de 750 €. Par ailleurs, en contrepartie d'une publicité affichée à l'intérieur de ses magasins, ainsi que le positionnement en bonne place des consoles, le fournisseur a versé une somme de 14 000 € hors taxe.

Travail à faire

1. *Dans l'exercice de son activité commerciale, la société Ludigame est-elle soumise au seuil de revente à perte ?*
2. *Dans l'affirmative, quel est le seuil de revente à perte ?*
3. *En imaginant que la société commercialise des produits alimentaires de luxe et non des consoles de jeux, quelle serait l'incidence sur le seuil de revente à perte ?*

SYNTHÈSE

Entreprise et concurrence

Droit européen de la concurrence

Seuils principaux

Seuils principaux : une opération de concentration d'entreprises est dite de **dimension européenne** lorsque…

- les entreprises réalisent ensemble un chiffre d'affaires mondial global de **plus de 5 Mds €**
- ET 2 des entreprises concernées au moins réalisent individuellement un chiffre d'affaires de **plus de 250 M€ au sein de l'UE**

Seuils subsidiaires

Seuils subsidiaires : si les seuils principaux ne sont pas atteints, la concentration est tout de même de dimension européenne lorsque les entreprises réalisent ensemble ces **4 conditions cumulatives**

- Un chiffre d'affaires total mondial de **plus de 2,5 Mds €**
- Un chiffre d'affaires total **supérieur à 100 M€ dans chacun d'au moins 3 États membres**
- Dans chacun de ces 3 États membres, **2 au moins des entreprises concernées** réalisent individuellement un chiffre d'affaires **supérieur à 25 M€**
- Et **2 au moins des entreprises concernées** réalisent individuellement un chiffre d'affaires **supérieur à 100 M€ dans l'ensemble de l'UE**

Droit français de la concurrence

Seuils généraux : est soumise au contrôle par les **autorités françaises** toute opération de concentration d'entreprises lorsque…

- … les entreprises réalisent ensemble un chiffre d'affaires mondial global, hors taxes, de **plus de 150 M€**
- … et **2 de ces entreprises au moins** réalisent en France un chiffre d'affaires, hors taxes, de **plus de 50 M€**

CHAPITRE 5 Entreprise et administration fiscale

PROGRAMME

Compétences visées

- **Assister** l'entreprise dans ses relations avec l'administration fiscale
- **Rédiger et concevoir** les demandes d'agrément et de rescrit
- **Suivre** la procédure de vérification fiscale
- **Apprécier** l'opportunité d'accepter ou de contester une proposition de redressement
- **Suivre et orienter** le contentieux fiscal

Notions et contenus

- Les relations avec l'administration fiscale : agrément et rescrit
- Le contrôle fiscal : formes, déroulement, garanties, conclusion
- Le contentieux et la procédure fiscale
- Notions sur le contentieux communautaire

PLAN DU CHAPITRE

Cours : 1. Les outils de coopération entre l'entreprise et l'administration fiscale • 2. Les procédures de recherche de renseignements • 3. Les procédures de contrôle de la comptabilité • 4. Les conséquences du contrôle fiscal • 5. Les recours contre l'administration

Des savoirs aux compétences : Évaluer les savoirs • Maîtriser les compétences • Préparer l'épreuve

Synthèse

Quelles sont les formes de coopération entre les entreprises et l'administration fiscale ? Quelles sont les règles relatives à la vérification de comptabilité ? Comment le contrôle fiscal s'organise-t-il ? Quelles sont les garanties offertes aux contribuables ? Quelles sont les conséquences du contrôle fiscal ? Quels sont les recours possibles pour le contribuable ?

MOTS-CLÉS

Agrément fiscal • Contentieux • Coopération • Doctrine administrative • Droit de reprise • Droit de visite et de saisie • Examen de comptabilité • Exception d'illégalité • Garantie • Imposition d'office • Perquisition fiscale • Recours gracieux • Recours pour excès de pouvoir • Rectification • Rectification contradictoire • Rescrit abus de droit • Rescrit fiscal • Sanctions fiscales et pénales • Vérification de comptabilité

1 Les outils de coopération entre l'entreprise et l'administration fiscale

La relation qu'entretiennent l'entreprise et l'administration est protéiforme :

- D'un côté, l'entreprise joue un rôle essentiel en tant que contribuable.
- D'un autre côté, les entreprises ont un rôle fondamental en tant que collecteur d'impôt au profit de l'administration.

En matière de TVA, ce sont les entreprises qui collectent l'impôt tout au long du circuit économique. La procédure fiscale est marquée par différentes phases qui varient en fonction des situations (fig. 5.1).

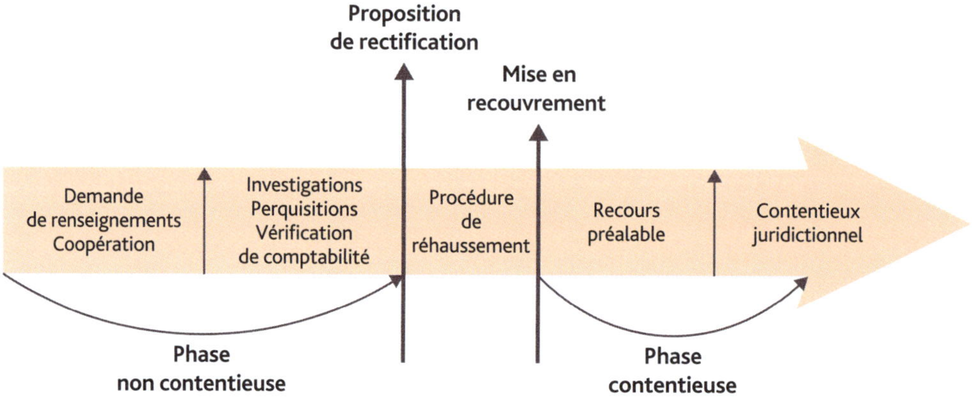

Figure 5.1. Étapes de la procédure fiscale

Il n'est pas toujours évident de parler de **coopération** entre l'administration fiscale et l'entreprise, tant la première est parfois perçue comme un adversaire plutôt qu'un partenaire. Pourtant, la législation contemporaine a considérablement développé les outils de coopération entre l'administration fiscale et le contribuable.

A) L'agrément fiscal

Art. 1649 *nonies* du CGI :

http://dunod.link/0aprl0v

Définition

L'**agrément fiscal** est une décision administrative sollicitée par le contribuable qui autorise l'application d'un régime fiscal particulier pour la réalisation d'opérations déterminées en contrepartie du respect de certains engagements.

Objectif. L'agrément fiscal permet de favoriser la réalisation d'opérations jugées prioritaires, tout en conciliant le caractère nécessairement général des dispositions législatives en matière fiscale et le souci de tenir compte de la diversité, de la complexité des situations particulières et de leurs enjeux. Il offre une sécurité fiscale aux agents économiques qui en bénéficient.

Diversité. Dans le cadre de sa politique d'aménagement du territoire, l'État a mis en place différentes zones où s'appliquent des dispositifs différenciés d'aides fiscales à raison d'opérations économiques particulières (création d'entreprises, extension, décentralisation, reprise d'activités en difficulté). Ils sont conditionnés par la réalisation d'investissements et par la création ou le maintien d'emplois. Les procédures en cause sont largement déconcentrées.

Des agréments sont également accordés, sous certaines conditions, pour faciliter les restructurations d'entreprises (regroupement, filialisation, scission) afin de les rendre plus compétitives et plus efficaces.

Procédure d'agrément fiscal pour les investissements ultramarins :

http://dunod.link/r5ibq30

Des agréments autorisent la défiscalisation des investissements réalisés dans des zones particulières pour aider les exploitants à compenser les handicaps de ces régions. D'autres autorisent la déduction de l'amortissement de certains biens donnés en location par des sociétés de personnes et assimilées, compte tenu de l'intérêt économique et social que présentent la réalisation et l'exploitation des investissements en cause. Une trentaine de procédures d'agrément coexistent aujourd'hui.

CGI, article 44 *septies*

- Sur agrément du ministre chargé du Budget, les bénéfices exonérés en application du I sont plafonnés, pour les entreprises créées dans les zones d'aide à finalité régionale, de manière que l'allègement d'impôt correspondant ne soit pas supérieur à 10 % du montant des coûts éligibles définis au 2 du présent II. Ce taux est majoré de dix points pour les moyennes entreprises et de vingt points pour les petites entreprises. Toutefois, les bénéfices exonérés sont plafonnés de telle sorte que l'allègement d'impôt ne soit pas supérieur à 7,5 millions d'euros. [...]

Régime juridique. L'agrément suppose, en principe, que le contribuable fasse une demande sur un formulaire fourni à cet effet par l'administration. L'agrément est déposé à la Direction générale des finances publiques du ministère du Budget. C'est le ministre du Budget qui accorde ou refuse l'agrément mais il délègue souvent cette compétence aux directeurs des services fiscaux (CGI, art. 1649 *nonies*).

La décision de l'administration est susceptible de recours. Le principe selon lequel le « silence vaut acceptation » est applicable à certains agréments.

La jurisprudence administrative distingue de ce point de vue deux types d'agrément : l'agrément de droit qui consiste pour l'administration à vérifier que les conditions posées par la loi sont réunies, et l'agrément « discrétionnaire » qui relève d'un pouvoir plus étendu de l'administration. Le refus d'un agrément de droit doit être motivé tandis que la motivation n'est pas exigée dans le cadre d'un pouvoir discrétionnaire de l'administration.

Une fois obtenu, l'agrément peut être retiré si le contribuable l'ayant obtenu ne remplit plus les conditions ou ne respecte pas les engagements l'ayant conditionné. De plus, si le contribuable se rend coupable de fraude fiscale, il peut être déchu de l'agrément.

B) Les prises de position de l'administration fiscale

Afin de simplifier la compréhension du droit fiscal, l'administration a la possibilité de donner son interprétation des textes fiscaux à travers ce que l'on appelle la « doctrine administrative ». Le contribuable dispose également de la faculté de solliciter l'administration pour lui poser une question sur l'application de la règle de droit dans le cadre du rescrit fiscal.

1. La doctrine administrative

Définition

La **doctrine administrative** correspond aux commentaires émis par l'administration sur l'application d'une loi. Elle lui permet de faire connaître sa position sur un point précis ou de donner son interprétation d'un texte fiscal.

Présentation. La complexité du droit fiscal a conduit l'administration à multiplier ces commentaires, ce qui en fait aujourd'hui une des sources les plus importantes du droit fiscal. Depuis 2012, une vaste consolidation de ces textes a été entreprise afin de faciliter l'accès des contribuables à cette norme de référence. Ainsi, une nouvelle base documentaire en ligne a vu le jour sur le « Bulletin Officiel des Finances publiques », plus communément appelé le « BOFiP ».

Principe. La doctrine administrative a une portée particulière en vertu de l'article L. 80 A du Livre des procédures fiscales. Ce texte précise qu'aucun rehaussement d'imposition ne peut être effectué par l'administration si celui-ci porte sur un différend relatif à l'interprétation par le redevable de bonne foi d'un texte fiscal, et qu'il est démontré que cette interprétation a été admise par l'administration dans sa doctrine administrative. Autrement dit, le texte pose le principe de l'opposabilité de cette norme en autorisant le contribuable à s'en prévaloir.

Portée de la doctrine illégale. En principe, la doctrine administrative a seulement vocation à apporter des précisions sur un texte ou à l'interpréter. Toutefois, il arrive que l'interprétation donnée par l'administration aille au-delà de ce qui est prévu par les textes et conduise à **ajouter des éléments nouveaux** à la loi. On parle dans ce cas de doctrine illégale. Dans cette situation, deux régimes juridiques s'appliquent.

D'une part, une doctrine illégale et **défavorable** au contribuable ne lui est pas opposable. Par exemple, si la doctrine soumet l'application d'un crédit d'impôt à une condition supplémentaire qui ne figure pas dans la loi, le contribuable a la possibilité d'invoquer l'illégalité de la doctrine par le biais de deux procédures : le recours pour excès de pouvoir et l'exception d'illégalité en cas de **contentieux**.

Définitions

- Le **recours pour excès de pouvoir** est une procédure par laquelle le requérant demande au juge de contrôler la légalité d'une décision administrative.
- L'**exception d'illégalité** est un moyen contentieux permettant de contester, à l'occasion d'un litige, la légalité d'un acte administratif.

Une doctrine illégale mais favorable au contribuable est opposable à l'administration. En effet, parfois l'administration peut prévoir des assouplissements de la règle fiscale. Cette situation est particulière dans la mesure où elle fait prévaloir la doctrine (qui a une valeur juridique inférieure à la loi) sur la loi. Toutefois, en raison de la nécessité d'assurer une certaine sécurité juridique, cette règle est parfaitement justifiée. À défaut, le contribuable qui se serait prévalu des dispositions de la doctrine risquerait une rectification fiscale ultérieure si l'administration venait à changer d'avis sur la question. Cette opposabilité de la doctrine illégale mais favorable suppose la réunion de trois conditions cumulatives :

- La doctrine administrative doit ajouter des éléments nouveaux à la loi.
- Elle doit être régulièrement publiée.
- Elle doit avoir été en vigueur à la date où l'opération a été effectuée.

Derniers rescrits publiés au BOFiP :

http://dunod.link/syuskus

2. Le rescrit fiscal

Le contribuable a la possibilité de solliciter l'administration à travers ce que l'on appelle le rescrit fiscal.

Définition

Le **rescrit fiscal** est une prise de position formelle de l'administration sur l'interprétation d'un texte fiscal ou sur une situation de fait au regard d'un texte fiscal. Il permet au contribuable d'obtenir l'avis de l'administration sur un point précis.

FOCUS **Le rescrit, la doctrine administrative et le contribuable**

Le rescrit se distingue de la doctrine administrative, prise de position directe de l'administration pour simplifier la compréhension de la loi fiscale.

En matière de rescrit, la prise de position de l'administration est indirecte puisqu'elle découle d'une demande du contribuable sur un point précis. La décision de l'administration est opposable. En cas de rehaussement, le contribuable bénéficie d'une garantie contre les éventuels changements de doctrine, sous certaines conditions. En cas de réponse négative à un rescrit, le contribuable de bonne foi dispose de la possibilité de solliciter l'administration pour un nouvel examen de sa situation dans un délai de deux mois (le rescrit abus de droit est exclu de cette possibilité). Lorsqu'une réponse à un rescrit est susceptible de concerner plusieurs contribuables dans une situation identique, l'administration peut publier sa réponse au BOFiP afin que ces derniers s'en prévalent.

CHIFFRES-CLÉS

17 927 rescrits fiscaux ont été traités en 2017, soit un légère baisse par rapport à l'année précédente (– 1,98 %) (www.impots.gouv.fr).

Garantie. Lorsqu'une entreprise obtient une réponse de l'administration, elle bénéficie de la garantie prévue à l'article L. 80 B du Livre des procédures fiscales. **Deux situations** sont à distinguer :

- **La demande de rescrit peut être prévue par la loi**. Il en est ainsi du rescrit abus de droit, rescrit donation, rescrit établissement stable, rescrit crédit d'impôt recherche, rescrit valeur. Dans ces situations précises, la réponse de l'administration au rescrit lui est opposable. En outre, le silence de l'administration passé le délai de trois mois vaut acceptation. Certains rescrits, tels que le rescrit donation et le rescrit abus de droit, prévoient un délai différent fixé à six mois.
- **La demande de rescrit peut être générale** tout en ne concernant pas une situation prévue par les textes (ex. : un contribuable peut demander à l'administration fiscale si une exonération est applicable à une situation donnée). La réponse de l'administration à ce type de rescrit « général » lui est opposable. L'administration n'a aucune obligation de répondre à la question posée avec pour conséquence

Exemple de rescrit prévu par les textes (rescrit en matière de donation d'entreprise) :

http://dunod.link/unubg24

Modèle de rescrit :

http://dunod.link/iedmi4t

de n'attribuer aucune garantie au contribuable. En l'espèce, le silence ne vaut pas acceptation.

Conditions. Cette garantie s'applique dès lors que le contribuable s'est conformé à la solution retenue par l'administration, qu'il est de bonne foi et que sa situation est exactement identique à celle sur laquelle l'administration avait pris position. La demande de rescrit s'applique à tous les impôts, droits et taxes figurant dans le Code général des impôts. Elle ne s'applique pas aux procédures de contrôle, ni aux obligations comptables et aux pénalités.

→ MINI-CAS 3

2 Les procédures de recherche de renseignements

Le système fiscal français repose sur le principe de la déclaration contrôlée selon lequel l'impôt est assis, en règle générale, sur des bases d'imposition déclarées par les redevables eux-mêmes.

Les actes ou déclarations déposés par les contribuables bénéficient d'une présomption d'exactitude et de sincérité. Ainsi, tant que l'administration ne dispose pas d'éléments permettant d'en douter, les déclarations sont considérées comme sincères.

L'administration dispose de méthodes d'intervention permettant d'examiner les déclarations, de réunir les éléments d'informations indispensables pour confronter ces dernières à la réalité des faits et, enfin, de procéder, le cas échéant, au redressement des bases d'imposition. L'ensemble de ces activités constitue le contrôle fiscal.

A) Les demandes de renseignements de l'administration au contribuable

En vue de procéder aux contrôles qu'elle juge nécessaire sur la situation de l'entreprise contribuable, l'administration dispose de plusieurs procédures de recherche de renseignements dont certaines sont générales et d'autres plus spécifiques. L'administration peut demander au contribuable des renseignements spécifiques sur les éléments déclarés si elle vient à constater des discordances ou inexactitudes flagrantes. L'administration peut également demander au contribuable de fournir des éléments de preuve (justificatifs) de la situation déclarée, notamment concernant les charges retranchées du revenu net global ou bien ouvrant droit à des réductions d'impôt.

Selon l'article 16 A du LPF, le contribuable doit répondre aux demandes d'éclaircissements.

Livre des procédures fiscales (LPF), art. 16 A

- Les demandes d'éclaircissements et de justifications fixent au contribuable un délai de réponse qui ne peut être inférieur à deux mois. Lorsque le contribuable a répondu de façon insuffisante aux demandes d'éclaircissements ou de justifications, l'administration lui adresse une mise en demeure d'avoir à compléter sa réponse dans un délai de trente jours en précisant les compléments de réponse qu'elle souhaite.

B) Le droit de communication de l'administration

1. Le principe

Prévu aux articles L. 81 et suivants du LPF, le droit de communication permet à l'administration de demander des informations à des personnes variées. En l'absence de définition légale, la jurisprudence a précisé la finalité du droit de communication.

CE, 6 octobre 2000, n° 208765

- Le droit de communication a pour finalité « de permettre au service, pour l'établissement et le contrôle de l'assiette d'un contribuable, de demander à un tiers ou, éventuellement, au contribuable lui-même, sur place ou par correspondance, de manière ponctuelle, des renseignements disponibles sans que cela nécessite d'investigations particulières ou, dans les mêmes conditions, de prendre connaissance et le cas échéant, copie de certains documents existants qui se rapportent à l'activité professionnelle de la personne auprès de laquelle ce droit est exercé ».

Le droit de communication est exercé à la demande de l'administration et n'est pas véritablement formalisé notamment du point de vue des modalités de délivrance des documents (consultation sur place, envoi...).

2. Le domaine

Les articles L. 81 et suivants du LPF définissent les personnes susceptibles d'être sollicitées dans le cadre de cette procédure.

Cette obligation pèse sur :
- les personnes physiques ou morales ayant le statut de commerçant, et astreintes à la tenue d'une comptabilité commerciale. Le procédé permet d'accéder à tous les documents comptables (livre journal, grand livre, inventaire...), le registre de transfert des actions, les feuilles de présence aux AG... ;
- certaines professions non commerciales, notamment avocats, agents commerciaux, courtiers et agents d'assurances, commissaires aux comptes, huissiers, qui sont tenues de communiquer le montant des versements effectués par le contribuable. Afin de concilier cette obligation avec le respect du secret professionnel, la nature des prestations effectuées pour le compte du contribuable n'a pas à être révélée ;
- les professions agricoles ;
- les organismes financiers (banques) doivent communiquer des informations sur les comptes et virements de leurs clients ;
- les organismes de Sécurité sociale ;
- les tribunaux ;
- de manière générale, toutes les administrations publiques.

Pour les personnes non concernées par la prise de copie, l'administration a seulement la possibilité d'effectuer une demande de renseignements dont l'absence de réponse n'est assortie d'aucune sanction.

3. Les sanctions

La détermination des personnes soumises à cette procédure est importante dans la mesure où le refus de communication des documents et renseignements demandés par l'administration ou tout comportement faisant obstacle à lors communication entraîne l'application d'une amende (tab. 5.1).

Tableau 5.1. **Amendes applicables**

10 000 €	25 000 €	1 500 € par document, plafonnée à 50 000 €,
Applicable à chaque demande : – en cas de défaut des renseignements sollicités – en cas d'absence de tenue de ces documents ou de destruction de ceux-ci avant les délais prescrits fixés à six ans	Refus de communication relevant de l'opposition à contrôle fiscal	En cas d'opposition à la prise de copie (CGI, art. 1734).

CHIFFRE-CLÉ

Le dernier rapport d'activité de la DGFiP précise que le droit de visite et de saisie a été mis en œuvre **215 fois** en 2017.

C) Le droit de visite et le droit de saisie (LPF, article L. 16 B)

1. Le champ d'application

Définition

Le **droit de visite et de saisie** accorde à l'administration un véritable droit de perquisition fiscale pour la recherche d'infractions en matière d'impôts directs et de taxe sur la valeur ajoutée.

Cette technique de recherche d'infractions ne vise donc pas les droits d'enregistrements, les impôts directs locaux, l'impôt sur la fortune immobilière ou les taxes sur le chiffre d'affaires, autres que la TVA. La procédure est utilisable lorsqu'il existe des présomptions selon lesquelles un contribuable se soustrait à l'établissement ou au paiement des impôts en se livrant à des achats ou à des ventes sans factures, en utilisant ou en délivrant des factures ou des documents ne se rapportant pas à des opérations réelles, en omettant sciemment de passer ou de faire passer des écritures ou en passant ou faisant passer sciemment des écritures inexactes ou fictives dans des documents comptables. Les perquisitions fiscales peuvent se dérouler en tous lieux, même privés, où les pièces et documents se rapportant aux agissements frauduleux sont susceptibles d'être détenus.

Exemple

- Un opérateur utilisant un logiciel permissif pour supprimer des opérations enregistrées dans sa caisse enregistreuse peut faire l'objet d'une perquisition fiscale à son domicile privé dans le but de trouver le logiciel, généralement présent sur une clé USB.

2. Les conditions de forme

La mise en place d'une **perquisition fiscale** doit obligatoirement être autorisée par une ordonnance délivrée par le juge de la liberté et de la détention du tribunal de grande instance. Le juge est tenu de vérifier la nature et le sérieux des soupçons de fraude. L'ordonnance doit indiquer différents éléments dont les motifs qui justifient la visite.

Celle-ci peut faire l'objet d'un recours devant le premier président de la cour d'appel qui est non suspensif.

L'ordonnance rendue peut également faire l'objet d'un pourvoi en cassation. Si l'ordonnance est annulée, seule l'imposition supplémentaire qui avait pour fondement des informations recueillies lors de la visite est irrégulière.

La perquisition s'effectue sous l'autorité et le contrôle du juge qui l'a autorisée :
- il donne toutes les instructions aux agents qui participent aux opérations ;
- il peut se rendre dans les locaux durant l'intervention et décider de suspendre ou d'arrêter les visites.

Un officier de police judiciaire est désigné par le juge afin d'assister aux opérations :
- il est chargé de veiller au respect du secret professionnel et des droits de la défense ;
- il peut, avec les agents des finances publiques habilités, l'occupant des lieux ou son représentant, prendre connaissance des pièces et des documents avant leur saisie ;
- il doit faire appel à deux témoins indépendants lorsque la visite ne peut se dérouler en présence de l'occupant des lieux ou de son représentant.

La minute est la présentation d'un original d'un acte juridique ayant autorité.

3. Les conditions de fond

Un certain nombre de conditions doivent être respectées (fig. 5.2).

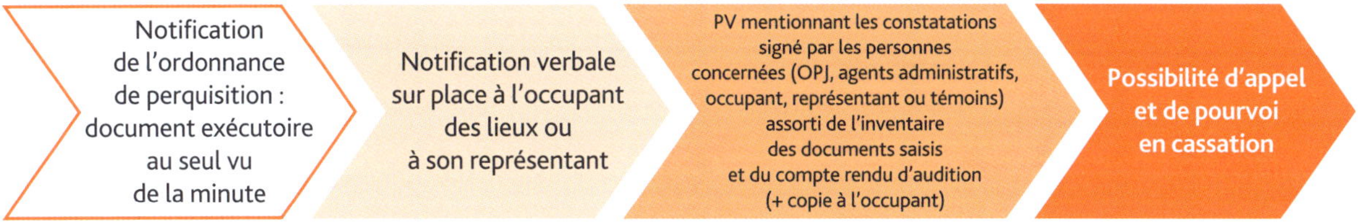

Figure 5.2. **Formalisme de la perquisition fiscale**

Les procédures de contrôle de la comptabilité

Ce que l'on nomme communément le « contrôle fiscal » désigne une réalité très variée. Les types de contrôle sont aussi variés que les procédures de **rectification**.

Art. L. 13 du LPF :
http://dunod.link/fzyh5bq

A) Le déroulement de la vérification de comptabilité

Une procédure applicable aux entreprises. La procédure de **vérification de comptabilité** s'adresse par essence même aux entreprises puisqu'elle ne concerne que les contribuables astreints à la tenue d'une comptabilité, c'est-à-dire ceux qui relèvent des BIC, des BNC, des BA et de l'IS. Elle s'applique également en matière de TVA.

La vérification de comptabilité consiste, pour l'administration fiscale, à vérifier la **régularité et la sincérité des pièces comptables** produites, et au vu desquelles les déclarations ont été réalisées.

Il s'agit d'une procédure contradictoire au cours de laquelle le contribuable vérifié a la possibilité de faire valoir ses explications. Elle se déroule en principe au siège de l'entreprise.

CHIFFRES-CLÉS

Le dernier rapport d'activité de la DGFiP précise que **44 287 vérifications** de comptabilité ont été réalisées en 2017 (DGFiP, 2018).

Charte des droits et des obligations du contribuable vérifié :

http://dunod.link/jvc8ymu

L'avis de vérification. Une vérification de comptabilité ne peut être engagée, sous peine d'irrégularité, sans que le contribuable en soit informé par l'envoi d'un avis de vérification. La loi ne fixe pas de délai entre l'envoi de l'avis de vérification et la première intervention sur place. L'article L. 47 du LPF évoque seulement un « délai raisonnable ». Alors que l'administration conseille un délai d'une quinzaine jours à ses vérificateurs, le Conseil d'État a fixé à deux jours francs le délai minimum dont doit disposer le contribuable entre la réception de l'avis et la première intervention. Pour le calcul de ce délai, il convient de ne retenir :

- ni le jour de réception de l'avis de vérification ;
- ni le jour du début du contrôle ;
- ni les samedis, dimanches et jours fériés.

L'avis de vérification doit comporter des mentions obligatoires telles que la faculté de se faire assister d'un conseil, les voies de recours possibles, les noms, les grades et les adresses administratives des supérieurs hiérarchiques ou encore les années concernées par la vérification. Avant l'engagement de la vérification, l'administration doit indiquer au contribuable qu'il peut télécharger la charte des droits et des obligations du contribuable vérifié sur le site www.economie.gouv.fr.

FOCUS

Contrôle inopiné

Pour faire face à certains comportements frauduleux, le législateur a prévu une procédure permettant aux agents de réaliser des vérifications inopinées (LPF, art. L. 47). Dans ce cas, l'avis de vérification est remis directement au contribuable lors de l'arrivée du vérificateur. Toutefois, la procédure présente une limite puisqu'elle se déroule en deux phases. Dans la première, l'agent peut seulement réaliser des constatations matérielles. Celles-ci se cantonnent à la constatation de l'existence des moyens de production, des éléments de stock, de l'inventaire des valeurs en caisse ou encore du relevé des prix indiqués. Le contrôleur peut également se faire présenter l'ensemble des documents comptables et assimilés : livre journal, grand livre, livre d'inventaire, factures d'achat, factures de vente, comptes annuels, livre de paie ou inventaire des stocks. À ce stade, les informations obtenues ne peuvent en aucun cas faire l'objet d'un examen critique. La remise de l'avis de vérification fait courir un délai au terme duquel s'ouvre la seconde phase. Lors de celle-ci, le vérificateur est en mesure d'effectuer un examen de la comptabilité, notamment en rapprochant les éléments obtenus dans le cadre des constatations matérielles avec des justificatifs ou des déclarations fiscales. Le caractère dérogatoire de la procédure conduit l'administration à réserver cette pratique à des situations particulières. Il en est ainsi lorsque l'opérateur est susceptible d'utiliser le « délai raisonnable » de la vérification de comptabilité classique pour disparaître, organiser son insolvabilité ou modifier sa comptabilité pour la rendre fidèle.

Durée. La vérification de comptabilité n'est limitée dans le temps (à trois mois) que pour les petites entreprises réalisant un chiffre d'affaires annuel hors taxes, inférieur aux limites du régime simplifié d'imposition. Ces limites sont les suivantes :

- 788 000 euros pour les activités de vente de marchandises, d'objets, de fournitures et de denrées à emporter ou à consommer sur place ou de fourniture de logement ;
- 238 000 euros pour les activités de prestations de services et les titulaires de bénéfices non commerciaux.

Cette limitation s'applique également aux activités agricoles lorsque le montant annuel des recettes brutes est inférieur à 352 000 euros.

Le délai est porté à six mois lorsque la comptabilité comporte de graves irrégularités. De même, le délai de trois mois n'est pas applicable en cas d'activité occulte.

La vérification de comptabilité porte sur tous les documents comptables et toutes les pièces justificatives.

Les agents ont la possibilité de prendre copie des documents, même lorsque la comptabilité est informatisée.

Délai de reprise. Le droit de reprise est encadré par des délais qui limitent la période durant laquelle l'administration est en droit d'effectuer des rectifications.

Définition

Le **droit de reprise** est la possibilité pour l'administration de redresser les erreurs ou les fraudes commises par les contribuables dans le cadre d'une procédure de contrôle fiscal.

Le délai de reprise de l'administration expire en principe au 31 décembre de la troisième année qui suit celle au titre de laquelle l'impôt est dû. Sachant que les vérifications ne peuvent concerner que des exercices pour lesquels le délai de déclaration est expiré, les rappels ne peuvent porter que sur les deux, trois ou quatre derniers exercices selon la date à laquelle l'avis de vérification est reçu par l'entreprise.

Exemples

Pour une entreprise soumise au régime de l'IS, distinguons deux cas :

- 1er cas : exercices comptables calqués sur l'année civile, délai de déclaration expirant au 2e jour suivant le 1er mai de l'année qui suit la clôture.

Lorsque l'avis de vérification est reçu le 2 février de l'année N, la vérification peut porter sur les exercices clos lors des années N–2 et N–3, le délai de déclaration de l'exercice N–1 n'étant pas expiré.

Lorsque l'avis de vérification est reçu le 4 novembre N, la vérification peut porter sur les exercices clos lors des années N–1, N–2 et N–3.

Dans les deux hypothèses, les rappels afférents à l'exercice N–3 doivent être notifiés avant le 31 décembre de l'année N.

- 2e cas : exercices comptables non calqués sur l'année civile (ex. : clôture de l'exercice le 31 juillet, délai de déclaration expirant au dernier jour du 3e mois qui suit la clôture).

Lorsque l'avis de vérification est reçu le 2 février de l'année N, la vérification peut porter sur les exercices clos le 31 octobre de l'année N–1, N–2 et N–3, la période courant du 31 juillet N–1 au 31 décembre N–1 ne peut être vérifiée, l'exercice étant en cours.

Lorsque l'avis de vérification est reçu le 4 novembre N, la vérification peut porter sur les exercices clos en N, N–1, N–2 et N–3.

Dans les deux hypothèses, les rappels afférents à l'exercice N–3 doivent être notifiés avant le 31 décembre de l'année N.

Exceptions. Des exceptions sont toutefois prévues. Le délai de vérification est de dix ans en cas d'activité occulte ou illicite. Il est également allongé de deux années en cas d'agissements frauduleux. De même, le délai est allongé pour l'examen d'une provision,

NOTRE CONSEIL

Veillez à distinguer délai de reprise et prescription fiscale de quatre années applicable au recouvrement de l'impôt. Cette déchéance quadriennale signifie que l'administration dispose d'un délai de quatre ans après l'avis de mise en recouvrement pour poursuivre.

d'un déficit reportable ou d'un crédit de TVA antérieur à ce délai mais produisant des conséquences sur un exercice encore soumis au délai de reprise.

FOCUS **L'examen de comptabilité**

La loi de finances (LF) pour 2017 a créé une forme de contrôle fiscal à travers l'**examen de comptabilité**. Cette procédure a vocation à permettre aux agents de l'administration d'effectuer une vérification de la comptabilité dans les locaux de l'administration. Les agents peuvent demander aux entreprises de leur transmettre dans les quinze jours le fichier des écritures comptables pour examen. À défaut de transmission, elles s'exposent à une amende de 5 000 €. Ce contrôle à distance de la comptabilité concerne toutes les entreprises qui détiennent une comptabilité sous forme informatisée. L'examen de la comptabilité ne peut excéder un délai de six mois. Le contribuable bénéficie des mêmes garanties que lors d'une vérification de comptabilité classique. À tout moment, l'administration dispose de la faculté d'annuler la procédure et de mettre en place une vérification de comptabilité classique.

B) Les pouvoirs de l'administration fiscale

1. Le principe : la liberté de gestion

Principe de liberté de gestion. En principe, l'administration n'a pas latitude pour apprécier l'opportunité de la gestion de l'entreprise. Cela renvoie au principe de liberté de gestion des entreprises qui signifie que l'entrepreneur est libre de choisir les orientations et la gestion de son entreprise. Lorsque cette liberté est appliquée à la fiscalité, elle conduit à une utilisation optimale de la législation pour réduire l'imposition sans contrevenir à la réglementation. Autrement dit, une bonne gestion fiscale réside dans la capacité de réduction de la charge fiscale de l'entreprise tout en réalisant une économie supérieure au risque qu'elle est amenée à prendre. La jurisprudence est venue affirmer ce principe en indiquant que l'administration ne peut reprocher à une entreprise d'avoir choisi la voie la moins imposée lorsque plusieurs possibilités s'offraient à elle.

Exemple

- Il est certain que le droit à déduction n'est pas identique suivant la manière dont un investissement a été financé : sur fonds propres, par emprunt, en crédit-bail… L'administration ne peut reprocher au contribuable d'avoir financé un bien par crédit-bail alors qu'il disposait de fonds propres suffisants. Cela relève de sa liberté de gestion.

2. Les limites à la liberté de gestion

Acte anormal de gestion. Comme toute liberté, celle concernant la gestion fiscale n'est pas absolue. La jurisprudence et le législateur sont venus encadrer cette pratique pour éviter les dérives. Ainsi, deux limites ont été instaurées attribuant à l'administration le droit de critiquer certains agissements. La première concerne l'acte anormal de gestion. Il s'agit d'une théorie générale du droit fiscal qui concerne l'imposition des bénéfices. Le critère traditionnellement avancé pour qualifier une opération d'acte anormal de gestion réside dans l'intérêt de l'entreprise. Il permet notamment à l'administration de vérifier si les décisions prises par l'entreprise ont un lien avec la recherche du bénéfice.

Exemple

Une SARL loue par bail commercial un plateau de bureaux à une SCI appartenant à l'un des dirigeants de la SARL. Le loyer est volontairement très élevé dans le but de constituer une charge déductible importante et de créer des revenus pour la SCI. L'administration aura la possibilité de réintégrer dans le bénéfice la partie du loyer non justifiée par l'intérêt social, c'est-à-dire en pratique le différentiel avec le loyer de marché.

Abus de droit. La seconde limite de la liberté de gestion est constituée par l'abus de droit prévu à l'article L. 64 du Livre des procédures fiscales (LPF). Il présente deux versants distincts : la simulation et la fraude à la loi. Le premier se matérialise par des actes fictifs ou déguisés clairement frauduleux (fausses facturations, interposition de société fictive…). En ce sens, la simulation peut parfois se confondre avec le délit de fraude fiscale de l'article 1741 du Code général des impôts. Le second versant de l'abus de droit concerne la fraude à la loi. Elle conduit à une application littérale des textes tout en contrevenant aux finalités poursuivies par le législateur. Selon une formule célèbre de Cozian, il s'agit d'un « péché non contre la lettre mais contre l'esprit de la loi ».

Abus de droit et fraude fiscale. L'abus de droit se distingue de la fraude fiscale dans la mesure où il résulte d'une situation juridique irréprochable. Il s'agit, en effet, d'un acte juridique régulier dans la forme, mais qui en plus ne viole aucune prescription de la loi fiscale. C'est ce qui le différencie de la fraude fiscale qui est une violation en toute connaissance de cause d'une prescription d'ordre fiscale. Finalement, le critère déterminant le passage entre l'optimisation et l'abus de droit par fraude à la loi réside dans la finalité du montage. L'administration doit analyser si le comportement viole l'esprit de la loi et s'il a un objectif autre que fiscal. On parle ici de but exclusivement fiscal.

LPF, article L. 64

- La fraude à la loi concerne tous les actes qui, tout en relevant d'une application littérale des textes, n'ont « pu être inspirés par aucun autre motif que celui d'éluder ou atténuer les charges de l'intéressé ».

FOCUS — Une évolution dans la procédure d'abus de droit

La loi de finances prévoit un assouplissement de la procédure d'abus de droit. Cette évolution vise exclusivement la branche de l'abus de droit relative à la fraude à la loi en étendant le dispositif aux opérations ayant un but principalement fiscal (ce nouveau dispositif ne s'applique qu'à compter du 1er janvier 2020). La différence de terminologie a des conséquences importantes :

- En cas de but exclusivement fiscal, l'abus de droit revêt un caractère objectif selon lequel la qualification est retenue lorsque la finalité fiscale est la seule ayant motivé le montage juridique. Cette conception est moins restrictive. Elle est donc plus favorable au contribuable puisque l'abus de droit n'est pas retenu à chaque fois qu'il existe une finalité autre que fiscale.
- En cas de but principalement fiscal, l'abus de droit revêt un caractère subjectif puisque la qualification est seulement retenue lorsque la finalité fiscale du montage est prépondérante. Cela signifie que même en présence d'autres finalités (économique, financière…), l'abus de droit ne peut être retenu que si la finalité fiscale est prépondérante par rapport aux autres.

Le législateur a cependant prévu un abus de droit à deux étages puisque seuls les abus de droit par simulation et ceux par fraude à la loi ayant un but exclusivement fiscal pourront se voir appliquer la majoration de 40 et 80 %. Une opération qualifiée de fraude à la loi avec un but principalement fiscal impliquera une requalification de l'opération pouvant conduire l'administration à écarter le montage.

En cas de doute sur un montage juridique, l'entreprise dispose de la possibilité de recourir au **rescrit abus de droit** prévu à l'article L. 64 B du LPF. Pour apprécier le pouvoir de l'administration, la jurisprudence distingue :
- la décision de gestion, qui relève d'un choix du contribuable entre plusieurs facultés offertes par la loi fiscale, et qui ne peut entraîner de rectification ;
- la décision prise de bonne ou de mauvaise foi, contrairement à la loi, et qui peut entraîner rectification.

C) Les garanties du contribuable

Toute personne physique ou morale faisant l'objet d'une vérification bénéficie de **garanties** opposables à l'administration. La violation de ces garanties ou des principes généraux du droit applicables à toute procédure entraîne la nullité de la procédure.

Certaines garanties sont communes à toutes les procédures, d'autres sont propres à la vérification de comptabilité. Parmi ces garanties, retenons notamment :
- le droit d'être avisé de la vérification avant que celle-ci ne soit déclenchée ;
- le respect de la charte du contribuable vérifié dont les principes sont opposables à l'administration ;
- le droit d'être informé des résultats de la vérification et des droits, taxes et pénalités résultant de ces vérifications.

Les garanties propres à la vérification de comptabilité :
- L'administration ne peut, une fois la vérification de comptabilité portant sur un impôt et une période achevée, procéder à une nouvelle vérification portant sur la même période et sur le même impôt.
- La présence du vérificateur sur place ne peut excéder trois mois lorsque le montant du chiffre d'affaires HT de l'entreprise vérifiée n'excède pas certains seuils.
- Le débat entre le vérificateur et le contribuable doit être oral et contradictoire.

→ APPLICATION 2 • MINI-CAS 4 • MINI-CAS 5 • CAS PRATIQUE 6

4 Les conséquences du contrôle fiscal

À l'issue de la vérification, l'agent de l'administration dispose de plusieurs options :
- s'il ne relève aucune irrégularité, il peut adresser un avis d'absence de rectification ;
- lorsqu'il relève des irrégularités, l'agent va procéder aux rectifications qui s'imposent, après avoir compensé les erreurs commises au préjudice de l'administration fiscale, et celles commises au préjudice du contribuable lui-même.

L'agent a toutefois la possibilité de rejeter la comptabilité si elle est irrégulière ou lorsqu'il existe de sérieux doutes sur sa sincérité. Il est alors amené à reconstituer lui-même le résultat de l'entreprise à partir de tous les éléments dont il dispose.

A) Les rectifications

Une fois le contrôle effectué, l'administration procède, le cas échéant, à des rectifications des bases d'imposition pouvant conduire à rendre exigibles des droits complémentaires. Deux procédures principales de rectification méritent une attention particulière : la procédure de rectification contradictoire et celle de l'imposition d'office.

1. La rectification contradictoire (articles 55 et 56 du LPF)

Définition

La **rectification contradictoire** est une procédure de principe.

Elle est applicable dans tous les cas où l'administration, ayant constaté une inexactitude, une omission ou une irrégularité dans les déclarations du contribuable, souhaite apporter une rectification aux éléments déclarés par le contribuable.

Exemple

- Si l'administration rejette la comptabilité de l'entreprise, elle va reconstituer son chiffre d'affaires et le substituer à celui déclaré. Une nouvelle imposition en découlera.

La procédure de rectification contradictoire suit deux grandes étapes (fig. 5.3).

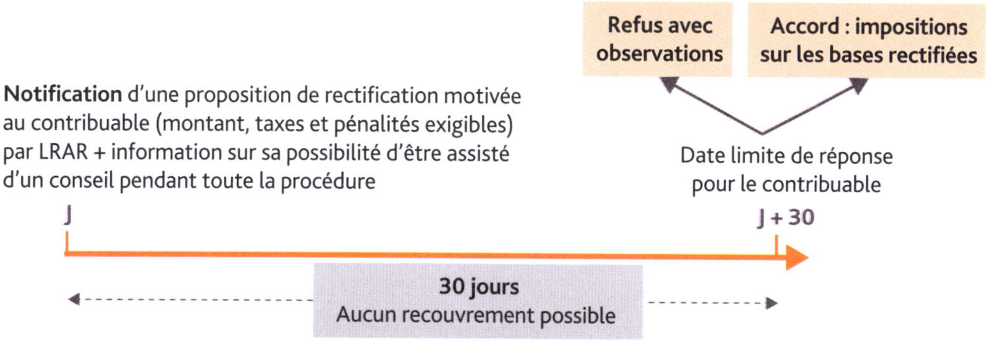

Figure 5.3. **La procédure de rectification contradictoire**

FOCUS **Les commissions**

En cas de désaccord, chaque partie, administration comme contribuable, peut saisir la commission départementale de conciliation ou encore la commission des impôts directs et des taxes sur le chiffre d'affaires. La commission émet un avis sur audition du contribuable (convocation au moins 30 jours avant). Son avis, purement consultatif, est motivé. Il ne lie pas l'administration.
Une commission nationale des infractions fiscales a compétence pour les entreprises réalisant plus de 50 millions d'euros de chiffre d'affaires. Sa saisine n'est plus requise lorsque la fraude excède le seuil de 100 000 euros et que des pénalités équivalentes à 80 % ou 100 % sont appliquées. Dans ces cas, l'administration a l'obligation de dénoncer ces faits au procureur de la République qui est libre d'engager des poursuites. De même, lorsque la pénalité de 40 % est appliquée, la situation est similaire si le contribuable est en situation de récidive. Pour tous les autres cas, le verrou de Bercy est maintenu.

2. L'imposition d'office (taxation d'office/évaluation d'office) : articles. L. 65 et L. 74 du LPF

Définition

L'**imposition d'office** est une procédure simplifiée et non contradictoire susceptible de s'appliquer dans des cas limitativement énumérés par la loi dans lesquels l'administration fiscale fixe elle-même les bases de l'imposition, en faisant une évaluation aussi exacte que possible.

La loi fiscale prévoit cinq cas d'imposition d'office :
- l'opposition au contrôle fiscal ;
- le non-respect d'obligations incombant aux micro-entreprises ;
- le défaut de réponse aux demandes d'éclaircissement ou de justifications ;
- le défaut ou le retard dans la production des déclarations fiscales ;
- le défaut de désignation en France d'un représentant pour un non-résident.

Les bases de l'imposition retenues, ainsi que le mode de calcul de celles-ci, sont portées à la connaissance du contribuable avant la mise en recouvrement. S'il conteste les bases d'imposition, le contribuable peut présenter une réclamation et porter l'affaire devant le juge de l'impôt, mais la charge de la preuve est dans ce cas renversée. Ce sera au contribuable de prouver que les bases de la taxation d'office sont hors de proportion.

B) Les sanctions applicables

1. La dualité de sanctions

Le droit fiscal prévoit, en matière de fraude, une dualité de sanctions. D'un côté, il y a les sanctions administratives, également qualifiées de sanctions fiscales. De l'autre, et lorsque le dossier fait l'objet de poursuites judiciaires, le juge pénal est également susceptible d'appliquer des sanctions.

2. Les pénalités fiscales

Les pénalités fiscales regroupent l'intérêt de retard de 0,20 % par mois, auquel s'ajoutent les majorations et les amendes calculées sur le montant des droits dus. Toutefois, la pénalité pourra être différente dans le cas de certains manquements (tab. 5.2).

Tableau 5.2. Types de pénalités fiscales

Pénalités d'assiette	• Insuffisance des déclarations (inexactitudes ou omission des déclarations). En l'absence de manquement délibéré (le caractère non délibéré est présumé, l'administration doit prouver le contraire), le taux mensuel de 0,20 % est appliqué. En matière d'IR, les insuffisances donnent lieu à une majoration de 10 %. • En cas de manquement délibéré, la majoration est fixée à 40 %, et peut être portée à 80 % en cas de manœuvres frauduleuses. • Défaut ou retard dans les déclarations (IR, IS, TVA...) : une majoration de 10 % en sus des intérêts de retard au taux mensuel de 0,20 %. Cette majoration peut être portée à 40 % ou 80 % dans des cas particuliers.

Pénalités de recouvrement	• Défaut ou retard de paiement : pour les impôts recouvrés par les comptables du Trésor (IR par exemple), une majoration de 10 % est applicable, à l'exclusion des intérêts de retard mentionnés ci-dessus. • Pour les impôts recouvrés par les comptables de la DGFiP (ex. : IS), la pénalité est de 5 % en sus des intérêts de retard au taux de 0,20 %.

Sanctions pénales. L'infraction principale est le délit de fraude fiscale (d'autres infractions relatives à l'impôt existent). Le délit de fraude fiscale consiste à se soustraire frauduleusement ou à tenter de se soustraire frauduleusement à l'établissement ou au paiement total ou partiel de l'impôt.

Article 1741 du CGI :

http://dunod.link/45wpiwq

Les éléments constitutifs du délit de fraude fiscale sont :
- l'existence de faits matériels tendant à permettre au contribuable de se soustraire totalement ou partiellement à l'établissement ou au paiement de l'impôt ;
- une intention délibérée de fraude.

Les formes du délit. Ce délit peut revêtir les formes suivantes (liste non limitative) :
- omission volontaire de déclaration dans les délais prescrits ;
- dissimulation volontaire de sommes sujettes à l'impôt ;
- organisation d'insolvabilité et autres manœuvres tendant à faire obstacle au recouvrement de l'impôt ;
- tout autre agissement frauduleux.

La plainte pour fraude fiscale peut être déposée jusqu'à la fin de la sixième année qui suit celle au cours de laquelle l'infraction a été commise. L'engagement des poursuites sur le terrain pénal nécessite, dans certains cas, une saisine préalable de la commission des infractions fiscales qui suspend la prescription pendant une durée maximum de six mois.

Les officiers publics ou ministériels, les experts-comptables condamnés comme auteurs ou complices du délit de fraude fiscale, encourent en outre des sanctions disciplinaires prévues par la réglementation de leur profession, et pouvant aller jusqu'à la radiation.

Preuve. La charge de la preuve incombe au ministère public et à l'administration à qui il appartient d'établir la matérialité du délit, ainsi que la responsabilité personnelle de la personne mise en examen. Les parties poursuivantes doivent démontrer, par tous les modes de preuve susceptibles de former l'intime conviction du juge, que l'infraction a été commise intentionnellement, c'est-à-dire dans le but de se soustraire à l'établissement ou au paiement de l'impôt.

Peines. Les peines principales prévues à l'article 1741 du CGI sont l'emprisonnement et l'amende :
- emprisonnement de cinq ans porté à sept ans dans certains cas ;
- et amende de 500 000 € pouvant être portée à 3 000 000 € dans certains cas.

D'autres types de sanctions peuvent se rencontrer :
- l'interdiction de gérer une entreprise ou d'exercer une activité professionnelle ;
- la suspension du permis de conduire ;
- l'exclusion des marchés publics.

Le cumul des sanctions. La question du cumul des pénalités est due à la nature particulière attribuée à certaines pénalités fiscales. En effet, il est possible de distinguer deux catégories de sanctions fiscales. La première, qui est une véritable sanction, revêt un caractère répressif en ayant pour finalité d'éviter qu'un comportement se réitère.

La seconde concerne les pénalités attribuées dans un but d'indemnisation. Elles ont seulement vocation à réparer le préjudice financier subi par l'État. En pratique, seule la question du cumul des sanctions fiscales à caractère répressif et des sanctions pénales proprement dites se pose.

Décision du Conseil constitutionnel du 30 décembre 1997, n° 97-395 DC, cons. 41 :

http://dunod.link/4sgi9mk

Le principe du cumul des sanctions. Le Conseil constitutionnel tolère la pratique du cumul des sanctions. Cette règle est également admise par les hautes juridictions de l'ordre judiciaire et administratif qui ont affirmé qu'elle était conforme à des textes de référence tels que la Convention européenne de sauvegarde des droits de l'homme et des libertés fondamentales et le Pacte international relatif aux droits civils et politiques. Les juges ont toutefois apporté des tempéraments à ce principe. À ce titre, les sages précisent que le cumul doit respecter le principe de proportionnalité qui veut que « le montant global des sanctions éventuellement prononcées ne dépasse pas le montant le plus élevé de l'une des sanctions encourues » et que le cumul doit être réservé aux situations les plus graves de dissimulation frauduleuse.

→ CAS PRATIQUE 6

5 Les recours contre l'administration fiscale

Le contribuable peut intenter deux recours en droit interne : le recours contentieux et le recours gracieux. Il dispose également de la possibilité d'engager un contentieux communautaire.

A) Le recours fiscal contentieux

1. Le champ d'application du recours contentieux

Les réclamations présentées par les contribuables afin d'obtenir soit la réparation d'erreurs commises dans l'assiette ou le calcul des impositions, soit le bénéfice d'un droit résultant d'une disposition légale sont du ressort de la juridiction contentieuse.

Exemples

En matière de réparation d'erreurs, le recours contentieux peut permettre d'obtenir (liste non exhaustive) :

- une décharge, pour les contribuables qui, pour un motif quelconque, estiment avoir été imposés à tort ;
- une réduction, pour ceux qui estiment avoir été surtaxés ;
- une restitution de versements indus se rapportant à des impositions n'ayant donné lieu ni à l'établissement d'un rôle, ni à la notification d'un avis de mise en recouvrement ;
- une modification du résultat déficitaire déterminé par l'administration en l'absence de mise en recouvrement d'une imposition supplémentaire.

Parmi les demandes relatives au bénéfice d'un droit, il convient de comprendre toutes celles visant les impositions qui, régulièrement établies ou perçues, sont susceptibles d'être remises en cause par suite d'une situation ou d'un événement particulier spécialement prévu par les textes en vigueur.

Il s'agit par exemple de demander :
- en matière d'impôts directs, les dégrèvements de taxe foncière, de taxe d'habitation et de taxe professionnelle ;
- en matière de TVA, le remboursement de crédit de TVA déductible ou de taxe perçue à l'occasion de la conclusion de ventes ou de services qui sont par suite résiliés, annulés ou demeurent impayés ;
- en toute matière fiscale, éventuellement, le bénéfice de dispositions nouvelles qui comportent un effet rétroactif.

2. La procédure de recours contentieux

Réclamation préalable obligatoire. Les contribuables doivent adresser au service des impôts une réclamation avant de pouvoir régulièrement saisir la juridiction compétente. Ces réclamations sont soumises à des règles générales.

La réclamation doit être adressée au service des impôts dont dépend le lieu d'imposition, c'est-à-dire :
- en matière d'impôts directs recouvrés par les comptables du Trésor, au service qui a établi le rôle dans lequel se trouve compris l'impôt contesté ;
- en matière d'impôts recouvrés par les comptables de la Direction générale des finances publiques (DGFiP), au service auquel correspond le service des impôts chargé du recouvrement desdits impôts.

À peine d'irrecevabilité définitive, les réclamations adressées au service compétent doivent être présentées dans les délais fixés par la loi, c'est-à-dire par principe au plus tard le 31 décembre de la deuxième année suivant celle de la mise en recouvrement ou du paiement.

FOCUS Les spécificités de la réclamation

La réclamation doit être établie par écrit, sous forme d'une simple lettre sur papier libre. Toute réclamation doit :
- mentionner le ou les impôts, droits ou taxes qu'elle concerne ;
- contenir l'exposé sommaire des moyens par lesquels son auteur prétend la justifier ;
- indiquer les conclusions du réclamant, c'est-à-dire l'objet réel et la portée exacte de la demande (base, montant du dégrèvement ou du remboursement de crédit de taxe sollicité) ;
- être accompagnée de pièces justificatives.

Réponse. Le service destinataire de la réclamation doit instruire la demande et motiver son refus total ou partiel. Il dispose d'un délai de six mois pour répondre. À l'expiration de ce délai, l'administration est réputée avoir rejeté la demande et le contribuable peut introduire son recours contentieux.

L'administration peut elle-même ne pas statuer sur la demande et saisir directement le tribunal compétent.

Effets. Le principe est que le recours ne suspend pas le paiement des sommes dues par le contribuable. Ce dernier peut demander un sursis de paiement dans sa réclamation, lequel s'il est accepté, suspend l'exigibilité de l'impôt. La demande de sursis peut être portée devant le juge des référés.

Contentieux juridictionnel proprement dit. Si le contribuable s'estime insatisfait de la décision prise par l'administration sur sa réclamation, ou si cette même administration n'a pas répondu dans un délai de six mois, il peut porter le litige devant la juridiction compétente, administrative ou judiciaire.

Preuve. La charge de la preuve pèse le plus souvent sur le contribuable (par exception, elle peut peser sur l'administration) :

- Si la base d'imposition est conforme à sa déclaration, c'est au contribuable de prouver que l'imposition est exagérée.
- Si la base d'imposition a été modifiée à la suite d'une rectification contradictoire, et que le contribuable a accepté la rectification, la preuve du caractère exagéré de l'imposition pèse sur le contribuable. En cas de rejet de la rectification, de même qu'en cas de saisine de la commission départementale (et quel que soit son avis), la charge de la preuve incombe à l'administration.
- Enfin, si la base de l'imposition a été établie d'office, il revient au contribuable de prouver le caractère exagéré de celle-ci.

Du point de vue des moyens de preuve admissibles, le **principe de la liberté de la preuve** domine. Cette règle est toutefois limitée par le caractère écrit de la procédure, faisant obstacle à la production de témoignages.

La procédure se règle en général par un échange de mémoires exposant les prétentions et les arguments des parties. À l'audience, le contribuable peut, directement ou par le biais de son avocat, présenter des observations orales. La requête en appel contre le jugement du tribunal administratif doit être déposée dans les deux mois de la notification du jugement. Le pourvoi en cassation doit être introduit devant le Conseil d'État dans les deux mois suivant la notification de l'arrêt d'appel. Ce pourvoi n'est pas suspensif et n'est recevable qu'en cas de vice de forme, violation de la loi ou incompétence du juge. S'il décide d'annuler la décision, le Conseil d'État doit renvoyer l'affaire devant une cour administrative d'appel ou la juger lui-même.

Litiges portés devant le juge judiciaire. Le cheminement du contentieux est sensiblement identique à celui relevant de l'ordre administratif : tribunal de grande instance, cour d'appel et Cour de cassation. Le délai pour saisir le TGI est de deux mois. Il est d'un mois pour faire appel et de deux mois pour effectuer un pourvoi en cassation. Aucun recours n'est par principe suspensif, ni l'appel, ni le pourvoi en cassation.

3. La répartition de compétence

Le contentieux fiscal est réparti entre le juge administratif et le juge judiciaire :

- en matière d'impôts directs (IR, IS...) et de taxes sur le chiffre d'affaires (TVA), le tribunal administratif statue en première instance et ses jugements sont susceptibles d'appel devant la cour administrative d'appel ;
- en matière de droits d'enregistrement et de timbre, de taxe de publicité foncière, d'impôt sur la fortune immobilière (IFI), le tribunal de grande instance (TGI) statue en premier ressort et ses jugements sont susceptibles d'appel devant la cour d'appel.

B) Les recours fiscaux gracieux

Les **recours gracieux** permettent l'examen des demandes présentées par les contribuables en vue d'obtenir une mesure de bienveillance portant abandon ou atténuation des impositions ou des pénalités mises à leur charge.

En matière d'impôts directs, conformément à l'article L. 247 du LPF, les contribuables peuvent solliciter la remise ou une modération du principal de leur dette fiscale, mais seulement pour des motifs de gêne ou d'indigence les mettant dans l'impossibilité de se libérer envers le Trésor.

Les contribuables de bonne foi, en situation de gêne ou d'indigence, qui ont déposé un dossier auprès de la commission de surendettement des particuliers, bénéficient d'une remise d'impôts directs au moins équivalente à celle recommandée par ladite commission pour les autres créances.

En toute matière fiscale, les contribuables ayant fait l'objet de sanctions (amendes, majorations) peuvent, même lorsque leur solvabilité n'est pas en cause, demander :

- la remise ou une modération de ces sanctions, dans tous les cas où les pénalités et, le cas échéant, les impositions qu'elles concernent sont devenues définitives ;
- une transaction portant atténuation desdites sanctions, lorsque celles-ci et, le cas échéant, les impositions principales ne sont pas définitives.

Le silence gardé par l'administration pendant deux mois vaut rejet du recours. Le rejet peut être attaqué par le biais d'un recours pour excès de pouvoir devant la juridiction administrative.

Article 190 alinéas 3, 4 et 5 du LPF :

http://dunod.link/eoib5ar

C) Le contentieux fiscal communautaire

1. La supériorité du droit européen

Le droit communautaire irrigue aujourd'hui tous les pans de la vie sociale et professionnelle. En matière fiscale, les instances européennes produisent des directives et des règlements qui, en vertu de l'article 55 de la Constitution française, ont une valeur supérieure au droit interne, et donc au Code général des impôts. Les juridictions nationales ont par ailleurs l'obligation d'appliquer le droit communautaire. En cas de doute sur la validité ou l'interprétation du droit communautaire, les juridictions nationales ont la possibilité de surseoir à statuer (c'est-à-dire suspendre la procédure conduisant au jugement), et de renvoyer l'affaire devant la Cour de justice de l'Union européenne (CJUE). Une fois l'interprétation donnée par la CJUE, l'affaire reprend son cours devant la juridiction nationale.

Il est également possible pour le contribuable de déposer une plainte devant la Commission européenne pour manquement au droit communautaire, ou un recours devant le Tribunal de l'Union européenne pour attaquer les autorités communautaires ou les textes communautaires.

2. L'impact de la hiérarchie des normes

Cette supériorité du droit communautaire emporte deux conséquences majeures :

- Le contribuable peut demander des réductions d'imposition en se fondant sur la non-conformité du droit français interne au droit communautaire. L'article 190 du LPF ci-après règle cette procédure.
- La violation du droit communautaire par un État peut donner lieu à une action en réparation du dommage causé, action initiée devant la CJUE.

Évaluer les savoirs | Maîtriser les compétences | Préparer l'épreuve

1 Quiz

Vérifiez l'exactitude des propositions ci-après et justifiez-les.

	Vrai	Faux
1. Une doctrine administrative illégale n'est jamais opposable à l'administration.	☐	☐
2. Le refus de se soumettre au droit de communication entraîne l'application d'une amende de 5 000 €.	☐	☐
3. Le droit de visite et de saisie est applicable en matière de TVA.	☐	☐
4. La jurisprudence fixe un délai minimum de deux jours francs entre l'envoi de l'avis de vérification et la première intervention sur place.	☐	☐
5. La vérification de comptabilité est limitée à six mois pour les entreprises relevant du régime simplifié d'imposition.	☐	☐
6. L'examen de comptabilité est limité dans le temps à six mois.	☐	☐
7. Le contribuable dispose de 30 jours pour répondre à une notification de rectification.	☐	☐
8. L'opposition au contrôle fiscal est susceptible d'entraîner une imposition d'office.	☐	☐
9. En cas de manœuvres frauduleuses, le contribuable risque une majoration de 40 %.	☐	☐
10. En cas de litige, le juge judiciaire est compétent en matière de TVA.	☐	☐

2 La société Signol ★★★

La société Signol a récemment réorienté son activité de fast-food vers la vente de kebabs bio afin de capter une nouvelle clientèle et ainsi d'augmenter son chiffre d'affaires. Cependant, la semaine dernière, elle a reçu la visite d'un agent de l'administration fiscale. Dès son arrivée, il a remis un document au gérant avant de procéder à des relevés des prix pratiqués et de procéder à un inventaire des valeurs en caisse. Le gérant s'étonne de cette pratique qu'il juge illégale. Il vient vous consulte.

Que conseillez-vous au gérant ?

3 Mini-cas : doctrine administrative ★★★

Compétence visée **Assister** l'entreprise dans ses relations avec l'administration fiscale

La société Frimate, dont M. Durand est le gérant, exerce une activité de vente de vêtements de sport. Ce dernier vient de recevoir un avis de vérification indiquant que la société va faire l'objet d'un contrôle fiscal. M. Durand craint que le vérificateur ne vienne rectifier une part importante de son bénéfice dans la mesure où il applique depuis maintenant trois ans une instruction fiscale prévoyant un dispositif plus avantageux que la loi lui permettant de bénéficier d'une réduction d'impôt.

Les craintes de M. Durand sont-elles fondées au regard des règles relatives à la doctrine administrative ?

4 Mini-cas : visite inopinée ★★★

Compétences visées

- **Assister** l'entreprise dans ses relations avec l'administration fiscale
- **Suivre** et **orienter** le contentieux fiscal

Vous êtes stagiaire au sein du cabinet d'avocats Débard. Vous êtes chargé du traitement d'un dossier concernant le cabinet. Ce dernier a fait l'objet d'une vérification de comptabilité le 23 janvier 2018. À l'issue de celle-ci, le vérificateur a remis en cause un montage d'optimisation sur le fondement de l'abus de droit dans la mesure où la finalité fiscale du montage serait prépondérante par rapport à la finalité économique. La société conteste cette vision : elle estime que le montage respecte totalement la loi fiscale.

Prononcez-vous sur la situation du cabinet Débard.

5 Mini-cas : demande de rescrit fiscal ★★★

Compétence visée **Suivre** la procédure de vérification fiscale

Lorenzo Piano, gérant d'une salle de sport, vous expose les souhaits suivants :

Il souhaite ne pas faire payer l'abonnement à ses adhérents pour réduire son imposition. Pour ce faire, il a imaginé un montage dont il ignore complétement le risque sur le plan fiscal. Il souhaiterait demander à ses adhérents de participer à l'acquisition du matériel par le biais d'un prêt. Ces avances n'étant pas rémunérées, le montage permettrait à l'entreprise de ne pas facturer l'utilisation de la salle de sport car la mise à disposition

Pour mener à bien ce travail, vous vous fonderez sur les recommandations de l'administration fiscale :

http://dunod.link/e34e1zr

du matériel se ferait à titre gratuit. Ce mécanisme permettrait à Lorenzo Piano de ne pas déclarer la TVA normalement due sur les prestations.

Rédigez la demande de rescrit fiscal de Lorenzo Piano.

Évaluer les savoirs | Maîtriser les compétences | Préparer l'épreuve

6 Cas pratique : régime de l'IS et vérification comptable ★★★

30 min

Compétences visées

- **Assister** l'entreprise dans ses relations avec l'administration fiscale
- **Apprécier** l'opportunité d'accepter ou de contester une proposition de redressement
- **Suivre** et **orienter** le contentieux fiscal

La société Boufal est spécialisée dans la confection et la vente dans le monde entier de sacs à main et chaussures « vegan ». Le chiffre d'affaires de la société est régulier depuis maintenant trois ans et avoisine 1 million d'euros. La société a fait l'objet d'une vérification de comptabilité au cours de l'année N relative à l'imposition de ses bénéfices à l'IS. Elle a reçu un avis de vérification le 15 février de l'année N. Le vérificateur est arrivé sur les lieux le 22 février de l'année N pour débuter la vérification des exercices N–1, N–2 et N–3. Celle-ci s'est terminée le 27 mai de l'année N. Le gérant a reçu une proposition de rectification le 5 juin lui indiquant qu'il avait 20 jours pour faire valoir ses observations.

Travail à faire

Conseillez la société sur la régularité de la vérification et indiquez, le cas échéant, les points qui vous semblent contestables.

SYNTHÈSE

Entreprise et administration fiscale

Les outils de coopération entre l'entreprise et l'administration

Agrément fiscal (décision administrative sollicitée par le contribuable)
– favorise la réalisation d'opérations jugées prioritaires
– offre une sécurité fiscale aux agents économiques

Agrément de droit
L'administration vérifie que les conditions posées par la loi sont réunies

Agrément discrétionnaire
L'administration dispose d'un pouvoir plus étendu

Les procédures de recherche de renseignements

Les actes ou déclarations déposés par les contribuables bénéficient d'une présomption d'exactitude et de sincérité.

Le droit de communication permet à l'administration de demander des informations à des personnes variées.

Le droit de visite et de saisie est un véritable droit de perquisition fiscale pour la recherche d'infractions en matière d'impôts directs et de TVA.

→ Une perquisition fiscale est obligatoirement autorisée par une **ordonnance** délivrée par un juge du TGI.
Un officier de police judiciaire, désigné par le juge, veille au respect du secret professionnel et des droits de la défense.

→ Sur place, l'ordonnance est notifiée et exécutoire sur présentation.
Un **PV des constatations** est dressé et signé par les personnes concernées.
Un inventaire des documents saisis et le compte rendu d'audition sont annexés.

Les procédures de contrôle et leurs conséquences

Seuils généraux :
est soumise au contrôle par les **autorités françaises** toute opération de concentration d'entreprises lorsque…

→ … les entreprises réalisent ensemble un chiffre d'affaires mondial global, hors taxes, de **plus de 150 M€**

→ … et **2 de ces entreprises au moins** réalisent en France un chiffre d'affaires, hors taxes, de **plus de 50 M€**

CHAPITRE 6

Entreprise et dimension environnementale

PROGRAMME

Compétences visées

- **Assister** une entreprise dans la mise en œuvre de dispositions relevant du droit de l'environnement
- **Comprendre** les nouvelles tendances du droit des sociétés liées à l'importance des enjeux environnementaux

Notions et contenus

- Les obligations de communication des entreprises en matière d'environnement
- La nouvelle définition de l'intérêt social et les sociétés à mission

LIEN AVEC LE DSCG 3

§1.3. Quelles relations entre l'organisation et ses parties prenantes ?

PLAN DU CHAPITRE

L'entreprise ne peut exercer son activité en faisant abstraction, tant dans son mode de fonctionnement, qu'au travers des produits ou services qu'elle commercialise, de la dimension environnementale. Outre les contraintes légales, les enjeux environnementaux suscitent des attentes croissantes chez les clients et partenaires des organisations, imposant une veille constante et une anticipation des évolutions législatives et réglementaires.

MOTS-CLÉS

Déclaration de performance extra-financière • Intérêt social • Plan de vigilance • Rapport de gestion • Société à mission

1 La dimension environnementale, source d'obligations pour l'entreprise

A) Le champ d'application

Le législateur commence à prendre en compte l'impact environnemental de l'activité de l'entreprise. Bien évidemment si l'entreprise a une activité économique polluante ou un projet d'implantation dans une zone protégée, des réglementations spécifiques s'appliquent (ex. : installations classées).

Il ne sera pas question dans ce chapitre des règles spécifiques contenues dans le Code de l'environnement, mais des règles du droit des sociétés imposant notamment aux entreprises des obligations de communication à leurs parties prenantes.

La plupart de ces obligations ont été introduites récemment dans le Code de commerce et il est encore trop tôt pour en déterminer l'impact. Leur champ d'application est limité :
- à raison de la structure sociétaire – seules les SA sont concernées, ce qui n'est pas logique dans la mesure où l'activité de certaines SAS peut avoir un impact très important sur l'environnement ;
- à raison de la taille et/ou de la cotation de l'entreprise en Bourse.

B) Le rapport de gestion

1. Le changement climatique

La loi a introduit des considérations environnementales dans le **rapport de gestion** que les dirigeants doivent présenter annuellement aux actionnaires de la SA.

L'article L. 225-100-1 du Code de commerce dresse la liste des éléments du rapport de gestion au premier rang desquelles se trouve une obligation de type environnementale.

Code de commerce, art. L. 225-100-1

■ Le rapport comprend : [...] 4° Des indications sur les risques financiers liés aux effets du changement climatique et la présentation des mesures que prend l'entreprise pour les réduire en mettant en œuvre une stratégie bas-carbone dans toutes les composantes de son activité.
La suite du texte précise que cette obligation n'est applicable qu'aux sociétés dont les titres sont admis aux négociations sur un marché réglementé, c'est-à-dire les sociétés cotées.

2. Les risques et la stratégie

Ce texte s'articule en **deux points** :
- Les **risques financiers potentiels** du changement climatique pour l'entreprise – on peut ici penser à des choses extrêmement variées allant de l'obligation de climatiser des entrepôts qui ne l'étaient pas auparavant, au coût de certaines mesures obligatoires de lutte contre les émissions de CO_2, à la modification des marchés de l'entreprise, en passant par l'obligation de relocaliser certaines de ses activités en raison de la montée des eaux… Le rapport doit expliquer ces risques et préciser quelles mesures sont prises pour les limiter.

- La **stratégie mise en œuvre** dans l'entreprise pour réduire son empreinte carbone dans toutes les composantes de son activité. On notera ici que rien n'impose à l'entreprise d'adopter une telle stratégie…

Exemple

Une entreprise peut mettre en place des mesures concrètes pour réduire sa facture énergétique, par exemple en limitant l'utilisation du chauffage et de la climatisation ou en améliorant l'isolation des bureaux afin de limiter les déperditions de chaleur.

Les installations classées sont les installations industrielles qui présentent un risque pour l'environnement et les populations.

L'article L. 225-102-2 ci-après est applicable à toutes les SA quelle que soit leur taille, cotée ou non :

Code de commerce, article L. 225-102-2

Pour les sociétés exploitant au moins une installation figurant sur la liste prévue à l'article L. 515-36 du Code de l'environnement [classement Seveso seuil haut] le rapport mentionné à l'article L. 225-100 du présent code :
- informe de la politique de prévention du risque d'accident technologique menée par la société ;
- rend compte de la capacité de la société à couvrir sa responsabilité civile vis-à-vis des biens et des personnes du fait de l'exploitation de telles installations ;
- précise les moyens prévus par la société pour assurer la gestion de l'indemnisation des victimes en cas d'accident technologique engageant sa responsabilité.

Le classement Seveso comprend deux niveaux : les établissements seuil haut et les établissements seuil bas :

http://dunod.link/1e8nrca

C) La déclaration de performance extra-financière (DPEF)

Définition

Introduite par l'ordonnance du 19 juillet 2017 relative à la publication d'informations non financières par certaines grandes entreprises et certains groupes d'entreprises, la **déclaration de performance extra-financière** (DPEF) vise à informer sur la manière dont la société prend en compte les conséquences sociales, les impacts environnementaux de son activité et, pour les sociétés cotées, sur les effets de cette activité quant au respect des droits de l'homme et à la lutte contre la corruption.

1. Le périmètre de la DPEF

La DPEF prévue à l'article L. 225-102-1 al. 5 du Code de commerce ne concerne que les sociétés cotées **et** celles d'une taille importante si elles dépassent certains seuils (tab. 6.1). Le texte prévoit deux seuils cumulatifs : total bilan ou chiffre d'affaires et effectif salarié.

Tableau 6.1. Seuils de la DPEF

Sociétés cotées	Sociétés non cotées
• Total du bilan : 20 M€ ou • CAHT net : 40 M€ et • Effectifs moyens permanents employés au cours de l'exercice : 500	• Total du bilan : 100 M€ ou • CAHT net : 100 M€ d'affaires et • Effectifs moyens permanents employés au cours de l'exercice : 500

En outre, ces sociétés, dès lors qu'elles établissent des comptes consolidés, sont tenues de publier une déclaration consolidée de performance extra-financière lorsque le total du bilan ou du chiffre d'affaires et le nombre de salariés de l'ensemble des entreprises comprises dans le périmètre de consolidation excèdent les seuils mentionnés plus haut.

Contenu. La déclaration comprend notamment des informations relatives aux conséquences sur le changement climatique de l'activité de la société et de l'usage des biens et services qu'elle produit, à ses engagements sociétaux en faveur du développement durable, de l'économie circulaire et de la lutte contre le gaspillage alimentaire, aux accords collectifs conclus dans l'entreprise et à leurs impacts sur la performance économique de l'entreprise ainsi que sur les conditions de travail des salariés et aux actions visant à lutter contre les discriminations et promouvoir les diversités.

L'article R. 225-105 liste les informations devant figurer dans la DPEF.

Code de commerce, article R. 225-105

■ Informations environnementales figurant dans la DPEF :

a) Politique générale en matière environnementale :
- l'organisation de la société pour prendre en compte les questions environnementales et, le cas échéant, les démarches d'évaluation ou de certification en matière d'environnement ;
- les moyens consacrés à la prévention des risques environnementaux et des pollutions ;
- le montant des provisions et garanties pour risques en matière d'environnement, sous réserve que cette information ne soit pas de nature à causer un préjudice sérieux à la société dans un litige en cours.

b) Pollution :
- les mesures de prévention, de réduction ou de réparation de rejets dans l'air, l'eau et le sol affectant gravement l'environnement ;
- la prise en compte de toute forme de pollution spécifique à une activité, notamment les nuisances sonores et lumineuses ;

c) Économie circulaire :

• Prévention et gestion des déchets :
- les mesures de prévention, de recyclage, de réutilisation, d'autres formes de valorisation et d'élimination des déchets ;
- les actions de lutte contre le gaspillage alimentaire ;

• Utilisation durable des ressources :
- la consommation d'eau et l'approvisionnement en eau en fonction des contraintes locales ;
- la consommation de matières premières et les mesures prises pour améliorer l'efficacité dans leur utilisation ;

– la consommation d'énergie, les mesures prises pour améliorer l'efficacité énergétique et le recours aux énergies renouvelables ;
– l'utilisation des sols ;
d) Changement climatique :
– les postes significatifs d'émissions de gaz à effet de serre générés du fait de l'activité de la société, notamment par l'usage des biens et services qu'elle produit ;
– les mesures prises pour l'adaptation aux conséquences du changement climatique ;
– les objectifs de réduction fixés volontairement à moyen et long terme pour réduire les émissions de gaz à effet de serre et les moyens mis en œuvre à cet effet ;
e) Protection de la biodiversité : les mesures prises pour préserver ou restaurer la biodiversité.

La DPEF de Paprec :

http://dunod.link/ftdijye

2. La formalisation de la DPEF

Publicité. La DPEF est non seulement communiquée aux actionnaires par le canal du rapport de gestion, mais elle doit en outre être publiée sur le site Web de l'entreprise assujettie afin d'être disponible pour le grand public.

Vérification. Les informations figurant dans la DPEF font l'objet d'une vérification par un organisme tiers indépendant (cabinet d'audit). Cette vérification donne lieu à un avis qui est transmis aux actionnaires en même temps que le rapport de gestion. L'organisme tiers indépendant est désigné, selon le cas, par le directeur général ou le président du directoire, pour une durée qui ne peut excéder six exercices. Lorsque les informations sont publiées par des sociétés qui dépassent 100 millions d'euros pour le total du bilan *ou* 100 millions d'euros pour le montant net du chiffre d'affaires *et* 500 pour le nombre moyen de salariés permanents employés au cours de l'exercice, le rapport de l'organisme tiers indépendant comprend :
– un avis motivé sur la conformité de la déclaration, ainsi que sur la sincérité des informations fournies ;
– les diligences qu'il a mises en œuvre pour conduire sa mission de vérification.

D) Le plan de vigilance

Le **plan de vigilance** a été introduit par la loi du 27 mars 2017. Il concerne toute société (SA ou SCA), cotée ou non, qui emploie, à la clôture de deux exercices consécutifs, au moins 5 000 salariés en son sein et dans ses filiales directes ou indirectes dont le siège social est fixé sur le territoire français, ou au moins 10 000 salariés en son sein et dans ses filiales directes ou indirectes dont le siège social est fixé sur le territoire français ou à l'étranger.

La France est le premier pays à avoir mis en place un plan de vigilance pour les grandes entreprises.

Contenu. L'article L. 225-102-4 du Code de commerce prévoit que les entreprises assujetties à cette obligation élaborent chaque année un « plan [qui] comporte les mesures de vigilance raisonnable propres à identifier les risques et à prévenir les atteintes graves envers les droits humains et les libertés fondamentales, la santé et la sécurité des personnes ainsi que l'environnement, résultant des activités de la société et de celles des sociétés qu'elle contrôle [...], ainsi que des activités des sous-traitants ou fournisseurs avec lesquels est entretenue une relation commerciale établie, lorsque ces activités sont rattachées à cette relation ».

Code de commerce, article L. 225-102-4

- Le plan a vocation à être élaboré en association avec les parties prenantes de la société, le cas échéant dans le cadre d'initiatives pluripartites au sein de filières ou à l'échelle territoriale. Il comprend les mesures suivantes :
1° Une cartographie des risques destinée à leur identification, leur analyse et leur hiérarchisation ;
2° Des procédures d'évaluation régulière de la situation des filiales, des sous-traitants ou fournisseurs avec lesquels est entretenue une relation commerciale établie, au regard de la cartographie des risques ;
3° Des actions adaptées d'atténuation des risques ou de prévention des atteintes graves ;
4° Un mécanisme d'alerte et de recueil des signalements relatifs à l'existence ou à la réalisation des risques, établi en concertation avec les organisations syndicales représentatives dans ladite société ;
5° Un dispositif de suivi des mesures mises en œuvre et d'évaluation de leur efficacité.

Publicité. Le plan de vigilance et le compte rendu de sa mise en œuvre effective sont rendus publics (site Web le plus souvent) et inclus dans le rapport de gestion.

Sanction. Lorsqu'une société mise en demeure d'établir un plan de vigilance n'y satisfait pas dans un délai de trois mois, le juge peut lui enjoindre, le cas échéant sous astreinte, de l'établir.

Besoin de cohérence. On a le sentiment d'une certaine redondance et confusion entre ces mesures ; la déclaration de performance extra-financière et le plan de vigilance comportent des informations partiellement identiques, même si la DPEF semble davantage concerner l'impact présent et le plan de vigilance les risques potentiels et à venir. De même, le champ d'application aux sociétés manque clairement de cohérence.

→ CAS PRATIQUE 3

2 Les enjeux environnementaux, boussole de l'entreprise

Loi Pacte :

http://dunod.link/tykgrm4

La loi n° 2019-486 relative à la croissance et à la transformation des entreprises, dite **loi Pacte**, du 22 mai 2019 introduit les enjeux environnementaux dans le droit commun des sociétés de deux manières.

A) Les enjeux environnementaux, partie intégrante de l'intérêt social

1. La nouvelle rédaction de l'article 1833 du Code civil

Ce texte cardinal du droit des sociétés prévoyait jusqu'à maintenant que « toute société doit avoir un objet licite et être constituée dans l'intérêt commun des associés ».

C'est à partir de ce texte que s'est construite progressivement la notion d'**intérêt social**, jamais réellement définie, ni en jurisprudence, ni au plan législatif, et généralement conçue comme l'intérêt partagé de l'ensemble des parties prenantes de la société et non seulement des associés.

L'intérêt social est la pierre angulaire de nombre des contentieux en droit des sociétés : abus de majorité et minorité, abus de biens sociaux, nomination d'un mandataire *ad hoc* ou d'un administrateur provisoire, nomination d'un expert de gestion…

Le nouvel article 1833 du Code civil, applicable à toutes les sociétés quelle que soit leur taille, comprend un alinéa supplémentaire prévoyant que « la société est gérée dans son intérêt social, en prenant en compte les enjeux sociaux et environnementaux de son activité ».

De même, le nouvel article L. 225-35 applicables aux seules SA, quelle que soit leur taille, prévoit que « le conseil d'administration détermine les orientations de l'activité de la société et veille à leur mise en œuvre conformément à son intérêt social, en prenant en considération les enjeux sociaux et environnementaux de son activité ».

2. Les sanctions prévues

Les nouvelles obligations ne sont pas directement sanctionnées. Toutefois, les tribunaux pourront s'en saisir pour sanctionner une gouvernance trop peu soucieuse des enjeux environnementaux.

Exemple

On peut ainsi imaginer que la responsabilité civile des administrateurs d'une SA puisse être mise en jeu si les décisions stratégiques prises au sein de la société méconnaissent la prise en compte des enjeux environnementaux. On peut imaginer également que des tribunaux fondent l'annulation d'une décision sociale pour abus de majorité sur la non-prise en compte de ces enjeux.

B) La société à mission

1. Une société d'inspiration américaine

La loi Pacte s'est inspirée du droit américain pour créer la **société à mission**. Aux États-Unis, après la déflagration produite par la crise de 2008, un mouvement éthique est né, visant à concilier le capitalisme avec les enjeux sociétaux. Dans cette mouvance est née la « *B corporation* » ou « *benefit corporation* », société combinant un objet lucratif et un objet socio-environnemental.

« *Benefit* » n'est pas à entendre au sens du profit mais dans celui de « au bénéfice de… ».

L'idée intéressante qui se trouve derrière la *B corporation* est qu'il ne faut pas opposer systématiquement le lucratif et le non lucratif ; une entreprise peut faire des profits dans le respect d'une mission sociétale.

2. La société à mission à la française

La société à mission est prévue par les articles L. 210-10 et suivants du Code de commerce.

Code de commerce, art. L. 210-10 et s.

- Une société peut faire publiquement état de la qualité de société à mission lorsque les conditions suivantes sont respectées :
  1° Ses statuts précisent une raison d'être, au sens de l'article 1835 du Code civil ;
  2° Ses statuts précisent un ou plusieurs objectifs sociaux et environnementaux que la société se donne pour mission de poursuivre dans le cadre de son activité ;

3° Ses statuts précisent […] qu'un comité de mission, distinct des organes sociaux et devant comporter au moins un salarié, est chargé exclusivement de ce suivi et présente annuellement un rapport joint au rapport de gestion, à l'assemblée chargée de l'approbation des comptes de la société […]
4° L'exécution des objectifs sociaux et environnementaux […] fait l'objet d'une vérification par un organisme tiers indépendant […]
5° La société déclare sa qualité de société à mission au greffier du tribunal de commerce, qui la publie, sous réserve de la conformité de ses statuts […]

L'entreprise à mission, un modèle de gouvernance pour l'innovation *via* Xerfi Canal :

http://dunod.link/7jiuuig

Régime et Intérêts. À ce jour la société à mission n'est dotée d'aucun régime juridique particulier, ce qui signifie :

– qu'elle peut prendre la forme de toute société : SARL, SA, SAS… ;

– qu'elle ne bénéficie d'aucun avantage fiscal ou social de quelque nature que ce soit.

La société à mission relève donc plus d'un label, à l'instar des sociétés de l'économie sociale et solidaire (dont elles sont très proches en réalité).

Il n'est pas impossible d'envisager que dans un avenir proche le législateur permette aux collectivités publiques de réserver des marchés publics pour les sociétés à mission, comme c'est déjà le cas pour des entreprises qui emploient des travailleurs handicapés ou défavorisés ou les entreprises de l'économie sociale et solidaire.

➜ MINI-CAS 2 • CAS PRATIQUE 3

Évaluer les savoirs | Maîtriser les compétences | Préparer l'épreuve

QCM

Pour chaque proposition, une ou plusieurs réponses sont possibles. Justifiez-les.

1. Une société à mission est une société :
   a. dont l'objet social est de réaliser des missions d'expertise à l'étranger. ☐
   b. qui met en avant une mission environnementale qu'elle se propose de conduire dans le cadre de son activité. ☐
   c. appartenant à la sphère de l'économie sociale et solidaire. ☐
   d. est obligatoirement une société coopérative. ☐

2. Une SAS qui a une activité de négoce et emploie 600 personnes :
   a. peut être soumise à l'obligation d'élaborer un plan de vigilance. ☐
   b. n'est jamais soumise à l'obligation d'élaborer un plan de vigilance. ☐
   c. doit obligatoirement faire figurer au sein du rapport de gestion des informations sur les risques financiers liés aux effets du changement climatique. ☐
   d. doit obligatoirement établir une DPEF. ☐

3. Le fait, pour une société cotée, d'avoir une activité contribuant au réchauffement climatique et de ne rien faire pour y remédier :
   a. est interdit en droit français. ☐
   b. est contraire au nouvel article 1833 du Code civil. ☐
   c. peut entraîner des sanctions pénales sur le fondement de l'abus de biens sociaux. ☐
   d. est susceptible d'avoir des conséquences sur la responsabilité des dirigeants en application des nouveaux textes issus de la loi Pacte. ☐

4. La déclaration de performance extra-financière :
   a. ne s'applique qu'aux sociétés cotées. ☐
   b. s'applique aux sociétés cotées et non cotées. ☐
   c. vise à établir un bilan de l'impact environnemental de l'activité de la société. ☐
   d. ne s'applique que si la société a des filiales à l'étranger. ☐

5. Le plan de vigilance :
   a. ne concerne que les sociétés cotées. ☐
   b. doit comprendre une cartographie des risques. ☐
   c. doit comprendre des indicateurs d'alerte. ☐
   d. doit être rendu public. ☐
   e. est à usage interne. ☐

Évaluer les savoirs | Maîtriser les compétences | Préparer l'épreuve

2 Mini-cas : obligations environnementales ★★★

Compétence visée **Assister** une entreprise dans la mise en œuvre de dispositions relevant du droit de l'environnement

La société Carbonocare a été créée en France sous la forme d'une SA en 1989. Elle produit des emballages plastiques destinés aux chaînes de restauration rapide françaises et étrangères. Elle n'est pas cotée en Bourse et réalise un chiffre d'affaires de 160 millions d'euros. Elle emploie 1 200 salariés.

Quelles sont ses obligations de communication/information en matière environnementale ?

Évaluer les savoirs | Maîtriser les compétences | Préparer l'épreuve

3 Cas pratique : le plan de vigilance d'ArcelorMittal ★★★

35 min

Compétence visée **Comprendre** les nouvelles tendances du droit des sociétés liées à l'importance des enjeux environnementaux

Un plan de vigilance a été établi dès 2017 par la coordination RSE d'ArcelorMittal en France avec le soutien des directions concernées et la participation d'experts externes. Il a été présenté aux dirigeants des filiales françaises. Le plan de vigilance est porté par la société mère ArcelorMittal en France, elle-même titulaire de l'obligation juridique, et pour l'ensemble de ses sites et filiales français. Les risques à identifier et à maîtriser sont, par nature, liés au contexte opérationnel. Ainsi, le plan de vigilance et les processus qu'il prévoit sont présentés au niveau France et font l'objet de déclinaison par filiales (annexe).

Travail à faire

Analysez la partie environnementale du plan de vigilance d'ArcelorMittal et expliquez-en la construction ainsi que les choix opérés par la société mère.

Extraits du plan de vigilance d'ArcelorMittal (juillet 2018)

La vigilance envers l'environnement

La protection de l'environnement est au cœur de la stratégie d'ArcelorMittal qui s'attache à promouvoir un acier durable. L'excellence environnementale de l'acier est sous-tendue par la mise en œuvre des principes décrits dans la politique environnementale du groupe et dans la politique Énergie. La sensibilisation des fournisseurs et des sous-traitants au respect de la politique environnementale est également un principe clé du groupe.

Pour ArcelorMittal, les enjeux liés à la protection de l'environnement concernent en particulier :

- la préservation de l'eau, de l'air, des sols ;
- le recyclage de déchets ;
- l'utilisation efficace des ressources naturelles ;
- la réduction de son empreinte carbone.

Chaque site industriel significatif d'ArcelorMittal en France est certifié ISO 14001 et a procédé à une analyse spécifique de ses propres risques environnementaux. Celle-ci a conduit au suivi des paramètres et indicateurs clés avec une gouvernance associée et à des plans d'actions. Ces derniers peuvent prendre la forme de :

- campagnes d'analyse des impacts incluant la caractérisation de leur provenance ;
- révision des modes opératoires de fonctionnement ;
- maintenance des installations ;
- investissements ;
- pour prévenir ou réduire l'impact environnemental.

Parallèlement, ArcelorMittal en France répond aux enjeux énergétiques à travers la mise en place de systèmes de gestion de l'énergie. Ainsi, l'ensemble des sites d'ArcelorMittal Atlantique et Lorraine et d'ArcelorMittal Méditerranée est certifié ISO 50001, ainsi que plusieurs sites d'ArcelorMittal Construction et ArcelorMittal Gandrange.

La gestion de l'impact environnemental sur les sites industriels est assurée par des correspondants environnement locaux et une gouvernance au travers de comités environnementaux. Durant ces comités, la performance environnementale de chaque entité industrielle est évaluée au travers d'indicateurs, comme l'indice de performance environnementale global (IPEG) pour les sites majeurs. Cet indicateur permet de mesurer annuellement, de façon combinée, les rejets dans l'air, l'eau et les déchets générés par tonne produite. Il existe aussi des tableaux de bord de mesure de l'impact environnemental adaptés à chaque site industriel.

Chez ArcelorMittal Atlantique et Lorraine, et particulièrement sur le site de Dunkerque, des réunions d'échanges avec les riverains sont organisées semestriellement afin d'écouter leurs problématiques ou d'échanger des informations relatives au site. Une ligne verte (mail et téléphone) a également été mise en place pour recevoir et répondre aux éventuelles plaintes des riverains.

...

…

De la même façon, ArcelorMittal Méditerranée organise annuellement des comités locaux avec les riverains et les autorités.

En parallèle, pour anticiper les problématiques futures ou les réglementations à venir, ArcelorMittal travaille sur des sujets tels que le CO_2 et des plans d'efficience énergétique pour réduire son empreinte environnementale.

La vigilance auprès des fournisseurs et sous-traitants

L'entreprise ArcelorMittal a formalisé depuis près de dix ans ses engagements auprès de ses fournisseurs et sous-traitants via son Code pour un approvisionnement responsable. Celui-ci est applicable à tous les fournisseurs et sous-traitants d'ArcelorMittal, leurs filiales ainsi que tous les produits et services achetés et utilisés dans leurs fabrications. L'entreprise leur demande de se conformer aux principes de santé et sécurité, de droits de l'homme et des normes éthiques et environnementales présentés dans ses différentes politiques, lesquels sont considérés comme un seuil préalable fondamental. Elle encourage ses fournisseurs et sous-traitants à travailler en commun au développement de la performance de son programme d'approvisionnement responsable.

ArcelorMittal demande notamment à ses fournisseurs :

– d'éliminer les accidents corporels concernant leur personnel ou communauté de travail et de respecter les normes de la politique de santé et de sécurité d'ArcelorMittal ;

– de développer et de mettre en œuvre des politiques et des procédures visant à assurer le respect de la totalité des droits de l'homme dans leurs activités ainsi que dans celles de leurs fournisseurs ;

– de mettre en œuvre des politiques, processus et procédures de gestion efficaces concernant leur impact environnemental et de mener leurs activités de manière à respecter les normes de la politique environnementale d'ArcelorMittal.

Les conditions générales d'achats d'ArcelorMittal propres à certaines entités viennent renforcer les obligations des fournisseurs en disposant que le fournisseur doit avoir pris connaissance et s'engage à appliquer les règles d'ArcelorMittal concernant la santé et la sécurité, le code d'éthique professionnelle, les procédures anti-corruption, la politique des droits de l'homme et le Code d'approvisionnement responsable.

En complément, et afin de soutenir les acheteurs et les fournisseurs dans cette démarche d'achats responsables, le groupe a développé un Guide sur l'approvisionnement responsable qui décrit les responsabilités des deux parties à cet égard.

En vue d'évaluer les fournisseurs sur ces aspects de respect des droits humains, de santé et sécurité et d'environnement, ArcelorMittal interagit avec ses fournisseurs et sous-traitants en se basant sur une approche par les risques *via* des autoévaluations ou encore des revues documentaires (*due diligence*). En 2016, 387 fournisseurs avaient déjà été évalués au regard des achats responsables et 357 fournisseurs l'ont été en 2017 sur des aspects éthiques, santé-sécurité, environnementaux. Les évaluations donnent lieu à des plans de progrès qui sont suivis quant à leur réalisation.

SYNTHÈSE

Entreprise et environnement

Déclaration de performance extra-financière

Informations environnementales devant figurer dans la déclaration de performance extra-financière (DPEF) selon l'article R. 225-105 du Code de commerce	
	a) **Politique générale en matière environnementale :** prise en compte des questions environnementales ; moyens consacrés à la prévention des risques et des pollutions, etc.
	b) **Pollution :** mesures de prévention ou de réduction ; prise en compte de toute forme de pollution (sonore, lumineuse…), etc.
	c) **Économie circulaire :** prévention et gestion des déchets, utilisation durable des ressources, etc.
	d) **Changement climatique :** objectifs de réduction fixés volontairement à moyen et long terme, mesures d'adaptation, etc.
	e) **Protection de la biodiversité :** mesures de prévention ou de restauration de la biodiversité

Plan de vigilance

Mesures devant figurer dans le plan de vigilance selon l'article L. 225-102-4 du Code de commerce	
	a) Une **cartographie des risques** destinée à leur identification, leur analyse et leur hiérarchisation
	b) Des **procédures d'évaluation régulière** de la situation des filiales, sous-traitants ou fournisseurs, au regard de la cartographie des risques
	c) Des **actions adaptées** d'atténuation des risques ou de prévention des atteintes graves
	d) Un **mécanisme d'alerte et de recueil des signalements** relatifs à l'existence ou à la réalisation des risques
	e) Un **dispositif de suivi des mesures** mises en œuvre et d'évaluation de leur efficacité

CHAPITRE 7

Entreprise et numérique

PROGRAMME

Compétence visée

Répondre à des questions courantes touchant aux implications juridiques et fiscales : de la création et l'utilisation d'un site Internet ; du recours à l'informatique dans les transactions courantes de la vie de l'entreprise

Notions et contenus

- Notions essentielles de droit de l'informatique
- Les principales règles juridiques régissant l'utilisation d'Internet (sites, transactions, facturation et signature électroniques)

LIEN AVEC LE DSCG 5

§ 1.4. Management stratégique des données (*Big Data*-Mégadonnées)

PLAN DU CHAPITRE

Cours : 1. La gestion des données informatiques par l'entreprise • 2. Le commerce électronique

Des savoirs aux compétences : Évaluer les savoirs • Maîtriser les compétences • Préparer l'épreuve

Synthèse

Le développement de l'activité de l'entreprise conduit celle-ci à accroître ses moyens de communication mais aussi à dématérialiser une partie de ses activités. L'utilisation des outils numériques est aujourd'hui incontournable et pose notamment la question de la protection et de la gestion des données personnelles.

MOTS-CLÉS

Commerce électronique • Commission nationale de l'informatique et des libertés • Donnée à caractère personnel • Donnée sensible • Profilage • Règlement général de protection des données personnelles • Signature électronique • Traitement de données

La gestion des données informatiques par l'entreprise

Le droit de l'informatique n'est pas une branche du droit comme le sont le droit civil ou le droit commercial. Certaines dispositions lui sont spécifiques bien sûr, mais il emprunte beaucoup à diverses branches autonomes du droit. Surtout, l'informatique, en tant qu'outil d'information et de communication, a bousculé les perceptions traditionnelles du droit et a conduit à un renouvellement sensible de celui-ci. Seuls quelques aspects, les principaux, de ce renouvellement seront envisagés.

Règlement UE 2016/679 (RGPD) :

http://dunod.link/5wwbtdt

Deux textes récents bouleversent le paysage juridique :

- Le règlement européen 2016/679 du 14 avril 2016 dit **règlement général de protection des données** (RGPD), entré en vigueur le 25 mai 2018, qui constitue le texte de référence en matière de protection des **données personnelles** et unifie le droit au sein des 28 pays membres.
- La loi du 20 juin 2018, dite « loi de protection des données personnelles », adaptant la loi informatique et libertés (loi du 6 janvier 1978) au RGPD et l'ordonnance du 12 décembre 2018 qui adapte également au règlement la loi informatique et libertés du 6 janvier 1978.

A) Les grands principes de la gestion et de la protection des données

Loi n° 78-17 du 6 janvier 1978, article 1er

■ L'informatique doit être au service de chaque citoyen. Son développement doit s'opérer dans le cadre de la coopération internationale. Elle ne doit porter atteinte ni à l'identité humaine, ni aux droits de l'homme, ni à la vie privée, ni aux libertés individuelles ou publiques.

1. Le champ de l'étude

L'entreprise, au fil de son existence, accumule et traite des données informatiques. La question de la protection juridique de ces données – par exemple de base de données – est essentielle pour l'entreprise. Cette protection relève notamment de la propriété intellectuelle et ne sera pas étudiée ici. C'est un autre aspect du droit de l'informatique qui nous retiendra : celui de la protection des personnes et des libertés contre un certain traitement des données informatiques par les entreprises.

2. Le traitement des données à caractère personnel

Les entreprises, comme les autorités publiques, développent des données à caractère personnel pouvant porter atteinte aux libertés individuelles et à la vie privée. Celles-ci sont protégées par la loi dite « informatique et libertés », n° 78-17, du 6 janvier 1978, modifiée à plusieurs reprises et mise en conformité en 2018 avec la législation européenne (règlement général de protection des données). Cette loi de 1978 a institué la **Commission nationale de l'informatique et des libertés** (**Cnil**), chargée notamment de contrôler la bonne application de la loi.

Exemples

- L'activité des entreprises peut impliquer un traitement de données personnelles : constitution de fichiers de clients, de fournisseurs ou de sous-traitants ; constitution de fichiers du personnel de l'entreprise ou des candidats à l'embauche ; contrôle de l'accès à l'entreprise par des badges ; autocommutateurs téléphoniques ; sites Internet collectant des informations auprès des utilisateurs ; traçage électronique sur Internet (sites visités, forum de discussion...).

3. Les notions essentielles (RGPD, art. 4)

Définitions

- Est considérée comme une **donnée à caractère personnel** toute information se rapportant à une personne physique identifiée ou identifiable ; est réputée être une « personne physique identifiable » une personne physique qui peut être identifiée, directement ou indirectement, notamment par référence à un identifiant, tel qu'un nom, un numéro d'identification, des données de localisation, un identifiant en ligne, ou à un ou plusieurs éléments spécifiques propres à son identité physique, physiologique, génétique, psychique, économique, culturelle ou sociale.
- Est assimilée à un **traitement de données** toute opération ou ensemble d'opérations effectué ou non à l'aide de procédés automatisés et appliqué à des données ou des ensembles de données à caractère personnel (ex. : collecte, enregistrement, organisation, structuration, conservation, adaptation, modification, extraction, consultation, utilisation, communication par transmission, diffusion ou toute autre forme de mise à disposition, rapprochement ou interconnexion, limitation, effacement ou destruction).
- Relève du **profilage** toute forme de traitement automatisé de données à caractère personnel consistant à utiliser ces données à caractère personnel pour évaluer certains aspects personnels relatifs à une personne physique, notamment pour analyser ou prédire des éléments concernant le rendement au travail, la situation économique, la santé, les préférences personnelles, les intérêts, la fiabilité, le comportement, la localisation ou les déplacements de cette personne physique.
- Les **données sensibles** sont des informations à caractère personnel qui révèlent l'origine raciale ou ethnique, les opinions politiques, les convictions religieuses ou philosophiques ou l'appartenance syndicale, ainsi que le traitement des données génétiques, des données biométriques aux fins d'identifier une personne physique de manière unique, des données concernant la santé ou des données concernant la vie sexuelle ou l'orientation sexuelle d'une personne physique.

4. Les principes applicables au traitement des données

Conditions du traitement. La loi de 1978 et le RGPD n'interdisent pas le traitement de données personnelles, mais en fixent les conditions (art. 4 de la loi du 6 janvier 1978). Les données doivent être :

- collectées et traitées de manière licite, loyale et transparente ;
- collectées pour des finalités déterminées, explicites et légitimes et ne doivent pas être traitées ultérieurement de manière incompatible avec ces finalités ;
- adéquates, pertinentes et non excessives au regard des finalités pour lesquelles elles sont collectées et de leurs traitements ultérieurs ;
- exactes, complètes et, si nécessaire, mises à jour ;
- conservées sous une forme permettant l'identification des personnes concernées pendant une durée qui n'excède pas la durée nécessaire aux finalités pour lesquelles elles sont collectées et traitées.

Exemple

▸ La Cnil a sanctionné une société exploitant un centre-auto d'une grande surface parce que son fichier client comportait des dizaines de commentaires excessifs tels que : « Attention ne plus intervenir sur le véhicule, client de mauvaise foi, problème crédit » ; « Mari avocat maître chanteur voir Monsieur R. avant intervention ». ◂

Caractère licite du traitement. En application de l'article 5 de la loi de 1978, un traitement de données à caractère personnel n'est licite que s'il remplit au moins l'une des conditions suivantes :

- la personne concernée y a consenti ;
- le traitement est nécessaire à l'exécution d'un contrat auquel la personne concernée est partie ou à l'exécution de mesures précontractuelles prises à la demande de celle-ci (ex. : achat d'un bien ménager à livrer nécessitant que soient communiqués le nom, l'adresse et le numéro de téléphone de la personne) ;
- le traitement est nécessaire au respect d'une obligation légale à laquelle le responsable du traitement est soumis (ex. : achat sur Internet d'un billet d'avion pour lequel, pour des raisons de sécurité, il est obligatoire de transmettre certaines données) ;
- le traitement est nécessaire à la sauvegarde des intérêts vitaux de la personne concernée ou d'une autre personne physique (ex. : données relatives au groupe sanguin d'une personne) ;
- le traitement est nécessaire à l'exécution d'une mission d'intérêt public ou relevant de l'exercice de l'autorité publique dont est investi le responsable du traitement (ex. : la délivrance d'une carte grise pour un véhicule).

Consentement de la personne. L'article 4 du RGPD définit le consentement comme une manifestation de volonté, libre, spécifique, éclairée et univoque par laquelle la personne concernée accepte, par une déclaration ou par un acte positif clair, que des données à caractère personnel la concernant fassent l'objet d'un traitement. Le consentement peut être retiré à tout moment.

Consentement du mineur et majorité numérique (loi Informatique et Libertés, art. 45). Un mineur peut consentir seul à un traitement de données à caractère personnel en ce qui concerne l'offre directe de services de la société de l'information à compter de l'âge de quinze ans. Lorsque le mineur est âgé de moins de quinze ans, le traitement n'est licite que si le consentement est donné conjointement par le mineur concerné et le ou les titulaires de l'autorité parentale à l'égard de ce mineur.

Accès, rectification, oubli et opposition. Les textes précités garantissent tout d'abord à toute personne un droit d'accès et d'information qui lui permet de connaître notamment la catégorie de données utilisées et l'usage qui en est fait. Cette personne peut ensuite demander à ce que les données inexactes soient rectifiées. Tout intéressé dispose d'un droit à l'oubli (effacement) consacré ainsi : la personne concernée a le droit d'obtenir du responsable du traitement l'effacement, dans les meilleurs délais, de données à caractère personnel. Ce droit à l'oubli va par exemple trouver à s'appliquer lorsque la finalité de conservation des données n'est plus actuelle ou lorsque la personne a retiré son consentement. Le droit d'opposition va concerner notamment la pratique du profilage qui consiste, à l'aide des données personnelles collectées (ex. : habitudes numériques), à nous proposer des publicités ciblées.

Limitations spéciales. La loi informatique et libertés et le RGPD prévoient des dispositions propres à certaines données dites sensibles.

Exemple

- En principe est interdit la collecte ou le traitement des données relatives aux origines raciales ou ethniques, aux opinions politiques, philosophiques ou religieuses, à l'appartenance syndicale des personnes, à la santé ou à la vie sexuelle de celles-ci (RGPD, art. 6 loi 1978, art. 9). Les textes prévoient une dizaine d'exceptions à cette interdiction, dont le consentement de la personne ou bien le fait qu'elle a déjà rendu ces données publiques.

Registre des activités de traitement (RGPD, art. 30). Toute entreprise doit tenir un registre des activités de traitement effectuées sous leur responsabilité. Ce registre comporte les informations suivantes :
- le nom et les coordonnées du responsable du traitement ;
- les finalités du traitement ;
- une description des catégories de personnes concernées et des catégories de données à caractère personnel ;
- les catégories de destinataires auxquels les données à caractère personnel ont été ou seront communiquées ;
- les délais prévus pour l'effacement des différentes catégories de données.

Rôle du délégué à la protection des données : http://dunod.link/rs64co7

Délégué à la protection des données. En application de l'article 37 du RGPD, toute entité publique ou entreprise privée qui gère des données en masse doit nommer une personne dédiée à la protection des données, le délégué à la protection des données.

B) Le rôle de la Commission nationale informatique et libertés (Cnil)

1. Une autorité administrative indépendante au rôle informationnel

La Cnil est une autorité administrative indépendante (AAI) créée par la loi du 6 janvier 1978 dite « informatique et libertés ». Jusqu'en 2018, son rôle principal était de recevoir et de traiter les déclarations préalables obligatoires des personnes utilisant les données personnelles. La loi de 1978 rendait obligatoire, avec des dérogations nombreuses depuis 2004, la déclaration des fichiers informatiques et des bases de données. Depuis la mise en application du RGPD, cette obligation déclarative a été supprimée et le rôle de la Cnil a été redéfini : elle a pour mission d'informer les citoyens sur leurs droits (fig. 7.1).

2. Le recueil des plaintes

La Cnil reçoit des plaintes des particuliers qui pensent que leurs données personnelles ont été illégalement utilisées. Plus de 8 000 plaintes sont reçues chaque année : elles concernent par exemple le droit à l'oubli, le profilage publicitaire…

Mise en conformité. La Cnil accompagne les entreprises qui sont confrontées à la question du traitement des données en leur fournissant des clés et outils leur permettant de se mettre en conformité. La Cnil fournit notamment des kits de mise en conformité permettant la mise en place du registre des activités de traitement. Elle offre également des formations pour les *Data protection officer* que certaines entreprises devront nommer en application de l'article 37 du RGPD.

Contrôle et sanction. La Cnil dispose du droit de vérifier que les entreprises sont bien en conformité avec les obligations qui sont les leurs. Dans le cas contraire, elle peut les enjoindre de se mettre en conformité, prononcer des avertissements et dispose *in fine* d'un pouvoir de sanction financier.

On consultera avec intérêt la récente sanction à 50 millions d'euros d'amende de la société Google LLC pour manquement à la transparence dans la gestion des données personnelles.

Google LLC sanctionné en 2019 :

http://dunod.link/8imz2yv

→ MINI-CAS 2 • MINI-CAS 3 • CAS PRATIQUE 4

Le commerce électronique

La loi n° 2004-575 du 21 juin 2004 relative à la confiance dans l'économie numérique a défini le commerce électronique.

Loi du 21 juin 2004, article 14, alinéa 1er

- Le commerce électronique est l'activité économique par laquelle une personne propose ou assure à distance et par voie électronique la fourniture de biens ou de services.

A) La création d'un site Web

Les règles exposées sont génériques, que le site soit utilisé à des fins commerciales ou non.

1. La conception du site

Conception par un prestataire. L'entreprise qui souhaite créer un site sur la toile, mais ne dispose pas des ressources humaines en interne, s'adressera à un tiers prestataire de services.

La création reposera alors sur un contrat conclu entre les parties et obéissant au droit commun des contrats. Il s'agira plus exactement d'un contrat d'entreprise. L'obligation d'information du prestataire professionnel (l'entrepreneur) sera très importante face à un client inexpérimenté et une prestation très technique.

Le site peut constituer une œuvre de l'esprit s'il est suffisamment original (notamment au plan graphique) au sens du Code de la propriété intellectuelle, protégée en conséquence par le **droit d'auteur**. Le prestataire est l'auteur. Le plus souvent il cède (contrat de cession de droit d'auteur) le droit d'exploitation de l'œuvre au client ; mais il pourrait, en droit, seulement accorder une licence d'exploitation. Par ailleurs, un site est amené à évoluer, alors que le droit moral de l'auteur doit être impérativement respecté et que la clause qui prévoirait que le client est habilité à modifier seul le site est nulle. En d'autres termes, l'autorisation de l'auteur doit être demandée pour chaque modification qui ne respecterait pas l'œuvre.

Conception en interne. Lorsque le site est conçu par un salarié de l'entreprise qui entend l'exploiter, c'est le contrat de travail qui détermine la relation entre les deux. Toutefois, il ne faut pas perdre de vue que cette utilisation par l'entreprise ne sera juridiquement possible que si le salarié lui a cédé ses droits patrimoniaux. En effet, le salarié est l'auteur du site. En revanche, si le site est une œuvre collective créée à l'initiative de l'employeur qui l'a divulguée, seul ce dernier est investi des droits d'auteur (CPI, art. L. 113-5).

Traitement de données à caractère personnel. Lorsque le site permet la collecte d'informations à caractère personnel auprès des utilisateurs, ce qui est toujours le cas s'agissant de sites marchands, l'entreprise qui l'exploite doit se soumettre à la loi du 6 janvier 1978 dite « informatique et libertés » et au RGPD.

2. L'hébergement et l'accès au site Web

Hébergement. Une fois le site conçu, son exploitant entend le mettre à la disposition du public. À cette fin, il conclut un contrat d'hébergement par lequel un prestataire technique – le **fournisseur d'hébergement** – s'engage à stocker l'ensemble des données composant le site. Pareille convention peut être analysée comme une location d'un espace du disque dur appartenant au prestataire technique. L'hébergeur a l'obligation d'assurer la sécurité des données stockées ; c'est une obligation de résultat. Il est tenu également d'en assurer l'accès continu ; c'est une obligation de moyens. En principe, le fournisseur d'hébergement ne peut pas voir sa responsabilité civile ou pénale engagée s'il héberge un site dont le contenu est illicite. Il en va autrement s'il a une connaissance effective du caractère illicite et si, malgré tout, il n'a pas agi promptement pour retirer ces données ou en rendre l'accès impossible (L. 21 juin 2004, art. 6 I).

FOCUS Google ne peut pas être condamné pour injure publique

Arrêt du 19 juin 2013 (12-17.591) – Cour de cassation – Première chambre civile

Vu les articles 29 et 33 de la loi du 29 juillet 1881 ;

Attendu, selon l'arrêt attaqué, que la société Lyonnaise de garantie a assigné la société Google Inc., M. X... pris en qualité de directeur de la publication du site internet www.google.fr ainsi que la société Google France du chef d'injure publique à la suite de l'apparition, lors de la saisie des termes « Lyonnaise de g » sur les moteurs de recherche accessibles aux adresses google.fr, google.be, google.uk, google.es, google.it et google.ca des mots ou propositions de requêtes : « lyonnaise de garantie escroc » au troisième rang des suggestions proposées ;

Attendu que pour ordonner sous astreinte à M. X... en sa qualité de directeur de publication et à la société Google Inc. en sa qualité de civilement responsable des sites internet précités de prendre toute mesure pour supprimer des suggestions apparaissant sur le service « Prévisions de recherche » ou « service de saisie semi-automatique », à la saisie sur le moteur de recherche Google par les internautes des lettres « lyonnaise de g » ou « lyonnaise de garantie », l'expression « lyonnaise de garantie escroc » et les condamner à payer des dommages-intérêts à la société Lyonnaise de garantie, la cour d'appel énonce que le fait de diffuser auprès de l'internaute l'expression « lyonnaise de garantie, escroc » correspond à l'énonciation d'une pensée rendue possible uniquement par la mise en œuvre de la fonctionnalité en cause, qu'il est acquis aux débats que les suggestions proposées aux internautes procèdent des sociétés Google à partir d'une base de données qu'elles ont précisément constituée pour ce faire, lui appliquant des algorithmes de leur fabrication, que le recours à ce procédé n'est que le moyen d'organiser et de présenter les pensées que la société Google met en circulation sur le réseau internet ;

Qu'en statuant ainsi, quand la fonctionnalité aboutissant au rapprochement critiqué est le fruit d'un processus purement automatique dans son fonctionnement et aléatoire dans ses résultats, de sorte que l'affichage des « mots-clés » qui en résulte est exclusif de toute volonté de l'exploitant du moteur de recherche d'émettre les propos en cause ou de leur conférer une signification autonome au-delà de leur simple juxtaposition et de leur seule fonction d'aide à la recherche, la cour d'appel a violé les textes susvisés.

Accès au site. Afin de mettre le site à disposition du public (les internautes), il est nécessaire de créer une adresse, c'est-à-dire de conférer un point d'accès audit site. Techniquement, le site est identifié par une adresse URL, laquelle est le plus souvent composée d'un **nom de domaine**. Ce dernier est un identifiant commode (ex. : « dunod.com ») qui évite d'avoir à inscrire, dans la barre d'adresse, le numéro IP, mais qui y est nécessairement rattaché puisque celui-ci identifie l'ordinateur (ou « serveur ») qui héberge le site.

Le marché des noms de domaines en France :

http://dunod.link/g6am0k4

Le choix du nom de domaine par l'exploitant du site est libre. Cette liberté comporte d'abord des limites essentiellement techniques, puisqu'un nom de domaine est unique, de sorte qu'il n'est plus aujourd'hui aisé de trouver un nom libre. Pour le créer, il faut passer par un office d'enregistrement. L'Afnic (Association française pour le nommage Internet en coopération) est l'office en charge de la gestion des extensions (ou *top-level domains*) françaises de l'Internet (ex. : adresses «.fr » notamment).

Exemple

- Le dépôt et/ou l'utilisation d'un nom de domaine reprenant l'appellation d'une marque déposée est susceptible de constituer un acte de contrefaçon réprimé pénalement. La loi n° 2011-302 du 22 mars 2011 a même avancé la protection de la propriété intellectuelle au stade de l'enregistrement du nom de domaine.

Il existe aussi des limites juridiques au choix du nom de domaine, tracées par le droit de la propriété intellectuelle notamment.

Code des postes et communications électroniques, article L. 45-2

- [...] l'enregistrement ou le renouvellement des noms de domaine peut être refusé ou le nom de domaine supprimé lorsque le nom de domaine est [...] susceptible de porter atteinte à des droits de propriété intellectuelle ou de la personnalité, sauf si le demandeur justifie d'un intérêt légitime et agit de bonne foi.

B) Les contrats relevant du commerce électronique

Le **commerce électronique** se concrétise, juridiquement, par la conclusion de contrats à distance de fourniture de biens ou de services. À ce titre, il relève du droit commun des contrats, ainsi que de la réglementation relative aux contrats à distance inscrite dans le Code de la consommation, du moins lorsque le client est un consommateur. Ce dernier bénéficie alors d'un droit de rétractation (↪ chapitre 1).

La réforme du droit des contrats par l'ordonnance du 10 février 2016 retouche sensiblement ce domaine.

Par ailleurs, la loi n° 2004-575 du 21 juin 2004 pour la confiance dans l'économie numérique, transposant notamment la directive européenne du 8 juin 2000 relative à certains aspects juridiques des services de la société de l'information, comporte un ensemble de dispositions propres au commerce électronique.

Les dispositions spécifiques au commerce électronique ne concernent pas uniquement les rapports entre professionnel et consommateur. Elles s'appliquent aussi aux contrats conclus, à distance et par voie électronique, entre professionnels.

1. La conclusion du contrat (Code civil, article 1125 et s.)

Écrit exigé à titre de validité. En principe, l'écrit n'est pas une condition de validité du contrat (consensualisme). Par exception, le législateur exige pour certains contrats – notamment ceux conclus entre un professionnel et un consommateur –, ou pour certaines clauses, un écrit à peine de nullité (écrit *ad validitatem*).

Lorsque ces contrats sont conclus sur Internet, se pose la question de savoir si le support électronique peut valoir écrit *ad validitatem*. En d'autres termes, l'écrit électronique a-t-il la même portée juridique que l'écrit traditionnel ? La question est importante car de nombreux contrats proposés sur Internet sont des contrats pour lesquels la loi, par exception, exige un écrit à titre de validité. La loi de 2004 a inséré l'article 1174 dans le Code civil.

Code civil

- **Article 1174.** Lorsqu'un écrit est exigé pour la validité d'un acte juridique, il peut être établi et conservé sous forme électronique [...].
- **Article 1366.** L'écrit électronique a la même force probante que l'écrit sur support papier, sous réserve que puisse être dûment identifiée la personne dont il émane et qu'il soit établi et conservé dans des conditions de nature à en garantir l'intégrité.

Obligation de conservation de l'acte. Dans une section relative à la conclusion d'un contrat sous forme électronique, le Code civil dispose :

Code civil, article 1127-1 nouveau

- Quiconque propose, à titre professionnel, par voie électronique, la fourniture de biens ou la prestation de services, met à disposition les conditions contractuelles applicables d'une manière qui permette leur conservation et leur reproduction.

Offre. L'auteur de l'offre (par exemple, l'exploitant d'un site marchand sur la toile) reste engagé par elle tant qu'elle est accessible par voie électronique de son fait (C. civ., art. 1127-1). Par ailleurs, la loi exige qu'une telle offre comporte certaines mentions, ce qui déroge bien sûr au principe du consensualisme et relève du **formalisme informatif**.

Code civil, article 1127-1

- L'offre énonce en outre :
  1. les différentes étapes à suivre pour conclure le contrat par voie électronique ;
  2. les moyens techniques permettant à l'utilisateur, avant la conclusion du contrat, d'identifier les erreurs commises dans la saisie des données et de les corriger ;
  3. les langues proposées pour la conclusion du contrat ;
  4. en cas d'archivage du contrat, les modalités de cet archivage par l'auteur de l'offre et les conditions d'accès au contrat archivé ;
  5. les moyens de consulter par voie électronique les règles professionnelles et commerciales auxquelles l'auteur de l'offre entend, le cas échéant, se soumettre.

Processus contractuel. « Pour que le contrat soit valablement conclu, le destinataire de l'offre doit avoir eu la possibilité de vérifier le détail de sa commande et son prix total, et de corriger d'éventuelles erreurs avant de confirmer celle-ci pour exprimer son acceptation. » (C. civ., art. 1127-2). Est ainsi légalisé le processus d'acceptation par le « double-clic ». L'article précise encore :

Code civil, article 1127-2

- L'auteur de l'offre doit accuser réception sans délai injustifié et par voie électronique de la commande qui lui a été ainsi adressée.

Exceptions. Le formalisme informatif de l'offre, ainsi que les deux règles ci-dessus présentées relatives au processus contractuel, ne s'appliquent pas (C. civ., art. 1127-3) :
- aux contrats de fourniture de biens ou de prestation de services qui sont conclus exclusivement par échange de courriers électroniques ;
- si les parties en ont écarté l'application, ce qui n'est possible qu'entre professionnels.

2. L'exécution du contrat

Bonne exécution. Toute personne physique ou morale exerçant l'activité de commerce électronique est responsable de plein droit à l'égard de l'acheteur de la bonne exécution des obligations résultant du contrat, que ces obligations soient à exécuter par elle-même ou par d'autres prestataires de services (loi n° 2004-575 du 21 juin 2004, art. 15, al. 1). Bien sûr, elle pourra ensuite exercer un recours contre ceux-ci.

Exemple

- L'exploitant d'un site qui offre des voyages touristiques est responsable du bon déroulement de ces voyages à l'égard de ceux qui ont contracté sur ce site, même si les prestations de transport, d'hébergement, de visite, etc., sont assurées par des tiers (C. tourisme, art. L. 211-16). Par dérogation, le Code du tourisme écarte pareille responsabilité de plein droit lorsque la vente n'a porté que sur des billets d'avion (« vols secs » ; C. tourisme, art. L. 211-17).

Exonération. La loi du 21 juin 2004 a prévu une exonération totale ou partielle

Loi n° 2004-575 du 21 juin 2004, art. 15, al. 2

- Toutefois, elle peut s'exonérer de tout ou partie de sa responsabilité en apportant la preuve que l'inexécution ou la mauvaise exécution du contrat est imputable, soit à l'acheteur, soit au fait, imprévisible et insurmontable, d'un tiers étranger à la fourniture des prestations prévues au contrat, soit à un cas de force majeure. [...]

3. La signature électronique

Signature. En vertu du principe du consensualisme, l'établissement d'un écrit ne conditionne pas la validité d'un acte juridique. *A fortiori*, aucune signature ne s'impose. En revanche, lorsqu'un écrit est exigé à titre de preuve (*ad probationem*), la signature est nécessaire à la perfection de l'acte. À défaut, il ne vaudrait que commencement de preuve par écrit. Enfin, lorsque l'écrit est exigé, par exception au principe du consensualisme, à titre de validité (*ad validitatem*), la signature fait partie de cette exigence.

La fonction de la signature est d'identifier celui qui l'appose et de manifester son consentement aux obligations découlant de l'acte signé (C. civ., art. 1367, issu de la loi n° 2000-230 du 13 mars 2000).

Signature électronique. La loi confère à la **signature électronique** la même valeur juridique que la signature autographe, mais à la condition qu'elle réponde à certaines exigences techniques.

Code civil, article 1367 al. 2

- [La signature électronique] consiste en l'usage d'un procédé fiable d'identification garantissant son lien avec l'acte auquel elle s'attache. La fiabilité de ce procédé est présumée, jusqu'à preuve contraire, lorsque la signature électronique est créée, l'identité du signataire assurée et l'intégrité de l'acte garantie, dans des conditions fixées par décret en Conseil d'État.

Lorsque la signature électronique n'obéit pas auxdites conditions fixées par décret, il appartient alors à celui qui entend s'en prévaloir de prouver que, malgré tout, le procédé utilisé permet l'identification fiable du signataire. Si, à l'inverse, la signature électronique obéit à ces conditions, c'est à celui qui la conteste de démontrer le défaut de fiabilité du procédé utilisé.

Avant la loi pour la confiance en l'économie numérique, du 21 juin 2004, la reconnaissance de la signature électronique ne s'appliquait qu'à l'écrit exigé *ad probationem*. Cette loi ayant permis l'établissement d'un écrit *ad validitatem* sous la forme électronique (voir *supra*), il est possible d'affirmer que la signature électronique a pleine valeur juridique même lorsqu'elle est apposée sur un écrit exigé à titre de validité.

Conditions de fiabilité. Le décret n° 2017-1416 du 28 septembre 2017 relatif à la signature électronique et pris en application du règlement (UE) n° 910/2014 introduit la distinction entre la signature électronique avancée et qualifiée (différence de niveau de sécurité).

Décret n° 2017-1416 du 28 septembre 2017

- **Article 1er.** La fiabilité d'un procédé de signature électronique est présumée, jusqu'à preuve du contraire, lorsque ce procédé met en œuvre une signature électronique qualifiée. Est une signature électronique qualifiée une signature électronique avancée, conforme à l'article 26 du règlement (UE) n° 910/2014 et créée à l'aide d'un dispositif de création de signature électronique qualifié répondant aux exigences de l'article 29 dudit règlement, qui repose sur un certificat qualifié de signature électronique répondant aux exigences de l'article 28 de ce règlement.
  Le règlement européen susvisé définit une signature électronique avancée comme celle satisfaisant aux exigences suivantes :
  a) être liée au signataire de manière univoque ;
  b) permettre d'identifier le signataire ;
  c) avoir été créée à l'aide de données de création de signature électronique que le signataire peut, avec un niveau de confiance élevé, utiliser sous son contrôle exclusif ;
  d) et être liée aux données associées à cette signature de telle sorte que toute modification ultérieure des données soit détectable.

→ CAS PRATIQUE 4

QCM

Pour chaque proposition, une ou plusieurs réponses sont possibles. Justifiez-les.

1. Quelles sont les obligations contractuelles d'un éditeur de site Internet ?
   a. Délivrer un nom de domaine. ☐
   b. Stocker les données composant le site Internet et en assurer la sécurité. ☐
   c. Déterminer le contenu du site qui sera mis à la disposition du public. ☐
   d. Assurer l'accès continu au site Internet. ☐
   e. Assurer le gîte et le couvert. ☐

2. Dans l'hypothèse où un fournisseur d'hébergement héberge un site dont le contenu est illicite, dans quelle(s) situation(s) engage-t-il sa responsabilité civile ou pénale ?
   a. Dans tous les cas, sa responsabilité étant automatique. ☐
   b. Jamais, parce que le fournisseur bénéficie d'une immunité. ☐
   c. Dès lors qu'il est prouvé que le fournisseur avait connaissance du caractère illicite, de sorte qu'il importe peu qu'il ait retiré les données illicites ou rendu l'accès impossible. ☐
   d. Lorsque le caractère illicite lui a été signalé par un tiers et que le fournisseur n'a malgré tout pas agi rapidement pour y remédier. ☐

3. À quel(s) droit(s) est soumis le contrat conclu entre une entreprise exploitant un site Internet marchand et un client personne physique contractant pour ses besoins personnels ?
   a. Au droit commun des contrats. ☐
   b. Au droit des contrats à distance édicté par le Code de la consommation. ☐
   c. À la loi du 21 juin 2004 pour la confiance dans l'économie numérique. ☐
   d. Aux pratiques restrictives de concurrence interdites par le Code de commerce. ☐

4. Le contrat liant une entreprise exploitant un site Internet marchand et un client constitué sous forme de société commerciale est soumis :
   a. Au droit commun des contrats. ☐
   b. Au droit des contrats à distance édicté par le Code de la consommation. ☐
   c. À la loi du 21 juin 2004 pour la confiance dans l'économie numérique. ☐
   d. Aux pratiques restrictives de concurrence interdites par le Code de commerce. ☐

2 Mini-cas : le curseur de la légalité ★★★

Compétence visée

Répondre à des questions courantes touchant aux implications juridiques et fiscales : gestion des données informatiques par l'entreprise

Vous commandez des aliments en ligne sur le site Commalamaison.com. Au moment de payer, le site vous demande de vous enregistrer en créant un profil. Les informations demandées de manière obligatoire sont :

- nom et prénom ;
- date de naissance ;
- adresse postale ;
- email ;
- numéro de téléphone portable ;
- heures auxquelles vous êtes joignable ;
- statut marital.

Que pensez-vous de la légalité de cette demande au regard de la législation applicable ?

3 Mini-cas : la sécurité des données ★★★

Compétence visée

Répondre à des questions courantes touchant aux implications juridiques et fiscales : gestion et protection des données informatiques

Vous partez en voyage dans un pays situé en dehors de l'Union européenne et nécessitant un visa. Les informations demandées dans le formulaire en ligne du ministère de l'Immigration du pays sont les suivantes :

- nom et prénom ;
- date de naissance ;
- adresse postale ;
- email ;
- numéro de téléphone portable ;
- statut marital ;
- nom des parents ;
- religion du demandeur, religion de ses parents ;
- race ;
- maladies contractées récemment ;
- sérologie du VIH (positive ou négative) ;
- signes physiques distinctifs ;
- pays visités au cours des six derniers mois.

Que pensez-vous de la légalité de ce formulaire au regard de la législation applicable ?

Cas pratique : la gestion des cookies chez HSBC ★★★

35 min

Compétence visée

Répondre à des questions courantes touchant aux implications juridiques et fiscales : gestion et protection des données informatiques

HSBC commente, sur son site Web, sa politique de gestion des cookies.

Travail à faire

En vous appuyant sur les annexes et sur vos connaissances, commentez l'extrait de la charte d'utilisation des cookies mise en place par HSBC.

Annexe

Extrait du site Web de HSBC

Pourquoi et comment utilisons-nous des cookies ?

Nous utilisons des cookies pour vous assurer une navigation personnalisée sur notre site Internet. Les cookies vous permettent de vous connecter à Ma banque en ligne, sauvegarder vos préférences de connexion, souscrire à des produits et services en ligne et utiliser des outils financiers tels que nos simulateurs et comparateurs d'offres de crédits immobiliers.

Lors de votre navigation sur notre site, nous vous demandons votre accord pour utiliser des cookies. Vous avez la possibilité de modifier vos préférences concernant le contenu des cookies personnalisés. Votre préférence, affichée au bas de chaque page, sera appliquée à hsbc.fr (sections Particuliers et Professionnels).

Pour en savoir plus sur l'utilisation que nous pouvons faire des cookies, et les avantages qu'ils apportent, nous vous invitons à lire la présente politique de gestion des cookies.

Questions fréquentes

Quelles sont les conséquences si j'accepte les cookies ?

Nous pouvons utiliser les cookies à des fins d'affichage de contenus personnalisés sur notre site Internet ou sur d'autres sites, et à des fins d'accompagnement ou de sollicitation (sauf en cas de refus de votre part d'être contacté). Sur notre site Internet, vous ne verrez jamais de publicité pour une entité autre qu'une société du groupe HSBC ou qu'un de nos partenaires.

Les cookies peuvent-ils transmettre mes informations personnelles à des tiers ?

Nous pourrions être amenés à utiliser des cookies pour partager des informations personnelles (comme votre nom, votre adresse, votre numéro de téléphone ou votre e-mail) dans le seul cas où vous nous avez donné votre autorisation expresse en souscrivant à un produit ou service. Par exemple, si vous souscrivez à une police d'assurance habitation, nous vous informons alors que nous allons transmettre vos coordonnées à un tiers de confiance en la matière. […]

www.hsbc.fr

Exemples de mentions conformes (Cnil) :

http://dunod.link/xrzglg2

SYNTHÈSE

Entreprise et numérique

Le recueil des données

Les données informatiques doivent être :

1. collectées et traitées de manière licite, loyale et transparente
2. collectées à des fins déterminées, explicites et légitimes
3. adéquates, pertinentes et non excessives au regard des finalités pour lesquelles elles sont collectées
4. exactes, complètes et, si nécessaire, mises à jour
5. conservées sous une forme permettant l'identification des personnes concernées pendant une durée qui n'excède pas la durée nécessaire aux finalités pour lesquelles elles sont collectées et traitées (principe de minimisation des données)

Le règlement général sur la protection des données (RGPD) en bref

Constitution d'un registre de traitement de données

Tri dans les données
(ce que l'on est en droit de conserver ou non)

Respect des droits et demandes des personnes
(accès aux données archivées, rectification, suppression...)

Sécurisation des données
(cryptage, hachage, inviolabilité, accès restreint, archivage limité dans le temps...)

→ **Désignation d'un délégué à la protection des données**

Obligation pour toute entreprise privée ou entité publique traitant des données personnelles

DISAST'AIR est une jeune compagnie aérienne basée à Paris et opérant des vols régionaux *low cost* avec une flotte de 5 avions (4 ATR 42 et 1 Airbus A 320). Elle est organisée sous la forme d'une SAS au capital de 1 500 000 €. Son actionnaire principal est une compagnie aérienne nationale. DISAST'AIR SAS a récemment créé une filiale sous la forme de SARL (REST'AIR), dont l'objet est de commercialiser des produits et repas bio à bord de ses appareils.

Le Président de la SAS, M. Lecorps, vous consulte sur les questions suivantes :

La SAS DISAST'AIR est entrée en pourparlers avec le motoriste français QAFRAN pour les deux réacteurs d'un avion neuf à livrer en 2023. Les négociations ont duré plus d'un an sans qu'un accord ferme, notamment sur les conditions financières, n'ait pu se dessiner. Il y a deux mois de cela, la compagnie a informé QAFRAN qu'elle abandonnait les négociations pour se tourner vers un autre motoriste anglais. QAFRAN se plaint d'un manque à gagner et brandit la menace d'une action en justice.

Travail à faire

1. *Qu'en pensez-vous ?*

DISAST'AIR a fait équiper son Airbus A 320 avec un système d'écrans vidéos incorporés dans chaque siège. Lors de la livraison, il est apparu que les écrans achetés pour neuf pouces mesuraient en réalité 7,5 pouces ; ensuite, les techniciens de DISAST'AIR ont réalisé que certains des écrans avaient manifestement déjà été utilisés sur d'autres avions auparavant… Qu'est-il possible de faire ici ? En outre DISAST'AIR refuse de payer le prix de l'installation des écrans à la société qui les lui a vendus car le prix ne figure pas directement dans le contrat. En effet le contrat signé, en son article 7, prévoit que le prix de chaque écran sera déterminé « en fonction des usages et des prix du marché » au moment de la livraison.

Travail à faire

2. *Cette clause vous paraît-elle valable ?*

DISAST'AIR a également signé un contrat avec l'équipementier PODIAC pour les sièges de l'avion à livrer en 2023. Le contrat prévoit un prix unitaire de 1 200 € par siège sur une base de 110 sièges de classe économique. PODIAC vient d'envoyer une notification à DISAST'AIR expliquant qu'en raison des nouvelles spécifications techniques exigées par Airbus, le prix des sièges allait être revu de plus de 15 %. PODIAC invoque la clause de l'article 45 du contrat qui prévoit : « en cas d'événement de force majeure, l'une des parties aura la possibilité de demander à l'autre la modification des termes du contrat (prix, délais, conditions…) ; elle pourra également résilier le contrat sans indemnité ni préavis. »

Travail à faire

3. *Que pensez-vous de cette clause ?*

DISAST'AIR a récemment été assignée par un passager qui s'est plaint de la qualité du service à bord, du manque de ponctualité de la compagnie, et du fait que ses données personnelles auraient été transmises à des sociétés à visée commerciale sans son accord ; il a en effet reçu il y a peu un courrier d'une société hôtelière lui disant : « *cher Monsieur, vos fréquents déplacements professionnels dans le Sud de la France vous amènent à avoir une exigence en termes d'hébergement ; notre société hôtelière, en partenariat avec la compagnie aérienne DISAST'AIR, vous propose des prix compétitifs...* » Il réclame 15 000 € de dommages-intérêts à la SAS, mais son avocat a récemment envoyé à M. Lecorps une proposition de transaction à 5 000 €.

Travail à faire

4. *Expliquez au président de la SAS les avantages et inconvénients de la transaction.*

M. Lecorps, par ailleurs titulaire de son brevet de pilotage, a utilisé un des ATR 42 de la compagnie pour se rendre sur son lieu de vacances en Bretagne en juillet dernier. Les syndicats de DISAST'AIR se sont émus de cela et ont alerté le CAC de la compagnie.

Travail à faire

5. *Analysez cet « emprunt gracieux » au regard du droit applicable.*

La SARL RESTAIR envisage une fusion avec la seule autre société française proposant une restauration bio et naturelle à bord des avions, la société FLY-Bio. Cette dernière est implantée à Rennes sous la forme d'une SA et réalise 2 M€ de CA en France. Vous déterminerez la compatibilité de ce projet avec les règles du droit de la concurrence.

M. Lecorps souhaite savoir si la SAS est assujettie à des obligations environnementales.

Travail à faire

6. *Analysez cet « emprunt gracieux » au regard du droit applicable, sachant que le CA de RESTAIR, société non cotée, se monte à 15 M € pour un effectif de 300 ETP.*

La SARL REST'AIR a un exercice comptable est calqué sur l'année civile. Le chiffre d'affaires de la société est régulier depuis maintenant trois ans et avoisine les 500 000 € HT. La société a fait l'objet d'une vérification de comptabilité au cours de l'année N relative à l'imposition de ses bénéfices à l'IS. Elle a reçu un avis de vérification le 10 juin de l'année N. Le vérificateur est arrivé sur les lieux le 23 juin de l'année N pour débuter la vérification. Celle-ci s'est terminée le 8 septembre de l'année N. Le gérant a reçu une proposition de rectification le 5 octobre. Dans cette proposition, le vérificateur a remis en cause un montage d'optimisation : la finalité fiscale du montage serait prépondérante par rapport à la finalité économique.

Travail à faire

7. *Le délai prévu pour débuter la vérification a-t-il été respecté ?*
8. *La durée de la vérification a-t-elle été respectée ?*

La SARL souhaite contester la remise en cause du montage d'optimisation.

Travail à faire

9. *Le montage respecte-t-il la réglementation fiscale au regard du dispositif de l'abus de droit ?*
10. *Quelle serait la juridiction compétente en cas de recours contentieux ?*

CHAPITRE 8

Constitution et transformation de l'entreprise

PROGRAMME

Compétences visées

- **Assister** le chef d'entreprise dans les choix juridiques et fiscaux liés à la constitution de sociétés
- **Assister** le chef d'entreprise dans les choix juridiques et fiscaux liés à la transformation de sociétés

Notions et contenus

- Droit et fiscalité de la constitution des sociétés
- Droit et fiscalité de la transformation des sociétés

PLAN DU CHAPITRE

La constitution et la transformation constituent des enjeux différents de la vie de l'entreprise.

Les règles de constitution ont été à maintes reprises modifiées en vue de favoriser la création d'entreprise. Dans le même temps, le coût de la création a été considérablement allégé.

S'agissant de la transformation, l'objectif affiché est de permettre à l'entreprise de s'adapter au contexte économique, en provoquant une transformation de son statut, sans que le coût fiscal ou le formalisme ne soit pénalisant.

MOTS-CLÉS

Affectio societatis • Apports • Apports à titre onéreux • Apports purs et simples • Bénéfices • Capital social • Déclaration de bénéficiaires effectifs • Droits d'enregistrement • EURL • Pertes • SA • SARL • SAS

1 La constitution des sociétés

A) Le paysage entrepreneurial et les règles de droit commun

Le droit positif tend à neutraliser les différences entre la société et l'entreprise individuelle. La loi du 15 juin 2010 sur l'entreprise individuelle à responsabilité limitée (EIRL) en apporte une preuve supplémentaire. Parallèlement, la création d'une société est rendue moins onéreuse et plus facile. Le droit fiscal devient de plus en plus neutre, au sens où le choix d'une forme sociale a finalement peu d'incidence sur la fiscalité, au moins au stade de la création.

La loi de modernisation de l'économie du 4 août 2008 ainsi que les lois postérieures ont créé un statut très favorable aux micro-entreprises individuelles prévoyant la dispense d'inscription au RCS ou au RM ainsi que des contributions fiscales et sociales forfaitaires (micro-entrepreneur).

Certaines entreprises de taille modeste sont constituées sous la forme d'une société (ex. : SARL ou SAS avec faible capital social), dans laquelle le chef d'entreprise détient la très grande majorité du capital, est dirigeant et prend toutes les décisions. Les autres associés – conjoint, enfants – sont en pratique des figurants même si, juridiquement, ils sont associés. Il existe donc une zone de concurrence assez importante entre l'entreprise individuelle et la société. Si toute entreprise individuelle a vocation à être exploitée sous forme de société, l'inverse est faux.

En France, la création de sociétés reste dynamique (fig. 8.1).

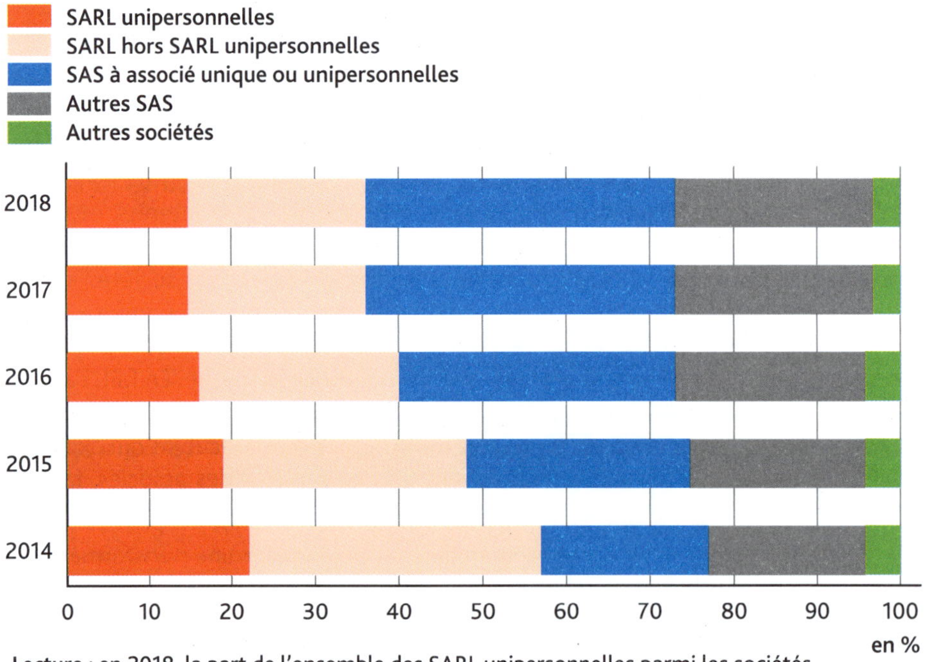

Lecture : en 2018, la part de l'ensemble des SARL unipersonnelles parmi les sociétés créées s'établie à 15 %
Champ : ensemble des activités marchandes non agricoles.
Source : Insee, répertoire des entreprises et des établissements (Sirene).

Figure 8.1. Créations de sociétés en 2018 : la SAS plébiscitée

CHIFFRES-CLÉS

Le statut de micro-entrepreneur remporte un succès très net : **1 250 000** micro-entreprises à ce jour ; plus de **250 000** nouvelles créations par an (www.portail-autoentrepreneur.fr, 2019).

1. Les conditions de fond de constitution d'une société

L'article 1832 du Code civil précise les éléments à réunir pour créer une société.

Code civil, article 1832

■ La société est instituée par deux ou plusieurs personnes qui conviennent par un contrat d'affecter à une entreprise commune des biens ou leur industrie en vue de partager le bénéfice ou de profiter de l'économie qui pourra en résulter. Elle peut être instituée, dans les cas prévus par la loi, par l'acte de volonté d'une seule personne. Les associés s'engagent à contribuer aux pertes.

Les principaux éléments constitutifs du contrat de société sont les suivants :

- **Les associés** (tab. 8.1).

Tableau 8.1. Nombre d'associés selon la forme sociale

Société	Nb d'associés min	Nb d'associés max
SARL	1 (EURL)	100
SAS	1 (SASU)	Ø
SA	2	Ø
SNC	2	Ø
SC	2	Ø

- **L'engagement dans un but commun.** Il faut une convergence d'intérêts, et surtout une volonté de collaborer sur un pied d'égalité (ce qui permettra de distinguer la société d'autres types de contrat.) Dans le catéchisme du droit des sociétés, cet élément porte un nom barbare : l'*affectio societatis*. Littéralement, cela signifie « l'intention d'être associé », et représente l'élément le plus difficile à caractériser, puisqu'il relève plus de la psychologie de chacun que de la science juridique. En fait, l'*affectio societatis* se remarque plus par son absence : c'est quand il fait défaut que l'on sait que l'on n'est pas en présence d'un contrat de société. Deux concubins qui exploitent ensemble un fonds de commerce ne peuvent être assimilés à des associés, faute de démontrer l'*affectio societatis* qui les lie.

Définition

La jurisprudence définit l'***affectio societatis*** comme la volonté de travailler ensemble dans un intérêt commun et sur un pied d'égalité, avec de surcroît une participation aux **bénéfices** et aux **pertes**.

Apports en société. Ces **apports** peuvent se faire en numéraire (en argent), en nature (apport de biens meubles ou immeubles) ou encore en industrie (apport d'un savoir-faire, d'un travail…). Ces apports vont être réunis au sein de ce que l'on nomme le **capital social**. Dans certaines sociétés, un capital social minimum est exigé lors de la constitution et en cours de vie sociale : il va constituer le gage des créanciers (le gage doit ici être entendu dans un sens qui n'est pas celui que lui attribue le droit des sûretés : il désigne les biens que les créanciers peuvent saisir en paiement de ce qui leur est dû).

En contrepartie de ces apports, les associés reçoivent des droits sociaux qui portent suivant le type de société le nom de parts sociales ou d'actions (la différence entre parts sociales et actions n'est pas purement terminologique : la distinction repose pour l'essentiel sur les modalités juridiques et fiscales de la cession des droits), lesquels droits sociaux leur confèrent des prérogatives financières (droit aux bénéfices pour l'essentiel) et extra-patrimoniales (ex. : droit de vote ou d'information).

Participation aux bénéfices. Enfin, ces associés participent aux bénéfices réalisés par la société, c'est-à-dire en reçoivent une quote-part. Cette vocation aux bénéfices est en principe proportionnelle aux apports réalisés : ainsi si l'on apporte le quart du total du capital, on reçoit le quart des droits sociaux et on perçoit le quart des bénéfices. Mais cette règle de proportionnalité connaît des dérogations. Ainsi les actions de préférence peuvent donner droit à une part plus importante des bénéfices.

Code civil, article 1844-1

■ La part de chaque associé dans les bénéfices et sa contribution aux pertes se déterminent à proportion de sa part dans le capital social et la part de l'associé qui n'a apporté que son industrie est égale à celle de l'associé qui a le moins apporté, le tout sauf clause contraire. Toutefois, la stipulation attribuant à un associé la totalité du profit procuré par la société ou l'exonérant de la totalité des pertes, celle excluant un associé totalement du profit ou mettant à sa charge la totalité des pertes sont réputées non écrites.

Contribution aux pertes. La contribution aux pertes n'a pas le même sens dans les sociétés à responsabilité limitée (SA, SAS, SARL...) et dans les sociétés à responsabilité indéfinie (SNC, société civile). Dans les premières, elle signifie que les associés peuvent perdre leur mise initiale, c'est-à-dire ne jamais se voir rembourser leur apport ; quand la société est cotée en Bourse, la contribution aux pertes signifie que le cours baisse au point que les actionnaires s'ils vendent leurs titres vont subir une moins-value. Au contraire, dans une société de type SNC ou SC, la contribution aux pertes signifie que les dettes de la société pourront être payées sur le patrimoine personnel des associés, avec solidarité (SNC) ou sans (SC).

Exemples

- Un associé apporte 10 000 € lors de la constitution d'une société dont le capital total est de 100 000 €.
- Il recevra donc 10 % des parts ou actions de la société.
- Il aura vocation à recevoir 10 % des bénéfices versés par la société.
- Si le passif de la société se monte à 500 000 €, sa contribution aux pertes sera la suivante :
  - SARL, SAS ou SA : il perdra les 10 000 € apportés ; les créanciers n'ont aucune action sur son patrimoine personnel ;
  - société civile : il sera tenu sur son patrimoine personnel à hauteur de 10 % des dettes, soit 50 000 € ;
  - SNC : il pourra être tenu de la totalité des dettes, soit 500 000 € (solidarité).

2. Les conditions de forme de constitution d'une société

Rédaction des statuts. Il s'agit d'un acte important pouvant avoir des conséquences juridiques, fiscales et influer sur le statut social du dirigeant. Ils doivent prévoir notament : la nomination d'un dirigeant, les droits des associés, les pouvoirs de l'AG.

Code civil, article 1835

- Les statuts doivent être établis par écrit. Ils déterminent, outre les apports de chaque associé, la forme, l'objet, l'appellation, le siège social, le capital social, la durée de la société et les modalités de son fonctionnement.

- Les statuts peuvent être passés sous seing privé (c'est-à-dire simplement signés par les fondateurs) ou par acte notarié. Si un immeuble est apporté à la société, l'acte notarié sera incontournable.

Fonds (capital social). Les fonds doivent être déposés, au choix soit dans une banque, soit à la Caisse des dépôts et consignations, soit chez un notaire. Le montant devant être déposé varie suivant la forme sociale.

Les fonds seront débloqués sur présentation par le dirigeant de l'extrait Kbis (extrait constatant l'immatriculation de la société au RCS) et virés sur un compte courant ouvert au nom de la société. À partir de ce moment, le ou les dirigeants pourront disposer librement de ces sommes pour les besoins de la société.

La formalité de l'enregistrement des statuts auprès de l'administration fiscale a été supprimée en 2015 et demeure requise dans quelques cas limités (constitution de société par acte notarié par exemple).

Déclaration de bénéficiaires effectifs. La lutte contre le blanchiment d'argent et le financement du terrorisme a conduit à l'adoption d'une série de mesures visant à identifier les personnes physiques présentes « derrière » l'écran de la personnalité morale. Les articles L. 561-46, L. 561-2-2 et R. 561-1 du Code monétaire et financier, issus notamment de l'ordonnance du 1er décembre 2016 et du décret du 12 juin 2017, prévoient que toute personne morale sujette à immatriculation au RCS doit déclarer au greffe du tribunal de commerce l'identité (ainsi que l'adresse et les autres éléments d'état civil) de ses « bénéficiaires effectifs », c'est-à-dire des personnes physiques possédant directement ou indirectement plus de 25 % du capital ou des droits de vote de la personne morale considérée, ou exerçant un contrôle sur les organes de gestion ou de direction. Cette obligation, sanctionnée pénalement (six mois d'emprisonnement et 7 500 € d'amende), est applicable à la fois à toutes les nouvelles entités créées à compter du 1er août 2017 et aux sociétés existantes à compter du 1er avril 2018. Toute modification du ou des bénéficiaires effectifs requiert le dépôt d'une nouvelle déclaration dans les 30 jours.

Publicité. Il est nécessaire de réaliser la publication d'un avis de constitution dans un journal d'annonces légales. Cet avis doit indiquer : la dénomination, la forme, l'objet, le siège, la durée, le capital de la société, la nature des apports, les noms et adresses des dirigeants ainsi que le Registre du commerce et des sociétés auprès duquel la société sera immatriculée.

Dépôt au Centre de formalités des entreprises (CFE). Le dossier complet est déposé auprès du CFE compétent, qui se chargera des formalités. Le principal imprimé à remplir est dénommé « M0 ».

Les formalités peuvent être accomplies en ligne sur www.guichet-entreprises.fr.

Immatriculation au Registre du commerce et des sociétés (RCS). À partir du moment où le dossier est remis au CFE, la société est en cours d'immatriculation. Elle naîtra officiellement le jour de son immatriculation au Registre du commerce et des sociétés. Une dernière publication au *Bulletin officiel des annonces civiles et commerciales* (BODACC) sera alors nécessaire.

Exemple

- Les *Échos judiciaires girondins* publiaient le 20 mai 2019 l'annonce suivante :

> Aux termes d'un acte SSP en date du 20/05/2019 il a été constitué une société
> Dénomination sociale :
> **PLEIN LES YEUX SASU**
> Siège social : 2 place de la libération , 33530 Bassens
> Forme : SASU
> Nom commercial : Plein les yeux
> Capital : 100 Euros
> Objet social : Soins de beauté
> Président : Madame Céline Eveillard demeurant : 19 rue Joseph Cabane , 33440 Ambares et Lagrave
> élu pour une durée indéterminée
> Durée : 99 ans à compter de son immatriculation au RCS de Bordeaux

FOCUS Les numéros d'immatriculation de l'entreprise

Toute entreprise est enregistrée auprès de l'Insee qui lui attribue trois numéros :
- le numéro SIREN est utilisé par les organismes publics et les administrations avec lesquels l'entreprise est en relation. Il se décompose en 3 groupes de 3 chiffres attribués en fonction de l'ordre d'inscription de l'entreprise ;
- le numéro SIRET identifie l'établissement : une même entreprise peut donc en avoir plusieurs. Il est demandé notamment par les organismes sociaux, les services fiscaux, l'Assedic. Il se compose de 14 chiffres : le numéro SIREN auquel sont adjoints 5 chiffres complémentaires, le numéro interne de classement ;
- le code APE identifie le secteur d'activité de l'entreprise (4 chiffres et 1 lettre).
- Le numéro unique d'identification après immatriculation de l'entreprise se présentera de la manière suivante :

Mention RCS / Ville d'immatriculation / N° SIREN
Exemple : RCS Paris 321 345 654

Coûts. Les coûts des formalités de constitution d'une société sont faibles :
- frais de publication (journal d'annonces légales) : 200 à 230 € ;
- immatriculation au RCS : environ 40 €.

Loi Pacte. La loi n° 2019-486 du 22 mai 2019 met en place une dématérialisation progressive de la création de société. À compter de 2021, les CFE disparaîtront sur le territoire français au profit d'un portail numérique unique, quelles que soient l'activité de la société et sa localisation en France.

3. Les règles de constitution spécifiques à chaque société

Les précisions ci-après ne concernent que les sociétés commerciales les plus courantes : SARL, SA et SAS.

Spécificités de la SARL/EURL. Parmi les points les plus importants, retenons que :

- les associés de la SARL, même s'ils sont gérants, et quelle que soit la participation qu'ils détiennent dans la société, n'acquièrent jamais la qualité de commerçant ;
- le capital social doit exister mais le Code de commerce ne fixe plus de minimum depuis la loi du 1er août 2003. Son montant, aussi faible soit-il, doit figurer dans les statuts ainsi que dans tous les papiers officiels de la SARL à destination des tiers ;
- les apports en numéraire doivent être libérés (payés à la société) pour au moins 1/5e de leur montant lors de la constitution. Le surplus doit être libéré dans les 5 ans au maximum (C. com., art. L. 223-7) ;
- les apports en nature doivent être intégralement libérés. Leur évaluation par un commissaire aux apports est obligatoire (C. com., art. L. 223-9) ;

Code de commerce, article L. 223-9

- Les futurs associés peuvent décider à l'unanimité que le recours à un commissaire aux apports ne sera pas obligatoire, lorsque la valeur d'aucun apport en nature n'excède un montant fixé par décret [30 000 €] et si la valeur totale de l'ensemble des apports en nature non soumis à l'évaluation d'un commissaire aux apports n'excède pas la moitié du capital.

- pour une EURL, le recours à un commissaire aux apports n'est pas obligatoire si l'associé unique, personne physique, exerçant son activité professionnelle en nom propre avant la constitution de la société apporte des éléments qui figuraient dans le bilan de son dernier exercice (mise en société de l'entreprise individuelle préexistante) ;
- les apports en industrie sont autorisés, mais ne sont pas pris en compte dans le capital social. Les droits et obligations des apporteurs en industrie sont réglés par les statuts.

Statuts de la SARL/EURL. D'un point de vue formel, les statuts de la SARL doivent être écrits (acte sous seing privé ou authentique) et signés par tous les fondateurs avant leur publication. Le rapport d'évaluation du commissaire aux apports et l'état des actes accomplis pour le compte de la société en formation doivent y être annexés.

Spécificités de la SA. Sur le fond (fig. 8.2) :

- le nombre d'associés doit être de 2 au minimum (et 7 si la SA fait offre au public) ; la loi ne fixe pas de maximum ;
- les associés de la SA n'ont pas la qualité de commerçant ;
- le capital minimum est de 37 000 euros ;
- seuls les apports en nature et en numéraire sont autorisés ;
- les apports en industrie sont interdits ;
- les apports en numéraire doivent être libérés pour moitié lors de la constitution ; le surplus doit l'être dans les 5 années de la constitution ;
- les apports en nature, quel que soit leur montant, font obligatoirement l'objet d'une évaluation par un commissaire aux apports désigné par le président du tribunal de commerce ou à l'unanimité par les associés fondateurs.

Sur la forme, il convient de distinguer :

- **Les SA ne faisant pas d'offre au public** : la constitution déroge peu au droit commun à quelques détails de procédure près.
- **Les SA faisant offre au public** : la procédure de constitution déroge à celle décrite ci-dessus sur les points suivants :
  - le projet de statuts doit être déposé au greffe du tribunal de commerce ;
  - une notice d'information doit être publiée au BALO (*Bulletin des annonces légales obligatoires*) ;
  - un prospectus visé par l'Autorité des marchés financiers doit être établi ;
  - les souscriptions publiques sont constatées par un bulletin de souscription ;
  - une assemblée constitutive doit être réunie visant notamment à constater la souscription du capital, à adopter les statuts et à nommer les organes sociaux.

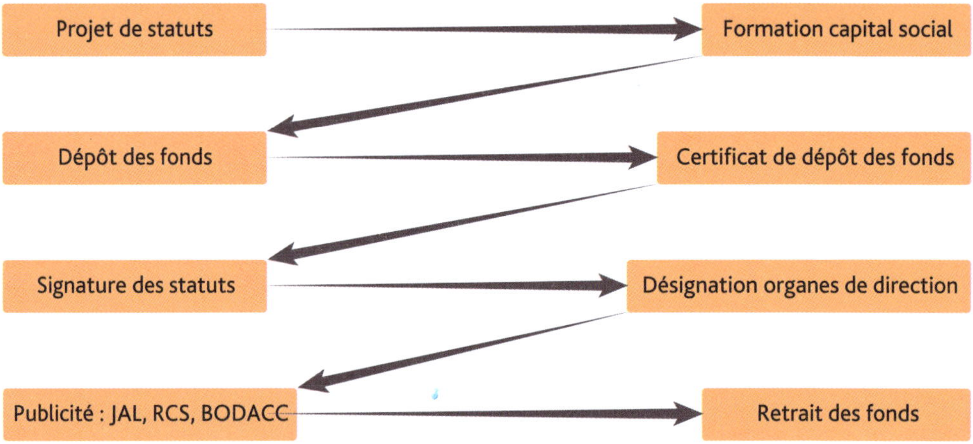

Figure 8.2. Procédure de constitution de la SA sans offre au public

Identité de la SAS. Les règles de constitution d'une SAS sont très largement similaires à celles de la SA, notamment au plan des conditions de forme.

Sur le plan des différences, on notera :

- le nombre d'associés : un au minimum, pas de maximum ;
- l'interdiction de faire offre au public à l'exception des opérations de *crowdfunding* (↪chapitre 12) ;
- l'absence de capital minimum ;
- les dispenses de commissariat aux apports (alignées sur celles de la SARL).

B) Les règles fiscales de constitution

La fiscalité de la constitution se concentre essentiellement sur la fiscalité des apports en société. Le droit fiscal distingue deux types d'apports : les apports purs et simples et les apports à titre onéreux.

Définitions

- Les **apports purs et simples** sont ceux qui sont rémunérés par des droits sociaux.
- Les **apports à titre onéreux**, quant à eux, ne sont pas rémunérés par des titres, mais ils ont pour contrepartie le paiement d'un prix ou la prise en charge d'un passif.

Lorsque l'apport est effectué en cours de vie sociale, conduisant à une augmentation de capital, un droit fixe s'applique. Il est de 375 € si la société a un capital social inférieur à 225 000 € et de 500 €, si le capital social est égal ou supérieur à ce montant.

1. La fiscalité des apports purs et simples

Principe. Afin de ne pas pénaliser les créations d'entreprises, les apports purs et simples sont exonérés d'impôts (CGI, art. 810 bis).

Exception. Un droit d'apport majoré s'applique lorsqu'une personne soumise à l'IR (personne physique ou société de personnes) apporte à une société IS un immeuble, un fonds de commerce, une clientèle ou un droit au bail. Le législateur assimile cette opération à une transmission à titre onéreux. Par conséquent, il y a application du taux de 5 % pour les immeubles et du barème progressif des **droits d'enregistrement** pour la cession du fonds de commerce (0 % jusqu'à 23 000 euros, 3 % de 23 000 à 200 000 euros et 5 % au-delà).

Exonération générale. Les apports purs et simples sont exonérés d'impôt dans tous les cas, si l'apporteur s'engage à conserver les titres pendant au moins trois ans.

FOCUS Le cas de la TVA

La TVA est susceptible de s'appliquer aux apports d'immeubles selon si l'assujetti est un assujetti agissant en tant que tel ou non. Si c'est le cas, les apports d'immeubles neufs (non achevés depuis plus de cinq ans) et les terrains à bâtir sont soumis à la TVA. Si ce n'est pas le cas, la TVA ne s'applique pas. En vertu de l'article 256-I du CGI, la TVA s'applique aux apports de marchandises neuves (stocks).

Selon l'article 257 bis du CGI, en cas de transmission d'universalité, les stocks et les immeubles sont exonérés de TVA.

2. La fiscalité des apports à titre onéreux

Principe. Les apports à titre onéreux sont soumis aux droits applicables à la vente :

- barème progressif des droits d'enregistrement pour le fonds de commerce ;
- taux de 5 % pour les immeubles et les droits immobiliers ;
- droit fixe de 125 euros pour les brevets et les apports d'obligations.

Exonérations. Un régime d'exonération est prévu, sous conditions, en cas de mise en société d'une entreprise individuelle. Il est alors nécessaire que les biens apportés soient compris dans l'ensemble des éléments d'actif immobilisés affectés à l'exercice d'une activité professionnelle et que l'associé s'engage à conserver les titres pendant 3 ans. Enfin, les règles de TVA sont similaires à celles relatives aux apports purs et simples.

3. Les apports mixtes

En pratique, il est fréquent de retrouver des apports mixtes, c'est-à-dire rémunérés à la fois par des droits sociaux et par le paiement d'un prix (ou la prise en charge d'un passif). Deux situations doivent ici être distinguées :

- Apport d'un bien unique rémunéré par des titres financiers et le paiement d'un prix ou la prise en charge d'un passif. Dans ce cas, la réglementation prévoit de ventiler les droits applicables en fonction, d'une part, de la nature du bien, et d'autre part, de la proportion du passif dans la valeur totale du bien.

Exemple

▸ Stéphane apporte un immeuble d'une valeur de 50 000 euros à une société non soumise à l'IS. L'apporteur a encore un crédit de 30 000 euros à payer sur ce bien. Le crédit matérialisant un passif pris en charge par la société, la loi considère que l'apport se fait à titre pur et simple à hauteur de 20 000 euros et à titre onéreux pour 30 000 euros (ici rémunéré par la reprise du passif et non des titres sociaux). Ainsi, en vertu des règles précédemment énoncées, seul l'apport à titre onéreux est soumis à l'impôt. S'agissant d'un immeuble, le taux de 5 % est applicable.
Montant des droits dus : 30 000 × 5 % = 1 500 euros.

– Apport de plusieurs biens (ou un fonds de commerce) dont certains sont rémunérés par des droits sociaux et d'autres, par le paiement d'un prix ou la reprise d'un passif. Dans ce cas, l'apporteur est libre de choisir les biens ou la part des biens apportés qui relèveront des apports purs et simples ou des apports à titre onéreux (ce choix doit être précisé dans l'acte d'apport). Ce choix se fait en fonction de l'importance des droits applicables sur chaque bien pris séparément.

Exemple

▸ Romain apporte à une société soumise à l'IR un immeuble (non soumis à la TVA immobilière) dont la valeur est de 200 000 euros avec un crédit de 50 000 euros dessus. Il apporte également des liquidités à hauteur de 40 000 euros.
Calculez l'imposition la plus avantageuse pour Romain.

L'apport de 240 000 euros se décompose de la manière suivante : apport pur et simple : 190 000 euros ; apport à titre onéreux (le passif) : 50 000 euros.

Les apports purs et simples sont exonérés d'impôt. Seuls les apports à titre onéreux sont taxables. La meilleure solution pour Romain consiste à préciser dans l'acte d'apport que le passif s'impute en priorité sur les 40 000 euros de liquidités qui sont exonérées (CGI, art. 810 bis). Les 10 000 euros restants seront imputés sur l'immeuble qui est soumis aux droits d'enregistrement à hauteur de 5 %.

Les droits dus s'élèveront à : 10 000 × 5 % = 500 euros. ◂

FOCUS ***Doing Business*, ou le classement des économies par la Banque mondiale**

Les États se livrent à une compétition importante pour attirer des entreprises et des investisseurs sur leur territoire. Si le droit des sociétés français apparaît comme complexe et rigide, il peut décourager des investisseurs étrangers.

La Banque mondiale publie un classement annuel des pays de la planète en fonction de la facilité à y faire des affaires. Les critères incluent nombre de paramètres juridiques. Sont évalués dans près de 180 pays, les procédures, délais et coûts de la création d'entreprise, du permis de construire, de l'accès à l'énergie, du transfert de propriété, de l'accès au crédit, de la protection des investisseurs, des procédures d'insolvabilité, du paiement des taxes et impôts et de l'exécution des contrats.

Le « top 10 » en 2019 comprend dans l'ordre : la Nouvelle-Zélande, Singapour, le Danemark, Hong Kong, la Corée du Sud, la Géorgie, la Norvège, les États-Unis, le Royaume-Uni et la Macédoine. La France se classe 32e, en progrès sensible par rapport aux années précédentes. La Chine pointe à la 46e place, en très forte progression, l'Inde occupe la 77e, le Brésil s'effondre à la 158e place et la Russie surprend en pointant à la 31e position. La présence de pays scandinaves dans le peloton de tête montre bien que les investisseurs ne privilégient pas toujours la fiscalité faible, mais plutôt la transparence et l'efficacité des procédures.

➜ APPLICATION 2 • MINI-CAS 3 • MINI-CAS 4 • CAS PRATIQUE 5

2 La transformation des sociétés

La transformation de l'entreprise, lorsqu'elle est exploitée sous la forme d'une société, pose essentiellement une question : est-ce une mort suivie d'une renaissance de la personnalité juridique, ou bien une simple modification avec survie de la personnalité juridique ? À la clé, le formalisme de la transformation bien sûr, mais également et surtout une question d'ordre fiscal.

A) Les règles juridiques de transformation

1. Les règles générales

Code civil, article 1844-3

- La transformation régulière d'une société en une société d'une autre forme n'entraîne pas la création d'une personne morale nouvelle. Il en est de même de la prorogation ou de toute autre modification statutaire.

Caractères. La transformation d'une société en une société d'une autre forme consiste à modifier la forme de celle-ci sans porter atteinte à la personnalité morale ; c'est une opération qui reste lourde puisqu'elle suppose la modification des statuts de la société.

Toute modification structurelle n'est pas obligatoirement un changement de forme : ainsi la modification de la structure de direction d'une SA (passage à une structure à directoire et conseil de surveillance) ou encore la transformation d'une SAS en SASU ou inversement, d'une SARL en EURL ou inversement, ne sont pas considérées comme une modification de la forme puisque la famille demeure identique.

Motivations. Quelles sont les motivations du changement de forme ?

- parfois, mais rarement, le changement de forme est imposé : nombre d'associés insuffisant dans la SA, trop important dans la SARL ; héritier mineur d'un associé d'une SNC... ;
- le plus souvent la transformation est volontaire.

Les motivations sont alors diverses : fiscales (mais le droit fiscal rend le plus souvent neutres les différences entre les formes de sociétés), sociales (régime d'assurance-maladie ou de retraite des dirigeants), financières (la société veut faire offre au public, avoir recours à des procédés de *crowdfunding*). Parfois, la transformation doit plus aux effets de mode ; ainsi de nombreuses SARL se sont transformées en SAS sans raison réelle.

Conditions. Au rang des conditions communes à toutes les sociétés, on notera essentiellement qu'il est nécessaire que la société transformée remplisse les conditions de fond nécessaires à la création de la société nouvelle, surtout du point de vue du montant du capital social ou du nombre d'associés.

Procédure. La transformation suppose une délibération d'AG dans les conditions de la modification des statuts. Si la transformation devait engendrer une augmentation des engagements des associés (ex. : transformation d'une SARL en SNC), l'unanimité serait requise.

Publicité et effets. La transformation doit être publiée, comme toute modification statutaire afin notamment d'être opposable aux tiers ; le circuit des publications est classique : JAL, dépôt au greffe, BODACC. La publicité a les effets suivants :

- **À l'égard de la société**, la transformation n'a pas d'effets particuliers puisque la personnalité juridique subsiste. La société conserve le même patrimoine, ce qui signifie qu'elle demeure créancière et débitrice dans les mêmes conditions. Les statuts doivent bien entendu être mis en conformité, notamment du point de vue des organes sociaux.
- **À l'égard des créanciers**. La question concerne surtout les créanciers antérieurs à la transformation, c'est-à-dire ceux dont la créance est née avant la transformation : ils ne sont pas menacés par la transformation et conservent leurs droits intacts ; ainsi, si la forme de la société leur permettait antérieurement d'agir contre les associés, ils continuent de pouvoir agir contre eux (ex. : SNC transformée en SARL). Leurs sûretés antérieures sont également maintenues.

2. Les règles spécifiques à chaque société

Les trois principaux cas de figure sont décrits ci-après (tab. 8.2 à 8.4).

Tableau 8.2. Transformation d'une SARL en SA

Conditions et procédure	Effets
• Capital de 37 000 € au moment de la transformation • Rapport du CAC sur la situation de la société (dépôt au tribunal de commerce requis) • Évaluation par un commissionnaire à la transformation de la valeur des biens composant l'actif social et attestation du montant des capitaux propres au moins égal au capital social • Mêmes quorum et majorité que pour la modification des statuts (sauf capitaux propres > 750 000 €)	• Conversion des parts sociales en actions immédiatement négociables • Exclusion des apporteurs en industrie de l'ex-SARL • Mise en conformité des statuts, notamment en ce qui concerne les organes sociaux

Tableau 8.3. Transformation d'une SARL en SAS

Conditions et procédure	Effets
• Rapport du CAC/commissaire à la transformation sur la situation de la société (absence de dépôt au tribunal de commerce) • Rapport sur du CAC/commissaire à la transformation sur la valeur des biens et les avantages particuliers (dépôt au tribunal de commerce requis) • Décision à l'unanimité des associés (et non des associés présents ou représentés), en raison des clauses possibles des statuts de la SAS (ex. : clause d'exclusion)	• 30 fois moins de droits d'enregistrement sur les cessions • D'où la fréquence de la transformation

Tableau 8.4. Transformation d'une SNC en société à risque limité (SARL, SA, SAS)

Conditions et procédure	Effets
• Décision à la majorité des associés pour la SARL • Décision à la majorité des associés en nom pour la SA (capital minimum : 37 000 €) • Décision à l'unanimité des associés en nom pour la SAS	• Passage d'une structure à responsabilité indéfinie et solidaire à une structure à responsabilité limitée • Maintien des droits des créanciers antérieurs (absence de réduction du droit de gage)

La transformation d'une SNC en société à risque limité reste faible en raison du peu de SNC qui existent.

B) Les règles fiscales de transformation

1. La transformation d'une société en une société d'une autre forme

Politique. L'administration fiscale a mis plusieurs décennies à admettre que la transformation régulière d'une société en une autre société ne soit plus pénalisante. Jusqu'au milieu des années 1980, elle considérait qu'il y avait cessation d'activité, dissolution, puis création d'une personne morale nouvelle.

Régime. Le régime actuel dépend essentiellement du fait de savoir si la société change ou non de régime fiscal (tab. 8.5).

Tableau 8.5. Régime fiscal de la transformation d'une société

	Société conservant son régime fiscal (IR/IR ou IS/IS)	Société passant de l'IR à l'IS	Société passant de l'IS à l'IR
Impôt sur les bénéfices	Sans incidences	Principe : cessation d'entreprise = imposition immédiate des résultats d'exploitation + bénéfices en sursis + PV latentes Atténuation (CGI, art. 221 bis) : pas d'imposition immédiate si pas de modification de la valeur comptable des éléments d'actif + imposition des bénéfices et PV possibles dans le cadre du nouveau régime fiscal.	Principe : cessation d'entreprise. Atténuation (CGI, art. 221 bis) : absence d'imposition immédiate en cas de non-modification de la valeur comptable des éléments d'actif + imposition des bénéfices et PV possibles dans le cadre du nouveau régime fiscal.
Droits d'enregistrement	Droit fixe de 125 €	Principe : 5 % sur les immeubles/fonds de commerce : 3 % de 23 000 à 200 000 € ; 5 % au-delà de 200 000 € Exception : droit fixe de 375 à 500 € si conservation des droits sociaux plus de 3 ans à compter de la transformation.	Droit fixe de 125 €

2. Le changement d'objet ou d'activité de la société

Une société a toujours la possibilité d'évoluer en cours de vie sociale afin de tirer au maximum profit du contexte économique. Le législateur a prévu une limite à ces évolutions : « le changement de l'objet social ou de l'activité emporte cessation d'entreprise » (CGI, art. 221-5). Le changement d'activité est assimilé à la cessation d'entreprise, avec les conséquences suivantes :

- les anciens déficits ne pourront être reportés sur les bénéfices futurs ;
- les plus-values latentes et les provisions constituées deviennent imposables. Sur ce point, l'article 221 bis du CGI vient atténuer la règle en accordant un sursis d'imposition lorsqu'il n'y a pas de modification des valeurs comptables inscrite au bilan.

La question essentielle est donc de savoir dans quel cas le juge considère qu'il y a changement d'activité entraînant les conséquences précédemment évoquées. Selon la jurisprudence, le changement d'activité est matérialisé à chaque fois qu'il y a changement de produits ou changement de métier.

Exemple

Une activité de vente de textile au détail évoluant vers une activité de vente en gros et demi-gros de textile n'est pas considérée comme un changement d'activité.

Malgré ces précisions, la notion de changement d'activité est difficile à saisir puisqu'elle dépend des situations de fait, le juge n'hésitant pas à tenir compte des circonstances propres à chaque espèce pour se prononcer.

Exemple

L'adjonction d'une nouvelle activité à celle précédemment exercée ne permet pas, à elle seule, de considérer qu'il y a un changement d'activité. Cependant, le changement d'activité est matérialisé lorsqu'une nouvelle activité est ajoutée à l'activité initiale et qu'elle devient prépondérante.

→ MINI-CAS 4 • CAS PRATIQUE 5

DES SAVOIRS AUX COMPÉTENCES

Évaluer les savoirs | Maîtriser les compétences | Préparer l'épreuve

1 QCM

Pour chaque proposition, une ou plusieurs réponses sont possibles. Justifiez-les.

1. Dans une SASU :
   a. les créanciers peuvent saisir l'intégralité du patrimoine des associés. ☐
   b. la responsabilité des associés est solidaire. ☐
   c. la responsabilité des associés est limitée à leurs apports. ☐
   d. seul le patrimoine du président répond des dettes de l'exploitation. ☐

2. Une micro-entreprise de services peut exister jusqu'au seuil annuel de chiffre d'affaires de :
   a. 70 000 €. b. 7 500 €. ☐
   c. 50 000 €. d. 200 000 €. ☐

3. Le capital minimum d'une SA est fixé à :
   a. 1 €. b. 225 000 €. ☐
   c. 37 000 €. d. 7 500 €. ☐

4. Une SAS peut au maximum compter :
   a. 3 associés. b. 50 associés. ☐
   c. 100 associés. d. il n'y a pas de maximum. ☐

5. La transformation d'une SARL en SAS :
   a. est interdite par le Code de commerce. ☐
   b. suppose l'accord de tous les associés. ☐
   c. n'entraîne pas de dissolution de la SARL. ☐
   d. est rare. ☐

6. Le changement d'objet ou d'activité de la société :
   a. l'oblige à changer de forme sociale. ☐
   b. est assimilé à une cessation d'entreprise. ☐
   c. entraîne l'imposition des plus-values latentes. ☐
   d. n'a aucune incidence fiscale. ☐

7. La transformation d'une SAS assujettie à l'IS en une SA assujettie à l'IS :
   a. a des conséquences fiscales lourdes. ☐
   b. est assimilé à une cessation d'entreprise. ☐
   c. entraîne l'imposition des plus-values latentes. ☐
   d. est soumise à un droit fixe de 125 €. ☐

2 Société civile ★★★

Mme Legendre apporte 20 000 € lors de la constitution de la société civile Legendre & Co. dont le capital total est de 100 000 €. Au bout d'un an, le passif de la société est de 700 000 €.

Calculez le montant de la contribution aux pertes de Mme Legendre.

3 Mini-cas : droit d'enregistrement ★★★

Compétence visée : **Assister** le chef d'entreprise dans les choix juridiques et fiscaux liés à la constitution de sociétés

Soit la constitution de la SARL Lenoir (soumise à l'IS) comme suit :

- M. Arthur apporte 8 000 € de numéraire.
- La SNC Yvert (soumise à l'IR) apporte un fonds de commerce évalué à 150 000 €.
- Mme Brua apporte un immeuble évalué à 500 000 € mais dont le passif, repris par la SARL, se monte à 100 000 €.

Calculez la fiscalité de la création de cette société (droits d'enregistrement).

4 Mini-cas : transformation d'une SNC ★★★

Compétence visée : **Assister** le chef d'entreprise dans les choix juridiques et fiscaux liés à la transformation de sociétés

La SNC Décibel, soumise à l'IR, envisage de se transformer en SA soumise avec option pour l'IS. Son actif se compose pour l'essentiel d'un fonds de commerce évalué à 850 000 €.

Décrivez sommairement les conditions et les étapes de la transformation et précisez le régime fiscal de la transformation.

Évaluer les savoirs | Maîtriser les compétences | Préparer l'épreuve

Cas pratique : apports en SAS ★★★

20 min

Compétences visées

- **Assister** le chef d'entreprise dans les choix juridiques et fiscaux liés à la constitution de sociétés
- **Assister** le chef d'entreprise dans les choix juridiques et fiscaux liés à la transformation de sociétés

La SAS Logtech entend se constituer de la façon suivante :

- apport d'un brevet de 8 000 € ; capital de 50 000 € ;
- apport d'un logiciel de 3 000 € ; capital de 10 000 € ;
- apport d'un véhicule de 5 000 € ; capital de 8 000 € ;
- apport d'un fonds de commerce de 35 000 € ; capital de 150 000 €.

Dans les quatre hypothèses ci-avant, déterminez si l'intervention d'un commissaire aux apports est obligatoire. Justifiez vos réponses.

SYNTHÈSE

Constitution et transformation de l'entreprise

Conditions de fond et de forme de constitution d'une société

Conditions de fond	Conditions de forme
• Deux associés (C. civ., art. 1832) • Un but commun : convergence d'intérêts et volonté de collaborer sur un pied d'égalité (*affectio societatis*) • Des apports (en numéraire, en nature ou en industrie) : c'est le capital social • Participation aux bénéfices : quote-part des associés	• Rédaction des statuts : acte important qui a des conséquences juridiques, fiscales et influe sur le statut social des dirigeants • Dépôt des fonds (capital social) : au choix dans une banque, à la CDC ou chez un notaire • Déclaration de l'identité des bénéficiaires effectifs • Publicité : – publication d'un avis de constitution dans un JAL – dépôt au CFE – immatriculation au RCS À compter de 2021, les CFE disparaissent au profit d'un portail numérique.

Fiscalité des apports

	Apport pur et simple		Apport à titre onéreux	
	Immeubles fonds de commerce, clientèles, droit au bail	**Autres biens**	**Immeubles et droits immobiliers**	**Fonds de commerce, clientèle, droit au bail**
Apport d'une personne physique ou d'une société IR à une société IS	Immeubles 5 % Fonds de commerce : 0 jusqu'à 23 000 € ; 3 % de 23 000 à 200 000 € ; 5 % au-delà Toutes hypothèses : exonération si droits sociaux conservés 3 ans	Exonération	5 %	0 jusqu'à 23 000 € ; 3 % de 23 000 à 200 000 € ; 5 % au-delà

	Apport pur et simple		Apport à titre onéreux	
Apport de toute personne ou société à une société IR	Exonération	Exonération	5 %	0 jusqu'à 23 000 € ; 3 % de 23 000 à 200 000 € ; 5 %, au-delà
Apport d'une société IS à une société IS	Exonération	Exonération	5 %	0 jusqu'à 23 000 € ; 3 % de 23 000 à 200 000 € ; 5 % au-delà

CHAPITRE 9

Gouvernance des sociétés et relations avec les associés

PROGRAMME

Compétences visées

- **Assister** le chef d'entreprise dans le suivi juridique de la désignation et du fonctionnement des organes de direction d'une société
- **Comprendre** les enjeux et dispositifs liés aux nouvelles pratiques de gouvernance

Notions et contenus

- Le conseil d'administration, le directoire et le conseil de surveillance : rôle et attributions
- Les dispositifs (information, contrôle, sanction) permettant d'améliorer la gouvernance et la transparence du fonctionnement des sociétés

PRÉREQUIS

Notions sur les sociétés

PLAN DU CHAPITRE

COURS : 1. L'organisation de la gouvernance des sociétés • 2. Les relations entre dirigeants et associés

DES SAVOIRS AUX COMPÉTENCES : Évaluer les savoirs • Maîtriser les compétences • Préparer l'épreuve

SYNTHÈSE

Le développement de l'entreprise peut nécessiter une évolution de sa gouvernance, c'est-à-dire des modes de direction et des relations avec les associés ou actionnaires. La gouvernance de l'entreprise doit être envisagée à la fois sous l'angle statique (description des organes) et sous l'angle dynamique (relations entre les organes et entre les organes et les associés).

MOTS-CLÉS

Action *ut singuli* • Action *ut universi* • Conseil d'administration • Conseil de surveillance • Directoire • Convention réglementée • Expertise de gestion • Gérant • Gouvernement d'entreprise • Président • Responsabilité • Révocation

1 L'organisation de la gouvernance des sociétés

A) Les règles générales de gouvernance

1. Le gouvernement d'entreprise

Notion. Le gouvernement d'entreprise est une thématique dont les juristes se sont longtemps désintéressés. Elle s'est imposée dans le débat politique et économique depuis une quinzaine d'années sous le vocable anglo-saxon de *corporate governance*. Ce courant est né de la volonté des fonds de pension et d'investissement anglais et américains de procurer le meilleur rendement à leurs membres, après des décennies de liberté totale des dirigeants.

Ces idées ont débouché dans les pays cités sur la rédaction des *principles of corporate governance* ou encore des *codes of best practices*. La législation anglo-saxonne a intégré certains de ces principes. En France, le gouvernement d'entreprise a fait une timide percée dans la loi du 15 mai 2001 sur les nouvelles régulations économiques, mais s'est plus sérieusement affirmé dans les lois du 1er août 2003 (sécurité financière), du 26 juillet 2005, du 21 août 2007 et du 4 août 2008. La loi Macron du 6 août 2015 milite également en ce sens.

Que l'on ne s'y trompe pas, c'est un mouvement qui concerne pour l'essentiel les sociétés cotées, mais dont les manifestations se font également sentir au sein des entreprises de taille intermédiaire (ETI), même non cotées.

Manifestation. Le mouvement du gouvernement d'entreprise se traduit donc par :
- une information accrue des actionnaires par les dirigeants et les organes de direction ;
- des contrôles plus importants des dirigeants par les actionnaires ;
- des sanctions plus nombreuses.

En contrepoint de ces éléments positifs, la *corporate governance* cache mal le rapport « contrôle/rentabilité » qu'elle induit. En effet, la finalité de l'information, du contrôle et de la sanction est bien souvent l'accroissement de la rentabilité des fonds investis. Ainsi, les fonds de pension anglo-saxons, qui contrôlent plus de 40 % de la capitalisation boursière du CAC 40, jouent un rôle déterminant dans ce mouvement avec à la clé l'exigence d'un rendement de 10 à 12 % des capitaux investis.

Depuis les lois Sapin 1 et 2, en 2015 et 2016, on emploie les termes *compliance* ou « conformité » pour désigner l'ensemble des règles auxquelles l'entreprise doit se conformer dans sa relation avec ses dirigeants et salariés ainsi qu'avec son environnement.

2. Les structures de gouvernance

Monisme ou dualisme. La classification des structures de gouvernance est simple : soit la loi impose un schéma, qui peut être « moniste » c'est-à-dire ne prévoir qu'un organe de direction, ou « dualiste », soit la loi laisse le soin aux associés de régler cette question, le plus souvent dans les statuts.

La tendance actuelle, dans la lignée du mouvement de *corporate governance*, consiste à distinguer entre les organes de gestion et les organes de contrôle de la gestion.

Gouvernance moniste. Ce sont les sociétés qui sont dirigées par un gérant ou plusieurs gérants (cogérance). Entrent dans cette catégorie les SARL, EURL, société civile, SNC, société en commandite simple ou par actions. Le gérant, qui peut parfois être une personne morale, exerce tous les pouvoirs, à l'exception de ceux dévolus aux assemblées d'associés ou à d'autres organes. La cogérance n'est pas une organisation collégiale au sens où les décisions ne se prennent pas à une quelconque majorité mais de manière autonome par chaque gérant. Le système relève donc plus de la gestion concurrente que de la cogestion (fig. 9.1).

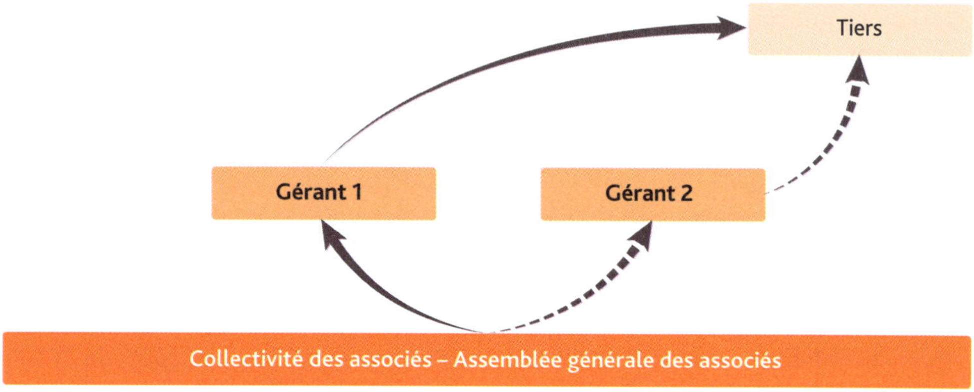

Figure 9.1. **Gouvernance moniste**

Gouvernance dualiste. Il s'agit principalement des sociétés anonymes dont la structure peut se décliner de trois façons (fig. 9.2).

- Un **conseil d'administration** (CA), organe collégial, et un président-directeur général (PDG) qui se répartissent l'exercice du pouvoir (PDG pour la gestion quotidienne, CA pour les décisions stratégiques) ; ce schéma représente plus de 95 % des SA.
- Une variante, statistiquement marginale, du schéma précédent, consiste en un conseil d'administration, un président du conseil d'administration et un directeur général.
- Un **conseil de surveillance** et un **directoire**, tous deux organes collégiaux, structure minoritaire au sein de laquelle les fonctions exécutives et de contrôle sont séparées.

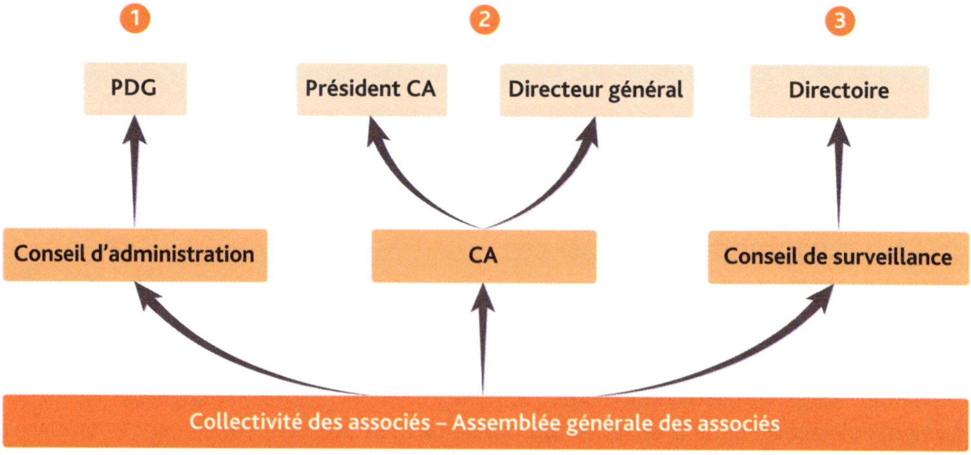

Figure 9.2. **Gouvernance dualiste**

Gouvernance libre. La principale illustration de cette catégorie est la SAS. Dans cette société, l'organisation de la direction est libre. La loi prévoit qu'il est nécessaire de nommer un **président**. L'hypothèse de la coprésidence n'est pas directement envisagée, mais le pouvoir peut être partagé avec un ou plusieurs directeurs généraux. Les statuts ont toute liberté pour mettre en place un ou plusieurs organes intermédiaires entre la présidence et l'assemblée générale, dont les attributions seront définies par les statuts : conseil d'administration, comité de gestion, comité de surveillance...

FOCUS Quels enjeux pour le statut du dirigeant ?

Le statut du dirigeant personne physique repose sur trois enjeux principaux : sa **responsabilité**, la fiscalité de sa rémunération et son statut social :

• La responsabilité, civile ou pénale, étudiée *infra*, est un domaine d'ordre public. Elle ne peut être négociée dans le mandat du dirigeant. On retiendra simplement que cette responsabilité ne dépend pas de la forme sociale adoptée, mais des pratiques de gestion. L'obligation aux dettes à l'égard des créanciers peut, elle, dépendre à la fois de la forme sociale choisie et de la gestion pratiquée.

• Le statut fiscal est un enjeu qui fut capital, mais qui tend à se réduire. Les rémunérations de certains dirigeants étaient imposables dans la catégorie des traitements et salaires, d'autres comme des bénéfices non éligibles aux abattements pratiqués sur les salaires. Quelle que soit la forme sociale ou le pourcentage de participation détenu, ce statut tend aujourd'hui à être neutre.

• Le statut social demeure un point important ; il y a bien entendu le régime d'assurance-maladie ou le régime de retraite qui peut varier suivant la forme de la société, mais c'est surtout le droit à l'assurance chômage en cas de cessation des fonctions qui pose problème. Le principe est que le dirigeant social n'est pas un salarié et ne bénéficie d'aucune assurance chômage s'il est révoqué, ou si la société dépose son bilan (sauf à avoir contracté une assurance privée à cette fin). En contrepartie bien sûr, il ne cotise pas pour cette assurance. Soucieux de cette situation, beaucoup de dirigeants souhaitent cumuler leur mandat social avec un contrat de travail afin de bénéficier de la même protection sociale. La loi et les organismes sociaux tels que Pôle Emploi ne voient pas cette situation d'un bon œil et réglementent ce cumul de manière très stricte.

3. Les pouvoirs des dirigeants

Mandat. On énonce souvent que les dirigeants sont des « mandataires sociaux ». Cette assertion est globalement fausse, même s'il existe des similitudes entre le mandataire et le dirigeant. La principale différence est que le dirigeant tient ses pouvoirs de la loi, alors que le mandataire les tient du contrat de mandat. Également, le mandataire est cantonné dans une fonction de représentation du mandant, alors que le dirigeant social assume également des fonctions de gestion de l'entreprise.

Fonctions. Les fonctions de dirigeant peuvent se décomposer en deux axes :

- la représentation de la société à l'égard des tiers ; le dirigeant est le « représentant légal » de la société. À ce titre, il contracte en son nom, embauche et licencie le personnel, représente la société en justice ;
- la gestion quotidienne interne et externe de la société.

Omnipotence. La loi ne définit pas ces pouvoirs de la même manière dans chaque type de société :

- pour la SAS, la SARL et la SA, on trouve la formulation suivante : *la société est représentée à l'égard des tiers par*... (un président, un gérant, un directeur général...) ; *le* (président, gérant, directeur général...) *est investi des pouvoirs les plus étendus pour agir en toutes circonstances au nom de la société*.

– S'agissant du conseil d'administration de la SA, le Code de commerce stipule l'élément suivant.

Code de commerce, article L. 225-35

■ Le conseil d'administration détermine les orientations de l'activité de la société et veille à leur mise en œuvre. Sous réserve des pouvoirs expressément attribués aux assemblées d'actionnaires et dans la limite de l'objet social, il se saisit de toute question intéressant la bonne marche de la société et règle par ses délibérations les affaires qui la concernent.

– pour le « couple » SNC-société civile, la loi définit les pouvoirs de manière quasi similaire : *le gérant peut accomplir tous les actes de gestion que demande l'intérêt de la société.*

FOCUS La parité dans la gouvernance des SA et SCA

• **Règle 1 (C. com, art. L. 225-17).** Le conseil d'administration/conseil de surveillance des SA et SCA est composé en recherchant une représentation équilibrée des femmes et des hommes (non contraignant/spectre large).

• **Règle 2 (C. com, art. L. 225-18-1).** Il doit se trouver une représentation de 40 % de chaque sexe dans le conseil d'administration ou conseil de surveillance des sociétés cotées et des sociétés qui emploient plus de 250 salariés et qui réalisent plus de 50 M€ de CA ou total bilan. Nullité des nominations qui n'ont pas pour effet de remédier à la disproportion (exemples : CA de 12 membres avec 9 hommes/3 femmes, et un homme est nommé en remplacement d'un autre homme). Suspension du paiement des jetons de présence si violation de la règle 2. Une fois régularisés, les jetons sont versés de manière rétroactive.

Entrée en vigueur le 1er janvier 2020 pour les mesures contraignantes (règle 2), déjà effective pour l'obligation de moyens (règle 1).

Limites aux pouvoirs. Trois limites principales coexistent, d'inégale portée et d'inégale opposabilité, suivant les sociétés et les situations :

- Les pouvoirs des autres organes légaux. Le principe de spécialité des organes légaux d'une société signifie que chacun agit dans sa sphère de compétence, et que par conséquent tout empiétement est sévèrement sanctionné. L'organe de direction ne doit donc pas s'immiscer dans les fonctions de l'assemblée générale des associés, ni dans les fonctions des organes de contrôle. Ainsi, un directeur général de SA est sans pouvoir pour certifier des comptes sociaux (empiétement sur la fonction du CAC) ou encore pour approuver ces comptes (prérogatives de l'AG des actionnaires). Pas plus ne peut-il procéder à une distribution de dividendes, modifier les statuts de la société ou en changer la raison sociale... Ces limitations sont opposables à tous, ce qui signifie que l'acte passé par le dirigeant dans la sphère de compétence d'un autre organe social est frappé de nullité.
- Les textes prohibitifs ou restrictifs. Avec une amplitude variable suivant le type de société considérée, certains textes viennent brider la liberté d'action du dirigeant, moraliser son action, ou bien tout simplement lui interdire d'agir :

– tout d'abord, les conventions passées entre un dirigeant et sa propre société (ex. : location à la société d'un local dont il est lui-même propriétaire) sont « suspectes » et font l'objet d'une procédure de contrôle variable suivant le type d'acte. Cette procédure est décrite *infra* et applicable essentiellement aux SA, SAS et SARL ;

- ensuite, certains actes sont interdits, comme le fait de contracter un prêt auprès de la société que l'on administre, ou encore de faire cautionner ses dettes par elle ;
- enfin, dans la SA, les cautions, avals et garanties consentis par le dirigeant au nom de la société doivent préalablement être autorisés (Code de commerce, art. L. 225-35).

Code de commerce, article L. 225-35

■ Les cautions, avals et garanties donnés par des sociétés autres que celles exploitant des établissements bancaires ou financiers font l'objet d'une autorisation du conseil dans les conditions déterminées par décret en Conseil d'État. Ce décret détermine également les conditions dans lesquelles le dépassement de cette autorisation peut être opposé aux tiers.

- L'objet social. L'objet social délimite le champ de l'activité de la société. Il est généralement rédigé en des termes précis et borne les pouvoirs des dirigeants. Cet objet social est prévu dans les statuts de la société. Permettre aux dirigeants d'agir en dehors de l'objet social est un risque important pour les associés sur qui pèsera la responsabilité pécuniaire de ses actes. Cette responsabilité n'est pas identique dans toutes les formes de sociétés. Par ailleurs, sanctionner par la nullité tous les actes du dirigeant passés en dehors de l'objet social, c'est faire courir un risque important aux tiers qui, à chaque fois qu'ils contracteront avec un mandataire social, devront vérifier dans les statuts les contours de l'objet social... Afin de concilier ces impératifs, la loi distingue entre les sociétés à responsabilité limitée et les sociétés à responsabilité indéfinie.

➡ Sociétés à responsabilité limitée : SA, SARL, SAS

Le dirigeant doit agir dans les limites de l'objet social à l'égard des associés de la société, mais les actes passés en dehors de l'objet social sont tout de même valables à l'égard des tiers.

Comment comprendre ce double traitement d'un même acte ?
- l'acte hors objet social reste valable ; il n'est pas annulé, ce qui est de nature à protéger les tiers qui contractent avec la société ;
- le dirigeant ayant violé les statuts (l'objet social est une disposition statutaire) est responsable devant les associés : il encourt bien évidemment une **révocation** mais également une mise en jeu de sa responsabilité civile, voire pénale.

Exemple

Un gérant d'une SARL de coiffure réalise des investissements immobiliers spéculatifs importants. Les acquisitions immobilières ne seront pas remises en cause mais le gérant sera de toute évidence révoqué et condamné à réparer le préjudice subi par la société.
Seule limite : si le tiers savait que l'acte dépassait l'objet social ou ne pouvait l'ignorer compte tenu des circonstances, l'acte pourra être annulé. La seule publication des statuts est insuffisante à prouver que le tiers connaissait le dépassement d'objet social.

➡ Sociétés à responsabilité indéfinie : SNC, société civile

Dans ces sociétés, le dépassement de l'objet social ferait courir un grand risque aux associés dont la responsabilité s'étend à leur patrimoine personnel.

Pour cette raison, même à l'égard des tiers, les actes dépassant l'objet social ne sont pas valables. Cela signifie que les tiers contractant avec une SNC ou une société civile doivent impérativement connaître, par le biais des statuts, l'objet social de la société.

Il est fréquent qu'à l'intérieur même de l'objet social, les statuts brident la liberté de gestion du dirigeant en lui imposant contrôles et procédure d'autorisation. Ces clauses se rencontrent fréquemment en matière d'emprunt bancaire.

Exemple

Clause des statuts d'une SA prévoyant que le directeur général ne peut emprunter une somme supérieure à 100 000 € sans avoir obtenu l'autorisation préalable du conseil d'administration.

Ces clauses ne sont valables qu'à l'intérieur de la société et ne sont jamais opposables aux tiers. Pour reprendre l'exemple ci-dessus, un emprunt contracté pour 150 000 € au mépris de cette clause, engage valablement la société. La violation de la clause constituera toutefois une faute dont le dirigeant sera comptable à l'égard de la société (révocation et responsabilité, tab. 9.1).

Tableau 9.1. Pouvoirs des dirigeants et nomenclature des actes passés

	SARL • SAS • SA	SNC • Société civile
Acte contraire intérêt social	• Acte non annulable • Met en jeu la responsabilité de son auteur • Peut entraîner la révocation de son auteur	• Acte non annulable • Met en jeu la responsabilité de son auteur • Peut entraîner la révocation de son auteur
Acte hors objet social	• Acte non annulable sauf connaissance par le tiers du dépassement d'objet social • Met en jeu la responsabilité civile et/ou pénale du dirigeant • Peut entraîner la révocation de son auteur	• Acte annulable • Peut en outre entraîner révocation et responsabilité de l'auteur
Acte dans l'objet social mais violant une clause statutaire	• Acte non annulable • Peut entraîner révocation et responsabilité de l'auteur	• Acte non annulable • Peut entraîner révocation et responsabilité de l'auteur
Acte dans l'objet social et ne violant aucune clause statutaire	• Acte pleinement valable sans conséquences internes	• Acte pleinement valable sans conséquences internes

B) Les règles propres à chaque société

1. La société anonyme

Le tableau suivant présente les principaux traits du statut des organes de gestion dans les trois formules de gouvernance envisageables :

- CA + PDG
- CA + P + DG

- Directoire + conseil de surveillance.

Pour le cas, fréquent, où le PCA est en même temps DG (il est alors PDG), les conditions relatives au statut et les pouvoirs décrits ci-après doivent se combiner (tab. 9.2 et 9.3).

ABS : abus de biens sociaux • CLP : clauses limitatives de pouvoir • JDP : jetons de présence • OS : objet social • PP : personne physique • PM : personne morale • SCC : sauf clause contraire

Tableau 9.2. Principales caractéristiques du statut des organes de gestion pour la SA

	Conseil d'administration	Président du CA	DG	DG délégué	Directoire	Conseil de surveillance
Nombre membres	3 à 18 – maximum porté à 24 si fusion Exigence de parité relative 40/60 %	1	1	5 maximum	1 à 5	*Idem* CA
PP ou PM	PP ou PM (représentant permanent)	PP obligatoirement	PP obligatoire	*Idem* DG	PP obligatoirement	*Idem* CA
Qualité d'actionnaire	Facultative – nombre d'actions libres	Doit être administrateur	Non	*Idem* DG	Non	*Idem* CA
Cumul mandats	5 mandats maximum (pour administrateurs PP) sauf si exercés dans sociétés contrôlées et/ou sœurs (non comptés dans les 5)	2 maximum sauf si exercés dans sociétés contrôlées	5 mandats 3 mandats si société contrôlée	*Idem* DG	5 mandats 3 mandats si société contrôlée	*Idem* CA
Cumul avec contrat de travail	Sauf PME, un administrateur ne peut pas devenir salarié. Un salarié peut devenir administrateur si son contrat est effectif et s'il est en situation de subordination	*Idem* CA	Oui si subordination et contrat effectif	*Idem* DG	OK si subordination + travail effectif	*Idem* CA
Âge	1/3 maximum des administrateurs > 70 ans SCC	Maximum 65 SCC	Maximum 65 SCC	*Idem* DG	Max 65 SCC	*Idem* CA
Nomination	Par AGO pour 6 ans maxi – rééligibles	Par CA à la majorité 6 ans maxi rééligible	Par CA – durée libre – rééligible	*Idem* DG	Par CS pour entre 2 et 6 ans – rééligible.	*Idem* CA
Révocation	*Ad nutum* par AGO (1)	*Ad nutum* par CA	Pour justes motifs (1)	*Idem* DG	Par AG pour justes motifs	*Idem* CA

	Conseil d'administration	Président du CA	DG	DG délégué	Directoire	Conseil de surveillance
Rémunération	Jetons de présence votés en AG et répartis par le CA	JDP spéciaux + rémunération spéciale	Décidée CA sauf SA cotées (L. 225-37-2, loi 9.12.2016)	*Idem DG*	Décidée par CS (mêmes exceptions que DG et DGD (L. 225-82-2 C. com.)	*Idem* CA
Statut social et fiscal	• JDP non soumis aux cotisations sociales • JDP imposés dans catégorie « revenus capitaux mobiliers »	• *Idem* salarié [2] • *Idem* salarié [2] (abattements)	• *Idem* salarié • *Idem* salarié	• *Idem DG* • *Idem DG*	• *Idem* salarié • *Idem* salarié	• *Idem* CA • *Idem* CA

[1] *Conditions de révocation :* ad nutum *signifie que la révocation n'a pas à être motivée ; un simple vote suffit. La révocation « pour justes motifs » signifie que le dirigeant peut librement être révoqué par l'organe ayant compétence pour le faire, mais que la révocation décidée sans justes motifs ouvre droit à indemnisation au profit du dirigeant. Cas particulier : le PCA est révocable* ad nutum *alors que le DG ne l'est que pour justes motifs. En cas de cumul des fonctions (PDG), ce personnage est révocable* ad nutum.

[2] *L'assimilation fiscale et sociale aux salariés ; cette expression ne signifie pas que le dirigeant EST salarié (il ne l'est en principe jamais sauf cumul autorisé) mais que son statut social (assurance-maladie et régime de retraite mais pas assurance chômage) et fiscal (droit aux mêmes abattements que les salariés) est calqué en certains points sur celui des salariés.*

Tableau 9.3. Pouvoirs et limites des organes de gestion de la SA

	Conseil d'administration	Président du CA	DG	DG délégué	Directoire	Conseil de surveillance
Pouvoirs	• Fixe les orientations de l'activité et les met en œuvre • Se saisit de toute question intéressant la bonne marche de la société • Convocation AG • Établissement comptes et rapport gestion • Autorise conventions et cautions, avals, garanties • Émission obligations • Nomme PCA, DG, DGD	Organise et dirige les travaux du CA/ veille au bon fonctionnement des organes sociaux	• Représente la société à l'égard des tiers • Est investi des pouvoirs les plus étendus pour agir en toutes circonstances au nom de la société	Assiste le DG. Pouvoirs librement définis par le CA. Peuvent être calqués sur ceux du DG.	Est investi des pouvoirs les plus étendus pour agir en toutes circonstances au nom de la société. Son président représente la société à l'égard des tiers.	• Contrôle permanent de la gestion du directoire. • Vérification des comptes. • Reçoit le rapport trimestriel du directoire. • Nomme le directoire.

	Conseil d'administration	Président du CA	DG	DG délégué	Directoire	Conseil de surveillance
Limites par rapport aux associés	Objet social CLP Pouvoirs AG	Objet social CLP Pouvoirs AG	Objet social CLP Pouvoirs AG	*Idem* DG	Objet social CLP Pouvoirs AG	Pouvoirs AG
Limites par rapport aux tiers	Ni OS ni CLP	Ni OS ni CLP	Ni OS ni CLP	*Idem* DG	Ni OS ni CLP	Sans objet
Actes interdits	Prêts, cautions, découverts, avals consentis par la société à ses dirigeants sauf à des administrateurs PM ou si la SA exploite un établissement bancaire	Ni OS ni CLP	Ni OS ni CLP	*Idem* DG	Ni OS ni CLP	Sans objet
Actes réglementés	• Conventions entre la société et ses dirigeants (ex. : bail) : autorisation préalable CA + approbation AG *a posteriori* • Cautions, avals, garanties doivent être autorisés préalablement par CA	Ni OS ni CLP	Ni OS ni CLP	*Idem* DG	Ni OS ni CLP	Sans objet

2. Les SARL et SAS

Dans les sociétés de SARL et SAS, le cumul des fonctions de dirigeant et de salarié n'est pas réglementé (tab 9.4) et l'exercice des pouvoirs est également moins encadré qu'en SA (tab. 9.5).

Tableau 9.4. Principales caractéristiques du statut des organes de gestion des SARL et SAS

	SAS/président (C. com., art. L. 227-5 s.)	SARL/gérant (C. com., art. L. 223-18 s.)
Nombre de membres	1 seul président + éventuellement DG et DGD	Gérant ou cogérance
PP/PM	PP ou PM	PP obligatoirement
Qualité d'associé	Pas obligatoire	Pas obligatoire
Cumul mandats	Non réglementé	Non réglementé
Contrat de travail	Possible si subordination + travail effectif	Oui si subordination + travail effectif

	SAS/président (C. com., art. L. 227-5 s.)	SARL/gérant (C. com., art. L. 223-18 s.)
Âge	Non réglementé	Non réglementé
Nomination	• Non réglementée : pas obligatoirement par l'AG, peut être le fait d'un tiers • Durée non réglementée	• Par AG pour la durée de la société • Rééligible
Révocation	Non réglementée : toutes possibilités peuvent être statutairement prévues (*ad nutum*, justes motifs, irrévocabilité…)	• Par AG pour justes motifs • Par le tribunal pour cause légitime
Rémunération	Non réglementée (ABS si excès)	Non réglementée (ABS si excès)
Statut social	*Idem* salarié (sauf assurance chômage)	• Gérant minoritaire : *idem* salarié (sauf assurance chômage) • Gérant majoritaire : régime social des indépendants (SSI)
Statut fiscal	*Idem* salarié	*Idem* salarié

Tableau 9.5. Pouvoirs et limites des dirigeants de SARL et SAS

	SAS/président (C. com., art. L. 227-5 s.)	SARL/gérant (C. com., art. L. 223-18 s.)
Pouvoirs	• Investi des pouvoirs les plus étendus pour agir en toutes circonstances au nom de la société • Représente la société/tiers	• Investi des pouvoirs les plus étendus pour agir en toutes circonstances au nom de la société • Représente la société/tiers
Limites/associés	• Objet social • Clauses limitatives de pouvoirs • Pouvoirs AG	• Objet social • Clauses limitatives de pouvoirs • Pouvoirs AG
Limites/tiers	Ni OS ni CLP	Ni OS ni CLP
Actes interdits	Prêts, cautions, découverts, avals consentis par la société à ses dirigeants sauf à des PM ou si la société exploite un établissement bancaire	Prêts, cautions, découverts, avals consentis par la société à ses dirigeants sauf à des PM ou si la société exploite un établissement bancaire
Actes réglementés	• Conventions entre la société et ses dirigeants (ex. : bail) : approbation par l'AG *a posteriori* • Cautions, avals, garanties doivent être autorisés par CA préalablement	Conventions entre la société et ses dirigeants (ex. : bail) : approbation par l'AG *a posteriori*

→ CAS PRATIQUE 5

2 Les relations entre dirigeants et associés

Enjeux du rapport de forces. C'est l'une des thématiques centrales de la *corporate governance* autour du triptyque information/contrôle/sanction. Les intérêts en présence et les enjeux sont importants :

- Il est nécessaire de trouver le juste équilibre entre le droit légitime à l'information des associés et la lourdeur « administrative » de sa mise en œuvre. Sans information, aucun contrôle ni sanction ne sont envisageables.
- Les contrôles doivent être mesurés et ne pas constituer une entrave au fonctionnement normal de la société. À ce titre, les conditions de mises en œuvre des contrôles (seuils d'action par exemple) doivent être regardées avec attention.
- Enfin, les sanctions doivent être suffisamment dissuasives pour inciter à une plus grande éthique des affaires, mais ne pas verser dans l'excès, le « tout pénal » étant contre-productif.

A) L'information

Les développements suivants sont centrés sur le droit applicable à la SA, forme sociale qui concentre les difficultés et les conflits les plus importants dans ce domaine.

1. L'information comptable et financière

Règles générales. Outre les questions relatives à l'information sur les rémunérations des dirigeants, l'information comptable et financière des associés ou actionnaires peut prendre trois formes : une information permanente, une information préalable à chaque assemblée et une information contenue dans le rapport de gestion (tab. 9.6)

Ce tableau n'est pas exhaustif, il reprend les principaux éléments à caractère comptable et financier constituant le droit d'information et de communication des associés.

Tableau 9.6. L'information comptable et financière dans les sociétés commerciales

	SA (C. Com.)	SARL	SAS
Information permanente	Pour les trois derniers exercices (C. com., **art. L. 225-115)** – inventaire, bilan, compte de résultat, annexe – comptes consolidés – liste administrateurs – rapports du CA, du CAC, – rémunérations (*infra*) – PV des assemblées – liste des conventions passées avec la société (*infra*)	Au siège social, consultation ou copie des statuts et pour les trois derniers exercices (C. com., art. R. 223-15) : – comptes annuels, – inventaire, – rapports aux AG, – PV des AG	Librement fixée par les statuts qui DOIVENT organiser l'information des associés

	SA (C. Com.)	SARL	SAS
Information préalable à l'AG	C. com., art. R. 225-81 s. • Avec l'envoi d'une procuration : exposé de la situation sociale, résultats du dernier exercice • Envoi sur demande : comptes annuels, comptes consolidés, inventaire des valeurs mobilières détenues en portefeuille, tableau des résultats du dernier exercice, rapport du CAC Consultable au siège : inventaire actif/passif, comptes annuels, tableau des résultats sur 5 exercices	C. com., art. L. 223-26 et R. 223-18 : Droit de communication des associés : – inventaire (au siège social) – comptes annuels (envoi) – rapport de gestion (envoi) – rapport du CAC (envoi)	Librement fixée par les statuts qui DOIVENT organiser l'information des associés
Information contenue dans le rapport de gestion	C. com., art. L. 225-100-1 • Situation de la société au cours de l'exercice écoulé, évolution prévisible et évènements de l'exercice • Actionnariat salarié (v. *infra* stock-options et actions gratuites) • Description des procédures de contrôle de gestion • Description des risques financiers et environnementaux	*Idem* SA, sauf éléments relatifs à la rémunération des dirigeants	*Idem* SA, sauf éléments relatifs à la rémunération des dirigeants

Règles propres aux rémunérations des dirigeants. Il ne se passe pas un an sans qu'un scandale lié à un complément de rémunération élevé n'éclate. La réglementation s'est par conséquent notablement durcie au cours des dernières années mais l'essentiel des règles se concentre sur la SA :

- **Rémunérations des dirigeants de la SARL-SAS**. Dans la SARL comme dans la SAS, seules trois règles sont potentiellement susceptibles de limiter la liberté de rémunération des dirigeants :
  - l'application de la législation sur les **conventions réglementées**, si toutefois la rémunération est prévue par un contrat, ce qui est exceptionnel en pratique ;
  - l'application de l'incrimination pénale d'abus de biens sociaux, si la rémunération devait être réellement excessive ;
  - l'annulation de la délibération sur le fondement de l'abus de majorité, si le vote de la rémunération devait être considéré comme contraire à l'intérêt social.
- **Rémunérations des dirigeants de la SA.** Dans la SA, le PDG a droit, comme tout administrateur, à des jetons de présence ainsi qu'à un complément de rémunération, qui sont traités fiscalement comme des salaires (sans en être bien entendu). Dans les sociétés cotées, les rémunérations des présidents, DG ou DGD sont soumises à la procédure des conventions réglementées (approbation préalable du CA et vote de l'AG annuelle) en application de l'article L. 225-42-1 du Code de commerce.

Abus de majorité et de minorité :

http://dunod.link/j7yp9ih

Code de commerce, article L. 225-42-1

■ Dans les sociétés dont les titres sont admis aux négociations sur un marché réglementé, les engagements pris au bénéfice de leurs présidents, directeurs généraux ou directeurs généraux délégués [...], et correspondant à des éléments de rémunération, des indemnités ou des avantages dus ou susceptibles d'être dus à raison de la cessation ou du changement de ces fonctions, ou postérieurement à celles-ci, ou des engagements de retraite sont soumis [au régime des conventions réglementées].

- **Rémunérations attribuées en qualité de salarié.** Lorsque le cumul de fonctions est autorisé, le dirigeant peut, en sus de la rémunération évoquée ci-dessus, percevoir des salaires dont le montant est précisé dans son contrat de travail. On rappellera ici qu'une rémunération excessive, ou ne correspondant pas à un travail effectif, peut être qualifiée pénalement d'abus de biens sociaux. Le contrat du travail sera traité comme une convention réglementée.
- **Rémunérations exceptionnelles.** Cette catégorie, non définie clairement, embrasse une réalité qui est souvent décriée aujourd'hui ; par exemple :
  - compléments de retraite alloués au dirigeant qui se retire ;
  - prime exceptionnelle attribuée en fonction de résultats particuliers ;
  - « parachute doré » consistant en une somme conséquente attribuée par la société à son dirigeant en cas de cessation de ses fonctions (démission, arrivée du terme, révocation...).
- **Légalité.** Ces rémunérations exceptionnelles sont, certains le déplorent, parfaitement légales, puisqu'elles reposent la plupart du temps sur une délibération du CA, voire de l'assemblée générale. Plusieurs limites existent :
  - le risque pénal, au cas où l'excès confinerait à l'abus de biens sociaux (toutes SA) ;
  - la soumission à la procédure des conventions réglementées par application de l'article L. 225-42-1 al. 1er (SA cotées uniquement – texte reproduit *supra*) ;
  - la responsabilité civile, pour le cas où la rémunération exceptionnelle causerait un préjudice à la société (toutes SA) ;
  - la théorie de l'abus de majorité ;
  - la « performance » du dirigeant bénéficiaire, posée par la loi du 21 août 2007 (SA cotée uniquement, C. com., art. L. 225-42-1 al. 2) ;
  - le principe de libre révocabilité des dirigeants sociaux (C. com., art. L. 225-47 al. 3). En effet, une rémunération exceptionnelle de type « parachute doré » peut conduire la société à hésiter à révoquer son dirigeant, de peur d'avoir à le payer au prix fort. Mais cette règle ne s'applique qu'au PDG, le seul DG n'étant pas librement révocable au sens du texte précité. La règle est donc d'application réduite. À noter qu'un décret du 7 mai 2008 rend obligatoire la publication de ces rémunérations exceptionnelles sur le site Internet de la société concernée.

Code de commerce

■ **Article L. 225-42-1 al. 2.** Sont interdits les éléments de rémunération, indemnités, avantages et droits conditionnels octroyés au président, au directeur général ou aux directeurs généraux délégués au titre d'engagements de retraite mentionnés au premier alinéa du présent article dont le bénéfice n'est pas subordonné au respect de conditions liées aux performances du bénéficiaire, appréciées au regard de celles de la société dont il préside le conseil d'administration ou exerce la direction générale ou la direction générale déléguée.

- **Article L. 225-47 al. 3.** Le conseil d'administration peut le révoquer à tout moment. Toute disposition contraire est réputée non écrite. [...]

Stock-options et attribution gratuite d'options :
http://dunod.link/j16sjqi

Stock-options et actions gratuites. Avec les stock-options, la société offre à des bénéficiaires le droit de souscrire des actions nouvelles ou d'acheter des actions existantes pendant un délai fixé à l'avance et pour un prix ferme fixé au jour où l'option est consentie.

Les stock-options constituent un droit de souscrire des actions, conféré à des personnels salariés ou dirigeants de la société. Elles constituent en règle générale un mode de rémunération pour les bénéficiaires dans la mesure où le prix fixé pour exercer l'option est inférieur à la valeur estimée au jour de l'exercice.

Exemple

C'est le droit de souscrire *x* actions au prix de 100 € entre mars 2006 et mai 2006. La société pense qu'à ce jour la valeur de l'action sera supérieure de *n* % et pense ainsi faire réaliser une plus-value aux bénéficiaires.

Le mécanisme des attributions d'actions gratuites est très différent des stock-options ; la société attribue gratuitement à ses salariés ou dirigeants des actions de la société. Les bénéficiaires n'ont donc pas à débourser le montant de la souscription des actions. La particularité de ce mécanisme tient à ce que l'opération se déroule en deux temps : dans un premier temps, la société attribue provisoirement des actions à des bénéficiaires dénommés sous la condition suspensive qu'elle détermine préalablement et librement (ce peut être à la condition que le salarié n'ait pas été licencié ou n'ait pas démissionné, qu'il ait atteint des objectifs professionnels...). Passée la période dite d'acquisition, et si la condition est remplie, la société attribue définitivement les actions à leurs bénéficiaires ; s'ouvre alors une deuxième période dite d'indisponibilité, pendant laquelle les actions ne peuvent être revendues.

Ces deux mécanismes constituent des modes de rémunération complémentaires pour les dirigeants, offrant à la fois la caractéristique d'être incitatifs, et de ne pas peser trop lourdement sur la trésorerie de la société.

Rôle du CAC. Il a l'obligation de certifier la rémunération globale versée aux cinq ou dix personnes les mieux rémunérées (cinq, si moins de 250 salariés ; dix au-delà). Il doit en outre faire un rapport spécial à l'AG sur les conventions réglementées. Il doit également procéder à la révélation des faits délictueux, dont les ABS liés à des rémunérations excessives.

Information directe des actionnaires. Le Code de commerce prévoit deux modalités :

- L'article L. 225-100 du Code de commerce, applicable aux seules sociétés cotées, prévoit que le rapport de gestion doit contenir des informations détaillées sur les rémunérations versées aux dirigeants et que l'assemblée générale doit se prononcer sur cette rémunération.
- Avant chaque AG, les actionnaires peuvent consulter des informations sur la rémunération globale versée aux cinq ou dix personnes les mieux rémunérées au sein de la société (cinq si moins de 200 salariés, dix au-delà, C. com., art. L. 225-115).

Information relative aux stock-options et attributions d'actions gratuites. Compte tenu de certains scandales relatifs aux stock-options détenues par des dirigeants sociaux déjà très fortunés, et de la relative opacité de la procédure d'attribution, la loi NRE du 15 mai 2001 a prévu que, chaque année, un rapport spécial soit adressé à l'AGO pour l'informer des plans d'option adoptés et des options consenties au cours de l'année écoulée. Ce texte prévoit qu'un rapport spécial informe chaque année l'assemblée générale ordinaire des opérations réalisées en vertu des dispositions prévues aux articles L. 225-177 à L. 225-186 du Code de commerce (tab. 9.7).

FOCUS

Qui décide de la rémunération des dirigeants (*Say on Pay*) ?

La rémunération des dirigeants, lorsqu'elle ne procède pas d'un contrat de travail, n'est presque jamais considérée comme une convention réglementée soumise à une procédure particulière. La question de savoir si les associés doivent ou non consentir à la rémunération de leurs dirigeants (question dite du *Say on Pay* dans la terminologie anglo-saxonne) agite aujourd'hui la classe politique et retentit sur le Code de commerce, avec en toile de fond l'autre question, celle de la limitation des rémunérations. Plus de quinze pays de l'Union européenne soumettent les rémunérations des dirigeants au vote de l'assemblée des actionnaires et il ne semble pas évident que cette consultation soit un facteur limitatif de la rémunération.

En France, la situation est aujourd'hui la suivante : dans les SA, la rémunération des administrateurs relève de l'assemblée générale mais celle du président de conseil, des directeurs généraux et directeurs généraux délégués relève d'une décision du CA et non de l'AG.

Accepter le principe du *Say on Pay* n'indique pas de quelle manière il doit être appliqué. Plusieurs configurations sont envisageables :

- un vote global ou un vote sur chaque type de rémunération ;
- un vote consultatif ou un vote décisionnel ;
- un vote *a priori* ou un vote *a posteriori*.

Le gouvernement français a dans un premier temps choisi de renvoyer cette question aux codes de gouvernement d'entreprise. Mais devant les scandales à répétition, la loi du 9 décembre 2016 prévoit pour les DG/DGD membres du directoire et du conseil de surveillance que leur rémunération doit chaque année faire l'objet d'un vote en AG (L. 225-37-2 et L. 225-82-2). Cette disposition ne s'applique qu'aux sociétés cotées.

Tableau 9.7. Rémunération des dirigeants de la SA

	Code de commerce	Décision	Information	Contrôle / Limites
Jetons de présence administrateurs	L. 225-45	AG	Rapport sur le gvt d'entreprise (SA cotées)	• Abus de biens sociaux • Abus de majorité
Rémunérations exceptionnelles administrateurs	L. 225-46	CA	Rapport spécial conventions réglementées	• Soumission procédure conventions réglementées • Abus de biens sociaux • Abus de majorité
Salaires PDG, DG… Toutes SA	L. 225-42 s.	CA	• Rapport sur le gouvernement d'entreprise (SA cotées) • (MGC)	• Soumission procédure conventions réglementées • Abus de biens sociaux • Abus de majorité

	Code de commerce	Décision	Information	Contrôle / Limites
Compléments de rémunération, parachutes, retraites… SA cotées	L. 225-42-1 L. 225-37-1 s.	CA mais soumission AG 225-37-2	Rapport sur le gouvernement d'entreprise	• Soumission procédure conventions réglementées • Contrôle de la performance • Abus de biens sociaux • Abus de majorité
Compléments de rémunération, parachutes, retraites… SA non cotées	–	CA	MGC	• Abus de biens sociaux • Abus de majorité
Stock-options et attributions d'actions gratuites	L. 225-177 s. et L. 225-197 s.	AG et CA sur délégation	Rapport spécial à l'AG	• Abus de biens sociaux • Abus de majorité

Les initiales MGC désignent le droit pour tout actionnaire d'obtenir communication du montant global, certifié exact par les commissaires aux comptes, des rémunérations versées aux personnes les mieux rémunérées, le nombre de ces personnes étant de dix ou de cinq selon que l'effectif du personnel excède ou non 250 salariés.

2. L'information sur la problématique environnementale

La loi a introduit des considérations environnementales dans les obligations d'informations (chapitre 7).

3. Le rapport sur le gouvernement d'entreprise dans la SA

Introduit en 2016, le rapport sur le gouvernement d'entreprise vient en complément du rapport de gestion dans toutes les SA. Toutefois son contenu varie suivant que la SA est cotée ou non (tab. 9.8).

Tableau 9.8. Contenu et champ d'application du rapport sur le gouvernement d'entreprise

Contenu	Application
Liste de l'ensemble des mandats et fonctions exercés dans toute société par chaque mandataire social durant l'exercice.	Toutes SA
Conventions intervenues, directement ou par personne interposée, entre, d'une part, l'un des mandataires sociaux ou l'un des actionnaires disposant d'une fraction des droits de vote supérieure à 10 % d'une société et, d'autre part, une autre société dont la première possède directement ou indirectement plus de la moitié du capital.	Toutes SA
Tableau récapitulatif des délégations en cours de validité accordées par l'assemblée générale des actionnaires dans le domaine des augmentations de capital.	Toutes SA
Choix fait de l'une des deux modalités d'exercice de la direction générale.	Toutes SA

Contenu	Application
Composition, ainsi que les conditions de préparation et d'organisation des travaux du conseil.	SA cotées
Description de la politique de diversité appliquée aux membres du conseil d'administration au regard de critères tels que l'âge, le sexe ou les qualifications et l'expérience professionnelle.	SA cotées + seuils
Éventuelles limitations que le conseil d'administration apporte aux pouvoirs du directeur général.	SA cotées
Si référence volontaire à un code de gouvernement d'entreprise élaboré par les organisations représentatives des entreprises, les dispositions qui ont été écartées et les raisons pour lesquelles elles l'ont été, ainsi que le lieu où ce code peut être consulté (*comply or explain*).	SA cotées
Modalités particulières de la participation des actionnaires à l'assemblée générale.	SA cotées

4. La règle *comply or explain* dans la SA

Depuis 2008, une règle nouvelle directement issue du mouvement du gouvernement d'entreprise prévoit que les sociétés ont la possibilité de se conformer à un code du gouvernement d'entreprise (élaboré par le MEDEF et d'autres organisations, sous l'égide de l'AMF). Si elles décident de ne pas s'y conformer, elles doivent en expliquer les raisons.

Code de commerce

- **Article L. 225-37, dernier alinéa.** Le conseil d'administration présente à l'assemblée générale mentionnée à l'article L. 225-100 [du Code de commerce] un rapport sur le gouvernement d'entreprise joint au rapport de gestion mentionné au même article.
- **Article L. 225-37-4, al. 8.** Lorsqu'une société se réfère volontairement à un code de gouvernement d'entreprise élaboré par les organisations représentatives des entreprises, les dispositions qui ont été écartées et les raisons pour lesquelles elles l'ont été, ainsi que le lieu où ce code peut être consulté, ou, à défaut d'une telle référence à un code, les raisons pour lesquelles la société a décidé de ne pas s'y référer ainsi que, le cas échéant, les règles retenues en complément des exigences requises par la loi.

B) Les contrôles

1. Le contrôle par le commissaire aux comptes

Périmètre. Toutes les sociétés ne sont pas tenues de nommer un CAC. Ce dernier n'est obligatoire que lorsqu'une société (quelle que soit sa forme), ou un groupe de sociétés, vient à dépasser deux des trois seuils suivants :
- un chiffre d'affaires de 8 M€ HT ;
- un total bilan de 4 M€ HT ;
- 50 salariés.

Le CAC peut également être nommé volontairement par décision des associés.

Missions. Les développements suivants ne visent qu'à lister les fonctions du commissaire aux comptes dans ses rapports avec les dirigeants. Son rôle principal de certification des comptes n'est pas abordé ici (bien que la certification des comptes constitue un moyen de contrôle indirect de l'action des dirigeants) (tab. 9.9).

Tableau 9.9. Missions du CAC

Contrôle	• Respect du principe d'égalité entre actionnaires : le CAC doit s'assurer, notamment lors des émissions de titres nouveaux, que les porteurs d'une même catégorie de titre bénéficient de droits identiques. • Détention minimale par les administrateurs du nombre d'actions prévu dans les statuts.
Alerte	Mise en œuvre de la procédure d'alerte lorsque, dans l'exercice de sa mission, le CAC relève des faits de nature à compromettre la continuité de l'exploitation.
Obligation de révélation	• Si constatation de faits délictueux présentant un caractère significatif et délibéré dans l'exercice de sa mission. • Auprès du procureur de la République, sous peine de sanctions pénales, les faits délictueux dont il a connaissance dans l'exercice de sa mission. • En pratique, toutes les infractions relatives à la présentation de comptes inexacts et l'abus de biens sociaux (↪ **chapitre 3**).

Exemple

- Le fait pour le PDG de partir en week-end avec la voiture de fonction de la société est théoriquement constitutif d'un abus de biens sociaux. Il devrait en principe être révélé par le CAC…

Contrôle des conventions entre la société et ses dirigeants. Les conventions réglementées sont au cœur du droit des sociétés en raison des risques de conflits d'intérêts entre la société, représentée par son dirigeant, et le même dirigeant pris individuellement (tab. 9.10 à 9.12).

Exemples

- La société a besoin de louer des locaux et le PDG, ou le gérant, est propriétaire de locaux pouvant convenir à la société. Un bail sera donc passé entre la société et son gérant ou PDG, ce dernier contractant à double titre, propriétaire et représentant du locataire (absence d'infraction).
- Le PDG de la société doit emprunter une forte somme à la banque pour financer une acquisition immobilière personnelle. Il va demander à la société de se porter caution de son emprunt (infraction).
- Le gérant d'une SARL exploitant un petit commerce d'alimentation achète chaque semaine dans son propre magasin un panier de nourriture complet (conflit d'intérêts bénin, absence d'infraction).

Compte tenu des spécificités du régime des conventions dans chaque société, il est préférable d'étudier séparément la SARL, la SA et la SAS.

Tableau 9.10. Conventions réglementées entre la SA et ses dirigeants ou associés

Personnes visées	• Administrateurs • DG et DGD • Membres du directoire et du conseil de surveillance • Actionnaires disposant de plus de 10 % des droits de vote • Société contrôlant une société actionnaire ayant plus de 10 % des droits de vote • Entreprise, si le DG, l'un des DGD ou l'un des administrateurs de la société est également propriétaire, associé indéfiniment responsable, gérant, administrateur, membre du conseil de surveillance ou, de façon générale, dirigeant de cette entreprise
Objet et règles applicables	Trois catégories : • **Catégorie 1 : conventions courantes et conclues à des conditions normales (C. com., art. L. 225-39).** Ces conventions sont libres de tout formalisme et ne font l'objet d'aucun contrôle. Attention les deux conditions sont cumulatives (courantes ET conclues à des conditions normales). Ainsi un bail conclu à des conditions normales avec un dirigeant sera tout de même soumis à la réglementation car il n'est pas assimilé à une opération courante. • **Catégorie 2 : prêts, cautions, découverts, avals (C. com., art. L. 225-43).** Ces opérations sont sanctionnées par la nullité absolue. Cela signifie que même un vote de l'assemblée ne peut leur donner de validité. Deux exceptions existent : – en faveur des administrateurs personnes morales, la convention devient une convention devant être approuvée par le CA et ratifiée par l'AG (catégorie 4 ci-dessous) ; – si la société exploite un établissement bancaire ou financier, l'interdiction ne s'applique pas aux conventions courantes conclues à des conditions normales (un administrateur d'une banque peut contracter un emprunt personnel auprès de cette banque). • **Catégorie 3 : convention ni courante, ni conclue à des conditions normales, n'étant ni un prêt, ni un découvert, ni un cautionnement, ni un aval (C. com., L. 225-4).** Cette catégorie n'est définie que négativement. Il s'agit de toute convention qui n'entre pas dans la catégorie des conventions interdites et qui n'est ni courante, ni conclue à des conditions normales. Elles sont dites réglementées.
Procédure	• Cette convention devra tout d'abord faire l'objet d'une autorisation préalable par le conseil d'administration ; l'intéressé ne prend pas part au vote. Depuis l'ordonnance du 31 juillet 2014, le CA doit : – motiver sa décision d'autorisation ; – réexaminer chaque année les conventions en cours dont l'effet dure dans le temps. • La convention fait par la suite l'objet d'une transmission au CAC qui fait un rapport spécial à l'AG annuelle, laquelle doit approuver la convention. Le contractant ne prend pas part au vote de l'AG.

Sanction	Si la procédure n'est pas respectée ou si la convention est désapprouvée, les sanctions sont les suivantes : – conventions non autorisées par le CA : elles peuvent être annulées si elles ont eu des conséquences dommageables pour la société. La nullité est prescrite par 3 ans et peut être couverte par un vote de l'AG sur rapport spécial du CAC ; – conventions approuvées par le CA mais désapprouvées par l'assemblée générale ne sont pas annulées mais peuvent engendrer une responsabilité de leur auteur. Elles produisent donc tous leurs effets à l'égard des tiers.

La réglementation s'applique même si la personne citée ci-dessus n'a qu'un intérêt indirect à la convention ou si la convention est passée par personne interposée (cas du bail passé avec la femme du PDG). Depuis l'ordonnance du 31 août 2014, la réglementation ne s'applique plus aux holdings et filiales possédées à 100 %.

Si la société est une EURL ou une SASU, les conventions soumises à réglementation sont mentionnées au registre des délibérations.

Tableau 9.11. Conventions réglementées entre la SARL et ses gérants ou associés

Personnes visées	• Gérants • Associés de la SARL • Société dont un associé indéfiniment responsable, gérant, administrateur, directeur général, membre du directoire ou membre du conseil de surveillance, est simultanément gérant ou associé de la SARL • Personne interposée
Objet et règles applicables	• Trois catégories de conventions sont recensées comme dans la SA : libres, interdites et soumise à contrôle. • **Ces dernières** font l'objet d'un rapport du gérant ou du CAC à l'assemblée des associés qui statue sur ce rapport. L'intéressé ne prend pas part au vote. Les conventions désapprouvées par l'assemblée générale ne sont pas annulées mais peuvent engendrer une responsabilité de leur auteur. Elles produisent donc tous leurs effets à l'égard des tiers. • Si le gérant n'est pas associé (rare mais possible), la convention doit être préalablement approuvée par l'AG.

Tableau 9.12. Conventions réglementées entre la SAS et ses dirigeants ou associés

Personnes visées	• Président • Un de ses dirigeants • Un de ses actionnaires disposant d'une fraction des droits de vote supérieure à 10 % • Une société contrôlant une société actionnaire ayant plus de 10 % des droits de vote • Personne interposée
Objet et règles applicables	• Trois catégories de conventions sont recensées comme dans la SA : libres, interdites et soumise à contrôle. • La procédure applicable aux conventions réglementées est ici que le CAC, s'il en existe un, ou le président, présente un rapport à l'assemblée des associés qui statue sur ce rapport. Si l'AG n'approuve pas le rapport, la convention produit néanmoins tous ses effets à l'égard des tiers sauf pour le contractant à endosser la responsabilité de la convention si elle devait avoir des conséquences dommageables pour la SAS.

2. L'expertise de gestion

Textes. La procédure et les conditions ne sont pas unifiées dans le Code de commerce :
- pour les sociétés par actions (SA, SAS, SCA), on se référera à l'article L. 225-231 ;
- pour les SARL à l'article L. 223-37.

Enfin, l'article 145 du Code de procédure civile trouve parfois à s'appliquer. Ce texte, beaucoup plus général, est également applicable aux sociétés commerciales quand les conditions du Code de commerce ne sont pas réunies, notamment du point de vue des demandeurs à l'action.

Code de procédure civile (CPC), article 145

- S'il existe un motif légitime de conserver ou d'établir avant tout procès la preuve de faits dont pourrait dépendre la solution d'un litige, les mesures d'instruction légalement admissibles peuvent être ordonnées à la demande de tout intéressé, sur requête ou en référé.

Objectifs. Le but de l'expertise de minorité ou de gestion est de compléter l'information légale pour le cas où elle serait insuffisante, en permettant aux associés, notamment minoritaires, de demander une expertise à un professionnel en vue d'obtenir un éclairage sur une opération spécifique. C'est un instrument difficile à manier, entre le droit légitime d'information et la capacité de nuisance de certains associés. D'où des restrictions liées aux conditions de mise en œuvre de cette procédure.

Issue. Le ou les demandeurs vont obtenir un rapport sur une opération de gestion, rapport qui sera bien souvent un préalable à une action en révocation, responsabilité, nullité, voire une action pénale (pour abus de biens sociaux). L'expertise sera dans tous ces cas un moyen de preuve. L'**expertise de gestion** est donc généralement une phase précontentieuse des rapports dirigeants-associés.

Conditions du déclenchement d'une expertise de gestion. La demande d'expertise émane de personnes différentes selon les sociétés (tab 9.13).

Tableau 9.13. Demandeur de l'expertise de gestion

SA, SCA et SAS	• Association d'actionnaires ou par un ou plusieurs actionnaires représentant au moins 1/20e du capital social. • À cette liste s'ajoutent le ministère public, le Comité social et économique (CSE) et l'Autorité des marchés financiers (AMF).
SARL	Action ouverte aux associés représentant au moins 1/10e du capital social, au ministère public et au CSE.
Autres formes sociales	• Tout intéressé, sur le fondement de l'article 145 du Code de procédure civile. • Aucune condition de seuil, même dans les sociétés où l'action est réglementée et où des seuils sont exigés.

Procédure, portée et issue de l'expertise de gestion. Là encore, la forme de la procédure varie selon les sociétés (fig. 9.3).

Loi n° 2001-420 du 15 mai 2001 :

http://dunod.link/qs4pvge

SARL
- Saisine du TC en référé : appréciation des conditions légales, désignation d'un expert
- Procédure d'expertise non nécessairement contradictoire

SA, SAS, SCA
Instauration par la loi n° 2001-420 du 15 mai 2001 d'une phase préalable servant de filtre aux demandes abusives (demande écrite aux dirigeants – action possible si demande restée sans réponse)

Figure 9.3. Initiative de la demande d'expertise de gestion

Il faut établir une présomption d'irrégularité, c'est-à-dire faire la preuve du caractère suspect des opérations de gestion.

La jurisprudence pose ensuite trois limites quant aux opérations de gestion sur lesquelles l'expertise va porter :
- l'expertise ne peut pas concerner toute la gestion ;
- elle ne peut pas porter directement sur la comptabilité (rôle CAC) ;
- elle porte sur les opérations des organes de gestion ce qui exclut les opérations qui sont de la compétence des assemblées d'actionnaires.

Dans les groupes, les questions posées par les actionnaires d'une société peuvent concerner les sociétés contrôlées par celle-ci ; la demande est alors appréciée « dans l'intérêt du groupe ». L'expertise peut donc concerner les filiales. Ici encore le demandeur peut avoir intérêt à se placer sur le terrain de l'article 145 CPC afin de s'affranchir des conditions légales et jurisprudentielles ci-dessus décrites.

Exemple

Les mesures d'expertise peuvent consister à :
- vérifier qu'il n'y a pas eu de transfert de savoir-faire d'une société au profit d'une autre ;
- enquêter sur les conditions de recouvrement de créances impayées ou sur les conditions d'octroi d'un prêt, sur les circonstances de l'acquisition de locaux…

Le rapport de l'expert est rendu public : il est communiqué aux CAC, dirigeant sociaux, Autorité des marchés financiers le cas échéant, Comité économique et social, ministère public, demandeur. Il est annexé au rapport du CAC en vue de l'AG.

C) Les sanctions

Il n'est pas possible de traiter de l'ensemble des sanctions applicables dans les relations dirigeants/associés. Notre propos se concentrera sur la mise en jeu de la responsabilité civile des dirigeants ainsi que sur les mesures de révocation.

1. La responsabilité des dirigeants à l'égard des associés

Responsabilité civile. La responsabilité civile est l'obligation de réparer le dommage que l'on cause. La loi prévoit que les dirigeants sociaux sont civilement responsables :
- en cas de violation de la loi ou des règlements ;
- en cas de non-respect des statuts ;
- et plus généralement de toute faute de gestion.

Mise en œuvre. Elle peut être mise en jeu par la société, par les associés ou par les tiers. En principe les régimes spécifiques de responsabilité civile mis en place par le droit des sociétés ne sont pas applicables aux dirigeants de fait. Pour eux, c'est le droit commun qui va s'appliquer à savoir l'article 1240 du Code civil (ex-1382).

2. La responsabilité des dirigeants à l'égard de la société (action sociale)

Il faut supposer ici que la personne morale, l'entreprise subit un préjudice du fait de l'action (ou l'inaction) des dirigeants. Ce préjudice peut être la perte de trésorerie et plus généralement la mauvaise santé financière de la société.

La question essentielle est de savoir qui peut agir contre les dirigeants. S'agissant d'une action de la société, il est normal que ce soient ses représentants qui agissent. Or, les représentants sont ceux qui sont justement visés par l'action. Ils ne vont pas tisser la corde pour se pendre… On permet alors aux associés d'agir au nom de la société, d'exercer pour elle l'action sociale. Cela se nomme action sociale *ut singuli* (à titre individuel).

Dans les deux cas, s'agissant d'une action intentée au nom de la société, le produit financier éventuel de l'action (dommages et intérêts) sera versé à la société.

Deux catégories de personnes peuvent agir au nom de la société pour engager la responsabilité des dirigeants :

- Les dirigeants eux-mêmes en qualité de représentants légaux de la société, habilités à agir en justice en son nom : c'est **l'action *ut universi*** (à titre universel). Il s'agit en principe des nouveaux dirigeants qui agiront contre les anciens.
- Un ou plusieurs associés au nom de la société : **action *ut singuli*.** Cette action est assez rare car les associés n'en retirent, à titre personnel, aucun bénéfice, et le poids de la procédure pèse sur eux indirectement. L'action sociale *ut singuli* est très protégée par la loi : absence de renonciation possible anticipée et de subordination à une quelconque autorisation de l'AG, le *quitus* donné aux dirigeants demeurant sans effet sur celle-ci.

3. La responsabilité des dirigeants à l'égard des associés (action individuelle)

Elle est mise en jeu en cas de préjudice aussi directement à tel ou tel associé.

La jurisprudence considère que la perte de valeur des droits sociaux ou des titres liée à une mauvaise gestion n'est pas constitutive d'un préjudice individuel, ce qui limite considérablement les chefs de responsabilité des dirigeants à l'égard des associés pris individuellement.

Exemple

- Si le dirigeant s'est rendu coupable du détournement des dividendes destinés à un associé, l'associé agit alors pour son compte, à titre individuel, d'où le nom d'action individuelle. En pratique, cette action est strictement encadrée.

4. La responsabilité des dirigeants à l'égard des tiers

Les tiers peuvent également mettre en jeu la responsabilité des dirigeants. Le cas est toutefois rare car, en principe, si les tiers subissent un préjudice, il est dû à la société en tant que personne morale que les dirigeants ne font que représenter. Ils devront donc le plus souvent attaquer la société elle-même et non pas les dirigeants. La personnalité morale fait écran et les protège.

Dans certains cas toutefois, les tiers mettent directement en cause la responsabilité d'un dirigeant ayant commis une faute détachable de ses fonctions, c'est-à-dire une faute d'une particulière gravité, incompatible avec l'exercice des fonctions sociales notamment une faute pénale (fig. 9.4).

FOCUS

Cour de cassation, chambre criminelle 28 septembre 2010 (09-66255). Conditions de la responsabilité civile d'un dirigeant à l'égard des tiers (faute pénale)

Vu l'article L. 223-22 du Code de commerce, ensemble l'article L. 243-3 du Code des assurances ;

Attendu que le gérant d'une société à responsabilité limitée qui commet une faute constitutive d'une infraction pénale intentionnelle, séparable comme telle de ses fonctions sociales, engage sa responsabilité civile à l'égard des tiers à qui cette faute a porté préjudice ;

Attendu, selon l'arrêt attaqué, que M. et Mme X... ont confié à la société STS, entreprise de bâtiment qui avait Mme Y... pour gérante, la réalisation de travaux de rénovation, y compris le gros œuvre, dans un immeuble leur appartenant ; que les travaux ont commencé au cours de la première semaine d'octobre 2000 ; que des malfaçons et inexécutions diverses ayant été constatées, M. et Mme X..., faisant valoir que Mme Y... avait engagé sa responsabilité à leur égard en ne faisant pas souscrire à la société qu'elle dirigeait une assurance couvrant sa garantie décennale, l'ont assignée en paiement de dommages-intérêts après la mise en liquidation judiciaire de la société STS ;

Attendu que pour rejeter cette demande, l'arrêt retient que, même constitutif du délit prévu et réprimé par les articles L. 111-34 du Code de la construction et de l'habitation et L. 243-3 du Code des assurances, et caractérisant une abstention fautive imputable à la gérante de la société STS assujettie à l'obligation d'assurance, le défaut de souscription des assurances obligatoires de dommages et de responsabilité n'était pas séparable des fonctions de dirigeant ; qu'il ajoute que la société STS a négocié avec une compagnie d'assurances pour être garantie au point qu'elle a pu penser-fût-ce de façon erronée qu'elle était couverte ou à la veille de l'être au moment où elle a entrepris le chantier X... et que seul le contrat finalement signé en novembre 2000 a caractérisé qu'il n'y avait pas de reprise du passé ;

Attendu qu'en statuant ainsi, alors qu'il résultait de ses constatations que Mme Y... avait sciemment accepté d'ouvrir le chantier litigieux sans que la société STS fût couverte par une assurance garantissant la responsabilité décennale des constructeurs, la cour d'appel a violé les textes susvisés.

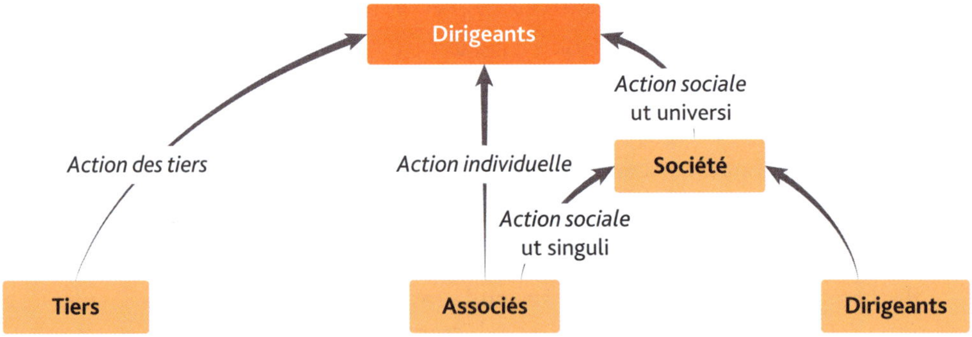

Figure 9.4. **Mise en cause de la responsabilité des dirigeants**

5. La révocation des dirigeants

Précarité. La fonction de mandataire social est par essence une fonction précaire. Dans la plupart des sociétés, les dirigeants sont nommés par l'assemblée générale pour une durée déterminée. La démission ou l'arrivée du terme du mandat mettent fin aux fonctions.

Il n'existe pas de dirigeants sociaux irrévocables sauf la situation particulière de l'associé unique gérant d'une EURL ou président d'une SASU. La révocation avant l'échéance du mandat répond à des règles bien spécifiques suivant le type de sociétés.

***Ad nutum*.** Les membres du conseil d'administration ou du conseil de surveillance sont révocables sans motifs particuliers et à tout moment *ad nutum*. La fonction s'apparente à un siège éjectable. La décision est prise par l'AG à la majorité. Il en est de même du PDG révocable *ad nutum* par le CA. Ce mode de révocation n'ouvre jamais droit à indemnisation, sauf dans le cas exceptionnel où elle est jugée vexatoire ou injurieuse.

Justes motifs. Les autres dirigeants, gérants, directeurs généraux, membres du directoire, ne peuvent être révoqués que pour justes motifs. Cela ne veut pas dire qu'en dehors de ce cas la révocation est impossible, mais que la révocation prononcée sans justes motifs ouvre droit à des dommages et intérêts.

Deux hypothèses doivent être distinguées :

- Soit le dirigeant est révoqué par décision des associés. Dans ce cas, la loi prévoit un vote majoritaire. Toute révocation décidée dans ces conditions est définitive au sens où le dirigeant ne pourra pas réintégrer ses fonctions. Les textes prévoient simplement que la révocation décidée sans justes motifs peut donner lieu à des dommages et intérêts à son profit.
- Soit le dirigeant est révoqué par décision de justice pour « cause légitime ». En effet, la révocation par les associés, décidée collectivement, peut être tenue en échec dans le cas où notamment le dirigeant est majoritaire, ou bien encore dans le cas où les statuts prévoient une révocation à l'unanimité des associés. Il ne semble pas qu'il faille faire une distinction entre la cause légitime et le juste motif de révocation.

FOCUS **Causes de révocation : quelques repères**

Exemples de justes motifs de révocation : non-convocation de l'assemblée, commande d'un audit inutile et coûteux, justificatifs de remboursements falsifiés, faire voter une personne absente à une AG en faisant croire qu'elle est présente…

Considérées également comme justes motifs, des fautes personnelles du gérant telles :

- l'abandon de fonctions ;
- le détournement de fonds sociaux ;
- l'absence de tenue de comptabilité ;
- un découvert bancaire important de longue durée.

Même en l'absence de faute personnelle du dirigeant, la révocation peut être justifiée si l'intérêt social la justifie (situation financière compromise et perte de confiance des associés).

En revanche et par exemple, la révocation du gérant d'une SARL intervenue pour des causes extérieures à la société (vie privée…) est considérée comme dépourvue de cause légitime et ouvre droit à des dommages et intérêts.

SAS. Enfin, il faut rappeler que le dirigeant de la SAS est révocable dans les conditions prévues par les statuts. Toutes les solutions sont envisageables, depuis la révocabilité *ad nutum* jusqu'à l'irrévocabilité, en passant par la révocation pour justes motifs, faute simple, faute lourde…

Cumul. La révocation d'un dirigeant social n'exclut nullement que sa responsabilité civile soit mise en jeu pour les mêmes faits que ceux qui ont motivé sa révocation. Les sanctions, civiles, pénales et professionnelles peuvent donc parfaitement se cumuler.

Limites. La jurisprudence exige que la procédure de révocation respecte les droits de la défense et le principe du contradictoire, ce qui suppose *a minima* que l'intéressé soit informé de ce qui lui est reproché, puis entendu par l'organe chargé de le révoquer et puisse à cette occasion présenter ses arguments de défense.

→ MINI-CAS 3 • MINI-CAS 4 • CAS PRATIQUE 4

DES SAVOIRS AUX COMPÉTENCES

Évaluer les savoirs | Maîtriser les compétences | Préparer l'épreuve

1 QCM

Pour chaque proposition, une ou plusieurs réponses sont possibles. Justifiez-les.

1. Une clause limitant les pouvoirs d'un dirigeant de SAS :
   a. n'est pas valable. ☐
   b. est inopposable aux tiers et est uniquement valable dans les rapports entre associés. ☐
   c. oblige les contractants à consulter les statuts de la SAS. ☐
   d. est opposable aux tiers. ☐

2. Le *say on pay* désigne :
   a. une pratique de gouvernance anglo-saxonne prévoyant que les dirigeants doivent publier le montant de leur rémunération. ☐
   b. une règle générale et obligatoire en France prévoyant dans toutes les sociétés le vote préalable des associés sur la rémunération des dirigeants. ☐
   c. la consultation *a priori* ou *a posteriori* de l'AG sur la rémunération des principaux dirigeants au sein de la SA. ☐
   d. une règle interdisant de rémunérer les dirigeants de société en fonction de leur performance ☐

3. Un bail signé entre une SA, locataire, et son PDG, propriétaire des locaux, vous semble être une convention :
   a. interdite. ☐
   b. non contrôlée. ☐
   c. soumise à autorisation du CA. ☐
   d. constitutive d'un ABS. ☐

4. Pour engager la responsabilité civile des dirigeants, un tiers doit prouver :
   a. que le dirigeant a commis une faute au nom de la société. ☐
   b. que la société, personne morale, a commis une faute pénale. ☐
   c. que le dirigeant a commis une faute détachable de ses fonctions, c'est-à-dire le plus souvent une faute pénale. ☐
   d. un préjudice d'une particulière gravité. ☐

5. L'expertise de gestion :
   a. vise à établir une faute commise par des dirigeants. ☐
   b. suppose obligatoirement une faute pénale. ☐
   c. suppose que les associés agissant possèdent 30 % du capital. ☐
   d. peut porter sur l'intégralité de l'exercice et de la gestion sociale. ☐
   e. peut reposer soit sur les textes du Code de commerce, soit sur l'article 145 CPC ☐

6. La rémunération du président d'une SAS :
   a. est totalement libre dans son montant. ☐
   b. est une convention réglementée. ☐
   c. peut être considérée comme un abus de biens sociaux si elle est excessive. ☐
   d. est plafonnée par le commissaire aux comptes. ☐

Responsabilité d'une société à l'égard des tiers

Léo Maine a conclu un contrat de prestation de services avec la SARL First. Il s'est engagé à lui fournir un package de nouvelle identité graphique (logo, signature, documents de présentation, plaquette et site Internet). Le livrable a été fourni dans les temps et selon le cahier des charges. Or, à réception de la commande, la SARL First ne donne plus signe de vie. Léo la relance, en vain. Il n'a pas été rémunéré pour ce travail bien qu'il ait fourni la facture il y a plus de six mois. Il apprend par une indiscrétion d'un proche du dirigeant que la SARL First a finalement décidé de faire travailler un autre prestataire.

Que peut faire Léo ? Qui est responsable pour le compte de la SARL First ?

Évaluer les savoirs | **Maîtriser les compétences** | Préparer l'épreuve

Mini-cas : responsabilité civile ★★★

Compétence visée **Assister** le chef d'entreprise dans le suivi juridique de la désignation et du fonctionnement des organes de direction d'une société

1. Le président décide de signer un important contrat avec l'Indonésie prévoyant la livraison de 4 000 paires de chaussures chaque semaine, sans consulter les associés.
2. Le président convoque une AG et omet volontairement de convoquer un associé minoritaire qui souhaitait déposer une motion contre sa gestion.
3. Le président emprunte une somme de 1 500 000 € à la banque alors que les statuts lui imposent dans ce cas de préalablement requérir l'avis de l'assemblée des associés.
4. Le président décide de revendre à une société située en Ille-et-Vilaine un lot de vêtements pour enfants qu'il a revendu une première fois à une société belge.

Dans les cas ci-avant, déterminez si le président de la SAS, dont l'objet social est l'import-export de chaussures et vêtements, est civilement responsable des actes décrits. Précisez qui peut mettre en jeu cette responsabilité.

4 Mini-cas : expertise de gestion ★★★

Compétence visée

Assister le chef d'entreprise dans le suivi juridique de la désignation et du fonctionnement des organes de direction d'une société

La SAS Xenon détient 75 % des parts de la SARL Yam et 100 % de la SAS Zorro. Une SCI Tadam est détenue à 80 % par la SAS Zooro, une SA Rana est détenue à 95 % par la SAS Xenon.

Un bail commercial lie par ailleurs la SCI Tadam et la SA Rana.

1. *Que pensez-vous de la validité du bail commercial ?*
2. *Déterminez les conditions dans lesquelles un associé minoritaire de la SA Rana peut obtenir une expertise indépendante sur la gestion de la holding.*

5 Cas pratique : société STIL ★★★

40 min

Compétences visées

- **Assister** le chef d'entreprise dans le suivi juridique de la désignation et du fonctionnement des organes de direction d'une société
- **Comprendre** les enjeux et dispositifs liés aux nouvelles pratiques de gouvernance

La société STIL est une SA au capital de 1 500 000 € ayant pour forme de direction, un CA et un PDG. Elle n'est pas cotée en Bourse mais envisage son introduction sur Euronext Growth prochainement. En outre, cette société détient 55 % du capital de la SAS REAL (capital social 300 000 €, non cotée, dotée d'un président, d'un DG et de 3 directeurs généraux délégués).

- L'objet social STIL est ainsi rédigé : « toutes activités liées à la création de logiciels de comptabilité à l'exclusion de toute autre activité ».
- L'objet social de REAL est « toutes activités liées à la commercialisation de logiciels, et toutes activités connexes ou complémentaires ».

En outre, les statuts de STIL comportent une clause prévoyant que « le PDG ne pourra engager la société pour des contrats d'un montant supérieur à 200 000 € sans avoir au préalable recueilli l'accord exprès du CA par vote à la majorité des trois quarts ; tout acte contrevenant à cette disposition est nul et sans objet ».

- Le PDG de STIL, qui détient 3 % du capital social de la SA, a obtenu, lors du dernier CA, que lui soit donné le droit d'acheter 3 000 actions de la société (à émettre lors d'une augmentation de capital) au prix préférentiel de 19 € l'unité, dans le mois qui précédera l'introduction en Bourse, soit dans 18 mois. L'action est aujourd'hui valorisée entre 21 et 24 € suivant les experts, et il est fort probable que lors de son introduction en Bourse, elle s'apprécie de 20 %.
- En outre, le PDG de STIL vient, lors d'un déplacement en Chine, de signer un contrat inédit de location de licences de logiciels à une firme chinoise, pour un montant de 850 000 € par an.
- Son CA vient de lui en faire le reproche, d'autant qu'il a signé le contrat seul, et que ce dernier fait intervenir, à titre d'intermédiaire, une SARL familiale dont le PDG de STIL est gérant et possède 60 % des parts.
- Ses administrateurs brandissent la menace de la révocation sur-le-champ sans préavis ni indemnité ; l'intéressé sollicite votre expertise de la situation et vous demande notamment ce qu'il advient du droit d'acheter des actions lors de l'introduction en Bourse. Il vous précise également que, lors de sa nomination, une délibération du CA a prévu une indemnité de départ (applicable en cas de révocation) de 800 000 €.
- Parallèlement, le président de STIL a négocié plusieurs engagements en lien avec REAL et sa banque. Dans le cadre d'un contrat signé par la filiale REAL, il s'est engagé au nom de la SA et à l'égard du client, à ce que sa société mette tout en œuvre pour assurer la bonne fin du contrat, notamment en ses implications financières. Dans le même cadre, la SA s'est portée caution d'un prêt bancaire contracté par la filiale.

Travail à faire

1. *Qu'en est-il de la validité des opérations et de leurs conséquences ?*
2. *Du côté de REAL, il apparaît que le président de la SAS a conclu une convention avec sa société prévoyant que celle-ci l'autoriserait, lors de la prochaine augmentation de capital, à acquérir des actions dont le montant serait avancé par la trésorerie de la société et remboursé en moins prenant lors des distributions de dividendes ultérieures ; en outre, sur la période, la société percevra un taux d'intérêt de 3 %.*
3. *Les actionnaires de la SAS vous demandent de vous prononcer sur la validité des opérations décrites et de leur indiquer sur quelle base le président pourrait être révoqué.*
4. *En raison de ces remous au sein des deux sociétés, la firme chinoise est inquiète et vous demande si le contrat sera honoré et si, le cas échéant, il lui est possible de mettre en jeu la responsabilité du PDG de STIL et de l'ensemble des administrateurs solidairement ?*

SYNTHÈSE

Gouvernance des sociétés et relations avec les associés

Principes de gouvernance

Les principes de gouvernance, essentiellement dans les sociétés cotées, reposent sur trois piliers

- Information des associés
- Contrôle de la gestion
- Sanction des agissements fautifs

Conventions réglementées

	SA	SARL	SAS
Type de convention	• A. Sans conflit d'intérêts : convention entre la SA et des tiers. • B. Avec conflit d'intérêts : convention passée entre la SA et son PDG, ses administrateurs, DG, DGD, actionnaire ayant + de 10 % des droits de vote, société contrôlant un actionnaire, entreprise ayant des dirigeants communs avec la SA, etc. Exclusion des conventions avec les filiales et holdings à 100 % : – B1 : courantes et conclues à des conditions normales – B2 : prêts, cautions, découverts, avals – B3 : ni courantes, ni conclues à des conditions normales, ni interdites	• A. Sans conflit d'intérêts : convention entre la SARL et des tiers. • B. Avec conflit d'intérêts : convention passée gérants ou associés + convention passée avec une société dont un associé indéfiniment responsable, gérant, administrateur, directeur général, membre du directoire ou membre du conseil de surveillance, est simultanément gérant ou associé de la société à responsabilité limitée : – B1 : courantes et conclues à des conditions normales – B2 : prêts, cautions, découverts, avals – B3 : ni courantes, ni conclues à des conditions normales, ni interdites	• A. Sans conflit d'intérêts : convention entre la SAS et des tiers. • B. Avec conflit d'intérêts : convention passée entre la SAS et son président, ses dirigeants, associés ayant + de 10 % des droits de vote, société contrôlant un associé, entreprise ayant des dirigeants communs avec la SAS : – B1 : courantes et conclues à des conditions normales – B2 : prêts, cautions, découverts, avals – B3 : ni courantes, ni conclue à des conditions normales, ni interdites

	SA	SARL	SAS
Régime juridique	• A. Libres • B1. Libres • B2. Interdites sauf administrateur personne morale ou SA établissement bancaire • B3. Autorisation préalable CA avec motivation + approbation AG *a posteriori*	• A. Libres • B1. Libres • B2. Interdites • B3. Rapport gérant AG. Vote AG *a posteriori*	• A. Libres • B1. Libres • B2. Interdites sauf exceptions (*id.* SA) • B3. Rapport et approbation AG *a posteriori*
Sanctions	• B2. Nullité absolue • B3. Non autorisées : nullité si conséquences dommageables/ non approuvées : responsabilité si conséquences dommageables	• B2. Nullité absolue • B3. Non approuvées : responsabilité si conséquences dommageables.	• B2. Nullité absolue • B3. Non approuvées : responsabilité si conséquences dommageables

CHAPITRE 10

Fiscalité des échanges internationaux de l'entreprise

PROGRAMME

Compétences visées

- **Maîtriser** le régime fiscal des opérations faites avec l'étranger
- **Analyser** les conventions fiscales
- **Maîtriser** les règles de rattachement des bénéfices
- **Anticiper** les risques fiscaux internationaux

Notions et contenus

- Les règles d'imposition des affaires internationales
  - Règles de territorialité
  - Principes de traitement de la double imposition
  - Détermination et imposition du résultat
  - TVA et échanges internationaux ou intracommunautaires
- Les principaux dispositifs de lutte contre l'évasion fiscale internationale

LIEN AVEC LE DSCG 4

§3. Comptes de groupe

PLAN DU CHAPITRE

Cours : 1. La territorialité de l'imposition des bénéfices • 2. Les principaux dispositifs de lutte contre l'évasion fiscale internationale • 3. La territorialité de la TVA

Des savoirs aux compétences : Évaluer les savoirs • Maîtriser les compétences • Préparer l'épreuve

Synthèse

Quelles sont les règles d'imposition des entreprises ayant une activité internationale ? Comment s'articulent les règles du CGI avec celles prévues par les conventions fiscales internationales ? À quel État revient le droit de percevoir la TVA dans le cadre d'échanges internationaux ? Quels sont les principaux régimes de lutte contre l'évasion fiscale ? Qu'est-ce qu'un État à fiscalité privilégiée ?

MOTS-CLÉS

Acquisition intracommunautaire • Autoliquidation • Convention fiscale internationale • Domicile fiscal • Droit à déduction • Établissement stable • État à fiscalité privilégiée • État non coopératif • Livraison intracommunautaire • Lutte contre l'évasion fiscale • Territorialité • Résidence fiscale • Transfert indirect de bénéfices

1 La territorialité de l'imposition des bénéfices

L'imposition du bénéfice réalisé par une entreprise dans le cadre de son activité internationale dépend du type d'imposition dont elle relève : impôt sur le revenu (A) ou impôt sur les sociétés (B).

CHIFFRES-CLÉS

La France est partie à plus de **130** conventions fiscales internationales. Elle est donc liée à plus des **2/3** des États dans le monde (impots.gouv.fr, 2018).

A) Les règles territoriales relatives à l'impôt sur le revenu

1. Les règles d'imposition en l'absence de convention fiscale internationale

Détermination du domicile fiscal. L'absence de **convention fiscale internationale** tend à devenir une situation exceptionnelle en raison de la densité du réseau de conventions signées par la France.

En l'absence de convention, le régime d'imposition est fixé par le CGI. Il diffère selon que le contribuable a ou non son **domicile fiscal** en France.

CGI, article 4A, alinéa 1

- Les personnes qui ont en France leur domicile fiscal sont passibles de l'IR en raison de leurs revenus.

Le principe veut que le domicile fiscal soit indépendant du domicile civil. L'article 4B du CGI complète cette disposition en précisant les éléments à prendre en compte pour déterminer le domicile fiscal.

Liste des conventions fiscales internationales :

http://dunod.link/eucpl02

CGI, article 4B

- « Sont considérées comme ayant leur domicile fiscal en France au sens de l'article 4A :
  a. Les personnes qui ont en France leur foyer ou le lieu de leur séjour principal ;
  b. Celles qui exercent en France une activité professionnelle, salariée ou non, à moins qu'elles ne justifient que cette activité y est exercée à titre accessoire ;
  c. Celles qui ont en France le centre de leurs intérêts économiques.
  2. Sont également considérés comme ayant leur domicile fiscal en France les agents de l'État qui exercent leurs fonctions ou sont chargés de mission dans un pays étranger et qui ne sont pas soumis dans ce pays à un impôt personnel sur l'ensemble de leurs revenus ».

Les critères ainsi posés sont alternatifs mais successifs. En ce sens, ils doivent être analysés un par un dans l'ordre posé par le CGI. Un seul de ces critères suffit pour considérer que le contribuable est domicilié en France.

Un contribuable est domicilié fiscalement là où se situe son foyer, c'est-à-dire le lieu où il habite normalement, où il a le centre de ses intérêts familiaux (femme/mari et enfant[s]).

Si l'on ne peut déterminer le lieu de son foyer, on utilise des critères subsidiaires :

Lieu du séjour principal. Cette notion tend à se rapprocher de la définition de résident contenue dans les conventions fiscales internationales. Une personne est réputée avoir son lieu de séjour principal en France dès lors qu'elle y séjourne plus de 183 jours au cours d'une même année. Le lieu du séjour principal du contribuable ne peut déterminer le domicile fiscal que s'il ne possède pas de foyer.

Exercice d'une activité professionnelle, salariée ou indépendante, en France. Répond au critère du centre des intérêts économiques le contribuable qui tire de sources situées en France la majeure partie de ses revenus. Le centre des intérêts économiques est apprécié en tenant compte des intérêts patrimoniaux du contribuable.

Exemple

▸ Un pharmacien établi à Bamako mais qui disposait de 11 appartements en France a été considéré par la cour administrative d'appel de Paris comme ayant le centre de ses intérêts économiques en France (arrêt du 27 février 1996 : *RJF*, 1997-642). ▸

Imposition. Les règles applicables varient selon que les personne est ou non domiciliée en France, les règles (tab. 10.1).

Tableau 10.1. Imposition des personnes selon leur domicile

Domicile en France	• Lorsqu'un contribuable a son domicile fiscal en France, il y est imposé sur la totalité des revenus dont il a disposé, que ceux-ci soient de source française ou de source étrangère. C'est ce que l'on appelle l'« obligation fiscale illimitée ». • Lorsque le contribuable (entrepreneur individuel) relève des BIC et qu'il a son domicile fiscal en France, il est imposé en France pour l'ensemble de ses BIC, que la source soit en France ou à l'étranger. Toutefois, les BIC provenant de l'étranger ne sont imposés en France qu'à défaut de conventions bilatérales prévoyant un autre traitement.
Domicile hors de France	• Les personnes non domiciliées en France et ayant des revenus de source française sont, de manière restreinte, soumises à la législation française, pour leurs seuls revenus de source française. Cette règle ne s'applique bien entendu qu'à défaut de convention internationale contraire. Les revenus concernés, dits de « source française », peuvent être des revenus fonciers d'immeubles localisés en France, des revenus de capitaux mobiliers placés en France, des revenus de tous types d'activité (salariée ou non, agricole, industrielle, commerciale...), des droits d'auteur (si débiteur localisé en France), des pensions ou rentes viagères (si débiteur domicilié en France). L'assiette taxable est calculée de la même manière que si le contribuable avait son domicile fiscal en France. • Dans le cas où le contribuable est imposé en France alors que son domicile fiscal est à l'étranger, ses revenus sont soumis au barème de l'IR progressif applicable en France mais l'impôt payé ne peut être inférieur à 20 % du revenu net imposable (sauf preuve par le contribuable que son taux moyen d'imposition serait inférieur si l'ensemble de ses revenus était imposé en France).

Exemple

▸ Le contribuable est domicilié en Argentine ; il retire 30 000 € de BIC d'une activité commerciale exercée en Argentine et 20 000 € de BIC d'une activité commerciale exercée en France. Sauf convention internationale contraire, les 20 000 € réalisés en France sont imposés en France au barème progressif avec un plancher de 4 000 € (20 % de 20 000 €). Toutefois, ce plancher ne sera pas appliqué si le contribuable prouve que son taux moyen d'imposition en France pour l'ensemble de ses revenus (50 000 €) est inférieur à 20 %. ▸

Compte tenu des risques liés au non-recouvrement de l'impôt sur le revenu (IR), il est appliqué, pour la très grande majorité des impositions, une retenue à la source de l'impôt. Dans certains cas, cette retenue sera libératoire de l'IR, dans d'autres cas, le contribuable devra payer une somme complémentaire en application du barème (en sens inverse, si la retenue est supérieure au montant résultant du barème, aucun remboursement ne sera dû).

2. Les règles d'imposition en présence de convention fiscale internationale

Conflit d'imposition. La souveraineté de chaque État dans la détermination de ses principes fiscaux peut conduire à des phénomènes de double imposition. Ainsi, le principe du droit français suivant lequel tout contribuable domicilié en France est imposé à raison de l'intégralité de ses revenus que la source soit française ou autre, est en lui-même de nature à générer des conflits dans la mesure où la plupart des États considèrent qu'il est légitime d'imposer suivant leur loi les revenus trouvant leur source dans cet État.

Exemple

M. Y est domicilié en France et fait état de revenus de source française et de source d'un pays Z. En vertu du droit français, l'intégralité des revenus est imposable en France. Toutefois, la probabilité est forte que le pays Z impose également les revenus qui en émanent. On se trouvera alors confronté à un conflit générateur de double imposition.

Finalités des conventions internationales. Les conventions fiscales internationales, auxquelles la France est partie, poursuivent trois objectifs principaux :

- L'**échange d'informations** par le biais de clauses d'assistance administrative dans le but de faciliter l'application des dispositions de la convention liant les deux États ou encore de rendre plus aisée la mise en recouvrement de certaines créances. Dans ce dernier cas, la convention peut prévoir l'assistance de l'État étranger dans le recouvrement d'une créance fiscale (ces dispositions sont toutefois exceptionnelles et ne concernent qu'un faible nombre de conventions : États-Unis, Algérie, Allemagne ou Luxembourg par exemple).
- La **prévention et le traitement des situations de double imposition**, notamment par la mise en œuvre de procédures amiables à la demande de l'un des contribuables concernés par la situation.
- La **lutte contre l'évasion fiscale**. Les clauses d'assistance prévoient ici que la France peut demander des renseignements sur le contribuable concerné à l'État étranger dans le but de pouvoir l'imposer.

Primauté des conventions. En application de l'article 55 de la Constitution, les conventions ont dans l'ordre juridique français une valeur supérieure aux lois ; elles dérogent intégralement au CGI. Ce principe de supériorité implique notamment que :

- Le juge, administratif comme judiciaire, doit appliquer les conventions par préférence aux lois internes, en cas de conflit entre ces dernières et la norme internationale. En pratique, le juge recherche d'abord si une norme de droit interne est applicable à la situation (c'est-à-dire si le contribuable peut être imposé en France en application du CGI). Si tel est le cas, il recherche ensuite si une disposition tirée d'une convention internationale liant la France fait obstacle à l'application du droit interne.

- Des notions essentielles en droit interne, comme celle de domicile fiscal, peuvent être écartées au profit de notions différentes, et conduisant à des résultats différents, comme celle de « résident d'un État ».
- L'application du droit issu d'une convention liant la France peut avoir un effet neutre sur l'imposition dans le cas où le droit interne et le droit conventionnel sont en accord. Exceptionnellement, le conflit entre les deux normes sera résolu par la suprématie du droit international et pourra conduire :
  - à une imposition moindre qu'en droit interne, voire à une suppression complète de l'imposition prévue par le CGI ;
  - plus rarement à une imposition supérieure à celle prévue en droit interne.

Dispositions conventionnelles. On trouve en règle générale quatre types de dispositions au sein des conventions auxquelles la France est partie. Elles portent sur :
- Des définitions communes, comme le domicile fiscal, le résident, ou encore l'établissement stable. Ces définitions prévalent sur celles énoncées par les lois nationales (et donc sur le CGI).
- Des dispositions prévoyant, pour chaque catégorie de revenus, le droit de chaque État d'imposer le contribuable (ex. : la plupart des conventions indiquent que les revenus des biens immobiliers sont imposés dans l'État de situation de ces biens).
- Des techniques d'élimination des doubles impositions. Cela suppose que les dispositions ci-dessus n'ont pas pu être appliquées, ou bien qu'elles ne prévoyaient pas le cas rencontré (imputation, exonération).
- Des règles de non-discrimination entre les nationaux et les non nationaux placés en situation équivalente.

Notion de résidence. Le droit conventionnel fait référence à la notion de résidence alors que le droit interne se réfère à celle de domicile. Lorsqu'un contribuable risque d'être considéré comme ayant sa **résidence fiscale** dans chacun des deux États qui sont en concurrence, la convention prévoit une série de critères qui s'appliquent dans l'ordre suivant :
- le foyer d'habitation permanent ;
- le centre des intérêts vitaux, en tenant compte des liens personnels et économiques du contribuable ;
- le séjour habituel ;
- la nationalité en dernier ressort.

Imposition par l'État de la résidence. L'État de résidence du contribuable impose les revenus suivants :
- les revenus de capitaux mobiliers ;
- les redevances de toute nature ;
- les bénéfices industriels et commerciaux à défaut d'établissement stable ;
- les pensions du secteur privé.

Pour les revenus de capitaux mobiliers et pour les redevances, il existe une retenue à la source qui est prélevée par l'État de la source.

L'imposition par l'État de la source. L'État de la source des revenus impose les revenus suivants :
- les revenus fonciers et les bénéfices agricoles liés à la propriété immobilière, de même que les plus-values immobilières ;
- les BIC rattachables à un établissement stable ;

- les revenus des artistes et des sportifs ;
- les rémunérations versées aux salariés.

Les méthodes d'évitement de la double imposition. Les conventions prévoient deux méthodes pour éviter les doubles impositions. La première méthode est celle de l'exemption. Elle consiste à exonérer de l'impôt français les revenus provenant de l'autre État et imposables dans celui-ci en application de la convention.

Exemple

M. Duboucher, célibataire et sans enfant, est domicilié en France où il est salarié (20 000 € de salaire net) ; il possède un immeuble en Espagne (10 000 € de revenus fonciers charges déduites). Ses salaires seront seulement imposables en France ; ses revenus fonciers le seront en Espagne.

La règle de l'exemption est susceptible d'être appliquée de manière différente suivant le mode de calcul pratiqué. Le mode de calcul dit « avec progressivité » consiste à ne pas intégrer le revenu taxé dans l'autre État dans l'assiette de l'impôt payé en France. Ainsi, d'après l'exemple ci-dessus, la France ne taxerait que les 20 000 € de salaire.

La méthode de calcul dite « au taux effectif » consiste à intégrer le revenu imposé par l'État étranger dans l'assiette taxable, puis de réduire l'impôt en proportion de la part taxée par l'État étranger.

Exemple (suite)

Si tous les revenus de M. Duboucher étaient taxés en France et qu'ils donnaient lieu à une imposition à hauteur de 2 400 €, la part représentée par les revenus imposés en Espagne serait alors de un tiers (10 000/30 000) soit 800 € ; l'IR payé en France serait de : 2 400 – 800, soit 1 600 €.

La méthode de l'imputation consiste à inclure les revenus taxés à l'étranger dans l'assiette taxable en France, puis de déduire de l'imposition un crédit d'impôt correspondant à l'impôt payé à l'étranger (dans une limite fixée par la convention et le droit national – voir exemple ci-après). Si l'on reprend l'exemple ci-dessus, l'IR de M. X sera calculé en intégrant ses revenus fonciers imposés en Espagne, mais il déduira un crédit d'impôt correspondant au montant imposé en Espagne.

B) Les règles territoriales relatives à l'impôt sur les sociétés

1. Les règles d'imposition en l'absence de convention fiscale internationale

Territorialité des bénéfices. Alors que la majorité des États dans le monde applique le principe de mondialité, la France a fait le choix du principe de territorialité pour l'imposition des bénéfices des sociétés. En vertu de celui-ci, l'IS ne touche que les entreprises exploitées en France et réalisant des bénéfices en France. Autrement dit, les entreprises françaises ayant une exploitation à l'étranger et qui réalisent des bénéfices ne sont pas imposées en France sur ces derniers. À l'inverse, les entreprises établies à l'étranger et disposant en France d'une exploitation sont imposées en France sur les seuls bénéfices réalisés par cette dernière.

CGI, article 209 I

- Les bénéfices passibles de l'impôt sur les sociétés sont déterminés [...] en tenant compte uniquement des bénéfices réalisés dans les entreprises exploitées en France ainsi que de ceux dont l'imposition est attribuée à la France par une convention internationale relative aux doubles impositions.

Le principe de territorialité présente un avantage et un inconvénient. Alors qu'il permet d'éviter les doubles impositions en ne taxant pas les bénéfices réalisés à l'étranger, il ne permet pas, à l'inverse, de faire remonter auprès de la société établie en France les déficits des structures installées à l'étranger. Une distinction doit toutefois être effectuée entre les revenus « actifs » et les revenus « passifs ». Les premiers sont ceux résultant d'une activité. Dans ce cas, comme cela a été évoqué, la société française échappe à l'IS sur les bénéfices réalisés par les entreprises exploitées à l'étranger. Les seconds résultent de la simple détention d'un droit (ex. : dividendes, loyers, redevances) ou d'une opération exceptionnelle (ex. : plus-value de cession d'un immeuble). Dans cette situation, il existe une sorte d'exception au principe de territorialité puisque les revenus passifs sont soumis à l'IS auprès de la société française.

Entreprise exploitée en France. L'article 209 I du CGI utilise l'expression « entreprises exploitées en France ». Il est donc nécessaire d'apporter des précisions sur cette notion. En l'absence de définition légale, la jurisprudence a posé des critères de détermination de l'entreprise exploitée hors de France (et donc exclue du champ de l'IS). Ces critères sont également applicables pour déterminer les situations dans lesquelles une entreprise étrangère est imposable en France en raison d'une entreprise exploitée sur le territoire français.

- L'entreprise possède un établissement permanent et autonome de type succursale, ligne de production, usine, bureau de vente, etc.
- L'entreprise dispose d'un représentant. Celui-ci doit avoir une certaine autonomie, c'est-à-dire la capacité d'engager la société et de négocier les contrats en son nom.
- L'entreprise réalise à l'étranger un cycle commercial complet distinct des opérations traitées par l'entreprise située en France (ex. : fabrication, transformation ou achats suivis de reventes de biens).

CE, 16 mai 2003, n°222-956, Société *Télécoise* :

http://dunod.link/u4qc6o7

Aides consenties à l'étranger. Le principal défaut du principe de territorialité de l'IS réside dans l'impossibilité d'utiliser pour une société française les déficits relatifs à une exploitation située à l'étranger. Cette règle comporte un tempérament puisque le Conseil d'État admet la déductibilité des aides à caractère commercial consenties à des filiales étrangères à condition que la société française y trouve une contrepartie suffisante (ex. : maintien de ses débouchés à l'étranger ou préservation du renom de la société). En revanche, les aides à caractère financier consenties aux filiales étrangères ne sont pas admises en déduction du résultat de la société française. Enfin, les aides consenties aux succursales implantées à l'étranger sont déductibles « si la succursale entretient avec le siège des relations commerciales favorisant le maintien ou le développement des activités en France de la société ».

Tableau 10.2. Tableau récapitulatif du principe de territorialité

Société établie en France		Société établie à l'étranger
Principe	**Tempérament**	Imposition à l'IS sur les bénéfices réalisés par une entreprise exploitée en France.
Imposition à l'IS sur les seuls bénéfices réalisés par des entreprises exploitées en France. Exclusion des bénéfices et des déficits réalisés par une entreprise exploitée à l'étranger.	Les revenus « passifs » sont imposables en France. Certains abandons de créances sont admis en déduction par la jurisprudence (v. *supra* pour les conditions).	

2. Les règles territoriales en présence de convention fiscale internationale

Établissement stable. Le plus souvent, le recours à la législation interne est inutile puisqu'une convention bilatérale lie la France à un autre État contractant. Dans ce cas, la notion retenue est celle d'établissement stable et non d'exploitation en France.

Définition

Selon l'article 5,1 du modèle conventionnel OCDE, un **établissement stable** est « une installation fixe d'affaires par l'intermédiaire de laquelle une entreprise exerce tout ou partie de son activité ».

La notion d'établissement stable peut également résulter d'un siège de direction ou de l'existence sur un territoire d'un agent dépendant disposant des pouvoirs lui permettant d'engager la société.

FOCUS La création d'un rescrit spécial

La difficulté relative à la qualification d'établissement stable a conduit à la création d'un rescrit spécial codifié à l'article L. 80 B-6° et R 80 B-9° du LPF. Cette procédure s'adresse exclusivement aux personnes morales ou physiques résidant à l'étranger souhaitant obtenir confirmation de l'administration fiscale française qu'elles ne possèdent pas en France un établissement stable ou une base fixe en application de la convention fiscale signée par la France avec son État de résidence, en matière d'impôt sur les bénéfices.

Répartition de l'imposition des revenus actifs. Pour les revenus dits « actifs », une société est imposable par principe dans l'État où elle est établie. Par exception, la société relève du régime d'imposition applicable dans un État étranger si elle dispose dans celui-ci d'un établissement stable. L'imposition s'effectue dans ce cas selon le résultat rattachable à cet établissement stable.

OCDE, article 7 du modèle conventionnel

- « Les bénéfices industriels et commerciaux d'une entreprise d'un État contractant ne sont imposables que dans cet État, à moins que l'entreprise n'exerce une activité industrielle et commerciale dans l'autre État contractant par l'intermédiaire d'un établissement stable qui y est situé ».

NOTRE CONSEIL

En pratique, la présence de l'établissement stable à l'étranger n'empêche pas l'État de résidence d'imposer ses bénéfices. C'est le cas lorsque la convention prévoit une méthode d'élimination de la double imposition fondée sur l'imputation. Dans ce cas, l'État de résidence taxe aussi les bénéfices de l'établissement stable mais accorde un crédit d'impôt pour payer l'impôt dans l'État où se situe l'établissement stable.

Répartition de l'imposition des revenus passifs. Concernant les « revenus passifs », deux situations doivent être distinguées. En l'absence d'établissement stable, les conventions prévoient généralement la méthode retenue pour éviter une double imposition. Pour les dividendes et les intérêts, les conventions signées par la France prévoient généralement la méthode du crédit d'impôt. En présence d'un établissement stable, les revenus passifs sont rattachés à l'établissement stable, et donc imposables dans l'État correspondant, si l'élément qui est à l'origine de ceux-ci (ex : l'immeuble dont découlent les loyers) est inscrit au bilan de cet établissement.

Ventilation des bénéfices. Les règles de territorialité imposent de connaître la ventilation du bénéfice dans le cas où un groupe de société dispose de plusieurs établissements stables à l'étranger. Par conséquent, si une entreprise basée en France commercialise des produits sur le territoire français alors que la production est délocalisée dans un autre pays, il faudra ventiler les bénéfices réalisés afin de n'imposer en France que ceux réalisés en France. Cette ventilation peut se faire de différentes manières :

- soit les deux entreprises ont des comptabilités différentes permettant de dissocier de manière nette les bénéfices de chaque structure ;
- soit il est nécessaire de procéder à une répartition proportionnelle des charges en fonction des recettes de chaque implantation ;

Exemple

Une entreprise de confection de vêtements pour enfants dont le siège est à Strasbourg dispose d'une usine de fabrication et d'un service de commercialisation à Bratislava en Slovaquie. Cette dernière unité fait ressortir un CA de 24 millions d'euros contre 16 millions d'euros pour le siège français. Le total des charges de l'entreprise est de 32 millions d'euros. Le bénéfice de l'implantation slovaque sera estimé à : (40 000 000 – 32 000 000) × 24/40 = 4 800 000 euros, qui seront taxés hors de France.

- soit, il convient de procéder par comparaison avec des entreprises de taille équivalente opérant dans un secteur économique identique, encore que cette méthode soit très approximative.

FOCUS **La taxation française des GAFA**

L'acronyme GAFA désigne les quatre grandes firmes américaines qui font office de leader dans le domaine du numérique : Google, Apple, Facebook et Amazon. Ces grands groupes sont régulièrement pointés du doigt au regard de leurs stratégies d'optimisation fiscale au sein même de l'Union européenne. La législation ne faisant pas l'objet d'une harmonisation en matière d'imposition des bénéfices, ces acteurs utilisent les différences de taux entre les États pour réduire leur imposition à sa plus simple expression. Selon la réglementation en vigueur, les entreprises paient leur impôt dans l'État où elles disposent d'un établissement stable. Dès lors, ces groupes ont pris pour habitude de s'établir dans ceux ayant les taux d'imposition les plus faibles afin de limiter au maximum l'impôt. Alors que l'UE tente de mettre en place une réglementation permettant de taxer les opérations dans l'État de destination des services, la France est déterminée à agir seule et à taxer dès 2019 le chiffre d'affaires réalisé sur le territoire par ces géants du numérique.

→ CAS PRATIQUE 4

Les principaux dispositifs de lutte contre l'évasion fiscale internationale

L'étude des principaux dispositifs de **lutte contre l'évasion fiscale** nécessite d'apporter des précisions terminologiques sur les notions d'« État à fiscalité privilégiée » et d'« État ou territoire non coopératif » (ETNC) qui sont à l'origine du déclenchement des différents dispositifs fiscaux.

Dispositif français de lutte contre l'évasion fiscale :

http://dunod.link/rh62f8c

Définition

> Selon l'article 238-A du CGI, les personnes sont considérées comme soumises à un **État ou territoire à fiscalité privilégiée** si elles n'y sont pas imposables ou si elles y sont assujetties à des impôts sur les bénéfices ou les revenus dont le montant est inférieur de plus de la moitié à celui de l'impôt sur les bénéfices ou sur les revenus dont elles auraient été redevables dans les conditions de droit commun en France, si elles y avaient été domiciliées ou établies.

Bien que toujours applicable, cette définition a évolué puisque le législateur a diminué le seuil d'imposition. À compter du 1er janvier 2020, cette qualification sera retenue dès que le niveau d'imposition sera inférieur à 60 % de l'impôt dû en France.

Les critères français permettent de dresser une liste de sept États ou territoires considérés comme non coopératifs : Botswana, Brunei, Guatemala, îles Marshall, Nauru, Niue, Panama. Depuis 2018, il faut y ajouter : Guam, Namibie, Samoa, Samoa américaine, Trinité-et-Tobago et les îles Vierges américaines

Définition

> Selon l'article 238-0-A du CGI, les **États ou territoires non coopératifs** sont ceux dont la situation au regard de la transparence et de l'échange d'informations en matière fiscale a fait l'objet d'un examen par l'Organisation de coopération et de développement économiques et qui, à cette date, n'ont pas conclu avec la France une convention d'assistance administrative permettant l'échange de tout renseignement nécessaire à l'application de la législation fiscale des parties, ni signé avec au moins douze États ou territoires une telle convention.

Loi n° 2018-898 du 23 octobre 2018 :

http://dunod.link/vy192pd

A) La présomption de transfert indirect de bénéfices

1. Les différentes techniques

Le **transfert indirect de bénéfices** est une technique consistant pour une société à transférer une partie de son bénéfice à une autre société établie dans un État où l'imposition est plus faible. Cette méthode est mise en œuvre au moyen de différentes techniques :

- abandons de créances non justifiées ;
- ventes à des prix faibles ;
- achats à des prix excessifs ;
- répartition volontairement déséquilibrée de charges communes.

L'article 57 du CGI met en place une présomption de transfert indirect de bénéfices en indiquant que, pour les entreprises dépendantes ou qui possèdent le contrôle d'entreprises situées hors de France, les bénéfices indirectement transférés à ces dernières sont incorporés aux résultats imposables. Cette présomption est simple, de sorte que l'entreprise peut la combattre en apportant la preuve que l'opération avait une contrepartie normale.

2. Les éléments de preuve

Lien de dépendance. L'administration fiscale doit prouver deux éléments pour que le transfert indirect de bénéfices soit présumé. Dans un premier temps, elle doit démontrer le lien de dépendance entre la société française et la société étrangère. Il est présent lorsque l'une des entreprises participe directement ou indirectement à la direction, au contrôle ou au capital de l'autre ou lorsque les deux entreprises sont sous la dépendance d'une même entreprise. Ce lien de dépendance peut être de droit ou de fait.

Dépendance de droit. La dépendance de droit se produit lorsqu'une entreprise étrangère détient une part prépondérante du capital d'une autre entreprise ou la majorité absolue de ses droits de vote. Une détention de la majorité du capital suffit généralement à prouver la dépendance. La dépendance peut être :

- **Directe.** La société A vend des marchandises à la société B dont elle détient 65 % du capital. La dépendance est ici caractérisée. Si les marchandises ont une valeur réelle de 50 000 euros et qu'elles sont vendues volontairement à un prix de 90 000 euros, la société B va transférer du bénéfice à la société A soumise à l'impôt sur les bénéfices au Maroc (à hauteur de 40 000 euros) (fig. 10.1).

Entreprise sous dépendance directe

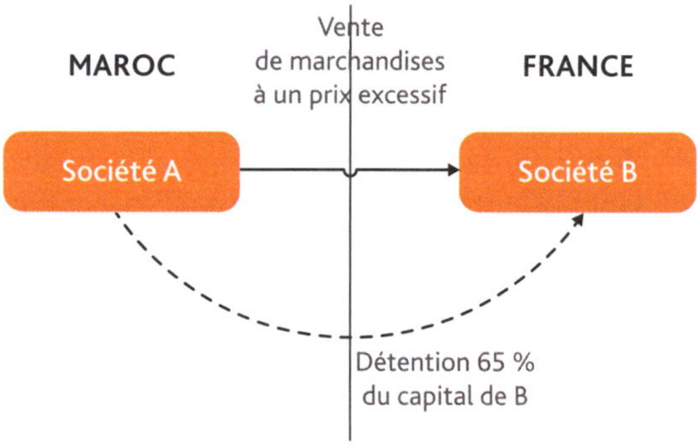

Entreprise sous dépendance indirecte

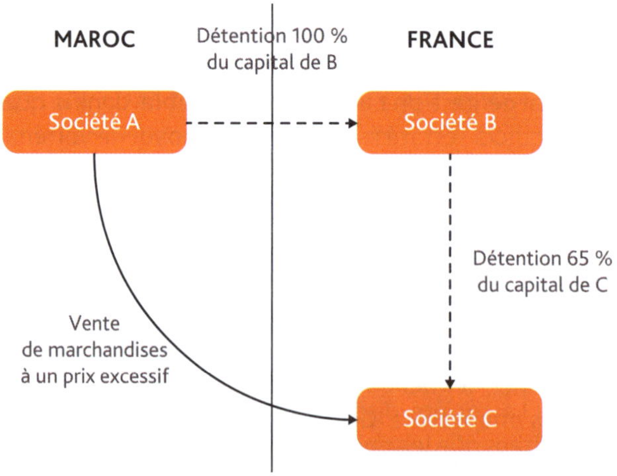

Entreprises sous la dépendance d'une même entreprise

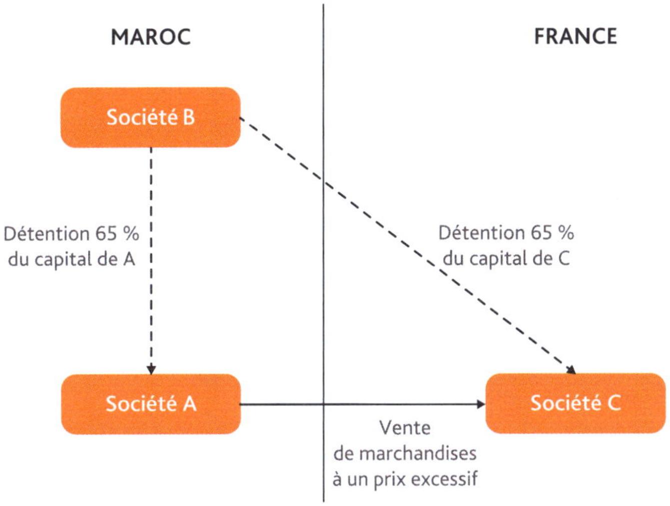

Figure 10.1. **Exemples de dépendance de droit des entreprises**

L'administration n'a pas à prouver le lien de dépendance lorsque l'opération s'effectue entre une société française et une société étrangère située dans un pays à fiscalité privilégiée ou un État ou territoire non coopératif.

Dépendance de fait. La dépendance de fait correspond à la situation dans laquelle une des entreprises exerce, directement ou indirectement, un véritable pouvoir de décision dans l'autre société.

Exemple

- Il y a dépendance de fait lorsqu'une entreprise est liée par un contrat à une autre lui imposant le prix des produits vendus.

Preuve du transfert indirect de bénéfices. Dans un second temps, l'administration doit prouver que les opérations contestées sont constitutives d'un transfert indirect de bénéfices. Pour cela, elle doit démontrer que l'opération ne relève pas d'une gestion normale. Le transfert indirect de bénéfices en droit international est l'équivalent de la théorie de l'acte anormal de gestion en droit interne. Cela signifie que l'administration doit apporter la preuve que la société française s'est appauvrie volontairement en réalisant une opération sans contrepartie ou sans contrepartie suffisante au regard des prix pratiqués en pleine concurrence.

3. Les conséquences du transfert indirect de bénéfices

Lorsque des transactions sont qualifiées de transfert indirect de bénéfices, ces derniers sont réintégrés dans le résultat de l'entreprise. Ces bénéfices sont également qualifiés de revenus distribués conduisant à une retenue à la source et produisant par là même une double imposition. La société dispose cependant de la possibilité d'éviter cette double imposition en évitant que les revenus soient qualifiés de revenus distribués si des conditions sont réunies.

B) Les rémunérations versées dans les paradis fiscaux

Principe. Selon l'article 238 A du CGI, certaines charges payées ou dues par un contribuable établi en France à des personnes physiques ou morales établies ou domiciliées dans un État à fiscalité privilégiée ne sont admises en déduction pour l'établissement de l'impôt que si le débiteur apporte la preuve que la dépense correspond à des opérations réelles et qu'elles ne présentent pas un caractère anormal.

Les charges concernées sont les suivantes :
- les intérêts ;
- les arrérages et autres produits des obligations ;
- les créances ;
- les dépôts et cautionnements ;
- les redevances de cession ou concession de licences d'exploitation, de brevets d'invention, de marques de fabrique, procédés ou formules de fabrication et autres droits analogues ;
- les rémunérations de services.

Présomption simple. Cet article pose une présomption de fictivité des rémunérations versées dans des États à fiscalité privilégiée. Il s'agit d'une présomption simple. Le contribuable dispose donc de la possibilité de démontrer que les opérations sont réelles et normales afin de pouvoir les déduire de son résultat. Lorsque le contribuable ne parvient pas à apporter cette preuve, les sommes sont également qualifiées de revenus distribués et sont soumises à la retenue à la source de l'article 119 bis 2 du CGI. L'entreprise peut cependant, sous conditions, demander une exemption de la retenue à la source.

C) L'imposition des sociétés d'artistes établies à l'étranger

L'article 155 A du CGI prévoit un dispositif destiné à combattre un montage juridique prisé des artistes et des sportifs. Il consiste à créer une société dans un État étranger (le plus souvent dans un État à fiscalité privilégiée) chargée de conclure les engagements au nom de l'artiste et d'encaisser les sommes qui en découlent. Le montage a pour effet de soustraire la majorité des revenus en cause de l'impôt dû en France. Seul un faible salaire est généralement versé à l'artiste et fait, par conséquent, l'objet d'une imposition en France. L'article 155 A distingue deux situations :

- L'administration peut imposer directement l'artiste domicilié en France dont la rémunération est versée à une société établie hors de France pour des prestations réalisées en France ou à l'étranger.

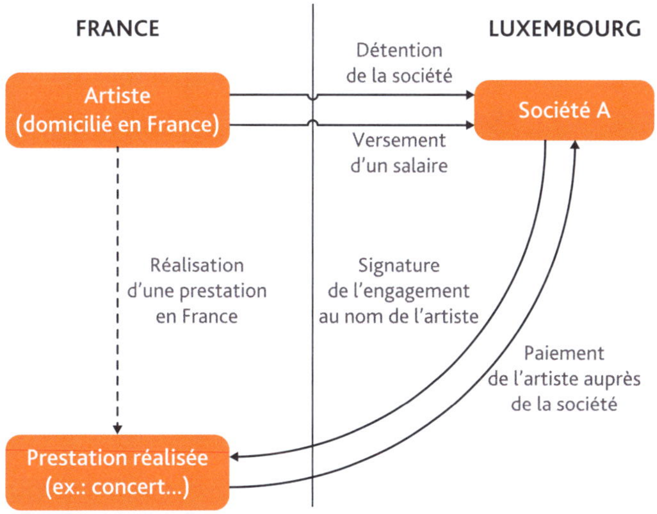

Figure 10.2. Exemple de montage juridique visant à l'optimisation fiscale

Dans cette situation, l'administration peut imposer directement en France les sommes versées à la société établie au Luxembourg si la personne domiciliée en France contrôle la personne morale située à l'étranger qui perçoit la rémunération, ou si la personne domiciliée en France n'établit pas que la société située à l'étranger exerce une activité industrielle ou commerciale de manière prépondérante, ou enfin, si la personne morale établie à l'étranger se situe sur un État à fiscalité privilégiée.

- L'administration peut imposer en France un prestataire établi à l'étranger mais qui rend des services en France. C'est par exemple le cas d'un chanteur domicilié en Suisse qui réalise un concert en France. Les mêmes règles que celles précédemment évoquées sont applicables. L'administration devant en outre démontrer que les prestations ont bien été effectuées en France.

D) L'application de l'article 209 B du CGI

1. La présomption

L'article 209 B du CGI prévoit que lorsqu'une personne morale située en France et passible de l'impôt sur les sociétés exploite une entreprise hors de France ou détient directement ou indirectement plus de 50 % des actions, parts, droits financiers ou droits de vote dans une entité juridique établie ou constituée hors de France, et que celle-ci est soumise à un régime fiscal privilégié, les bénéfices qu'elle réalise doivent être soumis à l'IS en France. Cet article pose donc une présomption de fictivité des opérations ayant permis la réalisation du bénéfice, dès lors que la structure étrangère se situe dans un État à fiscalité privilégiée. Toutefois, l'application du dispositif impose de distinguer deux situations :

- L'**implantation à l'étranger effectuée sous forme de filiale ou de toute autre personne morale**. Dans cette situation, le bénéfice est réputé constituer un revenu de capitaux mobiliers imposable en France en proportion des droits détenus. Pour éviter certains montages juridiques, la législation prévoit que, lorsque plusieurs sociétés détiennent ensemble la filiale étrangère, le seuil de détention est réduit à 5 %.

- L'**implantation à l'étranger d'une simple succursale**. Dans ce cas, les bénéfices correspondants sont imposés en France en tant que tels.

2. Les clauses de sauvegarde

Le dispositif prévu à l'article 209 B du CGI est écarté pour toutes les structures (ex. : filiales, succursales) implantées au sein de l'UE dès lors que cela ne procède pas d'un montage artificiel. En ce qui concerne les établissements situés en dehors de l'UE, l'entreprise française doit démontrer que la structure étrangère a réellement une activité de nature industrielle ou commerciale sur place.

→ MINI-CAS 3

3 La territorialité de la TVA

CHIFFRE-CLÉ

En 2017, la TVA a rapporté **189 Mds €** à l'État français (DGFiP, 2017).

Impôt indirect par excellence, la TVA (taxe sur la valeur ajoutée) représente plus de la moitié des ressources fiscales de l'État français. Il s'agit du principal impôt sur la dépense dans la mesure où il est supporté par toutes les personnes qui effectuent un achat.

A) La TVA : éléments généraux

1. Les caractéristiques de la TVA

La taxe sur la valeur ajoutée repose sur **trois grands principes** :

- L'application de la taxe s'effectue sur l'ensemble des biens et des services.
- Son montant est fixé proportionnellement au montant de la transaction et sa perception se réalise à chaque stade de la chaîne économique.
- Les assujettis ont la possibilité de déduire la taxe ayant grevé leurs achats. Dès lors, le poids de l'impôt pèse sur le consommateur final qui n'a pas la possibilité d'exercer un quelconque droit à déduction.

2. Le droit à déduction

Dans son principe, le fonctionnement de la TVA repose sur le principe du **droit à déduction** qui permet à l'entreprise de déduire le montant de TVA qu'elle a payé sur ses achats (on parle dans ce cas de TVA déductible) du montant de taxe qu'elle collecte sur ses ventes (TVA exigible).

Exemple

- Dans le circuit économique ci-dessus, l'entreprise A vend des biens à la société B pour un montant de 10 000 € auxquels s'ajoutent 2 000 € de TVA (taux de 20 %). L'entreprise B revend ces biens à la société C pour une valeur de 11 000 € + 2 200 € de TVA. Enfin, l'entreprise C revend les biens au consommateur final au prix de 12 500 € + 2 500 € de TVA. Chaque entreprise joue un rôle de collecteur d'impôt au profit de l'administration. Ainsi, lors de chaque transaction, elle doit reverser le montant de la taxe qu'elle reçoit sur ses ventes, sous déduction de la TVA qu'elle a elle-même payée sur ses achats. Pour reprendre l'exemple ci-dessus, l'entreprise B a collecté 2 200 € de TVA lors de la vente de la marchandise et elle a payé 2 000 € sur ses achats. La société B doit donc reverser à l'administration la différence entre ces deux montants : 2 200 – 2 000 = 200 €.

Toutes les entreprises du circuit doivent effectuer cette opération. Par conséquent, l'opérateur C doit reverser à l'administration la différence entre 2 500 € (TVA sur ses ventes) et 2 200 € (TVA sur ses achats) : 2 500 – 2 200 = 300 €.

Neutralité. Ce droit à déduction de la TVA assure la neutralité de la taxe pour les entreprises. En permettant de déduire la TVA payée sur les achats, les entreprises ne supportent pas le poids de l'impôt. En effet, le consommateur final est le contribuable et supporte la charge de l'impôt.

Précisions sur la territorialité de la TVA. L'application des règles françaises de la TVA suppose la localisation en France d'un évènement générateur. La notion de territoire français s'entend de la métropole, de la Corse et de Monaco. Les DOM reçoivent un traitement particulier. Les TOM et autres collectivités territoriales sont considérés comme des pays tiers. Les règles relatives à la TVA aujourd'hui retranscrites dans le CGI utilisent une terminologie différente du langage courant. Ainsi, une **importation** provenant d'une société située dans un autre État membre de l'Union européenne est qualifiée d'**acquisition intracommunautaire**, tandis qu'une **exportation** à destination d'une société établie dans un autre État membre de l'Union européenne est qualifiée de **livraison intracommunautaire**. L'ensemble de ces opérations forme les échanges intracommunautaires de biens. Les règles ci-après ne concernent pas les particuliers qui acquittent en principe la TVA dans l'État dans lequel ils achètent le bien ; elles ne concernent en principe que des professionnels assujettis à la TVA. Sont assimilés aux acquisitions et livraisons intracommunautaires les mouvements de stocks ou de biens d'investissement par une même entreprise implantée dans deux pays de l'UE (pas de transfert de propriété). Au sens de la TVA, relèvent des échanges intracommunautaires tous les États membres de l'UE à l'exception de certains territoires. Par exemple, les Îles Canaries, Andorre, la Nouvelle-Calédonie ainsi que les collectivités d'outre-mer ne font pas partie des États membres de l'UE au sens de la TVA.

Critères. Les critères permettant de déterminer où l'opération est localisée varient suivant que l'on est en présence d'une opération portant sur un bien ou sur un service. Les opérations intracommunautaires mettant aux prises la France et un pays membre de l'UE reçoivent un traitement particulier distinct des échanges avec des pays tiers (hors UE). S'il résulte de l'application des critères qui vont être exposés que l'opération est localisée en France, la TVA française est applicable dans ses taux et modalités de déclaration et recouvrement.

B) Les échanges de biens

Territorialité. Les échanges intracommunautaires correspondent aux échanges effectués entre sociétés situées dans l'UE tout en étant établies dans deux États membres différents.

1. Les échanges intracommunautaires de biens

Exonération des livraisons intracommunautaires. Les livraisons intracommunautaires de biens relèvent d'un régime particulier depuis le 1er janvier 1993. La suppression des frontières fiscales et douanières lors de la constitution du marché unique a conduit les autorités à instaurer un régime spécifique sur ce type d'échanges. En vertu de l'article 262 ter I du CGI, les livraisons de biens vers un autre État membre de l'Union européenne sont exonérées de TVA. Ce régime est conditionné par le fait que l'entreprise est en mesure de justifier du numéro d'identification du client et du transport de la marchandise hors de France. Cette exonération s'accompagne de mesures destinées à ne pas pénaliser les entreprises réalisant des échanges intracommunautaires. Par conséquent, malgré l'exonération, l'entreprise qui réalise une livraison intracommunautaire aura la possibilité de déduire la TVA qu'elle a payée sur ses achats. En outre, ces entreprises ont la possibilité de recourir au régime de l'achat en franchise prévu à l'article 275 du CGI. Il permet aux opérateurs réalisant des ventes à destination d'un État étranger, donc en exonération de TVA, de bénéficier d'une franchise de taxe sur leurs acquisitions (acquisitions sans TVA). Ce régime nécessite que l'entreprise justifie que le bien est réellement destiné à être livré dans un État étranger en produisant une attestation spécifique. Il est particulièrement intéressant pour les entreprises puisqu'il leur permet de ne pas avoir à effectuer une avance de trésorerie.

Exemple

- Une société B réalise une livraison intracommunautaire à destination d'une société C située en Allemagne. En vertu de l'article 262 ter I du CGI, cette opération est exonérée de TVA. La société B ne collecte donc aucune TVA sur cette vente. Elle a toutefois la possibilité de déduire la TVA sur l'acquisition qu'elle a effectuée auprès de la société A (1 600 € de TVA). Dans ce cas, la société B est en situation de crédit de TVA. Ainsi, le montant de TVA net à reverser à l'administration étant négatif (0 – 1 600 = – 1 600 €), c'est l'administration qui doit reverser 1 600 euros à la société B. La procédure de remboursement des crédits de TVA n'étant pas instantanée, cette situation peut avoir un impact important sur la trésorerie des entreprises. C'est pour cette raison que la société B a la possibilité de bénéficier de l'achat en franchise de taxe permettant d'effectuer son achat auprès de la société A sans TVA, dans la mesure où les conditions précédemment énoncées sont réunies.

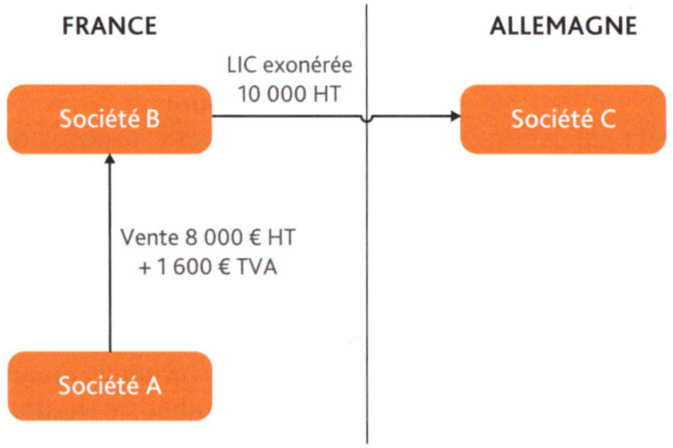

Figure 10.3. **La TVA sur les échanges intracommunautaires**

Autoliquidation des acquisitions intracommunautaires. Les acquisitions intracommunautaires de biens sont soumises à la TVA en France. Le mécanisme de l'**autoliquidation** s'applique ici. Il conduit à une inversion du redevable qui n'est pas le vendeur mais l'acquéreur de la marchandise lors du dépôt de sa déclaration auprès de l'administration. Cette opération est neutre fiscalement dans la mesure où l'acquéreur bénéficie d'un droit à déduction sur cette opération, selon les règles de droit commun.

FOCUS **Les obligations déclaratives des entreprises**

Les entreprises effectuant des opérations intracommunautaires doivent se conformer à certaines obligations déclaratives. D'une part, les entreprises doivent avoir un numéro d'identification à la TVA. La facture relative à un échange intracommunautaire doit mentionner le numéro de l'acheteur et du vendeur. D'autre part, les entreprises doivent remplir mensuellement une déclaration d'échanges de biens (DEB) nécessitant d'indiquer de nombreuses informations relatives aux transactions.

Régime des ventes à distance. Les ventes à distance (VAD) effectuées à destination des particuliers situés dans un autre État membre de l'Union européenne font l'objet d'un régime d'imposition particulier (tab. 10.3).

Ces opérations sont taxables selon la TVA applicable dans le pays où est établi le vendeur, lorsque le montant cumulé du chiffre d'affaires annuel HT de l'année N–1 (ou à défaut, celui de l'année en cours) de l'entreprise, à destination d'un même pays, est inférieur à un seuil fixé par cet État. Le franchissement de ce seuil renverse le lieu de taxation. De la sorte, le bien devient taxable selon le taux de TVA du pays de destination de la marchandise.

Ce régime particulier ne concerne que les transactions intracommunautaires entre un vendeur assujetti et un particulier. Pour les ventes à distance internes, le régime de TVA de droit commun est applicable.

Tableau 10.3. Tableau indicatif des seuils retenus par certains États

	Seuil VAD (en €)		Seuil VAD (en €)
Allemagne	100 000	**Finlande**	35 000
Autriche	35 000	**Italie**	35 000
Belgique	35 000	**Luxembourg**	100 000
Espagne	35 000	**Slovénie**	35 000

L'entreprise a la possibilité d'opter pour le principe de destination dès le premier euro de ses ventes à distance. L'option présente un avantage lorsque le taux applicable dans ce pays est inférieur à celui du pays d'origine. Concernant le régime des ventes à distance, l'article 34 de la directive TVA oblige les États à prévoir un seuil compris dans une fourchette allant de 35 000 à 100 000 euros. La France, qui avait choisi la tranche haute, a réduit le seuil à 35 000 euros depuis 2016. Dès lors, deux situations se rencontrent lorsqu'une entreprise située dans un autre État membre effectue une vente en France :

- soit le total des ventes effectuées à destination de cet État est inférieur à ce seuil et la taxation a lieu au pays de départ des biens ;
- soit le montant est supérieur et l'imposition s'effectue en France.

Le système intracommunautaire de TVA a été un important facteur du développement de la fraude à la TVA dite fraude carrousel.

CHIFFRES-CLÉS

La fraude à la TVA représente **20 Mds €** de pertes chaque année en France et environ **150 Mds €** dans toute l'Union européenne (DGTAXUD, *Study and reports ont the VAT gap in the EU*, 2018 report).

Exemple

Une entreprise française vend des biens auprès de particuliers situés en Italie par le biais d'une plateforme Internet. Lors de l'année N – 1, l'entreprise a réalisé 15 000 € de chiffre d'affaires dans ce pays. Dans cette situation, l'entreprise est soumise à la TVA en France selon le taux de 20 % (taux de droit commun français). Si au cours de l'année N, le chiffre d'affaires dépasse le seuil des 35 000 € imposé en Italie, l'entreprise a 30 jours pour s'identifier à la TVA en Italie, facturer la TVA correspondante et déposer les déclarations.

FOCUS La fraude carrousel

La fraude la plus connue réside dans la fraude carrousel dont on peut donner la définition suivante : il s'agit d'une fraude, impliquant au moins trois entreprises d'une même chaîne commerciale, visant, pour un opérateur qui réalise une acquisition soumise à autoliquidation, à ne pas reverser le montant de la TVA collectée, et ainsi transmettre un droit à déduction indu à son client, dans le but de créer une perte de recette pour l'État ou une distorsion de concurrence en réduisant artificiellement le prix d'un bien. La fraude carrousel se présente de la manière suivante :

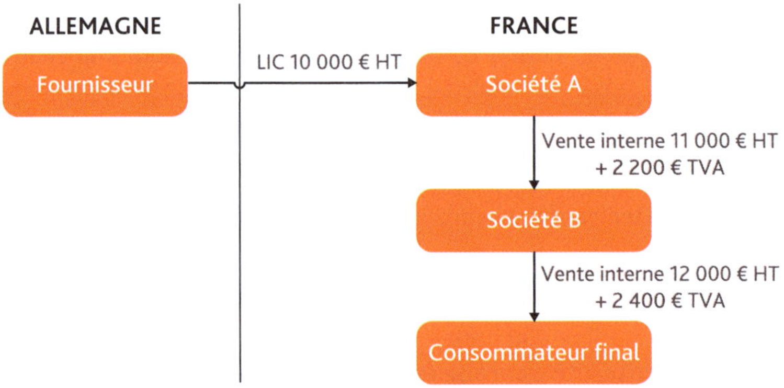

Dans ce circuit, le fournisseur réalise une livraison intracommunautaire exonérée de TVA pour un montant de 10 000 euros HT. La société A réalise une acquisition intracommunautaire devant faire l'objet d'une autoliquidation. Ainsi, la taxe normalement due sur cette acquisition est immédiatement et entièrement déductible. La société A revend le bien à la société B pour un montant de 11 000 euros HT avec 2 200 euros de TVA, qui le revend au consommateur final pour 12 000 euros HT avec 2 400 euros de TVA. Pour la société A, le circuit fait apparaître un solde de TVA de 2 200 euros devant être reversé à l'administration. C'est cette somme qui est détournée dans le cadre d'une fraude carrousel puisque la société A réalise à plusieurs reprises cette opération avant de disparaître avec les montants de TVA, ces derniers n'étant jamais reversés à l'administration.

Réforme. Pour lutter contre ces pratiques, les instances européennes ont lancé un projet d'espace TVA unique au sein de l'Union européenne. En ce qui concerne les échanges intracommunautaires, le projet doit permettre de taxer les opérations intracommunautaires selon le principe de destination. La TVA devant être reversée à l'État de destination de la marchandise en utilisant le système du guichet unique. Le fonctionnement du système peut se schématiser de la manière suivante :

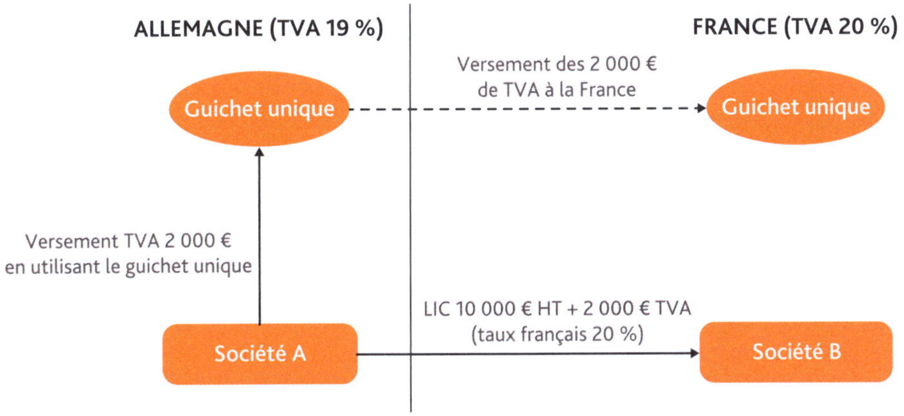

La société A vend un bien à la société B pour un montant de 10 000 euros HT. À cela s'ajoute la TVA selon le taux applicable dans l'État de destination, en l'occurrence le taux français de 20 %. Le montant de la taxe est reversé par la société A en Allemagne en utilisant le guichet unique qui permet, par la suite, de transmettre la somme à l'État de destination (France). Dans ce système, la France est dépendante de l'Allemagne pour percevoir la taxe. Dès lors, la coopération devra s'intensifier entre les États membres. De même, la capacité des États à percevoir l'impôt est essentielle et devra être améliorée. Ce nouveau système devrait entrer en vigueur le 1er janvier 2022, même si diverses mesures d'accompagnement doivent être instaurées d'ici là.

2. Les échanges extracommunautaires de biens

Autoliquidation des importations. Les règles de l'autoliquidation sont proches de celles appliquées en matière d'échanges intracommunautaires. Le principe est celui de la taxation suivant la fiscalité française (perception de la TVA française), principe proche de celui des acquisitions intracommunautaires dans la mesure où le redevable de la taxe est l'acquéreur (mécanisme d'autoliquidation). Ce régime permet à l'administration française de ne pas devoir recouvrer l'impôt auprès d'opérateurs situés en dehors de l'Union européenne. En pratique, deux situations doivent être distinguées :

- Lorsque l'importation est dédouanée dans un autre pays de l'Union européenne, la DGFiP est chargée de la collecte de l'impôt.
- En revanche, la TVA est perçue par la direction générale des Douanes et des Droits indirects (DGDDI) lorsque les marchandises arrivent directement dans un port ou un aéroport français.

Ce régime présente des inconvénients. En premier lieu, il produit un traitement différencié entre les importations et les acquisitions intracommunautaires. Les premières sont taxables tandis que les secondes donnent lieu à une autoliquidation. Ce régime a donc tendance à pénaliser les importateurs dans la mesure où ils doivent payer la TVA lors du dédouanement. Ce versement constitue une perte de trésorerie qui n'est compensée qu'ultérieurement lors de la déclaration TVA (déduction du montant sur la déclaration TVA). En second lieu, la taxation des importations produit une perte d'attractivité du territoire français. La raison tient au fait que d'autres États européens, comme la

Belgique et les Pays-Bas, ont instauré un système d'autoliquidation des importations. Ainsi, les importateurs français avaient pris pour habitude de faire dédouaner les marchandises dans ces pays avant de les rapatrier sur le territoire français.

FOCUS **La procédure simplifiée de dédouanement avec domiciliation unique (PDU)**

Afin de réduire le coût financier relatif au décalage existant entre le paiement de la TVA auprès de la DGDDI et sa déduction sur la déclaration déposée auprès de la DGFiP, la loi fiscale est venue autoriser, depuis le 1er janvier 2015, sur option, les importateurs à autoliquider la TVA d'importation directement sur la déclaration TVA déposée auprès de l'administration fiscale. La mesure, soumise à plusieurs conditions, permet aux opérateurs de déduire la TVA auprès d'une même administration et dans la même déclaration, ce qui est source de simplification et de gain de trésorerie.

L'exonération des exportations. Les exportations suivent un régime proche de celui des livraisons intracommunautaires. Le principe est celui de la taxation en France, mais l'opération est exonérée dans une majorité de cas :

- l'exportation par le vendeur lui-même ou pour son compte est exonérée si ce dernier prouve la réalité de l'opération d'export ;
- si l'exportation est le fait d'un acheteur non établi en France, elle est également exonérée aux conditions (très souples) de l'article 262-I-2 du CGI.

CGI, article 262-I-2

- Sont exonérées de la taxe sur la valeur ajoutée : 1/ les livraisons de biens expédiés ou transportés par le vendeur ou pour son compte, en dehors de la Communauté européenne ainsi que les prestations de services directement liées à l'exportation ; 2/ les livraisons de biens expédiés ou transportés par l'acheteur qui n'est pas établi en France, ou pour son compte, hors de la Communauté européenne [...].

Ici encore, l'exonération signifie simplement que la TVA française n'est pas applicable. La plupart du temps, le pays tiers destinataire de l'exportation (c'est-à-dire le pays d'importation) taxera lui-même l'opération.

En raison du régime d'exonération, les exportateurs peuvent bénéficier d'un droit à déduction et du système des achats en franchise dans les mêmes conditions que pour les opérateurs réalisant des livraisons intracommunautaires.

C) Les prestations de services

Un service ne pouvant faire l'objet d'une livraison physique, le contrôle de ces opérations est plus complexe que pour les échanges de biens. Pour cette raison, le droit fiscal met en place des règles particulières de localisation des prestations de services.

1. Le principe

La directive, entrée en application le 1er janvier 2010, fait la distinction entre la relation entre assujettis (B to B) et la relation entre assujetti et particulier (B to C) :

- dans le premier cas, la règle est l'imposition au lieu d'établissement du client de la prestation (nommé le preneur) ;
- dans le second cas, la règle est celle de l'imposition au lieu d'établissement du prestataire.

2. Les dérogations

Règles applicables. Certaines dérogations à cette règle sont prévues, notamment pour les prestations « matériellement localisables » ou les prestations immatérielles, qui échappent à la règle de l'établissement du prestataire. La présentation ci-dessous se limite à préciser les situations dans lesquelles la TVA française est applicable.

Prestations matériellement localisables (CGI, 259-A). Cela concerne notamment les cas de :

- Location de moyens de transport. On applique la TVA française quand le loueur est établi en France et que le bien est utilisé par le locataire en France ou dans l'UE. Il y a une application de la TVA française également quand le loueur est établi hors de l'UE mais que le bien est utilisé en France.
- Prestations se rattachant à un immeuble (ex. : opérations réalisées par un architecte). On applique la TVA française si l'immeuble est localisé en France.
- Transports de voyageurs et de marchandises. La TVA française est applicable si le parcours se déroule en France (même partiellement).
- Prestations culturelles, artistiques, sportives, éducatives… La TVA française est applicable si la prestation est matériellement exécutée en France.
- Travaux et expertises sur des biens meubles corporels. La TVA française est applicable si la prestation est matériellement exécutée en France.
- Hôtellerie, restauration et activités assimilées. La TVA française est applicable si la prestation est matériellement exécutée en France.

Prestations immatérielles. Sont considérées comme des prestations immatérielles les activités suivantes (CGI, art. 259 B) :

- Cessions et concessions de droits d'auteur, de brevets, de droits de licences, de marques de fabrique et de commerce et d'autres droits similaires.
- Locations de biens meubles corporels autres que des moyens de transport.
- Prestations de publicité.
- Prestations des conseillers, ingénieurs, bureaux d'études dans tous les domaines y compris ceux de l'organisation de la recherche et du développement ; prestations des experts-comptables.
- Traitement de données et fournitures d'information.
- Opérations bancaires, financières et d'assurance ou de réassurance, à l'exception de la location de coffres-forts.
- Mise à disposition de personnel.
- Prestations des intermédiaires qui interviennent au nom et pour le compte d'autrui dans la fourniture des prestations de services désignées au présent article.
- Obligation de ne pas exercer, même à titre partiel, une activité professionnelle ou un droit mentionné au présent article.
- Prestations de télécommunications.
- Services de radiodiffusion et de télévision.
- Services fournis par voie électronique, fixés par décret.
- Accès aux réseaux de transport et de distribution d'électricité ou de gaz naturel, acheminement par ces réseaux et tous les autres services qui lui sont directement liés.

En matière de prestations immatérielles, trois situations se distinguent (tab. 10.5).

Tableau 10.5. Règles fiscales applicables selon le type de prestations immatérielles

Services immatérielles intracommunautaires	Lieu d'établissement du preneur s'il est assujetti ou lieu d'établissement du prestataire si le preneur n'est pas assujetti (application du principe général applicable aux prestations de services).
Services extracommunautaires	Deux situations. : – lorsque le preneur est un non assujetti, l'exportation de services est exonérée tandis que l'importation est imposée en France ; – lorsque le prestataire est établi en France et que le client est un non assujetti établi en dehors de l'UE, il s'agit d'une exportation exonérée.
Services électroniques	Deux situations : • Échanges intracommunautaires : application de la TVA du pays du client. Un système de guichet unique a été mis en place permettant aux prestataires de remplir leurs obligations administratives et financières sur leur propre territoire. Le guichet unique doit ensuite permettre aux administrations de se reverser les montants de TVA entre elles. • Pour les échanges extracommunautaires : distinction selon l'assujettissement du preneur : – en cas d'assujettissement, on applique le critère du lieu d'établissement du preneur ; – en cas de non-assujettissement, les exportations de services depuis la France vers un État tiers à l'UE ne sont pas soumises à la TVA (les importations de services à destination d'un preneur non assujetti situé en France sont soumises à la TVA en France).

→ APPLICATION 2 • CAS PRATIQUE 4

DES SAVOIRS AUX COMPÉTENCES

Évaluer les savoirs | Maîtriser les compétences | Préparer l'épreuve

Quiz

Vérifiez l'exactitude des propositions ci-après et justifiez-les.

	Vrai	Faux
1. Les conventions fiscales internationales ont une valeur juridique supérieure au droit interne.	☐	☐
2. En matière d'IS, le CGI prévoit l'application du principe de mondialité de l'impôt.	☐	☐
3. En vertu de l'article 4 B du CGI, la nationalité permet de déterminer le domicile fiscal.	☐	☐
4. Les revenus « passifs » sont ceux liés à l'activité d'une société.	☐	☐
5. Un État à fiscalité privilégiée est un État dans lequel l'impôt est inférieur de plus des trois-quarts à celui normalement dû en France	☐	☐
6. Un abandon de créances non justifiées peut constituer un transfert indirect de bénéfices.	☐	☐
7. La TVA est un impôt sur la dépense.	☐	☐
8. En matière de TVA, le consommateur final supporte la charge effective de l'impôt.	☐	☐
9. Les livraisons intracommunautaires donnent lieu à une autoliquidation de la TVA.	☐	☐
10. Le seuil des ventes à distance fixé par la France est de 100 000 €.	☐	☐

Cabinet Bertrand ★★★

Le cabinet Bertrand vous sollicite afin d'obtenir des informations sur les implications fiscales de certaines transactions internationales. Il vous soumet deux cas :

La société Delacroix réalise de nombreux échanges intracommunautaires depuis maintenant quelques mois. Elle souhaiterait connaître les options envisageables afin que les livraisons intracommunautaires qu'elle réalise cessent d'avoir un impact négatif sur sa trésorerie.

1. *Que peut faire la société Delacroix ?*

La société Europa établie en France vient de réorienter son activité dans la vente à distance de biens à destination de particuliers situés en Allemagne. Elle souhaiterait savoir quel taux de TVA elle doit appliquer sur ces opérations sachant que ces transactions représentent environ 70 000 € de chiffre d'affaires HT, et que le taux allemand est plus intéressant pour elle (19 %).

2. *La société Europa peut-elle bénéficier d'une exonération des livraisons intracommunautaires ?*

Évaluer les savoirs | **Maîtriser les compétences** | Préparer l'épreuve

3 Mini-cas : imposition des artistes ★★★

Compétence visée — **Analyser** les conventions fiscales

Gilles Bruno, chanteur connu dans le monde entier et domicilié en France, réalise de nombreux concerts en France et en Suisse. Suivant les conseils de son avocat fiscaliste, il projette de créer une société établie en Suisse dont il aura le contrôle. Son avocat lui a indiqué que le montage lui permettra d'optimiser son imposition en versant les rémunérations liées à ses concerts directement auprès de la société suisse.

Dans quel pays les prestations de Gilles Bruno seront-elles imposables ?

Évaluer les savoirs | Maîtriser les compétences | **Préparer l'épreuve**

4 Cas pratique : société Prado 3D ★★★

40 min

Compétences visées

- **Anticiper** les risques fiscaux internationaux
- **Maîtriser** le régime fiscal des opérations faites avec l'étranger
- **Maîtriser** les règles de rattachement des bénéfices

La société Prado 3D, établie à Marseille, a pour activité la vente de consoles de jeux 3D à travers ses différents magasins installés dans le sud de la France. Le secteur étant prospère, la société a développé son activité à l'étranger, avec des hauts et des bas.

Travail à faire

1. *Pour chacune des situations 1 à 4 de l'annexe, précisez les règles territoriales applicables au regard de l'IS.*
2. *Pour chacune des situations 5 à 8 de l'annexe, précisez les règles de territorialité applicables au regard de la TVA.*

Annexe

Opérations menées par la société Prado 3D

Opération 1. La société dispose d'une usine autonome au Cambodge qui a réalisé un déficit de 300 000 €. Ce déficit est lié à l'activité de l'usine. Le Cambodge n'a pas signé de convention fiscale avec la France. Prado 3D souhaite imputer ce déficit sur ses résultats.

Opération 2. La société dispose d'une usine autonome à Cuba qui a réalisé une plus-value sur la vente d'un immeuble. Cuba n'a pas signé de convention fiscale avec la France aussi Prado 3D pense que la plus-value échappera à l'IS.

Opération 3. Afin de maintenir ses débouchés à l'étranger, la société Prado 3D a consenti un abandon de créances à caractère commercial à une filiale étrangère dont elle pense qu'il est déductible en France. Aucune convention fiscale n'a été passée entre les deux pays.

Opération 4. La société Prado 3D a ensuite réalisé plusieurs ventes à destination d'une société établie à l'étranger dont elle détient 80 % du capital. La société vous indique que les ventes ont été réalisées à des prix faibles par rapport à la valeur réelle des biens.

Opération 5. La société a réalisé des ventes de marchandises auprès d'une société établie en Espagne Elle pense être exonérée de TVA.

Opération 6. La société a fait appel à un architecte célèbre domicilié en Allemagne pour rénover l'immeuble abritant son siège social situé en plein cœur de Marseille. Elle pense que la TVA française s'applique.

Opération 7. La société a acheté des composants électroniques auprès d'un fournisseur établi en Italie et souhaite être exonérée de TVA.

Opération 8. La société souhaite avoir des précisions sur le fonctionnement du guichet unique qui devrait entrer en vigueur bientôt dans l'UE pour les échanges de biens.

SYNTHÈSE

Fiscalité des échanges internationaux de l'entreprise

Territorialité de l'imposition des bénéfices

Un contribuable est domicilié fiscalement au lieu de son foyer

Autres critères de détermination du domicile fiscal :

- Lieu du séjour principal
- Exercice d'une activité professionnelle, salariée ou indépendante, en France
- Centre des intérêts économiques

La France est partie à plus de **130 conventions fiscales internationales**

Sources de revenus et imposition

Personnes domiciliées en France
↓
Imposition sur la totalité des revenus : **obligation fiscale illimitée**

Personnes non domiciliées en France mais ayant des revenus de sources françaises
↓
Législation française applicable aux **seuls revenus de source française,** au barème de l'IR progressif applicable en France

Territorialité de la TVA

Opération réalisée avec une société établie dans l'UE		Opération réalisée avec une société établie en dehors de l'UE	
Achat	Vente	Achat	Vente
Acquisition intracommunautaire	Livraison intracommunautaire	Importation	Exportation

Soit une SAS dénommée Innovative Law créée en 2015 et dont l'objet social est ainsi rédigé dans l'article 2 de ses statuts : « Toutes activités et opérations liées au développement des Legal-Tech, en France et à l'étranger, et d'une manière générale toutes les opérations connexes ou complémentaires pouvant être reliées à cette activité. »

L'actionnariat est aujourd'hui composé comme suit :

- Mme Courot détient 2 000 actions ordinaires d'une valeur nominale de 150 €,
- M. Arban détient 1 000 actions de préférence « A » dotées d'un droit de vote double, d'une valeur nominale de 150 €,
- M. Tahar détient 500 actions ordinaires de 150 € de valeur nominale.
- Enfin, Mme Doubs détient 60 % des parts d'une SARL Y qui détient elle-même au sein de la SAS 1 500 actions de préférence « B » dénuée du droit de vote, d'une valeur nominale de 150 €.

Mme Courot est désignée présidente par les statuts et bénéficie d'un contrat de travail en tant que « responsable scientifique ». En outre les statuts, article 7, prévoient la création d'un comité de surveillance composé de trois personnes physiques non actionnaires nommées par le président. Les pouvoirs de ce comité de surveillance sont définis comme suit : « recevoir toute information jugée pertinente ; auditer toutes opérations d'investissement et de développement de l'activité de la société ; émettre des recommandations sur tous points relatifs à l'activité de la société ; autoriser les investissements supérieurs à 15 000 € ».

Travail à faire

1. *Déterminez les bénéficiaires effectifs de la SAS Innovative Law.*

Mme Courot vient de contracter un emprunt de 500 000 € auprès d'une banque, au nom de la SAS, pour faire l'acquisition d'un véhicule de collection très onéreux, qu'elle souhaite déclarer comme véhicule professionnel de la SAS. Vous déterminerez les conséquences de cet acte sachant que les statuts sont muets sur la question de la révocation du dirigeant et sur son éventuel licenciement.

L'un des membres du comité de surveillance, Luc Bonplan, propriétaire de bureaux dans le centre-ville, propose de louer 160 m2 de bureaux à la SAS à un prix intéressant afin de lui permettre de réaliser des économies de trésorerie.

Travail à faire

2. *Que pensez-vous de la proposition de Luc Bonplan ?*

La SAS Innovative Law réalise également des ventes de matériels informatiques en France et à l'étranger (annexe 1).

Travail à faire

3. *À partir des éléments de l'annexe, et après avoir qualifié juridiquement chaque opération, déterminez le montant de TVA que l'entreprise doit reverser à l'État à la fin de la période déclarative. (Pour toutes les opérations, le taux de droit commun s'applique, aucune option n'ayant été exercée par la société).*
4. *Une transformation de la SAS en SA est-elle pertinente ? Le cas échéant, quelles en seraient les conditions et conséquences fiscales ?*

Annexe

Opérations commerciales et contrats de la SAS Innovative Law

- Ventes à distance à destination de l'Espagne pour 40 000 € HT (ces ventes représentent toutes les ventes de l'année à destination de ce pays et le montant est similaire d'une année sur l'autre).
- Achats de 3 ordinateurs en France pour un montant de 20 000 € HT.
- Ventes en Allemagne de clés USB pour 10 000 € HT.
- Ventes à distance à destination du Luxembourg pour 40 000 € HT (ces ventes représentent toutes les ventes de l'année à destination de ce pays et le montant est similaire d'une année sur l'autre).
- Recours à un architecte belge pour moderniser ses locaux toulousains pour un montant de 12 000 € HT.
- Ventes auprès d'un client argentin pour 13 000 € HT de CD-ROM.
- La société a fait appel à une société établie en Autriche pour des prestations de publicités en ligne (valeur de la prestation 15 000 € HT).

CHAPITRE 11 Principaux outils de financement

PROGRAMME

Compétences visées

- **Maîtriser** les implications juridiques et fiscales liées aux opérations de financement de l'entreprise par fonds propres
- **Comprendre** et **maîtriser** les règles applicables aux sociétés faisant offre au public
- **Comprendre** l'utilité et le régime du compte courant
- **Maîtriser** les implications juridiques et fiscales liées aux opérations de financement de l'entreprise par le crédit alloué et consenti
- **Comprendre** les différentes garanties des créanciers
- **Comprendre** le rôle et les principaux aspects du régime des pactes d'actionnaire

Notions et contenus

- Le régime juridique et fiscal des augmentations et réductions de capital ; les émissions d'actions ordinaires et de préférence
- L'offre au public ; les différents types de marchés ; les règles applicables aux sociétés cotées
- Régime juridique et fiscal du compte courant
- Le crédit consenti à l'entreprise et ses garanties ; le crédit consenti par l'entreprise et sa mobilisation
- Utilité, nomenclature et sanction des pactes

PLAN DU CHAPITRE

Le financement est le problème numéro un des entreprises. Les modes de financement, binaires à l'origine, se sont diversifiés sous l'impulsion de la pratique, amenée à rechercher le meilleur compromis entre les besoins des entreprises et les aspirations des investisseurs. Non seulement les catégories traditionnelles se sont enrichies, mais de nouveaux instruments sont récemment apparus.

MOTS-CLÉS

Action ordinaire • Action de préférence • Affacturage • Augmentation de capital • Capitaux propres • Cautionnement • Compte courant • Cotation • Coupon • Crédit-bail • Fiducie • Garantie • Garantie personnelle • Garantie réelle • Marché réglementé • Mobilisation de créances • Obligation • Pacte d'actionnaires • Prime d'émission • Réduction de capital

1 Le financement par fonds propres

Définition

Les **capitaux propres** (ou fonds propres, *equity capital* en anglais) correspondent aux ressources stables de l'entreprise. Ils sont composés du capital social, des réserves, du report à nouveau et du résultat de l'exercice.

Les fonds propres sont :

- Soit d'origine externe : ce sont les apports en capital réalisés par les actionnaires, notamment lors de la constitution de la société mais aussi à la suite d'augmentation ou de réduction de capital au cours de la vie de l'entreprise.
- Soit d'origine interne : ce sont les bénéfices et les pertes accumulés de l'entreprise depuis sa création sous déduction des bénéfices distribués – les dividendes.

On ne traitera ici principalement que des sociétés par actions (SA et SAS).

A) Les titres représentant les fonds propres : actions ordinaires et actions de préférence

1. Les actions ordinaires

Les actions occupent une place importante au sein des titres financiers. Ces derniers sont définis comme des titres émis par des personnes morales publiques ou privées, transmissibles par inscription en compte ou tradition, qui confèrent des droits identiques par catégorie, et donnent accès directement ou indirectement, soit à une quotité du capital de la personne morale émettrice, soit à un droit de créance général sur son patrimoine.

Définition

Les **actions ordinaires** sont des titres donnant accès à une quotité du capital de l'émetteur ; ce sont des droits d'associé au sens de l'article 1832 du Code civil, impliquant notamment l'obligation de participer aux pertes, différence majeure avec les droits de créance.

Les actions ne sont pas nécessairement des titres cotés puisque certaines sociétés par actions ne font pas ou ne peuvent pas faire d'offre au public. Elles sont en revanche émises par toutes les sociétés par actions (SA, SAS et SCA).

Diversité. Les actions ne constituent pas une catégorie juridique uniforme. Dès le milieu des années 1970, le législateur, soucieux de renforcer les fonds propres des entreprises, sans pour autant remettre en cause l'équilibre des pouvoirs, a développé des catégories de titres modulant les prérogatives pécuniaires et non pécuniaires (ex. : actions à dividende prioritaire – ADP – sans droit de vote, actions dites de priorité, certificats d'investissement et de droit de vote). Le Code de commerce distingue aujourd'hui les actions ordinaires et les actions de préférence.

Droits conférés par les actions. Les actionnaires ont des droits mais aussi des obligations à commencer par l'apport, dont le non-respect est sanctionné par la vente des titres non libérés, équivalant à une exclusion. La contribution aux pertes se manifeste dans les sociétés à responsabilité limitée par la perte de l'apport initial, et n'implique donc aucune obligation « positive » de leur part.

Le droit de participation suppose que l'actionnaire soit convoqué aux assemblées, puisse y assister, poser des questions, recevoir l'information mise à sa disposition. En cas de démembrement de la propriété des actions, la jurisprudence a affirmé que, nonobstant toute clause contraire dans les statuts, le nu-propriétaire ne pouvait être privé de ce droit de participation.

Le droit de vote est un droit fondamental qui ne peut être supprimé que par la loi, ou encore par les statuts si la loi les y autorise. Le droit de vote peut être exceptionnellement supprimé dans les cas prévus par la loi : actions dites aujourd'hui de préférence (actions à dividende prioritaire sans droit de vote anciennement), actions non libérées, actions des dirigeants d'une société mise en redressement ou liquidation judiciaire, préalablement à une procédure d'exclusion dans une SAS, en cas de non-respect de certaines déclarations de franchissement de seuils, ou de la réglementation sur les offres publiques… Ponctuellement, le droit de vote peut être supprimé en cas de conflit d'intérêts entre la société et l'un de ses dirigeants ou associé (vote sur les conventions réglementées).

Les clauses relatives à la suppression du droit de vote sont nulles. Ce droit est un droit essentiel pour l'associé. Enfin, le droit de vote peut être réduit ou augmenté dans le cadre des actions dites de préférence.

Le droit à l'information (renvoi). Tout actionnaire a le droit de consulter au siège social de la société :
- les comptes annuels des trois derniers exercices ;
- la liste des dirigeants ;
- les rapports de gestion des organes sociaux établis ;
- les procès-verbaux et feuilles de présence des assemblées.

D'autres éléments d'information doivent être portés à sa connaissance (↪ chapitre 8).

Droit d'agir en justice. La qualité d'actionnaire conditionne le plus souvent celle pour agir en justice. Même si l'on s'interroge sur la capacité à agir d'une personne ayant cédé ses actions, il est clair qu'un tiers n'est pas fondé à agir en justice au même titre qu'un actionnaire.

Certaines actions en justice ne nécessitent aucun quantum du capital social : c'est le cas pour l'action en responsabilité contre les dirigeants, menée à titre individuel ou encore au nom de la société ; c'est également le cas pour les actions en nullité contre des délibérations de la société.

D'autres actions en justice ne sont accessibles qu'à partir d'un certain seuil : ainsi la demande de nomination d'un expert de gestion nécessite la réunion d'un vingtième du capital social.

Droit aux dividendes. Concernant le droit aux dividendes et de manière schématique :
- on ne peut distribuer que des bénéfices réalisés et disponibles, sinon est constitué le délit de distribution de dividendes fictifs. On peut « piocher » dans les réserves des années précédentes si les dividendes de l'exercice sont insuffisants. Il n'y a donc formellement de « droit » aux dividendes que s'il se trouve un bénéfice distribuable que l'AG décide de distribuer ;
- la distribution est ensuite librement décidée par les associés. En principe c'est l'AGO qui décide de la distribution. Mais fréquemment les statuts prévoient l'attribution d'un dividende majoré pour récompenser les actionnaires fidèles. Ils peuvent aussi prévoir ce que l'on nomme un premier dividende, c'est-à-dire un dividende à taux fixe

versé à chaque actionnaire dès lors qu'existe un bénéfice distribuable. L'AG vote parfois en sus de ce premier dividende un superdividende, qui est le complément du premier dividende ;
- le versement du dividende se fait dans les neuf mois de la clôture de l'exercice, l'AG devant se tenir dans les six mois de cette même clôture ;
- le versement peut se faire en espèces, en nature (distribution de vin, de valeurs mobilières détenues par la société), ou bien en actions. Dans ce cas, la distribution du dividende en action opère alors une augmentation du capital, ce qui est de l'intérêt de la société puisque ses fonds propres sont renforcés. L'actionnaire peut y avoir intérêt si la société est prospère. Enfin, la société peut verser un acompte sur dividende à condition qu'un bilan intermédiaire certifié par le commissaire aux comptes soit établi en cours d'exercice, qu'un bénéfice existe et que le dividende n'excède pas ce bénéfice (rare en pratique).

Droit aux réserves. Il est distingué, dans la SA, la SARL, la SCA et la SAS, entre la réserve légale, statutaire et libre. La réserve légale est indisponible : elle se monte à 5 % du bénéfice de l'exercice, plafonnée à 10 % du capital social ; le caractère statutaire la rend très contraignante puisqu'il n'est pas possible d'y déroger sauf à modifier les statuts. La réserve libre est en revanche très souple et c'est contre cette dernière que luttent souvent les actionnaires minoritaires (abus de majorité). Les réserves disponibles peuvent être distribuées en cours de vie sociale (réserve libre seulement) ou à la dissolution de la société (réserves statutaire et légale comprises). Elles peuvent également être intégrées au capital social. Le droit des actionnaires existants sur les réserves justifie que les nouveaux entrants paient une **prime d'émission** lors de l'augmentation du capital social.

Boni de liquidation. Le boni de liquidation est ce qu'il reste quand le passif est payé, et les apports remboursés. Il se répartit au *prorata* de la participation détenue.

Droit préférentiel de souscription. C'est le droit de souscrire à une **augmentation de capital** par préférence à des tiers, et en proportion de la participation initialement détenue dans le capital social.

Exemple

- SA avec 10 actionnaires ayant chacun 1/10 du capital.
  Capital = 1 million d'euros. Si on double le capital, qui passe ainsi à 2 millions d'euros et que :
  - le DPS n'existe pas : le droit de chacun tomberait à 1/20. L'actionnaire entrant aurait d'emblée 50 % du capital social ;
  - le DPS est réservé à un associé parmi les 10. Il deviendrait majoritaire avec 55 % du capital et les 9 autres deviendraient minoritaires avec 45 % (soit 9 × 5 %).

2. Les actions de préférence

Fondement. Le législateur, animé par le souci de renforcer les fonds propres des entreprises, sans pour autant remettre en cause l'équilibre des pouvoirs, a développé, depuis la fin des années 1960, des catégories de titres modulant les prérogatives pécuniaires et non pécuniaires : actions à dividende prioritaire sans droit de vote, actions dites de priorité, certificats d'investissement et de droit de vote. Ces titres ont aujourd'hui été fondus dans une catégorie unique : les actions de préférence.

Modulation. Ces titres répondent à la demande des acteurs du monde financier, à savoir, pour certains, disposer d'un produit à fort revenu sans exercer de pouvoir de nature politique dans la société, pour d'autres, exercer un pouvoir plus important sans contrepartie financière équivalente. Ces titres dérogent donc très nettement à la proportionnalité entre les droits politiques et financiers, en vertu duquel 10 % du capital confère une vocation à 10 % des dividendes, et octroie 10 % des droits de vote. Les **actions de préférence** sont définies par l'article L. 228-11 du Code de commerce.

Code de commerce, article L. 228-11

■ Lors de la constitution de la société ou au cours de son existence, il peut être créé des actions de préférence, avec ou sans droit de vote, assorties de droits particuliers de toute nature, à titre temporaire ou permanent. Ces droits sont définis par les statuts [...].
Le droit de vote peut être aménagé pour un délai déterminé ou déterminable. Il peut être suspendu pour une durée déterminée ou déterminable ou supprimé.
Les actions de préférence sans droit de vote ne peuvent représenter plus de la moitié du capital social, et dans les sociétés dont les actions sont admises aux négociations sur un **marché réglementé**, plus du quart du capital social.

Émetteurs d'actions de préférence. Toutes les sociétés par actions peuvent en émettre, c'est-à-dire les SA, SCA et SAS. Les SARL en sont exclues.

Quantum des titres. Le capital d'une société :
- peut n'être composé que d'actions de préférence ;
- peut être composé d'actions de préférence de plusieurs catégories ;
- la proportion des actions de préférence sans droit de vote ne peut excéder la moitié du capital social, sauf dans les sociétés cotées sur un marché réglementé, où cette proportion est limitée au quart.

Droits conférés par les actions de préférence. C'est la souplesse qui prédomine ici. Le texte autorise d'augmenter, de supprimer ou de moduler l'exercice de certains droits (tab. 11.1).

Tableau 11.1. Possibilités et combinaisons possibles avec la ADP

	Augmentation	Réduction	Autre forme de modulation
Dividende	Oui (sauf totalité des bénéfices – clause léonine)	Oui (sauf privation totale – clause léonine)	• Dividende prioritaire • Dividende subordonné
Réserve	Oui	Oui	Distribution prioritaire
Boni de liquidation	Oui	Oui	–
Actif	Droit à des éléments d'actif prélevés		–
Droit préférentiel de souscription	Oui	Oui	Suppression

	Augmentation	Réduction	Autre forme de modulation
Droit de vote	Double ou multiple	Oui mais pas de suppression du droit de participation	• Suppression (maximum 1/2 dans les sociétés non cotées, 1/4 dans les sociétés cotées) • Pas de suppression droit de participation • Suspension temporaires • Aménagements (vote AGO pas AGE ou inverse)
Droit d'information	Oui	Non	• Fréquence renforcée • Modalités d'accès à l'information différentes
Éligibilité aux fonctions sociales	–	–	Nombre de sièges garantis au CA

B) Les opérations sur le capital social : augmentation et réduction

Mode essentiel de financement, le capital social doit pouvoir évoluer au gré des besoins de la société ou de ses difficultés. Les développements suivants ne s'intéressent qu'aux SA et SAS.

1. L'augmentation du capital social

Mode et source. L'augmentation de capital peut être réalisée par différents moyens (source) et peut également se matérialiser de différentes manières (modalités) (tab. 11.2).

Tableau 11.2. **Modalités des augmentations de capital**

	Modalités	
Source de l'augmentation	**Émission d'actions nouvelles**	**Augmentation du nominal des actions existantes**
Apports en numéraire	Oui	Rare car suppose l'accord de tous les actionnaires (tous participent à l'augmentation/le nominal de toutes les actions augmente)

	Modalités	
Apports en nature	Oui	Rare – même raison ci-dessus
Incorporation de ressources propres : réserves, bénéfices…	Oui	Oui – Fréquent
Conversion ou remboursement de titres de créance	Oui	Non car suppose détention préalable d'actions
Exercice d'options donnant accès au capital (bons de souscription, stock-options)	Oui	Non car suppose détention préalable d'actions

En principe, une augmentation de capital se matérialise par une émission d'actions nouvelles sauf dans le cas où elle est réalisée par incorporation de ressources propres de type réserves, bénéfices… : elle peut alors prendre la forme d'une augmentation du nominal des actions.

Exemple

- Une SA compte 10 associés détenant chacun 10 % du capital se montant à 100 000 €. Ce capital est divisé en 10 000 actions de 10 €. Il est décidé une augmentation de capital par incorporation de 30 000 € de réserves libres. La SA peut :
  - soit émettre 3 000 actions nouvelles distribuées à raison de 300 par actionnaire. Une fois l'opération terminée, le capital sera de 130 000 € ; chaque actionnaire possédera 1 300 actions de 10 € ;
  - soit augmenter le montant nominal des actions à 13 €. Chaque actionnaire possédera alors 1 000 actions de 13 €. Le capital sera toujours de 130 000 €.

Compétence. L'augmentation de capital est une décision importante qui revient à l'AGE, laquelle peut procéder à des délégations au profit du CA ou du directoire. L'augmentation de capital doit être réalisée dans un délai de cinq années à compter de la décision de l'AGE.

Procédure. L'assemblée (tab. 11.3) statue sur la base d'un rapport présenté par le CA ou de directoire indiquant notamment les motifs de l'augmentation, la marche des affaires sociales depuis le début de l'exercice en cours, le montant maximal de l'opération. D'autres rapports à l'AGE peuvent se greffer sur celui mentionné, notamment un rapport spécial du CAC si le droit préférentiel de souscription est supprimé.

Tableau 11.3. Conditions de quorum et de majorité

	Augmentation par apports nouveaux	Augmentation par incorporation de ressources propres
Quorum	• 1/4 sur première convocation • 1/5 sur deuxième convocation	• 1/4 sur première convocation • Pas de quorum sur deuxième convocation
Majorité	2/3 des actionnaires présents ou représentés	Majorité simple

Délégations. Deux types de délégations peuvent être mis en place par l'AGE au profit du CA ou du directoire :

- Une délégation de pouvoirs « classique » portant sur les modalités de l'émission de titres. Cette délégation porte non seulement sur la nature des titres émis (actions ordinaires, actions de préférence...) mais également sur l'ensemble des modalités pratiques de l'opération.
- Une délégation de compétence plus large, permettant au délégataire de décider non seulement de l'opportunité de l'augmentation mais également de son montant, de son fractionnement, et bien entendu de ses modalités pratiques. La délégation de compétence est simplement encadrée dans le temps et par un plafond global d'augmentation.

Code de commerce

- **Article L. 225-129-1.** Lorsque l'assemblée générale extraordinaire décide l'augmentation de capital, elle peut déléguer au conseil d'administration ou au directoire le pouvoir de fixer les modalités de l'émission des titres.
- **Article L. 225-129-2.** Lorsque l'assemblée générale extraordinaire délègue au conseil d'administration ou au directoire sa compétence pour décider de l'augmentation de capital, elle fixe la durée, qui ne peut excéder vingt-six mois, durant laquelle cette délégation peut être utilisée et le plafond global de cette augmentation [...].

Subdélégations. Des subdélégations peuvent être mises en place dans les sociétés cotées au profit du DG, du DGD ou du président ou d'un membre du directoire.

Code de commerce, article L. 225-129-4

- Dans les sociétés anonymes dont les titres sont admis aux négociations sur un marché réglementé :
  a) le conseil d'administration peut, dans les limites qu'il aura préalablement fixées, déléguer au directeur général ou, en accord avec ce dernier, à un ou plusieurs directeurs généraux délégués le pouvoir de décider la réalisation de l'émission, ainsi que celui d'y surseoir ;
  b) le directoire peut déléguer à son président ou, en accord avec celui-ci, à l'un de ses membres le pouvoir de décider la réalisation de l'émission, ainsi que celui d'y surseoir.
  Les personnes désignées rendent compte au conseil d'administration ou au directoire de l'utilisation faite de ce pouvoir dans les conditions prévues par ces derniers.

Prime d'émission. Lorsque de nouveaux actionnaires entrent dans le capital à la faveur d'une augmentation de celui-ci, ils vont apporter, en numéraire ou en nature, une somme correspondant au montant nominal des actions souscrites. Toutefois, ce seul versement est insuffisant car les actionnaires anciens bénéficient de droits sur les réserves et sur l'actif de la société. Dans un souci d'égaliser leurs droits, l'apport du nouvel entrant se scinde le plus souvent en deux parties :

- un apport en numéraire correspondant au montant nominal des actions ;
- une prime d'émission correspondant au droit sur les réserves et autres ressources propres.

Exemple

- Une SA au capital de 2 000 000 € divisé en 20 000 actions de 100 € augmente son capital. Or elle dispose de réserves à hauteur de 1 000 000 €. Les actionnaires existants ont donc un titre qui vaut non pas 100 € mais 150 € en raison de l'incidence des réserves (réserves qui seraient distribuées en cas de dissolution ou de liquidation de la société). Si de nouveaux actionnaires entrent dans le capital, ils vont devoir payer un droit d'entrée correspondant à ces réserves lequel porte le nom de prime d'émission. En effet, s'ils ne paient pas cette prime, les droits des anciens actionnaires vont se réduire d'autant. Au moment de l'augmentation de capital, le souscripteur paiera donc 100 € (valeur nominale de l'action) + 50 € (prime d'émission). ◗

Article L. 225-131 du Code de commerce :

http://dunod.link/vjvuorx

→ **Modalité 1** : augmentation du capital par apports en numéraire. Deux conditions préalables sont posées par l'article L. 225-131 du Code de commerce :

- le capital doit être intégralement libéré avant toute émission d'actions nouvelles à libérer en numéraire ;
- les sociétés constituées sans faire offre au public et qui, dans les deux années de leur constitution « simplifiée », décident d'augmenter leur capital par offre au public sont alors suspectées d'avoir contourné le formalisme de la constitution avec offre au public, ce qui explique que leur loi impose une procédure particulière de vérification.

Droit préférentiel de souscription (DPS). Son objectif anti-dilutif ne doit toutefois pas conduire à la fermeture du capital social. Aussi, ce droit connaît-il un régime particulier : cessibilité, possibilité de renonciation, de suppression… Voici ses principales caractéristiques :

- *Le DPS est proportionnel* au nombre de titres obtenu.

Exemple

◗ Une SA au capital de 250 000 € divisé en 2 500 actions de 100 €. L'actionnaire B détient 400 actions. Le capital est augmenté de 125 000 €. L'actionnaire B pourra souscrire (400/2 500) × 1 250, soit 200 actions. ◗

- *Le DPS est « irréductible »* au sens où l'actionnaire peut l'exercer intégralement s'il le souhaite. L'assemblée générale peut octroyer en outre un DPS « réductible » à certains actionnaires, leur permettant de souscrire des actions non souscrites dans le cadre du DPS irréductible.

Exemple

◗ L'actionnaire B de l'exemple ci-dessus peut souscrire à titre irréductible 200 actions. S'il décide de ne pas les souscrire en totalité, la portion non souscrite pourra bénéficier à des actionnaires disposant d'un DPS à titre réductible (à titre réductible signifiant qu'ils ne sont pas certains d'obtenir la totalité des actions demandées). ◗

- *Le DPS appartient aux titulaires de titres de capital* exclusivement : actions ordinaires, actions de préférence, certificats d'investissement… Des règles spéciales sont prévues pour des cas particuliers comme le démembrement de la propriété des actions (à qui appartient le DPS entre l'usufruitier et le nu-propriétaire ?), les actions détenues par un couple commun en biens.
- *Le DPS peut être cédé* en totalité ou en partie par l'actionnaire qui en est titulaire, et ceci indépendamment des actions auxquelles il est attaché. La valeur du DPS dépend essentiellement de la loi du marché, même s'il existe des techniques pour le valoriser.
- *Le DPS peut dans certains cas être supprimé* par l'AGE. Cette suppression vise le plus souvent à ce que des investisseurs extérieurs puissent entrer dans la société. Portant

atteinte à un droit fondamental de l'associé, cette suppression est strictement encadrée par le Code de commerce :

- le principe est que l'assemblée générale extraordinaire qui décide l'augmentation du capital peut la réserver à une ou plusieurs personnes nommément désignées ou catégories de personnes répondant à des caractéristiques déterminées. À cette fin, elle peut supprimer le droit préférentiel de souscription. L'AGE statue obligatoirement après un rapport des dirigeants et un rapport du CAC qui indiquent notamment les motifs et les incidences de la suppression envisagée ;
- par exception, dans les sociétés cotées sur un marché réglementé et qui augmentent leur capital par offre au public, le DPS peut être supprimé sans indication du nom des bénéficiaires, afin de faciliter le placement des titres auprès d'investisseurs institutionnels.

– *Chaque actionnaire peut individuellement renoncer au DPS*. Cette renonciation peut se faire au profit d'un bénéficiaire dénommé, ou sans indication de bénéficiaire. La seconde option est la seule possible dans les sociétés cotées. La renonciation peut être totale ou partielle. Elle doit être notifiée à la société. Quand elle bénéficie à une personne dénommée, la renonciation peut être gratuite, auquel cas elle s'apparente à une libéralité, ou bien comporter une contrepartie financière, auquel cas elle peut être assimilée à une cession du DPS (tab. 11.4).

Tableau 11.4. Renonciation au DPS

	Renonciation au profit de bénéficiaires dénommés	Renonciation sans indication du bénéficiaire
Actions admises aux négociations sur un marché réglementé	Impossible	Possible
Sociétés non cotées	Possible	Possible

FOCUS

Méthodes d'évaluation du DPS

Une société au capital d'1 000 000 €, divisé en 100 000 titres de 10 €, décide d'augmenter son capital de 100 000 actions nouvelles de même valeur nominale. La valeur réelle de la société, incluant notamment ses réserves, avant l'augmentation est de 1 500 000 €, soit une valeur mathématique de l'action de 15 €.

Après augmentation du capital, le nombre d'actions sera de 200 000 pour une valeur de la société de 2 500 000 € (1 500 000 + 1 000 000), soit une valeur mathématique de 12,50 €. La valeur du droit préférentiel de souscription est donc de 15 – 12,5 = 2,50 €.

Une autre méthode permet d'arriver à ce résultat : chaque actionnaire se voit offrir de souscrire une action nouvelle pour une action ancienne possédée. Un actionnaire nouveau paiera 10 € pour une action mais devra posséder un droit de souscription pour pouvoir l'acheter. L'action nouvelle valant 12,50 €, la valeur du DPS est bien de 12,5 – 10 = 2,50 €.

Publicité de l'augmentation de capital par apports en numéraire

- En premier lieu, lorsque la société ne fait pas offre au public, et outre les formalités de convocation à l'AGE qui statuera sur l'augmentation de capital, la société doit adresser à tous ses actionnaires, par lettre recommandée, un document comportant les informations essentielles sur l'opération envisagée : son montant, les dates de souscription et de clôture de celle-ci, les informations relatives au DPS, au montant nominal des nouvelles actions…

- Si la société fait offre au public, les mêmes informations, complétées par d'autres plus précises, sont publiées au BALO. Ces sociétés doivent en outre rédiger un prospectus très complet accompagné d'un résumé, destiné à informer le public de l'opération. Ce prospectus est visé par l'AMF, laquelle à le pouvoir de suspendre ou d'interdire l'opération si elle juge qu'elle est contraire aux dispositions légales ou réglementaires applicables.

Souscription des actions nouvelles. Les actions sont en premier lieu souscrites par les titulaires du DPS dit « irréductible » (soit par le biais d'un bulletin remis à la société, soit par le biais d'un établissement de crédit intermédiaire). Si les souscriptions précédentes ne couvrent pas la totalité de l'augmentation, les actions sont attribuées aux actionnaires bénéficiaires d'un DPS à titre réductible. Ces actions sont alors réparties entre les titulaires des droits réductibles, dans la proportion de ces droits et dans la limite de leurs demandes :

→ **Modalité 2** : augmentation du capital par apports en nature. C'est une modalité moins fréquente d'augmentation du capital. Tous types de biens, corporels comme incorporels, peuvent faire l'objet d'un apport (ex. : fonds de commerce, branche d'activité, titres). En principe, les conditions de l'apport sont constatées dans un contrat d'apport qui décrit la nature des biens et surtout leur évaluation. S'agissant d'une SA, la désignation d'un commissaire aux apports est obligatoire mais les apporteurs ne sont pas tenus de respecter son évaluation. La décision d'augmentation revient à l'AGE qui peut déléguer cette compétence dans certains cas. L'apporteur, s'il est déjà actionnaire, ne peut pas prendre part au vote sur l'évaluation de son apport. L'assemblée à la faculté de réduire l'évaluation des apports en nature. La libération des apports se fait intégralement lors de la souscription.

→ **Modalité 3 :** augmentation par incorporation des réserves ou autres capitaux propres. Ce mode d'augmentation du capital ne nécessite aucun apport extérieur ; l'augmentation est réalisée de manière très simple par transfert du compte de réserve au compte de capital. Toutes les réserves peuvent faire l'objet d'une capitalisation : réserves libres, statutaires ou même légale (si elle est dûment pourvue). D'autres sommes peuvent également être capitalisées : les primes d'émission ou de fusion, les bénéfices de l'exercice…

L'augmentation du capital peut être réalisée de deux manières :

- soit par augmentation du nominal des actions existantes, ce qui est une solution simple mais parfois pénalisantes car des actions au nominal plus élevé sont en principe moins liquides sur un marché ;
- soit par attribution d'actions nouvelles au *prorata* des droits anciens détenus. Les actions sont alors attribuées gratuitement aux actionnaires possédant des droits d'attribution.

Exemple

- Société au capital de 150 000 € qui incorpore 50 000 € de réserves.
  Le droit d'attribution sera de 1 action pour 3 détenues. Si un actionnaire ne possède pas un nombre d'actions qui soit un multiple de 3, il devra acheter ou vendre des droits d'attribution « formant rompus » pour obtenir ce nombre multiple. Ainsi, un actionnaire pos-

sédant 10 actions se verra attribuer 3 actions nouvelles avec 9 actions anciennes. Le droit d'attribution de la 10e action pourra être cédé par exemple à un actionnaire n'ayant que 8 actions ; l'actionnaire pourra encore chercher à en acheter 2 droits d'attribution supplémentaires pour atteindre le chiffre de 12 et obtenir 4 actions nouvelles.

La valeur du droit d'attribution est déterminée par le marché même si, à l'instar du droit préférentiel de souscription, il existe des méthodes de chiffrage. L'assemblée générale extraordinaire statue sur cette augmentation de capital dans les conditions de quorum et de majorité des assemblées ordinaires.

→ **Modalité 4** : augmentation par conversion de titres de créance ou exercice d'options.
Le capital peut également augmenter :
- par conversion d'obligations convertibles en actions ;
- par remboursement en actions du nominal d'obligations ;
- par exercice de bons de souscription d'actions ;
- par exercice de stock-options.

2. La réduction du capital social

Causes de la réduction. Il est rare que la **réduction du capital** social soit le fait d'une société en bonne santé financière. Ce sont le plus souvent les pertes accumulées qui justifient cette réduction afin que le capital social corresponde à l'actif réel de la société. Cette réduction est parfois imposée par la loi.

Code de commerce, article L. 225-248

■ Si, du fait de pertes constatées dans les documents comptables, les capitaux propres de la société deviennent inférieurs à la moitié du capital social, le conseil d'administration ou le directoire, selon le cas, est tenu dans les quatre mois qui suivent l'approbation des comptes ayant fait apparaître cette perte, de convoquer l'assemblée générale extraordinaire à l'effet de décider s'il y a lieu à dissolution anticipée de la société.

Si la dissolution n'est pas prononcée, la société est tenue, au plus tard à la clôture du deuxième exercice suivant celui au cours duquel la constatation des pertes est intervenue et sous réserve des dispositions de l'article L. 224-2 de réduire son capital d'un montant au moins égal à celui des pertes qui n'ont pas pu être imputées sur les réserves, si, dans ce délai, les capitaux propres n'ont pas été reconstitués à concurrence d'une valeur au moins égale à la moitié du capital social.

Dans certains cas, la réduction du capital est un préalable à l'entrée d'un nouvel actionnaire dans la société. Une pratique nommée « coup d'accordéon » consiste à réduire le capital à zéro avant de l'augmenter à nouveau pour faire entrer un nouvel actionnaire. Ce schéma conduit clairement à exclure les anciens actionnaires dont le titre n'a plus de valeur.

Plus rarement, une société en bonne santé financière réduira son capital pour l'adapter à l'activité réelle. Cette réduction est fiscalement pénalisante. On ne la confondra pas avec l'amortissement ci-après décrit, lequel n'emporte pas de réduction du capital.

La réduction du capital ne peut avoir pour effet d'amener ce capital à un montant inférieur au minimum légal (37 000 € pour une SA) de manière durable.

Déroulement de l'opération. À l'instar de l'augmentation du capital, sa réduction est une compétence dévolue à l'AGE qui statue suivant les conditions de quorum et de majorité des modifications statutaires. Le CAC présente un rapport à l'AGE portant sur les causes et

les conditions de l'opération. Ce rapport est communiqué aux actionnaires deux semaines avant la tenue de l'assemblée. Le CAC est notamment chargé de veiller au respect de l'égalité entre actionnaires. La réduction du capital peut prendre trois formes :
- réduction du montant nominal des actions ;
- annulation des actions ;
- rachat des actions par la société en vue de les annuler. Cette modalité est utilisée en cas de réduction non motivée par les pertes et fait l'objet d'une réglementation particulière destinée à assurer l'égalité entre actionnaires. La réduction du capital doit faire l'objet de mesures de publicité dans des journaux d'annonces légales, au greffe du tribunal de commerce, au RCS et au BODACC.

Protection des tiers. La réduction du capital est de nature à porter atteinte aux droits des tiers créanciers de la société. Ainsi par exemple :
- les créanciers classiques voient leur droit de gage se réduire ;
- des porteurs de titres donnant accès au capital vont également en souffrir (titulaires d'obligations convertibles en actions par exemple), ainsi que les personnes titulaires d'options ou de droits de souscription d'actions.

Les créanciers ne peuvent s'opposer à la réduction du capital motivée par des pertes (cas le plus fréquent) mais peuvent former opposition devant le tribunal de commerce dans le cas contraire où la réduction émane d'une société en bonne santé financière. Le tribunal peut alors soit rejeter l'opposition, soit ordonner la constitution de garanties complémentaires, soit encore ordonner le remboursement des créances.

3. Le régime fiscal applicable aux opérations sur capital

Augmentation du capital. Le financement par augmentation de capital permet à l'entreprise de solliciter de nouveaux apports en fonds propres en cours de vie sociale.

Les nouveaux apports effectués sont exonérés de droit d'enregistrement. Cette exonération concerne les augmentations de capital ayant fait l'objet d'un enregistrement depuis le 1er janvier 2019. Pour les actes antérieurs, la législation prévoyait un droit fixe de 375 € ou 500 € selon que le montant du capital après augmentation était inférieur ou supérieur à 225 000 €.

Il existe une exception en ce qui concerne les apports nouveaux effectués en nature par une personne soumise à l'IR à destination d'une personne soumise à l'IS. Dans ce cas, les droits de mutation classiques s'appliquent dans les mêmes conditions que pour les apports à titre pur et simple (5 % pour les immeubles et barème progressif pour le fonds de commerce, voir *supra* partie sur les apports).

FOCUS — **L'incorporation de réserves**

L'augmentation de capital peut également avoir lieu par incorporation de réserves. Dans cette situation, le droit fixe de 375 € ou 500 € en fonction du montant du capital a également est supprimé pour les actes enregistrés depuis le 1er janvier 2019. Ces actes sont désormais exonérés. Cette opération s'accompagne d'une distribution gratuite d'actions ou de parts sociales au profit des associés qui échappe à l'impôt sur le revenu dans la mesure où elle ne traduit pas une distribution de bénéfices.

Réduction de capital. Fiscalement, il est nécessaire de distinguer deux situations :
- La **réduction de capital motivée par des pertes (exonération)**. Lorsque la réduction de capital est motivée par des pertes, l'opération entraîne une modification des sta-

tuts devant faire l'objet d'une publicité. L'acte de modification est exonéré de droits d'enregistrement pour les actes enregistrés depuis le 1er janvier 2019. La situation des associés n'est pas modifiée au regard du droit fiscal.

- La **réduction de capital non motivée par des pertes (taxation).** La situation est ici plus complexe. Selon l'article 814 C du CGI, sont enregistrés gratuitement :
- les réductions de capital de sociétés contre annulation ou réduction du nominal ou du nombre de titres ;
- les réductions de capital consécutives au rachat par les sociétés de leurs propres titres, avec attribution de biens sociaux aux associés, y compris du numéraire, lorsqu'un seul acte est établi pour constater les deux opérations ;
- les actes de réductions de capital consécutives au rachat par les sociétés de leurs propres titres lorsque deux actes distincts sont dressés pour constater les deux opérations.
- *Impôt direct*. En matière d'impôt direct, la réduction de capital consécutive au rachat des titres par la société peut conduire à un gain pour les associés. Il en est ainsi, par exemple, lorsque les titres ont été émis à 200 € et qu'ils sont rachetés pour une valeur de 240 €. Ce gain de 40 € est traité de manière différente selon que l'associé est une personne soumise à l'IR ou à l'IS :
  - si l'associé est une personne soumise à l'IR, le régime des plus-values mobilières s'applique (PFU ou barème progressif de l'IR) ;
  - si l'associé est une personne soumise à l'IS, le régime des plus-values du portefeuille-titres s'applique avec la possibilité de se prévaloir, sous conditions, du régime avantageux des plus-values sur titre de participation conduisant à une exonération à hauteur de 88 % de la plus-value (exonération totale sous condition d'une réintégration d'une quote-part pour frais et charges de 12 %).

→ MINI-CAS 2 • MINI-CAS 3

2 Le financement par recours aux marchés financiers

A) L'offre au public et l'admission aux négociations sur un marché réglementé

1. La distinction des deux notions

Les deux notions d'offre au public et l'admission aux négociations sur un marché réglementé sont très proches mais pourtant distinctes. Pour simplifier :

- Une offre au public suppose que l'on propose à *monsieur-tout-le-monde* de souscrire des titres de la société émettrice, soit en ayant recours à de la publicité, soit en ayant recours à un intermédiaire financier (ex : une banque), qui démarche.
- L'admission aux négociations sur un marché réglementé signifie la **cotation** en Bourse des titres, mais la notion est plus restrictive puisqu'elle vise un marché « réglementé ».

2. L'offre au public des titres

L'offre au public suppose qu'une personne morale (société) se finance en utilisant l'épargne des ménages ou des investisseurs professionnels en offrant au public de souscrire des titres (actions par exemple).

C'est donc un levier de financement très puissant, ce qui explique que toute société souhaitant atteindre une masse critique doive avoir recours à ce moyen. Compte tenu des enjeux, l'offre au public appelle une surveillance accrue de la part des pouvoirs publics et donc une réglementation particulière.

L'**offre au public de titres** (on prendra soin de ne pas assimiler l'offre au public de titres et l'offre publique d'achat ou d'échange) relève du Code monétaire et financier. Les titres financiers sont les titres de capital (ex. : actions) et les titres de créance (ex. : obligations).

Code monétaire et financier, article L. 411-1

- L'offre au public de titres financiers est constituée par l'une des opérations suivantes :
  1. Une communication adressée sous quelque forme et par quelque moyen que ce soit à des personnes et présentant une information suffisante sur les conditions de l'offre et sur les titres à offrir, de manière à mettre un investisseur en mesure de décider d'acheter ou de souscrire ces titres financiers ;
  2. Un placement de titres financiers par des intermédiaires financiers.

Dérogations. L'article L. 411-2 du Code monétaire et financier décrit les opérations ne constituant pas une offre au public. En application du règlement UE 1129/2017 du 14 juin 2017 (appelé « Règlement Prospectus »), entré en application le 21 juillet 2018, sont exclues du champ de l'offre au public et les offres inférieures à 8 000 000 € et les opérations de *crowdfunding* (↪chapitre 12).

3. L'admission aux négociations sur un marché réglementé

L'admission de titres financiers à la négociation sur un marché réglementé signifie en pratique la cotation des titres à Euronext, quel que soit le compartiment (A, B ou C).

FOCUS **Nomenclature des marchés français (D'après Boursorama.com)**

Les marchés boursiers désignent la rencontre entre les acheteurs et les vendeurs de valeurs mobilières. Grâce à l'informatique, ils sont désormais dématérialisés. La Bourse de Paris, devenue Euronext Paris, est organisée autour de marchés réglementés et de marchés non réglementés.

• Le marché réglementé parisien. Il est encadré et contrôlé sur un marché unique appelé Euronext (autrefois Eurolist). Les entreprises cotées sur ce marché doivent respecter certaines règles.

Lors de leur admission, elles doivent diffuser au moins 25 % de leur capital dans le public et présenter des comptes audités et certifiés sur les trois dernières années.

Une fois admises sur le marché, elles doivent présenter leur chiffre d'affaires tous les trois mois, présenter leurs résultats tous les six mois et publier leurs comptes annuels chaque année.

Elles sont également soumises à d'autres règlements (déclaration de franchissement de seuil...).

Les entreprises cotées sont désormais regroupées dans trois compartiments :

– le compartiment A (valeurs dont la capitalisation boursière est supérieure à 1 Md €) ;

– le compartiment B (valeurs dont la capitalisation boursière est comprise entre 150 M€ et 1 Md €) ;

– le compartiment C (valeurs dont la capitalisation boursière est inférieure à 150 M€).

• Les marchés non réglementés à Paris. À côté des marchés réglementés, Euronext Paris propose d'autres compartiments : il s'agit des marchés non réglementés.

Euronext Growth, initialement appelé Alternext, est réservé aux petites et moyennes entreprises (PME). Les contraintes sont plus souples que sur le marché réglementé : la publication des comptes annuels et semestriels est exigée.

Euronext Access, autrefois appelé Marché libre, est là encore réservé aux entreprises de petite taille. Un sous-groupe, nommé Euronext Access +, est réservé aux start-up et aux petites entreprises en forte croissance. Les règles sont encore plus souples que sur Euronext Growth : la publication des comptes annuels est exigée.

La cotation sur un marché libre n'est pas assimilée à l'admission sur un marché réglementé et n'emporte donc pas les mêmes conséquences.

4. Les sociétés pouvant faire offre au public

CHIFFRES-CLÉS

650 sociétés sont cotées à l'Euronext sur le marché parisien. **185 sociétés** sont cotées à Euronext Growth (marché non réglementé – système multilatéral de négociation organisé) et **8 Mds €** sont échangés chaque jour sur les marchés gérés par Euronext. (Euronext, 2018)

L'offre au public ou de l'admission aux négociations sur un marché réglementé (cotation) est l'apanage de certaines sociétés. L'article 1841 du Code civil interdit aux sociétés qui n'y ont pas été autorisées par la loi de procéder à une offre de titres au public.

Les sociétés civiles ne peuvent pas faire offre au public (sauf l'exception très particulière des sociétés civiles de placement immobilier, SCPI). De même les sociétés dites de personnes (SARL, SNC, société en commandite simple) sont exclues de ce mécanisme.

Il reste par conséquent les sociétés commerciales dites de capitaux : SA et SCA. La SAS est explicitement exclue de l'offre au public compte tenu des clauses autorisées dans les statuts, totalement incompatibles avec le financement sur le marché (clause d'inaliénabilité, d'exclusion…). En revanche, en application de l'ordonnance du 30 mai 2014, la SAS peut procéder à des opérations de *crowdfunding* (↳ chapitre 12).

En conclusion, seules les SA, les sociétés européennes (SE) et les SCA peuvent faire offre au public. C'est d'ailleurs le principal, et presque unique, avantage de la SA sur sa « rivale » la SAS. Toute société qui envisage d'avoir recours au marché pour se financer doit revêtir la forme d'une SA (ou d'une SCA).

B) Les règles propres aux sociétés faisant offre au public ou admises aux négociations sur un marché réglementé

Rappel important. Le champ d'application de la réglementation est défini parfois à partir de la notion d'offre au public, et parfois à partir de la notion d'admission aux négociations sur un marché réglementé. On prendra soin de bien identifier la différence.

Réglementation atomisée. On peut dire qu'il existe des règles propres aux sociétés faisant offre au public ou admises aux négociations sur un marché réglementé, mais pas une véritable réglementation de ces sociétés, qui empruntent encore largement au droit des sociétés ne se finançant pas par le marché (dites sociétés fermées). La loi n° 2019-486 dite Pacte du 22 mai 2019 autorise le gouvernement à prendre des ordonnances en vue de simplifier le droit des sociétés cotées. L'article 75 rappelle les objectifs de cette mesure.

Loi Pacte, article 75

- Regrouper, au sein d'une division spécifique, les dispositions du code de commerce propres aux sociétés dont les titres sont admis aux négociations sur un marché réglementé ou un système multilatéral de négociation et procéder aux mesures de coordination, d'harmonisation et de simplification nécessaires, en adaptant, le cas échéant, les règles applicables aux sociétés en fonction des catégories de titres cotés et des types de plates-formes de négociation sur lesquels les titres sont cotés

1. La constitution

Les règles de constitution d'une SA avec offre au public, diffèrent sensiblement de celles de la constitution de la même société sans offre au public. Les formalités de constitution sont alourdies. Ces formalités et les différences avec la constitution d'une SA sans offre au public, sont décrites en détail *supra* (↪ chapitre 7).

Il est requis sept associés au minimum contre deux si la SA ne fait pas offre au public.

Jusqu'à l'ordonnance du 22 janvier 2009, le capital minimum des SA faisant appel public à l'épargne était de 225 000 € contre 37 000 € pour celles ne faisant pas appel public à l'épargne. Aujourd'hui, le capital est de 37 000 € minimum que la société fasse ou non offre au public.

2. La publicité et l'information du public

Les sociétés qui font offre au public sont en premier lieu assujetties à l'obligation de publier un prospectus visé par l'AMF. Ce prospectus est un document obligatoire accompagnant une émission offerte au public, et dans lequel sont réunies toutes les informations pertinentes d'ordre juridique, réglementaire et financier concernant les titres émis et l'émetteur.

Ces sociétés sont astreintes à des mesures de publicité particulières, notamment au BALO à l'occasion d'opérations déterminées : opérations sur capital social, convocations des assemblées générales, fusions ou scissions…

De même, l'information financière est plus complète et plus fréquente que pour les sociétés non cotées. Elles doivent en effet publier :
- leur chiffre d'affaires à la fin de chaque trimestre ;
- un tableau d'activité et de résultats semestriel ;
- les comptes annuels et les comptes consolidés annuellement.

Des obligations en matière environnementales pèsent également sur ces sociétés depuis une date récente (↪ chapitre 6).

Dans les sociétés faisant offre au public, le président du conseil d'administration rend compte, dans un rapport (joint au rapport annuel de gestion), des conditions de préparation et d'organisation des travaux du conseil ainsi que des procédures de contrôle interne mises en place par la société.

3. Les contrôles

AMF. Toute société ouverte aux marchés est soumise au contrôle de l'Autorité des marchés financiers. Ces sociétés doivent se conformer au Code de commerce, au Code monétaire et financier et au règlement général de l'AMF. L'Autorité dispose d'un pouvoir réglementaire (règlement général), doit autoriser certaines opérations ou apposer son visa sur des documents relatifs à des opérations de marché (prospectus…), et peut également prononcer des sanctions administratives.

CAC. Le commissariat aux comptes n'est pas une obligation propre aux sociétés faisant offre au public ou cotées. En revanche, les nominations et révocations de CAC dans les sociétés faisant offre au public doivent être communiquées à l'AMF. De même, un CAC ne peut certifier les comptes d'une société faisant offre au public pendant plus de six années consécutives.

Conventions réglementées. Le champ des conventions réglementées (↳ chapitre 10) est plus étendu dans les sociétés cotées puisqu'il inclut les parachutes dorés et autres rémunérations exceptionnelles assimilées. La loi Pacte a renforcé les obligations d'information relatives aux conventions réglementées dans les sociétés cotées.

Code de commerce

- **Article L. 225-39.** Dans les sociétés dont les actions sont admises aux négociations sur un marché réglementé, le conseil d'administration met en place une procédure permettant d'évaluer régulièrement si les conventions portant sur des opérations courantes et conclues à des conditions normales remplissent bien ces conditions. Les personnes directement ou indirectement intéressées à l'une de ces conventions ne participent pas à son évaluation.
- **Article L. 225-40-2.** Les sociétés dont les actions sont admises aux négociations sur un marché réglementé publient sur leur site Internet des informations sur les conventions mentionnées à l'article L. 225-38 au plus tard au moment de la conclusion de celles-ci. Toute personne intéressée peut demander au président du tribunal statuant en référé d'enjoindre, le cas échéant sous astreinte, au conseil d'administration de publier ces informations.

4. La transparence du capital social et des prises de participation et de contrôle

Renvoi. Ces règles sont amplement décrites *infra* (↳ chapitre 13). On énoncera simplement que la réglementation des prises de participations dans les sociétés cotées répond à une logique très différente de celle des sociétés non cotées.

Deux grandes idées gouvernent cette réglementation : la première est la transparence, la seconde est la protection des actionnaires minoritaires.

Transparence. Le propre du marché boursier est la rapidité, peu compatible avec la connaissance de l'actionnariat par la société ; or une société peut légitimement avoir besoin de connaître son actionnariat, soit pour vérifier qu'aucun concurrent n'est entré dans son capital, soit pour mettre en place de manière préventive des stratégies de défense contre une OPA hostile. Ceci permet d'expliquer les mécanismes de déclaration obligatoire de franchissements de seuils ou de déclaration de pactes liant des actionnaires.

Protection des actionnaires minoritaires. C'est un autre souci du législateur, particulièrement présent dans le droit des offres publiques. On cherche à éviter que les minoritaires ne soient prisonniers d'un changement de majorité non souhaité, et donc à leur permettre de céder leurs titres s'ils le souhaitent. Ceci explique que le passage de certains seuils rende obligatoire le déclenchement d'une offre publique d'achat au d'échange, destinée, la plupart du temps, à offrir une porte de sortie aux actionnaires qui le souhaitent.

→ MINI-CAS 4

3 Le financement par compte courant

Définition

Le financement par **compte courant** est un mode de financement peu formel qui consiste pour un associé, généralement un dirigeant, à mettre à disposition de la société, pour une durée limitée et contre versement d'un intérêt, des sommes d'argent.

L'apport en compte courant est donc un prêt de l'associé à la société. Il présente l'avantage notable de permettre de mobiliser des fonds rapidement pour faire face à un besoin de trésorerie, sans avoir à respecter le formalisme d'une augmentation de capital.

A) La convention de compte courant

1. L'apport en compte courant

L'apport en compte courant :
- constitue un prêt de l'associé à la personne morale, soustrait aux aléas sociaux (on prendra soin de noter que le schéma inverse est prohibé – prêt de sommes par la société à un associé –, le compte courant fonctionne donc de manière unilatérale) ; l'apporteur en compte courant a donc une double qualité : associé et créancier de la société ;
- peut prendre la forme d'une mise à disposition de fonds ou bien d'un abandon temporaire de rémunérations ou dividendes dus par la société à l'associé (les sommes sont alors laissées à disposition de la société) ;
- n'entre pas dans la formation du capital social ;
- n'est pas soumis au formalisme des augmentations de capital ;
- peut, mais ceci n'est pas obligatoire, être rémunéré par un intérêt qui bénéficie alors d'un régime fiscal particulier ;
- peut être considéré comme une convention réglementée, soumise à contrôle de la part de la collectivité des associés, ou bien comme une convention courante conclue à des conditions normales (Code de commerce, art. L. 225-38 et s.), suivant son montant et la personne le réalisant.

NOTRE CONSEIL

Veillez à distinguer l'apport en compte courant et les apports en numéraire entrant dans la composition du capital social.

2. La réglementation applicable

Droit commun. La convention de compte courant ne fait l'objet d'aucune réglementation. Elle est soumise au droit commun des contrats. Ce sont donc les stipulations de la convention qui fixent les règles applicables entre les parties, la société débitrice et l'associé créancier. Parfois même, l'apport en compte courant est réalisé de manière purement verbale, sans qu'aucune convention ne soit signée.

Contenu. Si une convention est signée, elle devra prévoir :
- Le montant mis à disposition ou laissé à disposition de la société.
- Le taux d'intérêt et les modalités de versement des intérêts ; il est notamment possible de prévoir la fréquence de versement des intérêts ou encore la « capitalisation » de ceux-ci. Cela signifie que les intérêts échus sont intégrés au capital et portent à nouveau intérêt au taux prévu (ce procédé se nomme l'anatocisme).
- Les modalités de remboursement et le terme de la convention ; ici trois schémas sont envisageables :

  - la convention prévoit un terme pour le remboursement ;
  - la convention ne prévoit aucun terme, ce qui ne signifie nullement que le remboursement n'est pas dû, mais au contraire que l'associé créancier peut le demander à tout moment ;
  - la convention prévoit le blocage du compte courant pendant une durée déterminée. Ce blocage a pour effet de rendre tout remboursement impossible. Il est généralement sollicité par des créanciers de la société, à titre de garantie. Le blocage des sommes peut avoir pour effet qu'elles seront considérées comme des quasi-fonds propres et non comme des dettes ;
- Le sort du solde créditeur du compte courant en cas de cession des parts ou actions de l'associé ; en effet le cessionnaire des droits sociaux ne se voit pas transférer automatiquement les droits du compte courant.

B) La fiscalité du compte courant

1. La déductibilité des intérêts

Pour les sociétés, les intérêts versés dans le cadre d'un compte courant sont déductibles sous la double contrainte suivante :
- le capital social doit être intégralement libéré ;
- les intérêts ne sont déductibles que dans la limite d'un taux légal qui varie en fonction de la date de clôture de l'exercice comptable (ex. : lorsque la société clôture son exercice le 31 janvier 2019, le taux a été fixé à 1,46 %).

Il existe des cas particuliers : lorsque la société qui reçoit l'avance en compte courant est sous-capitalisée, la fraction d'intérêts excédant le plus élevé des ratios d'endettement, de couverture d'intérêts et d'intérêts servis par des entreprises liées n'est pas déductible.

Définition

Une entreprise est présumée sous-capitalisée, si le montant global des intérêts dus à des entreprises liées, excède simultanément les ratios d'endettement, de couverture d'intérêts et d'intérêts servis par des entreprises liées.

2. L'imposition pour les associés

L'imposition des intérêts auprès des associés nécessite de distinguer deux situations :
- Les intérêts sont déductibles pour la société. Dans ce cas, les associés personnes morales perçoivent des produits imposables devant être intégrés au résultat, tandis que les associés personnes physiques doivent soumettre ces montants dans la catégorie des revenus de capitaux mobiliers, c'est-à-dire soit au prélèvement forfaitaire unique, soit au barème progressif de l'IR.
- Les intérêts ne sont pas déductibles pour la société qui les verse. Ici, l'imposition auprès des associés s'effectue comme dans le cadre d'une distribution irrégulière. La conséquence est importante puisque, par exemple, pour les personnes physiques, les intérêts sont soumis aux revenus de capitaux mobiliers (PFU ou barème progressif de l'IR) sur 125 % du montant perçu (majoration).

FOCUS **Le prélèvement forfaitaire unique (PFU) ou *flat-tax***

Les revenus de capitaux mobiliers ont un domaine étendu. Ils concernent les revenus de placement de manière large : obligations, cautionnements, créances, comptes courants d'associés, dividendes, bons du Trésor. Le régime d'imposition de ces revenus a fait l'objet d'une importante réforme en 2018. Ils sont désormais soumis au prélèvement forfaitaire unique (PFU) au taux de 30 % (17,2 % d'IR + 12,8 % de prélèvements sociaux) sur leur montant brut. Toutefois, les contribuables ont la possibilité d'opter pour le barème progressif de l'IR lorsque le montant d'imposition est plus avantageux. Cette option est globale et irrévocable. Ainsi, en cas d'option, le contribuable soumettra également les autres revenus susceptibles de relever du PFU.

Il convient de préciser que les revenus mobiliers font l'objet d'un prélèvement forfaitaire non libératoire au taux de 12,8 %. Par conséquent, quel que soit le choix du contribuable (PFU ou barème progressif de l'IR), un acompte de 12,8 % sera prélevé lors du versement des sommes par l'établissement payeur. Cette somme pourra ensuite être imputée sur l'imposition réellement due au titre de l'année. Lorsque le prélèvement est supérieur au montant de l'impôt, le trop-perçu donne lieu à restitution. Certains contribuables ayant un revenu fiscal de référence inférieur à certains montants sont exonérés de ce prélèvement.

→ MINI-CAS 3

Le financement par le crédit

L'entreprise se finance très souvent en ayant recours au crédit. Soit il s'agira d'un crédit consenti à l'entreprise par un créancier, ce qui posera la question des garanties accordées aux créanciers. Soit il s'agira d'un crédit consenti par l'entreprise, qu'elle pourra mobiliser pour se financer.

A) Le crédit consenti à l'entreprise

1. L'emprunt classique

L'ouverture de crédit. La Cour de cassation analyse l'ouverture de crédit comme une promesse de prêt par laquelle l'établissement de crédit (souvent une banque) s'engage à consentir une opération de crédit déterminée. L'établissement reconnaît ainsi une option à son client dont la levée lui permettra d'obtenir le crédit promis. Avant l'exercice de l'option, aucun prêt n'est consenti. L'exercice de l'option donne naissance à un prêt (ce n'est plus une promesse) à concurrence des fonds utilisés par l'emprunteur.

Ce peut être une autorisation de découvert (ou avance en compte) consistant en une autorisation donnée au client, le plus souvent d'un compte courant, de rendre ce compte débiteur. Il peut s'agir aussi d'un crédit d'escompte où le banquier s'engage à escompter les créances remises par son client.

Durée de l'ouverture de crédit. L'ouverture de crédit peut être consentie pour une durée déterminée ou au contraire pour une durée indéterminée. Elle peut cesser pour les causes prévues par le droit commun des contrats. Mais l'article L. 313-12 du Code monétaire et financier prévoit une règle propre aux crédits consentis aux entreprises. L'alinéa premier dispose que les crédits à durée indéterminée ne peuvent être réduits ou interrompus que sur notification écrite et à l'expiration d'un délai de préavis fixé lors de l'octroi du concours, préavis dont la durée ne peut être inférieure à 60 jours. La règle ne s'impose que si la réduction ou la rupture est unilatérale. Le second alinéa prévoit une dérogation : l'établissement de crédit n'est tenu de respecter aucun préavis en cas de comportement gravement répréhensible du bénéficiaire du crédit ou au cas où la situation de ce dernier s'avérerait irrémédiablement compromise.

Prêt. C'est un contrat par lequel le prêteur remet une somme d'argent à l'emprunteur, lequel en devient propriétaire, à charge pour ce dernier d'en restituer l'équivalent, c'est-à-dire le même montant. Lorsque le prêt d'argent est consenti à un consommateur, les règles protectrices du droit de la consommation s'appliquent. Si l'emprunteur est une entreprise, c'est le droit commun, inscrit dans le Code civil (art. 1892 et s.), qui régit le prêt consenti.

Formation du contrat de prêt. En principe, la remise de la chose par le prêteur à l'emprunteur participe de la formation du contrat, de sorte que le prêt est un contrat réel. Depuis quelques années, la Cour de cassation estime cependant que le prêt consenti par un professionnel (telle une banque) n'est pas un contrat réel, mais consensuel. Aussi, la remise des fonds constitue une obligation à la charge de ce professionnel.

La loi 2009-1255 du 19 octobre 2009 tendant à favoriser l'accès au crédit des petites et moyennes entreprises et à améliorer le fonctionnement des marchés financiers offre la possibilité à l'emprunteur d'exiger de l'établissement de crédit prêteur de lui fournir « les éléments ayant conduit aux décisions de notation (le) concernant ». Il s'agit donc d'obliger à la divulgation des notes internes déterminant la capacité financière de l'entreprise concernée (C. mon. fin., art. L. 313-12-1).

Taux d'intérêt. Le prêt peut être consenti à titre gratuit ou à titre onéreux. Lorsqu'une entreprise s'adresse à une banque, le prêt sera bien sûr onéreux. Le caractère onéreux se traduit par la stipulation d'un taux d'intérêt au bénéfice du prêteur (C. civ., art. 1905).

Le Code civil exige que le taux d'intérêt conventionnel soit fixé par écrit (art. 1907, al. 2). L'article L. 314-5 du Code de la consommation dispose que le taux effectif global (TEG) doit être mentionné dans tout écrit constatant un contrat de prêt. Même s'il figure dans le Code de la consommation, ce dernier texte est applicable entre professionnels.

Détermination du TEG. Le taux d'intérêt conventionnel peut être fixe ou variable. Pour déterminer le taux effectif global du prêt, il convient d'ajouter au taux d'intérêt conventionnel, « les frais, commissions ou rémunérations de toute nature, directs ou indirects, y compris ceux qui sont payés ou dus à des intermédiaires intervenus de quelque manière que ce soit dans l'octroi du prêt, même si ces frais, commissions ou rémunérations correspondent à des débours réels » (C. consom., art. L. 314-1). Si le taux est variable, l'écrit doit mentionner un TEG correspondant à des exemples chiffrés à titre indicatif.

Taux d'usure. Le Code de la consommation interdit le prêt usuraire. Est usuraire le prêt dont le taux effectif global excède de plus du tiers le taux effectif moyen pratiqué au cours du trimestre précédent par les établissements de crédit pour des opérations de même nature comportant des risques analogues. Il est, en 2019, d'environ 3 % pour les crédits immobiliers de plus de 20 ans.

Prêts affectés. L'emprunteur décide librement en principe de la destination des fonds prêtés. À l'inverse, le contrat peut obliger l'emprunteur d'affecter les fonds à une utilisation déterminée (par exemple, l'acquisition d'un matériel de production).

Durée du prêt. Lorsque le prêt a été conclu pour une durée déterminée, le prêteur ne saurait récupérer les fonds avant le terme du contrat, de même que l'emprunteur est tenu de restituer au terme convenu (C. civ., art. 1899 et 1902).

Lorsque l'emprunteur est une entreprise, la possibilité de rembourser le prêt de façon anticipée, c'est-à-dire avant le terme stipulé, se présente dans trois cas :

- Le contrat ne prévoit pas le remboursement anticipé, mais le prêteur l'accepte malgré tout. Il s'agit alors d'une modification conventionnelle du contrat.
- Le contrat ne prévoit pas le remboursement anticipé, mais le terme du prêt a été stipulé dans le seul intérêt de l'emprunteur.
- Le contrat prévoit une clause de remboursement anticipée. Souvent, une telle clause met une indemnité à la charge de l'emprunteur. Pour autant, il ne s'agit pas d'une clause pénale susceptible d'être réduite par le juge.

Si l'emprunteur n'exécute pas ses obligations, notamment celle de rembourser le capital et les intérêts, le prêteur peut demander la déchéance du terme. Il doit rembourser immédiatement sans attendre le terme du contrat. Cette déchéance est souvent prévue par une clause du contrat. Elle s'apparente alors à une clause résolutoire. Lorsque le prêt a été conclu pour une durée indéterminée – ce qui pourrait être le cas d'une ouverture de crédit par exemple – chaque partie peut y mettre fin, sous réserve du respect des dispositions édictées par l'article L. 313-12 du Code monétaire et financier.

→ CAS PRATIQUE 7

2. L'emprunt obligataire

Définition

Les **obligations** sont des titres financiers négociables. À la différence des actions, elles ne donnent pas droit à une part du capital social mais à un droit de créance contre la société.

L'obligataire est un créancier alors que l'actionnaire est associé aux bénéfices et doit contribuer aux pertes.

Importance et intérêts. Du fait notamment de l'augmentation des déficits publics, les émissions d'obligations se sont multipliées. La baisse des taux constatée aujourd'hui fait des obligations un mode de financement recherché par les entreprises.

Diversification. À côté des obligations simples conférant le droit aux intérêts et au remboursement du capital, des obligations composées ont vu le jour, comme des obligations remboursables ou convertibles en actions. De même, au sein des obligations dites « simples », de multiples formules modulant le droit au coupon et au nominal, se sont développées pour concurrencer les actions (tab. 11.5).

Tableau 11.5. Intérêts et inconvénients de l'emprunt obligataire par rapport au financement par actions

	Émission d'obligations	Émission d'actions
Mode de financement	Simple / pas de remise en cause de l'équilibre des pouvoirs (les obligations ne donnent pas de droit de vote)	Procédure lourde d'augmentation du capital / dilution des actionnaires existants
Durée	Plus longue que l'emprunt bancaire classique	Sans
Déductibilité de la rémunération	Intérêts payés déductibles fiscalement	Dividendes non déductibles fiscalement
Coût pour l'émetteur	Faible (taux d'intérêt bas)	Exigence de rentabilité des actionnaires
Rémunération du souscripteur	Faible mais garantie	Plus forte mais risquée
Risque pour l'émetteur	Doit payer les intérêts et rembourser le capital	Pas d'obligations financières

Conditions d'émission de l'emprunt obligataire. L'émission d'obligations est ouverte aux sociétés par actions, SA, SAS ou SCA, mais également à certains GIE (composés exclusivement de sociétés par actions) et associations ayant une activité économique. Traditionnellement, l'État et les collectivités publiques peuvent également émettre un emprunt obligataire.

Les SARL répondant à certaines conditions peuvent émettre des obligations, sans toutefois être autorisées pour autant à faire offre au public.

En outre la société émettrice doit avoir trois bilans régulièrement approuvés par les actionnaires (le but est d'éviter l'émission d'emprunts obligataires par des sociétés fictives, ainsi que de permettre aux investisseurs de connaître la situation financière de la société).

L'émission n'est permise que si le capital social est intégralement libéré. Il est normal de ne pas avoir recours à des investisseurs extérieurs si les actionnaires n'ont pas encore fourni tout ce qu'ils avaient promis.

L'émission d'obligations est décidée par l'assemblée des associés.

Ce sont là les seules conditions ; on notera qu'il n'y a aucune condition relative au montant de l'emprunt (ni minimum, ni maximum), ni à une quelconque autorisation administrative.

AGO et dirigeants. L'émission d'obligations est une compétence concurrente de l'assemblée ordinaire et des organes dirigeants de la société : cela signifie que l'AGO peut décider d'en émettre, mais que les dirigeants le peuvent également. Si la société décide de l'émission de titres de créance pouvant se muer en titres de capital (comme des obligations remboursables en actions), la compétence revient à l'assemblée extraordinaire car une augmentation de capital s'ensuivra.

Inscription en compte. Les obligations comme tous les titres financiers doivent être dématérialisées, ce qui signifie qu'elles sont inscrites en compte. Elles peuvent être, à l'instar des actions, nominatives ou au porteur, la différence résidant dans le teneur du compte. Les sociétés cotées peuvent émettre des obligations au porteur comme nominatives. Elles seront au porteur la plupart du temps ; en revanche, les sociétés non cotées ne peuvent émettre que des obligations nominatives.

Valeur nominale. Le montant nominal des obligations, ou pair, est librement fixé par la société émettrice, alors qu'il devait consister en un minimum de 15 € auparavant.

Ce montant nominal ou pair est obtenu en divisant le montant de l'emprunt par le nombre de titres.

Techniques d'émission. Le marché veut que, pour attirer des investisseurs, un emprunt obligataire soit d'un certain montant. En pratique, et pour permettre à des sociétés de taille moyenne d'avoir accès au marché obligataire en faisant offre au public, des SA se spécialisent dans l'émission d'emprunts obligataires dont elles répartissent le montant entre des sociétés qui sont ses actionnaires. Elles lancent l'emprunt et leurs associés en bénéficient.

Droits des obligataires. L'obligataire :

- est un créancier et non un associé. À ce titre, il bénéficie d'un intérêt et du remboursement du capital à l'échéance ;
- peut défendre ses droits individuels de manière collective en agissant au sein de ce que l'on nomme la masse des obligataires ;
- peut, mais cela n'est pas automatique, bénéficier de garanties offertes par la société émettrice, du type : hypothèques, nantissement, **cautionnement** d'un tiers (banque, tiers, maison mère). Parfois la société a émis un premier emprunt sans sûreté, et en émet un autre avec sûreté par la suite. Les premiers porteurs sont donc moins bien garantis et, pour leur conférer un traitement égal avec les seconds, les emprunts prévoient une clause dite *pari passu* (traitement égal) qui leur garantit un traitement à égalité avec les autres emprunts ;
- peut librement négocier ses titres.

Taux d'intérêt des obligations. Le taux d'intérêt est également nommé taux nominal ou facial. Il sert au calcul du coupon à partir du montant nominal des obligations (le pair) : une obligation de 1 000 € au taux de 1,5 % l'an rapportera donc 15 € par an.

Il est en principe fixe, mais, au moment de l'émission, il dépendra surtout du marché financier. Deux émissions n'ont en pratique jamais le même taux ; en revanche, tous les porteurs de la même émission doivent bénéficier du même taux. Il existe en pratique un lien entre la garantie offerte, c'est-à-dire le risque encouru, et la rémunération par le coupon : plus le risque est important, plus le taux sera élevé. Les obligations garanties par l'État ou par une collectivité seront en principe moins bien rémunérées que les obligations du secteur privé.

Les obligations peuvent comprendre un revenu fixe ou variable. En principe le taux d'intérêt versé annuellement est fixe et déterminé une fois pour toutes dans le contrat d'émission. Mais des formules différentes ont été aménagées.

Une obligation peut ainsi avoir un taux d'intérêt variable en fonction des résultats de la société ou en fonction des fluctuations du marché financier ou monétaire.

Définition

Le **coupon** est l'intérêt versé au souscripteur.

Certaines obligations comprennent un remboursement de capital plus élevé que le capital versé, comme les obligations à prime d'émission émises en dessous du nominal fixé et remboursées au montant du nominal.

Capital remboursé. Le principe est que le capital est remboursé à l'échéance à son montant nominal. Là aussi de nombreuses formules de modulation existent. Dans le cas des obligations à amortissement échelonné, on pratique le versement tous les ans, ou à échéance régulière, d'une fraction du capital et des intérêts. On voit également des obligations à remboursement *in fine* ; cette formule est plus coûteuse pour la société que le remboursement par amortissement régulier du capital.

Exemple

- Émission à 25 € d'une obligation d'un montant nominal de 30 €. Le porteur paiera 25 € et sera remboursé 30 €.

Fiscalité. Pour la société émettrice, la charge financière de l'emprunt obligataire est déductible de son BIC. De même, les frais d'émission de l'emprunt obligataire (frais de publicité par exemple) sont déductibles, soit en une fois, soit sur toute la durée de l'emprunt lui-même. Pour le souscripteur, les intérêts des obligations détenues par des particuliers sont soumis, depuis 2018, au PFU au taux de 30 % comprenant 12,80 % d'impôt sur le revenu et 17,20 % de prélèvements sociaux. Une option demeure possible par le barème de l'impôt sur le revenu.

3. Le crédit-bail

Définition

Le **crédit-bail** est une technique permettant de financer l'équipement de l'entreprise, à moyen (entre deux et sept ans) ou long terme (au-delà de sept ans).

L'opération de crédit-bail est soumise au monopole des établissements de crédit. La société de crédit-bail entre dans la catégorie des sociétés financières. L'opération, qu'elle soit mobilières ou immobilière, comporte plusieurs contrats :

- le **contrat de crédit-bail** proprement dit est celui par lequel le crédit-bailleur loue une chose au crédit-preneur et lui promet de lui vendre cette chose si celui-ci le souhaite à une date donnée ;
- un **contrat de vente** lie le crédit-bailleur à un vendeur. En effet, l'originalité de l'opération tient à ce que le crédit-bailleur est un établissement financier qui, à la demande du crédit-preneur, acquiert la chose qui sera par la suite louée à ce dernier.

Crédit-bail mobilier. Le crédit-bail mobilier concerne les choses corporelles comme incorporelles (tab. 11.6).

Tableau 11.6. Crédit-bail mobilier

	Meubles visés par la loi	Observations
Meubles corporels	Biens d'équipement ou de matériel d'outillage	Toutefois, c'est l'usage du bien qui importe ; de sorte, par exemple, qu'un véhicule de tourisme acquis pour les besoins d'une entreprise peut faire l'objet d'un crédit-bail relevant du Code monétaire et financier. Par ailleurs, celui-ci ne s'applique que si l'achat de la chose, par le crédit-bailleur, est le préalable au contrat de crédit-bail. Ainsi, le contrat portant le bien fabriqué par une entreprise et prévoyant sa location avec option d'achat n'est pas un crédit-bail.
Meubles incorporels	Fonds de commerce, d'établissement artisanal ou de l'un de leurs éléments incorporels Parts sociales et d'actions	L'achat préalable de l'élément incorporel n'est pas nécessaire à la qualification de l'opération. Toutefois, cet achat aura généralement lieu car le crédit-bailleur est un financier qui, par conséquent, ne possède pas le bien donné en location. La location doit être assortie d'une option d'achat, ce qui soumet le contrat au même régime que le crédit-bail mobilier corporel, sauf quelques particularités.

Rémunération. Le crédit-preneur est tenu de verser un prix au crédit-bailleur pour la location de la chose (loyer) jusqu'à la fin de celle-ci. Ce terme se manifeste lors du choix effectué par le preneur à une date donnée. Soit il renonce à l'acquisition du bien. Soit il exerce son option d'achat et devient alors propriétaire de la chose, en contrepartie du versement d'un prix qui doit, au terme du Code monétaire et financier, tenir compte, au moins partiellement, des loyers déjà versés.

En cas de défaut de paiement, le preneur s'expose à la résolution du contrat, d'après les règles du droit commun des contrats.

Contrat de vente. Le plus souvent, la vente liant le crédit-bailleur au fournisseur du bien, est conclue par l'intermédiaire du crédit-preneur (tiers à la vente), lequel s'occupe aussi de retirer la chose achetée (lorsqu'elle est corporelle). Il faut en déduire l'existence d'un mandat entre le crédit-bailleur (le mandant) et le crédit-preneur (le mandataire).

Ce mandat marque le retrait du crédit-bailleur par rapport à la vente. Certaines clauses généralement insérées dans le contrat de crédit-bail le montrent encore davantage. Il s'agit de stipulations qui mettent à la charge du preneur les risques liés à la chose, ou par lesquelles le crédit-bailleur transfère au crédit-preneur l'ensemble des droits et actions dont il est titulaire vis-à-vis du vendeur. Ces dernières clauses justifient la renonciation, le plus souvent stipulée, du crédit-preneur à toutes actions contre le crédit-bailleur en cas de difficultés liées à la chose louée.

Délivrance et garantie de la chose par le crédit-bailleur. Le Code monétaire et financier ne prévoit que partiellement les règles gouvernant les rapports entre les parties au contrat de crédit-bail. Aussi, convient-il de se référer au droit commun du louage édicté par le Code civil (art. 1713 et s.). Il en résulte qu'il appartient au crédit-bailleur de délivrer la chose louée et garantir celle-ci contre ses vices cachés. Toutefois, comme il vient d'être écrit ci-dessus, une clause interdit souvent au crédit-preneur d'exercer contre le crédit-bailleur toute action liée notamment aux vices de la chose (clause de non-recours). Et la jurisprudence admet la validité de pareille stipulation dès lors que le crédit-preneur a choisi lui-même le bien loué et que le contrat lui transfère l'ensemble des droits et actions dont il est titulaire vis-à-vis du vendeur.

Cession du contrat de crédit-bail. Le contrat de crédit-bail est marqué par l'*intuitu personae*, du moins pour le crédit-bailleur. Aussi, le consentement de ce dernier est indispensable à la cession du contrat par le crédit-preneur. Quant à la cession par le crédit-bailleur sans l'accord du preneur, elle est indirectement permise par le législateur.

Code monétaire et financier, article L. 313-8

- En cas de cession de biens compris dans une opération de crédit-bail, et pendant la durée de l'opération, le cessionnaire est tenu aux mêmes obligations que le cédant qui en reste garant.

Publicité du contrat de crédit-bail. La loi impose la publicité du contrat de crédit-bail, même mobilier. S'agissant des meubles, cette formalité doit être effectuée par le crédit-bailleur auprès du greffe du tribunal de commerce ou du tribunal de grande instance statuant commercialement. À défaut de publicité, le contrat est inopposable aux tiers.

Le crédit-bail immobilier. Le Code monétaire et financier prévoit que la réglementation qu'il met en place en matière de crédit-bail mobilier concerne les biens immobiliers à usage professionnel achetés par la société de crédit-bail ou construits pour son compte.

La qualification de crédit-bail est emportée dès lors que l'opération permet au locataire de devenir propriétaire (C. mon. fin., art. L. 313-7, 2°) :

- soit par l'exécution d'une promesse de vente (comme en matière mobilière) ;
- soit par acquisition directe ou indirecte des droits de propriété du terrain sur lequel ont été édifiés le ou les immeubles loués ;
- soit par transfert de plein droit de la propriété des constructions édifiées sur le terrain appartenant audit locataire.

Le deuxième cas vise la pratique consistant à créer une société civile immobilière (SCI) entre le crédit-bailleur et le crédit preneur, laquelle achète le bien construit ou le terrain nu. Le bien est alors loué au crédit-preneur par la SCI, tandis que le crédit-bailleur promet au locataire de lui vendre le bien à l'issue du bail.

Le troisième cas vise l'hypothèse où le crédit-preneur est propriétaire du terrain. Un montage consiste alors à louer le terrain au crédit-bailleur pour une longue durée (bail emphytéotique ou bail à construction), ce qui autorise ce dernier à construire l'immeuble sur ledit terrain. Enfin, l'immeuble édifié est donné en location au crédit-preneur, et au terme de la location, le crédit-preneur devient de plein droit propriétaire de la construction par voie d'accession.

B) Les garanties du crédit consenti à l'entreprise

Définition

Les **garanties** sont des mécanismes juridiques ayant pour fonction de prémunir les créanciers contre les risques du crédit, c'est-à-dire, pour l'essentiel, l'insolvabilité de leurs débiteurs.

Les principales garanties sont des sûretés dont la finalité est de permettre directement le recouvrement de la créance impayée. Le droit des sûretés a été substantiellement réformé par une ordonnance du 23 mars 2006. Il le sera encore prochainement dans la foulée de la loi Pacte qui annonce des ordonnances réformant le droit des sûretés.

1. Les garanties personnelles

Définition

Une **garantie personnelle** est un contrat conclu entre le créancier et un garant ; ce dernier étant une personne autre que le débiteur principal. Elle confère au créancier le droit de réclamer au garant le paiement de ce qui lui est dû : le cautionnement et des garanties autonomes.

Cautionnement. Le cautionnement est la principale garantie personnelle ; il est défini à l'article 2288 du Code civil. Celui qui se rend caution d'une obligation se soumet envers le créancier à satisfaire à cette obligation, si le débiteur n'y satisfait pas lui-même.

Le cautionnement est le contrat par lequel une personne, la caution, s'engage à payer le créancier dans le cas où le débiteur principal viendrait à ne pas payer ce dernier. Aussi, l'engagement de la caution est-il accessoire par rapport à celui du débiteur principal.

Cautionnement simple et cautionnement solidaire. Le cautionnement est dit simple lorsque la caution peut se prévaloir du bénéfice de discussion – elle impose au créancier de poursuivre le créancier pour se faire payer avant de la poursuivre – et du bénéfice de division – en présence d'une pluralité de garants, elle exige du créancier de diviser ses poursuites entre eux. Le cautionnement est dit solidaire lorsque la caution renonce aux bénéfices de discussion et de division.

Réglementation du cautionnement. Les règles relatives au cautionnement ont leur siège dans le Code civil. Mais il faut aussi compter avec d'autres codes, notamment le Code de la consommation dont les dispositions protègent les cautions personnes physiques à l'égard des créanciers professionnels.

Formalité du cautionnement. Les règles du droit commun des contrats gouvernant leur formation sont applicables au contrat de cautionnement. Celui-ci est soumis cependant à des règles spéciales. Notamment, en tant qu'acte par lequel une seule partie (la caution) s'engage envers une autre (le créancier) à payer une somme d'argent, le contrat doit être constaté dans un écrit comportant la signature de la caution ainsi que la mention, écrite par celle-ci, de la somme en toutes lettres et en chiffres (C. civ., art. 1376 nouveau). À défaut l'acte reste valable, mais ne peut constituer qu'un commencement de preuve par écrit. Par conséquent, ce n'est pas une condition de validité, mais une règle de preuve.

S'agissant d'un cautionnement souscrit par une personne physique auprès d'un créancier professionnel, l'acte doit comporter à peine de nullité une mention manuscrite dictée par le Code de la consommation et signifiant l'engagement de la caution (art. L. 341-2).

Proportionnalité du cautionnement. Le créancier professionnel ne saurait se prévaloir d'un cautionnement conclu par un consommateur dont l'engagement était manifestement disproportionné à ses biens et revenus lors de la conclusion du contrat. Toutefois le créancier peut se prévaloir d'un tel cautionnement disproportionné lorsque le patrimoine de la caution, au moment où elle est appelée, ne lui permet pas de faire face à son obligation (C. consom., art. L. 341-4).

Caractère accessoire du cautionnement. Le cautionnement est une garantie accessoire. Ce caractère accessoire traduit un lien de dépendance entre la caution et l'obligation principale garantie. Il en découle notamment les deux règles suivantes. Le cautionnement ne peut excéder ce qui est dû par le débiteur (C. civ., art. 2290). La caution est en droit d'opposer au créancier toutes les exceptions qui appartiennent au débiteur principal et qui sont inhérentes à la dette (C. civ., art. 2313). En d'autres termes, la caution peut se prévaloir à l'égard du créancier des moyens de défense appartenant au débiteur.

Extinction du cautionnement. L'extinction du cautionnement peut trouver sa source dans les relations entre le débiteur principal et le créancier, principalement lorsque celui-là paie celui-ci. La source peut par ailleurs se trouver dans le rapport entre la caution et le créancier. Notamment, quand la dette garantie est une dette présente, le paiement par la caution éteint son obligation. Cette dernière dispose alors d'un recours subrogatoire contre le débiteur principal. Enfin, la caution est libérée en cas de faute du créancier. C'est par exemple le cas lorsque celui-ci néglige de préserver ses droits de recours contre le débiteur principal, ce qui empêche la caution d'exercer son recours subrogatoire contre ledit débiteur (C. civ., art. 2314).

Garanties autonomes. L'article 2321 al. 1er du Code civil définit la **garantie autonome** comme l'engagement par lequel le garant s'oblige, en considération d'une obligation souscrite par un tiers, à verser une somme soit à première demande, soit suivant des modalités convenues.

Présentation. Les garanties indépendantes ou autonomes ne sont pas nées de la loi mais de la pratique et, plus précisément, de la pratique bancaire internationale. Elles sont dites indépendantes en ce que le garant, une banque, s'engage à payer une somme sans pouvoir différer le paiement ou soulever une quelconque contestation. Son efficacité est redoutable parce qu'elle n'est pas accessoire, à la différence du cautionnement, et qu'en conséquence le garant doit payer la somme avant de pouvoir contester. Cette efficacité a poussé les opérateurs à utiliser les garanties indépendantes dans leurs relations internes. L'ordonnance du 23 mars 2006, qui a réformé le droit des sûretés, en a introduit une définition dans le Code civil (art. 2321, cité ci-dessus). Mais son utilisation est interdite pour les crédits mobiliers et immobiliers contractés par les consommateurs (C. consom., art. L. 313-10-1).

Régime juridique. Le garant ne peut opposer aucune exception tenant à l'obligation principale. En d'autres termes, il ne saurait se prévaloir d'un moyen de défense reposant sur le contrat principal qui lui éviterait de payer (par exemple son inexécution par le créancier titulaire de la garantie). Toutefois, le garant est admis à se prévaloir de l'abus ou de la fraude manifeste du bénéficiaire ou de la collusion entre ce dernier et le donneur d'ordre. En principe, si la créance garantie est cédée, la garantie autonome n'est pas transmise avec elle. Mais il s'agit là d'une règle supplétive, de sorte qu'il reste possible de prévoir que la garantie suit l'obligation principale (C. civ., art. 2321, al. 4).

2. Les garanties réelles

Définition

Les **garanties réelles** consistent en l'affectation d'un ou plusieurs biens, meubles ou immeubles, appartenant au débiteur ou à un tiers au paiement du créancier, ce dernier disposant sur ces biens d'un droit réel. On envisagera les principales garanties réelles.

Gage. Le gage est un contrat par lequel le débiteur ou un tiers – appelé le constituant – accorde au créancier le droit de se faire payer par préférence à ses autres créanciers sur un ou plusieurs biens mobiliers corporels, présents ou futurs (C. civ., art. 2333 et 2334), fongibles ou non fongibles. Il peut être réalisé avec dépossession au profit du créancier ou sans dépossession. Le gage commercial est soumis à des règles spécifiques logées dans le Code de commerce (L. 521-1 et s.). Elles ne seront pas examinées ici.

La validité de la constitution du gage nécessite l'accomplissement d'une formalité : l'établissement d'un écrit contenant la désignation de la dette garantie, la quantité de biens donnés en gage ainsi que leur espèce ou leur nature. L'opposabilité du gage aux tiers (notamment les autres créanciers) nécessite une autre formalité : la publicité par une inscription sur un registre spécial. Mais celle-ci n'est pas nécessaire si le créancier a la possession du bien gagé, cette possession suffisant à l'opposabilité. En cas de défaut de paiement de la dette à son échéance par le débiteur, le créancier gagiste peut faire ordonner en justice soit la vente du bien gagé, afin de se faire payer par préférence sur le prix, soit que le bien lui demeurera en paiement. Enfin, le contrat peut prévoir qu'à défaut de paiement, le créancier deviendra propriétaire du bien gagé. Le recours au juge n'est alors pas nécessaire.

Lorsque le gage est constitué avec dépossession, le créancier dispose d'un droit de rétention, lequel trouve tout son intérêt quand le débiteur fait l'objet d'une procédure collective. Si le gage est constitué sans dépossession, le créancier dispose également d'un droit de rétention (loi du 4 août 2008). Cette nouveauté est surprenante car on ne voit pas comment le créancier pourrait retenir ce qu'il ne possède pas. Peut-être ce droit de rétention résulte-t-il du droit de suite attaché au gage et qui permet au créancier de faire valoir son droit contre le tiers acquéreur (lorsque le constituant a aliéné le bien gagé).

Nantissement. Le nantissement consiste à affecter en garantie un bien meuble incorporel, y compris une créance, présent ou futur. Pareille affectation peut résulter d'un contrat ou d'une décision de justice (C. civ., art. 2355). Le nantissement constitué par décision de justice, ou judiciaire, est régi par les règles relatives aux procédures civiles d'exécution. Quant au nantissement constitué par contrat, ou conventionnel, il faut distinguer selon l'objet sur lequel porte la garantie. S'il s'agit d'une créance, un régime juridique lui est réservé dans le Code civil (art. 2356 et s.).

Si la garantie porte sur un autre meuble incorporel, les règles qui s'appliquent sont celles édictées pour le gage de meubles corporels, sauf si des dispositions spéciales existent pour tel ou tel bien (ex. : pour les fonds de commerce, les films de cinéma, les logiciels informatiques, les parts sociales, les comptes d'instruments financiers, les contrats d'assurances). Le nantissement conventionnel de créance consiste à affecter une créance que le débiteur, dit aussi le constituant, détient sur un tiers (qui est son débiteur) en garantie du paiement de la créance initiale. Ce nantissement doit être conclu par écrit, à peine de nullité. Il s'agit donc d'un contrat solennel. Il devient opposable à la date de l'acte. Mais, pour être opposable aux tiers (le débiteur de la créance nantie), le nantissement doit lui être notifié. Son intervention à l'acte rend aussi la garantie opposable à son égard. Lorsque la créance nantie vient à échéance avant la créance garantie, le créancier reçoit les fonds du tiers et doit les conserver à titre de garantie sur un compte bancaire. Le créancier doit les restituer si l'obligation garantie est exécutée. En revanche, si cette obligation n'est pas exécutée à son échéance, alors le créancier affecte lesdits fonds au remboursement de sa créance. Lorsque la créance nantie vient à échéance après la créance garantie, soit le débiteur constituant paie sa dette et le nantissement prend fin, soit il ne paie pas et alors la loi offre un choix au créancier :

- il décide d'attendre l'échéance de la créance nantie et de se faire payer par le tiers, ce paiement s'imputant sur la créance garantie ;
- ou il décide de ne pas attendre et de se faire attribuer la créance nantie par le juge (attribution judiciaire), ou dans les conditions prévues par la convention de nantissement (pacte commissoire).

Hypothèque. L'hypothèque est un droit réel sur les immeubles affectés à l'acquittement d'une obligation. L'hypothèque immobilière conventionnelle est une sûreté constituée par contrat et portant sur un droit immobilier. Le débiteur constituant reste propriétaire de la chose et en conserve la possession. L'hypothèque ne peut en principe porter que sur des biens présents (c'est-à-dire non futurs). Il s'agit d'un contrat solennel : un écrit est nécessaire à sa validité et cet écrit doit être rédigé par notaire. Quant à son opposabilité, elle est conditionnée à la réalisation d'une publicité foncière et par son inscription. En cas de défaillance du débiteur constituant, le créancier est en droit de faire vendre le bien hypothéqué et obtenir ainsi paiement sur le prix, ou se faire attribuer le bien par décision de justice (attribution judiciaire), ou dans les conditions prévues par la convention (pacte commissoire). Dans ses rapports avec les autres créanciers du débiteur constituant, le créancier hypothécaire dispose d'un droit de préférence qui lui permet d'être payé en priorité. Enfin, ce dernier est titulaire d'un droit de suite qu'il peut exercer en cas d'aliénation du bien : il est en droit de faire saisir l'immeuble aliéné, puis de le faire vendre pour être payé sur le prix.

Hypothèque légale. Les hypothèques légales sont celles attribuées par le législateur au bénéfice de certains créanciers.

Exemple

- Les mineurs disposent d'une hypothèque sur les biens du tuteur ou de l'administrateur légal. Elle doit être inscrite par le conseil de famille en cas de tutelle ou par le juge des tutelles en cas d'administration légale.

Hypothèque judiciaire. L'hypothèque judiciaire résulte le plus souvent d'une décision de justice en faveur d'un créancier qui l'a sollicitée afin de prévenir l'insolvabilité future de son débiteur.

L'obtention de pareille garantie suppose d'abord une autorisation d'inscription provisoire, laquelle permettra ensuite au créancier d'obtenir une inscription définitive. L'hypothèque prendra rang au jour de l'inscription provisoire.

Privilège. Le privilège est un droit que la qualité de la créance donne à un créancier d'être préféré aux autres créanciers, même hypothécaires. Le privilège est une sûreté que la loi accorde à certains créanciers en raison de la qualité de leur créance et qui le confère un droit de préférence pour être payé. Les privilèges généraux ont pour assiette un ensemble de biens, tandis que les privilèges spéciaux portent sur des biens déterminés.

Exemples

- Créances bénéficiant d'un privilège mobilier général (il n'existe plus de privilège immobilier général) : les frais de justice ; les salaires ; les créances postérieures à une procédure collective. Créanciers bénéficiant d'un privilège immobilier spécial : le vendeur d'immeuble ; le prêteur de derniers.

Créanciers bénéficiant d'un privilège mobilier spécial : le bailleur d'immeuble, le vendeur de meuble, le vendeur du fonds de commerce.

Droit de rétention. Le droit de rétention est le droit reconnu par la loi à certains créanciers de retenir la chose qu'il doit remettre ou restituer à son débiteur, tant que ce dernier ne l'a pas payée. Le rétenteur dispose d'un droit réel sur la chose retenue (tab. 11.7).

Fiducie-sûreté. La fiducie est l'opération par laquelle un ou plusieurs constituants transfèrent des biens, des droits ou des sûretés, ou un ensemble de biens, de droits ou de sûretés, présents ou futurs, à un ou plusieurs fiduciaires qui, les tenant séparés de leur patrimoine propre, agissent dans un but déterminé au profit d'un ou plusieurs bénéficiaires.

La fiducie a été introduite en droit français par la loi du 19 février 2007. La loi dite de modernisation de l'économie du 4 août 2008 a élargi le domaine et assoupli les conditions, tandis qu'une ordonnance du 30 janvier 2009 a accompagné cette réforme. Désormais, les règles générales relatives à la fiducie sont inscrites aux articles 2011 à 2030 du Code civil. Enfin, l'ordonnance du 18 décembre 2008, portant réforme du droit des entreprises en difficulté, a réglé les interactions entre la fiducie et le droit des entreprises en difficulté.

Définition

La **fiducie** est définie par l'article 2011 du Code civil en des termes très généraux afin d'en préserver toutes les potentialités. Il s'agit d'un mécanisme qui permet au constituant de transférer temporairement tout ou partie de ses biens ou ses droits dans un patrimoine d'affectation (dit fiduciaire) géré par un fiduciaire au profit d'un bénéficiaire. Il autorise donc la réalisation d'opérations de gestion ou la mise en place de sûretés.

Par la fiducie-sûreté, le constituant transfère au fiduciaire la propriété d'un bien mobilier ou immobilier en vue de garantir une dette. Le créancier peut être le fiduciaire lui-même – auquel cas il est également le bénéficiaire. La fiducie est alors réalisée sans entiercement : le bénéficiaire n'est pas un tiers. Le créancier peut aussi être un tiers et dans ce cas la fiducie est réalisée avec entiercement : le bénéficiaire est un tiers. Le fiduciaire devra rétrocéder la propriété du bien au constituant dès lors que la garantie n'a plus lieu de jouer (créance payée par exemple). Il devra en revanche la transmettre au bénéficiaire – le créancier – en cas de défaillance du débiteur. Les parties peuvent prévoir que le constituant conservera la jouissance des biens transmis en propriété.

Exemple

- L'entreprise A emprunte une somme d'argent auprès d'une banque B. Les parties concluent un contrat de fiducie par lequel A transfère à B la propriété de son local d'exploitation. L'acte stipule le droit pour A d'utiliser le local aux fins d'exploitation de son fonds de commerce. Au terme de l'emprunt, remboursé sans difficulté, B rétrocède la propriété du bien à A.

Formation du contrat de fiducie. Depuis la loi dite de modernisation de l'économie du 4 août 2008, le constituant peut être une personne physique ou morale, tandis qu'avant cette loi, seules les personnes morales soumises à l'impôt sur les sociétés étaient concernées. La qualité de fiduciaire est réservée à certaines personnes : les établissements de crédit, les sociétés d'investissement, les entreprises d'assurance et les avocats et sociétés de gestion de portefeuille (depuis l'ordonnance du 22 juin 2017). Le contrat de fiducie est formalisé par un écrit. Un acte sous seing privé est suffisant, excepté lorsque les biens transférés dans le patrimoine fiduciaire dépendent de la communauté existant entre les époux ou d'une indivision, auquel cas le contrat doit être établi par acte notarié à peine de nullité (C. civ., 2012). À peine de nullité, le contrat de fiducie détermine (C. civ., art. 2018) :

- les biens, droits ou sûretés transférés. S'ils sont futurs, ils doivent être déterminables ;
- la durée du transfert, qui ne peut excéder 99 ans à compter de la signature du contrat ;
- l'identité du ou des constituants ;
- l'identité du ou des fiduciaires ;
- l'identité du ou des bénéficiaires ou, à défaut, les règles permettant leur désignation ;
- la mission du ou des fiduciaires et l'étendue de leurs pouvoirs d'administration et de disposition.

Lorsqu'il s'agit d'une fiducie-sûreté, le contrat doit mentionner en outre la dette garantie et la valeur estimée du bien ou du droit transféré dans le patrimoine fiduciaire (C. civ., art. 2372-2). La loi soumet la fiducie à des formalités d'enregistrement et de publicité (C. civ., art. 2019).

Effet du contrat de fiducie. La fiducie conduit à la création d'un patrimoine d'affectation. Le fiduciaire en est titulaire. À ce titre, il doit rendre compte de sa mission (C. civ., art. 2022) et il est responsable des fautes qu'il commet dans l'exercice de sa mission. Les conséquences de pareille responsabilité pèsent sur son patrimoine propre (C. civ., art. 2026). Pour faire de la fiducie un mécanisme efficace et attractif, la loi protège le patrimoine d'affectation en limitant les droits des tiers créanciers. Dans la fiducie-sûreté, il faut donc bien distinguer ces « tiers créanciers » du créancier bénéficiaire de la fiducie. Ainsi, le patrimoine fiduciaire échappe aux créanciers du constituant ou du fiduciaire, sauf dans certains cas (C. civ., art. 2025, al. 1er). Si la dette garantie n'est pas payée, le bénéficiaire (le fiduciaire ou le créancier) acquiert la libre disposition du bien.

Fin du contrat. Le contrat de fiducie peut être révoqué par le constituant tant qu'il n'a pas été accepté par le bénéficiaire. Après acceptation par le bénéficiaire, il ne peut être révoqué qu'avec son accord ou par décision de justice.

Le Code civil prévoit plusieurs causes d'extinction (C. civ., art. 2029) :

- le décès du constituant lorsque ce dernier est une personne physique. Le patrimoine fiduciaire fait alors retour à la succession. Toutefois, depuis une loi du 12 mai 2009, la fiducie-sûreté n'est pas concernée par cette cause d'extinction ;
- la survenance du terme ;
- la réalisation du but poursuivi quand celle-ci a lieu avant le terme ;
- la renonciation du bénéficiaire ;
- la liquidation judiciaire ou la dissolution ou disparition du fiduciaire par suite d'une cession ou d'une absorption ;
- une sanction disciplinaire frappant l'avocat fiduciaire ;
- la liquidation judiciaire frappant le constituant et seul bénéficiaire du contrat de fiducie. Elle entraîne la résiliation de plein droit de ce contrat et le retour des biens du patrimoine fiduciaire dans son patrimoine (C. com., art. L. 641-12-1).

C) La mobilisation du crédit consenti par l'entreprise

Une créance est juridiquement mobilisée lorsqu'elle est transférée à un établissement de crédit en propriété ou à titre de nantissement.

Définition

La **mobilisation de créances** est un mécanisme de crédit, à court terme, lorsque l'établissement de crédit accorde à son client cédant, en contrepartie du transfert, une somme d'argent d'un montant équivalent, moins les frais et commissions.

Le crédit accordé par la mobilisation de créances est remboursé par le recouvrement des créances transmises par l'établissement de crédit auprès du tiers débiteur.

1. L'escompte des effets de commerce

Effet de commerce. La loi ne définit pas l'effet de commerce. Il s'agit d'un titre négociable – c'est-à-dire susceptible d'être transmis plus rapidement et plus efficacement que ne le permettent les procédés du droit civil – qui donne droit au paiement d'une somme d'argent à vue ou à une échéance assez proche. « À vue » : c'est alors un instrument de paiement ; « à une échéance assez proche » : c'est un instrument de crédit.

Pendant très longtemps, la lettre de change fut la seule forme d'effet de commerce utilisée. Celle-ci n'est plus utilisée aujourd'hui que comme un instrument de crédit (du fait de la concurrence du chèque). À côté de la lettre de change, toujours très utilisée, on constate un regain d'intérêt pour le billet à ordre.

La lettre de change est souvent appelée « traite » dans la pratique des affaires.

Lettre de change. C'est, selon le *Dictionnaire juridique* de G. Cornu, « un écrit par lequel une personne, le tireur, invite une deuxième personne, le tiré, à payer une troisième personne, le bénéficiaire ou porteur ou à l'ordre de cette dernière une somme d'argent à une échéance en général assez proche ».

Billet à ordre. Le billet à ordre met en présence deux personnes, un souscripteur et un bénéficiaire. C'est, selon le *Dictionnaire juridique* de G. Cornu, un « écrit par lequel le souscripteur s'oblige à payer à court terme ou à vue une somme déterminée au bénéficiaire désigné ou à son ordre ». Le souscripteur prend un engagement cambiaire de payer le bénéficiaire ou toute autre personne qui lui sera substituée par voie d'endossement.

Escompte. L'escompte est une opération de crédit à court terme par laquelle la propriété d'effets est transférée à une personne appelée l'escompteur – généralement une banque – lequel procède à leur paiement immédiat, sous déduction des intérêts et commissions. L'escompte concerne le plus souvent les effets de commerce, notamment la lettre de change. Il est généralement lié à un compte courant. Le client cédant les effets est habituellement le tireur : il transmet les effets au banquier ; celui-ci porte le montant des effets escomptés au crédit du compte courant du client, et se fera ensuite payer par le tiré.

2. L'affacturage

Définition

L'**affacturage**, ou *factoring*, est l'opération « par laquelle un client, appelé adhérent ou fournisseur, transmet ses créances à une société d'affacturage, dénommée factor ou affactureur – établissement de crédit soumis au Code monétaire et financier – qui, moyennant rémunération, se charge d'en opérer le recouvrement, d'en garantir la bonne fin même en cas de défaillance du débiteur et de régler par anticipation tout ou partie des créances transférées » (T. Bonneau, 2005).

Approbation des factures et règlement. L'affactureur n'est pas tenu d'accepter toutes les créances qui lui sont présentées par l'adhérent. Il conserve la liberté d'approuver ou de rejeter les créances. Pour cela, la convention prévoit en pratique la communication par l'adhérent des pièces justificatives ou encore, à la demande de l'affactureur, des documents commerciaux, administratifs ou comptables destinés à vérifier la sincérité et l'exactitude des pièces fournies par l'adhérent.

Les créances non approuvées par l'affactureur peuvent toutefois être recouvrées par lui en qualité de mandataire. Dans ce cas, il ne devient pas propriétaire de créances ; celles-ci ne lui sont pas transmises.

Compte courant. Le plus souvent un compte courant est ouvert entre l'affactureur et l'adhérent. L'affactureur inscrit alors le montant des créances approuvées au crédit du compte et débite celui-ci au même instant de la rémunération à lui due. Dans l'hypothèse d'un affacturage avec recours, et si l'affactureur contre-passe au débit du compte le montant de la créance impayée à son échéance par le tiers débiteur, la créance de recours de l'affactureur contre l'adhérent est éteinte, de sorte qu'il est dépourvu de droit d'agir pour obtenir paiement de la créance affacturée.

Modalité de transfert : la subrogation. Généralement, l'affacturage repose sur la technique de la subrogation conventionnelle gouvernée par les articles 1346 nouveau et suivants du Code civil : l'affactureur (le subrogé), par le paiement effectué des créances à son adhérent, se substitue dans les droits, privilèges ou hypothèques de celui-ci (le subrogeant) contre le tiers débiteur. C'est donc une transmission de créance s'effectuant sur le fondement du paiement (de l'adhérent par l'affactureur). La subrogation a lieu dans la mesure du paiement, ce qui la distingue de la cession de créance. Ce qui signifie que l'affactureur ne peut obtenir du tiers débiteur que ce qu'il a payé à l'adhérent.

Au titre de la subrogation, l'affactureur ne pourra se substituer à l'adhérent que s'il est en possession d'une quittance subrogative remise par ce dernier, quittance qui atteste du paiement effectué par le premier. Il devient propriétaire des créances ; en cette qualité, la subrogation est opposable aux tiers à la date du paiement (de l'adhérent par l'affactureur). En principe, donc, du fait de cette opposabilité, le tiers débiteur ne se libère valablement qu'entre les mains de l'affactureur. Malgré tout, l'affactureur aura tout intérêt à donner information au tiers débiteur de l'existence de la subrogation, et ce le plus tôt possible c'est-à-dire dès la subrogation. Cette information n'est pas obligatoire, mais elle est utile pour éviter un paiement effectué par le tiers débiteur, de bonne foi parce qu'ignorant la subrogation.

Rémunération du factor. La rémunération de l'affactureur se compose de commissions et intérêts, dont le paiement est dû par l'adhérent. Un taux d'intérêt est ainsi généralement stipulé en contrepartie du paiement anticipé par l'affactureur. La Cour de cassation a pu juger que le taux d'intérêt pratiqué en cas de paiement anticipé devant être écrit dans le contrat, à peine de nullité de la stipulation d'intérêt, était le taux effectif global (TEG), en application de l'article 313-12 du Code de la consommation (Cass. 1re civ., 30 mai 2006, pourvoi n° 03-17.646). Où l'on voit que le champ d'application de ce texte n'est pas fonction de la qualité de consommateur, mais de l'existence d'un crédit, qu'il s'agisse d'un prêt classique ou, comme dans l'espèce jugée, d'un affacturage (avec paiement anticipé).

Droit de l'affactureur contre le tiers débiteur. Une fois subrogé, l'affactureur n'a aucun droit contre l'adhérent dès lors qu'il garantit la bonne fin du recouvrement (il en va donc différemment du *factoring with recourse*). Subrogé à l'adhérent, le factor recouvre sa créance auprès du débiteur. À compter du paiement effectué par l'affactureur, le débiteur ne se libère valablement qu'entre les mains de celui-ci.

L'affactureur est propriétaire d'une créance transmise avec ses qualités, telles des sûretés, mais aussi ses vices.

Droit du tiers débiteur contre l'affactureur. Parce que la créance est transmise avec ses qualités, mais aussi ses vices, le débiteur peut opposer à l'affactureur les exceptions qu'il aurait pu invoquer à l'encontre de l'adhérent.

→ CAS PRATIQUE 6 • CAS PRATIQUE 7

5 Les pactes d'actionnaires et le financement de l'entreprise

Définition

Les pactes d'actionnaires sont des accords, écrits ou non, passés en dehors des statuts, n'impliquant pas la totalité des actionnaires, et visant à régir certains aspects de leurs relations, le plus souvent quant aux mouvements du capital social.

A) L'intérêt des pactes d'actionnaires et leur régime juridique

1. L'intérêt des pactes

Les pactes d'actionnaires présentent de multiples intérêts :
- ils permettent de régler des relations entre certains associés d'une société sans engager les autres et viennent ainsi utilement compléter les statuts ;
- ils ne sont pas soumis au droit des sociétés mais seulement au droit commun des contrats ;
- ils demeurent confidentiels.

2. La validité des pactes et leur régime juridique

Les pactes d'actionnaire sont par principe valables car ils répondent simplement au droit commun des contrats. Les pactes les plus contestés sont ceux qui portent sur l'exercice des pouvoirs au sein de la société ; ainsi par exemple, une convention de vote ne sera valable que si elle ne contredit pas l'intérêt social ; de même est-il pénalement réprimé de monnayer ses voix au sein d'une assemblée ou d'un conseil. Dans les sociétés cotées, certains pactes doivent être publiés.

Code de commerce, article L. 233-11

■ Toute clause d'une convention prévoyant des conditions préférentielles de cession ou d'acquisition d'actions admises aux négociations sur un marché réglementé et portant sur au moins 0,5 % du capital ou des droits de vote de la société qui a émis ces actions doit être transmise dans un délai de cinq jours de bourse à compter de la signature de la convention ou de l'avenant introduisant la clause concernée, à la société et à l'Autorité des marchés financiers. À défaut de transmission, les effets de cette clause sont suspendus, et les parties déliées de leurs engagements, en période d'offre publique.

3. La sanction des pactes d'actionnaires

L'un des problèmes majeurs des pactes d'actionnaires demeure leur sanction. En effet, s'agissant le plus souvent d'obligations de faire ou de ne pas faire, la seule sanction envisageable en cas d'inexécution est l'allocation de dommages-intérêts (DI). Il s'agit d'une sanction manquant d'efficacité puisqu'elle ne permet pas de revenir sur la violation.

Exemple

- La violation d'un pacte d'inaliénabilité (engagement de ne pas céder des actions) sera sanctionnée par des DI, lesquels ne permettent que très imparfaitement de réparer le préjudice subi par les autres signataires du pacte.

La réforme des contrats par l'ordonnance du 10 février 2016 ouvre plus largement les possibilités de nullité de l'accord contrevenant au pacte, notamment s'agissant du pacte de préférence.

Code civil, article 1123 al. 2

- Lorsqu'un contrat est conclu avec un tiers en violation d'un pacte de préférence, le bénéficiaire peut obtenir la réparation du préjudice subi. Lorsque le tiers connaissait l'existence du pacte et l'intention du bénéficiaire de s'en prévaloir, ce dernier peut également agir en nullité ou demander au juge de le substituer au tiers dans le contrat conclu.

Une des questions posée actuellement est de savoir si la nullité des actes contraires aux pactes pourrait être prévue soit dans le pacte lui-même, soit dans les statuts de la société faisant référence au pacte. Un arrêt récent de la Cour de cassation (Cass. Com., 27 juin 2018 – Amplegest n° 16-14097) semble l'admettre.

Cass. Com. 27 juin 2018, Amplegest

- Vu l'article 1134 du Code civil, dans sa rédaction antérieure à celle issue de l'ordonnance du 10 février 2016 ;

  Attendu que pour ordonner à la société Financière Amplegest de signer les ordres de mouvement des titres cédés par M. Maréchal à M. Calloc'h, l'arrêt retient que M. Maréchal a « résilié » la promesse de vente stipulée dans le pacte d'actionnaires, et que cette « résiliation constitue un fait juridique constant que la cour d'appel doit nécessairement prendre en compte » ; qu'il relève que cette résiliation avec effet immédiat est intervenue avant la cession consentie à M. Calloc'h, et avant toute levée d'option par les bénéficiaires, qu'aucune disposition du pacte ne prévoit la sanction applicable en cas de résiliation anticipée, à la supposer fautive, et que l'article 11.3 des statuts, qui sanctionne de nullité les cessions contrevenant aux dispositions du pacte, ne se prononce pas davantage sur la sanction prévue en cas de résiliation de cette promesse, de sorte qu'il n'est pas établi que les parties aient entendu déroger aux dispositions de l'article 1142 du Code civil selon lequel toute obligation de faire ou de ne pas faire se résout en dommages-intérêts en cas d'inexécution de la part du débiteur ;

  Qu'en statuant ainsi, alors que la révocation unilatérale de la promesse et, par suite, la cession litigieuse constituaient une violation du pacte d'associés entraînant la nullité de la cession en application de l'article 11.3 des statuts de la société Financière Amplegest, la cour d'appel a violé le texte susvisé.

B) Les typologies de pactes d'actionnaires

1. Les clauses de stabilisation du capital

Les plus courantes sont :

- La clause d'inaliénabilité. Elle interdit aux signataires de se séparer des parts ou actions acquises pendant une période donnée (généralement deux à cinq ans), permettant la stabilité du capital et du pouvoir de la société.
- La clause de préemption contraint l'un des signataires du pacte désirant se séparer de ses titres à avertir les autres signataires selon une procédure bien déterminée (ex. : LRAR) de telle sorte que ces derniers puissent exercer le droit d'achat prioritaire dont ils disposent sur les titres.

2. Les clauses de sortie de la société

Clause de sortie conjointe. Très fréquente, elle protège les associés minoritaires. En effet, si l'acquéreur majoritaire cède ses titres à un tiers, il doit par cette clause acheter ou faire acheter les titres présentés par les minoritaires-signataires au prix où il vend ses parts. Ainsi, les minoritaires ne risquent pas de devenir les associés d'un acquéreur non choisi.

Clause de retrait. Elle permet à un signataire de se retirer du capital si un ou des évènements précisés dans le pacte surviennent au cours de la période de validité du contrat (cession de certains actifs, départ d'un associé…). Les signataires du pacte sont contraints de racheter les parts du partenaire souhaitant se retirer à un prix calculé d'avance et précisé dans le pacte.

Clause d'exclusion. Elle donne le droit aux signataires du pacte d'exclure l'un d'entre eux si certains évènements surviennent ou si certaines qualités justifiant sa présence disparaissent (fin d'un partenariat exclusif, objectifs non atteints…). Les signataires doivent racheter les titres de l'exclu à un prix calculé par avance.

3. Les clauses de protection

Clause de sortie garantie. Elle contraint l'acquéreur à racheter des titres à ses partenaires à l'issue d'une période donnée. À la date convenue, il doit racheter les titres des minoritaires désireux de vendre, à un prix calculé d'avance (méthode de calcul précisée dans le pacte).

Clause de *buy or sell*. Elle permet à un actionnaire (A) de demander à un autre actionnaire (B) de lui racheter ses titres à un prix proposé par A. Si l'actionnaire B refuse, A pourra racheter les parts de B au prix qu'il lui aura proposé précédemment. En simplifiant, A contraint B, soit à lui racheter ses titres, soit à lui vendre ses titres, d'où le nom de clause *buy or sell*. Cette clause est peu fréquente, mais elle permet de contrecarrer une mauvaise « cohabitation » entre deux actionnaires.

Clause de priorité de collaboration. Elle est essentiellement réclamée par les sociétés de capital-investissement car elle leur accorde une préférence par rapport à d'autres établissements extérieurs concurrents lors de la réalisation ultérieure d'importantes opérations financières (ex. : émission d'un emprunt obligataire, opération de croissance externe, introduction en Bourse). Le signataire n'est cependant pas tenu d'accorder un droit d'exclusivité à son partenaire.

4. Les clauses de financement

Les clauses relatives au financement de la société sont également présentes dans les pactes d'actionnaire. (tab. 11.8)

Tableau 11.8. Typologie des pactes extra-statutaires d'actionnaires

Organisation du pouvoir	**Convention de vote**	Engagement de concertation préalable, de prendre une décision déterminée, organisant un droit de veto, un accord unanime. Engagement de ne pas prendre part au vote.
	Répartition des sièges	Nomination d'un ou plusieurs représentants des signataires du pacte au sein de l'organe d'administration.
	Information	Droit d'un ou plusieurs actionnaires d'être soit consulté(s) sur un point de la vie sociale, soit informé(s) de manière privilégiée.
	Priorité de collaboration	Demandée par des sociétés de capital-investissement : leur accorde une préférence par rapport à d'autres établissements extérieurs concurrents lors de la réalisation ultérieure d'importantes opérations financières.
Capital	**Répartition des bénéfices**	Répartition des bénéfices non proportionnelle aux apports réalisés.
	Droits de souscription et non-dilution	DPS en cas d'augmentation de capital.
	Stabilité des capitaux propres	Obligation pour un des signataires de reconstituer le montant des capitaux propres s'ils viennent à être inférieurs à un montant spécifié.
Cessions/ acquisitions	**Portage**	Possibilité qu'une personne se porte acquéreur d'une participation à la demande d'un donneur d'ordre, puis qu'à une échéance déterminée, elle rétrocède les titres acquis.
	Agrément	Possibilité de contrôler les cessions de droits sociaux en soumettant à un accord préalable les cessions à des personnes déterminées.
	Préemption	En cas de cession à l'un des signataires, possibilité d'acheter par préférence à un autre.
	Inaliénabilité	Interdiction de toute cession des droits sociaux.
	Interdiction d'achat	Interdiction d'acquérir des titres et d'augmenter sa participation.
Sortie/ rupture	**Retrait simple**	Interdiction d'acquérir des titres et d'augmenter sa participation.
	Sortie conjointe	Possibilité pour un associé de céder sa participation en même temps et aux mêmes conditions qu'un autre associé.
	Retrait alter-natif	A souhaite vendre – il doit offrir à B d'acheter. Si B refuse d'acheter, A doit racheter B (vend ou achète / *buy or sell*).
	Exclusion	Possibilité qu'un associé pourra être tenu de céder sa participation pour telle cause à telle personne.

➜ MINI-CAS 3

DES SAVOIRS AUX COMPÉTENCES

Évaluer les savoirs — Maîtriser les compétences — Préparer l'épreuve

1 QCM

Pour chaque proposition, une ou plusieurs réponses sont possibles. Justifiez-les.

1. Une action donne le droit à :
   a. voter les résolutions de l'assemblée générale. ☐
   b. élire les dirigeants. ☐
   c. une rémunération fixe annuelle. ☐
   d. souscrire à une éventuelle augmentation de capital. ☐
2. Une obligation :
   a. est un titre de créance contre une société émettrice. ☐
   b. est accessible aux entreprises individuelles. ☐
   c. est limitée à 2,5 millions d'euros par émission. ☐
   d. donne droit à un intérêt fixe. ☐
   e. oblige le porteur à payer éventuellement le passif de la société. ☐
3. Le compte courant :
   a. est toujours rémunéré à un taux convenu. ☐
   b. ne peut pas être rémunéré par interdiction de la loi. ☐
   c. est rémunéré si la convention le prévoit. ☐
4. Fiscalement, les intérêts du compte courant :
   a. sont exonérés d'impôt. ☐
   b. sont imposables entre les mains de l'associé. ☐
   c. sont déductibles pour la société qui les verse. ☐
   d. ne sont ni déductibles, ni imposables. ☐
5. Le compte courant est remboursé :
   a. au terme prévu par la convention. ☐
   b. uniquement à la dissolution de la société. ☐
   c. il n'est jamais remboursé. ☐
   d. peut faire l'objet d'une convention de blocage retardant son remboursement. ☐
6. Une obligation :
   a. est rémunérée par un dividende inférieur à celui des actions mais soumis aux mêmes règles. ☐
   b. est rémunérée par un coupon, qui représente un intérêt conventionnel. ☐
   c. n'est jamais rémunérée. ☐
   d. bénéficie d'une rémunération dont le régime est aligné sur celui des comptes courants ☐
7. Le remboursement d'une obligation :
   a. se fait obligatoirement *in fine*. ☐
   b. peut se faire de manière échelonnée. ☐
   c. s'opère obligatoirement à la liquidation de la société. ☐
   d. est lié aux résultats de l'exercice. ☐
   e. peut être d'un montant supérieur au montant nominal. ☐

2 Mini-cas : rachat d'actions ★★★

Compétence visée — **Maîtriser** les implications juridiques et fiscales liées aux opérations de financement de l'entreprise par fonds propres

La société Bono décide d'effectuer une réduction de capital (non motivée par des pertes) par le biais d'un rachat de titres. M. Bruno avait acquis ces titres lors de leur émission pour valeur nominale de 180 €. La valeur de rachat des titres est fixée à 250 €.

Déterminez les impôts qui seront dus.

3 Mini-cas : actions de préférence ★★★

Compétence visée — **Maîtriser** les implications juridiques et fiscales liées aux opérations de financement de l'entreprise par fonds propres

Soit une entreprise à caractère familial composée d'un fonds de commerce et d'un immeuble d'exploitation. Rémi Galland, le chef de l'entreprise, vous sollicite pour étudier la possibilité de créer une SAS et d'émettre des actions de préférence. En vue de la transmission future à ses deux enfants, Théa et Thomas, il souhaite, plutôt que de créer deux structures distinctes, émettre des actions de préférence représentant les droits sur l'immeuble d'exploitation et les droits sur l'activité commerciale.
Étudiez la faisabilité de l'opération.

4 Mini-cas : compte courant d'associé ★★★

Compétence visée — **Comprendre** l'utilité et le régime du compte courant

On considérera que le plafond correspondant au taux moyen pratiqué par les banques pour des prêts à taux variable aux entreprises d'une durée initiale supérieure à deux ans est de 2 % pour la période de référence.

La SA Grosdoc a conclu une convention de compte courant avec M. Doc (annexe).
Déterminerez la déductibilité des intérêts versés au titre de l'année N, étant entendu que le capital de la société est entièrement libéré.

Annexe

Convention de compte courant

Entre la société Grosdoc, SA au capital social de 150 000 €, sise à Toulouse, représentée par M. Gros son PDG, domicilié en cette qualité audit siège d'une part, et M. Doc, demeurant à Grenoble, actionnaire détenant 70 % du capital social d'autre part. Il a été convenu ce qui suit :

Article 1. M. Doc verse à la société Grosdoc la somme de 150 000 € à titre d'avance en compte courant. Cette somme sera inscrite au nom de M. Doc en compte courant dans les livres de la société.

Article 2. Cette somme est versée le 1er janvier de chaque année civile et sera productive d'intérêts au taux de 3,5 %.

Article 3. M. Doc pourra solliciter le remboursement de cette somme et des intérêts produits au terme d'une période d'une année.

5 Mini-cas : offre au public de titres ★★★

Compétence visée **Comprendre** et **maîtriser** les règles applicables aux sociétés faisant offre au public

1. La SARL Caviardi ayant besoin d'augmenter son capital de 30 000 € à 120 000 € lance une campagne de petites annonces dans les gratuits de la région et dans la *Dépêche du Midi*. L'annonce est ainsi libellée : « PME régionale en pleine expansion recherche investisseurs particuliers ou institutionnels pour augmentation de capital. Rémunération exceptionnelle ».
2. La Bordelaise de banque propose à tous ses clients lors de l'ouverture d'un compte, de leur permettre d'acquérir des parts de SCI détenant des immeubles de rapport, à un prix très avantageux.
3. La société pétrolière Petroleo ayant annoncé à plusieurs reprises son introduction en Bourse, lance une campagne d'affichage France entière. On peut y lire simplement : « apportez-nous vos talents ». Le logo de la société figure sur l'affiche.

Dans chacun des cas, vous déterminez s'il y a ou non offre au public.

6 Cas pratique : société Toutransport ★★★

45 min

Compétence visée **Maîtriser** les implications juridiques et fiscales liées aux opérations de financement de l'entreprise par le crédit alloué et consenti

L'entreprise Toutransport a opéré, le 1er juillet, le transport de pièces détachées pour automobiles en exécution d'un contrat conclu avec une entreprise de fabrication de ces pièces (Ets PiècesAuto). Les conditions générales rédigées par l'entreprise de transport, auxquelles font référence les conditions particulières, prévoient que le prix (2 000 € en l'occurrence) est payable dans les 30 jours suivant la livraison de la marchandise au destinataire. Le 2 juillet de la même année, Toutransport a acheté à l'entreprise PiècesAuto des pièces détachées, pour sa flotte de camions dont elle assure elle-même l'entretien. Le prix a été fixé à 2 500 €. La livraison a eu lieu le jour suivant. La facture est stipulée payable dans les 30 jours de la livraison. Quelques années auparavant, l'entreprise de transports a conclu avec un établissement de crédit un contrat d'affacturage reposant sur le mécanisme de la subrogation. Le factor a accepté la créance, pour le transport du 1er juillet, dès le 5 juillet et en a effectué le paiement au transporteur le même jour, lequel lui a remis une quittance. Le 15 juillet, il informe par courrier l'entreprise Pièces Auto de la transmission à son bénéfice de la créance pour la prestation réalisée le 1er juillet.

Travail à faire

1. *L'affactureur peut-il obtenir paiement de ladite créance auprès de l'entreprise PiècesAuto ? À défaut, est-il en droit de demander paiement à son adhérent ?*
2. *Quels sont les droits de l'affactureur pour obtenir paiement de la créance qui lui a été transmise ?*

7 Cas pratique : prêt ★★★

35 min

Compétences visées

- **Maîtriser** les implications juridiques et fiscales liées aux opérations de financement de l'entreprise par le crédit alloué et consenti
- **Comprendre** les différentes garanties des créanciers

M. Nardo est artisan-maçon et exerce en entreprise individuelle. Pour les besoins de son activité professionnelle, il a contracté un prêt auprès d'une banque pour une somme de 30 000 €. Le taux d'intérêt conventionnel est bien stipulé dans l'acte écrit qui a été établi et signé par les parties, mais pas le taux effectif global. Par ailleurs, ce prêt a pour objectif de financer l'acquisition, par M. Nardo, de matériel d'équipement. Le contrat de prêt indique l'obligation pour l'emprunteur d'utiliser les fonds prêtés audit achat.

Travail à faire

1. *Dans l'hypothèse où la banque refuserait de verser les fonds à M. Nardo, celui-ci serait-il fondé à obtenir juridiquement un tel versement ?*
2. *Dans l'hypothèse où les fonds auraient été versés par la banque, où le bien aurait été acheté à l'aide desdits fonds et où, quelques mois plus tard, M. Nardo aurait obtenu la résolution de la vente pour manquement à l'obligation de délivrance conforme, pourrait-il obtenir de ne pas payer les intérêts du prêt ?*

SYNTHÈSE

Principaux outils de financement de l'entreprise

Augmentation et réduction de capital

Augmentation de capital		Réduction de capital		
Principe	Exception	Motivée par des pertes	Non motivée par des pertes	
Exonération	Droit d'apport majoré si la personne soumise à l'IR apporte à une personne soumise à l'IS : application du taux de 5 %, pour les immeubles ; du barème progressif, pour le fonds de commerce	Exonération	Droits d'enregistrement	Plus-value
			Exonération	• Si personne soumise à l'IR : PFU ou barème progressif de l'IR • Si personne soumise à l'IS : • régime des plus-values du portefeuille-titres

Offre au public de titres et admission aux négociations sur un marché réglementé

	Non cotée	Cotation marché réglementée	Cotation marché non réglementée
Fait offre au public	Possible mais rare : la société fait de la publicité pour placer ses titres mais ne s'introduit pas en bourse	Principales grandes sociétés françaises : Airbus, Vinci, Total, Suez, Sanofi, CapGemini…	Possible : cotation sur le marché Euronext Growth par exemple
Ne fait pas offre au public	Société familiale « fermée »	Impossible car la cotation suppose que l'on fasse offre au public	Impossible car la cotation suppose que l'on fasse offre au public

Fiscalité du compte courant

Déductibilité pour la société	• Intérêts déductibles à la double condition : – le capital a été intégralement libéré – les intérêts ne sont déductibles que dans la limite d'un taux qui varie en fonction de la date de clôture de l'exercice comptable • Spécificité pour les entreprises liées en cas de sous-capitalisation
Imposition pour l'associé	• Pour les intérêts déductibles : – produits imposables pour les personnes morales – imposition au PFU ou barème de l'IR pour les personnes physiques • Pour les intérêts non déductibles, imposition majorée chez les associés en tant que distributions irrégulières

Mobilisation de créances : droit de rétention

Créanciers bénéficiaires (C. civ., art. 2286)	Exemples
« Celui à qui la chose a été remise jusqu'au paiement de sa créance ».	Le créancier-gagiste avec dépossession.
« Celui dont la créance impayée résulte du contrat qui l'oblige à la livrer ».	Le vendeur de meuble lorsque la vente est au comptant.
« Celui dont la créance impayée est née à l'occasion de la détention de la chose ».	Le garagiste dont le prix de la réparation ne serait pas payé.
« Celui qui bénéficie d'un gage sans dépossession ».	Voir gage.

Affacturage : droit du tiers débiteur contre l'affactureur

	Solution	Observations
Exceptions inhérentes à la créance transmise	Opposables à l'affactureur.	Ex. : inexécution du contrat conclu entre l'adhérent et le débiteur.
Exceptions non inhérentes à la créance transmise	Opposables que si elles sont antérieures à la subrogation.	Ex. : la compensation entre la créance transmise au factor et une créance détenue par le débiteur sur l'adhérent. La compensation postérieure à la subrogation peut également être opposable lorsque les créances réciproques sont connexes. (dettes nées d'un même rapport de droit ou appartenant à un ensemble contractuel unique encadrant les relations entre les parties).

CHAPITRE 12

Instruments de financement innovants

PROGRAMME

Compétences visées

- **Maîtriser** les implications juridiques du financement de l'entreprise par quasi-fonds propres
- **Comprendre** et **maîtriser** les règles applicables financement par *crowdfunding*

Notions et contenus

- Obligations convertibles en actions
- OBSA
- Option sur actions
- Titres subordonnés
- *Equity crowdfunding*
- *Crowdlending*
- Autres formules.

PRÉREQUIS

Principaux outils de financement de l'entreprise (chapitre 11)

LIEN AVEC LE DSCG 2

§4. Investissement et financement

PLAN DU CHAPITRE

COURS : 1. Les titres complexes • 2. Le *crowdfunding*

DES SAVOIRS AUX COMPÉTENCES : Évaluer les savoirs • Maîtriser les compétences • Préparer l'épreuve

SYNTHÈSE

Des formules de financement innovantes permettent aux entreprises, quelle que soit leur taille, d'accéder à des sources de financement nouvelles et d'améliorer leur solvabilité.

MOTS-CLÉS

Crowdfunding • *Crowdfunding equity* • *Crowdlending* • Financement participatif • Minibons • Quasi-fonds propres • Titre subordonné • Titres subordonnés remboursables • Titres super-subordonnés

1 Les titres complexes

Législation cadre. Au croisement des besoins de financement des entreprises et des exigences de rendement des placements, se développent depuis une vingtaine d'années des titres de nature hybride ou complexe, empruntant des caractéristiques aux titres de capital, représentatifs de fonds propres, et d'autres aux titres d'emprunt, représentatifs de créances. Ces nouveaux titres doivent plus à l'ingéniosité de la pratique qu'à l'art législatif. Après avoir timidement tenté de réglementer certains de ces produits, le législateur contemporain a préféré mettre en place une législation cadre, bornant de manière simple la liberté des praticiens.

Classification. Il n'est pas évident de classer ces nouveaux titres que la pratique nomme parfois **quasi-fonds propres** car ils peuvent être assimilés à des fonds propres sans en être de manière intrinsèque. On distinguera donc d'une part les titres complexes, c'est-à-dire, schématiquement, les titres pouvant se muer ou donner droit à une autre catégorie de titres (ex. : une obligation remboursable en actions), et d'autre part les titres dits subordonnés qui sont des titres de créance (famille des obligations) offrant la particularité de n'être remboursables qu'après toutes les autres créances, et parfois sans délais.

A) Les titres composés

Depuis plus de vingt ans, le droit français a favorisé l'émission de titres que nous appellerons « composés », c'est-à-dire :
- qui demeurent négociables ;
- qui peuvent se transformer en un autre titre, à partir d'un titre initial ; par exemple des obligations pouvant être converties ou remboursées en actions ;
- qui peuvent conférer des droits supplémentaires de ceux conférés par le titre initial ; par exemple des obligations avec bons de souscription d'actions ou encore des bons de souscription de titres de capital.

1. Intérêts et évolution

Coûts. Le premier intérêt est de permettre à l'émetteur des titres de se financer dans de meilleures conditions (c'est-à-dire à un moindre coût) en offrant des titres attractifs pour le souscripteur. Par exemple, on admet qu'une obligation remboursable en action soit moins rémunérée qu'une obligation remboursable en numéraire.

Réserve de capital. Le deuxième intérêt est, pour certains titres, de permettre à l'émetteur de disposer d'une réserve de capital : c'est le cas de tous les titres qui offrent la possibilité de souscrire des droits d'associés (bons de souscription d'actions, obligations avec bons de souscription d'actions, actions avec bons de souscription d'actions...). Cette réserve peut être utile pour financer tel ou tel projet, mais surtout pour se défendre contre des *raids* inamicaux.

Solvabilité. Le troisième intérêt est que certains de ces titres constituent des « quasi-fonds propres ». Il s'agit de créances offrant un potentiel de transformation en fonds propres. Le titre de créance peut devenir un titre de capital après son émission. Cette potentialité de transformation justifie l'assimilation à des fonds propres dès le départ : on anticipe ainsi sur l'état futur. L'entreprise émettrice apparaîtra alors comme moins endettée tout en bénéficiant d'une réserve de fonds propres. Cela permet de réduire le ratio « endettement sur fonds propres », et de manière générale d'améliorer la solvabilité des entreprises.

Évolution de la législation. Au départ, ces titres composés ont fait l'objet d'une législation catégorielle, titre par titre. Depuis 2004, l'émission de titres composés a été entièrement (ou presque) libéralisée.

Code de commerce, article L. 228-91

- Les sociétés par actions peuvent émettre des valeurs mobilières donnant accès au capital ou donnant droit à l'attribution de titres de créance.
  Le contrat d'émission peut prévoir que ces valeurs mobilières et les titres de capital ou de créances auxquels ces valeurs mobilières donnent droit ne peuvent être cédés et négociés qu'ensemble. [...]
  Les titres de capital ne peuvent être convertis ou transformés en valeurs mobilières représentatives d'un droit de créance. Toute clause contraire est réputée non écrite.

2. Les types de titres

Obligations convertibles en actions. L'OCA est une obligation qui peut être convertie en action à l'initiative de son porteur et dans les conditions. La conversion a lieu à l'initiative du porteur qui peut préférer conserver le titre d'origine. Il dispose véritablement d'une option. En pratique, on considère que la moyenne de la part convertie en action est de 50 %. Si le porteur laisse passer la période de conversion, l'OCA devient une obligation ordinaire mais comportera généralement un taux plus élevé ; la conversion peut en général intervenir à tout moment, mais le contrat d'émission peut prévoir des périodes de conversion. La conversion opère une augmentation de capital.

Intérêts. Intérêts des OCA pour la société émettrice : l'emprunt coûte moins cher (taux de rémunération inférieur au taux des obligations ordinaires) en général. La technique constitue en outre une bonne défense anti-OPA (réserve de pouvoir) et représente une potentialité de fonds propres importante. Pour l'investisseur, l'OCA offre une formule très souple avec la certitude d'un revenu garanti et la possibilité de convertir au moment le plus favorable pour réaliser une plus-value. Ces divers avantages expliquent le succès des OCA qui sont aujourd'hui devenues un procédé courant de financement.

Obligations avec bons de souscription d'actions (OSBA). L'OBSA est une obligation *et* un droit de souscrire des actions. C'est une formule « deux-en-un » avantageuse pour la société comme pour le porteur. L'investisseur est et reste obligataire, mais peut devenir actionnaire lors de l'augmentation de capital à venir. Il n'y a pas d'option entre la qualité d'obligataire et d'actionnaire (comme pour l'OCA), mais cumul entre les deux qualités.

Une fois acquise la qualité d'actionnaire, l'obligation et l'action sont totalement indépendantes. Pour la société émettrice, l'endettement ne se réduit pas par la souscription des actions (en revanche les OBSA étant moins bien rémunérées que les obligations classiques, l'émetteur emprunte moins cher), mais les fonds propres augmentent. En clair le BSA attaché à l'obligation (et qui peut d'ailleurs s'en détacher et se négocier indépendamment) représente une potentialité de capital social. Néanmoins cette potentialité n'est pas toujours prévisible car rien n'oblige le porteur du bon à l'exercer. Le renforcement des fonds propres est toujours conditionnel pour la société.

Bons de souscription d'actions. Les BSA sont également nommés « bons secs » ou *warrants*. Ils confèrent à leur porteur le droit de souscrire des actions. Cette formule offre deux avantages :

- pour la société, ces BSA permettent de mobiliser rapidement des capitaux sans être astreinte au formalisme des augmentations de capital ;
- pour le porteur, et en fonction de l'évolution du cours de l'action, le BSA offrira un important effet de levier comme le montre l'exemple ci-après.

Exemple

Soit un BSA donnant le droit de souscrire une action au prix de 10 €.
Si l'action vaut sur le marché :

- 10 €, la valeur du BSA est nulle ;
- 15 €, la valeur du BSA est de 5 € ;
- 30 €, la valeur du BSA est de 20 €.

ABSA. Les actions à bon de souscription d'actions consistent en une action et un bon permettant d'en souscrire une autre à des conditions déterminées.

OCÉANE. C'est une forme plus élaborée d'OCA. L'obligation à option de conversion ou d'échange en actions nouvelles ou existantes offre à son porteur une obligation classique que l'émetteur peut choisir de rembourser par conversion en actions nouvelles (OCA classique), ou d'échanger contre des actions existantes prélevées sur l'autocontrôle ou encore rachetées sur le marché. La seconde branche de l'alternative présente l'intérêt de ne pas diluer le capital existant. Les OCÉANE offrent au souscripteur les mêmes avantages qu'une émission classique d'OCA, mais plus de souplesse à l'émetteur. Il semble que ce produit connaisse un succès important, tendant à supplanter les OCA classiques.

ORA. Les obligations remboursables en actions sont des obligations ordinaires avec toutes leurs caractéristiques, à la différence qu'à l'échéance de l'emprunt, elles donnent lieu à un remboursement en actions et non en numéraire. Le prêteur devient obligatoirement associé sans option et sa créance remonte au bilan au rang des fonds propres. Le capital social augmente donc au moment du remboursement.

OBSO. Les obligations avec bons de souscription d'obligations sont calquées sur le modèle des OBSA. Ce sont des obligations permettant en outre de souscrire pendant une période déterminée des obligations de même nature. L'obligation et le bon sont négociables séparément. L'intérêt de cette formule se présente surtout en période de baisse des taux d'intérêt, puisque le bon permettra de souscrire une obligation offrant un rendement supérieur à celles que l'on peut trouver sur le marché.

B) Les titres subordonnés

1. La notion de subordination

Définition

La notion de **titre subordonné** (TS) est apparue en 1985 en France, inspirée de la pratique américaine des *subordinated debentures* et des *perpetuals bonds*. Les TS sont des créances d'avant-dernier rang, détenues par un porteur sur la société émettrice.

Subordination. L'ordre de remboursement sera donc le suivant :
- créanciers privilégiés ;
- créanciers chirographaires (littéralement : ceux qui ne tiennent leur créance que de leur signature manuscrite) ;
- titres subordonnés ;
- titres participatifs (valeurs mobilières se situant à mi-chemin entre l'action et l'obligation et qui ne peuvent être émis que par des personnes morales spécifiques) ;
- enfin, les actionnaires de la société.

Législation. Le droit français ne réglemente pas à proprement parler les TS, mais l'article L. 228-97 du Code de commerce pose un cadre.

Code de commerce, article L. 228-97

■ Lors de l'émission de valeurs mobilières représentatives de créances sur la société émettrice, y compris celles donnant le droit de souscrire ou d'acquérir une valeur mobilière, il peut être stipulé que ces valeurs mobilières ne seront remboursées qu'après désintéressement des autres créanciers, à l'exclusion ou y compris des titulaires de prêts participatifs et de titres participatifs, nonobstant les dispositions de l'article L. 228-36 du présent code et celles des articles L. 313-13 et suivants du code monétaire et financier.
Dans ces catégories de valeurs mobilières, il peut être également stipulé un ordre de priorité des paiements.

2. Les différentes catégories de titres subordonnés

Titres subordonnés à durée indéterminée (TSDI). Leur origine est le secteur nationalisé dans les années 1980. Les entreprises nationalisées n'ont qu'un seul actionnaire, l'État, ce qui rend impossible, idéologiquement en tout cas, l'entrée d'investisseurs privés dans le capital. De plus l'État, à cette époque-là, est incapable de faire face aux besoins de fonds propres de ces entreprises. Les TSDI sont donc des créances d'avant-dernier rang présentant en outre les caractéristiques suivantes :
- le coupon a un intérêt variable, qui peut être totalement variable ou bien comprendre une partie fixe et une partie variable, voire encore un coupon progressif ;
- le coupon pourra parfois être différé dans son paiement, certains émetteurs subordonnant le paiement du coupon à l'existence d'un bénéfice distribuable, ce qui contribue encore au rapprochement avec la qualité d'associé ;
- une absence de date certaine de remboursement ; on nomme ainsi parfois les TSDI, « obligations perpétuelles ». Cette durée indéterminée ne signifie nullement que la créance ne sera pas remboursée, mais que ce remboursement pourra seulement intervenir à la discrétion de l'émetteur et non du souscripteur.

Les TSDI sont considérés comme des quasi-fonds propres pour l'appréciation des ratios d'endettement ; le risque de dilution du contrôle n'existe pas. La durée de l'engagement et leur caractère risqué pour le souscripteur en font une charge financière importante pour l'émetteur : le coupon est plus élevé que celui d'une obligation classique (prime de risque) et doit se payer sur une durée plus longue.

Titres subordonnés remboursables (TSR). Les **titres subordonnés remboursables**, encore dénommés « titres subordonnés à durée déterminée » (TSDD), sont très largement employés aujourd'hui par des sociétés du secteur privé. Ils sont assez proches de l'obligation classique avec comme seul caractère dérogatoire leur subordination. Les TSR sont généralement émis à taux fixe.

Titres super-subordonnés (TSS). Les **titres super-subordonnés** ont les mêmes caractéristiques que les TSDI mais comportent des clauses relatives au remboursement du capital et au paiement des intérêts encore plus défavorables au créancier (et donc favorables à l'émetteur). Avec le TSS, on est en présence d'un titre qui ne présente aucune obligation précise de remboursement ou de rémunération (la différence avec l'action est très mince...).

→ MINI-CAS 2 • MINI-CAS 3

2 Le *crowdfunding*

A) Qu'est-ce que le *crowdfunding* ?

1. La genèse et développement du *crowdfunding*

Depuis 2012, en France, le *crowdfunding*, littéralement le « financement par la foule », connaît un engouement important.

Définition

Le *crowdfunding* est un mode de **financement participatif** reposant sur la mise en relation directe, sans intermédiation bancaire ou boursière, de jeunes entreprises innovantes (start-up), en recherche de capitaux de lancement, et d'investisseurs particuliers en recherche d'investissements de proximité.

Sur le Web, les plateformes de *crowdfunding* fleurissent, proposant aux internautes d'investir des sommes relativement modestes (à partir de 100 €), soit sous la forme d'un prêt rémunéré par un taux d'intérêt, soit sous la forme d'une entrée dans le capital de la société. Les sites Web proposent un éventail présélectionné d'entreprises en détaillant leur projet ; il est même possible d'entrer en relation directe avec les dirigeants.

Désintermédiation. Le *crowdfunding* participe du mouvement contemporain de désintermédiation. Cela signifie que le financement n'est plus accessible uniquement par le biais de professionnels (banques, investisseurs...) mais également par des particuliers qui investissent ou prêtent de l'argent pour des projets montés par d'autres particuliers.

Succès. Ce mode de financement rencontre un succès important. Les sommes levées restent relativement modestes (entre 10 000 et 150 000 € par projet) même si les start-up bénéficient d'un effet de levier. S'il n'est pas toujours facile d'accéder au crédit sans apport initial, le recours au *crowdfunding* permet de lever les fonds permettant ensuite l'éligibilité aux modes de financement classiques, plus puissants (crédit, capital-risque...).

CHIFFRES-CLÉS

Une collecte de fonds se monte en moyenne à **4 700 €**. Plus de **33 000** projets ont été financés en 2018, pour **4 millions** de contributeurs (www.fpf.fr et BPI France, 2018).

2. Les modalités du *crowdfunding*

On recense schématiquement cinq formules de crowdfunding :

- Le don. Il s'agit de plateformes collectant des fonds pour financer des projets, sans contrepartie pour le contributeur (ex. : Babeldoor.fr).
- La récompense. Il s'agit d'une formule dérivée du don dans laquelle le contributeur reçoit, en contrepartie de sa participation, un objet ou un service offert par le projet soutenu (disque, place de spectacle ; ex. Kisskissbankbank.com ou Ulule.com).
- Le capital. Également dénommé « *Equity-based crowdfunding* », il consiste, pour le contributeur, à souscrire des parts ou actions de la société financée et en devient associé (ex. : Wiseed.com).

- Le prêt. Également dénommé « *crowdlending* » il consiste, pour le contributeur, à prêter une somme d'argent à l'entreprise financée contre remboursement avec ou sans intérêt (ex. : Unilend.fr).
- Les *royalties*. Le contributeur apporte une somme d'argent (dont la qualification juridique n'est pas évidente), en contrepartie de quoi il est rémunéré par une partie du chiffre d'affaires de manière convenue à l'avance. C'est donc une formule assez originale et très souple pour l'entreprise financée qui ne rémunère la contribution que si elle génère du chiffre d'affaires, et qui ne dilue pas ses actionnaires (ex. : Wedogood.com).

Le *crowdlending* est en pleine expansion en France, notamment dans le secteur de la promotion immobilière.

3. Les problématiques juridiques

Depuis son avènement, le *crowdfunding* soulève deux problématiques :

- **Offre au public.** La notion d'offre au public telle que définie par le Code monétaire et financier (C. mon. fin., art. L. 411-1) déclenche juridiquement l'application d'une réglementation lourde et stricte qui n'est pas adaptée au *crowdfunding*. Or, le recours à un site Web pour lever des fonds est l'archétype de l'offre au public même si les titres souscrits n'ont jamais vocation à être cotés en Bourse. Cela conduisait à un paradoxe criant : les TPE et PME, ayant recours au *crowdfunding* et souhaitant se placer en marge des modes de financement traditionnels en privilégiant la proximité avec l'investisseur et l'éthique, étaient soumises à la réglementation des multinationales cotées…
- **Monopole bancaire.** Le *crowdfunding* « prêt » est venu porter atteinte au monopole bancaire. La notion d'activité bancaire et les autorisations liées à l'exercice de cette activité sont également problématiques par rapport à certaines plateformes de *crowdfunding*. Tout d'abord, l'activité bancaire est fortement règlementée ; ensuite, en France, seuls les établissements de crédit et les sociétés de financement peuvent effectuer des opérations de crédit à titre habituel (C. mon. fin., L. 511-5).

Comprendre le *crowdfunding* :

http://dunod.link/3gycu9i

Cadre adapté. Pour ces raisons, le *crowdfunding* ne pouvait pas s'épanouir sans création d'un cadre juridique propre. Les pouvoirs publics ont bien compris l'intérêt que représentait ce mode de financement pour la création d'entreprises innovantes et donc la création d'emploi ; un cadre juridique propre au *crowdfunding* et dérogeant aux modes de financement traditionnels a donc été mis en place dès 2014.

B) La réglementation du *crowdfunding*

Le *crowdfunding* a été pour la première fois reconnu juridiquement par l'ordonnance du 30 mai 2014 qui a doté la finance participative d'un cadre juridique adapté en prévoyant notamment :

- que ce mode de financement restera largement en dehors du champ de l'offre au public dans la limite de seuils ;
- des dérogations au monopole bancaire dans la limite de seuils ;
- que les SAS pourront avoir recours à ce mode de financement, sous la condition d'une adaptation de leurs statuts ;
- un statut nouveau de conseiller en investissements participatifs.

Ordonnance du 30 mai 2014 :

http://dunod.link/ewx4lso

Cette ordonnance fondatrice a par la suite été modifiée à deux reprises : par l'ordonnance du 28 avril 2016 (bons de caisse et minibons) et par le décret du 28 octobre 2016 qui rehausse les plafonds originaux.

L'essentiel de ces textes est aujourd'hui intégré dans le Code monétaire et financier.

1. Les montages financiers

NOTRE CONSEIL

La création d'une holding interposée entre les investisseurs et la société financée n'est pas une obligation légale mais elle facilite la collecte des fonds et rationalise ensuite l'investissement final.

Souscription de titres. Le ***crowdfunding equity*** fonctionne généralement de la manière suivante (fig. 12.1) :

- une plateforme collecte des fonds pour des projets préalablement sélectionnés ; elle se rémunère généralement par un prélèvement sur les sommes levées (4 à 8 % en moyenne) ;
- le contributeur choisit le projet qu'il souhaite financer et le montant qu'il veut investir ;
- pour chaque projet, la plateforme de *crowdfunding* crée une société holding gérant la collecte ;
- les contributeurs reçoivent des actions de la holding (ou des actions de préférence) qui leur confèrent les mêmes droits qu'un actionnaire ayant souscrit ses titres dans un autre cadre ;
- la holding investit à son tour dans la société financée et reçoit des titres en contrepartie.

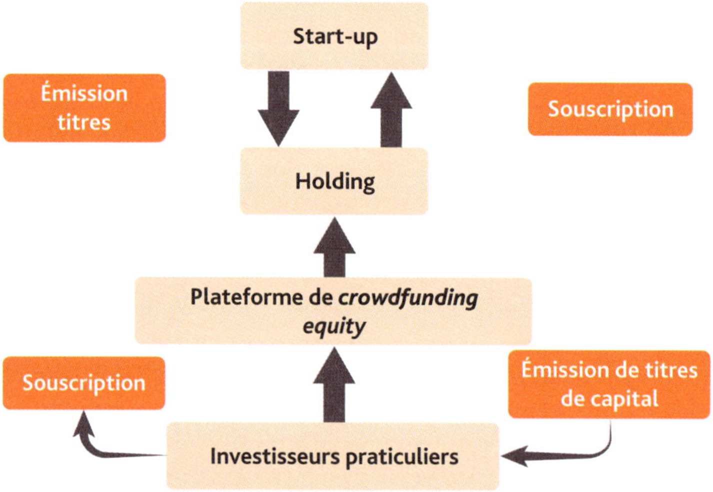

Figure 12.1. Fonctionnement du *crowdfunding*

Prêt. Le *crowdlending* fonctionne comme suit (fig. 12.2) :

- *via* la plateforme le contributeur fait un prêt rémunéré ou non à la société qu'il souhaite financer. Un contrat de prêt se met donc en place, qui impliquera *a minima* le remboursement du prêt à son terme, et le plus souvent le paiement d'un intérêt annuel ;
- la société financée peut également émettre en contrepartie du prêt des obligations (**↪ chapitre 11**) ;
- elle pourra enfin émettre si elle le souhaite des « **mini-bons** » qui sont des bons de caisse adaptés au *crowdfunding*. Schématiquement des bons de caisse sont des titres de créance comparables aux obligations mais qui ont des caractéristiques propres. Ils sont nominatifs et non négociables, leur durée est limitée à cinq ans et le paiement des intérêts attachés se fait en une seule fois à l'échéance. Peuvent émettre des mini-bons les sociétés par actions et les SARL ;
- comme pour la formule *equity*, la plateforme se rémunère par un prélèvement sur les sommes levées.

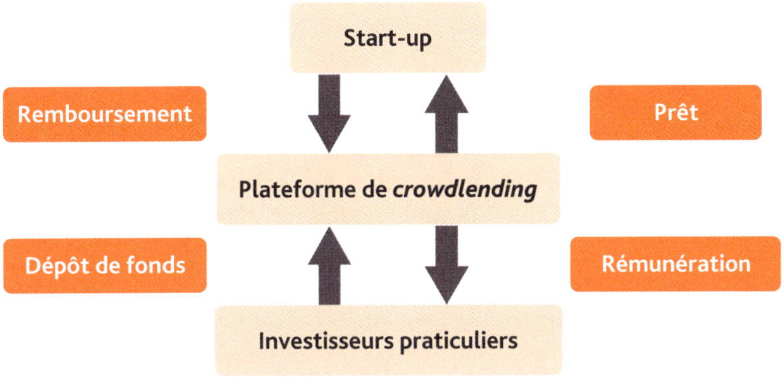

Figure 12.2. **Fonctionnement du *crowdlending***

2. La réglementation

Dérogation à l'offre au public. La définition de l'offre au public est aménagée pour les entreprises ayant recours au *crowdfunding*.

Code monétaire et financier, article L. 411-2, I *bis*

- I bis. – Ne constitue pas une offre au public au sens de l'article L. 411-1 l'offre :
  1° Qui porte sur des titres financiers [...] qui ne sont pas admis aux négociations sur un marché réglementé ;
  2° Et qui est proposée par l'intermédiaire d'un prestataire de services d'investissement ou d'un conseiller en investissements participatifs au moyen d'un site internet [...] ;
  3° Et dont le montant total est inférieur à un montant fixé par décret.

Dérogation au monopole bancaire. L'article L. 511-6 du Code monétaire et financier prévoit une dérogation au monopole bancaire énoncé à l'article L. 511-5.

Code monétaire et financier, article L. 511-6

- 7. Aux personnes physiques qui, agissant à des fins non professionnelles ou commerciales, consentent des prêts dans le cadre du financement participatif de projets déterminés, conformément aux dispositions de l'article L. 548-1 et dans la limite d'un prêt par projet. Le taux conventionnel applicable à ces crédits est de nature fixe et ne dépasse pas le taux mentionné à l'article L. 314-6 du Code de la consommation. Un décret fixe les principales caractéristiques de ces prêts, notamment leur durée maximale.

Plafonds. Les dérogations sont plafonnées (tab. 12.1).

Tableau 12.1. **Plafonds d'émission et de prêt**

Émission de titres (actions, obligations...)	• Plafond de 2,5 M€ sur 12 mois. • Interdiction des offres supérieures à 1 M € sur les titres de capital représentant plus de 50 % du capital de l'émetteur
Émission de mini-bons	Plafond de 2,5 M€ sur 12 mois
Prêt	• Avec intérêts : 2 000 € par prêteur • Sans intérêt : 5 000 € par prêteur, un prêt par projet • Durée maximale du prêt : 7 ans

Adaptation des statuts des SAS. Lorsqu'une SAS recourt au *crowdfunding*, une partie de la législation sur la SA qui ne lui était pas applicable, le devient.

Code de commerce, art. L. 227-2-1

- Par dérogation aux articles L. 227-1 et L. 227-9, lorsqu'une société par actions simplifiées procède à une offre définie au I bis de l'article L. 411-2 du code monétaire et financier :
  1° Les articles L. 225-122 à L. 225-125 sont applicables [règles de droit de vote] ;
  2° Les articles L. 225-96 à L. 225-98 sont applicables [règles de quorum et de majorité] ;
  3° Le troisième alinéa de l'article L. 225-105 est applicable [règles relatives à l'ordre du jour] ;
  4° La convocation des associés est faite dans les formes et délais fixés par décret en Conseil d'État. Toute assemblée irrégulièrement convoquée peut être annulée. Toutefois, l'action en nullité n'est pas recevable lorsque tous les actionnaires étaient présents ou représentés.

Habilitation des plateformes. Une plateforme de financement participatif par souscription de titres financiers (*equity* ou *lending* avec émission d'obligations) doit être immatriculée auprès de l'Orias, association créée sous tutelle de la direction générale du Trésor qui assure l'enregistrement des intermédiaires assurance banque et finance), en tant que conseiller en investissements participatifs (CIP). Elle peut également opter pour le statut de prestataire en services d'investissement (PSI) et être, dans ce cas, agréée par l'Autorité de contrôle prudentiel et de résolution (Banque de France). Une plateforme de financement participatif par prêt avec ou sans intérêt doit également être immatriculée auprès du registre de l'Orias en tant qu'intermédiaire en financement participatif (IFP). Si la plateforme encaisse des fonds pour le compte des entreprises, elle doit être agréée *a minima* en qualité d'établissement de paiement par l'ACPR. Ces habilitations et leurs conditions sont régies par les articles L. 547-1 s (CIP) et L. 548-1 s. du Code monétaire et financière (IFP).

3. La fiscalité du *crowdfunding*

Dons. En fonction du destinataire des sommes (organisme à visée philanthropique ou d'intérêt général), les contributeurs, ici qualifiés de mécènes, seront éligibles à une réduction d'IR (66 % des sommes dans la limite de 20 % du revenu imposable ou d'IS (60 % des sommes dans la limite de 5 ‰ du chiffre d'affaires).

Prêt. Les intérêts touchés par les contributeurs sont imposés au prélèvement forfaitaire unifié (PFU) à 30 %.

Capital. Les dividendes perçus par les associés sont imposés au prélèvement forfaitaire unifié (PFU) à 30 %. Sous certaines conditions, cet investissement peut être éligible à des réductions d'impôt (investissement dans des PME / dispositif PEA-PME).

→ CAS PRATIQUE 4

DES SAVOIRS AUX COMPÉTENCES

Évaluer les savoirs | Maîtriser les compétences | Préparer l'épreuve

QCM

Pour chaque proposition, une ou plusieurs réponses sont possibles. Justifiez-les.

1. Un TSDI ouvre un droit :
   a. au vote des résolutions de l'AG de la société émettrice. ☐
   b. à l'élection les dirigeants de la société émettrice. ☐
   c. à une rémunération fixe annuelle. ☐
   d. à un remboursement à l'échéance. ☐

2. Une OBSA est :
   a. une obligation qui est remboursée en action. ☐
   b. une action pouvant se changer en TSDI. ☐
   c. une obligation donnant le droit de souscrire en plus une action ☐
   d. un titre négociable ☐

3. Une OCA est :
   a. une obligation qui est échangeable en action. ☐
   b. une action pouvant se changer en obligation. ☐
   c. une obligation pouvant se convertir en obligation d'une autre catégorie. ☐
   d. une obligation pouvant se convertir en action. ☐

4. Les quasi-fonds propres :
   a. sont des titres de créance. ☐
   b. sont des titres de capital. ☐
   c. sont des titres de créance dotés de caractéristiques permettant de les assimiler à des titres de capital. ☐
   d. ont été supprimés du droit français par une ordonnance en 2004. ☐

5. Le *crowdfunding* désigne :
   a. une mode de levée de fonds pour des associations caritatives. ☐
   b. un mode de financement utilisant un site Web. ☐
   c. une réunion d'assemblée générale où des décisions concernant le financement sont prises par voie électronique. ☐
   d. une catégorie nouvelle de titres. ☐

6. Le *crowdlending* s'effectue par :
   a. le biais d'un contrat de prêt. ☐
   b. émission d'obligations. ☐
   c. émission de mini-bons. ☐
   d. émission d'actions de préférence. ☐

2 Mini-cas : bons de souscription d'actions (BSA) ★★★

Compétence visée — **Maîtriser** les implications juridiques du financement de l'entreprise par quasi-fonds propres

Les actions de la société Oméga cotent 42 €.

1. *Combien se négocie le BSA permettant d'acquérir une action de la société Oméga au prix de 27 € ? Et si l'action cotait 25 € ?*

M. Damien a acheté 150 BSA de la société Lambda au prix de 30 000 €, sachant que chaque BSA donne le droit de souscrire une action au prix de 150 €.

2. *Combien vaut au minimum une action de la société Lambda au moment où les BSA sont acquis par M. Damien ?*

3 Mini-cas : effet de levier des BSA ★★★

Compétence visée — **Maîtriser** les implications juridiques du financement de l'entreprise par quasi-fonds propres

Lucie achète pour 3 € l'unité des BSA donnant le droit de souscrire des actions de la société Zelda au prix de 35 € l'unité. Au jour de son achat, l'action vaut 38 €.

Le cours de l'action évolue par la suite comme suit :

- mois 1 : 40 €
- mois 2 : 42 €
- mois 3 : 48 €
- mois 4 : 40 €
- mois 5 : 35 €
- mois 6 : 30 €

Remplissez le tableau suivant permettant de calculer l'effet de levier du BSA (à la hausse ou à la baisse).

Annexe

Valeur des BSA et variation

Mois	Valeur action	Valeur BSA	Taux de variation de l'action/Valeur au jour de l'achat (%)	Taux de variation du BSA/Valeur au jour de l'achat (%)
Achat	38	3	Sans objet	Sans objet
1	40		?	?
2	42	?	?	?
3	48	?	?	?
4	40	?	?	?
6	35	?	?	?
7	30	?	?	?

Cas pratique : diversité du *crowdfunding* ★★★

25 min

Compétence visée **Comprendre** et **maîtriser** les règles applicables au financement par *crowdfunding*

Le site du ministère de l'Économie propose un guide en ligne des solutions de *crowdfunding*. En vous appuyant sur l'extrait (annexe), répondez à la question suivante.

Travail à faire

Rédigez une note de synthèse récapitulant les avantages et limites des différentes solutions de crowdfunding.

Annexe

Les différents types de *crowdfunding* (www.economie.gouv.fr)

	Don	Prêt	Investissement
Forme	Sans contrepartie : donations « coup de cœur »	Sans intérêts.	En capital : le financeur est rémunéré sous forme de dividendes ou de plus-values réalisées lors de la cession des titres.
	Avec une contrepartie symbolique : une carte postale, un t-shirt à l'effigie de l'entreprise, etc.	Avec intérêts, sans caution ni garantie.	En obligations : sa rémunération prend la forme d'intérêts.
	Préventes / précommandes du produit ou service pour lequel la campagne de financement a été lancée.	En minibons.	Contre *royalties* : sa rémunération prend la forme de commissions sur le CA.

	Don	Prêt	Investissement
Avantages	Idéal pour tester un marché et l'accueil du public vis-à-vis de d'un nouveau produit ou service. Les dons perçus peuvent aider les bénéficiaires à consolider leurs fonds propres et créer un effet de levier pour d'autres financements (prêt d'honneur, prêts bancaires, subventions, etc.).	• Permet de financer des dépenses non prises en compte par les banques, comme le besoin de liquidités ou des projets d'investissement immatériel • Durée maximale : 7 ans. • Plafonnement du montant : 2 000 € par projet s'il est rémunéré ; 5 000 €, s'il ne l'est pas.	• Permet de financer le développement d'un projet à caractère innovant ou non, ou peu prisé par les investisseurs traditionnels (promotion immobilière, ouverture de succursales, etc.), ou encore de boucler un « tour de table » • La prise de participation peut, dans certains cas, ouvrir le droit à un avantage fiscal pour les investisseurs.
Montant moyen des contributions	• 69 € pour les dons sans contrepartie. • 62 € pour les dons avec contrepartie.	• 95 € pour les prêts non rémunérés. • 310 € pour les prêts rémunérés. • 2 368 € pour les minibons.	• 5 896 € pour les obligations. • 7 745 € pour les investissements en capital. • 357 € pour les investissements contre *royalties*.
Montant moyen collecté par projet	Entre 3 000 et 5 000 €.	Entre 1 000 et 200 000 € en fonction du type de prêt.	Entre 40 000 et 500 000 € en fonction du type d'investissement.

SYNTHÈSE

Instruments de financement innovants

Les modalités du *crowdfunding* ou financement participatif	
	1 Le **don** : aucune contrepartie pour le contributeur
	2 La **récompense** : le contributeur reçoit, en contrepartie de sa participation, un objet ou un service offert par le projet soutenu
	3 Le **capital** : le contributeur souscrit des parts ou actions de la société financée et en devient associé
	4 Le **prêt**, appelé aussi « *crowdlending* » : le contributeur prête une somme d'argent à l'entreprise financée contre remboursement avec ou sans intérêt
	5 Les ***royalties*** : le contributeur apporte une somme d'argent, en contrepartie de quoi il est rémunéré par une partie du chiffre d'affaires de manière convenue à l'avance

Cinq jeunes diplômés de l'école de commerce Sup&Co. ont mis en place un procédé permettant d'assurer la traçabilité de l'actionnariat et de la gouvernance de la plupart des sociétés cotées en Bourse, à partir d'une marque commercialisée. Leur application permet de déterminer, lorsqu'un client achète en ligne, à qui appartient la marque en question, qui sont ses dirigeants et principaux actionnaires, et propose une notation moyenne de sa gouvernance.

Le groupe d'étudiants décide de créer la SAS Kézako et de lever des fonds afin de développer leur projet. Ils travaillent parallèlement sur deux pistes :

- une levée de 850 000 € *via* la plateforme de *crowdfunding* Business 101 ;
- une société de capital-risque (Venture.com) qui apporterait 750 000 € au projet.

Venture.com souhaite obtenir, en contrepartie de son investissement, des droits politiques accrus, notamment du point de vue des décisions prises en AG. Venture.com voudrait également des droits spécifiques contrebalançant sa position minoritaire.

Travail à faire

1. *Expliquez à vos clients l'intérêt et les contraintes juridiques liées à l'utilisation de la plateforme de crowdfunding Business101 pour leur SAS.*
2. *Proposez des clauses statutaires pertinentes répondant aux demandes spécifiques de Venture.com.*

On imagine que la SAS, au terme de sa levée de fonds, a un capital de 1 600 000 € divisé en 20 000 actions de 80 €, et qu'elle dispose de réserves à hauteur de 1 200 000 €.

Travail à faire

3. *Si la SAS décide ultérieurement d'augmenter son capital, quel sera le montant de la prime d'émission à payer par les nouveaux actionnaires ?*

CHAPITRE 13

Constitution et vie des groupes de sociétés

PROGRAMME

Compétences visées

- **Comprendre** l'importance des groupes aujourd'hui
- **Identifier** les véhicules juridiques utilisés dans les groupes de société
- **Connaître** la réglementation applicable aux prises de participation et de contrôle, notamment dans les sociétés cotées

Notions et contenus

- Droit de l'acquisition, de la détention et de la cession de participations
- Intérêts, modes de constitution et structures juridiques des holdings
- Droit de l'acquisition, de la détention et de la cession de participations
- Régime particulier des sociétés cotées
- Offres publiques d'achat

LIEN AVEC LE DSCG 2 ET LE DSCG 4

- UE 2 : §4.2. Modalités de financement
- UE 4 : §3. Comptes de groupe

PLAN DU CHAPITRE

L'entreprise peut être amenée à se développer par des prises de participations dans d'autres sociétés. Les entreprises concernées font alors partie d'un groupe que le droit encadre.

MOTS-CLÉS

Achat d'actifs • Action de concert • Autocontrôle • Cession d'actifs • Contrôle • Filiale • Groupe circulaire • Groupe de sociétés • Groupe pyramidal • Groupe radial • Holding • *Leverage Buy Out* • Offre publique • Participations • Participation réciproque directe • SAS • Société civile • Société européenne • Société holding • Société mère

1 La réalité des groupes

A) La notion de groupe

1. La compétition

Les entreprises sont de moins en moins autonomes, du moins à partir du moment où elles atteignent une certaine taille. La concurrence féroce sur les marchés pousse les acteurs à se regrouper pour atteindre une taille critique. Les organigrammes du capital de certaines sociétés cotées en Bourse effraient par leurs dimensions et sont en constant mouvement. Face à ces bouleversements économiques qui dépassent nos frontières, le droit français marque un temps de retard puis qu'il ne reconnaît pas de personnalité juridique au groupe de sociétés. Ainsi, le groupe est un amas de personnes morales distinctes et indépendantes, même si leurs capitaux s'interpénètrent. La notion progresse néanmoins, essentiellement sous l'influence du droit social, fiscal et comptable.

La personnalité de groupe sera probablement un défi du droit des sociétés pour les décennies à venir.

Définition

Un **groupe de sociétés** est un ensemble formé de deux ou plusieurs sociétés distinctes, dotées chacune de la personnalité juridique, mais liées les unes aux autres en raison de liens capitalistiques.

Point de départ. À l'origine, les sociétés appelées à composer un groupe sont indépendantes, ce qui signifie qu'elles :
- ont des personnalités morales distinctes ;
- n'ont aucun lien juridique, ni financier ;
- mettent en œuvre des politiques et des stratégies distinctes.

Constitution. La constitution du groupe passe :
- soit par la fusion des personnes morales, nécessitant l'accord de chaque société impliquée dans le processus (↪ chapitre 17) ;
- soit par la technique de la prise de participation, c'est-à-dire le rachat d'une partie du capital d'une société par une autre.

Cette dichotomie permet de classer les restructurations d'entreprises de la manière suivante : celles qui affectent la personnalité juridique des entreprises impliquées (fusions, scissions…) et celles qui n'affectent pas la personnalité morale des entreprises concernées (prises de participation).

2. L'effet perturbateur des groupes de société

Si certains pays comme l'Allemagne se sont dotés d'une réglementation sur les groupes, c'est que leur puissance et leur taille peuvent menacer des intérêts devant être protégés :
- ainsi en va-t-il des salariés d'une filiale dont l'emploi peut être menacé si la rentabilité de celle-ci est jugée mauvaise par la tête de groupe. La multiplication des personnes morales peut aussi être un moyen pour l'employeur de s'affranchir d'obligations sociales ;
- les **créanciers** peuvent également craindre des transferts d'actifs d'une société vers une autre, située par exemple à l'étranger. Le principe de l'unité du patrimoine limite

en effet le gage des créanciers au patrimoine de leur débiteur, c'est-à-dire à celui de la société avec laquelle ils ont contracté ;
- les **associés**, surtout s'ils sont en position minoritaire, peuvent craindre que la multiplicité des sociétés ne rende plus opaque la gestion de la personne morale. Les contrôles qu'ils peuvent exercer à l'intérieur d'un groupe sont nécessairement limités. De plus, à l'instar des salariés évoqués plus haut, les actionnaires minoritaires peuvent redouter d'être marginalisés aux frontières du groupe, et de voir ainsi leur poids, déjà relatif, s'amenuiser encore ;
- enfin, l'**État** doit veiller à ce que la constitution de groupes transnationaux ne favorise pas l'évasion fiscale, ni ne fausse le libre jeu de la concurrence.

Les enjeux sont par conséquent importants. Pour autant, la législation française est d'une grande hétérogénéité, même si la notion de groupe tend à y être de plus en plus présente.

3. Présence de la notion dans la législation récente

Le groupe n'existant pas juridiquement, le législateur le décrit par périphrases ; cela contribue à rendre les textes du Code de commerce particulièrement ardus. On se cantonnera ici à un exemple tiré du droit des sociétés *stricto sensu*.

Code de commerce, article L. 228-13

- Les droits particuliers mentionnés à l'article L. 228-11 peuvent être exercés dans la société qui possède directement ou indirectement plus de la moitié du capital de l'émettrice ou dans la société dont l'émettrice possède directement ou indirectement plus de la moitié du capital.

Cette rédaction signifie qu'une **société mère** peut émettre des actions de préférence dotées de droits pouvant être exercés dans sa filiale, ou inversement qu'une filiale peut doter les actions de préférence qu'elle émet, de droits exercés dans la société mère.

Cet exemple montre comment le droit des sociétés tente de se saisir de situations existantes. On remarquera que le mot groupe est absent de ces textes, de même que ceux de société mère ou filiale. La notion juridique centrale est celle du **contrôle** ou de participation dans le capital ; elle sera définie plus loin.

B) La réalité des groupes

1. La variété

Au-delà d'une définition très accueillante, la notion de groupe recèle une réalité très contrastée. En effet, un groupe existe dès que deux sociétés tissent des liens financiers, voire des liens contractuels pérennes ; à l'opposé, certains grands groupes rassemblent plusieurs dizaines, voire des centaines de sociétés différentes.

2. Le micro-groupe

Le « micro-groupe » se compose généralement d'une société commerciale de type SARL ou SAS, gérant un fonds de commerce, et d'une SCI (↪ chapitre 20) à laquelle sont apportés le ou les immeubles d'exploitation. Les deux structures n'ont pas obligatoirement de liens financiers au sens où l'une n'a pas obligatoirement de parts dans l'autre. En revanche, les liens entre les deux structures vont reposer sur une identité d'associés et/ou de dirigeants, ainsi que sur un bail commercial (ex. : la SCI loue les bâtiments à la société commerciale). Ce schéma est de loin le plus fréquent. Il arrive que les protagonistes de ce micro-groupe coiffent les deux sociétés d'une holding chargée de créer un ciment entre les deux entités.

CHIFFRE-CLÉ

Seuls **25** pays dans le monde ont un PIB supérieur à la capitalisation actuelle d'Apple (Numérama, 2016).

3. Le macro-groupe

Les macro-groupes sont les groupes multinationaux, aux structures complexes, et dont la puissance financière est parfois supérieure à celle de certains États... Quelques-uns de ces géants concentrent entre leurs mains plus des deux tiers de la richesse d'un pays.

→ APPLICATION 2 • APPLICATION 3

2 Les structures de groupe

Un groupe peut apparaître comme un enchevêtrement désordonné et complexe à décrypter. À y regarder de plus près, on constate que les structures utilisées sont peu variées. Un groupe peut prendre la forme d'une pyramide, d'une étoile ou d'un cercle. Ce qui rend la lecture des schémas complexe est que ces trois formes se mêlent.

L'enchevêtrement apparent ne doit pas conduire à la fictivité : ainsi, si une société détient la majorité du capital d'une seconde, laquelle détient la majorité de la première, la réalité du capital social n'est plus assurée. Des principes essentiels du droit des sociétés, comme celui de la libre révocabilité des dirigeants sociaux, sont alors remis en cause. Les **participations** réciproques et l'**autocontrôle** sont par conséquent réglementés.

Tout groupe repose sur une participation prise par une société dans une autre société. Dès lors, trois schémas sont concevables mais un groupe comprend toujours une société tête, la holding.

A) Le groupe pyramidal, radial ou circulaire

1. Le groupe pyramidal

Le **groupe pyramidal** comprend à sa tête ce que l'on nomme une **société holding**, dont le rôle est de gérer des participations qu'elle détient dans d'autres sociétés. La holding détient *n* filiales, lesquelles détiennent à leur tour des « sous-filiales » et ainsi de suite. Le jeu des participations majoritaires conduit à ce que la holding de tête contrôle l'ensemble du groupe (fig. 13.1).

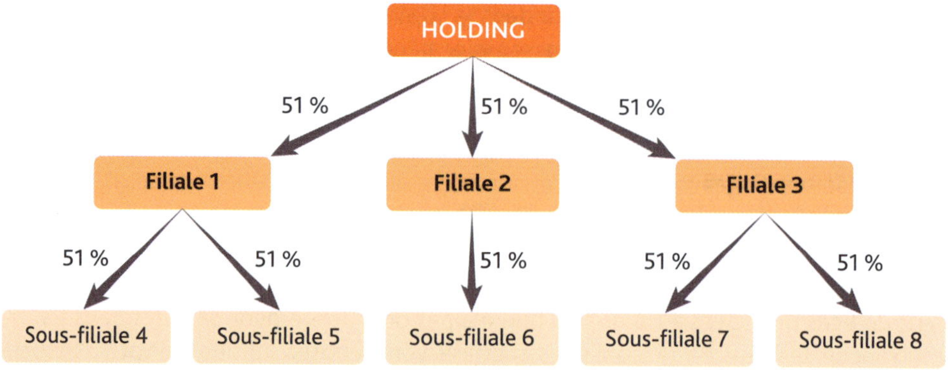

Figure 13.1. Fonctionnement d'un groupe pyramidal

2. Le groupe radial

Dans un **groupe radial**, la société mère ou holding détient de manière directe toutes les filiales, sans mise en place de sous-filiales. Dans la figure 13.2, la société mère est qualifiée de holding dans la mesure où sa seule fonction consiste à gérer les participations qu'elle détient dans les six filiales.

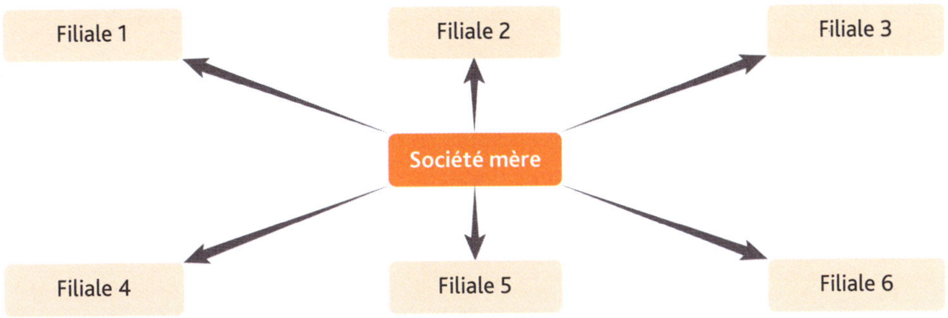

Figure 13.2. **Fonctionnement d'un groupe radial**

3. Le groupe circulaire

Le **groupe circulaire** est assez différent des deux autres catégories et se caractérise par des participations créant un autocontrôle des sociétés impliquées : A détient B qui détient C qui détient D qui détient A (fig. 13.3).

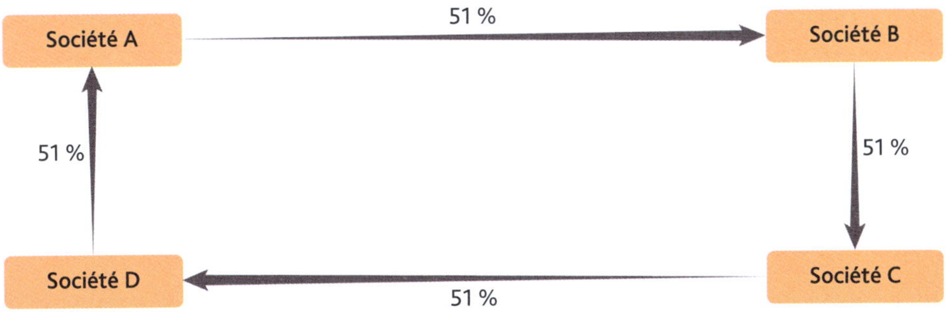

Figure 13.3. **Fonctionnement d'un groupe circulaire**

L'**autocontrôle** est bien mis en valeur dans le schéma de fonctionnement du groupe circulaire. Imaginons maintenant une assemblée générale ordinaire de la société A, visant à renouveler son conseil d'administration. En théorie, c'est D qui, en tant qu'actionnaire majoritaire de A, décidera valablement de la nomination des dirigeants ; or D est contrôlée majoritairement par C, et C par B, et B par A… En fin de compte, c'est A, par l'intermédiaire de ses dirigeants en place, qui décidera du renouvellement de ces mêmes dirigeants. Belle atteinte au principe de libre révocabilité ! Pour cette raison notamment, les participations réciproques et l'autocontrôle sont réglementés.

B) La holding, tête du groupe

1. Une première approche des holdings

Définition

Dérivée de l'anglais *to hold* qui signifie « tenir » ou « détenir », une **holding** est une société dont l'activité principale est financière, à savoir qu'elle détient des parts ou actions d'autres sociétés.

La structure juridique des holdings est liée à des paramètres non seulement juridiques (la souplesse, la liberté statutaire) mais également fiscaux.

La holding gère des participations et n'exerce en principe aucune activité économique au sens commun du terme. Certaines sociétés sont des holdings « pures » : leurs actifs sont uniquement composés de titres ; d'autres peuvent avoir conservé une activité propre.

Effet de levier. Dans un schéma de groupe pyramidal, la holding détient la majorité du capital des filiales, lesquelles à leur tour détiennent la majorité du capital des sous-filiales (SF). On voit ainsi se dessiner l'effet de levier caractérisant les montages incluant une holding (l'effet de levier consiste à accroître une force grâce à un montage juridico-financier).

Exemple

Pour contrôler la sous-filiale 4, il est nécessaire de posséder la moitié de son capital (précisément 50 % + 1 action) ; c'est la situation de la filiale 1. Mais pour contrôler la filiale 1, il suffit également de détenir la majorité de son capital (+ 1 action). Si l'on chiffre cela :
- capital de SF 4 = 1 000 000 € ;
- participation de F 1 dans SF 4 = 500 001 € ;
- participation de la holding dans F 1 = 250 002 €.

L'effet de levier est le suivant : l'actionnaire majoritaire de la holding la contrôle avec un investissement légèrement supérieur à 125 000 €, or la holding détient la majorité des actions de F 1, qui détient la majorité de SF 4. On voit que, sans le montage pyramidal, il aurait été nécessaire de posséder pour plus de 500 000 € d'actions de SF 4 afin de la contrôler. Avec le montage, elle est contrôlée avec à peine plus que le quart de cette somme.

Pour contrôler une société, la part de voie nécessaire varie selon le nombre de holdings interposées (tab. 13.1).

Tableau 13.1. Capital (ou droits de vote) nécessaires pour contrôler une société

Détention directe	50 % + 1 action
Avec 1 holding interposée	25 % + 1 action
Avec 2 holdings interposées	12,5 % + 1 action
Avec 3 holdings interposées	6,25 % + 1 action
Avec 4 holdings interposées	3,125 % + 1 action

2. La constitution d'une holding

Deux procédés. Les holdings peuvent être constituées de **deux manières** :

- **Holding constituée par apport** (par le haut, fig. 13.4). À l'origine, existe une société dotée d'une activité économique déterminée. Ses associés, ou certains d'entre eux, vont faire apport de leurs actions (qui sont des biens et peuvent par conséquent faire l'objet d'un apport en nature) à une société qu'ils vont créer ; en contrepartie de cet apport, ils vont recevoir des actions ou parts de la société nouvellement créée. Dès lors, cette société deviendra la holding : elle est en effet propriétaire d'une partie des actions de la société d'origine et se contentera de gérer cette participation. Les associés d'origine sont, eux, devenus actionnaires de la société holding.

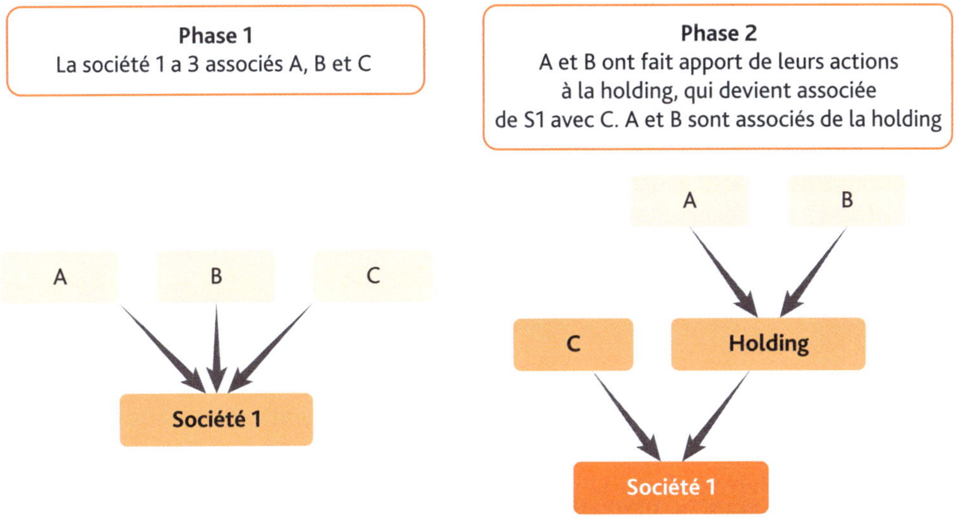

Figure 13.4. **Holding constituée par le haut**

- **Holding constituée par filialisation** (par le bas, fig. 13.5). Une société qui exploite un fonds de commerce apporte cet actif à une autre société qu'elle crée. L'apport est rémunéré par des actions. À l'issue de l'opération, la société réalisant l'apport n'a plus d'activité commerciale puisqu'elle a transféré ses actifs, mais elle détient des titres de la société créée. La première est donc devenue holding après avoir été société d'exploitation. Par conséquent, si une société filialise toutes ses activités, elle se transformera en holding. Cette opération rend nécessaire la modification de l'objet social, sauf si les statuts d'origine l'ont prévu. La société 1 crée la société 2 et devient holding. La société 2 devra comprendre plusieurs associés, sauf à être unipersonnelle.

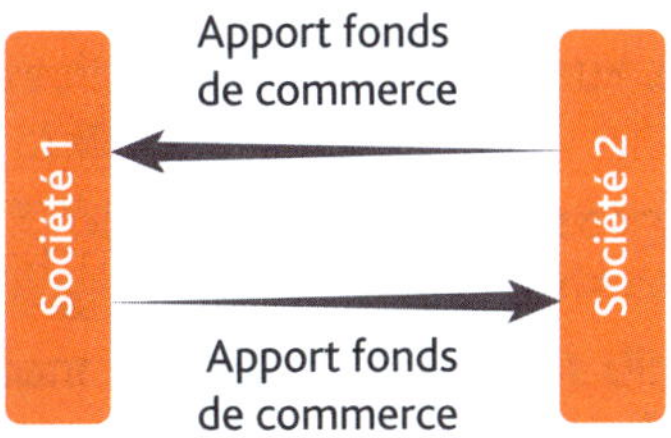

Figure 13.5. **Holding constituée par le bas**

3. L'intérêt des holdings

Déconnexion du pouvoir et du capital. Dans les principes traditionnels du droit des sociétés, le pouvoir est assis soit sur les fonctions de direction assurées par une personne, soit sur la détention d'une part du capital de la société, soit sur les deux à la fois. Le lien capital/pouvoir est donc essentiel et c'est même l'une des bases de la doctrine capitaliste. La constitution d'une société holding permet de diminuer le capital nécessaire pour contrôler une ou plusieurs entités car les sociétés fonctionnent toutes sur un principe majoritaire.

Transmission familiale de l'entreprise. L'utilisation de la holding est un puissant moyen permettant de transmettre une entreprise à ses héritiers dans des configurations complexes. Imaginons un chef d'entreprise célibataire, possédant l'immense majorité des actions d'une SA. Il a trois enfants dont un seul est intéressé par la reprise de l'entreprise. À ce stade, s'il décide de faire une donation-partage des actions entre ses enfants, il butera sur une alternative : soit respecter l'égalité entre les trois enfants, ce qui privera le repreneur potentiel de la majorité au sein de la société, soit lui conférer la majorité des titres, ce qui créera une entorse à l'égalité en valeur. Il fera alors apport de la majorité des titres de la SA à une société holding. Cette dernière sera majoritaire dans la SA lors du vote des résolutions d'assemblée générale. On fera alors donation de la majorité des droits sociaux de la holding à l'héritier repreneur. Il sera par conséquent majoritaire dans la société associée majoritaire de la SA. En revanche, la valeur des titres qui lui permettent de contrôler indirectement la SA est d'environ le quart de la valeur des actions de la SA. L'égalité est par conséquent respectée, sans que l'unité du contrôle n'en pâtisse.

Holding de rachat ou LBO. La technique de la holding est également utilisée pour le rachat d'entreprise. L'ensemble des opérations de rachat par le truchement d'une holding se nomme parfois LBO, ***Leverage Buy Out***. La technique de la holding de rachat consiste en la création d'une société dont l'objet social sera l'acquisition de la majorité des titres de la société reprise :

- **juridiquement**, cette technique permet de contrôler la société reprise avec une mise de fonds moins importante que dans le cas d'un rachat « en direct » puisqu'il suffit d'en racheter la majorité. C'est le premier levier ;
- **financièrement**, la société holding empruntera les fonds nécessaires au rachat des titres et assumera le remboursement grâce aux dividendes distribués par la société reprise. Si le remboursement de l'emprunt se fait à des taux inférieurs à la rentabilité de l'entreprise rachetée, l'opération sera rentable. C'est le deuxième levier ;
- **fiscalement**, l'opération présente plusieurs utilités : application du régime des sociétés mères, intégration fiscale… (**↳ chapitre 15**). C'est le troisième levier.

FOCUS **Le levier financier dans les opérations de LBO**

Expliqué de manière simple, l'effet de levier (ou rentabilité financière) mesure le résultat produit par la société rachetée par rapport à l'investissement en capitaux propres. Cet effet de levier dépend de trois facteurs essentiels :

– la part de capitaux propres et d'endettement dans l'acquisition de la cible ;

– le taux d'intérêt de l'emprunt contracté ;

– la rentabilité économique de la cible, c'est-à-dire le rapport entre sa valeur et son résultat avant impôt (ex. : si la société vaut 2 M€ et produit un résultat de 200 000 € avant impôt, sa rentabilité économique est de 10 %).

Le principe est simple : plus le différentiel est important entre la rentabilité économique et le taux d'intérêt, plus la rentabilité financière des fonds propres investis est importante (plus la holding a intérêt à s'endetter). En somme, la société rachetée rapporte plus que le coût de l'argent emprunté pour la racheter.

Exemple

- Une société rachetée à 2 M€ ;
  - résultat brut : 200 000 € ;
  - taux d'intérêt de l'emprunt contracté 5 % ;
  - part financée par emprunt : 50 %.

  Le résultat net de la société cible est de 200 000 € – la charge financière de l'emprunt – l'IS = 200 000 – (5 % de 1 M€ empruntés = 50 000 €) = 150 000 €. L'IS à 33,34 % = 50 000 €. Résultat net = 100 000 €. La rentabilité financière des capitaux investis est de (100 000 / 1 000 000 €) 100 = 10 %. Si la part empruntée est accrue par rapport à la part financée sur capitaux propres, l'effet de levier s'accroît :
  - société rachetée à 2 M€ ;
  - résultat brut : 200 000 € ;
  - taux d'intérêt 5 % ;
  - part financée par emprunt : 75 %.

  Le résultat net de la société cible est de 200 000 € – la charge financière de l'emprunt – l'IS = 200 000 – (5 % de 1,50 M€ = 75 000 €) = 125 000 €. L'IS est de 42 000 €.

  Résultat net : 83 000 €.

  La rentabilité financière des capitaux investis est de (83 000 / 500 000 €) × 100 = 16,6 %.

  En résumé, un différentiel important entre la rentabilité économique et les taux d'intérêt rend l'endettement moins onéreux et accroît la rentabilité des fonds propres investis. Donc dans cette situation, plus l'endettement est important, plus le levier l'est également.

  À l'inverse, si le taux d'intérêt est plus élevé que la rentabilité économique de la société, le repreneur aura fortement intérêt à rechercher un financement par fonds propres au lieu d'un financement par emprunt.

Mise en œuvre d'une politique commune. La création d'une holding va permettre de créer une unité de direction entre plusieurs sociétés et ainsi de mettre en œuvre une politique commune.

Imaginons qu'une entreprise soit, pour des raisons diverses, divisée en trois sociétés, l'une qui fabrique un produit, l'autre qui le commercialise et enfin une SCI qui détient les immeubles où ces activités sont exploitées.

Sauf si les dirigeants de ces trois entités sont les mêmes, le risque de divergences est potentiellement fort. Pour assurer une unité de politique au groupe, on apporte la majorité des titres des trois entités à une holding. Les décisions concernant les trois sociétés sont ainsi prises en un même « lieu ». Au sein de la holding, les dirigeants des trois entités sont liés par un pacte d'actionnaires les obligeant à se concerter avant toute décision, ou encore leur interdisant de céder leur participation. Coiffant les trois structures, la holding crée un ciment entre elles et renforce leur cohésion.

4. La fiscalité des holdings

Notons deux mécanismes importants liés aux groupes de sociétés (↪ chapitre 15) :

- le régime des sociétés mères. Dès qu'une société assujettie à l'IS détient plus de 5 % d'une autre société assujettie à l'IS, les dividendes distribués par la seconde à la première sont exonérés d'IS sous certaines conditions ;
- l'intégration fiscale. Ce régime permet à une société détenant au minimum 95 % d'une autre d'être seule redevable de l'IS au titre des bénéfices réalisés par sa filiale.

C) Les véhicules juridiques utilisés dans les groupes de société

Sociétés civiles, SAS, SE. Ces développements visent à présenter trois formes juridiques fréquemment utilisées dans les groupes de société. En effet, la société civile et la SAS sont particulièrement bien adaptées aux sociétés holding en raison de leur souplesse. Il conviendra également de porter un regard sur une nouvelle forme de société qui devrait être souvent utilisée à l'avenir : la société européenne (SE).

Objectifs. Une société holding doit répondre à trois objectifs :
- la souplesse de son organisation, permettant de réguler les rapports entre associés ;
- la discipline de ses membres, agissant dans le sens d'une politique commune du groupe ; à cet égard, la possibilité de prévoir des modalités de sanction d'un membre associé récalcitrant est recherchée ;
- enfin, la stabilité de son capital.

1. L'utilisation de la société civile par les groupes de sociétés

Avant l'avènement de la SAS, la **société civile** (SC) était très souvent utilisée en tant que société mère.

Fiscalité. Le premier atout de la SC est sa neutralité fiscale. En effet, la société civile relève par principe de l'IR mais peut opter pour l'IS de manière irrévocable. L'option IS permettra de bénéficier du régime des sociétés mères et de celui de l'intégration fiscale. Le maintien à l'IR peut présenter d'autres avantages, notamment si la société s'avère déficitaire.

Objet social. Le deuxième atout concerne l'objet social. La société civile doit avoir un objet civil, faute de quoi elle dégénère en société commerciale. Or la gestion de participations n'est en principe pas considérée comme une activité commerciale, ceci à la condition stricte qu'il s'agisse d'une holding « pure » qui n'exerce par ailleurs aucune autre activité commerciale.

Direction. Le troisième atout concerne la direction de la holding : le mode de nomination, la durée des fonctions, les modalités de révocation du gérant sont librement convenues par les statuts de la société. Il est donc possible de confier la direction de la holding à une personne de confiance, et de « verrouiller » son siège de manière à assurer la stabilité de la gestion du groupe. Concrètement :
- le gérant pourra être un associé ou un tiers à la société holding ;
- la durée de ses fonctions peut être fixée à la durée de la société ;
- il est possible d'exiger l'unanimité des associés pour décider de sa révocation.

Agrément. Le quatrième atout réside dans la possibilité de bloquer les cessions de parts. Dans la société civile, et à condition que les statuts le prévoient, un agrément peut être nécessaire pour toutes les cessions de parts, y compris les cessions entre associés et les cessions familiales. De plus, cet agrément pourra être requis à l'unanimité des associés. On pourra ainsi s'assurer de la réelle stabilité du capital social.

Faiblesses de la SC. La société civile a cependant quelques faiblesses.

Tout d'abord, les associés de la SC encourent une responsabilité indéfinie au passif social.

Ensuite, les pouvoirs du gérant sont limités, à l'égard des tiers, par l'objet social. Cela peut être perçu comme une saine limitation, mais tranche nettement avec la SAS dans laquelle le dirigeant est investi des pouvoirs les plus étendus pour agir en toutes circonstances au nom de la société. Le gérant, même nommé pour la durée de la société, demeurera toujours révocable à la demande d'un seul associé, en justice, et pour cause légitime.

Enfin, il n'est pas possible d'interdire à un associé de vendre sa participation dans la holding, ou encore de l'obliger à quitter celle-ci. En effet, les clauses d'inaliénabilité et d'exclusion n'ont pas d'existence légale dans les statuts d'une société civile. La société civile a constitué un outil très performant, mais elle est aujourd'hui nettement supplantée par la SAS.

2. L'utilisation de la SAS dans les groupes de sociétés

Instituée par la loi du 3 janvier 1994, la **SAS** a est passée de société de sociétés à une société de personnes e 1999. La loi du 4 août 2008 en a encore assoupli le régime, d'où un certain engouement pour cette forme sociale particulièrement adaptée aux holdings. Tout ou presque y est possible. Fiscalement, la SAS peut à certaines conditions opter pour l'IR (loi du 4 août 2008).

CHIFFRE-CLÉ

Les SAS représentent **37 %** des sociétés créées (Insee, 2018).

Présidence. Les textes du Code de commerce sont encore plus ouverts que ceux sur la société civile :

- le président peut être associé ou non ;
- la loi ne fixe pas l'organe chargé de sa nomination : il peut donc être nommé par les associés, par un comité directeur ou un autre organe social, ou même par un tiers ;
- la durée de ses fonctions n'est pas prévue ; en conséquence il peut être nommé pour la durée de la société ;
- aucune cause de révocation n'est prévue dans la loi. C'est aux statuts de les prévoir. On pourra stipuler que le président est irrévocable, ou du moins très difficilement révocable. Aucune règle ne prévoit qu'un associé a la possibilité de demander en justice la révocation pour cause légitime.

En résumé, il est possible de placer à la tête de la SAS holding une personne qui sera protégée contre le risque de révocation.

Clauses d'inaliénabilité. Elles sont autorisées dans la SAS (Code de commerce, art. L. 227-13) à la condition que leur durée soit limitée à dix années. Elles vont permettre de figer tout ou partie du capital pendant cette durée maximale. Il est possible de n'interdire que certaines cessions. Ce type de clause constitue une excellente garantie pour des investisseurs, quant à la composition de l'actionnariat de la société. Ce peut être également un moyen de transmission de l'entreprise à des héritiers : l'interdiction d'aliéner prémunit le chef d'entreprise contre les risques liés à une passation anticipée de pouvoir.

Clauses d'agrément. Elles sont du même type que celles que l'on peut trouver dans d'autres sociétés, comme la SA par exemple. Elles ont, dans la SAS, la particularité de pouvoir concerner toutes les cessions sans exceptions (associés, tiers, famille…). De même les conditions de l'agrément sont librement fixées dans les statuts (organe statuant sur l'agrément, conditions de majorité…). Elles sont prévues par l'art. L. 227-14 du Code de commerce.

Clauses relatives à la modification du contrôle d'une société associée dans la SAS. De telles clauses permettent de s'assurer que le contrôle d'un actionnaire de la SAS ne se modifie pas. Ainsi, il est impossible de contourner une clause d'agrément en entrant majoritairement dans le capital d'une personne morale associée.

Code de commerce, article L. 227-17

- Les statuts peuvent prévoir que la société associée dont le contrôle est modifié au sens de l'article L. 233-3 doit, dès cette modification, en informer la société par actions simplifiée. Celle-ci peut décider, dans les conditions fixées par les statuts, de suspendre l'exercice des droits non pécuniaires de cet associé et de l'exclure. Les dispositions de l'alinéa précédent peuvent s'appliquer, dans les mêmes conditions, à l'associé qui a acquis cette qualité à la suite d'une opération de fusion, de scission ou de dissolution.

Clauses d'exclusion. Les clauses d'exclusion (Code de commerce, art. L. 227-16) constituent la nouveauté la plus remarquable de la loi sur la SAS. Le Code de commerce énonce que les statuts peuvent prévoir qu'un associé sera tenu de céder ses actions. Aux statuts de déterminer la cause de l'exclusion et ses modalités. C'est là un outil précieux qui permettra, au sein de la holding, de sanctionner des comportements n'allant pas dans le sens de l'intérêt social, ou plus simplement de l'intérêt du groupe.

Autres clauses. D'autres clauses sont envisageables au sein de la SAS :
- clauses de préemption, qui obligent celui qui souhaite vendre, à proposer ses titres à des personnes dénommées avant toute cession ;
- clause de sortie conjointe, prévoyant que la vente de sa participation par tel associé, l'oblige à faire acquérir la participation de tel autre…

3. La société européenne, instrument de constitution des groupes dans l'UE

La **société européenne** a été instituée pour répondre aux besoins des groupes de société dans l'UE. Le projet existait de très longue date, mais la naissance de la SE remonte formellement à 2001. Le 8 octobre 2001, le Conseil européen adoptait simultanément un règlement sur l'organisation de la SA et une directive concernant l'implication des salariés dans la SE. Le règlement aurait dû entrer en vigueur le 8 octobre 2001, mais la directive en étant indissociable, la SE n'est entrée en vigueur que trois années plus tard, délai fixé par le conseil pour la transcription de la directive, soit le 8 octobre 2004.

Réglementation. La SE a une existence juridique. Elle est régie, pour la France, par plusieurs corps de règles :
- le règlement et la directive du 8 octobre 2001 ;
- la loi française sur les SA, dans la mesure de sa compatibilité avec les mesures spécifiques à la SE ;
- les articles L. 229-1 à L. 229-15 du Code de commerce introduits par la loi du 26 juillet 2005 ;
- dans une certaine mesure, les lois nationales des sociétés membres ;
- enfin, les statuts dont elle est dotée.

Utilité. L'un des intérêts majeurs de la SE est de permettre aux entreprises des États membres de l'Union européenne d'organiser le plus librement possible leur coopération. Ainsi, la SE n'a pas la nationalité de l'État dans lequel elle a son siège social statutaire, et elle peut transférer facilement son siège social sans que la législation applicable ne soit modifiée. La SE vise à être également une structure juridique adaptée pour des groupes d'envergure multinationale, en permettant notamment la fusion et le rapprochement entre des sociétés des pays membres de l'Union européenne.

Modalités de constitution. Quatre modalités de constitution sont prévues :

- **constitution par fusion :** il pourra s'agir d'une fusion-absorption ou bien d'une fusion par constitution d'une société nouvelle. La principale condition est qu'au moins deux des sociétés qui fusionnent relèvent de droit d'États membres différents ;
- **constitution d'une SE holding :** elle est possible par des SA ou SARL dont au moins deux doivent relever du droit d'États membres différents. Les associés de ces sociétés doivent apporter un minimum de 50 % des parts ou actions à la SE holding ;
- **constitution d'une SE filiale :** il est alors nécessaire que la souscription au capital de la SE filiale soit effectuée par deux personnes morales relevant du droit d'États membres différents ;
- **transformation d'une société existante en SE :** une SA peut se transformer en SE si elle a, depuis au moins deux ans, une filiale dans un autre État membre. Elle sera une SE mère et pourra dans certaines hypothèses devenir une SE holding.

Réglementation de la SE. La SE est, sous l'angle du droit français, une SA, c'est-à-dire une société de capitaux dans laquelle la responsabilité des associés est limitée aux apports. Ses caractéristiques sont bien établies (tab. 13.2).

Tableau 13.2. Caractéristiques essentielles de la société européenne

Nombre d'associés	• Deux, mais il est possible de créer une SE unipersonnelle, filiale d'une autre SE. • En cas de SE unipersonnelle, les règles de l'EURL sont seules applicables.
Siège social	• Situé sur le territoire d'un État membre de l'UE. • Transfert possible dans un autre État membre sans dissolution (C. com., art. L. 229-2).
Règles de constitution	• **Immatriculation** au RCS • Mesures de publicité usuelles et publication au JOUE
Capital social	• Minimum : 120 000 € au minimum, sauf si la loi du siège social fixe un montant minimum supérieur • En cas d'offre au public à l'épargne, 225 000 € au minimum.
Règles de fonctionnement	• Proximité du droit français. • Système moniste à CA ou dualiste à directoire et CS • Règles relatives aux assemblées proches de la SA

Pour tout savoir sur la société européenne :

http://dunod.link/ia72d8o

Droit des actionnaires	La loi du 26 juillet 2005 a décalqué une partie des textes de la SAS relatifs aux droits des actionnaires dans les articles L. 229-11 à 15 du Code de commerce. Il sera donc possible dans les statuts de la SE, à condition qu'elle ne fasse pas un appel public à l'épargne, d'aménager les conditions de la cession des actions (inaliénabilité, agrément), de prévoir l'exclusion d'un actionnaire, d'imposer des règles en cas de prise de contrôle d'un actionnaire. Toutes ces clauses ne peuvent être, comme dans la SAS, modifiées qu'avec le consentement unanime des actionnaires

Après un démarrage laborieux, la SE monte aujourd'hui en puissance, notamment au sein des groupes multinationaux : LVMH, Allianz, Porsche, BASF, Airbus ont adopté cette structure. Il y aurait plus de 2 000 SE aujourd'hui dans l'UE.

Fiscalité. Une SE dont le siège est en France est soumise à l'IS, comme toute SA.

En définitive, on retiendra que la SE peut se constituer sur le sol de n'importe quel État membre de l'Union européenne, et par la suite transférer son siège social dans un autre. Sachant que la loi du siège social sera applicable à de nombreux aspects de la vie de la SE et notamment à la fiscalité, on pressent la concurrence entre États membres.

➜ MINI-CAS 4 • MINI-CAS 5

3 La prise de participations et de contrôle

Un groupe se constitue petit à petit par des rachats successifs qui suivant leur ampleur peuvent conduire à une prise de contrôle. L'enchevêtrement des participations peut conduire, volontairement ou non, à ce que deux sociétés détiennent réciproquement des participations. Le droit des sociétés réglemente ces montages qui, pour une part, sont interdits, pour une autre, voient simplement leurs effets limités.

A) Les notions préalables

1. La succursale

La succursale n'est pas réellement définie en droit des sociétés, la raison en étant qu'elle ne dispose pas de la personnalité juridique. Une succursale, encore parfois nommée établissement, est un démembrement ou une délocalisation d'une société en un lieu autre que le siège social. En principe, cette délocalisation va disposer d'une certaine autonomie de décision.

Du point de vue juridique, la succursale n'a pas d'autonomie, pas de capital social, pas d'associés, pas d'organes.

Exemple

- Les principaux établissements de crédit fonctionnent de cette manière. Les agences bancaires qui maillent notre territoire sont des succursales dépendant d'un siège généralement parisien.

2. La participation

10 à 50 %. La notion de participation est définie dans le Code de commerce par l'article L. 233-2 : il y a participation lorsqu'une société détient dans une autre, une fraction du capital comprise entre 10 et 50 %.

Relativité. D'une manière générale, ce seuil de participation n'est pas véritablement significatif. En effet, il semble signifier qu'en dessous de 10 % du capital, l'investisseur effectue un simple placement de fonds, ce qui ne correspond pas à la réalité des sociétés cotées. En effet, dans certaines sociétés où l'actionnariat est atomisé, une détention de 9 % du capital est réellement significative. Inversement, dans certaines petites sociétés par actions, en dessous du seuil de la minorité de blocage (33,3 %), l'actionnaire n'a pas de poids.

Droits de vote. Ajoutons que les seuils sont exprimés en capital alors que, pour avoir une idée réelle de l'influence d'un associé, il est nécessaire de comptabiliser les droits de vote dont il dispose : ainsi une personne qui détient 8 % d'actions à droit de vote double n'est pas considérée par le texte précité comme ayant une participation, alors que son influence est conséquente…

3. La filiale

Définition

Selon l'article L. 233-1 du Code de commerce constitue une **filiale** une société dont plus de la moitié du capital est détenue par une autre.

4. Le contrôle

Le contrôle est la notion centrale du droit des groupes ; c'est elle qui conditionne l'application de règles importantes. Le champ d'application de la législation sur les conventions réglementées dépend de cette notion.

Code de commerce, article L. 225-38 al. 1

- Toute convention intervenant directement ou par personne interposée entre la société et son directeur général, l'un de ses directeurs généraux délégués, l'un de ses administrateurs, l'un de ses actionnaires disposant d'une fraction des droits de vote supérieure à 10 % ou, s'il s'agit d'une société actionnaire, la société la contrôlant au sens de l'article L. 233-3, doit être soumise à l'autorisation préalable du conseil d'administration.

L'expertise de gestion de l'article L. 225-231 du Code de commerce vise les opérations de gestion de la société dont les demandeurs sont actionnaires, mais également les opérations réalisées par les sociétés contrôlées par la société dont sont actionnaires les demandeurs.

Un troisième exemple sera pris dans le droit de la SAS. L'article L. 227-17 prévoit que si l'une des sociétés associées de la SAS voit son contrôle se modifier, elle devra en avertir la SAS, laquelle pourra décider de suspendre les droits de vote de son associé, et le cas échéant l'exclure. Cette disposition vise pour l'essentiel à éviter que les clauses d'agrément ne soient contournées par une prise de contrôle d'une société actionnaire.

Le contrôle est défini par l'article L. 233-3 du Code de commerce.

Code de commerce, article L. 233-3

- I. Toute personne, physique ou morale, est considérée, […], comme en contrôlant une autre :
  1° Lorsqu'elle détient directement ou indirectement une fraction du capital lui conférant la majorité des droits de vote dans les assemblées générales de cette société ;
  2° Lorsqu'elle dispose seule de la majorité des droits de vote dans cette société en vertu d'un accord conclu avec d'autres associés ou actionnaires et qui n'est pas contraire à l'intérêt de la société ;

3° Lorsqu'elle détermine en fait, par les droits de vote dont elle dispose, les décisions dans les assemblées générales de cette société ;
4° Lorsqu'elle est associée ou actionnaire de cette société et dispose du pouvoir de nommer ou de révoquer la majorité des membres des organes d'administration, de direction ou de surveillance de cette société.
II. Elle est présumée exercer ce contrôle lorsqu'elle dispose directement ou indirectement, d'une fraction des droits de vote supérieure à 40 % et qu'aucun autre associé ou actionnaire ne détient directement ou indirectement une fraction supérieure à la sienne.
III. Pour l'application des mêmes sections du présent chapitre, deux ou plusieurs personnes agissant de concert sont considérées comme en contrôlant conjointement une autre lorsqu'elles déterminent en fait les décisions prises en assemblée générale.

Droit de vote. Au préalable, on notera que la notion-clé pour l'appréciation du contrôle est le droit de vote et non pas le pourcentage du capital. En effet, il n'y a pas toujours de stricte concordance entre le capital détenu et les droits de vote :

- Une action peut être dépourvue de droit de vote : c'est le cas pour les actions de préférence sans droit de vote, lesquelles peuvent représenter jusqu'à la moitié du capital d'une société non cotée. Il est certain que ce capital « muet » ne peut pas être pris en compte.
- Inversement, une action peut conférer un droit de vote double.

Le contrôle est donc apprécié en faisant masse des droits de votes détenus par une personne seule ou en vertu d'une convention de vote.

→ **Premier cas de contrôle : détention directe ou indirecte d'une fraction du capital conférant la majorité des droits de vote.** Cette hypothèse n'appelle pas de développements particuliers. On notera simplement qu'il peut s'agir d'une détention directe ou indirecte. En effet, en vertu de l'article L. 233-4, « toute participation au capital même inférieure à 10 % détenue par une société contrôlée est considérée comme détenue indirectement par la société qui contrôle cette société. »

Exemple

- La société A détient 30 % des droits de vote de B, et 55 % des droits de vote de C. C détient 25 % des droits de vote de B. A exerce un contrôle direct sur C (55 %). A exerce un contrôle indirect sur B puisque A détient seul 30 % et que C, contrôlée par A détient 25 %, soit en tout 55 %.

Schéma 1

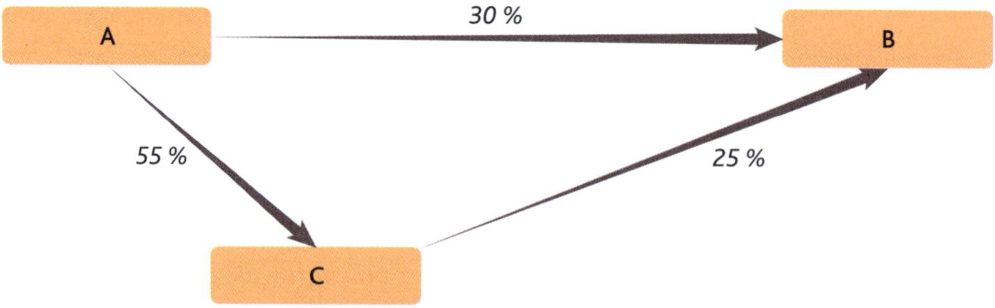

Schéma 2

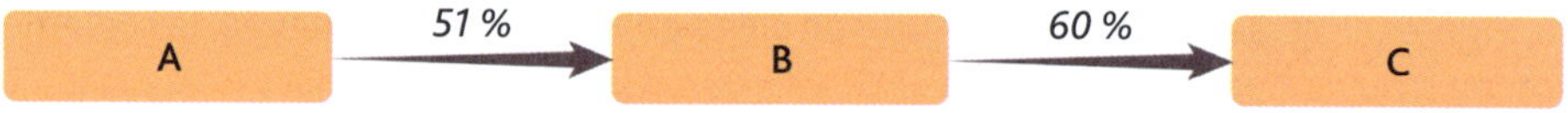

Dans le schéma 2, A contrôle directement B ; B contrôle directement C. Par conséquent, A contrôle indirectement C.

→ **Deuxième cas de contrôle : détention seule de la majorité des droits de vote dans cette société en vertu d'un accord conclu avec d'autres associés.** Cette hypothèse correspond aux conventions de vote. Le décalage entre le capital détenu et les droits de vote peut résulter d'accords entre actionnaires.

La cession du droit de vote est impossible ; le droit de vote est une des « vaches sacrées » du droit des sociétés. Il n'empêche que le droit positif reconnaît la validité des conventions de vote extrastatutaires, qui comportent des engagements de voter dans un sens déterminé ou de ne pas prendre part au vote. Ces conventions de vote ne sont valables que si elles ne sont pas contraires à l'intérêt de la société, si elles ont une durée limitée, et si elles sont consenties sans contrepartie financière. Bien évidemment, ces conventions étant la plupart du temps non, publiées, il sera très difficile de rapporter la preuve du contrôle.

→ **Troisième cas de contrôle : détermination par la société, *via* les droits de vote dont elle dispose, des décisions en AG.** C'est l'hypothèse du contrôle de fait : la société dispose directement ou indirectement d'une fraction des droits de vote qui sans être majoritaire lui confère en fait une suprématie lui permettant d'imposer ses vues aux assemblées

Exemple

- La société dispose de 35 % des droits de vote et le surplus est dispersé dans le public.

→ **Quatrième cas de contrôle : la société, en tant qu'actionnaire, dispose du pouvoir de nommer ou de révoquer la majorité des membres des organes d'administration, de direction ou de surveillance.** Ce cas vise les potentialités offertes par les actions de préférence (art. L. 228-11 du Code de commerce) ; en effet, il est possible d'émettre des titres donnant le pouvoir de nommer un nombre déterminé d'administrateurs ou de dirigeants, ou réservant des sièges dans ces mêmes organes. De même, au sein de la SAS, il est possible de prévoir que les dirigeants seront nommés autrement que par la collectivité des associés. Dès lors, un associé peut disposer, avec une participation minoritaire, du pouvoir de nomination et de révocation.

Présomption de contrôle. Le contrôle est présumé (mais il ne s'agit que d'une présomption simple pouvant être renversée) lorsque la société dispose directement ou indirectement, d'une fraction des droits de vote supérieure à 40 % et qu'aucun autre associé ou actionnaire ne détient directement ou indirectement une fraction supérieure à la sienne. Cette hypothèse est en réalité très proche du contrôle de fait.

B) La Limitation des participations réciproques : l'autocontrôle

1. Les participations réciproques directes

Définition

La **participation réciproque directe** est caractérisée lorsqu'une société détient une part du capital d'une autre société. Cette société détient également une part du capital de la première. Cette situation est préjudiciable à l'intérêt des tiers car le capital social est partiellement fictif ; de même le contrôle de la société est verrouillé puisque les dirigeants ne pourront être révoqués qu'avec leur propre accord.

Réglementation. Deux cas sont visés : les participations entre sociétés par actions et les participations entre une société par actions et une autre société. Par raisonnement *a contrario*, on peut en déduire que les participations réciproques entre deux sociétés qui ne sont pas des sociétés par actions, sont totalement libres. De même si une société étrangère (c'est-à-dire qu'elle n'a pas son siège en France) est impliquée, la réglementation ne trouvera pas à s'appliquer.

Participations réciproques entre sociétés par actions. Cette situation est régie par l'article L. 233-29 du Code de commerce.

Code de commerce, article L. 233-29

- Une société par actions ne peut posséder d'actions d'une autre société, si celle-ci détient une fraction de son capital supérieure à 10 %.

À défaut de précisions contraires, le texte n'est applicable qu'aux sociétés françaises, c'est-à-dire ayant leur siège sur le sol français.

Ce texte pose le principe d'une participation réciproque maximale de 10 % entre sociétés par actions (SA, SAS, SCA).

Exemples

- Si la SA 1 possède 12 % de la SA 2, cette dernière ne peut pas détenir d'actions de la SA 1.
- Si la SA 1 possède 9 % de la SA 2, la SA 2 peut posséder jusqu'à 10 % maximum de la SA 1.

Sanctions. Le texte règle ensuite l'hypothèse où le seuil de 10 % serait dépassé par l'une et/ou l'autre des sociétés impliquées : l'aliénation de la participation doit intervenir dans le délai d'un an à compter de la notification de cette prise de participation. Est tenue d'aliéner la société qui détient la plus faible part du capital, ou bien les deux à due concurrence, en cas de participation égalitaire. Tant que la participation excédentaire n'a pas été aliénée, les droits de vote attachés ne peuvent pas être exercés.

Participations réciproques entre une société par actions et une autre société. Cette situation est régie par l'article L. 233-30 du Code de commerce.

Code de commerce, article L. 233-30

- Si une société autre qu'une société par actions compte parmi ses associés une société par actions détenant une fraction de son capital supérieure à 10 %, elle ne peut détenir d'actions émises par cette dernière [...].
  Si une société autre qu'une société par actions compte parmi ses associés une société par actions détenant une fraction de son capital égale ou inférieure à 10 %, elle ne peut détenir qu'une fraction égale ou inférieure à 10 % des actions émises par cette dernière.

Ce texte concerne les « couples » SARL/SAS ; SARL/SA ; SA/SNC, etc. Sous une formulation qui semble plus complexe, le principe demeure le même que celui posé par le texte précédent : la participation réciproque maximale est de 10 %.

Exemples

- Une SARL détient 9 % d'une SA ; la SA ne peut détenir plus de 10 % des parts de la SARL.
- Une SAS détient 14 % d'une SARL ; la SARL ne peut détenir aucune action de la SAS.

Les règles relatives à l'aliénation, au délai et aux sanctions sont identiques à celles posées précédemment.

2. L'autocontrôle

Définition

Lorsqu'une tierce société s'immisce dans le schéma précédent, on n'est plus en présence d'une participation réciproque directe, et la réglementation change. On dit qu'il y a **autocontrôle** si une société assure son propre contrôle par l'intermédiaire de plusieurs sociétés qu'elle contrôle (fig. 13.6).

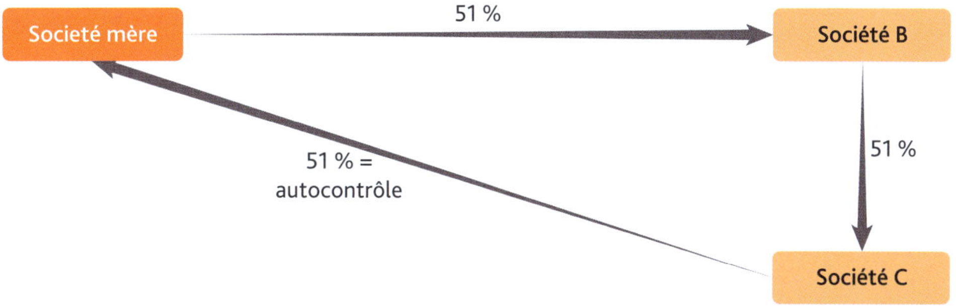

Figure 13.6. **Mécanisme d'autocontrôle**

Dans ce schéma, on appelle actions d'autocontrôle la participation détenue par la ou les sociétés contrôlées dans la société mère, c'est-à-dire ici les 51 % que C détient dans la société mère.

Réglementation. Le texte applicable est l'article L. 233-31 du Code de commerce.

Code de commerce, article L. 233-31

- Lorsque des actions ou des droits de vote d'une société sont possédés par une ou plusieurs sociétés dont elle détient directement ou indirectement le contrôle, les droits de vote attachés à ces actions ou ces droits de vote **ne peuvent être exercés** à l'assemblée générale de la société. Il n'en **est pas tenu compte** pour le calcul du **quorum**.

Sanction. Le texte ne pose aucune obligation d'aliénation des actions d'autocontrôle ; la seule « sanction » est la suppression du droit de vote de ces actions. Cela signifie de manière concrète que la société C ne peut pas voter aux assemblées de la société mère. En revanche, les autres droits attachés aux actions d'autocontrôle sont maintenus. La responsabilité pénale des dirigeants est engagée, ainsi que leur responsabilité civile. La nullité de la décision adoptée au mépris du texte n'est encourue que s'il s'agit d'une décision non modificative des statuts.

Limites. On remarquera ici que :

- la limitation ne concerne que l'autocontrôle au sein des sociétés par actions ;
- les sociétés « interposées » par lesquelles l'autocontrôle est assuré (B et C dans le schéma ci-dessus) peuvent être des sociétés autres que des sociétés par actions ; de même, peu importe que leur siège soit en France ou à l'étranger.

En clair, une SARL qui s'autocontrôle n'est pas concernée par le texte ; au contraire, une SA française qui s'autocontrôle par le biais d'une SNC, d'une SCI et d'une société américaine est touchée par la limitation des droits de vote.

Le texte fait référence aux actions ou droits de vote possédés, alors que les textes sur les participations réciproques ne raisonnent qu'en participations dans le capital.

C) Les techniques de prise de participation et de contrôle

1. Le recensement des techniques

On distingue :

- La cession d'actifs consiste pour une société à vendre à une autre, son fonds de commerce, les immeubles d'exploitation, ou encore une partie de ces biens. La société cédante encaisse les deniers provenant de la vente ; le régime fiscal n'est pas favorable puisque l'impôt sur les plus-values sera exigible dans les conditions de droit commun. À l'issue de la cession, le cédant n'est pas propriétaire d'une part du capital du cessionnaire (on distingue en ce sens la cession d'actifs de l'apport d'actifs).

- Du côté de l'acquéreur, l'**achat d'actifs** est net de tout passif, alors que l'acquisition d'une participation sous forme d'actions ou de parts sociales intègre le passif.

Plusieurs techniques peuvent être recensées :

- l'apport partiel d'actif, qui consiste pour une société à apporter à une autre, dans le cadre d'une augmentation de capital, une partie de son actif, commercial ou immobilier, ou bien des titres. L'apporteur reçoit en échange des titres et possède donc une participation dans la société ayant augmenté son capital. Dans certaines hypothèses, cet apport sera assimilé à une fusion (↪ chapitre 17), car il portera sur une branche d'activité entière (éléments actifs et passifs). Ce sera un moyen de filialiser une activité ;
- la société qui souhaite prendre une participation dans une autre peut souscrire à une augmentation de capital en numéraire de cette dernière. L'opération suppose, s'il s'agit d'une SA, que les actionnaires existants aient renoncé à leur droit préférentiel de souscription ;
- enfin, l'achat d'actions ou de parts hors de toute augmentation de capital reste encore le moyen le plus simple. L'achat de la participation peut se faire directement par la personne morale souhaitant entrer dans le capital de la cible, ou encore par le biais d'un intermédiaire financier (conventions de portage). Selon que la société rachetée est ou non cotée, la réglementation est sensiblement différente.

Exemple

L'affaire Executive Life

En 2002, une filiale du Crédit Lyonnais, Artémis, se voit proposer le rachat d'une société américaine d'assurance de personnes, Executive Life, au bord de la faillite. Le Crédit Lyonnais n'est pas intéressé par la compagnie d'assurances, mais par un portefeuille d'obligations très rentable mais à haut risque (ce que la pratique nomme des *junk bonds*) qu'il envisage de revendre avec une forte plus-value. Mais pour acheter le portefeuille, il faut acheter la compagnie. Or, la loi américaine interdit à une banque de posséder plus de 25 % d'une compagnie d'assurances. Le Crédit Lyonnais demande donc à la MAAF de servir de porteur. Une convention de portage est passée, et la MAAF se porte acquéreur de la société Executive Life, qu'elle revend par la suite à une filiale du Crédit Lyonnais. L'affaire aurait pu en rester là, mais la justice américaine va découvrir la grossière supercherie des Français ; le Crédit Lyonnais sera lourdement condamné ; derrière lui se trouvent l'État français et donc les contribuables...

2. La prise de participation dans une société dont les titres sont admis aux négociations sur un marché réglementé

Achat en Bourse et offre publique d'achat (OPA). On précisera que :

- une société cotée en Bourse n'introduit pas sur le marché la totalité de ses titres. EDF, par exemple, qui a fait son entrée sur Euronext en novembre 2005, n'a mis sur le marché que 15 % de son capital. Dès lors, il faut comprendre que l'on peut acheter **hors marché boursier** des actions d'une société cotée. La réglementation des prises de participation s'appliquera quoi qu'il en soit ;

- on peut acheter des titres sur le marché réglementé sans lancer d'offre publique. Toutefois, des achats trop importants pourront avoir pour effet de déclencher une obligation de lancer une offre publique ;
- si un initiateur souhaite prendre le contrôle d'une société cotée, de manière instantanée, le procédé de l'offre publique est adapté.

Attention : tout achat en Bourse n'est pas une offre publique d'achat (OPA).

Obligation de transparence. Le propre du marché boursier est la rapidité. Les titres qui s'y négocient sont tous « dématérialisés », ce qui veut dire qu'ils n'ont aucune existence papier et n'existent que sur un compte appelé « compte-titre ». Les titres négociés en Bourse sont pour l'essentiel des titres « au porteur ». Cette expression signifie que la société émettrice des titres ne connaît pas l'identité de leur titulaire ; en clair, elle ne sait pas qui est actionnaire à un moment donné.

En effet, le compte-titre est tenu par un intermédiaire nommé PSI (prestataire de services en investissement), le plus souvent un établissement de crédit. Or une société peut légitimement avoir besoin de connaître son actionnariat, soit pour contrôler qu'aucun concurrent n'est entré dans son capital, soit pour mettre en place de manière préventive des stratégies de défense contre une OPA inamicale.

Cela explique toutes les mesures visant à informer la société émettrice des prises de participation la concernant.

Nécessité de protection des actionnaires minoritaires. La protection des actionnaires minoritaires est un autre souci du législateur, particulièrement présent dans le droit des offres publiques. Il faut en effet éviter que les minoritaires ne soient prisonniers d'un changement de majorité non souhaité, et donc leur permettre de céder leurs titres s'ils le souhaitent. Il est dès lors primordial de leur permettre de sortir aux mêmes conditions que les actionnaires majoritaires. Ceci explique qu'une offre publique ne puisse porter que sur la totalité des titres et surtout que le passage du seuil de participation d'un tiers du capital ou des droits de vote oblige au déclenchement d'une offre publique.

Assujettissement des personnes agissant de concert. Les prises de participation et de contrôle génèrent des obligations plus ou moins contraignantes, qui, c'est là une singularité, ne pèsent pas uniquement sur la personne physique ou morale qui prend directement la participation ou le contrôle.

Afin d'éviter des prises de participation occultes, par personnes interposées, ou bien diluées entre plusieurs initiateurs, la loi a créé la notion d'**action de concert**. Les personnes qui agissent de concert (c'est-à-dire avec une même finalité) sont tenues ensemble et solidairement des obligations relatives aux prises de participation, et notamment les obligations relatives à l'information et au déclenchement d'une offre publique. Si elles ne satisfont pas aux obligations que la loi leur fait, elles seront tenues des sanctions civiles et pénales solidairement.

Code de commerce, article L. 233-10

- Sont considérées comme agissant de concert les personnes qui ont conclu un accord en vue d'acquérir ou de céder des droits de vote ou en vue d'exercer les droits de vote, pour mettre en œuvre une politique vis-à-vis de la société.

L'accord doit porter sur toute forme de transmission ou de mise à disposition de titres conférant le droit de vote. Ainsi une promesse de vente de titres conférant le droit de vote peut être considérée comme une action de concert. Une deuxième condition est nécessaire : l'accord doit viser à mettre en pratique une politique commune vis-à-vis de la société. Là est toute la différence : une promesse de vente ou d'achat révèle en principe des intérêts divergents entre acheteur et vendeur. Ce n'est donc pas une action de concert. Si, en revanche, la promesse vise à un objectif commun, ce pourra être jugé comme une action de concert.

Exemple

- Ont par exemple été jugées comme actions de concert :
  - un accord prévoyant l'obligation pour les parties de se concerter préalablement à telle ou telle décision ;
  - un pacte où les parties s'interdisent mutuellement de céder leurs titres (inaliénabilité) ;
  - un pacte de sortie conjointe.

Présomption d'actions de concert. L'article L. 233-10 du Code de commerce établit une liste de présomptions de concert, présomptions simples (la preuve contraire peut être rapportée). Seules quatre sont présentées ci-après.

Code de commerce, article L. 233-10

1) Entre une société, le président de son conseil d'administration et ses directeurs généraux ou les membres de son directoire ou ses gérants.

La loi présume ici une communauté d'intérêts entre une société et ses principaux dirigeants. On notera que la liste des dirigeants présumés agir de concert avec la société qu'ils dirigent est restrictive et exclut les administrateurs et les membres du conseil de surveillance.

2) Entre une société et les sociétés qu'elle contrôle au sens de l'article L. 233-3.

Est visé notamment le concert entre une société mère et sa filiale. Si une société détient plus de la majorité des droits de vote d'une autre, il tombe sous le sens qu'elles agissent dans un intérêt commun.

3) Entre des sociétés contrôlées par la même ou les mêmes personnes.

Ici c'est le concert entre sociétés sœurs qui est visé.

4) Entre les associés d'une société par actions simplifiée à l'égard des sociétés que celle-ci contrôle. [...]

L'hypothèse 4 est spécifique. La SAS ne peut pas être cotée sur un marché réglementé, mais le texte vise le concert entre les associés de la SAS et les sociétés contrôlées par la SAS. Pourquoi cette présomption ? Car le droit de la SAS autorise des clauses qui normalement relèvent des pactes d'actionnaires extrastatutaires ; dès lors ces clauses peuvent être perçues comme des accords en vue de mettre en œuvre une politique commune.

Exemple

- Le concert est présumé dans les cas suivants (fig. 13.4) :
  - entre la SA 1 et son PDG ;
  - entre la SA 1 et la SA 2 (contrôle direct) ;
  - entre la SA 1 et la SA 3 (contrôle direct) ;
  - entre la SA 2 et la SA 3 (sœurs) ;
  - entre la SA 2 et la SA 4 (contrôle direct) ;
  - entre la SA 1 et la SA 4 (contrôle indirect) ;
  - entre la SA 4 et la SA 3 (contrôlées directement ou indirectement par SA 1).

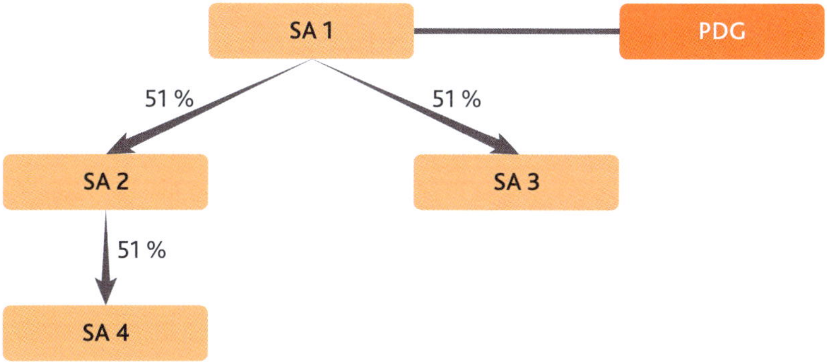

Première obligation : déclaration de franchissement de seuils (C. com, L. 233-7). Toute personne physique ou morale qui prend une participation dans une société cotée, qui lui fait franchir un seuil légal ou statutaire, en capital ou en droits de vote, doit en informer la société dans laquelle la participation est prise, ainsi que l'Autorité des marchés financiers. L'objectif affiché de ce dispositif est d'éviter le « ramassage en Bourse » (achat de petits paquets d'actions, finissant par conférer le contrôle) et de prévenir les offres publiques et toutes autres prises de contrôle. L'information sur le franchissement de seuil permet en effet de :
- connaître à un instant donné l'actionnariat de la société ;
- déceler la dynamique du capital social : qui y entre, qui en sort.

Qui est tenu de déclarer le franchissement ? Il s'agit de toute personne physique ou morale agissant seule ou de concert. On se rappellera que les personnes agissant de concert sont tenues solidairement des obligations que la loi leur fait.

Quels seuils doivent être déclarés ? En premier lieu, on notera que doit être déclaré le franchissement à la hausse comme à la baisse.

C'est le franchissement du seuil qui doit être déclaré, et non pas l'acquisition d'un certain pourcentage du capital ou des droits de vote. Soit une personne possédant 26 % des droits de vote d'une société cotée. Si elle acquiert seule ou de concert une fraction de 3 % du capital ou des droits de vote, sa participation passera de 26 à 29 % ; aucune déclaration n'est à effectuer alors que la participation nouvellement acquise est significative.

Exemple

- Si une personne avait 9 % et achète 2 % supplémentaires, elle doit le déclarer. Inversement, si elle détenait 11 % et en cède 2 %, elle doit également procéder à la déclaration.

Seuils légaux. La loi prévoit des seuils qui sont de :
- 1/20 soit 5 % ;
- 1/10 soit 10 % ;
- 3/20 soit 15 % ;
- 1/5 soit 20 % ;
- 1/4 soit 25 % ;
- 3/10 soit 30 % ;
- 1/3 soit 33,3 % ;
- 1/2 soit 50 % ;
- 2/3 soit 66,66 % ;
- 18/20 soit 90 % ;
- 19/20 soit 95 %.

Seuils statuaires. Les statuts peuvent renforcer l'obligation légale en prévoyant d'autres seuils de déclaration. Ils peuvent instaurer des seuils intermédiaires entre les seuils légaux comme 4/5e. De même est-il possible de stipuler des seuils inférieurs au seuil légal minimum de 5 %, sans toutefois que les statuts puissent prévoir la déclaration de franchissement d'un seuil inférieur à 0,5 %. Le passage des seuils statutaires n'a pas à être déclaré à l'AMF ; la société émettrice en est la seule destinataire.

Comment le seuil est-il calculé ? Un seuil est une fraction. Au numérateur se trouve le capital ou les droits de vote détenus, au dénominateur, le nombre total des droits de vote. À noter que le nombre total des droits de vote d'une société cotée doit être publié au BALO chaque année postérieurement à l'assemblée générale ordinaire. Si ce nombre vient à se modifier, il faudra établir une nouvelle publication. Le rythme des publications est mensuel, sauf si le nombre est inchangé depuis la dernière déclaration.

Exemple

TOTAL SA
Déclaration au titre de l'article 223-16 du règlement général de l'Autorité des marchés financiers (AMF)

Date	Nombre d'actions composant le capital	Nombre de droits de vote exerçables en Assemblée Générale
30 avril 2019	2 656 753 043	2 775 426 582

- Déclaration de franchissements de seuils (C. com., art. L. 233-7)
11 avril 2016, SCOR SE *(Euronext Paris)*. Par courrier reçu le 11 avril 2016, la société de droit japonais Sompo Japan Nipponkoa Holdings, Inc., (26-1, Nishi-Shinjuku 1-chome, Shinjuku-ku, Tokyo 160-8338, Japon) a déclaré avoir franchi en baisse, le 8 avril 2016, indirectement, par l'intermédiaire de la société Sompo Japan Nipponkoa Insurance Inc. qu'elle contrôle, les seuils de 5 % du capital et des droits de vote de la société SCOR SE et ne plus détenir aucune action de cette société. Ce franchissement de seuils résulte d'une cession d'actions SCOR SE hors marché.

Quelle est la sanction de ces règles ? Plusieurs sanctions sont prévues :
- Des **sanctions civiles** consistant en une privation des droits de vote. De manière plus précise, l'article L. 233-14 prévoit deux sanctions de privation des droits de vote :
  - l'une, dite « automatique », qui frappe la fraction des droits de vote excédant le seuil qui aurait dû être déclaré, et qui a une durée de deux années à partir de la régularisation de la notification du franchissement ;
  - une sanction facultative est prévue également pour le non-respect des franchissements légaux comme statutaires. Le tribunal de commerce peut prononcer la suspension de tout ou partie des droits de vote pour une durée maximale de cinq années.
- Une sanction pénale (amende) frappe les dirigeants de la personne morale tenue de faire la déclaration.

Deuxième obligation : déclaration d'intentions. L'article L. 233-7 *in fine* prévoit qu'à l'occasion du franchissement à la hausse des seuils du 1/10e, 3/20e, 1/5e, 1/4 la personne tenue de déclarer le franchissement doit également déclarer quelles sont ses intentions pour les six mois à venir. Cette déclaration pèse sur les mêmes personnes et vise les mêmes destinataires ; elle prend la même forme que le franchissement de seuil ; en pratique, les sociétés tenues procèdent aux deux déclarations (franchissement et intentions) dans le même document.

Cette déclaration précise si l'acquéreur agit seul ou de concert, ses modes de financement de l'acquisition, s'il envisage d'arrêter ses achats ou de les poursuivre, d'acquérir ou non le contrôle de la société, de demander sa nomination ou celle d'une ou plusieurs personnes comme administrateur, membre du directoire ou du conseil de surveillance.

Exemple

▸ Déclaration de franchissement de seuil et déclaration d'intention de **LAGARDERE SCA** (Euronext Paris) ▸

1. Par courrier reçu le 2 mai 2017, complété par un courrier reçu le 3 mai 2017, la société Qatar Holding LLC (8th Floor, Ooredo Tower, Diplomatic Arca Street, West Bay, Doha, PO Box 23224,Qatar) a déclaré avoir franchi en hausse le 28 avril 2017, le seuil de 15 % des droits de vote de la société LAGARDERE SCA et détenir 17 091 585 actions LAGARDERE SCA représentant 34 183 170 droits de vote, soit 13% du capital et 16,69% des droits de vote de cette société.

Ce franchissement de seuil résulte d'une attribution de vote double.

2. Par les même courriers, la déclaration d'intention suivant a été effectuée :

« La société Qatar Holding LLC déclare :

- L'aquisition d'actions LAGARDERE SCA par Qatar Holding LLC [résulte d'une] attribution de droits de vote double ;
- agir seul ;
- envisage d'augmenter sa participation dans la société LAGARDERE SCA ;
- ne pas envisager de prendre le contrôle de la société LAGARDERE SCA [...]

Troisième obligation : publicité des pactes d'actionnaires. Dans la logique d'une plus grande transparence des rapports entre actionnaires, notamment en période d'offre publique (où il est important que l'initiateur ait connaissance des défenses mises en place par la cible), l'article L. 233-11 du Code de commerce prévoit la publication des pactes comportant des conditions préférentielles de cession ou d'acquisition à condition qu'elles soient significatives dans leur volume, c'est-à-dire qu'elles portent sur au minimum 0,5 % du capital ou des droits de vote, ce qui inclut au sens strict :

- les promesses de vente ou d'achat ;
- les pactes de préférence ou de préemption.

Quatrième obligation : offre publique obligatoire. L'ultime conséquence d'une prise de participation dans une société cotée peut être l'obligation de déclencher une offre publique sur la totalité des titres de la société émettrice. Les obligations décrites précédemment nous cantonnaient dans le domaine de l'information. L'article 234-2 du règlement général de l'AMF pose un principe rigoureux : toute personne physique ou morale, agissant seule ou de concert, qui vient à détenir plus de 30 % du capital ou des droits de vote d'une société cotée, est tenue de déposer un projet d'offre publique.

Cette disposition vise à éviter le ramassage en Bourse et à assurer une parfaite égalité entre les actionnaires, en protégeant notamment les minoritaires.

3. Les offres publiques (OPA-OPE)

Définition

L'**offre publique** consiste pour une personne morale à faire connaître aux actionnaires d'une société dite « cible » qu'elle souhaite acquérir leurs actions à un prix supérieur au cours de Bourse, payé soit en numéraire (OPA), soit en titres de l'initiateur (OPE).

Une offre publique peut porter autant sur des titres de capital que sur des titres de créance ; mais l'objectif premier étant de prendre le contrôle de la cible, il est nécessaire que l'offre permette de posséder des titres offrant le droit de vote. La plupart des OP portent donc sur des actions.

Objectifs. L'offre publique répond, soit à une logique de concentration économique (verticale ou horizontale), soit à une logique purement spéculative, où l'initiateur achète dans le seul but de revendre l'entreprise en la démantelant (on nomme cela la « revente par appartements ») et en réalisant une forte plus-value.

Faveur législative. Le législateur, en France du moins, perçoit globalement les OP de manière très positive car :
- elles animent le marché boursier ;
- elles permettent des concentrations rapides ;
- elles respectent le principe d'égalité entre actionnaires ;
- elles sont une incitation pour les dirigeants sociaux à bien gérer la société et à considérer comme il se doit l'actionnariat.

Réglementation. Les offres publiques sont réglementées par les articles L. 433-1 à 433-4 du Code monétaire et financier, et surtout, en complément, par le règlement général de l'AMF, articles L. 231-1 et suivants. L'essentiel de la réglementation se trouve dans ce dernier document.

OP obligatoire. Le déclenchement de l'offre se fait en principe par la volonté de l'initiateur qui souhaite délibérément prendre le contrôle d'une cible. Mais, dans certains cas, l'offre sera rendue obligatoire par le règlement général de l'AMF (article 234-2). Cette obligation est motivée par la volonté de respecter l'égalité entre actionnaires et de permettre aux minoritaires de sortir de la société cible afin de ne pas subir le changement de contrôle. Il existe plusieurs cas de dépôt obligatoire :
- **1er cas** : une personne physique ou morale, agissant seule ou de concert, détient plus de 30 % du capital ou des droits de vote (on notera qu'il s'agit d'une alternative). Dans ce cas, l'offre doit viser la totalité du capital et des titres donnant accès au capital ou aux droits de vote ;
- **2e cas** : une société détient seule ou de concert entre 30 % et la moitié du capital ou des droits de vote d'une autre, et vient sur douze mois consécutifs à racheter plus de 1 % de la société cible. Dans ce cas, l'obligation de dépôt se fonde sur la vitesse d'acquisition.

100 % du capital. L'offre doit porter sur la totalité du capital : cette règle, qui vise la protection des minoritaires en leur permettant de ne pas rester prisonniers de leurs titres, signifie en clair qu'il ne peut exister d'OP partielle.

Clause de succès. L'offre peut être assortie d'un seuil de renonciation également appelée « clause de succès ». En effet, si l'initiateur est obligé dans certains cas de déposer un projet d'OP, les actionnaires de la cible ne sont nullement tenus d'apporter leurs titres à l'OP ; celle-ci peut donc être un échec.

Seuil de la caducité. Le nouvel article L. 433-1-2 du Code monétaire et financier prévoit la caducité automatique de toute offre publique qui ne réunirait pas à sa clôture, une fraction supérieure à la moitié du capital ou des droits de vote. Cette nouvelle mesure vise à garantir un bon niveau du prix de l'offre.

Modalités. L'offre peut être unique, mixte, alternative, principale et subsidiaire – une offre est dite unique si l'initiateur propose l'achat ou l'échange des titres de la cible. L'offre sera donc une OPA unique (les actionnaires ne se voient remettre que du numéraire) ou une

OPE unique (les actionnaires ne se voient remettre que des titres). L'offre est dite mixte si les actions apportées à l'initiateur sont payées pour partie en numéraire, pour partie en titres. Elle est dite alternative, si l'actionnaire de la cible a le choix entre le paiement en numéraire ou en titre. On parle également d'offres principale et subsidiaire.

Procédure des OP. Le règlement général de l'AMF distingue deux procédures : la procédure normale qui suppose que l'initiateur détienne moins de la moitié du capital ou des droits de vote et la procédure simplifiée pour le cas où il détient déjà la majorité dans la société cible. La différence entre les deux procédures tient pour l'essentiel à la durée d'ouverture de l'offre, c'est-à-dire au délai pendant lequel les actionnaires de la société rachetée peuvent amener leurs titres à l'initiateur.

Étapes. Une offre publique de titres se déroule de manière schématique en huit étapes (fig. 13.7).

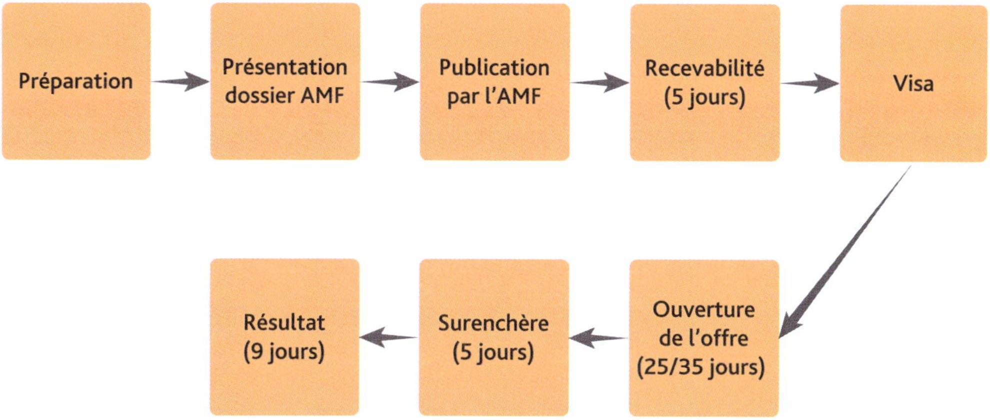

Figure 13.7. **Étapes d'une OPA**

Offres concurrentes et surenchères. Une offre concurrente émane d'une personne distincte de l'initiateur et qui, en général, vient au secours de la cible. Une surenchère émane de l'initiateur qui propose un prix supérieur à celui proposé initialement. Dans les deux cas, l'offre concurrente ou la surenchère ne sont recevables que si le prix proposé est supérieur de plus de 2 % au prix stipulé dans l'offre d'origine.

Exemple

- OPA de B à 150 € sur le titre de A.
  C peut déposer une offre concurrente au prix minimum de 153 €.
  S'il a des informations prédisant un échec de son offre au prix de 150 €, B peut offrir de surenchérir à partir de 153 €.

Offre publique de retrait (OPR). C'est un mécanisme qui vise à ce que les actionnaires minoritaires puissent se retirer de la société dont le contrôle a changé. Il y a plusieurs hypothèses d'OPR :
- les actionnaires majoritaires détiennent de concert au moins 95 % des droits de vote ;
- la société est une SA et envisage de se transformer en SCA ;

– l'actionnaire contrôlant la société envisage de demander une modification statutaire importante, ou propose un projet de fusion absorption de la société.

Procédure. L'initiative d'une OPR peut appartenir soit aux actionnaires minoritaires, qui vont alors solliciter l'AMF, laquelle va requérir des majoritaires de déposer une OPR, soit aux majoritaires directement. L'AMF peut encore requérir le dépôt d'une OPR de sa propre initiative. À l'issue, et dans le meilleur des cas, l'initiateur aura 100 % des titres de la société. En pratique, quelques irréductibles auront souvent refusé de vendre. Il faudra alors les y obliger : c'est le retrait obligatoire.

Retrait obligatoire (RG AMF, art. 237-1). Suite logique de l'OPR, le retrait obligatoire vise les titres non présentés à l'OPR. Pour ce reliquat, les actionnaires majoritaires peuvent demander que les titres leur soient transférés contre indemnisation des minoritaires exclus. Le retrait obligatoire porte sur au maximum 5 % des titres conférant le droit de vote. Il s'opère sous surveillance de l'AMF. Le prix est défini par l'initiateur après une évaluation suivant des « méthodes objectives » ; ce prix doit bien entendu être validé par l'AMF.

Défenses anti-OPA. C'est un sujet très ludique et vivant. Ludique en raison de son aspect guerrier et des similitudes avec les jeux vidéo..., vivant car, en raison des fréquentes OPA américaines sur des sociétés françaises, il est question de rechercher les moyens juridiques pour renforcer notre panoplie de défenses.

Quelques exemples de défenses en droit français. L'initiateur d'une offre publique d'achat ou d'échange ne recherche pas le capital, ni les dividendes (au moins dans un premier temps...), mais le pouvoir. Ce que vise tout initiateur, c'est d'arriver à limoger la direction en place pour s'y installer. Pour cela, il a besoin de pouvoir exercer des droits de vote :

- **L'émission de capital « muet »** ou non-votant : l'article L. 228-11 du Code de commerce permet, dans une société cotée, d'émettre au maximum un quart d'actions de préférence sans droit de vote.
- **L'émission de titres à droit de vote double** : par les actions de préférence à droit de vote double, il est possible de renforcer le pouvoir de certains actionnaires présumés fidèles.
- Le **plafonnement des droits de vote** : cette possibilité est offerte aux statuts à la condition que le plafonnement soit imposé à tous les actionnaires sans discrimination. Beaucoup de sociétés du CAC 40 ont introduit une clause de plafonnement.

Exemple

Dans la société Danone, les droits de vote sont plafonnés à 6 % pour les actions ordinaires et à 12 % pour les actions à droit de vote double ; cela signifie que, quel que soit le capital détenu par un seul actionnaire, il ne donnera jamais plus de 6 ou 12 % de voix.

- **Les conventions de vote.** Elles sont valables si elles ne contrarient pas l'intérêt social et si elles sont temporaires. Leur seule faille réside dans leur sanction, qui se limite à des dommages-intérêts en cas de violation.
- **La dilution de l'initiateur.** Le but est ici de noyer la participation de l'initiateur de manière à ce qu'il repasse en dessous de la barre des 50 %, ou bien, mais cela revient au même, à le décourager en rendant plus coûteuse sa tentative de prise de contrôle. Cela peut passer par une **augmentation du capital social** souscrite par les actionnaires ou par un tiers « ami » de la société ; **le paiement du dividende en actions**, qui aura pour effet d'augmenter le capital, ou encore l'émission de stock-options sont aussi un moyen

très utile à double titre : d'abord car les bénéficiaires n'ont pas intérêt à apporter car, au moment de l'exercice de l'option, le capital va augmenter ; la dilution peut également se faire par le biais de **bons ou titres convertibles (BSA/OCA/OBSA).**

- La structure même de la société peut constituer une excellente défense (tour d'ivoire). L'idée est de placer les titres dans une société, qui, par sa forme juridique, constitue une bonne défense contre les offres publiques. Deux formes sociales sont particulièrement indiquées : la société en commandite par actions et la SAS. La **transformation en commandite par actions** est un excellent moyen de défense car, dans cette société, il existe deux « castes » d'associés : les commandités, qui ne sont pas titulaires de titres cotés mais qui dirigent la société, et les commanditaires, qui sont les actionnaires dont les titres peuvent être cotés, mais qui n'ont pas de pouvoir de gestion. Cela signifie qu'un initiateur ne pourra racheter en Bourse que les titres des commanditaires. Un certain nombre de sociétés désirant allier contrôle familial, introduction en Bourse et protection anti-OPA ont eu recours à cette forme de société : Michelin, Lagardère, Disneyland Paris...

La SAS peut être utilisée en raison des clauses statutaires permettant de restreindre les mouvements du capital social. Toutefois, la SAS ne peut jamais être cotée ; elle est principalement choisie comme société holding. Si les actionnaires majoritaires d'une société cotée font apport de leurs titres à une holding SAS, la société devient une citadelle imprenable.

4. La prise de participation dans une société dont les titres ne sont pas admis aux négociations sur un marché réglementé (cession de contrôle)

L'expression cession de contrôle n'est pas propre aux sociétés non cotées ; elle signifie tout d'abord la cession d'une quantité de droits conférant le contrôle de la société cédante (la moitié, les deux tiers ou les trois quarts suivant le cas).

L'achat de droits d'une société non cotée n'est pas réglementé à la différence de l'achat d'actions en Bourse. Il pourra s'agir soit de cessions de parts, de SARL par exemple, soit de cessions d'actions de SA, SAS ou SCA non cotées.

L'absence de réglementation propre n'empêche pas le contentieux de se développer, que ce soit sur la problématique de la protection des minoritaires ou sur celle de la protection des parties à la cession (↪ chapitre 19).

→ CAS PRATIQUE 6

DES SAVOIRS AUX COMPÉTENCES

Évaluer les savoirs | Maîtriser les compétences | Préparer l'épreuve

1 QCM

Pour chaque les propositions, une ou plusieurs réponses sont possibles. Justifiez-les.

1. Une société holding désigne :
   a. une SA qui détient des actifs à l'étranger. ☐
   b. une société dépourvue d'activité économique. ☐
   c. une société détenue par une autre. ☐
   d. une société qui détient des participations dans une ou plusieurs autres sociétés. ☐

2. A détient 65 % du capital de B, B détient 54 % du capital de C, E détient 10 % du capital de A. Peut-on dire que :
   a. A contrôle indirectement C ? ☐
   b. C est une filiale de E ? ☐
   c. A est la mère de B ? ☐
   d. E contrôle indirectement B ? ☐
   e. C est une sous-filiale de A ? ☐

3. Dans une opération de LBO :
   a. une banque rachète une société en créant une filiale de celle-ci. ☐
   b. un repreneur finance le rachat d'une société cible par le biais d'une holding. ☐
   c. la holding s'endette auprès d'une banque et rembourse son emprunt par des remontées de dividendes de la cible. ☐

4. Contrôler une société signifie que l'on :
   a. en possède un tiers des droits de vote. ☐
   b. en possède la moitié du capital. ☐
   c. détient le pouvoir de nommer les dirigeants de celle-ci. ☐
   d. possède la majorité des droits de vote. ☐
   e. détient un droit de véto sur certaines décisions. ☐

5. Détenir 30 % du capital d'une société et 42 % des droits de vote peut signifier :
   a. une anomalie dans la comptabilisation des droits de vote. ☐
   b. que l'on a des actions de préférence. ☐
   c. que l'on a passé une convention de vote avec d'autres actionnaires. ☐
   d. que l'on détient des actions sans droit de vote. ☐
   e. que l'on détient des actions à droit de vote double. ☐

6. Le capital minimum d'une société européenne est de :
   a. 450 000 €, si elle fait offre au public. ☐
   b. 120 000 €, si elle ne fait pas offre au public. ☐
   c. 225 000 €, si elle fait offre au public. ☐
   d. 1 €. ☐

2 Situation d'un actionnaire de SAS ★★★

M. Li possède 36 % d'actions ordinaires de la SAS Durian. Les 64 % restant du capital sont répartis à égalité entre 20 actionnaires.

Comment qualifieriez-vous la situation d'actionnariat de M. Li au sein de la SAS Durian ?

Situation d'un investisseur ★★★

Jimmy Page, investisseur, possède 9 % des actions de la SA cotée Dark Star. Il acquiert, par achat en Bourse, 3 % supplémentaires de la SA.

Que doit faire Jimmy Page consécutivement à son acquisition ?

Évaluer les savoirs | Maîtriser les compétences | Préparer l'épreuve

Mini-cas : participations réciproques ★★★

Compétences visées

- **Comprendre** l'importance des groupes aujourd'hui
- **Identifier** les véhicules juridiques utilisés dans les groupes de société

1. La SA 1 détient 15 % de la SA 2. La SA 2 détient 15 % de la SA 1.
2. La SCI 1 détient 20 % dans la SARL 2. Quelle est la participation maximale de la SARL dans la SCI ?
3. La SAS 1 détient 8 % de la SARL 2, laquelle détient 10 % de la SAS 1.
4. La SARL A détient 53 % de la SARL B qui détient 59 % de la SARL C, qui détient 57 % de la SARL A.
5. La SA 1 détient 59 % de la SA 2, qui détient 78 % de la SA 3, qui détient 45 % de la SA 4, qui détient 53 % de la SA 5, qui détient 80 % de la SA 1.

Analysez les situations ci-avant au regard des règles relatives aux participations réciproques.

Mini-cas : organigramme et autocontrôle ★★★

Compétence visée

Identifier les véhicules juridiques utilisés dans les groupes de société

Voici le descriptif sommaire du groupe de sociétés Soya :

- La SA 1 détient 36 % de la SARL 3, et 52 % de la SARL 2.
- La SARL 2 détient 10 % de la SARL 3 et 55 % de la SA 2.
- La SAS 4 détient 62 % de la SA 5 et 10 % de la SA 2.
- La SARL 3 détient 45 % de la SARL 2, 18 % de la SA 2 et 55 % de la SAS 4.
- La SA 5 détient 51 % de la SARL 3.
- La SA 2 détient 3 % de la SARL 3 et 3 % de la SARL 2.

Dressez un organigramme du groupe de sociétés Soya et tentez de déceler les éventuels problèmes liés à l'autocontrôle direct ou indirect.

6 Cas pratique : prise de participations dans des sociétés cotées ★★★

60 min

Compétences visées

- **Comprendre** l'importance des groupes aujourd'hui
- **Connaître** la réglementation applicable aux prises de participation et de contrôle, notamment dans les sociétés cotées

Soit le groupe de sociétés Strike Force constitué de la manière suivante :

- la SA 1 détient 60 % du capital d'une SAS ;
- cette SAS détient 12 % de la SA 2 et 52 % de la SARL 1 ;
- la SARL 1 détient 70 % de la SA 1, 51 % de la SARL 2 et 3 % de la SAS ;
- la SARL 2 détient 13 % de la SARL 1 et 5 % de la SA 2 ;
- la SA 2, société cotée sur un marché réglementé, détient 20 % de la SAS.

Travail à faire

1. *Dressez l'organigramme du groupe et déterminez les participations détenues par les diverses personnes morales, les sociétés filiales, les sociétés sœurs. Précisez qui contrôle qui.*
2. *Informez votre client sur la légalité et les conséquences des participations décrites.*
3. *Établissez les incidences que pourrait avoir une prise de participation de 9 % de la SA 1 dans la SA 2. Même question pour une prise de participation de 22 %.*

La SARL 1 souhaite maintenant céder sa participation dans la SA 1 à une SA n° 3 étrangère au groupe. Les statuts de la SA 1 contiennent une clause d'agrément pour toute cession à un tiers.

Travail à faire

4. *Dans l'hypothèse où l'agrément serait accordé, déterminez-en les conséquences sur le groupe.*

La SAS et la SARL 2 ont passé un accord prévoyant tout d'abord l'interdiction de céder leur participation dans la SA 2 pendant trois exercices, ensuite l'obligation de voter dans le même sens après concertation, aux AG de la société.

Travail à faire

5. *Déterminez la validité d'un tel accord, ses conséquences au sein du groupe et la sanction de sa violation.*

SYNTHÈSE

Constitution et vie des groupes de sociétés

Types de groupes

Groupe pyramidal
- À sa tête une holding
- Détention de *x* filiales détenant à leur tour des « sous-filiales »

Groupe radial
Détention directe, par la holding, de toutes les filiales, sans mise en place de sous-filiales

Groupe circulaire
Participations créant un autocontrôle des sociétés impliquées

Intérêt de la holding

Déconnexion du pouvoir et du capital ▶ Transmission familiale ▶ Option de holding de rachat ou *Leverage Buy Out* (LBO) ▶ Mise en œuvre d'une politique commune

Prise de participation dans une société dont les titres sont admis aux négociations sur un marché règlementé

Quatre obligations

1. Déclaration de franchissement de seuils
2. Déclaration d'intention
3. Publicité des pactes d'actionnaires
4. Offre publique obligatoire

CHAPITRE 14 Régime juridique et social des groupes

PROGRAMME

Compétence visée

Identifier les différentes règles trouvant application en matière de groupe de sociétés les obligations sociales liées à l'existence d'un groupe

Notions et contenus

- Droit applicable aux groupes de sociétés : consolidation des comptes, obligation au passif, droit des minoritaires, dirigeants du groupe
- Droit du travail appliqué aux groupes, comité de groupe, accord de groupe

PLAN DU CHAPITRE

Cours : 1. Le régime juridique des groupes • 2. Le régime social des groupes

Des savoirs aux compétences : Évaluer les savoirs • Maîtriser les compétences • Préparer l'épreuve

Synthèse

Même si le groupe n'existe pas juridiquement à proprement parler, notamment en raison de l'absence de personnalité juridique, de nombreuses règles spécifiques s'appliquent en présence d'un groupe, notamment sur le plan social. La prise en compte du groupe par le droit des affaires est éparse. Les principaux domaines où la notion apparaît, directement ou indirectement, et produit des conséquences juridiques sont les obligations comptables, l'information et la protection des actionnaires, les émissions de titres particuliers et les relations financières (ex. : opérations de trésorerie, conventions réglementées, prise en charge du passif, procédures collectives). La loi Pacte a également modifié la donne en consacrant le rôle du commissaire aux comptes dans les groupes.

MOTS-CLÉS

Abus de biens sociaux • Abus de majorité • Action sociale • Actions de préférence • Expertise de gestion

Le régime juridique des groupes

Absence de personnalité morale. Un groupe de sociétés n'a pas de personnalité juridique. Le groupe est un amas de personnalités juridiques distinctes, enchevêtrées, mais lui-même dénué de personnalité morale, ce qui explique le caractère impressionniste de la réglementation.

L'indépendance patrimoniale est une des caractéristiques recherchées des sociétés d'un groupe.

Notion de patrimoine. Chaque société du groupe a donc un patrimoine indépendant. Ce patrimoine peut se définir comme l'ensemble des biens et des obligations de la société regardé comme formant un tout, une universalité. Par conséquent tout l'actif d'une société du groupe doit répondre de tout le passif de celle-ci, mais seul ce patrimoine est le gage des créanciers...

Stratégie. Cette dernière idée est très importante du point de vue de la stratégie mise en place dans la gestion du risque. Un groupe de société est bâti sur le cloisonnement patrimonial ; les liens pouvant exister entre les patrimoines de deux sociétés du groupe, et permettant à l'une de répondre du passif de l'autre, sont exceptionnels. Ils ne reposent que sur deux mécanismes :
- soit la volonté : cas où une société se porte caution d'une autre ou s'engage solidairement ;
- soit la loi, qui peut prévoir une obligation indéfinie au passif (cas de la SNC), ou encore un mécanisme d'extension d'une dette d'un patrimoine à un autre sous le contrôle du juge (cas des procédures collectives).

Autonomie-dépendance. La plupart des groupes se caractérisent par une centralisation du processus de décision et une forte communauté d'intérêts. Le droit prend donc en compte cette situation particulière d'« autonomie-dépendance » ou d'« indépendance-domination » en faisant produire des effets à l'existence de liens de capital entre plusieurs personnes morales. Mais ce mouvement est encore diffus, au point qu'il est difficile de parler d'un véritable droit des groupes.

A) Les organes du groupe

En théorie, chaque société du groupe dispose de ses propres organes (dirigeants, assemblées...), lesquels ont une complète autonomie de gestion. En pratique, le groupe est dirigé par :
- les dirigeants de la société mère ;
- les actionnaires majoritaires de cette même société.

Deux points doivent retenir l'attention : l'intérêt du groupe et la direction du groupe.

1. L'intérêt du groupe

Intérêt social. On sait le rôle que joue l'intérêt social (redéfini par l'article 1833 du Code civil suite à la loi Pacte du 22 mai 2019) comme limite aux pouvoirs des dirigeants sociaux, ou encore comme borne à l'omnipotence des assemblées d'associés. Cette limite s'exerce à l'encontre :

- Des pouvoirs des dirigeants. L'action des dirigeants contraire à l'intérêt social est susceptible d'être sanctionnée de diverses manières : responsabilité civile, responsabilité pénale pour abus de biens sociaux, révocation ;
- Des droits des assemblées d'actionnaires. La théorie de l'abus de droit trouve deux applications en droit des sociétés : l'abus de majorité et l'abus de minorité.

Intérêt du groupe. Au-delà de l'intérêt social, il est difficile de déterminer si l'intérêt du groupe est reconnu. Il faut retenir que :

- L'intérêt du groupe ne peut se résumer à la somme des intérêts sociaux des sociétés du groupe. Il est avant tout une notion économique : tel acte contraire à l'intérêt d'une société du groupe est-il en faveur de l'ensemble de celles-ci ?
- L'intérêt d'une société peut être atteint sans que l'intérêt du groupe ne le soit, ce dernier pouvant même servir de justification à l'atteinte portée au premier.

Exemple

Une société mère « cannibalise » une filiale. L'intérêt de la filiale est atteint mais pas l'intérêt du groupe. La jurisprudence en matière pénale admet parfois que l'atteinte à l'intérêt social d'une filiale soit légitimée par l'intérêt du groupe (arrêt Rozenblum, Cass. crim., 4 février 1985).

- Inversement, l'intérêt du groupe peut être atteint par un acte d'une société conforme à son propre intérêt...

Timide consécration. L'intérêt du groupe a reçu une timide consécration légale avec la loi dite NRE du 15 mai 2001, à propos de l'expertise de gestion au sein des groupes. Cette consécration, unique dans le Code de commerce, ne renseigne pas plus sur le contenu de la notion. Tout au plus, elle tend à prouver que la notion de groupe commence à s'imposer, même si les contours sont encore assez imprécis.

Code de commerce, article L. 225-231 al. 1

Une association répondant aux conditions fixées à l'article L. 225-120, ainsi qu'un ou plusieurs actionnaires représentant au moins 5 % du capital social, soit individuellement, soit en se groupant sous quelque forme que ce soit, peuvent poser par écrit au président du conseil d'administration ou au directoire des questions sur une ou plusieurs opérations de gestion de la société, ainsi que, le cas échéant, des sociétés qu'elle contrôle au sens de l'article L. 233-3. Dans ce dernier cas, la demande doit être appréciée au regard de l'intérêt du groupe.

2. La direction du groupe

Absence de direction. Le groupe n'existant pas en tant que personnalité juridique, il n'a pas d'organes de direction à proprement parler. La direction du groupe revient en fait à la société holding qui le coiffe. En conséquence :

- Il est important d'assurer une bonne représentation des filiales et sous-filiales dans la société mère, ce qui contribue à la fluidité et à la légitimité des décisions prises à la tête du groupe. Cette représentation n'est pas de droit puisque les filiales ne sont pas associées de la mère mais l'inverse ; il est envisageable toutefois, si la holding adopte une structure juridique souple (ex. : SAS) que les dirigeants des principales filiales du groupe soient représentés au niveau de la direction de la holding.

- Afin que le circuit des décisions soit harmonieux, c'est-à-dire notamment que les décisions prises dans la holding soient correctement exécutées par les filiales, il est possible de mettre à la tête de ces filiales des dirigeants identiques à ceux de la holding, ce qui pose toutefois la question du cumul des mandats. Le mieux est probablement de mettre en place des délégations de pouvoir entre les dirigeants de la holding et ceux des filiales et sous-filiales.

B) Les associés dans le groupe

Aucune personne n'est associée « groupe » du puisque le groupe n'existe pas en tant que tel. Dans un groupe de type pyramidal (↪ chapitre 13), ce ne sont pas les filiales qui sont associées de la société mère, mais bien la société mère qui est associée des filiales.

Puisque les associés d'une société peuvent être amenés à souffrir des actes d'une autre, des mesures de protection des associés des différentes sociétés du groupe existent. Cette protection passe par l'information et la sanction.

1. L'information des associés au sein du groupe

Rapport de gestion. Tout d'abord, le rapport de gestion présenté à chaque assemblée générale par les dirigeants, doit indiquer les prises de participations réalisées au cours de l'exercice. Ensuite les dirigeants doivent rendre compte de l'activité et des résultats du groupe à leurs associés. Ces mesures sont précisées par le texte ci-après.

NOTRE CONSEIL

Veillez à distinguer la mesure d'information interne et les déclarations obligatoires de franchissement de seuils prévues par l'article L. 233-7 du Code de commerce pour les sociétés cotées.

Code de commerce, article L. 233-6 al. 1

- Lorsqu'une société a pris, au cours d'un exercice, une participation dans une société ayant son siège social sur le territoire de la République française représentant plus du vingtième, du dixième, du cinquième, du tiers ou de la moitié du capital de cette société ou s'est assuré le contrôle d'une telle société, il en est fait mention dans le rapport présenté aux associés sur les opérations de l'exercice et, le cas échéant, dans le rapport des commissaires aux comptes.

Code de commerce, article L. 233-6 al. 2

- Le conseil d'administration, le directoire ou le gérant d'une société rend compte dans son rapport de l'activité et des résultats de l'ensemble de la société, des filiales de la société et des sociétés qu'elle contrôle par branche d'activité. Lorsque cette société établit et publie des comptes consolidés, le rapport ci-dessus mentionné peut être inclus dans le rapport sur la gestion du groupe mentionné à l'article L. 233-26.

Le rapport concerne l'activité et les résultats ; il s'agit d'une présentation par branches d'activité.

Rapport sur la gestion du groupe – article L. 233-26 du Code de commerce. Le rapport sur la gestion du groupe expose la situation de l'ensemble constitué par les entreprises comprises dans la consolidation, son évolution prévisible, les événements importants survenus entre la date de clôture de l'exercice de consolidation et la date à laquelle les comptes consolidés sont établis ainsi que ses activités en matière de recherche et de développement.

Information sur les conventions réglementées. Les associés bénéficient également d'une information sur les conventions dites réglementées, c'est-à-dire les conventions faisant ressortir un conflit d'intérêts. Sont concernées notamment les conventions intervenant entre la société et l'un de ses actionnaires disposant d'une fraction des droits de vote supérieure à 10 % ou, s'il s'agit d'une société actionnaire, la société la contrôlant (C. com., art. L. 225-42). Cela inclut donc les conventions conclues entre la société mère et ses filiales ou sous filiales.

2. L'expertise de gestion

Précontentieux. L'expertise de gestion (↪chapitre 8) est une mesure d'information précontentieuse débouchant généralement sur une action en responsabilité contre les dirigeants, voire leur révocation. Elle permet donc aux actionnaires minoritaires de solliciter la nomination d'un expert dont la mission va consister à clarifier une opération de gestion semblant contestable.

En principe, la demande d'expertise demeure interne à la personne morale ; elle émane de ses associés et concerne la gestion de ses dirigeants.

L'extension progressive de l'expertise de gestion aux groupes permet aux associés d'une société de solliciter un éclairage particulier sur une opération effectuée au sein de n'importe quelle société du groupe :

- En premier lieu, par le biais de l'article 145 du Code de procédure civile qui prévoit que « s'il existe un motif légitime de conserver ou d'établir avant tout procès la preuve de faits dont pourrait dépendre la solution d'un litige, les mesures d'instruction légalement admissibles peuvent être ordonnées à la demande de tout intéressé, sur requête ou en référé. » Par sa généralité, ce texte a toujours autorisé une expertise débordant du cadre strict de la personne morale (de la mère vers la filiale, ou de la filiale vers la mère).
- En second lieu, par l'article L. 225-231 du Code de commerce qui autorise les associés d'une société à solliciter une expertise relative aux actes des sociétés qu'elle contrôle, la demande étant alors appréciée au regard de l'intérêt du groupe. Il faut remarquer que l'expertise au sein du groupe est unilatérale puisque les minoritaires de la mère peuvent la déclencher et non les minoritaires d'une filiale. Dans ce dernier cas, il demeure possible d'utiliser le texte de l'article 145 du CPC.

3. L'action en responsabilité

Les associés d'une société peuvent-ils agir en responsabilité contre les dirigeants d'une autre société du groupe ? La jurisprudence répond par la négative à cette question : l'action sociale (C. com., art. L. 225-231) n'est ouverte qu'aux associés de la société dont les dirigeants sont mis en cause. Une action de droit commun fondée sur l'article 1240 du Code civil demeure possible, les associés de la filiale (ou de la mère) agissant en tant que tiers, mais on sait que les conditions posées par la jurisprudence sont restrictives.

4. La sanction des abus

Abus de biens sociaux et groupe. L'abus de biens sociaux (↪chapitre 3) au sein des groupes pose plus spécifiquement la question relative des flux de trésorerie pouvant grever le patrimoine d'une société du groupe (une filiale en général), au profit d'une ou plusieurs autres sociétés de ce même groupe. Cette question revient à se demander si l'intérêt social d'une personne morale peut être sacrifié sur l'autel de l'intérêt du groupe.

Jurisprudence. La réponse apportée par la jurisprudence (arrêt Rozenblum, Cass. crim., 4 février 1985) est que le délit d'abus de biens sociaux n'est pas constitué si plusieurs conditions sont réunies :

- les deux sociétés impliquées dans le flux anormal doivent appartenir au même « groupe » au sens des liens capitalistiques, mais également au sens de la communauté d'intérêts ;
- l'opération doit être commandée par une politique et une stratégie économique ou sociale commune mise en place au sein du groupe ;
- la filiale « ponctionnée » doit recevoir une forme de contrepartie, même si le contrat passé avec l'autre société est volontairement déséquilibré (une surfacturation est admissible, pas un prélèvement de trésorerie sans contrepartie) ;
- l'opération ne doit pas excéder les capacités financières de la société « victime ».

Arrêt Rozenblum :

http://dunod.link/6df2iqe

Abus de majorité et groupe. L'abus de majorité consiste pour le ou les associés majoritaires (possédant plus de 50 % des droits de vote), à user de leur position de force, soit dans le but de nuire à la minorité, soit dans le but d'avantager la majorité et contrairement à l'intérêt de la société. De construction jurisprudentielle, cette théorie n'est pas enfermée dans les limites strictes de la personne morale.

Exemple

Il a été jugé que le vote des associés majoritaires au sein d'un groupe devait être annulé comme portant atteinte aux intérêts légitimes d'une filiale. Là aussi il est nécessaire de montrer que le vote du groupe majoritaire n'est pas dicté par l'intérêt du groupe.

C) Le commissaire aux comptes dans les groupes

Il convient de distinguer la situation avant et après la loi Pacte (tab. 14.1).

Tableau 14.1. Pacte, avant/après

Avant la loi Pacte	• Absence de CAC de groupe • Exception : désignation d'un CAC par les SAS holding et les SAS filiales • Intégration par le CAC des sociétés du groupe, à plusieurs niveaux (rapport aux associés, C. com., art. L. 233-6)
Après la loi Pacte	Modification des seuils et critères de nomination : CAC obligatoire quelle que soit la forme juridique des sociétés du groupe : – dans la holding si l'ensemble des sociétés contrôlées dépasse deux seuils des trois suivants : CAHT de 8 M€, 4 M€ de total bilan, ou 50 salariés. – pour les filiales, l'obligation de nommer un CAC est liée à des seuils de moitié inférieurs : CAHT de 4 M€, 2 M€ de total bilan ou 25 salariés (décret du 26 mai 2019).

D) Les finances du groupe

1. Les obligations comptables : la consolidation des comptes

La consolidation des comptes implique, pour la société tête du groupe, l'obligation d'établir et de présenter des comptes sociaux complets (bilan, compte de résultat et annexe) intégrant l'ensemble des sociétés du groupe (comprises dans le périmètre de consolidation) et répondant aux impératifs de régularité, de sincérité et d'image fidèle.

On prendra bien garde de ne pas confondre la consolidation des comptes avec l'intégration fiscale.

Sociétés tenues à la consolidation des comptes. L'article L. 233-16 du Code de commerce définit avec précision les sociétés qui doivent établir des comptes consolidés.

Code de commerce, article L. 233-16

- I. – Les sociétés commerciales établissent et publient chaque année [...] des comptes consolidés ainsi qu'un rapport sur la gestion du groupe, dès lors qu'elles contrôlent de manière exclusive ou conjointe une ou plusieurs autres entreprises [...].

Conditions. L'obligation de consolidation suppose donc de la part d'une société commerciale :

- Soit le contrôle exclusif d'une ou plusieurs entreprises ; même si cela est regrettable, la définition du contrôle exclusif n'est pas calquée sur celle donnée par l'article L. 233-3 du Code de commerce. Il résulte de la détention de la majorité des droits de vote, de la capacité à nommer pendant deux exercices successifs la majorité des membres des organes de gestion délibérants ou encore de l'influence dominante exercée en vertu d'un contrat ou d'une clause statutaire ;
- Soit le contrôle conjoint, lequel résulte du fait que deux sociétés au moins prennent les décisions en accord.

Exceptions. Le Code de commerce prévoit des exceptions à l'obligation de consolidation des comptes :

Les seuils sont appréciés en totalisant toutes les sociétés du groupe.

- Tout d'abord, au profit des groupes de petite importance ne dépassant pas deux des trois seuils suivants au cours de deux exercices consécutifs :
  - 24 M€ de total bilan ;
  - 48 M€ de CAHT ;
  - 250 salariés.
- Une société n'est pas tenue d'établir des comptes consolidés si elle-même est contrôlée par une société qui l'inclut dans son périmètre de consolidation (on nomme cela *l'exception de sous-groupe*). Cette exception n'est pas applicable aux sociétés cotées.
- Une troisième exception est prévue à la consolidation si toutes les filiales prises individuellement n'ont qu'un « intérêt négligeable » au regard de l'image fidèle de l'ensemble du groupe.

Les critères de consolidation et les exceptions à la consolidation reposent sur des notions qui peuvent apparaître floues : influence notable, influence dominante, intérêt négligeable…

Sociétés incluses dans la consolidation (Code de commerce, art. L. 233-17-2). Sont comprises dans la consolidation les filiales ou participations contrôlées de manière exclusive ou conjointe ou sur lesquelles est exercée une influence notable. L'influence notable sur la gestion et la politique financière d'une entreprise est présumée lorsqu'une société dispose, directement ou indirectement, d'une fraction au moins égale au cinquième des droits de vote de cette entreprise. Le Code de commerce prévoit des exceptions :

- **Établissement des comptes.** La première obligation de la société consolidante consiste en l'établissement pour l'ensemble des sociétés incluses dans le périmètre, d'un bilan, d'un compte de résultat et d'une annexe. Suivant le type de contrôle exercé, la consolidation sera totale ou partielle. La consolidation totale, ou globale, consiste à intégrer dans les comptes consolidés tous les éléments d'exploitation et patrimoniaux de la filiale ; ce sera le cas si le contrôle sur cette filiale est exclusif.
- La consolidation partielle consiste à intégrer la filiale de manière proportionnelle au contrôle exercé ; en cas de contrôle conjoint égalitaire, l'intégration se fera par moitié.
- **Rapport consolidé de gestion (C. com., art. L. 233-26).** Il est à la charge des dirigeants de la société consolidante d'établir ce rapport qui doit contenir des éléments précis sur la situation du groupe en vue d'être présenté à l'assemblée générale. Le rapport consolidé de gestion comprend une analyse objective et exhaustive de l'évolution des affaires, des résultats et de la situation financière de l'ensemble des entreprises comprises dans la consolidation, notamment de leur situation d'endettement, au regard du volume et de la complexité des affaires. Dans la mesure nécessaire à la compréhension de l'évolution des affaires, des résultats ou de la situation des entreprises, l'analyse comporte des indicateurs-clés de performance de nature tant financière que, le cas échéant, non financière ayant trait à l'activité spécifique des entreprises, notamment des informations relatives aux questions d'environnement et de personnel. Il comporte également :
  - une description des principaux risques et incertitudes auxquels l'ensemble des entreprises comprises dans la consolidation est confronté ;
  - des indications sur l'utilisation des instruments financiers par l'entreprise, lorsque cela est pertinent pour l'évaluation de son actif, de son passif, de sa situation financière et de ses pertes ou profits.
- **Certification, communication, approbation et publicité.** Les comptes consolidés doivent être certifiés par un CAC. Comptes consolidés et rapport de gestion sont ensuite communiqués aux actionnaires ou associés ; une différence est ici à relever entre les sociétés par actions où ces documents ne sont communiqués que sur demande des actionnaires, et les autres sociétés où ils sont communiqués obligatoirement aux associés. L'AGO se prononce par un vote ; ce vote n'est obligatoire dans les sociétés autres que SA, SCA et SE. La simple communication suffit autrement. Les comptes consolidés et le rapport doivent ensuite être déposés au greffe du tribunal de commerce (sociétés par actions et SARL). Les sociétés cotées sont tenues de publier régulièrement leurs comptes au BALO.

Les sociétés qui établissent des comptes consolidés ont l'obligation de nommer deux commissaires aux comptes (C com., art. L. 225-228 al. 5).

2. Les émissions de titres ou options à l'intérieur du groupe

Généralités. Le principe d'indépendance des personnes morales composant le groupe devrait s'opposer à ce que des droits soient conférés à des associés ou salariés d'une société, et exercés dans une autre ; ainsi par exemple, le droit de vote dans une société n'appartient qu'aux associés de celle-ci ; on concevrait difficilement que les actions de la société mère donnent le droit de vote dans une filiale… Pourtant, le législateur, sous l'impulsion de la pratique, a développé des instruments financiers (titres ou option) de groupe, c'est-à-dire émis par une société pour conférer des droits dans une autre.

Plusieurs illustrations de ce phénomène sont développées ci-après.

Actions de préférence intragroupe. Les actions de préférence confèrent à leur porteur des droits particuliers. Ces droits particuliers mentionnés à l'article L. 228-11 du Code de commerce peuvent être exercés dans la société mère de l'émettrice ou, au contraire, dans une de ses filiales.

Exemple

- Une société mère peut émettre des actions de préférence donnant des droits financiers dans une de ses filiales. Inversement, une filiale peut émettre des actions de préférence offrant des prérogatives financières ou d'un autre type dans la société mère.

Titres financiers donnant accès au capital. L'article L. 228-91 du Code de commerce prévoit qu'il est possible d'émettre des valeurs mobilières donnant accès au capital ou donnant droit à l'attribution de titres de créance. Ce texte donne un cadre unique et souple aux valeurs mobilières complexes (comme les obligations convertibles en actions ou encore les obligations avec bons de souscription d'actions). Dans un groupe, la société mère peut émettre des titres d'accès au capital de la filiale et inversement.

Attributions d'actions gratuites et stock-options. Ces deux mécanismes constituent des moyens d'intéressement ou de rémunération complémentaire des salariés ou des dirigeants sociaux.

Le plus souvent, les stock-options ou les attributions gratuites concernent des titres de la société qui les émet. Des attributions intragroupes peuvent être mises en place au profit des salariés ou mandataires sociaux :
- d'une société détenue à plus de 10 % par celle qui attribue les options ou les actions ;
- de la société détenant plus de 10 % de celle qui attribue les options ou les actions ;
- d'une société filiale de la société mère de celle qui attribue les options ou les actions (sœur).

3. Les relations financières entre sociétés du groupe

Flux. Fréquemment, des flux financiers interviennent entre société mère et filiale, ou entre filiales. De manière plus précise, ce sont des excédents de trésorerie qui peuvent être mis à disposition de manière temporaire ou définitive par une société au profit d'une autre. Autrement dit, des prêts peuvent intervenir entre sociétés du groupe. Le schéma le plus fréquent consiste pour une société du groupe (la mère) à appeler les excédents de trésorerie, puis à les redistribuer. Cette pratique appelle deux remarques :

- Un prêt est une opération bancaire et, en tant que telle, soumise à la réglementation applicable à ce secteur. En principe les opérations bancaires relèvent du monopole des établissements de crédit mais, par dérogation, elles sont autorisées à certaines conditions au sein des groupes. L'article L. 511-7 3° du Code monétaire et financier autorise les sociétés à procéder à des opérations de trésorerie avec des sociétés ayant avec elle, directement ou indirectement, des liens de capital conférant à l'une des entreprises liées un pouvoir de contrôle effectif sur les autres.
- Ces opérations sont soumises au régime des conventions réglementées prévu par les articles L. 225-38 et suivants du Code de commerce. Selon la nature de la convention, le contrôle sera plus ou moins étendu.

Prise en charge du passif. Le principe est ici que seule la société débitrice est tenue à l'égard de son créancier, quelle que soit la composition de son capital ou les participations qu'elle détient. C'est cette règle qui motive en effet le plus souvent la constitution des filiales (indépendance patrimoniale). Ainsi, une société mère détenant 100 % du capital d'une de ses filiales ne peut être poursuivie par les créanciers de cette filiale. Elle supportera bien entendu les conséquences financières de la déconfiture de sa filiale, en tant qu'associée, mais sera hors de portée du droit de poursuite des créanciers.

Exceptions. Trois exceptions à ce principe d'indépendance :

- Suivant la forme sociale des personnes morales composant le groupe, le droit de poursuite des créanciers pourra s'étendre d'une société à l'autre. Ainsi, si la société filiale est une SNC, ses associés, donc la société mère, pourront être poursuivis au titre de leur responsabilité indéfinie et solidaire au passif social.
- Des garanties peuvent être consenties par une société du groupe au profit d'une autre, ces garanties offrant au créancier la possibilité d'agir contre plusieurs sociétés du groupe. Elles peuvent être de plusieurs natures : cautionnement, garantie autonome, lettre d'intention (↪ chapitre 11).
- La jurisprudence admet de longue date que si le créancier a pu légitimement croire, en raison d'éléments factuels, que la mère et sa filiale ne formaient qu'une seule société, il peut agir contre celle qui n'a pas directement contracté avec lui. C'est l'une des applications de la théorie de l'apparence ; cette croyance légitime doit être prouvée et ne peut s'appuyer sur la seule identité de dirigeants ou de siège social ; il est nécessaire que la confusion mère-fille ait été entretenue, voire orchestrée, par les sociétés du groupe. Il n'existe aucune systématisation de cette théorie.
- La théorie de l'apparence est aujourd'hui consacrée par l'article 1156 du Code civil (ordonnance du 10 février 2016).

4. Les procédures collectives et groupe

Principe. Le principe est que la procédure ouverte à l'égard d'une société du groupe n'affecte pas les autres de manière directe. Cela signifie qu'elles demeurent normalement à l'écart de la procédure, même si, bien entendu, elles subiront les conséquences économiques de celle-ci.

Exceptions. Deux exceptions doivent être recensées :

- La première exception repose sur la fictivité de l'une des sociétés ou sur la confusion des patrimoines :

Code de commerce, article L. 621-2 al. 2

■ La procédure ouverte peut être étendue à une ou plusieurs autres personnes en cas de confusion de leur patrimoine avec celui du débiteur ou de fictivité de la personne morale. À cette fin, le tribunal ayant ouvert la procédure initiale reste compétent.
La **fictivité** est rarement retenue car elle suppose une concordance d'éléments tels que l'identité des sièges sociaux, de dirigeants, l'absence d'activité avérée d'une société, de réunion de ses organes sociaux...,
La **confusion des patrimoines** sera plus facile à démontrer ; elle suppose des flux financiers anormaux entre sociétés du groupe, c'est-à-dire des mouvements financiers sans contrepartie réelle [...].

- La seconde exception suppose que la société mère s'est conduite en dirigeant de fait de sa filiale et a commis une faute de gestion. Elle pourra alors être condamnée à prendre en charge une partie du passif de la filiale au titre d'une action en responsabilité pour insuffisance d'actif (C. com., art. L. 651-2).

→ MINI-CAS 2

2 Le régime social des groupes

A) L'information et la représentation des salariés du groupe

Les salariés d'une société ne participent pas directement à sa gestion, sauf s'ils possèdent des droits dans son capital ou s'ils exercent des fonctions sociales (cas du cumul entre le mandat social et le contrat de travail) ; il est également possible que la société fasse le choix que certains de ses administrateurs soient élus par les salariés. Au niveau du groupe, la participation des salariés à la gestion est d'autant plus réduite que, cela a été dit, le groupe ne possède pas d'organes de gestion propres.

L'ordonnance du 22 septembre 2017 a substitué le comité social et économique (CSE) aux autres institutions représentatives du personnel (CE et délégués du personnel). Le CSE est obligatoire dans toutes les entreprises ou groupes d'entreprises de plus de 11 salariés.

1. Le rôle du CSE

CSE. Dans les entreprises ou groupes d'entreprises de 11 salariés et plus, le chef d'entreprise est tenu d'organiser la mise en place d'un comité social et économique composé de représentants élus du personnel. Ce comité assume, d'une part, des attributions économiques et, d'autre part, sociales et culturelles, et dispose pour ce faire des moyens matériels et financiers nécessaires.

UES. Lorsque chaque entreprise ou société du groupe compte moins de 11 salariés, la mise en place du CSE peut résulter de la reconnaissance d'une unité économique et sociale (C. trav., L. 2313-8). L'UES regroupe des entreprises juridiquement distinctes considérées, pour la mise en place du CSE, comme un tout, du fait de :
- l'existence d'une unité de direction ;
- la complémentarité de leurs activités ;
- l'identité de statut social des salariés et leur permutabilité entre les sociétés concernées.

L'existence d'une UES est reconnue par voie d'accord ou par le juge d'instance. Lorsque tel est le cas, un CSE commun à l'ensemble des entreprises constitutives de l'Union européenne doit être mis en place.

Rôle du CSE. Le CSE doit être consulté sur toutes les modifications affectant la situation juridique de l'entreprise : fusion, scission, prise de participations, cessions de filiales, OPA…

2. Le comité de groupe (C. trav., art. 2331-1)

Un comité spécifique est mis en place lorsqu'un ensemble de sociétés forme un groupe composé d'une société dominante et de ses filiales. La délégation du personnel est nécessairement constituée d'élus des CSE. Ce comité de groupe est destinataire des informations économiques et financières concernant le groupe, qu'il a pour mission de centraliser. Son existence n'exonère pas les entreprises de leur obligation d'organiser l'élection d'un CSE.

Code du travail, article L. 2331-1

■ I. Un comité de groupe est constitué au sein du groupe formé par une entreprise appelée entreprise dominante, dont le siège social est situé sur le territoire français, et les entreprises qu'elle contrôle dans les conditions définies à l'article L. 233-1, aux I et II de l'article L. 233-3 et à l'article L. 233-16 du Code de commerce.

II. Est également considérée comme entreprise dominante, pour la constitution d'un comité de groupe, une entreprise exerçant une influence dominante sur une autre entreprise dont elle détient au moins 10 % du capital, lorsque la permanence et l'importance des relations de ces entreprises établissent l'appartenance de l'une et de l'autre à un même ensemble économique.

L'existence d'une influence dominante est présumée établie, sans préjudice de la preuve contraire, lorsqu'une entreprise, directement ou indirectement :

– peut nommer plus de la moitié des membres des organes d'administration, de direction ou de surveillance d'une autre entreprise ;
– ou dispose de la majorité des voix attachées aux parts émises par une autre entreprise ;
– ou détient la majorité du capital souscrit d'une autre entreprise.

Lorsque plusieurs entreprises satisfont, à l'égard d'une même entreprise dominée, à un ou plusieurs des critères susmentionnés, celle qui peut nommer plus de la moitié des membres des organes de direction, d'administration ou de surveillance de l'entreprise dominée est considérée comme l'entreprise dominante, sans préjudice de la preuve qu'une autre entreprise puisse exercer une influence dominante.

3. Le comité d'entreprise européen (C. trav., art. L. 2341-1 et s.)

Un comité d'entreprise européen est mis en place dans les grandes entreprises employant plus de 1 000 salariés dans l'Union européenne, avec deux établissements comprenant un minimum de 150 salariés implantés dans au moins deux États membres. Ce comité fonctionne selon des règles qui lui sont propres.

B) La situation des salariés au sein du groupe

Hormis les mesures de représentation et d'information venant d'être précisées, la situation des salariés au sein du groupe ne fait l'objet d'aucune réglementation d'ensemble.

Indépendance. Le principe de l'indépendance des personnes morales employeurs postule que les conditions, notamment salariales, négociées au sein d'une société, ne sont pas applicables aux autres sociétés du groupe. Dans la même logique, les conventions collectives applicables par exemple à la société mère, ne le sont pas de plein droit aux filiales. Il faut pour cela, soit que la ou les filiales aient signé la convention, soit qu'un accord de groupe soit intervenu dans les conditions ci-après.

Code du travail, article L. 2232-30

■ La convention ou l'accord de groupe fixe son champ d'application constitué de tout ou partie des entreprises constitutives du groupe.

Atténuations. Des mesures relatives à l'intéressement des salariés au sein du groupe ou à l'actionnariat des salariés du groupe peuvent être prises :
- les mesures d'intéressement, de participation, de plan épargne entreprise ou retraite peuvent être mises en place au sein d'un groupe. En présence d'une UES de 11 salariés au moins, un régime de participation propre à l'Union européenne doit être mis en place ;
- les attributions d'actions gratuites ou les stock-options peuvent bénéficier aux salariés des sociétés filiales, mères ou sœurs de celle les émettant.

On retiendra également qu'en droit du travail, l'employeur est celui auquel le salarié est en fait subordonné. Cette règle a pour conséquences qu'un ou plusieurs salariés peuvent être rattachés à une filiale par leur contrat de travail, et à la société mère par l'effectivité du lien de subordination. Dans ce cas, la société mère peut être amenée à supporter les conséquences d'un licenciement injustifié.

La mutation au sein du groupe de sociétés est considérée comme une modification substantielle du contrat de travail nécessitant l'accord des salariés concernés. Si elle est pratiquée, les personnels concernés conservent leur ancienneté dans la nouvelle société. L'article L. 1231-5 du Code du travail règle la situation des salariés mis à disposition de filiales étrangères :

Code du travail, article L. 1231-5

■ Lorsqu'un salarié engagé par une société mère a été mis à la disposition d'une filiale étrangère et qu'un contrat de travail a été conclu avec cette dernière, la société mère assure son rapatriement en cas de licenciement par la filiale et lui procure un nouvel emploi compatible avec l'importance de ses précédentes fonctions en son sein. [...]

→ CAS PRATIQUE 3

DES SAVOIRS AUX COMPÉTENCES

Évaluer les savoirs | Maîtriser les compétences | Préparer l'épreuve

1 QCM

Pour chaque proposition, une ou plusieurs réponses sont possibles. Justifiez-les.

1. Dans un groupe formé d'une SAS holding et des filiales sous la forme de SA et SARL :
   a. la direction du groupe est assurée par le PDG de la SA dans laquelle la holding a la plus forte participation. ☐
   b. il n'y a pas légalement parlant de direction du groupe. ☐
   c. la direction du groupe peut relever d'un organe créé dans les statuts de la SAS holding. ☐
   d. toutes les sociétés sont indépendantes et appliquent leur propre stratégie. ☐

2. Si une société non cotée prend le contrôle d'une autre société non cotée :
   a. les deux sociétés doivent réunir une AG extraordinaire pour décider s'il faut envisager une fusion. ☐
   b. les deux sociétés doivent avertir l'AMF. ☐
   c. il en est fait mention dans le rapport présenté aux associés sur les opérations de l'exercice. ☐
   d. il en est fait mention dans le rapport des commissaires aux comptes s'il en est nommé un. ☐
   e. le CSE de la société qui a pris le contrôle doit être consulté. ☐

3. Une action en annulation des délibérations d'une AG pour abus de majorité est :
   a. possible uniquement par les associés de cette société. ☐
   b. possible par les associés de toute société du groupe s'ils prouvent les conditions de l'abus de majorité. ☐
   c. uniquement possible de la holding vers la filiale. ☐
   d. assujettie à des conditions de seuils en droit de vote. ☐

4. Depuis la loi du 22 mai 2019, le CAC est :
   a. obligatoire dans toutes les sociétés du groupe qui dépassent 100 salariés. ☐
   b. obligatoire dans toutes les filiales détenues à plus de 95 %. ☐
   c. obligatoire dans la holding uniquement s'il s'agit d'une SAS. ☐
   d. obligatoire dans la holding uniquement si elle dépasse deux seuils sur trois liés au CA, au total bilan et au nombre de salariés. ☐
   e. être nommé volontairement dans toute société mère. ☐

5. Depuis la loi du 22 mai 2019, le CAC est obligatoire dans les filiales du groupe dépassant deux seuils sur trois parmi les suivants :
   a. 2 M€ de CA ; 1 M€ de total bilan ; 20 salariés. ☐
   b. 3,1 M€ de CA ; 1,55 M€ de total bilan ; 50 salariés. ☐
   c. 8 M€ de CA ; 4 M€ de total bilan ; 50 salariés. ☐
   d. 16 M€ de CA ; 8 M€ de total bilan ; 100 salariés. ☐
   e. 4 M€ de CA ; 2 M€ de total bilan ; 25 salariés. ☐

Évaluer les savoirs | Maîtriser les compétences | Préparer l'épreuve

2 Mini-cas : obligations juridiques, comptables et sociales ★★★

Compétence visée

Identifier les différentes règles trouvant application en matière de groupe de sociétés les obligations sociales liées à l'existence d'un groupe

Soit le groupe suivant : A est une SAS dont le capital est détenu à égalité par quatre personnes physiques, A1, A2, A3 et A4.

- A détient : 70 % de la SNC B, 34 % de la SCI C, 97 % de la SA D, 80 % de la SA E, 100 % de la SASU F, 15 % de la SARL G
- B détient 96 % de la SA H
- D détient 55 % de la SA I

Après avoir dressé le schéma du groupe, vous répondrez aux questions suivantes.

1. *Quelles sociétés sont tenues d'établir des comptes consolidés ? Quel est le périmètre de la consolidation ?*
2. *En admettant qu'au cours de l'exercice, A se porte acquéreur de 30 % de plus du capital de la SCI C, et de 20 % du capital d'une société étrangère, quelles sont les conséquences sur le groupe ?*
3. *S'il est décidé de mettre en place des stock-options au profit de ses salariés de D, quels schémas sont envisageables au sein du groupe ?*
4. *Quelles sont les possibilités d'action des créanciers de B sur les autres sociétés du groupe ?*
5. *Quelles pourraient être les conséquences si D opérait à plusieurs reprises des avances de trésorerie non remboursables au profit de A, au point de voir ses capitaux propres diminuer dans des proportions importantes ?*
6. *Quelles sociétés devront nommer un commissaire aux comptes ?*

Évaluer les savoirs | Maîtriser les compétences | Préparer l'épreuve

3 Cas pratique : SA Auto Guadeloupe Investissement ★★★

35 min

Compétence visée

Identifier les différentes règles trouvant application en matière de groupe de sociétés les obligations sociales liées à l'existence d'un groupe

Relevez les points-clés de l'arrêt en annexe et exprimez un point de vue étayé sur la solution qu'il propose.

Cour de cassation, 13 mars 2019 (pourvoi n° 17-22128)

Attendu, selon l'arrêt attaqué (Basse-Terre, 29 mai 2017), que Mmes U... X..., veuve Y..., Z... Y..., épouse R..., D... Y..., épouse P..., N... Y... et MM. A... et E... Y... (les consorts Y...) étaient actionnaires de la société anonyme L. Y... et Cie dont la société anonyme Auto Guadeloupe investissement (la société AGI) et la société à responsabilité limitée La Pergola étaient des filiales ; que MM. C..., B... et F... étaient membres des directoires des sociétés L. Y... et Cie et AGI, M. C... étant en outre gérant de la société Pergola ; qu'estimant que certains actes de gestion réalisés par MM. C..., B... et F... dans le cadre de leurs mandats respectifs constituaient des fautes de gestion, les consorts Y..., exerçant l'action sociale *ut singuli*, les ont assignés le 5 avril 2012, en réparation des dommages subis par les sociétés L. Y... et Cie, la société AGI et la société La Pergola et en désignation d'un mandataire *ad hoc* pour représenter les sociétés à l'instance ; que le 10 mai 2012, les sociétés L. Y... et Cie, AGI et Pergola ont fait l'objet de procédures de sauvegarde, des plans de sauvegarde étant ultérieurement arrêtés ; que MM. S... et H..., en leurs qualités d'administrateurs judiciaires puis de commissaires à l'exécution du plan des sociétés L. Y... et Cie, AGI et Pergola, sont intervenus volontairement à l'instance et ont conclu à l'irrecevabilité des demandes des consorts Y..., subsidiairement à leur rejet, et au rejet de la demande de désignation d'un mandataire *ad hoc* ; que la société Pergola a été absorbée par la société AGI ;

Attendu que les consorts Y... font grief à l'arrêt de dire irrecevable l'action *ut singuli* qu'ils ont intentée contre M. C... en sa qualité de membre du directoire de la société AGI et d'ancien gérant de la société La Pergola, et à l'encontre de MM. B... et F... en leurs qualités de membres du directoire de la société AGI alors, selon le moyen, que les actionnaires d'une société mère sont recevables à exercer l'action sociale *ut singuli* contre les dirigeants d'une filiale ; que pour dire irrecevable l'action sociale *ut singuli* intentée par les consorts Y... pour le compte de la société AGI, la cour d'appel a considéré que « les appelants, actionnaires minoritaires de la société L. Y... et Cie, n'étant pas actionnaires de la société AGI, ne peuvent pas réclamer le préjudice subi par cette dernière, comme ne répondant pas aux conditions posées par l'article 225-252 du Code de commerce » ; qu'en statuant ainsi, alors que les consorts Y... étaient, en tant qu'actionnaires de la société L. Y... et Cie, société mère de la société AGI, recevables à exercer l'action sociale *ut singuli* contre les dirigeants de cette dernière, la cour d'appel a violé l'article L. 225-252 du Code de commerce ;

Mais attendu que les dispositions de l'article L. 225-252 du Code de commerce n'autorisent les actionnaires à exercer l'action sociale *ut singuli* qu'à l'encontre des dirigeants de droit de la société dont ils sont actionnaires ; qu'ayant constaté que les consorts Y... n'étaient actionnaires que de la société L. Y... et Cie et non pas de sa filiale la société AGI, la cour d'appel en a déduit à bon droit que leur action sociale *ut singuli* formée contre les dirigeants de la société AGI était irrecevable ; que le moyen n'est pas fondé ;

SYNTHÈSE

Régime juridique et social des groupes

	Actions de préférence	Titres donnant accès au capital	Stock-options	Actions gratuites
Émission par mère/ droits exercés dans une filiale	Oui	Oui	Oui	Oui
Émission par filiale/ droits exercés dans la mère	Oui	Oui	Oui	Oui
Émission par la filiale/ droits exercés dans une filiale sœur	Non	Non	Oui	Oui

- Par souci de simplification, ce tableau désigne, par filiale, toutes les hypothèses où une société est détenue à plus de 10 % du capital ou des droits de vote par une autre.
- Cette acception n'est pas conforme au Code de commerce.

CHAPITRE 15 Fiscalité des groupes

PROGRAMME

Compétences visées	Notions et contenus
• Mettre en œuvre et suivre les aspects sociaux liés à l'existence d'un groupe • Assurer la gestion fiscale des groupes (choix du régime fiscal approprié ; détermination du périmètre d'intégration fiscale ; validation des retraitements ; travaux de synthèse liés à la détermination d'un résultat fiscal de groupe) • Assister le chef d'entreprise dans la gestion juridique des participations détenues dans d'autres sociétés	• Droit du travail appliqué aux groupes, comité de groupe, accord de groupe • Régimes fiscaux de groupe et traitement fiscal des opérations internes aux groupes • Droit et fiscalité de l'acquisition, de la détention et de la cession de participations

LIEN AVEC LE DSCG 4

§3. Comptes de groupe

PLAN DU CHAPITRE

Cours : 1. Le régime des sociétés mères • 2. L'intégration fiscale

Des savoirs aux compétences : Évaluer les savoirs • Maîtriser les compétences • Préparer l'épreuve

Synthèse

Quel est l'intérêt de créer un groupe de sociétés d'un point de vue fiscal ? Comment déterminer le périmètre de l'intégration fiscale ? Comment retraiter les opérations internes au groupe ?

La fiscalité des groupes repose sur deux options cumulables, le régime des sociétés mères et l'intégration fiscale. Quels intérêts chacune de ces options présente-t-elle ?

MOTS-CLÉS

Abandon de créances • Détention indirecte • Distribution • Filiale • Intégration fiscale • Périmètre • Plus-value • Produit net des participations • Quote-part • Régime d'exonération mères-filles • Réintégration • Société mère • Société tête de groupe • Subvention directe

1 Le régime des sociétés mères

A) L'intérêt du régime

1. L'exonération

CGI, article 216

- Les produits nets des participations, ouvrant droit à l'application du régime des sociétés mères [...], touchés au cours d'un exercice par une société mère, peuvent être retranchés du bénéfice net total de celle-ci, défalcation faite d'une quote-part de frais et charges.

Les distributions irrégulières ne peuvent en aucun cas bénéficier de l'exonération prévue à l'article 216 du CGI.

Définition

Les **produits nets des participations** recouvrent les dividendes, les distributions de réserves ou les répartitions de boni de liquidation.

2. La réintégration d'une quote-part pour frais et charges

Arrêt de la CJUE du 2 septembre 2015 : http://dunod.link/bal0xdy

L'exonération des distributions effectuées à la société mère est conditionnée par la **réintégration** d'une **quote-part** pour frais et charges. Jusqu'à la loi de finances rectificative pour 2015, cette réintégration s'effectuait au taux forfaitaire de 5 %. La France a dû faire évoluer sa réglementation à la suite d'une condamnation par la CJUE (arrêt du 2 septembre 2015).

Deux régimes doivent être distingués pour les exercices ouverts depuis le 1er janvier 2016 (fig. 15.1).

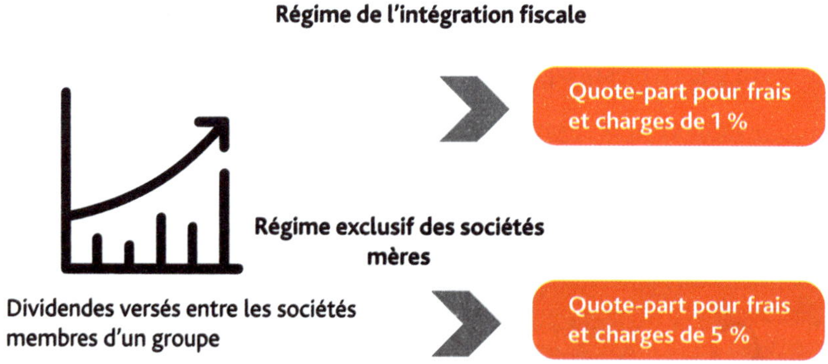

Figure 15.1. **Régimes de l'intégration fiscale et des sociétés mères**

B) Les conditions d'application

1. Les conditions à réunir

Le bénéfice du régime des **sociétés mères** nécessite que les conditions suivantes soient réunies :
- les sociétés sollicitant l'application du régime doivent relever de l'IS au taux normal ;
- les titres doivent être détenus en pleine propriété ou en nue-propriété ;
- la société mère doit détenir au moins 5 % du capital de la filiale ;
- les titres doivent être conservés pendant un délai minimum de deux ans.

2. La forme juridique

La forme juridique sous laquelle est constituée la société filiale est sans incidence au regard de l'application du régime des sociétés mères. Il s'ensuit que ce régime est, d'une manière générale, susceptible de s'appliquer à l'ensemble des dividendes perçus par une société mère, quelle que soit la forme juridique de la société émettrice, dès lors qu'ils sont afférents à une participation répondant aux conditions mentionnées à l'article 145-1 du CGI.

→ APPLICATION 2

Le régime de l'intégration fiscale

Le périmètre du régime de l'intégration est bien plus large que celui des sociétés mères. Alors que ce dernier ne vise que les distributions de bénéfices, l'intégration fiscale a vocation à déterminer un résultat pour l'ensemble du groupe et à neutraliser certaines opérations réalisées en son sein.

A) Le périmètre de l'intégration fiscale

1. Les conditions d'intégration

Le régime de l'intégration ne s'applique que si plusieurs conditions sont réunies :

- Les sociétés relevant du périmètre de l'intégration doivent être soumises à l'impôt sur les sociétés en France selon le régime réel d'imposition. Cela signifie que les filiales étrangères des sociétés françaises ne peuvent relever de ce régime.
- Les exercices comptables doivent avoir une durée de douze mois avec des dates d'ouverture et de clôture similaires.
- La société tête de groupe doit détenir au moins 95 % du capital de chaque filiale intégrée. Cette condition a été assouplie en permettant la détention indirecte de sous-filiales par le biais de filiales détenues directement. Dans ce cas, le calcul s'effectue en multipliant entre eux les pourcentages de détention successifs, sachant que la détention d'une filiale à hauteur de 95 % ou plus est considérée comme une détention à 100 % pour les calculs.

Le régime réel d'imposition comprend le régime réel normal et le régime réel simplifié.

Exemple

- En cas de détention successive à hauteur de 70 % dans chaque filiale, la détention indirecte est de 70 % × 70 %, soit 49 %. Dans la situation où la détention successive est de 96 % et 75 %, la détention indirecte est de 100 % × 75 %, soit 75 %. Le périmètre d'intégration fiscale de chacune des filiales peut être schématisé comme suit :

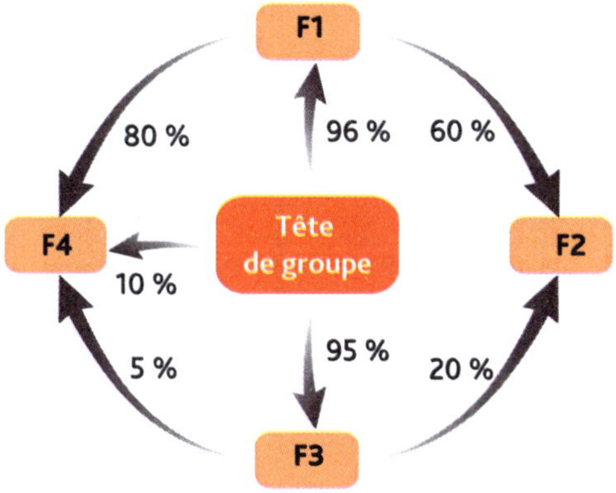

- F1 : la tête de groupe a une détention directe envers F1 à hauteur de 96 %. F1 peut faire partie du périmètre de l'intégration fiscale.
- F2 : la tête de groupe détient indirectement F2 par le biais de F1 et F3. Cette détention s'effectue indirectement par le biais de F1 à hauteur de 60 % (calcul : 100 % × 60 % = 60 %) et à hauteur de 20 % par le biais de F3 (calcul : 100 % × 20 % = 20 %). Au final, la société tête de groupe détient indirectement 80 % (60 % + 20 %) de F2 par le biais de F1 et F3. Le seuil de 95 % n'étant pas atteint, F2 ne peut relever du périmètre de l'intégration.
- F3 : la tête de groupe détient directement 95 % de F3. Cette société peut ainsi être intégrée.
- F4 : la société tête de groupe détient directement 10 % de F4. Elle détient également indirectement 80 % de cette société par le biais de F1 (calcul : 100 % × 80 % = 80 %) et 5 % par le biais de F3 (calcul : 100 % × 5 % = 5 %). Au total, la société tête de groupe détient 95 % de F4. Elle peut donc relever de l'intégration fiscale.

2. La détention indirecte par le biais d'une filiale étrangère

Un arrêt important rendu par la CJUE le 27 novembre 2008, dit « arrêt Papillon », a élargi le domaine de l'intégration fiscale en permettant d'intégrer dans son périmètre une sous-filiale française détenue indirectement par le biais d'une filiale étrangère.

Définition

Une filiale **étrangère** est une société ayant une personnalité juridique (à la différence de la succursale), dirigée ou contrôlée par une société mère.

La société étrangère doit toutefois :
- relever d'un impôt similaire à l'impôt sur les sociétés ;
- être établie dans un État membre de l'Union européenne ayant avec la France une convention d'assistance administrative ;
- être détenue à hauteur de 95 % ou plus par la société tête de groupe.

Arrêt Papillon de la CJUE :

http://dunod.link/lvzx927

Définition

Une **société tête de groupe** est la firme qui, au sein d'un groupe, détient les autres sociétés. C'est elle qui compose le groupe à sa guise.

Exemple

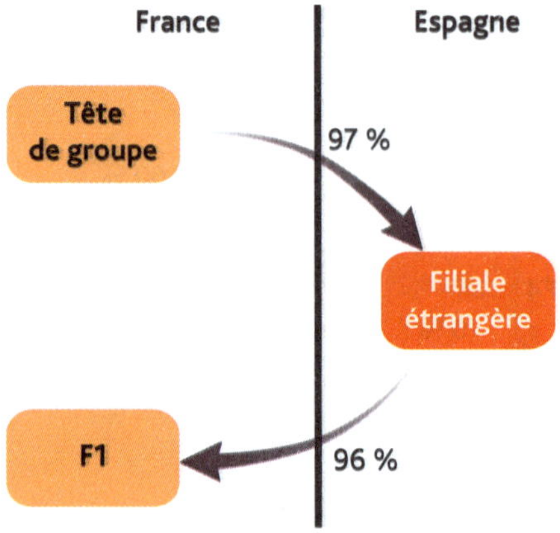

Depuis l'arrêt Papillon, la société tête de groupe peut intégrer la sous-filiale française détenue indirectement par le biais d'une filiale étrangère lorsque les conditions sont remplies. En vertu de ce principe, la société tête de groupe détient 100 % de F1 (calcul : 100 % × 100 % = 100 %).

Éligibilité au régime de l'intégration fiscale. La société tête de groupe ne doit pas être détenue directement ou indirectement par une autre personne morale imposable à l'IS en France à hauteur de 95 % ou plus. Cette société peut donc être détenue à hauteur de 95 % ou plus par une société soumise à un autre impôt en France ou par une société étrangère.

Depuis la loi de finances rectificative pour 2014, il n'est plus indispensable que la société mère soit établie en France. La loi autorise ainsi ce que l'on appelle l'intégration horizontale, c'est-à-dire entre sociétés « sœurs » détenues par une société mère étrangère.

Option pour le régime de l'intégration. La mise en place du régime de l'intégration implique une option expresse de la part de la société tête de groupe. Cette option dure cinq ans. Elle est renouvelée tacitement à la fin de ce délai en l'absence de dénonciation dans le délai de trois mois qui suit la fin de la période de cinq ans. La société tête de groupe est libre d'intégrer les filiales qu'elle désire. Ainsi, une filiale remplissant les conditions précédemment énoncées peut très bien ne pas être intégrée dans le périmètre défini par la société tête de groupe. En outre, l'application du régime nécessite le consentement de toutes les filiales du groupe.

B) Le régime de l'intégration fiscale

1. La compensation des résultats individuels

L'intégration fiscale permet de compenser les bénéfices et les pertes de chaque filiale pour déterminer le résultat du groupe. Seule la société tête de groupe dispose de la qualité de redevable.

Dans un premier temps, chaque société doit calculer de manière isolée son résultat sans tenir compte du régime de l'intégration. Le résultat de chaque société est ensuite additionné aux autres afin de déterminer un résultat d'ensemble. Celui-ci doit faire l'objet de modifications afin de tenir compte de la réintégration de certaines charges et de la déduction de certains produits. L'objectif étant d'assurer la neutralité des opérations internes au groupe et d'éviter les doubles impositions.

2. Les plus-values relatives aux cessions d'immobilisations

Les plus-values ou les moins-values résultant de la cession d'actifs immobilisés entre sociétés membres du groupe doivent être neutralisées. Cela implique que le supplément d'amortissement relatif à la plus-value soit également neutralisé.

3. Les aides interentreprises

Les flux internes de type abandons de créances ou subventions directes et indirectes entre sociétés sont également neutralisés. La somme déduite par la société ayant abandonné la créance ou consenti la subvention est réintégrée et, à l'inverse, la somme intégrée dans les produits de la société bénéficiaire est déduite.

4. La distribution de dividende

Deux hypothèses doivent être étudiées :

- Soit la distribution ne peut bénéficier du régime d'exonération mère-filiales et les produits doivent dans ce cas être déduits du résultat du groupe.

- Soit les dividendes sont exonérés en application du régime d'exonération mère-filiales et, dans ce cas, il n'y a pas lieu de neutraliser l'opération, même si un régime préférentiel peut s'appliquer. En effet, les dividendes sont exonérés sous condition de la réintégration d'une quote-part pour frais et charges de 1 % dans le résultat individuel de la société tête de groupe.

C) Le paiement de l'impôt et la sortie du groupe

1. Le paiement de l'impôt

Si la somme algébrique des résultats des diverses sociétés du groupe est un résultat bénéficiaire, il sera soumis à l'IS, soit au taux normal, soit au taux réduit. Chaque société intégrée souscrit sa propre déclaration fiscale et la société intégrante doit souscrire une déclaration unique spécifique. La société tête de groupe est seule redevable de l'IS, mais toutes les sociétés intégrées sont solidairement responsables en cas de non-paiement. Par principe, les déficits subis par une société au titre d'exercices antérieurs à son entrée dans le groupe ne sont imputables que sur son propre bénéfice. Le régime de l'intégration conduit généralement à une économie d'impôt par rapport à ce qui aurait dû être payé. Cette économie peut être conservée par la mère ou répartie entre les filiales.

2. La sortie du groupe

Les filiales peuvent être amenées à sortir du groupe pour des raisons multiples. La sortie du groupe implique la remise en cause de certaines neutralisations.

Exemple

Dans l'hypothèse du retrait d'une filiale du groupe, ses plus-values deviennent imposables et les abandons de créances et subventions consentis doivent être réintégrés.

Enfin, il convient de noter que les filiales ne peuvent utiliser sur les exercices suivants les déficits qu'elles ont connus au titre des exercices durant lesquels elles relevaient de l'intégration. En pratique, la convention d'intégration prévoit une indemnisation de la filiale afin de tenir compte du coût du régime d'intégration s'imposant à elle.

Exemple

Si la filiale n'a pas pu utiliser ses déficits, elle ne peut plus les déduire de ses résultats ultérieurs. Toutefois, les déficits antérieurs à l'intégration et non encore imputés restent reportables dans les conditions de droit commun. De plus, la filiale ne peut plus utiliser les résultats réalisés pendant l'intégration pour opter pour le report en arrière des déficits subis après sa sortie de l'intégration.

→ MINI-CAS 3 • CAS PRATIQUE 4 • CAS PRATIQUE 5

1 Quiz

Vérifiez l'exactitude des propositions ci-après et justifiez-les.

	Vrai	Faux
1. Les répartitions du boni de liquidation sont concernées par le régime mère-fille.	☐	☐
2. Le régime mère-fille prévoit une exonération des distributions.	☐	☐
3. La quote-part pour frais et charges du régime mère-fille est de 10 %.	☐	☐
4. Dans le régime de l'intégration fiscale, la société tête de groupe doit détenir au moins 95 % du capital de chaque filiale.	☐	☐
5. Dans le régime de l'intégration fiscale, la détention de la filiale par la société tête de groupe peut n'être qu'indirecte.	☐	☐
6. L'option pour le régime de l'intégration fiscale dure trois ans.	☐	☐
7. L'option pour le régime de l'intégration fiscale se renouvelle tacitement.	☐	☐
8. La société tête de groupe est libre d'intégrer les filiales qu'elle désire.	☐	☐
9. Dans le régime de l'intégration, les distributions de dividendes sont exonérées sous condition.	☐	☐
10. Le régime mère-fille permet de compenser les bénéfices et les pertes de chaque société membre du groupe.	☐	☐

2 Cabinet Fiscaninho ★★★

Depuis deux mois, vous assurez le service de la hotline relative à la fiscalité des groupes du Cabinet Fiscaninho. La société Aride, tête de groupe, souhaite mettre fin à l'option relative à l'intégration fiscale, sachant qu'elle a opté pour ce régime il y a trois ans.

1. *Comment la société Aride doit-elle procéder pour dénoncer l'option ?*

La société Chara souhaite relever du régime des sociétés mères.

2. *Quelles sont les conditions à satisfaire pour bénéficier de ce régime avantageux ?*

Évaluer les savoirs | Maîtriser les compétences | Préparer l'épreuve

3 Mini-cas : distribution de dividendes ★★★

Compétences visées

- **Mettre en œuvre** et **suivre** les aspects sociaux liés à l'existence d'un groupe
- **Assurer** la gestion fiscale des groupes

La société Durand relève du régime des sociétés mères. À ce titre, la société fait appel à vos compétences en matière fiscale pour déterminer l'exonération d'impôt résultant de la distribution de dividendes qu'elle reçoit d'une de ses filiales, la société Dutrace. Cette dernière a versé à la société Durand 600 000 € de dividendes.

1. *Quel est le montant d'impôt dû sur cette distribution en application d'un taux d'IS de 28 % ?*
2. *La solution aurait-elle été plus avantageuse si les sociétés relevaient également du régime de l'intégration fiscale ?*

Évaluer les savoirs | Maîtriser les compétences | Préparer l'épreuve

4 Cas pratique : société Renaud ★★★

30 min

Compétences visées

- **Assurer** la gestion fiscale des groupes
- **Assister** le chef d'entreprise dans la gestion juridique des participations détenues dans d'autres sociétés

La société Renaud, tête de groupe de six filiales, souhaite déterminer les filiales établies en France, sauf F5 qui est en Allemagne. Les pourcentages de détention sont les suivants :

- La société tête de groupe détient 95 % de F1, 96 % de F2, 5 % de F3, 78 % de F4, 95 % de F5.
  - F1 détient 30 % de F3.
  - F2 détient 60 % de F3.
  - F5 détient 98 % de F6.
  - F6 détient 95 % de F7 et 70 % de F8.

Travail à faire

1. *Quelles sont les filiales susceptibles de relever du périmètre de l'intégration fiscale ?*

La société Renaud ignore tout de l'utilisation des déficits de ses filiales dans le cadre de l'intégration fiscale. Elle vous indique que certaines de ses filiales disposent d'un déficit ancien et que d'autres seront certainement en déficit durant la mise en place du régime.

Travail à faire

2. *Que pouvez-vous conseiller à la société Renaud ?*

5 Cas pratique : résultat d'ensemble d'un groupe ★★★

45 min

Compétences visées

- **Assurer** la gestion fiscale des groupes
- **Assister** le chef d'entreprise dans la gestion juridique des participations détenues dans d'autres sociétés

Les sociétés Rémila, Isidoune, Freestole et Lorraine forment un groupe relevant de l'intégration fiscale. La société Rémila est la société tête de groupe. Lors de la constitution du groupe, les sociétés étaient bénéficiaires sauf la société Freestole qui présentait un déficit reportable de 100 000 €.

À la clôture des exercices 2018 (calqués sur l'année civile), les résultats fiscaux sont les suivants :

- Rémila : + 800 000 €.
- Isidoune : – 470 000 €
- Freestole : 198 000 €
- Lorraine : 50 000 €

Durant l'année 2018, la société Rémila a vendu un terrain nu à la société Freestole impliquant une plus-value de 70 000 € ainsi qu'une œuvre d'art à la société Lorraine conduisant à une plus-value de 90 000 €.

Travail à faire

Déterminez le résultat d'ensemble du groupe pour l'année 2018.

SYNTHÈSE

Fiscalité des groupes

Régime exclusif des sociétés mères

Imposition à l'IS en France selon le régime des sociétés mères

Exonération des distributions de dividendes à condition que la société mère réintègre une quote-part de 5 % pour frais et charges

Régime de l'intégration fiscale

Imposition à l'IS en France selon le régime réel

Exercices comptables de 12 mois aux dates d'ouverture et de clôture inchangées

Société tête de groupe = 95 % du capital des filiales intégrées (tempérament en cas de détention de sous-filiales)

CHAPITRE 16

Autres modes de coopération interentreprises

PROGRAMME

Compétences visées

- **Choisir** le mode de coopération le plus approprié sous l'angle juridique et fiscal
- **Participer** à la constitution et suivre le fonctionnement d'un GIE
- **Participer**, sous l'angle juridique et fiscal, à la négociation d'un contrat de location-gérance

Notions et contenus

- Règles juridiques et fiscales gouvernant le GIE, le GEIE, et la société en participation
- Règles juridiques, fiscales et sociales gouvernant la location-gérance et les contrats d'intérêts communs

LIEN AVEC LES DSCG5

§ 4.2. Le contrat de services

PLAN DU CHAPITRE

Cours : 1. Les structures juridiques de coopération • 2. Les contrats de coopération

Des savoirs aux compétences : Évaluer les savoirs • Maîtriser les compétences • Préparer l'épreuve

Synthèse

Le groupe au sens où nous l'avons entendu jusqu'à présent, c'est-à-dire reposant sur des liens capitalistiques, n'est pas le seul mode de coopération entre des entreprises, dotées ou non de la personnalité juridique. Il existe tout d'abord des structures juridiques dédiées à la coopération entre les entreprises, ou pouvant servir de fondement à celle-ci ; il est également possible aux entreprises désirant se lier, de passer des accords de nature contractuelle n'affectant pas la structure juridique adoptée.

MOTS-CLÉS

Contrat d'intégration • Contrat innommé • Droit de retrait • Groupement européen d'intérêt économique • Groupement d'intérêt économique • Location-gérance • Société en participation • Sous-traitance

1 Les structures juridiques de coopération

A priori, toute structure juridique peut être utilisée en vue de mettre en place ou de développer une coopération entre des entreprises.

Ainsi, deux sociétés commerciales peuvent constituer ensemble, et sans capital particulier, une société civile, par laquelle elles géreront des équipements techniques coûteux ou encore des personnels travaillant pour les deux structures. Parfois, quand elle sert à la mise en commun de moyens par des professions libérales réglementées, elle porte le nom de société civile de moyens.

Une association soumise à la loi du 1er juillet 1901 (↪ chapitre 21) peut également servir de structure de coopération entre deux entreprises commerciales, à la condition que leur objectif commun ne soit pas le partage des bénéfices, ce qui serait contraire à ladite loi.

A) Le groupement d'intérêt économique (GIE)

1. Le recours au GIE

Code de commerce, article L. 251.1

- Le but du groupement est de faciliter ou de développer l'activité économique de ses membres, d'améliorer ou d'accroître les résultats de cette activité. Il n'est pas de réaliser des bénéfices pour lui-même.

Caractère auxiliaire. L'activité du groupement d'intérêt économique doit se rattacher à l'activité économique de ses membres et ne peut avoir qu'un caractère auxiliaire par rapport à celle-ci.

On retient de cette définition plusieurs éléments importants :
- le GIE n'a pas d'activité propre : il est au service du développement de l'activité de ses membres ;
- son but n'est pas de réaliser des bénéfices, même si cela ne lui est en aucun cas interdit.

Intérêts. Avant d'être intégrés au Code de commerce, les textes relatifs au GIE avaient leur siège dans une ordonnance du 23 septembre 1967. Le GIE a été créé pour répondre à un besoin de la pratique. En effet, à cette époque, deux ou plusieurs entreprises souhaitant unir leurs forces en vue du développement de leur activité n'avaient guère de possibilités :
- la société, au sens de l'article 1832 du Code civil, était une structure trop lourde à créer et à faire fonctionner. Elle était, de plus, tout entière tournée vers le partage des bénéfices ;
- l'association, quant à elle, excluait toute idée de partage des bénéfices et semblait tournée vers les causes humanitaires. De plus, la structure associative ne conférait pas, et ne confère d'ailleurs toujours pas la pleine capacité juridique.

Utilité réduite. Le GIE a donc rencontré un certain succès dès sa consécration législative. Par la suite, son utilité s'est réduite sous la pression de plusieurs facteurs :
- la définition donnée à la société par la loi du 4 janvier 1978 : la société vise non seulement au partage des bénéfices mais également à la réalisation d'une économie, ce qui créé une zone de concurrence indéniable entre les deux structures ;
- la lourde responsabilité – dissuasive – des membres du GIE.

Utilisations. Les GIE existant se trouvent essentiellement dans le domaine des petites entreprises ou des géants de l'industrie ou des services (Airbus à une époque, Carte Bleue, Axa, l'avionneur ATR...). Le GIE fut, au moment de son lancement, très apprécié pour la souplesse de son fonctionnement et sa facilité de création.

Les GIE se font de plus en plus rares, les structures de coopération utilisant d'autres véhicules tels que la SAS.

2. La réglementation applicable au GIE

Objet social. Le GIE doit avoir un objet économique sans avoir une activité propre et distincte de celle de ses membres. Son activité doit être accessoire à celle de ses membres, être son prolongement.

Exemples

- Des commerçants d'une galerie marchande ou d'une rue piétonnière se constituent en GIE pour réaliser des actions de promotion communes ; le GIE leur permet de réaliser des économies d'échelle mais ne se substitue pas à l'activité propre des commerçants.
- Des producteurs d'une appellation d'origine contrôlée (AOC) viticole se groupent sous cette forme en vue de réaliser des campagnes publicitaires.

L'objet du GIE peut être civil ou commercial. Le GIE est immatriculé au RCS.

Le caractère civil ou commercial du GIE ne dépend que de son objet social (et non de sa forme comme c'est le cas pour la plupart des sociétés qui sont commerciales par la forme indépendamment de leur objet social).

Membres. Ce peut être des personnes morales comme des personnes physiques, la seule condition étant que les membres aient une activité économique. **Leur nombre** est de deux au minimum. Leurs **apports** ne sont ni obligatoires, ni interdits. Le GIE peut donc ne pas avoir de *capital* social, ni de droits sociaux attachés. En pratique, peu de GIE ont un capital. Le capital de ceux qui choisissent d'en avoir un est en général très faible. L'existence d'un capital social peut signifier que des droits sociaux (non négociables) seront remis aux membres ; mais ce n'est nullement impératif.

Personnalité juridique. Le GIE jouit d'une pleine et entière personnalité juridique à compter de son immatriculation au RCS. S'il est commercial, la loi affirme qu'il peut accomplir des actes de commerce et être preneur à un bail commercial (ceci depuis la loi du 13 juin 1989 ayant réformé le statut du GIE et introduit le GEIE).

Création. Le contenu du contrat de GIE (ou statuts) est réglementé par le texte suivant.

Code de commerce, article L. 251-8

- I. Le contrat de groupement d'intérêt économique détermine l'organisation du groupement, sous réserve des dispositions du présent chapitre. Il est établi par écrit et publié [...]
- II. Le contrat contient notamment les indications suivantes :
- 1) la dénomination du groupement,
- 2) les nom, raison sociale ou dénomination sociale, la forme juridique, l'adresse du domicile ou du siège social et, s'il y a lieu, le numéro d'identification de chacun des membres du groupement, ainsi que, selon le cas, la ville où se situe le greffe où il est immatriculé ou la ville où se situe la chambre des métiers où il est inscrit,
- 3) la durée pour laquelle le groupement est constitué,
- 4) l'objet du groupement,
- 5) l'adresse du siège du groupement.

Les fondateurs doivent déposer un dossier au Centre de formalités des entreprises (CFE) compétent qui transmet au RCS pour immatriculation. À la différence d'une constitution de société, la publication dans un JAL est facultative. Après immatriculation, il fait l'objet d'une publication au BODACC, réalisée par le greffier.

Direction du GIE. Le Code de commerce laisse une très grande latitude aux fondateurs qui organisent l'administration du groupement comme ils l'entendent. Les textes applicables fixent simplement deux impératifs :

- Le groupement est administré par un ou plusieurs administrateurs personnes physiques ou morales.
- Le ou les administrateurs, dans leurs rapports avec les tiers, engagent le GIE pour tous les actes entrant dans l'objet social, toute limitation de pouvoirs par les statuts étant inopposable aux tiers.

La liberté est donc totale pour les fondateurs en matière de :

- conditions de nomination (organe, majorité, quorum) ;
- durée des fonctions ;
- limitations internes de pouvoirs ;
- révocation et rémunération.

Exemple

La gouvernance du GIE ATR est assurée par un conseil d'administration et un président exécutif tournant entre les deux membres.

Assemblées. Le droit applicable au GIE est très souple ; la seule règle impérative est l'obligation de réunir l'assemblée à la demande d'un quart au moins des membres du GIE. Pour le reste, la liberté domine.

Les statuts déterminent donc :

- les décisions relevant ou non de l'AG, sachant qu'elle est habilitée à prendre toutes les décisions y compris les décisions majeures (dissolution) ;
- les conditions auxquelles ces décisions sont adoptées (*quorum* et majorité) sachant que, dans le silence des statuts, les décisions sont adoptées à l'unanimité ;
- la périodicité des assemblées ;
- le droit de vote de chaque membre ; le principe est ici « un membre égale une voix » mais rien n'interdit de faire dépendre le droit de vote des apports réalisés (s'il s'en trouve) ou encore de conférer un droit de vote plus important à certains membres du groupement.

Droits et obligations des membres. Chaque membre dispose d'un droit aux bénéfices réglé par le contrat, d'un droit de vote et d'un **droit de retrait**. Ce dernier droit signifie la possibilité de quitter le groupement à tout moment, à condition de s'être acquitté de ses obligations, et de respecter les statuts. À l'égard des tiers, la responsabilité des membres est indéfinie et solidaire ; chacun peut être amené à payer la totalité de la dette due sur son patrimoine personnel.

Financement. Le GIE peut être financé par :

- capitaux propres si les membres ont procédé à des apports ;
- compte courant de membres ;
- emprunt bancaire classique ;
- émission d'obligations, à la condition que tous les membres remplissent les conditions légales pour l'émission de tels titres.

Contrôle des comptes et de la gestion. L'article L. 251-12 du Code de commerce prévoit deux types de contrôle :

- Un contrôle de la gestion opéré dans les conditions prévues par les statuts et portant sur la régularité et l'opportunité de la gestion. Le ou les contrôleurs doivent obligatoirement être des personnes physiques, mais les conditions de leur nomination, d'exercice de leur mission, etc., sont librement prévues par les statuts.
- Un contrôle des comptes est obligatoire dans les GIE émettant des obligations et dans les groupements qui comptent 100 salariés ou plus à la clôture d'un exercice ; ce contrôle doit être exercé par un ou plusieurs commissaires aux comptes choisis sur la liste visée à l'article L. 822-1 du Code de commerce et nommés par l'assemblée pour une durée de six exercices. La loi dite Pacte du 22 mai 2019, qui a profondément réformé les seuils d'audit, n'a pas modifié ce texte.

Transformation du GIE en société. La transformation d'une association ou d'une société en GIE est possible sans conséquences fiscales rédhibitoires. L'inverse n'est possible que si la société est une SNC. À défaut, la transformation est traitée comme une dissolution suivie d'une création de société, avec des conséquences fiscales prohibitives.

Code de commerce, article L. 251-18

- Toute société ou association dont l'objet correspond à la définition du groupement d'intérêt économique peut être transformée en un tel groupement sans donner lieu à dissolution ni à création d'une personne morale nouvelle. Un groupement d'intérêt économique peut être transformé en société en nom collectif sans donner lieu à dissolution ni à création d'une personne morale nouvelle.

Dissolution. Le groupement d'intérêt économique est dissous par :

- l'arrivée du terme ;
- la réalisation ou l'extinction de son objet ;
- la décision de ses membres ;
- décision judiciaire, pour de justes motifs,
- le décès d'une personne physique ou par la dissolution d'une personne morale, membre du groupement, sauf stipulation contraire du contrat ;
- l'incapacité, la faillite personnelle ou l'interdiction de diriger, gérer, administrer ou contrôler une entreprise commerciale affectant l'un de ses membres (à moins que sa continuation ne soit prévue par le contrat ou que les autres membres ne la décident à l'unanimité).

La dissolution du groupement entraîne sa liquidation. La personnalité du groupement subsiste pour les besoins de la liquidation.

3. La fiscalité du GIE

Le régime fiscal du GIE est calqué sur celui de la SNC ; toutefois le GIE n'a pas la possibilité d'opter pour l'IS. Il relève de plein droit du régime des sociétés de personnes, à savoir l'IR. Les bénéfices réalisés (et pas obligatoirement distribués) ne sont donc pas taxés au niveau du groupement, mais à celui de :

- Ses membres personnes physiques. Ils doivent inclure la quote-part des résultats leur revenant, dans leurs revenus. Suivant l'activité du groupement, ces bénéfices seront traités comme des BNC, BIC, BA, etc.
- Ses membres personnes morales assujettis à l'IS. La quote-part leur revenant est incluse dans le bénéfice soumis à l'IS, même si cette quote-part n'a pas été distribuée.

4. Le régime social du GIE

Du point de vue social, le GIE ne présente aucune particularité par rapport à d'autres personnes morales. Il a la qualité d'employeur, peut signer de contrats de travail et demeure assujetti aux mêmes obligations sociales que tous les autres acteurs du monde économique.

B) Le groupement européen d'intérêt économique (GEIE)

Le GEIE est régi par le règlement européen du 25 juillet 1985 a été mis en place par une loi de 1989 en France. Il est aujourd'hui régi par les articles L. 252-1 et suivants du Code de commerce.

Déclaration de création d'un GEIE : http://dunod.link/ny7olhw

1. Les règles spécifiques

La majorité des règles précédemment décrites sont applicables au GEIE.

Définition

Le **groupement européen d'intérêt économique** (GEIE) a pour objectif de faciliter ou de développer les activités économiques de ses membres, par la mise en commun de ressources, d'activités et de compétences.

La mise en commun des ressources, activités et compétences doit permettre d'obtenir de meilleurs résultats que par des activités menées isolément. Le GEIE n'a pas pour but de réaliser des bénéfices pour lui-même. S'il en réalise, ceux-ci sont répartis entre les membres et taxés en conséquence. Ses activités doivent présenter un lien avec l'activité économique des membres, sans pouvoir les remplacer.

Un GEIE ne peut employer plus de 500 personnes.

Un GEIE peut être constitué par des sociétés et autres entités juridiques, de droit public ou privé, constituées conformément au droit d'un État membre et ayant leur siège dans l'Union européenne. Il peut également être constitué par des personnes physiques exerçant dans l'UE des activités industrielles, commerciales, artisanales, agricoles, de profession libérale ou d'autres services.

2. La constitution

Un GEIE doit compter au moins deux membres relevant d'États membres différents.

Le contrat de GEIE mentionne obligatoirement :

- le nom ;
- le siège ;
- l'objet du groupement ;
- le nom, le numéro et le lieu d'immatriculation, s'il y a lieu, de chaque membre du groupement ;
- la durée du groupement si elle n'est pas indéterminée.

Le contrat doit être déposé auprès d'un registre à désigner par chacun des États membres. Cette immatriculation confère au GEIE pleine capacité juridique dans toute la Communauté. Un avis annonçant la création ou la liquidation d'un GEIE doit être publié dans le JOUE. Le siège d'un groupement doit se situer dans l'UE. Il peut être transféré d'un État membre à un autre sous certaines conditions.

3. Le fonctionnement

Chaque membre d'un GEIE dispose d'une voix au moins. Cependant, le contrat de groupement peut accorder plus d'une voix à certains membres, pour autant qu'aucun d'entre eux n'en détienne la majorité. Le règlement énumère les décisions qui doivent être prises à l'unanimité.

Le GEIE doit comporter au moins deux organes :

- ses membres agissant collégialement ;
- le gérant, ou chacun des gérants s'ils sont plusieurs, représente et engage le GEIE vis-à-vis des tiers, même lorsque ses actes n'entrent pas dans l'objet du groupement.

Comme le GIE, un GEIE n'a pas obligatoirement de capital. Ses membres sont libres de recourir à d'autres modes de financement.

Les bénéfices du GEIE sont considérés comme les bénéfices des membres et répartis entre eux conformément à la clause prévue à cet effet dans le contrat ou, à défaut d'une telle clause, par parts égales.

Les bénéfices ou pertes d'un GEIE sont imposables au niveau de ses membres.

En contrepartie de la liberté contractuelle, qui est à la base du GEIE, et de l'absence d'obligation pour ses membres de fournir un capital minimal, chaque membre du GEIE est indéfiniment et solidairement responsable des dettes contractées par le GEIE.

Pour un aperçu exhaustif des avantages du GEIE :

http://dunod.link/skno2m4

Exemple

Arte, chaîne de télévision franco-allemande créée en 1990, est un GEIE.

C) La société en participation (SEP)

La plupart des sociétés ont la personnalité morale. Certaines ne l'ont pas car les fondateurs choisissent volontairement de ne pas l'immatriculer au RCS.

Définition

Est dite « **société en participation** » une société non immatriculée. Il s'agit d'une société « occulte » dans laquelle les associés ne veulent pas apparaître (on dit ne veulent pas être révélés).

Les associés d'une SEP passent entre eux un contrat qui demeure à usage interne et donc secret. Les associés, qui traitent avec les tiers, le font en qualité de personne physique et non au nom de la société. L'avantage de cette formule est la souplesse, la discrétion, l'absence de formalisme et les coûts limités.

La société en participation est régie par les articles 1871 et suivants du Code civil.

Article 1871 du Code civil :

http://dunod.link/jwsxp8t

Utilisations. On utilise la SEP par exemple pour le lancement d'une star du show-business ou d'un spectacle de théâtre avec des personnes qui ne souhaitent pas révéler leur identité. Ils confient des fonds à un gérant qui va gérer l'affaire et leur reverser des bénéfices si l'affaire fonctionne (on retrouve là les éléments du contrat de société).

Certaines compagnies aériennes utilisent la société en participation pour exploiter en commun un appareil (on est alors proche du régime de l'indivision).

Deux entreprises peuvent également l'utiliser pour lancer un projet commun (fréquent dans le domaine du bâtiment – cotraitance), ou soumissionner à un appel d'offres.

Par définition même, il n'est pas possible de disposer de statistiques sur les sociétés en participation.

1. La constitution de la société en participation

Conditions de fond. Les conditions de droit commun s'appliquent.

Apports. Les apports en nature recouvrent trois formes, sachant que l'absence de personnalité juridique de la SEP entraîne l'impossibilité d'être propriétaire :
- soit chaque participant en demeure propriétaire tout en conférant la jouissance à la SEP ;
- soit le ou les biens sont placés en indivision entre les participants ;
- soit, enfin, les participants conviennent que l'un d'entre eux apparaîtra comme seul propriétaire au vu et au su des tiers, le ou les biens étant en réalité indivis.

La SEP n'a pas à proprement parler de capital social ; les apports ne sont pas rémunérés par des parts sociales ; rien n'empêche toutefois que le contrat de société passé entre les participants module leurs droits et obligations en fonction des apports réalisés par chacun.

La SEP est civile ou commerciale, selon son objet social, ce qui conditionne les règles générales applicables à son fonctionnement.

Absence de formalisme. Par définition, la SEP ne fait l'objet d'aucune publicité et n'est pas inscrite au RCS. En pratique, le caractère occulte ne s'oppose pas à ce que les participants passent entre eux un contrat écrit (cela est même fortement recommandé pour des motifs liés à la preuve de leurs obligations), lequel ne sera pas porté à la connaissance des tiers.

2. Les règles de fonctionnement

Code civil, article 1871-1

■ À moins qu'une organisation différente n'ait été prévue, les rapports entre associés sont régis, en tant que de raison, soit par les dispositions applicables aux sociétés civiles, si la société a un caractère civil, soit, si elle a un caractère commercial, par celles applicables aux sociétés en nom collectif.

Contrat. La SEP est régie par la convention passée entre participants. Dans le silence de celle-ci, son régime est calqué, soit sur celui de la société civile (avec une responsabilité indéfinie et non solidaire des participants), soit sur celui de la SNC (responsabilité indéfinie et solidaire), en fonction du caractère civil ou commercial de l'objet.

Les participants peuvent donc librement organiser leurs rapports sous réserve de ne pas déroger à quelques règles impératives du droit des sociétés parmi lesquelles :
- l'interdiction des clauses léonines ;
- l'interdiction de faire offre au public ;
- l'interdiction d'augmenter les engagements des associés sans leur consentement ;
- le droit, pour chaque associé, de participer aux décisions collectives.

Gérance. À défaut de clauses statutaires contraires, la gérance est réglée de la même manière que dans la SNC, si toutefois l'objet de la SEP est commercial, ce qui est fréquent.

Un ou plusieurs gérants peuvent être nommés. Si aucun ne l'est dans les statuts, tous les associés sont présumés gérants, ce qui complique singulièrement le fonctionnement :

- **Dans les rapports avec les tiers**, et lorsque la société demeure occulte, le gérant est le seul à être connu. Il est donc présumé être propriétaire des biens dont il dispose apparemment. Les participants ne peuvent pas agir contre les tiers avec lesquels le gérant a contracté. Les tiers, eux, ne peuvent agir que contre le gérant ;
- **Dans les rapports avec les associés**, le gérant est tenu par les limitations de pouvoirs qui lui sont imposées par le contrat ; dans le silence de celui-ci, il est investi des pouvoirs de gestion pour agir dans l'intérêt social. Tout acte passé en violation de ces règles demeurera valable à l'égard des tiers, mais engagera la responsabilité du gérant.

Associés « participants ». Le participant est un associé à part entière, au moins sur le plan interne. À ce titre :

- il a droit aux bénéfices et participe aux pertes ;
- il a le droit de participer à la vie sociale ;
- il contrôle l'action du gérant ;
- il peut céder ses droits sociaux dans les mêmes conditions qu'un associé de SNC ou de société civile (suivant l'objet de la société).

Dans les rapports avec les tiers, deux situations sont à considérer, l'une courante, l'autre exceptionnelle :

- **Situation normale : engagement personnel de chaque participant.** Le principe est simple, tel que posé par l'article 1872-1, al. 1er du Code civil : « chaque associé contracte en son nom personnel et est seul engagé à l'égard des tiers ». Cela signifie que l'action de l'un n'engage pas les autres, qui demeurent protégés par le caractère occulte de la structure et l'absence de personnalité juridique.
- **Situation exceptionnelle : responsabilité des participants à l'égard des tiers.** Les alinéas suivants de l'article 1872-1 du Code civil énoncent trois hypothèses dans lesquelles l'action d'un participant engage les autres associés. Les participants deviennent donc codébiteurs des dettes contractées par l'un d'eux, avec solidarité si la SEP a un objet commercial ; sans solidarité si elle a un objet civil.

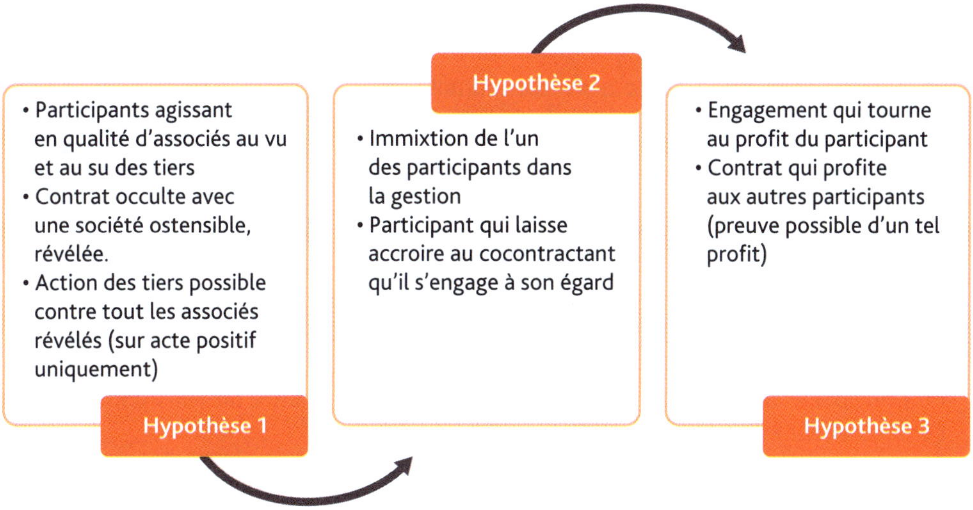

Le gérant de l'affaire ne peut révéler les participants contre leur volonté.

3. La fiscalité des SEP

En premier lieu, bien que non dotée de la personnalité juridique, la SEP a un patrimoine fiscal composé des biens indivis mis à disposition de la société par les associés participants. La principale conséquence est que les charges afférentes à ces biens (amortissements, intérêts d'emprunt...) sont déductibles du bénéfice social.

En second lieu, du point de vue des revenus retirés de la société :
- le régime des sociétés de personnes est applicable uniquement aux participants indéfiniment responsables dont le nom a été communiqué à l'administration fiscale ;
- dans le cas contraire (associé non indéfiniment responsable ou dont l'identité n'est pas communiquée), les bénéfices leur revenant sont taxés à l'IS, au nom du gérant.

4. Le droit social des SEP

La SEP n'ayant pas la personnalité juridique, elle ne peut avoir la qualité d'employeur.

2 Les contrats de coopération

A) Les contrats d'intégration

Définition

Les **contrats d'intégration** (↪chapitre 2) sont des conventions qui réalisent une intégration économique, commerciale ou industrielle, de plusieurs entreprises indépendantes, le plus souvent sous l'égide d'une entreprise tête de réseau.

B) Les accords de sous-traitance

Définition

La **sous-traitance** est le contrat par lequel un entrepreneur, dit *donneur d'ordres*, se décharge de tout ou partie de la réalisation d'un ouvrage ou d'une production, sur un ou plusieurs autres entrepreneurs.

Exemple

La sous-traitance est un phénomène très courant dans le secteur du bâtiment, et les sous-traitants forment une partie essentielle du tissu économique. Elle représente environ 15 % du chiffre d'affaires du bâtiment.

La sous-traitance est **duale** :
- La **sous-traitance de marché** est une opération dans laquelle le sous-traitant exécute une tâche pour le compte final du maître d'ouvrage initial. Dans un contrat portant sur la construction d'un immeuble, le maître d'ouvrage contracte principalement avec une entreprise générale, laquelle va confier par le contrat de sous-traitance l'exécution de la plomberie par exemple à une entreprise tierce. Il y a donc deux contrats : l'un dit principal entre le maître d'ouvrage et l'entrepreneur, l'autre dit sous-contrat entre l'entrepreneur et le sous-traitant.
- La **sous-traitance industrielle** suppose que le sous-traitant ne travaille en fait que pour le compte de l'entrepreneur principal. Ce contrat existe de manière indépendante

du contrat principal. Le sous-traitant n'est ici qu'un maillon d'une chaîne que le maître d'ouvrage ignore.

Loi du 31 décembre 1975. Seule donc la sous-traitance de marché est régie par la loi du 31 décembre 1975 dont l'objectif est de protéger le sous-traitant contre les abus de l'entrepreneur principal et surtout de lui donner des garanties de paiement de sa prestation.

Pour qu'il y ait sous-traitance soumise à la loi de 1975, il faut que le contrat existant entre l'entrepreneur principal et le sous-traitant soit un contrat d'entreprise.

Le risque principal pour le sous-traitant, c'est de n'être pas payé de son travail. En effet, si l'on se contentait de juxtaposer les deux contrats – le principal et le sous-contrat – le paiement serait effectué par le maître d'ouvrage à l'entrepreneur puis par l'entrepreneur au sous-traitant. Étant situé en bout de chaîne, il multiplie les risques d'impayés.

Protection. Pour protéger le sous-traitant, la loi du 31 décembre 1975 met en place deux mesures :

- Première garantie : l'entrepreneur principal doit fournir au sous-traitant la caution personnelle et solidaire d'un établissement de crédit. S'il préfère, il peut utiliser le mécanisme dit de la délégation de paiement qui signifie que l'entrepreneur « offre » un nouveau débiteur au sous-traitant en la personne du maître d'ouvrage.
- Seconde garantie : l'action directe du sous-traitant à l'égard du maître de l'ouvrage. C'est là le point essentiel de la loi du 31 décembre 1975. Le sous-traitant peut à certaines conditions demander le paiement des sommes qui lui sont dues directement au maître d'ouvrage. Cette action a pour effet de créer un lien entre le sous-traitant et le maître d'ouvrage. Les conditions sont les suivantes :
  - il doit s'agir d'un marché privé ;
  - une autre procédure nommée « paiement direct » – et non action directe – est réservée aux sous-traitants des marchés publics. Le maître d'ouvrage doit agréer le sous-traitant au préalable.

C) La location-gérance (Code de commerce, art. L. 144-1 et s.)

Définition

La **location-gérance** est un contrat qui permet au propriétaire d'un fonds de commerce, artisanal ou industriel, de concéder à une personne – le locataire gérant – le droit d'exploiter librement ce fonds à ses risques et périls moyennant le paiement d'une redevance. Ce contrat offre la possibilité de réaliser des concentrations d'entreprises, souples et réversibles, dans l'attente d'une éventuelle fusion ultérieure.

Le locataire-gérant est uniquement locataire du fonds de commerce et non des murs (locaux d'exploitation). Dès lors, il peut être soit propriétaire des murs (situation rare), soit locataire des murs dans le cadre d'un contrat de bail commercial distinct du contrat de location-gérance.

Dans la location-gérance, le propriétaire de l'entreprise conserve la propriété du fonds et s'assure un revenu, grâce à la perception de redevances. Elle peut représenter un moyen efficace de préparer la cession de son entreprise.

Cette formule permet au locataire-gérant d'exploiter une clientèle sans avoir à acquérir immédiatement les éléments parfois onéreux d'un fonds mais permet également d'apprécier la viabilité de l'entreprise qu'il envisage de reprendre. À cet égard, la récente création d'un contrat de location de parts sociales ou d'actions permet d'atteindre le même objectif.

1. Les conditions de forme

Le contrat de location-gérance peut être passé sous seing privé ou en la forme authentique notariée. Il doit être publié dans les quinze jours sous forme d'avis dans JAL. La fin de la location-gérance donne lieu aux mêmes mesures de publicité.

Cette publicité est importante car elle conditionne l'opposabilité du contrat aux tiers et le point de départ de la solidarité passive concernant les dettes du locataire-gérant, de même que l'exigibilité immédiate des dettes du loueur, propriétaire du fonds.

2. Les conditions de fond

Le locataire-gérant doit avoir la capacité d'exercer le commerce et de s'immatriculer au Registre du commerce et des sociétés.

Pour le loueur, propriétaire du fonds, il est nécessaire d'avoir exploité le fonds pendant deux ans au moins. Des exceptions à cette obligation sont prévues par l'article L. 144-5 du Code du commerce. C'est notamment le cas des héritiers ou légataires d'un commerçant ou d'un artisan décédé ; des conjoints attributaires du fonds de commerce ou artisanal à la suite de la dissolution du régime matrimonial, lorsqu'ils ont participé à l'exploitation pendant au moins deux ans.

Loi du 19 juillet 2019. La loi de simplification du droit des sociétés du 19 juillet 2019 a abrogé les articles L. 144-3, L. 144-4 et L. 144-5 du Code de commerce qui rendaient obligatoires (avec de nombreuses exceptions) l'exploitation du fonds pendant deux ans par le loueur préalablement à la signature d'un contrat de location gérance. Il est donc aujourd'hui possible pour le propriétaire d'un fonds de commerce de le mettre en location-gérance sans respecter la condition préalable d'exploitation pendant deux ans.

Le délai de deux ans peut être supprimé ou réduit par ordonnance du président du tribunal de grande instance rendue sur simple requête de l'intéressé, notamment lorsque celui-ci justifie qu'il est dans l'impossibilité d'exploiter son fonds personnellement.

Durée. Sa durée est déterminée ou indéterminée. En règle générale, elle est d'un an renouvelable par tacite reconduction. Le locataire gérant n'a pas droit au renouvellement automatique du contrat. Le bailleur peut reprendre son fonds sans avoir à verser une indemnité (sauf si le contrat lui-même le prévoit).

Dettes. Au moment de la signature du contrat de location-gérance, les dettes du loueur du fonds afférentes à l'exploitation du fonds peuvent être déclarées immédiatement exigibles par le tribunal de commerce, s'il estime que la location-gérance met en péril leur recouvrement. L'action doit être introduite, par les créanciers, dans le délai de trois mois à dater de la publication du contrat de gérance. À la fin de la location-gérance, les dettes afférentes à l'exploitation du fonds contractées par le locataire-gérant pendant la durée de la gérance deviennent immédiatement exigibles.

Prix. Le montant des redevances est fixé librement par les parties. Leur montant peut être fixe ou proportionnel au chiffre d'affaires ou au bénéfice. Elles peuvent être versées mensuellement ou trimestriellement. Si le contrat de location-gérance est assorti d'une clause d'échelle mobile (indexation), la révision du loyer peut être demandée chaque fois que, par le jeu de cette clause, ce loyer se trouve augmenté ou diminué de plus du quart par rapport au prix précédemment fixé. Compte tenu de la faible inflation actuelle, cette disposition sera rarement amenée à jouer.

Solidarité. Jusqu'à la publication du contrat de location-gérance, le bailleur est solidairement responsable avec le locataire gérant des dettes contractées par celui-ci à l'occasion de l'exploitation du fonds. Le bailleur peut être mis en cause par l'administration fiscale jusqu'à la publication du contrat, pour le paiement des impôts directs du locataire, établis à raison de l'exploitation du fonds de commerce.

Régime fiscal. (tab. 16.1).

Tableau 16.1. Régime fiscal de la location-gérance

Plus-values	• En début de contrat, le loueur n'est pas imposé au titre des plus-values puisqu'aucune mutation de propriété n'est réalisée par le contrat. • En fin de contrat, il pourra arriver que le locataire acquière le fonds du loueur. Une cession du fonds aura alors lieu et la taxation des plus-values professionnelles sera applicable. Ici le loueur pourra revendiquer l'application de l'article 238 *quindecies* du CGI : exonération totale pour les cessions inférieures à 300 000 € et une exonération partielle jusqu'à 500 000 €, avec deux conditions cumulatives : – l'activité a été exercée depuis au moins cinq ans au moment de la mise en location du fonds ; – la transmission est réalisée au profit du locataire-gérant.
Imposition des redevances	• Le loueur est imposé dans la catégorie des BIC. • Le déficit éventuellement constaté ne peut être imputé sur le revenu global du loueur (en principe la location-gérance ne génère pas de charges pour le loueur du fonds et par conséquent pas de déficits). • Les prélèvements sociaux sont applicables dans les mêmes conditions que les revenus du patrimoine.
Contribution économique territoriale (CET)	Le bailleur demeurant propriétaire du fonds reste soumis personnellement à la contribution économique territoriale. Il sera redevable de la cotisation minimale.
TVA	• La TVA est applicable sur les redevances de location-gérance. Elle est facturée au locataire par le loueur. Ce dernier est le redevable. • Le locataire-gérant peut déduire la TVA de celle due au titre de ses recettes commerciales.
Solidarité	Le loueur est solidairement responsable des dettes d'impôts directs dues par le locataire-gérant jusqu'à la publication du contrat (CGI, art. 1684 3e).

Régime social de la location-gérance. Si l'entreprise objet du contrat de location-gérance emploie des salariés :

- le locataire gérant devient l'employeur ; en fin de contrat, le loueur redevient l'employeur, sauf cession du fonds,
- si elle compte plus de 11 salariés, son comité social et économique (CSE) doit être informé et consulté au moment de la mise en location-gérance du fonds (C. trav., art. L. 2312-8).
- en application de l'article L. 1224-1 du Code du travail, les contrats de travail en cours sont transférés au locataire-gérant.

D) Les contrats innommés

Les **contrats innommés** sont de deux types (tab. 16.2).

Tableau 16.2. Typologie de contrats innommés

Contrat « entreprise pilote »	Contrat d'intérêt commun
• Il est fréquent que des entreprises, notamment dans le domaine du bâtiment, se groupent soit en vue d'obtenir un marché soit, plus fréquemment, après l'avoir obtenu. Ces entreprises contractent librement, l'une d'elles pouvant être désignée comme mandataire des autres (entreprise pilote ou chef de file du consortium). • L'entreprise pilote devient ainsi l'interlocuteur unique du maître d'ouvrage mais le maître d'ouvrage contracte avec chaque entrepreneur. L'entreprise pilote n'est qu'un intermédiaire de négociation.	• Deux ou plusieurs entreprises décident de s'unir contractuellement sur un pied d'égalité afin de mettre en commun des moyens de recherche ou de distribution. • Si les différents partenaires ont conscience de « s'approcher » du contrat de société, ce sera une société en participation ; si, en revanche, ils se conduisent comme associés sans le savoir, ni *a fortiori* le vouloir, la qualification de société créée de fait pourra être retenue.

Les contrats innommés, parfois appelés à tort « joint-venture », ne sont pas réglementés de manière précise.

→ MINI-CAS 2 • CAS PRATIQUE 3

QCM

Pour chaque proposition, une ou plusieurs réponses sont possibles. Justifiez-les.

1. Le GIE est un groupement :
   a. à but non lucratif. ☐
   b. qui n'interdit pas de partager les bénéfices. ☐
   c. à finalité capitalistique et dont le but principal est le partage des bénéfices. ☐

2. Dans le GIE, la responsabilité des membres est :
   a. limitée à leur apport. ☐
   b. illimitée, en proportion de leur apport. ☐
   c. les membres ne font pas d'apport donc n'encourent pas de responsabilité. ☐
   d. illimitée et solidaire. ☐

3. Dans le contrat de location-gérance :
   a. le loueur reste propriétaire du fonds. ☐
   b. le locataire devient propriétaire du fonds en fin de contrat. ☐
   c. le locataire ne devient pas propriétaire du fonds sauf clause contraire. ☐

4. Une société en participation est une société :
   a. dans laquelle tous les associés participent aux activités sociales. ☐
   b. enregistrée comme un SARL mais avec une responsabilité solidaire aux dettes sociales. ☐
   c. non enregistrée au RCS. ☐
   d. que les associés ne veulent pas faire connaître. ☐

5. Le GEIE :
   a. est un GIE européen. ☐
   b. fonctionne comme le GIE mais avec une dimension européenne. ☐
   c. est une structure holding pour des sociétés européennes. ☐
   d. est l'ancien nom de la société européenne. ☐

6. Fiscalement, le locataire-gérant :
   a. n'est pas imposé car c'est le loueur qui l'est. ☐
   b. est imposé à l'IR ou à l'IS comme tout commerçant. ☐
   c. est exonéré de TVA les six premiers mois. ☐
   d. est imposé sur les plus-values en fin de contrat. ☐
   e. bénéficie de la solidarité du loueur pour les impôts directs jusqu'à la publication du contrat. ☐

Évaluer les savoirs | Maîtriser les compétences | Préparer l'épreuve

2 Mini-cas : location-gérance ★★★

Compétence visée

Participer, sous l'angle juridique et fiscal, à la négociation d'un contrat de location-gérance

La société Easy Print, spécialiste du développement numérique, a conclu un contrat de location-gérance avec M. Dubard, propriétaire de l'immeuble où elle est installée. Au 31 janvier, la société Easy Print est placée en liquidation judiciaire. De nombreux créanciers, dont ses deux salariés, attendent d'être payés.

1. *M. Dubard est-il solidaire des dettes d'Esay Print ?*

La société Melchior conclut un contrat de location-gérance avec M. Dubard à la suite de la liquidation d'Easy Print.

2. *La société Melchior est-elle tenue par les engagements d'Easy Print, notamment les contrats de travail ?*

Évaluer les savoirs | Maîtriser les compétences | Préparer l'épreuve

3 Cas pratique : établissements Marchal ★★★

35 min

Compétences visées

- **Choisir** le mode de coopération le plus approprié sous l'angle juridique et fiscal
- **Participer** à la constitution et suivre le fonctionnement d'un GIE
- **Participer**, sous l'angle juridique et fiscal, à la négociation d'un contrat de location-gérance

Laurent Marchal est à la tête des Établissements Marchal, entreprise individuelle implantée dans le Vaucluse depuis plus de 35 ans. L'entreprise, qui a rapidement crû, développe son activité de vente de matériel de viticulture en France et à l'international. L'entreprise emploie 14 salariés aujourd'hui.

Laurent Marchal souhaite aujourd'hui se retirer de l'affaire et vous consulte car il a récemment échangé avec un entrepreneur individuel, Ludovic Dubard, qui serait intéressé pour reprendre l'entreprise à la suite d'une période de location-gérance.

Travail à faire

1. *Comment le contrat de location-gérance fonctionne-t-il ?*
2. *Indiquez le régime fiscal applicable aux redevances de location-gérance au regard de l'imposition du résultat et de la TVA, aussi bien pour le locataire-gérant que pour le propriétaire du fonds de commerce.*
3. *Quelles sont les obligations envers ses salariés avant la conclusion du contrat de location-gérance du fonds et quel est le sort des contrats de travail dans le cadre d'un contrat de location-gérance ? À l'échéance du contrat de location-gérance, en cas de reprise de l'exploitation par le loueur, quel est le sort des contrats de travail des salariés embauchés pendant la durée du contrat ?*
4. *En matière de redevance, existe-t-il un risque fiscal à la fixer à 800 000 € par an ?*

SYNTHÈSE

Autres modes de coopération interentreprises

Groupement d'intérêt économique (GIE) et groupement européen d'intérêt économique (GEIE)

Structure juridique de coopération entre entreprises afin de mutualiser les ressources et de partager les bénéfices

Mêmes caractéristiques que le GIE français
Coopération entre entreprises implantées dans plusieurs États membres de l'UE

Responsabilité solidaire des membres

Société en participation (SEP)

Société occulte, non révélée
- Présence de tous les éléments du contrat de société
- Société non immatriculée, inconnue du public

Location-gérance

Contrat entre un propriétaire de fonds de commerce et un locataire
- Exploitation du fonds par le locataire
- Pour un temps déterminé, moyennant de paiement d'une redevance

CHAPITRE 17

Restructurations d'entreprises

PROGRAMME

Compétences visées

- **Déterminer** sous l'angle juridique, le mode de restructuration approprié
- **Accompagner** juridiquement l'opération de restructuration
- **Déterminer** sous l'angle social le mode de restructuration approprié
- **Accompagner** au plan social l'opération de restructuration
- **Déterminer** sous l'angle fiscal le mode de restructuration approprié
- **Optimiser** fiscalement l'opération de restructuration

Notions et contenus

- Le régime juridique des opérations de : fusions de sociétés et recours à la société européenne (SE) ; apports partiels d'actifs ; scissions de sociétés, scissions partielles ; transmission universelle de patrimoine
- Le régime social des opérations de : fusions de sociétés ; apports partiels d'actifs ; scissions de sociétés, scissions partielles ; transmission universelle de patrimoine
- Le régime fiscal des opérations de : fusions de sociétés ; apports partiels d'actifs ; scissions de sociétés, scissions partielles ; transmission universelle de patrimoine

LIEN AVEC LE DSCG 4

§1. Opérations de restructuration

PLAN DU CHAPITRE

COURS : 1. Le régime juridique des restructurations • 2. Le régime social des restructurations • 3. Le régime fiscal des restructurations

DES SAVOIRS AUX COMPÉTENCES : Évaluer les savoirs • Maîtriser les compétences • Préparer l'épreuve

SYNTHÈSE

L'entreprise est souvent partie prenante dans des opérations de restructuration qui visent à rationaliser l'organisation d'activités au sein d'un groupe ou à organiser de manière différente les activités de l'entreprise. Compte tenu des enjeux, ces opérations sont étroitement réglementées.

MOTS-CLÉS

Apport partiel d'actif • Apport partiel d'actif • Clause d'agrément • Droit d'opposition • Fusion • Régime fiscal de droit commun • Régime fiscal de faveur • Scission • Traité de fusion • Traité de fusion ou de scission • TUP

1 Le régime juridique des restructurations

A) Les opérations de fusion et de scission

1. La fusion

Définition

La **fusion** est l'opération par laquelle deux ou plusieurs sociétés se transforment en une seule, soit par dissolution des sociétés précédemment existantes et création d'une société nouvelle, soit par absorption d'une société existante par une autre (fig. 17.1).

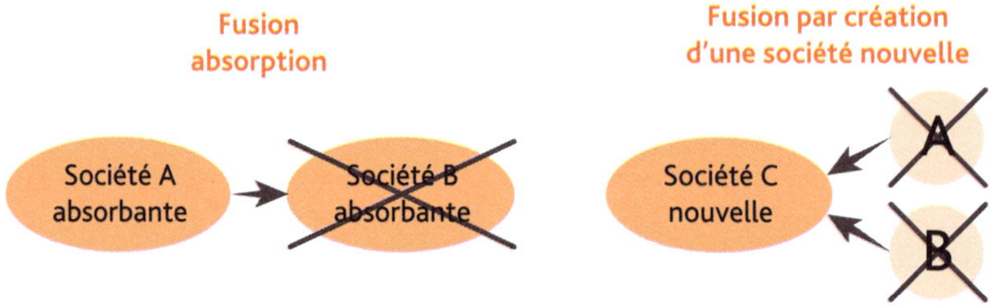

Figure 17.1. **Fusion-absorption et fusion par création d'une société nouvelle**

L'absorption d'une société par une autre est de loin le mode le plus courant de fusion car c'est également le plus intéressant fiscalement.

La fusion implique la dissolution de la personne morale absorbée, sans liquidation de celle-ci, et la transmission universelle du patrimoine de l'une à l'autre. Cela signifie notamment une transmission du passif de la société absorbée.

L'un des effets majeurs est que les associés de la société absorbée acquièrent la qualité d'associés de l'absorbante.

Les fusions permettent de renforcer les capacités des entreprises à faire face à leurs concurrents mais aussi d'abaisser les coûts de production et de réaliser des économies d'échelle.

2. La scission

Définition

La **scission** est l'opération par laquelle le patrimoine d'une société existante est partagé entre deux sociétés existantes ou nouvelles (fig. 17.2).

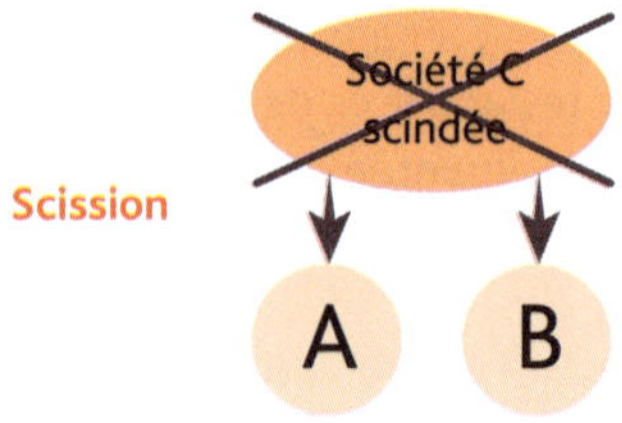

Figure 17.2. **Scission entre deux jouets**

Que l'on soit en présence d'une fusion ou d'une scission, l'échange entre deux qualités d'associé suit toujours une parité déterminée dans le **traité de fusion ou de scission**. Une soulte peut être versée en espèce, mais elle doit représenter moins de 10 % des droits sociaux nouvellement attribués. À défaut, l'opération n'est plus traitée comme une fusion ou une scission mais comme une vente de droits sociaux.

3. L'apport partiel d'actif

Définition

L'**apport partiel d'actif** (fig. 17.3) est l'opération par laquelle une société fait apport à une autre d'une branche d'activité et reçoit des droits sociaux en contrepartie.

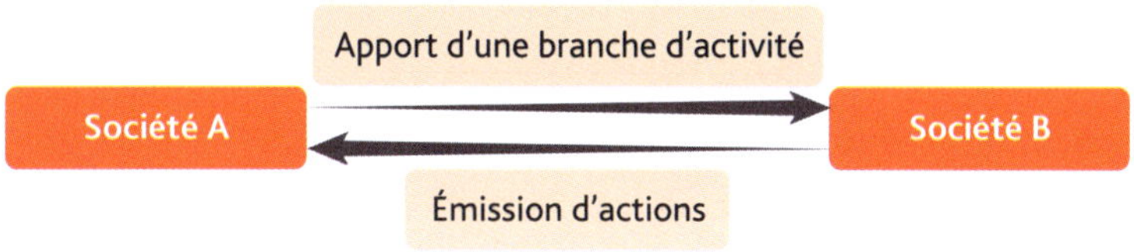

Figure 17.3. Apport partiel d'actif

A priori, cette opération échappe au régime des fusions, mais peut dans certaines hypothèses lui être soumis. En effet, à titre principal, l'opération n'est pas une fusion ou une scission au sens où l'auteur de l'apport ne va pas disparaître par dissolution. Cette opération est toutefois plus qu'une simple opération d'apport en nature. On apporte ici une branche d'activité, sous son angle actif comme passif.

Par principe, cette opération n'est pas soumise au régime des fusions-scissions.

Par exception, il y sera soumis, soit si l'apport modifie l'objet social de la société qui le réalise, soit si les parties décident de se soumettre volontairement à ce régime.

4. La transmission universelle de patrimoine (TUP)

Définition

La **TUP** consiste simplement à dissoudre, sans la liquider, la filiale détenue à 100 %, et à en transmettre le patrimoine (actif et passif) à la mère.

Définition

La **transmission universelle de patrimoine** désigne une opération de fusion par confusion des patrimoines qui va être utilisée lorsqu'une société mère détient une filiale à 100 % et qu'elle souhaite l'absorber.

La TUP opère de manière simple et rapide, sans augmentation de capital (fig. 17.4).

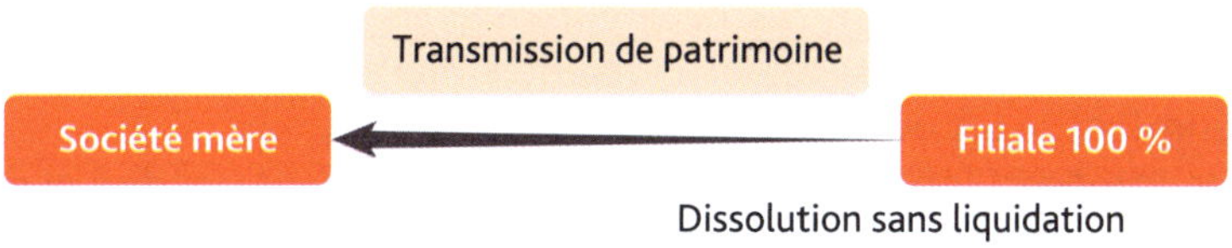

Figure 17.4. Transmission universelle de patrimoine

La TUP désigne également l'effet produit par une fusion classique, puisque la ou les sociétés qui disparaissent avec l'opération de fusion ne sont pas liquidées mais voient leur patrimoine transmis de manière intégrale à la société absorbante ou nouvellement créée.

B) Les opérations et conditions préalables

1. La prise en compte des règles relatives à la concurrence

Les opérations de fusion ou de scission peuvent participer à une concentration économique soumise à contrôle (national et communautaire) si les enjeux sont importants, ce qui peut aboutir à une validation, une interdiction ou une validation sous condition de l'opération (↳ chapitre 4).

2. Les entités susceptibles de fusionner ou de se scinder

Code de commerce, article L. 236-1

- Une ou plusieurs sociétés peuvent, par voie de fusion, transmettre leur patrimoine à une société existante ou à une nouvelle société qu'elles constituent.
  Une société peut aussi, par voie de scission, transmettre son patrimoine à plusieurs sociétés existantes ou à plusieurs sociétés nouvelles [...].

Toutes les sociétés peuvent fusionner ou être scindées, même si, en pratique, la plupart de ces opérations touchent des sociétés par actions. Plusieurs points sont à noter :
- les opérations de fusion et de scission peuvent concerner des sociétés de formes différentes. Ainsi une SA et une SAS peuvent fusionner, une SARL peut être scindée entre une SNC et une SA... ;
- les sociétés dissoutes et en liquidation peuvent être partie à ces opérations ;
- une partie de la réglementation s'applique à toutes les opérations, quelle que soit la forme des sociétés impliquées. Des règles spéciales régissent les fusions entre les sociétés par actions, d'autres les fusions entre les SARL ;
- les opérations de concentration entre des sociétés de nationalités différentes (c'est-à-dire ayant leur siège dans des pays distincts, dans l'Union européenne ou bien hors de celle-ci) posent des problèmes épineux puisque chaque société impliquée dans l'opération est censée respecter les règles impératives de son pays de rattachement... En dépit de tentatives d'harmonisation européenne (notamment par l'institution de la société européenne ↳ chapitre 13), les avancées demeurent insuffisantes en ce domaine.

3. Les préalables financiers à l'opération de fusion ou de scission

Méthodes. Lorsque deux sociétés A et B fusionnent, A absorbant B, le patrimoine de B est transmis à A et les associés de B deviennent associés de A.

Il est donc nécessaire de :
- connaître la valeur respective des deux entités (valeur globale et valeur des titres représentant le capital) ; l'étude des différentes méthodes d'évaluation n'entre pas dans le périmètre de cet ouvrage ;
- déterminer un rapport (on dit une *parité d'échange*) entre les titres de A et de B puisque les associés de B vont recevoir des titres de A.

Exemple

▸ *A absorbe B*
- A a un capital de 1 320 000 € divisé en 3 300 actions. La société est évaluée 4 950 000 €.
- B a un capital de 260 000 € divisé en 520 actions. La société est évaluée 1 147 640 €.

L'action A vaut donc 1 500 € et l'action B vaut 2 207 €.

Le rapport est donc de 1 500/2 207 soit 0,67 arrondi à 0,65.

Ce qui signifie que 6,5 actions de B donnent droit 10 actions de A. ◂

Parité d'échange. Une fois la valeur des sociétés déterminée, il convient d'attribuer à chaque titre une valeur unitaire. Cela se fait de manière relativement simple en divisant la valeur obtenue par le nombre de titres. Dans la mesure où une fusion se matérialise juridiquement par une disparition des droits sociaux émis par la société absorbée, il convient de déterminer combien de droits sociaux de la société absorbante sont reçus en échange par les apporteurs :
- La parité est le quotient entre, en numérateur la valeur vénale unitaire des titres de la société absorbante, et en dénominateur la valeur vénale unitaire des titres de la société absorbée.
- Le quotient ainsi obtenu correspond au nombre de titres de la société absorbée devant être possédés pour obtenir un titre de la société absorbante.

P = VU SATE / VU SABE

P = nombre d'actions SABE pour 1 action SATE

où :
- P = parité
- VU = valeur unitaire
- SATE = société absorbante
- SABE = société absorbée

Exemple

▸ Soient deux sociétés X et Y décidant de fusionner.

X est une SA estimée à 75 millions d'euros ; son capital est composé de 5 000 000 actions d'une valeur nominale de 10 euros.

Y est une SAS estimée à 7,5 millions d'euros ; son capital est composé de 1 000 000 actions d'une valeur unitaire de 5 euros.
- **Premier cas : X absorbe Y**
- L'action X vaut 15 euros.
- L'action Y vaut 7,5 euros.

Le rapport X/Y est donc de : 15/7,5 = 2.

10 actions de la société Y absorbée équivalent à 5 de X absorbante.

Cela signifie que la société X devra émettre 1 000 000 / 2 = 500 000 actions nouvelles.

Cela signifie qu'un associé de Y possédant 850 actions recevra 425 actions de X.
- **Second cas : X et Y fusionnent en Z dont le capital est divisé en 10 000 000 d'actions.**

Les valeurs demeurent identiques. La société Z vaudra après l'opération : 75 000 000 + 7 500 000 = 82 500 000. Chaque action émise aura une valeur de 8,25 euros.

La parité d'échange s'établira comme suit :
- par rapport à X : 8,25 / 15 = 0,55. Donc 5,5 actions de X donneront 10 de Z.
- par rapport à Y : 8,25 / 7,5 = 1,1. Donc 11 actions de Y donneront 10 de Z.

La parité d'échange initiale est respectée dans ce cas de figure puisque pour obtenir la même quantité d'action de Z, il faudra deux fois plus d'actions de Y que de X.

Cette parité mathématique n'est pas d'ordre public, en ce sens qu'une fois déterminée, les parties à l'opération peuvent décider de ne pas la retenir, à condition que les droits des actionnaires soient respectés.

Valeur vénale des titres supérieure à valeur nominale : prime de fusion. Ce cas est fréquent et pose une difficulté. En effet, la société absorbante va émettre des titres à une valeur nominale ne correspondant pas à la valeur retenue pour la parité d'échange.

Dans le cas n° 2 où X et Y fusionnent en Z, la question ne se pose pas car la valeur vénale des actions émises est égale à leur valeur nominale à l'instant de la création de Z.

Exemple (suite)

- En reprenant l'exemple ci-dessus où X absorbe Y, X devra créer 500 000 actions nouvelles d'une valeur nominale de 10 euros, soit pour un montant total de 5 000 000 euros ; or la valeur apportée est de 7,5 millions d'euros. La différence, nommée prime de fusion (comparable à la prime d'émission lors d'une augmentation de capital), est portée à un compte spécial.
  Son utilisation est à la discrétion de l'assemblée générale de la société absorbante ; elle est en général affectée à l'une des réserves de la société.

Rompus. La question des rompus naît chaque fois que la parité d'échange n'est pas un nombre entier.

Exemple

- Ainsi, si l'on reprend le cas n° 2 de l'exemple ci-dessus où X et Y fusionnent en Z, et que l'on imagine qu'un actionnaire de Y soit propriétaire de 35 actions :
  - soit il se voit attribuer 30 actions de Z contre 33 de Y, et il lui reste 2 actions « formant rompus » ;
  - soit il demande qu'on lui attribue 40 actions de Z, mais il devra justifier posséder 44 actions de Y, c'est-à-dire acheter 9 actions « formant rompus » ou bien verser une soulte correspondant à ces 9 actions à la société absorbée.
- Plusieurs solutions s'offrent en présence de rompus :
  - la renonciation individuelle d'un actionnaire aux actions formant rompus. Dans le cas ci-dessus, cela revient à l'abandon de 2 actions ;
  - la cession à des actionnaires désireux de posséder un nombre supérieur d'actions de la société absorbante (celui qui a 35 actions de la société absorbée en cède 2 à celui qui en possède 42 ; de cette manière, l'un en possédera 33 et se verra attribuer 30 actions de la société absorbante et l'autre en possédera 44 et se verra attribuer 40 actions de la société absorbante ;
  - s'il y a versement d'une soulte, celle-ci ne devra pas excéder 10 % de la valeur des droits attribués, faute de quoi l'opération ne pourra plus être qualifiée de fusion ;
  - parmi les autres possibilités, la société absorbante rachète les actions formant rompus, ou encore réduit la valeur nominale de ses actions pour réduire le nombre de rompus.

4. La publicité des opérations de fusion et de scission

Dans chaque société impliquée dans l'opération, le projet de fusion ou de scission doit être préalablement établi et signé par les dirigeants. Le projet est le document précontractuel qui deviendra le « **traité de fusion** » et qui réunit toutes les personnes morales parties à l'opération : société absorbée, absorbante, scindée, nouvellement créée.

Cette phase relève donc de la compétence du conseil d'administration ou du directoire dans la SA, du président dans la SAS, du gérant dans la SARL.

Mentions obligatoires. L'article R. 236-1 du Code de commerce précise les mentions obligatoires.

Code de commerce, article R. 236-1

- 1° La forme, la dénomination et le siège social de toutes les sociétés participantes ;
2° Les motifs, buts et conditions de la fusion ou de la scission ;
3° La désignation et l'évaluation de l'actif et du passif dont la transmission aux sociétés absorbantes ou nouvelles est prévue ;
4° Les modalités de remise des parts ou actions [...] ;
5° Les dates auxquelles ont été arrêtés les comptes des sociétés intéressées utilisés pour établir les conditions de l'opération ;
6° Le rapport d'échange des droits sociaux et, le cas échéant, le montant de la soulte ;
7° Le montant prévu de la prime de fusion ou de scission ;
8° Les droits accordés aux associés ayant des droits spéciaux et aux porteurs de titres autres que des actions ainsi que, le cas échéant, tous avantages particuliers.

Avis au JAL. Le projet est déposé au greffe du tribunal de commerce du siège des sociétés. Il peut donc y avoir lieu à plusieurs dépôts. Le projet de fusion ou de scission fait par la suite l'objet d'un avis inséré dans un journal d'annonces légales du département du siège social, par chacune des sociétés participant à l'opération ; au cas où l'une au moins de ces sociétés fait publiquement appel à l'épargne, un avis doit en outre être inséré au *Bulletin des annonces légales obligatoires*.

Autres publicités. D'autres mesures de publicité sont prévues :
- la fusion, une fois réalisée doit être publiée au Registre du commerce et des sociétés ;
- les sociétés absorbées et dissoutes doivent suivre les règles de publicité applicables aux dissolutions ;
- les sociétés absorbantes doivent se conformer aux mesures de publicité des modifications statutaires ;
- en cas de fusion par création d'une société nouvelle, les mesures de publicité applicables à la création de toute société requises.

C) Les procédures liées à la fusion

1. La procédure propre à la fusion

Commissaire à la fusion dans la société absorbée. Cet acteur central de l'opération de fusion est nommé par le tribunal de commerce sur requête des dirigeants de la société absorbée. Il s'agira le plus souvent d'un commissaire aux comptes ; exceptionnellement, le commissaire à la fusion pourra être un personnage nommé sur une liste d'experts près la cour d'appel ou le tribunal compétent. Compte tenu de la rédaction des textes, le commissaire à la fusion est obligatoire au sein de la société absorbée en cas de fusion entre :
- deux sociétés par actions (SA, SAS, SCA) ;
- une société par actions et une SARL.

Le commissaire à la fusion n'est pas obligatoire en cas de fusion impliquant au moins une société qui n'est ni une société par actions, ni une SARL (ex. : fusion entre une SA et une SNC). Les associés des deux sociétés concernées peuvent décider, à l'unanimité, de ne pas recourir au commissaire à la fusion.

Exceptions. Le commissaire à la fusion n'est pas obligatoire en cas de fusion dite simplifiée, c'est-à-dire quand la société absorbante détient déjà 90 % des actions de la société absorbée ou *a fortiori* lorsqu'elle détient 100 % des actions – TUP (Code de commerce, art. L. 236-11 et L. 236-11-1).

Mission. Le commissaire à la fusion a pour mission d'informer à la fois les actionnaires de la société absorbée et ceux de la société absorbante sur les modalités de l'opération et les estimations retenues.

Code de commerce, article L. 236-10

- [...] Un ou plusieurs commissaires à la fusion, désignés par décision de justice, établissent sous leur responsabilité un rapport écrit sur les modalités de la fusion. Ils peuvent obtenir auprès de chaque société communication de tous documents utiles et procéder à toutes vérifications nécessaires [...].
  [...] Les commissaires à la fusion vérifient que les valeurs relatives attribuées aux actions des sociétés participant à l'opération sont pertinentes et que le rapport d'échange est équitable [...].

Rapport. Les rapports du commissaire à la fusion doivent ensuite être communiqués aux actionnaires, c'est-à-dire mis à leur disposition au siège social au moins un mois avant la tenue de l'assemblée devant se prononcer sur l'opération.

Décision de l'AGE des associés. La fusion est une décision grave puisque la société absorbée va disparaître. Il est logique que l'assemblée des associés soit consultée dans des conditions au moins équivalentes à celles appliquées pour les modifications statutaires (tab. 17.1).

Tableau 17.1. Conditions de quorum et de majorité requises pour une fusion

	SA	SARL	SAS	SNC
Quorum	• 1re convocation : 1/4 • 2e convocation : 1/5	• Constituée avant le 2 août 2005 : absence de quorum • Constituée après : – 1re convocation : 1/4 – 2e convocation : 1/5	Absence de quorum sauf clause statutaire contraire	Absence de quorum sauf clause statutaire contraire
Majorité	2/3 du capital des actionnaires présents ou représentés	• Constituée avant le 2 août 2005 : majorité des 3/4 • Constituée après : majorité des 2/3	Librement définie par les statuts	Unanimité sauf clause contraire dans les statuts

Exceptions. La consultation des associés réunis en assemblée n'est pas requise :
- lorsque ladite assemblée a donné délégation au conseil d'administration ou au directoire pour décider de la fusion ou de ses modalités (C. com., art. L. 236-9 II, loi du 22 mai 2019) ;
- si société absorbante détient déjà 90 % des actions de la société absorbée ;
- lorsqu'elle détient 100 % des actions (procédure TUP).

Exception à l'exception, dans les deux derniers cas, des actionnaires représentant 5 % du capital peuvent demander la tenue d'une assemblée.

Procédure au sein de la société absorbante. La procédure au sein de l'absorbante est sensiblement la même que dans l'absorbée :
- un commissaire à la fusion est nommé dans les mêmes cas et suivant les mêmes modalités que pour l'absorbée ;
- ce ou ces commissaires ont les mêmes missions que celles précédemment décrites.

Les associés ou actionnaires de la société absorbante ont ensuite à se prononcer sur l'opération dans les mêmes conditions que pour une modification statutaire. Les règles précédemment décrites l'absorbée sont donc applicables à l'identique. Le capital de la société augmente.

En pratique, l'ensemble des sociétés impliquées dans la fusion sollicite la nomination d'un ou de plusieurs commissaires à la fusion communs pour toutes les sociétés.

Code de commerce, article R. 236-3

■ Toute société par actions participant à une opération de fusion ou de scission doit mettre à la disposition de ses actionnaires, au siège social, un mois au moins avant la date de l'assemblée générale appelée à se prononcer sur le projet les documents suivants :

1) Le projet de fusion ou de scission.

2) Les rapports mentionnés aux articles L. 236-9 et L. 236-10 du Code de commerce.

3) Les comptes annuels approuvés par les assemblées générales ainsi que les rapports de gestion des trois derniers exercices des sociétés participant à l'opération.

4) Un état comptable établi selon les mêmes méthodes et suivant la même présentation que le dernier bilan annuel, arrêté à une date qui, si les derniers comptes annuels se rapportent à un exercice dont la fin est antérieure de plus de six mois à la date du projet de fusion ou de scission, doit être antérieure de moins de trois mois à la date de ce projet.

Clauses d'agrément. Il peut arriver, sauf dans les sociétés dont les titres sont admis à la négociation sur un marché réglementé, que les statuts de la société absorbante contiennent une **clause d'agrément** applicable aux nouveaux actionnaires. Parfois même, cet agrément est imposé par la loi (ex. : SARL). Ces restrictions sont :

- **Par principe,** non applicables aux opérations de fusion pour deux raisons :
  - l'application de la clause est contraire à l'esprit même de la fusion ;
  - les clauses d'agrément sont applicables aux « cessions » d'actions ou de parts sociales. Or la fusion par absorption n'est pas une cession mais une TU. Elle impliquerait donc l'obligation pour la société absorbante de « reprendre » l'ensemble des associés de l'absorbée. Cependant la clause d'agrément peut être rédigée de manière différente et viser les « transferts » d'actions de manière plus large.
- **Par atténuation du principe,** applicables aux opérations de fusion. La Cour de cassation juge, de manière récurrente, que la clause d'agrément peut s'appliquer aux fusions, ce qui explique que les traités de fusion comportent des clauses relatives à l'agrément, prévoyant que, pour le cas où cet agrément ne serait pas obtenu, l'opération n'aurait pas lieu.

Jurisprudence de la Cour de Cassation du 3 juin 1986, n° 85-12657 :

http://dunod.link/c21twyy

Procédure au sein de la société nouvellement créée : fusion par création d'une société nouvelle. Cette modalité de fusion nécessite en premier lieu que la société nouvelle, destinée à recevoir les apports en provenance des deux sociétés fusionnant, soit créée.

Les règles seront distinctes suivant la forme sociale créée. Il est possible que cette société nouvelle adopte toute forme sociale (ex. : SA, SARL, SAS, SNC). Quelques points méritent d'être notés :

- Si la société nouvellement créée est une SARL, un commissaire aux apports devra être nommé avec la mission suivante :

Code de commerce, article R. 236-7

■ Les commissaires aux apports vérifient notamment que le montant de l'actif net apporté par les sociétés absorbées est au moins égal au montant de l'augmentation du capital de la société absorbante ou au montant du capital de la société nouvelle issue de la fusion.

- Si la société nouvellement créée est une SA, il sera légalement dérogé à la règle fixant le nombre minimum d'associés à sept.

2. La procédure propre à la scission

Les associés ou actionnaires de la société scindée reçoivent des parts ou actions des deux ou plusieurs sociétés nouvelles.

Exemple

A est scindée à égalité entre B et C nouvellement créées. Si A est évaluée à 1 million d'euros, B et C recevront des apports équivalents à 500 000 euros chacune. Un actionnaire *lambda* possédant 10 % du capital de la société scindée recevra logiquement 10 % du capital de B, et la même proportion du capital de C.

« Divorce ». La scission peut aussi correspondre à la volonté de deux groupes d'actionnaires d'une société de se séparer. Dans ce cas la scission ne devra pas avoir pour effet de reproduire dans deux sociétés nouvelles la cohabitation des deux groupes. Les uns se verront attribuer la totalité des actions de l'une des sociétés, les autres, la totalité des actions de la deuxième société créée.

Exemple

La société A est scindée à égalité entre les sociétés B et C nouvellement créées. Si A est évaluée à 1 million d'euros, B et C recevront des apports équivalents à 500 000 euros chacune. Au lieu d'attribuer à *lambda*, 10 % de chacune des sociétés, il est possible de lui attribuer 20 % de B, et rien dans C.

Commissaire à la scission. Il est en principe nécessaire qu'un ou plusieurs commissaires à la scission soient désignés avec pour mission de vérifier la parité et les évaluations des titres des sociétés en présence, ainsi que des apports réalisés. La procédure de nomination est identique à celle de la fusion. Aux termes de l'article L 236-17 du Code de commerce, le commissaire à la fusion n'est plus requis si deux conditions cumulatives sont réunies.

Code de commerce, article L. 236-17

- Lorsque la scission doit être réalisée par apports à des sociétés anonymes nouvelles, chacune des sociétés nouvelles peut être constituée sans autre apport que celui de la société scindée.
  En ce cas, et si les actions de chacune des sociétés nouvelles sont attribuées aux actionnaires de la société scindée proportionnellement à leurs droits dans le capital de cette société, il n'y a pas lieu à l'établissement du rapport mentionné à l'article L. 236-10.

Ce texte reçoit également application dans son principe dans les SAS, SCA, et SARL. Les deux conditions posées sont alors :
- la constitution de sociétés nouvelles avec le seul actif de la société scindée ;
- le respect strict du rapport de proportionnalité entre les droits détenus dans la société scindée et ceux attribués dans les sociétés nouvelles.

AG. L'AG de la société scindée doit être réunie et donner son accord à la scission dans les mêmes conditions de quorum et de majorité que pour une modification statutaire.

Procédure au sein des sociétés bénéficiaires de la scission. Ces sociétés peuvent être existantes ou créées pour les circonstances. Il est envisageable qu'une société soit scindée entre une ou plusieurs sociétés existantes et une ou plusieurs sociétés nouvelles. De plus, il n'est pas nécessaire que le patrimoine de la société scindée soit partagé de manière égalitaire entre les différentes sociétés bénéficiaires de l'opération :
- S'il s'agit de sociétés existantes, la nomination d'un commissaire à la fusion sera obligatoire puisque l'article L. 236-17 ne sera pas applicable. Une délibération d'AG dans les conditions de modification des statuts est également requise.
- Si les sociétés sont nouvellement créées, il convient de respecter les règles de création propres à la forme sociale choisie.

La scission oblige les différents protagonistes à des mesures de publicité identiques à celles de la fusion.

3. Procédure propre à l'apport partiel d'actif (APA)

Définition

L'**apport partiel d'actif** n'est juridiquement ni une fusion, ni une scission. L'APA est un apport en nature réalisé par une société au profit d'une autre (soit au moment de sa création, soit dans le cadre d'une augmentation de son capital), rémunéré par l'attribution de droits sociaux.

Exemple

La société A exploite deux fonds de commerce distinct et est propriétaire d'un immeuble à usage commercial. Elle décide d'apporter l'un des fonds de commerce à une société B nouvellement créée sous la forme d'une SASU. Au terme de l'opération, A n'est plus propriétaire du fonds apporté mais a reçu des actions en contrepartie de son apport. A est le seul associé de la SASU B, laquelle est une filiale à 100 % de la première. L'APA a permis une filialisation de l'une des activités de la société A.

Soumission au régime des scissions. Les deux sociétés parties à l'APA peuvent librement décider de soumettre cette opération au régime des scissions, comme le texte ci-dessous le suggère.

Code de commerce, article L. 236-22

- La société qui apporte une partie de son actif à une autre société et la société qui bénéficie de cet apport peuvent décider d'un commun accord de soumettre l'opération aux dispositions des articles L. 236-16 à L. 236-21.

En pratique, les sociétés n'usent de cette faculté qu'en cas de transmission d'une branche complète d'activité et non pas lors de la cession d'un actif isolé. Elles le mentionnent le plus souvent dans le traité, ce qui permet par la suite de ménager la preuve de leur option.

À défaut d'exercice de cette option, l'APA est traité comme un apport en nature à une augmentation de capital, ou comme une constitution de société avec apport en nature, si la société bénéficiaire de l'apport est créée à cet effet.

4. Procédure de la transmission universelle de patrimoine (TUP)

Il est fréquent, dans une stratégie de groupe, qu'après avoir pris une participation dans une société, puis son contrôle, la société mère détienne 100 % des titres. La filialisation à 100 % présente l'avantage de la simplicité puisque la filiale ne comprend qu'un seul actionnaire ; la société est d'ailleurs le plus souvent une EURL ou une SASU. Les raisons de cette filialisation exclusive peuvent être variées, mais ne sont pas nécessairement de nature fiscale puisque les effets de l'intégration se manifestent dès le seuil de 95 %.

Dès lors qu'une société en détient une autre en totalité, la question de la fusion se pose logiquement : pourquoi ne pas pousser la logique du contrôle total jusqu'à l'absorption ?

La « fusion-confusion » d'une filiale 100 % suit une procédure très allégée, de transmission universelle de patrimoine (TUP) :
- absence de traité de fusion à rédiger ;
- absence d'augmentation du capital de la société bénéficiaire de la TUP ;
- délibération de la seule AG (ordinaire) de la société absorbante et non de celle de la filiale absorbée ;
- décision de l'associé unique de la filiale 100 % de dissoudre cette société sans liquidation et de procéder à une TUP ;
- absence de commissaire à la fusion ;
- absence de rapport particulier du conseil d'administration ou du directoire ;
- mesures de publicité (JAL, BODACC et radiation du RCS) usuelles.

En pratique, une période transitoire assez longue peut séparer les opérations d'évaluation et de calcul de la parité, et celle de la transmission effective du patrimoine. En cas d'évolution notable des résultats, ce peut être problématique, le patrimoine étant transmis en son dernier état au jour de la réalisation définitive de l'opération. Si un décalage devait apparaître, le Code de commerce ne serait d'aucun secours. Il revient aux sociétés de prévoir une clause de modification de la parité dans le traité, et de réunir à nouveaux leurs actionnaires afin d'approuver les modifications.

D) L'effet des opérations de restructuration

1. La date d'effet de l'opération

RCS. Si l'opération se réalise par la création d'une société nouvelle, la date d'effet est celle de l'immatriculation au Registre du commerce et des sociétés.

Autres cas. Dans les autres cas (opération entre sociétés existantes), c'est la date de la dernière assemblée générale ayant statué sur l'opération pour les effets à l'égard des associés, et celle de l'accomplissement des formalités de publicité à l'égard des tiers.

Le traité de fusion ou de scission peut décider de donner à l'opération une date d'effet différente, soit antérieure, soit postérieure, à la condition qu'elle se situe à l'intérieur de l'exercice en cours au jour de l'opération. Cet effet rétroactif ou différé n'est pas opposable aux tiers.

2. La TUP, une dissolution sans liquidation

L'effet principal est la transmission universelle du patrimoine de la société qui disparaît, au profit de celle qui le recueille. La société absorbée ou scindée est dissoute et ses associés deviennent associés de la ou des sociétés bénéficiant de la transmission. Les dirigeants sociaux perdent leur mandat, de même que le commissaire aux comptes.

Si le traité décide d'intégrer les anciens dirigeants à la société bénéficiaire, la loi prévoit que le nombre d'administrateurs ou de surveillants peut être supérieur au maximum légal pendant trois ans. La société bénéficiaire intègre la totalité de l'actif et du passif. Elle est totalement substituée aux sociétés disparaissant dans tous leurs droits et obligations.

L'ensemble des biens et droits composant l'actif sont transmis. Les dettes sont également transmises en intégralité. En cas de scission, les sociétés recueillant le patrimoine de la société scindée deviennent solidairement débitrices du passif de celle-ci.

Code de commerce, article L. 236-20

- Les sociétés bénéficiaires des apports résultant de la scission sont débitrices solidaires des obligataires et des créanciers non obligataires de la société scindée, au lieu et place de celle-ci sans que cette substitution emporte novation à leur égard.

3. Sort des créanciers

Il faut distinguer les créanciers non obligataires et les créanciers obligataires.

Créanciers non obligataires. Le passif étant entièrement transmis, les créanciers de la société absorbée ou scindée deviennent créanciers de la société absorbante ou bénéficiaire. Leur créance n'est pas modifiée et bénéficie des mêmes conditions et des mêmes garanties. Le cautionnement garantissant les dettes de la société disparaissant se transmet à l'égard des dettes de la société bénéficiaire (fig. 17.5 et 17.6).

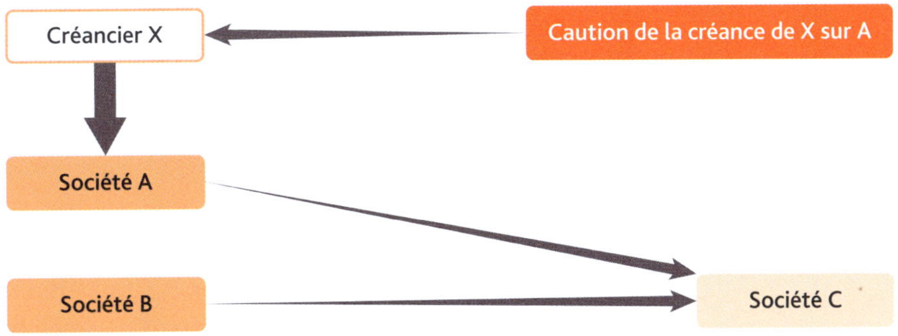

Figure 17.5. Avant la fusion de A et B en C

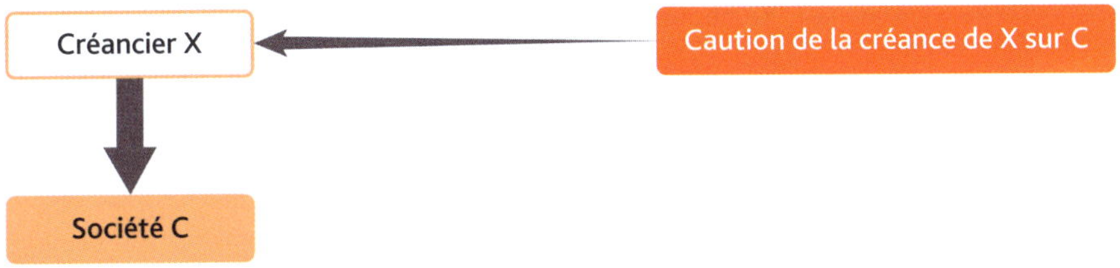

Figure 17.6. Après la fusion de A et B en C

Ces clauses alourdissent la charge financière de l'opération, voire peuvent la faire échouer.

Protection contractuelle des créanciers : clause d'exigibilité immédiate de la créance. Il n'est pas rare que les créanciers exigent de leur société débitrice la présence d'une clause relative aux opérations de restructuration :

- prévoyant un droit d'information et d'agrément préalable à l'opération ;
- instituant un droit au remboursement anticipé de leur créance, applicable soit automatiquement, soit en cas de refus d'agréer l'opération.

Protection légale des créanciers : droit d'opposition à la fusion ou à la scission. Tous les créanciers des sociétés impliquées dans l'opération ont un **droit d'opposition**, à la condition que leur créance soit antérieure à la publication de l'opération, et qu'il s'agisse d'une créance de somme d'argent. Ce droit s'exerce dans les 30 jours de la publication de l'opération, devant le tribunal de commerce. Celui-ci peut soit rejeter l'opposition, soit ordonner le remboursement des créances, soit ordonner la constitution de garanties complémentaires au profit des créanciers ayant formé l'opposition.

Créanciers obligataires : droit d'opposition. Les obligataires de la société absorbante ou bénéficiaire de l'apport ne sont pas directement intéressés à l'opération ; toutefois, ils peuvent former opposition à l'opération dans les mêmes conditions que des créanciers ordinaires.

Consultation. Les obligataires de la société absorbée ou scindée peuvent être consultés ou non sur le projet de fusion ; le choix appartient aux dirigeants de la société qui a émis l'emprunt obligataire :

- S'ils sont consultés, ils peuvent accepter l'opération, auquel cas ils deviennent obligataires de la société absorbante ou bénéficiaire ; ils peuvent également refuser l'opération auquel cas, si la société passe outre leur refus, ils pourront demander en justice le remboursement de leur créance ou la constitution de garanties complémentaires.
- S'ils ne sont pas consultés, les obligataires ne peuvent être remboursés. Lorsqu'il y a lieu à remboursement sur simple demande, les sociétés bénéficiaires des apports résultant de la scission sont débitrices solidairement des obligataires qui demandent le remboursement (Code de commerce, art. L. 236-18 al. 2, fig. 17.7).

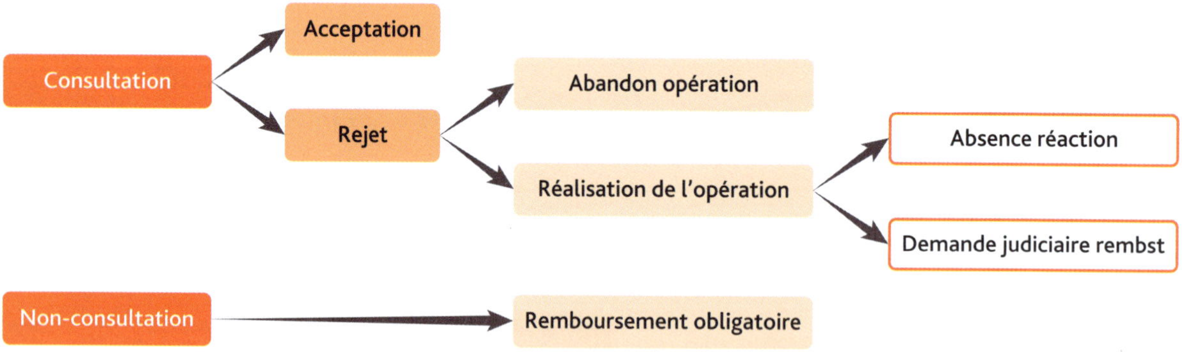

Figure 17.7. Procédure de la consultation des obligataires

4. Sort des contrats

Principe de transmission. Les contrats de travail seront traités plus loin. Pour ce qui concerne les autres contrats, le principe de la transmission universelle du patrimoine de la société scindée ou absorbée à la société bénéficiaire ou absorbante suppose que tous les contrats sont transmis de l'une à l'autre.

Exceptions. Cette règle connaît certains aménagements et des exceptions :

- Certains contrats sont par nature **intransmissibles** : ainsi en va-t-il par exemple du contrat de bail rural, des contrats conclus en considération de la personne (*intuitu personae*) ou encore de certains contrats administratifs. Bien entendu, si les parties à l'opération et tous les contractants sont d'accord, ces contrats seront transmis.
- De même, les parties à l'opération de fusion ou de scission pourront convenir valablement dans le traité que tel ou tel contrat **ne sera pas transmis.**
- Dans l'hypothèse – fréquente – où la société absorbée ou scindée est locataire des murs d'exploitation en vertu d'un bail commercial, celui-ci sera transmis automatiquement à la société bénéficiaire qui deviendra preneur.

→ MINI-CAS 2 • CAS PRATIQUE 3

2 Le régime social des restructurations

A) L'information du comité social et économique (CSE)

Le CSE remplace, dans les entreprises d'au moins 11 salariés, les institutions représentatives du personnel (délégués du personnel, comité d'entreprise). Il doit être informé et consulté sur tout projet de fusion ou de scission.

Code du travail (ord. du 22 septembre 2017), article L. 2312-8

■ Le comité social et économique a pour mission d'assurer une expression collective des salariés permettant la prise en compte permanente de leurs intérêts dans les décisions relatives à la gestion et à l'évolution économique et financière de l'entreprise, à l'organisation du travail, à la formation professionnelle et aux techniques de production.
Le comité est informé et consulté sur les questions intéressant l'organisation, la gestion et la marche générale de l'entreprise, notamment sur :
[...] 2° La modification de son organisation économique ou juridique [...].

L'article L. 2312-8 est applicable aux fusions, scissions et apports partiels d'actifs.

Le CSE doit bénéficier d'informations suffisantes pour pouvoir se prononcer de façon circonstanciée. Son avis est communiqué obligatoirement aux assemblées générales de toutes les sociétés impliquées dans le projet. Le défaut de communication aux assemblées est une cause de nullité des délibérations des assemblées.

L'article L. 2312-41 du Code du travail prévoit les attributions du CSE lorsque l'entreprise est partie à une opération de concentration.

Code du travail, article L. 2312-41

■ Lorsqu'une entreprise est partie à une opération de concentration, telle que définie à l'article L. 430-1 du code de commerce, l'employeur réunit le comité social et économique au plus tard dans un délai de trois jours à compter de la publication du communiqué relatif à la notification du projet de concentration, émanant soit de l'autorité administrative française en application de l'article L. 430-3 du même code, soit de la Commission européenne en application du règlement (CE) n° 139/2004 du Conseil du 20 janvier 2004 sur les concentrations.

Au cours de cette réunion, le comité social et économique ou, le cas échéant, la commission économique peut proposer le recours à un expert-comptable dans les conditions prévues aux articles L. 2315-92 et L. 2315-93. Dans ce cas, le comité ou la commission économique tient une deuxième réunion afin d'entendre les résultats des travaux de l'expert.

L'article L. 2312-8 du Code du travail ne s'applique que si la concentration dépasse les seuils nationaux ou européens ; en effet, la référence à la publication du communiqué relatif à la notification du projet de concentration milite en ce sens.

B) Le sort des contrats de travail en cours

Les contrats de travail sont transmis à la société bénéficiaire de l'opération par le jeu de l'article L. 1224-1 du Code du travail. Cette disposition strictement juridique ne doit pas cacher que les opérations de fusion sont souvent le prélude à des restructurations préjudiciables à l'emploi.

Code du travail, article L. 1224-1

- Lorsque survient une modification dans la situation juridique de l'employeur, notamment par succession, vente, fusion, transformation du fonds, mise en société de l'entreprise, tous les contrats de travail en cours au jour de la modification subsistent entre le nouvel employeur et le personnel de l'entreprise.

Du point de vue des conditions de travail, les salariés de la société absorbée ou scindée sont soumis à la convention collective de leur nouvel employeur. Par principe, ces salariés continuent de bénéficier des mêmes avantages que ceux dont ils bénéficiaient auparavant. Leur rémunération, leur ancienneté ainsi que leur droit individuel à la formation (DIF) continueront à être capitalisés dans la nouvelle société employeur sur la base de ceux acquis antérieurement.

Ce principe est en pratique susceptible d'être remis en cause, notamment si les sociétés impliquées dans l'opération ne relèvent pas de la même caisse de retraite.

En cas d'apport partiel d'actif (**APA** ↪ chapitre 19), les salariés représentants du personnel, et à ce titre protégés, ne peuvent être compris dans l'apport de la branche d'activité qu'avec l'autorisation de l'inspection du travail. En effet, l'APA pourrait être perçu comme un moyen aisé de mise à l'écart de ces représentants.

C) Les stock-options détenues par des salariés de la société absorbée ou scindée

L'attribution de stock-options consiste pour une société à offrir à des bénéficiaires (salariés ou dirigeants) le droit de souscrire des actions nouvelles ou d'acheter des actions existantes pendant un délai fixé à l'avance et pour un prix ferme fixé au jour où l'option est consentie.

Ce mécanisme peut en règle générale être considéré comme un mode de rémunération pour les bénéficiaires, dans la mesure où le prix fixé pour exercer l'option est inférieur à la valeur estimée au jour de l'exercice.

Silence des textes. Pour le cas où la société absorbée ou scindée a attribué des stock-options non encore levées au moment de la réalisation de l'opération, le sort des bénéficiaires n'est pas réglé par les textes du Code de commerce (ceux relatifs aux stock-options et ceux relatifs aux opérations de restructuration). Compte tenu de la fréquence de cette situation, deux éléments de solution peuvent être avancés :

- En premier lieu, il semble particulièrement opportun que le traité de fusion ou de scission se saisisse de cette question pour y apporter une réponse adéquate. Afin que les salariés bénéficiaires ne soient pas lésés par cette opération, il est prudent de prévoir dans le traité que :
  - la levée de l'option permettra au bénéficiaire d'acquérir des actions de la société absorbante, en lieu et place d'actions de la société amenée à disparaître ;
  - le prix d'exercice devra être modifié pour tenir compte de la parité d'échange retenue dans le traité.
- En second lieu, il est possible d'avancer que la société absorbante ou bénéficiaire des apports, ayant l'obligation d'assumer toutes les obligations passives de la société disparue, est tenue d'offrir aux bénéficiaires des stock-options le droit de souscrire ses propres actions dans des conditions similaires.

➔ MINI-CAS 2

3 Le régime fiscal des restructurations

A) La fiscalité des fusions

Le droit fiscal prévoit un **régime fiscal de droit commun** et un **régime fiscal de faveur** pour les opérations de fusion.

1. Le régime de droit commun

Une fusion implique plusieurs conséquences juridiques puisque, d'une part, une ou plusieurs sociétés sont dissoutes et, d'autre part, des apports vont être réalisés auprès de la société absorbante. Le régime fiscal de droit commun applicable aux fusions relève quelque peu de la théorie tant celui de faveur est utilisé par les conseillers fiscaux des entreprises. Le régime de droit commun prévoit une imposition séparée de toutes les étapes juridiques de la fusion. La dissolution de la société entraîne l'imposition :

- immédiate des bénéfices d'exploitation non encore taxés ;
- des provisions qui avaient été constituées par la société absorbée (elles deviennent sans objet) ;
- des plus-values (qui étaient jusqu'alors simplement latentes) sur les éléments de l'actif immobilisé.

L'apport à la société absorbante du patrimoine de la société absorbée entraînait jusqu'au 31 décembre 2018 le paiement des droits d'enregistrement selon le droit fixe de 375 € ou 500 € en fonction du montant du capital à l'issue de l'opération (selon qu'il est supérieur ou inférieur à 225 000 €). Pour les actes enregistrés depuis le 1er janvier 2019, il existe désormais une exonération des droits d'enregistrement pour les opérations de fusion. Ce régime de droit commun étant loin d'inciter les restructurations d'entreprises, un régime de faveur a été mis en place.

2. Le régime de faveur (CGI, art. 210 A)

Neutralité. Les opérations de fusion sont regardées avec bienveillance dans le cadre du régime de faveur. En ce sens, elles ne font pas l'objet des impositions normalement attachées à la dissolution et aux apports. Le régime de faveur se traduit par une neutralisation des plus-values et des provisions. La neutralisation ne signifie toutefois pas qu'il y a une exonération puisque les obligations de la société absorbée sont reprises par la société absorbante. Les bénéfices réalisés depuis la clôture du dernier exercice sont toutefois taxables. Par principe, les déficits fiscaux de la société absorbée ne sont pas utilisables. Cependant, l'article 209 II du CGI prévoit que le transfert de déficits de la société absorbée vers celle absorbante est possible si un agrément spécial est délivré par l'administration fiscale. L'agrément peut être de droit quand les conditions fixées à cet article sont remplies.

Conditions. L'application du régime de faveur impose que la société absorbante respecte certaines conditions destinées à permettre une imposition ultérieure des opérations ayant été neutralisées. Ces conditions sont posées à l'article 210 A du CGI :

- La société absorbante doit reprendre à son passif les provisions dont l'imposition est différée et, le cas échéant, la réserve spéciale où la société absorbée a porté les plus-values à long terme soumises antérieurement au taux réduit de 10 %, de 15 %, de 18 %, de 19 % ou de 25 % ainsi que la réserve où ont été portées les provisions pour fluctuation des cours.
- La société absorbante doit se substituer à la société absorbée pour la réintégration des résultats dont la prise en compte avait été différée pour l'imposition de cette dernière.
- Elle doit également calculer les plus-values réalisées ultérieurement à l'occasion de la cession des immobilisations non amortissables qui lui sont apportées d'après la valeur qu'elles avaient, du point de vue fiscal, dans les écritures de la société absorbée.
- Elle doit réintégrer dans ses bénéfices imposables les plus-values dégagées lors de l'apport des biens amortissables.
- Elle doit inscrire à son bilan les éléments autres que les immobilisations pour la valeur qu'ils avaient, du point de vue fiscal, dans les écritures de la société absorbée.

Autres conséquences fiscales. L'opération de fusion emporte transmission d'une universalité de biens. Par conséquent, l'article 257 bis du CGI prévoit qu'une dispense de TVA s'applique. Il permet à la société absorbante de ne pas effectuer les régularisations des déductions antérieures. De même, la société est dispensée de soumettre les apports à la TVA et les crédits de TVA sont transférés à la société absorbante. En ce qui concerne les droits d'enregistrements, le régime présenté ci-dessus d'applique.

Situation des associés. Dans le cadre d'une fusion, les associés de l'absorbée deviennent associés de l'absorbante. Un traitement fiscal est réservé aux titres détenus par les associés dans la société absorbée puisque le gain réalisé lors de l'échange de titres sont des plus-values de cession. Lorsque les titres sont détenus par un particulier, la plus-value est imposable au prélèvement forfaitaire unique au taux de 30 % ou, sur option, au barème progressif de l'IR. Toutefois, les plus-values dégagées ici bénéficient d'un sursis d'imposition (CGI, art. 150-0 B) qui s'applique de manière obligatoire ; la plus-value n'est donc imposable que lors de la cession ultérieure des titres. Lorsque les titres sont détenus par une personne morale, il existe un régime de sursis d'imposition sur option (CGI, art. 38-7 bis). En cas de cession ultérieure des nouveaux titres, la plus-value est calculée sur la valeur d'origine des titres de la société absorbée. Enfin, la fusion ne produit pas de conséquences fiscales pour les associés de la société absorbante.

B) Fiscalité des apports partiels d'actifs

1. Le régime de faveur

Le régime de faveur des fusions est applicable aux apports partiels d'actifs lorsque plusieurs conditions sont remplies :

- l'apport partiel d'actifs porte sur une branche complète d'activité. La branche complète d'activité se caractérise par un ensemble d'actifs et de passifs qui constitue une exploitation autonome, c'est-à-dire un ensemble capable de fonctionner par ses propres moyens ;
- la société bénéficiaire doit être passible de l'IS ;

- la société apporteuse doit être rémunérée par des titres représentatifs du capital social de la société bénéficiaire de l'apport ;
- la société apporteuse doit s'engager à conserver les titres reçus pendant trois ans.

2. Le régime de droit commun

Lorsque les conditions du régime de faveur ne sont pas réunies, le régime de droit commun s'applique aux apports partiels d'actifs. C'est par exemple le cas lorsque la société bénéficiaire de l'apport n'est pas une société soumise à l'IS ou lorsque la société apporteuse n'est pas rémunérée par des titres représentatifs du capital social de la société bénéficiaire de l'apport. Dans ces cas, les plus-values d'apport sont imposables ainsi que les provisions qui deviennent sans objet. Les droits d'enregistrement classiques sont également dus sur les apports réalisés.

Lorsque l'apport ne porte pas sur une branche complète d'activité, il est possible d'obtenir un agrément fiscal (celui-ci est attribué de plein droit lorsque certaines conditions sont réunies). Le régime de faveur permet également de bénéficier de l'exonération des droits d'enregistrement applicable depuis le 1er janvier 2019.

C) La fiscalité des scissions

Principe. La scission est une opération par laquelle l'actif et le passif d'une société sont divisés en plusieurs fractions et transmis à différentes sociétés existantes ou nouvelles. À défaut d'application des régimes de faveur, la scission de société implique les mêmes conséquences fiscales que la dissolution (imposition des bénéfices, des provisions, des plus-values et du boni de liquidation).

Régime de faveur. L'opération de scission peut bénéficier du même régime de faveur que celui applicable aux fusions si les conditions suivantes sont réunies (CGI, art. 210 B) :

- La société scindée dispose d'au moins deux branches complètes d'activité.
- Les associés de la société scindée deviennent associés de chacune des sociétés recevant une fraction du patrimoine transmis.
- Les sociétés bénéficiaires reçoivent une ou plusieurs branches d'activité.
- Lorsque ces conditions ne sont pas réunies, un agrément doit être obtenu. Pour ce faire, différentes conditions sont également nécessaires. Les associés doivent notamment prendre l'engagement de conserver les titres reçus pendant trois ans. Cet engagement n'est exigé que pour les actionnaires qui détiennent au minimum 5 % des droits de vote de la société scindée à la date d'approbation de l'opération et de ceux qui, détenant au moins 0,1 % de ces droits de vote, ont exercé dans la société des fonctions de direction, d'administration ou de surveillance au cours des six mois précédant l'opération.

D) La fiscalité de la transmission universelle de patrimoine (TUP)

La transmission universelle de patrimoine (TUP) entraîne les mêmes conséquences fiscales que la dissolution (imposition des bénéfices, des provisions, des plus-values). Néanmoins, l'article 210-0 A du CGI prévoit que le régime de faveur des fusions est applicable sous conditions.

Exemple

La société bénéficiaire de la TUP doit prendre les mêmes engagements que ceux pesant sur la société absorbante dans le cas des fusions de sociétés.

→ CAS PRATIQUE 3

1 QCM

Pour chaque proposition, une ou plusieurs réponses sont possibles. Justifiez-les.

1. Une fusion peut se faire :
   a. uniquement si les sociétés impliquées sont toutes des SA. ☐
   b. par la création d'une société nouvelle. ☐
   c. par transmission universelle de patrimoine. ☐
   d. par l'absorption d'une société par une autre. ☐

2. Une scission peut être :
   a. le partage du patrimoine d'une société existante entre deux sociétés existantes. ☐
   b. le partage du patrimoine d'une société existante entre deux sociétés nouvellement créées. ☐
   c. la transmission du patrimoine d'une filiale à 100 % à sa société mère. ☐
   d. l'apport d'un fonds de commerce à une société nouvellement créée. ☐
   e. la tenue de deux assemblées générales dans la même année au sein d'une même société. ☐

3. Un apport partiel d'actifs se définit comme :
   a. un apport en nature à une société qui n'a pas son siège sur le territoire français. ☐
   b. un apport mixte d'un bien grevé d'un passif. ☐
   c. l'apport d'une branche d'activité d'une société existante à une société également existante. ☐
   d. un apport de titres en vue de créer une société mère. ☐
   e. l'apport d'une branche d'activité d'une société existante à une société nouvellement créée. ☐

4. Les créanciers d'une société absorbée peuvent :
   a. donner leur avis directement aux dirigeants de la société lors de l'AG. ☐
   b. former opposition à l'opération. ☐
   c. obtenir une compensation financière variable. ☐
   d. obtenir à certaines conditions le remboursement de leur créance. ☐
   e. s'opposer au projet si leur créance est supérieure à 15 % du capital social. ☐

5. Pour qu'une fusion bénéficie du régime fiscal de faveur, la société absorbante :
   a. doit réintégrer dans ses bénéfices imposables les plus-values dégagées lors de l'apport des biens amortissables. ☐
   b. doit limiter la fusion à deux sociétés au maximum. ☐
   c. doit obtenir l'accord unanime des associés. ☐
   d. ne doit pas être elle-même issue d'une fusion datant de moins de cinq ans. ☐
   e. doit reprendre à son passif les provisions dont l'imposition est différée. ☐

Évaluer les savoirs | Maîtriser les compétences | Préparer l'épreuve

Mini-cas : prime de fusion ★★★

Compétences visées

- **Accompagner** juridiquement l'opération de restructuration
- **Optimiser** fiscalement l'opération de restructuration

Sur les modalités et conditions d'imposition de la prime de fusion :

http://dunod.link/6a74347

La SA Obsolet vient d'être absorbée par la SA Kick-boxing. Les titres d'Obsolet, d'un nombre total de 10 000, sont évalués à un montant unitaire de 20 € par le commissaire à la fusion pour une valeur nominale de 18 €.

1. *Y a-t-il une prime de fusion ? Si oui, calculez-en le montant.*
2. *Cette prime est-elle imposable ? Comment optimiser fiscalement l'opération ?*

Évaluer les savoirs | Maîtriser les compétences | Préparer l'épreuve

Cas pratique : SA Roi et Reine ★★★

45 min

Compétences visées

- **Déterminer** sous l'angle juridique, le mode de restructuration approprié
- **Accompagner** juridiquement l'opération de restructuration
- **Déterminer** sous l'angle social le mode de restructuration approprié
- **Accompagner** au plan social l'opération de restructuration
- **Déterminer** sous l'angle fiscal le mode de restructuration approprié

Soient deux SA, Roi et Reine, envisageant de fusionner, Roi absorbant Reine.

Voici des éléments sur Roi et Reine :

- La société Roi a été créée en 1995. Son capital social est de 900 000 € divisé en 90 000 actions. La société est propriétaire d'un fonds de commerce évalué à 980 000 €, d'un portefeuille de participations d'une valeur de 578 000 € et d'un immeuble de rapport estimé à 442 000 €. Le passif social est de 200 000 €.
- La société Reine a été créée en 2003. Son capital est de 750 000 €, divisé en 25 000 actions. La société serait évaluée à 2 000 000 €.

Travail à faire

1. *Après avoir procédé aux évaluations nécessaires, déterminez la parité d'échange.*
2. *Quel est le montant de la prime de fusion globale ?*
3. *Quelles sont les principales caractéristiques de la procédure à suivre ?*
4. *Les salariés de Reine voient l'opération d'un mauvais œil et vous demandent ce qu'ils peuvent envisager pour s'opposer à la fusion.*
5. *Les statuts de Roi contiennent une clause ainsi rédigée : « toute vente ou donation d'actions de la société à des tiers doit faire l'objet d'une autorisation préalable du conseil d'administration ».*
6. *Si Reine avait été une SASU détenue à 100 % par Roi, en quoi la fusion serait-elle impactée ?*
7. *Déterminez le montant des droits d'enregistrement payés dans cette opération.*

SYNTHÈSE

Restructurations d'entreprises

Fusion et scission

Fusion
Deux ou plusieurs sociétés se transforment en une seule, soit par création d'une société nouvelle, soit par absorption d'une société existante par une autre existante

Scission
Partage du patrimoine d'une société existante entre deux sociétés existantes ou nouvelles

Apport partiel d'actif et transmission universelle de patrimoine

Apport partiel d'actif
Une société fait apport à une autre d'une branche d'activité et reçoit des droits sociaux en contrepartie

Transmission universelle de patrimoine (TUP)
Opération de fusion par confusion des patrimoines utilisée lorsqu'une société mère détient une filiale à 100 % et qu'elle souhaite l'absorber

Soit le schéma suivant :

- La SAS Xénia détient 75 % des parts de la SARL Yummy et 100 % de la SAS Zorro.
- Une SCI T-Rex est détenue à 80 % par la SAS Zorro.
- Une SA Red est détenue à 96 % par la SAS Xénia.
- La SA Uyuni est détenue à 60 % par la SAS Xénia.
- La SAS Xénia procède régulièrement à des avances de trésorerie à l'égard de la SAS Zorro.

Travail à faire

1. *Dessinez le schéma du groupe et qualifiez les relations entre les différentes sociétés.*
2. *Les créanciers de la SA Red, en mauvaise posture financière, souhaitent demander le paiement de leur créance à la SAS Xénia. D'après vous, est-ce possible ?*
3. *La procédure collective ouverte à l'encontre de la SAS Zorro peut-elle avoir une incidence sur les autres sociétés du groupe. Si oui, lesquelles ?*
4. *Déterminez les conditions auxquelles un associé minoritaire de la SA Red peut obtenir une expertise indépendante sur la gestion de la holding.*
5. *Éclairez le Président de la SAS Xénia sur la nécessité de nommer un CAC dans une ou plusieurs sociétés du groupe.*

Au sein du groupe, la fusion de la SA Red et de la SA Uyuni est envisagée, Red absorbant Uyuni (annexe).

Travail à faire

6. *Après avoir procédé aux évaluations nécessaires, déterminez la parité d'échange.*
7. *Quel est le montant de la prime de fusion globale ?*
8. *Les salariés d'Uyuni voient l'opération d'un mauvais œil et vous demandent ce qu'ils peuvent envisager pour s'opposer à la fusion.*

Les statuts de Red contiennent une clause ainsi rédigée : « Toute vente ou donation d'actions de la société à des tiers doit faire l'objet d'une autorisation préalable du conseil d'administration. »

Travail à faire

9. *Que pensez-vous de cette clause ?*

Annexe

Précisions sur les conditions de la fusion entre Red et Unyuni

La SA Red a été créée en 1977. Son capital social est de 750 000 € divisé en 50 000 actions. La société est propriétaire d'un fonds de commerce évalué à 980 000 €, d'un portefeuille de participations d'une valeur de 578 000 € et d'un immeuble de rapport estimé à 442 000 €. Le passif social serait de 300 000 €.

La SA Uyuni a été créée en 2003. Son capital est de 350 000 €, divisé en 25 000 actions. La société serait évaluée à 680 000 €.

CHAPITRE 18 Entreprise en difficulté

PROGRAMME

Compétences visées	Notions et contenus
• **Repérer** les situations exigeant le déclenchement de procédures de prévention ou de traitement des difficultés • **Assurer** le suivi juridique de la procédure prévention ou de traitement des difficultés	• La prévention des difficultés • Le traitement des difficultés : – les procédures collectives – les sanctions • Aspects de droit communautaire

PLAN DU CHAPITRE

Nombreuses sont les difficultés menaçant la pérennité d'une entreprise. Le droit, en cherchant à préserver les intérêts des différentes parties prenantes, encadre de manière spécifique la vie sociale durant cette période critique.

MOTS-CLÉS

Banqueroute • Cessation des paiements • Conciliation • Droit d'alerte • Faillite internationale • Faillite personnelle • Période d'observation • Plan de redressement • Plan de sauvegarde • Responsabilité pour insuffisance d'actif • Rétablissement professionnel • Sauvegarde accélérée • SFA

1 Prévention et traitement non judiciaire des difficultés de l'entreprise

A) Prévention par l'information économique

Le législateur a renforcé les obligations comptables des entreprises afin que leurs dirigeants aient conscience des difficultés lorsque celles-ci surviennent, et puissent prendre des décisions rapidement. L'objectif de l'information comptable consiste également à informer les tiers sur la situation de l'entreprise, notamment ses partenaires actuels ou éventuels.

Sont également concernées par ces mesures les personnes physiques exerçant une activité commerciale sous forme d'EIRL. En ce cas, « l'activité professionnelle à laquelle le patrimoine est affecté fait l'objet d'une comptabilité autonome » (C. com., art. L. 526-13, al. 1er).

1. Établissement et dépôt des comptes annuels

Établissement des comptes. La tenue d'une comptabilité est obligatoire pour les commerçants, personnes physiques ou morales (C. com., art. L. 123-12 s.), et certaines sociétés civiles. En sont dispensées les personnes physiques dont le chiffre d'affaires n'excède pas un certain montant défini par le CGI.

La tenue d'une comptabilité pèse également sur toutes les personnes morales de droit privé non commerçantes exerçant une activité économique (ex. : sociétés civiles, associations, sociétés coopératives agricoles), à condition qu'elles dépassent certains seuils de chiffre d'affaire, bilan et nombre de salariés (C. com, art. L. 612-1 : 3,1 M€ de CAHT, 1,55 M€ de total bilan, 50 salariés – règle des deux seuils sur trois).

Au sens de l'INSEE, les PME sont des entreprises occupant moins de 250 personnes et présentant un CAHT annuel inférieur à 50 M€ ou un total de bilan n'excédant pas 43 M€.

Contenu de la comptabilité. Les comptes annuels comprennent le bilan, le compte de résultat et l'annexe. Cette dernière complète et commente l'information donnée par les deux premiers documents. Les PME peuvent toutefois se contenter d'une présentation simplifiée de leurs comptes annuels et de leur compte de résultat, à condition de ne pas dépasser certains seuils fixés par décret (C. com., art. L. 123-16 et D. 123-200 issu du décret du 29 mai 2019). Les micro-entreprises peuvent ne pas établir d'annexe.

Code de commerce, article D. 123-200

- 1° En ce qui concerne les micro-entreprises, le total du bilan est fixé à 350 000 €, le montant net du chiffre d'affaires à 700 000 € et le nombre moyen de salariés employés au cours de l'exercice à 10 ;
  2° En ce qui concerne les petites entreprises, le total du bilan est fixé à 6 000 000 €, le montant net du chiffre d'affaires à 12 000 000 € et le nombre moyen de salariés employés au cours de l'exercice à 50.
  En ce qui concerne les moyennes entreprises, le total du bilan est fixé à 20 000 000 €, le montant net du chiffre d'affaires à 40 000 000 € et le nombre moyen de salariés employés au cours de l'exercice à 250. […]

Dépôt des comptes annuels. Certaines sociétés sont soumises à l'obligation de déposer leurs comptes sociaux annuels au greffe du tribunal, pour être annexés au RCS, dans le mois qui suit leur approbation par l'assemblée générale des associés, délai porté à deux mois lorsque le dépôt est effectué par voie électronique. De la sorte, les tiers peuvent s'informer sur leur situation patrimoniale. Cette obligation pèse sur les SARL, les sociétés par actions (sociétés anonymes et sociétés en commandites par actions) et certaines sociétés en nom collectif (C. com., art. L. 232-21 à L. 232-23).

Sa violation est pénalement sanctionnée. Il s'agit d'une contravention de 5e classe (C. com., art. R. 247-3).

Les micro-entreprises et PME peuvent demander que les comptes déposés ne soient pas rendus publics (option dite de confidentialité). Les commerçants personnes physiques ne sont pas concernés par l'obligation de déposer les comptes annuels à l'exception notable, depuis la loi du 15 juin 2010, de ceux qui exercent leur activité sous forme d'EIRL, c'est-à-dire qui ont affecté leur bien professionnel dans un patrimoine spécial (C. com., art. L. 526-14, al. 1er).

2. Établissement des comptes prévisionnels

Entreprises concernées. À l'obligation d'établir des comptes annuels, permettant de connaître le passé, s'ajoute celle d'établir des comptes prévisionnels, afin de connaître le futur, notamment les éventuelles difficultés. Sont concernées les sociétés commerciales et les personnes morales de droit privé non commerçantes ayant une activité économique employant au moins 300 salariés ou dont le CAHT est supérieur ou égal à 18 M€.

Contenu. Quatre documents composent la comptabilité prévisionnelle obligatoire :
- une situation de l'actif réalisable et disponible, valeurs d'exploitation exclues, et du passif exigible ;
- un compte de résultat prévisionnel ;
- un tableau de financement ;
- un plan de financement prévisionnel.

Confidentialité. Les comptes prévisionnels sont confidentiels. Ils ne sont pas publiés.

B) Prévention par l'alerte

1. Alerte déclenchée par le CAC

Fait de nature à compromettre la continuité de l'exploitation. Le CAC nommé dans une entité a le devoir d'alerter les dirigeants sur « des faits de nature à compromettre la continuité de l'exploitation ». Le législateur n'a pas établi une liste des tels faits ; ils peuvent apparaître dans les comptes (exercices déficitaires, insuffisance des fonds propres…), mais aussi dans des événements tels que la perte d'un client très important ou le défaut de paiement des dettes sociales.

Procédure. La procédure d'alerte diffère selon le type de groupement concerné. Dans une société anonyme, elle se déroule en quatre étapes (C. com., art. 234-1, fig. 18.1).

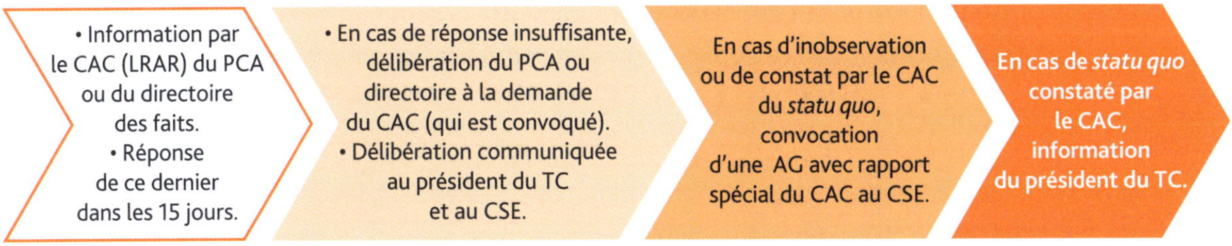

Figure 18.1. Étapes de la procédure d'alerte par le CAC en cas de constatation de faits de nature à compromettre la continuité de l'exploitation

2. Alerte économique déclenchée par le CSE

Le Code du travail confère un **droit d'alerte** au CSE. Il ne s'agit pas d'une obligation. Aux termes de la loi, l'alerte porte sur des « faits de nature à affecter de manière préoccupante la situation économique de l'entreprise » (C. trav., art. L. 2312-63). Le critère de déclenchement est plus large que celui relatif à l'alerte par les CAC ; les étapes sont au nombre de deux (fig. 18.2).

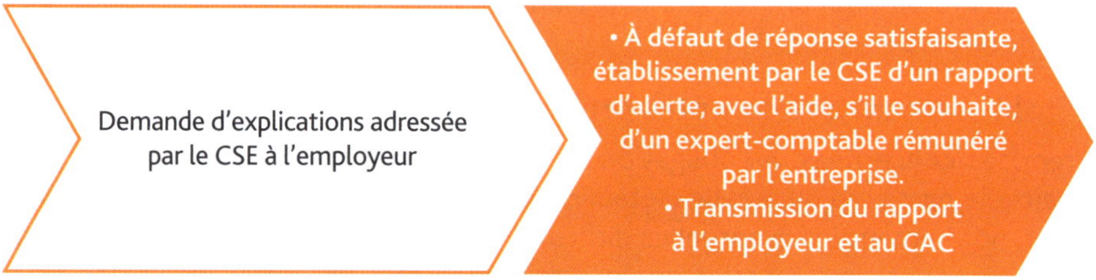

Figure 18.2. Étapes de la procédure d'alerte économique par le CSE

3. Alerte par les associés

Titulaires du droit d'alerte. Les associés de SARL et les actionnaires des sociétés par action disposent d'un droit d'alerter la direction de faits de nature à compromettre la continuité de l'exploitation.

- Dans les SARL, en sont titulaires les associés non gérants, quel que soit leur nombre de parts (C. com, art. L. 223-36).
- Dans les SA, le droit d'alerte est reconnu aux actionnaires représentant, seul ou à plusieurs, au moins 5 % du capital social, ainsi qu'aux associations d'actionnaires dans les sociétés cotées sur un marché réglementé (C. com., art. L. 225-232).

Procédure. Le droit d'alerte s'exerce par la faculté de poser par écrit, deux fois par exercice, des questions aux dirigeants (président ou gérant). Ceux-ci disposent d'un délai d'un mois pour répondre et leur réponse est transmise au commissaire aux comptes.

4. Alerte par le président du tribunal

Entreprises concernées. Les entreprises concernées par l'alerte déclenchée à l'initiative du président du tribunal de commerce (ou du TGI dans certains cas) sont les suivantes :

– les sociétés commerciales ;
– les groupements d'intérêt économique (GIE, ↳ **chapitre 16**) ;
– les entreprises individuelles, commerciales ou artisanales.

Critère économique. L'alerte est mise en œuvre lorsque le président a connaissance, par tout acte, d'un fait de nature à compromettre la continuité de l'exploitation.

Convocation à un entretien. La procédure d'alerte que peut mettre en œuvre le président du tribunal est constituée par une convocation à un entretien « afin que soient envisagées les mesures propres à redresser la situation », comme une augmentation de capital. Pareil entretien est informel et ne peut pas être imposé au dirigeant. Son succès repose tant sur sa confidentialité (les tiers ne doivent pas être alertés) que sur l'autorité morale du juge.

Obtention de renseignement auprès de tiers. À l'issue de cet entretien, ou dans le cas où l'entreprise ne s'y serait pas présentée, le président du tribunal peut se faire communiquer des renseignements de nature à lui donner une exacte information sur la situation économique et financière du débiteur. Le contenu de ces informations peut conduire le président du tribunal à envisager d'autres procédures, collectives ou pas, selon la gravité des difficultés éprouvées par l'entreprise.

C) Traitement des difficultés par un mandataire *ad hoc*

Code de commerce, article L. 611-3

- Le président du tribunal peut, à la demande d'un débiteur, désigner un mandataire *ad hoc* dont il détermine la mission. Le débiteur peut proposer le nom d'un mandataire *ad hoc*. La décision nommant le mandataire *ad hoc* est communiquée pour information aux commissaires aux comptes lorsqu'il en a été désigné.
  Le tribunal compétent est le tribunal de commerce si le débiteur exerce une activité commerciale ou artisanale et le tribunal de grande instance dans les autres cas.
  Le débiteur n'est pas tenu d'informer le comité d'entreprise ou, à défaut, les délégués du personnel de la désignation d'un mandataire *ad hoc*.

1. Dispositif autonome

Depuis la loi du 26 juillet 2005, la nomination d'un mandataire *ad hoc* est un dispositif autonome ; elle n'est plus rattachée à une procédure de traitement conventionnel des difficultés des entreprises. Elle doit être sollicitée, sans pouvoir être imposée, par le représentant de l'entreprise, c'est-à-dire par le représentant légal de la personne morale ou par le débiteur personne physique.

2. Mission du mandataire

Le mandataire est nommé afin de porter aide au chef d'entreprise dans la recherche de solutions de traitement des difficultés, y compris la cession éventuelle de l'entreprise. Plus précisément, sa mission est fixée par celui qui le nomme, le président du tribunal. Elle prend fin par décision de ce dernier à la demande du débiteur.

Intérêt. La désignation d'un mandataire *ad hoc* ne suspend pas les poursuites individuelles des créanciers. L'intérêt d'une telle désignation réside d'abord dans sa confidentialité (C. com., art. L. 611-15) et ensuite dans sa souplesse. La souplesse vient de l'absence de procédure légale, le Code de commerce prévoyant simplement la nomination. Pour autant, le mandataire ne saurait assurer la gestion générale de l'entreprise.

D) Conciliation

Code de commerce, article L. 611-4

- Il est institué, devant le tribunal de commerce, une procédure de conciliation dont peuvent bénéficier les personnes exerçant une activité commerciale ou artisanale qui éprouvent une difficulté juridique, économique ou financière, avérée ou prévisible, et ne se trouvent pas en cessation des paiements depuis plus de quarante-cinq jours.

Entreprises concernées. Sont concernées par la **conciliation** :
- les personnes exerçant une activité commerciale ou artisanale ;
- les personnes morales de droit privé ;
- les personnes physiques exerçant une activité professionnelle indépendante, y compris une profession libérale soumise à un statut législatif ou réglementaire ou dont le titre est protégé.

Degré de difficultés justifiant l'ouverture de la procédure. Deux conditions cumulatives et tenant à la gravité de la situation conditionnent l'ouverture de la procédure (C. com., art. L. 611-4).

- L'entreprise ne se trouve pas en cessation des paiements ou ne s'y trouve pas depuis plus de 45 jours. À défaut c'est obligatoirement une procédure de redressement ou de liquidation judiciaire qui devrait être ouverte.
- L'entreprise éprouve une difficulté juridique, économique ou financière, avérée ou prévisible. Il peut s'agir de la perte d'un client important, du retrait du marché d'un produit du fait de défectuosités...

Initiative de l'entreprise débitrice. La demande d'ouverture d'une procédure de conciliation doit être faite par le débiteur et lui seul. Elle ne saurait par exemple être formulée par un créancier. C'est là une différence importante avec le redressement judiciaire.

Intervention judiciaire. Le juge doit intervenir pour accueillir ou non la demande d'ouverture d'une procédure de conciliation. Pour autant la conciliation reste contractuelle. S'il juge la conciliation opportune, le président du tribunal rend une ordonnance d'ouverture d'une telle procédure. Dans sa décision, il désigne un conciliateur et fixe la durée de sa désignation. Après ouverture de la conciliation, le président du tribunal dispose du même pouvoir d'investigation auprès de tiers que celui prévu dans le cadre de la procédure d'alerte. En outre, il peut charger un expert de son choix d'établir un rapport sur la situation économique, sociale et financière du débiteur. Enfin, il peut obtenir des informations des établissements bancaires ou financiers (C. com., art. L. 611-6, al. 5).

Face à une demande du Président du Tribunal, le secret bancaire ne tient pas.

Objectifs. Le but essentiel de la conciliation est simple : parvenir à un accord contractuel entre le débiteur et ses créanciers destiné à mettre fin aux difficultés de l'entreprise. Il peut s'agit de remises de dettes, partielles ou totales, ou d'échelonnement des paiements, de concours bancaires, de restructuration de l'entreprise débitrice, par exemple.

Durée. Le président du tribunal désigne le conciliateur pour une période n'excédant pas quatre mois, mais pouvant être prorogée d'un mois à la demande du conciliateur.

Moyens. Le conciliateur peut proposer la conclusion d'un accord aux opérateurs économiques privés mais aussi publics. La loi prévoit en effet que les administrations fiscales et sociales peuvent, dans le cadre d'une procédure de conciliation, consentir des remises de dette, de même que des cessions de rang de privilège ou d'hypothèque ou l'abandon de ces sûretés (C. com., art. L. 611-7, al. 3).

Impossibilité de suspendre les poursuites. Le conciliateur ne peut pas demander la suspension des poursuites exercées par un ou plusieurs créanciers contre le débiteur en difficulté. Si, au cours de la procédure de conciliation, un créancier exerce son droit de poursuite ou, plus simplement, met le débiteur en demeure de s'exécuter, le juge qui a ouvert cette procédure peut lui imposer des délais de paiement dans la limite de deux années (C. com., art. L. 611-7, al. 5).

Obligation de confidentialité. Le conciliateur est tenu d'une obligation de confidentialité, comme tous ceux qui sont appelés à la procédure ou en ont connaissance par leurs fonctions.

Fin de la mission du conciliateur et de la procédure de conciliation. La mission du conciliateur et la procédure de conciliation prennent fin lorsque :
- le délai légal de cinq mois maximum est expiré alors qu'aucune demande d'homologation n'a été formulée dans ce délai ;
- l'accord conclu est soit constaté judiciairement, soit homologué ;
- avant le terme de la procédure, le conciliateur fait part au président du tribunal de l'impossibilité de parvenir à un accord.

Dénouement. Le succès de la mission du conciliateur se concrétise par un accord entre le débiteur et ses créanciers. Cet accord, qui n'est autre qu'un contrat, a une valeur juridique qui diffère selon qu'il est simplement constaté par le juge ou homologué par ce dernier.

Force exécutoire de l'accord constaté. Les parties à l'accord souhaitant une simple constatation judiciaire de celui-ci adressent une requête en ce sens au président du tribunal. Ce dernier constate l'accord et lui donne force exécutoire. L'avantage d'une simple constatation judiciaire de l'accord réside dans le maintien de la confidentialité de la procédure, ce qui permet de ne pas nuire au crédit du débiteur. En effet, la décision constatant l'accord n'est pas publiée et n'est pas susceptible de recours.

Contrôle de l'accord par le juge. C'est au débiteur, et à lui seul, qu'il appartient de demander l'homologation au tribunal. L'homologation de l'accord suppose un contrôle du juge sensiblement plus important qu'une simple constatation judiciaire. Le tribunal homologue l'accord obtenu si les conditions suivantes sont réunies :
- le débiteur n'est pas en cessation des paiements ou l'accord conclu y met fin ;
- les termes de l'accord sont de nature à assurer la pérennité de l'activité ;
- l'accord ne porte pas atteinte aux intérêts des créanciers non signataires.

Fin de la confidentialité. Dès lors que l'accord est soumis à l'homologation judiciaire, la procédure de conciliation cesse d'être confidentielle. La loi prévoit en effet que le jugement d'homologation (qui ne reprend pas le contenu de l'accord) est déposé au greffe où tout intéressé peut en prendre connaissance et fait l'objet d'une mesure de publicité. Par ailleurs, lorsque le débiteur est soumis au contrôle légal de ses comptes, l'accord homologué est transmis à son commissaire aux comptes (C. com., L. 611-10).

Sécurité offerte aux créanciers signataires. L'homologation est très intéressante pour les créanciers signataires car elle leur apporte une sécurité en cas d'échec de l'accord, c'est-à-dire dans l'hypothèse où cet accord ne parviendrait pas à mettre fin aux difficultés de l'entreprise – et d'ouverture consécutive d'une procédure collective.

Mandataire à l'exécution de l'accord. Le président du tribunal ayant constaté l'accord ou le tribunal l'ayant homologué peut nommer un mandataire à l'exécution de l'accord. La demande doit être formulée par le débiteur. Le mandataire est nécessairement le conciliateur. La mission de ce dernier n'est pas précisée par la loi. Sans doute s'agit-il de faciliter et surveiller l'exécution de l'accord, à l'image du rôle conféré au commissaire à l'exécution du plan.

Arrêts des poursuites individuelles. L'accord constaté ou homologué a force obligatoire entre les parties signataires puisqu'il s'agit d'un contrat. Aussi, les créanciers qui en sont parties ne peuvent-ils agir en justice contre le débiteur en vue du recouvrement des créances faisant l'objet de l'accord. En revanche, l'accord homologué ne produit pas d'effet obligatoire à l'égard des créanciers non signataires de l'accord. Ceux-ci conservent leur droit de poursuivre le recouvrement de leurs créances.

Coobligés et garants. Les codébiteurs et les garants sont en droit de se prévaloir de l'accord constaté ou homologué. Le Code de commerce vise plus précisément les « personnes coobligées ou ayant consenti une sûreté personnelle ou ayant affecté ou cédé un bien en garantie » (C. com., art. L. 611-10-2, al. 1er). Le cautionnement est évidemment concerné, mais aussi, par exemple, la fiducie-sûreté.

Exemples

- Si un créancier accorde une remise de dette dans le cadre de la conciliation, il ne pourra pas demander paiement à la personne ayant cautionné la créance en cause.
  Dans une fiducie-sûreté où le créancier (le bénéficiaire de la fiducie) et le fiduciaire seraient deux personnes différentes, le créancier qui, dans le cadre de la conciliation, aurait accordé des délais de paiement, ne pourrait exiger la réalisation immédiate du patrimoine fiduciaire.

Échec de l'accord. Si intervient à l'encontre du débiteur une procédure collective (sauvegarde, redressement ou liquidation judiciaire), alors son ouverture met fin de plein droit à l'accord constaté ou homologué. Les créanciers recouvrent l'intégralité de leurs créances et sûretés (C. com., art. L. 611-12).

Exemple

- Les remises de dettes sont anéanties. En revanche, les paiements déjà effectués ne peuvent pas être remis en cause.

Les créanciers privilégiés – ceux qui dans le cadre de l'accord *homologué* ont consenti de nouveaux apports de trésorerie et ceux qui ont fourni un nouveau bien ou service – conservent leur rang très favorable dans la procédure collective, malgré la fin de l'accord.

→ MINI-CAS 3

2 Sauvegarde de l'entreprise

Code commerce, article L. 620-1

- Il est institué une procédure de sauvegarde ouverte sur demande d'un débiteur mentionné à l'article L. 620-2 qui, sans être en cessation des paiements, justifie de difficultés qu'il n'est pas en mesure de surmonter. Cette procédure est destinée à faciliter la réorganisation de l'entreprise afin de permettre la poursuite de l'activité économique, le maintien de l'emploi et l'apurement du passif.
  La procédure de sauvegarde donne lieu à un plan arrêté par jugement à l'issue d'une période d'observation et, le cas échéant, à la constitution de deux comités de créanciers, conformément aux dispositions des articles L. 626-29 et L. 626-30.

Loi n° 2005-845 de sauvegarde des entreprises :

http://dunod.link/n91djfp

Instituée par la loi n° 2005-845 du 26 juillet 2005, la procédure de sauvegarde s'inspire du fameux chapitre XI de la loi fédérale américaine sur les entreprises en difficulté. L'entreprise qui subit des difficultés importantes sans pour autant être en cessation des paiements peut demander la protection de la loi par l'ouverture d'une procédure collective tendant à la sauvegarder. On peut parler en effet de protection de la loi puisque l'entreprise en sauvegarde ne peut pas aboutir à sa cession (totale du moins).

A) Ouverture de la procédure de sauvegarde

1. Personnes concernées

Personnes physiques. Les personnes physiques désignées à l'article L. 620-2 du Code de commerce (tab. 18.1) sont éligibles à la procédure de sauvegarde.

Tableau 18.1. Personnes physiques éligibles à la procédure de sauvegarde

	Observations
Personnes exerçant une activité commerciale ou artisanale	Le Code de commerce vise « toute personne exerçant une activité commerciale ou artisanale ». L'immatriculation n'est pas une condition nécessaire à l'ouverture de la procédure (ex. : les micro-entrepreneurs peuvent bénéficier de la procédure).
Agriculteurs	Certaines spécificités sont aménagées pour les agriculteurs.
Personnes exerçant une activité professionnelle indépendante	Ce sont les personnes exerçant une profession libérale soumise à un statut législatif ou réglementaire ou dont le titre est protégé (avocats, médecins…).

Personnes morales. Sont en droit de solliciter une procédure de sauvegarde toutes les personnes morales de droit privé.

Extension de procédure. Par extension de procédure, il faut entendre qu'une personne peut se voir soumise à une procédure collective, notamment de sauvegarde, déjà ouverte à l'encontre d'une autre personne. Les deux personnes font alors l'objet d'une procédure unique. Deux extensions sont prévues par la loi :

- En cas de **confusion des patrimoines**. Deux personnes physiques ou morales se sont comportées comme si elles avaient le même patrimoine, par exemple lorsque l'une assume les charges qui devraient incomber à l'autre. L'extension est justifiée par le préjudice anormal subi par les créanciers quand le patrimoine de leur débiteur est appauvri. La situation financière de la personne faisant l'objet de l'extension n'a pas à être vérifiée, de sorte que l'extension peut concerner une entreprise qui n'éprouve pas de difficulté financière. Celui qui invoque la confusion des patrimoines doit la prouver. Il ressort de la jurisprudence qu'il doit alors établir :
  - soit une imbrication des actifs et des dettes des deux partenaires ou une confusion des comptes ;
  - soit l'entretien de relations financières anormales, par exemple de multiples transferts d'actifs sans contrepartie au détriment de celui qui fait l'objet de l'extension de procédure.

Exemple

L'extension est relativement fréquente entre une société commerciale exploitant une activité commerciale ou artisanale et une SCI qui abrite les locaux d'exercice de l'activité, lorsque les deux structures ont les mêmes associés. Elle se fonde souvent sur le caractère anormalement élevé du loyer payé à la SCI par la société commerciale.

L'entrepreneur individuel à responsabilité limitée (EIRL) est évidemment concerné par les procédures collectives puisqu'il s'agit d'une personne physique exerçant une activité commerciale, artisanale, agricole ou encore libérale. L'ordonnance n° 2010-1512 du 9 décembre 2010 adapte le droit des procédures collectives à la spécificité de l'EIRL qui repose sur l'affectation d'un patrimoine à l'exercice de l'activité professionnelle. Notamment, l'impact de la procédure ne concerne que le patrimoine soutenant l'activité professionnelle souffrant de difficultés économiques. Si les difficultés touchent l'activité exercée sous forme d'EIRL, la procédure ne concernera que le patrimoine affecté. Si les difficultés touchent une activité professionnelle exercée par l'entrepreneur autre que celle exercée sous forme d'EIRL, la procédure collective ne concernera que le patrimoine non affecté.

- En cas de **fictivité de la personne morale**. Une société fictive est une société qui n'est utilisée que comme une façade, un écran permettant de masquer l'activité d'une autre personne. Ce cas d'extension est rare.

2. Degré de difficultés justifiant la procédure de sauvegarde

Le débiteur est en droit de solliciter une procédure de sauvegarde si, sans être en cessation des paiements, il éprouve des difficultés qu'il n'est pas en mesure de surmonter. La situation est appréciée au jour de l'ouverture de la procédure.

3. Jugement d'ouverture (JO) de la procédure

Compétence matérielle et territoriale du tribunal. La double compétence est définie en fonction de l'entreprise débitrice (tab. 18.2).

Tableau 18.2. Compétence matérielle et territoriale

	Compétence matérielle	Compétence territoriale
Personnes physiques – Commerçant	Tribunal de commerce	Ressort de l'adresse déclarée
Personnes physiques – Artisan	Tribunal de commerce	Ressort de l'adresse déclarée
Personnes physiques – Agriculteur	Tribunal de grande instance	Ressort de l'adresse déclarée
Personnes physiques – Activité libérale	Tribunal de grande instance	Ressort de l'adresse déclarée
Personnes morales de droit privé – Commerçants	Tribunal de commerce	Ressort du siège social
Personnes morales de droit privé – Non-commerçants	Tribunal de grande instance	Ressort du siège social

Juridictions spécialisées (Code de commerce, art. L. 721-8). Un décret fixe une liste de tribunaux de commerce spécialisés pour juger des procédures de sauvegarde, de redressement et de liquidation judiciaires auxquelles sont soumises les entreprises exerçant une activité commerciale ou artisanale et atteignant des seuils fixés en fonction de nombre de salariés et/ou du montant du chiffre d'affaires.

Saisine réservée au débiteur. À la différence des procédures de redressement et de liquidation judiciaires, la saisine du tribunal en vue de l'ouverture d'une procédure de sauvegarde est l'apanage de l'entreprise débitrice.

4. Mise en place des organes de la procédure

Il appartient au tribunal compétent de désigner, dans le jugement d'ouverture, les personnes qui formeront les organes de la procédure.

Juge-commissaire. Présent dans toute procédure collective, il est chargé de veiller au déroulement rapide de la procédure et à la protection des intérêts en présence.

Mandataire judiciaire. Un mandataire judiciaire doit être nommé dans toute procédure collective. En cas de procédure de sauvegarde ou de redressement judiciaire, il ne peut avoir qu'une seule mission : assurer la **défense des intérêts des créanciers**. En cas de procédure de liquidation, le mandataire judiciaire a pour rôle, outre la défense des intérêts des créanciers, de liquider l'entreprise : il devient **liquidateur**

Représentant des salariés. Dans le jugement d'ouverture de toute procédure collective, le tribunal invite le CSE ou, à défaut, les délégués du personnel, à désigner un représentant parmi les salariés de l'entreprise débitrice. Le rôle de ce représentant consiste à participer à la vérification des créances salariales.

Administrateur judiciaire. L'administrateur judiciaire est un mandataire de justice doté d'un statut professionnel particulier (C. com., art. L. 811-1 et s.).

- Dans une procédure de sauvegarde ou de redressement judiciaire, la nomination d'un administrateur judiciaire est obligatoire lorsque l'entreprise est suffisamment importante. Elle n'est que facultative pour les entreprises comptant moins de 20 salariés ou dont le chiffre d'affaires hors taxes est inférieur à 3 000 000 €.
- Dans une procédure de liquidation judiciaire, un administrateur judiciaire peut être désigné lorsqu'un maintien provisoire d'activité est autorisé. La mission de l'administrateur judiciaire est définie par le tribunal qui le nomme :
- dans une procédure de sauvegarde, cette mission peut aller de la surveillance du débiteur dans sa gestion à son assistance pour tous les actes de gestion ou pour certains d'entre eux. Il ne saurait se substituer à la personne du débiteur car ce dernier continue à assurer l'administration de l'entreprise ;
- dans une procédure de redressement judiciaire, la mission de l'administrateur peut aller de l'assistance à la représentation. Dans ce dernier cas, il assure seul, entièrement ou en partie, l'administration de l'entreprise. Il ne peut pas être désigné pour une simple mission de surveillance.

Contrôleurs. La désignation, par le juge-commissaire, d'un ou plusieurs contrôleurs (cinq au maximum) parmi les créanciers n'est obligatoire que si ces derniers en font la demande. Leur rôle consiste à assister le mandataire judiciaire dans ses fonctions et le juge-commissaire dans sa mission de surveillance de l'administration de l'entreprise.

Experts. Le tribunal a la possibilité de nommer un ou plusieurs experts dont il définit la mission. Il s'agit d'experts en diagnostic d'entreprise dont le rôle essentiel consiste à renseigner le tribunal sur la situation économique, financière et sociale de l'entreprise.

5. Publicité du jugement d'ouverture et voies de recours

Publicité. Parce que le jugement d'ouverture d'une procédure collective modifie la situation du débiteur, laquelle est opposable aux tiers, il y a lieu d'informer ceux-ci du jugement. C'est le rôle de la publicité. Par ailleurs, la publicité est le point de départ de certains délais de forclusion, par exemple celui dans lequel les créanciers doivent déclarer leurs créances.

Voies de recours. L'exercice des voies de recours contre le jugement d'ouverture de la procédure de sauvegarde, mais aussi des autres procédures collectives, ne suspend pas la procédure. Autrement dit, le jugement d'ouverture est **exécutoire de plein droit à titre**

provisoire, sans qu'il y ait lieu d'attendre l'expiration des délais de voies de recours. Deux voies de recours sont possibles :

- le débiteur, l'éventuel créancier poursuivant et le ministère public peuvent faire **appel** ou se pourvoir en cassation ;
- **tierce opposition** peut être formée contre le jugement d'ouverture dans les dix jours qui suivent la publication du jugement au BODACC. Cette voie de recours est ouverte aux personnes qui n'ont pas été parties à l'instance.

Exemple

Un créancier non partie à l'action judiciaire souhaitant exercer des poursuites individuelles contre le débiteur et contestant la situation financière de ce dernier telle qu'établie par le jugement d'ouverture peut former une tierce opposition.

B) Déroulement de la procédure de sauvegarde

Durant la procédure de sauvegarde l'activité de l'entreprise est évidement maintenue. S'ouvre alors une période d'observation, laquelle doit aboutir à un plan de sauvegarde.

1. Période d'observation

Définition

La **période d'observation** est un temps provisoire dont la durée est fixée par le juge avec un maximum légal de six mois. Cette durée peut être renouvelée qu'une fois.

Modification de la période d'observation. Elle n'est pas intangible mais peut être modifiée ou interrompue :

- Lorsqu'il apparaît, en cours de procédure, que l'entreprise est en état de cessation des paiements, le tribunal convertit la procédure de sauvegarde en une procédure de redressement judiciaire.
- Si l'adoption d'un plan de sauvegarde est manifestement impossible et si la clôture de la procédure conduisait, de manière certaine et à bref délai, à la cessation des paiements, le tribunal convertit également la procédure de sauvegarde en une procédure de redressement judiciaire, si le débiteur lui en fait la demande.
- Lorsque les difficultés sont si graves que la procédure doit être convertie en une liquidation de l'entreprise.
- Lorsque les difficultés qui ont justifié la procédure de sauvegarde ont disparu (C. com., art. L. 622-12).

2. Gestion de l'entreprise

Code de commerce

Art. L. 622-1, I. L'administration de l'entreprise est assurée par son dirigeant.
Art. L. 622-3. Le débiteur continue à exercer sur son patrimoine les actes de disposition et d'administration, ainsi que les droits et actions qui ne sont pas compris dans la mission de l'administrateur.

En outre, sous réserve des dispositions des articles L. 622-7 et L. 622-13, les actes de gestion courante qu'accomplit seul le débiteur sont réputés valables à l'égard des tiers de bonne foi (tab. 18.3).

Tableau 18.3. **Pouvoirs du débiteur pendant la période d'observation**

	Pouvoirs du débiteur	Observations
Surveillance de la gestion du débiteur	Le débiteur reste libre de sa gestion. Le rôle de l'administrateur se limite au contrôle *a posteriori* des actes accomplis.	L'administrateur peut demander au tribunal la modification de sa mission, voire la conversion de la procédure de sauvegarde en redressement judiciaire ou en liquidation judiciaire.
Assistance du débiteur pour tous les actes de gestion ou certains d'entre eux	Les pouvoirs du débiteur sont réduits. L'assistance suppose en effet un contrôle *a priori*, c'est-à-dire l'autorisation de ces actes.	
Toutes missions	L'administrateur dispose de pouvoirs spécifiques qui réduisent d'autant ceux du débiteur.	Exemple : pouvoir d'exiger la poursuite des contrats en cours

Actes de gestion courante. Quelle que soit la mission de l'administrateur, le débiteur dispose du pouvoir d'accomplir les actes de gestion courante de l'entreprise. Du moins, ces actes sont réputés valables à l'égard des tiers de bonne foi. Ils sont alors opposables à la procédure. Le tiers de bonne foi est celui qui ignorait l'existence de la procédure.

Exemples

- Est assurément un acte de gestion courante, la vente de produits fabriqués par l'entreprise aux conditions habituelles. Il en a été aussi jugé ainsi à propos de la passation d'encarts publicitaires, indispensables au maintien de l'activité, une cession de créances professionnelles, la vente d'appartements par une société immobilière dès lors que ces ventes entrent dans l'activité courante de la société.
- En revanche, n'a pas été jugé comme un acte de gestion courante, la conclusion ou le renouvellement d'un contrat de travail.

Interdiction des paiements des créances antérieures et certaines créances postérieures. Le jugement ouvrant la procédure emporte, de plein droit, interdiction de payer toute créance née antérieurement au jugement d'ouverture (C. com., art. L. 622-7). La règle s'applique au débiteur comme à l'administrateur. Elle tend à soumettre les créanciers à une même discipline, puisque le sort de leurs créances sera réglé ultérieurement. Cette règle a-t-elle pour corollaire la **suspension des poursuites individuelles**

par les créanciers antérieurs. La sanction d'un paiement réalisé alors que prohibé est la nullité, outre des sanctions pénales.

L'interdiction des paiements des créances antérieures comporte des exceptions (C. com, art. L. 622-7) ; sans exhaustivité et à titre d'illustration :

- le débiteur personne physique peut librement payer les créances alimentaires, qu'elles soient antérieures ou postérieures à l'ouverture de la procédure ;
- le juge-commissaire peut autoriser le débiteur à payer certaines créances antérieures au jugement visées par la loi et justifiées par la poursuite de l'activité ;
- le paiement par **compensation** est permis lorsque les créances sont connexes, c'est-à-dire étroitement liées. L'hypothèse est celle où le créancier, dont la créance est née avant la procédure, est par ailleurs débiteur de l'entreprise en difficulté, tandis que toutes les conditions de la compensation ne sont pas réunies avant l'ouverture de la procédure.

> La compensation est un mécanisme juridique permettant l'extinction de deux créances à condition que celles-ci soient réciproques, certaines, fongibles, liquides et exigibles.

Exemple

Ont été jugés connexes le prix de la construction d'un immeuble dû par le maître de l'ouvrage et les pénalités de retard dues par le constructeur.

Actes contrôlés. Les actes de disposition ne relevant pas de la gestion courante de l'entreprise que souhaiterait réaliser le débiteur ne sont pas interdits mais doivent être autorisés par le juge-commissaire, à peine de nullité.

3. Poursuite des contrats en cours

Généralités. L'activité de l'entreprise avec ses partenaires (clients, fournisseurs et autres) se matérialise par la conclusion et l'exécution de contrats. Certains de ceux-ci sont indispensables à la poursuite de l'activité – laquelle est inhérente à la procédure de sauvegarde –, d'autres pas. Par ailleurs, certains contractants du débiteur souhaitent rompre leur relation contractuelle avec une entreprise faisant l'objet d'une procédure collective. La loi empêche cette rupture : l'ouverture d'une procédure collective ne met pas fin aux contrats en cours et la clause qui stipulerait le contraire n'aurait aucune portée. Aussi, le cocontractant doit-il s'exécuter après l'ouverture d'une telle procédure même si le débiteur n'a pas exécuté ses engagements avant la procédure (C. com., art. L. 622-13). En d'autres termes, il n'appartient pas à ce cocontractant de décider du sort du contrat en cours. La décision relève de l'administrateur (voir *infra*).

Contrats concernés. Tous les contrats auxquels l'entreprise débitrice est partie peuvent faire l'objet de l'option entre continuation et renonciation. Le contrat d'assurance n'échappe pas à la règle (C. ass., art. L. 113-6). En revanche, y échappent les contrats d'édition (CPI, art. L. 132-15), de production audiovisuelle (CPI, art. L. 132-30) et de travail (ces derniers se poursuivent de plein droit ; voir *infra*), leurs régimes étant spécifiques.

La continuation des contrats en cours concerne tous ceux qui s'inscrivent dans la durée (sous réserve des exceptions indiquées ci-dessus). Il s'agit au premier chef des contrats à exécution successive, tel un bail, un crédit-bail, un contrat de franchisage ou un contrat d'abonnement. Mais les contrats à exécution instantanée peuvent aussi être visés dès lors que la prestation caractéristique du contrat n'a pas été fournie au jour du jugement d'ouverture.

Exemple

- Ne constitue pas un contrat en cours le contrat de prêt d'une somme d'argent qui a été entièrement remise à l'emprunteur avant l'ouverture de la procédure collective à l'encontre de ce dernier et dont des échéances restent à rembourser. En conséquence, le prêteur ne peut obtenir paiement des échéances postérieures au jugement et doit déclarer sa créance pour se voir payer à l'issue du plan de sauvegarde.

Titulaire, termes et modalités de l'option. Le choix de continuer un contrat en cours ou d'y mettre fin appartient à l'administrateur, quelle que soit l'étendue de sa mission. À défaut, c'est-à-dire dans les entreprises n'atteignant pas certains seuils (voir *supra*), le choix incombe au débiteur.

L'administrateur ou, à défaut, le débiteur, dispose du choix d'imposer la continuation des contrats en cours ou de provoquer leur anéantissement. La loi n'impose à l'administrateur ni formes ni délais pour prendre sa décision.

Si le cocontractant souhaite ne pas rester dans la position inconfortable de l'expectative, il a la possibilité de mettre l'administrateur en demeure de se prononcer.

Obligation et garanties du cocontractant. Si le choix de l'administrateur s'est porté sur la continuation d'un contrat en cours, le cocontractant a l'obligation de s'exécuter. Surtout, il ne saurait invoquer un défaut d'exécution par le débiteur d'engagements antérieurs au jugement d'ouverture. Lorsque le contrat est poursuivi, le cocontractant a la garantie de voir les engagements du débiteur exécutés tels que prévus dans la convention. Seule doit être fournie la prestation qui correspond à l'exécution postérieure à l'ouverture de la procédure.

L'administrateur ne saurait modifier le contrat qu'il décide de continuer.

Exemple

- Posons l'hypothèse d'un administrateur qui décide de continuer un contrat de bail alors que n'ont pas été payés les trois derniers loyers (mensuels) correspondant à l'utilisation de l'immeuble avant le jugement d'ouverture. Ces loyers ne doivent pas être payés, le bailleur ayant seulement le droit d'en effectuer la déclaration au passif. En revanche, les loyers correspondant à l'utilisation de l'immeuble postérieurement au jugement d'ouverture doivent être versés.

Sanction de l'inexécution du débiteur. L'inexécution d'un contrat dont le choix a été fait de la continuation est sanctionnée par la résiliation de plein droit, sauf accord du cocontractant pour poursuivre les relations contractuelles malgré l'inexécution.

FOCUS — Bail immobilier

La loi prévoit un régime particulier pour le bail d'un immeuble affecté à l'activité de l'entreprise débitrice. Si les loyers afférents à une occupation postérieure au jugement d'ouverture ne sont pas payés, le bailleur ne peut demander la résiliation, ou la faire constater, qu'au terme d'un délai de trois mois à compter dudit jugement. Pendant ce délai, le défaut de paiement des loyers postérieurs ne peut donc être sanctionné.

4. Droits des créanciers

Généralités. Par définition, une procédure ouverte soumet les créanciers à une discipline collective, par dérogation au droit commun. Il est toutefois nécessaire de réserver un sort différent selon que la créance est née avant la procédure ou après celle-ci. Les créanciers postérieurs doivent en effet bénéficier d'un traitement de faveur car ils fournissent des prestations utiles au bon déroulement de la procédure.

Créanciers antérieurs au jugement d'ouverture. L'ouverture d'une procédure de sauvegarde, comme de redressement, ne rend pas exigible les créances non échues au jour de cette ouverture (C. com., art. L. 622-29). Les créances qui viennent à échéance au cours de la période d'observation sont alors soumises aux délais prévus dans le plan de sauvegarde (ou de redressement). La règle est d'ordre public. Au titre de la procédure de sauvegarde, la loi énonce trois règles restreignant les droits des créanciers antérieurs :

- **Règle 1. Arrêt des poursuites individuelles**. Produit par l'ouverture d'une procédure collective, cet arrêt est le corollaire de l'interdiction faite au débiteur de payer les dettes antérieures. Tout créancier antérieur, c'est-à-dire dont la créance trouve son origine dans un fait générateur antérieur au jugement d'ouverture, est soumis à la règle de l'arrêt des poursuites individuelles contre le débiteur. La règle ne concerne cependant pas les salariés, lesquels sont soumis à un régime particulier.

FOCUS **Cautions et coobligés**

Les codébiteurs et garants de la dette contractée par l'entreprise en difficulté bénéficient de l'arrêt des poursuites. Plus précisément, il s'agit des coobligés ainsi que des personnes ayant consenti une sûreté personnelle ou ayant affecté ou cédé un bien en garantie. La loi prévoit en effet la suspension de toute action à leur encontre dès lors qu'il s'agit de personnes physiques (C. com., art. L. 622-28, al. 2). Les personnes morales (telle une banque) ne sont donc pas concernées. La suspension se produit jusqu'au jugement arrêtant le plan ou prononçant la liquidation, c'est-à-dire pendant la période d'observation.
La règle a notamment pour vocation à inciter les dirigeants qui se portent caution des engagements de la société qu'ils dirigent, ce qui est fréquent en pratique, à solliciter une procédure de sauvegarde, voire à déposer le bilan. Les codébiteurs et garants de la dette contractée par l'entreprise en difficulté bénéficient également de l'arrêt du cours des intérêts (voir règle 3).

- L'arrêt des poursuites concerne tout d'abord les actions en justice. Il peut s'agir d'actions introduites avant le jugement d'ouverture, auquel cas les poursuites sont interrompues, ou après le jugement, auquel cas elles sont interdites. La règle ne s'applique qu'à l'action en paiement d'une somme d'argent et à l'action en résolution d'un contrat pour défaut de paiement d'une somme d'argent. Il ne reste aux titulaires de la première qu'à déclarer leur créance au passif et attendre le dénouement de la procédure. Le jugement d'ouverture arrête également les voies d'exécution de la part des créanciers antérieurs tant sur les meubles que sur les immeubles.
- **Règle 2. Interdiction des inscriptions de sûretés.** L'article L. 622-30 du Code de commerce dispose que les hypothèques, gages, nantissements et privilèges ne peuvent plus être inscrits postérieurement au jugement d'ouverture. Le texte concerne des sûretés qui ont été constituées avant l'ouverture de la procédure et qui doivent être publiées pour pouvoir être opposées aux tiers. L'inscription, visée par la loi, n'est autre que la réalisation de cette publicité. Ces sûretés ne pouvant être inscrites après le jugement d'ouverture, elles deviennent inopposables aux tiers avec deux conséquences :
  - les créanciers qui en sont titulaires ne peuvent plus être admis à la procédure collective qu'en qualité de chirographaire ;

– les biens sur lesquels leur sûreté a été constituée (mais non publiée) peuvent faire l'objet d'une nouvelle affectation en garantie d'une dette née après le jugement d'ouverture.

- Cette règle ne s'applique qu'aux sûretés qui doivent être publiées pour être opposables aux tiers. Il s'agit des hypothèques, des gages, des nantissements soumis à publicité (ex. : nantissement sur fonds de commerce ou outillage et le matériel d'équipement ; gage sur automobile), des privilèges immobiliers spéciaux (ex. : privilège du vendeur d'immeuble) et des privilèges généraux soumis à publicité (ex. : privilège de la Sécurité sociale qui porte sur les meubles).
- **Règle 3. Arrêt du cours des intérêts.** Le jugement d'ouverture arrête le cours des intérêts légaux et conventionnels, ainsi que de tous intérêts de retard et majorations (C. com., art. L. 622-28, tab. 18.4).

La loi prévoit deux exceptions à la règle d'interdiction des inscriptions : l'ouverture d'une procédure collective n'interdit pas l'inscription du privilège du Trésor public ; le vendeur du fonds de commerce peut également inscrire son privilège.

Tableau 18.4. Arrêt des intérêts consécutif au jugement d'ouverture

	Observations
Intérêts légaux	Il s'agit d'intérêts dont le taux est fixé par la loi et s'appliquent à défaut d'accord contractuel sur ce taux. En principe, ils courent à compter d'une mise en demeure (C. civ., art. 1231-6) ou à compter d'une condamnation (C. civ., art. 1231-7).
Intérêts conventionnels	Ce sont des intérêts dont le taux est fixé par contrat. Ils peuvent être stipulés en contrepartie d'une prestation (cas des intérêts d'un prêt bancaire). Ils peuvent aussi venir compenser le retard dans l'exécution de ses obligations par le débiteur ; on parle alors d'intérêts moratoires (ou de retard).
Majorations	Ce terme englobe les redressements fiscaux ou les majorations sanctionnant un retard dans le paiement des cotisations sociales. Il s'applique aussi aux pénalités de retard fixées par contrat.

Ne sont pas soumis à l'arrêt du cours des intérêts, ceux qui résultent de contrats de prêt conclus pour une durée égale ou supérieure à un an ou de contrats assortis d'un paiement différé d'un an ou plus. Le législateur entend ainsi ne pas décourager le crédit à moyen et long terme.

Créanciers postérieurs au jugement d'ouverture (privilège de procédure). Les créanciers postérieurs, c'est-à-dire ceux dont la créance est née postérieurement au jugement d'ouverture, mais pas tous, bénéficient d'un privilège de procédure leur donnant droit à être payés à l'échéance et, à défaut de fonds suffisants, à être payés en priorité.

Code de commerce, article L. 622-17, I et II

■ I. – Les créances nées régulièrement après le jugement d'ouverture pour les besoins du déroulement de la procédure ou de la période d'observation, ou en contrepartie d'une prestation fournie au débiteur pendant cette période, sont payées à leur échéance.

II. – Lorsque ces créances ne sont pas payées à l'échéance, elles sont payées par privilège avant toutes les autres créances, assorties ou non de privilèges ou sûretés, à l'exception de celles garanties par le privilège établi aux articles L. 143-10, L. 143-11, L. 742-6 et L. 751-15 du Code du travail, des frais de justice nés régulièrement après le jugement d'ouverture pour les besoins du déroulement de la procédure et de celles garanties par le privilège établi par l'article L. 611-11 du présent code. [...]

Ne sont concernées que les créances nées régulièrement et postérieurement au jugement d'ouverture suivantes, soient les créances nées :

- Pour les besoins du déroulement de la procédure : frais de procédure, tels les frais de justice, les honoraires des organes de la procédure. Mais pas seulement. Les tribunaux sont venus préciser ce critère : il s'agit aussi des créances « inhérentes à l'activité » du débiteur, telles les indemnités consécutives aux licenciements prononcés par le liquidateur, ou encore les cotisations sociales obligatoires imposées aux sociétés.
- Pour les besoins de la période d'observation, ou en contrepartie d'une prestation fournie au débiteur pendant cette période. Ce sont les créances utiles à l'activité de l'entreprise pendant la période d'observation (livraison d'un bien, réalisation d'une prestation de services).

Droit au paiement à l'échéance. Les créances précitées sont payées à leur échéance si les fonds disponibles sont suffisants. C'est dire qu'elles obéissent au droit commun du paiement : celui-ci est le prix de la course, de sorte qu'une créance d'un rang préférable, mais non encore exigible, ne peut être payée avant la créance arrivée à échéance. Mais il faut surtout percevoir que les créances bénéficiant du privilège de l'article L. 622-17 du Code de commerce échappent à la discipline collective de la procédure puisque ces créanciers postérieurs ne subissent pas les restrictions imposées aux créanciers antérieurs et peuvent agir en justice contre le débiteur.

Droit à un paiement prioritaire. Lorsque les fonds disponibles sont insuffisants pour payer les créanciers à l'échéance, il ne reste plus à ces derniers qu'à participer aux répartitions qui ont lieu après l'adoption d'un plan de sauvegarde (ou de redressement, ou encore, et ce sera le plus fréquent en pratique, dans le cadre de la liquidation de l'entreprise). À la différence des créanciers antérieurs, ceux qui bénéficient du privilège de procédure ne sont pas soumis à la vérification de leurs créances. Ces dernières sont payées avant toutes les créances antérieures. Cette règle s'applique même si celles-ci sont assorties de sûretés, du moins lorsque la répartition a lieu après l'adoption d'un plan de sauvegarde ou de redressement. La loi prévoit plusieurs exceptions à pareille primauté (tab. 18.5), au profit :

- des créances salariales garanties par le « superprivilège » ;
- des frais de justice nés régulièrement après le jugement d'ouverture pour les besoins du déroulement de la procédure (ex. : les honoraires des mandataires de justice, les frais de publication des décisions de justice) ;
- des créances nées de nouveaux crédits consentis à l'entreprise en difficulté dans le cadre d'un accord homologué à la suite d'une procédure de conciliation.

Tableau 18.5. Classement des créanciers postérieurs par ordre de priorité

	Type de créance	Observations
1er rang	Les créances de salaire dont le montant n'a pas été avancé par l'Association pour la gestion du régime d'assurance des créances des salariés (AGS).	L'AGS est un organisme qui garantit le paiement des créances salariales pour un montant et une durée déterminés.

	Type de créance	Observations
2e rang	Les prêts, qu'ils aient été consentis ou non par un établissement de crédit. Les créances résultant de la continuation des contrats en cours lorsque le cocontractant accepte de recevoir un paiement différé.	Deux conditions sont toutefois nécessaires. Ces prêts et délais de paiement doivent être autorisés par le juge-commissaire et faire l'objet d'une publicité.
3e rang	Les autres créances, selon leur rang	Exemples : les créances nées de contrats autres que les prêts et conclus après le jugement d'ouverture.

5. Détermination du patrimoine du débiteur

Au cours de la procédure de sauvegarde, il est nécessaire de connaître l'actif comme le passif composant le patrimoine du débiteur. Aujourd'hui, cette connaissance a pour objectif de permettre un désintéressement ordonné des créanciers, d'éviter un appauvrissement du débiteur et de permettre au tribunal de décider du sort de l'entreprise.

Actif : les revendications. L'actif est répertorié par la réalisation d'un inventaire précis des biens de l'entreprise (et des garanties qui les grèvent). Mais il faut encore que soit connu l'actif réel de l'entreprise. Or, il dépendra de deux actions postérieures au jugement d'ouverture :

- les actions en nullité de la période suspecte. Elles ne concernent que les procédure de redressement et de liquidation judiciaires ;
- les actions en revendication. Elles peuvent être exercées durant la procédure de sauvegarde comme de redressement et de liquidation judiciaires.

Parce que l'actif doit être connu avec précision, il appartient aux tiers qui estiment être propriétaires d'un bien se trouvant entre les mains du débiteur de le revendiquer afin de faire reconnaître leur droit de propriété, puis d'en obtenir la restitution. La revendication des meubles ne peut être exercée que dans le délai de trois mois suivant la publication du jugement ouvrant la procédure

Cette restriction s'explique par l'apparence de solvabilité entretenue par la possession de meubles par une entreprise qui n'appartiennent pas à celle-ci. On envisagera le cadre général des revendications mobilières, puis le cas particulier du vendeur de meuble.

Les **propriétaires d'immeubles** détenus par le débiteur peuvent bien sûr revendiquer leurs biens si leur droit est contesté, mais sans être astreints à une discipline particulière. En revanche, les **propriétaires de biens meubles** sont soumis à une discipline qui conditionne le succès de leurs revendications.

Des règles strictes conditionnant le succès d'une revendication s'appliquent aux propriétaires de biens meubles, corporels ou incorporels, qui se trouvent entre les mains du débiteur à titre précaire.

Exemple

- Lorsque le débiteur a la possession du bien meuble du fait d'un contrat de dépôt (il est le dépositaire), ou d'un prêt à usage (il est l'emprunteur), ou de location (il est le locataire).

Ou encore quand il a acheté un bien qui lui a été livré sans que pour autant la propriété lui ait été transférée (vente avec clause de réserve de propriété).

Si l'entreprise en difficulté a vendu régulièrement le bien meuble que le créancier entend revendiquer, la loi autorise la revendication du prix, ou partie du prix, qui n'a pas été encore payé par le tiers acquéreur. Autrement dit, le créancier a le droit d'être payé directement par le tiers acquéreur car la créance de prix est venue remplacer le bien meuble (c'est une subrogation réelle). Mais faut-il encore que la chose ait été revendue par le débiteur dans son état initial.

Si le bien meuble que le créancier entend revendiquer a été détruit, la demande peut être exercée sur l'indemnité d'assurance versée au débiteur.

Demande en revendication. La demande en revendication est adressée à l'administrateur. Celui-ci, avec l'accord du débiteur, peut acquiescer à cette demande. En l'absence d'administrateur, c'est au débiteur qu'il appartient d'acquiescer, mais après accord du mandataire judiciaire. À défaut d'accord ou en cas de contestation, la demande est portée devant le juge-commissaire (C. com., art. L. 624-17), lequel tranche. La demande de revendication emporte demande de restitution du bien.

Passif : vérification et déclaration des créances. La vérification des créances a pour but de connaître la réalité des droits invoqués par les créanciers. Elle se présente donc comme le préalable nécessaire à l'apurement du passif qui interviendra après le plan de sauvegarde (ou de redressement judiciaire, ou lors de la liquidation judiciaire). Dans la procédure de sauvegarde (comme celle de redressement judiciaire) la déclaration des créances doit être adressée au mandataire judiciaire (tab. 18.6).

Tableau 18.6. Règles applicables à la déclaration des créances

	Délai de déclaration
Principe	La déclaration doit être adressée au mandataire judiciaire dans les deux mois à compter de la publication du jugement d'ouverture au BODACC.
Créanciers titulaires d'une sûreté publiée ou liés au débiteur par un contrat publié	Le délai de principe court à compter de la notification de l'avertissement personnel qui doit leur être adressé par le mandataire judiciaire (ou le liquidateur en cas de liquidation judiciaire).
Créance postérieure au jugement d'ouverture	Le point de départ du délai de principe est fixé à la date d'exigibilité de la créance.
Créance civile née d'une infraction pénale	Le délai de principe de déclaration par la partie civile court à compter de la date de publication du jugement d'ouverture ou à compter de la décision définitive qui en fixe le montant lorsque cette décision est postérieure à la publication du jugement d'ouverture.
Créance résultant de la résiliation d'un contrat en cours	Le cocontractant bénéficie d'un délai d'un mois, lequel court à compter de la date de résiliation de plein droit ou de la date de notification de la décision prononçant la résiliation.

	Délai de déclaration
Créanciers qui ne demeurent pas en France métropolitaine	Le délai de principe est augmenté de deux mois.

Code de commerce, article L. 622-24, al. 1er

- À partir de la publication du jugement, tous les créanciers dont la créance est née antérieurement au jugement d'ouverture, à l'exception des salariés, adressent la déclaration de leurs créances au mandataire judiciaire dans des délais fixés par décret en Conseil d'État. Lorsque le créancier a été relevé de forclusion conformément à l'article L. 622-26, les délais ne courent qu'à compter de la notification de cette décision ; ils sont alors réduits de moitié. Les créanciers titulaires d'une sûreté publiée ou liés au débiteur par un contrat publié sont avertis personnellement ou, s'il y a lieu, à domicile élu. Le délai de déclaration court à l'égard de ceux-ci à compter de la notification de cet avertissement.

Les salariés ne sont pas tenus de déclarer leurs créances découlant d'un contrat de travail. La vérification de ces créances est soumise à des règles propres (C. com., art. L. 625-1 à L. 625-6).

Doivent faire l'objet d'une déclaration les créances suivantes, qu'elles soient ou non assorties de sûretés :
- les créances antérieures au jugement d'ouverture ;
- les créances postérieures qui ne bénéficient pas du privilège de procédure édicté à l'article L. 622-17.

Sanction du défaut de déclaration : la forclusion. Le créancier qui n'a pas effectué la déclaration de sa créance dans les délais est forclos. Celle-ci n'est pas admise dans les répartitions et les dividendes (C. com., art. L. 622-26, al. 1). Pour autant ces créances ne sont pas éteintes ! L'ordonnance du 18 décembre 2008 pose clairement le principe de l'inopposabilité comme sanction frappant le défaut de déclaration. Mais elle ajoute que cette inopposabilité joue pendant l'exécution du plan et après cette exécution lorsque les engagements énoncés dans le plan ou décidés par le tribunal ont été tenus. C'est dire que le débiteur est libéré des créances non déclarées – donc que ces créances sont éteintes ! – même après l'achèvement du plan dès lors qu'il a été exécuté selon ses dispositions.

Le mandataire judiciaire, le débiteur et, le cas échéant, les contrôleurs désignés, présents ou dûment appelés vérifient les créances. Le mandataire judiciaire établit ensuite une liste des créances déclarées avec ses propositions d'admission, de rejet ou de renvoi devant la juridiction compétente. Cette liste ainsi que les observations du débiteur sont déposées au greffe pour être sans délai remises au juge-commissaire.

FOCUS

Créances de salaire

Les créances salariales sont soumises à un régime particulier. Puisque la déclaration n'est pas nécessaire, c'est le mandataire judiciaire (ou le liquidateur en cas de liquidation) qui prend l'initiative de la vérification. Il établit un relevé des créances salariales impayées, après avoir entendu ou dûment appelé le débiteur (C. com., art. L. 625-1). Ces relevés sont ensuite soumis au représentant des salariés et visés par le juge-commissaire. Enfin, ils sont déposés au greffe du tribunal et font l'objet d'une mesure de publicité.

Les décisions du juge-commissaire, admettant ou rejetant les créances, sont répertoriées sur un document appelé l'état des créances. Il est déposé au greffe et peut être consulté par toute personne :

- Si la créance déclarée n'est pas contestée, le juge-commissaire prononce une décision d'admission.
- Si elle est contestée, dans son existence ou son montant, il appartient au juge-commissaire de trancher.

Dans tous les cas, la décision du juge-commissaire est susceptible d'appel devant la cour d'appel dans les 10 jours de la notification.

C) Dénouement de la procédure : le plan de sauvegarde

Code de commerce, article L. 626-1, al. 1er

■ Lorsqu'il existe une possibilité sérieuse pour l'entreprise d'être sauvegardée, le tribunal arrête dans ce but un plan qui met fin à la période d'observation.

Définition

Comme son nom l'indique le **plan de sauvegarde** tend à sauvegarder l'entreprise. Il s'agit d'un instrument juridique permettant le sauvetage de l'entreprise.

Lorsque l'entreprise fait l'objet d'une procédure de sauvegarde, aucun plan de cession n'est envisageable. Seul un plan de sauvegarde est possible (l'entreprise est alors maintenue dans le patrimoine du débiteur), à l'exception de deux cas opposés :

- D'une part, son adoption n'est pas nécessaire lorsque les difficultés qui ont justifié l'ouverture de la procédure ont disparu, la période d'observation prenant alors fin.
- D'autre part, la procédure de sauvegarde est susceptible d'être convertie en redressement ou liquidation judiciaire.

1. Préparation du plan

Bilan économique et social. La période d'observation a pour objet de savoir si la sauvegarde de l'entreprise est envisageable ou pas. Aussi, un bilan économique et social doit être réalisé. Sur sa base, l'administrateur propose un plan de sauvegarde. Si toutefois le bilan révèle l'impossibilité de la sauvegarde, le débiteur a la faculté de demander la conversion de la procédure en un redressement judiciaire, même si l'entreprise n'est pas en état de cessation des paiements, mais à condition que la clôture de la procédure conduirait, de manière certaine et à bref délai, à pareille cessation.

Le bilan économique et social précise l'origine, l'importance et la nature des difficultés de l'entreprise. Il est élaboré par l'administrateur, avec le concours du débiteur et l'assistance éventuelle d'un ou plusieurs experts (C. com., art. L. 623-1).

Contenu du projet de plan. Le débiteur, avec le concours de l'administrateur, doit plancher sur les sujets suivants (C. com., art. L. 626-2) :

– les perspectives de redressement en fonction des possibilités et des modalités d'activités, de l'état du marché et des moyens de financement disponibles ;
– les modalités de règlement du passif et les garanties éventuelles que le débiteur doit souscrire pour en assurer l'exécution ;

- le niveau et les perspectives d'emploi ainsi que les conditions sociales envisagées pour la poursuite d'activité ;
- les offres d'acquisition portant sur une ou plusieurs activités, présentées par des tiers. Encore une fois, la cession de l'entreprise est impossible dans le cadre d'une procédure de sauvegarde. Toutefois, les cessions partielles d'activité sont admises.

Modalités de règlement du passif. La définition des modalités de règlement du passif est un volet essentiel du projet de plan, déterminant pour la sauvegarde de l'entreprise. La procédure suivante doit *en principe* être suivie (fig. 18.3).

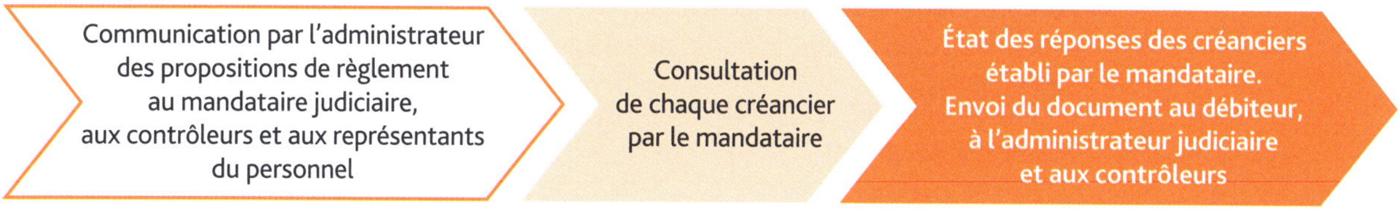

Figure 18.3. Procédure de règlement du passif

Comités des créanciers. Les entreprises remplissant un double critère sont soumises à un régime particulier (fig. 18.4).

- Premier critère. Les comptes de l'entreprise ont été certifiés par un CAC ou établis par un expert-comptable.
- Second critère. Soit elle emploie plus de 150 salariés, soit elle réalise un CAHT supérieur à 20 M €.

Les créanciers ne faisant pas partie de ces deux comités sont consultés selon la procédure de principe précédente.

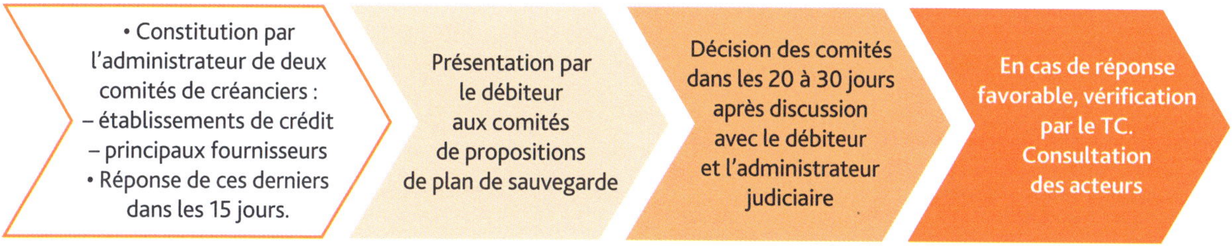

Figure 18.4. Régime des sociétés répondant au double critère de certification et de taille

Délai global. Le délai global de consultation des comités et de l'assemblée des obligataires est de six mois à compter du jugement d'ouverture. Si, au terme de ce délai, ces trois organes ne se sont pas prononcés sur le projet de plan ou si le tribunal n'a pas arrêté le plan parce qu'estimant que les intérêts d'un ou plusieurs créanciers n'étaient pas suffisamment protégés, la procédure de consultation est reprise pour préparer un plan selon le régime de principe.

Information et consultation des représentants du personnel. Les représentants du personnel (de même que le mandataire judiciaire) sont informés, mais aussi consultés, sur les mesures que le débiteur envisage de proposer dans le projet de plan. Ils le sont également (ainsi que le mandataire judiciaire et les contrôleurs), sur le bilan économique et social et sur le projet de plan. Ce bilan et ce projet sont également communiqués à l'inspection du travail et au ministère public. Enfin, lorsque le projet adopté n'est pas celui du débiteur, les représentants du personnel doivent en être informés.

2. Adoption du plan de sauvegarde

Le projet de plan doit être présenté au tribunal en temps utile. Le tribunal statue, au vu de ce projet, avant la fin de la période d'observation :

- Le tribunal arrête le plan lorsqu'il existe une possibilité sérieuse pour l'entreprise d'être sauvegardée.
- Dans le cas contraire, il convertit la procédure en un redressement ou prononce une liquidation judiciaire, si la cessation des paiements est constatée et dès lors que les conditions légales en sont réunies.
- Deux voies de recours sont possibles :
  - appel de la décision du tribunal devant une cour d'appel ;
  - tierce opposition.

3. Contenu du plan

Schématiquement, le plan de sauvegarde se compose de mesures propres à permettre l'apurement du passif et, si nécessaire, la restructuration de l'entreprise. Souvent, pour assurer l'exécution du plan, des engagements personnels seront intégrés à celui-ci.

Engagements personnels. Le plan mentionne l'ensemble des engagements souscrits par le débiteur lui-même, lorsque le débiteur est une personne physique. Lorsque celui-ci concerne une personne morale, il s'agit souvent d'engagements pris par les associés, mais un tiers peut être concerné.

Exemple

- L'entrepreneur individuel qui s'engage à transformer son entreprise en société ; des associés qui s'engagent à se porter caution d'emprunts futurs ; un tiers qui s'engage à souscrire à une augmentation de capital.

Restructuration de l'entreprise. À la différence du plan de redressement judiciaire, les licenciements économiques décidés dans le cadre d'un plan de sauvegarde n'obéissent pas à une réglementation spécifique. Ils sont alors soumis au droit commun.

FOCUS — Adjonction ou cession d'une ou de plusieurs activités

La cession globale de l'entreprise est impossible dans le cadre d'une procédure de sauvegarde. Le plan peut prévoir, en revanche, l'adjonction ou la cession partielle d'activités (C. com., art. L. 626-1, al. 2). La cession partielle est définie et gouvernée par les règles applicables à la cession d'entreprise en cas de liquidation judiciaire à l'exception d'une règle : la mission n'incombe pas au liquidateur mais au mandataire judiciaire.

Modification des statuts. Le plan mentionne les modifications des statuts lorsqu'elles sont nécessaires à la réorganisation de l'entreprise. La mesure concerne les personnes morales. Le plus souvent, il s'agira d'augmentation de capital permettant d'accroître les fonds propres de l'entreprise.

Apurement du passif (délais et remises). Sont ici concernées les créances antérieures à la procédure, ainsi que celles postérieures mais ne bénéficiant pas du privilège de procédure. Lors de la préparation du projet de plan, il a été indiqué que les créanciers sont consultés par le mandataire judiciaire afin de consentir volontairement des délais de paiement et/ou des remises de dettes. Lorsque le tribunal adopte le plan, il donne acte de ces engagements. Mais il peut aussi les réduire s'il estime que les largesses des créanciers ont été excessives.

Pour les créanciers qui n'ont pas consenti volontairement, le tribunal peut choisir entre deux mesures :
- leur imposer des délais de paiement (mais pas des remises de dette) ;
- offrir aux créanciers la possibilité de choisir entre un paiement intégral mais dans des délais uniformes imposés ou un paiement dans des délais uniformes plus brefs, mais assorti d'une réduction proportionnelle du montant de leur créance.

FOCUS **Droit des créanciers contre les garants**

Les créanciers qui ont consenti des délais ou remises, ou qui ont été forcés d'accorder des délais, conservent-ils leur recours contre les codébiteurs et les garants ? La réponse est négative. Les coobligés et les personnes ayant consenti une sûreté personnelle ou ayant affecté ou cédé un bien en garantie, lorsqu'ils sont des personnes physiques, peuvent se prévaloir des délais et remises figurant dans le plan de sauvegarde (la solution n'est pas la même dans le cadre d'un plan de redressement). Le législateur souhaite inciter les dirigeants, qui souvent cautionnent les engagements de la société dirigée, à solliciter l'ouverture d'une procédure de sauvegarde.

Créances non soumises aux délais et remises. Les créances suivantes ne peuvent pas faire l'objet de délais ou remises qui n'auraient pas été acceptés par les créanciers :
- certaines créances salariales, notamment celles garanties par le « superprivilège » des salariés ;
- les créances bénéficiant du privilège de conciliation ;
- les créances de faible valeur sont payées sans remise ni délai.

Conversion de créances en capital. Le projet de plan puis le plan peuvent prévoir la conversion de créances en capital ou plus exactement une conversion en titres donnant ou pouvant donner accès au capital.

4. Effets du plan

Durée. La durée du plan est fixée par le tribunal. Elle ne peut excéder 10 ans (15 ans pour les agriculteurs).

Pouvoirs du débiteur. Avec l'adoption du plan de sauvegarde, le débiteur recouvre ses pouvoirs. En d'autres termes, les restrictions imposées pendant la période d'observation prennent fin.

Organes de la procédure. L'adoption du plan entraîne la nomination d'un nouvel organe : le **commissaire à l'exécution du plan**. Il est chargé de veiller à la bonne exécution du plan. Le tribunal nomme l'administrateur judiciaire ou le mandataire judiciaire pour endosser ses fonctions.

Exécution du plan. Une fois le plan adopté, les contrats en cours se poursuivent conformément aux règles qui leur sont applicables. Quant aux créances incluses dans le plan, c'est-à-dire admises après déclaration régulière, leur paiement fait partie de l'exécution du plan de continuation.

Conséquences en cas d'inexécution du plan. En cas d'inexécution des dispositions prévues dans le plan, la **résolution** de ce dernier peut être demandée au tribunal. Si elle est prononcée, l'anéantissement qui se produit alors emporte la déchéance des délais de paiement accordés, de même que les créanciers recouvrent l'intégralité de leurs créances et sûretés, déduction faite des sommes perçues bien entendu. Si la résolution du plan conduit à la cessation des paiements, le tribunal ouvre une procédure de redressement judiciaire ou, si le redressement est manifestement impossible, la liquidation judiciaire de l'entreprise. Des sanctions pénales sont édictées en cas de réalisation de certains actes interdits (ex. : paiement d'une créance avant l'échéance prévue par le plan).

En cas d'échec. Lorsque la cessation des paiements du débiteur est constatée au cours de l'exécution du plan, le tribunal décide sa résolution et prononce soit le redressement, soit la liquidation judiciaire. Les effets de la résolution sont les mêmes que ceux indiqués plus haut à propos de l'inexécution du plan.

D) Sauvegarde accélérée

1. Régime général

Articulation des deux procédures. La procédure de **sauvegarde accélérée** obéit aux règles de la sauvegarde de droit commun, sous réserve des dispositions qui lui sont propres (C. com., art. L. 628-1, al. 1er) et lui confèrent sa particularité. Sont cependant exclues certaines dispositions relatives à la continuation des contrats en cours, d'une part, et celles concernant la revendication de meubles, d'autre part.

Domaine d'application. La procédure est ouverte au débiteur :

- Dont les comptes ont été certifiés par un commissaire aux comptes ou établis par un expert-comptable et dont l'un des trois critères ci-dessous est rempli :
  - le débiteur compte plus de 20 salariés,
  - le CAHT excède 3 millions d'euros,
  - le total de bilan excède 1,5 million d'euros ;
- Ou qui a établi des comptes consolidés conformément à l'article L. 233-16.

La sauvegarde accélérée n'est donc pas réservée aux entreprises tenues légalement de constituer des comités des créanciers. En pareille situation, l'ouverture de la procédure de sauvegarde accélérée est subordonnée à cette constitution.

Conditions d'ouverture. L'ouverture ne peut être demandée que par le débiteur et ce dernier ne l'obtiendra qu'à condition qu'il soit engagé dans une procédure de conciliation en cours. La célérité voulue de la sauvegarde accélérée repose donc sur une passerelle entre celle-ci et la procédure de conciliation.

L'état de cessation de paiement ne fait pas obstacle à l'ouverture d'une procédure de sauvegarde accélérée, à condition qu'il ne précède pas de plus de 45 jours la demande de conciliation. Autrement dit, la procédure accélérée est ouverte à tout débiteur ayant obtenu l'ouverture d'une conciliation.

Déclaration des créances. Le débiteur est tenu de dresser la liste des créances dont les titulaires ont participé à la conciliation et qui doivent faire l'objet d'une déclaration en vertu du droit commun de l'article L. 622-24 du Code de commerce.

La déclaration de créance est rendue facultative pour leur titulaire.

Code de commerce, article L. 628-7, al. 3

■ Le dépôt de la liste au greffe du tribunal vaut déclaration au nom des créanciers si ceux-ci n'adressent pas la déclaration de leurs créances dans les conditions prévues aux articles L. 622-24 à L. 622-26.

Particularité de la continuation des contrats en cours. Certaines règles relatives à la continuation des contrats en cours sont écartées (C. com., art. L. 628-1, al. 1er).

- La résiliation de plein droit ne frappe pas le contrat pour lequel le créancier met l'administrateur en demeure de se prononcer sur sa poursuite sans obtenir de réponse. Et pas davantage le défaut de paiement d'une somme d'argent stipulée dans un contrat poursuivi.
- La résiliation judiciaire d'un contrat ne peut être demandée par l'administrateur même si elle est nécessaire à la sauvegarde du débiteur.

Éviction de la revendication de meubles. Les règles relatives à la revendication de meubles sont écartées de la sauvegarde accélérée (C. com., art. L. 628-1, al. 1er), sans doute parce que son délai de mise en œuvre n'est guère compatible avec la célérité voulue pour la procédure nouvelle. Le vendeur de meuble bénéficiaire d'une clause de réserve de propriété ne peut donc revendiquer et doit se soumettre aux délais du plan.

Adoption du plan. Lorsque le débiteur n'est pas soumis à l'obligation de constituer les comités de créanciers, le tribunal ordonne leur constitution (C. com., art. L. 628-4).

Ils se prononcent dans les conditions de droit commun et, en conséquence, sans que les délais de consultation ne puissent être réduits. La loi énonce toutefois un délai global de trois mois courant à compter de l'ouverture de la procédure, donc plus bref qu'une période d'observation initiale. À l'issue de ces trois mois, le tribunal arrête le plan.

2. Sauvegarde financière accélérée (SFA)

Objectif. La situation que la loi entend régler est celle d'entreprises lourdement endettées auprès de créanciers financiers (établissement de crédit, fonds d'investissement, *hedge funds*, obligataires...), endettement qu'elles ne sont pas en mesure de résorber et qu'il est urgent de restructurer.

Définition

La sauvegarde financière accélérée (**SFA**) vise à mettre rapidement sur pied un accord entre les principaux créanciers financiers du débiteur qui s'appliquera à leur égard mais aussi à l'égard de tous les créanciers financiers, donc même ceux qui n'y ont pas participé, soit qu'ils n'étaient pas connus, soit qu'ils furent opposés à l'accord.

Domaine d'application. La SFA est réduite aux créanciers financiers, c'est-à-dire les établissements de crédit et organismes assimilés, ainsi que, le cas échéant, les obligataires. En revanche, les débiteurs pouvant y prétendre sont plus nombreux car les critères d'application concernent aussi bien la procédure accélérée que la SFA.

Condition d'ouverture. La sauvegarde accélérée n'est réduite aux créances financières que si « la nature de l'endettement rend vraisemblable l'adoption d'un plan par les seuls créanciers » financiers (C. com., art. L. 628-9). Seul le débiteur peut en demander l'ouverture et il ne l'obtiendra que si les conditions de la sauvegarde accélérée sont réunies, notamment l'élaboration, lors de la procédure de conciliation, d'un projet de plan visant à assurer la pérennité de l'entreprise et susceptible de recueillir un soutien suffisamment large des créanciers financiers pour rendre vraisemblable son adoption dans le délai prévu.

Adoption du plan. Pas plus que pour la sauvegarde accélérée classique, l'ouverture d'une SFA n'est pas soumise aux critères de création de comités de créanciers. En revanche, dès lors que sont atteints les critères d'ouverture énoncés au titre de la sauvegarde accélérée, et également applicables à la SFA, l'ouverture de cette dernière conduit à la création des seuls comités des établissements de crédit et organismes assimilés ainsi que, le cas échéant, l'assemblée des obligataires. La réduction du délai accordé par la loi aux comités pour se prononcer sur le ou les projets de plan – 15 jours minimum dans la procédure de sauvegarde, comme dans celle accélérée – peut atteindre 8 jours dans la SFA. Quant au délai global de la procédure, il est en principe d'un mois à compter de son ouverture et peut être prolongé d'un mois au plus par le tribunal.

→ CAS PRATIQUE 3 • CAS PRATIQUE 4

3 Redressement judiciaire

Code de commerce, article L. 631-1

- Il est institué une procédure de redressement judiciaire ouverte à tout débiteur mentionné aux articles L. 631-2 ou L. 631-3 qui, dans l'impossibilité de faire face au passif exigible avec son actif disponible, est en cessation des paiements. Le débiteur qui établit que les réserves de crédit ou les moratoires dont il bénéficie de la part de ses créanciers lui permettent de faire face au passif exigible avec son actif disponible n'est pas en cessation des paiements.

  La procédure de redressement judiciaire est destinée à permettre la poursuite de l'activité de l'entreprise, le maintien de l'emploi et l'apurement du passif. Elle donne lieu à un plan arrêté par jugement à l'issue d'une période d'observation et, le cas échéant, à la constitution de deux comités de créanciers, conformément aux dispositions des articles L. 626-29 et L. 626-30.

A) Ouverture de la procédure de redressement

1. Entreprises concernées

Personnes physiques et morales. Les personnes pouvant être soumises à une procédure de redressement judiciaire sont les mêmes que celles pouvant faire l'objet d'une procédure de sauvegarde (voir *supra*).

2. Degré de difficultés justifiant la procédure de redressement judiciaire

Cessation des paiements. Une procédure de redressement judiciaire ne peut être ouverte qu'à l'encontre d'une entreprise en état de cessation des paiements.

Définition

La **cessation des paiements** désigne, aux termes de la loi (C. com., art. L. 631-1), l'impossibilité de faire face à son passif exigible avec son actif disponible. L'état de cessation des paiements doit être démontré par celui qui demande l'ouverture de la procédure.

Pour apprécier le **passif exigible**, il convient de ne tenir compte que des dettes présentant les caractères cumulatifs suivants :
- dette certaine. Une dette contestée (de façon non purement dilatoire) dans son existence ou son montant doit être écartée de l'appréciation ;
- dette liquide, c'est-à-dire chiffrée ;
- dette exigible, c'est-à-dire qui peut être immédiatement exigée sans attendre l'échéance d'un terme ou l'avènement d'une condition.

Quant à l'**actif disponible** il se compose des éléments suivants :
- les éléments d'actif figurant au bilan, qui sont suffisamment liquides. Il s'agit bien sûr de la trésorerie, mais aussi de valeurs qui peuvent être immédiatement réalisées, comme un effet de commerce échu ou escomptable, ou des titres de placement négociables. En revanche, doivent bien sûr être écartés les immeubles non encore vendus ou encore le fonds de commerce ;
- il faut aussi prendre en considération la réserve de crédit dont dispose celle-ci, c'est-à-dire sa capacité à se faire consentir un crédit (délai de paiement susceptible d'être accordé par un créancier, avance en compte courant par un associé, prêt consenti par une banque, etc.).

3. Jugement d'ouverture de la procédure

Tribunal compétent. La compétence matérielle et territoriale est la même qu'en matière de procédure de sauvegarde.

Saisine du tribunal. Le débiteur a l'obligation de saisir le tribunal au plus tard dans les 45 jours qui suivent la cessation des paiements s'il n'a pas, dans ce délai, demandé l'ouverture d'une procédure de conciliation. La déclaration de cessation de paiement est faite auprès du greffe du tribunal compétent ; elle est accompagnée de plusieurs documents, notamment, le bilan (d'où l'expression « **dépôt de bilan** »). Un créancier peut assigner son débiteur devant le tribunal en vue de l'ouverture d'une procédure de redressement judiciaire. Il doit alors démontrer l'état de cessation des paiements et, à défaut, il engage sa responsabilité civile. En pratique, ce sont l'Urssaf, les banques et le Trésor public qui déclenchent souvent ce type de procédure.

Le tribunal peut être saisi par le ministère public (C. com., art. L. 631-5, al. 1), mais ne peut pas se saisir d'office.

Choix de la procédure. Lorsque le débiteur est en cessation des paiements, le tribunal, après avoir apprécié la situation, décide s'il y a lieu d'ouvrir une procédure de redressement ou de liquidation judiciaire. Il prononcera l'ouverture de la liquidation s'il estime que le redressement est manifestement impossible.

Renvois. Les règles relatives à la mise en place des organes de la procédure ainsi qu'à la publicité du jugement d'ouverture et les voies de recours sont les mêmes qu'en matière de procédure de sauvegarde.

B) Déroulement de la procédure

Durant la procédure de redressement judiciaire l'activité de l'entreprise est maintenue. S'ouvre alors une période d'observation, dont le but est de permettre l'établissement d'un diagnostic sur la situation de l'entreprise puis, si ce diagnostic est suffisant, d'élaborer un plan de redressement.

1. Période d'observation

Mesure facultative. Cette période n'est pas obligatoire. Le tribunal a la possibilité de prononcer d'emblée la liquidation judiciaire s'il juge que le redressement de l'entreprise est manifestement impossible.

Six mois. La durée de la période d'observation est fixée par le juge auquel la loi impose un maximum de six mois renouvelable une fois. La règle est cependant aménagée dans les situations suivantes :

- afin d'éviter que la période d'observation se poursuivre alors que le redressement apparaît impossible, le tribunal décide, au plus tard au terme d'un délai de deux mois à compter du jugement d'ouverture, s'il y a lieu de poursuivre la période d'observation ;
- à tout moment de la période d'observation, le tribunal peut prononcer la liquidation judiciaire s'il estime que le redressement est manifestement impossible. La période d'observation est alors interrompue ;
- elle est également interrompue lorsque le débiteur dispose des sommes suffisantes pour désintéresser les créanciers et acquitter les frais et les dettes afférents à la procédure.

2. Gestion de l'entreprise

Pouvoirs du débiteur. Durant la période d'observation le débiteur continue en principe d'exercer les actes de disposition et d'administration. Pour le reste, tout dépend de la mission confiée par le tribunal à l'administrateur judiciaire lorsque ce dernier est nommé (tab. 18.7).

Tableau 18.7. Missions de l'administrateur judiciaire

	Pouvoirs du débiteur
Mission d'assistance : assistance du débiteur pour tous les actes de gestion ou certains d'entre eux	Autorisation nécessaire de l'administrateur.
Mission de représentation : administration de l'entreprise, seul (C. com., art. L. 631-12, al. 2)	Le débiteur est représenté, de sorte qu'il est dessaisi de la gestion de son entreprise.
Toute mission	• L'administrateur dispose de pouvoirs spécifiques qui réduisent d'autant ceux du débiteur. Exemple : pouvoir de prononcer les licenciements économiques (avec l'autorisation du juge-commissaire) ; C. com., art. L. 631-17. • Le débiteur dispose du pourvoir d'accomplir les *actes de gestion courante* de l'entreprise.

Actes réglementés. Les règles applicables aux actes qui ne peuvent pas être effectués par le débiteur ou par l'administrateur judiciaire, ou qui sont contrôlés, sont édictées au titre de la procédure de sauvegarde (voir *supra*), mais gouvernent aussi celle de redressement judiciaire. En matière de redressement, l'accomplissement d'un acte de disposition étranger à la gestion courante de l'entreprise, ainsi que la faculté de consentir une hypothèque, un gage ou un nantissement ou de compromettre ou transiger suit un régime différent : l'autorisation ne peut être demandée que par l'administrateur lorsqu'il effectue une mission de représentation (tandis que ce pouvoir est exercé concurremment avec le débiteur lorsque l'administrateur exerce une mission d'assistance).

3. Poursuite des contrats en cours

Renvoi. Les règles applicables à la poursuite de contrat en cours sont édictées au titre de la procédure de sauvegarde, mais gouvernent aussi celle de redressement judiciaire (voir *supra*).

Garantie du contractant. Par exception au principe selon lequel la prestation doit être fournie dans les termes prévus au contrat, la loi prévoit que le paiement de sommes d'argent doit être effectué au comptant, même si le contrat prévoit des délais de paiement (ce qui est souvent le cas en matière de contrat de fourniture de marchandises). L'administrateur peut toutefois essayer d'obtenir du cocontractant du débiteur des délais de paiement.

4. Droits des créanciers

Créanciers antérieurs au jugement d'ouverture. Les créanciers antérieurs sont soumis à l'interdiction d'exercer des poursuites individuelles et d'inscrire des sûretés, ainsi qu'à l'arrêt du cours des intérêts. Les règles édictées au titre de la procédure de sauvegarde sont également applicables au redressement judiciaire.

Créanciers postérieurs. Les règles gouvernant le privilège des créanciers postérieurs sont édictées au titre de la procédure de sauvegarde, mais sont applicables à celle de redressement judiciaire.

5. Détermination du patrimoine du débiteur

Actif : revendications et nullités de la période suspecte. L'actif est répertorié par la réalisation d'un inventaire précis des biens de l'entreprise (et des garanties qui les grèvent) et d'une évaluation de ceux-ci. Mais il faut encore que soit connu l'actif réel de l'entreprise. Or, il dépend de deux actions postérieures au jugement d'ouverture :

- les actions en **revendication**. Les règles gouvernant la revendication des biens meubles sont édictées au titre de la procédure de sauvegarde, mais sont applicables à celle de redressement judiciaire ;
- les actions en **nullité** de la période suspecte. Elles ne concernent que les procédures de redressement et de liquidation judiciaires.

Nullités de la période suspecte. La loi instaure une période, qui court de la cessation des paiements au jugement d'ouverture, durant laquelle elle suspecte de fraude les actes accomplis par le débiteur. En effet, celui-ci, se sachant en grave difficulté, a pu vouloir organiser son insolvabilité ou encore avantager certains de ses créanciers au détriment des autres. Ces actes accomplis durant la période dite suspecte encourent la nullité.

Pour certains actes, le tribunal saisi n'a pas le pouvoir de vérifier la fraude – on parle de nullité de droit (ou objective, ou automatique) –, tandis que pour d'autres il doit la vérifier – on parle de nullité facultative. Ces nullités conduisent à la reconstitution de l'actif du débiteur par la réintégration des biens dans le patrimoine de ce dernier après restitution par les créanciers concernés.

Nullités de droit. Encourent la nullité de droit les actes suivants, lorsqu'ils sont intervenus depuis la date de cessation des paiements (liste non exhaustive) :

- tous les actes à titre gratuit translatifs de propriété mobilière ou immobilière ;
- tout contrat commutatif dans lequel les obligations du débiteur excèdent notablement celles de l'autre partie ;
- tout paiement, quel qu'en ait été le mode, pour dettes non échues au jour du paiement. Toutefois, la nullité n'est pas encourue lorsqu'un tel paiement a été réalisé au moyen d'une lettre de change, d'un billet à ordre ou d'un chèque ;
- tout paiement pour dettes échues, fait autrement qu'en espèces, effets de commerce, virements, bordereaux de cession de créance professionnelle (dit bordeaux Dailly) ou tout autre mode de paiement communément admis dans les relations d'affaires ;
- tout dépôt et toute consignation de sommes effectués en application de l'article 2350 du Code civil, à défaut d'une décision de justice ayant acquis force de chose jugée ;
- toute hypothèque conventionnelle, toute hypothèque judiciaire ainsi que l'hypothèque légale des époux et tout droit de nantissement ou de gage constitués sur les biens du débiteur pour dettes antérieurement contractées ;
- toute mesure conservatoire, à moins que l'inscription ou l'acte de saisie ne soit antérieur à la date de cessation de paiement ;
- la déclaration d'insaisissabilité, faite par le débiteur entrepreneur individuel en application de l'article L. 526-1 du Code de commerce, de ses droits sur l'immeuble où est fixée sa résidence principale.

Nullités facultatives. Si le tribunal le juge opportun, certains actes encourent la nullité (tab. 18.8).

Tableau 18.8. Types de nullités encourues

Actes encourant la nullité	Observations
Les actes à titre gratuit translatifs de propriété mobilière ou immobilière accomplis dans les six mois précédant la date de cessation des paiements.	La durée de la période suspecte est ici allongée.
Les paiements pour dettes échues et les actes à titre onéreux, réalisés à compter de la date de cessation des paiements et autres que ceux sanctionnés par une nullité de droit.	Faut-il encore que ceux qui ont traité avec le débiteur aient eu connaissance de la cessation des paiements. Toutefois, la nullité n'est pas encourue lorsqu'un tel paiement a été réalisé au moyen d'une lettre de change, d'un billet à ordre ou d'un chèque.

Actes encourant la nullité	Observations
Tout avis à tiers détenteur, toute saisie attribution ou toute opposition lorsqu'il a été délivré ou pratiqué par un créancier à compter de la date de cessation des paiements et en connaissance de celle-ci.	
La déclaration d'insaisissabilité, faite par le débiteur entrepreneur individuel en application de l'article L. 526-1 du Code de commerce, de ses droits sur l'immeuble où est fixée sa résidence principale.	Cette nullité est facultative lorsque la déclaration a été faite dans les six mois précédant la cessation des paiements.

Passif : vérification des créances. Les règles gouvernant la vérification des créances édictées au titre de la procédure de sauvegarde sont également applicables au redressement judiciaire.

C) Dénouement de la procédure : le plan de redressement

Libre choix du tribunal. La période d'observation doit aboutir à l'adoption d'un plan de redressement. Toutefois, il a été déjà expliqué que ce plan ne verra pas le jour si les difficultés sont trop importantes, conduisant alors à la liquidation judiciaire. Inversement, l'adoption d'un plan de redressement n'est pas nécessaire s'il apparaît, au cours de la période d'observation, que le débiteur dispose des sommes suffisantes pour désintéresser les créanciers et acquitter les frais et les dettes afférents à la procédure. Dans le cas contraire, ce plan est un instrument juridique qui doit permettre le redressement de l'entreprise. Nombre de règles qui le gouvernent sont communes avec celles relatives au plan de sauvegarde.

Préparation du plan. Le plan de redressement est préparé pendant la période d'observation. Durant celle-ci un bilan économique et social doit être réalisé. Sur sa base, l'administrateur avec le concours du débiteur propose un plan de redressement. Les règles gouvernant ce bilan et ce projet édictées au titre de la procédure de sauvegarde sont également applicables au plan de redressement.

Adoption du plan. Le tribunal arrête le plan de redressement lorsqu'il existe une possibilité sérieuse pour l'entreprise d'être sauvegardée. Les cessions partielles (branches d'activités) sont possibles. Mais, s'il juge que le redressement de l'entreprise par le débiteur lui-même est impossible, le tribunal peut adopter un plan de **cession globale**.

Contenu du plan. Les règles relatives au contenu du plan sont édictées au titre de la procédure de sauvegarde, mais sont applicables au redressement judiciaire (voir *supra*). Toutefois, certaines règles sont propres à celui-ci. Elles sont présentées ci-dessous.

Licenciement économique. À la différence du plan de sauvegarde, les licenciements économiques décidés dans le cadre d'un plan de redressement obéissent à une réglementation spécifique. Lorsque le plan prévoit des licenciements pour motif économique, il ne peut être arrêté par le tribunal qu'après que les représentants du personnel ont été consultés et que l'autorité administrative compétente a été informée. Le plan indique le nombre de salariés dont le licenciement est autorisé. Lors de la mise en œuvre du plan, les licenciements interviennent sur simple notification de l'administrateur.

Remplacement des dirigeants Lorsque le redressement de l'entreprise le requiert, le tribunal, sur la demande du ministère public, peut subordonner l'adoption du plan au remplacement d'un ou de plusieurs dirigeants de l'entreprise. Ce remplacement est décidé en principe par les associés. Mais le tribunal peut imposer la cession des parts ou actions des dirigeants en place, de sorte qu'ils n'aient plus d'influence sur la personne morale (C. com., art. L. 631-19-1). Il s'agit bien de reprise interne car malgré l'arrivée d'un nouveau dirigeant, cessionnaire des parts ou actions, c'est la même société qui continue l'activité.

Droit des créanciers contre les garants. À la différence du plan de sauvegarde, dans un plan de redressement, les créanciers qui ont consenti des délais ou remises ou qui ont été forcés d'accorder des délais conservent leur recours contre les coobligés et les personnes ayant consenti une sûreté personnelle ou ayant affecté ou cédé un bien en garantie.

Modification contrainte du capital. La modification du capital constitue l'une des mesures possibles pour relancer l'entreprise. En matière de procédure de redressement judiciaire, pareille modification est susceptible d'être imposée aux associés même s'ils s'y opposent.

Code de commerce, article L. 631-19-2

- Lorsque la cessation d'activité d'une entreprise d'au moins cent cinquante salariés ou constituant, au sens de l'article L. 2331-1 du Code du travail, une entreprise dominante d'une ou de plusieurs entreprises dont l'effectif total est d'au moins cent cinquante salariés est de nature à causer un trouble grave à l'économie nationale ou régionale et au bassin d'emploi et si la modification du capital apparaît comme la seule solution sérieuse permettant d'éviter ce trouble et de permettre la poursuite de l'activité, après examen des possibilités de cession totale ou partielle de l'entreprise, le tribunal peut, [...] en cas de refus par les assemblées [...] d'adopter la modification du capital prévue par le projet de plan de redressement [...] :
  1° Désigner un mandataire chargé de convoquer l'assemblée compétente et de voter l'augmentation de capital en lieu et place des associés ou actionnaires ayant refusé la modification de capital, à hauteur du montant prévu par le plan.
  2° Ou ordonner, au profit des personnes qui se sont engagées à exécuter le projet de plan, la cession de tout ou partie de la participation détenue dans le capital par les associés ou actionnaires ayant refusé la modification de capital et qui détiennent [...]

Effets du plan. Les règles gouvernant les effets du plan édicté au titre de la procédure de sauvegarde sont également applicables au redressement judiciaire.

FOCUS Hypothèse d'un retour à la cessation des paiements

Si la cessation des paiements du débiteur est constatée, le tribunal prononce la liquidation judiciaire. Pareille situation est possible soit en cas d'inexécution, soit en cas d'échec du plan.

Dans la première situation, si le juge prononce la résolution, il est fort probable que l'entreprise connaisse à nouveau un état de cessation des paiements : celui-ci est la conséquence de l'anéantissement du plan. La liquidation est prononcée dans les conditions de droit commun, c'est-à-dire dès lors que l'entreprise est en cessation des paiements et que le redressement est manifestement impossible.

Dans la seconde situation, le tribunal doit décider la résolution et prononcer la liquidation dès lors qu'il constate la cessation des paiements : cette dernière est la cause de la résolution. La liquidation est obligatoire (C. com., art. L. 631-20-1), de sorte que le tribunal ne saurait ouvrir une nouvelle procédure de redressement.

En résumé :

- Situation 1 : inexécution ⇒ résolution ⇒ cessation des paiements ⇒ liquidation dans les conditions de droit commun.
- Situation 2 : cessation des paiements ⇒ échec ⇒ résolution ⇒ liquidation obligatoire.

→ CAS PRATIQUE 3 • CAS PRATIQUE 4

4 Liquidation judiciaire

Code de commerce, article L. 640-1

- Il est institué une procédure de liquidation judiciaire ouverte à tout débiteur mentionné à l'article L. 640-2 en cessation des paiements et dont le redressement est manifestement impossible.

  La procédure de liquidation judiciaire est destinée à mettre fin à l'activité de l'entreprise ou à réaliser le patrimoine du débiteur par une cession globale ou séparée de ses droits et de ses biens.

Objectifs. La liquidation judiciaire vise à l'élimination du marché d'un débiteur défaillant qui doit permettre le paiement des créanciers. Il s'agit alors soit de réaliser les actifs de l'entreprise dans les meilleures conditions, soit d'exproprier le débiteur de son entreprise au profit d'un tiers repreneur. Les sommes retirées de la réalisation des actifs ou de la cession de l'entreprise seront consacrées au désintéressement des créanciers.

Cessation ou maintien de l'activité. En principe, la liquidation se traduit par l'arrêt de l'activité de l'entreprise. Celle-ci pourra cependant être maintenue afin de vendre les stocks, conserver la valeur de certains actifs, tel le fonds de commerce (avec la clientèle), ou dans la perspective d'une cession globale ou partielle de l'entreprise. Le maintien de l'activité est autorisé par le tribunal pour une durée maximale de trois mois renouvelable une fois.

Liquidation judiciaire simplifiée. Une procédure simplifiée a été mise en place par la loi du 26 juillet 2005 pour les entreprises les plus petites. Elle sera envisagée plus loin.

A) Ouverture et prononcé de la liquidation judiciaire

1. Ouverture sans période d'observation

La période d'observation n'est pas obligatoire. Le tribunal a la possibilité de prononcer d'emblée la liquidation judiciaire s'il juge que le redressement de l'entreprise est manifestement impossible.

Entreprises concernées. Les personnes pouvant être soumises à une procédure de liquidation judiciaire sont les mêmes que celles pouvant faire l'objet d'une procédure de sauvegarde ou de redressement judiciaire.

Degré de difficulté justifiant la liquidation judiciaire. L'ouverture d'une procédure de liquidation judiciaire est subordonnée :
- en premier lieu, à la constatation d'un état de **cessation des paiements** ;
- en second lieu, le redressement de l'entreprise doit être manifestement impossible.

Le rôle de liquidateur est endossé par un mandataire judiciaire qui exerce les attributions qui lui incombent durant la période d'observation (de la procédure de sauvegarde ou de redressement judiciaire) et qui se justifient pendant la liquidation (ex. : vérification des créances). Durant les opérations de liquidation, il représente le débiteur, lequel est donc dessaisi de l'administration et de la disposition de ses biens.

2. Jugement d'ouverture de la procédure

La compétence juridictionnelle matérielle et territoriale est la même qu'en matière de procédure de sauvegarde.

Comme en matière de redressement judiciaire, le débiteur a l'obligation de saisir le tribunal en vue de l'ouverture d'une procédure de liquidation judiciaire. Et la saisine peut être réalisée par un créancier ou par le ministère public. En revanche, le tribunal ne peut se saisir d'office.

Il appartient au tribunal compétent de désigner, dans le jugement d'ouverture, les personnes qui formeront les organes de la procédure (voir *supra*).

Le jugement d'ouverture indique la date de cessation des paiements.

Les règles relatives à la publicité du jugement d'ouverture et aux voies de recours pouvant être exercées contre celui-ci sont communes à toute les procédures collectives (voir *supra*), sauf quelques règles particulières qui ne seront pas envisagées.

Prononcé de la liquidation. Dans les situations suivantes, la liquidation peut être prononcée par le tribunal :
- d'emblée s'il juge que le redressement de l'entreprise est manifestement impossible ;
- à tout moment de la période d'observation ouverte dans le cadre d'une procédure de sauvegarde ou de redressement judiciaire ;
- à l'issue de la période d'observation si le juge estime que le plan de redressement ou de sauvegarde (si l'entreprise est en cessation des paiements) n'est pas viable ;
- en cas d'échec d'un plan de redressement ou de sauvegarde.

B) Déroulement de la procédure de liquidation

1. Pouvoirs du débiteur

À partir du jugement qui ouvre ou prononce la liquidation judiciaire, le débiteur est dessaisi de plein droit de l'administration et de la disposition de ses biens tant que la liquidation n'est pas clôturée. Les droits et actions du débiteur concernant son patrimoine sont exercés pendant toute la durée de la procédure par le liquidateur.

Le débiteur accomplit toutefois les actes et exerce les droits et actions qui ne sont pas compris dans la mission du liquidateur ou de l'administrateur lorsqu'il en a été désigné.

2. Contrats en cours

Le liquidateur, ou l'administrateur lorsqu'il en est désigné un, a la faculté d'exiger l'exécution des contrats en cours. Les règles sont les mêmes que celles édictées au titre de la procédure de sauvegarde. La faculté d'exiger la poursuite des contrats en cours est offerte bien entendu lorsque l'activité de l'entreprise est maintenue, mais, depuis l'ordonnance du 18 décembre 2008, il ne fait plus de doute qu'elle s'impose également en l'absence de maintien de l'activité. Dans cette dernière hypothèse, la continuation d'un contrat peut permettre de sauvegarder la valeur des actifs dans l'attente de la réalisation de ceux-ci.

La loi prévoit une exception concernant l'arrêt du cours des intérêts. En matière de liquidation judiciaire, comme en matière de redressement judiciaire mais, à la différence de la procédure de sauvegarde, les personnes ayant consenti une sûreté personnelle ou ayant affecté ou cédé un bien en garantie de la dette contractée par l'entreprise en difficulté, ainsi que les codébiteurs de celles-ci, ne peuvent pas se prévaloir de l'arrêt du cours des intérêts ; ils n'en bénéficient pas.

3. Droits des créanciers

Créanciers antérieurs au JO. Les créanciers antérieurs sont soumis à l'interdiction d'être payé, l'interdiction d'exercer des poursuites individuelles et d'inscrire des sûretés, ainsi qu'à l'arrêt du cours des intérêts. Les règles gouvernant ces restrictions sont édictées au titre de la procédure de sauvegarde, mais sont applicables à celle de liquidation judiciaire. En revanche, l'ouverture d'une procédure de liquidation judiciaire ou encore l'arrêt d'un plan de cession rend exigible les créances non échues. Le règlement des créanciers sera effectué, selon leur rang, sur le produit de la liquidation de l'actif.

Créanciers postérieurs au JO. Les créances postérieures bénéficient d'un traitement privilégié. Sont concernées les créances nées :
- pour les besoins du déroulement de la procédure ou du maintien de l'activité ;
- de la fourniture d'une prestation au débiteur en exécution d'un contrat en cours décidée par le liquidateur ;
- de la fourniture d'une prestation au débiteur pendant le maintien de l'activité ;
- pour les besoins du déroulement d'une procédure de sauvegarde ou de redressement antérieure ou pour les besoins d'une période d'observation dans l'hypothèse où celle-ci a précédé la liquidation judiciaire, ou encore les créances nées de la fourniture d'une prestation au débiteur pendant cette période d'observation ;
- des besoins de la vie courante du débiteur, personne physique.

4. Détermination du patrimoine du débiteur

Les créances doivent être payées à leur échéance. À défaut, leurs titulaires doivent, sous peine de perdre leur privilège, les porter à la connaissance du mandataire judiciaire. Le Code de commerce établit alors un ordre de paiement. Le privilège est toutefois moins intéressant que celui prévu pour les créances nées pendant la période d'observation.

Actif : revendications et nullités de la période suspecte. Les règles gouvernant la revendication des biens meubles sont édictées au titre de la procédure de sauvegarde, mais sont applicables à celle de liquidation judiciaire. Les règles gouvernant les actions en nullité de la période suspecte sont édictées au titre de la procédure de redressement judiciaire, mais sont applicables à celle de liquidation judiciaire, si ce n'est que le pouvoir de demander la nullité appartient au liquidateur.

Passif : vérification des créances. Les règles gouvernant la vérification des créances sont édictées au titre de la procédure de sauvegarde, mais sont applicables à celle de la liquidation judiciaire. La déclaration de créances doit être effectuée auprès du liquidateur.

C) Opérations de liquidation

L'objectif traditionnel de la liquidation judiciaire est de rendre liquide l'entreprise, c'est-à-dire de réaliser ses actifs afin d'en retirer une somme d'argent. Il s'agit alors de vendre les biens de l'entreprise à des acquéreurs distincts (cession d'actifs isolés). Toutefois, la sauvegarde reste possible par la cession totale ou partielle de l'entreprise à un tiers (cession de l'entreprise).

1. Cession d'actifs isolés

Champ d'application. Les règles relatives à la liquidation par la cession d'actifs isolés s'appliquent en l'absence de plan de cession ou, si un tel plan a été adopté, pour les actifs qui n'y ont pas été inclus.

Vente des immeubles. Les ventes d'immeubles ont lieu suivant les règles du Code civil relatives à l'adjudication faisant suite à une saisie immobilière (C. com., art. L. 642-18). En conséquence, la vente a lieu par **adjudication** à la barre du tribunal, c'est-à-dire par attribution prononcée à l'audience d'un tribunal (et non par un notaire ou un commissaire-priseur) du bien à celui qui porte l'enchère la plus élevée (mise aux enchères publiques).

Enfin, pour éviter l'adjudication à la barre d'un tribunal, le juge-commissaire peut préférer la vente amiable.

Vente des meubles. En ce qui concerne les biens meubles, le juge-commissaire a le choix entre la vente aux enchères publiques et la vente de gré à gré.

2. Cession de l'entreprise

Code de commerce, article L. 642-1, al. 1 et 2

- La cession de l'entreprise a pour but d'assurer le maintien d'activités susceptibles d'exploitation autonome, de tout ou partie des emplois qui y sont attachés et d'apurer le passif. Elle peut être totale ou partielle. Dans ce dernier cas, elle porte sur un ensemble d'éléments d'exploitation qui forment une ou plusieurs branches complètes et autonomes d'activités.

Redressement ou liquidation judiciaire. Le régime juridique du plan de cession de l'entreprise est prévu au sein des règles gouvernant les opérations de liquidation judiciaire. On a pu expliquer toutefois que, dans le cadre d'une procédure de redressement judiciaire, l'administrateur peut proposer un tel plan.

Offres de reprises. La cession ne doit pas faire de l'entreprise une proie pour des personnes indélicates. Elle ne doit pas davantage être un moyen commode pour le débiteur de racheter son entreprise pour continuer son activité en se débarrassant du passif. Aussi le législateur prévoit que certaines personnes ne peuvent pas formuler des offres de reprise, ni directement ni par personne interposée :
- les dirigeants de droit ou de fait de la personne morale en liquidation judiciaire ;
- les parents ou alliés jusqu'au deuxième degré inclusivement de ces dirigeants ;
- le débiteur personne physique ;
- les personnes ayant ou ayant eu la qualité de contrôleur au cours de la procédure.

Formalisme des offres. Toute offre doit être écrite et comporter certaines indications prévues par la loi (C. com., art. L. 642-2, II), notamment la désignation précise des biens, des droits et des contrats inclus dans l'offre, les perspectives d'emploi et les garanties souscrites en vue d'assurer l'exécution de l'offre.

Publicité des offres. Le liquidateur ou l'administrateur, lorsqu'il a été nommé, informe le débiteur, le représentant des salariés et les contrôleurs du contenu des offres reçues. Il les dépose au greffe où tout intéressé peut en prendre connaissance.

Adoption du plan de cession. Le tribunal retient l'offre qui permet dans les meilleures conditions d'assurer le plus durablement l'emploi attaché à l'ensemble cédé, le paiement des créanciers et qui présente les meilleures garanties d'exécution. S'il estime qu'aucune offre n'est satisfaisante, il autorise la vente des actifs à des acquéreurs distincts. Seul l'appel est possible contre le jugement d'adoption du plan de cession, la loi n'ayant pas prévu la tierce opposition.

Contenu du plan : transmission totale ou partielle. La transmission de l'entreprise peut être totale ou partielle. Dans ce dernier cas, elle porte sur une branche complète et autonome d'activité, cette branche étant formée d'un ensemble d'éléments d'exploitation. Si la cession partielle intervient dans une procédure de liquidation, les autres branches d'activité peuvent faire l'objet d'une cession ; auquel cas le tribunal adopte plusieurs plans de cession. Dans le cas contraire, les éléments d'actifs sont vendus de façon isolée, ce qui est le plus fréquent.

Transmission de certains contrats en cours. Certains contrats en cours doivent pouvoir être transmis au repreneur si l'on veut que la cession soit possible, puisque celle-ci implique un maintien de l'activité (tab. 18.9).

Tableau 18.9. Transmission des contrats

	Disposition applicable	Observations
Contrats de travail	C. trav., art. L. 1224-1	Le plan de cession peut cependant prévoir des licenciements.
Contrats d'assurance	C. assur., art. L. 121-10	
Contrats de crédit-bail, de location ou de fourniture de biens ou services nécessaires au maintien de l'activité	C. com., art. L. 642-7	Le jugement qui arrête le plan emporte cession de ces contrats. Les obligations nées du contrat cédé avant la cession restent à la charge du débiteur. Seules les obligations nées postérieurement sont à la charge du cessionnaire.

Détermination et répartition du prix. Le prix de la cession est forfaitairement déterminé par le tribunal, sans pouvoir cependant être supérieur à l'offre faite par le repreneur. Le plan prévoit aussi la répartition de ce prix entre les créanciers du débiteur en liquidation judiciaire.

Engagements personnels du repreneur. En plus des obligations légales, le repreneur peut prendre des engagements personnels, par exemple maintenir un certain nombre d'emplois. En principe, il ne saurait s'engager à prendre en charge les dettes du cédant parce que le plan de cession n'organise pas une transmission universelle. Pourtant, la Cour de cassation valide la clause spéciale par laquelle le cessionnaire prend l'engagement de payer une dette antérieure du cédant (ex. : prise en charge des indemnités de congés payés dues aux salariés afférentes à une période antérieure à la cession).

Transfert de propriété. La propriété de l'entreprise est transférée à la date de la passation des actes nécessaires à la réalisation de la cession. Pareille passation pouvant prendre un certain temps, le tribunal peut, dans l'attente, confier au cessionnaire la gestion de l'entreprise cédée. Ce dernier devra alors consigner le prix de cession ou fournir une garantie équivalente. La gestion provisoire peut être assurée par un contrat de **location-gérance**, le candidat à la reprise devenant, transitoirement, locataire-gérant.

Inexécution et résolution du plan. Si le cessionnaire n'exécute pas ses engagements, le tribunal peut prononcer la résolution du plan. Le tribunal dispose d'une faculté d'appréciation et pourra préférer le maintien du plan et condamner le repreneur à des dommages et intérêts, par exemple si ce dernier a licencié des salariés qu'il s'était engagé à reprendre. La loi prévoit que le prix payé par le cessionnaire reste acquis, ce qui évite une restitution par les créanciers. Le tribunal peut prononcer la résolution ou la résiliation des actes passés en exécution du plan résolu.

D) Liquidation judiciaire simplifiée

Une procédure simplifiée a été mise en place par la loi du 26 juillet 2005 à destination des entreprises les plus petites (C. com., art. L. 644-1 à L. 644-6). De façon générale, la liquidation judiciaire simplifiée est soumise aux règles de la liquidation judiciaire « classique », mais sous réserve des règles qui lui sont propres et qui sont envisagées ici.

1. Domaine d'application

Dispositif. La procédure simplifiée (tab. 18.10) est obligatoire pour les entreprises n'atteignant pas certains seuils (dernière mise à jour des seuils par la loi Pacte du 22 mai 2019).

Tableau 18.10. Liquidation simplifiée obligatoire

Composition de l'actif	Absence de biens immobiliers
Nombre de salariés	Moins de 5
Chiffre d'affaires	Moins de 750 000 €

Décision d'application du régime simplifié. Lorsque les conditions de la liquidation simplifiée obligatoire sont réunies, le tribunal ordonne son application immédiatement, c'est-à-dire dans le jugement de liquidation judiciaire. Ce gain de temps suppose toutefois qu'il dispose des éléments lui permettant de vérifier que lesdites conditions sont réunies. À défaut, la décision d'application du régime simplifié est différée jusqu'à l'établissement d'un rapport du liquidateur qui permettra la vérification. La décision différée est prise par le président du tribunal (et non le tribunal), ce qui permet un gain de temps.

2. Régime simplifié

Simplification de la vente des biens mobiliers. À la différence du régime « classique », ce n'est pas le juge-commissaire qui décide de la vente de gré à gré (c'est-à-dire par accord direct entre le liquidateur et l'acquéreur) ou aux enchères publiques (C. com., art. L. 642-19). Que la procédure simplifiée soit obligatoire ou facultative, le liquidateur y procède directement. Il a toute latitude pour décider de vendre de gré à gré ou aux enchères. Pour ce faire, il dispose d'un délai limité. Ce délai est de quatre mois suivant la décision ordonnant la procédure simplifiée. À son terme, le liquidateur doit procéder à la vente aux enchères des biens restants.

Simplification du traitement du passif. Tout d'abord, la procédure de vérification des créances est circonscrite à celles susceptibles de venir en rang utile dans les répartitions et à celles résultant d'un contrat de travail. Ensuite, à l'issue de la procédure de vérification et d'admission des créances et de la réalisation des biens, le liquidateur fait figurer ses propositions de répartition sur l'état des créances, lequel fut préalablement établi par le juge-commissaire. Ce document, comprenant l'état et la proposition de répartition, est alors déposé au greffe et fait l'objet d'une mesure de publicité unique. Tout intéressé est en droit d'en prendre connaissance. Tout intéressé, sauf le liquidateur, peut porter réclamation devant le juge-commissaire contre l'état des créances ou le projet de répartition, dans un délai d'un mois à compter de la publicité.

Enfin, le liquidateur procède à la répartition conformément à sa proposition, en l'absence de contestation, ou à la décision du juge-commissaire si ce dernier a modifié lesdites propositions.

Clôture. Lorsque la procédure simplifiée est obligatoire, le tribunal prononce la clôture de la liquidation judiciaire au plus tard dans le délai de six mois à compter de la décision ayant ordonné ou décidé l'application de la procédure simplifiée. Lorsqu'elle est facultative, ce délai est d'un an. Dans les deux hypothèses, le tribunal peut proroger le délai de trois mois.

E) Clôture de la liquidation judiciaire

Code de commerce, article L. 643-9, al. 2

- Lorsqu'il n'existe plus de passif exigible ou que le liquidateur dispose de sommes suffisantes pour désintéresser les créanciers, ou lorsque la poursuite des opérations de liquidation judiciaire est rendue impossible en raison de l'insuffisance de l'actif ou encore lorsque l'intérêt de cette poursuite est disproportionné par rapport aux difficultés de réalisation des actifs résiduels, la clôture de la liquidation judiciaire est prononcée par le tribunal, le débiteur entendu ou dûment appelé.

1. Clôture pour extinction du passif

Extinction du passif. L'extinction du passif est une cause de clôture de la procédure ; c'est la moins fréquente en pratique. Le passif est éteint lorsqu'il n'existe plus de passif exigible ou lorsque le liquidateur dispose de sommes suffisantes pour désintéresser les créanciers.

Effets. La clôture met fin au dessaisissement de l'entreprise débitrice. Le chef d'entreprise, ou les dirigeants s'il s'agit d'une personne morale, sont rétablis dans leurs droits. Mieux, le jugement de clôture les relève des sanctions professionnelles qui ont pu être prononcées à leur encontre. Mais la clôture fait disparaître la personnalité juridique si le débiteur est une personne morale, laquelle n'était maintenue que pour les besoins de la procédure.

2. Clôture pour insuffisance d'actif

Cause. Le juge prononce la clôture lorsque la poursuite des opérations de liquidation est rendue impossible en raison de l'insuffisance de l'actif, ce qui est le plus fréquent en pratique.

Effets. Lorsque le débiteur est une personne physique, la clôture met fin à son dessaisissement et le rétablit dans ses droits, sous réserve des sanctions qui ont pu être prononcées à son encontre. S'il s'agit d'une personne morale, la clôture fait disparaître sa personnalité juridique.

Extinction du droit de poursuite des créanciers impayés. La clôture pour insuffisance d'actif produit un autre effet d'importance : l'extinction du droit de poursuite des créanciers impayés, quand bien même le débiteur reviendrait à meilleure fortune. La règle concerne au premier chef les débiteurs personnes physiques, puisque les personnes morales disparaissent. Elle comporte néanmoins des exception (ex. : faillite personnelle du débiteur).

3. Clôture pour difficultés de réalisation des actifs résiduels

La clôture intervient également lorsque l'intérêt de la poursuite des opérations de liquidation « est disproportionné par rapport aux difficultés de réalisation des actifs résiduels » (C. com., art. L. 643-9, al. 2). La formule manque de clarté. Il faut comprendre que le tribunal prononce la clôture de la liquidation lorsque les difficultés de réalisation des actifs sont telles que le coût de celle-ci absorberait le profit dégagé, de sorte que l'opération ne présenterait aucun intérêt pour les créanciers.

5 Rétablissement professionnel

Définition

Le **rétablissement professionnel** est l'effacement des dettes d'une personne physique visant à permettre au débiteur de rebondir.

Mesure phare de la réforme de 2014, le rétablissement professionnel intéresse de très nombreuses petites entreprises impécunieuses.

Le rétablissement professionnel conduit à écarter la procédure de liquidation lorsque la situation économique de l'entreprise est telle qu'elle ne justifie aucune procédure collective. Il permet de produire l'effet principal d'une clôture pour insuffisance d'actif sans avoir à procéder à une liquidation.

A) Entreprises concernées

Ne sont éligibles au rétablissement professionnel que les personnes physiques pouvant faire l'objet d'une procédure collective, à l'exception de celles ayant le statut d'EIRL, et répondant aux conditions cumulatives suivantes (C. com., art. L. 645-1) :
- le débiteur n'a employé aucun salarié au cours des six derniers mois ;
- il n'a pas cessé son activité depuis plus d'un an ;
- il n'est pas impliqué dans une procédure prud'homale en cours ;
- il n'a pas déjà bénéficié d'une clôture pour insuffisance d'actif ou d'un rétablissement professionnel depuis moins de cinq ans ;
- l'actif déclaré n'excède pas 5 000 euros (C. com., art. R. 645-1).

B) Degré de difficultés justifiant la procédure

Le débiteur doit être en cessation des paiements et son redressement est manifestement impossible.

C) Ouverture de la procédure

A l'origine, seul le débiteur était en droit de solliciter son rétablissement professionnel. Il en fait la demande au tribunal, lequel vérifie les conditions et statue après avis du ministère public. Le tribunal désigne un juge commis, lequel recueillera d'enquêter sur la situation patrimoniale du débiteur. Il désigne aussi un mandataire judiciaire pour assister le juge commis.

Depuis la loi Pacte du 22 mai 2019, et afin de rendre cette procédure plus attractive, le rétablissement professionnel devient la procédure par défaut proposée par le tribunal pour tout débiteur correspondant aux critères d'éligibilité, sous réserve de son accord. Il n'appartient plus au débiteur, qui demande l'ouverture d'une liquidation judiciaire, d'en solliciter le bénéfice à titre subsidiaire mais il revient au tribunal d'effectuer d'office l'examen de la situation du débiteur.

D) Déroulement de la procédure

La procédure de rétablissement est ouverte pour une durée de quatre mois permettant de vérifier la réalité de la situation patrimoniale du débiteur. Le rétablissement professionnel ne met pas en place une procédure collective de paiement des créanciers.

Durant la phase d'enquête, le débiteur n'est pas dessaisi. Les poursuites individuelles des créanciers ne sont pas arrêtées, sauf exception (C. com., art. L. 645-6). Les créances de ces derniers ne sont pas vérifiées, mais le mandataire judiciaire les avise de la procédure et leur demande des informations sur leurs créances.

À l'issue de cette période, le juge commis renvoie l'affaire au tribunal afin que ce dernier statue sur le dénouement de la procédure.

E) Dénouement de la procédure

Le tribunal auquel est renvoyée l'affaire décide soit la clôture de la procédure, l'effacement des dettes en étant le corollaire, soit l'ouverture d'une liquidation judiciaire.

Par exception, échappent à l'effacement les créances des salariés, les créances alimentaires et les créances qui ne peuvent être purgées dans le cadre d'une clôture pour insuffisance d'actif.

Clôture de la procédure. La clôture de la procédure de rétablissement professionnel conduit à l'effacement des dettes répondant aux conditions cumulatives suivantes :

- nées antérieurement au jugement d'ouverture ;
- figurant sur une liste établie par le juge commis dans le jugement de clôture ;
- portées à la connaissance du juge commis par le débiteur ;
- dont les créanciers ont été avisés de la procédure par le mandataire judiciaire.

Ouverture d'une liquidation judiciaire. Dans quatre hypothèses, la procédure de rétablissement professionnel ne peut être clôturée et doit, en conséquence, donner lieu à l'ouverture d'une procédure de liquidation judiciaire (C. com., art. L. 645-9) lorsque :

- les conditions du rétablissement professionnel ne sont pas réunies lors de l'ouverture ou cessent de l'être en cours de procédure ;
- l'enquête révèle que le débiteur est susceptible d'encourir les sanctions professionnelles ou pénales édictées en matière de procédures collectives ;
- un acte est exposé aux nullités de la période suspecte ;
- le débiteur n'est pas de bonne foi.

→ MINI-CAS 2

6 Sanctions des dirigeants

Même si toutes les procédures collectives causent un préjudice aux créanciers de l'entreprise débitrice, les dirigeants de celle-ci n'encourent pas de sanctions à leur égard du seul fait de l'ouverture de pareille procédure. La loi prévoit les cas dans lesquels les dirigeants de l'entreprise débitrice, lorsqu'ils ont commis une faute, doivent être sanctionnés.

Le tribunal n'est pas tenu de prononcer la responsabilité du dirigeant. Les dommages et intérêts à payer par les dirigeants condamnés ne sauraient excéder le montant de l'insuffisance d'actif mais entrent dans le patrimoine de la personne morale (ils sont répartis entre tous les créanciers). Le juge peut décider de ne condamner au paiement que d'une partie de ce montant.

A) Responsabilité pour insuffisance d'actif

Définie à l'article L. 651-2 du Code de commerce, la mise en œuvre de la **responsabilité pour insuffisance d'actif** relève de la procédure de liquidation judiciaire. Elle suppose la réunion de trois conditions :
- une faute de gestion des dirigeants ;
- une insuffisance d'actif ;
- une faute de gestion ayant contribué à l'insuffisance d'actif.

B) Sanctions professionnelles

1. Faillite personnelle

Définition

La **faillite personnelle** est l'interdiction de diriger, gérer, administrer ou contrôler, directement ou indirectement, toute entreprise commerciale ou artisanale, toute exploitation agricole ou toute entreprise ayant toute autre activité indépendante et toute personne morale (C. com., art. L. 653-2).

Cette sanction rigoureuse a conservé le nom de *faillite* qui, autrefois, désignait la procédure collective elle-même.

Domaine. La faillite personnelle ne peut être prononcée que dans le cadre des procédures de redressement ou de liquidation judiciaire.

Les dirigeants visés par la loi sont les personnes physiques :
- exerçant une activité commerciale, artisanale, agricole, ou encore une activité professionnelle indépendante ;
- dirigeants de droit ou de fait de la personne morale faisant l'objet de la procédure ;
- représentant de façon permanente une personne morale dirigeant de droit de l'entreprise débitrice.

La loi exclut les personnes physiques ou les dirigeants de personne morale exerçant une activité professionnelle indépendante lorsqu'ils sont soumis à des règles disciplinaires (ex. : avocats, médecins).

Sanctions. La faillite personnelle conduit à l'interdiction de diriger, gérer, administrer ou contrôler. La durée est prononcée par le tribunal, mais ne peut excéder 15 ans. La loi prévoit d'autres sanctions secondaires, notamment l'impossibilité pour le failli de bénéficier de l'interdiction d'être poursuivi en cas de clôture de la procédure pour insuffisance d'actif.

2. Interdiction de gérer

Étendue de l'interdiction. L'interdiction de gérer est un diminutif de la faillite personnelle. Le tribunal a la faculté de limiter l'interdiction de diriger, gérer, administrer ou contrôler, à une ou plusieurs entreprises individuelles ou personnes morales. En outre, les entreprises libérales ne sont pas concernées. Enfin, la plupart des sanctions secondaires ne peuvent pas être prononcées.

Comportements sanctionnés. L'interdiction de gérer peut être prononcée lorsque le dirigeant :

- encourt la faillite personnelle (l'interdiction de gérer est alors prononcée à la place de la faillite) ;
- n'a pas transmis de mauvaise foi, aux organes de la procédure, les informations qu'il est pourtant tenu de leur remettre lors de l'ouverture de la procédure ;
- a manqué à son obligation légale d'informer un créancier antérieur le poursuivant en justice de l'ouverture de la procédure collective dans les 10 jours de celle-ci ;
- a omis de demander l'ouverture d'une procédure de redressement ou de liquidation judiciaire dans le délai de 45 jours à compter de la cessation des paiements sans avoir, par ailleurs, demandé l'ouverture d'une procédure de conciliation.

3. Faillite internationale

Définition

On parle de « **faillite internationale** » lorsqu'une personne, faisant l'objet d'une procédure collective, dispose de biens dans plusieurs États, ou qu'une société en difficulté disposant d'un patrimoine dans plusieurs États exerce une activité internationale (cas d'une société basée dans un État et disposant de succursales dans d'autres États).

Dans le cas d'une faillite internationale la question de la juridiction compétente et du droit applicable se pose.

En l'absence de norme internationale. Si aucune norme internationale n'est applicable, les tribunaux français déterminent la compétence territoriale selon les règles du droit interne.

La jurisprudence française avait plutôt tendance à appliquer le système de la territorialité mais, par deux décisions de 2002 et 2006 (Cass. 1re civ., 19 nov. 2002, pourvoi n° 00-22.334 ; Cass. com., 21 mars 2006, pourvoi n° 04-17.869), la Cour de cassation applique le système de l'universalité. Elle reconnaît toutefois que l'effectivité de ce dernier est fortement tributaire de l'acceptation de l'ordre juridique étranger concerné.

Exemple

Une société américaine a implanté des succursales en France. En cas de défaillance, cette société pourrait faire l'objet d'une procédure collective en France puisqu'elle a des intérêts dans ce pays. Pour précision, le tribunal français compétent serait celui du ressort de la plus importante de ses succursales.
Deux systèmes sont possibles :

- Soit les effets de la procédure se produisent dans tous les États où se trouvent des biens et des créanciers du débiteur (système dit de l'universalité de la faillite).
- Soit ces effets se limitent au territoire dans lequel la procédure a été ouverte (système dit de la territorialité).

Lorsqu'une procédure collective est ouverte à l'étranger, et plus précisément, en dehors de l'UE, elle ne produit des effets en France que si elle a reçu l'*exequatur*. À défaut, une juridiction française pourrait ouvrir une procédure collective en France contre le même débiteur dès lors qu'il a des intérêts en France.

Règlements européens (C. com., art. L. 690-1 et s.) et procédure principale. Le règlement européen n° 1346/2000 du 29 mai 2000 relatif aux procédures d'insolvabilité, entré en vigueur le 31 mai 2002, édicte des règles de compétence qui s'imposent aux États membres de l'Union européenne (sauf le Danemark). Il a été remplacé par le règlement (UE) 2015/848 du Parlement européen et du Conseil du 20 mai 2015, lequel n'est entré en vigueur que le 26 juin 2017 pour la plus grande partie de ses dispositions. Pour l'essentiel, ce nouveau règlement consacre la jurisprudence de la CJUE, clarifie certaines dispositions de l'actuel règlement et apporte des solutions à certains problèmes identifiés par la pratique. Est compétente pour ouvrir une procédure d'insolvabilité la juridiction de l'État membre sur le territoire duquel est situé le centre des intérêts principaux du débiteur, lequel est présumé être le lieu du siège statutaire. Le jugement d'ouverture est alors reconnu de plein droit dans les autres États membres, sans que l'*exequatur* ne soit nécessaire, dès qu'il produit ses effets dans l'État d'ouverture. On parle d'« effet universel ». Lorsqu'une procédure d'insolvabilité est ouverte dans un État membre, une autre procédure d'insolvabilité ne peut être ouverte à l'encontre du même débiteur tant que la procédure initiale n'est pas clôturée et que la preuve n'est pas rapportée que le centre des intérêts principaux du débiteur s'est déplacé depuis lors. Par exception, un État membre peut refuser de reconnaître une procédure d'insolvabilité ouverte dans un autre lorsque cette reconnaissance produirait des effets manifestement contraire à son ordre public (art. 26) (ex. : atteinte au droit d'accès à un juge). Si, en vertu de la règle du centre des intérêts principaux du débiteur, une juridiction française est compétente, celle-ci peut ouvrir une procédure de sauvegarde, de redressement ou de liquidation judiciaire. Une fois la procédure d'insolvabilité ouverte par la juridiction d'un État membre, celle-ci applique les règles édictées par cet État.

Exemple

- Le siège d'une société est établi en France, mais le centre de ses intérêts principaux est en Suède. Seule une juridiction suédoise a qualité pour ouvrir une procédure d'insolvabilité contre cette société. Elle appliquera alors le droit anglais.

Règlements européens (C. com., art. L. 690-1 et s.) et procédure principale. Outre la procédure principale, le règlement communautaire prévoit que sont également compétentes les juridictions des autres États membres dans lesquels le débiteur possède un établissement. Il s'agit alors d'une procédure secondaire qui ne peut être qu'une procédure de liquidation.

La restriction est doublement cantonnée :

- La procédure secondaire est limitée aux biens se trouvant sur le territoire de cette dernière.
- Il incombe à la juridiction qui ouvre une procédure secondaire de prendre en considération les objectifs de la procédure principale et de tenir compte de l'économie du règlement qui vise notamment à une coordination des deux procédures garantissant la primauté à la procédure principale (CJUE, 1re ch., 22 nov. 2012, aff. C-116/1). Si aucune procédure secondaire n'a été ouverte dans un État membre, tandis qu'une procédure principale l'a été dans un autre, alors le premier État n'est pas en droit d'ordonner des mesures d'exécution, en application de sa législation, portant sur les biens du débiteur déclaré insolvable situés dans cet État, du moins lorsque la législation de l'État d'ouverture de la procédure principale ne le permet pas (CJUE, 21 janvier 2010, aff. C-244/07).

La procédure secondaire est la seule à restreindre l'effet universel d'une procédure principale.

Exemple

L'État polonais ouvre une procédure principale à l'encontre d'une société de construction ayant son siège social dans cet État. Cette société exerce des activités en Allemagne, pays dans lequel elle dispose d'un établissement secondaire. La loi polonaise relative à l'insolvabilité et l'assainissement ne permet pas, postérieurement à l'ouverture d'une procédure d'insolvabilité, d'engager à l'encontre du débiteur une procédure d'exécution sur des biens faisant partie de la masse de l'insolvabilité. Les autorités allemandes ne sauraient ordonner, en application de la loi allemande, une procédure d'exécution sur des biens de la société polonaise situés en Allemagne.

C) Sanctions pénales

Le Code de commerce prévoit plusieurs infractions pénales pouvant être sanctionnées dans le cadre d'une procédure collective. On s'en tiendra à la plus importante, la **banqueroute** (C. com., art. 654-1, tab. 18.11).

Les personnes morales sont responsables pénalement, comme les personnes physiques, sauf si la loi prévoit le contraire.

Tableau 18.11. Conditions de mise en œuvre de la banqueroute

Domaine	Comportements sanctionnés	Peines
• Procédures de redressement et de liquidation judiciaires • Personnes concernées : – toute personne exerçant une activité commerciale ou artisanale, tout agriculteur, toute personne immatriculée au répertoire des métiers et toute personne physique exerçant une activité professionnelle indépendante ; – toute personne qui a, directement ou indirectement, en droit ou en fait, dirigé ou liquidé une personne morale de droit privé ; – toute personne physique représentant permanent de personne morale dirigeant d'une personne morale.	Avoir : – dans l'intention d'éviter ou de retarder l'ouverture de la procédure de redressement ou de liquidation judiciaire, soit fait des achats en vue d'une revente au-dessous du cours, soit employé des moyens ruineux pour se procurer des fonds ; – détourné ou dissimulé tout ou partie de l'actif du débiteur ; – frauduleusement augmenté le passif du débiteur ; – tenu une comptabilité fictive ou fait disparaître des documents comptables de l'entreprise ou de la personne morale ou s'être abstenu de tenir toute comptabilité lorsque les textes applicables en font obligation ; – tenu une comptabilité manifestement incomplète ou irrégulière, au regard des dispositions légales.	• 5 ans d'emprisonnement et 75 000 euros d'amende • Existence de peines complémentaires. • Possibilité pour le juge répressif de prononcer une mesure de faillite personnelle ou une interdiction de gérer contre le prévenu.

→ MINI-CAS 2

DES SAVOIRS AUX COMPÉTENCES

Évaluer les savoirs | Maîtriser les compétences | Préparer l'épreuve

1 QCM

Pour chaque proposition, une ou plusieurs réponses sont possibles. Justifiez-les.

1. L'alerte :
   - a. est une procédure spécifique diligentée par le tribunal de commerce en vue d'avertir les créanciers de la situation compromise du débiteur. ☐
   - b. est mise en œuvre par le commissaire aux comptes chaque fois qu'il constate des faits de nature à compromettre la continuité de l'exploitation d'une entreprise. ☐
   - c. conduit à informer les dirigeants et les associés. ☐
   - d. suppose qu'une procédure de liquidation judiciaire soit déjà engagée. ☐

2. La conciliation :
   - a. vise à permettre au chef d'entreprise de trouver une solution à des difficultés passagères. ☐
   - b. est une procédure exclusivement confidentielle. ☐
   - c. suppose la nomination d'un administrateur judiciaire. ☐
   - d. suppose la rédaction et l'approbation par tous les créanciers d'un plan de conciliation. ☐
   - e. emporte suspension des poursuites à l'égard de tous les créanciers. ☐

3. La cessation des paiements :
   - a. est le critère de déclenchement de la procédure de conciliation. ☐
   - b. est un des critères de déclenchement de la procédure de rétablissement professionnel. ☐
   - c. implique une impossibilité de redresser l'entreprise. ☐
   - d. se définit comme l'impossibilité de faire face au passif exigible avec l'actif disponible. ☐
   - e. est une notion ancienne qui a été abandonnée par les réformes récentes. ☐

4. Le rétablissement professionnel :
   - a. peut concerner toutes les entreprises. ☐
   - b. ne concerne que les petites sociétés. ☐
   - c. ne concerne que les personnes physiques. ☐
   - d. suppose un patrimoine limité à 5 000 €. ☐
   - e. suppose que l'entreprise ait moins de 5 salariés au jour de l'ouverture. ☐

5. La procédure de redressement judiciaire :
   - a. ne concerne que la personne morale à l'égard de laquelle elle est ouverte. ☐
   - b. peut être étendue à d'autres personnes morales en cas de confusion des patrimoines. ☐
   - c. peut être étendue à d'autres personnes morales en cas de fictivité. ☐
   - d. touche obligatoirement toutes les sociétés du même groupe. ☐

Évaluer les savoirs | Maîtriser les compétences | Préparer l'épreuve

Mini-cas : faillite personnelle ★★★

Compétence visée **Repérer** les situations exigeant le déclenchement de procédures de prévention ou de traitement des difficultés

M. Xavier, dirigeant de l'entreprise d'informatique Cloud3000 vient d'être déclaré en faillite personnelle.

1. *Quelles sont les implications d'une telle décision ?*

M. Xavier a décidé de rebondir. Il a déjà des projets plein ses cartons, notamment la création d'un *food-truck* a proximité de l'IAE de Franche-Comté.

2. *Sous quel délai et dans quelles conditions M. Xavier pourra-t-il mener à bien ce nouveau projet ?*

Évaluer les savoirs | Maîtriser les compétences | Préparer l'épreuve

Cas pratique : société Constance ★★★

40 min

Compétence visée **Assurer** le suivi juridique de la procédure prévention ou de traitement des difficultés

La société anonyme Constance est concessionnaire du service public de l'eau dans la région Rhône-Alpes. Elle a son siège social à Lyon. Depuis plusieurs mois, notamment à la suite de la perte d'un client important, elle éprouve de sérieuses difficultés économiques et financières. Sa trésorerie n'est pas suffisante pour faire face à ses dettes certaines, liquides et exigibles. Toutefois, elle est porteuse de plusieurs lettres de change dont le montant total est supérieur auxdites dettes. Ces lettres ne sont pas encore échues, mais pourraient être escomptées.

L'Urssaf, titulaire d'une créance échue depuis plusieurs semaines, envisage d'assigner la société Constance en redressement judiciaire.

Travail à faire

1. *Auprès de quelle juridiction la société Constance devrait-elle être assignée en redressement judiciaire ?*
2. *L'Urssaf peut-elle procéder à pareille assignation ?*
3. *Dans l'affirmative, la procédure de redressement judiciaire serait-elle ouverte ?*
4. *L'Urssaf ou une autre personne pourrait-elle solliciter l'ouverture d'une procédure de sauvegarde de justice ?*

4 Cas pratique : Magic Glisse ★★★

40 min

Compétence visée **Assurer** le suivi juridique de la procédure prévention ou de traitement des difficultés

La SA Magic Glisse fabrique et commercialise des articles de sport de glisse sur neige : sportwear, ski, surf, etc. Son siège social se trouve à Grenoble, mais la société dispose de succursales dans toute la France.

Sa direction fonctionne avec un CA. Le PDG est M. Crocq.

Depuis quelques années, la société Magic Glisse voit ses parts de marchés diminuer sensiblement du fait de la concurrence accrue sur ce secteur.

Le 26 septembre 2019, l'administration fiscale l'assigne devant le tribunal de commerce de Grenoble pour défaut de paiement. Le tribunal ouvre alors une procédure de redressement judiciaire, le 20 octobre 2019. Le jugement d'ouverture fixe la date de cessation des paiements au 16 février 2019 et M. Arturo est nommé administrateur.

- Le 25 août 2019, la société a payé par chèque à l'un de ses fournisseurs, qui est aussi un ami du PDG, une créance de 6 400 €. Le contrat de fourniture prévoit un délai de paiement de 45 jours courant à compter de la livraison. Celle-ci a eu lieu le 20 juillet.
- Le 22 février 2019, la société a réglé une facture établie par un autre fournisseur. Le paiement, réalisé par chèque, a été effectué à l'échéance.
- Le 15 décembre 2018, la société a décidé de fermer sa succursale implantée à Toulouse. Comme elle était propriétaire du local exploitée, elle l'a vendu. L'acquéreur n'est autre que le frère du PDG. Le prix fut fixé à 200 000 €, alors que la valeur au jour de la vente s'élevait à 180 000 €.

Travail à faire

Les trois actes accomplis par la SA Magic Glisse sont-ils susceptibles d'être remis en cause ?

SYNTHÈSE

Prévention et traitement des difficultés de l'entreprise

Prévention des difficultés (procédures extra-judiciaires)

- Mandat *ad hoc*
- Conciliation

Traitement des difficultés (procédures judiciaires)

- **Plan de sauvegarde**
- **Plan de redressement judiciaire**
- **Liquidation judiciaire**
  Situation irrémédiablement compromise
  Réalisation de l'actif en vue de l'apurement du passif

CHAPITRE 19 Transmission de l'entreprise

PROGRAMME

Compétences visées

- **Déterminer** le mode juridique et fiscal le plus approprié pour l'opération de transmission
- **Évaluer** et **optimiser** le coût fiscal de la transmission
- **Assurer** le suivi juridique de la transmission (garanties de passif, …)

Notions et contenus

- La transmission à titre onéreux de l'entreprise : la cession de l'entreprise individuelle (vente du fonds de commerce) ; la cession de droits sociaux
- La transmission à titre gratuit de l'entreprise : les conséquences du décès de l'associé ou du dirigeant de l'entreprise individuelle ; la donation de l'entreprise ou des droits sociaux ; l'impact de la situation familiale de la personne faisant l'opération (présence ou absence d'enfants, mariage, Pacs) ; la fiscalité de la transmission à titre gratuit

PLAN DU CHAPITRE

L'entreprise peut être cédée, qu'elle soit exploitée sous forme d'entreprise individuelle ou sous forme sociétaire. De même, l'entreprise est un élément d'un ou de plusieurs patrimoines et entre dans les opérations affectant celui-ci. Une entreprise individuelle ne se transmet pas comme une société. La première n'a pas d'existence juridique propre, tandis que la seconde, lorsqu'elle dispose de la personnalité morale, est la seule propriétaire de l'entreprise.

MOTS-CLÉS

Cession des actifs • Cession du contrôle • Dévolution à cause de mort • Personne interposée • Vente du fonds de commerce

La transmission de l'entreprise à titre onéreux

A) La cession de l'entreprise individuelle commerciale

La vente du fonds de commerce est régie par les règles du droit commun des contrats, ainsi que par celles du droit de la vente. Elle est également soumise à des règles édictées dans le Code de commerce (art. L. 141-1 et s.), issues des lois du 17 mars 1909 et du 29 juin 1935. Pour la distribution de ces règles, il suffit de rappeler que le spécial déroge au général.

1. Les conditions de fond de la vente du fonds de commerce

Droit commun. Les conditions de validité édictées par le droit commun des contrats s'appliquent à la vente du fonds de commerce, de même que celles communes à toute vente. Ainsi, lorsque le fonds de commerce est la propriété d'une personne incapable (mineur ou majeur incapable), la vente ne peut être conclue que par son représentant légal. De même, le prix de vente doit être déterminé ou déterminable.

Préalable à la vente : l'information des salariés. Les salariés de certaines entreprises désignées par la loi bénéficient d'un droit d'être informé de la volonté du propriétaire du fonds de céder ce dernier (C. com., art. L. 141-23).

Pouvoirs. Outre les règles communes relatives à la capacité de contracter, il convient de préciser que la personne souhaitant se porter acquéreur d'un fonds de commerce doit avoir la capacité commerciale, du moins s'il souhaite exploiter directement le fonds. Aussi, une personne frappée d'une interdiction d'exercer le commerce ne saurait acquérir un fonds de commerce. En revanche, un mineur émancipé le pourrait depuis que l'article L. 121-2 du Code de commerce (loi du 15 juin 2010 sur l'EIRL) l'autorise à être commerçant.

Prix. Les parties sont libres du prix de vente mais peuvent avoir dissimulé une partie du prix en affichant, dans l'acte de vente, un prix inférieur au prix réel (pour des raisons fiscales). Ce dernier est alors contenu dans une **contre-lettre**. L'article 1202 du Code civil dispose que la contre-lettre qui contient le supplément du prix est nulle (même entre les parties) lorsqu'elle concerne notamment une cession de fonds de commerce.

Article 1202 du Code civil :

http://dunod.link/hd3x4ky

2. Les conditions de forme de la vente du fonds de commerce

Préparation de l'acte de vente. Souvent la vente d'un fonds de commerce (c'est aussi exact pour un immeuble) est précédée d'un acte préparatoire, c'est-à-dire d'un avant-contrat. Celui-ci prend la forme soit d'une **promesse unilatérale de vente** – seul le propriétaire s'engage à vendre –, soit d'une **promesse synallagmatique de vente** (dite « compromis de vente » en pratique) – les deux parties sont engagées, l'une à vendre, l'autre à acheter. On rappellera que, lorsqu'elle est unilatérale, la promesse, qu'elle soit établie par acte sous seing privé ou authentique, doit être enregistrée auprès de l'administration fiscale dans les dix jours à compter de son acceptation par le bénéficiaire. À défaut, l'acte est nul (C. civ., art. 1589-2).

Statut de l'écrit. La validité de la vente du fonds de commerce n'est pas conditionnée par un écrit. Certes, la loi exige la présence de mentions informatives dans l'acte même, mais leur omission n'est pas sanctionnée par une nullité automatique.

En pratique, un écrit est le plus souvent rédigé afin que les formalités informatives et publicitaires puissent être accomplies.

Mentions obligatoires. Afin que le candidat à l'acquisition puisse contracter en toute connaissance de cause, la loi oblige le vendeur à mentionner, dans l'acte, certaines mentions informatives (C. com., art. L. 141-1, I). La règle concerne aussi la promesse synallagmatique de vente, parce qu'elle vaut vente, mais pas la simple promesse unilatérale. La liste est exhaustive :

- le nom du précédent vendeur, la date et la nature de son acte d'acquisition et le prix de cette acquisition pour les éléments incorporels, les marchandises et le matériel ;
- l'état des privilèges et nantissements grevant le fonds ;
- le CA qu'il a réalisé durant les trois exercices comptables précédant celui de la vente, ce nombre étant réduit à la durée de la possession du fonds si elle a été inférieure à trois ans ;
- les résultats d'exploitations réalisés pendant le même temps ;
- le bail, sa date, sa durée, le nom et l'adresse du bailleur et du cédant, le cas échéant.

Sanction de l'omission. La vente qui ne comporte pas une ou plusieurs des mentions ci-dessus présentées est annulable. La sanction de pareil formalisme informatif peut sembler sévère, mais la nullité est enfermée dans certaines conditions (C. com., art. L. 141-1, II) :

- seul l'acquéreur peut agir, ce qui en fait une nullité relative ;
- l'action en nullité doit être intentée dans l'année qui suit la conclusion de la vente. Il s'agit d'un délai préfix, donc non susceptible de suspension et d'interruption ;
- la nullité n'est pas automatique ; elle n'opère pas de plein droit. Le juge saisi n'a pas pour rôle de constater la nullité mais de la prononcer ou pas. À cet effet, il lui appartient, selon une jurisprudence constante, de rechercher si l'omission d'une mention obligatoire a vicié le consentement de l'acheteur.

Loi du 19 juillet 2019. La loi de simplification du droit des sociétés du 19 juillet 2019 a abrogé l'article L. 141-1 du Code de commerce qui prescrivait, à peine de nullité de la vente, la présence de mentions obligatoires dans l'acte de vente. Il a été jugé que ce texte générait un contentieux inutile et que les parties à une vente de fonds de commerce sont suffisamment averties pour se renseigner sur les conditions d'exploitation du fonds. Cette loi est d'application immédiate. L'article 1112-1 du Code civil consacre une obligation d'information à la charge du cocontractant. Ce texte peut bien évidemment trouver application pour le cas où le vendeur du fonds de commerce omettrait de communiquer une information importante à l'acheteur.

Sanction de l'inexactitude. La sanction de l'inexactitude (par exemple l'indication des bénéfices fiscaux au lieu des bénéfices réels) est énoncée par l'article L. 141-3 du Code de commerce : le vendeur est tenu d'une garantie dont la consistance est précisée par un renvoi à la garantie des vices cachés. D'où il se déduit que l'acheteur a le choix de demander la résolution de la vente ou la réduction du prix. L'application du régime de la garantie des vices cachés s'arrête là. Ainsi, la garantie en cas d'inexactitude est d'ordre public. Le délai pour agir est d'une année à compter de la date de la prise de possession du fonds. L'action ne peut être intentée que par l'acquéreur (C. com., art. L. 141-4).

La commune est dans l'impossibilité légale d'exercer son droit de préemption lorsque le fonds est compris dans la cession totale ou partielle d'une entreprise faisant l'objet d'une procédure collective.

Publicité. Le législateur impose à l'acquéreur l'accomplissement d'une formalité de publicité afin d'informer les tiers de la vente et, plus précisément, de permettre aux créanciers du vendeur d'intervenir. Dans les 15 jours de la vente, l'acte de vente doit être publié sous forme d'extrait ou d'avis au BODACC et dans un JAL (C. com., art. L. 141-12).

Déclaration préalable. Le Code de l'urbanisme impose la déclaration préalable de la cession à la commune où est situé le fonds. Cette formalité ne doit être accomplie que lorsque, d'une part, le Conseil municipal a institué un droit de préemption en délimitant un périmètre de sauvegarde du commerce et de l'artisanat de proximité et, d'autre part, le fonds se trouve dans ledit périmètre (C. urb., art. L. 214-1 et R. 214-1).

Formalité fiscale. À peine de nullité, l'acte de vente sous seing privé doit faire l'objet d'un enregistrement auprès de l'administration fiscale (C. com., art. L. 141-13). Cette formalité doit être accomplie avant les publicités légales. À cette occasion, un droit d'enregistrement proportionnel à la valeur du fonds est payé par l'acheteur. Si un acte authentique est dressé cette formalité est exceptée.

Inventaire et visa des livres de comptabilité. L'article L. 141-2 du Code de commerce prévoit qu'« au jour de la cession, le vendeur et l'acquéreur visent un document présentant les chiffres d'affaires mensuels réalisés entre la clôture du dernier exercice comptable et le mois précédant celui de la vente. Pendant une durée de trois ans à compter de l'entrée de l'acquéreur en jouissance du fonds, le vendeur met à sa disposition, à sa demande, tous les livres de comptabilité qu'il a tenus durant les trois exercices comptables précédant celui de la vente. Toute clause contraire est réputée non écrite. »

Formalités propres à certains éléments du fonds. L'accomplissement des formalités propres à la vente du fonds de commerce ne dispense pas d'accomplir celles qui sont spécifiques à certains éléments faisant partie du fonds et cédés avec ce dernier.

Exemples

- La cession d'un brevet n'est opposable aux tiers que si l'acte a été inscrit sur le registre national des brevets, tenu par l'Institut national de la propriété industrielle (CPI, art. L. 613-9).
- Le bailleur ne peut pas s'opposer à la cession du bail commercial et une clause d'incessibilité introduite dans un tel contrat encourt la nullité (C. com. art. L. 145-16), tandis qu'est valable la clause prévoyant l'agrément du nouveau preneur par le bailleur. Pour autant, la cession du bail commercial n'est opposable au bailleur que si elle lui a été signifiée, même s'il est intervenu dans l'acte. En effet, la cession de bail est soumise à l'article 1690 du Code civil relatif à la cession de créance. Il en résulte en outre que la formalité de la signification n'est pas nécessaire lorsque la vente du fonds de commerce a été réalisée par acte authentique et que le bailleur a accepté la cession du bail dans cet acte.

La garantie contre l'éviction ne fait pas obstacle au rétablissement de vendeur pour l'exercice d'une activité similaire pour autant qu'il n'ait pas pour conséquence la reprise de la clientèle cédée. Souvent la convention stipule une clause de non-rétablissement ou de non-concurrence. Elle est valable, mais ne se confond pas avec la garantie d'éviction. De sorte que même si la convention de non-concurrence est respectée – soit que le vendeur ne s'est pas réinstallé dans le secteur géographique spécifié, soit que le délai stipulé est expiré – le vendeur du fonds reste tenu de s'abstenir de reprendre la clientèle cédée.

3. Les obligations des parties à la vente

Une fois le contrat valablement formé, les obligations des vendeur et acheteur sont les mêmes que pour toute vente (tab. 19.1).

Tableau 19.1. Obligations des parties

Vendeur	Acheteur
• Obligation de délivrance de la chose • Obligation de garantie, dont garantie contre l'éviction interdisant au vendeur de détourner la clientèle du fonds vendu	• Obligation de payer le prix (double garantie de défaut de paiement pour le vendeur : privilège et action résolutoire) • Souvent le paiement du prix est échelonné dans le temps par la souscription, par l'acquéreur, de billets à ordre à échéances successives, appelés « billets de fonds » dans la pratique.

Privilège du vendeur de fonds de commerce. La loi lui confère un privilège (qui n'est autre qu'une sûreté) qui lui confère un droit de préférence, c'est-à-dire le droit d'être payé avant les autres créanciers de l'acheteur, sur le prix retiré de la vente amiable ou forcée du fonds. Ce droit de préférence suit le fonds lorsque ce dernier est revendu par l'acheteur (C. com., art. L. 143-12). On dit alors que le privilège confère un droit de suite : le vendeur pourra réclamer paiement au sous-acquéreur.

Conditions du privilège. L'existence du privilège du vendeur du fonds de commerce est subordonnée à l'enregistrement de l'acte de vente et à son inscription sur un registre public tenu au greffe du tribunal de commerce du lieu d'exploitation du fonds (C. com., art. L. 141-5). L'inscription doit être réalisée dans les 30 jours qui suivent la signature de l'acte de vente. L'inscription hors délai est nulle (C. com., art. L. 141-6, al. 1er).

Assiette du privilège. Le privilège du vendeur porte sur les éléments du fonds énumérés dans la vente et dans l'inscription sur le registre spécial. Mais faut-il encore que le prix soit ventilé entre les éléments incorporels du fonds, le matériel et les marchandises.

Exercice du privilège. Le privilège du vendeur porte sur la totalité du prix qui lui est dû, mais son exercice est compartimenté par la loi selon l'origine de la créance. Autrement dit le privilège s'exerce sur le prix ventilé en trois compartiments : le prix correspondant aux éléments incorporels, celui correspondant au matériel et celui des marchandises. Par exemple, le privilège ayant pour assiette les éléments incorporels ne pourra être exercé que sur le prix afférant à ces éléments, ce qui peut se révéler défavorable au vendeur lorsque la valeur de ces derniers a diminué.

Si l'acquéreur procède à des paiements partiels, la loi ajoute une autre règle importante : ils s'imputent d'abord sur le prix des marchandises, ensuite sur le prix du matériel, puis sur le prix des éléments incorporels.

Exemple

- Prenons l'hypothèse suivante : la ventilation du prix mentionnée dans l'acte de vente, fait apparaître 300 pour les marchandises et l'acquéreur a effectué un paiement partiel de 200 quelques mois après la vente. Lors de la revente du fonds, le prix des marchandises est de 200.
  L'imputation du paiement partiel doit être effectuée sur le prix de revente des marchandises (200 – 200 = 0). 100 est la somme restant due au vendeur (300 – 200 = 100). Cette créance est chirographaire puisque le privilège relatif aux marchandises ne peut être exercé que sur le prix de revente des marchandises.

Vente forcée. Le vendeur privilégié dispose de la faculté de faire ordonner la vente du fonds huit jours après sommation de payer faite à l'acquéreur demeurée infructueuse. La demande est portée devant le tribunal de commerce du lieu d'exploitation du fonds (C. com., art. L. 143-5).

Action résolutoire. Comme tout vendeur, celui d'un fonds de commerce dispose d'une action en résolution de la vente si l'acheteur ne paye pas le prix (C. civ., art. 1654). Toutefois, lorsque la vente concerne un fonds de commerce, l'action résolutoire ne pourra être exercée que si elle a été mentionnée et réservée expressément dans l'inscription du privilège dans le registre public (C. com., art. L. 141-6, al. 2). La règle a pour objet de protéger les créanciers de l'acheteur ainsi que le sous-acquéreur éventuel.

Condition d'exercice de l'action résolutoire. La mention et la réservation de l'action résolutoire ne suffisent pas à son efficacité. En effet, le vendeur qui entend exercer pareille action doit la notifier aux créanciers inscrits sur le fonds (*i.e.* qui disposent d'une sûreté sur le fonds). Le jugement ne peut intervenir qu'après un mois écoulé depuis la notification (C. com., art. L. 141-8).

4. La protection des créanciers du vendeur

Publicité. Tout d'abord, on rappellera que la double publicité de l'acte de vente, à laquelle est soumis l'acquéreur du fonds à peine d'inopposabilité du paiement du prix, permet aux créanciers de celui-ci d'être informés de la vente. De la sorte, ils sont en mesure d'exercer leurs droits d'opposition et de surenchère.

Droit d'opposition. Durant une période de 10 jours, courant à compter de l'accomplissement des formalités de publicité, les créanciers du vendeur sont en droit de former opposition au paiement du prix par l'acheteur (C. com., art. L. 141-14). Il importe peu qu'ils soient chirographaires ou titulaires de sûretés, titulaires de créances échues ou à échoir (sauf pour la créance de loyer qui doit être échue). L'opposition doit être formée par acte extrajudiciaire (le plus souvent par huissier de justice).

Durant ce délai de 10 jours, le prix est indisponible : il est fait interdiction à l'acquéreur de le verser au vendeur. Si ce paiement est malgré tout réalisé, il serait inopposable aux créanciers, qu'ils aient formé opposition ou pas, ce qui signifie que l'acquéreur s'expose à payer une seconde fois (C. com., art. L. 141-17).

Confronté à une telle opposition des créanciers, le vendeur du fonds peut en demander la mainlevée au président du tribunal de grande instance statuant en référé. En d'autres termes, il demande à pouvoir percevoir le prix malgré l'opposition. Pour ce faire, il doit consigner une somme d'argent suffisante, fixée par le juge des référés, pour désintéresser, le cas échéant, les créanciers opposants (C. com., art. L. 141-15).

5. Fiscalité de la vente du fonds de commerce

Bénéfice d'exploitation et plus-values de cession. Les règles relatives aux impôts directs sont présentées dans le chapitre relatif à la cessation de l'entreprise individuelle (↪ chapitre 20).

Par ailleurs, l'acquéreur du fonds de commerce est solidairement tenu (avec le cédant) du paiement des impôts sur les bénéfices d'exploitation dus par le cédant au titre de l'année de cession. Mais cette solidarité ne saurait l'obliger au paiement d'une somme d'argent supérieure au prix du fonds de commerce (CGI, art. 1684, 1).

Droits d'enregistrement. L'enregistrement de l'acte de cession du fonds de commerce doit être réalisé dans le délai d'un mois suivant la conclusion de l'acte.

Distinction. La question peut se poser de savoir s'il est fiscalement préférable de racheter les titres sociaux d'une entreprise ou le fonds de commerce. Le fonds de commerce représente l'actif de l'entreprise, c'est-à-dire l'ensemble des éléments intervenant dans l'exercice de l'activité (les biens corporels tels que les machines, les marchandises, les stocks… et les biens incorporels tels que la clientèle, les brevets…). Les titres sociaux sont la contrepartie des apports effectués par les associés. Ces derniers ne disposent donc pas d'un droit de propriété sur les actifs de l'entreprise. Le principal intérêt d'acquérir un fonds de commerce réside dans le fait que la cession ne porte que sur les actifs.

Les dettes sont donc exclues. Elles restent à la charge du cédant. Bien entendu, l'inconvénient réside dans le fait que le prix de cession sera plus important en excluant le passif de la transaction. En pratique, le cessionnaire a rarement le choix quant à la forme de l'acquisition. Malgré cela, la différence de fiscalité entre les deux situations nécessite de s'intéresser à l'imposition de la cession du fonds de commerce.

Assiette. Le calcul des droits d'enregistrement est basé :
- soit sur le prix augmenté des charges imposées à l'acquéreur et diminué des obligations contractées par le vendeur en lieu et place de l'acquéreur ;
- soit sur la valeur vénale du fonds de commerce s'il est supérieur au prix.

L'administration a donc la possibilité de contester le prix fixé par les parties si elle estime que la valeur vénale du fonds lui est supérieure. À cette fin, elle doit en apporter la preuve.

Tous les éléments du fonds de commerce ne sont pas à prendre en compte pour le calcul des droits d'enregistrement :
- servent de base de calcul la clientèle, le droit au bail, les objets mobiliers ou autres servant à l'exploitation du fonds (art. 719 du CGI) ;
- sont exclus les marchandises et les stocks (TVA applicable selon les cas), les brevets (application d'un droit fixe de 125 € : art. 731 du CGI), les créances, les dettes et les contrats.

Taux. La cession du fonds est soumise aux droits suivants :
- Jusqu'à 23 000 € : 0 %.
- Entre 23 000 €et 200 000 € : 3 %.
- Au-delà de 200 000 € : 5 %.

Ces taux intègrent à la fois une taxe d'État et des taxes additionnelles départementale et communale (tab. 19.2).

Tableau 19.2. Assiette et taux applicables aux cessions de fonds

Valeur de la fraction taxable	Taux applicable			
	Taxe d'État	Taxe additionnelle départementale	Taxe additionnelle communale	Total
Jusqu'à 23 000 €	0 %	0 %	0 %	0 %
De 23 000 € à 107 000 €	2 %	0,60 %	0,40 %	3 %
De 107 000 € à 200 000 €	0,60 %	1,40 %	1,00 %	3 %
Au-delà de 200 000 €	2,60 %	1,40 %	1,00 %	5 %

L'enregistrement de l'acte de cession du fonds de commerce doit être réalisé dans le délai d'un mois suivant la conclusion de l'acte. À défaut, l'opération doit être déclarée dans le mois qui suit l'entrée en possession du fonds. Les droits sont acquittés par l'acquéreur, sauf disposition contraire au moment de l'enregistrement.

Exemple

Une vente d'un fonds de commerce est effectuée. Le bilan se présente de la manière suivante :

Actif		Passif	
Clientèle	400 000	Capital	900 000
Biens mobiliers	500 000	Emprunts	500 000
Stocks	400 000	Fournisseurs	150 000
Créances	150 000		
Total	**1 450 000**	**Total**	**1 450 000**

Les stocks (TVA) et les créances ne sont pas compris dans l'assiette des droits d'enregistrement. Par conséquent, la base imposable porte sur la clientèle et les biens mobiliers, soit 400 000 €+ 500 000 € = 900 000 €.

Les droits suivants seront dus lors de l'enregistrement de l'acte de cession :

Jusqu'à 23 000 € = 0 €

De 23 000 à 200 000 € = 177 000 × 3 % = 5 310 €

Au-delà de 200 000 € = 700 000 × 5 % = 35 000 €

Le montant des droits d'enregistrement s'élève à 5 310 + 35 000 = 40 310 €.

6. La cession des autres éléments d'exploitation

Exclusion des immeubles du fonds. Les immeubles ne sont pas des éléments du fonds de commerce et ne font donc pas partie de la vente de ce dernier. Aussi, lorsque le fonds est exploité dans un immeuble dont est propriétaire l'exploitant, la vente de l'immeuble se fait par un acte séparé et obéit à un régime juridique et fiscal différent de la vente du fonds. Par exemple, la vente immobilière doit faire l'objet d'un acte authentique afin qu'il puisse être procédé aux formalités de publicité foncière. Souvent, une clause lie le sort des deux biens.

Il n'est pas interdit d'établir un seul acte authentique réunissant la vente du fonds et de l'immeuble.

Fiscalité des plus-values immobilières. Le Code général des impôts prévoit un abattement sur les plus-values immobilières à long terme réalisées dans le cadre d'une activité commerciale, industrielle, artisanale, libérale ou agricole (donc les plus-values professionnelles). Ces plus-values sont imposées après application d'un abattement de 10 % par année de détention au-delà de la cinquième (CGI, art. 151 *septies* B). Les plus-values réalisées sur des biens immobiliers détenus depuis plus de 15 ans sont donc totalement exonérées.

Cet abattement s'applique notamment aux plus-values réalisées à l'occasion de la cession :

- des immeubles bâtis ou non bâtis affectés par l'entreprise à sa propre exploitation (à l'exclusion des immeubles de placement et des terrains à bâtir) ;
- des droits afférents à un contrat de crédit-bail immobilier.

Droits d'enregistrement sur les immeubles. Selon l'article 683 I du CGI, l'assiette des droits est constituée par le prix exprimé, en y ajoutant toutes les charges en capital ainsi que toutes les indemnités stipulées au profit du cédant, à quelque titre et pour quelque cause que ce soit, ou sur estimation d'experts, dans les cas autorisés par le CGI. Le taux applicable est le cumul entre la taxe départementale, la taxe communale et le prélèvement de l'État pour frais d'assiette calculé sur le montant de la taxe départementale que les conseils généraux peuvent moduler (tab. 19.3).

Tableau 19.3. Variation du taux de la taxe départementale

Taxe départementale	De 3,80 % à 4,50 %
Taxe communale	1,20 %
Prélèvement de l'État pour frais d'assiette (calculé sur la taxe départementale)	2,37 %
Montant total	De 5,09 % à 5,80 %

Créances, dettes et contrats. Les créances, dettes et contrats ne sont pas cédés de plein droit à l'acquéreur du fonds de commerce. Les créances dont est titulaire le vendeur du fonds et les dettes auxquelles il est tenu ne sont pas des éléments du fonds de commerce, mêmes quand elles trouvent leur origine dans l'exploitation de celui-ci. Il en est de même des contrats en cours au jour de la vente du fonds puisqu'ils comportent des créances et/ou des dettes. Par exception, le bail commercial fait partie des éléments du fonds de commerce. Le droit au bail est donc cédé avec le fonds.

Parfois, le contrat en cause est indispensable à l'exploitation du fonds de commerce ; par exemple un contrat de franchisage liant un franchiseur (le cocontractant) et un franchisé (le vendeur du fonds de commerce et cédant du contrat). Les conséquences d'un refus du franchiseur seraient graves pour l'acheteur du fonds. Il est donc recommandé de stipuler une condition suspensive, c'est-à-dire une clause par laquelle l'acquisition du fonds est conditionnée par le consentement du franchiseur à la cession du contrat de franchisage.

Cession conventionnelle. Pour autant, la cession des créances, dettes et contrats est possible, par convention et séparément du fonds de commerce. Concrètement, il s'agira d'une clause stipulée dans l'acte de vente du fonds et concernant spécifiquement les créances, dettes et contrats ; ou encore d'un acte séparé de la vente.

Créances. La cession de créance est autorisée par le droit français. Elle ne nécessite pas l'accord du débiteur. En revanche, les formalités édictées par l'article 1324 du Code civil doivent être respectées afin que la cession soit opposable aux tiers.

Dettes. La cession de dette était interdite en droit français, du moins sans l'accord du créancier cédé. L'ordonnance du 10 février 2016 autorise la cession de dette et règle son régime (C. civ., art. 1327 s.).

Cession conventionnelle des contrats. Le droit français prévoit, depuis 2016, un régime juridique général propre à la cession de contrat (art. 1216 et s. C. civ.). L'intérêt de la cession est grand lorsqu'il s'agit d'un contrat s'inscrivant dans la durée et qu'il est en cours d'exécution au jour de la vente du fonds. La cession de contrat est possible, même si le contrat a été conclu *intuitu personae*. Une condition est toutefois posée : le consentement du cocontractant (le cédé).

Cession légale des contrats. Par exception au principe de liberté contractuelle, la loi prévoit dans certains cas et pour certains contrats une cession de plein droit (tab. 19.4).

Tableau 19.4. **Contrats légalement cessibles**

Contrats de travail	Lors d'une cession d'entreprise (individuelle ou non) tous les contrats de travail en cours au jour de la cession subsistent entre le nouvel employeur et le personnel de l'entreprise (C. trav., art. L. 1224-1).
Contrats d'assurance	• Les contrats d'assurance de dommages (ils garantissent les biens et la responsabilité civile) continuent de plein droit au profit de l'acquéreur de la chose assurée (C. assur., art. L. 121-10). Il pourrait s'agir par exemple d'une assurance perte d'exploitation (↪ chapitre 1). • La règle ne s'applique pas lorsque la chose assurée, et aliénée, est un véhicule.
Contrats d'édition	En cas d'aliénation de son fonds de commerce par un éditeur, les contrats d'édition sont transmis de plein droit. Toutefois, si cette aliénation est de nature à compromettre gravement les intérêts matériels ou moraux de l'auteur, celui-ci est fondé à obtenir réparation même par voie de résiliation du contrat (CPI, art. L. 132-16).

B) La cession de l'entreprise sous forme de société

1. La cession d'une société

La cession d'une société peut procéder de deux techniques :

- Une **cession des actifs** et, notamment, du fonds de commerce, le cédant n'étant autre que la société elle-même. Les règles examinées relatives à la vente de fonds de commerce s'appliquent (voir *supra*). En réalité, il ne s'agit pas directement de cession de société, mais de cession de fonds de commerce.
- Une **cession du contrôle** de la société. Elle consiste en la cession par les associés majoritaires de leurs droits sociaux. La **cession de contrôle** n'est pas non plus une cession directe de la société puisque le cessionnaire n'acquiert pas les biens de la société ; il ne dispose pas de la propriété de l'actif social, pas plus que le cédant. En d'autres termes, l'entreprise demeure dans le patrimoine de la société.

Cession de droits sociaux. La cession de contrôle est une convention par laquelle un ou plusieurs associés majoritaires cèdent la propriété de leurs droits sociaux – parts sociales ou actions – à une personne qui devient ainsi associé majoritaire et contrôle alors la société émettrice desdits droits sociaux.

Réglementation. Juridiquement la cession de contrôle n'est autre qu'une cession de droits sociaux. Elle n'est pas réglementée en tant qu'opération de contrôle, sauf pour les sociétés cotées en Bourse. S'agissant de celles-ci, le Code de commerce édicte des dispositions relatives aux offres publiques d'achat ou d'échange (voir *supra*). Les praticiens préfèrent alors parler de prise de contrôle.

La cession de droits sociaux émis par des sociétés non cotées obéit au droit commun des contrats et à celui de la vente, ainsi qu'à des règles spécifiques tenant à la forme de la société émettrice.

2. La nature et la qualification de la cession d'une société

Contrat civil ou contrat commercial. En principe, la cession de droits sociaux constitue un contrat civil, quelle que soit la forme de la société cible. Toutefois, les tribunaux jugent que la cession est commerciale lorsqu'elle « a pour objet ou pour effet d'assurer aux acquéreurs le contrôle » d'une société commerciale. Il s'agit d'un acte de commerce qui emporte toutes les conséquences que l'on sait : liberté de la preuve, compétence du tribunal de commerce, solidarité des acquéreurs s'ils sont plusieurs.

Cession de droit ou cession de fonds de commerce ? Lorsque la cession de droits sociaux confère à l'acquéreur le contrôle de la société cible, ce qui est l'objet même d'une cession de contrôle, la question s'est posée de savoir si l'acte devait être requalifié en vente de fonds de commerce (lorsque l'activité est commerciale) ou si, au contraire, le nombre de titres cédés ne devait avoir aucune incidence sur le régime applicable.

En droit fiscal comme en droit commercial, la cession massive de droits sociaux n'est plus requalifiée en cession de fonds de commerce.

3. La liberté de céder

Régimes matrimoniaux. L'article 1424 du Code civil, applicable aux époux mariés sous le régime de la communauté réduite aux acquêts, soumet à la cogestion (c'est-à-dire au consentement des deux époux) la cession de droits sociaux non négociables (SARL, SNC, SCI...). Lorsque les droits sociaux sont négociables (SAS, SA...), le consentement du conjoint n'est pas nécessaire.

Même si les statuts ou la loi exigent un agrément en cas de cession, si cet agrément devait être refusé, le cédant n'est jamais tenu de conserver ses droits sociaux et de demeurer associé. Plusieurs solutions sont prévues alors : d'abord, les associés ont la possibilité d'acquérir les droits sociaux ; s'ils les acquièrent, ils sont réputés acquéreurs à proportion du nombre de droits sociaux qu'ils détenaient antérieurement ; ensuite, si aucun associé ne se porte acquéreur, la société peut faire acquérir les parts par un tiers, ou racheter les droits sociaux en vue de leur annulation.

Agrément. La cession est-elle libre ou, au contraire doit-elle faire l'objet d'un agrément par les dirigeants de la société ou les actionnaires réunis en assemblée ? Tout dépend de la forme de la société cible (tab. 19.5).

Tableau 19.5. Procédure d'agrément en cas de cession d'une société

	Agrément obligatoire	Agrément facultatif
Société civile	Cession à des tiers	Cession à des ascendants ou descendants
SNC	Toutes cessions	–
SARL	Cessions à des tiers	• Transmission des parts sociales par voie de succession ou du fait de la liquidation de communauté de biens entre époux. • Cession à son conjoint, à un ascendant ou à un descendant. • Cession entre les associés.
SA	Non	• Cession à des tiers ou entre associés. • Clause d'agrément impossible en cas de succession, de liquidation du régime matrimonial ou de cession soit à un conjoint soit à un ascendant ou à un descendant.
SAS	Non	Cession à des tiers ou entre associés.

Clause d'inaliénabilité. La loi prévoit que les statuts d'une SAS peuvent prévoir l'inaliénabilité des actions. Cette interdiction de cession ne saurait excéder une durée de 10 ans (C. com., art. L. 227-13).

En pratique, la clause d'inaliénabilité demeure rare.

4. La préparation de la cession

Justification. La cession de contrôle est une opération complexe qui, en pratique, est le plus souvent préparée. Rares sont les accords immédiats. La préparation s'impose notamment pour des raisons financières. Un audit financier et juridique de la société cible est le plus souvent nécessaire pour évaluer le prix de cession. Il permet aussi de déterminer la nécessité et la portée d'une clause de garantie. Des considérations juridiques sont aussi à prendre en compte :
- le CSE de la société cible doit être consulté sur le projet de cession ;
- dans certaines sociétés, les salariés doivent être informés de la cession, à certaines conditions ;
- l'agrément de la société doit être recueilli lorsque la loi ou les statuts l'exigent ;
- la cession de contrôle peut entrer dans le champ d'application du contrôle des concentrations d'entreprise.

Négociations. La négociation de la cession peut être encadrée par des accords préparatoires, notamment une lettre d'intention faisant état de l'intention, non contraignante, de l'acquéreur et pouvant aussi fixer les règles de la négociation, notamment la confidentialité des informations échangées ou encore l'exclusivité de la négociation avec le seul partenaire (C. civ., art. 1112 et s.)

Promesse unilatérale de cession (C. civ., art. 1124). Fréquemment la cession de droits sociaux est précédée d'un acte préparatoire, c'est-à-dire d'un avant-contrat. Celui-ci prend généralement la forme d'une promesse unilatérale de vente par laquelle seul le propriétaire s'engage à céder, le bénéficiaire disposant d'un délai pour lever l'option. Une telle promesse peut également être l'instrument d'une cession fractionnée des titres : une première cession portant sur une partie des titres et contenant une promesse de cession de l'autre partie des titres. L'intérêt est de permettre au cessionnaire de trouver les capitaux nécessaires à l'acquisition. En matière d'exécution forcée en nature, il convient de distinguer deux hypothèses (tab. 19.6).

Tableau 19.6. Hypothèses de cession et observations afférentes

Hypothèses	Observations
1. Le promettant se rétracte après que le bénéficiaire a levé l'option.	La rétractation n'est pas efficace car l'option a scellé la cession.
2. Le promettant se rétracte avant la levée de l'option.	C. civ., art. 1124 al. 2 : la révocation de la promesse pendant le temps laissé au bénéficiaire pour opter n'empêche pas la formation du contrat promis.

Promesses croisées. L'acte préparatoire peut prendre aussi la forme d'une promesse unilatérale d'achat. En pratique sont fréquentes les promesses unilatérales croisées :

l'un s'engage unilatéralement à vendre, tandis que l'autre s'engage, de la même façon, à acheter. La Cour de cassation juge qu'il s'agit là d'une promesse synallagmatique de vente, valant vente définitive, dès lors que les deux promesses réciproques ont le même objet et qu'elles sont stipulées dans les mêmes termes.

Pacte de préférence. Par un pacte de préférence le propriétaire des droits sociaux s'engage, au cas où il viendrait à les céder, à donner préférence au bénéficiaire du pacte aux conditions proposées par un tiers ou à des conditions prédéterminées. En droit des sociétés, le pacte de préférence est aussi appelé clause de préemption. Il est régi par l'article 1123 du Code civil. Il est valable et peut figurer soit dans un contrat distinct des statuts de la société dont il s'agit de céder des parts ou des actions (on parle de pacte extra-statutaire), soit dans les statuts. Dans ce dernier cas, le bénéficiaire de la préférence sera l'un des associés ou plusieurs d'entre eux.

Conditions suspensives (Code civil, art. 1304). Il ressort de la pratique que les actes de cession de contrôle stipulent très souvent des clauses conditionnant la perfection de l'acte à la survenance d'événements divers. Il s'agit de conditions suspensives. Plus exactement, une condition suspensive fait dépendre l'exécution de l'obligation de la survenance d'un événement futur ou incertain. Lorsque cet événement survient, le contrat est réputé efficace dès sa conclusion. La condition ne doit pas dépendre d'un événement qu'il est au pouvoir du seul débiteur d'empêcher ou de faire arriver, à peine de nullité de l'obligation conditionnelle (on parle de « condition potestative »).

Exemples

- Voici quelques exemples d'événements auxquels les parties conditionnent souvent l'exécution de la cession : agrément du cessionnaire par la société cible ; autorisation de la concentration lorsque les seuils sont atteints ; obtention d'un prêt bancaire par le cessionnaire ; remise de rapports d'audits ; remise de la démission du cédant au titre de son mandat social ; obtention de l'accord de certains cocontractants de la société de poursuivre les contrats en cours (utile lorsque ces contrats prévoient une faculté de résiliation unilatérale en cas de cession de contrôle) ; conclusion par la société de transactions relativement à certains litiges en cours.

5. Le prix de cession

Prix déterminé. L'article 1591 du Code civil, aux termes duquel le prix de la vente doit être déterminé et désigné par les parties, s'applique à la cession de droits sociaux. La règle est une condition de validité de l'acte.

Évaluation des droits sociaux. L'évaluation des droits sociaux n'est pas facile lorsque la société n'est pas cotée, faute de marché. De plus, bien souvent la valeur nominale des parts ou actions (qui s'obtient en divisant le montant du capital social par le nombre total de titres) ne correspond pas à leur valeur économique. Alors, il devient impérieux pour l'acquéreur d'obtenir les informations indispensables à une évaluation proche de la réalité. Pour ce faire, il aura recours aux informations résultant des publicités légales. Mais ces informations publiques ne sont pas suffisantes pour établir une évaluation complète. D'autres informations, tenant par exemple à l'existence de sûretés ou garanties non publiées, au contenu des contrats les plus importants tels le bail commercial ou un contrat de distribution, ne peuvent être obtenues que du cédant. Aussi, le candidat à l'acquisition des parts doit obtenir l'accord du cédant – ce qui n'est pas très compliqué lorsque ce dernier est le dirigeant social – pour procéder à un audit de la société. Cette opération est appelée *due diligence* dans les pays anglo-saxons.

Prix symbolique. Lorsque le passif de la société cible est supérieur à son actif, se pose la question de savoir si les parties peuvent stipuler un prix symbolique, de 1 euro par exemple. En principe le droit commun de la vente s'oppose à pareille pratique, d'une part parce que le prix n'est pas réellement déterminé, d'autre part parce qu'il est dérisoire. Toutefois, ce prix symbolique a pour contrepartie la prise en charge indirecte du passif de la société par le cessionnaire. Aussi, les tribunaux admettent-ils la validité de la cession, mais à condition que le montant du passif soit précisé dans le contrat.

En France, l'évaluation des droits sociaux est souvent confiée à des avocats d'affaires ou à des experts-comptables.

Prix déterminable. On sait que la jurisprudence relative à la vente admet que le prix soit simplement déterminable, c'est-à-dire résulte d'un procédé qui ne dépend pas de la volonté de l'une seule des parties. Cette technique est utile notamment lorsque les parties se sont rapprochées au cours d'un exercice comptable. Il est alors possible de prévoir dans un accord préparatoire un prix déterminé provisoire et de stipuler que le prix définitif sera établi lors de la clôture de l'exercice par tel procédé.

Exemple

- Est licite la clause qui prévoit dans un acte préparatoire un prix provisoire de 100 fixé en fonction de la valeur de l'actif net de la société à telle date et qui ajoute que le prix définitif sera fixé lors de la conclusion du contrat définitif en fonction de la valeur de l'actif net de la société résultant de la situation comptable de la société arrêtée à telle autre date.

Prix fixé par expert. En application du droit commun de la vente, les parties ont la faculté de laisser la détermination du prix de cession de droits sociaux à l'arbitrage d'un expert (C. civ., art. 1592).

Clause d'intéressement ou *earn-out*. La clause d'intéressement, dite aussi **clause d'*earn-out***, a pour objet de lier le montant du prix des titres aux performances futures de la société. Elle implique un paiement différé du prix. La jurisprudence admet la validité d'une telle stipulation, dès lors que le prix est déterminable, ce qui est le cas lorsque le prix est fonction de l'évolution des résultats et de la valeur réelle de l'entreprise à une date donnée.

6. Les formes de la cession

Cession de droits sociaux non négociables. On rappellera que les droits sociaux ne sont pas négociables lorsqu'ils ne peuvent pas être cédés selon les modes simplifiés du droit commercial. Il en est ainsi des parts sociales des sociétés civiles, des sociétés en nom collectif, des SARL et des sociétés en commandite pour les commandités. Ils sont cessibles mais certaines formes sont exigées.

Un écrit. L'acte de cession de droits sociaux non négociables doit être établi par écrit (C. civ., art. 1865 ; C. com., art. 221-14 et 223-17), prenant la forme soit d'un acte sous seing privé, soit d'un acte authentique. Pareille exigence ne conditionne pas la validité de la cession. Le formalisme s'impose à titre de preuve. Exceptionnellement, il conditionne la validité. C'est le cas de la cession intervenant entre époux membres d'une même société (C. civ., art. 1861, al. 4).

Formalisme de la cession de créance. N'étant pas négociables, les parts sociales ne peuvent pas être cédées par simple virement de compte à compte. L'article 1690 du Code civil relatif à la cession de créance évoquait que la cession n'est opposable à la société que si elle lui est signifiée par exploit d'huissier ou si elle est acceptée par la société dans un acte authentique. Le nouvel article 1324 du Code civil prévoit simplement que le débiteur doit se voir notifier la cession, ou en prendre acte. Toutefois, la loi prévoit, au sujet des sociétés en nom collectif et des SARL, que la signification peut être remplacée par le dépôt de l'original de l'acte de cession au siège social contre remise par le gérant d'une attestation de ce dépôt. Le Code civil dispose, s'agissant des sociétés civiles, que ladite signification peut être remplacée par transfert sur les registres de la société à condition que les statuts le prévoient (C. civ., art. 1865).

Publicité au RCS. Pour être opposable aux tiers, le formalisme destiné à rendre la cession opposable à la société doit être accompli. Depuis l'ordonnance n° 2014-863 du 31 juillet 2014 relative au droit des sociétés, et qui entend simplifier ce dernier, il n'est plus nécessaire que la cession soit publiée au RCS. Il suffit que les statuts modifiés soient publiés dans ce registre. Avant cette ordonnance, il était de jurisprudence constante que les tiers ne pouvaient se prévaloir d'un défaut de publication de la cession au RCS lorsqu'ils avaient personnellement connaissance de la cession. On peut penser que la solution s'applique désormais à la publication des statuts modifiés : les tiers ne sauraient se prévaloir d'un défaut de publication dès lors qu'ils ont connaissance de la cession.

Cession de droits sociaux négociables. Les actions nominatives qui sont émises par une SA, une SAS et une société en commandite par actions sont dites négociables. Du caractère négociable des actions, il résulte que les formes de l'article 1690 du Code civil, relatives à la cession de créance, ne sont pas nécessaires à la cession d'actions. Le contrat de cession n'a pas à être constaté par un écrit, ni publié au RCS. Toutefois, un écrit est le plus souvent établi, ne serait-ce que pour consigner les conditions suspensives ou, plus simplement encore, pour pouvoir prouver, le cas échéant, l'existence de la cession de contrôle. Cet écrit peut alors prendre la forme d'un acte sous seing privé ou être établi en la forme authentique.

Virement de compte. Un formalisme minimum est toutefois imposé par la loi. La cession doit être accomplie selon les formes simplifiées du droit commercial. On sait que toutes les actions émises par les sociétés non cotées doivent être nominatives. Ces actions sont inscrites dans des comptes ouverts au nom de leur propriétaire. Ces comptes sont tenus soit par la société émettrice, soit par un intermédiaire financier habilité. En conséquence, la cession d'actions nécessite un virement de compte à compte. Plus précisément, le cédant signe un ordre de virement, adressé à la société émettrice, afin que les actions cédées soient portées au nom du cessionnaire.

Pour tout savoir sur la *blockchain* :

http://dunod.link/sji99xd

Blockchain. L'ordonnance du 8 décembre 2017 a introduit dans le Code de commerce et le Code monétaire et financier ce que l'on nomme la technologie *blockchain*, ou « dispositif d'enregistrement électronique partagé » (DEEP) qui permet à la fois la conservation des titres et leur transfert par un moyen rapide et très sûr. Elle constitue une alternative légale à l'inscription en compte.

Tableau 19.7. **Écrit, opposabilité et transfert de propriété selon la forme sociale**

	Exigence d'un écrit	Opposabilité à la société	Opposabilité aux tiers	Transfert de propriété
Société civile	Oui	Formalisme de la cession de créance	Publicité au RCS	*Solo consensu*
SNC	Oui	Formalisme de la cession de créance	Publicité au RCS	*Solo consensu*
SARL	Oui	Formalisme de la cession de créance	Publicité au RCS	*Solo consensu*
SA	Non	Virement de compte ou DEEP	Absence de formalités	Inscription en compte ou DEEP
SAS	Non	Virement de compte ou DEEP	Absence de formalités	Inscription en compte ou DEEP

La cession doit être enregistrée auprès de l'administration fiscale, qu'il s'agisse de parts sociales ou d'actions.

7. Les garanties légales et conventionnelles de la cession

Le cessionnaire dispose de garanties légales, mais elles sont de faible portée. Aussi est-il important de stipuler une garantie conventionnelle (tab. 19.8).

Tableau 19.8. **Formes de garanties contractuelles**

Garantie légale des vices cachés	La garantie des vices cachés, prévue par le droit commun de la vente, peut être demandée par le cessionnaire à condition qu'il démontre que les droits sociaux acquis sont affectés d'un vice caché. La preuve d'un vice caché affectant un actif principal de la société cible ne suffit pas. La Cour de cassation exige que le vice affectant pareil actif soit de nature à rendre les parts sociales cédées impropres à leur destination.
Garantie légale d'éviction	• La Chambre commerciale de la Cour de cassation a jugé que la mise en œuvre de la garantie d'éviction est subordonnée à l'existence d'actes de nature à constituer des reprises ou des tentatives de reprise du bien vendu ou d'atteintes aux activités telles qu'elles empêchent le cessionnaire des titres de poursuivre l'activité économique de la société ainsi que de réaliser l'objet social. • Dans les sociétés où le droit de présentation de clientèle est essentiel lors de la cession – notamment dans les sociétés civiles professionnelles de médecins –, la Chambre civile juge que la tentative par le cédant de capter la clientèle de la société cédée suffit à établir la violation de la garantie d'éviction.

Garanties conventionnelles : clause de non-concurrence	• Le cédant s'engage à ne pas exercer une activité qui viendrait concurrencer le cessionnaire. Elle est valable dès lors qu'elle est limitée dans le temps et dans l'espace et proportionnée aux intérêts légitimes à protéger. • Lorsque le cédant avait, lors de l'acte de cession, la qualité de salarié de la société, se pose la question de savoir si à ces conditions de validité doit être ajoutée celle d'une contrepartie financière au profit du cédant salarié. La Cour de cassation répond par l'affirmative, même si la cession est conclue en qualité d'associé (Cass. com., 8 oct. 2013, pourvoi n° 12-25.984). • Son expiration n'empêche pas le cessionnaire d'agir en garantie d'éviction. C'est que cette garantie n'est pas limitée dans le temps. En outre, elle est d'ordre public lorsqu'elle a pour objet le fait personnel du vendeur (C. civ., art. 1628) : la durée prévue dans la clause de non-concurrence ne saurait limiter la durée de la garantie.
Clauses de garantie de passif	• Les praticiens ont ainsi mis en place de clauses permettant de garantir le passif de la société cible. Plus exactement, il s'agit de prévoir à la charge du cédant une garantie des dettes qui ne figuraient pas dans le bilan comptable, mais dont l'origine est antérieure à la cession. Les variantes sont nombreuses. La clause de garantie de passif est valable, mais doit être mise en œuvre avec loyauté. • La garantie se manifeste par le versement d'une somme d'argent par le garant, soit au cessionnaire, soit à la société cible, soit directement au créancier. • La garantie peut être plafonnée au prix perçu par le cédant, ce qui est fréquent lorsque le bénéficiaire est le cessionnaire (clause dite de révision du prix ou de garantie de valeur). Mais elle peut être illimitée, le garant devant alors garantir la totalité de la dette même si son montant est supérieur au prix qu'il a perçu lors de la cession (clause de garantie *stricto sensu*, dite aussi clause d'indemnisation).
Clause de garantie de l'actif	• Il n'est pas rare non plus de voir stipulées des clauses garantissant les actifs de la société. Elles permettent au cessionnaire de se prémunir contre le risque d'une constatation d'un défaut postérieurement à la cession. • La clause de garantie de l'actif est valable, mais doit être mise en œuvre avec loyauté.

La loi n° 2014-856 du 31 juillet 2014 relative à l'économie sociale et solidaire (loi ESS) oblige l'employeur à informer les salariés de sa volonté de céder le fonds de commerce ou les droits sociaux de la société employeur, selon les cas. À compter de la notification de cette information, les salariés bénéficient d'un délai de 2 mois pour présenter une offre d'achat du fonds ou des droits sociaux. Le propriétaire n'est pas tenu d'accepter cette offre.

8. La fiscalité de la cession de droits sociaux

Plus-values professionnelles. Le régime des plus-values professionnelles s'applique lorsque le cédant est :
- soit une entreprise soumise à l'impôt sur le revenu (IR) ;
- soit une société soumise à l'impôt sur les sociétés (IS) ;
- soit une personne physique associée d'une société de personnes dans laquelle elle exerce son activité professionnelle.

Entreprises relevant de l'IR. Lorsque le cédant est une entreprise relevant de l'impôt sur le revenu, il convient d'opérer une qualification de la plus-value en fonction de la nature du bien cédé et de la durée de détention des titres cédés. En effet, la cession des titres relève du régime des plus-values ou moins-values d'actifs à court ou à long terme. Encore faut-il que les titres cédés soient immobilisés. Relèvent du long terme les titres détenus depuis plus de deux ans, de même que les titres détenus depuis moins de deux ans à condition que la cession comprenne également des titres de même nature détenus depuis plus de deux ans. Lorsque tous les titres cédés étaient détenus depuis moins de deux ans, la plus-value est intégrée dans les résultats d'exploitation et elle est imposée dans les conditions de droit commun. S'il s'agit d'une moins-value, celle-ci est déductible du résultat d'exploitation. Les plus-values dégagées lors de la cession des titres faisant partie de l'actif immobilisé et détenus depuis plus de deux ans se voient appliquer le régime des plus-values à long terme sauf exonérations (tab. 19.9).

La taux d'imposition des plus-values à long terme est de 12,8 %, auquel il faut ajouter les prélèvements sociaux à hauteur de 17,2 % depuis le 1er janvier 2018, soit 30 % au total. Les moins-values nettes à long terme ne sont imputables que sur les plus-values à long terme réalisées au cours des dix exercices suivants.

Tableau 19.9. Régimes d'exonération des plus-values

Exonération en faveur des TPM (très petites entreprises) (CGI, art. 151 *septies*)	Cette exonération est très large puisqu'elle concerne toutes les immobilisations quel que soit le fait générateur (cession à titre onéreux ou gratuit, cessation d'activité). Pour cela, quatre conditions doivent être réunies : l'entreprise doit exercer une activité commerciale, industrielle, artisanale, libérale ou agricole ; l'activité doit avoir été exercée pendant au moins 5 ans ; l'activité doit être exercée à titre personnel ; l'entreprise doit avoir des recettes annuelles, hors taxes, inférieures à 350 000 € pour les entreprises de vente, les hôtels, les cafés et les restaurants ou inférieures à 126 000 € pour les autres prestataires de services.
Exonération pour les PME dont le fonds de commerce est inférieur à 500 000 € (CGI, art. 238 *quindecies*)	Pour le calcul de la valeur du fonds de commerce, seuls sont pris en compte les éléments entrant dans l'assiette des droits d'enregistrement. Le cédant doit exercer son activité depuis au moins 5 ans. L'entreprise doit être une PME au sens communautaire. La cession peut également porter sur une branche complète d'activité. À noter que l'exonération ne vise pas les plus-values relatives à la cession des biens immobiliers. L'exonération est totale si le fonds de commerce à une valeur inférieure à 300 000 € et dégressive si sa valeur est comprise entre 300 000 et 500 000 €.

Exonération du dirigeant partant à la retraite (CGI, art. 151 *septies* A)	• Applicable aux exploitants individuels et aux associés de sociétés de personnes sous conditions : – l'entreprise doit être une PME au sens communautaire ; – l'activité doit être commerciale, industrielle, artisanale, libérale ou agricole ; – le cédant doit exercer son activité depuis 5 ans ou être associé depuis 5 ans, le cédant doit prendre sa retraite dans les délais qui suivent ou qui précèdent la vente… • La portée de l'exonération est moins avantageuse que dans les cas précédents puisque celle-ci ne porte que sur l'impôt sur le revenu. Les prélèvements sociaux au taux de 17,2 % sont toujours exigibles. De même, la plus-value de cession des immeubles ne bénéficie pas de l'exonération.

Exemple

Le pourcentage de plus-value exonérée se calcule de la manière suivante :
(500 000 – valeur de la cession) / 200 000

Par exemple, le calcul de la cession d'un fonds de commerce dont les actifs soumis aux droits d'enregistrement s'élèvent à 450 000 € s'effectuera de la manière suivante :

Calcul : (500 000 – 450 000) / 200 000 = 0,25

La plus-value est exonérée à hauteur de 25 % dans ce cas.

Entreprises relevant de l'impôt sur les sociétés. Lorsque le cédant est une entreprise relevant de l'IS, le régime fiscal de la cession dépend de la qualification des titres cédés : titres de placement ou titres de participation.

En droit fiscal, constituent des titres de participation :
- les titres qui ont ce caractère sur le plan comptable, c'est-à-dire ceux dont la possession durable est estimée utile à la société ;
- les actions acquises en exécution d'une offre publique d'achat (OPA) ou d'échange (OPE) par l'entreprise qui en est l'initiatrice, mais à condition d'être inscrites dans un compte spécial ;
- les titres qui ouvrent droit au régime des sociétés mères, à condition d'être inscrits au compte des titres de participation ou dans une subdivision spéciale d'un autre compte du bilan correspondant à leur qualification comptable.

Tous les titres qui ne sont pas des titres de participation sont des titres de placement.

Régime d'imposition. Il convient de distinguer :
- Les titres de placement. La plus-value ou la moins-value relative à la cession de titres de placement est intégrée ou déduite du résultat d'exploitation comme les autres produits et charges.
- Les titres de participation. À la clôture de l'exercice, l'entreprise doit effectuer la différence entre, d'un côté, les plus-values et moins-values à court terme (détenues depuis moins de deux ans) et, de l'autre côté, les plus-values et moins-values à long terme (détenues depuis plus de deux ans). À la suite de cela, on obtient une plus-value ou moins-value nette à court ou à long terme. La plus-value nette à court terme de cession de titres de participation intègre le résultat d'exploitation soumis à l'impôt sur les sociétés. Les

moins-values nettes à long terme de cession de titres de participation sont déductibles des résultats d'exploitation. La plus-value nette à long terme de cession de titres de participation fait l'objet d'un traitement particulier puisqu'elle est exonérée sous condition de réintégration d'une quote-part de frais et charge de 12 %. Cette imposition spécifique matérialise une divergence entre la comptabilité et la fiscalité nécessitant de déduire extra-comptablement la plus-value et de réintégrer extra-comptablement 12 % du montant de celle-ci. Cela équivaut à une exonération à hauteur de 88 %. Concernant la moins-value nette à long terme, elle est déduite du résultat d'un point de vue comptable mais le droit fiscal ne l'admet pas en déduction. Il faut donc neutraliser l'opération en effectuant une réintégration extracomptable du montant de la moins-value à long terme.

Calcul de la plus-value. La plus-value se calcule en soustrayant la valeur d'origine du prix de cession. La valeur d'origine de titres de participation est égale au coût d'acquisition (frais d'acquisition inclus) déduction faite des amortissements pratiqués sur les frais d'acquisition.

Plus-values des particuliers. Les plus-values réalisées par des particuliers lors de la cession de droits sociaux constituent une catégorie de revenus passible de l'impôt sur le revenu. Ce domaine concerne les plus-values réalisées par les personnes physiques soit dans le cadre de la gestion directe de leur patrimoine privé, soit par le biais d'une personne interposée ou d'une fiducie.

Définition

La **personne interposée** s'entend d'une société relevant de l'impôt sur le revenu et exerçant une activité civile d'acquisition et de gestion de portefeuille.

Calcul. Les plus-values (ou moins-values) sont calculées en faisant la différence entre le prix de cession et le prix d'acquisition. Le prix de cession s'entend, pour les titres non cotés, du prix effectif convenu entre les parties et, pour les titres cotés, du cours de Bourse auquel la transaction est conclue. Ce prix comprend toutes les charges et indemnités stipulées au profit du cédant. Il est diminué du montant des frais et taxes acquittés par le cédant (ex : commissions d'intermédiaires et honoraires d'experts chargés de l'évaluation des titres).

En pratique, le choix d'une option fiscale est complexe dans la mesure où des dispositifs transitoires modifient les régimes des abattements en cas d'option.

Imposition. Dans son principe, l'imposition des plus-values des particuliers lors de la cession de droits sociaux est relativement simple. Le prélèvement forfaitaire unique (PFU) (↪ chapitre 16) au taux de 30 % s'applique. Le contribuable dispose toutefois de la possibilité d'opter pour l'imposition selon le barème progressif de l'impôt sur le revenu.

Imposition et abattement applicables au PFU. Comme cela a été précisé, les plus-values de cession de droits sociaux réalisées par des particuliers sont soumises au prélèvement forfaitaire unique dont le taux est fixé à 30 %. Afin de faciliter la transmission des entreprises, l'article 150-0 D *ter*, II du CGI prévoit un abattement de 500 000 € sur la base de calcul du PFU lorsque le dirigeant cesse son activité et cède sa société. Ce dispositif est strictement encadré.

Au cours des cinq années précédant la cession, le cédant doit de façon continue avoir :

- été dirigeant de la société dans les conditions lui permettant de bénéficier de l'exonération d'ISF au titre des biens professionnels ;
- détenu au moins 25 % des droits de vote ou des droits financiers de la société directement, ou par personne interposée ou avec son groupe familial (conjoint, partenaire d'un Pacs, ascendants, descendants, frères ou sœurs).

L'ISF a été remplacé en 2018 par l'impôt sur la fortune immobilière (IFI).

Le dirigeant doit également cesser toute fonction de direction ou salariée dans la société et faire valoir ses droits à retraite dans un délai de 24 mois précédant ou suivant la cession.

La cession doit porter sur l'intégralité des titres du cédant dans la société ou sur plus de 50 % des droits de vote, s'il détient un pourcentage supérieur.

La société doit avoir son siège dans un état de l'Union européenne, en Islande, en Norvège ou au Liechtenstein et :
- être soumise à l'impôt sur les sociétés ou à un impôt équivalent ;
- satisfaire aux critères de la PME européenne.
- avoir exercé (de façon continue au cours des cinq années précédant la cession) une activité de nature industrielle, commerciale, artisanale, agricole, libérale ou financière à l'exclusion de la gestion de son propre patrimoine mobilier ou immobilier, ou avoir eu pour objet exclusif de détenir des participations dans des sociétés exerçant l'une de ces activités (holding).

Lorsque ces conditions sont réunies, l'abattement de 500 000 € est applicable avant l'imposition au PFU.

Imposition au barème progressif de l'impôt sur le revenu. L'option pour le barème progressif de l'impôt sur le revenu est annuelle et globale. En ce sens, elle s'applique à la fois pour les plus-values et pour les revenus de capitaux mobiliers. De plus, la plus-value reste soumise aux prélèvements sociaux au taux de 17,2 %. La CSG correspondante reste toutefois déductible l'année suivante à hauteur de 6,8 % au titre du revenu global. Dans les faits, le contribuable doit effectuer une compensation entre les plus-values et les moins-values réalisées dans l'année, ce qui donne une plus-value nette ou une moins-value nette. Les plus-values nettes peuvent se compenser avec les moins-values nettes des dix années précédentes. Cette compensation s'applique avant les abattements pour durée de détention. Les moins-values nettes ne peuvent venir s'imputer sur les autres revenus du foyer fiscal. Par conséquent, elles sont seulement imputables sur les plus-values nettes des dix années suivantes.

Les abattements. Une distinction importante doit être opérée en ce qui concerne les abattements applicables avant la soumission de la plus-value au barème progressif de l'impôt sur le revenu. Pour les titres acquis après le 1er janvier 2018, le contribuable doit soumettre sa plus-value au barème de l'impôt sans pouvoir bénéficier d'abattements spécifiques, si ce n'est celui de 500 000 € pour le départ à la retraite du dirigeant. Pour les titres acquis avant le 1er janvier 2018, trois abattements sont susceptibles de s'appliquer avant le calcul de l'impôt (les prélèvements sociaux restent applicables sur le montant total de la plus-value) :

- Tout d'abord, il existe un abattement général pour durée de détention. Il permet d'appliquer un abattement de 50 % pour les titres cédés après deux ans de détention et un abattement de 65 % pour ceux cédés après huit ans de détention.
- Ensuite, un abattement dérogatoire incitatif pour les PME a été instauré. Il permet au cédant de bénéficier d'un abattement de 50 % pour les titres cédés après un à quatre ans de détention, 65 % entre quatre et huit ans et 85 % au-delà. Des conditions sont toutefois nécessaires ici : l'entreprise doit être une PME au sens communautaire, elle doit exercer une activité commerciale, industrielle, libérale ou agricole et les titres cédés doivent avoir été souscrits dans les dix ans de la création de la société.
- Enfin, l'abattement en faveur des dirigeants partant à la retraite est toujours applicable.

Droits d'enregistrement. En principe, les cessions doivent être constatées par un acte devant être enregistré dans le mois de la date de cession au service des impôts dont dépend le domicile de l'une des parties contractantes (CGI, art. 635, 2-7° et 7° bis). À défaut d'acte, les cessions doivent être déclarées par les parties dans le mois de la date de cession (CGI, art. 639). Le paiement des droits d'enregistrement doit avoir lieu le jour de l'enregistrement. En principe, ce paiement incombe au cessionnaire, mais l'acte peut prévoir que le cédant en supporte la charge, en tout ou partie (CGI, art. 1712).

Parts sociales. Les cessions des parts sociales supportent un droit d'enregistrement dont le taux est fixé à 3 % après application d'un abattement égal à 23 000 € (CGI, art. 726-I-1° du). Lorsque seule une partie des parts d'une société est cédée, l'abattement de 23 000 € est réduit en fonction de la proportion des titres cédés.

Exemples

- M. Brahimi, associé de la SARL Savon de Toulon, cède les parts qu'il détient pour un montant de 100 000 € correspondant à 60 % du capital de la société.
  Calcul de l'abattement : 23 000 × 60 % = 13 800 €
  Calcul de la base imposable : 100 000 – 13 800 = 86 200 €
  Calcul des droits d'enregistrement : 86 200 × 3 % = 2 586 €
- La société Les Fleurs de Lola dispose d'un capital divisé en 1 000 parts. Un associé cède 400 parts pour un prix de 120 000 €.
  Calcul de l'abattement par part : 23 000 / 1000 parts = 23 €
  Montant total de l'abattement : 23 × 400 parts = 9 200 €
  Calcul de la base imposable : 120 000 – 9 200 = 110 800 €
  Calcul des droits d'enregistrement : 110 800 × 3 % = 3 324 €

La réglementation s'accompagne de plusieurs régimes de faveur. En ce sens, les cessions de parts de groupements agricoles d'exploitation en commun (GAEC), d'exploitations agricoles à responsabilité limitée (EARL), ainsi que celles relatives à des sociétés civiles à objet principalement agricole sont soumises à un droit fixe d'un montant de 125 €. Un abattement de 300 000 € est applicable en cas de cession d'une société lorsque la vente est consentie soit à des salariés, soit à des membres de la famille.

L'abattement de 23 000 € n'est pas applicable aux sociétés agricoles.

Les cessions de participations relatives à des personnes morales à prépondérance immobilière sont soumises au droit d'enregistrement selon le taux de 5 % (CGI, art. 726-I-2°).

Actions. Les cessions d'actions sont soumises à un droit d'enregistrement au taux est fixé de 0,1 % (CGI, art. 726, I- 1). Comme pour les régimes prévus en ce qui concerne les cessions de parts sociales, lorsque la société est à prépondérance immobilière, les droits d'enregistrement sont fixés à 5 %. De même, un abattement de 300 000 € est applicable pour les cessions d'actions aux salariés ou aux membres de la famille.

→ CAS PRATIQUE 3

2 La transmission de l'entreprise à titre gratuit

A) La transmission inorganisée de l'entreprise

1. Les règles générales de dévolution successorale

Les règles de dévolution successorale applicables à l'entreprise ne diffèrent en rien de celles contenues dans le Code civil aux articles 720 et suivants. L'entreprise est un bien, ou plutôt un ensemble de biens ordinaires. En revanche, des difficultés particulières pourront naître de la présence d'héritiers mineurs ou de collaborateurs de l'entreprise.

Les règles générales de la **dévolution à cause de mort** s'appliquent. En l'absence de testament, la loi détermine l'ordre des héritiers qui vont recueillir son patrimoine.

Ordre. La loi classe les héritiers par ordres et par degré de parenté par rapport au défunt :
- le premier ordre est constitué des enfants et de leurs descendants ;
- le deuxième ordre est un ordre mixte composé des parents du défunt, de ses frères et sœurs et des enfants de ces derniers (neveux et nièces donc) ;
- le troisième ordre est composé des ascendants autres que les père et mère soit, en pratique, les grands-parents ;
- le quatrième ordre est composé des autres personnes apparentées au défunt : oncles et tantes, cousins…

Degrés. Le degré exprime la proximité générationnelle entre le défunt et son héritier. On ne compte pas les degrés de la même manière en ligne directe et en ligne collatérale :
- en ligne directe (personnes descendant les unes des autres) on compte un degré par génération. Le fils est au 1er degré par rapport au père. Le petit fils est au 2nd degré par rapport au grand-père…
- en ligne collatérale (personnes descendant d'un même auteur ; des cousins sont en ligne collatérale car ils ont leurs grands-parents en commun), on compte le degré en remontant jusqu'à l'auteur commun, puis en descendant jusqu'au défunt.

Des frères et sœurs sont situés au deuxième degré ; des cousins, au quatrième.

Dévolution. La loi prévoit, en premier lieu, la dévolution en l'absence de conjoint, puis l'hypothèse où un conjoint existe. Le conjoint est la personne avec laquelle le défunt a été marié et non divorcé (le Pacs est exclu).

- En l'absence de conjoint, la règle est la suivante :
- l'ordre 1 exclut le 2, qui exclut le 3, qui exclut le 4. Cela veut dire qu'en présence d'enfants, ni les frères et sœurs, ni les parents n'héritent ;
- au sein du même ordre, le plus proche en degré l'emporte ;
- à égalité d'ordre et de degré, le partage se fait par tête.
- Donc la succession est dévolue en premier lieu aux enfants, à parts égales. À défaut, aux parents et frères et sœurs. Plusieurs cas de figure ici :
  - soit le défunt ne laisse qu'un parent et il recueille tout ;
  - soit il laisse ses deux parents et ils se partagent la succession par moitié ;
  - soit il laisse un parent et des frères et sœurs, auquel cas le parent prend un quart, et les frères et sœurs se partagent les trois quarts (par tête) ;
  - soit encore il laisse deux parents et des frères et sœurs : les parents prennent la moitié (un quart chacun) et les frères et sœurs l'autre moitié ;
  - soit enfin, il ne laisse que des frères et sœurs et la succession se partage entre eux à parts égales.

À défaut d'héritiers du premier et du deuxième ordre, la succession va au troisième ordre (grands-parents) et se partage par branche : la moitié à la branche paternelle, l'autre à la branche maternelle.

Enfin, à défaut de grands-parents, la succession est dévolue aux oncles, tantes et cousins, le plus proche en degré l'emportant.

En principe, un oncle l'emporte sur un cousin car il est au 3e degré et le cousin au 4e degré.

- En présence d'un conjoint

La dévolution dépend des héritiers par le sang avec lesquels le conjoint est en concours :

- conjoint/enfants : le conjoint recueille, soit la totalité en usufruit, soit un quart en pleine propriété ;
- conjoint/parents : le conjoint prend la moitié ; les deux parents l'autre moitié ;
- conjoint/un parent : le conjoint prend trois quarts ; le parent un quart ;
- conjoint/autre type d'héritier (ex. : frères et sœurs, grands-parents, oncles, cousins) : le conjoint prend la totalité.

2. Droits post-successoraux des collaborateurs de l'entreprise

Problématique. Le sort des collaborateurs de l'entreprise au décès de son chef appelle l'application de règles ou de montages particuliers. En effet, indépendamment des droits pouvant être recueillis par les collaborateurs au titre de leur qualité d'héritier, le droit positif consacre, au profit de certaines catégories, soit un droit personnel, soit un droit réel sur la succession du chef d'entreprise. Les collaborateurs visés par ces règles seront pour l'essentiel ceux qui ont contribué, sans statut légal, au développement de l'entreprise. L'absence de statut légal va viser les personnes n'ayant pas bénéficié d'un contrat de travail ainsi que celles qui n'étaient pas associées avec le défunt dans le cadre d'une société dotée de la personnalité juridique. En pratique, il s'agira le plus souvent du conjoint ou du concubin de l'exploitant, mais certains de ces mécanismes peuvent trouver application au profit d'autres personnes.

Créance de salaire différé. Ce mécanisme a été calqué sur celui du contrat de travail à salaire différé décrit aux articles L. 321-13 et suivants du Code rural et de la pêche maritime. En cas de décès de l'exploitant, la loi du 31 décembre 1989 relative au développement des entreprises commerciales et artisanales et à l'amélioration de leur environnement économique, juridique et social, prévoit que soient légalement bénéficiaires les descendants majeurs non associés et non salariés.

Le taux annuel du salaire est égal, pour chacune des années de participation, à la valeur des deux tiers de la somme correspondant à 2 080 fois le taux du Smic.

Société créée de fait. Si le droit des régimes matrimoniaux permet de rétablir un équilibre à la dissolution de la communauté, que ce soit par le mécanisme des récompenses ou par celui des créances entre époux dans les régimes séparatistes, la collaboration bénévole d'un concubin, d'un partenaire lié par un Pacs, ou d'un tiers à l'entreprise du défunt, n'est pas reconnue au-delà des mécanismes ci-dessus décrits. La reconnaissance d'une société créée de fait part du constat que la collaboration à l'entreprise contient les éléments principaux du contrat de société (ex. : apports, participations aux bénéfices et aux pertes, *affectio societatis*). La société ainsi reconnue, non dotée de la personnalité juridique, est liquidée d'après les principes applicables en ce domaine : chacun reprend ses apports (les apports en industrie, même s'ils sont chiffrés, ne peuvent donner lieu à une reprise), le solde apparaissant après paiement des créanciers, nommé *boni* de liquidation, est réparti entre les associés de fait en proportion de leurs apports respectifs. Des droits en propriété pourront donc être reconnus à celui qui a collaboré à l'entreprise du défunt. La reconnaissance d'une société créée de fait naîtra de la séparation des partenaires, soit voulue, soit à cause de mort.

La dernière disposition de l'article 389-8 du Code civil semble signifier qu'un mineur de 16 ans, même non émancipé, peut être chef d'entreprise et gérant d'EURL ou président de SASU, ce qui assurément est une solution novatrice. Mais cela ne vaut que pour les EIRL et sociétés unipersonnelles, et non pour les sociétés pluripersonnelles.

3. Le cas particulier de la transmission inorganisée de l'entreprise

Deux points font difficulté, la minorité des héritiers et le démembrement de la propriété de l'entreprise.

Minorité des héritiers. Jusqu'à la loi du 15 juin 2010, il fallait être majeur pour exercer le commerce. Cette dernière vient modifier deux dispositions importantes :

Code de commerce, article L. 121-2

- Le mineur émancipé peut être commerçant sur autorisation du juge des tutelles au moment de la décision d'émancipation et du président du tribunal de grande instance s'il formule cette demande après avoir été émancipé.

Code civil, article 389-8

- Un mineur de seize ans révolus peut être autorisé, par ses deux parents qui exercent en commun l'autorité parentale ou par son administrateur légal sous contrôle judiciaire avec l'autorisation du juge des tutelles, à accomplir seul les actes d'administration nécessaires pour les besoins de la création et de la gestion d'une entreprise individuelle à responsabilité limitée ou d'une société unipersonnelle. Les actes de disposition ne peuvent être effectués que par ses deux parents ou, à défaut, par son administrateur légal sous contrôle judiciaire avec l'autorisation du juge des tutelles.

Palliatifs. Plusieurs palliatifs existent en présence d'héritiers mineurs, dont la mise en location-gérance et la mise en société.

Code civil, article 812

- Toute personne peut donner à une ou plusieurs autres personnes, physiques ou morales, mandat d'administrer ou de gérer [...] tout ou partie de sa succession pour le compte et dans l'intérêt d'un ou de plusieurs héritiers identifiés.

Démembrement de la propriété de l'entreprise. Le démembrement sera une situation fréquente en présence d'un conjoint et de descendants, puisque le conjoint recueille par principe la totalité de la succession en usufruit, et les descendants la nue-propriété. Les problèmes posés ne sont pas les mêmes suivant que l'entreprise est individuelle ou sociétaire.

Entreprise individuelle démembrée. L'entreprise individuelle est dénuée d'existence juridique. Elle se réduit, sous l'angle de la propriété, à un ensemble de biens affectés à une exploitation. Schématiquement, on trouvera au mieux dans la succession du chef d'entreprise les murs et le fonds :

- les murs, à savoir l'assiette immobilière de l'exploitation, ne posent pas de difficultés caractéristiques du point de vue du démembrement. Du moins, l'application des textes du Code civil permet-elle la résolution de la plupart de ces questions (réparations, baux...) ;
- le démembrement de la propriété d'un fonds de commerce n'est pas directement abordé par la loi. Il ne semble pas faire de doute que l'usufruitier d'un fonds de commerce a seul le pouvoir de l'exploiter en vue d'en retirer les revenus. Son obligation principale consistera, aux termes de l'article 578 du Code civil, en la conservation de la substance du fonds, ce qui devrait conduire à interdire à l'usufruitier de modifier la destination de celui-ci. La cessation de l'activité est susceptible de constituer un abus de jouissance au sens de l'article 618, alinéa 1er : « L'usufruit peut cesser par l'abus que l'usufruitier fait de sa jouissance [...] en le laissant dépérir faute d'entretien. »

Vente. La vente du fonds de commerce n'est pas possible par le seul usufruitier. Cela ne saurait surprendre. Cette règle sera également appliquée à l'apport en société du fonds de commerce. La question est plus intéressante s'agissant de la cession d'éléments le composant. La cession d'un élément essentiel du fonds, tel la clientèle ou le droit au bail, nécessite assurément le concours du nu-propriétaire en raison de l'atteinte à la substance de la chose sujette à usufruit. Il en irait de même de la cession d'un droit indispensable à l'exploitation comme une licence.

Location-gérance. L'usufruitier peut-il confier l'exploitation du fonds à un tiers en application des articles L. 144-1 et suivants du Code de commerce ? Une réponse affirmative s'impose à double titre :
- la location-gérance n'est pas mentionnée dans les baux dont la passation nécessite le consentement du nu-propriétaire au regard de l'article 595 du Code civil ;
- de manière plus générale, l'usufruitier dispose du *fructus* de la chose sujette à usufruit, prérogative emportant la possibilité de mettre le bien en location.

Entreprise sociétaire démembrée. L'accord se fait généralement sur le point que l'usufruitier n'est pas associé, cette qualité appartenant au nu-propriétaire :
- l'usufruitier aura droit aux bénéfices ;
- le nu-propriétaire se voit attribuer les réserves et le boni de liquidation. De même se voit-il restituer les apports. S'agissant du droit préférentiel de souscription, il est en principe attribué au nu-propriétaire, mais l'usufruitier pourra l'exercer si le premier le néglige (C. com., art. L. 225-140).

Droit de vote. S'agissant du droit de vote, la situation n'est pas aussi simple en raison de l'article 1844 du Code civil qui traite du droit de vote aux assemblées générales. Ce texte pose que le droit de vote appartient au nu-propriétaire sauf pour les décisions concernant l'affectation des bénéfices où il est réservé à l'usufruitier. L'article L. 225-110 du Code de commerce, applicable dans les sociétés par actions, énonce que, sauf clause contraire dans les statuts, le droit de vote appartient au nu-propriétaire, dans les assemblées générales extraordinaires, et à l'usufruitier, dans les assemblées générales ordinaires. La loi de simplification du droit des sociétés du 19 juillet 2019 a consacré la jurisprudence sur la répartition du droit de vote en réécrivant une partie de l'article 1844 du Code civil qui prévoit aujourd'hui que : « Si une part est grevée d'un usufruit, le nu-propriétaire et l'usufruitier ont le droit de participer aux décisions collectives. Le droit de vote appartient au nu-propriétaire, sauf pour les décisions concernant l'affectation des bénéfices, où il est réservé à l'usufruitier. Toutefois, pour les autres décisions, le nu-propriétaire et l'usufruitier peuvent convenir que le droit de vote sera exercé par l'usufruitier. »

4. Indivision et partage de l'entreprise

Indivision portant sur l'entreprise individuelle. L'indivision post-successorale peut conduire l'entreprise à la défaillance en raison de la précarité de la situation et des difficultés relatives aux prises de décisions. Il est certes possible de pérenniser et d'organiser la gestion de l'indivision par le biais de conventions soumises aux articles 1873-1 et suivants du Code civil, mais cela suppose l'accord des coïndivisaires.

Il est particulièrement frappant de constater que le maintien dans l'indivision ou le sursis au partage n'ont pas été pensés sous l'angle de l'entreprise commerciale ou artisanale individuelle. Le législateur avait prévu des dispositions spécifiques concernant l'entreprise agricole, le local d'habitation ou professionnel, mais pas le fonds de commerce. La loi n° 2006-728 du 23 juin 2006 portant réforme des successions a modifié sensiblement cette situation :

- **Sursis au partage.** L'article 820 du Code civil pose maintenant un principe général de sursis au partage pour 2 années. À la demande d'un indivisaire, le tribunal peut surseoir au partage pour 2 années au plus si sa réalisation immédiate risque de porter atteinte à la valeur des biens indivis ou si l'un des indivisaires ne peut reprendre l'entreprise agricole, commerciale, industrielle, artisanale ou libérale dépendant de la succession qu'à l'expiration de ce délai. Ce sursis peut s'appliquer à l'ensemble des biens indivis ou à certains d'entre eux seulement. S'il y a lieu, la demande de sursis au partage peut porter sur des droits sociaux.
- **Maintien dans l'indivision.** L'article 821 du Code civil pose lui le droit à demander le maintien dans l'indivision pour 5 années. À défaut d'accord amiable, l'indivision de toute entreprise agricole, commerciale, industrielle, artisanale ou libérale, dont l'exploitation était assurée par le défunt ou par son conjoint, peut être maintenue dans les conditions fixées par le tribunal à la demande des personnes mentionnées à l'article 822. S'il y a lieu, la demande de maintien de l'indivision peut porter sur des droits sociaux. Le tribunal statue en fonction des intérêts en présence et des moyens d'existence que la famille peut tirer des biens indivis. Le maintien de l'indivision demeure possible lors même que l'entreprise comprend des éléments dont l'héritier ou le conjoint était déjà propriétaire ou copropriétaire avant l'ouverture de la succession.

Entreprise sous forme de société. Cette configuration pose moins de difficultés car l'indivision va porter sur des droits de même nature, et non pas sur des éléments hétérogènes tels que ceux qui composent une entreprise individuelle. Si l'indivision survient en cours de vie sociale (la société préexiste à l'indivision), ce sont les parts ou actions qui tombent dans l'indivision. S'agissant de l'exercice des prérogatives liées à la qualité d'associé, deux éléments de réponse peuvent être avancés : l'indivision n'ayant pas la personnalité juridique ne peut être considérée comme associée de la société. On considère donc que chaque coïndivisaire a la qualité d'associé. Ensuite, pour l'exercice des droits tels par exemple que le droit de vote, il en va différemment. L'article 1844, alinéa 2 du Code civil prescrit que les indivisaires doivent désigner d'un commun accord un mandataire unique qui les représentera et exercera le vote en leur nom. Les bénéfices seront perçus par le mandataire unique puis répartis au sein de l'indivision. En cas de désaccord sur la désignation du mandataire, celui-ci sera désigné en justice. Chaque coïndivisaire conserve son droit à participation.

Partage et attribution préférentielle. En principe, tout indivisaire peut à tout moment demander le partage. Outre le maintien dans l'indivision et le sursis au partage, permettant de reculer le moment du partage, le droit des successions permet à un héritier de solliciter l'attribution préférentielle d'un bien particulier, de manière à éviter qu'il ne soit partagé. Institution quasi séculaire visant à éviter de morceler les héritages et de diviser les exploitations, l'attribution préférentielle n'a été consacrée que récemment s'agissant de l'entreprise non agricole. L'ancien article 832 du Code civil, devenu l'article 831, prévoit les conditions de l'attribution.

Conditions. L'analyse du texte de l'article 831 du Code civil fait ressortir que l'attribution préférentielle est applicable :

– à une entreprise agricole, commerciale, artisanale, libérale ou industrielle ;
– qui peut être individuelle ou sociétaire.

Du point de vue des bénéficiaires, retenons en premier lieu que le demandeur à l'attribution préférentielle doit participer ou avoir participé effectivement à l'exploitation de l'entreprise (cette condition n'est pas obligatoirement appréciée à la date d'ouverture de la succession, elle peut avoir été remplie avant ou après) ; cette condition ne signifiant pas obligatoirement qu'il ait personnellement la qualité de commerçant ou d'artisan. La jurisprudence semble toutefois sévère sur l'appréciation du caractère effectif de la participation. L'attribution peut être demandée par le conjoint survivant, même divorcé, ou tout héritier copropriétaire. Le concubin n'est pas habilité à la solliciter.

Caractère facultatif. L'attribution préférentielle de l'entreprise commerciale, industrielle ou artisanale est toujours facultative pour le juge, lequel aura à se prononcer souverainement.

B) Techniques de transmission organisée de l'entreprise

Ces techniques sont nombreuses et visent toujours à assurer une transmission optimale, c'est-à-dire qui garantisse le maintien d'une bonne gouvernance de l'entreprise, et dont le coût fiscal soit le plus limité possible. Nous décrirons des techniques tirées du droit des sociétés et d'autres tirées du droit des libéralités.

1. Techniques tirées du droit des libéralités

Il existe plusieurs techniques :

- **Technique 1 : la donation simple.** La donation entre vifs est un acte par lequel le donateur se dépouille actuellement et irrévocablement de la chose donnée en faveur du donataire qui l'accepte (Code civil, article 894).
- **Avantages.** Le principal avantage est la possibilité de moduler la donation de l'entreprise, essentiellement si celle-ci est exploitée sous forme de société. En effet, le donateur pourra de manière régulière faire donation de parts ou actions à ses héritiers désignés.

  Cette progressivité évitera un changement brutal de pouvoir au sein de la société, et offre en outre de nombreux avantages fiscaux ; ainsi, en renouvelant la donation tous les 15 ans, le donateur pourra bénéficier plusieurs fois de l'abattement. En outre, en commençant le cycle des donations de manière précoce, il pourra bénéficier de réductions de droits conséquentes.
- **Limites.** Le pouvoir de disposer de ses biens est limité par l'institution de la réserve héréditaire. De manière simplifiée, la réserve héréditaire est la part des biens dont la loi assure la dévolution à certains héritiers dits réservataires, s'ils sont appelés à la succession et s'ils l'acceptent. La quotité disponible, pendant de la réserve héréditaire, est la part des biens qui n'est pas réservée par la loi et dont le défunt peut disposer librement par des libéralités.
- **Calcul.** Au décès du donateur, on va vérifier que l'ensemble des donations n'a pas excédé le montant de la quotité disponible. Pour ce faire, on forme une masse de tous les biens existant au décès du donateur. Les biens dont il a été disposé par donation entre vifs sont fictivement réunis à cette masse, d'après leur état à l'époque de la donation et leur valeur à l'ouverture de la succession. Cette règle d'évaluation est

La réserve est une quote-part qui dépend du nombre et de la qualité des héritiers. Ainsi, l'article 913 du Code civil règle cette quote-part en présence d'enfants : « les libéralités, soit par actes entre vifs, soit par testament, ne pourront excéder la moitié des biens du disposant, s'il ne laisse à son décès qu'un enfant ; le tiers, s'il laisse deux enfants ; le quart, s'il en laisse trois ou un plus grand nombre. »

très pénalisante pour le donataire, surtout si la valeur du bien a augmenté (marché immobilier, cours d'actions...). Schématiquement, on applique à cette masse les fractions représentatives de la réserve et de la quotité disponible en imputant les donations réalisées. Si le défunt a consenti plus de libéralités qu'il n'y était autorisé par la loi, celles-ci seront réduites d'autant.

- **Technique 2 : donation avec réserve d'usufruit.** La donation avec réserve d'usufruit consiste pour le donateur à transférer la nue-propriété du bien en conservant l'usufruit de celui-ci. À son décès (l'usufruit présente un caractère viager), la pleine propriété est reconstituée « sur la tête » du donataire avec deux avantages principaux :

La plupart des donations sont aujourd'hui effectuées avec réserve d'usufruit ; la donation simple en pleine propriété est rare.

– le donateur conserve sa vie durant des prérogatives importantes au sein de l'entreprise, ainsi que des revenus ;
– la fiscalité est réduite puisque le donateur ne paie les droits de mutation que sur la nue-propriété transférée ; au moment de son décès, la reconstitution de la pleine propriété n'est pas taxée. La valeur de la nue-propriété est fonction de l'âge du donateur : plus celui-ci est jeune, moins la nue-propriété n'a de valeur et plus la transmission est allégée du point de vue fiscal.

- **Technique 3 : donation-partage.** La donation-partage est une libéralité possédant une double nature : celle de donation et celle de partage. Elle permet au donateur d'arbitrer d'éventuels conflits familiaux et d'éviter l'indivision. La donation-partage est probablement la meilleure garantie de la pérennité de l'entreprise, le partage étant réalisé du vivant du chef d'entreprise. Elle peut bien évidemment porter sur les éléments d'exploitation d'une entreprise individuelle, mais il est beaucoup plus judicieux de la faire porter sur les titres de la ou des sociétés habillant l'entreprise.

  La donation-partage peut :

– **porter sur l'entreprise.** La donation-partage de l'entreprise, ou plus précisément des droits sociaux, offre l'indéniable avantage de l'article 1078 du Code civil, à savoir l'évaluation des biens pour le calcul de la réserve et de la quotité disponible, au jour de la donation, et non pas au jour de l'ouverture de la succession comme le prescrit l'article 922 du Code civil (cette disposition concerne tous les biens compris dans la donation-partage et non pas seulement les droits sociaux). La valorisation de l'entreprise profitera donc aux seuls donataires, ce qui est assurément plus incitatif. Nonobstant les règles applicables aux donations entre vifs, les biens donnés seront, sauf convention contraire, évalués au jour de la donation-partage pour l'imputation et le calcul de la réserve (C. civ., art 1078).

Exemple

Soit un père de famille faisant donation à ses enfants A et B de deux portefeuilles d'actions en 2015. Le portefeuille donné à A vaut 100 000 € et celui donné à B vaut 100 000€ également. En 2017, au moment du décès du père, le portefeuille donné à A ne vaut plus que 80 000 €, mais celui donné à B vaut 150 000 € :

- dans le système de la donation simple, on retiendra les valeurs au jour du décès soit respectivement 80 000 et 150 000 € ; ce système peut conduire B à indemniser A ;
- dans une donation-partage et en raison de l'application de l'article 1078, les valeurs retenues pour le calcul de la réserve et de la quotité disponible seront figées au jour de la donation-partage.

– **inclure un tiers.** La loi du 5 janvier 1988 (C. civ., art. 1075-2) autorise une donation-partage d'entreprise incluant un tiers. Cette disposition vise à permettre que l'entreprise continue de vivre si les héritiers ne souhaitent pas la reprendre. Le texte dispose que si les biens comprennent une entreprise individuelle à caractère industriel, commercial, artisanal, agricole ou libéral ou des droits sociaux d'une société exerçant une activité à caractère industriel, commercial, artisanal, agricole ou libéral et dans laquelle il exerce une fonction dirigeante, le disposant peut en faire, sous forme de donation-partage et dans les conditions prévues aux articles 1075 et 1075-1, la distribution et le partage entre le ou les donataires visés auxdits articles et une ou plusieurs autres personnes, sous réserve des conditions propres à chaque forme de société ou stipulées dans les statuts. Depuis 2006, ce dispositif est étendu aux droits sociaux.

Cette libéralité est consentie sous réserve que les biens corporels et incorporels affectés à l'exploitation de l'entreprise ou les droits sociaux entrent dans cette distribution et ce partage, et que cette distribution et ce partage aient pour effet de n'attribuer à ces autres personnes que la propriété ou la jouissance de tout ou partie de ces biens ou droits.

2. Techniques tirées du droit des sociétés

Capital et pouvoir. Ces techniques visent, lors de la transmission, à dissocier le capital et le pouvoir. La dissociation du capital et du pouvoir peut être envisagée de différentes manières :
- si l'entreprise est transmise à un tiers, il peut être recherché une transmission du pouvoir et la conservation de revenus ;
- en cas de cession intrafamiliale, on pourra rechercher la transmission du pouvoir aux uns, du capital aux autres, ou encore la transmission du capital avec une rétention du pouvoir.

Dissociation des actifs immobiliers et commerciaux. Très répandu, ce montage consiste en la création d'une société commerciale accueillant l'activité commerciale et d'une SCI détenant les actifs immobiliers ; un bail commercial est passé entre les deux structures.

La dissociation des deux structures permet d'isoler au sein de la SCI les actifs générant un revenu fixe ; les parts en seront soit conservées par le cédant, soit transmises à des héritiers incapables ou ne souhaitant pas exploiter l'activité. Cette opération présente des risques :
- la réduction d'assiette de 75 % offerte par l'article 787 B du CGI (*infra*) n'est pas applicable aux parts de SCI. Si, au contraire, l'immeuble est détenu par une société commerciale n'ayant pas de prépondérance immobilière, la disposition fiscale de faveur s'applique ;
- la confusion des patrimoines peut être retenue dans une procédure de liquidation judiciaire, notamment en cas de relations financières anormales. L'extension se fonde le plus souvent sur le caractère anormalement élevé du loyer perçu par la SCI.

Holdings de transmission. Dans le domaine de la transmission d'entreprise, la technique de la holding permet de dissocier le capital et le pouvoir, ce qui aura pour résultat de confier le contrôle de l'entreprise à un héritier repreneur, sans lui offrir plus de capital qu'à ses cohéritiers. L'objectif est de faire apport de la majorité des titres détenus par le chef d'entreprise dans la société d'exploitation, à une société holding. Cette dernière sera majoritaire dans la société d'exploitation lors du vote des résolutions d'assemblée générale. On fera alors donation de la majorité des droits sociaux de la holding à l'héritier repreneur. Il sera par conséquent majoritaire dans la société associée majoritaire de la société d'exploitation. En revanche, la valeur des titres qui lui permettent de contrôler indirectement la société d'exploitation est d'environ le quart de la valeur des actions de la société d'exploitation. L'égalité est respectée sans que l'unité du contrôle ne soit atteinte.

Ressources de la SAS. Cette forme sociale permet la mise en place d'un effet de levier important, notamment par la stipulation de clauses relatives au statut des dirigeants. La loi ne règle pas les modes de nomination, de révocation ainsi que la durée des fonctions sociales. Il devient ainsi possible de déconnecter la pérennité du pouvoir, de la détention capitalistique, ceci permettant par exemple à un héritier repreneur d'asseoir son pouvoir sans recevoir plus de parts de capital que ses cohéritiers.

Utilisation des actions de préférence. Dans le cadre de la transmission, il est possible de :
- réduire la « puissance politique » de certains héritiers en leur attribuant des actions de préférence sans droit de vote ;
- doter le repreneur soit en actions ordinaires, soit en actions à droit de vote double, soit les deux ;
- respecter strictement une égalité en valeur, sous réserve de ce qui suit concernant l'évaluation.

C) Fiscalité de la transmission à titre gratuit

1. Les successions

Le calcul des droits de successions dus par chaque héritier est réalisé selon **cinq grandes étapes** :

- **Étape 1** : évaluation du bien transmis. Les biens hérités sont évalués à leur valeur vénale sous les limites suivantes :
- il est admis un abattement de 20 % sur la résidence principale, si elle est occupée par le conjoint, les enfants mineurs ou le partenaire d'un Pacs (CGI, art. 764 bis) ;
- les dettes affectant la succession sont déduites ;
- si le défunt était usufruitier des biens, et les héritiers nu-propriétaires : la réunion de l'usufruit et de la nue-propriété est non taxable.

- **Étape 2** : détermination part individuelle. Elle s'opère suivant les règles de dévolution ci-dessus expliquées.

- **Étape 3** : abattements individuels. Il est procédé ensuite à un abattement forfaitaire sur la part de chaque héritier en fonction de son degré de parenté :
- conjoint : exonéré de droits de mutation ;
- ascendants : 100 000 € ;
- enfants vivants ou représentés : 100 000 € ;
- partenaires liés par un Pacs : exonérés de droits de mutation ;
- frères et sœurs : exonération si plus de 50 ans et ayant vécu 5 ans avec le défunt avant le décès ; 15 932 € en cas de non-application de cette disposition ;
- neveux et nièces : 7 967 € ;
- abattement à défaut d'autre abattement : 1 594 €.

- **Étape 4** : barème de calcul des droits 2019. Progressif, il est réévalué chaque année.
- ligne directe (parents/enfants) :
  - moins de 8 072 € : – 5 % ;
  - 8 072/12 109 € : – 10 % ;
  - 12 109/15 932 € : – 15 % ;
  - 15 932/552 324 € : – 20 % ;
  - 552 324/902 838 € : – 30 % ;
  - 902 838/1 805 677 € : – 40 % ;
  - plus de 1 805 677 € : – 45 % ;
- conjoint/partenaire pacsé : exonérés ;
- frère et sœurs (exonérés à certaines conditions) : moins 24 430 € : 35 % ; plus 24 430 € : 45 % ;
- jusqu'au 4e degré inclus (oncle, tante, cousin) : 55 % ;
- au-delà : 60 %.

- **Étape 5** : réduction de droits. Si l'héritier a plus de deux enfants, il bénéficie d'une réduction de droits pour charge de famille : 610 € par enfant en sus du deuxième si ligne directe ou entre époux. Réduite à 305 € pour chaque enfant en sus du deuxième, pour les autres successions.

2. Les donations

Là aussi, la donation requiert des étapes, au nombre de quatre.

- **Étape 1** : évaluation. Si la donation est réalisée avec un démembrement de propriété (le donateur conserve l'usufruit), la taxation ne concerne que la nue-propriété transmise en application du barème ci-après (CGI, art. 669, tab. 19.10).

Tableau 19.10. Valeurs respectives de l'usufruit et de la nue-propriété

	Valeur de l'usufruit (%)	Valeur de la nue-propriété (%)
Moins de 21 ans révolus	90	10
Moins de 31 ans révolus	80	20
Moins de 41 ans révolus	70	30
Moins de 51 ans révolus	60	40
Moins de 61 ans révolus	50	50
Moins de 71 ans révolus	40	60
Moins de 81 ans révolus	30	70
Moins de 91 ans révolus	20	80
Plus de 91 ans révolus	10	90

- **Étape 2** : abattements. L'abattement se renouvelle tous les 15 ans :
- conjoint : 80 724 € ;
- ascendants : 100 000 € ;
- enfants : 100 000 € ;

– partenaire de Pacs : 80 724 € ;
– frères et sœurs : 15 932 € ;
– petits-enfants : 31 865 € ;
– arrière-petits-enfants : 5 310 € ;

- **Étape 3** : barème. En ligne directe, il est identique à celui applicable en matière de succession. Entre conjoints ou partenaires de Pacs, le barème est le suivant :

– moins de 8 072 € : 5 % ;
– de 8 072 à 15 932 € : 10 % ;
– de 15 932 à 31 865 € : 15 % ;
– de 31 865 à 552 324 € : 20 % ;
– de 552 324 à 902 838 € : 30 % ;
– de 902 838 à 1 805 677 € : 40 % ;
– plus de 1 805 677 € : 45 %.

- **Étape 4** : réductions de droits. Les réductions de droits liées à l'âge du donateur ont été supprimées par la loi du 29 juillet 2011, sous réserve de ce qui suit s'agissant des donations d'entreprise en pleine propriété.

3. Mesures fiscales spécifiques à la transmission d'entreprise

L'avantage relatif au pacte Dutreil s'applique avant ceux relatifs à la succession et à la donation.

Transmission de parts ou actions de sociétés (CGI, art. 787-B) – Pacte Dutreil. Les parts ou actions de sociétés sont exonérées de droits de succession ou de donation à concurrence de 75 % de leur valeur aux quatre conditions cumulatives suivantes :

- La société doit avoir une activité libérale, commerciale, industrielle, artisanale ou agricole. L'EURL est du point de vue du dispositif considérée comme une entreprise individuelle. L'exonération est régie par l'article 787-B du Code général des impôts. Notons que les parts de sociétés de gestion de patrimoine (ex. : SCI) ne sont pas éligibles à l'exonération.
- Le dirigeant doit souscrire pour lui et ses successeurs avec un ou des associés un engagement collectif de conservation des titres pour une durée minimale de deux ans et portant sur au moins 10 % des droits de vote et des droits financiers si la société est cotée ou sur au moins 17 % si la société n'est pas cotée. Ces pourcentages doivent être respectés tout au long de la durée de l'engagement. À noter que la loi de finances pour 2019 a étendu l'engagement collectif de conservation en prévoyant que l'engagement peut être pris par une personne seule, pour elle et ses ayants cause à titre gratuit. La mesure permet d'étendre le dispositif aux transmissions des sociétés unipersonnelles :

– chaque héritier ou donataire doit prendre l'engagement individuel de conserver les parts ou actions reçus pendant au moins quatre années à partir de l'expiration de l'engagement collectif ou de la transmission lorsque l'engagement est réputé acquis ;
– l'un des héritiers ou donataires doit exercer une fonction dirigeante ou son activité principale dans la société pendant les trois années qui suivent le décès.

Transmission de l'entreprise individuelle (CGI, art. 787-C). Le dispositif est identique à celui décrit ci-dessus. Mais il vise l'ensemble des biens meubles ou immeubles, corporels ou incorporels, affectés à l'exploitation d'une entreprise individuelle commerciale, artisanale, agricole ou libérale (le droit fiscal adopte ici une définition très pragmatique de l'entreprise individuelle, incluant notamment les actifs immobiliers. On comparera cela avec la conception privatiste du fonds de commerce) ou simplement une quote-part indivise de ces biens. Il n'est donc pas nécessaire de transmettre la totalité de l'entreprise pour bénéficier de cette mesure. Les conditions (cumulatives) d'exonération des droits de succession sur 75 % de la valeur de ces éléments sont les suivantes :

- le défunt, s'il avait acquis l'entreprise à titre onéreux, devait la détenir depuis plus de deux ans ;
- l'engagement individuel des héritiers ou donataires de conserver les éléments de l'exploitation pendant quatre années au moins ;
- l'un des héritiers ou donataires doit poursuivre personnellement l'activité pendant cinq années après le décès. Il est désormais possible de poursuivre l'activité en transformant l'entreprise individuelle en société.

La donation peut se faire en nue-propriété, depuis la loi du 2 août 2005, sous réserve de ne pas cumuler cet avantage avec les réductions de droits accordées par l'article 790 du Code général des impôts, en fonction de l'âge du donateur.

Donation d'entreprises aux salariés. De ce point de vue, rien ou presque n'existait avant la loi du 1er août 2003. Les salariés étant des tiers, ces derniers étaient en effet imposés au taux le plus élevé des droits de mutation à titre gratuit (soit 60 %). L'article 790 A ancien du Code général des impôts accordait un abattement spécial à l'occasion de la transmission de l'entreprise à tout ou partie du personnel, d'un montant limité à 15 000 €. Cet abattement était conditionné à un agrément préalable et ne s'appliquait pas aux entreprises individuelles. L'article 790 A du Code général des impôts prévoit désormais un abattement de 300 000 € sur la valeur transmise, aux conditions suivantes :

- le donateur doit être propriétaire du fonds ou des parts depuis plus de deux ans ;
- le donataire doit faire partie du personnel de l'entreprise et doit répondre à certaines conditions liées à l'exploitation de l'entreprise ;
- seuls les titulaires d'un contrat de travail à durée indéterminée depuis deux ans qui exercent leur fonction à temps plein, ou d'un contrat d'apprentissage, bénéficient de l'exonération ;
- le donataire doit poursuivre l'exploitation du fonds ou de la société pendant cinq ans ;
- l'entreprise doit avoir une activité industrielle, commerciale, artisanale ou libérale, ce qui exclut les entreprises agricoles notamment.

Réduction de droits. L'article 790 du CGI prévoit des réductions de droits.

CGI, article 790

■ I. – Les donations en pleine propriété des parts ou actions d'une société ayant une activité industrielle, commerciale, artisanale, agricole ou libérale qui réunissent les conditions énumérées à l'article 787 B bénéficient sur les droits liquidés, en application des articles 777 et suivants, d'une réduction de 50 % lorsque le donateur est âgé de moins de soixante-dix ans.

II. – Les donations en pleine propriété de la totalité ou d'une quote-part indivise de l'ensemble des biens meubles et immeubles, corporels ou incorporels, affectés à l'exploitation d'une entreprise individuelle ayant une activité industrielle, commerciale, artisanale, agricole ou libérale qui réunissent les conditions énumérées à l'article 787 C bénéficient sur les droits liquidés, en application des articles 777 et suivants, d'une réduction de 50 % lorsque le donateur est âgé de moins de soixante-dix ans.

Paiement différé et fractionné des droits. Les droits de mutation à titre gratuit peuvent faire l'objet d'un paiement différé pendant cinq ans à compter de la date d'exigibilité des droits, et à partir de la fin de ce délai, d'un paiement fractionné sur dix ans. Pour bénéficier du dispositif, certaines conditions doivent être remplies. L'entreprise doit exercer une activité industrielle, commerciale, artisanale, libérale ou agricole. Le régime s'applique à tout type de transmission (en pleine propriété, nue-propriété ou en usufruit) et concerne toutes les entreprises (entreprises individuelles ou sociétés). L'application de ce dispositif implique le versement d'un intérêt de la part du débiteur dont le taux est fixé à 1,5 % pour 2018. La demande de paiement différé et fractionné nécessite que le bénéficiaire du régime constitue une garantie réelle et personnelle dans les trois mois.

Exemple

- Charlotte, âgée de 58 ans, décide de donner les titres qu'elle détient dans une SARL à ses trois enfants. La valeur des parts sociales s'élève à 1 800 000 €.
  Calculez le coût de la donation en présence et en l'absence de mesures d'optimisation fiscale.
  - En l'absence de mesures d'optimisation fiscale :
    La valeur taxable est de 1 800 000 €.
    La part revenant à chaque enfant est de 1 800 000 / 3 = 600 000 €.
    Les enfants bénéficient d'un abattement de 100 000 € chacun.
    La valeur nette taxable est donc de 500 000 €.
    L'application du barème par tranche s'effectue de la manière suivante : (8 072 × 5 %) + [(12 109 – 8 073) × 10 %] + [(15 932 – 12 110) × 15 %] + [(500 000 – 15933) × 20 %] = 98 194 €.
  - En présence de mesures de faveur fiscale (Pacte Dutreil et autres mesures) :
    Nous supposons que toutes les conditions liées aux mesures d'optimisation sont réunies.
    La valeur taxable est de 1 800 000 €.
    Pacte Dutreil : 1 800 000 × 75 % = 1 350 000 €.
    Nouvelle base imposable : 1 800 000 – 1 350 000 = 450 000 €.
    Part attribuée à chaque enfant : 450 000 / 3 = 150 000 €.
    Abattement droit de donation : – 100 000 €.
    Net taxable : 150 000 – 100 000 = 50 000 €.
    Application du barème par tranche : (8 072 × 5 %) + [(12 109 – 8 073) × 10 %] + [(15 932 – 12 110) × 15 %] + [(50 000 – 15 933) × 20 %] = 8 194 €.
    Application de la réduction de 50 % (CGI, art. 790) = 4097 €.
    Le paiement différé et fractionné est également applicable.
    Les mesures fiscales permettent d'effectuer une économie d'impôt de 94 097 €.

→ MINI-CAS 2 • CAS PRATIQUE 4 • CAS PRATIQUE 5

DES SAVOIRS AUX COMPÉTENCES

Évaluer les savoirs — Maîtriser les compétences — Préparer l'épreuve

1 QCM

Pour chaque proposition, une ou plusieurs réponses sont possibles. Justifiez-les.

1. L'acte de vente du fonds de commerce doit obligatoirement comprendre :
   a. le chiffre d'affaires des trois dernières années. ☐
   b. des éléments relatifs au bail s'il y a lieu. ☐
   c. les résultats d'exploitation. ☐
   d. les déclarations d'IS des quatre dernières années. ☐
   e. la liste précise des éléments de patrimoine personnel de l'exploitant. ☐
   f. la loi du 19 juillet 2019 a abrogé l'article L. 141-1 du Code de commerce. ☐

2. En cas de cession de parts de SAS, l'agrément concerne :
   a. tous les cessionnaires. ☐
   b. uniquement les tiers. ☐
   c. les tiers et les associés mais jamais la famille du cédant. ☐
   d. cela dépend totalement des statuts. ☐

3. En cas de cession de parts de SARL, l'agrément concerne :
   a. tous les cessionnaires. ☐
   b. uniquement les tiers étrangers à la société. ☐
   c. les tiers et les associés mais jamais la famille du cédant. ☐
   d. cela dépend totalement des statuts. ☐

4. En cas de donation à des enfants, l'abattement fiscal est de :
   a. 156 000 €. ☐
   b. 85 000 €. ☐
   c. 100 000 €. ☐
   d. 15 000 €. ☐

5. En cas de donation de l'entreprise à des descendants, si certaines conditions sont réunies, un abattement est effectué sur la valeur transmise. Il est de :
   a. 350 000 €. ☐
   b. 50 %. ☐
   c. 1,5 M €. ☐
   d. 75 %. ☐
   e. 25 %. ☐

Évaluer les savoirs | **Maîtriser les compétences** | Préparer l'épreuve

2 Mini-cas : abattements fiscaux

Compétence visée **Évaluer** et **optimiser** le coût fiscal de la transmission

Michelle, 62 ans, souhaite effectuer une donation anticipée pour ses enfants, respectivement âgés de 32 et 25 ans. Elle entend leur donner chacun 40 000 €.

Quel est le montant de l'abattement fiscal que Michelle doit prendre en compte ?

Évaluer les savoirs | Maîtriser les compétences | **Préparer l'épreuve**

3 Cas pratique : SA Bleudange ★★★

25 min

Compétence visée **Assurer** le suivi juridique de la transmission (garanties de passif, ...)

M. Dietrich a conclu une promesse de cession des titres qu'il détient dans la société anonyme Bleudange (non cotée). M. Dietrich n'est pas dirigeant, ni salarié de la société.

Le bénéficiaire, M. Albers, est le président du conseil d'administration de la société. Il détiendrait le contrôle de la société cédée, s'il venait à lever l'option.

Le prix de cession est déterminé de façon forfaitaire dans la promesse.

La cession a eu lieu. Le contrat stipule une clause garantissant le cessionnaire contre toute augmentation du passif résultant d'événements à caractère fiscal dont le fait générateur serait antérieur à la cession.

Quelque temps après la cession, la société a fait l'objet d'un redressement fiscal ayant pour origine un événement antérieur à la cession.

Travail à faire

M. Albers peut-il se prévaloir de la clause de garantie ?

4 Cas pratique : entreprise individuelle ★★★

45 min

Compétences visées

- **Déterminer** le mode juridique et fiscal le plus approprié pour l'opération de transmission
- **Évaluer** et **optimiser** le coût fiscal de la transmission
- **Assurer** le suivi juridique de la transmission (garanties de passif, ...)

Antoine de La Chesnaye exploite depuis plus de vingt ans une entreprise individuelle de nature commerciale sous forme de franchise. Il est le franchisé d'une société (le franchiseur) qui distribue des services informatiques.

Comme son âge avancé le rapproche de la retraite et que personne dans sa famille ne souhaite reprendre le flambeau, Antoine voudrait céder son entreprise afin d'en retirer un prix lui permettant de subvenir à ses besoins pendant quelque temps.

L'entreprise comprend bien sûr le contrat de franchisage, lequel prévoit notamment la location de différents éléments incorporels telles l'enseigne et la marque du franchiseur. Elle comprend aussi du matériel de bureau. L'entreprise est exploitée dans un local qui est loué à un tiers.

Antoine emploie deux salariés : un informaticien et un technico-commercial.

Stéphane Marceau, intéressé par l'affaire, a pris contact avec Antoine. Avant de conclure définitivement, il souhaiterait signer un contrat préalable qui n'engagerait qu'Antoine et qui lui laisserait le temps de réfléchir à d'autres propositions et de trouver un financement.

Une fois le contrat préalable conclu et le délai pour se décider écoulé, M. Marceau fait part à M. de La Chesnaye de sa volonté d'acquérir définitivement son entreprise.

Travail à faire

1. *Quelle formalité doit être accomplie après la signature du contrat préalable et avant la conclusion du contrat définitif ?*
2. *Quelle précaution Stéphane a-t-il intérêt à prendre relativement au contrat de franchisage liant Antoine au franchiseur ?*
3. *Quel sera le sort des deux salariés ?*

5 Cas pratique : transmission d'une SCI ★★★

45 min

Compétences visées

- **Déterminer** le mode juridique et fiscal le plus approprié pour l'opération de transmission
- **Évaluer** et **optimiser** le coût fiscal de la transmission

Yann est propriétaire d'un immeuble d'une valeur de 350 000 € détenu sous la forme d'une SCI dont il possède l'immense majorité des parts ; son épouse possédant 2 parts symboliquement. Il exploite également sous forme d'EURL un petit commerce évalué à 150 000 €. Il est âgé de 62 ans et souhaite faire donation :

- des parts de SCI à sa fille âgée de 20 ans. Il hésite entre une donation en pleine propriété et une donation en nue-propriété en se réservant l'usufruit ;
- des parts de l'EURL en pleine propriété à son fils âgé de 30 ans.

Travail à faire

Calculez les droits de mutation à titre gratuit dans les différentes options.

SYNTHÈSE

Transmission de l'entreprise

Régimes d'imposition

	Entreprises relevant de l'IR	Sociétés soumise à l'IS	
Titres détenus depuis moins de deux ans	Régime de droit commun	Titre de participation	Titre de placement
		Régime de droit commun	Régime de droit commun
Titres détenus depuis au moins deux ans	Régime des plus-values à long terme : 30 %	• Plus-value à long terme : exonération et réintégration d'une quote-part de 12 % • Moins-value à long terme : neutre fiscalement (réintégration extracomptable du montant de la moins-value)	Régime de droit commun

Droits d'enregistrement sur les cessions de droits sociaux

	Taux	Abattement	Assiette
Cession de parts sociales	3 %	23 000 €	Prix de cession ou valeur vénale
Cession d'actions	0,1 % (Exception : pas de droits d'enregistrement si société cotée sans acte de cession)	Néant (Exception : abattement de 300 000 € pour cession aux salariés ou membres de la famille)	Prix de cession ou valeur vénale
Cession de droits sociaux de personnes morales à prépondérance immobilière	5 %	Néant	Prix de cession ou valeur vénale

CHAPITRE 20 Fin de l'entreprise

PROGRAMME

Compétence visée	Notions et contenus
Maîtriser les incidences juridiques, fiscales et sociales des opérations de cessation d'activité ou de dissolution et liquidation d'une entreprise	• La cessation d'activité de l'entreprise individuelle : régime juridique et fiscal • La dissolution de la société : régime juridique et fiscal

LIEN AVEC LE DSCG2

§ 6.2. La gestion de la valeur de l'action

PLAN DU CHAPITRE

Cours : 1. La cessation d'activité de l'entreprise individuelle • 2. La dissolution des sociétés

Des savoirs aux compétences : Évaluer les savoirs • Maîtriser les compétences • Préparer l'épreuve

Synthèse

L'entrepreneur ou les associés peuvent décider de mettre un terme à la vie de l'entreprise. La fin de l'entreprise a de multiples causes, et ses effets sont d'importance. Lorsqu'il s'agit d'une entreprise individuelle, la fin est marquée par la cessation de l'activité. Pour les sociétés, on parle de dissolution. Les incidences fiscales peuvent être importantes.

MOTS-CLÉS

Cessation de l'activité • Dissolution • Liquidation • Mésentente • Régimes fiscaux de faveur • Survie de la personnalité morale

1 La cessation de l'activité de l'entreprise individuelle

N'est concernée dans ce titre que l'entreprise individuelle *stricto sensu*. N'y entre donc pas l'entreprise unipersonnelle à responsabilité (EURL) puisque celle-ci suit le régime de la société à responsabilité limitée (SARL).

A) Les causes de cessation de l'activité

1. La cession de l'entreprise individuelle

La cession de l'entreprise individuelle conduit à la **cessation de l'activité** de l'entrepreneur individuel. Cette cession peut être réalisée à titre onéreux.

Exemple

Lorsqu'un entrepreneur souhaite prendre sa retraite, il vend son fonds :

- S'il est commerçant, il s'agit alors d'une vente de fonds de commerce (↪ chapitre 19).
- Si l'entrepreneur exerce une profession libérale, il s'agit d'une cession de fonds libéral.

NOTRE CONSEIL

Lors de la vente des stocks par liquidation, l'entreprise peut, afin de retirer des fonds avant la cessation d'activité, céder son droit au bail. Lorsqu'il s'agit d'un bail commercial, la cession du droit au bail ne nécessite pas en principe l'accord du bailleur, du moins si l'acquéreur exerce l'activité mentionnée dans le contrat de bail. À défaut, l'autorisation du propriétaire est nécessaire.

L'entreprise individuelle peut également faire l'objet d'une cession à titre gratuit, entre vif (donation ou donation-partage) ou à cause de mort (legs contenu dans un testament, ou testament-partage, ↪ chapitre 19).

2. La cessation sans cession

Si l'entrepreneur ne parvient pas à trouver un acquéreur, il lui restera à vendre les éléments de son fonds de façon isolée. S'il est commerçant, il a tout intérêt à procéder à la liquidation de son stock de marchandise. La **liquidation du stock** est réglementée par le Code de commerce (art. L. 310-1). Elle présente l'intérêt, pour le commerçant, de réaliser de la publicité et d'attirer ainsi les clients par une réduction de prix promise. Les prix alors pratiqués peuvent être inférieurs au seuil de revente à perte.

Les liquidations sont soumises à autorisation sur le fondement d'un inventaire détaillé des marchandises à liquider produit par l'entrepreneur qui pourra être tenu de justifier de la provenance des marchandises par des factures. L'autorisation est accordée par le préfet dont relève le lieu de la liquidation, pour une durée ne pouvant excéder deux mois et sous condition pour le bénéficiaire de l'autorisation de justifier, dans les six mois à compter de celle-ci, de la réalisation effective de l'événement motivant sa demande.

Décès de l'entrepreneur. Le décès de l'entrepreneur marque, naturellement, la fin de son activité. L'entreprise est alors transmise à ses héritiers, sous réserve qu'il n'ait pas consenti un legs à un tiers.

Liquidation judiciaire. La liquidation judiciaire, ce qui suppose que l'entreprise est en état de cessation des paiements et que le tribunal juge que le redressement judiciaire est manifestement impossible, conduit à la cessation de l'activité.

Mise en location-gérance. La qualité de bailleur d'un fonds de commerce est exclusive de la qualité de commerçant. Il en résulte que la mise en gérance libre entraîne la cessation de l'activité de l'entrepreneur individuel, du moins lorsque ce dernier exploitait le fonds.

Apport du fonds en société. L'apport d'un fonds en société est l'opération par laquelle la propriété d'un fonds, le plus souvent de commerce, est transférée à une société en constitution ou déjà existante en contrepartie de droits sociaux (parts ou actions). Cette opération est donc proche d'une vente, mais s'en distingue, pour l'essentiel, par la contrepartie, non pas une somme d'argent, mais des droits sociaux. Les règles de forme, relatives aux mentions obligatoires devant figurer dans l'acte, ainsi que celles de publicité de l'acte sont identiques à celles gouvernant la vente d'un fonds de commerce. Des règles particulières issues du droit des sociétés s'appliquent, notamment l'évaluation des apports en nature par un commissaire aux apports dans les SARL et les SA. L'apport en société marque la cessation d'activité de l'exploitant du fonds apporté. Certes, puisqu'il reçoit des droits sociaux, il devient alors associé. Toutefois, l'entreprise individuelle n'existe plus.

B) Les formalités à accomplir

1. L'inscription au RCS

Lorsqu'un entrepreneur individuel crée son entreprise il est tenu de s'immatriculer au Registre du commerce et des sociétés (RCS), du moins s'il est commerçant (et s'il n'est pas micro-entrepreneur).

Les artisans sont tenus de s'immatriculer au Répertoire des métiers (RM). On s'en tiendra ici aux règles relatives au RCS et, par voie de conséquence, à l'entrepreneur ayant la qualité de commerçant. Le RCS est tenu par le greffier de chaque tribunal de commerce (C. com., art. L. 123-6).

2. L'inscription modificative et la radiation

Les articles R. 123-32 et suivants du Code de commerce prévoient plusieurs types d'inscription au RCS. La cessation de l'activité du commerçant est concernée par la déclaration aux fins d'inscription modificative et la déclaration aux fins de radiation. Le tableau ci-dessous indique les situations, en lien avec la cessation d'activité bien sûr, qui imposent soit une inscription modificative, soit une radiation (tab. 20.1).

Article R. 123-32 du Code de commerce :

http://dunod.link/vlqslzw

Tableau 20.1. Inscription modificative et radiation du RCS

Inscriptions modificatives	Radiation
• Cessation partielle d'activité. • Cessation totale d'activité temporaire ou définitive, avec possibilité, lorsque la cessation est définitive, de déclarer le maintien provisoire de l'immatriculation pendant un délai maximum d'un an. • Décès de la personne immatriculée (mention d'office), avec possibilité de déclarer le maintien provisoire de l'immatriculation pendant un délai maximum d'un an. • Renonciation de l'entrepreneur individuel à responsabilité limitée (EIRL) à l'affectation ou décès de celui-ci.	• Cessation totale d'activité, sauf exercice de la faculté de déclarer le maintien provisoire de l'immatriculation pendant un an. • Décès de la personne immatriculée sauf exercice de la faculté de déclarer le maintien provisoire de l'immatriculation pendant un an.

Procédure. En principe la déclaration aux fins d'inscription modificative ou de radiation est effectuée par le commerçant. Lorsqu'il est décédé, la demande est présentée par les héritiers ou les ayants cause à titre universel du commerçant. La déclaration doit alors être effectuée dans le délai d'un mois à compter de la modification (pour les inscriptions modificatives) ou dans le délai d'un mois avant la cessation d'activité ou dans le délai d'un mois à compter de celle-ci (pour la radiation).

Radiation d'office. Est radié d'office, c'est-à-dire à l'initiative du greffier, tout commerçant :

- frappé d'une interdiction d'exercer une activité commerciale en vertu d'une décision judiciaire passée en force de chose jugée ou d'une décision administrative exécutoire ;
- décédé depuis plus d'un an, sauf maintien provisoire d'activité (voir *supra*). Si maintien provisoire il y a, la radiation est faite dans le délai d'un an à compter de la mention de la déclaration ou de son renouvellement ;
- à compter de la clôture d'une procédure de liquidation judiciaire pour insuffisance d'actif ;
- au terme du délai d'un an après la mention au RCS de la cessation totale de son activité.
- Les sanctions à titre principal s'accompagnent de sanctions complémentaires (tab. 20.2) pour le commerçant.

Tableau 20.2. Sanctions principales et accessoires

Sanctions principales	• Lorsque le commerçant immatriculé n'effectue pas dans les délais les déclarations nécessaires en cas de cessation d'activité, le juge peut lui enjoindre de le faire, le cas échéant sous astreinte (C. com., art. L. 123-4). • Le « fait de donner, de mauvaise foi, des indications inexactes ou incomplètes en vue d'une immatriculation, d'une radiation ou d'une mention complémentaire ou rectificative au Registre du commerce et des sociétés est puni d'une amende de 4 500 € et d'un emprisonnement de six mois » (C. com., art. L. 123-5).
Autres sanctions	• Le commerçant qui n'a pas déclaré sa cessation d'activité ne saurait se prévaloir d'une telle cessation auprès des tiers et administrations publiques ; sauf s'il parvient à démontrer que ceux-ci avaient une connaissance personnelle de l'événement. • Les tiers et administrations publiques sont en droit de se prévaloir de la réalité, c'est-à-dire de la cessation, dès lors qu'ils en ont eu personnellement connaissance (C. com., art. L. 123-9). • Lorsque la cessation de l'activité résulte de la cession du fonds de commerce (↪ chapitre 19) ou de la mise en location-gérance, elle n'est opposable, afin d'échapper aux actions en responsabilité du fait des obligations contractées par le successeur (le cessionnaire ou le locataire-gérant), qu'à partir du jour de la radiation (C. com., art. L. 123-8).

C) La fiscalité de la cessation d'activité

La cessation de l'activité d'un entrepreneur individuel entraîne l'exigibilité immédiate de tous les impôts liés à son activité professionnelle.

1. Les impôts directs

Déclaration. L'entrepreneur dispose d'un délai de 45 jours à compter de la cessation d'activité pour aviser l'administration de la cessation. Il doit par ailleurs déclarer à l'administration ses résultats dans les 60 jours de la cessation. Son imposition sur les résultats sera alors immédiatement établie (CGI, art. 201). Sont imposés les bénéfices d'exploitation qui ne l'ont pas été jusqu'alors, ainsi que les plus-values de cession.

Article 201 du CGI :

http://dunod.link/glwulwe

Lorsque la cessation est causée par le décès de l'entrepreneur, le délai de déclaration est porté à 6 mois à compter du décès.

Bénéfices d'exploitation. Les bénéfices imposables comprennent :
- les provisions, qui deviennent sans objet du fait de la cessation ;
- les plus-values réalisées ou constatées mais non encore imposées ;
- les bénéfices antérieurs dont l'imposition aurait été différée ;
- les déficits reportables.

Plus-values de cession. Malgré cette dénomination, elles concernent aussi la cessation d'activité en l'absence de cession alors même que, juridiquement, l'entreprise se confond avec l'entrepreneur. La plus-value est alors égale à la différence entre la valeur du bien au jour de la cessation et la valeur pour laquelle le bien était inscrit au bilan (valeur nette comptable de l'immobilisation figurant à l'actif du bilan). Les conditions d'imposition des plus-values de cession sont identiques à celles qui s'imposent pendant la vie de l'entreprise. Il convient de compenser entre elles les plus-values et les moins-values à court terme afin de dégager une plus-value ou une moins-value nette à court terme. La même opération est réalisée pour les plus-values et moins-values à long terme. La plus-value ou moins-value nette à court terme est intégrée dans le résultat d'exploitation. La plus-value nette à long terme est imposée à 16 %. Il faut ajouter à ce taux les prélèvements sociaux à hauteur de 17,2 %, impliquant une imposition réelle de 33,2 %.

Régimes fiscaux de faveur. La loi prévoit deux **régimes fiscaux de faveur** :
- **Lorsque l'entreprise individuelle ou une branche complète d'activité de celle-ci est apportée à une société** (CGI, art. 151 *octies*). L'imposition des plus-values afférentes aux immobilisations non amortissables est reportée à la date de cession des droits sociaux par l'apporteur, ou à la date de rachat de ces droits par la société, ou à la date de la cession du bien apporté par la société. L'imposition des plus-values afférentes aux immobilisations amortissables n'a pas lieu au moment de l'apport, la société bénéficiaire devant réintégrer la plus-value dans ses bénéfices imposables (sur cinq ans).
- **Lorsque l'entreprise individuelle est transmise dans sa totalité à titre gratuit**, à condition que l'exploitation soit continuée par les bénéficiaires de la transmission (↪ chapitre 19). Le régime implique un report d'imposition des plus-values afférentes aux éléments de l'actif immobilisé constatées à l'occasion de cette transmission jusqu'à la date de cession ou de cessation de l'entreprise ou jusqu'à la date de cession d'un desdits éléments si elle est antérieure (CGI, art. 41). Le report laisse place

à une exonération lorsque l'activité est poursuivie par le nouvel exploitant pendant au moins 5 ans à compter de la date de transmission.

Décès de l'entrepreneur. Lorsque la cessation est causée par le décès de l'entrepreneur (↪chapitre 21), un régime de faveur prévoit que toutes les plus-values, sans qu'il y ait lieu de distinguer entre celles à court terme et celles à long terme, se voient appliquer le régime fiscal des plus-values à long terme (CGI, art. 39 *terdecies* 2). Lorsque ce régime n'est pas favorable, les héritiers sont en droit de demander l'application du régime général. Toutefois, ce régime de faveur n'est pas applicable lorsque l'entreprise est transmise dans son intégralité à la suite du décès. Dans ce cas, le régime de faveur exposé ci-dessus se substitue à celui-ci, même si les héritiers peuvent y renoncer s'ils y trouvent un intérêt.

Cas d'exonération. Il convient de signaler enfin trois cas d'exonération possibles :

- L'exonération en faveur des PME dont le fonds de commerce est inférieur à 500 000 euros (CGI, art. 238 *quindecies)*. L'exonération concerne les petites entreprises faisant l'objet d'une transmission à titre gratuit ou à titre onéreux et dont l'exploitation par le cédant a duré au moins cinq années à la date de la transmission. Les immeubles sont exclus de l'exonération. L'exonération est totale lorsque la valeur des éléments transmis servant d'assiette aux droits d'enregistrement est inférieure ou égale à 300 000 euros. Elle est partielle lorsque la valeur des éléments transmis servant d'assiette aux droits d'enregistrement est supérieure à 300 000 euros et inférieure à 500 000 euros.
- L'exonération en faveur des TPE (CGI, art. 151 *septies*). Elle concerne les cessions d'éléments d'actifs réalisées en cours ou en fin d'exploitation par les petites entreprises dont le montant des recettes n'excède pas 350 000 euros HT pour les entreprises de vente et 126 000 euros HT pour les prestataires de services. L'activité doit avoir été exercée pendant au moins 5 ans.
- L'exonération concernant le dirigeant partant à la retraite (CGI, art. 151 *septies* A). Ce cas se rencontre lorsque l'entrepreneur cesse ses fonctions et fait valoir ses droits à la retraite dans les deux années qui précèdent ou qui suivent la cession. Par ailleurs, l'activité de cet entrepreneur doit avoir été exercée pendant 5 ans. La cession doit porter sur l'ensemble de l'entreprise. Celle-ci doit employer moins de 250 salariés et avoir réalisé un chiffre d'affaires annuel inférieur à 50 millions d'euros au cours de l'exercice, ou avoir un total de bilan inférieur à 43 millions d'euros. L'exonération ne concerne pas les immeubles.

La CFE est l'une des deux composantes de la contribution économique territoriale (CTE) avec la cotisation sur la valeur ajoutée des entreprises (CVAE).

2. La TVA

L'entrepreneur individuel cessant son activité est tenu de déclarer cette cessation au service des impôts dans les 30 jours pour la déclaration de TVA. Ce délai est porté à 60 jours pour les entreprises placées sous le régime simplifié d'imposition. Une régularisation du paiement de la TVA sera alors effectuée si nécessaire.

3. La cotisation foncière des entreprises (CFE)

Pour tout savoir sur la CFE :

http://dunod.link/439r0ev

La date de cessation de l'activité détermine la façon dont l'entreprise est imposée en matière de cotisation foncière des entreprises. Si l'activité cesse au 31 décembre, la totalité de la CFE est due pour l'année de cessation. En revanche, si la cessation se produit en cours d'année, l'entrepreneur peut demander au service des impôts une réduction de la cotisation au *prorata* du temps d'activité sur l'année.

→ **MINI-CAS 3**

La dissolution des sociétés

A) Les causes de dissolution

L'article 1844-7 du Code civil prévoit les causes de **dissolution** communes à toutes sociétés, quelle que soit leur forme. Il existe des causes propres à certains types de sociétés.

1. Les causes communes à toutes les sociétés

Cause 1. Expiration de la durée de vie. Toute société a nécessairement une durée limitée, à la différence d'une association par exemple. L'expiration du terme de cette durée, laquelle est prévue dans les statuts, entraîne la dissolution de plein droit de la société (c'est-à-dire automatique). Aucune décision, des associés ou encore d'un juge, n'est exigée. On sait que la durée maximale d'une société est de 99 ans (C. civ., art. 1838). Mais elle peut être prorogée si les associés en sont d'accord (la poursuite de l'activité ne suffit pas). C'est dire si la dissolution pour expiration de la durée de vie n'est pas inéluctable. Sur la question de la prorogation de la société, la loi de simplification du droit des sociétés du 19 juillet 2019 a sensiblement modifié l'article 1844-6 du Code civil afin de prévoir que la prorogation puisse être décidée postérieurement à l'arrivée du terme, par autorisation de justice.

Cause 2. Réalisation ou extinction de l'objet social. L'objet social réalisé, la société n'a plus de raison d'être, d'où sa dissolution de plein droit. Pareille réalisation suppose la création d'une société pour l'accomplissement d'une mission limitée dans le temps.

Exemple

- Une société civile de construction est créée pour un programme immobilier et dissoute après la construction et la vente de tous les appartements. L'extinction de l'objet social est aussi une cause de dissolution de plein droit. Elle est rare, d'autant qu'un objet social peut être modifié.

Cause 3. Dissolution anticipée décidée par les associés. La décision des associés de mettre fin au groupement avant l'arrivée du terme doit être prise dans les conditions prévues pour la modification des statuts. Elle ne doit pas constituer un abus de majorité.

Cause 4. Dissolution judiciaire pour justes motifs. La dissolution anticipée peut aussi résulter d'une décision de justice à la demande d'un associé, à condition qu'un juste motif soit démontré, notamment l'inexécution de ses obligations par un associé ou la mésentente entre associés paralysant le fonctionnement de la société.

En pratique, la dissolution volontaire des associés s'expliquent souvent par l'état de santé défaillant de la société, afin d'éviter une liquidation judiciaire.

FOCUS **Mésentente entre associés**

Celui qui demande la dissolution ne doit pas être à l'origine de la **mésentente**. Les juges sont réticents à prononcer la dissolution, notamment lorsque la société se porte économiquement bien. Ils préfèrent nommer un administrateur provisoire ou encore condamner l'associé semant le trouble social à des dommages-intérêts, sans exclusion pour autant. Mais des dissolutions de petites sociétés où il n'y a que deux associés ont déjà été prononcées alors même que la société était viable. Faut-il encore que la mésentente soit grave et qu'elle paralyse le fonctionnement de la société. C'est le cas de l'impossibilité de prise de décision par les organes sociaux, ou encore lorsque la mésentente est un facteur de ruine pour la société. Il appartient à celui qui réclame la dissolution de rapporter la preuve de la paralysie.

Cause 5. Annulation du contrat de société. La nullité de la société sanctionne ses conditions de formation. Elle conduit à la disparition, non rétroactive, de la société.

Cause 6. Réunion de toutes les parts sociales entre les mains d'un seul associé. La réunion de toutes les parts sociales entre les mains d'un seul associé s'explique le plus souvent par l'achat, par ce dernier, des parts des autres associés, lesquels entendent se retirer. En pareille situation, la dissolution n'opère pas de plein droit (C. civ., art. 1844-5, al. 1er). L'associé unique a la faculté de dissoudre la société par déclaration au greffe du tribunal de commerce (décret 78-704, 3 juillet 1978, art. 8). S'il souhaite au contraire maintenir la société, la loi lui accorde un délai d'un an pendant lequel les tiers ne peuvent pas agir en dissolution. Au-delà de ce délai, si la situation n'a pas été régularisée – c'est-à-dire si l'associé unique n'a pas trouvé un ou plusieurs autres associés – tout intéressé peut demander cette dissolution au tribunal compétent. Lorsque la dissolution est décidée, soit par l'associé unique, soit par un tribunal, les conséquences dépendent de la qualité de l'associé unique.

Cause 7. Liquidation judiciaire de la société. La clôture pour insuffisance d'actif d'une procédure de liquidation judiciaire de la société entraîne sa dissolution.

Cause 8. Prévision statutaire. Les statuts peuvent prévoir d'autres causes de dissolution, par exemple la constatation d'un certain nombre d'exercices déficitaires successifs, ou encore le décès d'un associé dans une société civile.

2. Les causes spécifiques

Il existe des causes de dissolution propres à chacune des formes sociales (tab. 20.3).

Tableau 20.3. Causes spécifiques de dissolution

Société en participation	Notification adressée aux associés par l'un d'eux, lorsque la société est à durée indéterminée.
Société civile	• Absence de gérant depuis plus d'un an. • Révocation du gérant, si les statuts le prévoient. • Décès d'un associé, si les statuts le prévoient. • Interdiction ou incapacité d'un associé, si les statuts le prévoient.
Société en nom collectif	• Décès d'un associé, sauf clause statutaire contraire. • Révocation du gérant, à certaines conditions (C. com., art. L. 221-12). • Interdiction ou incapacité d'un associé, sauf clause statutaire contraire.
Société à responsabilité limitée	• Dépassement du plafond de 100 associés. • Capitaux propres inférieurs à la moitié du capital social.
Société anonyme	• Réduction du capital en deçà du minimum légal. • Nombre d'actionnaires inférieur à 2 (ou 7 si offre au public). • Capitaux propres inférieurs à la moitié du capital social.

B) La publicité de la dissolution

Ce n'est qu'à la date de publication de la dissolution que celle-ci produit des effets à l'égard des tiers (C. civ., art. 1844-8). Cette publicité consiste en :

- l'insertion d'un avis dans un JAL ;
- le dépôt des actes de dissolution et de désignation du liquidateur au centre des formalités des entreprises ;
- la transmission du dossier aux organismes concernés, notamment le tribunal de commerce.
- Le tribunal de commerce fait mention de la dissolution sur le RCS et en assure la publicité par une mention au BODACC.

C) Les effets de la dissolution

La dissolution conduit à la **liquidation** de la société. La liquidation consiste à transformer en liquidités les biens et les créances composant l'actif de l'entreprise, puis à payer le passif à l'aide de cet actif. Ensuite, les associés reprennent leurs apports et, enfin, se répartissent l'éventuel boni de liquidation.

La dissolution n'entraîne pas la liquidation en cas de réunion de toutes les parts sociales entre les mains d'un seul associé doté de la personnalité morale.

1. La survie provisoire de la personnalité morale

Code civil, article 1844-8, al. 3

- La personnalité morale de la société subsiste pour les besoins de la liquidation jusqu'à la publication de la clôture de celle-ci.

Survie. Les opérations de liquidation peuvent prendre du temps. Durant cette période, la société conserve sa personnalité morale, pour les besoins de la liquidation (C. civ., art. 1844-8). La société est dissoute mais conserve provisoirement sa personnalité juridique. En conséquence, c'est encore la société qui est seule débitrice des dettes sociales. Les créanciers du groupement ne sont pas tenus de diviser leur recours contre chaque associé, tandis que les créanciers personnels des associés ne sauraient demander paiement à la société dissoute. La société en liquidation conserve la propriété de ses biens et reste donc redevable de certains impôts (ex. : taxe sur la valeur vénale des immeubles). La **survie de la personnalité morale** ne peut servir qu'aux opérations de liquidation et non à relancer les activités ou à en créer de nouvelles.

Sur tous les documents officiels, la dénomination sociale doit être suivie de la mention « société en liquidation ».

Survie provisoire. La société perd sa personnalité juridique une fois la liquidation terminée, c'est-à-dire à compter de la publication de la clôture de la liquidation. Toutefois, une société en liquidation peut faire l'objet d'une fusion par absorption ou par création d'une société nouvelle. Elle peut aussi transmettre son patrimoine par voie de scission à des sociétés existantes ou à des sociétés nouvelles (C. civ., art. 1844-4).

CHIFFRES-CLÉS

Plus de **50 000** chefs d'entreprise ont connu une liquidation en 2018, soit une hausse de **0,3 %** par rapport à 2017 (Observatoire de l'emploi des entrepreneurs, 2019).

2. Les opérations de liquidation de la société

Nomination du liquidateur. Le liquidateur est nommé conformément aux dispositions statutaires. Si celles-ci sont silencieuses à ce propos, il est nommé par les associés ou, à défaut d'accord entre eux, par décision de justice (C. civ., art. 1844-8, al. 2). Dans les sociétés commerciales, la durée de son mandat est limitée à trois ans, mais renouvelable (C. com., art. L. 237-21). Le liquidateur peut être un professionnel, c'est-à-dire un administrateur judiciaire, mais pas nécessairement.

Missions du liquidateur. Le liquidateur prend la tête de la société, remplaçant alors les dirigeants. Il représente donc la société à l'égard des tiers. Dans les sociétés civiles l'étendue de ses missions dépend des statuts ou de l'acte de nomination. Quant aux sociétés commerciales, la loi prévoit des dispositions spéciales relatives à ses missions. De façon générale, lorsque sa mission n'est pas restreinte, le liquidateur a pour rôle de liquider la société :

- Il réalise l'actif afin d'en retirer des liquidités, puis, avec celles-ci, il paiera les créanciers sociaux. Ces derniers ne sont pas soumis à une discipline collective de règlement du passif, dès lors que l'entreprise n'est pas en état de cessation de paiement. Ils sont alors payés au prix de la course (premier arrivé, premier servi), sans que le liquidateur soit tenu de faire respecter un ordre parmi eux. En pratique cependant, le liquidateur, du moins lorsqu'il est un professionnel, paie d'abord les créanciers privilégiés, selon leur rang, puis les chirographaires dans l'ordre d'exigibilité de leur créance.
- S'il constate la cessation des paiements, le liquidateur déposera le bilan, ce qui conduira à la liquidation judiciaire de l'entreprise.

Durée des opérations. Le Code civil ne prévoit pas de durée maximale pour la liquidation. Mais, afin que les opérations ne s'éternisent pas, la loi prévoit qu'au-delà de trois ans à compter de la dissolution, toute personne intéressée peut demander au tribunal de faire achever la liquidation (C. civ., art. 1844-8, al. 4).

Clôture de la liquidation. Une fois les opérations de liquidation achevées, le liquidateur doit procéder à la radiation de la société au Registre du commerce et des sociétés dans le délai d'un mois à compter de la publication de la clôture de la liquidation (C. com., art. R. 123-75). À défaut, la société est radiée d'office, au terme d'un délai de trois ans après la date de la mention de sa dissolution au RCS (C. com., art. R. 123-131).

Partage. S'il reste des actifs, il convient de procéder à leur partage entre les associés. Le partage suit la clôture de la liquidation, à un moment où la société dissoute a complètement disparu puisqu'elle n'a plus la personnalité morale de sorte que les associés sont propriétaires indivis des biens sociaux. Le partage met alors fin à l'indivision (fig. 20.1).

Code civil, article 1844-9

- Les règles concernant le partage des successions [↪chapitre 21], y compris l'attribution préférentielle, s'appliquent au partage entre associés.

Figure 20.1. **Étapes de liquidation**

D) Le régime fiscal de la dissolution

La dissolution de la société engendre des conséquences fiscales dès lors qu'un boni de liquidation est constaté. La fiscalité concerne les opérations de liquidation et de partage, étant précisé que la société dissoute se survit fiscalement à elle-même pour les besoins de la liquidation.

1. La dissolution des sociétés soumises à l'impôt sur le revenu

Résultat de l'exercice. Dans les sociétés de personnes, les associés sont imposés personnellement pour la part de bénéfices sociaux correspondant à leurs droits dans la société. En cas de dissolution, le partage des réserves et la reprise des apports ne donnent lieu à aucune imposition au titre de la distribution des bénéfices. Chaque associé est seulement imposable sur les résultats de l'exercice en fonction de la nature des résultats :

- Les bénéfices de l'exercice en cours lors de la clôture des opérations de liquidation sont imposables au taux normal. Il s'agit du résultat après la vente des stocks, le paiement des dettes, la réintégration des provisions et la compensation des plus-values et des moins-values à court terme.
- Les plus-values nettes à long terme sont imposables au taux de 30 %. Il existe un régime d'exonération prévu à l'article 151 *septies* du CGI et applicable au TPE (sur les conditions, voir le passage sur la fiscalité des plus-values professionnelles). En ce qui concerne les moins-values nettes à long terme, elles peuvent s'imputer dans certaines limites sur le résultat imposable.

Partage des acquêts sociaux. Il donne lieu à une imposition (droit d'enregistrement, dit aussi droit de partage) de 2,5 %. Les acquêts sociaux se composent du numéraire et des choses fongibles apportés à titre pur et simple à la société, ainsi que des biens apportés à titre onéreux, et ceux qui ont été acquis par la société. Si, à la suite des opérations de liquidation, il ne reste que des liquidités, celles-ci sont considérées comme des acquêts sociaux.

Cas des apports en nature. La reprise des apports en nature ne donne pas lieu à un droit d'enregistrement. Seule la taxe de publicité foncière pour les immeubles s'applique au taux de 0,715 %. La règle ne vaut que si la reprise est effectuée par l'associé apporteur. Dans le cas contraire (reprise par un associé autre que l'apporteur), l'opération est considérée comme une mutation entre deux associés, de sorte qu'il y a ouverture d'un droit d'enregistrement (mutation à titre onéreux) calculée sur la valeur du bien au jour du partage.

Exemple

- M. X et Mme Y ont créé une société. M. X a apporté un immeuble d'une valeur de 50 000 € et Madame Y a apporté des liquidités à hauteur de 50 000 €. Le jour de la dissolution de la société, l'actif social est estimé à 300 000 euros dont 150 000 € pour l'immeuble.
  Dans le cas où c'est M. X qui reprend l'immeuble, aucun droit n'est dû sur celui-ci sauf les 0,715 % au titre de la publicité foncière.

  À l'inverse, si Mme X reprend l'immeuble, l'opération est analysée fiscalement comme si l'immeuble avait été cédé par M. X à Mme Y. Il y a donc application des droits de mutation au taux de 5,09 % ou 5,80 %. Bien entendu, les 150 000 € restants sont soumis au droit de partage selon le taux de 2,5 %.

2. La dissolution des sociétés soumises à l'impôt sur les sociétés

Obligations de la société. La société est tenue au paiement de l'IS. Ce dernier frappe les bénéfices de l'exercice en cours à la clôture des opérations de liquidation, les provisions, les plus-values et les bénéfices en sursis. Le droit de partage au taux de 2,5 % est également dû. Il est calculé sur l'actif net après avoir déduit les impôts payés.

Obligation des associés. L'imposition des associés de la société dissoute dépend de plusieurs éléments. Par principe, la reprise des apports par les associés n'est pas imposable. En revanche, le boni de liquidation donne lieu à une imposition dont les modalités diffèrent en fonction du type d'associés. Si l'associé est une personne physique, le prélèvement forfaitaire unique (PFU) au taux de 30 % est applicable ou, sur option, le barème progressif de l'impôt sur le revenu. Si l'associé est une personne morale soumise à l'IS, le boni de liquidation intègre le bénéfice de l'entreprise soumis au taux normal de l'impôt sur les sociétés. Lorsque les conditions sont réunies, le régime des sociétés mères est cependant applicable. Il conduit à une exonération sous condition de la réintégration d'une quote-part pour frais et charges à hauteur de 5 %. En cas de mali de liquidation, les associés doivent contribuer aux pertes de la société. Ce mali ne peut pas s'imputer sur le revenu global de l'associé personne physique. Lorsque les associés ont acquis les titres en cours de vie sociale et que le prix d'acquisition était supérieur à la valeur nominale des titres, le boni de liquidation doit être calculé par rapport au prix d'acquisition.

→ MINI-CAS 3 • MINI-CAS 4 • CAS PRATIQUE 5

DES SAVOIRS AUX COMPÉTENCES

Évaluer les savoirs | Maîtriser les compétences | Préparer l'épreuve

QCM

Pour chaque proposition, une ou plusieurs réponses dont possibles. Justifiez-les.

1. La mésentente entre associés :
   a. ne peut pas être retenue comme cause de dissolution. ☐
   b. peut être retenue comme cause de dissolution quel que soit le demandeur. ☐
   c. ne peut être retenue comme cause de dissolution que si le demandeur n'est pas à l'origine de la mésentente. ☐

2. Une société est dissoute de plein droit :
   a. une fois sa durée de vie écoulée. ☐
   b. une fois l'objet social réalisé. ☐
   c. à la mort d'un associé. ☐
   d. en cas de réduction du capital social en deçà du seuil légal. ☐
   e. si le nombre d'associés dépasse 99. ☐

3. Pour être opposable aux tiers, la dissolution doit être publiée :
   a. dans un JAL. ☐
   b. au BODACC. ☐
   c. au JO. ☐
   d. au RCS. ☐
   e. au RM. ☐
   f. au BALO. ☐

4. Le boni de liquidation est calculé :
   a. par rapport au prix d'acquisition du titre. ☐
   b. par rapport à la valeur nominale du titre. ☐
   c. en appliquant une décote liée au temps de possession. ☐
   d. en référence à la valeur moyenne des titres pendant la vie sociale. ☐

5. Un régime fiscal de faveur est :
   a. consenti en cas d'option pour l'IS. ☐
   b. en cas d'apport d'une entreprise individuelle. ☐
   c. en cas de transmission d'une entreprise individuelle à titre onéreux. ☐
   d. en cas de transmission d'une entreprise individuelle à titre gratuit. ☐

Causes de dissolution ★★★

1. SARL fondée en 1950 pour une durée de 65 années prévue dans les statuts.
2. Décès du président et du DG d'une SAS dans un même accident.
3. Divorce de deux époux par ailleurs associés d'une SCI.
4. Réunion en une seule main de toutes les actions d'une SA.
5. Vente de l'immeuble unique d'une SCI.
6. Altercations répétées entre le gérant et les associés d'une SARL.

Dans les cas ci-avant, déterminez si l'on est ou non en présence d'une cause de dissolution de la société. Justifiez vos réponses.

Évaluer les savoirs | **Maîtriser les compétences** | Préparer l'épreuve

3 Mini-cas : entreprise individuelle ★★★

Compétence visée

Maîtriser les incidences juridiques, sociales et fiscales des opérations de cessation d'activité ou de dissolution et liquidation d'une entreprise

M. Lacanal a créé en 2017 un commerce de vente d'objets d'art moderne. Il s'agit d'une entreprise individuelle. Il est immatriculé au RCS. Il y a un an, M. Lacanal a apporté son fonds de commerce à une société qu'il a créée avec ses deux enfants devenus majeurs. Il n'a pas procédé à une déclaration auprès du greffe du tribunal de commerce. Aujourd'hui, l'Urssaf lui réclame le versement de cotisations sociales au titre de l'activité qu'il aurait exercée depuis un an en tant que commerçant.

M. Lacanal peut-il s'opposer à la demande de l'Urssaf ?

4 Mini-cas : société civile immobilière (SCI) ★★★

Compétence visée

Maîtriser les incidences juridiques, sociales et fiscales des opérations de cessation d'activité ou de dissolution et liquidation d'une entreprise

Les époux Dejean ont créé une SCI. M. Dejean a apporté un immeuble d'une valeur de 500 000 € et Mme Dejean a réalisé un apport en nature de 250 000 €. Le jour de la dissolution de la société, l'actif social est estimé à 1 300 000 € dont 1 000 000 € pour l'immeuble.

Quelles sont les conséquences fiscales de la dissolution sur la question de la reprise de leurs apports ?

Évaluer les savoirs | Maîtriser les compétences | **Préparer l'épreuve**

5 Cas pratique : société HPF ★★★

45 min

Compétences visées

Maîtriser les incidences juridiques, sociales et fiscales des opérations de cessation d'activité ou de dissolution et liquidation d'une entreprise

La Cour de cassation a rendu le 5 avril 2018 un arrêt qui a fait date en matière de dissolution.

Travail à faire

1. *Commentez l'arrêt de la Cour de cassation.*
2. *Expliquez-en la portée.*

Arrêt de la Cour de cassation, 5 avril 2018, pourvoi n° 16-19829

Vu l'article 1844-7, 5° du code civil ; Attendu, selon l'arrêt attaqué, que le capital de la société civile Holding financière du parc (la société HFP) est réparti entre M. Jean-Louis X..., son gérant, détenteur de 50 % des parts, Mme Nathalie X... et M. Jean-Bruno X..., ces derniers détenant chacun 25 % des parts ; qu'elle est propriétaire de deux terrains donnés à bail à deux sociétés, dirigées par M. Jean-Bruno X... ; qu'invoquant la mésentente entre les associés paralysant le fonctionnement de la société, Mme Nathalie X... a judiciairement sollicité la dissolution de celle-ci, demande à laquelle M. Jean-Bruno X... s'est associé ;

Attendu que pour prononcer la dissolution de la société HFP, l'arrêt retient, par motifs adoptés, que le fonctionnement normal de la société est perturbé par une mésentente durable et l'absence de toute confiance entre les associés, opposés dans une procédure judiciaire de partage successoral, et, par motifs propres, qu'il résulte des statuts de la société que les assemblées sont présidées par le gérant, qui dispose d'une voix prépondérante en cas de partage de voix, qu'il s"agisse des assemblées générales ordinaires ou extraordinaires, de sorte que les résolutions nécessaires au bon fonctionnement de la société ne sont prises qu'en vertu de la voix prépondérante de ce dernier ; qu'il retient encore que si l'absence de blocage est avérée, cette situation est de pure forme et que la vie de la société est caractérisée par un antagonisme en deux camps qui disposent exactement du même nombre de parts sociales ; qu'il relève qu'un litige entre la société et ses deux locataires n'est pas réglé au bout de trois ans, et que les associés s'opposent sur la valorisation de terrains souhaitée par Mme Nathalie X... et M. Jean-Bruno X..., depuis 2013, cependant que le gérant souhaite patienter ; qu'il relève encore que les dissensions au sein de la société ont conduit à transmettre en son nom, à la mairie de Portet-sur-Garonne, des projets différents et concurrents, et qu'il s'agit d'un dysfonctionnement manifeste imputable à la mésentente entre associés ; qu'il ajoute que l'exercice clos le 31 décembre 2014 s'est traduit par une perte de 1 179 euros que M. Jean-Louis X... impute aux loyers dérisoires payés par les sociétés gérées par M. Jean-Bruno X..., et que le conflit entre les associés n'est pas de nature à permettre un accord pour l'augmentation de loyers ; qu'il en déduit que c'est l'équilibre financier de la société qui est compromis par la mésentente ;

Qu'en se déterminant ainsi, par des motifs impropres à établir que la mésentente entre les associés paralysait le fonctionnement de la société, la cour d'appel n'a pas donné de base légale à sa décision ;

SYNTHÈSE

Fin de l'entreprise

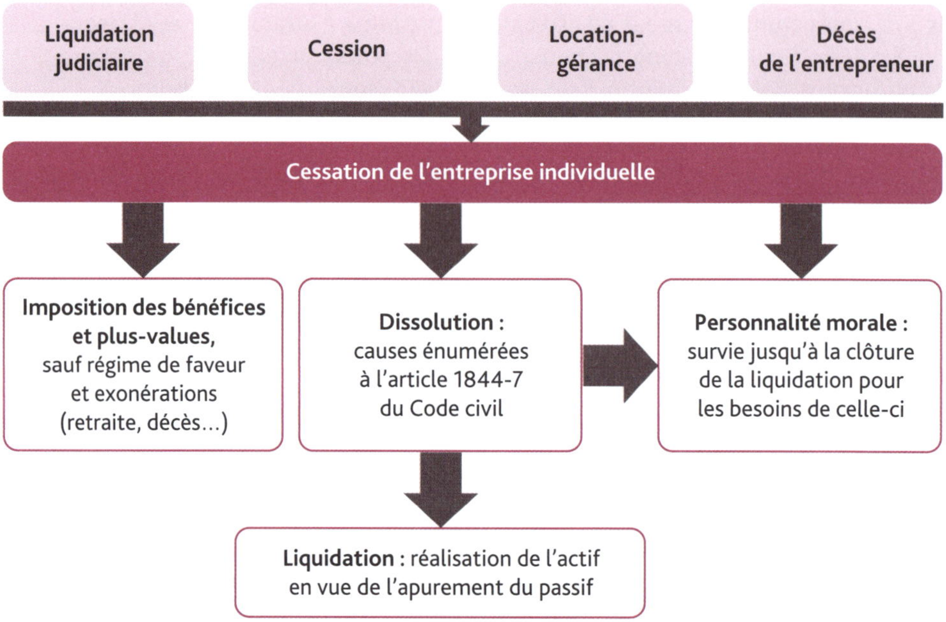

La famille Carbure est à la tête de plusieurs sociétés, toutes basées en France, et spécialisées dans la maintenance aéronautique. Le groupe Carbure est organisé comme suit :

- La SA Carbure est la plus ancienne société du groupe ; elle est dédiée à la maintenance des moteurs d'avions de ligne et possède des contrats avec des compagnies aériennes importantes comme EasyFly ou RyaJet. Son actionnaire principal est M. Carbure père qui détient 98 % du capital, les 2 % restant appartenant aux salariés de la société.
- La SAS HIGH-MAINTENANCE a été créée plus tard et s'est spécialisée dans la maintenance des systèmes de vol des Airbus A320. Elle emploie 150 ingénieurs et techniciens et est valorisée à 7 M€. Ses actionnaires sont M. Carbure père pour 90 % et la SA Carbure pour 10 %.
- La SAS AIRNET a été créée il y a 3 ans et développe des applications pour que les passagers puissent utiliser leurs téléphones à bord. Sa valorisation est encore faible (3 M€) et elle associe M. Carbure père et deux de ses enfants, Aurore l'aînée et Blaise le cadet, tous à égalité dans le capital.
- Les locaux d'exploitation des trois sociétés susnommées sont détenus par la SCI Carbure et frères dans laquelle M. Carbure père est associé à 50 % / 50 % avec son frère. Cette SCI est valorisée à 8 M€. Les deux associés sont cogérants.

La SA Carbure connaît des difficultés d'exploitation depuis plus de 4 ans en raison de contrats non renouvelés avec des compagnies aériennes, de grèves fréquente de ses personnels et d'impayés de la compagnie RyaJet (plus d'1 M€). La SA est en outre très endettée et son passif se monterait à 8,50 M€ à ce jour. Depuis plus de 10 mois, aucun fournisseur n'est payé et le paiement des salaires a été interrompu il y a 6 mois. De plus, le PDG, M. Carbure père se désintéresse de plus en plus de l'affaire dont il dit volontiers qu'elle « le lasse » et passe son temps en voyage personnel. Il y a 3 mois de cela, voyant la situation se dégrader il a contacté sa banque pour solder un prêt de 1,50 M€ dont l'échéance est à 6 ans ; le paiement s'est fait par le produit de la vente d'un brevet détenu par la SA à l'un de ses concurrents pour un prix très avantageux pour l'acheteur. L'Urssaf menace d'assigner la SA pour un arriéré de 350 000 € de cotisations sociales.

Travail à faire

Émettez un avis sur la situation de la SA Carbure et ses conséquences légales en répondant aux questions suivantes :

1. *Que peut faire l'Urssaf à l'encontre de la société anonyme ?*
2. *Si une procédure d'insolvabilité était mise en œuvre, quelles en seraient les conséquences sur les actes passés par M. Carbure père ?*
3. *Si une procédure d'insolvabilité était mise en œuvre, quelles en seraient les conséquences sur la situation personnelle de M. Carbure père ?*

M. Carbure père souhaite faire donation de ses actions dans la SAS High Maintenance à ses deux enfants. Il est âgé de 63 ans.

Travail à faire

4. *Calculez le montant des droits d'enregistrement à payer en vous plaçant successivement dans l'hypothèse d'une donation avec réserve d'usufruit et dans celle d'une donation en pleine propriété.*

Les trois associés de la SAS AIRNET (père, Aurore et Blaise) souhaiteraient vendre la société à un repreneur qui leur en propose 2,80 M€. Ils vous demandent de les éclairer.

Travail à faire

5. *Quelle est l'obligation au passif des associés de la SAS au-delà de la vente de leurs actions ?*
6. *Les trois associés pourront-ils librement recréer une activité similaire une fois la SAS cédée ?*

Les deux frères Carbure ne se sont jamais très bien entendus mais, depuis peu, la situation s'est fortement dégradée. L'un des frères s'oppose systématiquement aux décisions de l'autre et *vice versa*. Aucune assemblée générale n'a pu se tenir depuis trois ans et des travaux urgents sont à prévoir sur les bâtiments industriels…

Travail à faire

7. *Quelle solution préconisez-vous pour tenter de sortir de l'impasse ?*

CHAPITRE 21 Les associations et autres organismes sans but lucratif

PROGRAMME

Compétences visées

- **Accompagner** au plan juridique la création d'associations (statuts, assemblées…)
- **Déterminer** le régime fiscal : exonération, identification de secteurs lucratifs

Notions et contenus

Aspects juridiques, fiscaux et sociaux des associations et autres organismes à but non lucratif

PLAN DU CHAPITRE

Les associations et les fondations sont des acteurs majeurs du monde socio-économique au-delà de leur apparente fonction caritative ou humanitaire. Le laconisme des textes applicables cache mal une réelle complexité juridique.

MOTS-CLÉS

Acte d'affectation • Association • Bénévole • Faute détachable • Fondation • Fondation d'entreprise • Fonds de dotation • Mesure d'urgence • Reconnaissance d'utilité publique

1 Les associations

La loi du 1er juillet 1901 constitue le droit commun des associations. D'autres lois ont permis la création d'associations à statut particulier et obéissant, par conséquent, à des règles spécifiques. Ainsi, sont régies par un statut propre les associations cultuelles, les congrégations, les associations sportives, les fondations. Le point commun de tous ces organismes est de ne pas poursuivre de but lucratif.

A) Le fonctionnement d'une association

Définition

Une **association** est un groupement né du contrat par lequel deux ou plusieurs personnes conviennent de mettre en commun, de façon permanente, leurs connaissances ou leur activité dans un autre but que le partage de bénéfice (loi de 1901, art. 1er).

Caractères. De cette définition, il ressort que l'association :
- doit poursuivre un but commun à tous ses membres et distinct des intérêts propres de chacun ;
- doit mettre en commun les connaissances ou l'activité de façon permanente, ce qui distingue l'association de la simple réunion ;
- ne doit pas partager les bénéfices. L'expression « à but non lucratif » ne lui interdit pas de réaliser des bénéfices mais, dans ce cas, elle doit les réinvestir pour l'accomplissement de son objet associatif.

Liberté associative. La liberté associative se manifeste doublement :
- C'est d'abord la liberté de constituer une association (CEDH, art. 11 et L. 1901, art. 2).
- C'est ensuite la liberté d'adhérer ou de ne pas adhérer à une association (CEDH, art. 11 et L. 1901, art. 4). Il est donc illicite d'obliger à l'adhésion, de même que d'empêcher un membre de se retirer d'une association. Une clause stipulant pareille obligation encourt la nullité absolue.

Exemple

Nullité de la clause d'un bail commercial obligeant le preneur à adhérer et maintenir son adhésion à l'association des commerçants du centre commercial dans lequel se situe le local loué, de même que la clause stipulée dans les statuts de la dite association et posant la même obligation.

Loi de 1901. Le droit commun des associations est édicté dans la loi du 1er juillet 1901, relative au contrat d'association, et son décret d'application du 16 août 1901. Ces textes contiennent peu de dispositions si on les compare à ceux régissant, par exemple, les sociétés commerciales. Ce qui fait de l'association une structure souple, peu réglementée. Aussi, les fondateurs ont-ils une grande liberté pour prévoir les règles d'administration et de direction de l'association.

On relèvera enfin une décision importante de la Cour de cassation qui applique à une association une règle du droit des sociétés inscrite dans le Code de commerce au motif que ni la loi du 1er juillet 1901, ni le Code civil ne permettent de régler la difficulté à l'origine du litige (Cass. 1re civ., 3 mai 2006, pourvoi n° 03-18229).

1. La constitution des associations

Droit commun des contrats. L'association « est régie, quant à sa validité, par les principes généraux du droit applicable aux contrats et obligations » (loi de 1901, art. 1er). Par conséquent, le consentement des fondateurs, échangés lors de la formation du contrat d'association sur lequel repose l'existence même du groupement, ne doit pas avoir été vicié. De même, ce contrat encourt la nullité en l'absence de cause et/ou d'objet, ou encore si ces derniers sont illicites. Enfin, les fondateurs doivent avoir la capacité de contracter (↪ chapitre 1).

Capacité. Un mineur peut être membre d'une association même s'il a moins de 16 ans à la condition que ses parents l'y autorisent.

Une personne morale (société, association…) est également en droit de constituer une association. Dans ce cas, le consentement sera exprimé par une personne ayant la capacité de la représenter. Les personnes morales de droit public peuvent aussi être parties à un contrat d'association.

Cause ou objet illicite. L'objet poursuivi par l'association et formulé dans les statuts est la cause de l'obligation contractée par les sociétaires. L'article 3 de la loi de 1901 dispose qu'encourt la nullité « toute association fondée sur une cause ou en vue d'un objet illicite, contraire aux lois, aux bonnes mœurs, ou qui aurait pour but de porter atteinte à l'intégrité du territoire national et à la forme républicaine du gouvernement ».

Exemple

- Une association créée pour l'organisation de corrida est illicite car la loi pénale interdit les sévices graves ou actes de cruauté envers les animaux. Elle est toutefois licite lorsqu'une tradition locale ininterrompue peut être invoquée ; l'interdiction pénale ne s'appliquant pas dans ce cas.

Formalités. Il convient de distinguer :

- **Les associations non déclarées.** La création d'une association ne nécessite aucune formalité particulière. C'est un contrat consensuel, de sorte qu'aucun écrit n'est nécessaire, de même qu'aucune autorisation, déclaration ou immatriculation. Il reste bien sûr possible d'établir un écrit, que l'on appellera « les statuts », sans pour autant déclarer l'association. On parle alors d'« association non déclarée ». Celle-ci ne dispose pas de la personnalité morale (↪ chapitre 5). En conséquence, elle ne dispose pas de patrimoine propre et la responsabilité liée à l'activité est directement supportée par ses membres.
- **Les associations déclarées à la préfecture.** L'association qui souhaite obtenir la capacité juridique (donc jouir de la personnalité morale) doit être rendue publique par les soins de ses fondateurs (loi de 1901, art. 5), ceux indiqués dans les statuts, à l'exclusion des salariés de l'association (tab. 21.1).

Tableau 21.1. Formalités à accomplir par les associations

	Formalités	Sanctions
Étape 1	• La déclaration peut être rédigée sur papier libre. • Elle indique le titre et l'objet de l'association, le siège de ses établissements et les nom, profession, domicile et nationalité de ceux qui, à un titre quelconque, sont chargés de son administration. Elle doit être accompagnée d'un exemplaire des statuts (loi de 1901, art. 5).	La loi de 1901 prévoit des sanctions pénales à l'égard des personnes chargées de la déclaration lorsque celle-ci contient des informations inexactes.
Étape 2	Un récépissé de la déclaration est donné dans un délai de cinq jours à compter de la remise à l'autorité préfectorale compétente d'un dossier de déclaration complet.	Le préfet qui refuse de donner récépissé alors que la déclaration est régulière commettrait un excès de pouvoir.
Étape 3	L'association est rendue publique par une insertion au *Journal officiel*, sur production du récépissé.	En l'absence d'une telle insertion, l'association n'a pas la personnalité morale.

Statuts. La loi de 1901 impose la rédaction de statuts, donc d'un écrit, comme condition de régularité de la déclaration. Un acte sous seing privé est suffisant.

Quant au contenu formel, l'exigence légale se limite à ce qui est nécessaire pour la déclaration, c'est-à-dire la dénomination, l'objet associatif et le siège. Pour le reste, c'est-à-dire au fond, le contenu est libre, sous réserve du respect de l'ordre public. Bien sûr, pour éviter des conflits ultérieurs, il est conseillé de prévoir des dispositions relatives à l'adhésion de nouveaux membres, leur radiation, l'organisation et le fonctionnement interne de l'association, les pouvoirs des organes dirigeants, les conditions de modification des statuts (ex. : par une assemblée restreinte, émanation de l'assemblée générale, à la majorité qualifiée). À défaut de précision sur pareille modification, c'est l'assemblée générale des sociétaires qui est compétente. Par exception, le contenu formel des statuts est imposé pour les associations souhaitant être reconnue d'utilité publique, de même que des clauses obligatoires. Il existe d'autres exceptions, par exemple pour les fédérations départementales de chasseurs. Enfin, la modification des statuts d'associations reconnues d'utilité publique obéissent aux mêmes règles que la reconnaissance.

NOTRE CONSEIL

Mieux vaut prévoir que le règlement intérieur est l'œuvre de l'un des dirigeants de l'association, et non de l'AG, sous peine de devoir consulter cette dernière pour chaque changement, ce qui ôterait tout intérêt au règlement intérieur.

Règlement intérieur. La rédaction d'un règlement intérieur n'est pas obligatoire (sauf pour certaines associations), même pour obtenir la personnalité morale. Il est utile en ce qu'il permet de préciser les statuts sur des points nécessitant une adaptation permanente. En effet, la modification d'un règlement intérieur est plus facile que celle des statuts.

Les statuts prévoient le mode d'adoption du règlement intérieur.

Associations reconnues d'utilité publique. Les associations d'une taille suffisamment importante (en nombre d'adhérents, en couverture géographique...) et poursuivant un intérêt général peuvent demander à être reconnues d'utilité publique. L'objectif principal est d'augmenter leur capacité juridique à recevoir des libéralités. L'utilité publique ne peut être, en principe, reconnue qu'à l'issue d'une période probatoire de trois ans, l'association devant au préalable avoir été déclarée. Outre l'adoption de statuts types, la reconnaissance d'utilité publique nécessite le dépôt d'une demande adressée au ministre de l'Intérieur et dont le contenu est prévu par le décret de 1901 (art. 11). Le ministre consulte le Conseil d'État pour avis, sans être lié par cet avis. Si les conditions sont réunies, l'utilité publique est reconnue par décret en Conseil d'État.

2. La capacité juridique de l'association

Personnalité morale. L'association obtient la capacité juridique lorsqu'elle est rendue publique par publication au JO. C'est aussi la publicité qui confère la personnalité morale à l'association. Autre conséquence, l'association non déclarée n'a pas de capacité juridique.

Actes d'administration. Outre les attributs traditionnels de la personnalité juridique (le nom, le domicile et la nationalité), l'association déclarée ou reconnue d'utilité publique dispose de l'aptitude à contracter avec les tiers, à acquérir à titre onéreux, à administrer et gérer les cotisations reçues de ses membres, les apports qui lui sont faits, ou encore les immeubles qu'elle possède. Elle a aussi la capacité d'embaucher des salariés. Toutefois, l'association ne peut agir que dans la limite de son objet social ; c'est le principe de spécialité.

Activité lucrative. L'association peut exercer une activité lucrative. Il lui est interdit en revanche de partager les bénéfices qui en sont retirés. Lorsqu'elle exerce, exclusivement ou non, une activité économique depuis au moins deux ans, l'association peut émettre des obligations dans des conditions spécifiques prévues par le Code monétaire et financier. Toutefois, une association qui exerce de façon habituelle des actes de commerce court le risque de se voir appliquer les règles du droit commercial. Et si, en outre, les bénéfices sont partagés, elle risque d'être requalifiée de société commerciale.

Exemple

À propos d'une association créée par deux sociétés d'édition et ayant pour objet de développer l'épanouissement des individus en proposant des voyages en France ou à l'étranger, la cour d'appel de Toulouse a décidé que l'activité civile, qui n'est autre que l'objet social savamment affiché, a été absorbé par l'activité commerciale d'agence de voyages, laquelle était réellement exercée. Le tribunal de commerce est alors jugé compétent.

Capacité à agir en justice. L'association déclarée et celle reconnue d'utilité publique sont en droit d'agir en justice pour la protection de leurs intérêts. L'association qui entend ester en justice doit démontrer qu'elle a un intérêt à agir. Il faut par conséquent que son action soit en rapport avec l'objet qu'elle poursuit. Si elle demande réparation, elle doit démontrer un préjudice personnel, direct et certain :

- Toute association déclarée est en droit d'agir en justice pour voir protéger un intérêt individuel (ex. : contrat de contrat de partenariat avec une entreprise qui ne serait pas correctement exécuté par celle-ci).

- Sont plus délicates les actions en justice tendant à défendre un intérêt collectif (ex. : action d'une association contre les myopathies visant à défendre les personnes atteinte de cette maladie dans leur ensemble, c'est-à-dire même si elles ne sont pas membres de l'association). En principe, une telle action nécessite une habilitation législative, laquelle en fixe les conditions et les limites. Au civil, les tribunaux ont sensiblement assoupli ce principe. En l'absence d'habilitation législative, une association peut en effet agir en justice au nom d'intérêts collectifs à la condition que ceux-ci entrent dans son objet social. Au pénal, de nombreuses associations sont habilitées par la loi à se constituer partie civile (action civile). En l'absence d'habilitation, la chambre criminelle accueille avec une certaine faveur l'action civile. Elle juge celle-ci recevable lorsque l'intervention de l'association découle de la spécialité du but et de l'objet de sa mission.

Lorsque le montant global des subventions en numéraire excède 153 000 euros pour une année, l'association doit observer des obligations comptables (C. com., art. L. 612-4 et D. 612-5) : établir des comptes annuels comprenant un bilan, un compte de résultat et une annexe ; publier ses comptes annuels et du rapport du commissaire aux comptes ; nommer au moins un CAC et un suppléant.

Subventions publiques. Les associations sont très souvent financées par des subventions de collectivités publiques. La loi ne définit pas de façon générale ce qu'est une subvention. La loi du 12 avril 2000 relative aux droits des citoyens dans leurs relations avec les administrations pose un régime applicable aux subventions accordées aux personnes privées et la loi du 31 juillet 2014 relative à l'économie sociale et solidaire définit les subventions concernées par ce régime.

Loi n° 2000-321 du 12 avril 2000 modifiée, article 9-1

- Constituent des subventions, au sens de la présente loi, les contributions facultatives de toute nature, valorisées dans l'acte d'attribution, décidées par les autorités administratives et les organismes chargés de la gestion d'un service public industriel et commercial, justifiées par un intérêt général et destinées à la réalisation d'une action ou d'un projet d'investissement, à la contribution au développement d'activités ou au financement global de l'activité de l'organisme de droit privé bénéficiaire. Ces actions, projets ou activités sont initiés, définis et mis en œuvre par les organismes de droit privé bénéficiaires.

Ces contributions ne peuvent constituer la rémunération de prestations individualisées répondant aux besoins des autorités ou organismes qui les accordent.

Libéralités. Toute association, dès lors qu'elle est régulièrement déclarée, peut recevoir sans aucune autorisation spéciale des dons manuels (loi de 1901, art. 6), c'est-à-dire des donations dont la transmission se fait de la main à la main. Il peut s'agir d'un meuble corporel, d'un chèque ou même d'un virement bancaire. Les associations ne sauraient donc, en principe, recevoir de donations ostensibles, ni de legs. Il en va différemment lorsque la donation est consentie par un établissement d'utilité publique.

L'association bénéficiaire de dons de personnes physiques ou morales ouvrant droit, au bénéfice des donateurs, à un avantage fiscal, et excédant 153 000 euros pour une année, est soumise aux obligations comptables définies par l'article L. 612-4 à propos des subventions en numéraire (loi n° 87-571 du 23 juill. 1987, art. 4-1).

Par exception, certaines associations ont la capacité juridique de recevoir des donations (ostensibles donc) ou des legs. Il s'agit des associations reconnues d'utilité publique, des associations cultuelles, des unions agréées d'associations familiales et des associations déclarées depuis au moins trois ans et dont l'ensemble des activités est mentionné au b du 1 de l'article 200 du CGI (activités philanthropique, éducative, scientifique, sociale, humanitaire, sportive, familiale, culturelle, ou concourant à la mise en valeur du patrimoine artistique, à la défense de l'environnement naturel ou à la diffusion de la culture, de la langue et des connaissances scientifiques françaises).

Appel à la générosité publique. Certaines associations sont en droit de faire appel à la générosité publique. Il s'agit des associations soutenant une cause scientifique, sociale, familiale, humanitaire, philanthropique, éducative, sportive, culturelle ou concourant à la défense de l'environnement.

Article 200 du CGI :

http://dunod.link/61ymncc

3. L'administration de l'association

Organes. L'association est une structure souple. Aussi, ce sont les statuts, et non la loi, qui fixent les modalités d'administration de l'association, ainsi que les pouvoirs des personnes en charge de cette administration. La rédaction des statuts est donc importante, d'autant qu'en cas de litige, le juge saisi s'y référera.

Administration individuelle ou collégiale. Le nombre de personnes en charge de l'administration est librement fixé par les statuts comme leur dénomination (président, vice-président, secrétaire général, trésorier, administrateurs…). La seule contrainte est de doter l'association d'au moins un représentant personne physique. Pour le reste, les statuts peuvent prévoir un nombre précis d'administrateurs, un minimum et/ou un maximum. Si l'association est dirigée par un organe collégial, alors les statuts, ou le règlement intérieur, prévoiront sa dénomination (conseil d'administration, comité, bureau…), sa structure, ses modalités de convocation, son lieu de réunion, le mode de scrutin, etc.

Statut des administrateurs. Les personnes membres de l'organe d'administration, que l'on peut appeler les administrateurs ou encore les dirigeants, sont des mandataires de l'association. L'administrateur peut être un sociétaire, mais pas nécessairement. Les statuts peuvent prévoir cette condition d'accès aux fonctions d'administrateur. L'administrateur peut également être un salarié de l'association. Le Conseil d'État en a jugé ainsi. Mais il faut alors éviter qu'il ait une part prépondérante dans l'administration de l'association.

Désignation des dirigeants et durée de leurs fonctions. Les modalités de désignation des dirigeants sont librement fixées par les statuts ou le règlement intérieur (sauf pour certaines associations). Généralement ils sont soit désignés par les statuts, soit nommés par l'assemblée générale des sociétaires. La déclaration préalable faite à la préfecture pour la constitution d'une association déclarée indique les nom, profession, domicile et nationalité des administrateurs. La durée de leurs fonctions est librement fixée par les statuts. Elle peut être déterminée ou indéterminée. De même il est possible de prévoir la rééligibilité d'un administrateur avec un nombre de mandats limité ou pas, ou encore les modalités de renouvellement (par exemple la moitié tous les ans). À défaut de précision dans les statuts, les dirigeants sont présumés nommés pour la durée de l'association. En cas de changement d'administrateurs, les modifications doivent être déclarées à l'autorité préfectorale (L. 1901, art. 5). La publicité des modifications (dans les trois mois) est une condition de leur opposabilité aux tiers. Elle est donc importante pour les anciens dirigeants, afin qu'ils n'engagent plus leur responsabilité ; de même que pour les nouveaux dirigeants, afin que leurs décisions puissent engager l'association à l'égard des tiers.

Rémunération. Les dirigeants d'une association peuvent être rémunérés (sauf pour certaines associations). Mais pareille rémunération risque de remettre en question le bénéfice du statut fiscal d'organisme à but non lucratif de l'association (v. *infra*).

Pouvoirs des dirigeants. Les pouvoirs des dirigeants sont fixés librement par les statuts (sauf pour certaines associations). La rédaction de ces derniers est donc très importante,

NOTRE CONSEIL

Il est recommandé de distinguer les pouvoirs de décision, d'exécution et, éventuellement, de contrôle.

car, en cas de litige relatif à la responsabilité d'un dirigeant, le juge saisi s'y référera. De plus, une décision prise par une personne ou un organe n'ayant pas le pouvoir d'engager l'association est nulle (tab. 21.2).

Tableau 21.2 Pouvoirs des dirigeants

Pouvoir de décision	Il peut être donné à tous les dirigeants ou encore être réparti selon le type de décision. Il est possible de réserver certains types de décisions à l'assemblée générale des membres.
Pouvoir d'exécution	• L'exécutant est un représentant de l'association. Le pouvoir d'exécution peut être attribué à un ou plusieurs dirigeants. La répartition est aussi possible. • Les statuts peuvent prévoir, ou interdire, la délégation de pouvoirs (ex. : à un membre pour une mission ponctuelle).
Pouvoir de contrôle	Les statuts peuvent le prévoir. Il est alors exercé par un organe de surveillance, contrôlant la gestion.

Silence des statuts. En cas de silence des statuts à propos des pouvoirs des dirigeants, les règles suivantes s'appliquent :

- les dirigeants, réunis en conseil d'administration, comité, bureau..., prennent les décisions concernant la gestion courante de l'association. Ex. : convocation de l'assemblée générale des sociétaires (AG) ; instauration de nouvelles conditions pour pouvoir voter aux AG ; suspension des membres du bureau ; admission de nouveaux membres ;
- l'AG est l'organe souverain dans le sens où sa compétence est générale.

Président de l'association. Le président préside l'organe d'administration lorsque celui-ci est collégial. Il est généralement la personne habilitée (par les statuts) à représenter l'association auprès des tiers. Mais ce n'est pas une obligation, les statuts pouvant conférer ce pouvoir à une autre personne. Inversement, l'organe d'administration ne peut se dépouiller de la totalité de ses pouvoirs en les confiant (par délégation) à son président pour une durée illimitée. Quant au pouvoir de représenter l'association en justice, la Cour de cassation comme le Conseil d'État jugent qu'il peut être exercé par le président à condition que les statuts lui confèrent ce pouvoir ou, du moins, le titre de représentant légal. Dans le silence des statuts, l'assemblée générale des adhérents, qui détient alors le pouvoir d'agir en justice au nom de l'association, est en droit de donner mandat spécial au président.

Pouvoirs spéciaux du président. Le licenciement d'un salarié relève ainsi du pouvoir du président de l'association et non du bureau ou conseil d'administration. Il reste possible de confier dans les statuts ce pouvoir à un autre organe. À défaut, le président peut donc prendre la décision seul (Cass. soc., 29 sept. 2004, pourvoi n° 02-43771). Il dispose en outre du pouvoir de prendre, au nom et dans l'intérêt de l'association, les mesures urgentes que requièrent les circonstances. Surtout, l'urgence justifie qu'il accomplisse des actes qui relèvent en principe du CA ou de l'AG. La **mesure d'urgence** est alors effectuée à titre conservatoire ; elle tend à sauvegarder un bien ou un droit.

Exemple

- Il a été jugé que le président était en droit de suspendre le secrétaire général et trois autres membres du bureau de leur délégation de signature comptable (ou de leur appartenance au bureau) parce qu'ils n'avaient pas respecté ses décisions et ont gravement entravé le fonctionnement du groupement.

Le président a une double responsabilité.

Responsabilité financière. La responsabilité financière se traduit par l'obligation de supporter les dettes de l'association. C'est l'association qui supporte les dettes contractées en son nom par un administrateur. Toutefois, l'administrateur peut être mis en cause s'il s'est porté caution.

Responsabilité civile envers les tiers. En principe, les dirigeants ne sont pas responsables à l'égard des tiers à l'association dont ils ne sont que les mandataires, les représentants. (ex. : non-exécution d'un contrat conclu au nom et pour le compte d'une association). Par exception, les dirigeants engagent leur responsabilité s'ils ont commis une faute détachable de leurs fonctions.

Définition

Est **détachable** la **faute** intentionnelle d'une particulière gravité incompatible avec l'exercice normal des fonctions sociales.

Exemple

- Commet une faute détachable de ses fonctions le dirigeant qui agit au nom de l'association mais en dehors de l'objet social de celle-ci ; le dirigeant qui contracte pour le compte de l'association tout en sachant que la position du compte du groupement ne permettait pas d'effectuer la prestation commandée ; le dirigeant qui agit avec malveillance ou dans son intérêt personnel pour prendre, à l'égard d'un membre, une décision manquant d'impartialité.

Une infraction pénale intentionnelle commise par un dirigeant est séparable de ses fonctions en tant que telle, c'est-à-dire sans qu'il soit nécessaire de vérifier que les faits reprochés constituent une faute d'une particulière gravité incompatible avec l'exercice normal de ses fonctions (Cass. com., 28 sept. 2010, pourvoi n° 09-66.255).

Association en redressement ou liquidation judiciaire. Lorsque l'association fait l'objet d'une procédure de redressement ou de liquidation judiciaire, les dirigeants peuvent engager leur responsabilité pour insuffisance d'actif et, en outre, subir des sanctions professionnelles.

Responsabilité envers l'association. Les dirigeants sont des mandataires de l'association. Ils peuvent donc engager leur responsabilité à l'égard de celle-ci dès lors qu'ils ont manqué à leur mandat. Leur responsabilité suppose donc une faute personnelle, tel un acte anormal de gestion. Le préjudice, c'est l'autre condition de la responsabilité civile. L'association doit donc démontrer avoir subi un préjudice découlant de la faute commise par le dirigeant. Ce serait le cas d'un redressement fiscal.

Responsabilité envers les sociétaires. Les dirigeants sont susceptibles d'engager leur responsabilité à l'égard des sociétaires, mais faut-il encore que ceux-ci démontrent un préjudice personnel, c'est-à-dire un préjudice qui se distingue de celui subi par l'association.

En revanche, il ne leur est pas nécessaire de démontrer une faute séparable de leurs fonctions.

La preuve d'une faute simple suffit.

Responsabilité pénale. Les dirigeants engagent leur responsabilité pénale notamment dans les cas suivants :
- absence de déclaration en cas de modification des statuts ou de changement des dirigeants ;
- organisation de l'insolvabilité de l'association pour empêcher le recouvrement de divers impôts ;
- abus de confiance, tel que le détournement de fonds à leur profit.

Les dirigeants sont aussi pénalement responsables des infractions dont ils sont co-auteurs ou complices avec l'association. Mais ils peuvent s'exonérer de leur éventuelle responsabilité en déléguant leurs pouvoirs à une personne disposant de la compétence, de l'autorité et des moyens nécessaires pour exercer les pouvoirs délégués. La **délégation** ne permettra pas l'exonération si le dirigeant a pris part à l'infraction.

4. L'assemblée générale des sociétaires

Composition. L'assemblée générale est un organe de délibération. Il est composé de l'ensemble des sociétaires de l'association. Ceux-ci disposent d'un droit de vote et l'ensemble des votes manifeste la délibération. Des personnes non membres de l'association peuvent également être invitées aux assemblées, notamment les salariés ; mais ils ne peuvent pas voter.

Pouvoirs. L'assemblée générale est l'organe souverain dans le sens où sa compétence est générale (tab 21.3).

Tableau 21.3 Pouvoirs de l'assemblée générale

	Pouvoirs
AG ordinaire	• Approuve (ou pas) la gestion et les comptes de l'association. Décide d'engager une action en justice (voir *supra*, président de l'association) ; de la nomination et la révocation des dirigeants ; de l'exclusion d'un membre ; d'autoriser les actes de disposition que l'organe d'administration ne peut pas faire seul. • Prononce la dissolution volontaire de l'association.
AG extraordinaire	Décide de la modification des statuts.

Fonctionnement. Comme il a été écrit à propos de l'organe d'administration, les statuts ont une grande importance s'agissant du fonctionnement de l'AG puisque la loi de 1901 contient peu de dispositions (tab. 21.4).

Tableau 21.4. **Réunions et décisions des AG**

Période de réunion de l'AG	Aux périodes prévues par les statuts ; généralement une fois par an.
Convocation aux réunions	• Par le président de l'association, dans le délai fixé par les statuts. • Les sociétaires reçoivent alors l'ordre du jour.
Ordre du jour	L'AG ne peut valablement délibérer qu'à propos des résolutions mentionnées dans l'ordre du jour. Certaines questions peuvent toutefois faire l'objet d'une délibération alors même qu'elles ne figuraient pas dans l'ordre du jour. C'est le cas, par exemple, de la révocation du président justifiée par des révélations faites en séance.
Quorum	Le quorum désigne la proportion minimale des membres de l'association devant être présents ou représentés à l'AG afin que celle-ci puisse valablement délibérer. Il est librement fixé par les statuts.
Vote	Dans le silence des statuts, il est de principe que chaque sociétaire dispose d'une voix. Par une réponse ministérielle, le ministre de l'Intérieur a affirmé que le vote par correspondance doit être prévu par les statuts, tandis que le vote par procuration s'impose dans le silence des statuts.
Majorité requise	Librement fixée par les statuts. Toutefois, l'unanimité des sociétaires s'impose lorsque la résolution conduit à une modification des statuts qui accroissent leur engagement.
Procès-verbal (PV)	L'établissement d'un PV relatant les décisions prises n'est pas obligatoire mais est, bien sûr, conseillé, ne serait-ce que pour prouver les majorités réunies.
Action en nullité	• Si les règles de fonctionnement ne sont pas respectées, l'AG et les décisions qui y ont été prises encourent la nullité relative. • La prescription est quinquennale.

5. Le contrôle de la gestion

Organes de l'association. Tout d'abord, les statuts peuvent prévoir la création d'un organe de surveillance chargé du contrôle du fonctionnement de l'association, notamment de ses comptes. Ensuite, l'organe d'administration a pour mission de contrôler les actes de son président. Enfin, il appartient à l'assemblée générale d'approuver ou de désapprouver le rapport moral présenté par le président. Elle détient par ailleurs le pouvoir de révoquer les administrateurs, dont le président.

Établissement des comptes et nomination d'un commissaire aux comptes. Certaines associations, soit parce qu'elles exercent une activité économique et ont atteint une certaine taille, soit parce qu'elles ont reçu des subventions, notamment, de collectivités territoriales, ou certains dons, sont tenues d'établir des comptes annuels, voire des comptes prévisionnels (↪ chapitre 19) :

- les premières, dès lors qu'elles atteignent les seuils les obligeant à établir des comptes annuels, sont tenues de nommer un commissaire aux comptes ainsi qu'un suppléant (C. com., art. L. 612-2, al. 2). Si ces seuils ne sont pas atteints, elles peuvent (mais ne sont pas obligées) procéder à une pareille nomination ;
- les secondes, dès lors que le montant des subventions en numéraire ou des dons excèdent 153 000 euros, sont tenues de nommer un CAC et un suppléant. Elles doivent procéder à la publication du rapport établi par le commissaire ainsi que de leurs comptes annuels (C. com., art. L. 612-4, al. 2) ;
- lorsque l'association est tenue d'établir des comptes prévisionnels, ceux-ci sont analysés dans des rapports écrits et établis par l'organe d'administration. Ces comptes et rapports sont ensuite communiqués au commissaire aux comptes, aux représentants du personnel et à l'organe de surveillance, lorsqu'il en existe. Si ces documents appellent des observations, le commissaire aux comptes doit les faire dans un rapport écrit qu'il communique à l'organe d'administration. Celui-ci doit communiquer ce rapport aux représentants du personnel et en donner connaissance aux sociétaires lors de la prochaine assemblée.

Contrôle par les autorités publiques. Certaines associations font l'objet d'un contrôle, financier ou autre, par les autorités publiques. C'est le cas, par exemple, des associations reconnues d'utilité publique ou encore celles qui reçoivent des subventions des collectivités territoriales.

6. La restructuration des associations

Régime légal. La loi de 1901 comporte des dispositions spécifiques aux fusions et scissions d'associations, ainsi qu'à l'apport partiel d'actifs (art. 9 bis). Elles ont été introduites par la loi n° 2014-856 du 31 juillet 2014 relative à l'économie sociale et solidaire.

Décision de fusion, scission ou apport partiel d'actifs. La fusion est décidée par des délibérations concordantes adoptées dans les conditions requises par les statuts des associations concernées pour leur dissolution. La scission d'une association est prononcée par l'assemblée des membres également dans les conditions requises par les statuts pour sa dissolution. Quant à l'apport partiel d'actifs entre associations, il est décidé par des délibérations concordantes adoptées dans les conditions requises par leurs statuts.

Modalités de la fusion, la scission ou l'apport partiel d'actifs. Le projet de fusion, de scission ou d'apport partiel d'actifs est arrêté par les dirigeants des associations concernées par l'opération au moins deux mois avant la date de la délibération qui se prononcera sur ce projet. Son contenu est déterminé par le décret de 1901 (art. 15-2). Lorsque la valeur totale de l'ensemble des apports est d'un montant égal à un seuil fixé par voie réglementaire, les délibérations sont précédées de l'examen d'un rapport établi par un commissaire à la fusion, à la scission ou aux apports désigné d'un commun accord par les associations.

Puis, le projet fait l'objet d'une publication, par chacune des associations participantes à l'opération, d'un avis inséré dans un journal du département du siège social habilité à recevoir des annonces légales. Elle doit intervenir trente jours au moins avant la date de la première réunion des organes délibérants appelés à statuer sur l'opération (décret de 1901, art. 15-3).

Effets de la fusion, la scission ou l'apport partiel d'actifs. La fusion ou la scission entraîne la dissolution sans liquidation des associations qui disparaissent et la transmission universelle de leur patrimoine aux associations bénéficiaires. Les membres des associations qui disparaissent acquièrent la qualité de membres de l'association résultant de la fusion ou de la scission.

L'apport partiel d'actif n'entraîne pas la dissolution de l'association qui apporte une partie de son actif.

Enfin, certaines dispositions du Code de commerce propres à la fusion et la scission de sociétés anonymes (C. com., art. L. 236-14, L. 236-20 et L. 236-21) sont applicables aux associations.

7. La dissolution des associations

La dissolution d'une association peut procéder de quatre sources (tab. 21.5).

Tableau 21.5. Formes de dissolution

Dissolution statutaire	• Application des statuts : arrivée du terme prévu ou réalisation de l'objet (ex. : association de victimes créée pour exercer une action en justice déterminée). • Dans les deux cas, la dissolution opère de plein droit.
Dissolution volontaire	• En cours de fonctionnement, compétence de l'AG des sociétaires sous conditions de quorum et de majorité statutaires (à défaut, unanimité). • En cas de reconnaissance d'utilité publique, soumission à des règles particulières (ex. : délibération de l'AG soumise à l'approbation de l'État).
Dissolution judiciaire	• Nullité de l'association qui poursuit un objet illicite prononcée par le TGI territorialement compétent • À la requête de toute personne intéressée ou du ministère public en cas de manquement à l'article 5 de la loi de 1901, notamment en cas d'inobservation des formalités de déclaration (TGI souverain).
Dissolution administrative	Exceptionnelle (ex. : menace pour la sécurité intérieure, actes de terrorisme ou incitation à la haine).

B) La fiscalité des associations

Certaines associations ont ouvertement un but lucratif. La seule interdiction formelle est le partage du bénéfice réalisé et non pas la réalisation de bénéfices. Ensuite, si toutes les associations devaient échapper à l'emprise fiscale du simple fait de la forme juridique adoptée, il y a tout lieu de penser que la loi du 1er juillet 1901 serait quotidiennement dévoyée. Ainsi, plutôt que le statut juridique, c'est la réalité économique qui détermine le régime fiscal applicable aux organismes sans but lucratif.

Le régime fiscal des associations loi 1901, et plus généralement de ce que le droit fiscal nomme les organismes sans but lucratif (OSBL), est complexe. Il est synthétisé dans une Instruction fiscale du 18 décembre 2006 (4 H-5-06 n° 208) qui pose de manière claire les principes et leurs exceptions.

1. Les principes fiscaux applicables aux activités des associations loi de 1901

Le principe est que les associations loi de 1901 ne sont pas soumises aux impôts commerciaux : impôt sur les sociétés (IS), contribution économique territoriale (CET) et taxe sur la valeur ajoutée (TVA). Si l'association exerce une activité lucrative, cette exonération de principe est remise en cause.

Tout repose donc sur la notion d'activité lucrative, notion dont le droit fiscal a sa propre acception.

Distinction du caractère lucratif et du caractère non lucratif. Cette distinction repose sur trois critères cumulatifs devant être maniés suivant une méthode propre :

- premier critère : le caractère intéressé ou non de la gestion de l'association ;
- deuxième critère : la concurrence exercée par l'association avec des entreprises du secteur lucratif ;
- troisième critère : l'exercice de l'activité dans des conditions identiques à celles des entreprises commerciales concurrencées par l'association. Cette dernière analyse repose sur un faisceau d'indices autour de quatre points : le produit, le public, le prix et la publicité (il s'agit de la règle des « 4 P »).

Méthode. La détermination du caractère lucratif ou non de l'activité associative repose sur la réponse à trois questions successives (fig. 21.2) :

- La gestion de l'association est-elle intéressée ou désintéressée ? Si elle est intéressée l'association est, en principe, soumise aux impôts commerciaux (IS, CET, TVA). Si elle est désintéressée, il convient de passer à la question suivante.
- L'association exerce-t-elle son activité en concurrence avec des entreprises du secteur lucratif ? Si l'association ne concurrence aucune entreprise, elle n'est pas soumise aux impôts commerciaux. Si elle entre en concurrence avec des entreprises, il convient de passer à la question suivante.
- Les conditions d'exercice de l'activité sont-elles similaires à celles des entreprises concurrencées ? Cette similarité est appréciée du point de vue du produit, du prix, du public et de la publicité réalisée. Si les conditions sont similaires, l'association est soumise aux impôts commerciaux. Si les conditions d'exercice ne sont pas similaires, l'association en est exonérée.

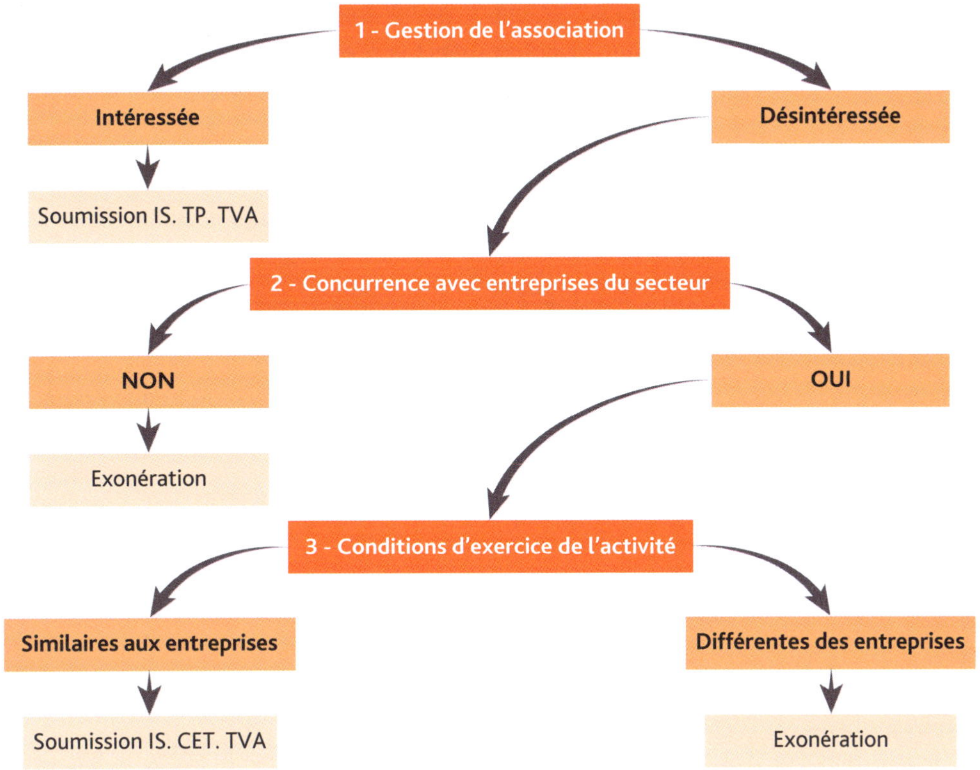

Figure 21.2. **Méthode de détermination du but lucratif ou non d'une association**

2. Les cas particuliers : activités mixtes, exonérations, franchises d'impôt

Le propre du droit fiscal est de prévoir de multiples exceptions aux principes qu'il dégage. Ainsi, quand bien même le principe du caractère lucratif de l'association serait-il acquis au regard des principes ci-dessus posés, l'imposition à l'IS, à la TVA et à la CET n'est pas acquise pour autant. Dans le cadre réduit de cette étude, nous nous bornerons à présenter les principaux régimes particuliers.

Exonérations de TVA. Sont exonérées de TVA les associations rendant à leurs membres (et non à des tiers) des services à caractère sportif, culturel, éducatif ou social, à condition de ne pas avoir recours à des pratiques commerciales.

Exemple

- Une bibliothèque associative qui fait du prêt ou de la location de livres à ses membres exclusivement est exonérée de TVA.

Sont également exonérées de TVA les recettes de six manifestations annuelles de bienfaisance (au maximum), organisées par des associations caractère sportif, culturel, éducatif ou social.

Enfin les associations intermédiaires et les associations agréées de services à la personne sont hors du champ d'application de la TVA.

Les exonérations d'IS. Ne sont pas redevables de l'impôt sur les sociétés :
- les associations rendant à leurs membres des services à caractère sportif, culturel, éducatif ou social, à condition que leur gestion soit désintéressée ;
- les recettes de six manifestations annuelles de bienfaisance (au maximum), organisées par des associations à caractère sportif, culturel, éducatif ou social ;
- les associations qui organisent, avec le concours des communes ou des départements, des foires, expositions, réunions sportives ou autres manifestations publiques.

Exemple

◗ Une association organisatrice d'une course cycliste professionnelle et amateur, financée par des sponsors et des droits de retransmission télévisés. ◗

Les exonérations de contribution économique territoriale (CET). Les exonérations de CET concernent :
- les associations exploitant des jardins familiaux ;
- les associations exploitant des établissements privés d'enseignement secondaire (à certaines conditions) ;
- les cinémas associatifs classés « Art et Essai ».

Franchise d'impôts commerciaux. Les associations loi de 1901 dont les recettes annuelles n'excèdent pas 63 060 euros en 2019, dont les activités non lucratives sont prépondérantes (deuxième condition), et dont la gestion est désintéressée (troisième condition), bénéficient d'une franchise d'impôts commerciaux. Le seuil de 63 060 euros est calculé en fonction des recettes des activités lucratives, c'est-à-dire des recettes excluant :
- les cotisations des membres ;
- les subventions et aides publiques ;
- les recettes provenant de placements financiers.

Cette franchise est obligatoire et s'applique de plein droit dès que ces trois conditions sont réunies.

Ces associations ne sont pas :
- redevables de l'IS pour les revenus de leurs activités lucratives (ventes de produits, prestations de services) ;
- soumise à la TVA sur les biens et services proposés, mais en contrepartie ne peuvent procéder à aucune déduction ;
- redevables de la CET.

Cas des activités mixtes. Il peut arriver qu'une même association développe parallèlement des activités lucratives et des activités non lucratives. Dans ce cas, et si les activités sont dissociables, la coexistence ne remet pas en cause le caractère non lucratif de l'association à la condition que l'activité non lucrative soit prépondérante.

L'association qui pratique des activités mixtes peut soit les sectoriser, soit les filialiser ; la première solution consiste à isoler au plan comptable une activité de l'autre ; la seconde solution suppose qu'une partie des activités soit transférée à une personne morale tierce.

Ces hypothèses ne sont pas traitées de la même manière suivant l'impôt en cause.

Sectorisation. La sectorisation consiste à isoler les activités lucratives en un secteur distinct, de manière à ce que le caractère non lucratif principal ne soit pas remis en cause.

La sectorisation est possible si deux conditions sont réunies :

- les activités doivent être dissociables, c'est-à-dire correspondre à des prestations différentes (ex. : vente d'un journal, exploitation d'un bar ou d'une buvette) ;
- l'activité lucrative ne doit pas être prépondérante. La prépondérance va s'apprécier en comparant le chiffre d'affaires réalisé dans le cadre de l'activité lucrative avec les moyens financiers affectés à l'activité non lucrative. En tout état de cause, il convient d'apprécier ces chiffres sur une moyenne pluriannuelle.

Filialisation. La filialisation s'opère par apport partiel d'actif, soit au profit d'une société nouvelle, soit au profit d'une société existante. L'association, suite à cette opération, va détenir des titres de participation. Cette détention de titres est susceptible de remettre en cause le caractère non lucratif de l'association dans certains cas. Trois hypothèses doivent être distinguées.

- La gestion patrimoniale ne remettant pas en cause le caractère non lucratif de l'association détenant la participation. Il convient, pour se placer dans cette hypothèse, que la gestion soit passive et que la participation demeure minoritaire.
- La gestion patrimoniale active. Si l'association possède une participation majoritaire mais ne joue aucun rôle actif dans la gestion, le caractère non lucratif peut être maintenu. Si en revanche il y a une participation majoritaire et une gestion active, l'association rejoindra le secteur lucratif.
- L'existence de relations privilégiées avec la filiale entraînant la lucrativité de l'association. De manière générale, si l'association entretient avec sa filiale des relations privilégiées, caractérisées notamment par une complémentarité économique et commerciale (échange de services, répartition de clientèles...), elle sera considérée comme ayant pour la totalité une activité lucrative, sans aucune possibilité de sectorisation.

Cas de l'IS. En matière d'IS et en présence d'activités lucratives et non lucratives, la sectorisation n'est pas obligatoire. L'association peut choisir de soumettre l'ensemble de ses activités à l'IS, par exemple dans le cas où l'association retire un fort excédent de ses activités lucratives, excédent destiné à financer ses activités non lucratives. Si l'association choisit la dissociation, elle peut soit isoler ses activités lucratives et non lucratives au plan comptable, soit filialiser ses activités lucratives. Dans ce cas, elle devra clairement répartir les charges entre la partie lucrative et la partie non lucrative de manière à éviter de faire peser des charges trop importantes sur la partie de l'activité qui est fiscalisée.

Cas de la TVA. Ici, les opérations lucratives réalisées à titre d'accessoire d'une activité lucrative, sont soumises à la TVA. La sectorisation réalisée dans le cadre de l'IS est sans incidences sur la sectorisation pouvant être opérée dans le cadre de la TVA. Cela rend complexe la compréhension de la fiscalité des associations à activité mixte.

Cas de la CET. En ce domaine, les associations ayant une activité mixte ne sont plus obligées de sectoriser celles-ci. Si elles opèrent une sectorisation de leurs activités lucratives, elles ne seront logiquement assujetties à la CET que sur cette partie de leur activité ; seuls les moyens d'exploitation affectés à cette activité seront pris en compte dans les bases d'imposition.

CHIFFRES-CLÉS

Le monde associatif est l'un des plus importants employeurs de France avec près de 1,850 million d'équivalents temps-plein, soit 400 000 salariés de plus que des secteurs comme le transport ou la construction. Un salarié sur dix du secteur privé travaille dans l'associatif (www.blog.assoconnect.com, 2018).

C) La vie sociale des associations

Les associations disposant de la capacité juridique peuvent employer des salariés et, de manière générale, passer des contrats avec des collaborateurs non salariés et parfois non rémunérés.

1. Le bénévolat associatif

Définition

Un **bénévole** est une personne qui collabore à l'activité de l'association sans contrepartie. À la différence du salarié, le bénévole ne perçoit pas de rémunération et n'est pas placé dans un rapport de subordination avec l'association.

La Cour de cassation refuse, à juste titre, de caractériser le bénévolat uniquement selon l'absence de rémunération des tâches accomplies ou l'existence d'un contrat dit de bénévolat signé du travailleur. Lorsque le travailleur est membre de l'association, l'activité est jugée bénévole si les tâches accomplies participent à la réalisation de l'objet associatif. Lorsque le travailleur n'en est pas membre, les tribunaux appliquent plus strictement les critères de qualification du contrat de travail : est considéré bénévole celui qui ne se trouve pas dans un état de subordination vis-à-vis de l'association et qui ne perçoit pas de somme excédant manifestement le remboursement des frais qu'il a exposés pour exécuter le travail.

Si l'activité déployée par le bénévole se double d'une rémunération et que des directives sont données par le président ou un représentant de l'association, le bénévolat est requalifié en contrat de travail nonobstant l'absence d'écrit ou même en présence d'un écrit déniant la qualité de salarié.

La rémunération s'entend de versements en espèces, chèque ou virement mais également d'avantages en nature octroyés à la personne. En revanche, les remboursements de frais justifiés ne sont pas regardés comme une rémunération pouvant entraîner la requalification en contrat de travail, ce qui peut engendrer des situations étonnantes.

Exemple

Une personne qui encadre un stage sportif sans être rémunérée en argent, mais qui voit son hébergement et ses frais de repas pris en charge directement par l'organisateur, sera considérée comme bénéficiant d'un avantage en nature rémunératoire ; le statut de salarié pourra alors être appliqué. Si, en revanche, la même personne se loge et se nourrit par elle-même, mais se fait rembourser ses frais par l'organisateur, son statut restera celui d'un bénévole.

Si la collaboration est requalifiée en contrat de travail, le salarié doit être affilié par l'association au régime général de la Sécurité sociale ; des cotisations seront alors dues.

Exercice du bénévolat. Le bénévolat peut en principe être librement exercé par toute personne, quel que soit son statut social, chômeur, salarié, fonctionnaire, retraité, et sans que cela ne remette en cause le statut principal. La seule exigence est la compatibilité avec l'activité principale. Les accidents survenus lors de l'activité bénévole ne sont pas considérés comme des accidents du travail. La jurisprudence met souvent à la charge de l'association une obligation d'indemnisation sur le fondement *tacite* d'une convention dite d'assistance entre le bénévole et la personne morale. Cette dernière a donc tout intérêt à contracter une assurance couvrant sa responsabilité civile.

2. Les collaborateurs indépendants de l'association

Collaborateurs non salariés. Une association peut s'adjoindre les services de collaborateurs non salariés. La frontière avec le salariat est parfois difficile à apprécier ; elle dépend de l'existence d'un lien de subordination et de la rémunération octroyée. Deux éléments spécifiques sont à noter :

- Les professionnels inscrits à un registre comme le RCS, le répertoire des métiers, l'Urssaf, et qui collaborent avec l'association moyennant une rémunération, sont présumés travailleurs indépendants (sauf preuve contraire) et par conséquent ne doivent pas être affiliés au régime général de la Sécurité sociale par l'association.
- Les sportifs exerçant leur activité au sein d'une association sont le plus souvent considérés comme salariés et doivent à ce titre être affiliés à la Sécurité sociale (régime général) ; des exceptions à ce principe existent toutefois.

Dirigeants. S'agissant des dirigeants de l'association, ceux-ci peuvent à certaines conditions cumuler leurs fonctions avec un contrat de travail (sauf si les statuts s'y opposent) ; il est toutefois nécessaire de prouver l'état de subordination du dirigeant salarié, ce qui sera le plus souvent difficile. Si le dirigeant est rémunéré dans des conditions ne remettant pas en cause la gestion désintéressée de l'association, il devra être affilié au régime général de la Sécurité sociale ; cela concerne en pratique les dirigeants rémunérés moins de 75 % du Smic. Au-delà des seuils de la gestion désintéressée, le statut social du dirigeant n'est directement prévu par aucun texte.

Portage salarial. Les associations désireuses d'avoir recours à des collaborateurs sans se préoccuper de la qualification de la prestation fournie peuvent également avoir recours à la technique très en vogue du portage salarial. Aux termes de l'article L. 1251-64 du Code du travail, le portage salarial est un ensemble de relations contractuelles organisées entre une entreprise de portage, une personne portée et des entreprises clientes, comportant pour la personne portée le régime du salariat et la rémunération de sa prestation chez le client par l'entreprise de portage. Il se rencontre également des hypothèses où l'entreprise de portage est elle-même une association.

3. Les collaborateurs salariés de l'association

Toute association déclarée peut embaucher du personnel salarié. La réglementation du contrat de travail et des conditions de travail ne dépend pas de la qualité de l'employeur et par conséquent les associations loi de 1901 sont de manière générale assujetties aux mêmes règles que tout employeur.

L'existence d'un contrat de travail, même non formalisé par écrit, se déduit de la conjonction de trois éléments :

- une activité régulière au service de l'association ;
- une rémunération de cette activité ;
- un lien de subordination avec l'employeur. La Cour de cassation considère que le lien de subordination est caractérisé par « l'exécution d'un travail sous l'autorité d'un employeur qui a le pouvoir de donner des ordres et des directives, d'en contrôler l'exécution et de sanctionner les manquements de son subordonné ; le travail au sein d'un service organisé peut constituer un indice du lien de subordination lorsque l'employeur détermine unilatéralement les conditions du travail ».

→ MINI-CAS 2 • MINI-CAS 3 • MINI-CAS 4 • CAS PRATIQUE 5

Les fondations

A) Qu'est-ce qu'une fondation ?

Définition

La **fondation** est l'acte par lequel une ou plusieurs personnes physiques ou morales décident l'affectation irrévocable de biens, droits ou ressources à la réalisation d'une œuvre d'intérêt général et à but non lucratif (loi n° 87-571 du 23 juillet 1987).

Absence de statut légal d'ensemble. Si dès 1805, le Conseil d'État a déterminé le régime juridique des fondations, c'est la loi n° 87-571 du 23 juillet 1987, portant développement du mécénat, qui en a défini la notion. Pour autant, cette loi n'est pas propre aux fondations et il n'existe pas aujourd'hui de statut légal d'ensemble de la fondation.

Notion. Il ressort de l'article 18 de la loi précitée de 1987 qu'une fondation est un acte juridique d'affectation irrévocable de biens, droits ou ressources à la réalisation d'une œuvre d'intérêt général et à but non lucratif. Le mot fondation désigne aussi l'institution, lorsqu'elle a la personnalité morale, qui va gérer les affectations de biens à la réalisation d'une œuvre d'intérêt général.

Caractères. L'activité de la fondation consiste à affecter des biens ; aussi pareille affectation est-elle un trait essentiel de la notion de fondation. Celle-ci ne peut être reconnue d'utilité publique que si elle a constitué une masse initiale de biens à affecter, que l'on appelle dotation.

L'affectation doit être portée sur une œuvre d'intérêt général et à but non lucratif. Cet intérêt général ne permet pas la création d'une fondation pour la seule satisfaction de ses membres (à la différence d'une association par exemple). Il doit dépasser les intérêts particuliers. L'intérêt général peut être d'ordre philanthropique, humanitaire, culturel, artistique, scientifique ou pédagogique. Il ne saurait être économique, par exemple l'affectation d'une dotation pour l'organisation de foires commerciales tendant à promouvoir le rayonnement économique d'une ville. Pour autant, une fondation peut réaliser des bénéfices, mais ce ne doit pas être son but, dans le sens où il lui est interdit de les partager.

Personnalité morale. Une fondation peut ne pas être dotée de la personnalité morale. En ce cas, le fondateur transmet des biens à une personne, généralement morale, afin que celle-ci les affecte à une œuvre d'intérêt général désignée. On parle en pratique de *fondation abritée*.

Une fondation peut avoir la personnalité morale ; son objet statutaire correspond alors à l'œuvre d'intérêt général à réaliser. Il en existe deux types :
- les fondations reconnues d'utilité publique ;
- les fondations d'entreprise.

La loi prévoit à leur propos des dispositions spécifiques relatives à la fusion, la scission de fondation et à l'apport partiel d'actif entre fondations. Elles furent édictées par la loi du 31 juillet 2014 relative à l'économie sociale et solidaire, et sont identiques à celles prévues pour les associations, qu'il s'agisse des conditions, des modalités et des effets.

B Les fondations abritées

1. La création d'une fondation

Une fondation qui n'a pas la personnalité morale n'est pas une personne mais un **acte d'affectation**. Plus exactement, l'acte de fondation consiste en une libéralité avec charge consentie à une personne, le plus souvent morale, dans l'intérêt de celle-ci. Le gratifié abrite alors la fondation.

Dit autrement, la libéralité (donation ou legs) se constitue en fondation, laquelle est abritée sous l'égide d'une personne :
- le fondateur est celui qui consent la libéralité. Il peut s'agir d'une personne physique ou morale. Cette personne doit bien sûr avoir la capacité juridique de disposer à titre gratuit ;
- le gratifié, destinataire de l'acte de fondation, doit être une personne morale capable de recevoir à titre gratuit. Par exemple une fondation reconnue d'utilité publique peut recevoir des libéralités, c'est-à-dire abriter une fondation n'ayant pas la personnalité morale. L'objet de la fondation abritée doit correspondre à celui du destinataire de la libéralité.

Exemples

- Libéralité consentie par une personne physique à une commune à charge pour celle-ci de créer un hôpital.

  Libéralité consentie par une société commerciale à une université à charge pour cette dernière de créer un prix, se traduisant par une récompense pécuniaire, à attribuer aux meilleurs étudiants.

  Libéralité consentie à une fondation reconnue d'utilité publique (par exemple la Fondation de France ou l'Institut de France) à charge pour celle-ci d'affecter les fonds à une œuvre d'intérêt général inscrite dans son objet social.

2. Le fonctionnement d'une fondation

La gestion de la dotation est effectuée par le destinataire de l'acte de fondation. Celui-ci est tenu de respecter l'affectation voulue par le fondateur. En cas d'inexécution de la charge grevant la libéralité, le fondateur peut agir en exécution forcée ou en révocation. La révocation a pour conséquence la restitution des biens affectés.

La loi prévoit toutefois que le gratifié peut obtenir la révision de la charge « lorsque, par suite d'un changement de circonstances, l'exécution en est devenue pour lui soit extrêmement difficile, soit sérieusement dommageable. » (C. civ., art. 900-2). La demande doit être faite en justice et c'est le gratifié qui supporte le fardeau de la preuve. Mais la révision ne peut être demandée que dix ans après la mort de l'auteur de la libéralité ou une précédente révision (C. civ., art. 900-5).

Exemple

- Une veuve lègue un immeuble à un hospice, à charge pour ce dernier d'établir à perpétuité dans cet immeuble une maison de retraite. Dix ans après le décès de la légataire, l'hospice demande en justice la révision de la charge, plus exactement la possibilité d'aliéner l'objet du legs. Elle obtient gain de cause dès lors qu'elle démontre que la mise en conformité de l'immeuble avec de nouvelles normes de sécurité et de confort, exigées en matière d'établissement recevant du public et des personnes âgées, rend financièrement extrêmement difficile, voire impossible, la réalisation des travaux.

C) Les fondations reconnues d'utilité publique

Loi n° 87-571 du 23 juillet 1987, article 18, al. 2

- Lorsque l'acte de fondation a pour but la création d'une personne morale, la fondation ne jouit de la capacité juridique qu'à compter de la date d'entrée en vigueur du décret en Conseil d'État accordant la reconnaissance d'utilité publique. Elle acquiert alors le statut de fondation reconnue d'utilité publique.

Personne morale nouvelle. La fondation reconnue d'utilité publique est une personne morale créée spécialement pour recevoir et gérer une dotation afin d'accomplir une œuvre d'intérêt général. À la différence des associations, la volonté ne suffit pas à créer une fondation ; la personnalité juridique est subordonnée à une autorisation administrative que l'on appelle reconnaissance d'utilité publique.

Dotation initiale. Parce que l'affectation de biens, quels qu'ils soient, est de la nature de la fondation, la création de celle-ci nécessite une dotation initiale. Pareille dotation peut être réalisée par une offre de donation consentie à la personne morale à créer, laquelle accepte l'offre une fois reconnue d'utilité publique. La dotation peut être également réalisée par testament. Un legs peut en effet « être fait au profit d'une fondation qui n'existe pas au jour de l'ouverture de la succession sous la condition qu'elle obtienne, après les formalités de constitution, la reconnaissance d'utilité publique ». « La demande de reconnaissance d'utilité publique doit, à peine de nullité du legs, être déposée auprès de l'autorité administrative compétente dans l'année suivant l'ouverture de la succession » (loi du 23 juillet 1987, art. 18-2, al. 1 et 2).

Reconnaissance d'utilité publique. La loi ne prévoit pas les conditions de fond de la reconnaissance d'utilité publique. Il ressort de la pratique administrative que la dotation initiale doit être suffisamment importante. En outre, les statuts de la fondation doivent être conformes aux statuts types élaborés par le Conseil d'État. La procédure de **reconnaissance d'utilité publique** n'est pas davantage édictée par la loi. La demande doit être adressée au ministre de l'Intérieur, accompagnée de certains documents, dont un exposé indiquant le but de l'œuvre. Le ministre consulte le Conseil d'État pour avis, sans être lié par cet avis. L'utilité publique est reconnue par décret en Conseil d'État.

Administration. Les modalités d'organisation interne des fondations reconnues d'utilité publique sont prévues par les statuts types élaborés par le Conseil d'État. Or, la reconnaissance d'utilité publique est subordonnée à la conformité des statuts de la fondation aux statuts types… Ceux-ci prévoient la possibilité de confier l'administration de la fondation soit à un conseil d'administration, soit à un directoire et un conseil de surveillance.

La fondation ne comporte pas d'AG puisqu'il ne s'agit pas, à la différence d'une association, d'un groupement de personnes.

Ressources. Si l'objet poursuivi est d'une durée illimitée, alors la dotation initiale, pour être pérenne, peut se présenter comme un capital dont seuls les revenus font l'objet de l'affectation. Si l'objet est d'une moindre envergure et est réalisable dans une durée déterminée, c'est la dotation elle-même qui sera consommée et constitue donc les ressources de la fondation. Par ailleurs, la fondation reconnue d'utilité publique a la capacité juridique de recevoir des donations et legs. Depuis le 1er janvier 2006, elle n'est plus tenue de solliciter l'autorisation administrative de recevoir lesdites libéralités (C. civ., art. 910, al. 2).

Régime fiscal. Il est le même que celui des associations (voir *supra*).

Tutelle administrative. Les fondations reconnues d'utilité publique sont soumises à une tutelle administrative dont le régime est édicté par le décret n° 66-388 du 13 juin 1966 (plusieurs fois modifiés). La tutelle sur les libéralités consenties à la fondation a été largement atténuée puisque l'autorisation préalable de l'administration n'est plus nécessaire (voir *supra*). Il en est de même de la tutelle sur les actes de disposition des biens mobiliers et immobiliers dépendant de la dotation. En effet, depuis un décret de 2002, l'acte de disposition est implicitement autorisé en l'absence d'opposition du préfet. La tutelle sur le fonctionnement de la fondation se manifeste notamment par le contrôle effectué par l'administration lors de la demande de reconnaissance publique, ainsi que par la présence de représentants de l'État au sein du conseil d'administration (ou de surveillance) de la fondation. Notons également que la fondation a l'obligation d'adresser ses comptes annuels, son budget prévisionnel et le rapport du commissaire aux comptes au ministre de l'Intérieur notamment.

Salariés. Une fondation a la possibilité d'employer des salariés. Les statuts peuvent par ailleurs prévoir leur participation au conseil d'administration ou conseil de surveillance.

Dissolution. La dissolution d'une fondation peut être volontaire, résultant alors d'une décision de l'organe d'administration. Mais cette décision doit être approuvée par le gouvernement, lequel contrôle la cause de pareille volonté.

La dissolution peut être par ailleurs la conséquence d'un retrait de la reconnaissance de l'utilité publique (par décret en Conseil d'État).

Exemple

- La dissolution d'une fondation peut être prononcée pour insuffisance de ressources nécessaires pour la poursuite de l'activité.

Les statuts types prévoient que la dissolution de la fondation entraîne la dévolution des biens, après apurement du passif, à un ou plusieurs établissements publics ou reconnus d'utilité publique, ou associations déclarées ayant pour but l'assistance, la bienfaisance, la recherche scientifique ou médicale.

D) Les fondations d'entreprise

Définition

Une **fondation d'entreprise** est une personne morale dont le législateur (depuis une loi de 1990) permet la création et le fonctionnement de façon plus souple qu'une fondation reconnue d'utilité publique. Elle répond à la demande des entreprises d'utiliser plus aisément le mécénat comme forme de communication et d'amélioration de leur image de marque.

1. La création d'une fondation d'entreprise

Sont en droit de créer une fondation d'entreprise les sociétés civiles ou commerciales, les établissements publics à caractère industriel et commercial, les coopératives, les institutions de prévoyance ou les mutuelles (loi du 23 juillet 1987, art. 19).

Une dotation initiale n'est pas obligatoire, le financement initial de la fondation pouvant être réalisé par de simples engagements de versement pris par les fondateurs. La fondation d'entreprise jouit de la capacité juridique à compter de la publication au JO de l'autorisation administrative (par le préfet) qui lui confère ce statut.

La fondation d'entreprise est créée pour une durée déterminée qui ne peut être inférieure à cinq ans.

2. Le fonctionnement

L'administration est assurée par un CA. Quant à sa capacité juridique, la fondation d'entreprise n'est pas en droit de faire appel à la générosité publique, ni de recevoir des dons ou des legs, à l'exception des dons effectués par les salariés de l'entreprise fondatrice, et, depuis la loi du 31 juillet 2014 précitée, par les mandataires sociaux, sociétaires, adhérents ou actionnaires de l'entreprise fondatrice ou des entreprises du groupe auquel appartient l'entreprise fondatrice. Elle est également en droit de recevoir des versements des fondateurs dans le cadre du programme d'action pluriannuel. Ces versements doivent être analysés comme des libéralités.

Comme les fondations reconnues d'utilité publique, les fondations d'entreprise sont soumises à une tutelle administrative (par le préfet) mais bien moins contraignante.

Enfin, elles sont tenues d'établir chaque année un bilan, un compte de résultats et une annexe, ainsi que de nommer au moins un commissaire aux comptes et un suppléant.

La dissolution d'une fondation d'entreprise est causée soit par l'arrivée du terme, puisque sa durée de vie est limitée, soit par une décision des fondateurs, soit par le retrait de l'autorisation administrative. Les ressources non employées et la dotation si celle-ci a été constituée et n'a pas fait l'objet de l'affectation prévue, sont attribuées par le liquidateur à un ou plusieurs établissements publics ou reconnus d'utilité publique dont l'activité est analogue à celle de la fondation d'entreprise dissoute (L. 23 juillet 1987, art. 19-12).

→ **MINI-CAS 2**

3 Les fonds de dotation

CHIFFRES-CLÉS

Il existe plus de **2 490** fonds de dotation en France, en augmentation régulière de **12 %** par an (Centre français des fonds et fondations, 2017).

Pour tout savoir sur les fonds de dotation :

http://dunod.link/durmpr0

Définition

Un **fonds de dotation** est un organisme à but non lucratif, créé par une ou plusieurs personnes, physiques ou morales, pour une durée déterminée ou indéterminée dans le but de réaliser une mission d'intérêt général ou d'appuyer un autre OSBL à accomplir une telle mission en le finançant.

Les fonds de dotation ont fait leur apparition avec la loi de modernisation de l'économie du 4 août 2008. Ils sont inspirés des *endowment funds* anglo-saxons et sont très clairement à mi-chemin entre l'association et la fondation.

Ces structures sont dotées de la personnalité morale et d'une capacité juridique comparable aux fondations reconnues d'utilité publique. Leur mode de constitution est calqué sur celui d'une association loi de 1901 c'est-à-dire une simple déclaration en préfecture, sans contrôle *a priori*. Il est obligatoire de constituer une dotation de 15 000 € au minimum, consomptible ou non (par principe non consomptible, mais des dérogations statutaires sont possibles). Les fonds de dotation ne peuvent pas accueillir de fonds publics.

Les dons aux fonds de dotation bénéficient des mêmes réductions d'IR et d'IS que les fondations reconnues d'utilité publique mais ne sont pas éligibles aux réductions d'IFI.

DES SAVOIRS AUX COMPÉTENCES

Évaluer les savoirs | Maîtriser les compétences | Préparer l'épreuve

QCM

Pour chaque proposition, une ou plusieurs réponses sont possibles. Justifiez-les.

1. Une association loi du 1er juillet 1901 :
   - a. ne peut poursuivre un but lucratif. ☐
   - b. ne peut réaliser de bénéfices pour elle-même. ☐
   - c. peut réaliser des bénéfices mais ne peut pas les partager de manière directe entre ses membres. ☐
   - d. peut réaliser des bénéfices mais ne peut pas les partager même de manière indirecte entre ses membres. ☐

2. Les membres d'une association :
   - a. encourent une responsabilité limitée à leurs apports comme dans une SARL. ☐
   - b. n'encourent aucune responsabilité particulière. ☐
   - c. partagent les dettes de l'association sans considération de leurs apports. ☐
   - d. sont toujours solidaires des dettes de l'association. ☐

3. Sur le plan fiscal, une association est redevable :
   - a. de l'impôt sur le revenu. ☐
   - b. de la TVA, sous certaines conditions. ☐
   - c. de l'impôt sur les sociétés, sous certaines conditions. ☐
   - d. est exonérée de tout impôt commercial. ☐

4. Sur le plan social, une personne qui travaille pour une association et perçoit à ce titre un dédommagement régulier est susceptible d'être regardée comme :
   - a. un bénévole échappant au statut du Code du travail. ☐
   - b. un salarié comme un autre. ☐
   - c. ayant un statut spécifique lié à l'association qui l'emploie. ☐
   - d. sous contrat d'apprentissage. ☐

5. Une fondation reconnue d'utilité publique :
   - a. doit avoir 15 années d'existence au minimum. ☐
   - b. doit avoir une dotation de 15 000 euros au minimum. ☐
   - c. est placée sous une tutelle administrative ; ☐
   - d. a la capacité de recevoir des dons et des legs. ☐

6. Une association nomme un CAC :
   - a. dans tous les cas ; ☐
   - b. uniquement au-delà de 10 000 euros de subventions ; ☐
   - c. uniquement au-delà de 153 000 euros de subventions ; ☐
   - d. dès qu'elle dépasse 100 membres ; ☐
   - e. volontairement, si elle le souhaite. ☐

2 Mini-cas : choix d'une structure juridique ★★★

Compétence visée — **Accompagner** au plan juridique la création d'associations (statuts, assemblées…)

Antoine souhaite créer une association d'inventeurs avec certains de ses amis ingénieurs, sans pour autant la déclarer auprès de l'autorité préfectorale. Elle aurait pour objet principal de mettre au point des inventions susceptibles d'application industrielle, de les faire breveter et, au final, d'accorder contre rémunération des licences d'exploitation à des sociétés intéressées. Les fonds retirés d'une licence permettraient alors de rémunérer les membres qui auraient mis au point l'invention.

1. *Que pensez-vous du projet d'Antoine au regard du droit des associations ?*

Maïa, amie d'Antoine, lui présente les avantages qu'il y aurait à créer, avec d'autres organismes, un fonds de dotation visant à soutenir les inventeurs de tous bords.

2. *Quelles sont les contraintes qui s'imposeraient à Antoine et à ses partenaires pour la création d'un tel fonds ?*

3 Mini-cas : fiscalité des associations ★★★

Compétences visées

- **Accompagner** au plan juridique la création d'associations (statuts, assemblées…)
- **Déterminer** le régime fiscal : exonération, identification de secteurs lucratifs

1. Sa gestion est considérée comme intéressée ; elle exerce une activité économique concurrentielle ; les conditions d'exercice de l'activité sont différentes de celles des autres entreprises du secteur.
2. Sa gestion est désintéressée ; son activité ne concurrence aucune entreprise lucrative ; son activité est exercée dans des conditions différentes de celles des entreprises commerciales du même secteur.
3. Sa gestion est désintéressée ; son activité entre en concurrence avec des entreprises commerciales ; les conditions d'exercice de l'activité sont différentes de celles des autres entreprises du secteur.

Pour chacun des cas, déterminez si l'association en question est susceptible ou non d'être assujettie aux impôts commerciaux.

Mini-cas : fiscalité des associations (suite) ★★★

Compétences visées

- **Accompagner** au plan juridique la création d'associations (statuts, assemblées…)
- **Déterminer** le régime fiscal : exonération, identification de secteurs lucratifs

Soit une association dont l'objet est l'exploitation d'une médiathèque de quartier. Le principe de fonctionnement est simple : les utilisateurs deviennent membres de l'association pour une somme de 20 € par an. Par la suite, tout prêt de livres, CD, DVD est facturé 2 € l'unité pour une durée de 4 jours maximum. L'association dégage chaque année un bénéfice de 30 000 € ; elle bénéficie en outre d'une subvention du département de 70 000 € par an. Son président est également salarié à mi-temps de la médiathèque et perçoit 1 100 € nets par mois. L'association diffuse régulièrement des plaquettes publicitaires dans les boîtes aux lettres du quartier pour inciter les habitants à adhérer.

Déterminez la situation de l'association au regard des impôts commerciaux.

Évaluer les savoirs | Maîtriser les compétences | Préparer l'épreuve

Cas pratique : Altourisme-Lyon ★★★

45 min

Compétence visée

Accompagner au plan juridique la création d'associations (statuts, assemblées…)

Lisez l'annexe article par article. Précisez, pour chaque disposition, si elle est conforme au droit positif.

Annexe 1

Statuts de l'association Altourisme-Lyon

Article 1. Dénomination

La dénomination de l'association, régie par la loi du 1er juillet 1901 et le décret du 16 août 1901, est : Altourisme-Lyon

Article 2. Objet

Cette association a pour objet la promotion dans la région de Lyon du tourisme communautaire, équitable, solidaire et écologique ainsi que la sensibilisation et l'éducation des voyageurs à un comportement responsable lors de leurs voyages. Dans le cadre de cette activité, l'association pourra réaliser des bénéfices industriels et commerciaux.

…

...

Article 3. Siège social

Le siège social est fixé à Lyon.

Il pourra être transféré en tout autre lieu sur simple décision du conseil d'administration.

Article 4. Durée

La durée de l'association est illimitée.

Article 5. Composition – Cotisations

L'association se compose de personnes physiques ou morales :

- membres d'honneur ;
- membres bienfaiteurs ;
- membres actifs ou adhérents.

Sont membres :

- d'honneurs : ceux qui ont rendu des services signalés à l'Association ; ils sont dispensés de cotisations ;
- bienfaiteurs : les personnes qui versent un droit d'entrée supérieur à 50 euros ;
- actifs : ceux qui ont pris l'engagement de verser annuellement la cotisation fixée par l'association.

Les élus de la communauté urbaine de Lyon sont automatiquement membres de l'association.

Tous les adhérents sont membres de l'assemblée générale.

Tous les membres paient une cotisation annuelle dont le montant est fixé chaque année par l'assemblée générale.

L'association s'engage à respecter la liberté de conscience et s'interdit toute discrimination.

Article 6. Adhésion

Pour faire partie de l'association, il faut être agréé par le bureau qui statue, lors de chacune de ses réunions, sur les demandes d'admission présentées.

Article 7. Perte de la qualité de membre

La qualité de membre se perd :

- par décès, ou, pour les personnes morales, la dissolution ;
- par démission adressée au président de l'association ;
- par exclusion prononcée par le conseil d'administration, qui statue souverainement ;
- pour faute grave, comportement portant préjudice matériel ou moral à l'association ou de nature à nuire à la bonne réputation de l'association, infraction aux statuts ou au règlement intérieur.

Dans tous les cas, la ou les cotisations(s) déjà payée(s) reste(nt) acquise(s) à l'association. Le décès, la démission, l'exclusion ou la radiation d'un ou de plusieurs membre(s) ne met pas fin à l'association. [...]

...

...

Article 9. Ressources de l'association

Les ressources de l'association sont constituées :
- des cotisations annuelles ;
- des subventions publiques et aides privées que l'association peut recevoir ;
- des dons ;
- des revenus du patrimoine immobilier de l'association ;
- des produits des ventes et manifestations relatives à l'objet ;
- de toute autre ressource non interdite par les lois et règlements en vigueur. [...]

Article 11. Modification des statuts

Les statuts peuvent être modifiés par le conseil d'administration lors d'une assemblée générale extraordinaire par un vote à la majorité des membres présents.

Article 12. Dissolution – Liquidation

L'association ne pourra être dissoute tant que deux de ses membres au moins en demanderont le maintien. En cas de dissolution, les biens de l'association seront mis à la disposition et/ou partagés entre ses membres.

SYNTHÈSE

Associations et autres organismes sans but lucratif

Associations, fondations et fonds de dotation

	Association	Fondation	Fonds de dotation
Réception d'un don manuel	Oui	Oui	Oui
Réception d'une donation ou d'un legs	Non	Oui	Oui
Réduction d'IR sur les dons	Oui	Oui	Oui
Autres réductions fiscales	Non	Oui	Oui

Libéralités applicables aux associations

	Capacité à recevoir	Formalité administrative
Principe : toute association	Dons manuels	Aucune
Exception : certaines associations	Donations et legs	Déclaration auprès de l'autorité administrative

SUJET TYPE D'EXAMEN

DURÉE DE L'ÉPREUVE

4 heures | Coefficient 1,5

PLAN DU SUJET

Le sujet se présente sous la forme de cinq dossiers.

1. Clauses contractuelles
2. Création de société
3. Fiscalité internationale
4. Financement
5. Transmission de l'entreprise

Le sujet comporte 3 annexes.

1 Clauses contractuelles

La SAS LENESTOUR propose à ses clients des matériaux pour l'habitat écologique en essayant de réduire au maximum l'empreinte carbone des bâtiments construits. À cette fin elle contracte avec des fournisseurs de biomasse et de panneaux photovoltaïques. Dans l'un des contrats passés avec un fournisseur de panneaux photovoltaïques, se trouvent deux clauses que le directeur commercial de la SAS LENESTOUR vous demande d'analyser (annexe 1).

Travail à faire

1. *Qualifiez les deux clauses et vérifiez-en la conformité au droit applicable.*
2. *Proposez toute modification opportune.*

2 Création de société

La SAS LENESTOUR souhaite se diversifier et créer une seconde activité de tourisme écoresponsable en Asie, spécifiquement au Vietnam, qui serait confiée à la SARL ECOTOURNESTOUR (annexe 2).

Travail à faire

3. *Identifiez les bénéficiaires effectifs.*
4. *Rédigez l'avis de publication dans un journal d'annonces légales (JAL).*
5. *Relevez toute incompatibilité entre les statuts et le droit applicable.*

3 Fiscalité internationale

La SAS LENESTOUR vend des matériaux d'habitat écologique dans des pays étrangers et réalise les cinq opérations suivantes :

- Ventes à distance à destination de l'Espagne pour 150 000 € HT (ces ventes représentent toutes les ventes de l'année à destination de ce pays et le montant est similaire d'une année sur l'autre).
- Achats de matériel informatique en France pour un montant de 10 000 € HT.
- Ventes en Autriche de panneaux photovoltaïque pour 110 000 € HT.
- Ventes à distance composteurs à destination du Luxembourg pour 40 000 € HT (ces ventes représentent toutes les ventes de l'année à destination de ce pays et le montant est similaire d'une année sur l'autre).
- Signature d'un contrat avec une société établie en Hongrie pour des prestations de publicités sur Internet (valeur de la prestation 25 000 € HT).

6. *D'après les informations relatives aux opérations commerciales de la SAS LENESTOUR, déterminez le montant de TVA dont la SAS doit s'acquitter (taux de droit commun, absence d'option exercée par la société).*

4 Financement

La SAS LENESTOUR souhaite renforcer ses fonds propres et recherche de nouvelles sources de financement. Son président vous demande conseil.

7. *La SAS peut-elle émettre des obligations convertibles en actions et quelles sont les caractéristiques de ce mode de financement ?*
8. *La SAS peut-elle ou non recourir à un prêt par le biais d'une plateforme de financement participatif et quelles en seraient les modalités et conditions ?*
9. *Émettez un avis étayé sur la convention de compte courant proposée à la SAS par son cabinet d'avocats (annexe 3).*

5 Transmission de l'entreprise

M. Francis Lenestour, 65 ans, possède une autre entreprise sous forme de SA (il détient toutes les actions sauf une), laquelle exploite une activité d'import-export de carrelage en grès. Il a trois enfants majeurs et vient vous consulter sur la transmission de cette entreprise, évaluée aujourd'hui à 2,4 M€.

Expliquez à Francis Lenestour les moyens juridiques à sa disposition pour transmettre son entreprise à ses enfants et les règles fiscales applicables.

Annexe 1

Article 12. Le Fournisseur de panneaux photovoltaïque ne sera pas responsable de l'inexécution de ses obligations en cas de survenance d'un cas de force majeure, défini comme tout événement rendant difficile l'exécution du Contrat.

En cas de survenance d'un cas de force majeure le Contrat sera suspendu jusqu'à disparition, extinction ou cessation du cas de force majeure. Toutefois, faute de ...

...

pouvoir reprendre l'exécution du contrat dans un délai de trente (30) jours à compter de la survenance du cas de force majeure, les Parties se rapprocheront afin de discuter d'une modification du contrat.

En cas d'échec de la discussion, le contrat sera résilié de plein droit, sans indemnité de part et d'autre, par la partie la plus diligente et par lettre recommandée avec accusé de réception adressée à l'autre partie.

Article 14. L'accord des Parties est établi sur les bases techniques et financières définies à sa signature selon les conditions prévisibles de fourniture. Lorsqu'apparaissent des difficultés d'exécution du Contrat, les Parties se rencontrent afin de trouver ensemble une solution.

En particulier, si dans le futur, et par le jeu des indices, le prix actualisé des composants entrant dans la fabrication des panneaux photovoltaïque devenait décalé à plus de 3 % par rapport aux réalités des marchés, le prix de référence ou le prix actualisé pourrait être renégocié à la demande du Fournisseur.

Si dans les 15 (quinze) jours à compter de la date de demande de réexamen formée par l'une ou l'autre des Parties, un accord n'est pas intervenu, il sera fait appel à un expert, dont les conclusions ne lieront pas les Parties, sauf si celles-ci constituent un compromis acceptable par les deux Parties.

Annexe 2

Statuts de la SARL ECOTOURNESTOUR

Article 1 – Forme

Il est formé entre les propriétaires des parts sociales ci-après créées et de celles qui pourraient l'être ultérieurement, une société à responsabilité limitée, qui sera régie par les lois en vigueur et notamment par les articles L. 223-1 du Code de commerce, ainsi que par les présents statuts.

Article 2 – Objet social

La société a pour objet :

- la gestion d'un fonds de commerce ;
- et, plus généralement, toutes opérations industrielles, commerciales, financières, mobilières ou immobilières, se rapportant directement ou indirectement à l'objet social ou susceptibles d'en faciliter l'extension ou le développement.

Article 3 – Dénomination sociale

La société a pour dénomination sociale : ECOTOURNESTOUR

Et pour sigle : ECTN

Tous les actes et les documents émanant de la société et destinés aux tiers indiqueront la dénomination sociale, précédée ou suivie immédiatement des mots « Société à Responsabilité Limitée » ou des initiales « SARL » et de l'énonciation du capital social.

...

...

Article 4 – Siège social

Le siège social est fixé à Ho-Chi-Minh Ville au VIETNAM, 56 Nguyen Du, Q1.

Il pourra être transféré en tout autre lieu de la même ville ou des départements limitrophes par simple décision de la gérance, et en tout autre endroit par décision extraordinaire de l'assemblée des associés.

Article 5 – Exercice social

Chaque exercice social a une durée d'une année qui commence le 1er janvier et finit le 31 décembre de chaque année.

Article 6 – Durée

La durée de la société est illimitée

Article 7 – Apports

Apports en numéraire

Les associés apportent à la société la somme de 15 000 euros en numéraire.

M. Francis Lenestour la somme de 4 000 €

Mme Colette Crenn la somme de 11 000 €

Apport en industrie

M. Bao Ngoc Quic apporte à la société son savoir-faire de guide touristique.

Il s'interdit d'exercer, directement ou indirectement, une activité concurrente de celle promise à la société.

Cet apport en industrie ne concourt pas à la formation du capital social mais donne lieu à son profit à l'attribution de 150 parts sociales ouvrant droit au partage des bénéfices et de l'actif net ainsi qu'à un droit de vote dans les assemblées générales.

Article 8 – Capital social

Le capital social est fixé à la somme de 15 000 euros.

Il est divisé en 1 500 parts de 10 euros chacune, entièrement libérées, souscrites en totalité par les associés et attribuées à chacun d'eux en proportion de leurs apports respectifs,

Article 9 – Droits et obligations attaches aux parts sociales

Chaque part sociale donne droit à une voix dans tous les votes et délibérations et confère à son propriétaire un droit égal dans les bénéfices de la société et dans tout l'actif social.

La propriété d'une part emporte de plein droit adhésion aux statuts de la société et aux décisions adoptées dans le cadre de ladite société.

Chaque associé dispose d'un nombre de voix égal.

Article 10 – Forme des cessions de parts

La cession des parts sociales doit être constatée par écrit. Elle n'est opposable à la société qu'après avoir été signifiée à cette dernière au moyen du dépôt d'un original au siège social contre remise par le gérant d'une attestation de ce dépôt.

...

...

Pour être opposable aux tiers, elle doit en outre faire l'objet d'un dépôt au greffe du tribunal de commerce.

Article 11 – Inaliénabilité

Les parts sociales ne peuvent être cédées avant l'expiration d'un délai de 15 ans

À compter de ce délai, elles ne peuvent être transmises à des tiers, autres que les catégories visées ci-dessus, qu'avec le consentement de la majorité des associés représentant au moins la moitié des parts sociales.

Ce consentement est sollicité dans les conditions prévues par la loi.

Article 12 – Décès d'un associé

En cas de décès d'un associé, la société continuera entre les associés survivants et les héritiers de l'associé décédé, sous condition de leur éventuel agrément tel que prévu à l'article 11 des présents statuts.

Article 13 – Réunion de toutes les parts en une seule main

En cas de pluralité d'associés, la réunion de toutes les parts en une seule main n'entraîne pas la dissolution de la société qui continue d'exister avec un associé unique. Celui-ci exerce alors tous les pouvoirs dévolus à l'Assemblée des associés.

Article 14 – Gérance

La société est administrée par un gérant, personne physique, choisi parmi les associés. Le gérant est désigné pour toute la durée de la société par décision des associés représentant plus de la moitié des parts sociales,

Il n'est pas révocable.

En rémunération de ses fonctions et en compensation de la responsabilité attachée à la gestion, le gérant a droit à une rémunération fixe, proportionnelle ou mixte, dont le montant et les modalités de paiement sont déterminés par décision collective ordinaire des associés.

Par décision des associés, M. Lenestour Francis est nommé gérant de la société.

Article 15 – Pouvoirs et responsabilité de la gérance

Dans ses rapports avec les associés, la gérance engage la société par les actes entrant dans l'objet social. Ses pouvoirs peuvent être limités dans l'acte de nomination.

Dans les rapports avec les tiers de bonne foi, la société est engagée, même par les actes du gérant qui ne relèvent pas de l'objet social.

Le gérant ne pourra se porter, au nom de la société, caution solidaire ou aval au profit d'un tiers, sans l'agrément préalable des associés représentant au moins la moitié des parts sociales.

L'opposition formée par un gérant aux actes d'un autre gérant est sans effet à l'égard des tiers à moins qu'il ne soit établi qu'ils en ont eu connaissance.

Le ou les gérants peuvent, sous leur responsabilité, constituer des mandataires pour un ou plusieurs objets déterminés.

...

...

Le ou les gérants sont responsables individuellement ou solidairement envers la société ou envers les tiers, soit des infractions aux dispositions législatives ou réglementaires applicables aux sociétés à responsabilité limitée, soit des violations des présents statuts, soit des fautes commises dans leur gestion.

Article 20 – Décisions collectives

Les décisions collectives statuant sur les comptes sociaux sont obligatoirement prises en Assemblée. Toutes les autres décisions collectives provoquées à l'initiative de la gérance, du Commissaire aux comptes ou d'un mandataire de justice sur demande d'un ou plusieurs associés, en cas de carence de la gérance, sont prises soit par consultation écrite des associés, soit par acte exprimant le consentement de tous les associés, soit en Assemblée, au choix de l'organe de la société ayant provoqué la décision.

Les procès-verbaux d'assemblées générales sont répertoriés dans un registre.

En cas d'associé unique, celui-ci exerce les pouvoirs dévolus à l'assemblée des associés par la loi. Il ne peut déléguer ses pouvoirs. Ses décisions unilatérales, prises en lieu et place de l'assemblée, sont répertoriées dans un registre.

En cas de décès du gérant, tout associé peut convoquer l'assemblée générale afin de procéder à la nomination d'un nouveau gérant.

Article 21 – Participation des associés aux décisions

Chaque associé a le droit de participer aux décisions collectives et dispose d'un nombre de voix égal. Chaque associé peut se faire représenter aux Assemblées par un autre associé ou par son conjoint, sauf si les associés sont au nombre de deux ou si la société ne comprend que les deux époux. Dans ces deux derniers cas chaque associé peut se faire représenter par toute personne de son choix.

Les représentants légaux d'associés juridiquement incapables peuvent participer au vote même s'ils ne sont pas eux-mêmes associés.

Article 22 – Approbation des comptes

Chaque année, il doit être réuni dans les six mois de la clôture de l'exercice une Assemblée Générale appelée à statuer sur les comptes de l'exercice écoulé.

Les décisions sont adoptées dans les conditions prévues pour les décisions collectives ordinaires.

Article 23 – Décisions collectives ordinaires

Sont qualifiées d'ordinaires les décisions des associés ne concernant ni l'agrément de nouveaux associés, ni des modifications statutaires, sous réserve des exceptions prévues par la loi.

Les décisions collectives ordinaires doivent, pour être valables, être adoptées à l'unanimité des votants.

Article 24 – Décisions collectives extraordinaires

Sont qualifiées d'extraordinaires les décisions du ou des associés modifiant les statuts, sous réserve des exceptions prévues par la loi.

...

...

Lorsque la société comprend plusieurs associés, les décisions extraordinaires ne peuvent être valablement prises que si les associés présents ou représentés possèdent au moins :

- sur première convocation, le quart des parts;
- sur seconde convocation, le cinquième de celles-ci.

À défaut de ce quorum, la deuxième assemblée peut être convoquée à une date postérieure ne pouvant excéder deux mois à compter de la date initialement prévue.

Dans l'un ou l'autre de ces deux cas, les modifications sont décidées à la majorité des deux tiers des parts détenues par les associés présents ou représentés.

Le changement de nationalité de la société ne peut être décidé qu'à l'unanimité des associés.

Article 26 – Affectation des résultats

Après approbation des comptes et constatation de l'existence d'un bénéfice distribuable, une fois prélevé 5 % pour constituer le fonds de réserve légale, l'Assemblée Générale détermine, sur proposition de la gérance, toutes les sommes qu'elle juge convenable de prélever sur ce bénéfice pour être reportées à nouveau sur l'exercice suivant ou inscrites à un ou plusieurs fonds de réserves facultatifs ordinaires ou extraordinaires, généraux ou spéciaux, dont elle règle l'affectation ou l'emploi.

Le surplus, s'il en existe, est attribué aux associés sous forme de dividende.

Le prélèvement de 5 % cesse d'être obligatoire lorsque le fonds atteint le dixième du capital social.

L'Assemblée Générale peut décider en outre la mise en distribution de sommes prélevées sur les réserves; Dans ce cas, la décision indique expressément les postes de réserve sur lesquels les prélèvements sont effectués.

Les sommes dont la mise en distribution est décidée sont réparties entre les associés gérants ou non gérants proportionnellement au nombre de leurs parts sociales.

Annexe 3

Convention d'avance en compte courant d'associé bloqué

Article 1 – Avance en compte courant

Le Créancier met à la disposition de la Société une somme de 25 000 euros (la « Créance »), qu'il verse ce jour au crédit du compte courant d'associé qu'il ouvre à son nom dans les livres de la Société, ce que la Société reconnaît expressément.

Article 2 – Rémunération

2.1 La Créance sera productive d'un intérêt annuel de 9 %.

2.2 Les intérêts sont calculés à terme échu pour le nombre exact de jours écoulés et sur la base du nombre exact de jours de l'année civile considérée. Les intérêts sont payables au plus tard le 31 janvier de l'année suivant leur échéance. ...

•••

Article 3 – Remboursement

3.1 Le Créancier s'engage à maintenir le montant de la Créance pendant une durée de 120 mois. Pendant cette période, seuls les intérêts seront versés conformément à l'article 2.2 des présentes.

En conséquence, le Créancier reconnaît expressément que le remboursement de la Créance en principal ne pourra intervenir avant le (*date de signature de la convention +120 mois*), sauf cas de remboursement anticipé définis ci-après.

3.2 Nonobstant les stipulations de l'article 3.1 ci-dessus :

- la Société pourra librement, à tout moment, procéder sans pénalité au remboursement anticipé de tout ou partie de la Créance en principal ; et
- la Créance deviendra immédiatement exigible, en principal et intérêts courus, par anticipation.

Article 4 – Paiements

Les sommes dues par la Société en exécution de la présente convention doivent être réglées par virement sur un compte dont les coordonnées auront préalablement été communiquées par le Créancier à la Société.

Article 5 – Cession

Aucun des droits et obligations au titre de la présente convention ne pourra être cédé ni transféré sans le consentement exprès et préalable de chaque Partie.

Article 6 – Modification – Avenant

La présente convention ne pourra être modifiée que par avenant signé par toutes les Parties.

Chapitre 1

1 QCM

1. a. Le droit des obligations appartient au droit privé et au droit civil.
2. c. Voir l'article 1106 al. 2 du Code civil.
3. b. Voir les articles 1113 et 1114 du Code civil.
4. b, c et e. Voir l'article 1112 al. 2 du Code civil (*a contrario*).
5. b. Une action en responsabilité est toujours envisageable (C. civ., art. 1178 al. 4).
6. c et d. Voir les articles 1140 et 1143 du Code civil.
7. c. Cette condition n'est pas posée par le Code directement. Voir toutefois l'article 1171 du Code civil.
8. a. Voir l'article 1674 du Code civil.
9. c. La nullité est une sanction des conditions de formation (C. civ., art. 1178 al. 1).
10. a. Voir l'article 2224 du Code civil.

2 Formation ou exécution du contrat

Classez les mots en deux catégories.

- **Formation** : offre ; acceptation ; dol ; erreur ; lésion ; tutelle ; capacité ; contenu ; signature : accord.
- **Exécution** : responsabilité ; clause résolutoire ; exception d'inexécution ; révision pour imprévision ; faute ; préjudice ; réduction du prix.

3 Mini-cas : clause et cause

Qualifiez le contrat et analysez la clause citée.

La clause soumise à notre analyse est relative à la résiliation unilatérale pour inexécution d'un contrat de bail.

En cas d'inexécution par une partie au contrat de l'une de ses obligations, le cocontractant peut en demander la résolution en justice (C. civ., art. 1224 nouveau). Le juge ne prononcera la résolution que s'il estime l'inexécution suffisamment grave. Elle opère un effet rétroactif. Cependant, les tribunaux admettent la résiliation unilatérale, donc non judiciaire : la gravité du comportement d'une partie à un contrat peut justifier que l'autre partie y mette fin de façon unilatérale mais à ses risques et périls.

Il existe une troisième voie (C. civ., art. 1225) : dans leur contrat les parties ont la faculté de prévoir valablement la résolution du contrat sans intervention du juge, après mise en demeure ou immédiatement. Il s'agit d'une clause résolutoire. Elle déroge à la résolution judiciaire et à la résiliation unilatérale en ce qu'elle écarte la condition de gravité de même que l'intervention du juge pour apprécier cette gravité.

En l'espèce, il s'agit bien d'une clause résolutoire dérogeant aux règles qui gouvernent la résolution judiciaire et la résiliation unilatérale.

En autorisant l'anéantissement par le loueur, elle écarte l'intervention du juge. Par ailleurs, elle écarte le critère de la gravité de l'inexécution pour prévoir un événement précis : le non-paiement d'un loyer. De la sorte, en cas de litige, le juge ne saurait apprécier la gravité du manquement.

Outre pareille dérogation, on remarquera que les parties ont écarté l'effet rétroactif. L'emploi du terme « résiliation » l'indique. Enfin, la clause donne une dernière chance au locataire : celui-ci dispose de trois mois pour régler après avoir été mis en demeure. Ce répit n'est pas toujours offert par les clauses résolutoires.

4 Mini-cas : engagements contractuels et négociation

Ce cas nous amène à la question de la révision du contrat pour imprévision. Le principe de la force obligatoire du contrat (article 1193 du Code civil) a pour corollaire que les parties sont engagées par l'ensemble des clauses sans pouvoir unilatéralement les modifier.

Avant la réforme du droit des contrats par l'ordonnance du 10 février 2016, le juge judiciaire refusait de s'immiscer entre les parties pour modifier leurs obligations, même en cas de changement de circonstances imprévu. Ce refus de la révision pour imprévision pouvait conduire des entreprises à la faillite.

Le nouvel article 1195 du Code civil prévoit que si un changement de circonstances imprévisible lors de la conclusion du contrat rend l'exécution excessivement onéreuse pour une partie qui n'avait pas accepté d'en assumer le risque, celle-ci peut demander une renégociation du contrat à son cocontractant.

Il faudra donc prouver cumulativement que :

- le changement de circonstances est imprévu, ce qui sera aisément démontré ici ;
- le vendeur n'avait pas accepté ce risque dans le contrat ;
- l'exécution du contrat est rendue excessivement onéreuse par le changement de circonstances.

Si cette preuve est faite, les alternatives sont les suivantes : soit la renégociation aboutit et les termes du contrat sont modifiés, un nouveau contrat se forme donc.

En cas de refus ou d'échec de la renégociation, les parties peuvent convenir de la résolution du contrat, ou demander d'un commun accord au juge de procéder à son adaptation.

À défaut d'accord des parties dans un délai raisonnable, le juge peut, à la demande d'une partie, réviser le contrat lui-même ou y mettre fin.

5 Cas pratique : coopérative Gouessant

Rappel des faits pertinents. Un contrat de vente a été conclu entre les époux Pol (les vendeurs) et une coopérative (l'acheteur). L'objet de la vente portait sur deux piscicultures dont l'exploitation avait été autorisée par arrêté préfectoral. Or, ce dernier a été annulé, certes après la vente, mais le recours en annulation était antérieur au contrat.

Prétentions des parties. La coopérative souhaite obtenir la restitution du prix, estimant avoir été trompée, ce qui implique d'exercer une action en nullité. En effet, celle-ci produit un effet rétroactif, lequel a pour conséquence des restitutions réciproques. La résolution permettrait aussi la restitution souhaitée, mais la coopérative soulève un problème de formation du contrat (« elle estime avoir été trompée ») et non d'exécution. Par ailleurs, il n'apparaît pas dans le thème que les obligations contractées par les époux Pol n'aient pas été exécutées. Les données de l'espèce et l'observation de la coopérative selon laquelle celle-ci estime avoir été trompée, laissent penser à l'invocation d'un vice du consentement et, plus précisément, d'un dol.

Problème de droit. Le contrat de vente de deux piscicultures conclu le 26 septembre de l'année n, entre les époux Pol (vendeurs) et la Coopérative de Gouessant (acquéreur), encourt-il la nullité pour dol ? Si c'est le cas, il conviendra alors de vérifier si l'action est prescrite.

1. *La coopérative de Gouessant peut-elle obtenir gain de cause ?*

Règles de droit. Le dol (article 1137 du Code civil) n'est une cause de nullité que s'il est constitué de trois éléments :

- Un élément matériel : une manœuvre dolosive, un mensonge ou une réticence dolosive. Celle-ci n'est autre que le silence d'une partie dissimulant au cocontractant un fait qui, s'il avait été connu de lui, l'aurait empêché de contracter.
- Un élément intentionnel : le silence doit avoir été réalisé par l'une des parties dans le dessein de tromper l'autre. Le plus souvent, le juge le déduira de la connaissance de l'information recelée et de son importance pour le partenaire.
- Un élément psychologique : l'acquéreur doit avoir commis une erreur déterminante provoquée par la réticence dolosive. Le dol rend toujours excusable l'erreur provoquée.

Application du droit aux faits. Il convient de vérifier la réunion des trois éléments :

• *Élément matériel du dol.* En l'espèce, aucune manœuvre dolosive, ni mensonge ne ressortent des faits. En revanche, ceux-ci révèlent une réticence dolosive. L'existence d'un recours contre l'arrêté préfectoral était nécessairement connue des époux Pol puisque ce sont eux qui exploitaient les piscicultures au moment de la vente ; de plus, s'ils affirment que la coopérative ne pouvait l'ignorer, c'est qu'ils admettent connaître l'information. Ils ont conservé cette information. Il y a bien réticence.

• *Élément intentionnel du dol.* Les époux Pol avaient connaissance du recours contre l'arrêté et la connaissance d'un risque d'annulation de celui-ci est importante pour l'acquéreur puisqu'à défaut d'autorisation les piscicultures ne peuvent pas être exploitées. Donc, le silence a été gardé intentionnellement.

• *Élément psychologique.* En l'espèce, l'erreur est constituée : la coopérative ignorait le risque d'annulation. Elle est déterminante car sans l'erreur la coopérative n'aurait pas contracté. Les époux Pol reprochent l'ignorance de la coopérative au sujet du recours en annulation exercé contre l'arrêté. Juridiquement, elle estime que l'erreur est inexcusable ; que la coopérative aurait dû se renseigner. Toutefois, l'autorisation préfectorale (contenu dans l'arrêté) ne lui avait pas été personnellement délivrée, de sorte que l'on peut penser que la coopérative n'avait pas l'obligation de se renseigner. Surtout, la Cour de cassation estime que le dol rend toujours excusable l'erreur provoquée, même s'il a été commis par réticence. L'élément psychologique est donc constitué.

Conclusion. Tous les éléments du dol étant constitués, le contrat de vente encourt la nullité pour vice du consentement. La nullité produit un effet rétroactif, de sorte que les époux Pol sont tenus de restituer le prix perçu à la coopérative.

2. *L'action qu'elle doit intenter pour essayer d'obtenir gain de cause est-elle prescriptive ?*

Règles de droit. La prescription extinctive de l'action en nullité des conventions est de cinq ans. Ce texte s'applique notamment au dol, sans qu'il ne soit plus nécessaire de distinguer selon la nature de la nullité. En effet, depuis la réforme de la prescription civile opérée par la loi du 17 juin 2008, que la nullité soit relative ou absolue, le délai pour agir en justice est désormais de cinq ans.

Ce délai court à compter du jour de sa découverte ou, plus exactement, du jour où le vice pouvait être découvert (Cass. 3e civ., 29 mars 2006, pourvoi n° 05-16.032).

Enfin, depuis ladite réforme, le point de départ ne peut avoir pour effet de porter le délai de la prescription extinctive au-delà de vingt ans à compter du jour de la naissance du droit.

Faits. L'action en nullité serait intentée le 30 septembre de l'année n + 5 alors que la coopérative a découvert peu après le 28 avril de l'année n + 1 l'existence d'un recours en annulation de l'arrêté préfectoral. Le contrat a été conclu le 26 novembre de l'année N. C'est à cette date qu'est né le droit d'agir en nullité pour dol.

Application du droit aux faits. L'action souhaitée par la coopérative vise à obtenir la nullité pour dol, de sorte que la prescription applicable est quinquennale. Or, cette action serait intentée moins de cinq ans après la découverte du dol. Et même après la date à laquelle aurait dû être découvert le dol. Ce n'est en effet que peu de temps après la publication du journal que la coopérative découvre l'existence du recours en annulation.

Conclusion. L'action en nullité pour dol n'est pas prescrite si la coopérative agit le 30 septembre 2015.

Chapitre 2

1 QCM

1. a, d, f et g. La vente est un contrat nommé (vente), synallagmatique (obligations réciproques), consensuel (pas de formes requises) et à titre onéreux (exigence d'un prix).

2. c. Les deux corps de règles s'appliquent. Le droit spécial prime le droit général (C. civ., art. 1105).

3. a. Le prix n'est pas une condition de validité du contrat (C. civ., art. 1780).

4. b. Le texte lui-même ne prévoit pas la nullité mais elle peut résulter d'un vice du consentement.

5. a, c et e. Cette règle est prévue par le Code des assurances.

6. a et d. Voir l'article 2044 du Code civil.

2 Reconnaissance de clauses

Qualifiez la clause et déterminez, les cas échéant, le type de contrat auquel elle se rattache.

1. Il s'agit d'une clause de renonciation à recours tirée d'une convention de transaction et ayant pour contrepartie des rabais.
2. Clause de sous-traitance tirée d'un contrat d'entreprise portant sur des travaux immobiliers.
3. Pacte de préférence portant sur une vente immobilière.
4. Clause d'exclusion de la garantie des vices cachés dans une vente.
5. Clause de réserve de propriété dans une vente.
6. Clause d'exclusivité territoriale dans un contrat de franchise.
7. Promesses synallagmatiques de vente d'un bien immobilier.

3 Mini-cas : contrat-cadre de distribution

Analysez cette clause.

La clause soumise à notre analyse porte sur la détermination du prix dans un contrat de distribution.

Règles de droit. En droit, le prix d'une vente doit être déterminé ou déterminable, à peine de nullité du contrat. Toutefois, depuis une série d'arrêts rendus en 1995 par l'Assemblée plénière de la Cour de cassation, cette exigence n'est plus retenue dans les contrats-cadres (lorsque la convention prévoit la conclusion de contrats ultérieurs), notamment de distribution. L'indétermination du prix de ces contrats dans la convention initiale n'affecte pas, sauf dispositions légales particulières, la validité de celle-ci, l'abus dans la fixation du prix ne donnant lieu qu'à résiliation ou indétermination.

Confrontation de la clause au droit. En l'espèce, le prix n'est pas déterminé, ni déterminable puisqu'il dépend de la volonté de l'une seule des parties. Toutefois, il s'agit d'un contrat-cadre de distribution (l'énoncé l'indique, de sorte qu'il n'est pas nécessaire de le démontrer). Aussi, le prix peut être déterminé unilatéralement, la limite étant l'abus de droit. La clause est valable, mais elle devra être mise en œuvre sans abus. Cette solution est admise en application de l'article 1164 du Code civil qui énonce que « Dans les contrats-cadres, il peut être convenu que le prix sera fixé unilatéralement par l'une des parties, à charge pour elle d'en motiver le montant en cas de contestation ; En cas d'abus dans la fixation du prix, le juge peut être saisi d'une demande tendant à obtenir des dommages et intérêts et le cas échéant la résolution du contrat. »

4 Mini-cas : transaction

La convention de transaction encourt deux griefs principaux :

- En premier lieu, il n'apparaît pas évident qu'elle contienne des « concessions réciproques » au sens de l'article 2044 du Code civil. En effet, l'employeur s'engage à ne verser que l'indemnité légalement de licenciement due et aucun surplus destiné à compenser la renonciation à recours à laquelle s'engage le salarié.

- En second lieu, la renonciation à recours est trop large puisqu'elle interdit toute action en justice contre l'employeur sans préciser son objet. Il aurait fallu que la clause se limite au contentieux du licenciement.

En conclusion, on dira que la convention n'est pas valable et encourt la nullité.

5 Mini-cas : contrat de vente et recours

En application de l'article 1641 du Code civil, « Le vendeur est tenu de la garantie à raison des défauts cachés de la chose vendue qui la rendent impropre à l'usage auquel on la destine, ou qui diminuent tellement cet usage que l'acheteur ne l'aurait pas acquise, ou n'en aurait donné qu'un moindre prix, s'il les avait connus. »

1. *Est-il encore temps d'agir pour Ilan ? Justifiez votre réponse.*

Ilan peut théoriquement agir en garantie des vices cachés ; l'article 1648 du Code civil prévoyant que « L'action résultant des vices rédhibitoires doit être intentée par l'acquéreur dans un délai de deux ans à compter de la découverte du vice. »

2. *Quelles chances a-t-il d'obtenir une réduction du prix ?*

Les chances de succès de l'action sont très faibles :

- Problème de climatisation : il s'agit bien d'un vice rendant la chose impropre à son usage mais il n'est pas caché au sens où l'acquéreur avait connaissance de ce problème depuis le jour de la vente.
- Boîte de vitesses qui craque : il s'agit manifestement d'un vice postérieur à la vente, donc non susceptible d'être couvert par la garantie des vices cachés.
- Anomalies sur la peinture extérieure : non seulement il s'agit d'un vice apparent dont l'acheteur aurait pu se convaincre par lui-même, mais de surcroît il ne s'agit pas d'un vice rendant la chose impropre à son usage.

6 Cas pratique : assurance-vie Max

Quel est le régime fiscal applicable dans le cas où le retrait total des produits aurait lieu le 20 octobre N ?

- Pour le contrat d'assurance-vie souscrit le 16 septembre 1996, les produits des contrats souscrits avant le 26 septembre 1997 sont fiscalement exonérés d'impôt.
- Pour le contrat d'assurance-vie souscrit le 2 juillet 2010, le retrait total ayant lieu le 20 octobre 2019, le contrat a plus de 8 ans.
- Dans cette situation, les produits du contrat sont soumis au barème progressif de l'IR ou, sur option, à un prélèvement forfaitaire de 7,5 %. Un abattement de 4 600 € pour les personnes seules et de 9 200 € pour les couples mariés et pacsés s'appliquent également.

Chapitre 3

1 Quiz

1. Faux. L'assistance doit être antérieure ou concomitante à l'infraction, sauf si elle résulte d'un accord antérieur à cette dernière.

2. Faux. L'abus de biens sociaux est une infraction intentionnelle.

3. Faux. Le commandement de l'autorité « légitime » ne s'entend que d'une autorité publique et la jurisprudence n'admet pas l'état de contrainte dans cette hypothèse.

4. Vrai. Les infractions complexes (composées de plusieurs éléments matériels) ne sont constituées qu'au jour où tous les éléments constitutifs sont réunis. Avant cela, seule une tentative peut éventuellement être caractérisée.

5. Faux. En matière d'infractions continues, la prescription de l'action publique ne court qu'à compter de la fin de l'activité délictueuse.

6. Vrai. L'infraction n'est pas consommée, mais elle est tentée et donc punissable.

7. Faux. Le terme de « manœuvre » implique un acte plus élaboré. Le mensonge peut faire partie des manœuvres frauduleuses mais il ne suffit pas à les caractériser.

8. Vrai. Sous certaines conditions (heures, consentement de l'intéressé en enquête préliminaire…). En droit français, aucun mandat n'est exigé pour procéder à une perquisition.

9. Vrai. Si les conditions en sont remplies, la responsabilité pénale de la personne morale et celle des personnes physiques impliquées ne sont pas exclusives l'une de l'autre.

10. Vrai. Alors qu'il s'agit d'un délit et même si celui-ci est établi, le classement sans suite relève de l'opportunité des poursuites dont dispose le ministère public.

11. Vrai. Ce délit est passible des peines prévues à l'article 433-17 du Code pénal (15 000 € d'amende et un an d'emprisonnement).

12. Faux. Le devoir de révélation ne concerne que certaines personnes (exemple : le commissaire aux comptes) ou certaines infractions (ex. : les crimes, C. pénal, art. 434-1).

2 Mini-cas : une infraction peut en cacher une autre

Dans les deux cas suivants, vous déterminerez si les faits constituent une infraction et vous le qualifierez le cas échéant.

1. Prélever sur les stocks est possible pour la société et n'est pas constitutif d'une distribution de dividende fictif au sens de l'article L. 242-6 1°. Seul un dividende prélevé sur le capital social ou les réserves légales tomberait sous le coup de cette incrimination.

2. Il ne s'agit pas d'un ABS puisque cette infraction ne s'applique que dans les SARL et les sociétés par actions. En revanche, les faits pourraient recevoir la qualification d'abus de confiance au sens de l'article 314-1 du Code pénal.

3 Cas pratique : infractions en cascade

1. *Un abus de biens sociaux peut-il être retenu à l'encontre de M. Noël ? Si tel était le cas, disposerait-il d'un recours ? Si oui, devant quelle juridiction ?*

Le comportement de M. Noël évoque l'abus de bien social ; il faut vérifier, une par une, les conditions légales du délit.

L'article L. 241-3, 4° du Code de commerce punit « le fait, pour les gérants [d'une SARL], de faire, de mauvaise foi, des biens ou du crédit de la société, un usage qu'ils savent contraire à l'intérêt de celle-ci, à des fins personnelles ou pour favoriser une autre société ou entreprise dans laquelle ils sont intéressés directement ou indirectement... ».

- Auteur de l'éventuel abus

La loi désigne le gérant de la SARL. C'est le cas de M. Noël, il peut donc se rendre coupable d'une telle infraction.

- Usage abusif des biens ou du crédit de la société

M. Noël utilise la trésorerie de la société, donc « les biens » de celle-ci. « L'usage » prohibé s'effectue par le paiement de factures, actes de gestion courante, d'amendes, actes conservatoires, ou de séjours, actes de disposition. L'abus est effectif, l'usage ayant eu lieu.

- Usage contraire à l'intérêt social

La société trouve-t-elle un intérêt quelconque au paiement de dépenses personnelles à ses dirigeants ? La question contient sa propre réponse. La société perd ainsi une partie de son actif sans justification ni contrepartie. Le paiement des amendes et des séjours, étranger à l'objet social de l'entreprise, entraîne inévitablement la suspicion. Quant à celui des factures d'essence, il pourrait se fondre dans les besoins généraux de l'entreprise. Un examen attentif permettra de s'en assurer (fréquences des factures, nombre de kilomètres couverts, déplacements du gérant pour le compte de l'entreprise avec le véhicule concerné...). En l'absence de correspondance entre les factures et les déplacements liés au fonctionnement de la société, les factures d'essence suivraient le sort des paiements précédents. Elles seraient contraires à l'intérêt social.

- Mauvaise foi de l'auteur

L'auteur doit avoir agi volontairement et en connaissant l'illicéité de son acte. Il ne pourra prétendre avoir agi sous une quelconque contrainte et donc involontairement. De même, il ne pourra invoquer son ignorance de la prohibition légale puisque « Nul n'est censé ignorer la loi ». M. Noël ne peut pas non plus s'abriter derrière une pratique courante dans la vie des affaires, cet argument n'opérant pas exonération. Il ne semble disposer d'aucun argument légal valable pour justifier ses agissements du point de vue de l'élément moral, d'autant que la jurisprudence déduit généralement l'intention de la seule matérialité des faits.

- Recherche d'un intérêt personnel

En complément du dol général (voir le point précédent), les juges doivent établir que l'auteur a agi « à des fins personnelles ou pour favoriser une autre société » dans laquelle il serait intéressé. Cette dernière hypothèse semble inapplicable ici. En revanche, du seul paiement de dépenses personnelles découle l'intérêt matériel qu'il a pu en retirer par l'économie ainsi faite de ses propres deniers.

L'infraction d'abus de biens sociaux semble avoir été réalisée par M. Noël en tous ses éléments, le juge tranchera.

2. *Le souhait de M. Bertrand de se constituer partie civil peut-il prospérer ? Comment et devant quelle juridiction une telle action se déroulerait-elle ?*

L'article 2 du Code de procédure pénale prévoit que « L'action civile [...] appartient à tous ceux qui ont personnellement souffert du dommage directement causé par l'infraction ». M. Bertrand doit donc prouver qu'il a subi un préjudice personnel, directement causé par l'infraction, s'il souhaite que sa constitution de partie civile soit recevable.

En l'espèce, il a souffert des conséquences économiques causées par la perte des clients, elle-même due à l'infraction. La cause directe de son préjudice n'est donc pas l'infraction, mais les conséquences de celle-ci. Il a donc bien subi un préjudice personnel (matériel et moral par la perte de son emploi), mais pas direct. La victime directe de l'abus de biens sociaux est l'entreprise. La jurisprudence, constante sur ce point, ne lui laisse aucune chance de voir son action aboutir au pénal.

3. *Que risque pénalement M. Gilles ? Est-il lui-même coupable du délit d'abus de biens sociaux ? La crainte de perdre sa mission pouvait-elle justifier son attitude ?*

M. Léon est expert-comptable. Il n'est pas gérant de droit de la société, et rien n'indique qu'il le soit de fait. Or, seuls les gérants peuvent se rendre coupables d'un abus de bien social. Il ne peut donc pas être poursuivi comme auteur d'une telle infraction.

En revanche, il s'est certainement rendu compte des irrégularités commises par M. Noël et n'a rien dit. En est-il complice ? D'après l'article 121-7 alinéa premier du Code pénal, « est complice d'un crime ou d'un délit la personne qui sciemment, par aide ou assistance, en a facilité la préparation ou la consommation », l'hypothèse de l'instigation prévue par l'alinéa 2 semblant peu indiquée en l'espèce. Les conditions de la complicité sont-elles réunies ?

- Exigence d'un fait principal punissable

L'abus de bien social (probablement) commis par M. Noël correspond au fait principal punissable exigé en préalable par la loi. Il s'agit en effet bien d'un « délit ».

- Acte de complicité

M. Léon a-t-il commis l'acte matériel d'aide ou d'assistance qui en a facilité la préparation ou la consommation ? Rien n'est moins sûr. En effet, la loi exige un acte positif, non une simple abstention, qui doit en outre être antérieur ou concomitant à l'acte principal. Or M. Léon s'est simplement abstenu de redresser les comptes. Peut-on alors considérer son omission comme un acte positif ? La chambre criminelle de la Cour de cassation a pu décider à plusieurs reprises (notamment, le 6 septembre 2000, puis le 22 septembre 2004), qu'encourt la censure la décision d'une cour d'appel condamnant l'expert-comptable – qui avait passé en écritures les éléments litigieux sans les redresser – pour complicité d'abus de bien social. Pour la Cour de cassation, faute « d'un acte positif antérieur ou concomitant à la réalisation des fausses factures, la cour d'appel n'a pas justifié sa décision ». Or ici M. Léon n'a fait que s'abstenir, *a posteriori*, de redresser les comptes. Il ne s'agissait pas du résultat d'une concertation préalable avec le gérant de la société.

Néanmoins, une autre décision rendue au sujet d'une complicité d'escroquerie et concernant elle aussi un expert-comptable, va dans un autre sens (Cass. crim., 25 février 2004). Les juges du fond avaient relaxé le prévenu au motif que « la procédure n'a mis en évidence aucun acte matériel préalable et concomitant à l'escroquerie ». La Cour de cassation censure leur décision car « en prononçant ainsi, sans rechercher si, en établissant les comptes annuels et les déclarations mensuelles du chiffre d'affaires taxable, dont la fictivité ne pouvait échapper à un professionnel de la comptabilité, et en attestant pourtant leur conformité et leur sincérité, le prévenu n'avait pas sciemment permis à l'auteur principal de commettre et réitérer, chaque mois, les escroqueries commises au préjudice du Trésor public… ».

Ici, en rapprochant cette affaire de celle qui nous intéresse, il pourrait être reproché à M. Léon d'avoir, en connaissance de cause puisqu'il est un professionnel de la comptabilité, couvert les agissements de M. Noël, permettant dès lors à ce dernier de les poursuivre grâce son inaction. M. Léon n'est donc pas à l'abri de poursuites pour complicité d'abus de bien social outre d'éventuelles poursuites disciplinaires, ces agissements pouvant s'apparenter à un manque de probité.

- Élément moral de la complicité

En tant que professionnel de la comptabilité, il a nécessairement agi en connaissance de cause. A-t-il agi volontairement ou peut-il invoquer la crainte de perdre sa mission pour s'exonérer ? La contrainte exonératoire de responsabilité est, d'après l'article 122-2 du Code pénal, celle à laquelle la personne « n'a pu résister ». D'après la jurisprudence, la contrainte peut être physique, mais aussi morale, correspondant ainsi au cas de M. Léon. Mais elle doit aussi être irrésistible et imprévisible. De nombreuses décisions rejettent l'argument de la contrainte, invoqué par le salarié qui a agi en obéissant aux ordres de son employeur, le lien de subordination ne constituant pas la contrainte irrésistible au sens prévu par la loi. Cette solution pourrait s'étendre à la crainte de perdre une mission, ce d'autant que le libre arbitre est une vertu exigée de l'expert-comptable.

Chapitre 4

1 Quiz

1. Faux. Le contrôle est exercé *a priori*, en droit de l'UE comme en droit interne.

2. Faux. Tous les secteurs d'activité sont concernés par le contrôle des concentrations.

3. Vrai. Les fusions au sein d'un groupe de sociétés suffisamment intégré échappent au contrôle.

4. Vrai. Il convient d'additionner les CA.

5. Faux. Il existe des dérogations à la compétence des autorités nationales en l'absence de dimension communautaire. D'une part, si l'opération présente un danger sur le marché européen, la Commission peut se saisir du dossier. D'autre part, les entreprises concernées peuvent solliciter l'intervention de la Commission.

6. Vrai. La loi du 4 août 2008, de modernisation de l'économie, a transféré ce rôle à l'Autorité de la concurrence (Conseil de la concurrence avant ladite loi). Auparavant, la compétence incombait au ministre de l'Économie. Dans la nouvelle procédure, celui-ci conserve toutefois un rôle qui n'est pas négligeable.

8. Faux. Est illicite l'entente qui a pour objet ou pour effet (ou les deux) d'empêcher, de restreindre ou de fausser la concurrence.

9. Faux. L'exemption a lieu *a posteriori*. Ce n'est, par exemple, que lorsqu'une entreprise concurrente contestera l'entente que le contrôle sera effectué.

10. Faux. Le système du guichet unique ne concerne que le contrôle des opérations de concentration.

11. Faux. Le contrôle relève de l'Autorité de la concurrence, à l'exception des micro-pac sur lesquelles le ministre de l'Économie dispose d'un pouvoir d'injonction et de transaction.

12. Faux. La répression de la concurrence déloyale repose sur les articles 1240 et 1241 du Code civil relatifs à la responsabilité civile délictuelle.

13. Faux. Il n'est pas nécessaire que la faute soit intentionnelle.

14. Faux. L'imitation d'un produit concurrent est en principe admise. Elle constitue un acte de concurrence déloyale lorsqu'elle produit ou risque de produire une confusion dans l'esprit de la clientèle.

15. Vrai. Le principe de la détermination des prix par le libre jeu de la concurrence a été énoncé par l'ordonnance du 1er décembre 1986, aujourd'hui codifiée.

16. Faux. L'article L. 442-5 II du Code de commerce prévoir une exception en cas de ventes volontaires ou forcées motivées par la cessation ou le changement d'une activité commerciale.

Mini-cas : seuils de concentration

En premier lieu, l'opération envisagée est bien une concentration (horizontale) au sens du droit français comme européen car il s'agit d'une fusion d'entreprises indépendantes.

Sur le plan des seuils, on va tout d'abord vérifier si l'opération est de dimension européenne ou relève des autorités françaises de la concurrence.

Une concentration est dite de « dimension européenne » lorsque deux conditions sont réunies :

- Les entreprises parties à l'opération réalisent ensemble un chiffre d'affaires mondial global de plus de 5 milliards d'€ ; cette condition n'est pas remplie puisque le chiffre d'affaires des 3 entités est de 2,5 + 1,1 + 0,5 = 4,1 Mds €
- Deux des entreprises concernées au moins réalisent individuellement un chiffre d'affaires de plus de 250 millions d'€ au sein de l'UE. La première condition n'étant pas réunie il n'est pas nécessaire de vérifier cette seconde condition.
- Toutefois, même si les seuils ci-dessus ne sont pas atteints, la concentration est tout de même de dimension communautaire lorsque les entreprises parties à l'opération réalisent ensemble (quatre conditions cumulatives) :

– un CA total mondial de plus de 2,5 milliards d'€ ; c'est le cas ici.

– un CA total supérieur à 100 millions d'€ dans chacun d'au moins trois États membres ; c'est le cas ici.

– dans chacun de ces trois États membres, deux au moins des entreprises concernées réalisent individuellement un chiffre d'affaires supérieur à 25 millions d'€ ; c'est le cas ici.
– deux au moins des entreprises concernées réalisent individuellement un chiffre d'affaires supérieur à 100 millions d'€ dans l'ensemble de l'Union européenne. C'est le cas ici.
– La concentration est donc regardée comme étant de dimension européenne et sera soumise au contrôle de la commission européenne.

3 Mini-cas : pratiques anticoncurrentielles

Une position dominante soit s'apprécier au regard de plusieurs critères :

- Le marché au sens géographique ; ici il apparaît que les trois entreprises opérant sur le marché des téléphones satellitaires ont une dimension mondiale ; elles peuvent donc être comparées les unes aux autres.
- Le marché de référence, dit marché pertinent, c'est-à-dire le marché qui comprend tous les produits et/ou services que le consommateur considère comme interchangeables ou substituables en raison de leur caractéristique, de leur prix et de l'usage auquel ils sont destinés. En clair, le tableau ci-dessus rassemble des données de marchés distincts, celui des téléphones portables et celui des téléphones satellitaires. Ce sont deux marchés distincts et il convient de ne considérer que le second pour apprécier la position de GlobalCom.
- La part de marché de l'entreprise considérée et son évolution. Ici la part de marché de GlobalCom en 2018 est de 50 % exactement. On l'obtient en rapportant son chiffre d'affaires à la somme des chiffres d'affaires des entreprises du secteur. Soit : 4 800 / (4 800 + 3 500 + 1 300) x 10, soit 50 %.
- De plus, son CA a connu au cours des cinq dernières années une plus forte progression que celui de ses concurrents. En conclusion, et même s'il n'y a pas de définition précise de ce qu'est une position dominante en droit européen comme français, les indices relevés dans notre cas permettent de conclure à l'existence d'une position dominante de la société GlobalCom. Cette position dominante n'appelle aucune réaction légale / judiciaire par elle-même et ce n'est que si l'entreprise en abuse dans ses pratiques commerciales que des sanctions seront encourues.

4 Cas pratique : revente à perte

1. *Dans l'exercice de son activité commerciale, la société Ludigame est-elle soumise au seuil de revente à perte ?*

Règles de droit. L'article L. 442-5 du Code de commerce, qui interdit la revente à perte, c'est-à-dire le fait pour tout commerçant de revendre un produit en l'état (ou d'annoncer sa revente) à « un prix inférieur à son prix d'achat effectif », ne s'applique qu'au commerçant lors de la revente d'un produit qu'il a préalablement acquis. Seuls sont concernés les produits revendus en l'état. Par ailleurs, l'article L. 442-5 II prévoit des hypothèses où la revente à perte est admise : ventes de liquidation, produits saisonniers, produits démodés ou techniquement dépassés, produits périssables, soldes, exception de baisse des cours, exception d'alignement sur la concurrence.

Application du droit aux faits. L'énoncé indique que la société LUDIGAME est un commerçant. Elle est un revendeur puisqu'elle a acheté les consoles pour les revendre dans ses magasins. Enfin, les consoles qui lui sont livrées sont bien des produits qui seront revendus en l'état, puisque non transformés. Par conséquent, la société LUDIGAME est soumise au seuil de revente à perte, du moins s'agissant des consoles de jeux. Par exception, la société Ludigame serait en droit de revendre à perte dans les hypothèses prévues par la loi et précédemment présentées.

Il convient ensuite de calculer le seuil de revente à perte puisque la société Ludigame y est soumise, en principe.

2. *Dans l'affirmative, quel est le seuil de revente à perte ?*

Règles de droit. Le prix d'achat effectif est le prix unitaire net figurant sur la facture d'achat, minoré du montant de l'ensemble des autres avantages financiers consentis par le vendeur exprimé en pourcentage du prix unitaire net du produit et majoré des taxes sur le chiffre d'affaires, des taxes spécifiques afférentes à cette revente et du prix du transport.

Application du droit aux faits. Aussi le seuil de revente à perte des consoles de jeux s'établit comme suit :

	Plein tarif	155,00 €
–	Réduction de prix acquise et directement liée à cette opération	– 12,00 €
–	Autres avantages financiers par article (14 000/1 000 = 30) :	– 14,00 €
=	**Prix unitaire net hors taxe**	**129,00 €**
+	TVA (20 %)	+ 25,80 €
+	Prix unitaire du transport (750/1 000 = 0,75)	+ 0,75 €
	Seuil de revente à perte	**155,55 €**

3. *En imaginant que la société commercialise des produits alimentaires de luxe et non des consoles de jeux, quelle serait l'incidence sur le seuil de revente à perte ?*

L'ordonnance du 12 décembre 2018 prévoit que le prix d'achat effectif est affecté d'un coefficient de 1,10 pour les denrées alimentaires et les produits destinés à l'alimentation des animaux de compagnie revendus en l'état au consommateur.

Le SRP sera donc ici de 155,55 x 1,1 = 171,10 €.

Chapitre 5

Quiz

1. Faux. Une doctrine illégale mais favorable au contribuable est opposable à l'administration.

2. Faux. L'amende est fixée à 10 000 €.

3. Vrai. La procédure est appliquée en matière d'impôts directs et de TVA.

4. Vrai. L'administration conseille un délai d'une quinzaine de jours à ses vérificateurs mais le Conseil d'État fixe ce délai à deux jours francs minimum.

5. Faux. La vérification de comptabilité est limitée dans le temps à trois mois uniquement pour les entreprises réalisant un chiffre d'affaires annuel hors taxes inférieur à la limite des seuils du régime simplifié d'imposition.

6. Vrai. L'examen de comptabilité permet aux agents de l'administration d'effectuer une vérification de comptabilité dans les locaux de l'administration qui ne peut excéder six mois.

7. Vrai. Aucun recouvrement ne peut intervenir avant l'expiration de ce délai.

8. Vrai. La situation est similaire en ce qui concerne le non-respect d'obligations incombant aux microentreprises ou en cas de défaut de production des déclarations fiscales.

9. Faux. La majoration est fixée à 80 % dans ce cas.

10. Faux. Le juge administratif est compétent en matière de TVA.

2 Société Signol

Que conseillez-vous au gérant ?

Il semble que la pratique décrite corresponde à un contrôle inopiné prévu à l'article L. 47 du LPF. Il s'agit d'une procédure qui déroge à la vérification de comptabilité classique. En tant que procédure dérogatoire, elle obéit à des règles spécifiques. En ce sens, l'avis de vérification doit être remis directement au gérant lors de l'arrivée de l'agent sur les lieux. Le document qui a été remis dans le cas d'espèce semble être l'avis de vérification. En outre, le déroulement de la procédure présente une limite puisqu'elle se déroule en deux phases. Dans la première, l'agent peut seulement réaliser des constatations matérielles. Celles-ci se cantonnent à la constatation de l'existence des moyens de production, des éléments de stock, de l'inventaire des valeurs en caisse ou encore du relevé des prix indiqués. *A priori*, l'agent de l'administration s'est limité à ce genre de constatation. La procédure semble donc parfaitement légale. À ce stade, il faut préciser que les informations obtenues ne peuvent en aucun cas faire l'objet d'un examen critique. La remise de l'avis de vérification fait courir un délai au terme duquel s'ouvre la seconde phase. Lors de celle-ci, le vérificateur est en mesure d'effectuer un examen de la comptabilité, notamment en rapprochant les éléments obtenus dans le cadre des constatations matérielles avec des justificatifs ou des déclarations fiscales. La procédure semble légale jusqu'ici.

3 Mini-cas : doctrine administrative

Les craintes de M. Durand sont-elles fondées au regard des règles relatives à la doctrine administrative ?

L'instruction fiscale appliquée par la société Frimate est une doctrine illégale en ce sens qu'elle rajoute des éléments nouveaux à la loi. En outre, elle est favorable au contribuable puisqu'elle permet à la société de bénéficier d'une réduction d'impôt dans des circonstances plus avantageuses que ce que prévoit la loi. Dans cette situation, et afin d'assurer une sécurité juridique satisfaisante, la doctrine administrative est parfaitement opposable. Cela conduit à une situation particulière puisque le droit fait ici prévaloir une doctrine (qui a une valeur juridique inférieure à la loi) sur la loi. Cette opposabilité de la doctrine doit toutefois satisfaire aux trois conditions suivantes :

- La doctrine administrative doit ajouter des éléments nouveaux à la loi.
- Elle doit être régulièrement publiée.
- Elle doit avoir été en vigueur à la date où l'opération a été effectuée.

A priori, ces conditions semblent satisfaites. Les craintes de M. Durand ne sont donc pas fondées puisqu'il pouvait se prévaloir de l'instruction fiscale.

4 Mini-cas : visite inopinée

Prononcez-vous sur la situation du cabinet Débard.

L'abus de droit est prévu à l'article L. 64 du LPF. En l'espèce, le vérificateur se fonde sur la branche relative à la fraude à la loi pour contester le montage. La société conteste la vision du vérificateur dans la mesure où elle estime que le montage respecte totalement la loi fiscale. Or, et c'est la particularité de cette procédure, l'abus de droit conduit à une application littérale des textes tout en contrevenant aux finalités poursuivies par le législateur. Sur ce point, la position du vérificateur n'est pas contestable.

Le critère déterminant le passage entre l'optimisation et l'abus de droit par fraude à la loi réside dans la finalité du montage. L'administration doit analyser si le comportement viole l'esprit de la loi et s'il a un objectif autre que fiscal. À ce titre, un des critères de l'abus de droit fait défaut. En effet, la procédure de l'article L. 64 du LPF impose un but exclusivement fiscal. Ainsi, la qualification ne peut être retenue que si la finalité fiscale est la seule ayant motivé le montage juridique. Autrement dit, l'abus de droit n'est pas retenu à chaque fois qu'il existe une finalité autre que fiscale. Or, le vérificateur a indiqué qu'il existait une finalité économique. Même si celle-ci n'est pas prépondérante, son existence suffit à contrecarrer la procédure de l'abus de droit.

La situation traduit davantage un abus de droit avec une finalité principalement fiscale. Or, même si la loi de finances pour 2019 a créé la possibilité de retenir un abus de droit quand la finalité fiscale est prépondérante sur une autre finalité, cette nouvelle procédure n'est applicable qu'à compter du 1er janvier 2020. La vérification ayant eu lieu en 2018, le dispositif n'est pas applicable ici.

5 Mini-cas : demande de rescrit fiscal

Rédigez la demande de rescrit fiscal de Lorenzo Piano.

1. Demandeur(s)
• Personne morale • Dénomination : Fitness center • Forme juridique : SARL • Adresse du siège social et des établissements : 2 rue Georges Pompidou 75 001 Paris • Fournir un extrait Kbis et la photocopie des statuts et des 3 derniers bilans.

2. Opération envisagée
• 2.1. Exposé clair, complet et sincère des opérations : La société Fitness center souhaite recourir à un nouveau moyen de financement du matériel de la salle de sport. Plutôt que de financer directement le matériel, la société envisage de demander à ses adhérents de participer à l'acquisition du matériel par le biais d'un prêt. En contrepartie, la société ne facturera pas l'utilisation de la salle de sport car la mise à disposition se fera à titre gratuit. • 2.2. Motifs de l'opération : Simplifier financièrement les opérations d'acquisition du matériel de la salle de sport. • 2.3. Calendrier estimatif : Schéma envisagé pour septembre 2020. • 2.4. Enjeux financiers et fiscaux : L'opération envisagée permettrait de simplifier le financement du matériel. Sur le plan fiscal, l'opération conduirait la société à être déchargée de la gestion de la TVA dans la mesure où la mise à disposition du matériel se ferait à titre gratuit.

3. Parties à l'opération
• 3.1. Désignation exacte (nom ou raison sociale, adresse) de toutes les parties à l'opération : – SARL Fitness center – Adhérents de la salle de sport • 3.2. Description des liens déjà existants entre ces parties : Contrat d'adhésion entre les adhérents et la société

4. Projets d'actes-Contrats et conventions
4.1. Production de toute copie de tous les projets de documents nécessaires à l'opération

6 Cas pratique : régime de l'IS et vérification comptable

Conseillez la société sur la régularité de la vérification et indiquez, le cas échéant, les points qui vous semblent contestables.

- Délai entre l'avis de vérification et le début de la vérification

La loi ne fixe pas de délai entre l'envoi de l'avis de vérification et la première intervention sur place. L'article L. 47 du LPF évoque seulement un « délai raisonnable ». Alors que l'administration conseille un délai fixé à une quinzaine de jours à ses vérificateurs, le Conseil d'État a fixé à deux jours francs le délai minimum dont doit disposer le contribuable entre la réception de l'avis et la première intervention. Pour le calcul de ce délai, il convient de ne retenir :

- ni le jour de réception de l'avis de vérification ;
- ni le jour du début du contrôle ;
- ni les samedis, dimanches et jours fériés.

L'avis de vérification a été reçu le 15 février et le vérificateur est arrivé sur les lieux le 22 février. Le délai de deux jours francs retenu par le Conseil d'État a été respecté.

- Durée de la vérification

La vérification de comptabilité a débuté le 22 février et s'est terminée le 27 mai, soit plus de trois mois. La procédure de vérification de comptabilité n'est limitée dans le temps à trois mois que pour les petites entreprises réalisant un chiffre d'affaires annuel hors taxes, inférieur aux limites du régime simplifié d'imposition. Pour les activités de vente de marchandises, comme c'est le cas en l'espèce, le seuil est fixé à 788 000 €. La société a un chiffre d'affaires supérieur à ce seuil, donc la vérification pouvait dépasser trois mois. La procédure est ici régulière.

- Délai de reprise

La vérification porte sur les exercices de l'année N–1, N–2 et N–3, sachant que les exercices comptables de l'entreprise sont calqués sur l'année civile. Le délai de reprise de l'administration expire en principe au 31 décembre de la troisième année qui suit celle au titre de laquelle l'impôt est dû. Sachant que les vérifications ne peuvent concerner que des exercices pour lesquels le délai de déclaration est expiré.

En l'espèce, le délai de déclaration expire le 2e jour qui suit le 1er mai de l'année qui suit la clôture. L'avis de vérification ayant été reçu le 2 février de l'année N, la vérification peut seulement porter sur les exercices clos lors des années N–2 et N–3, le délai de déclaration de l'exercice N–1 n'étant pas expiré au moment de la réception de l'avis de vérification.

- Proposition de rectification

La proposition de rectification indique que le contribuable disposait de 20 jours pour faire valoir ses observations. Or, lorsque l'administration notifie au contribuable une proposition de rectification motivée, il dispose d'un délai de 30 jours pour répondre à la notification. Le délai indiqué dans la proposition de rectification est contraire à la législation. Dès lors, il a privé le contribuable d'une partie du délai pour faire valoir ses observations.

Chapitre 6

1 QCM

1. b. La loi PACTE du 22 mai 2019 (C. com., art. L. 210-10).
2. b. Le plan de vigilance n'est pas applicable aux SAS (C. com., art. L. 225-102-4).
3. d. Le nouvel article 1833 du Code civil, issu de la loi Pacte, prévoit que la société est gérée dans son intérêt social, en prenant en considération les enjeux sociaux et environnementaux de son activité.
4. b et c. Voir l'article L. 225-102-1 du Code de commerce.
5. b, c et d. Voir l'article L. 225-102-4 du Code de commerce.

2 Mini-cas : obligations environnementales

Quelles sont les obligations de communication/information en matière environnementale ?

Outre les sujétions particulières liées à l'activité de la société, voici les obligations auxquelles la société Carbonocare est tenue :

- Informations au sein du rapport de gestion sur les risques financiers liés aux effets du changement climatique et mise en œuvre d'une stratégie bas-carbone (C. com., art. L. 225-100-1 4°) : non applicable car la société n'est pas cotée.
- Déclaration de performance extra-financière : en application de l'article L. 225-102-1 du Code de commerce, elle est obligatoire ici car la société réalise plus de 100 millions d'€ de chiffre d'affaires et qu'elle emploie plus de 500 salariés. Cela implique notamment de publier :
  - des informations relatives aux conséquences sur le changement climatique de l'activité de la société et de l'usage des biens qu'elle produit ;
  - des informations relatives à ses engagements sociétaux en faveur du développement durable, de l'économie circulaire et de la lutte contre le gaspillage alimentaire ;
- Plan de vigilance de l'article L. 225-102-4 du Code de commerce : non applicable car la société emploie moins de 5 000 salariés.

3 Cas pratique : le plan de vigilance d'ArcelorMittal

Analysez la partie environnementale du plan de vigilance d'ArcelorMittal et expliquez-en la construction ainsi que les choix opérés par la société mère.

Le plan de vigilance a été introduit par la loi du 27 mars 2017. Il concerne toute société (SA ou SCA), cotée ou non, qui emploie, à la clôture de deux exercices consécutifs, au moins cinq mille salariés en son sein et dans ses filiales directes ou indirectes dont le siège social est fixé sur le territoire français, ou au moins dix mille salariés en son sein et dans ses filiales directes ou indirectes dont le siège social est fixé sur le territoire français ou à l'étranger.

ArcelorMittal est une société anonyme cotée, spécialisée dans la sidérurgie, et qui emploie 200 000 personnes à travers le monde.

L'article L. 225-102-4 du Code de commerce prévoit l'obligation d'élaborer chaque année un « plan [qui] comporte les mesures de vigilance raisonnable propres à identifier les risques et à prévenir les atteintes graves envers les droits humains et les libertés fondamentales, la santé et la sécurité des personnes ainsi que l'environnement, résultant des activités de la société et de celles des sociétés qu'elle contrôle […], ainsi que des activités des sous-traitants ou fournisseurs avec lesquels est entretenue une relation commerciale établie, lorsque ces activités sont rattachées à cette relation ».

Plus précisément le plan comprend les mesures suivantes :

- 1° Une cartographie des risques destinée à leur identification, leur analyse et leur hiérarchisation ; cette partie n'est pas directement présente dans le document soumis à notre analyse.
- 2° Des procédures d'évaluation régulière de la situation des filiales, des sous-traitants ou fournisseurs avec lesquels est entretenue une relation commerciale établie, au regard de la cartographie des risques ; cette partie est correctement traitée dans le plan ArcelorMittal puisqu'il est question des correspondants locaux et de mesure de l'impact environnemental de l'activité sidérurgique.
- 3° Des actions adaptées d'atténuation des risques ou de prévention des atteintes graves ; cette partie n'est pas directement présente dans le document soumis à notre analyse.
- 4° Un mécanisme d'alerte et de recueil des signalements relatifs à l'existence ou à la réalisation des risques, établi en concertation avec les organisations syndicales représentatives dans ladite société ; cette partie n'est pas directement présente dans le document soumis à notre analyse.
- 5° Un dispositif de suivi des mesures mises en œuvre et d'évaluation de leur efficacité. Cette partie est prise en compte notamment au travers de tableaux de bord de mesure de l'impact environnemental adaptés à chaque site industriel.

Chapitre 7

1 QCM

1. c. L'obligation de l'éditeur se limite à l'obligation de déterminer le contenu du site mis à disposition du public (loi du 21 juin 2004).

2. d. L'article 6 de la loi du 21 juin 2004 dispose que « Les personnes […] ne peuvent voir leur responsabilité pénale engagée à raison des informations stockées à la demande d'un destinataire de ces services si elles n'avaient pas effectivement connaissance de l'activité ou de l'information illicites ou si, dès le moment où elles en ont eu connaissance, elles ont agi promptement pour retirer ces informations ou en rendre l'accès impossible. »

3. a, b et c. Le contrat est soumis de manière cumulative à ces trois corps de règles.

4. a et c. Le contrat est soumis de manière cumulative à ces deux corps de règles à l'exception des règles du Code de la consommation et du droit de la concurrence.

2 Mini-cas : le curseur de la légalité

Que pensez-vous de la légalité de cette demande au regard de la législation applicable ?

Tout d'abord, il faut se poser la question du champ d'application territorial de la législation étudiée.

RGPD, article 3

■ « 1. Le présent règlement s'applique au traitement des données à caractère personnel effectué dans le cadre des activités d'un établissement d'un responsable du traitement ou d'un sous-traitant sur le territoire de l'Union, que le traitement ait lieu ou non dans l'Union.

2. Le présent règlement s'applique au traitement des données à caractère personnel relatives à des personnes concernées qui se trouvent sur le territoire de l'Union par un responsable du traitement ou un sous-traitant qui n'est pas établi dans l'Union européenne, lorsque les activités de traitement sont liées :

a) à l'offre de biens ou de services à ces personnes concernées dans l'Union, qu'un paiement soit exigé ou non desdites personnes ; ou

b) au suivi du comportement de ces personnes, dans la mesure où il s'agit d'un comportement qui a lieu au sein de l'Union.

3. Le présent règlement s'applique au traitement de données à caractère personnel par un responsable du traitement qui n'est pas établi dans l'Union mais dans un lieu où le droit d'un État membre s'applique en vertu du droit international public. »

Même si nous n'avons pas d'informations sur la localisation de la société, nous sommes ici en présence d'une offre de biens et de services dans l'UE, ce qui déclenche l'application du RGPD article 3, 2b.

Ensuite, il convient de vérifier que les conditions du traitement sont conformes au RGPD. Pour ce faire on évaluera la conformité aux articles 5, 6 et 9 du RGPD :

- En application de l'article 5 les données doivent être traitées de manière licite, loyale et transparente. Elles doivent être collectées pour des finalités déterminées, explicites et légitimes. De plus la collecte de données doit être limitée à ce qui est nécessaire au regard des finalités pour lesquelles elles sont traitées (principe de minimisation des données). Ici il semble qu'un certain nombre de données demandées sont sans relation avec un achat de nourriture par Internet : date de naissance, statut marital, heures auxquelles on peut être joint. Ces champs du formulaire devront par conséquent être retirés ou *a minima* mentionnés comme facultatifs.
- En application de l'article 6, le traitement doit être licite ce qui signifie que l'une des conditions posées par ce texte est remplie :
  - la personne concernée a consenti au traitement de ses données à caractère personnel pour une ou plusieurs finalités spécifiques ;
  - le traitement est nécessaire à l'exécution d'un contrat auquel la personne concernée est partie ou à l'exécution de mesures précontractuelles prises à la demande de celle-ci ;
  - le traitement est nécessaire au respect d'une obligation légale à laquelle le responsable du traitement est soumis ;
  - le traitement est nécessaire à la sauvegarde des intérêts vitaux de la personne concernée ou d'une autre personne physique ;

- le traitement est nécessaire à l'exécution d'une mission d'intérêt public ou relevant de l'exercice de l'autorité publique dont est investi le responsable du traitement ;
- le traitement est nécessaire aux fins des intérêts légitimes poursuivis par le responsable du traitement ou par un tiers, à moins que ne prévalent les intérêts ou les libertés et droits fondamentaux de la personne concernée qui exigent une protection des données à caractère personnel, notamment lorsque la personne concernée est un enfant.
- Il semble que l'on se trouve ici dans le cas du b, donc le traitement est licite. Enfin, en application de l'article 9, le traitement des données à caractère personnel qui révèle l'origine raciale ou ethnique, les opinions politiques, les convictions religieuses ou philosophiques ou l'appartenance syndicale, ainsi que le traitement des données génétiques, des données biométriques aux fins d'identifier une personne physique de manière unique, des données concernant la santé ou des données concernant la vie sexuelle ou l'orientation sexuelle d'une personne physique sont interdits.

Dans notre cas, aucune donnée collectée n'entre dans la liste des données dites à caractère sensible.

En conclusion :

- Nom et prénom : donnée pouvant être collectée et traitée.
- Date de naissance : donnée non légitime au regard de la finalité.
- Adresse postale : donnée pouvant être collectée et traitée.
- E-mail : donnée pouvant être collectée et traitée.
- Numéro de téléphone portable : donnée pouvant être collectée et traitée
- Heures auxquelles vous pouvez être joint : donnée non légitime au regard de la finalité.
- Statut marital : donnée non légitime au regard de la finalité.

3 Mini-cas : la sécurité des données

Que pensez-vous de la légalité de ce formulaire au regard de la législation applicable ?

Tout d'abord, il faut se poser la question du champ d'application territorial de la législation étudiée. S'agissant du RGPD de 2016, l'article 3 est cité dans le précédent mini-cas.

Il semble donc ici que le formulaire de demande de visa du pays X ne soit pas soumis à la législation européenne. S'il devait l'être, il est fort probable que la Cnil considère qu'une partie des données collectée est nécessaire pour des « motifs d'intérêt public », mais que la collecte des données relatives à la race et à la religion, voire à l'état de santé est prohibée sur le fondement de l'article 9 1° du RGPD de 2016.

4 Cas pratique : la gestion des cookies chez HSBC

En vous appuyant sur l'annexe et sur vos connaissances, commentez l'extrait de la charte d'utilisation des cookies mise en place par HSBC.

Les cookies sont mentionnés au point 30 du préambule du RGPD dans les termes suivants : Les personnes physiques peuvent se voir associer, par les appareils, applications, outils et protocoles qu'elles utilisent, des identifiants en ligne tels que des adresses IP et des témoins de connexion (« cookies ») ou d'autres identifiants (ex. : étiquettes d'identification par radiofréquence). Ces identifiants peuvent laisser des traces qui, notamment lorsqu'elles sont combinées aux identifiants uniques et à d'autres informations reçues par les serveurs, peuvent servir à créer des profils de personnes physiques et à identifier ces personnes.

Les cookies permettent d'identifier une personne et également vont permettre d'accéder à certains éléments de sa vie privée. La gestion des cookies par un site Web est donc entièrement soumise au RGPD et aux autres textes sur la gestion des données.

On rappellera donc ici quelques principes applicables à la gestion des cookies :

- Les données à caractère sensible sont particulièrement protégées.
- Le traitement des données doit être licite.
- Le consentement est exigé : il s'agit au terme du RGPD d'une manifestation de volonté, libre, spécifique, éclairée et univoque par laquelle la personne concernée accepte, par une déclaration ou par un acte positif clair, que des données à caractère personnel la concernant fassent l'objet d'un traitement.
- Enfin, toute personne possède un droit d'accès et d'information qui lui permet de connaître notamment la catégorie de données utilisées et l'usage qui en est fait. Cette personne peut ensuite demander à ce que les données inexactes soient rectifiées. Tout intéressé dispose également d'un droit à l'oubli (effacement) consacré dans les termes suivants : la personne concernée a le droit d'obtenir du responsable du traitement l'effacement, dans les meilleurs délais, de données à caractère personnel.

La charte de HSBC donne à l'utilisateur des informations qui semblent en conformité avec le RGPD et les autres textes normatifs sur les données personnelles. Toutefois, l'un des points-clés est la manière dont le consentement est donné (« Lors de votre navigation sur notre site, nous vous demandons votre accord pour utiliser des cookies »).

D'après le site spécialisé dans la gestion des cookies, Cookiebot.com, le consentement doit :

- donner une information complète à l'utilisateur : l'utilisateur doit pouvoir clairement savoir et comprendre à quoi il consent, et il doit être possible d'accepter ou de refuser les différents types de cookies ;
- être fondé sur un vrai choix : cela signifie, par exemple, que l'utilisateur doit avoir accès au site et à ses fonctions même si tous les cookies, à l'exception des cookies strictement nécessaires, ont été refusés ;
- être donné au moyen d'une action positive et affirmative qui ne peut être mal interprétée et préalablement au traitement initial des données personnelles ;
- être modifiable. Il doit être aisé pour l'utilisateur de changer d'avis et de retirer son consentement.

Partie 1 : cas de synthèse

1. *Qu'en pensez-vous ?*

Rappel des principes juridiques

- Liberté de rupture unilatérale des négociations

Code civil, article 1112 al. 1er

■ « L'initiative, le déroulement et la rupture des négociations précontractuelles sont libres. Ils doivent impérativement satisfaire aux exigences de la bonne foi. » Les parties n'ont pas l'obligation de conclure le contrat négocié, même lorsque les pourparlers sont encadrés par des conventions préparatoires. Dans cette dernière hypothèse, l'obligation n'est que de moyens. Le principe est donc la liberté de rupture des négociations. Une partie peut seule sortir des pourparlers sans avoir à obtenir l'accord de son partenaire. La règle découle directement du principe de la liberté contractuelle et, plus précisément, de la liberté de ne pas contracter.

- Exception : la responsabilité civile de l'auteur de la rupture. La rupture des négociations est libre. Aussi, le demandeur n'obtiendra indemnisation « que s'il rapporte la preuve d'une faute de son partenaire, d'un préjudice et d'un lien de causalité entre les deux. La faute est évidente lorsque l'auteur de la rupture a eu l'intention de nuire à celui qui la subit, par exemple dans le dessein de l'empêcher de négocier avec autrui et lui faire, de la sorte, manquer un marché. La perte d'une chance de réaliser des bénéfices escomptés de la conclusion du contrat négocié n'est pas indemnisable » : (article 1112 al. 2 du Code civil). *« En cas de faute commise dans les négociations, la réparation du préjudice qui en résulte ne peut avoir pour objet de compenser ni la perte des avantages attendus du contrat non conclu, ni la perte de chance d'obtenir ces avantages. »*
- Obligation précontractuelle de confidentialité. Dans le droit fil de l'obligation de négocier le contrat de bonne foi (C. civ., art. 1112), le Code civil pose un principe important : celui de l'obligation de confidentialité.

Code civil, article 1112-2

■ Celui qui utilise ou divulgue sans autorisation une information confidentielle obtenue à l'occasion des négociations engage sa responsabilité dans les conditions du droit commun.

- **Application du droit aux faits.** On notera, en premier lieu, que l'obligation de confidentialité va s'appliquer ici, notamment à DISAST'AIR, qui ne devra en aucun cas dévoiler des éléments de sa négociation avec QAFRAN, quelle qu'en ait été l'issue. On remarquera ensuite qu'il y a peu de chances que QAFRAN obtienne gain de cause dans sa demande en justice. En effet, rien n'indique, dans les faits portés à notre connaissance, que la rupture des négociations revêt un caractère fautif, ni relève de la mauvaise foi d'une des parties. Négocier est normal ; préférer un concurrent l'est également. La perte du gain de QAFRAN n'est pas indemnisable ici. M. Lecorps peut donc être rassuré sur ce premier point.

2. *Cette clause vous paraît-elle valable ?*

Rappel des principes juridiques

- Défaut de conformité : la compagnie aérienne a commandé des écrans de 9 pouces et reçu des écrans de 7,5 pouces.

Le vendeur est tenu d'une obligation de délivrance conforme.

La délivrance peut se définir comme le transport de la chose vendue en la puissance et la possession de l'acheteur (C. civ., art. 1604). Le vendeur doit délivrer la chose même objet du contrat et ses accessoires. On parle de conformité, c'est-à-dire une identité entre la chose livrée et celle spécifiée dans le contrat, en quantité et en qualité.

Le défaut de conformité aux stipulations du contrat doit être distingué du vice caché (voir *infra*) qui rend la chose vendue impropre à sa destination normale (C. civ., art. 1641). La conformité de la chose s'apprécie par rapport aux seules stipulations contractuelles : c'est un défaut de correspondance entre celles-ci et la chose vendue.

Si le vendeur manque à son obligation de délivrance conforme, l'acheteur dispose d'une option : demander la résolution de la vente ou demander l'exécution forcée (C. civ., art. 1610). Il peut par ailleurs, obtenir des dommages et intérêts s'il démontre avoir subi un préjudice en lien causal avec le manquement.

Application du droit aux faits. En l'espèce, et si le contrat porte bien sur des écrans de 9 pouces, la livraison d'écrans de taille différente sera considérée comme une non-conformité pouvant être sanctionnée.

- Dol : la compagnie aérienne a commandé des écrans neufs et certains écrans sont usagés.

Rappel des principes juridiques. Dans la phase de formation du contrat, le dol désigne la tromperie par laquelle l'une des parties cherche à induire l'autre partie en erreur afin de la pousser à contracter.

Code civil, article 1137

- Le dol est le fait pour un contractant d'obtenir le consentement de l'autre par des manœuvres ou des mensonges.
  Constitue également un dol la dissimulation intentionnelle par l'un des contractants d'une information dont il sait le caractère déterminant pour l'autre partie.
  Néanmoins, ne constitue pas un dol le fait pour une partie de ne pas révéler à son cocontractant son estimation de la valeur de la prestation.

Le Code civil vise les manœuvres ou mensonges pratiqués par l'une des parties. Si le terme « manœuvres » traduit une machination, les rédacteurs du Code civil entendaient à l'origine sanctionner toute espèce d'artifice.

Le dol ne se présume pas, il doit être prouvé. C'est donc à la victime qu'il appartient de démontrer le dol. Toutefois, lorsque la victime invoque une réticence dolosive, n'appartient-il pas à son contractant de démontrer qu'il a exécuté son obligation d'information ?

Si le dol est retenu, il entraîne la nullité du contrat, nullité qui devra être prononcée par un juge compétent. Par ailleurs, l'auteur du dol engage sa responsabilité civile délictuelle, dès lors que le contractant trompé a subi un préjudice lié à la tromperie (celle-ci constituant la faute). Le préjudice doit être démontré et ne peut pas consister en la seule nullité du contrat.

La victime peut ne prétendre qu'à des dommages et intérêts, sans demander la nullité du contrat. Ce qui aboutit indirectement à une réduction du prix.

Application du droit aux faits. Il semble que l'on soit bien ici dans le cas d'une réticence dolosive au sens où le fournisseur a caché à l'acheteur une information importante et l'a trompé. La nullité du contrat est encourue. En outre, les faits pourraient relever de la qualification pénale d'escroquerie. L'article 313-1 du Code pénal interdit de tromper une personne par certains moyens et de la déterminer ainsi, à son préjudice ou au préjudice d'un tiers, à remettre un bien, à fournir un service ou à consentir un acte. Le délit est puni de cinq ans d'emprisonnement et de 375 000 € d'amende.

- Prix : la clause du contrat comporte un prix déterminé *en fonction des usages et des prix du marché*.

Rappel des principes juridiques. En vertu de l'article 1591 du Code civil, le prix de la vente doit être déterminé et désigné par les parties. C'est là une condition de validité qui doit être réunie au moment de la formation de la vente. Le but est d'éviter qu'une partie soit ultérieurement à la merci de l'autre.

Le prix n'est pas déterminé lorsqu'il résulte de l'acte que sa fixation a été subordonnée à un accord ultérieur, ou abandonnée à la seule volonté de l'un des contractants (prix laissé à la discrétion du vendeur), ou lorsque le montant définitif doit faire l'objet d'une fixation ultérieure en fonction de travaux dont ni l'importance ni le coût ne sont exactement déterminés.

Toutefois, pour être considéré comme valable, il n'est pas nécessaire que le prix soit fixé, de manière absolue, dans son quantum. Il suffit qu'il soit déterminable par un procédé arrêté dès l'origine et indépendant de la volonté ultérieure de l'une ou l'autre des parties.

Application du droit aux faits. En l'espèce, et même si le prix de vente des écrans n'est pas totalement laissé à l'appréciation du vendeur, il apparaît que la méthode de détermination du prix est très vague, la référence au marché et aux usages ne pouvant s'admettre ici. La nullité du contrat est donc encourue.

En conclusion, ce contrat est susceptible d'annulation (dol, prix) ou de résolution (défaut de conformité), et peut entraîner la responsabilité civile et pénale du vendeur.

3. *Que pensez-vous de cette clause ?*

Rappel des principes juridiques. La clause du contrat prévoit qu'« en cas d'événement de force majeure, l'une des parties aura la possibilité de demander à l'autre la modification des termes du contrat (prix, délais, conditions…) ; elle pourra également résilier le contrat sans indemnité ni préavis. »

En premier lieu, on notera que la qualification de force majeure ne saurait être retenue ici. En effet, l'article 1218 alinéa 1er du Code civil dispose : Il y a force majeure en matière contractuelle lorsqu'un événement échappant au contrôle du débiteur, qui ne pouvait être raisonnablement prévu lors de la conclusion du contrat et dont les effets ne peuvent être évités par des mesures appropriées, empêche l'exécution de son obligation par le débiteur.

La définition donnée par le Code civil ne change pas la jurisprudence antérieure, notamment quant aux notions d'imprévisibilité et d'irrésistibilité de l'événement.

Application du droit aux faits. En l'espèce, la modification des spécifications d'un produit par un fournisseur ne saurait être qualifiée d'événement de force majeure.

Il reste à savoir si les faits pourraient tomber sous le coup de l'article 1195 du Code civil sur la révision pour imprévision. Ce texte, dans sa rédaction issue de la réforme du 10 février 2016, énonce :

Code civil, article 1195

- Si un changement de circonstances imprévisible lors de la conclusion du contrat rend l'exécution excessivement onéreuse pour une partie qui n'avait pas accepté d'en assumer le risque, celle-ci peut demander une renégociation du contrat à son cocontractant. Elle continue à exécuter ses obligations durant la renégociation.

La voie ouverte par ce texte pourrait ici permettre à PODIAC de demander la renégociation du contrat avec DISAST'AIR à la condition que l'on puisse considérer que ce changement était imprévisible (la modification des spécifications d'un produit par un fournisseur est relativement fréquente) ET qu'il rend l'exécution excessivement onéreuse pour une partie. En l'état de la jurisprudence (le texte de l'article 1195 est nouveau), il est difficile de répondre à cette question.

4. *Expliquez au président de la SAS les avantages et inconvénients de la transaction. Sur la question de l'action en responsabilité, on ne se préoccupera pas du fondement lié à la qualité du service, ni de celui sur le défaut de ponctualité, mais uniquement de la divulgation des données personnelles.*

Rappel des principes juridiques.

- Le règlement européen 2016/679 du 14 avril 2016 dit règlement général sur la protection des données, entré en vigueur le 25 mai 2018.
- La loi du 20 juin 2018, dite loi de protection des données personnelles, venant adapter la loi informatique et libertés (loi du 6 janvier 1978) au règlement européen nouvellement applicable.
- L'ordonnance du 12 décembre 2018 qui adapte également au règlement la loi informatique et libertés du 6 janvier 1978.

La loi de 1978 et le RGPD n'interdisent pas le traitement de données personnelles, mais elle en fixe les conditions (art. 4 loi du 6 janvier 1978). Les données doivent notamment être collectées et traitées de manière licite, loyale et transparente ;

En application de l'article 5 de la loi de 1978, un traitement de données à caractère personnel n'est licite que s'il remplit au moins l'une des conditions suivantes :

- la personne concernée y a consenti ;
- le traitement est nécessaire à l'exécution d'un contrat auquel la personne concernée est partie ou à l'exécution de mesures précontractuelles prises à la demande de celle-ci.

L'article 4 du RGPD définit le consentement comme une manifestation de volonté, libre, spécifique, éclairée et univoque par laquelle la personne concernée accepte, par une déclaration ou par un acte positif clair, que des données à caractère personnel la concernant fassent l'objet d'un traitement. Le consentement peut être retiré à tout moment.

Application du droit aux faits. En l'espèce, il semble qu'aucun consentement n'ait été donné par un acte positif clair du passager concerné. La compagnie DISAST'AIR a donc agi en infraction au RGPD et aux textes subséquents, ce qui est notamment de nature à engager sa responsabilité.

Le Code civil, art. 2044, dispose que la transaction est un contrat par lequel les parties, par des concessions réciproques, terminent une contestation née, ou préviennent une contestation à naître. Ce contrat doit être rédigé.

La transaction est un mécanisme de pacification des relations contractuelles relativement fréquent dans le monde des affaires (contrats, assurances) et en droit du travail. Elle consiste, à prévenir une contestation future ou à mettre fin à un litige existant. La transaction doit obligatoirement comporter des concessions réciproques, ce qui exclut que l'une des parties ne modifie pas ses prétentions. En outre, on ne peut transiger sur des règles d'ordre public. Sur le plan des effets de la transaction, l'article 2052 du Code civil prévoit : *La transaction fait obstacle à l'introduction ou à la poursuite entre les parties d'une action en justice ayant le même objet.*

En l'espèce les règles sur la protection des données personnelles étant d'ordre public, il n'est pas possible de transiger dessus. En revanche, l'action relative aux autres chefs de responsabilité peut faire l'objet d'une transaction puisque la transaction projetée semble comprendre des concessions réciproques (le passager rabaisse sa prétention et la compagnie accepte de payer).

5. *Analysez cet « emprunt gracieux » au regard du droit applicable.*

On n'envisagera ici que les conséquences pénales de ce comportement, étant entendu qu'en sus la responsabilité civile du dirigeant pourra être engagée de même que sa révocation envisagée.

Le CAC a l'obligation de révéler au Ministère public, les faits délictueux dont il a connaissance.

L'article L. 242-6 du Code de commerce sanctionne « Le fait, pour les [*dirigeants*], de faire, de mauvaise foi, des biens ou du crédit de la société, un usage qu'ils savent contraire à l'intérêt de celle-ci, à des fins personnelles ou pour favoriser une autre société ou entreprise dans laquelle ils sont intéressés directement ou indirectement. »

Tous les éléments du délit semblent bien réunis en l'espèce à savoir :
- l'usage d'un bien de la société ;
- la mauvaise foi ;
- la contrariété avec l'intérêt social ;
- la finalité personnelle.

Le délit, s'il est poursuivi, sera vraisemblablement condamné. On rappellera que ce délit est puni de cinq ans d'emprisonnement et de 375 000 € d'amende.

6. *Analysez cet « emprunt gracieux » au regard du droit applicable, sachant que le CA de RESTAIR, société non cotée, se monte à 15 M € pour un effectif de 300 ETP.*

Cette fusion pose deux questions au regard du droit de la concurrence :

- Le contrôle des concentrations, tant au plan national qu'européen, va concerner des entreprises de taille conséquente, ce qui exclut la fusion concernée. En effet, les seuils nationaux placent la barre à 150 M€ de chiffre d'affaires mondial et 50 M€ de chiffre d'affaires national. On en est loin ici puisque les 2 entités totalisent seulement 2,50 M€ de CA. La concentration ne sera donc pas soumise à contrôle.
- L'abus de position dominante. On rappellera utilement que Le droit de l'UE (Traité UE art. 102) et le droit français (C. com., art. L. 420-2), interdisent et sanctionnent l'abus de position dominante. Toutefois, la position dominante d'une entreprise sur un marché n'est pas sanctionnée en elle-même. Seul l'abus de cette position est répréhensible. La position dominante est appréciée par rapport aux parts de marché détenues par une entreprise sur un marché pertinent. Un même marché comprend tous « les produits et/ou services que le consommateur considère comme interchangeables ou substituables en raison de leur caractéristique, de leur prix et de l'usage auquel ils sont destinés » (communication de la Commission européenne).

On peut avancer ici que :

- le marché de la vente de restauration bio est un marché distinct de celui de la restauration courante ; il est donc constitutif d'un marché de référence, dit pertinent ;
- que les deux entreprises vont, suite à leur fusion, détenir plus de 50 % des parts de ce marché.

Les deux entreprises donc être en position dominante et devront s'interdire tout comportement du type :

- refus de vente ;
- ventes liées ;
- conditions de vente discriminatoires ;
- rupture de relations commerciales établies au seul motif que le partenaire refuse de se soumettre à des conditions commerciales injustifiées.

7. *Le délai prévu pour débuter la vérification a-t-il été respecté ?*

À première vue, la SAS DISAST'AIR passe entre les mailles du filet de la plupart des obligations environnementales (non directement liées à son activité de compagnie aérienne) :

- L'intégration dans le rapport de gestion des risques environnementaux liés au changement climatique (article L. 225-100-1 du Code de commerce qui dresse la liste des éléments du rapport de gestion aux rangs desquelles se trouve une obligation de nature environnementale) n'est applicable qu'aux sociétés dont les titres sont admis aux négociations sur un marché réglementé, c'est-à-dire les sociétés cotées, ce qui n'est pas le cas de DISAST'AIR.
- La déclaration de performance extra-financière (DPEF) prévue à l'article L. 225-102-1 al. 5 du Code de commerce ne concerne que les sociétés cotées **et** celles d'une taille importante si elles dépassent les seuils suivants ; le texte prévoit deux seuils cumulatifs : total bilan ou chiffre d'affaires ET effectif salarié :

- Pour les sociétés cotées ces seuils sont fixés à 20 millions d'€ pour le total du bilan, à 40 millions d'€ pour le montant net du chiffre d'affaires et à 500 pour le nombre moyen de salariés permanents employés au cours de l'exercice ;
- Pour les sociétés non cotées, ces seuils sont fixés à 100 millions d'€ pour le total du bilan, à 100 millions d'€ pour le montant net du chiffre d'affaires et à 500 pour le nombre moyen de salariés permanents employés au cours de l'exercice. DISAST'AIR n'est pas dans ce cas.
- le plan de vigilance de l'article L. 225-102-4 du Code de commerce concerne toute société (SA ou SCA), cotée ou non, qui emploie, à la clôture de deux exercices consécutifs, au moins cinq mille salariés en son sein et dans ses filiales directes ou indirectes dont le siège social est fixé sur le territoire français, ou au moins dix mille salariés en son sein et dans ses filiales directes ou indirectes dont le siège social est fixé sur le territoire français ou à l'étranger. Ici également, DISAST'AIR est exclue du champ d'application.

En définitive, le seul texte qui semble trouver une application générale à DISAST'AIR est le nouvel article 1833 issu de la loi PACTE et qui prévoit que *la société est gérée dans son intérêt social, en prenant en compte les enjeux sociaux et environnementaux de son activité.*

8. *La durée de la vérification a-t-elle été respectée ?*

La loi ne fixe pas de délai entre l'envoi de l'avis de vérification et la première intervention sur place. L'article L. 47 du LPF évoque seulement un « délai raisonnable ». Alors que l'administration conseille un délai fixé à une quinzaine de jours à ses vérificateurs, le Conseil d'État a fixé à deux jours francs le délai minimum dont doit disposer le contribuable entre la réception de l'avis et la première intervention. L'avis de vérification a été reçu le 10 juin et le vérificateur est arrivé sur les lieux le 23 juin. Le délai de deux jours francs retenu par le Conseil d'État a été respecté.

La vérification de comptabilité est limitée dans le temps à trois mois seulement pour les petites entreprises réalisant un chiffre d'affaires annuel hors taxe inférieure aux limites du régime simplifié d'imposition. Ces limites sont les suivantes :

- 788 000 € pour les activités de vente de marchandises, d'objets, de fournitures et de denrées à emporter ou à consommer sur place ou de fourniture de logement,
- 238 000 € pour les activités de prestations de services et les titulaires de bénéfices non commerciaux. Le délai est porté à six mois lorsque la comptabilité comporte de graves irrégularités. De même, le délai de trois mois n'est pas applicable en cas d'activité occulte. L'activité de la SARL concerne la vente de marchandises. Par conséquent, en ayant un chiffre d'affaires proche de 500 000 € HT, le délai de trois mois doit être respecté. En l'espèce, la vérification de comptabilité a débuté le 23 juin et s'est terminée le 8 septembre. Le délai a donc été respecté. La procédure est régulière.

Le montage est susceptible de tomber sous le coup de l'abus de droit si les conditions sont réunies. L'abus de droit par fraude à la loi concerne tous les actes qui, tout en relevant d'une application littérale des textes, n'ont « *pu être inspirés par aucun autre motif que celui d'éluder ou atténuer les charges de l'intéressé* ». On est donc ici dans le cadre d'un but exclusivement fiscal. En vertu de celui-ci, l'abus de droit revêt un caractère objectif selon lequel la qualification est retenue lorsque la finalité fiscale est la seule ayant motivé le montage juridique. Cette conception est favorable au contribuable puisque l'abus de droit n'est pas retenu à chaque fois qu'il existe une finalité autre que fiscale.

Il convient également de préciser que la loi de finances pour 2019 a créé une nouvelle procédure en prévoyant l'abus de droit à but principalement fiscal. Dans ce cas, l'abus de droit revêt un caractère subjectif puisque la qualification est seulement retenue lorsque la finalité fiscale du montage est prépondérante. Cela signifie que même en présence d'autres finalités (économique, financière...), l'abus de droit ne peut être retenu que si la finalité fiscale est prépondérante par rapport aux autres. Cette nouvelle procédure n'entre toutefois en vigueur qu'à compter du 1er janvier 2020.

Par conséquent, il est indispensable de distinguer deux situations. Si le montage a été réalisé avant le 1er janvier 2020, seules les dispositions de l'abus de droit « classique » s'appliquent. Dès lors, dans notre situation, il existe bien une finalité économique. Peu importe si la finalité fiscale est prépondérante ou non. Le montage respecte bien la réglementation. Si le montage a été réalisé après le 1er janvier 2020, la nouvelle procédure est susceptible de s'appliquer puisque la finalité fiscale est prépondérante. Dans cette situation, le montage tombe sous le coup de l'abus de droit en ayant pour conséquence de remettre en cause le montage d'optimisation.

Le contribuable a la possibilité de porter le litige devant la juridiction compétente. En matière d'impôts directs et de taxes sur le chiffre d'affaires, le tribunal administratif est compétent. L'impôt sur les sociétés étant un impôt direct, il convient de saisir cette juridiction en cas de recours contentieux.

Chapitre 8

1 QCM

1. c. La SAS à un seul associé (SASU) est une société à risque limité.
2. a. Le seuil est de 70 000 € depuis 2018.
3. c. Voir l'article L. 224-2 du Code de commerce.
4. d. Un nombre infini peut être accepté.
5. b et c. Voir les articles 1844-3 du Code civil et L. 223-43 du Code de commerce.
6. b et c. Le changement d'objet a des conséquences fiscales assimilées à une cessation d'entreprise.
7. d. Si le régime fiscal ne change pas (IS/IS), un simple droit fixe de 125 € est perçu.

2 Société civile

Calculez le montant de la contribution aux pertes de Mme Legendre.

L'article 1857 du Code civil prévoit qu'à l'égard des tiers les associés répondent indéfiniment des dettes sociales à proportion de leur part dans le capital social. Madame ayant apporté 1/5e du capital social (20 000 € sur 100 000 €), elle est tenue de 20 % du passif, soit 140 000 €.

Mini-cas : droits d'enregistrement

Calculez la fiscalité de la création de cette société (droits d'enregistrement).

La société constituée est une SARL, par principe, soumise à l'IS :

- l'apport en numéraire d'Arthur est exonéré de droits ;
- l'apport de la SNC Yvert est un apport en nature d'un fonds de commerce, réalisé par une société IR au profit d'une société IS. La taxation est exonérée pour la part inférieure à 23 000 €. Elle est de 3 % pour la tranche supérieure à 23 000 €, soit 3 % de 127 000 €, donc 3 810 €. Si la SNC accepte de conserver les parts sociales reçues en contrepartie de cet apport pendant plus de 3 ans, elle peut être exonérée de droits d'enregistrement ;
- l'apport de l'immeuble appartenant à Mme Brua est mixte : pour 400 000 € pur et simple, pour 100 000 € à titre onéreux. Pour la partie pure et simple, se montant à 400 000 €, la taxation est de 5 %, mais si l'apporteur accepte de conserver les parts sociales reçues en contrepartie de cet apport pendant plus de 3 ans, il peut être exonéré de droits d'enregistrement.

La partie à titre onéreux, soit 100 000 €, est pleinement taxée à 5 % sans possibilité d'exonération, soit une taxation de 5 000 €.

Mini-cas : transformation d'une SNC

Décrivez sommairement les conditions et les étapes et de la transformation et précisez le régime fiscal de la transformation.

La transformation en SA est adoptée à la majorité des associés en nom. Elle suppose que la société comprenne 2 associés au minimum et un capital de 37 000 €. Un commissaire à la transformation doit évaluer les actifs et attester que les capitaux propres sont au moins au niveau du capital social. Les parts sociales se muent en actions.

Les créanciers antérieurs conservent inchangés leurs droits sur le patrimoine des associés.

En matière de fiscalité, la société passant de l'IR à l'IS, le principe est que :

- toutes les impositions sont dues comme en cas de changement d'activité sauf à ce que les conditions du régime atténué soient réunies (double condition qu'aucune modification ne soit apportée aux écritures comptables et que l'imposition desdits bénéfices, plus-values et profits demeure possible sous le nouveau régime fiscal applicable à la société ou à l'organisme concerné) ;
- les droits d'enregistrement se monteraient à 3 % de 23 000 à 200 000 € et 5 % au-delà de 200 000 € de la valeur du fonds de commerce, sauf à ce que les actions soient conservées par les associés originaires de la SNC pendant 3 ans ; si tel était leur engagement, les droits (fixes) se monteraient à 375 €.

Cas pratique : apports en SAS

Déterminez si l'intervention d'un commissaire aux apports est obligatoire. Justifiez vos réponses.

Rappel. Il n'est pas nécessaire de nommer un commissaire aux apports lorsque la valeur d'aucun apport en nature n'excède 30 000 € ET lorsque la valeur totale de l'ensemble des apports en nature non soumis à l'évaluation d'un commissaire aux apports n'excède pas la moitié du capital. Les deux conditions sont cumulatives.

- Hypothèse 1. Apport d'un brevet de 8 000 € ; capital de 50 000 € ; les deux conditions sont réunies et le commissaire aux apports n'est pas obligatoire.
- Hypothèse 2. Apport d'un logiciel de 3 000 € ; capital de 10 000 € ; les deux conditions sont réunies et le commissaire aux apports n'est pas obligatoire.
- Hypothèse 3. Apport d'un véhicule de 5 000 € ; capital de 8 000 € ; la valeur du bien excède la moitié du capital et donc le commissaire aux apports est obligatoire.
- Hypothèse 4. Apport d'un fonds de commerce de 35 000 € ; capital de 150 000 €. La valeur du bien excède 30 000 € et donc le commissaire aux apports est obligatoire.

Chapitre 9

1 QCM

1. b. Voir l'article L. 227-6 du Code de commerce.

2. c. Cette règle n'est en vigueur que pour certaines SA. Sa force contraignante reste faible dans le droit actuel.

3. c. Voir l'article L. 225-38 du Code de commerce.

4. c. La jurisprudence est constante en matière de faute détachable. À défaut, seule la personne morale est responsable à l'égard des tiers.

5. a et e. Voir l'article L. 225-231 du Code de commerce pour la SA et l'article 145 du Code de procédure civile.

6. a et c. La rémunération est librement décidée, sauf excès pénalement sanctionné. Si la rémunération prend la forme d'un contrat, elle est traitée comme une convention règlementée.

2 Responsabilité d'une société à l'égard des tiers

Que peut faire Léo ? Qui est responsable pour le compte de la SARL First ?

Outre l'action en exécution forcée du contrat (↳ chapitres 1 et 2), Léo Maine, s'il prouve un préjudice et une faute de la part de la société SARL First, pourra engager la responsabilité de la personne morale et tenter d'obtenir des dommages et intérêts. En revanche, la mise en jeu de la responsabilité personnelle du gérant de la SARL suppose, d'après une jurisprudence constante, la preuve d'une faute d'une particulière gravité, détachable de ses fonctions, ce qui n'est pas le cas ici.

Mini-cas : responsabilité civile

Déterminez si le président de la SAS, dont l'objet social est l'import-export de chaussures et de vêtements, est civilement responsable des actes décrits. Précisez qui peut mettre en jeu cette responsabilité.

1. Faute de précisions supplémentaires, il est difficile de considérer que la responsabilité du dirigeant, qui ne fait qu'agir dans le respect de l'objet social, est engagée.

2. Cette attitude constitue une faute civile. La responsabilité du dirigeant peut être engagée à la fois par la société (action sociale *ut universi* ou *ut singuli*) et par l'associé directement visé par l'attitude du dirigeant (action individuelle).

3. Cet acte constitue une violation des statuts de la SAS (clause limitative de pouvoirs) – la responsabilité du président est engagée à l'égard de la société seulement (action sociale *ut universi* ou *ut singuli*). L'acte demeure valable (pas de nullité)

4. Cet acte constitue assurément une faute (pénale) d'une particulière gravité et étrangère aux fonctions sociales et donc détachable de celles-ci ; la responsabilité civile du président est engagée. Elle pourra être mise en jeu par la société (action sociale *ut universi* ou *ut singuli*) et/ou par le tiers victime des agissements.

Mini-cas : expertise de gestion

1. *Que pensez-vous de la validité du bail commercial ?*

On établira en premier lieu un schéma succinct du groupe :

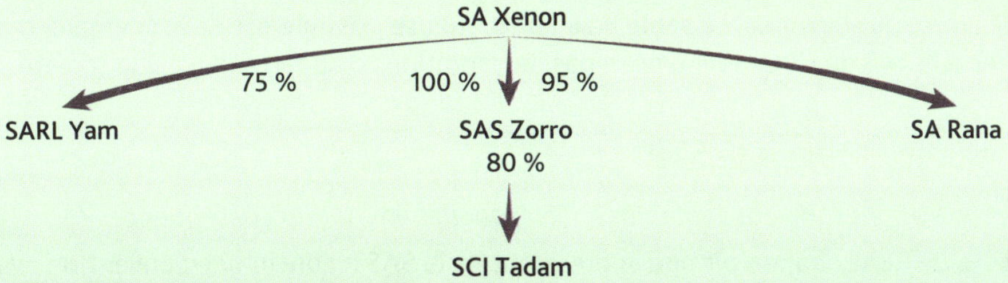

a. Le bail commercial est signé entre deux sociétés qui ont des liens capitalistiques : en effet la SCI Tadamest contrôlée indirectement par la SA Xenon, laquelle contrôle directement la SA Rana ; les deux sociétés sont donc sœurs ; la question est de savoir s'il s'agit ou non d'une convention réglementée. S'agissant d'une SA on appliquera l'article L. 225-38 du Code de commerce.

Code de commerce, article L. 225-38

■ Toute convention intervenant directement ou par personne interposée entre la société et son directeur général, l'un de ses directeurs généraux délégués, l'un de ses administrateurs, l'un de ses actionnaires disposant d'une fraction des droits de vote supérieure à 10 % ou, s'il s'agit d'une société actionnaire, la société la contrôlant au sens de l'article L. 233-3, doit être soumise à l'autorisation préalable du conseil d'administration.

Il en est de même des conventions auxquelles une des personnes visées à l'alinéa précédent est indirectement intéressée.
Sont également soumises à autorisation préalable les conventions intervenant entre la société et une entreprise, si le directeur général, l'un des directeurs généraux délégués ou l'un des administrateurs de la société est propriétaire, associé indéfiniment responsable, gérant, administrateur, membre du conseil de surveillance ou, de façon générale, dirigeant de cette entreprise.

La seule hypothèse dans laquelle le bail signé pourrait être considéré comme une convention réglementée est celle où les deux sociétés auraient des dirigeants communs (alinéa 3 du texte). Rien n'étant ici précisé, on doit en déduire que le bail est valable et qu'il n'est pas une convention réglementée au sens du texte ci-dessus.

Un associé minoritaire de la SA Rana souhaite obtenir une expertise indépendante sur la gestion de la holding la SA Xénia.

Dans la SA, l'expertise de minorité est régie par l'article L. 225-231 du Code de commerce.

Code de commerce, article L. 225-231

- […] un ou plusieurs actionnaires représentant au moins 5 % du capital social […] peuvent poser par écrit au président du conseil d'administration ou au directoire des questions sur une ou plusieurs opérations de gestion de la société, ainsi que, le cas échéant, des sociétés qu'elle contrôle au sens de l'article L. 233-3. Dans ce dernier cas, la demande doit être appréciée au regard de l'intérêt du groupe. La réponse doit être communiquée aux commissaires aux comptes.

Les actionnaires de la société mère peuvent demander une expertise de gestion dans les filiales mais pas l'inverse. La seule voie contentieuse possible est de fonder la demande sur l'article 145 du CPC, qui ne pose pas de conditions d'appartenance à la société.

5 Cas pratique : société STIL

1. *Ces opérations sont-elles valables ? Si oui, quelles en sont les conséquences ?*

Du côté de REAL, il apparaît que le président de la SAS a conclu une convention avec sa société prévoyant que celle-ci l'autoriserait, lors de la prochaine augmentation de capital, à acquérir des actions dont le montant serait avancé par la trésorerie de la société et remboursé en moins prenant lors des distributions de dividendes ultérieures ; en outre, sur la période, la société percevra un taux d'intérêt de 3 %.

2. *Les actionnaires de la SAS vous demandent de vous prononcer sur la validité des opérations décrites et de leur indiquer sur quelle base le président pourrait être révoqué.*

Le corrigé sera scindé en huit points ; il s'agit d'un corrigé indicatif, l'énoncé du cas demeurant relativement ouvert.

- 1. **Les options de souscription d'actions au profit du PDG.** Le droit d'acheter des actions à un prix préférentiel permet de dire que le PDG bénéficie de *stock-options*. Ces options, soumises aux articles L. 225-177 et suivants du Code de commerce, semblent parfaitement légales ; aucune procédure de contrôle particulière n'est à mettre en œuvre pour leur octroi ; l'information des actionnaires sur le nombre et les modalités d'exercice des options se fera lors de la prochaine AG conformément aux textes applicables.

- 2. **Le contrat signé avec la firme chinoise**. Il pose deux problèmes au moins. Tout d'abord, il porte sur une somme importante, de 850 K€, en tout état de cause supérieure à celle figurant dans la clause limitative des pouvoirs du PDG (200 K€). En outre, le contrat paraît passé en dehors de l'objet social puisqu'il porte sur une location de licences alors que l'objet de la société est la création de logiciels. En tout état de cause, le dépassement de l'objet social comme la violation de la clause limitative de pouvoirs sont sans incidences sur la validité du contrat. Toutefois, cette double circonstance constitue une faute à la charge du PDG, qui pourra servir de fondement à une révocation et/ou une action en responsabilité civile.
- 3. La SARL intermédiaire possède des dirigeants communs avec la SA (le PDG est également gérant et associé majoritaire de la SARL). Au sens de l'article L. 225-38 du Code de commerce, cela signifie que toute convention passée entre la SA et la SARL devra être soumise à la procédure des conventions réglementées : autorisation préalable du CA puis vote de l'AG sur rapport du CAC. Il ne semble pas que la convention soit courante ou conclue à des conditions normales. Si le CA n'a pas été consulté, le contrat entre la SA et la SARL (et non entre la SA et la société chinoise), peut être annulé s'il a eu des conséquences dommageables pour la société.
- 4. La révocation du PDG est en tout état de cause envisageable puisque ce personnage est révocable *ad nutum*. Quand bien même il aurait été nécessaire de justifier sa révocation, les fautes commises étaient amplement suffisantes. Le fait que la révocation soit non indemnisée est normal ; la menace d'une révocation sans préavis pourrait, suivant les circonstances, constituer un cas de brusque rupture susceptible d'engendrer une indemnisation. Le sort des *stock-options* est problématique ; le Code de commerce ne prévoit aucune disposition relative à ce cas ; le principe, dans le silence des textes, est que le droit d'exercer les options survit à la révocation du dirigeant. Toutefois si le contrat d'options devait prévoir l'inverse, ce qui est théoriquement possible, il faudrait appliquer cette stipulation.
- 5. Le parachute doré est une indemnité de 800 000 € due au PDG en cas de départ anticipé. S'agissant d'une société non cotée pour le moment, la procédure des conventions réglementée n'est pas applicable. Si elle s'estime choquée par cette délibération du CA, l'AG pourra révoquer en bloc tous les administrateurs. Si la société avait été cotée, le rapport de gestion aurait dû comporter tous les éléments concernant cette rémunération, à peine de nullité de l'engagement. Il ne semble pas que l'article L. 225-42-1 du Code de commerce change la solution du cas. S'agissant d'une société non cotée, le texte est sans application.
- 6. Les garanties données à la banque de la filiale. Le premier engagement est ce que l'on nomme une lettre d'intention ; elle comporte ici une garantie de bonne fin et peut donc être assimilée à une « garantie » au sens de l'article L. 225-35 du Code de commerce, texte qui rend obligatoire une autorisation préalable du CA pour toutes les cautions, avals et garanties consentis au nom de la société. Pour le cautionnement des dettes de la SAS, il est également nécessaire de solliciter l'autorisation préalable du conseil d'administration.

- 7. Le président de la SAS. L'avance de trésorerie consentie par la société, même si elle est remboursée avec intérêts, est une convention interdite en raison des personnes impliquées dans la relation contractuelle et du danger de cet acte (L. 227-12 renvoyant à L. 225-43 du Code de commerce. L'acte est donc frappé d'une nullité absolue. La révocation du président est probable, mais dépend juridiquement des statuts de la SAS et des dispositions qu'ils contiennent s'agissant de la révocation.

3. *En raison de ces remous au sein des deux sociétés, la firme chinoise est inquiète et vous demande si le contrat sera honoré et si, le cas échéant, il lui est possible de mettre en jeu la responsabilité de STIL et de l'ensemble des administrateurs solidairement.*

La firme chinoise peut être rassurée sur les contrats signés. Même s'ils sont hors objet social et si le PDG a, en les signant, violé une clause statutaire, la SA est engagée. La question de la responsabilité des dirigeants n'est donc pas directement posée. En tout état de cause, un tiers ne peut agir contre les dirigeants sociaux que s'il peut prouver une faute détachable.

Chapitre 10

1 Quiz

1. Vrai. Cette règle résulte de l'article 55 de la Constitution.

2 Faux. Il s'agit du principe de territorialité.

3 Faux. L'article 4 B du CGI n'évoque pas la nationalité comme critère de détermination du domicile fiscal.

4 Faux. Les revenus « passifs » résultent de la simple détention d'un droit ou d'une opération exceptionnelle.

5 Faux. Le seuil est de 50 %. Il est de 60 % à compter du 1er janvier 2020.

6 Vrai. L'abandon de créances doit être justifié pour ne pas relever du transfert indirect de bénéfices.

7 Vrai. Il s'agit d'un impôt sur la consommation et sur la dépense.

8 Vrai. Le consommateur final ne peut pas déduire la TVA qu'il paie. C'est donc lui qui supporte la charge effective de l'impôt.

9 Faux. Les livraisons intracommunautaires sont exonérées de TVA.

10 Faux. Il est de 35 000 €.

2 Cabinet Bertrand

1. *Que peut faire la société Delacroix ?*

Les livraisons intracommunautaires connaissent un régime particulier dans la mesure où elles font l'objet d'une exonération de TVA. Ce régime est conditionné par le fait que l'entreprise est en mesure de justifier du numéro d'identification du client et du transport de la marchandise hors de France. Par conséquent, l'entreprise ne collecte pas de TVA sur ses ventes alors qu'elle a payé de la TVA sur ses achats. Cela conduit la société

Delacroix à être en situation de crédit de TVA. Si les crédits de TVA peuvent dans certains cas faire l'objet d'un remboursement de la part de l'administration, les procédures ne sont pas instantanées. Cela peut donc avoir des incidences négatives sur la trésorerie de l'entreprise. Face à cette situation, l'article 275 du CGI offre aux entreprises la possibilité de recourir au régime de l'achat en franchise. Il permet aux opérateurs réalisant des ventes à destination d'un État étranger, donc en exonération de TVA, de bénéficier d'une franchise de taxe sur leurs acquisitions (achats sans TVA). Ce régime nécessite que l'entreprise Delacroix justifie que le bien est réellement destiné à être livré dans un État étranger en produisant une attestation spécifique. Il constitue donc le régime le plus intéressant puisqu'il permettra de ne pas effectuer d'avance de TVA lors de ses achats.

2. *La société Europa peut-elle bénéficier d'une exonération des livraisons intracommunautaires ?*

Le régime de TVA relatif aux ventes à distance est particulier puisque ces opérations sont taxables selon la TVA applicable dans le pays où est établi le vendeur, lorsque le montant cumulé du chiffre d'affaires annuel HT de l'année N-1 ou, à défaut, celui de l'année en cours de l'entreprise à destination d'un même pays est inférieur à un seuil fixé par cet État. Le franchissement de ce seuil renverse le lieu de taxation. De la sorte, le bien devient taxable selon le taux de TVA du pays de destination de la marchandise. Le montant des transactions de la société Europe établie en France à destination de l'Allemagne (70 000 €) étant en dessous du seuil des VAD fixé par ce pays (100 000 €), les transactions relèvent par principe du taux de TVA français à 20 %.

Toutefois, l'entreprise a la possibilité d'opter pour le principe de destination dès le premier euro de ses ventes à distance. L'option présente un avantage pour la société Europe dans la mesure où le taux allemand est plus faible que le taux français.

Il est également important de préciser à la société que si en cours d'année, son chiffre d'affaires à destination de l'Allemagne dépasse le seuil de 100 000 €, elle aura 30 jours pour s'identifier à la TVA en Allemagne, facturer la TVA correspondante et déposer les déclarations.

Mini-cas : imposition des artistes

Dans quel pays les prestations de Gilles Bruno seront-elles imposables ?

Le montage juridique projeté par Gilles Bruno est susceptible de tomber sous le coup de l'article 155 A du CGI. Il s'agit d'un dispositif qui permet de combattre certains montages d'optimisation fiscale. En vertu de cet article, l'administration a la faculté d'imposer directement un artiste domicilié en France dont la rémunération est versée à une société établie hors de France pour des prestations réalisées en France ou à l'étranger. Cette règle est cependant conditionnée par le fait que la personne domiciliée en France contrôle la personne morale située à l'étranger qui perçoit la rémunération, ou que la personne domiciliée en France n'établit pas que la société située à l'étranger exerce une activité industrielle ou commerciale de manière prépondérante, ou enfin, que la personne morale établie à l'étranger se situe dans un État à fiscalité privilégiée. D'après les informations fournies, Gilles Bruno doit contrôler la société, donc l'article 155 A du CGI doit permettre à l'administration française de taxer les rémunérations versées à la société Suisse pour les prestations réalisées en France et en Suisse, malgré la mise en place du montage juridique.

Toutefois, il est indispensable de vérifier si une convention entre la Suisse et la France ne prévoit pas une règle différente. Les conventions fiscales internationales ont une valeur supérieure au droit interne en vertu de l'article 55 de la Constitution. En l'espèce, une convention a été passée entre les deux États et elle prévoit une imposition dans l'État où la prestation est effectuée. Pour les prestations réalisées en France, la disposition est conforme au droit interne qui prévoit qu'elle est taxable en France. Toutefois, pour les prestations réalisées en Suisse, la convention diffère par rapport au droit interne. La primauté des conventions fiscales internationales conduit donc à écarter les dispositions du CGI. Ainsi, pour les prestations effectuées en Suisse, les rémunérations seront imposables en Suisse.

4 Cas pratique : société Prado 3D

1. *Pour chacune des opérations 1 à 4 de l'annexe, précisez les règles territoriales applicables au regard de l'IS.*

- Opération 1 : L'usine située au Cambodge est un établissement permanent et autonome traduisant une entreprise exploitée à l'étranger. Dans ce cas, les déficits ne peuvent pas être imputés sur les résultats de la société française.
- Opération 2 : L'usine située à Cuba constitue une entreprise exploitée à l'étranger. Par principe, les bénéfices et les déficits réalisés à Cuba sont exclus de l'IS en France. Par exception, les revenus « passifs » tels que ceux résultant d'une opération exceptionnelle sont soumis à l'IS en France. La plus-value sur la cession d'un immeuble traduit une telle exception. Elle est donc soumise à l'IS en France.
- Opération 3 : Les abandons de créances à caractère commercial consentis à des filiales sont déductibles de l'IS français à condition que la société française y trouve une contrepartie suffisante. En l'espèce, cela doit conduire à maintenir ses débouchés à l'étranger. Cet abandon de créance est donc déductible en France.
- Opération 4 : Les ventes à prix volontairement faibles sont susceptibles de tomber sous le coup de la présomption de transfert indirect de bénéfices visée à l'article 57 du CGI. Le transfert indirect de bénéfices est une technique consistant à transférer une partie du bénéfice à une autre société établie dans un État où la fiscalité est plus faible. Si l'administration prouve le lien de dépendance entre les deux sociétés et que les opérations ne relèvent pas d'une gestion normale, les bénéfices seront réintégrés dans le résultat de l'entreprise française. En l'espèce, le fait que la société détienne 80 % du capital de la société étrangère et que les ventes ont été réalisées à des prix faibles semble suffisant pour caractériser un transfert indirect de bénéfices. Au-delà de la réintégration des bénéfices dans le résultat de l'entreprise française, ces derniers seront qualifiés de revenus distribués impliquant une retenue à la source et une double imposition. Celle-ci pouvant être évitée si la société réunie plusieurs conditions.

2. *Pour chacune des opérations 5 à 8 de l'annexe, précisez les règles territoriales applicables au regard de la TVA.*

- Opération 5 : Les ventes de marchandises en Espagne traduisent une livraison intracommunautaire qui donne lieu à exonération de la TVA. Ce régime est conditionné par le fait que l'entreprise est en mesure de justifier du numéro d'identification à la TVA du client et de transport de la marchandise. Si l'entreprise connaît des problèmes de trésorerie du fait de ces opérations, elle dispose de la possibilité de réaliser des achats en franchise d'impôt en vertu de l'article 275 du CGI. Pour cela, elle doit être en mesure de justifier que les biens achetés sont réellement destinés à être livrés dans un État membre de l'Union européenne.
- Opération 6 : L'opération est une prestation de services se rattachant à un immeuble. Dans ce cas, la TVA française est applicable lorsque l'immeuble est situé en France. C'est le cas en l'espèce.
- Opération 7 : L'opération est une acquisition intracommunautaire donnant lieu à une autoliquidation de la TVA. En vertu de cela, il y a une inversion du redevable qui n'est pas le vendeur mais l'acquéreur. Toutefois, en pratique, l'opération est neutre pour l'entreprise car la société bénéficie également d'un droit à déduction. Ainsi, dans sa déclaration TVA, la société doit mentionner le montant de TVA à reverser à l'administration et elle peut également déduire immédiatement le même montant.
- Opération 8 : Le guichet unique est un dispositif déjà en place pour les prestations de services électroniques à l'intérieur de l'Union européenne. Le système ayant fait ses preuves, les instances européennes ont souhaité l'étendre aux échanges de biens intracommunautaires dans le cadre du projet visant à créer d'ici 2022 un « espace TVA unique ». La mise en place du guichet unique dans les échanges de biens intracommunautaires va s'accompagner d'un nouveau régime de TVA prévoyant de taxer les échanges intracommunautaires de biens selon le principe de destination. Cela signifie que la TVA, qui sera collectée par le vendeur, devra revenir à l'État de destination de la marchandise. Pour ce faire, un guichet unique sera mis en place dans chaque État et permettra aux entreprises de déposer leurs déclarations ainsi que le montant de TVA devant revenir à l'État de destination. Le guichet ayant ensuite pour finalité de transmettre ces montants aux États concernés par les transactions.

Partie 2 : cas de synthèse

1. *Déterminez les bénéficiaires effectifs de la SAS Innovative Law.*

Rappel des faits. Les articles L. 561-46, L. 561-2-2 et R. 561-1 du Code monétaire et financier, issus notamment de l'ordonnance du 1er décembre 2016 et du décret du 12 juin 2017, prévoient que toute personne morale sujette à immatriculation au RCS doit déclarer au greffe du tribunal de commerce l'identité (ainsi que l'adresse et les autres éléments d'état civil) de ses « bénéficiaires effectifs », c'est-à-dire des personnes physiques possédant directement ou indirectement plus de 25 % du capital ou des droits de vote de la personne morale considérée, ou exerçant un contrôle sur les organes de gestion ou de direction.

Application aux faits. En l'espèce, on totalisera les participations en capital et droits de vote dans le tableau suivant :

	ACTION	CAPITAL	%	VOTES	%	BE ?
COUROT	2 000 act.	300 000 €	40 %	2 000	44,4 %	BE Cap BE Vote
ARBAN	1 000 act.	150 000 €	20 %	2 000	44,4 %	BE Vote
TAHAR	500 act.	75 000 €	10 %	500	11,2 %	NON
SARL Y	1 500 act.	225 000 €	30 %	0	0 %	NON
DOUBS	60 % de Y		18 %		0 % ind	
TOTAL	5 000 act.	750 000 €	100 %	4 500	100 %	

Légende : act. = actions ; ind. = détention indirecte ; BE = bénéficiaire effectif ; Cap = capital

Mme Courot est bénéficiaire effectif en capital et en droits de vote.

M. Arban est bénéficiaire effectif en droits de vote uniquement.

Les trois autres protagonistes étant en dessous de la barre des 25 % ne sont pas traités comme des bénéficiaires effectifs.

2. *Que pensez-vous de la proposition de Luc Bonplan ?*

Le droit du travail pose en principe que tout salarié doit être en situation de subordination par rapport à son employeur. S'agissant des dirigeants sociaux, la jurisprudence exige trois conditions cumulativement pour que le contrat de travail soit valable :

- un état de subordination, ce qui suppose une situation minoritaire dans le capital de la société ;
- un contrat de travail effectif ;
- des fonctions techniques (le dirigeant ne peut pas être salarié pour l'exercice de ses fonctions de dirigeant.

En l'espèce, les trois conditions semblent réunies et donc le contrat est valablement conclu. En outre, s'agissant d'un contrat passé entre la société et son président, il devra obligatoirement être soumis à la procédure des conventions réglementées (vote de la collectivité des associés *a posteriori*).

3. *À partir des éléments de l'annexe, et après avoir qualifié juridiquement chaque opération, déterminez le montant de TVA que l'entreprise doit reverser à l'État à la fin de la période déclarative. (Pour toutes les opérations, le taux de droit commun s'applique, aucune option n'ayant été exercée par la société).*

Dans une SAS, les pouvoirs du président sont énoncés par l'article L. 227-6 du Code de commerce.

Code de commerce, article L. 227-6

■ La société est représentée à l'égard des tiers par un président désigné dans les conditions prévues par les statuts. Le président est investi des pouvoirs les plus étendus pour agir en toute circonstance au nom de la société dans la limite de l'objet social.
Dans les rapports avec les tiers, la société est engagée même par les actes du président qui ne relèvent pas de l'objet social, à moins qu'elle ne prouve que le tiers savait que l'acte dépassait cet objet ou qu'il ne pouvait l'ignorer compte tenu des circonstances, étant exclu que la seule publication des statuts suffise à constituer cette preuve. [...] Les dispositions statutaires limitant les pouvoirs du président sont inopposables aux tiers.

Le président est omnipotent dans ses relations avec les tiers, et que les actes passés hors objet social sont valables, de même que ceux qui outrepassent les clauses limitatives de pouvoir.

En l'espèce, Mme Courot a contracté un emprunt de 500 000 € auprès d'une banque, au nom de la SAS, pour faire l'acquisition d'un véhicule de collection très onéreux, qu'elle souhaite déclarer comme véhicule professionnel de la SAS.

Cet acte apparaît comme :
- extérieur à l'objet social tel que défini à l'article 2 des statuts ;
- contraire à la clause de l'article 7 des statuts qui prévoit une autorisation du comité de surveillance pour les *investissements supérieurs à 15 000 €*.
- Cet emprunt est valable mais pourra entraîner les conséquences suivantes :
- responsabilité civile du président pour violation des statuts (action sociale *ut singuli* si intentée par des associés / *ut universi* si intentée par les nouveaux dirigeants) ; le texte applicable ici est celui des SA, l'article L. 225-251 du Code de commerce.
- révocation du président de la SAS suivant les conditions prévues par les statuts ; on notera ici que si les statuts ne prévoient pas les conditions de révocation (ce qui semble être le cas ici), les règles de révocation du gérant de SARL ou du PDG de SA sont sans application, ce qui pourrait en théorie conduire à l'irrévocabilité du président de la SAS.
- en revanche, le licenciement des fonctions de directeur scientifique est plus problématique si aucune faute n'a été commise dans l'exercice de ces fonctions techniques.

Les conventions passées entre la SAS et ses dirigeants ou associés peuvent faire l'objet d'une réglementation prévue à l'article L. 227-10 du Code de commerce.

Il s'agit des conventions passées entre la SAS et :
- son président ;
- l'un de ses dirigeants ;
- l'un de ses actionnaires disposant d'une fraction des droits de vote supérieure à 10 % ;
- une société contrôlant une société actionnaire ayant plus de 10 % des droits de vote.

La procédure applicable aux conventions réglementées est ici que le CAC, s'il en existe un, ou le président, présente un rapport à l'assemblée des associés qui statue sur ce rapport. Si l'AG n'approuve pas le rapport, la convention produit néanmoins tous ses effets à l'égard des tiers sauf pour le contractant à endosser la responsabilité de la convention si elle devait avoir des conséquences dommageables pour la SAS.

Les conventions portant sur des opérations courantes et conclues à des conditions normales sont exclues de cette procédure.

En l'espèce, l'un des membres du comité de surveillance, propriétaire de bureaux dans le centre-ville, a proposé de louer 160 m^2 de bureaux à la SAS à un prix intéressant.

Cette convention, passée avec un dirigeant (le comité de surveillance a des pouvoirs de gestion puisqu'il autorise les actes > à 15 000 €), n'étant ni courante ni conclue à des conditions normales, elle devra obligatoirement faire l'objet d'un vote *a posteriori* par les associés de la SAS.

- Ventes à distance à destination de l'Espagne :

Le seuil des VAD en Espagne est fixé à 35 000 €. Le montant des ventes est supérieur au seuil. Il convient donc d'appliquer le taux espagnol qui est de 21 %.

TVA exigible = 40 000 × 21 % = 8 400 €.

- Acquisition interne de 3 ordinateurs :

TVA déductible = 20 000 × 20 % = 4 000 €.

- Ventes en Allemagne :

Il s'agit d'une livraison de biens intracommunautaire exonérée de TVA.

- Ventes à distance à destination du Luxembourg :

Le seuil des VAD au Luxembourg est fixé à 100 000 €. Nous nous situons donc en dessous du seuil. Le taux français est applicable dans la mesure où aucune option n'a été exercée.

TVA exigible = 40 000 × 20 % = 8 000 €.

- Recours à un architecte belge :

Il s'agit d'une prestation de service se rattachant à un immeuble en France. La TVA française est applicable.

TVA déductible = 12 000 ×20 % = 2 400 €.

- Vente de CD-ROM en Argentine :

Il s'agit d'une exportation exonérée de TVA.

- Prestation immatérielle de publicité :

On applique la TVA du lieu du preneur qui est la TVA française.

TVA déductible 15 000 × 20 % = 3 000 €.

Montant à reverser à l'État = TVA exigible – TVA déductible.

TVA exigible = 8 400 + 8 000 = 16 400.

TVA déductible = 4 000 + 2 400 + 3 000 = 9 400.

TVA à reverser = 16 400 – 9 400 = 7 000.

4. *Une transformation de la SAS en SA est-elle pertinente ? Le cas échéant, quelles en seraient les conditions et conséquences fiscales ?*

Au rang des conditions communes à toutes les sociétés, on notera essentiellement qu'il est nécessaire que la société transformée remplisse les conditions de fond nécessaires à la création de la société nouvelle, surtout du point de vue du montant du capital social ou du nombre d'associés.

En l'espèce la SAS a déjà 4 associés et un capital de 750 000 €, ce qui satisfait amplement les conditions minimales exigées pour la SA (2 associés et 37 000 € de capital) ; depuis la loi Pacte du 22 mai 2019, le Commissaire aux comptes n'est requis dans toutes les sociétés (SA comme SAS) que si des seuils élevés sont dépassés (2 seuils sur 3 entre : 50 salariés, 8 M€ HT de CA, 4 M€ de total bilan).

En outre, la transformation en SA nécessite la modification des organes de gouvernance et vraisemblablement la constitution d'un conseil d'administration.

La transformation suppose également une délibération d'AG dans les conditions de la modification des statuts. Si la transformation devait engendrer une augmentation des engagements des associés (par exemple transformation d'une SARL en SNC), l'unanimité serait requise.

La transformation doit ensuite être publiée comme toute modification statutaire afin notamment d'être opposable aux tiers ; le circuit des publications est classique : journal d'annonces légales, dépôt au greffe, BODACC.

Sur le plan fiscal, un droit d'enregistrement de 125 € est dû ; si la nouvelle SA conserve le même régime fiscal que la SAS (IS en principe), aucun impôt sur les bénéfices ne sera dû. Si le régime fiscal devait être modifié, on se reportera au tableau figurant au chapitre 8 pour connaître les conditions d'imposition.

Chapitre 11

QCM

1. a, b et d. Une action ne donne pas droit à une rémunération fixe mais à une participation aux résultats et à un droit de vote.
2. a et d. L'obligation est un titre financier qui donne droit à une rémunération fixe (coupon) et qui représente une créance contre l'émetteur.
3. c. La rémunération dépend de la volonté des parties ; elle peut ne pas exister.
4. b et c. Les intérêts du compte courant sont imposables pour celui qui les perçoit (associé) et déductibles (avec un plafond) pour la société qui les verse.
5. a et d. Les modalités de remboursement ou de blocage sont librement définies entre les parties.
6. c. La rémunération d'une obligation se nomme le coupon et représente un intérêt annuel conventionnellement prévu.
7. b et e. Les modalités de remboursement sont prévues dans le contrat d'émission.

Mini-cas : rachat d'actions

Déterminez les impôts qui seront dus.

- Droits d'enregistrement.

Les réductions de capital non motivées par des pertes sont exonérées de droits d'enregistrement depuis le 1er janvier 2019.

- Impôt direct

Cette procédure de rachat des titres a pour conséquence de produire une plus-value de 70 € par titre. M. Bruno étant une personne physique, le gain doit faire l'objet d'une imposition selon le prélèvement forfaitaire unique (30 %) ou le barème progressif de l'IR dans la catégorie des plus-values mobilières. Dans ce dernier cas, il pourra bénéficier de l'abattement de 50 % ou 65 % en fonction de la durée de détention des titres.

3 Mini-cas : actions de préférence

Même si cette solution est loin d'être optimale (le mieux étant probablement de créer deux sociétés, l'une gérant le fonds et l'autre l'immobilier), elle est tout à fait envisageable.

On proposera la solution suivante (ce schéma n'est pas le seul répondant au cahier des charges de l'énoncé) :

- La création d'une société avec deux catégories d'actions de préférence nommées « I » pour la représentation des droits sur l'immeuble et « A » pour les droits sur le fonds de commerce.
- Les actions I vont conférer des droits pécuniaires calculés par rapport aux revenus de l'immeuble. Le droit de vote attaché aux ADP « I », permettra de se prononcer aux AG de la société exclusivement sur les décisions affectant l'immeuble. En cas de dissolution anticipée de la société, ces ADP donneront droit à l'attribution de l'immeuble.
- Parallèlement, les actions A vont conférer des droits pécuniaires calculés par rapport aux revenus du fonds. Le droit de vote attaché aux actions A permettra de se prononcer aux AG de la société exclusivement sur les décisions affectant l'exploitation commerciale. En cas de dissolution anticipée de la société, ces actions de préférence donneront droit à l'attribution du fonds de commerce.
- Il est en outre possible, afin de préserver un équilibre de donner à chaque catégorie d'ADP, un droit de contrôle sur les décisions graves de l'autre catégorie ; exemple : droit de veto des actions A en cas de vente de l'immeuble et droit de veto réciproque des actions I en cas de vente de l'activité commerciale.

4 Mini-cas : compte courant d'associé

Déterminez la déductibilité des intérêts versés au titre de l'année N, étant entendu que le capital de la société est entièrement libéré.

Les intérêts réellement versés à l'associé se montent à 3,5 % de 150 000 €, soit 5 250 €.

On constate que le plafond posé par la loi fiscale s'agissant de sociétés relevant de l'IS est ici dépassé.

Le taux d'intérêt est plafonné à 2 % (taux mentionné dans l'énoncé).

Il faut donc réintégrer dans le bénéfice imposable la part des intérêts excédant ce plafond.

- Intérêts versés : 5 250 €
- Part déductible : 3 000 €
- Part non déductible : 2 250 €

Mini-cas : offre au public de titres

Dans chacun des cas, vous déterminez s'il y ou non offre au public.

1. En dépit des apparences et du libellé de cette annonce, il ne s'agit pas d'une offre au public. En premier lieu, on notera que les SARL ne peuvent pas faire offre au public ; dans le cas contraire, les dirigeants encourent des sanctions pénales. En outre, les parts sociales de SARL ne sont pas des instruments financiers au sens du texte. Ensuite, et même si l'on a recours à des procédés de publicité, il semble que l'on soit dans le champ des exceptions de l'article L. 411-2 du CMF ; en effet, l'émission porte sur 90 000 €, soit un montant inférieur au seuil fixé par le règlement général de l'AMF, qui vient d'être porté à 8 M€.

2. Plusieurs raisons militent contre la qualification d'offre au public. En premier lieu, la banque ne procède ni à un véritable démarchage, ni à de la publicité dans la mesure où l'offre concerne des personnes déjà clientes de l'établissement. Ensuite et surtout, les parts de SCI ne sont nullement des titres financiers.

3. Le message publicitaire est très ambigu. Même si le talent a pu être une monnaie ancienne, on doit penser que la publicité ne formule aucune offre de souscription précise. Il ne s'agit donc pas d'une offre au public.

Cas pratique : société Toutransport

1. *L'affactureur peut-il obtenir paiement de ladite créance auprès de l'entreprise Pièces Auto ? À défaut, est-il en droit de demander paiement à son adhérent ?*

Résumé des faits. L'énoncé fait état de trois contrats distincts. Un contrat de transport conclu entre l'entreprise Toutransport et l'entreprise PiècesAuto ; un contrat de vente conclu entre ces deux mêmes parties ; un contrat d'affacturage conclu, antérieurement aux deux précédents, entre Toutransport et un établissement de crédit. Le 1er juillet, Toutransport livre la marchandise en exécution dudit contrat de transport. Le 5 juillet, l'affactureur accepte la créance de transport à lui remise par son adhérent (Toutransport) d'une part, et paiement du montant de cette créance à ce dernier. Le 2 juillet, ledit contrat de vente est formé. Le 15 juillet, l'affactureur informe l'entreprise PiècesAuto de sa subrogation dans les droits du transporteur. Début août, la créance de transport vient à échéance, comme la créance du vendeur.

Prétentions de l'affactureur

L'affactureur souhaite obtenir paiement de la créance à lui transmise par le transporteur.

Problèmes de droit. L'affactureur peut-il obtenir paiement de ladite créance auprès de l'entreprise PiècesAuto ? Dans la négative, est-il en droit de demander paiement à son adhérent ? Avant de répondre à ces questions il convient tout d'abord de démontrer que l'affacturage peut être mis en œuvre.

- Mise en œuvre de l'affacturage

Problème de droit. L'affactureur peut-il invoquer l'opération d'affacturage pour obtenir paiement ?

Règles de droit. L'affacturage peut être une opération ponctuelle, portant sur une seule créance. Généralement il porte sur toutes les créances de l'adhérent. Généralement aussi, la convention d'affacturage stipule une clause de globalité ou d'exclusivité. Pour autant, le factor n'est pas tenu d'accepter toutes les créances proposées par l'adhérent. Les créances non-acceptées par l'affactureur peuvent toutefois être recouvrées par lui en qualité de mandataire. Dans ce cas, il ne devient pas propriétaire de créances, de sorte qu'il ne dispose pas de droit personnel au paiement.

Application du droit aux faits. En l'espèce, il semble que la convention d'affacturage porte sur l'ensemble des créances du transporteur. On ignore si elle prévoit une clause d'exclusivité, mais il est certain que la créance litigieuse est appréhendée par le contrat d'affacturage. Enfin, celle-ci n'a pas été rejetée par le factor. Le régime de l'affacturage s'applique donc.

Conclusion. L'affactureur dispose d'un droit personnel au paiement de la créance de transport en vertu du contrat d'affacturage.

- Droit de l'affactureur contre le tiers débiteur

Règles de droit. Lorsque l'affacturage repose sur le mécanisme de la subrogation, l'affactureur (le subrogé), par le paiement effectué des créances à son adhérent, se substitue dans les droits, privilèges ou hypothèques de celui-ci (le subrogeant) contre le tiers débiteur. L'affactureur ne pourra se substituer à l'adhérent que s'il est en possession d'une quittance subrogative remise par ce dernier. Il devient alors propriétaire des créances ; en cette qualité, la subrogation est opposable aux tiers à la date du paiement de l'adhérent par l'affactureur. Parce que la créance est transmise avec ses qualités, mais aussi ses vices, le débiteur peut opposer à l'affactureur les exceptions qu'il aurait pu invoquer à l'encontre de l'adhérent. Les exceptions non inhérentes à la créance transmise ne sont opposables que si elles sont antérieures à la subrogation. Il en est ainsi de la compensation légale lorsque ces conditions d'application – l'existence de dettes réciproques, liquides, certaines et exigibles – sont réunies avant la subrogation. Dans ce cas, elle opère de plein droit, même si elle doit être invoquée. Selon certains auteurs, la compensation légale postérieure à la subrogation est toutefois opposable s'il existe un lien de connexité entre la créance cédée et la créance dont se prévaut le débiteur cédé. Sont connexes les dettes nées d'un même rapport de droit ou appartenant à un ensemble contractuel unique encadrant les relations entre les parties.

Application du droit aux faits. En l'espèce, l'affacturage repose sur le mécanisme de la subrogation. En conséquence, le factor est propriétaire de la créance transmise par Toutransport et peut en demander le paiement, à son échéance, à l'entreprise PiècesAuto, d'autant qu'il dispose d'une quittance subrogative. La subrogation est alors opposable à PiècesAuto au jour du paiement de l'adhérent par l'affactureur, soit le 5 juillet. Toutefois, parce qu'il est subrogé, la créance est transmise à l'affactureur avec ses qualités mais aussi ses vices. L'entreprise PiècesAuto, peut lui opposer toutes les exceptions qu'il aurait pu opposer à son cocontractant. À ce titre, elle ne manquera pas d'opposer la compensation entre, d'une part, la créance de transport et, d'autre part, celle découlant de la vente de pièces détachées. La compensation est cependant postérieure à la subrogation. Celle-ci date du 5 juillet, tandis que les conditions de la compensation ne seront réunies qu'à l'échéance des créances réciproques. Il importe peu que l'information de PiècesAuto, à propos de la transmission de la créance litigieuse, ait eu lieu postérieurement à la vente. En effet, la subrogation est opposable au tiers à la date du paiement de l'adhérent par l'affactureur. Enfin, la compensation postérieure à la subrogation n'est pas opposable parce que les créances réciproques ne sont pas connexes puisque nées de contrats distincts, sans lien entre eux.

Conclusion. L'affactureur est en droit d'agir en paiement contre l'entreprise PiècesAuto, sans que celui-ci puisse lui opposer la compensation entre la créance de transport et celle découlant de la vente.

- Droit de l'affactureur contre l'adhérent

Règles de droit. En droit, l'affactureur subrogé ne dispose d'aucun recours contre l'adhérent, du moins lorsqu'il s'agit d'un affacturage traditionnel par lequel l'affactureur garantie la bonne fin de l'opération. En revanche, si la convention prévoit un recours, la garantie de la bonne fin est alors exclue ; de sorte que l'affactureur dispose d'un recours contre l'adhérent dans le cas où le tiers débiteur ne paierait pas à l'échéance.

Application du droit aux faits. En l'espèce, l'énoncé ne précise pas si la convention d'affacturage exclue ou pas la garantie de bonne fin. Aussi, la solution dépend-elle du contenu de la convention.

Conclusion. Si la convention d'affacturage ne garantit pas la bonne fin de l'opération, alors l'affactureur est en droit d'exiger le paiement à l'adhérent.

7 Cas pratique : prêt

1. *Dans l'hypothèse où la banque refuserait de verser les fonds à M. Nardo, celui-ci serait-il fondé à obtenir juridiquement un tel versement ?*

Problème de droit. Pour obtenir juridiquement le versement, ou remise, des sommes faisant l'objet du prêt, dans le cas où la banque refuserait celui-ci, M. Nardo doit exiger l'exécution en nature d'une obligation contractuelle. La question juridique qui se pose alors est de savoir si ledit versement constitue une obligation contractuelle (à la charge du prêteur bien sûr).

Règles de droit. En principe, la remise des fonds n'est pas une obligation née du contrat mais une condition de formation de celui-ci. En effet, le prêt est un contrat réel, de sorte que la remise de la chose par le prêteur à l'emprunteur participe de la formation du contrat. La promesse de prêt inexécutée n'est donc sanctionnée que par des dommages-intérêts et non par une exécution forcée en nature. Depuis quelques années, la Cour de cassation estime cependant que le prêt consenti par un professionnel, n'est pas un contrat réel, mais consensuel. Aussi, la remise des fonds constitue une obligation à la charge de ce professionnel.

Application du droit aux faits. En l'espèce, en principe, M. Nardo ne pourrait pas obtenir l'exécution forcée en nature, c'est-à-dire le versement des fonds, puisque le prêt est un contrat réel et, qu'en conséquence, la remise des fonds n'est pas une obligation née du contrat. Le prêteur est toutefois une banque, donc un professionnel. Aussi, par application de la jurisprudence de la Cour de cassation, le prêt consenti en l'espèce n'est pas un contrat réel, mais un contrat consensuel. La remise des fonds est alors une obligation contractuelle susceptible d'exécution forcée en nature.

Conclusion. M. Nardo pourrait obtenir le versement des fonds.

2. *Dans l'hypothèse où les fonds auraient été versés par la banque, où le bien aurait été acheté à l'aide desdits fonds et où ; quelques mois plus tard, M. Nardo aurait obtenu la résolution de la vente pour manquement à l'obligation de délivrance conforme, pourrait-il obtenir de ne pas payer les intérêts du prêt ?*

Problèmes de droit. Pour ne pas payer les intérêts convenus entre les parties, l'emprunteur doit soit obtenir l'anéantissement du prêt, soit contester la validité du taux stipulé. Aussi, envisagerons-nous dans un premier temps l'anéantissement du prêt à la suite de la résolution de la vente et, dans un second temps, la validité du taux.

- Anéantissement subséquent du contrat de prêt

Règles de droit. Si, en principe, l'emprunteur décide librement de la destination des fonds prêtés, le contrat peut obliger l'emprunteur d'affecter les fonds à une utilisation déterminée. Lorsque le prêt est consenti à un professionnel, le sort de ce prêt n'est pas lié à celui du contrat financé. Les deux conventions sont distinctes, autonomes. Aussi, l'emprunteur ne peut-il pas se prévaloir de l'anéantissement du contrat financé pour se dégager de son obligation de payer les intérêts du prêt.

Application du droit aux faits.

En l'espèce, le contrat oblige l'emprunteur d'affecter les fonds à l'acquisition de matériel d'exploitation. Pour autant, le prêt et la vente sont deux contrats autonomes. Aussi, M. Nardo, ne saurait se prévaloir de la résolution du contrat de vente pour obtenir l'anéantissement subséquent du contrat de prêt.

Conclusion. Malgré la résolution de la vente, le contrat de prêt est maintenu entre les parties, de sorte que M. Nardo reste tenu du paiement des intérêts conventionnels.

- Validité du taux conventionnel

Règles de droit. Le Code civil exige que le taux d'intérêt conventionnel soit fixé par écrit (art. 1907, al. 2). L'article L. 313-2 du Code de la consommation dispose que le taux effectif global (TEG) doit être mentionné dans tout écrit constatant un contrat de prêt. Même s'il figure dans le Code de la consommation, ce dernier texte est applicable entre professionnels (CMF, art. L. 313-4). Combinant les deux règles sus énoncées, la Cour de cassation décide que le taux devant être fixé par écrit est le TEG. Cette dernière exigence est sanctionnée par la nullité du taux conventionnel et son remplacement par le taux d'intérêt légal à compter de la date du prêt.

• **Application du droit aux faits.** En l'espèce le taux d'intérêt conventionnel est indiqué par écrit, mais il ne s'agit pas du TEG. Aussi, bien que le contrat soit conclu entre professionnels, le banquier peut seulement prétendre au paiement du taux d'intérêt légal.

Conclusion. M. Nardo, contestant la validité du taux stipulé, pourrait obtenir de ne pas payer le taux conventionnel, mais il serait tout de même tenu au paiement du taux d'intérêt légal.

Chapitre 12

QCM

1. c. Un titre subordonné à durée indéterminée n'a pas de terme de remboursement (durée indéterminée) et donne droit à une rémunération fixe annuelle.

2. c et d. L'OBSA est un titre négociable qui confère un droit de créance contre l'émetteur et confère en sus la possibilité de souscrire des actions de cet émetteur.

3. d. L'OCA est un titre de créance pouvant être converti en titre d'associé (action) au gré du porteur dans les conditions prévues au contrat d'émission.

4. a et c. Ce sont des créances, assimilées ou pouvant se muer en fonds propres. Les OCA en sont un exemple.

5. b. Les plateformes de *crowdfunding* en ligne mettent en rapport des investisseurs particuliers et des entreprises ayant un besoin de financement.

6. a, b et c. De l'anglais « *to lend* », qui signifie prêter, le *crowdlending* permet au prêteur de recevoir en contrepartie des obligations ou des mini-bons. L'opération peut également se limiter à un contrat de prêt.

Mini-cas : bons de souscription d'actions (BSA)

1. *À combien se négocie le BSA permettant d'acquérir une action de la société Oméga au prix de 27 € ? Et si l'action cotait 25 € ?*

Le BSA va en principe se négocier au maximum 15 € dans le premier cas (42 – 27). Dans le second cas, la valeur du BSA est nulle car le prix d'exercice est supérieur à la valeur de marché.

2. *Combien vaut au minimum une action de la société Lambda au moment om les BSA sont acquis par M. Damien ?*

L'action de la société Lambda vaut au minimum 350 € puisque M. X accepte de payer 200 € le droit d'acheter une action à 150 €. Cela signifie que, pour acquérir l'action, il devra payer : 200 + 150 = 350 €.

Mini-cas : effet de levier des BSA

Remplissez le tableau (annexe) permettant de calculer l'effet de levier du BSA (à la hausse ou à la baisse).

Au mois 1, l'action a gagné 2 € par rapport au prix de 38 €, ce qui représente une hausse de 5,2 %. Dans le même temps, le BSA, qui valait 3 €, vaut 5 € ce qui représente une hausse de plus de 66 % de sa valeur. On perçoit bien le caractère très spéculatif des options, etc.

Mois	Valeur action	Valeur BSA	var. action/valeur au jour de l'achat	var. BSA / valeur au jour de l'achat
Achat	38	3	Sans objet	Sans objet
1	40	5	+ 5,2 %	+ 66,6 %
2	42	7	+ 10,5 %	+ 133,3 %
3	48	13	+ 26,3 %	+ 333,3 %
4	40	5	+ 5,2 %	+ 66,6 %
6	35	0	– 7,9 %	– 100 %
7	30	0	– 26,6 %	– 100 %

4 Cas pratique : diversité du *crowdfunding*

Rédigez une note de synthèse récapitulant les avantages et limites des différentes solutions de crowdfunding.

Si le financement participatif a le vent en poupe, comme en témoignent les nombreux sites créés au cours des dernières années (Leetchi, Happy Capital, KissKissBankBank, Wine Funding, WiSEED, Ulule, pour ne citer que les plateformes les plus connues), sa réalité est diverse.

- Le *crowdfunding*-don est la forme la plus connue et la plus médiatique de financement participatif. La collecte est personnalisée. L'internaute soutient un projet auquel il adhère (projet « coup de cœur ») et en suit la progression. Il ne bénéficie pas nécessairement d'une contrepartie ou cette dernière peut être symbolique (ex. : invitation à l'avant-première d'un film dont il a financé la réalisation). Il peut également, dans le cas d'un projet nécessitant des précommandes pour voir le jour, bénéficier d'exemplaires avant-coureurs ou préférentiels (ex. : La P'tite Hélène Éditions). Le film *Demain*, réalisé par Mélanie Laurent et Cyril Dion en 2015 grâce à la générosité des internautes (200 000 € collectés), illustre bien cette modalité de *crowdfunding*. Les collectes lancées par le ministère de la Culture pour restaurer des monuments historiques et patrimoniaux fonctionnent selon des modalités comparables, la simple mention du donateur étant en soi un contre-don. L'implication est essentiellement symbolique, idéologique ou affective pour les donateurs. Hormis le suivi du projet (communication régulière, newsletters, remerciements…), le bénéficiaire ne leur est pas redevable, il n'est pas obligé à leur égard. Il ne peut en revanche compter sur cette unique source de financement ; il doit disposer de fonds propres solides.
- Le *crowdfunding*-prêt est consenti avec ou sans intérêts, voire en minibons (intérêts à taux fixe). Plus souples que les prêts bancaires classiques, les prêts accordés dans le cadre d'un financement participatif sont aussi plus courts (7 ans maximum) et plafonnés (2 000 ou 5 000 €). Ils permettent néanmoins de compléter un plan de finance-

ment classique ou de répondre à des besoins ponctuels (ex. : besoin de liquidités) ou spécifiques (ex. : programme de recherche, achat d'un brevet...) et de lever des fonds plus conséquents qu'un simple don. Plus le prêt est rémunéré et sûr, plus les montants collectés sont importants. Le bénéficiaire s'engage à verser les intérêts aux échéances prévues, ce qui implique de disposer d'une structure administrative, comptable et juridique solide ou de faire appel à un cabinet spécialisé.

- Le *crowdfunding*-investissement est la forme la plus ambitieuse de financement participatif. Destiné aux entités à taille critique ou adossées à de grands groupes, il permet des levées de fonds importantes (entre 4 000 et 500 000 € en moyenne). Le financeur peut être rémunéré soit en parts du capital (titres), soit en intérêts (obligations), soit en *royalties* (commission fonction du chiffre d'affaires réalisé) avec, sous conditions, des abattements fiscaux. Cette solution est essentiellement destinée aux projets innovants (nouvelle technologie, service inédit...) ou, au contraire, à des projets passés de mode ou galvaudés qui n'ont plus les faveurs des établissements de crédit (ex. : délocalisation d'un site, opération de promotion immobilière).

La solution de *crowdfunding* retenue doit être adaptée au statut de la personne morale, d'une part, et à l'ampleur du projet à financer, d'autre part.

Partie 3 : cas de synthèse

1. *Expliquez à vos clients l'intérêt et les contraintes juridiques liées à l'utilisation de la plateforme de crowdfunding Business101 pour leur SAS.*

Le *crowdfunding* repose sur la mise en relation directe, sans intermédiation bancaire ou boursière, de jeunes entreprises innovantes (start-up) en recherche de capitaux de lancement, et d'investisseurs particuliers en recherche d'investissements de proximité.

Quatre formules principales existent : le don, la formule récompense, l'*equity* et le *lending*.

Le *crowdfunding* « capital » ou « *equity-based* » est une formule où le contributeur souscrit des parts ou actions de la société financée et en devient associé.

Le crowdfunding « prêt » également appelé « *crowdlending* » est une formule où le contributeur prête une somme d'argent à l'entreprise financée contre remboursement avec ou sans intérêts.

L'option entre le crowdfunding equity et le crowdlending se pose dans notre cas ; aucun élément ne permet de déterminer quel est le souhait des fondateurs mais on notera que si la formule « prêt » était retenue, l'investisseur en capital-risque (question 2) se trouverait en position ultra-majoritaire dans le capital, ce qui n'est peut-être pas souhaitable, ni souhaité par l'investisseur lui-même.

Si la formule *equity* devait être privilégiée, il faudrait en expliquer aux fondateurs son mode de fonctionnement :

- Une plateforme collecte des fonds pour des projets préalablement sélectionnés ; elle se rémunère généralement par un prélèvement sur les sommes levées (4 à 8 % en moyenne).
- Le contributeur choisit le projet qu'il souhaite financer et le montant qu'il veut investir.

- Pour chaque projet la plateforme de *crowdfunding* crée une société holding qui regroupe la collecte afférente au projet,
- Les contributeurs reçoivent des actions de la holding (ou des actions de préférence) qui leur confèrent les mêmes droits qu'un actionnaire ayant souscrit ses titres dans un autre cadre,
- La holding investit à son tour dans la société financée et reçoit des titres en contrepartie.

Afin que la levée de fonds par recours à un site Web ne soit pas traitée comme une offre au public, la définition de l'offre au public est aménagée pour les entreprises ayant recours au *crowdfunding*.

CMF, article L. 411-2, 1bis

■ I bis.-Ne constitue pas une offre au public au sens de l'article L. 411-1 l'offre :
1° Qui porte sur des titres financiers [...] qui ne sont pas admis aux négociations sur un marché réglementé ;
2° Et qui est proposée par l'intermédiaire d'un prestataire de services d'investissement ou d'un conseiller en investissements participatifs au moyen d'un site internet [...] ;
3° Et dont le montant total est inférieur à un montant fixé par décret. C'est la question des plafonds d'émission (ci-dessous).

- Plafonds : pour les émissions de titres (actions, obligations...), le plafond est de 2,50 M€ sur 12 mois. En outre, les offres excédant le montant d'un million d'€ ne peuvent pas porter sur des titres de capital qui représentent plus de 50 % du capital de l'émetteur.
- Application du droit de la SA. Lorsqu'une SAS recourt au *crowdfunding*, une partie de la législation sur la SA qui ne lui était pas applicable, le redevient en application de l'article L. 227-2-1 du Code de commerce.

Par dérogation aux articles L. 227-1 et L. 227-9, lorsqu'une société par actions simplifiée procède à une offre définie au I bis de l'article L. 411-2 du code monétaire et financier.

CMF, article L. 411-2

■ 1° Les articles L. 225-122 à L. 225-125 sont applicables ; (il s'agit des règles de droit de vote)
2° Les articles L. 225-96 à L. 225-98 sont applicables ; (il s'agit des règles de quorum et de majorité)
3° Le troisième alinéa de l'article L. 225-105 est applicable ; (il s'agit des règles relatives à l'ordre du jour)
4° La convocation des associés est faite dans les formes et délais fixés par décret en Conseil d'État. Toute assemblée irrégulièrement convoquée peut être annulée. Toutefois, l'action en nullité n'est pas recevable lorsque tous les actionnaires étaient présents ou représentés.

En l'espèce, il semble que ces contraintes ne font pas obstacle à la levée de fonds par le biais de la plateforme, à la condition de respecter les conditions posées. Notamment le plafond légal est très accueillant, et permettra de lever 850 000 €.

2. *Proposez des clauses statutaires pertinentes répondant aux demandes spécifiques de Venture.com.*

Venture.com souhaite obtenir, en contrepartie de son investissement, des droits politiques accrus, notamment du point de vue des décisions prises en AG ; Venture.com voudrait également des droits spécifiques contrebalançant sa position minoritaire.

On proposera ici l'émission d'actions de préférence, prévue par l'article L. 228-11 du Code de commerce.

Code de commerce, article L. 228-11

■ Lors de la constitution de la société ou au cours de son existence, il peut être créé des actions de préférence, avec ou sans droit de vote, assorties de droits particuliers de toute nature, à titre temporaire ou permanent. Ces droits sont définis par les statuts [...].
Le droit de vote peut être aménagé pour un délai déterminé ou déterminable. Il peut être suspendu pour une durée déterminée ou déterminable ou supprimé.
Les actions de préférence sans droit de vote ne peuvent représenter plus de la moitié du capital social, et dans les sociétés dont les actions sont admises aux négociations sur un marché réglementé, plus du quart du capital social.

Le cadre étant particulièrement souple, on proposera trois aménagements (à intégrer dans les statuts de la SAS) :

- Instauration d'un droit de vote double sur tout ou partie des actions souscrites, qui permettra de renforcer le poids politique du capital-risqueur. Ainsi, si l'on admet que la levée de fonds par *crowdfunding* rapporte 850 000 € et que le capital-risqueur souscrit des actions de préférence à droit de vote double, il aura 46,8 % du capital mais 63,8 % des droits de vote ; en effet, si la valeur nominale des actions est fixée à 80 €, on émettra 10 625 actions ordinaires à droit de vote simple et 9 375 actions de préférence à droit de vote double, le nombre de droits de vote total sera de 10 625 + (9 375 × 2) = 29 375 droits de vote. la proportion détenue par le capital-risqueur sera donc de (18 750 / 29 375) × 100, soit 63,8 %.
- On pourra également songer à conférer un droit d'information accru à l'investisseur sous la forme soit d'une participation en tant qu'observateur aux réunions des organes sociaux, soit par accès plus fréquent et plus approfondi aux documents sociaux, comptables et stratégiques.
- Enfin, en alternative au droit de vote double ou en renforcement de celui-ci, on pourra conférer à Venture.com un droit de véto sur les décisions importantes, en prévoyant par exemple que les actions de préférence doivent être obligatoirement consultées sur des décisions importantes (à lister) et que leur porteur peut s'opposer à ces décisions.

3. *Si la SAS décide ultérieurement d'augmenter son capital, quel sera le montant de la prime d'émission à payer par les nouveaux actionnaires ?*

Lorsque de nouveaux actionnaires entrent dans le capital à la faveur d'une augmentation de celui-ci, ils vont apporter, en numéraire ou en nature, une somme correspondant au montant nominal des actions souscrites. Toutefois, ce seul versement est insuffisant car les actionnaires anciens bénéficient de droits sur les réserves et sur l'actif de la société. Dans un souci d'égaliser leurs droits, l'apport du nouvel entrant se scinde le plus souvent en deux parties :

– un apport en numéraire correspondant au montant nominal des actions ;
– une prime d'émission correspondant au droit sur les réserves et autres ressources propres.

En l'espèce, la SAS dispose d'un capital de 1 600 000 € divisé en 20 000 actions de 80 €, et elle dispose de réserves à hauteur de 1 200 000 €.

Les actionnaires existants ont donc un titre qui vaut non pas 80 € mais 140 € en raison de l'incidence des réserves (réserves qui seraient distribuées en cas de dissolution ou de liquidation de la société). Si de nouveaux actionnaires entrent dans le capital, ils vont devoir payer un droit d'entrée correspondant à ces réserves, c'est la prime d'émission. En effet, s'ils ne paient pas cette prime, les droits des anciens actionnaires vont se réduire d'autant. Au moment de l'augmentation de capital, le souscripteur paiera donc 80 € (valeur nominale de l'action) + 60 € (prime d'émission).

Chapitre 13

1 QCM

1. d. Une société holding (de l'anglais « *to hold* » qui signifie détenir) est une société qui détient des participations en actions dans d'autres sociétés.

2. a, c et e. A contrôle B qui contrôle C et donc A contrôle C indirectement ; A est également la société mère de B et C est une sous-filiale de A

3. b et c. Le LBO est une opération de rachat utilisant une société holding ; la société rachetée finance son propre rachat par la remontée de ses dividendes à la holding.

4. c et d. Voir l'article L. 233-3 du Code de commerce.

5. b, c, d et e. Voir l'article L. 228-11 du Code de commerce.

6. b et c. 120 000 € sans offre au public de titres et 225 000 € avec offre au public.

2 Mini-cas : participations réciproques

1. La situation est prohibée par l'article L. 233-29. Chaque SA dispose d'un an pour aliéner sa participation dans l'autre et la ramener à 10 %.

2. Aucune limite n'est fixée puisque le « face-à-face » concerne une SARL et une SCI, situation non prévue par le Code.

3. Application de l'article L. 233-30 : la situation est licite puisqu'aucune des sociétés n'excède le seuil de 10 %.

4. L'article L. 233-31 ne trouve pas à s'appliquer car la société qui s'autocontrôle n'est pas une société par actions mais une SARL.

5. On est en présence d'un schéma circulaire qui laisse penser que la société 1 est en position de s'autocontrôler. Toutefois, la chaîne est rompue entre les sociétés 3 et 4

puisque la participation de 3 dans 4 est inférieure au seuil du contrôle. Ce schéma n'appelle donc aucune réglementation particulière.

3 Mini-cas : organigramme et autocontrôle

Dressez un organigramme du groupe Soya et tentez de déceler les éventuels problèmes liés à l'autocontrôle direct ou indirect.

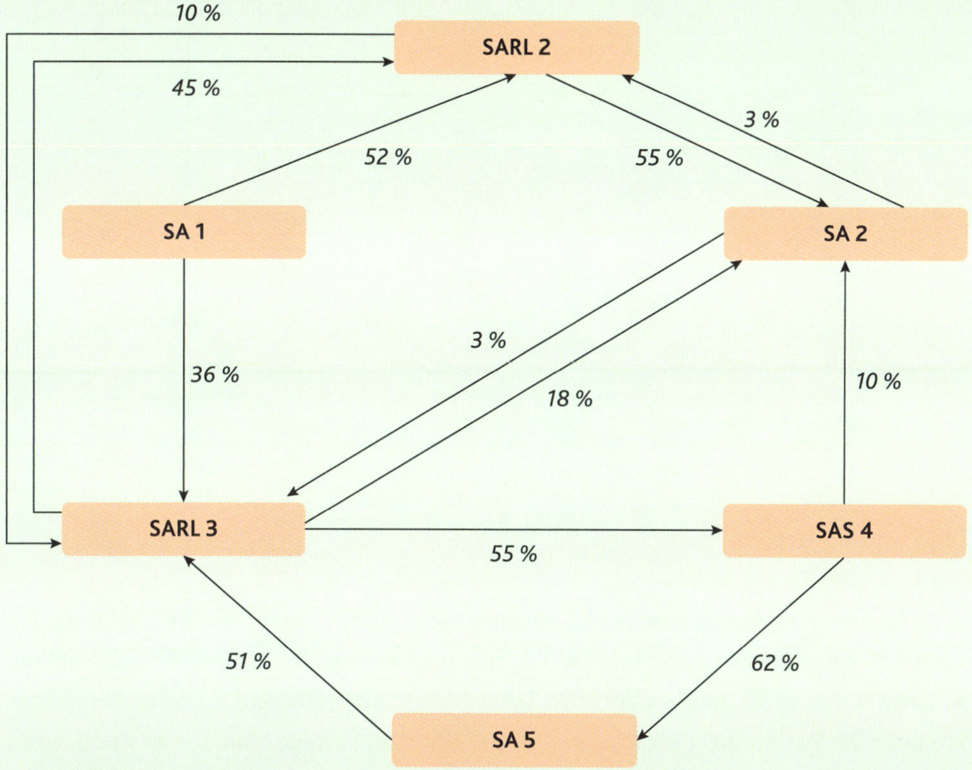

Le schéma fait apparaître quatre hypothèses d'autocontrôle :

- Entre la SARL 3, la SAS 4 et la SA 5, apparaît un autocontrôle indirect. La SARL n'est pas concernée car le texte de L. 233-31 ne lui est pas applicable. En revanche, la SA et la SAS s'autocontrôlent indirectement. Par conséquent la SAS 4 ne votera pas dans les assemblées de la SA 5 ; de même, la SARL 3 ne votera pas aux assemblées de la SAS 4.
- Entre la SA 2 et la SARL 3, participation réciproque directe régie par L. 233-30 ; la SARL ne peut détenir plus de 10 % de la SA. Il faut par conséquent régulariser la situation.
- Entre la SARL 2 et la SA 2, on retrouve exactement le même schéma que précédemment. Soit la participation de la SARL dans la SA passe en dessous des 10 %, soit celle de la SA dans la SARL est réduite à zéro.
- Entre la SARL 2 et la SARL 3, la réglementation des participations réciproques ne trouve pas à s'appliquer car il s'agit de deux SARL.

4 Cas pratique : prise de participation dans des sociétés cotés

1. *Dressez l'organigramme du groupe et déterminez les participations détenues par les personnes morales, les sociétés filiales, les sociétés sœurs. Précisez qui contrôle qui.*

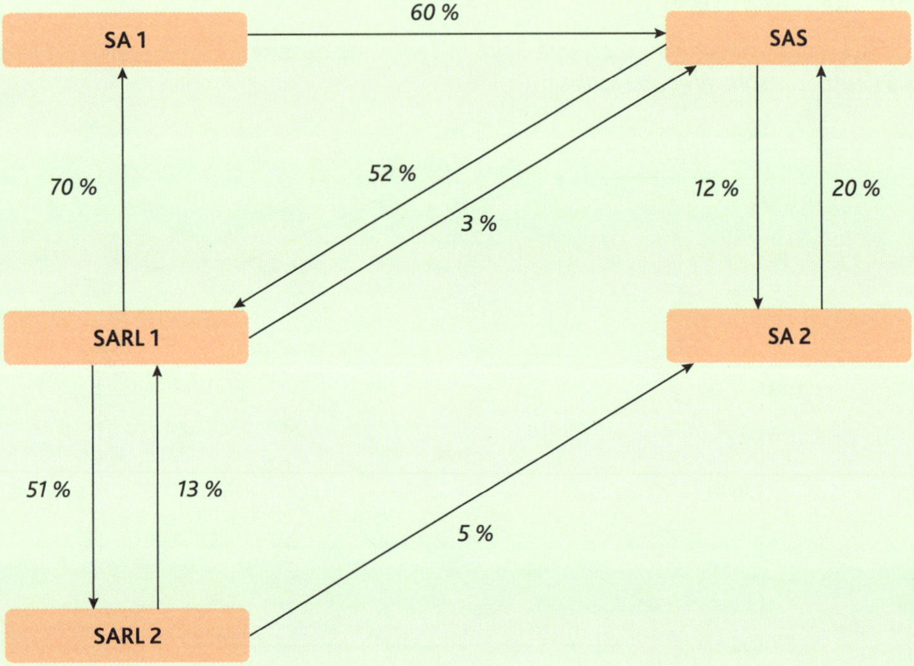

Analyse

- La SA 1 contrôle directement la SAS, et indirectement la SARL 1, la SARL 2 et… elle-même.
- La SAS contrôle directement la SARL 1, indirectement la SA 1, la SARL 2 et elle-même.
- La SARL 1 contrôle directement la SA 1 et la SARL 2, indirectement la SAS et elle-même.
- La SA 2 n'est contrôlée, directement ou indirectement, par aucune des personnes morales du schéma.

2. *Informez votre client sur la légalité et les conséquences des participations décrites.*

- Participations réciproques directes (PRD)

– SARL 1/SAS : la PRD n'est pas valable ; entre une société par actions et une autre société, le maximum est de 10-10. À défaut d'accord, la SARL 1 doit aliéner sa participation dans la SAS.

– SARL 1/SARL 2 : la PRD est valable car elle concerne deux sociétés dont aucune n'est une société par actions.

– SAS/SA 2 : la PRD n'est pas valable puisqu'elle excède 10 %. Par conséquent, et à défaut d'accord contraire, la SAS devra aliéner sa participation dans la SA 2.

- Participations réciproques indirectes (PRI)

Une seule est recensée ici : celle entre la SA 1, la SAS et la SARL 1. La conséquence est que la SARL 1 ne votera à aucune des assemblées de la SA 1, et que la SA 1 ne votera à aucune des assemblées de la SAS. En revanche, la SAS votera aux assemblées de la SARL, car cette société n'est pas concernée par la réglementation de l'autocontrôle.

3. *Listez les incidences que pourrait avoir une prise de participation de 9 % de la SA 1 dans la SA 2. Même question pour une prise de participation de 22 %.*

La SA 2 étant cotée, des obligations vont découler de cette prise de participation.

- Achat de 9 % de la SA 2

Il convient d'y ajouter les 12 % détenus par la SAS (car la SA 1 contrôle la SAS) et les 5 % détenus par la SARL 2 (car la SA 1 contrôle indirectement la SARL 2).

En effet comme l'énonce l'article L. 233-4 : « Toute participation au capital même inférieure à 10 % détenue par une société contrôlée est considérée comme détenue indirectement par la société qui contrôle cette société. »

La SA 1 est donc réputée détenir 9 + 5 + 12 = 26 % de la SA 2 (on ne tiendra pas compte des régularisations suite à PRD illégales).

Les obligations sont les suivantes :

– déclarer les franchissements des seuils :

1/20, soit 5 %, 1/5, soit 20 %,

1/10, soit 10 %, 1/4, soit 25 % ;

3/20, soit 15 %,

– déclarer les intentions car passage des seuils du 1/10 et du 1/5.

- Achat de 22 % de la SA 2

La participation totale de SA 1 dans SA 2 est de 22 + 5 + 12 = 39 %, outre les obligations précédentes, il convient de déposer un projet d'offre publique portant sur les actions de la SA 2.

4. *Dans l'hypothèse où l'agrément serait accordé, déterminez-en les conséquences sur le groupe.*

Cette cession a deux conséquences. Tout d'abord, elle casse la chaîne de l'autocontrôle entre la SA 1, la SAS et la SARL 1 ; en effet, ce n'est plus la SARL qui détient 70 % de la SA 1, mais une société tierce.

Par conséquent, toutes les actions d'autocontrôle retrouvent le droit de vote. La seconde conséquence est que le contrôle d'une société actionnaire (la SA 1) d'une SAS, est modifié ; cela peut entraîner l'application de l'article L. 227-17 du Code de commerce qui dispose :

« Les statuts peuvent prévoir que la société associée dont le contrôle est modifié au sens de l'article L. 233-3 doit, dès cette modification, en informer la société par actions simplifiée. Celle-ci peut décider, dans les conditions fixées par les statuts, de suspendre l'exercice des droits non pécuniaires de cet associé et de l'exclure. »

5. *Déterminez la validité d'un tel accord, ses conséquences au sein du groupe et la sanction de sa violation.*

L'interdiction de céder leur participation dans la SA 2 pendant trois exercices : l'accord est valable à condition d'être limité dans le temps. Sa sanction en cas de violation sera l'allocation de dommages et intérêts. Il n'est pas possible en principe d'obtenir la nullité des cessions contrevenant à la clause.

L'obligation de voter dans le même sens après concertation, aux AG de la société : c'est une convention de vote dont la validité est assujettie à ce qu'elle ne soit pas contraire à l'intérêt de la société et qu'elle soit limitée dans le temps. La sanction sera, pareillement, l'allocation de dommages-intérêts.

Sous certaines réserves, liées à l'imprécision de l'énoncé, il semble qu'un tel accord soit constitutif entre ses signataires, d'une action de concert.

Chapitre 14

1 QCM

1. b et c. La notion de groupe n'est pas consacrée en droit français – il n'y a pas légalement d'organes de direction du groupe mais les statuts peuvent décider de créer ces organes.

2. c, d et e. Voir l'article L. 233-6 du Code de commerce et l'article L. 2312-8 du Code du travail.

3. b. L'abus de de majorité est une construction jurisprudentielle.

4. d et e. Voir l'article L. 823-2-2 du Code de commerce.

5. e. Voir le décret du 26 mai 2019.

2 Mini-cas : obligations juridiques, comptables et sociales

Il est conseillé de réaliser un schéma du groupe représentant les parts de chacune des entités.

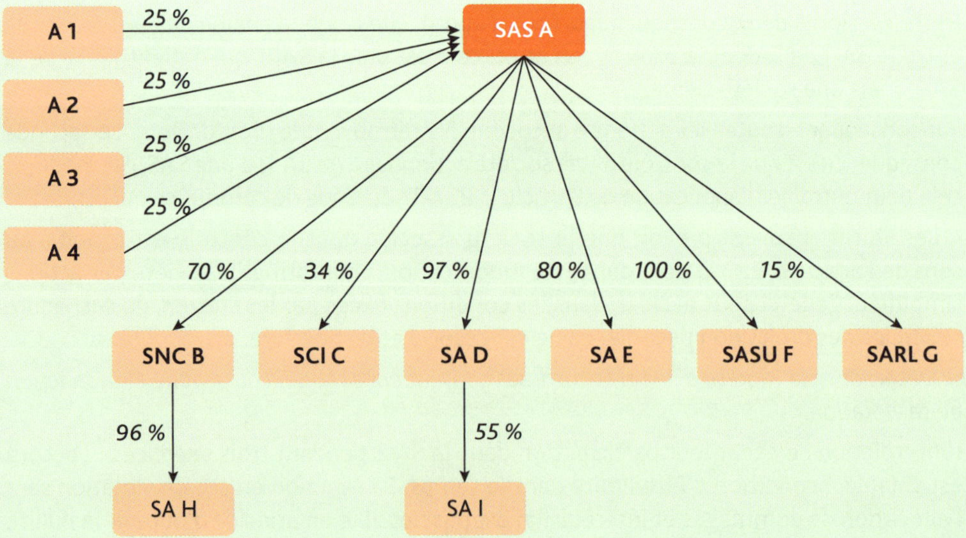

1. *Quelles sociétés sont tenues d'établir des comptes consolidés ? Quel est le périmètre de la consolidation ?*

- Consolidation : sociétés concernées et périmètre

– Sociétés concernées

Sont tenues de la consolidation les sociétés commerciales qui contrôlent, de manière exclusive ou conjointe, une ou plusieurs autres entreprises. Le contrôle exclusif s'entend de la détention de la majorité des droits de vote.

En théorie dans notre cas, seraient tenues d'établir des comptes consolidés :

– A car elle contrôle B, D et E ;

– B car elle contrôle H ;

– D car elle contrôle I.

Toutefois, une société ne doit pas établir de comptes consolidés si elle est, elle-même, comprise dans le périmètre de consolidation d'une autre. En l'occurrence, B et D sont exclues de cette obligation car incluses dans le périmètre de consolidation de A.

- Périmètre

Il comprend toutes les sociétés décrites dans le schéma ci-dessus à l'exception de G qui n'est détenue qu'à 15 %. C, détenue à 34 % entre dans la catégorie « influence notable » ; H et I sont indirectement contrôlées.

2. *En admettant qu'au cours de l'exercice, A se porte acquéreur de 30 % du capital de la SCI C, et de 20 % du capital d'une société étrangère, quelles en seraient les conséquences pour le groupe ?*

La participation de A dans C va passer de 34 % à 64 %. Cela deviendra, du point de vue des obligations comptables, un cas de contrôle exclusif.

Les prises de participation peuvent également générer des obligations d'information et de consultation : information des associés de la SAS pour les 30 % pris dans le capital de la SCI (mais pas pour les 20 % pris dans la société étrangère ; voir exclusion art. L. 233-6 Code de commerce). Mention de cette prise de participation doit également figurer dans le rapport du commissaire aux comptes.

Il peut être également nécessaire de consulter le CSE de la SAS (s'il en existe un) pour les deux acquisitions réalisées.

3. *S'il est décidé de mettre en place des stocks-options au profit des salariés de D, quels schémas sont envisageables au sein du groupe ?*

D est filiale de A et mère de I. Par voie de conséquence, D est sœur de B, E et F (car soumise au même contrôle).

Code de commerce, article L. 225-180

■ [...] des options peuvent être consenties :

- soit au bénéfice des salariés des sociétés dont 10 % au moins du capital ou des droits de vote sont détenus, directement ou indirectement, par la société consentant les options ;
- soit au bénéfice des salariés des sociétés détenant, directement ou indirectement, au moins 10 % du capital ou des droits de vote de la société consentant les options ;

- soit encore au bénéfice des salariés des sociétés dont 50 % au moins du capital ou des droits de vote sont détenus, directement ou indirectement, par une société détenant, elle-même, directement ou indirectement, au moins 50 % du capital de la société consentant les options.

Ce texte, appliqué au cas, signifie que les sociétés, mères, filles et sœurs de D peuvent consentir des options aux salariés de D.

Titulaires de ces options, et une fois celles-ci exercées, les salariés de D pourront devenir actionnaires de A (mère), I (filiale), E (sœur), H (sœur par contrôle indirect) ou F (sœur qui, dans ce cas, ne sera plus une société unipersonnelle).

B est exclue du schéma car il s'agit d'une SNC ne pouvant pas émettre d'options de souscription d'actions.

4. *Quelles sont les possibilités d'action des créanciers B sur les autres sociétés du groupe ?*

En principe, leur seul débiteur est la société B.

Toute extension de leur gage aux autres sociétés du groupe, hors procédure collective, ne pourrait être basée que sur :

- la croyance légitime (théorie de l'apparence / 1156 Code civil) ;
- une sûreté consentie par une société du groupe au profit du créancier ;
- la forme sociale de la société débitrice. S'agissant dans notre cas d'une SNC, les associés de celle-ci répondent indéfiniment et solidairement du passif social. Donc la SAS A pourra être inquiétée.

5. *Quelles pourraient être les conséquences si D opérait à plusieurs reprises des avances de trésorerie non remboursables au profit de A, au point de voir ses capitaux propres diminuer dans des proportions importantes ?*

Des avances non remboursables ont été faites par D filiale à A mère, à tel point que les capitaux propres de D commencent sérieusement à se réduire. Deux conséquences principales doivent être relevées :

Conséquences pénales. Dans la mesure où les deux sociétés ont des dirigeants communs. En principe, cette cannibalisation de la filiale peut être qualifiée d'abus de biens sociaux puisqu'il est porté atteinte de manière notoire à l'intérêt de la société D. On sait également que selon la jurisprudence, le délit d'abus de biens sociaux peut ne pas être constitué si quatre conditions sont réunies :

- Les deux sociétés impliquées dans le flux anormal doivent appartenir au même groupe, ce qui est bien le cas ici.
- L'opération doit être commandée par une politique et une stratégie économique ou sociale commune mise en place au sein du groupe ; cet élément n'apparaît pas clairement dans l'énoncé ;
- La filiale « ponctionnée » doit recevoir une forme de contrepartie, même si le contrat passé avec l'autre société est volontairement déséquilibré (une surfacturation est admissible, pas un prélèvement de trésorerie sans contrepartie) ; l'énoncé avance ici clairement que les contreparties sont inexistantes (caractère non remboursable des avances).

- L'opération ne doit pas excéder les capacités financières de la société « victime ». Compte tenu de la sévère réduction des capitaux propres de D, on peut penser que cette condition n'est pas remplie.
- En conclusion, il y a tout lieu de penser que le délit d'ABS pourra être retenu.

Conséquences en cas de procédure collective touchant la société filiale. L'anormalité des flux financiers entre les deux sociétés est probablement de nature à constituer une confusion des patrimoines au sens de l'article L. 621-2 al. 2 du Code de commerce. Par conséquent, on peut penser que la procédure affectant D viendra à toucher A. De manière annexe, il est envisageable que les actionnaires de la filiale D demandent l'annulation des délibérations d'assemblée générale sur le fondement de la théorie de l'abus de majorité. Encore faut-il pour ce faire que les avances de trésorerie non remboursables aient été mises en place par une délibération d'AG. Il est également nécessaire que les conditions de l'abus de majorité soient réunies, ce qui est rare dans la jurisprudence.

Avant la loi Pacte du 22 mai 2019, le CAC dans une telle configuration aurait *a minima* été obligatoire : dans la SAS A et la SASU F (CAC obligatoire car A est une SAS contrôlant et E une SAS contrôlée) ; dans les SA D, E, H et I (CAC obligatoire en raison de la forme juridique de SA).

6. *Quelles sociétés devront nommer un commissaire aux comptes ?*

Le CAC est obligatoire, quelle que soit la forme juridique des sociétés du groupe :

- Dans la société mère, si l'ensemble des sociétés contrôlées dépasse deux seuils sur trois suivants : 8 millions d'€ de chiffre d'affaires HT, 4 millions d'€ de total bilan, ou 50 salariés.
- Pour les filiales, l'obligation de nommer un CAC est liée à des seuils de moitié inférieurs : 4 millions d'€ de chiffre d'affaires HT, 2 millions d'€ de total bilan ou 25 salariés (décret du 26 mai 2019).

Il est impossible de se déterminer ici puisque nous ne connaissons pas les effectifs des différentes sociétés, ni leurs résultats financiers.

3 Cas pratique : SA Auto Guadeloupe Investissement

Commentez l'arrêt de la Cour de cassation du 13 mars 2019.

L'arrêt met en lumière les difficultés liées à l'inexistence de la notion de groupe en droit français. La question ici posée est liée à une action en responsabilité intentée par des actionnaires de la société mère à l'encontre des dirigeants de l'une de ses filiales.

L'action en responsabilité contre les dirigeants est régie par les articles L. 225-249 et suivants du Code de commerce.

La responsabilité des dirigeants peut être engagée pour les trois causes prévues par l'article L. 225-251.

Code de commerce, article L. 225-251

- Les administrateurs et le directeur général sont responsables individuellement ou solidairement selon le cas, envers la société ou envers les tiers, soit des infractions aux dispositions législatives ou réglementaires applicables aux sociétés anonymes, soit des violations des statuts, soit des fautes commises dans leur gestion.

La question posée ici n'est pas celle de la cause de la responsabilité (violation de la loi/règlement, des statuts ou faute) mais consiste à déterminer qui peut engager cette responsabilité. Quatre cas peuvent se présenter :

- L'action engagée par la société (action sociale dite *ut universi*), c'est-à-dire concrètement par ses nouveaux dirigeants ; dans ce cas le produit financier de l'action reviendra à la société.
- L'action engagée par les associés au nom de la société (action sociale dite *ut singuli* qui est en cause dans notre cas) ; dans ce cas également, le produit financier de l'action reviendra à la société.
- L'action individuelle des associés, laquelle suppose la preuve d'un préjudice personnel distinct de celui de la société, réellement difficile à prouver (rarement admis par la jurisprudence) ; dans ce cas le produit financier de l'action reviendra aux associés.
- Enfin, l'action des tiers contre les dirigeants, laquelle est soumise à la preuve d'une faute détachable des fonctions. En effet, les tiers ne peuvent agir normalement que contre la personne morale, laquelle fait écran avec les dirigeants.

L'action sociale *ut singuli* est précisée à l'article L. 225-252 du Code de commerce.

Code de commerce, article L. 225-252

■ Outre l'action en réparation du préjudice subi personnellement, les actionnaires peuvent, soit individuellement, soit par une association répondant aux conditions fixées à l'article L. 225-120 soit en se groupant dans les conditions fixées par décret en Conseil d'État, intenter l'action sociale en responsabilité contre les administrateurs ou le directeur général. Les demandeurs sont habilités à poursuivre la réparation de l'entier préjudice subi par la société, à laquelle, le cas échéant, les dommages-intérêts sont alloués.

Le principe d'indépendance des personnes morales, applicable même au sein d'un groupe de sociétés, postule que l'action n'est ouverte qu'aux associés d'une société contre les dirigeants de cette même société. En ce sens, l'arrêt de la chambre commerciale de la Cour de cassation du 13 mars 2019 ne surprend pas. La jurisprudence décide ainsi, de manière constante, que « l'actionnaire qui exerce l'action sociale peut agir contre les administrateurs à condition de conserver sa qualité d'actionnaire et la demande formée postérieurement à la cession de la totalité de ses titres est irrecevable ». (Cass. Com. 26 janv. 1970, n° 69-60.033), ce qui montre bien que la qualité d'actionnaire est requise pour agir.

En conclusion, et même si l'on peut déplorer une interprétation particulièrement restrictive des textes, il faut bien reconnaître que ces derniers ne laissent pas de place au doute.

Les associés de la société mère pourraient toutefois agir contre les dirigeants de la filiale sur deux fondements :

– en agissant comme des tiers à la condition de prouver une faute détachable ; même dans cette hypothèse, il y a peu de chances que leur action soit recevable puisqu'ils n'ont aucun lien contractuel avec la société dont les dirigeants sont en cause,

– en se fondant sur le droit commun de la responsabilité civile et notamment l'article 1240 du Code civil qui prévoit que « tout fait quelconque de l'homme, qui cause à autrui un dommage, oblige celui par la faute duquel il est arrivé à le réparer ».

Chapitre 15

1 Quiz

1. Vrai. Le régime concerne les dividendes, mais également les distributions de réserves et les répartitions de boni de liquidation

2. Vrai. L'exonération est conditionnée par la réintégration d'une quote-part pour frais et charges.

3. Faux. Elle est de 5 %.

4. Vrai. La détention peut également se faire indirectement.

5. Vrai. Le calcul se réalise en multipliant entre eux les pourcentages de détention successifs.

6. Faux. Elle dure 5 ans.

7. Vrai. Le renouvellement se fait tacitement en l'absence de dénonciation dans le délai de 3 mois suivant la fin de la période de 5 ans.

8. Vrai. Il faut seulement que les filiales remplissent les conditions.

9. Faux. Elles doivent être déduites du résultat du groupe.

10. Faux. La compensation des bénéfices et des pertes concerne le régime de l'intégration fiscale.

2 Cabinet Fiscaninho

1. *Comment la société Aride doit-elle procéder pour dénoncer l'option ?*

La mise en place du régime de l'intégration nécessite une option expresse de la part de la société tête de groupe. Celle-ci dure cinq ans. Elle est renouvelée tacitement à la fin de ce délai en l'absence de dénonciation dans le délai de trois mois qui suit la fin de la période de cinq ans. Par conséquent, la société Aride doit attendre encore deux ans avant de pouvoir dénoncer l'option. Elle doit ensuite le faire dans les trois mois qui suivent la fin de la période de cinq ans.

2. *Quelles sont les conditions à satisfaire pour bénéficier de ce régime avantageux ?*

Le régime des sociétés mères est susceptible de s'appliquer, d'une manière générale, à l'ensemble des dividendes perçus par une société mère, quelle que soit la forme juridique de la société émettrice. Le bénéfice du régime des sociétés mères nécessite que plusieurs conditions cumulatives soient remplies : les sociétés sollicitant l'application du régime doivent relever de l'IS au taux normal, les titres doivent être détenus en pleine propriété ou en nue-propriété, la société mère doit détenir au moins 5 % du capital de la filiale, les titres doivent être conservés pendant un délai minimum de deux ans. La forme juridique sous laquelle est constituée la société filiale est sans incidence au regard de l'application du régime des sociétés mères.

3 Mini-cas : distribution de dividendes

1. *Quel est le montant d'impôt dû sur cette distribution en application d'un taux d'IS de 28 % ?*

Le régime des sociétés mères permet d'exonérer les produits nets des participations touchés par une société mère, sous condition d'une réintégration d'une quote-part pour frais et charges de 5 %. Ce dispositif conduit à une différence de traitement entre la comptabilité et la fiscalité nécessitant d'effectuer des rectifications extra-comptables.

En application des règles énoncées, le calcul de l'impôt s'effectue de la manière suivante :

- Montant exonéré / déduction extracomptable : – 600 000 €
- Réintégration extracomptable de la quote-part : 600 000 × 5 % = + 30 000 €

Seule la quote-part de 30 000 € donne lieu à imposition. Impôt dû : 30 000 × 28 %, soit 8 400 €.

2. *La solution serait-elle plus avantageuse si les sociétés relevaient également du régime de l'intégration fiscale ?*

Depuis 2016, lorsqu'une distribution relève du régime des sociétés mères et qu'elle est effectuée dans un groupe fiscalement intégré, il n'y a pas lieu de neutraliser l'opération puisqu'un régime préférentiel s'applique. En effet, les dividendes sont exonérés sous condition de la réintégration d'une quote-part pour frais et charges de 1 % dans le résultat individuel de la société tête de groupe. Ainsi, le régime est plus avantageux puisqu'il conduit à une exonération à hauteur de 99 %. L'impôt dû dans ce cas est le suivant :

- Montant exonéré / déduction extracomptable : – 600 000 €
- Réintégration extracomptable de la quote-part : 600 000 × 1 % = + 6 000 €
- Seule la quote-part de 6 000 € donne lieu à imposition.
- Impôt dû : 6 000 × 28 % = 1 680 €

→ La solution est donc plus avantageuse si les sociétés relèvent également du régime de l'intégration fiscale.

4 Cas pratique : société Renaud

1. *Quelles sont les filiales susceptibles de relever du périmètre de l'intégration fiscale ?*

Les différents pourcentages de détention peuvent être schématisés (voir page suivante) :

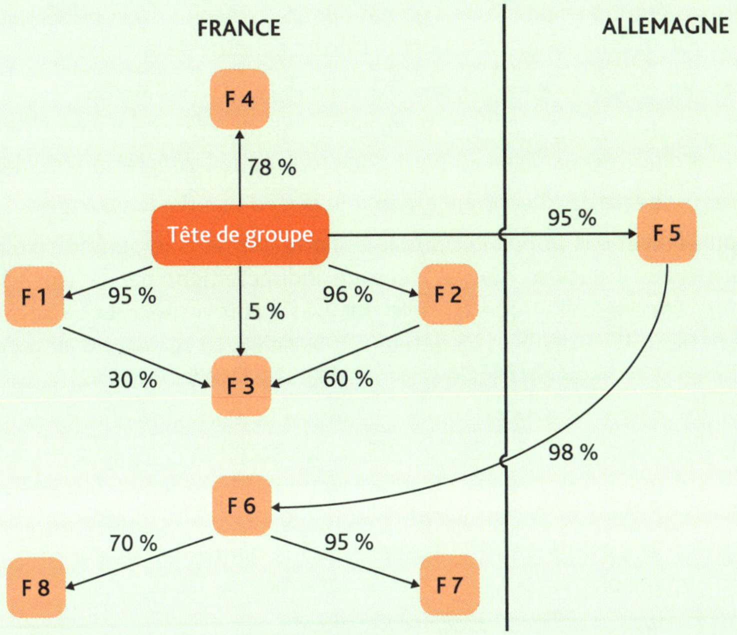

Pour rappel, différentes conditions doivent être réunies pour qu'une société puisse relever de l'intégration. Parmi celles-ci, les sociétés doivent être soumises à l'IS en France, les exercices comptables des sociétés doivent correspondre et la société tête de groupe doit détenir au moins 95 % du capital de chaque filiale intégrée. La condition a été assouplie puisqu'il est possible de détenir indirectement une sous-filiale par le biais de filiales détenues directement. Dans ce cas, le calcul s'effectue en multipliant entre eux les pourcentages de détention successifs, étant entendu que la détention d'une filiale à hauteur de 95 % ou plus est considérée comme une détention de 100 % pour les calculs. En outre, L'arrêt *Papillon* rendu par la CJUE le 27 novembre 2008 est venu élargir le domaine de l'intégration fiscale en permettant d'intégrer dans son périmètre une sous-filiale française détenue indirectement par le biais d'une filiale étrangère. Ces règles étant précisées, il est nécessaire de s'interroger sur trois situations pour répondre à la société Renaud.

- Détention directe des filiales F1, F2 et F4

F1 et F2 = La société tête de groupe détient directement 95 % de F1 et 96 % de F2. Elles peuvent donc relever du périmètre de l'intégration étant donné que le pourcentage de détention est au moins égal à 95 %.

F4 = La société tête de groupe détient directement 78 % de F4. Le seuil de 95 % n'étant pas atteint, F4 ne peut relever du périmètre de l'intégration.

- Détention de la filiale F3 (détention directe et indirecte)

F3 est détenue indirectement par la société tête de groupe à travers les sociétés F1 et F2 détenues elles-mêmes à hauteur de 95 % et 96 %. En outre, la société tête de groupe détient directement 5 % de F3. Comme cela a été évoqué, le calcul du pourcentage de détention indirect s'effectue en multipliant entre eux les pourcentages de détention successifs, étant

Texte intégral de l'arrêt dit « Papillon » du 27 novembre 2008 :

http://dunod.link/nssla5t

entendu que la détention d'une filiale à hauteur de 95 % ou plus est considérée comme une détention de 100 % pour les calculs. Ainsi, le calcul s'effectue de la manière suivante : (100 % × 30 %) + (100 % × 60 %), soit 90 % de détention indirecte.

À ces 90 % doivent être ajoutés les 5 % de détention directe, ce qui aboutit à une détention à hauteur de 95 %. La filiale F3 peut donc relever de l'intégration fiscale.

- Détention indirecte de filiale française par le biais d'une filiale étrangère
  - F6. Depuis l'arrêt *Papillon*, il est possible d'intégrer dans le périmètre d'intégration une sous-filiale française qui est détenue indirectement par le biais d'une filiale étrangère. Encore faut-il que la règle des 95 % soit respectée. La société tête de groupe détient 95 % de F5 et F5 détient 98 % de F6. La société F6 peut donc relever du régime de l'intégration fiscale (calcul : 100 % × 100 % = 100 %).
  - F7 et F8. La société tête de groupe a également la possibilité d'intégrer, sous conditions de détention au moins égale à 95 %, les sociétés F7 et F8 qui sont détenues directement par la sous-filiale F6, elle-même détenue indirectement par le biais d'une filiale étrangère. Or, en l'espèce, seule la société F7 peut être intégrée dans la mesure où elle est détenue à hauteur de 95 % par F6. La société F8 est exclue du périmètre en raison d'un pourcentage de détention de 70 %.

2. *Que pouvez-vous conseiller à la société Renaud ?*

L'intégration fiscale permet de compenser les bénéfices et les pertes de chaque filiale pour déterminer le résultat du groupe. Seule la société tête de groupe dispose de la qualité de redevable. Dans un premier temps, chaque société doit calculer de manière isolée son résultat sans tenir compte du régime de l'intégration. Le résultat de chaque société est ensuite additionné aux autres afin de déterminer un résultat d'ensemble. La société Durand peut donc utiliser les déficits des filiales nés durant la mise en place de l'intégration. Concernant les déficits anciens des filiales, en principe ils ne peuvent pas être transférés à la société tête de groupe. Seules les créances relatives à un report en arrière peuvent être cédées à la société tête de groupe.

Chapitre 16

1 QCM

1. b. Voir les articles L. 251-1 et suivants du Code de commerce.
2. d. Voir l'article L. 251-6 du Code de commerce.
3. a et c. La location-gérance ne transmet pas au locataire la propriété du fonds mais seulement son exploitation, sauf clause contraire.
4. c et d. La SEP est une société non immatriculée (C. civ. art. 1871 s).
5. a et b. Voir les articles L. 252-2 et suivants du Code de commerce.
6. b et e. Voir l'article 1684-3° du Code général des impôts.

2 Cas pratique : établissements Marchal

1. *Comment le contrat de location-gérance fonctionne-t-il ?*

La location gérance est un contrat qui permet au propriétaire d'un fonds de commerce de concéder à une personne – le locataire gérant – le droit d'exploiter librement ce fonds à ses risques et périls moyennant le paiement d'une redevance.

Pour le locataire-gérant, il est nécessaire d'avoir la capacité d'exercer le commerce et de s'immatriculer au Registre du commerce et des sociétés.

Pour le loueur, propriétaire du fonds, il est nécessaire d'avoir exploité le fonds pendant deux ans au moins. Des exceptions à cette obligation sont prévues par l'article L. 144-5 du Code du commerce. Depuis la loi du 19 juillet 2019, la condition d'exploitation personnelle pendant 2 ans est supprimée.

Le contrat de location-gérance peut-être passé sous seing privé ou bien en la forme authentique notariée. Le contrat de location-gérance doit être publié dans les quinze jours de leur date sous forme d'avis dans un journal habilité à recevoir les annonces légales. La fin de la location-gérance donne lieu aux mêmes mesures de publicité.

Cette publicité est importante car elle conditionne l'opposabilité du contrat aux tiers et le point de départ de la solidarité passive concernant les dettes du locataire-gérant, de même que l'exigibilité immédiate des dettes du loueur, propriétaire du fonds.

En l'espèce il semble que les conditions sont réunies.

2. *Indiquez le régime fiscal applicable aux redevances de location-gérance au regard de l'imposition du résultat et de la TVA, aussi bien pour le locataire-gérant que pour le propriétaire du fonds de commerce.*

Le loueur est imposé à l'IR dans la catégorie des BIC pour les redevances perçues. Les prélèvements sociaux sont applicables dans les mêmes conditions que les revenus du patrimoine (17,2 %).

Le bailleur demeurant propriétaire du fonds, reste soumis personnellement à la contribution économique territoriale.

Les redevances versées sont déductibles du bénéfice du locataire sauf à ce qu'elles soient considérées comme excessives au regard de la valeur locative du fonds, ou sauf à ce qu'elles dissimulent par leur importance, une cession déguisée du fonds…

La TVA est applicable sur les redevances de location-gérance. Elle sera facturée au locataire par le loueur. Ce dernier en sera le redevable. Le locataire-gérant pourra déduire la TVA de celle due au titre de ses recettes commerciales.

Notons enfin qu'aux termes de l'article 1684 3e du CGI, le loueur est solidairement responsable des dettes d'impôts directs dus par le locataire-gérant jusqu'à la publication du contrat.

3. *Quelles sont les obligations envers ses salariés avant la conclusion du contrat de location-gérance du fonds et quel est le sort des contrats de travail dans le cadre d'un contrat de location-gérance ? À l'échéance du contrat de location-gérance, en cas de reprise de l'exploitation par le loueur, quel est le sort des contrats de travail des salariés embauchés pendant la durée du contrat ?*

Plusieurs points sont à noter :

- Le locataire gérant va devenir l'employeur des 14 salariés.
- Puisque l'entreprise compte plus de 11 salariés, son comité social et économique (CSE) devra être informé et consulté au moment de la mise en location-gérance du fonds (C. trav., art. L. 2312-8) puisqu'il s'agit d'une modification de l'organisation économique ou juridique de l'entreprise. Si le CSE émettait un avis négatif, le loueur pourrait passer outre.
- En application de l'article L. 1224-1 du Code du travail, les contrats de travail en cours sont transférés au locataire-gérant et sens inverse, à la fin du contrat, les contrats sont retransférés au propriétaire initial, y compris les contrats nouveaux conclus par le locataire-gérant.

4. *En matière de redevance, existe-t-il un risque fiscal à la fixer à 800 000 € par an ?*

Le montant de la redevance semble très élevé, s'agissant d'une entreprise de petite taille. Il est probable que l'administration fiscale cherche à requalifier ce contrat en cession de fonds déguisée. En effet, la location éviterait au loueur de payer un impôt sur les plus-values et au locataire de payer des droits d'enregistrement sur le prix de cession. En outre, le locataire ne pourra probablement pas déduire de son CA la totalité de la somme payée annuellement, l'administration fiscale risquant de lui reprocher un acte anormal de gestion.

Chapitre 17

1 QCM

1. b, c et d. La fusion résulte soit d'une création de nouvelle société, soit de l'absorption de l'une par l'autre, soit encore d'une TUP.

2. a et b. La scission est le partage du patrimoine d'une société entre deux sociétés existantes ou nouvellement créées.

3. c et e. L'apport partiel d'actif est l'apport d'une branche d'activité soit à une société existante, soit à une société nouvellement créée.

4. b et d. Les créanciers ont un droit d'opposition qui peut parfois conduire au remboursement de leur créance.

5. a et e. Voir l'article 210 A du CGI.

2 Cas pratique : SA Roi et Reine

Au préalable, on notera qu'il s'agit de sociétés de taille moyenne, manifestement non cotées, ayant la même forme juridique. Compte tenu des éléments connus de l'énoncé, l'opération ne paraît pas soumise aux règles de contrôle internes ou européennes en matière de concurrence.

1. *Après avoir procédé aux évaluations nécessaires, déterminez la parité d'échange.*

- Société Roi

La valeur nominale de ses titres est de 10 €. Son actif net est de 1 800 000 € (980 k€ + 578 k€ + 442 k€ – 200 k€), soit une valeur vénale par titre de 20 €.

- Société Reine

La valeur nominale de ses titres est de 30 €. La valeur vénale est de 80 €.

La parité d'échange est obtenue de la manière suivante :

- Parité = Valeur unitaire actions société absorbante / Valeur unitaire actions société absorbée
- Application au cas

$P = 20/80$

$P = 0{,}25$

Concrètement cela signifie qu'il faudra 0,25 action de Reine pour obtenir une action de Roi, ou, pour obtenir des nombres entiers, 1 action de Reine pour 4 actions de Roi.

2. *Quel est le montant de la prime de fusion globale ?*

Le montant nominal des titres de la société absorbante est de 10 €. Compte tenu de la parité d'échange, ROI va créer 4 actions nouvelle de 10 € pour 1 de REINE, soit 25 000 x 4 soit 100 000 actions nouvelles de 10 €.

Le montant de l'augmentation de capital sera de 100 000 x 10 € = 1 000 000 €

L'actif transféré par REINE se montant à 2 000 000 € la prime globale de fusion se monte à 2 000 000 € – 1 000 000 € = 1 000 000 €.

3. *Quelles sont les principales caractéristiques de la procédure à suivre ?*

Les étapes sont les suivantes :

- Projet de traité adopté par les conseils d'administration des deux SA.
- Intervention du commissaire à la fusion, obligatoire s'agissant de deux SA (sauf accord unanime contraire).
- Délibérations des assemblées des sociétés concernées dans les conditions modificatives des statuts (quorum 1/4 – majorité 2/3).
- Publicité de l'opération au RCS, au BODACC et dans un journal d'annonces légales.

4. *Les salariés de REINE voient l'opération d'un mauvais œil et vous demandent ce qu'ils peuvent envisager pour s'opposer à la fusion.*

Si la société REINE dispose d'un Comité social et économique (CSE), celui-ci devra être consulté sur l'opération (L. 2312-8 Code du travail). Toutefois, même s'il émettait un avis négatif sur l'opération, le fait pour les dirigeants de passer outre cet avis est sans conséquence sur la fusion. Cela signifie qu'il s'agit d'une mesure de simple information non contraignante.

En vertu de l'article L. 1224-1 al. 2 du Code du travail, les contrats de travail des salariés de REINE sont transmis obligatoirement à la société absorbante. Les salariés, théoriquement, ne doivent pas souffrir de l'opération quant à leurs conditions de travail. Ceci est plus théorique que réel…

Retenons que les salariés ne sont pas des créanciers de la société en mesure de faire opposition à l'opération.

5. *Si REINE était une SASU détenue à 100 % par ROI, en quoi la fusion serait-elle impactée ?*

Il s'agit d'une clause d'agrément rédigée de manière très précise et s'appliquant aux ventes et donations de titres. *A priori* il n'y a pas de raison de penser que cette clause soit applicable à une fusion, laquelle ne constitue ni une vente, ni une donation, mais une transmission universelle de patrimoine suivie d'une augmentation de capital.

Dès lors que ROI détient REINE en totalité, la « fusion-confusion » se fait suivant une procédure très allégée, dite transmission universelle du patrimoine (L. 236-11 Code de commerce) ; les principales caractéristiques sont :

- pas de traité de fusion à rédiger ;
- pas d'augmentation du capital de la société bénéficiaire de la TUP ;
- délibération de la seule AG (ordinaire) de la société absorbante et non de celle de la filiale absorbée ;
- décision de l'associé unique de la filiale 100 % de dissoudre cette société sans liquidation et de procéder à une TUP ;
- pas de nécessité de nommer un commissaire à la fusion ;
- absence de rapport particulier du conseil d'administration ou du directoire ;
- mesures de publicité (JAL, BODACC et radiation du RCS).

6. *Déterminez le montant des droits d'enregistrement payés dans cette opération.*

L'apport à la société absorbante du patrimoine de la société absorbée entraînait jusqu'au 31 décembre 2018 le paiement des droits d'enregistrement selon le droit fixe de 375 € ou 500 € en fonction du montant du capital à l'issu de l'opération (supérieur ou inférieur à 225 000 €). Pour les actes enregistrés depuis le 1er janvier 2019, il existe désormais une exonération des droits d'enregistrement pour les opérations de fusion.

Partie 4 : cas de synthèse

1. *Dessinez le schéma du groupe et qualifiez les relations entre les différentes sociétés.*

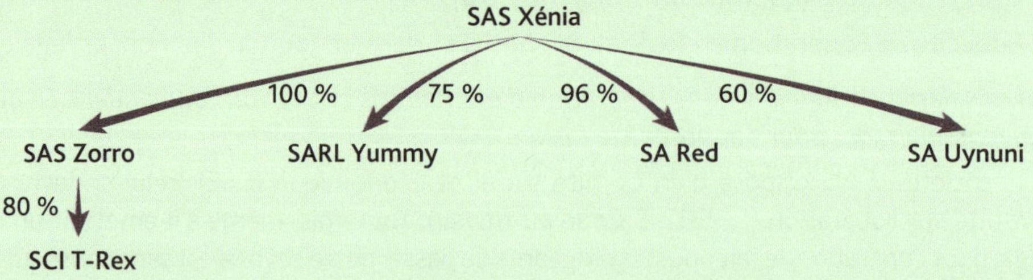

La SAS Xénia est la holding du groupe et contrôle de manière directe et indirecte (L. 233-3 1° Code de commerce : Toute personne, physique ou morale, est considérée, [...] comme en contrôlant une autre [...] lorsqu'elle détient directement ou indirectement une fraction du capital lui conférant la majorité des droits de vote dans les assemblées générales de cette société) :

- La SAS Zorro (contrôle direct à 100 %)
- La SARL Yummy (contrôle direct à 75 %)
- La SA Red (contrôle direct à 96 %)
- La SA Uyuni (contrôle direct à 60 %)
- La SCI T-Rex (contrôle indirect à 100 x 80 = 80 %)

Toutes ces sociétés sont considérées comme des filiales de la SAS X.

En outre, les SAS Zorro, la SARL Yummy, la SCI T-Rex et les SA Red et Uyuni sont considérées comme « sœurs » car contrôlées directement ou indirectement par la même entité.

2. *Les créanciers de la SA Red, en mauvaise posture financière, souhaitent demander le paiement de leur créance à la SAS Xénia. D'après vous, est-ce possible ?*

La prise en charge du passif à l'intérieur des groupes répond aux règles suivantes : le principe est que seule la société débitrice est tenue à l'égard de son créancier, quelle que soit la composition de son capital ou les participations qu'elle détient. C'est cette règle qui motive en effet le plus souvent la constitution des filiales (indépendance patrimoniale).

Ainsi en l'espèce, la société mère (SAS Xénia) détient 96 % du capital d'une de ses filiales (la SA Red) mais ne peut être poursuivie par les créanciers de cette filiale. Elle supportera bien entendu les conséquences financières de la déconfiture de sa filiale, en tant qu'associée, mais sera hors de portée du droit de poursuite des créanciers.

Trois exceptions à ce principe d'indépendance :

- En premier lieu, suivant la **forme sociale** des personnes morales composant le groupe, le droit de poursuite des créanciers pourra s'étendre d'une société à l'autre. Ainsi, si la société filiale est une SNC, ses associés, donc la société mère, pourront être poursuivis au titre de leur responsabilité indéfinie et solidaire au passif social ; en l'espèce, aucune société n'étant une SNC, il faut exclure cette possibilité.
- Ensuite, il est fréquent que des **garanties** soient consenties par une société du groupe au profit d'une autre, ces garanties offrant au créancier la possibilité d'agir contre plusieurs sociétés du groupe. Elles peuvent être de plusieurs natures : cautionnement, garantie autonome, lettre d'intention (↪ chapitre 11). En l'espèce, nous n'avons aucune information pertinente sur des garanties consenties entre les sociétés du groupe.
- Enfin, la jurisprudence admet de longue date que si le créancier a pu légitimement croire, en raison d'éléments factuels, que la mère et sa filiale ne formaient qu'une seule société, il peut agir contre celle qui n'a pas directement contracté avec lui. C'est l'une des applications de la théorie de l'**apparence** ; cette croyance légitime doit être prouvée et ne peut s'appuyer sue la seule identité de dirigeants ou de siège social ; il est nécessaire que la confusion mère-fille ait été entretenue, voire orchestrée, par les sociétés du groupe. Il n'existe aucune systématisation de cette théorie. Cette théorie de l'apparence est aujourd'hui consacrée par l'article 1156 du Code civil (ord. 10 février 2016).

En l'espèce, nous n'avons aucune information pertinente sur le comportement de la société mère à l'égard des créanciers des filiales du groupe.

En conclusion, les créanciers de la SA Red n'ont pas d'action contre la SAS Xénia.

3. *La procédure collective ouverte à l'encontre de la SAS Zorro peut-elle avoir une incidence sur les autres sociétés du groupe. Si oui, lesquelles ?*

Le principe est que la procédure ouverte à l'égard d'une société du groupe n'affecte pas les autres de manière directe, même si elle est détenue à 100 % de son capital par une autre société (principe d'indépendance des personnes morales). Cela signifie qu'elles demeurent normalement à l'écart de la procédure, même si, bien entendu, elles subiront les conséquences économiques de celle-ci.

Deux exceptions doivent être recensées :

- La première exception repose sur la fictivité de l'une des sociétés ou sur la confusion des patrimoines.

Code de commerce, article L. 621-2 al. 2

■ [...] La procédure ouverte peut être étendue à une ou plusieurs autres personnes en cas de confusion de leur patrimoine avec celui du débiteur ou de fictivité de la personne morale. À cette fin, le tribunal ayant ouvert la procédure initiale reste compétent.

La fictivité est rarement retenue car elle suppose une concordance d'éléments tels que l'identité des sièges sociaux, de dirigeants, l'absence d'activité avérée d'une société, de réunion de ses organes sociaux. La confusion des patrimoines sera plus facile à démontrer ; elle suppose des flux financiers anormaux entre sociétés du groupe, c'est-à-dire des mouvements financiers sans contrepartie réelle.

- La seconde exception suppose que la société mère s'est conduite en dirigeant de fait de sa filiale et a commis une faute de gestion. Elle pourra alors être condamnée à prendre en charge une partie du passif de la filiale au titre d'une action en responsabilité pour insuffisance d'actif (article L. 651-2 Code de commerce). En l'espèce les avances de trésorerie consenties par la holding à sa filiale à 100 % peuvent être regardées, notamment si elle ne sont pas remboursées, comme des flux financiers anormaux pouvant fonder une extension de procédure fondée sur la confusion des patrimoines.

4. *Déterminez les conditions auxquelles un associé minoritaire de la SA Red peut obtenir une expertise indépendante sur la gestion de la holding.*

Les associés de la filiale Red souhaitent demander une expertise sur la gestion de la holding Xénia.

L'expertise de gestion est une mesure d'information précontentieuse qui va la plupart du temps déboucher sur une action en responsabilité contre les dirigeants, voire leur révocation. L'expertise de gestion permet donc aux actionnaires minoritaires de solliciter la nomination d'un expert dont la mission va consister à clarifier une opération de gestion semblant contestable. Elle est régie dans les SA par l'article L. 225-231 du Code de commerce.

En principe, la demande d'expertise demeure interne à la personne morale, c'est-à-dire qu'elle émane de ses associés et concerne la gestion de ses dirigeants.

L'extension de l'expertise de gestion aux groupes permet aux associés d'une société de solliciter un éclairage particulier sur une opération effectuée au sein de n'importe quelle société du groupe. Cette extension est prévue au profit des sociétés contrôlées par le texte du Code de commerce précité. En revanche, ce texte ne permet pas aux filiales d'agir en direction de la mère.

Une telle extension, en l'espèce, peut être opérée par le biais d'un texte étranger au droit des sociétés, l'article 145 du Code de procédure civile, qui prévoit que s'il existe un motif légitime de conserver ou d'établir avant tout procès la preuve de faits dont pourrait dépendre la solution d'un litige, les mesures d'instruction légalement admissibles peuvent être ordonnées à la demande de tout intéressé, sur requête ou en référé.

Par sa généralité, ce texte a toujours autorisé une expertise débordant du cadre strict de la personne morale, et donc de la filiale vers la mère comme c'est ici le cas.

5. *Éclairez le président de la SAS Xénia sur la nécessité de nommer un CAC dans une ou plusieurs sociétés du groupe.*

Le CAC est obligatoire, quelle que soit la forme juridique des sociétés du groupe :

- Dans la société-mère, si l'ensemble des sociétés contrôlées dépasse deux seuils sur trois suivants : 8 millions d'€ de chiffre d'affaires HT, 4 millions d'€ de total bilan, ou 50 salariés.
- Pour les filiales, l'obligation de nommer un CAC est liée à des seuils de moitié inférieurs : 4 millions d'€ de chiffre d'affaires HT, 2 millions d'€ de total bilan ou 25 salariés (décret du 26 mai 2019).

Avant la loi Pacte du 22 mai 2019, le CAC dans une telle configuration aurait *a minima* été obligatoire : dans la SAS A et la SASU F (CAC obligatoire car A est une SAS contrôlant et E une SAS contrôlée) ; dans les SA D, E, H et I (CAC obligatoire en raison de la forme juridique de SA).

Il est impossible de se déterminer ici puisque nous ne connaissons pas les effectifs des différentes sociétés, ni leurs résultats financiers.

- Fusion-absorption d'Uyuni par Red
  - Évaluations des sociétés

Valeurs concernant Red :

– Capital : 750 000 €

– Nombre d'actions : 50 000

– Valeur nominale : 15 €

– Valeur de la société : (980 000 + 578 000 + 442 000) – (300 000) = 1 700 000 €

– Valeur de l'action : 34 €

Valeurs concernant Uyuni :

– Capital : 350 000 €,

– Nombre d'actions : 25 000

– Valeur nominale : 14 €

– Valeur de la société : 680 000 €

– Valeur de l'action : 27,20 €

– Parité d'échange = Vu SATE/Vu SABE – 34/27,2 = 1,25

Il faut donc 1,25 action de la SA Uyuni pour obtenir une action de la SA Red.

Vu = valeur unitaire
SATE = société absorbante
SABE = société absorbée

- Prime de fusion globale

La prime de fusion correspond à l'hypothèse où la valeur vénale des titres est supérieure à leur valeur nominale. Dans ce cas, la société absorbante émet des titres à une valeur nominale ne correspondant pas à la valeur retenue pour la parité d'échange.

Ici, Red absorbe Uyuni et doit créer 20 000 actions nouvelles (25 000 / 1,25) d'une valeur nominale de 15 €, soit un montant total de 300 000 € ; or la valeur globale apportée par Uyuni est de 680 000 €. La différence, soit ici 380 000 €, nommée « prime de fusion » (comparable à la prime d'émission lors d'une augmentation de capital), est portée à un compte spécial.

Son utilisation est à la discrétion de l'assemblée générale de la société absorbante ; elle est en général affectée à l'une des réserves de la société.

- Salariés d'Uyuni

La question touche à l'information du Comité social et économique – le CSE remplace, dans les entreprises d'au moins 11 salariés, les instances représentatives du personnel (délégués du personnel, comité d'entreprise). Il doit être informé et consulté sur tout projet de fusion ou de scission.

Code du travail, article L. 2312-8

- Le comité social et économique a pour mission d'assurer une expression collective des salariés permettant la prise en compte permanente de leurs intérêts dans les décisions relatives à la gestion et à l'évolution économique et financière de l'entreprise, à l'organisation du travail, à la formation professionnelle et aux techniques de production.
  Le comité est informé et consulté sur les questions intéressant l'organisation, la gestion et la marche générale de l'entreprise, notamment sur :
  [...] 2° La modification de son organisation économique ou juridique [...].

Ce texte est applicable aux fusions. Le CSE doit bénéficier d'informations suffisantes pour pouvoir se prononcer de façon circonstanciée. Son avis est communiqué obligatoirement aux assemblées générales de toutes les sociétés impliquées dans le projet. Le défaut de communication aux assemblées est une cause de nullité des délibérations des assemblées.

En outre, l'article L. 2312-41 du Code du travail prévoit les attributions du CSE lorsque l'entreprise est partie à une opération de concentration importante.

Lorsqu'une entreprise est partie à une opération de concentration, telle que définie à l'article L. 430-1 du code de commerce, l'employeur réunit le comité social et économique au plus tard dans un délai de trois jours à compter de la publication du communiqué relatif à la notification du projet de concentration, émanant soit de l'autorité administrative française en application de l'article L. 430-3 du même code, soit de la Commission européenne en application du règlement (CE) n° 139/2004 du Conseil du 20 janvier 2004 sur les concentrations.

Au cours de cette réunion, le comité social et économique ou, le cas échéant, la commission économique peut proposer le recours à un expert-comptable dans les conditions prévues aux articles L. 2315-92 et L. 2315-93. Dans ce cas, le comité ou la commission économique tient une deuxième réunion afin d'entendre les résultats des travaux de l'expert.

À noter que le texte ci-dessus ne s'applique que si la concentration dépasse les seuils nationaux ou européens (ce qui n'est a priori pas le cas en l'espèce) ;

Mais si le CSE est consulté, en aucun cas les salariés ne disposent d'un droit d'opposition.

- Clause d'agrément dans les statuts de Red

Les statuts contiennent une clause prévoyant que : « toute vente ou donation d'actions de la société à des tiers doit faire l'objet d'une autorisation préalable du conseil d'administration ».

Par principe, on pourrait douter qu'une clause d'agrément soit applicable en cas de fusion, et ceci pour deux raisons : tout d'abord l'application de la clause est contraire à l'esprit même de la fusion ; pourquoi une société dont les actionnaires ont accepté à la majorité qualifiée cette opération, irait-elle par la suite s'opposer à l'entrée de tel ou tel actionnaire nouveau ? Ensuite, d'un point de vue strictement juridique, les clauses d'agrément sont applicables aux « cessions » d'actions ou de parts sociales ; or la fusion par absorption n'est pas une cession mais une transmission universelle du patrimoine.

Toutefois, il est jugé par la Cour de cassation de manière récurrente que la clause d'agrément peut s'appliquer aux fusions (ex. : Cass. com., 3 juin 1986, n° 85-12657 : Bull. IV, n° 115).

En l'espèce, la clause des statuts de Red vise un périmètre bien précis, les ventes et donations, et il semble donc exclu qu'elle s'applique à notre opération de fusion.

Chapitre 18

QCM

1. b et c. Voir l'article L. 234-1 du Code de commerce. L'alerte est notamment mise en œuvre par le CAC avec pour objectif d'informer en interne.
2. a et b. Voir les articles L. 611-4 et suivants du Code de commerce.
3. b et d. Voir les artivles L. 631-1 (redressement judiciaire) et L. 645-1 (rétablissement professionnel) du Code de commerce.
4. c, d et e. Voir les articles L. 645-1 et R. 645-1 du Code de commerce.
5. b et c. Voir l'article L. 621-2 al. 2 du Code de commerce applicable à la sauvegarde, au redressement et à la liquidation judiciaires.

Mini-cas : faillite personnelle

Les conditions et effets de la faillite personnelle sont fixés par les articles L. 653-2 et suivants du Code de commerce.

1. Quelles sont les implications d'une telle décision ?

La faillite personnelle emporte interdiction de diriger, gérer, administrer ou contrôler, directement ou indirectement, toute entreprise commerciale ou artisanale, toute exploitation agricole ou toute entreprise ayant toute autre activité indépendante ainsi que toute personne morale.

2. Sous quel délai et dans quelles conditions M. Xavier pourra-t-il mener à bien ce nouveau projet ?

La durée de la faillite personnelle est prononcée par le tribunal. Elle ne peut excéder 15 ans.

3 Cas pratique : société Constance

1. *Auprès de quelle juridiction la société Constance devrait-elle être assignée en redressement judiciaire ?*

Problème de droit. Il convient de rechercher la juridiction matériellement et territorialement compétente.

Règles de droit. Les règles concernant la compétence juridictionnelle sont édictées au titre de la procédure de sauvegarde mais s'appliquent à celle de redressement judiciaire. La compétence en raison de la matière est celle du tribunal de commerce si le débiteur exerce une activité commerciale ou artisanale. Le tribunal de grande instance est compétent dans les autres cas. La compétence territoriale, lorsqu'il s'agit de personnes morales, est celle du tribunal dans le ressort duquel la personne a son siège social. Mais il faut tenir compte du siège réel, c'est-à-dire du « centre des intérêts principaux » de la personne morale, lequel peut s'avérer différent du siège statutaire.

Application du droit aux faits. La société Constance est une SA. Il s'agit donc d'une personne morale commerçante. Son siège social se situe à Lyon et l'énoncé n'indique pas un autre centre de ses intérêts principaux. La société Constance étant commerçante et son siège social se situant à Lyon – sans que celui-ci ne soit contesté – c'est le tribunal de commerce de Lyon qui est compétent.

2. *L'Urssaf peut-elle procéder à pareille assignation ?*

Problème de droit. Un créancier d'une entreprise en difficulté a-t-il le pouvoir d'assigner celle-ci devant la juridiction compétente afin de voir ouvrir une procédure de redressement judiciaire ?

Règles de droit. En cas de cessation de paiement, le débiteur a l'obligation de saisir le tribunal. Les créanciers de l'entreprise débitrice, de même que le ministère public, ont la faculté de saisir le tribunal compétent en vue de l'ouverture d'une procédure de redressement judiciaire.

Application du droit aux faits. L'Urssaf étant un créancier de la société Constance, elle est en droit de saisir le tribunal de commerce de Lyon pour demander l'ouverture d'une procédure de redressement judiciaire.

3. *Dans l'affirmative la procédure de redressement judiciaire serait-elle ouverte ?*

Problème de droit. Les conditions d'ouverture d'une procédure de redressement judiciaire à l'encontre de la société Constance sont-elles réunies ?

Règles de droit. Les conditions d'ouverture d'une procédure de redressement judiciaire tiennent aux personnes pouvant en faire l'objet et au degré de difficulté justifiant pareille procédure. Les personnes pouvant être soumises à une procédure de redressement judiciaire sont les personnes physiques exerçant une activité commerciale ou artisanale, les agriculteurs, les personnes exerçant une activité professionnelle indépendante et toutes les personnes morales de droit privé (C. com., art. L. 631-2). Une procédure de redressement judiciaire ne peut être ouverte qu'à l'encontre d'une entreprise en état de cessation des paiements ; c'est-à-dire, aux termes de la loi, qui est dans l'impossibilité de faire face à son passif exigible avec son actif disponible. Le passif exigible se compose des dettes certaines, liquides et exigibles. L'actif disponible comprend notamment les éléments d'actif figurant au bilan, qui sont suffisamment liquides. Il s'agit bien sûr de la trésorerie, mais aussi de valeurs qui peuvent être immédiatement réalisées, telles qu'un effet de commerce échu ou escomptable, ou des titres de placement négociables.

Application du droit aux faits. La société anonyme Constance étant une personne morale de droit privé, elle peut, à ce titre, faire l'objet d'une procédure de redressement judiciaire. Il importe peu qu'elle soit concessionnaire du service public, dès lors que sa constitution et son fonctionnement sont gouvernés par des règles de droit privé, ce qui est le cas d'une société anonyme. En revanche, elle n'est pas en état de cessation des paiements. Certes, si l'on s'en tient à sa trésorerie, son actif disponible ne permet pas de faire face à ses dettes certaines liquides et exigibles, c'est-à-dire son passible exigible. Toutefois, les lettres de change dont elle est bénéficiaire sont des effets de commerce escomptables. Il convient donc de les prendre en compte dans la détermination de l'actif disponible. Ce faisant, le montant de celui-ci est supérieur au passif exigible, de sorte que la société Constance n'est pas en état de cessation des paiements.

Conclusion. Les conditions d'ouverture d'une procédure de redressement judiciaire à l'encontre de la société Constance n'étant pas réunies, pareille ouverture ne pourrait être obtenue par l'Urssaf. Si elle assignait ladite société mais ne parvenait pas à démontrer l'état de cessation des paiements, elle engagerait alors sa responsabilité civile.

4. *L'Urssaf ou une autre personne pourrait-elle solliciter l'ouverture d'une procédure de sauvegarde de justice ?*

Problème de droit. Le problème de droit est double. Quelles sont les personnes en droit de demander l'ouverture d'une procédure de sauvegarde ? Les conditions d'ouverture de pareille procédure sont-elles réunies ?

Règles de droit. La saisine du tribunal en vue de l'ouverture d'une procédure de sauvegarde est réservée à l'entreprise débitrice. Les personnes pouvant faire l'objet d'une telle procédure sont les mêmes qu'en matière de redressement judiciaire (voir *ci-avant)*. Le débiteur peut obtenir une procédure de sauvegarde si, sans être en cessation des paiements, il éprouve des difficultés qu'il n'est pas en mesure de surmonter (depuis l'ordonnance de 2008, le débiteur n'est pas tenu de démontrer que les difficultés sont de nature à le conduire à la cessation des paiements). Cette procédure ne concerne donc pas les entreprises déjà en état de cessation des paiements.

Application du droit aux faits. L'Urssaf ne saurait solliciter du tribunal l'ouverture d'une procédure de sauvegarde puisqu'elle n'est pas le débiteur mais un créancier. En revanche, la société Constance pourrait formuler pareille sollicitation auprès du tribunal de commerce de Lyon. En effet, la loi réserve cette possibilité aux débiteurs qui, notamment, sont des personnes morales de droit privé, ce qui est le cas de la société Constance. Enfin, il a été montré que cette dernière n'est pas en état de cessation des paiements, ce qui plaide en faveur de l'ouverture d'une procédure de sauvegarde. Mais il lui reste encore à démontrer qu'elle éprouve des difficultés de nature à la conduire à la cessation des paiements et qu'elle n'est pas en mesure de surmonter, sans avoir à démontrer, en revanche, un risque de cessation de paiements. L'énoncé ne permet pas d'apporter des éléments en faveur ou en défaveur d'une telle démonstration.

4 Cas pratique : Magic Glisse

Les trois actes accomplis par la SA Magic Glisse sont-ils susceptibles d'être remis en cause ?

Résumé des faits. La SA Magic Glisse fait l'objet d'une procédure de redressement judiciaire. Les actes présentés dans l'énoncé ont été accomplis antérieurement à l'ouverture de la procédure.

Problème de droit. Parce qu'une procédure de redressement a été ouverte à l'encontre de la SA Magic Glisse, il convient de rechercher si les actes accomplis avant le jugement d'ouverture encourent la nullité, c'est-à-dire sont susceptibles d'être anéantis.

Règles de droit. Les dispositions légales relatives au redressement judiciaire instaurent une période, qui court de la cessation des paiements au jugement d'ouverture, durant laquelle elle suspecte de fraude les actes accomplis par le débiteur. Ces actes accomplis durant la période dite suspecte encourent la nullité. La nullité peut être demandée par l'administrateur, le mandataire judiciaire, le commissaire à l'exécution du plan ou le ministère public (C. com., art. L. 632-4). Pour certains actes, le tribunal saisi n'a pas le pouvoir de vérifier la fraude – on parle de nullité de droit (ou objective, ou automatique) –, tandis que pour d'autres il doit vérifier la fraude – on parle de nullité facultative. Ces nullités conduisent à la reconstitution de l'actif du débiteur par la réintégration des biens dans le patrimoine de ce dernier après restitution par les créanciers concernés.

Précision du problème de droit. Il convient de rechercher si les actes litigieux ont été accomplis durant la période suspecte et, dans l'affirmative, s'ils sont susceptibles d'encourir la nullité de droit ou facultative.

Règles de droit précisées. Encourent la nullité de droit notamment les actes suivants, lorsqu'ils sont intervenus depuis la date de cessation des paiements :

- tout contrat commutatif dans lequel les obligations du débiteur excèdent notablement celles de l'autre partie ;
- tout paiement, quel qu'en ait été le mode, pour dettes non échues au jour du paiement ;
- tout paiement pour dettes échues, fait autrement qu'en espèces, effets de commerce, virements, bordereaux de cession de créance professionnelle ou tout autre mode de paiement communément admis dans les relations d'affaires.
- Encourent la nullité, si le tribunal le juge opportun, notamment les paiements pour dettes échues et les actes à titre onéreux, réalisés à compter de la date de cessation des paiements et autres que ceux sanctionnés par une nullité de droit.

Application du droit aux faits. En l'espèce, la période suspecte a commencé le 16 février 2019, pour se terminer au jour de l'ouverture de la procédure de redressement judiciaire, soit le 20 octobre de la même année.

Le 25 août 2019, la SA Magic Glisse a payé une créance avant l'échéance prévue au contrat. En effet, le paiement est intervenu le 20 juillet alors que selon le contrat il devait intervenir après cette date. En outre, le paiement a été accompli pendant la période suspecte. Il s'agit d'un paiement pour dette non échue. En vertu de la règle sus-énoncée au titre des nullités de droit, le paiement du fournisseur est nul. Le mode de paiement – par chèque en l'espèce – importe peu. Enfin, le juge doit prononcer automatiquement la nullité sans avoir à apprécier la fraude.

Le 22 février 2019, la société a réglé par chèque une facture à l'échéance prévue au contrat. Certes, il s'agit d'un contrat commutatif, mais l'énoncé ne précise pas que le prix payé excède notablement la valeur de la prestation réalisée par le fournisseur. Par ailleurs, la dette payée était bien échue au jour du paiement et son mode de paiement fut normal. Même si l'acte a été accompli durant la période suspecte, il n'encourt donc pas une nullité de droit. Il n'encourt pas davantage une nullité facultative, même s'il s'agit d'un paiement pour dette échue, puisqu'il a été réalisé au moyen d'un chèque.

Le 15 décembre 2018, la société a vendu l'un de ses immeubles pour un prix inférieur à sa valeur. Mais l'acte n'est pas intervenu durant la période suspecte. Il n'encourt donc aucune nullité, ni de droit, ni facultative.

Conclusion. Seul le paiement intervenu le 25 août 2019 est susceptible d'être remis en cause, en l'occurrence par une nullité de droit.

Chapitre 19

1 QCM

1. f. La loi du 19 juillet 2019 a abrogé l'article L. 141-1 du Code de commerce.
2. d. Voir l'article L. 227-14 du Code de commerce.
3. b. Voir l'article L. 223-14 du Code de commerce.
4. c. L'abattement en ligne directe (parents/enfants) est de 100 000 € par enfant (CGI, art. 779 I).
5. d. Cet abattement relève du dispositif Dutreil (CGI, art. 779 V).

2 Mini-cas : abattements fiscaux

Les conditions et effets de la faillite personnelle sont fixés par les articles L. 653-2 et suivants du Code de commerce.

1. *Quelles sont les implications d'une telle décision ?*

La faillite personnelle emporte interdiction de diriger, gérer, administrer ou contrôler, directement ou indirectement, toute entreprise commerciale ou artisanale, toute exploitation agricole ou toute entreprise ayant toute autre activité indépendante et toute personne morale.

2. *Sous quel délai et dans quelles conditions M. Xavier pourra-t-il mener à bien ce nouveau projet ?*

La durée de faillite personnelle est prononcée par le tribunal mais ne peut excéder 15 ans.

3 Cas pratique : SA Bleudange

M. Albers peut-il se prévaloir de la clause de garantie ?

Problème de droit. En vertu de la clause de garantie d'actif, le cessionnaire est-il fondé à obtenir du cédant le paiement d'une somme d'argent égale au montant exigé par l'administration fiscale ?

Règles de droit. Les clauses de garantie d'actif sont valables. Elles ont donc force obligatoire. La jurisprudence exige cependant que le bénéficiaire soit de bonne foi. La Cour de cassation semble juger que la mauvaise foi du cessionnaire ne saurait être sanctionnée par la neutralisation de la garantie (c'est-à-dire son inefficacité), mais uniquement par l'allocation de dommages et intérêts (voir Cass. com., 10 juil. 2007, pourvoi n° 06-14.768).

Application du droit aux faits. M. Albers était, au moment de la cession, le président du conseil d'administration de la SA Bleudange. Sa mauvaise foi reste toutefois à prouver.

Dans l'hypothèse où est rapportée la preuve que M. Albers connaissait l'irrégularité ayant donné lieu à redressement fiscal, M. Dietrich pourrait invoquer l'obligation de loyauté du cessionnaire. Toutefois, en vertu de la jurisprudence citée, M. Albers serait en droit d'invoquer l'exécution de la clause de garantie. Il s'exposerait en revanche au paiement de dommages et intérêts.

4 Cas pratique : entreprise individuelle

L'énoncé indique qu'Antoine souhaite céder son entreprise individuelle avant son départ à la retraite et en retirer un prix. Son objectif consiste donc à céder son entreprise à titre onéreux. Celle-ci a une nature commerciale. Elle comporte donc un fonds de commerce lequel est notamment constitué du matériel de bureau et d'un droit au bail. Elle comporte aussi un contrat de franchisage.

Il ne s'agit pas, à défaut de précision dans l'énoncé, d'une entreprise individuelle à responsabilité limitée (EIRL).

1. *Quelle formalité doit être accomplie après la signature du contrat préalable et avant la conclusion du contrat définitif ?*

Problème de droit. Avant de répondre directement à la question posée, il convient de savoir qu'elle est la nature du contrat préparatoire projeté, de même que l'objet d'un tel contrat.

Règles de droit. Le mode de transmission d'une entreprise individuelle est différent de celui d'une société parce qu'elle n'a pas d'existence juridique propre. Aussi, sa cession consiste toujours en la vente par l'entrepreneur des éléments de son patrimoine affectés à son entreprise. Ces éléments d'exploitation affectés sont généralement regroupés en trois ensembles obéissant à des règles distinctes : le fonds de commerce ; les immeubles ; les créances, les dettes et les contrats.

Souvent la vente d'un fonds de commerce est précédée d'un acte préparatoire, c'est-à-dire d'un avant-contrat. Celui-ci prend la forme, soit d'une promesse unilatérale de vente – seul le propriétaire s'engage à vendre –, soit d'une promesse synallagmatique de vente – les deux parties sont engagées, l'une à vendre, l'autre à acheter. Lorsqu'elle est unilatérale, la promesse, qu'elle soit établie par acte sous seing privé ou authentique, doit être enregistrée auprès de l'administration fiscale dans les dix jours à compter de son acceptation par le bénéficiaire, et non à compter de la levée de l'option. À défaut, l'acte est nul (C. civ., art. 1589-2).

Application du droit aux faits. Antoine entend vendre son fonds de commerce. Le contrat préparatoire que souhaite conclure Stéphane, avant la conclusion d'un contrat définitif de vente, est une promesse unilatérale de vente. Seul Antoine serait tenu de vendre en effet, tandis que Stéphane disposerait d'un délai pour lever l'option, c'est-à-dire pour se décider à acquérir. Aussi, pareille promesse doit-elle être enregistrée auprès de l'administration fiscale dans les dix jours à compter de son acceptation par Stéphane. Ce dernier a intérêt de procéder à cet enregistrement car, à défaut, la promesse serait nulle.

2. *Quelle précaution a intérêt de prendre Stéphane relativement au contrat de franchisage liant Antoine au franchiseur ?*

Règles de droit. Les contrats en cours au jour de la vente du fonds de commerce ne sont pas cédés de plein droit à l'acquéreur du fonds. Ils ne constituent pas un élément du fonds.

Le droit français ne prévoit pas de régime juridique général propre à la cession de contrat. Mais il est possible de prévoir conventionnellement la cession des contrats. Il s'agira soit d'une clause stipulée dans l'acte de vente du fonds et concernant spécifiquement les contrats ; ou encore d'un acte séparé de la vente. La Cour de cassation juge que la cession de contrat est possible, même si le contrat a été conclu *intuitu personae*, c'est-à-dire pour lequel la personnalité du cocontracant est déterminante. Une condition est toutefois posée : le cocontractant (le cédé) doit consentir à la cession.

Application du droit aux faits. En l'espèce, le contrat concerné est celui de franchisage. Il ne fait pas partie du fonds de commerce ayant fait l'objet d'abord d'une promesse de vente, puis d'une vente définitive. La précaution que doit prendre Stéphane est d'obtenir l'accord du franchiseur car, à défaut la cession de pareil contrat ne serait pas valable.

Il faut ajouter en outre que ce contrat est indispensable à la continuation de l'entreprise. Aussi, recommandera-t-on à Stéphane de stipuler dans l'acte de vente du fonds de commerce une condition suspensive, c'est-à-dire une clause par laquelle l'acquisition du fonds est conditionnée par le consentement du franchiseur à la cession du contrat de franchisage.

3. *Quel sera le sort des deux salariés ?*

Règles de droit. Lors d'une cession d'entreprise, qu'elle soit individuelle ou exploitée sous forme sociale, tous les contrats de travail en cours au jour de la cession subsistent entre le nouvel employeur et le personnel de l'entreprise (C. trav., art. L. 1224-1). C'est dire que ces contrats sont cédés de plein droit au nouvel employeur.

Application du droit aux faits. En l'espèce, Antoine emploie deux salariés. Chacun d'eux est donc lié par un contrat de travail. Aussi, ces contrats se poursuivront-ils entre eux et Stéphane, leur nouvel employeur.

5 Cas pratique : transmission d'une SCI

Calculerez les droits de mutations à titre gratuit selon les différentes options.

Pour le calcul des droits sur la donation des parts de SCI, il sera considéré que la valeur des parts est de 350 000 €.

- En cas de donation en pleine propriété :
  – valeur transmise 350 000 € ;
  – abattement en ligne directe : 100 000 € ;
  – taxable : 250 000 € ;
  – droits à payer : 48 194 €.
- En cas de donation de la seule nue-propriété :
  – valeur transmise : 210 000 € (60 % de la pleine propriété) ;
  – abattement en ligne directe : 100 000 € ;
  – taxable : 110 000 € ;
  – droits à payer : 20 194 €.
- Droits sur les parts de l'EURL
  – valeur transmise : 150 000 € ;
  – abattement pour donation d'entreprise : 75 % (article 787 B CGI, si conditions réunies) ;
  – taxable : 37 500 €;
  – abattement en ligne directe : 100 000 € ;
  – solde taxable : 0 € ;
  – reliquat d'abattement à valoir sur prochaine donation dans les 15 ans : 62 500 €.

Chapitre 20

1 QCM

1. c et d. Voir l'article premier de la loi du 1er juillet 1901.

2. b. À la différence d'une société, les membres d'une association ne font pas obligatoirement d'apports et n'encourent aucune responsabilité directe.

3. b et c. Les associations ne sont fiscalisées que si leur gestion est considérée, au sens fiscal du terme, comme lucrative.

4. b. Le droit du travail s'applique aux collaborateurs des associations dès lors qu'ils perçoivent une rémunération en contrepartie d'une activité qu'ils exercent de manière subordonnée.

5. c et d. Une fondation RUP jouit de la pleine capacité juridique mais doit rendre des comptes à l'administration.

6. c et e. Le CAC est nommé soit en considération du montant de subvention reçu (plus de 153 000 € par an), soit à la demande de la structure associative.

2 Mini-cas : entreprise individuelle

Déterminez si l'on est ou non en présence d'une cause de dissolution de la société. Justifiez vos réponses.

1. SARL fondée en 1950 pour une durée de 65 années prévue dans les statuts ; son expiration est donc programmée pour 2015 ; à défaut d'être prorogée (modification statutaire), la SARL devra être dissoute.

Reportez-vous à l'article 1844-7 du Code civil.

2. Décès du président et du DG d'une SAS dans un même accident ; il ne s'agit nullement d'une cause de dissolution sauf à ce que les statuts en aient décidé ainsi de manière expresse.

3. Divorce de d'époux par ailleurs associés d'une SCI ; il ne s'agit nullement d'une cause de dissolution sauf à ce que les statuts en aient décidé ainsi de manière expresse. Si le divorce se double d'une mésentente paralysant le fonctionnement de la société, la dissolution pourrait être envisagée.

4. Réunion en une seule main de toutes les actions d'une SA ; la réunion de tous les droits sociaux en une seule main (on rappellera que deux associés au minimum sont requis dans une SA) n'entraîne pas la dissolution de plein droit de la société. Tout intéressé peut demander cette dissolution si la situation n'a pas été régularisée dans le délai d'un an. Le tribunal peut accorder à la société un délai maximal de six mois pour régulariser la situation. Il ne peut prononcer la dissolution si, au jour où il statue sur le fond, cette régularisation a eu lieu.

5. Vente de l'immeuble unique d'une SCI ; sauf si les statuts le prévoyaient, il ne s'agit pas d'une cause de dissolution de la société. Il sera toutefois nécessaire de regarder comment l'objet social est rédigé afin vérifier qu'il prévoit la possibilité pour la société de détenir d'autres immeubles que celui vendu. Si la SCI a été constituée uniquement pour un immeuble en particulier et que celui-ci est vendu, on pourra considérer que l'objet social est éteint, ce qui sera une cause de dissolution.

6. Altercations répétées entre le gérant et les associés d'une SARL ; il s'agit d'un cas de mésentente pouvant entrainer la dissolution de la société si l'on prouve que cette mésentente est paralysante de la vie sociale. On rappellera également que l'auteur de la mésentente n'est pas fondé à demander la dissolution.

3 Mini-cas : société civile immobilière (SCI)

M. Lacanal peut-il s'opposer à la demande de l'Urssaf ?

Rappel des faits. M. Lacanal a cessé son activité de commerçant puisqu'il a apporté son fonds de commerce à une société.

Problème de droit. M. Lacanal est-il en droit de s'opposer au paiement des cotisations sociales calculées sur la base d'une année durant laquelle il n'a eu aucune activité puisqu'il l'a cessée ?

Règle de droit. Le commerçant qui cesse son activité est tenu de déclarer pareille cessation au greffe du tribunal qui tient le registre du commerce et des sociétés (RCS). Par cette déclaration, il doit demander sa radiation dès lors que la cessation est totale. Elle doit alors être effectuée dans le délai d'un mois avant la cessation d'activité ou dans le délai d'un mois à compter de celle-ci. Le commerçant qui n'a pas déclaré sa cessation d'activité ne saurait se prévaloir d'une telle cessation auprès des tiers et administrations publiques ; sauf s'il parvient à démontrer que ceux-ci avaient une connaissance personnelle de l'événement. Par ailleurs, les tiers et administrations publiques sont en droit de se prévaloir de la cessation, dès lors qu'ils en ont eu personnellement connaissance (C. com., art. L. 123-9).

Application du droit aux faits. En l'espèce, M. Lacanal n'a pas déclarer auprès du greffe sa cessation d'activité et n'a donc pas demander sa radiation du RCS. Pourtant, il en avait l'obligation puisqu'il est commerçant et que l'apport en société de son fonds de commerce conduit à la cessation de son activité de commerçant. Par ailleurs, l'énoncé n'indique pas que l'Urssaf aurait eu une connaissance personnelle dudit apport en société. En conséquence, M. Lacanal ne saurait se prévaloir de sa cessation d'activité auprès de l'Urssaf. Il ne peut s'opposer à la demande de paiement formulée par celle-ci.

4 Cas pratique : société HPF

Quelles sont les conséquences fiscales de la dissolution sur la question de la reprise de leurs apports ?

Pour le cas où M. Dejean reprend l'immeuble en nature, aucun droit n'est dû sur celui-ci sauf 0,715 % au titre de la publicité foncière.

Si Mme Dejean reprend l'immeuble, l'opération est analysée fiscalement comme si l'immeuble avait été cédé par M. à Mme Y, et il y a donc application des droits de mutation au taux de 5,09 % ou 5,80 %.

En sus, les 300 000 € restants sont soumis au droit de partage au taux de 2,5 %.

Partie 5 : cas de synthèse

1. *Que peut faire l'Urssaf à l'encontre de la société anonyme ?*

- Qualification de la situation de la SA

Afin de déterminer dans quelle procédure d'insolvabilité il convient de se placer, il est important de qualifier la situation économique de la SA Carbure. Schématiquement, le droit des procédures collectives adopte graduellement plusieurs critères auxquels il fait correspondre une procédure spécifique. À titre de rappel :

- lorsque l'entreprise fait face à des faits de nature à compromettre la continuité de l'exploitation, on est dans le domaine de l'alerte et donc de la prévention des difficultés ;
- si l'entreprise éprouve une difficulté juridique, économique ou financière, avérée ou prévisible, et ne se trouve pas en cessation des paiements depuis plus de quarante-cinq jours, on sera dans le domaine de la procédure de conciliation ;
- si le débiteur justifie de difficultés qu'il n'est pas en mesure de surmonter, c'est la procédure de sauvegarde qui s'impose mais cette procédure n'est ouverte qu'à l'entreprise concernée et ses créanciers ne peuvent pas la demander ;

- si l'entreprise se trouve en état de cessation des paiements c'est-à-dire dans l'impossibilité de faire face à son passif exigible avec son actif disponible, une procédure de redressement judiciaire pourra être ouverte, y compris à la demande d'un créancier ;
- si le redressement judiciaire est manifestement impossible, il sera nécessaire de s'orienter vers une procédure de liquidation judiciaire.
- En l'espèce, le montant de l'endettement de la société et l'arrêt du paiement de la plupart des créanciers depuis presqu'un an oriente vers l'hypothèse de la cessation des paiements et donc vers la procédure de redressement judiciaire.

• Droit d'action de l'Urssaf

Si l'on se trouve bien dans l'hypothèse d'une cessation des paiements, un créancier, ici l'Urssaf, a la possibilité d'assigner l'entreprise débitrice directement devant le tribunal de commerce en vue de voir prononcer l'ouverture d'une procédure de redressement judiciaire. Si le tribunal de commerce constate la cessation des paiements et juge que le redressement n'est manifestement pas impossible, il fixera la date de cessation des paiements, nommera les organes de la procédure et ouvrira la période d'observation pour 6 mois. Le jugement d'ouverture aura également pour effet de suspendre les poursuites et d'arrêter le cours des intérêts.

• Vente d'actifs et solde du prêt bancaire

La loi instaure une période, qui court de la cessation des paiements au jugement d'ouverture, durant laquelle elle suspecte de fraude les actes accomplis par le débiteur. En effet, celui-ci, se sachant en grave difficulté, a pu vouloir organiser son insolvabilité ou encore avantager certains de ses créanciers au détriment des autres. Ces actes accomplis durant la période dite suspecte encourent la nullité.

Pour certains actes, le tribunal saisi n'a pas le pouvoir de vérifier la fraude – on parle de « nullité de droit » –, tandis que pour d'autres il doit vérifier la fraude – on parle de nullité facultative. Ces nullités conduisent à la reconstitution de l'actif du débiteur par la réintégration des biens dans le patrimoine de ce dernier après restitution par les créanciers concernés.

Encourent notamment la nullité de droit les actes suivants, lorsqu'ils sont intervenus depuis la date fixée de cessation des paiements :

- tout contrat commutatif dans lequel les obligations du débiteur excèdent notablement celles de l'autre partie ; en l'espèce il faut s'interroger sur la prix de vente du brevet ; s'il est véritablement avantageux, le juge prononcera la nullité de la vente.
- tout paiement, quel qu'en ait été le mode, pour dettes non échues au jour du paiement ; ici c'est manifestement le cas puisque le prêt a été remboursé par anticipation alors que l'échéance est dans 6 ans.

• Situation personnelle du PDG

En premier lieu, on note qu'il est probable que la cessation des paiements soit relativement ancienne (10 mois ?) et que le fait pour le chef d'entreprise de ne pas déclarer la cessation des paiements peut être constitutif d'un fait de faillite personnelle au sens de l'article L. 653-2 du Code de commerce (avoir poursuivi abusivement une exploitation déficitaire qui ne pouvait conduire qu'à la cessation des paiements) ; si elle est prononcée, la faillite personnelle emporte interdiction de diriger, gérer, administrer ou contrôler, directement ou indirectement, toute entreprise commerciale ou artisanale, toute exploitation agricole ou toute entreprise ayant toute autre activité indépendante et toute personne morale.

En second lieu, l'attitude manifestement désinvolte du chef d'entreprise dans une période de difficulté est susceptible d'être qualifié de faute de gestion. Aux termes de l'article L. 651-2 du Code de commerce, le tribunal, s'il prononce la liquidation de l'entreprise peut décider de mettre tout ou partie du passif à la charge du dirigeant.

Code de commerce, article L. 651-2

- Lorsque la liquidation judiciaire d'une personne morale fait apparaître une insuffisance d'actif, le tribunal peut, en cas de faute de gestion ayant contribué à cette insuffisance d'actif, décider que le montant de cette insuffisance d'actif sera supporté, en tout ou en partie, par tous les dirigeants de droit ou de fait, ou par certains d'entre eux, ayant contribué à la faute de gestion. [...] Toutefois, en cas de simple négligence du dirigeant de droit ou de fait dans la gestion de la société, sa responsabilité au titre de l'insuffisance d'actif ne peut être engagée.

2. *Si une procédure d'insolvabilité était mise en œuvre, quelles en seraient les conséquences sur les actes passés par M. Carbure père ?*

La SAS HIGH MAINTENANCE est valorisée à 7 M€ et M. Carbure en possède 90 % soit 6,30 M€.

La valeur donnée à chaque enfant est donc de 3 150 000 €.

En matière de donation d'entreprise, l'article 787 B du CGI prévoit un régime de faveur conditionnel permettant de procéder à un abattement de 75 % sur la valeur transmise.
Les conditions de ce que l'on nomme le Pacte Dutreil sont les suivantes ;

- Les parts ou actions de sociétés sont exonérées de droits de succession ou de donation à concurrence de 75 % de leur valeur aux quatre conditions cumulatives suivantes :
- la société doit avoir une activité libérale, commerciale, industrielle, artisanale ou agricole. L'EURL est du point de vue du dispositif considérée comme une entreprise individuelle. L'exonération est régie par l'article 787-B du Code général des impôts. Notons que les parts de sociétés de gestion de patrimoine (SCI par exemple) ne sont pas éligibles à l'exonération ;
- le dirigeant doit souscrire pour lui et ses successeurs avec un ou des associés un engagement collectif de conservation des titres pour une durée minimale de deux ans et portant sur au moins 10 % des droits de vote et des droits financiers si la société est cotée ou sur au moins 17 % si la société n'est pas cotée. Ces pourcentages doivent être respectés tout au long de la durée de l'engagement. À noter que la loi de finances pour 2019 a étendu l'engagement collectif de conservation en prévoyant que l'engagement peut être pris par une personne seule, pour elle et ses ayants cause à titre gratuit. La mesure permet d'étendre le dispositif aux transmissions des sociétés unipersonnelles ;
- chaque héritier ou donataire doit prendre l'engagement individuel de conserver les parts ou actions reçus pendant au moins quatre années à partir de l'expiration de l'engagement collectif ou de la transmission lorsque l'engagement est réputé acquis ;
- enfin, l'un des héritiers ou donataires doit exercer une fonction dirigeante ou son activité principale dans la société pendant les trois années qui suivent le décès.

Avant la loi du 2 août 2005, ce dispositif ne concernait que les *donations de parts sociales* ou d'actions en pleine propriété. La loi précitée l'a étendu aux donations avec réserve d'usufruit à la condition suivante : le droit de vote de l'usufruitier doit être statutairement limité aux décisions d'affectation des bénéfices ; les clauses privant le nu-propriétaire du droit de vote sont donc sans effet.

Cette possibilité de cumuler deux réductions d'assiette, celle liée au démembrement, et celle liée à l'article 787 B du Code général des impôts permet de réduire considérablement le montant des droits à payer. En outre, la donation en pleine propriété faite avant soixante-dix ans bénéficie d'une réduction de droits de 50 %.

En l'espèce, on présumera ces conditions réunies et on appliquera donc l'abattement de 75 %.

Donation en pleine propriété :

- valeur donnée à un enfant : 3 150 000 €
- abattement 787 B (pacte Dutreil) : 2 362 500 €
- solde taxable : 787 500 €
- abattement en ligne directe : 100 000 €
- net taxable : 687 500 €
- application du barème par tranche : (8 072 × 5 %) + [(12 109 – 8 073) × 10 %] + [(15 932 – 12 110) × 15 %] + [(552 324 – 15 933) × 20 %]+ [(687 500 – 552 324) × 30 %] = 149 211,50 €
- application de la réduction de 50 % (art. 790 CGI) = 74 605,75 € soit un taux de taxation moyen de 2,36 %

Le paiement différé et fractionné est également applicable.

- Donation avec réserve d'usufruit :

- valeur donnée à un enfant : 3 150 000 €
- abattement 787 B (pacte Dutreil) : 2 362 500 €
- solde taxable : 787 500 €
- valeur de la nue-propriété (60 %) : 472 500 €
- abattement en ligne directe : 100 000 €
- net taxable : 372 500 €
- application du barème par tranche : (8 072 × 5 %) + [(12 109 – 8 073) × 10 %] + [(15 932 – 12 110) × 15 %] + [(372 500 – 15 933) × 20 %] = 72 693,9 €, soit un taux de taxation moyen de 2,30 %.

Le paiement différé et fractionné est également applicable.

3. *Si une procédure d'insolvabilité était mise en œuvre, quelles en seraient les conséquences sur la situation personnelle de M. Carbure père ?*

La société est cédée 2,8 M€ et a été créée il y a 3 ans.

Les cédants sont tenus des garanties légales et des garanties conventionnelles si elles ont été prévues au contrat.

La garantie légale des vices cachés, prévue par le droit commun de la vente, peut être demandée par le cessionnaire… à condition de démontrer que les droits sociaux acquis sont affectés d'un vice caché.

La preuve d'un vice caché affectant un actif principal de la société cible ne suffit pas. La Cour de cassation exige que le vice affectant pareil actif soit de nature à rendre les parts sociales cédées impropres à leur destination.

Surgit alors une question d'importance : l'insolvabilité de la société, non apparente lors de la conclusion de la cession de contrôle, constitue-t-elle un vice caché affectant les droits sociaux cédés ? D'abord, parce que la cession de droits sociaux s'apparente à une cession de créance (du titulaire des droits sur la société), les articles 1693 et 1694 du Code civil s'appliquent. De sorte que le cédant garantit l'existence des titres, mais pas la solvabilité de la société.

Garantie légale d'éviction. La Chambre commerciale de la Cour de cassation a jugé que la mise en œuvre de la garantie d'éviction est subordonnée à l'existence d'actes de nature à constituer des reprises ou des tentatives de reprise du bien vendu ou d'atteintes aux activités telles qu'elles empêchent le cessionnaire des titres de poursuivre l'activité économique de la société ainsi que de réaliser l'objet social.

Mais dans les sociétés où le droit de présentation de clientèle est essentiel lors de la cession – notamment dans les sociétés civiles professionnelles de médecins –, la Chambre civile juge que la tentative par le cédant de capter la clientèle de la société cédée suffit à établir la violation de la garantie d'éviction.

Garanties conventionnelles – clause de non-concurrence. Par la clause de non-concurrence le cédant s'engage à ne pas exercer une activité qui viendrait concurrencer le cessionnaire. Elle est valable dès lors que limitée dans le temps et dans l'espace, d'une part, et proportionnée aux intérêts légitimes à protéger, d'autre part.

Clauses de garantie de passif. Les praticiens ont ainsi mis en place de clauses permettant de garantir le passif de la société cible. Plus exactement, il s'agit de prévoir à la charge du cédant une garantie des dettes qui ne figuraient pas dans le bilan comptable, mais dont l'origine est antérieure à la cession. Les variantes sont nombreuses. Cette clause est valable, mais doit être mise en œuvre avec loyauté. La garantie se manifeste par le versement d'une somme d'argent par le garant, soit au cessionnaire, soit à la société cible, soit directement au créancier. Enfin, la garantie peut être plafonnée au prix perçu par le cédant, ce qui est fréquent lorsque le bénéficiaire est le cessionnaire (clause dite de révision du prix ou de garantie de valeur). Mais elle peut être illimitée, le garant devant alors garantir la totalité de la dette même si son montant est supérieur au prix qu'il a perçu lors de la cession (clause de garantie stricto sensu, dite aussi clause d'indemnisation).

En résumé, si le contrat de cession des actions ne prévoit rien en matière de non-concurrence ou de garantie du passif, on pourra répondre aux cédants qu'ils ne seront pas tenus du passif de la société au-delà de la cession des actions et qu'ils pourront librement se réinstaller dans la même activité à condition de ne pas détourner la clientèle de leur cessionnaire.

4. *Calculez le montant des droits d'enregistrement à payer en vous plaçant successivement dans l'hypothèse d'une donation avec réserve d'usufruit et dans celle d'une donation en pleine propriété.*

5. *Quelle est l'obligation au passif des associés de la SAS au-delà de la vente de leurs actions ?*

6. *Les trois associés pourront-ils librement recréer une activité similaire une fois la SAS cédée ?*

7. Quelle solution préconisez-vous pour tenter de sortir de l'impasse ?

Dans ce type de situation, un pacte d'associé peut se révéler fort utile ; les pactes les plus performants dans ce cas sont les clauses de sortie dites « alternatives », spécialement conçues pour les blocages entre associés à parité ; dans ces pactes, l'un des associés peut proposer à l'autre de lui racheter ses actions ; si celui-ci refuse, il devra alors se porter acquéreur des actions du premier offrant. En d'autres termes le pacte fonctionne suivant la formule : « tu m'achètes ou tu me vends ».

Si aucun pacte de cette nature n'existe entre les associés de la SCI, et en application de l'article 1844-7 5° du Code civil, la dissolution anticipée de la SCI peut aussi résulter d'une décision de justice à la demande d'un associé, à condition qu'un juste motif soit démontré, notamment l'inexécution de ses obligations par un associé ou la mésentente entre associés paralysant le fonctionnement de la société.

Encore faut-il que la mésentente soit grave et qu'elle paralyse le fonctionnement de la société. C'est le cas de l'impossibilité de prise de décision par les organes sociaux, ou encore lorsque la mésentente est un facteur de ruine pour la société. Il appartient à celui qui réclame la dissolution de rapporter la preuve de la paralysie.

Celui qui demande la dissolution ne doit pas être à l'origine de la mésentente. En pratique, les juges sont assez réticents à prononcer la dissolution, notamment lorsque la société se porte économiquement bien. Ils préfèrent alors nommer un administrateur provisoire ou encore condamner l'associé semant le trouble social à des dommages-intérêts, sans exclusion pour autant. Mais des dissolutions de petites sociétés où il n'y a que deux associés ont déjà été prononcées alors même que la société était viable.

En l'espèce toutes les conditions d'une dissolution judiciaire pour justes motifs semblent réunies puisque les associés souffrent d'une mésentente et de surcroît celle-ci paralyse le fonctionnement social et a des conséquences sur les actifs de la SCI.

Bien entendu, cette dissolution est une solution extrême qui aura des conséquences fiscales lourdes pour la société et qui posera de nombreuses questions aux sociétés d'exploitation qui utilisaient les bâtiments de la SCI.

Chapitre 21

1 QCM

1. c et d Voir l'article premier de la loi du 1er juillet 1901.

2. b À la différence d'une société, les membres d'une association ne font pas obligatoirement d'apports et n'encourent aucune responsabilité directe.

3. b et c Les associations ne sont fiscalisées que si leur gestion est considérée, au sens fiscal du terme, comme lucrative.

4. b Le droit du travail s'applique aux collaborateurs des associations dès lors qu'ils perçoivent une rémunération en contrepartie d'une activité qu'ils exercent de manière subordonnée.

5. c et d Une fondation RUP jouit de la pleine capacité juridique mais doit rendre des comptes à l'administration.

6. c et e. Le CAC est nommé soit en considération du montant de subvention reçu (plus de 153 000 € par an), soit à la demande de la structure associative.

2 Mini-cas : choix d'une structure juridique

1. *Que pensez-vous de ce projet au regard du droit des associations ?*

Problème de droit. Face à un projet de constitution d'une association, il convient de rechercher si ce projet est conforme à la loi du 1er juillet 1901 et, dans la négative, les sanctions qui pourraient être encourues si, malgré tout, le projet était poursuivi.

- Conformité de l'association à la loi de 1901

– Déclaration de l'association

Règles de droit. La création d'une association ne nécessite aucune formalité particulière. La déclaration à la préfecture, suivie d'une publicité, n'est pas exigée à titre de validité par la loi de 1901, mais uniquement comme une condition d'obtention de la personnalité morale. En conséquence, l'association non déclarée est valable, mais n'a pas la personnalité juridique.

Application du droit aux faits. En l'espèce, Antoine nous expose ne pas vouloir procéder à la déclaration de l'association qu'il entend créer avec ses amis. Sur ce point, le projet d'Antoine est conforme à la loi de 1901, mais ce dernier doit avoir conscience que le groupement créé n'aura pas la personnalité juridique.

- Activité de l'association

Règles de droit. Aux termes de l'article 1er de la loi du 1er juillet 1901, « L'association est la convention par laquelle deux ou plusieurs personnes mettent en commun d'une façon permanente leurs connaissances ou leur activité dans un but autre que de partager des bénéfices ». Aussi, si l'association peut exercer, accessoirement, une activité lucrative, il lui est interdit en revanche de partager les bénéfices qui en sont retirés.

Application du droit aux faits. En l'espèce, Antoine entend créer une association avec des amis ingénieurs ; et l'objet principal serait de mettre au point des inventions susceptibles d'application industrielle. Il s'agit donc bien de mettre en commun d'une façon permanente des connaissances ainsi qu'une activité. En cela, le projet est conforme à la loi de 1901. En revanche, le projet n'est pas conforme à ladite loi en ce que l'activité habituelle consisterait aussi à tirer profit des brevets déposés par la concession de licences d'exploitation contre rémunération. D'une part, il s'agit là d'actes de commerce accomplis de façon habituelle. D'autre part, les bénéfices ainsi retirés seraient partagés entre les sociétaires ce qui est interdit. Il convient à présent d'envisager les sanctions encourues si le projet d'Antoine était malgré tout poursuivi.

- Sanctions

– Requalification de l'association

Une association qui exerce de façon habituelle des actes de commerce court le risque de se voir appliquer les règles du droit commercial. Et si, en outre, les bénéfices sont partagés, elle risque d'être requalifiée de société commerciale par son objet. Plus précisément, il s'agirait d'une société créée de fait puisque, partageant les bénéfices, les sociétaires se comporteraient en fait comme les associés d'une société. Pareille société créée de fait n'aurait pas la personnalité morale, d'autant que l'association voulue par Antoine ne serait pas déclarée.

– Responsabilité pénale des administrateurs

Il convient enfin d'informer Antoine que constitue une contravention de cinquième classe le fait d'offrir, de façon habituelle, des produits à la vente, les vendre ou fournir des services, si ces activités ne sont pas prévues par les statuts de l'association. La responsabilité pénale est certes encourue par l'association, mais faut-il encore que celle-ci ait la personnalité morale, ce qui n'est pas le cas de l'association qu'entend créer Antoine (voir *supra*). Toutefois, la responsabilité pénale serait encourue par les administrateurs de l'association.

3 Mini-cas : fiscalité des associations

Pour chacun des cas, déterminez si l'association en question est susceptible ou non d'être assujettie aux impôts commerciaux.

1. Le simple fait que la gestion de l'association soit intéressée, la soumet aux impôts commerciaux ; l'exercice d'une activité concurrentielle ne fait que conforter cette analyse. Dès lors, le fait qu'elle exerce son activité dans des conditions différentes de celles des autres entreprises du secteur, est sans incidences.

2. Dans ce cas, les trois indicateurs conduisent au caractère non lucratif de l'activité : gestion désintéressée + absence de concurrence + conditions d'exercice différentiées. L'association sera exonérée des impôts commerciaux.

3. Ce cas est plus délicat. Le caractère désintéressé nous oblige à nous interroger sur le caractère concurrentiel de l'activité. Celle-ci étant concurrentielle, il faut obligatoirement analyse les conditions d'exercice au regard des « 4 P ». Tout va donc se concentrer sur ce dernier critère. Puisqu'il est énoncé que les conditions d'exercice de l'activité sont différentes de celles des autres entreprises du secteur, il faut en déduire que l'association ne sera pas soumise aux impôts commerciaux.

4 Mini-cas : fiscalité des associations (suite)

Déterminez la situation de l'association au regard des impôts commerciaux.

On va en premier lieu déterminer si l'association a une activité lucrative, puis si tel est le cas, si elle peut ou non bénéficier d'exonérations des impôts commerciaux.

- Activité lucrative ?

Le premier élément à vérifier est le caractère intéressé ou non de la gestion. On est ici en présence d'une association ayant des ressources annuelles inférieures à 200 000 €, ce qui signifie qu'elle ne peut pas avoir de dirigeants rémunérés plus des 3/4 du SMIC. Or, son président bénéficie d'un salaire proche du SMIC, en tout état de cause supérieur à 75 % du SMIC brut. La gestion est donc considérée comme non désintéressée, et l'association sera assujettie aux impôts commerciaux : IS, TVA, CET.

- Exonérations et franchises envisageables ?

S'agissant de la TVA, on rappellera que sont exonérées de TVA les associations rendant à leurs membres, des services à caractère sportif, culturel, éducatif ou social, à condition de ne pas avoir recours à des pratiques commerciales. La médiathèque associative paraît entrer dans ce cadre, le fait qu'elle diffuse des plaquettes publicitaires dans les boîtes aux lettres du quartier ne paraissant pas de nature à remettre en cause cette exonération.

S'agissant en revanche de l'IS, l'exonération est réservée aux associations rendant à leurs membres des services à caractère sportif, culturel, éducatif ou social, à condition que leur gestion soit désintéressée, ce qui n'est pas le cas ici.

De la même manière, cette association, malgré des recettes inférieures à 63 060 €, ne peut bénéficier de la franchise d'IS, puisque sa gestion n'est pas désintéressée.

S'agissant de la CET, il ne semble pas que l'association décrite entre dans le cadre d'une quelconque exonération.

5 Cas pratique : Altourisme-Lyon

Lisez l'annexe article par article. Précisez, pour chaque disposition, si elle est conforme au droit positif.

- Article 1. Dénomination. Cet article est conforme au droit positif.
- Article 2. Objet. Cet article est conforme au droit positif. La référence à la réalisation de « bénéfices industriels et commerciaux » est valable puisqu'une association a simplement interdiction de partager le bénéfice réalisé.
- Article 3. Siège social. Cet article est conforme au droit positif.
- Article 4. Durée. Cet article est conforme au droit positif.

- Article 5. Composition – Cotisations. La phrase « Les élus de la communauté urbaine de Lyon sont automatiquement membres de l'association » ne respecte pas le principe de la liberté d'association posé par la loi du 1er juillet 1901, lequel suppose que toute personne puisse refuser d'adhérer à une association.
- Article 6. Adhésion. Cet article est conforme au droit positif.
- Article 7. Perte de la qualité de membre. Cet article est conforme au droit positif. Néanmoins la jurisprudence est attentive à ce que les droits de la défense soient respectés lors de l'exclusion d'un membre de l'association ; cela suppose que l'intéressé soit informé des faits qui lui sont reprochés antérieurement à la décision d'exclusion ; cela implique également qu'il puisse faire valoir sa défense dans le cadre par exemple d'un débat contradictoire avec les dirigeants.
- Article 9. Ressources de l'association. Le fait que les ressources de l'association soient constituées « des revenus du patrimoine immobilier de l'association » peut poser problème au regard de l'article 6 de la loi de 1901 qui prévoit que toute association régulièrement déclarée peut, sans aucune autorisation spéciale, [...] posséder et administrer [...] le local destiné à l'administration de l'association et à la réunion de ses membres mais aussi les immeubles strictement nécessaires à l'accomplissement du but qu'elle se propose. En effet, l'association ne peut pas posséder d'immeubles en dehors de ceux de son siège social et de ceux qui sont nécessaires à l'accomplissement de son objet.
- Article 11. Modification des statuts. Cet article est conforme au droit positif.
- Article 12. Dissolution – Liquidation. La phrase « En cas de dissolution, les biens de l'association seront mis à la disposition et/ou partagés entre ses membres » n'est pas conforme à l'article 1er de la loi du 1er juillet 1901 qui prévoit que l'association est la convention par laquelle deux ou plusieurs personnes mettent en commun, d'une façon permanente, leurs connaissances ou leur activité dans un but autre que de partager des bénéfices. En effet, le partage entre ses membres des biens de l'association à sa dissolution équivaut à un partage indirect des bénéfices, ce qui est prohibé.

1 Clauses contractuelles

1. *Qualifiez les deux clauses et vérifiez-en la conformité au droit applicable.*

- La clause de l'article 12 semble pouvoir être qualifiée de « clause de force majeure ». L'article 1218 alinéa 1er du Code civil dispose qu'« il y a force majeure en matière contractuelle lorsqu'un événement échappant au contrôle du débiteur, qui ne pouvait être raisonnablement prévu lors de la conclusion du contrat et dont les effets ne peuvent être évités par des mesures appropriées, empêche l'exécution de son obligation par le débiteur. »

Trois éléments constituent la force majeure :
- l'imprévisibilité (événement ne pouvant être raisonnablement prévu) ;
- l'irrésistibilité (événement dont les effets ne peuvent être évités). La force majeure ne libère le débiteur que si elle rend totalement impossible l'exécution du contrat ;
- l'extériorité (événement échappant au contrôle du débiteur).

La force majeure a pour principal effet de libérer le débiteur de ses obligations envers le créancier. Celles-ci sont éteintes, sans que le débiteur ne soit tenu de verser des dommages et intérêts en réparation du préjudice subi par son cocontractant. Cette libération n'est cependant que temporaire lorsque l'impossibilité d'exécuter l'est elle-même. Le contrat est alors suspendu.

- La clause de l'article 14 peut être qualifiée de clause révision pour imprévision ou clause de sauvegarde (*hardship* en anglais).

Lorsque l'on parle de théorie de l'imprévision, on vise l'impact sur le contrat d'un changement imprévu des circonstances économiques ayant entouré sa formation, qui bouleverse son équilibre initial, et rend en conséquence son exécution très onéreuse pour l'une des parties.

L'ordonnance du 10 février 2016 a consacré de manière très nette la théorie de l'imprévision au travers du nouvel article 1195 du Code civil : « Si un changement de circonstances imprévisible lors de la conclusion du contrat rend l'exécution excessivement onéreuse pour une partie qui n'avait pas accepté d'en assumer le risque, celle-ci peut demander une renégociation du contrat à son cocontractant. Elle continue à exécuter ses obligations durant la renégociation. En cas de refus ou d'échec de la renégociation, les parties peuvent convenir de la résolution du contrat, à la date et aux conditions qu'elles déterminent, ou demander d'un commun accord au juge de procéder à son adaptation. À défaut d'accord dans un délai raisonnable, le juge peut, à la demande d'une partie, réviser le contrat ou y mettre fin, à la date et aux conditions qu'il fixe. »

La clause soumise à notre analyse est légalement valable et semble globalement conforme au droit positif.

2. *Proposez toute modification opportune.*

Le principal problème de la clause de l'article 12 est la définition qu'elle donne de la force majeure comme « tout événement rendant difficile l'exécution du contratč, qui est assurément non conforme au texte de l'article 1218 du Code civil ; il conviendra donc de réécrire la clause en reprenant l'article du Code.

La clause présente à l'article 14 ne nécessite pas de réécriture dictée par le droit. On notera toutefois que le seuil de déclenchement de la clause (variation du prix de 3 %) est très bas et risque de conduire les parties à renégocier les termes du contrat alors que l'impact économique est minime.

2 Création de société

3. *Identifiez les bénéficiaires effectifs.*

Le décret du 12 juin 2017 et les textes subséquents relatifs aux bénéficiaires effectifs prévoient que doivent figurer, dans la déclaration, les personnes détenant plus de 25 % du capital ou des droits de vote de la société.

En l'espèce :
- M. Lenestour possède un peu plus de 26 % ;
- Mme Crenn possède un peu plus de 73 %.

Ils devront tous deux être mentionnés comme bénéficiaires effectifs de la SARL.

4. *Rédigez l'avis de publication dans un journal d'annonces légales (JAL).*

L'avis sera rédigé comme suit :

Aux termes d'un acte en date du…
Il a été constitué une société
Dénomination sociale
ECOTOURNESTOUR
Siège social – (à localiser en France)
Forme – SARL
Nom commercial ECTN
Capital social – 15 000 €
Objet social – gestion d'un fonds de commerce
Gérant – Francis LENESTOUR (adresse…) nommé pour une durée indéterminée
Durée – 99 ans (à rectifier dans les statuts) à compter de son immatriculation
au RCS de…

La rédaction de l'avis de publication est évaluée tant sur le fond que sur la forme. L'examinateur doit être en mesure d'apprécier votre connaissance du droit mais aussi votre familiarité avec les documents juridiques usuels.

5. *Relevez toute incompatibilité entre les statuts et le droit applicable.*

Les points suivants sont à rectifier :

- Article 2 – Objet social – « Gestion d'un fonds de commerce ». Cet objet social est valable mais assurément trop large – il ne permettra pas aux associés d'exercer un contrôle suffisant du gérant, ni aux tiers d'avoir une information suffisante sur la société.
- Article 4 – Siège social – « Le siège social est fixé à : Ho-Chi-Minh Ville au VIETNAM, 56 Nguyen Du, Q1. » L'article 1837 du Code civil relie le siège social et la loi applicable ou nationalité des sociétés. Si une société a son siège social en dehors de France, le droit français ne lui sera plus applicable et elle devra se conformer au droit du pays du siège social.

- Article 6 – Durée « La durée de la société est illimitée. č L'article 1838 du Code civil prévoit que la durée d'une société est au maximum de 99 ans.
- Article 11 – Inaliénabilité – « Les parts sociales ne peuvent être cédées avant l'expiration d'un délai de 15 ans ». Le Code de commerce ne permet pas de rendre inaliénables des parts de SARL ; seules les actions de la SAS peuvent être frappées d'une inaliénabilité statutaire temporaire.
- Article 14 – Gérance – « La société est administrée par un gérant, personne physique, choisi parmi les associés. Le gérant est désigné pour toute la durée de la société par décision des associés représentant plus de la moitié des parts sociales, Il n'est pas révocable ». S'il est possible de désigner le gérant pour une durée longue, voire de calquer sa nomination sur la durée de la société, il est impossible de le rendre irrévocable. Outre le danger que cette irrévocabilité représenterait pour la société et les associés, elle n'est pas permise par l'article L. 223-25 du Code de commerce qui prévoir les conditions de sa révocation.
- Article 23 – Décisions collectives ordinaires : « Les décisions collectives ordinaires doivent, pour être valables, être adoptées à l'unanimité des votants. » Outre le fait que l'unanimité est une règle dangereuse et très inopportune, l'article L. 223-29 du Code de commerce pose en principe que les décisions sont prises à la majorité absolue.

3 Fiscalité internationale

6. *D'après les informations relatives aux opérations commerciales de la SAS LENESTOUR, déterminez le montant de TVA dont la SAS doit s'acquitter (taux de droit commun, absence d'option exercée par la société).*

- Ventes à distance à destination de l'Espagne :

Le seuil des VAD en Espagne est fixé à 35 000 €. Le montant des ventes est supérieur au seuil. Il convient donc d'appliquer le taux espagnol qui est de 21 %.

- TVA exigible = 150 000 × 21 % = 31 500 €.
- Acquisition en France de matériel informatique :

TVA déductible = 10 000 × 20 % = 2 000 €.

- Ventes en Autriche :

Il s'agit d'une livraison de biens intracommunautaire exonérée de TVA.

- Ventes à distance à destination du Luxembourg :

Le seuil des ventes à distance au Luxembourg est fixé à 100 000 €. Nous nous situons donc en dessous du seuil. Le taux français est applicable dans la mesure où aucune option n'a été exercée.

TVA exigible = 40 000 × 20 % = 8 000 €.

- Prestation immatérielle de publicité sur Internet :

On applique la TVA du lieu du preneur qui est la TVA française.

TVA déductible 25 000 × 20 % = 5 000 €.

4 Financement

7. *La SAS peut-elle émettre des obligations convertibles en actions et quelles sont les caractéristiques de ce mode de financement ?*

- Émission d'OCA

L'OCA est une obligation qui peut être convertie en action à l'initiative de son porteur et dans les conditions prévues par le contrat d'émission.

La conversion a lieu à l'initiative du porteur qui peut préférer conserver le titre d'origine. Il dispose véritablement d'une option. En pratique, on considère que la moyenne de la part convertie en action est de 50 %. Si le porteur laisse passer la période de conversion, l'OCA devient une obligation ordinaire mais comportera généralement un taux plus élevé ; la conversion peut en général intervenir à tout moment, mais le contrat d'émission peut prévoir des périodes de conversion. La conversion opère une augmentation de capital.

Pour la société émettrice, l'emprunt coûte moins cher (taux de rémunération inférieur au taux des obligations ordinaires) en général. La technique constitue en outre une bonne défense anti-OPA (réserve de pouvoir) et représente une potentialité de fonds propres importante. Pour l'investisseur l'OCA offre une formule très souple avec la certitude d'un revenu garanti et la possibilité de convertir au moment le plus favorable pour réaliser une plus-value. Ces divers avantages expliquent le succès des OCA qui sont aujourd'hui devenues un procédé courant de financement.

En l'espèce, l'émission d'OCA est tout à fait envisageable pour une SAS. Il reste à trouver le ou les souscripteurs des titres.

8. *La SAS peut-elle ou non recourir à un prêt par le biais d'une plateforme de financement participatif et quelles en seraient les modalités et conditions ?*

Le crowdfunding « prêt », également appelé « crowdlending » ; est une formule de financement où le contributeur (internaute) prête une somme d'argent à l'entreprise financée contre remboursement avec ou sans intérêts. Cette formule se développe considérablement en France notamment dans le secteur de la promotion immobilière.

Le crowdlending fonctionne sur les schémas suivants :

- *via* la plateforme le contributeur fait un prêt rémunéré ou non à la société qu'il souhaite financer. Un contrat de prêt se met donc en place, qui impliquera *a minima* le remboursement du prêt à son terme, et le plus souvent le paiement d'un intérêt annuel ;
- la société financée peut également émettre en contrepartie du prêt des obligations (↳ **chapitre 11**) ;
- la plateforme se rémunère par un prélèvement sur les sommes levées.

En cas de prêt, la législation impose des plafonds : si prêt avec intérêts : 2 000 € par prêteur / si prêt sans intérêt : 5 000 € par prêteur / un prêt par projet. Durée maximale du prêt : 7 ans.

Il est en outre nécessaire de mettre à jour les statuts de la SAS LENESTOUR. En effet, lorsqu'une SAS recourt au *crowdfunding*, une partie de la législation sur la SA qui ne lui était pas applicable le devient en application de l'article L. 227-2-1 du Code de commerce.

9. *Émettez un avis étayé sur la convention de compte courant proposée à la SAS par son cabinet d'avocats (annexe 3).*

Via la convention de compte courant, un compte courant d'associé est la mise à disposition, sous la forme d'un prêt, d'une somme d'argent par un associé à la société. C'est un mode de financement très courant car simple à mettre en œuvre et dénué de tout réel formalisme.

Suivant les termes de la convention, le compte courant sera rémunéré ou non ; sa durée et les conditions de remboursement sont librement décidées entre la société et l'associé.

Dans la présente convention, on notera deux points :

- le taux de rémunération est élevé (9 % par an), ce qui est une très bonne chose pour l'associé… En revanche, la SAS ne sera pas fondée à déduire fiscalement les intérêts versés à ce taux. La déduction des intérêts de compte courant est plafonnée. ce plafond est variable et se situe entre 1 et 2 % en cette période ;
- les sommes mises à disposition de la société (25 000 €) sont bloquées pour une durée de 10 ans (120 mois) ce qui signifie que le remboursement de la somme ne pourra pas avoir lieu avant cette date. Ce blocage est assez pénalisant pour l'associé prêteur mais représente une garantie pour les créanciers de la SAS.

5 Transmission de l'entreprise

Expliquez à Francis Lenestour les moyens juridiques à sa disposition pour transmettre son entreprise à ses enfants et les règles fiscales applicables.

Plusieurs dispositifs de transmission de la société sont mobilisables :

- La donation simple, ou donation entre vifs, acte par lequel le donateur se dépouille actuellement et irrévocablement de la chose donnée en faveur du donataire qui l'accepte (Code civil, art. 894). Le principal avantage est la possibilité de moduler la donation de l'entreprise, essentiellement si celle-ci est exploitée sous forme de société. En effet, le donateur pourra de manière régulière faire donation de parts ou actions à ses héritiers désignés. Le pouvoir de disposer de ses biens est toutefois limité par l'institution de la réserve héréditaire qui est la part des biens dont la loi assure la dévolution à certains héritiers dits réservataires, s'ils sont appelés à la succession et s'ils l'acceptent. La quotité disponible, pendant de la réserve héréditaire, est la part des biens qui n'est pas réservée par la loi et dont le défunt peut disposer librement par des libéralités. La réserve est une quote-part qui dépend du nombre et de la qualité des héritiers. Ainsi, l'article 913 du Code civil règle cette quote-part en présence d'enfants :
  - 1 enfant : réserve de moitié, quotité disponible de moitié ;
  - 2 enfants : réserve des 2/3, quotité disponible de 1/3 ;
  - 3 enfants et plus : réserve des 3/4, quotité disponible de ¼.

Au décès du donateur, on vérifie que l'ensemble des donations n'a pas excédé le montant de la quotité disponible. Pour ce faire, on forme une masse de tous les biens existant au décès du donateur. Les biens dont il a été disposé par donation entre vifs sont fictivement réunis à cette masse, d'après leur état à l'époque de la donation et leur valeur à l'ouverture de la succession. Cette règle d'évaluation est très pénalisante pour le donataire, surtout si la valeur du bien a augmenté (marché immobilier, cours d'actions...).

Schématiquement, on applique à cette masse les fractions représentatives de la réserve et de la quotité disponible en imputant les donations réalisées. Si le défunt a consenti plus de libéralités qu'il n'y était autorisé par la loi, celles-ci seront réduites d'autant.

- La donation avec réserve d'usufruit qui consiste, pour le donateur, à transférer la nue-propriété du bien en conservant l'usufruit de celui-ci. À son décès (l'usufruit présente un caractère viager), la pleine propriété est reconstituée « sur la tête » du donataire. Elle offre deux avantages principaux :
  - le donateur conserve sa vie durant des prérogatives importantes au sein de l'entreprise, ainsi que des revenus ;
  - la fiscalité est réduite puisque le donateur ne paie les droits de mutation que sur la nue-propriété transférée ; au moment de son décès, la reconstitution de la pleine propriété n'est pas taxée. La valeur de la nue-propriété est fonction de l'âge du donateur : plus celui-ci est jeune, moins la nue-propriété n'a de valeur et plus la transmission est allégée du point de vue fiscal.
- La donation-partage, libéralité à double nature : celle de donation et celle de partage. Elle permet au donateur d'arbitrer d'éventuels conflits familiaux et d'éviter l'indivision. La donation-partage des droits sociaux offre l'indéniable avantage de l'article 1078 du Code civil, à savoir l'évaluation des biens pour le calcul de la réserve et de la quotité disponible, au jour de la donation, et non pas au jour de l'ouverture de la succession comme le prescrit l'article 922 du Code civil (cette disposition concerne tous les biens compris dans la donation-partage et non pas seulement les droits sociaux). La valorisation de l'entreprise profitera donc aux seuls donataires, ce qui est assurément plus incitatif.

Dans notre cas, on conseillera au chef d'entreprise de réaliser une donation-partage avec réserve d'usufruit, ce qui lui permettra :
- d'assurer une stricte égalité entre les trois enfants, qui ne pourra pas être remise en cause par la suite ;
- de continuer à percevoir des revenus des actions grâce à l'usufruit conservé ;
- de bénéficier d'un abattement sur l'assiette des biens donnés en raison de la réserve d'usufruit. Cet abattement, prévu par l'article 669 du CGI, dépend de l'âge de l'usufruitier.

La fiscalité de la transmission correspond à la solution précédemment retenue :

- Chaque enfant recevant une part de l'entreprise, devra s'acquitter de droits de mutation à titre gratuit.

- En application de l'article 787 B du CGI (pacte Dutreil), les parts ou actions de sociétés sont exonérées de droits de succession ou de donation à concurrence de 75 % de leur valeur aux quatre conditions cumulatives suivantes :
  - la société doit avoir une activité libérale, commerciale, industrielle, artisanale ou agricole ;
  - le dirigeant doit souscrire pour lui et ses successeurs avec un ou des associés un engagement collectif de conservation des titres pour une durée minimale de deux ans et portant sur au moins 10 % des droits de vote et des droits financiers si la société est cotée ou sur au moins 17 % si la société n'est pas cotée ;
  - chaque héritier ou donataire doit prendre l'engagement individuel de conserver les parts ou actions reçues pendant au moins quatre années à partir de l'expiration de l'engagement collectif ou de la transmission lorsque l'engagement est réputé acquis ;
  - l'un des héritiers ou donataires doit exercer une fonction dirigeante ou son activité principale dans la société pendant les trois années qui suivent le décès.

Ce dispositif se cumule avec l'abattement en ligne directe de 100 000 € et avec la réduction d'assiette liée au démembrement de propriété.

- Ici, en imaginant que le donateur a 65 ans, et que la valeur en pleine propriété de la part de chaque enfant est de 800 000 €, la part taxable sera de :
  - part en pleine propriété : 800 000 € ;
  - abattement pacte Dutreil : 75 % ;
  - solde taxable : 200 000 € ;
  - abattement pour réserve d'usufruit : 40 % ;
  - solde taxable : 120 000 € ;
  - abattement individuel 100 000 € ;
  - solde taxable : 20 000 €.

On appliquera ensuite le barème en ligne directe
- moins de 8 072 : – 5 % ;
- 8 072/12 109 : – 10 % ;
- 12 109/15 932 : – 15 % ;
- 15 932/552 324 : – 20 %.

Soit un montant taxable par enfant de 403 + 403 + 573 + 813 = 2 192 € et un taux moyen de taxation de 0,27 %.

INDEX

TABLE DES MATIÈRES

Partie 4 De l'entreprise au groupe

Partie 5 La pérennité de l'entreprise

Partie 6 Les organisations sans but lucratif

79076 - (I) - SOP 80° - NCO - SPU
Dépôt légal : novembre 2019
Imprimé en Espagne par Graficas Estella